중간지원조직 위탁

**정보화사업**

사회복지시설

평생교육시설

청소년수련시설

문화예술시설

관광시설

체육시설

민원콜센터

폐기물처리시설

생활폐기물 수집운반

상수도시설

공공하수도시설

# 2025
# 전국 지방자치단체 정보화사업 추진현황

2025 전국 지방자치단체  2025. 09.

# 민·관 협업사무 운영 현황

## | 정보화사업 |

![psmi 한국공공서비스연구소 Korea Public Service Institute]

　한국공공서비스연구소는 민간, 정부 그리고 기업 등 다양한 주체들의 협치를 통하여 공공서비스의 혁신을 도모하고, 이를 바탕으로 정부 및 지방자치단체에서 추진하는 공공서비스의 합리적인 설계, 운영, 평가를 주제로 연구를 수행하는 연구기관입니다. 민간위탁은 성과지향형 공공서비스제공 공급방식의 하나로써 더 나은 정부, 더 효율적인 정부로 가기 위한 제도입니다.

　세상의 모든 사물은 세상의 변화를 수용해야 합니다. 민간위탁 사무 또한 운영 목적이나 사회적 가치변화를 수용해야하기 때문에 지속적으로 변화해 왔습니다. 현행 민간위탁 사무의 유형은 공익적 성격과 사익적성격의 사무가 혼재되어 스펙트럼이 다양합니다. 시대적 흐름과 환경변화에 맞는 민간위탁사무는 갈수록 커뮤니티거버넌스형(CG) 공공서비스 제공방식으로 변화되어 가고 있습니다.

　이를 효율적으로 관리하기 위해서는 민간위탁의 본질을 이해해야 하는데, 대표적인 영문표기가 contracting out인 것처럼 구매계약 또는 외주계약으로 계약에 관한 전반적인 프로세스를 이해하고 계약관리능력이 필요한 제도라는 것을 이해해야 합니다. 민간위탁 과정은 먼저 민간위탁을 위한 추진계획을 수립한 후 지방의회의 심의를 거쳐 민간위탁 선정심의위원회의 선정과정을 통해 최종 민간위탁 사업자를 선정하게 됩니다. 이 과정에 민간위탁 업체선정을 위한 계약법검토, 조례제정 또는 개정, 적정 위탁비용 산정, 위탁 후 성과평가 결과 적용을 위한 지표개발 등 세부적이고 전문적인 연구결과를 통한 의사결정 자료가 필요하게 됩니다. 이러한 연구결과는 민간기업이 공공서비스를 제공할 때 지속적인 품질 개선을 유도함으로써 서비스경쟁력을 향상시키고, 지자체는 효율적인 예산운영을 통하여 과대 또는 과소예산으로 인한 사회적 비용을 감소시키며 재정운영의 건전성을 증대시키는 효과가 있습니다. 이와 같이 민간위탁만을 연구해온 저희 연구소는 다양한 연구를 통해 얻은 노하우를 바탕으로 좀 더 선진화된 민간위탁 의사결정 자료와 효율적인 운영방안을 제안하는 역할을 수행할 것입니다.

연구소장　배성기

| 주요연구분야 | 연락처 |
|---|---|
| 공공서비스디자인(Public Service Design) | 전화 : 02 943 1941 |
| 민간위탁관리(Contracting Out Management) | 팩스 : 02 943 1948 |
| 사업타당성검토(Project Feasibility) | 이메일 : pami@pami.re.kr |
| 정부원가계산(Government Cost Accounting) | 홈페이지: www.pami.re.kr |
| 정부보조금정산(Government Grant Accounting) | |
| 공공서비스성과평가(Public Service Performance Evaluation) | |
| 사회적경제기업(Social Economy), 사회적가치평가(SROI) | |
| 조직 진단(Organizational Structure Design) | |
| 공공관리혁신(Public Management Innovation) | |
| 사회기반시설 자산관리(Infrastructure Asset Management) | |

## 2025 전국 지방자치단체 「민·관 협업사무 운영현황」은 이렇게 발간되었습니다.

### 1. 조사개요

민·관 협업은 학계와 실무계를 불문하고 사회 각계각층이 이 주제의 중요성을 인식하고 처방적 대안 마련에 관심을 쏟고 있음에도 민간위탁 케이스별 연구만이 주로 되어 왔습니다. 또한 사회적 현상을 기반으로 공공서비스의 유형을 공공서비스, 준공공서비스, 선택적 공공서비스 등으로의 구분하고 공익성의 정도에 따른 관리기법 및 예산운영 방법 등을 심도 있게 연구한 연구문헌이 부족한 상황입니다.

민·관 협업형 공공서비스는 국민들과의 최접점에서 공급되는 공공서비스로 지속적으로 성장하는 국민들의 공공서비스 수요를 반영하고 개선하기 위해서는 다양한 주제와 분야별로 지속적인 연구가 되어야 합니다. 하지만 이러한 연구를 하기 위한 기초적 통계자료가 없다는 것은 실로 놀라운 일이 아닐 수 없습니다.

따라서 본 조사는 전국 243개 지자체 전부를 대상으로 민·관 협업사무 현황을 분석하기 위해 지자체의 민간경상사업보조(307-02), 민간단체 법정운영비보조(307-03), 민간행사사업보조(307-04), 민간위탁금(307-05), 사회복지시설법정운영비보조(307-10), 사회복지사업보조(307-11), 민간인위탁교육비(307-12), 공기관등에 대한 경상적 위탁사업비(308-13), 공사공단 경상전출금(309-01), 민간자본사업보조 자체재원(402-01), 민간자본사업보조 이전재원(402-02), 민간위탁사업비(402-03), 공기관등에 대한 자본적 위탁사업비(403-02), 공사공단 자본전출금(404-01) 예산을 조사한 후 해당사무별 업체선정방법, 개별조례 유무, 원가산정기준, 서비스(성과)평가 유무, 수탁기업 현황 등에 대한 정보공개요청을 통해 현황을 조사하였습니다.

본 조사를 통해 얻을 수 있었던 것은 동종의 민·관 협업사무라도 운영예산규모, 업체선정기준, 개별조례유무, 위탁비용 산정기준, 서비스(성과)평가 유무 등이 같지 않다는 것을 알 수 있었습니다. 이를 검증하기 위해서는 심도 있는 연구가 수행 되어야 하겠으나 이런 비교결과조차도 유의미하다고 생각됩니다.

전국 지자체 민·관 협업사무 통계조사의 효용성은 첫째, 유사 민·관 협업사무의 운영예산 확인을 통한 예산운영의 적정성을 판단할 수 있는 기준자료, 둘째, 개별조례 유무 확인을 통한 제정 및 개정 용이, 셋째, 적정 비용 산정기준 확인, 넷째, 성과평가 기준 확인, 다섯째, 민간위탁기업명 확인을 통한 경쟁력 있는 기업선정 기초자료 확보 등과 같습니다.

상기와 같은 조사를 통해 궁극적으로 얻고자 한 것은 「건전한 긴장관계 유지」입니다. 전국 민·관 협업사무 운영현황을 통해 사무의 종류와 예산의 규모, 협업 수행 기업의 종류와 유형이 공개됨으로써 민·관 협업사무를 추진하는 입장에서는 선택의 폭이 넓어질 것이고, 서비스를 받는 국민의 입장에서는 서비스기업 간 경쟁시스템이 올바르게 갖추어져, 좀 더 체계적이며, 경제적이고, 만족할 만한 공공서비스가 제공 되어질 것입니다.

현 통계 조사의 한계점은 지자체에서 민간이전(307), 자치단체등이전(308), 전출금(309), 민간자본이전(402), 자치단체자본이전(403), 공기업전출금(404) 예산으로 운영하는 사무를 총괄하여 나열하였으나 해당 사무의 예산 편성시 다른 예산항목 사업으로 편성하여 혼재되어 공개된 사무가 다수 존재합니다. 이는 향후 관리자 교육을 통해 민간위탁 사업의 정확한 이해를 기반으로 해당사무 운영 기본 조례 제·개정과 함께 해당 사무가 운영될 시에 해소가 될 것으로 판단됩니다.

본 현황분석은 한국공공서비스연구소의 열 번 째 전국단위 민·관 협업사무 운영현황 통계조사를 한 것으로서 미흡한 부분이 다소 존재합니다. 하지만 전국 민·관 협업 서비스 발전을 위한 기초 연구자료로써 중요한 역할을 할 수 있을 것을 기대합니다.

도움을 주신 전국 민·관 협업사무 담당 공무원분들께 감사드립니다.

〈주요 분야 조사결과〉

(자료요청기관수: 245개 지자체 / 단위: 백만원)

| 분야 | 2023년 기준 예산 | 2024년 기준 예산 | 2025년 기준 예산 |
|---|---|---|---|
| 하수도 | 2,148,373 | 2,224,146 | 2,418,765 |
| 상수도 | - | 2,552,021 | 2,708,947 |
| 생활폐기물 수집운반 | 1,956,510 | 2,137,423 | 2,638,934 |
| 폐기물처리시설 | 638,846 | 1,168,608 | 1,235,285 |
| 민원콜센터 | - | 69,450 | 75,904 |
| 체육시설 | 478,701 | 866,072 | 992,137 |
| 관광시설 | 150,187 | 180,118 | 203,502 |
| 문화예술시설 | 323,826 | 504,846 | 593,449 |
| 청소년수련시설 | 181,774 | 242,673 | 245,763 |
| 평생교육시설 | - | 96,335 | 118,617 |
| 사회복지시설 | - | 2,220,947 | 2,478,048 |
| 정보화사업 | - | 703,826 | 707,663 |
| 중간지원조직 | - | 397,602 | 502,325 |

2. **조사기간 :** 2025년 6월 ~ 2025년 9월

3. **조사결과**

〈정보화사업 분야 조사결과 종합〉

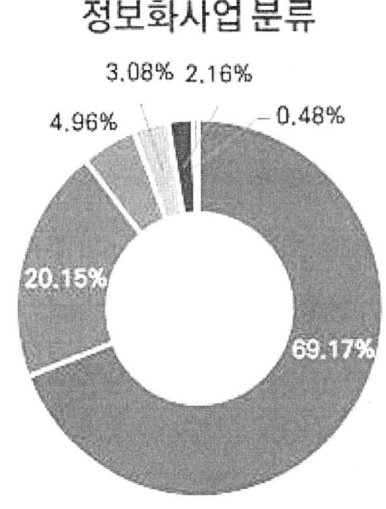

| 순위 | 문항 | 응답 건수(건) | 백분율(%) |
|---|---|---|---|
| 1 | 유지및보수 | 4,586 | 69.17 |
| 2 | SW/HW개발및구매 | 1,336 | 20.15 |
| 3 | 기타 | 329 | 4.96 |
| 4 | 정보화지원 | 204 | 3.08 |
| 5 | DB구축 | 143 | 2.16 |
| 6 | 정보화전략계획(ISP)수립 | 32 | 0.48 |

〈2025년 정보화사업 분야 사업별 분류 통계〉

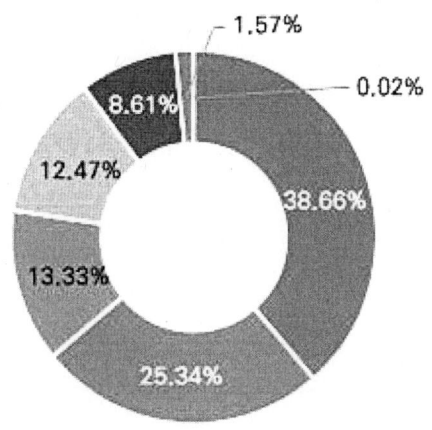

■ 지자체및상위기관정책 ■ 법률에규정 ■ 해당없음 ■ 기타 ■ 조례 ■ 국고보조재원 ■ 용도지정기부금

| 순위 | 문항 | 응답 건수(건) | 백분율(%) |
|---|---|---|---|
| 1 | 지자체및상위기관정책 | 2,563 | 38.66 |
| 2 | 법률에규정 | 1,680 | 25.34 |
| 3 | 해당없음 | 884 | 13.33 |
| 4 | 기타 | 827 | 12.47 |
| 5 | 조례 | 571 | 8.61 |
| 6 | 국고보조재원 | 104 | 1.57 |
| 7 | 용도지정기부금 | 1 | 0.02 |

〈 2025년 정보화사업 분야 예산편성 근거 통계 〉

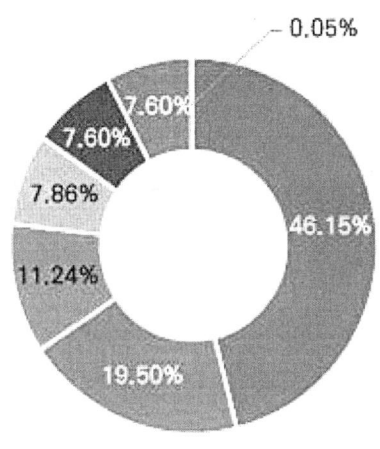

| 순위 | 문항 | 응답 건수(건) | 백분율(%) |
|---|---|---|---|
| 1 | 수의계약 | 3,060 | 46.15 |
| 2 | 해당없음 | 1,293 | 19.50 |
| 3 | 제한경쟁 | 745 | 11.24 |
| 4 | 기타 | 521 | 7.86 |
| 5 | 일반경쟁 | 504 | 7.60 |
| 5 | 법정위탁 | 504 | 7.60 |
| 7 | 지명경쟁 | 3 | 0.05 |

〈 2025년 정보화사업 분야 계약체결방법 통계 〉

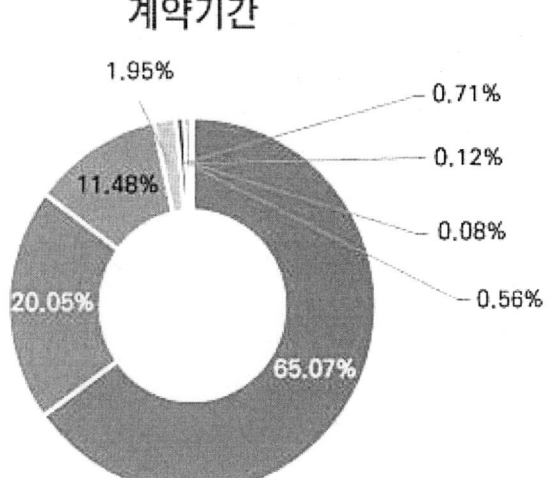

| 순위 | 문항 | 응답 건수(건) | 백분율(%) |
|---|---|---|---|
| 1 | 1년 | 4,314 | 65.07 |
| 2 | 해당없음 | 1,329 | 20.05 |
| 3 | 단기계약(1년 미만) | 761 | 11.48 |
| 4 | 2년 | 129 | 1.95 |
| 5 | 5년 | 47 | 0.71 |
| 6 | 3년 | 37 | 0.56 |
| 7 | 기타 | 8 | 0.12 |
| 8 | 4년 | 5 | 0.08 |

〈 2025년 정보화사업 분야 계약기간 통계 〉

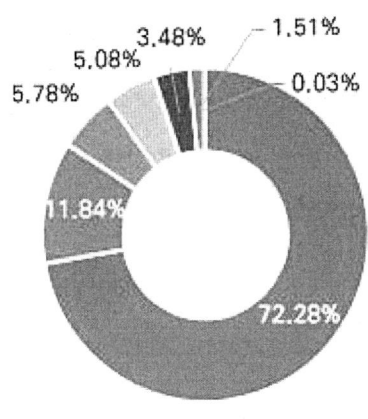

| 순위 | 문항 | 응답 건수(건) | 백분율(%) |
|---|---|---|---|
| 1 | 해당없음 | 4,792 | 72.28 |
| 2 | 협상에의한계약 | 785 | 11.84 |
| 3 | 기타 | 383 | 5.78 |
| 4 | 최저가낙찰제 | 337 | 5.08 |
| 5 | 적격심사 | 231 | 3.48 |
| 6 | 2단계 경쟁입찰 | 100 | 1.51 |
| 7 | 규격가격분리 | 2 | 0.03 |

〈2025년 정보화사업 분야 낙찰자 선정방법 통계〉

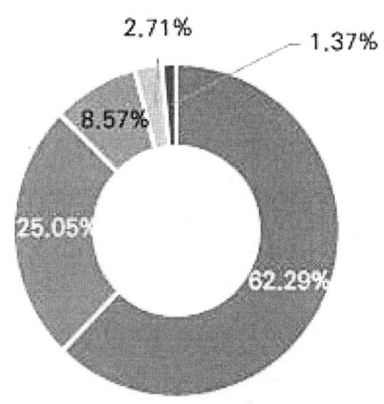

| 순위 | 문항 | 응답 건수(건) | 백분율(%) |
|---|---|---|---|
| 1 | 내부산정(지자체 자체산정) | 4,130 | 62.29 |
| 2 | 해당없음 | 1,661 | 25.05 |
| 3 | 외부산정(외부전문기관 위탁) | 568 | 8.57 |
| 4 | 내·외부 모두산정 | 180 | 2.71 |
| 5 | 산정 안함 | 91 | 1.37 |

〈 2025년 정보화사업 분야 원가산정 통계 〉

## 정산방법

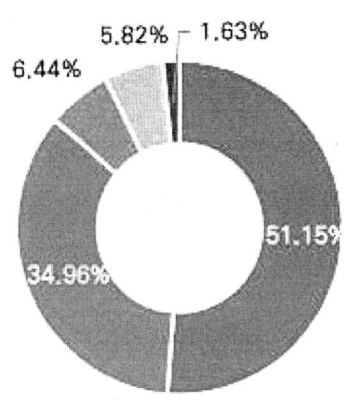

- 내부정산(지자체 자체)
- 해당없음
- 외부정산(외부전문기관 위탁)
- 정산 안함
- 내·외부 모두 수행

| 순위 | 문항 | 응답 건수(건) | 백분율(%) |
|---|---|---|---|
| 1 | 내부정산(지자체 자체) | 3,391 | 51.15 |
| 2 | 해당없음 | 2,318 | 34.96 |
| 3 | 외부정산(외부전문기관 위탁) | 427 | 6.44 |
| 4 | 정산 안함 | 386 | 5.82 |
| 5 | 내·외부 모두 수행 | 108 | 1.63 |

〈 2025년 정보화사업 분야 정산방법 통계 〉

## 성과평가 실시여부

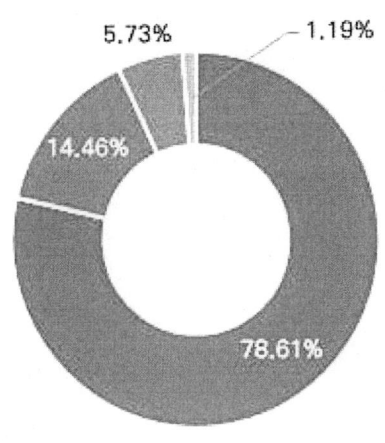

| 순위 | 문항 | 응답 건수(건) | 백분율(%) |
|---|---|---|---|
| 1 | 해당없음 | 5,212 | 78.61 |
| 2 | 미실시 | 959 | 14.46 |
| 3 | 실시 | 380 | 5.73 |
| 4 | 향후 추진 | 79 | 1.19 |

〈 2025년 정보화사업 분야 성과평가 실시여부 통계 〉

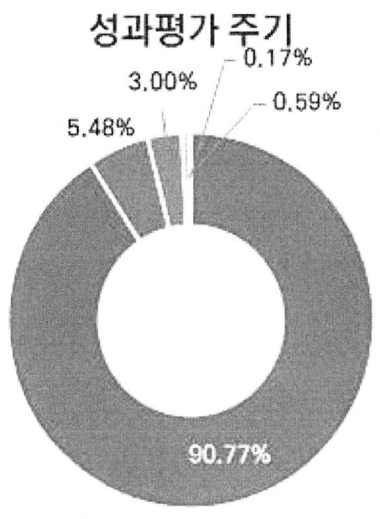

| 순위 | 문항 | 응답 건수(건) | 백분율(%) |
|---|---|---|---|
| 1 | 해당없음 | 6,018 | 90.77 |
| 2 | 매년 | 363 | 5.48 |
| 3 | 기타 | 199 | 3.00 |
| 4 | 계약기간만료전 | 39 | 0.59 |
| 5 | 격년 | 11 | 0.17 |

〈 2025년 정보화사업 분야 성과평가 주기 통계 〉

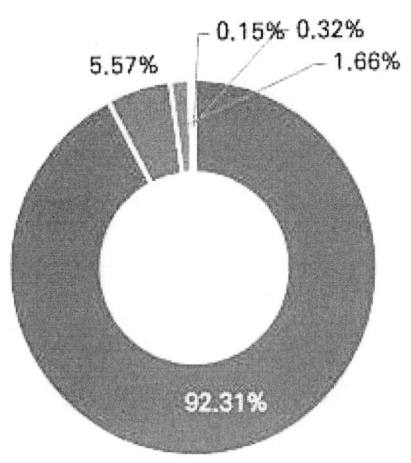

| 순위 | 문항 | 응답 건수(건) | 백분율(%) |
|---|---|---|---|
| 1 | 해당없음 | 6,120 | 92.31 |
| 2 | 자체 평가 | 369 | 5.57 |
| 3 | 기타 | 110 | 1.66 |
| 4 | 평가단 구성 후 실시(전문위원위촉) | 21 | 0.32 |
| 5 | 전문 평가기관 의뢰 | 10 | 0.15 |

〈 2025년 정보화사업 분야 성과평가 실시방법 통계 〉

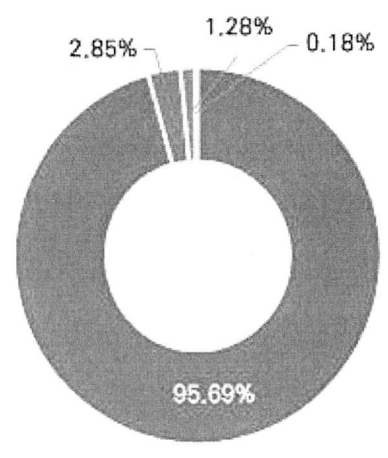

## 인센티브 및 패널티 적용여부

| 순위 | 문항 | 응답 건수(건) | 백분율(%) |
|---|---|---|---|
| 1 | 해당없음 | 6,344 | 95.69 |
| 2 | 적용 안함 | 189 | 2.85 |
| 3 | 적용 | 85 | 1.28 |
| 4 | 기타 | 12 | 0.18 |

〈 2025년 정보화사업 분야 인센티브 및 패널티 적용여부 통계 〉

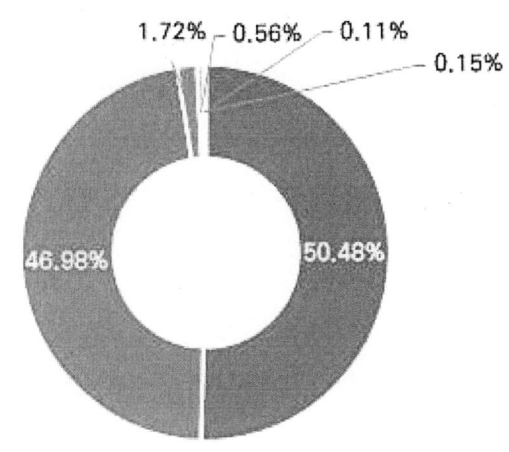

| 순위 | 문항 | 응답 건수(건) | 백분율(%) |
|---|---|---|---|
| 1 | 해당없음 | 3,347 | 50.48 |
| 2 | 계약서 | 3,115 | 46.98 |
| 3 | 기타 | 114 | 1.72 |
| 4 | 지침 | 37 | 0.56 |
| 5 | 법률 | 10 | 0.15 |
| 6 | 조례 | 7 | 0.11 |

〈 2025년 정보화사업 분야 인센티브 및 패널티 적용근거 통계 〉

## 정보화사업별 예산 현황

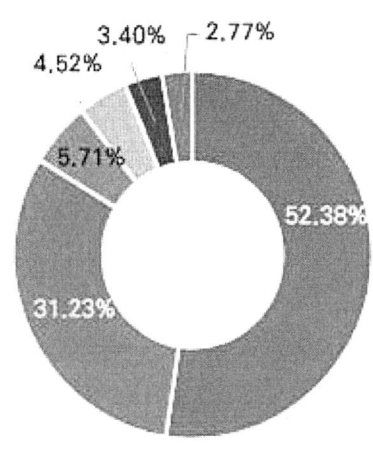

- 유지및보수
- SW/HW개발및구매
- 기타
- 정보화지원
- DB구축
- 정보화전략계획(ISP)수립

| 순위 | 시설 | 예산액(천원) | 백분율(%) |
|---|---|---|---|
| 1 | 유지및보수 | 370,645,518 | 52.38 |
| 2 | SW/HW개발및구매 | 220,992,553 | 31.23 |
| 3 | 기타 | 40,412,868 | 5.71 |
| 4 | 정보화지원 | 31,968,648 | 4.52 |
| 5 | DB구축 | 24,070,280 | 3.40 |
| 6 | 정보화전략계획(ISP)수립 | 19,571,984 | 2.77 |

〈 2025년 정보화사업 분야 사업별 예산 현황 통계 〉

## ■ 민·관협업 예산비목 설명

1) 민간경상사업보조(307-02)란 민간이 행하는 사업에 대하여 자치단체가 이를 권장하기 위하여 교부하는 것으로 자본적 경비를 제외한 보조금을 말함
2) 민간단체 법정운영비보조(307-03)란 지방재정법 제17조 및 지방보조금법 제6조제2항에 따라 운영비를 지원할 수 있는 단체 등에 지원하는 경비를 말함
3) 민간행사사업보조(307-04)란 민간이 주관 또는 주최하는 행사에 대하여 자본적 경비를 제외한 보조금을 말함
4) 민간위탁금(307-05)이란 국가 또는 지방자치단체가 법령 및 조례에 의하여 민간인에게 위탁 관리시키는 사업 중 기금성격의 사업비로서 사업이 종료되거나 위탁이 폐지될 때에는 전액 국고 또는 지방비로 회수가 가능한 사업을 말함
5) 사회복지시설 법정운영비 보조(307-10)란 주민 복지를 위해 법령의 명시적 근거에 따라 사회복지시설에 대하여 운영비 지원 목적으로 편성하는 보조금을 말함
6) 사회복지사업보조(307-11)란 주민 복지를 위해 법령 또는 조례상 지원기준에 따라 의무적으로 지출하는 보조금 또는 자치단체가 권장하는 다음 각 호의 사업을 위하여 지급하는 보조금으로서 자본적 경비를 제외한 경비를 말함
7) 민간인위탁교육비(307-12)란 법령 또는 조례 등에 따라 자치단체 사무를 위해 민간인을 위탁 교육할 경우 위탁기관에 지급할 위탁교육비를 말함
8) 공기관등에 대한 경상적 위탁사업비(308-13)란 광역사업 등 당해 자치단체가 시행하여야 할 자본형성적 사업 외의 경비를 공기관에 위임 또는 위탁, 대행하여 시행할 경우 부담하는 제반경비, 지방자치단체조합(한국지역정보개발원 등)에 위탁하는 자본 형성적 사업 외 제반 경비를 말함
9) 공사·공단 경상전출금(309-01)이란 공사·공단에 대한 자본전출금을 제외한 전출금을 말함
10) 민간자본사업보조(자체재원)(402-01)이란 민간의 자본형성을 위하여 민간이 추진하는 사업을 권장할 목적으로 민간에게 자치단체 자체 재원으로 직접 지급하는 보조금을 말함
11) 민간자본사업보조(이전재원)(402-02)이란 민간의 자본형성을 위하여 민간이 추진하는 사업을 권장할 목적으로 민간에게 국비 또는 시도비를 시도 및 시군구에서 지급하는 보조금
12) 민간위탁사업비(402-03)란 자치단체가 직접 추진하여야 할 사업으로서 법령의 규정에 의하여 민간에 위임 또는 위탁, 대행시키는 사업의 사업비, 국가 또는 지방자치단체의 위임사무에 수반하는 경비로서 지방자치단체 이외의 타에 지급하는 교부금을 말함
13) 공기관등에 대한 자본적 위탁사업비(403-02)란 광역사업 등 당해 자치단체가 시행하여야 할 자본 형성적 사업을 공기관에 위임 또는 위탁, 대행하여 시행할 경우 부담하는 제반경비를 말함
14) 공사·공단자본전출금(404-01)이란 공사·공단에 대한 자본형성 또는 경제개발을 위하여 지급하는 전출금을 말함

자료출처 : 행정안전부, 2025년도 지방자치단체 예산편성 운영기준 및 기금운용계획 수립기준(2024. 7.)

# 목 차

## 2. 정보화사업 ············································································· 1

### 서울

| | |
|---|---|
| 서울특별시 ································································1 | |
| 성북구 ·········································································8 | |
| 도봉구 ········································································10 | |
| 노원구 ········································································10 | |
| 서대문구 ····································································11 | |
| 강남구 ········································································12 | |

### 부산

부산광역시 ································································13
중구 ············································································15
서구 ············································································16
동구 ············································································17
영도구 ········································································18
부산진구 ····································································19
동래구 ········································································20
북구 ············································································21
해운대구 ····································································22
금정구 ········································································23
강서구 ········································································24
연제구 ········································································24
수영구 ········································································25
사상구 ········································································25
기장군 ········································································26

### 대구

대구광역시 ································································27
동구 ············································································27
서구 ············································································27
남구 ············································································29
북구 ············································································30
수성구 ········································································31
달서구 ········································································31
달성군 ········································································32
군위군 ········································································32

### 인천

중구 ············································································33
미추홀구 ····································································33
연수구 ········································································34
남동구 ········································································35
부평구 ········································································37
계양구 ········································································37
서구 ············································································38
강화군 ········································································39
옹진군 ········································································40

### 광주

동구 ············································································41
남구 ············································································42
북구 ············································································42

# 목 차

## 대전
- 대전광역시 ……………………… 44
- 동구 ……………………… 47
- 중구 ……………………… 48
- 서구 ……………………… 49
- 유성구 ……………………… 52
- 대덕구 ……………………… 53

## 울산
- 울산광역시 ……………………… 54
- 중구 ……………………… 56
- 동구 ……………………… 57

## 세종
- 세종특별자치시 ……………………… 57

## 경기
- 수원특례시 ……………………… 59
- 성남시 ……………………… 59
- 광명시 ……………………… 65
- 동두천시 ……………………… 65
- 고양특례시 ……………………… 68
- 구리시 ……………………… 72
- 남양주시 ……………………… 75
- 오산시 ……………………… 78
- 시흥시 ……………………… 78
- 군포시 ……………………… 81
- 하남시 ……………………… 81
- 용인특례시 ……………………… 83
- 화성특례시 ……………………… 84
- 양주시 ……………………… 88
- 여주시 ……………………… 89
- 연천군 ……………………… 89
- 가평군 ……………………… 92
- 양평군 ……………………… 94

## 강원
- 춘천시 ……………………… 95
- 원주시 ……………………… 97
- 강릉시 ……………………… 99
- 동해시 ……………………… 101
- 태백시 ……………………… 102
- 속초시 ……………………… 102
- 횡성군 ……………………… 105
- 평창군 ……………………… 106
- 정선군 ……………………… 107
- 철원군 ……………………… 109
- 화천군 ……………………… 109
- 양구군 ……………………… 110
- 인제군 ……………………… 110
- 고성군 ……………………… 111

## 충북
- 청주시 ……………………… 112
- 충주시 ……………………… 115
- 제천시 ……………………… 117
- 옥천군 ……………………… 119
- 영동군 ……………………… 119
- 증평군 ……………………… 121
- 진천군 ……………………… 123
- 괴산군 ……………………… 123
- 음성군 ……………………… 123
- 단양군 ……………………… 124

# 목 차

## 충남

충청남도 ·················································126
공주시 ····················································127
당진시 ····················································127
보령시 ····················································129
아산시 ····················································131
서산시 ····················································131
논산시 ····················································132
계룡시 ····················································134
금산군 ····················································134
부여군 ····················································135
서천군 ····················································136
청양군 ····················································136
홍성군 ····················································137
예산군 ····················································138

## 전북

전주시 ····················································139
군산시 ····················································142
익산시 ····················································142
남원시 ····················································143
완주군 ····················································145
진안군 ····················································146
무주군 ····················································147
장수군 ····················································148
순창군 ····················································150
고창군 ····················································152
부안군 ····················································153

## 전남

전라남도 ·················································154
목포시 ····················································155
여수시 ····················································156
순천시 ····················································158
나주시 ····················································158
광양시 ····················································159
담양군 ····················································160
곡성군 ····················································161
구례군 ····················································162
고흥군 ····················································163
보성군 ····················································164
화순군 ····················································165
장흥군 ····················································166
강진군 ····················································167
해남군 ····················································167
영암군 ····················································168
함평군 ····················································169
영광군 ····················································170
완도군 ····················································171
진도군 ····················································172
신안군 ····················································173

# 목 차

## 경북

| | |
|---|---|
| 경상북도 | 174 |
| 포항시 | 174 |
| 경주시 | 175 |
| 김천시 | 177 |
| 영주시 | 178 |
| 영천시 | 182 |
| 상주시 | 183 |
| 문경시 | 185 |
| 경산시 | 185 |
| 의성군 | 186 |
| 청송군 | 187 |
| 영양군 | 188 |
| 영덕군 | 190 |
| 청도군 | 190 |
| 고령군 | 191 |
| 성주군 | 192 |
| 예천군 | 192 |
| 봉화군 | 192 |
| 울진군 | 193 |
| 울릉군 | 194 |

## 경남

| | |
|---|---|
| 경상남도 | 195 |
| 창원특례시 | 196 |
| 진주시 | 198 |
| 통영시 | 201 |
| 사천시 | 201 |
| 김해시 | 201 |
| 밀양시 | 203 |
| 거제시 | 205 |
| 의령군 | 205 |
| 창녕군 | 205 |
| 고성군 | 207 |
| 남해군 | 209 |
| 산청군 | 209 |
| 함양군 | 210 |
| 거창군 | 211 |
| 합천군 | 212 |

## 제주

| | |
|---|---|
| 제주시 | 213 |
| 서귀포시 | 213 |

# 지방자치단체 정보화사업 추진현황 조사

| 순번 | 시‧군‧구 | 정보화사업 사업명<br>· 예산서 상의 사업명 | 정보화사업 분류<br>1.유지 및 보수<br>2.SW/HW 개발 및 구매<br>3.DB 구축<br>4.정보화 전략계획(ISP) 수립<br>5.정보화사업<br>6.기타 | 2025년 예산<br>(단위:천원/1년간) | 예산 편성근거<br>1.법률 및 규정<br>2.국고보조 지침<br>3.용도지정기부금<br>4.조례<br>5.지자체 및 상하기관 정책<br>6.기타<br>7.해당없음 | 계약체결방법(경쟁형식)<br>1.일반경쟁<br>2.제한경쟁<br>3.지명경쟁<br>4.수의계약<br>5.발주처<br>6.기타()<br>7.해당없음 | 정보화사업 입찰방식<br>1.1년<br>2.2년<br>3.3년<br>4.4년<br>5.5년<br>6.기타<br>7.단기계약(1년미만)<br>8.해당없음 | 낙찰자 선정방법<br>1.적격심사<br>2.협상에 의한계약<br>3.최저가낙찰<br>4.규격가격분리<br>5.2단계 경쟁입찰<br>6.기타()<br>7.해당없음 | 평가산정<br>1.내부산정(자체적으로 산정)<br>2.외부산정(전문기관에 산정)<br>3.내외부 모두 산정<br>4.산정 無<br>5.해당없음 | 정보화사업 예산 산정<br>정산방법<br>1.내부정산(내부적으로 정산)<br>2.외부정산(외부전문기관위탁 정산)<br>3.내.외부 모두 정산<br>4.정산 無<br>5.해당없음 | 성과평가 실시여부<br>1.실시<br>2.미실시<br>3.향후 추진<br>4.해당없음 | 성과평가<br>성과평가 주기<br>1.매년<br>2.격년<br>3.기간만료전<br>4.기타()<br>5.해당없음 | 성과평가 방법<br>1.자체 평가<br>2.평가단 구성후 실시(전문위원회축)<br>3.전문 평가기관 의뢰<br>4.기타()<br>5.해당없음 | 평가결과 적용<br>성과평가결과 인센티브 패널티 적용 유무<br>1.적용<br>2.적용 안함<br>3.기타()<br>4.해당없음 | 인센티브 및 패널티 적용 근거<br>1.법률<br>2.조례<br>3.지침<br>4.계약서<br>5.기타()<br>6.해당없음 |
|---|---|---|---|---|---|---|---|---|---|---|---|---|---|---|---|
| 1 | 서울특별시 | 재난정보관리시스템 유지관리 | 1 | 206,290 | 5 | 2 | 1 | 2 | 5 | 5 | 1 | 1 | 1 | 4 | 4 |
| 2 | 서울특별시 | 아동 치과 주치의지원 사업 | 1 | 55,000 | 5 | 2 | 1 | 2 | 5 | 5 | 4 | 5 | 5 | 4 | 4 |
| 3 | 서울특별시 | 어린이 신체 성장정보 축적 시스템 | 1 | 55,000 | 3 | 7 | 8 | 7 | 5 | 5 | 4 | 5 | 5 | 4 | 6 |
| 4 | 서울특별시 | 서울시 암산출정보 시스템 운영 | 1 | 187,317 | 7 | 2 | 1 | 2 | 5 | 5 | 1 | 1 | 5 | 4 | 4 |
| 5 | 서울특별시 | 균형발전종합정보포털 운영 | 1 | 168,579 | 6 | 2 | 1 | 2 | 5 | 5 | 4 | 5 | 5 | 1 | 6 |
| 6 | 서울특별시 | 건설정보관리시스템 유지관리 | 1 | 751,175 | 5 | 2 | 1 | 2 | 5 | 5 | 1 | 1 | 1 | 4 | 4 |
| 7 | 서울특별시 | 서울 스마트도시 기본계획 수립 용역 | 6 | 493,015 | 4 | 2 | 1 | 2 | 5 | 5 | 4 | 4 | 4 | 4 | 4 |
| 8 | 서울특별시 | 정보시스템 구조진단 및 개선 전설형 용역 | 4 | 261,444 | 5 | 1 | 2 | 2 | 5 | 5 | 4 | 4 | 4 | 4 | 4 |
| 9 | 서울특별시 | 2024-2025년 서울시 챗봇 시스템 유지관리 용역 | 1 | 285,103 | 5 | 1 | 1 | 6 | 5 | 5 | 1 | 1 | 1 | 4 | 4 |
| 10 | 서울특별시 | RPA 기반 업무자동화 시스템 | 2 | 81,348 | 5 | 2 | 1 | 2 | 5 | 5 | 4 | 5 | 5 | 4 | 4 |
| 11 | 서울특별시 | 비대면 디지털 행정서비스 통합 가능개선 용역 | 1 | 826,718 | 1 | 1 | 7 | 3 | 5 | 5 | 4 | 5 | 5 | 4 | 4 |
| 12 | 서울특별시 | 비대면 디지털 행정서비스 통합 가능개선 용역 감리 | 6 | 57,036 | 6 | 4 | 1 | 2 | 5 | 5 | 3 | 1 | 1 | 2 | 4 |
| 13 | 서울특별시 | 2025년 서울시민카드 운영 및 유지관리 | 1 | 353,000 | 5 | 2 | 1 | 7 | 5 | 5 | 4 | 5 | 5 | 4 | 4 |
| 14 | 서울특별시 | 2025년 엠보팅 시스템 운영 및 유지관리 | 1 | 151,800 | 5 | 4 | 1 | 2 | 5 | 5 | 4 | 5 | 5 | 4 | 4 |
| 15 | 서울특별시 | 공공서비스 예약시스템 운영 및 유지관리 | 1 | 199,206 | 4 | 2 | 1 | 2 | 5 | 5 | 4 | 5 | 5 | 4 | 4 |
| 16 | 서울특별시 | 행정포털 시스템 운영 및 유지관리 | 1 | 710,113 | 1 | 2 | 1 | 7 | 5 | 5 | 4 | 5 | 5 | 4 | 4 |
| 17 | 서울특별시 | 2025년 모바일오피스 시스템 유지관리 | 1 | 54,702 | 7 | 4 | 1 | 2 | 5 | 5 | 4 | 5 | 5 | 4 | 4 |
| 18 | 서울특별시 | 모바일오피스 서버 이관 | 6 | 11,000 | 7 | 4 | 7 | 7 | 5 | 5 | 4 | 5 | 5 | 4 | 4 |
| 19 | 서울특별시 | 매일행정지식문서전송시스템 운영 및 유지관리 | 1 | 489,830 | 1 | 2 | 1 | 2 | 5 | 5 | 4 | 5 | 5 | 4 | 4 |
| 20 | 서울특별시 | 공통행정정보시스템 운영 및 유지관리 | 1 | 694,700 | 1 | 2 | 1 | 2 | 5 | 5 | 4 | 5 | 5 | 4 | 4 |
| 21 | 서울특별시 | 서울영상센터 홈페이지 구축 | 2 | 380,301 | 5 | 2 | 1 | 2 | 5 | 5 | 4 | 5 | 5 | 4 | 4 |
| 22 | 서울특별시 | 2025년 3D 기반 S-Map 및 오픈랩 플랫폼 유지관리 | 1 | 517,107 | 5 | 2 | 1 | 2 | 5 | 5 | 4 | 5 | 5 | 4 | 4 |
| 23 | 서울특별시 | 3D 기반 S-Map(Virtual Seoul) 지능화 사업 | 3 | 1,563,521 | 5 | 2 | 7 | 2 | 5 | 5 | 4 | 5 | 5 | 4 | 6 |
| 24 | 서울특별시 | 2025년 S-Map 기능개선 용역 | 2 | 176,604 | 5 | 2 | 7 | 2 | 5 | 5 | 4 | 5 | 5 | 4 | 6 |
| 25 | 서울특별시 | 2025년 S-Map 기능개선 감리 용역 | 6 | 108,155 | 5 | 4 | 7 | 2 | 5 | 5 | 4 | 5 | 5 | 4 | 6 |
| 26 | 서울특별시 | 지하시설물통합정보관리시스템 유지관리 | 1 | 97,390 | 5 | 4 | 2 | 7 | 5 | 5 | 1 | 4(매달) | 1 | 1 | 4 |
| 27 | 서울특별시 | 지하시설물통합정보관리시스템 기능개선 | 2 | 272,295 | 5 | 4 | 7 | 2 | 5 | 5 | 2 | 5 | 5 | 4 | 4 |

- 1 -

| 순번 | 시·군·구 | 정보화사업 사업명 · 예산서 상의 사업명 | 정보화사업 분류<br>1. 유지 및 보수<br>2. SW/HW<br>3. DB 구축<br>4. 정보화<br>전략계획<br>(ISP) 수립<br>5. 정보화지원<br>6. 기타 | 2025년 예산<br>(단위:천원/1년간) | 예산 편성근거<br>1. 법률에 규정<br>2. 국고보조재원<br>3. 용도조정부금<br>4. 조례<br>5. 지자체 및<br>상위기관 정책<br>6. 기타<br>7. 해당없음 | 계약체결방법<br>(경쟁형태)<br>1. 일반경쟁<br>2. 제한경쟁<br>3. 지명경쟁<br>4. 수의계약<br>5. 정책위탁<br>6. 기타<br>7. 해당없음 | 정보화사업 계약방식<br>계약기간<br>1. 1년<br>2. 2년<br>3. 3년<br>4. 4년<br>5. 5년<br>6. 기타<br>7. 단기계약<br>(1년미만)<br>8. 해당없음 | 낙찰자 선정방법<br>1. 적격심사<br>2. 협상에 의한계약<br>3. 최저가낙찰<br>4. 규격가격분리<br>5. 2단계 경쟁입찰<br>6. 기타 ( )<br>7. 해당없음 | 정보화사업 예산방식<br>평가시점<br>1. 내부산정<br>(자체로 산정)<br>2. 외부산정<br>(전문기관에 산정)<br>3. 내·외부 모두 산정<br>4. 산정 無<br>5. 해당없음 | 정산방법<br>1. 내부산정<br>(내부적으로 정산)<br>2. 외부산정<br>(외부전문기관의뢰 정산)<br>3. 내·외부 모두 정산<br>4. 정산 無<br>5. 해당없음 | 성과평가 실시여부<br>1. 실시<br>2. 미실시<br>3. 향후 추진<br>4. 해당없음 | 성과평가 주기<br>1. 매년<br>2. 격년<br>3. 기간완료전<br>4. 기타 ( )<br>5. 해당없음 | 성과평가 방법<br>1. 자체 평가<br>2. 평가단 구성평가(전문위원회)<br>3. 전문 평가기관 의뢰<br>4. 기타<br>5. 해당없음 | 평가결과<br>성과평가결과 인센티브 및 패널티 여부<br>1.적용<br>2.적용안함<br>3.기타 ( )<br>4.해당없음 | 인센티브 및 패널티 적용 근거<br>1. 법률<br>2. 조례<br>3. 지침<br>4. 계약서<br>5. 기타 ( )<br>6. 해당없음 |
|---|---|---|---|---|---|---|---|---|---|---|---|---|---|---|---|
| 28 | 서울특별시 | 통합공간정보시스템(SDW) 유지관리 | 1 | 306,199 | 5 | 4 | 1 | 2 | 5 | 5 | 1 | 4(매년) | 1 | 1 | 4 |
| 29 | 서울특별시 | 공간정보시스템 운영 SW(Tmax제품군) 유지관리 | 1 | 49,500 | 5 | 4 | 1 | 7 | 5 | 5 | 2 | 5 | 5 | 4 | 4 |
| 30 | 서울특별시 | 공간정보시스템 운영 SW(Esri제품군) 유지관리 | 1 | 157,000 | 5 | 4 | 1 | 7 | 5 | 5 | 2 | 5 | 5 | 4 | 4 |
| 31 | 서울특별시 | 지도정보 플랫폼 유지관리 및 운영 | 1 | 213,000 | 5 | 1 | 2 | 2 | 5 | 5 | 1 | 4(매년) | 1 | 1 | 4 |
| 32 | 서울특별시 | 지도정보플랫폼서비스 어카텍처 재구조화 | 2 | 512,526 | 5 | 1 | 2 | 2 | 5 | 5 | 4 | 5 | 5 | 4 | 4 |
| 33 | 서울특별시 | 서울스마트불편신고 유지관리 | 1 | 130,680 | 5 | 2 | 2 | 2 | 5 | 5 | 4 | 5 | 5 | 4 | 4 |
| 34 | 서울특별시 | 서울 돌봄급여 시스템 유지관리 | 1 | 327,426 | 5 | 2 | 1 | 2 | 5 | 5 | 1 | 1 | 1 | 1 | 3 |
| 35 | 서울특별시 | 2025년 서울형 헬스케어 통합플랫폼 유지관리 및 기능개선 | 1 | 1,271,789 | 4 | 2 | 2 | 2 | 5 | 5 | 1 | 5 | 1 | 2 | 2 |
| 36 | 서울특별시 | 서울형 헬스케어(손목닥터9988) 시스템 구축 운영 | 1 | 1,273,059 | 4 | 4 | 1 | 7 | 5 | 5 | 4 | 5 | 5 | 4 | 4 |
| 37 | 서울특별시 | 디지털 인지기능 개선 콘텐츠 개발 | 2 | 44,400 | 2 | 2 | 7 | 2 | 5 | 5 | 1 | 1 | 4 | 2 | 5 |
| 38 | 서울특별시 | 동부병원 노후 PACS 교체 구축사업 | 2 | 474,100 | 6 | 2 | 7 | 2 | 5 | 5 | 1 | 3 | 1 | 2 | 4 |
| 39 | 서울특별시 | 노후 환자통의서작성시스템 운영 및 교체사업 | 2 | 274,230 | 6 | 2 | 7 | 2 | 5 | 5 | 4 | 5 | 5 | 4 | 4 |
| 40 | 서울특별시 | 노후 방화벽 교체 및 웹 방화벽 도입 | 2 | 124,033 | 6 | 2 | 7 | 3 | 5 | 5 | 4 | 5 | 5 | 4 | 4 |
| 41 | 서울특별시 | 정보통신시스템 유지보수 | 1 | 181,620 | 1 | 2 | 1 | 1 | 5 | 5 | 4 | 4 | 1 | 4 | 4 |
| 42 | 서울특별시 | 행복e음시스템 유지보수 | 1 | 165,945 | 1 | 4 | 1 | 7 | 5 | 5 | 4 | 4 | 4 | 4 | 4 |
| 43 | 서울특별시 | 2025년 응답소/민원분석시스템 운영 유지관리 용역 | 1 | 1,245,380 | 4 | 2 | 1 | 6 (2회유찰로 수의계약) | 5 | 5 | 3 | 1 | 4 | 4 | 4 |
| 44 | 서울특별시 | 영구 토지기록물 지적공부 원문서 DB 통합 구축 | 3 | 220,000 | 4 | 2 | 7 | 2 | 5 | 5 | 3 | 1 | 1 | 4 | 4 |
| 45 | 서울특별시 | 2025년 지적재조사 온라인 업무 시스템 운영 및 유지관리 용역 | 1 | 10,233 | 1 | 4 | 1 | 7 | 5 | 5 | 1 | 1 | 1 | 4 | 4 |
| 46 | 서울특별시 | 서울시 부동산정보 통합시스템 운영 및 유지보수 | 1 | 380,430 | 6 | 2 | 1 | 2 | 5 | 5 | 4 | 5 | 4(사용자 설문조사) | 4 | 4 |
| 47 | 서울특별시 | 네트워크 RTK시스템 및 KRAS 유지보수 | 1 | 56,379 | 6 | 4 | 8 | 4 | 5 | 5 | 4 | 5 | 4(사용자 설문조사) | 4 | 4 |
| 48 | 서울특별시 | 지적중앙토털시스템 고도화 | 2 | 227,851 | 1 | 6 | 1 | 7 | 5 | 5 | 1 | 1 | 1 | 3 | 5 |
| 49 | 서울특별시 | 부동산통합정보시스템 운영 및 통합 유지관리 사업 | 1 | 215,337 | 6 | 4 | 1 | 7 | 5 | 5 | 1 | 1 | 4 | 3 | 5 |
| 50 | 서울특별시 | 부동산중개업시스템 고도화 사업 | 2 | 111,724 | 6 | 6 | 8 | 7 | 5 | 5 | 1 | 1 | 4 | 3 | 5 |
| 51 | 서울특별시 | 서울시도지유용위원회 심의지원시스템 운영 사업 | 1 | 124,519 | 1 | 4 | 1 | 2 | 5 | 5 | 3 | 1 | 4 | 3 | 5 |
| 52 | 서울특별시 | 외국어 누리집 운영, 외국어 누리집 유지보수 | 1 | 719,750 | 1 | 2 | 1 | 7 | 5 | 5 | 1 | 1 | 1 | 2 | 4 |
| 53 | 서울특별시 | 2025년 본청정사 통신시스템 유지관리 용역 | 1 | 808,210 | 6 | 2 | 1 | 2 | 5 | 5 | 4 | 5 | 5 | 4 | 4 |
| 54 | 서울특별시 | 2025년 서소문청사 통신시스템 유지관리 용역 | 1 | 275,000 | 6 | 2 | 1 | 2 | 5 | 5 | 4 | 5 | 5 | 4 | 6 |
| 55 | 서울특별시 | 성과관리(BSC)시스템 유지관리 | 1 | 51,371 | 5 | 1 | 8 | 1 | 5 | 5 | 4 | 4 | 4 | 4 | 6 |
| 56 | 서울특별시 | 2025년 통합재정포털 유지관리 용역 | 1 | 29,604 | 6 | 4 | 1 | 3 | 5 | 5 | 4 | 5 | 5 | 4 | 4 |
| 57 | 서울특별시 | 2025년 서울재정포털 운영 및 유지관리 용역 | 1 | 60,465 | 5 | 1 | 2 | 2 | 5 | 5 | 1 | 1 | 1 | 1 | 3 |
| 58 | 서울특별시 | 참여예산관리시스템 운영 및 유지관리 | 1 | 99,000 | 5 | 2 | 1 | 2 | 5 | 5 | 1 | 1 | 1 | 2 | 4 |

- 2 -

| 순번 | 시 군 구 | 정보화사업 사업명·예산서 상의 사업명 | 정보화사업 분류 1.유지 및 보수 2.SW/HW 개발 및 구매 3.DB 구축 4.정보화전략계획(ISP) 수립 5.정보화지원 6.기타 | 2025년 예산 (단위:천원/1년간) | 예산 편성근거 1.법률에 규정 2.국고보조금 3.용도조정재원 4.조례 5.지자체 재량 6.기타 7.해당없음 | 계약체결방법 (경쟁형태) 1.일반경쟁 2.제한경쟁 3.지명경쟁 4.수의계약 5.방침계약 6.기타() 7.해당없음 | 정보화사업 계약기간 1.1년 2.2년 3.3년 4.4년 5.5년 6.기타() 7.단기계약(1년미만) 8.해당없음 | 정보화사업 입찰방식 낙찰자 선정방법 1.적격심사 2.협상에 의한계약 3.최저가낙찰제 4.규격가격동시 5.2단계 경쟁입찰 6.기타() 7.해당없음 | 정보화사업 예산 산정 평가산정 1.내부산정(자체적으로 선정) 2.외부산정(전문기관위탁 선정) 3.내외부 모두 선정 5.해당없음 | 정보화사업 예산 산정 정산방법 1.내부정산(자체적으로 정산) 2.외부정산(외부전문기관위탁 정산) 3.내외부 모두 정산 4.정산 안함 5.해당없음 | 성과평가 실시여부 1.실시 2.미실시 3.향후 주진 4.해당없음 | 성과평가 주기 1.매년 2.격년 3.기간만료전 4.기타() 5.해당없음 | 성과평가 방법 1.자체 평가 2.평가기관 구성평가(전문위원회) 3.전문 평가기관 의뢰 4.기타() 5.해당없음 | 평가결과 성과평가결과 인센티브 및 패널티 적용 유무 1.적용 2.적용 안함 3.기타() 4.해당없음 | 평가결과 적용 인센티브 및 패널티 적용 근거 1.법률 2.조례 3.지침 4.계약서 5.지침 6.해당없음 |
|---|---|---|---|---|---|---|---|---|---|---|---|---|---|---|---|
| 59 | 서울특별시 | 2025년 운행제한 단속시스템 운영 및 유지관리 용역 | 1 | 820,750 | 1 | 2 | 1 | 2 | 5 | 5 | 2 | 5 | 5 | 4 | 4 |
| 60 | 서울특별시 | 운행제한 단속시스템 기능개선 용역 | 2 | 61,678 | 1 | 2 | 7 | 2 | 5 | 5 | 2 | 5 | 5 | 4 | 4 |
| 61 | 서울특별시 | 대기 환경정보 통합시스템 운영 | 1 | 235,041 | 7 | 2 | 1 | 2 | 5 | 5 | 1 | 1 | 1 | 2 | 4 |
| 62 | 서울특별시 | 민간건물 에너지효율화 지원 | 1 | 18,922 | 6 | 4 | 1 | 7 | 5 | 5 | 4 | 4 | 5 | 4 | 4 |
| 63 | 서울특별시 | 자립소건물자원센터 운영 | 1 | 20,000 | 6 | 4 | 7 | 2 | 5 | 5 | 4 | 4 | 5 | 4 | 4 |
| 64 | 서울특별시 | 노후주택 에너지효율 지원 | 1 | 13,382 | 7 | 7 | 8 | 7 | 5 | 5 | 4 | 4 | 5 | 4 | 4 |
| 65 | 서울특별시 | 중대재해예방 통합관리시스템 운영 | 1 | 285,939 | 6 | 2 | 1 | 2 | 5 | 5 | 4 | 5 | 5 | 4 | 6 |
| 66 | 서울특별시 | 상수도 GIS 시스템 유지관리 | 1 | 385,000 | 1 | 2 | 2 | 2 | 5 | 5 | 4 | 5 | 5 | 4 | 4 |
| 67 | 서울특별시 | 상수도 GIS 성능개선 시스템 구축 | 2 | 114,935 | 5 | 2 | 7 | 2 | 5 | 5 | 4 | 5 | 5 | 4 | 4 |
| 68 | 서울특별시 | 상수도 GIS 구축 | 3 | 2,352,058 | 1 | 2 | 2 | 2 | 5 | 5 | 4 | 5 | 5 | 4 | 4 |
| 69 | 서울특별시 | 상수도 GIS 구축 | 3 | 1,600,746 | 1 | 2 | 2 | 2 | 5 | 5 | 4 | 5 | 5 | 4 | 4 |
| 70 | 서울특별시 | 수운영정보시스템 유지관리 | 1 | 503,724 | 1 | 2 | 2 | 2 | 5 | 5 | 4 | 5 | 5 | 4 | 4 |
| 71 | 서울특별시 | 수도자동검사시스템 | 2 | 390,984 | 5 | 1 | 2 | 1 | 5 | 5 | 1 | 1 | 1 | 4 | 6 |
| 72 | 서울특별시 | 본부(한강공원)누리집 운영 및 유지관리 | 1 | 39,589 | 7 | 7 | 8 | 7 | 5 | 5 | 4 | 5 | 5 | 4 | 6 |
| 73 | 서울특별시 | 서울자전거포털 운영 유지 | 1 | 199,000 | 5 | 2 | 1 | 2 | 5 | 5 | 1 | 1 | 4(IRM) | 4 | 6 |
| 74 | 서울특별시 | 상암데이터 | 1 | 5,145,996 | 1 | 1 | 1 | 1 | 5 | 5 | 4 | 5 | 5 | 4 | 4 |
| 75 | 서울특별시 | 시설물관리통합관리 시스템 유지관리 | 1 | 25,000 | 4 | 4 | 2 | 4 | 5 | 5 | 2 | 5 | 5 | 2 | 6 |
| 76 | 서울특별시 | 도시데이터시스템 운영 및 유지관리 | 1 | 201,000 | 4 | 2 | 2 | 2 | 5 | 5 | 1 | 1 | 3 | 2 | 4 |
| 77 | 서울특별시 | 도시데이터센서 운영 및 유지관리 | 1 | 331,260 | 4 | 2 | 2 | 2 | 5 | 5 | 1 | 1 | 1 | 2 | 4 |
| 78 | 서울특별시 | IoT 도시데이터시스템 고도화 | 2 | 179,000 | 4 | 1 | 1 | 2 | 5 | 5 | 1 | 1 | 1 | 2 | 4 |
| 79 | 서울특별시 | 시계열DB서버 SW 라이선스 구매 | 2 | 80,500 | 4 | 2 | 2 | 6 | 5 | 5 | 4 | 5 | 5 | 4 | 4 |
| 80 | 서울특별시 | IoT 벡본망화재안전관리 운영 및 유지관리 | 1 | 278,536 | 4 | 2 | 2 | 2 | 5 | 5 | 1 | 1 | 1 | 2 | 4 |
| 81 | 서울특별시 | 공공와이파이 노후 통신장비 교체 | 6 | 313,914 | 7 | 7 | 8 | 7 | 5 | 5 | 4 | 5 | 5 | 4 | 6 |
| 82 | 서울특별시 | 2025년 공공와이파이 통합유지지원 용역사업 | 1 | 1,430,642 | 4 | 2 | 1 | 2 | 5 | 5 | 1 | 5 | 1 | 2 | 4 |
| 83 | 서울특별시 | 청년 운영 정보통합 운영 | 1 | 605,317 | 1 | 1 | 1 | 1 | 5 | 5 | 4 | 5 | 5 | 4 | 4 |
| 84 | 서울특별시 | 서울1인가구 통합포털 유지관리 | 1 | 93,751 | 4 | 2 | 2 | 2 | 5 | 5 | 4 | 5 | 5 | 4 | 4 |
| 85 | 서울특별시 | 공정거래종합상담센터 운영 | 2 | 92,000 | 4 | 2 | 2 | 2 | 5 | 5 | 3 | 3 | 1 | 4 | 6 |
| 86 | 서울특별시 | 외국어 표기 표준화 | 1 | 80,500 | 5 | 4 | 1 | 4 | 5 | 5 | 4 | 5 | 5 | 4 | 4 |
| 87 | 서울특별시 | 교통안전시설물관리시스템(T-GIS) 유지관리 | 1 | 336,000 | 5 | 2 | 2 | 2 | 5 | 5 | 1 | 1 | 1 | 4 | 6 |
| 88 | 서울특별시 | 프리랜서 정보관리시스템 구축 | 2 | 1,527,130 | 4 | 2 | 7 | 2 | 5 | 5 | 4 | 5 | 5 | 4 | 6 |
| 89 | 서울특별시 | 2025년 도시계획정보시스템 운영 및 유지관리 용역 | 1 | 289,259 | 5 | 2 | 1 | 2 | 5 | 5 | 2 | 5 | 5 | 4 | 6 |

- 3 -

| 순번 | 시·군·구 | 정보화사업 사업명<br>· 예산서 상의 사업명 | 정보화사업 분류<br>1. 유지 및 보수<br>2. SW/HW 개발 및 구매<br>3. DB 구축<br>4. 정보화 전략계획(ISP) 수립<br>5. 정보화지원<br>6. 기타 | 2025년 예산<br>(단위: 천원/1년간) | 예산 편성근거<br>1. 법률에 규정<br>2. 국고보조사업<br>3. 용도지정기부금<br>4. 조례<br>5. 지자체 및 성과평가 정책<br>6. 기타<br>7. 해당없음 | 정보화사업 입찰방식 | | | 정보화사업 예산 산정 | | 성과평가 | | | | 평가결과 적용 | |
|---|---|---|---|---|---|---|---|---|---|---|---|---|---|---|---|---|
| | | | | | | 계약체결방법(경쟁형태)<br>1. 일반경쟁<br>2. 제한경쟁<br>3. 지명경쟁<br>4. 수의계약<br>5. 법정위탁<br>6. 기타<br>7. 해당없음 | 계약기간<br>1. 1년<br>2. 2년<br>3. 3년<br>4. 4년<br>5. 5년<br>6. 기타<br>7. 단가계약(1년이상)<br>8. 해당없음 | 낙찰자 선정방법<br>1. 적격심사<br>2. 협상에 의한 계약<br>3. 최저가낙찰제<br>4. 규격가격분리<br>5. 2단계 경쟁입찰<br>6. 기타 ( )<br>7. 해당없음 | 예산산정<br>1. 내부산정(자체적으로 산정)<br>2. 외부산정(전문기관에 산정)<br>3. 내·외부 모두 산정<br>4. 산정 無<br>5. 해당없음 | 정산방법<br>1. 내부정산(내부적으로 정산)<br>2. 외부정산(외부전문기관위탁 정산)<br>3. 내·외부 모두 정산<br>4. 정산 無<br>5. 해당없음 | 성과평가 실시여부<br>1. 실시<br>2. 미실시<br>3. 향후 추진<br>4. 해당없음 | 성과평가 주기<br>1. 매년<br>2. 격년<br>3. 기간만료<br>4. 기타 ( )<br>5. 해당없음 | 성과평가 방법<br>1. 자체 평가<br>2. 평가단 구성평가(전문위원회)<br>3. 전문 평가기관 의뢰<br>4. 기타<br>5. 해당없음 | 성과평가결과 인센티브 적용 유무<br>1. 적용<br>2. 적용 안함<br>3. 기타 ( )<br>4. 해당없음 | 인센티브 및 패널티 적용 근거<br>1. 법률<br>2. 조례<br>3. 지침<br>4. 계약서<br>5. 기타<br>6. 해당없음 |
| 90 | 서울특별시 | 2025년 도시계획정보시스템 개선 및 확대 | 2 | 412,237 | 5 | 2 | 7 | 2 | 5 | 5 | 2 | 5 | 5 | 4 | 6 |
| 91 | 서울특별시 | 도시계획위원회 통합관리운영시스템 확대구축 및 유지관리 | 1 | 185,765 | 7 | 1 | 1 | 1 | 5 | 5 | 2 | 4 | 5 | 4 | 6 |
| 92 | 서울특별시 | 물재생센터 전기화재 예방시스템 도입 | 2 | 453,992 | 5 | 2 | 1 | 2 | 5 | 5 | 4 | 5 | 5 | 4 | 6 |
| 93 | 서울특별시 | 물재생센터 에너지 관리시스템 구축 | 2 | 81,000 | 5 | 7 | 1 | 2 | 5 | 5 | 4 | 5 | 5 | 4 | 6 |
| 94 | 서울특별시 | 차량관로 GIS DB 정확도 개선용(중심,난지) | 4 | 1,155,000 | 7 | 7 | 8 | 7 | 5 | 5 | 4 | 5 | 5 | 4 | 6 |
| 95 | 서울특별시 | 하수정보시스템 유지관리 | 1 | 255,000 | 6 | 4 | 1 | 2 | 5 | 5 | 4 | 5 | 5 | 4 | 4 |
| 96 | 서울특별시 | TMS 시스템 유지보수 | 1 | 15,360 | 5 | 7 | 8 | 7 | 5 | 5 | 1 | 1 | 1 | 4 | 4 |
| 97 | 서울특별시 | 서울물순환센터 개량대비 기반조성 | 2 | 22,000 | 5 | 2 | 7 | 2 | 5 | 5 | 4 | 5 | 5 | 4 | 6 |
| 98 | 서울특별시 | 법률자문관리시스템 구축 | 1 | 229,707 | 6 | 7 | 8 | 7 | 5 | 5 | 4 | 5 | 5 | 4 | 6 |
| 99 | 서울특별시 | 법률자문관리시스템 운영 | 1 | 11,534 | 6 | 4 | 7 | 2 | 5 | 5 | 4 | 5 | 5 | 4 | 6 |
| 100 | 서울특별시 | 법제정보통합서비스 서버 S/W 구매 | 2 | 7,088 | 6 | 4 | 8 | 7 | 5 | 5 | 4 | 5 | 5 | 4 | 6 |
| 101 | 서울특별시 | 법제정보통합시스템 WAS S/W 구매 | 2 | 8,562 | 6 | 4 | 8 | 7 | 5 | 5 | 4 | 5 | 5 | 4 | 6 |
| 102 | 서울특별시 | 연구행정정보시스템 유지보수 | 1 | 48,730 | 7 | 2 | 2 | 2 | 5 | 5 | 4 | 5 | 5 | 4 | 6 |
| 103 | 서울특별시 | 2025년 서울도서관 홈페이지 및 자료관리시스템 유지관리 용역 | 1 | 246,700 | 7 | 2 | 1 | 2 | 5 | 5 | 1 | 4(예월) | 1 | 2 | 4 |
| 104 | 서울특별시 | 2025년 서울도서관 메타검색시스템 구축 용역 | 1 | 18,000 | 1 | 4 | 1 | 7 | 5 | 5 | 1 | 4(예분기) | 1 | 2 | 4 |
| 105 | 서울특별시 | 2025년 서울도서관 전자책관리시스템 용역 | 2 | 16,297 | 5 | 4 | 1 | 7 | 5 | 5 | 1 | 4(예분기) | 1 | 2 | 4 |
| 106 | 서울특별시 | 2025년 서울도서관 홈페이지 클라우드 유지운영 용역 | 1 | 65,242 | 5 | 4 | 1 | 2 | 5 | 5 | 1 | 4(예월) | 4 | 2 | 4 |
| 107 | 서울특별시 | 정보화인프라 통합유지관리 | 1 | 186,458 | 5 | 2 | 8 | 7 | 5 | 5 | 1 | 5 | 5 | 4 | 4 |
| 108 | 서울특별시 | 정보통신 보안장비(VPN) 구매 | 2 | 22,119 | 7 | 6 | 8 | 2 | 5 | 5 | 4 | 5 | 5 | 4 | 4 |
| 109 | 서울특별시 | 공공성강화 도서대출반납기 구매 | 3 | 104,160 | 1 | 6 | 8 | 7 | 5 | 5 | 4 | 5 | 5 | 4 | 4 |
| 110 | 서울특별시 | 24년-25년 상수도홈페이지 운영 및 유지관리 용역(2차) | 1 | 240,000 | 5 | 2 | 2 | 2 | 5 | 5 | 2 | 4 | 4 | 4 | 4 |
| 111 | 서울특별시 | 서울아리수본부 누리집 재구축 용역 | 2 | 401,179 | 5 | 1 | 1 | 1 | 5 | 5 | 4 | 5 | 5 | 4 | 4 |
| 112 | 서울특별시 | 2025년 서울역사편찬원 누리집 유지관리 | 1 | 77,207 | 5 | 2 | 1 | 2 | 5 | 5 | 4 | 4 | 4 | 4 | 4 |
| 113 | 서울특별시 | 소방행정정보시스템 통합 유지관리 | 1 | 3,718,802 | 5 | 7 | 8 | 7 | 5 | 5 | 4 | 5 | 5 | 4 | 4 |
| 114 | 서울특별시 | 지능형 소방안전 모바일 플랫폼 구축 | 2 | 417,400 | 5 | 7 | 8 | 7 | 5 | 5 | 4 | 5 | 5 | 4 | 6 |
| 115 | 서울특별시 | 정보시스템 백업장비 고도화 사업 | 2 | 307,980 | 5 | 7 | 8 | 7 | 5 | 5 | 4 | 5 | 5 | 4 | 6 |
| 116 | 서울특별시 | 서울안전정보 누리집 운영 및 유지보수 | 1 | 70,930 | 1 | 2 | 1 | 2 | 5 | 5 | 2 | 5 | 5 | 4 | 6 |
| 117 | 서울특별시 | 2025년 우리동네가볼만한곳 유지관리 용역 | 1 | 356,275 | 5 | 1 | 1 | 2 | 5 | 5 | 4 | 5 | 5 | 4 | 4 |
| 118 | 서울특별시 | 서울영타크 시스템 고도화 | 1 | 156,561 | 5 | 1 | 2 | 2 | 5 | 5 | 4 | 5 | 5 | 4 | 4 |
| 119 | 서울특별시 | 서울영타크 시스템 고도화 | 2 | 253,335 | 5 | 7 | 8 | 7 | 5 | 5 | 4 | 5 | 5 | 4 | 4 |
| 120 | 서울특별시 | 서울시 장애인 버스요금 지원사업 | 1 | 82,660 | 7 | 7 | 8 | 7 | 5 | 5 | 4 | 5 | 5 | 4 | 6 |

| 순번 | 시·군·구 | 정보화사업 사업명 | 정보화사업 분류<br>1. 유지 및 보수<br>2. SW/HW 구매<br>3. 개발 및 구축<br>4. DB 구축<br>5. 정보화 전략계획(ISP) 수립<br>6. 기타 | 2025년 예산<br>(단위:천원/1년간) | 예산 편성근거<br>1. 법률 및 규정<br>2. 국고보조금<br>3. 조례<br>4. 지자체재원<br>5. 상위기관 정책<br>6. 기타<br>7. 해당없음 | 계약체결방법<br>(경쟁형태)<br>1. 일반경쟁<br>2. 제한경쟁<br>3. 지명경쟁<br>4. 수의계약<br>5. 법정위탁<br>6. 기타<br>7. 해당없음 | 정보화사업 입찰방식 계약기간<br>1. 1년<br>2. 2년<br>3. 3년<br>4. 4년<br>5. 5년<br>6. 기타<br>7. 단기계약(1년미만)<br>8. 해당없음 | 낙찰자 선정방식<br>1. 적격심사<br>2. 협상에 의한 계약<br>3. 최저가낙찰<br>4. 규격가격분리<br>5. 2단계 경쟁입찰<br>6. 기타<br>7. 해당없음 | 정보화사업 예산 신청 평가시행<br>1. 내부신청<br>2. 외부신청<br>3. 내외부 모두 신청<br>4. 신청 無<br>5. 해당없음 | 정보화사업 예산 신청 정산방법<br>1. 내부정산<br>2. 외부정산<br>3. 내외부 모두 정산<br>4. 정산無<br>5. 해당없음 | 성과평가 실시여부<br>1. 실시<br>2. 미실시<br>3. 향후 추진<br>4. 해당없음 | 성과평가 주기<br>1. 매년<br>2. 격년<br>3. 기간만료<br>4. 기타<br>5. 해당없음 | 성과평가 방법<br>1. 자체 평가<br>2. 평가단 구성후 실시(전문위원회)<br>3. 전문평가기관 의뢰<br>4. 기타<br>5. 해당없음 | 성과평가결과 인센티브 및 페널티 적용 유무<br>1. 적용<br>2. 적용 안함<br>3. 기타<br>4. 해당없음 | 인센티브 및 페널티 적용 근거<br>1. 법률<br>2. 조례<br>3. 지침<br>4. 계약서<br>5. 기타<br>6. 해당없음 |
|---|---|---|---|---|---|---|---|---|---|---|---|---|---|---|---|
| 121 | 서울특별시 | 옴부즈만 만능기 유지관리 및 고도화 | 1 | 962,978 | 5 | 2 | 1 | 2 | 5 | 5 | 4 | 5 | 5 | 4 | 6 |
| 122 | 서울특별시 | 위성정보서비스 구매 | 2 | 95,000 | 6 | 7 | 8 | 7 | 5 | 5 | 4 | 5 | 5 | 4 | 4 |
| 123 | 서울특별시 | 보안관제 운영 용역 | 1 | 1,991,460 | 1 | 7 | 8 | 7 | 5 | 5 | 4 | 5 | 5 | 4 | 4 |
| 124 | 서울특별시 | 정보보호시스템 운영 및 유지관리 용역 | 1 | 920,587 | 1 | 7 | 8 | 7 | 5 | 5 | 4 | 5 | 5 | 4 | 4 |
| 125 | 서울특별시 | 정보시스템 보안관리 고도화 | 1 | 391,954 | 5 | 2 | 2 | 2 | 5 | 5 | 1 | 1 | 1 | 1 | 4 |
| 126 | 서울특별시 | 정보시스템 보안관리 고도화 | 2 | 530,262 | 5 | 6 | 1 | 6 | 5 | 5 | 4 | 5 | 5 | 4 | 4 |
| 127 | 서울특별시 | 정보시스템 보안관리 고도화 | 2 | 299,000 | 6 | 6 | 1 | 6 | 5 | 5 | 4 | 5 | 5 | 4 | 4 |
| 128 | 서울특별시 | 정보시스템 보안관리 고도화 | 2 | 482,625 | 6 | 6 | 7 | 6 | 5 | 5 | 4 | 5 | 5 | 4 | 4 |
| 129 | 서울특별시 | 정보시스템 유지관리 | 1 | 9,340,977 | 4 | 1 | 2 | 2 | 5 | 5 | 2 | 5 | 5 | 4 | 6 |
| 130 | 서울특별시 | 정보시스템 통합 관리 | 2 | 14,827,000 | 4 | 2 | 7 | 2 | 5 | 5 | 2 | 5 | 5 | 4 | 6 |
| 131 | 서울특별시 | 위험화관리시스템 유지관리 | 1 | 60,525 | 6 | 2 | 1 | 2 | 5 | 5 | 4 | 5 | 5 | 4 | 6 |
| 132 | 서울특별시 | 2025년 조직원관리시스템 유지관리 | 1 | 53,818 | 6 | 4 | 2 | 4 | 5 | 5 | 1 | 1 | 1 | 1 | 4 |
| 133 | 서울특별시 | 안심 집수리사업 활성화(접수유리넷 유지관리 | 1 | 55,000 | 4 | 4 | 1 | 2 | 5 | 5 | 4 | 5 | 5 | 4 | 4 |
| 134 | 서울특별시 | 누리집 관리체계 운영 | 1 | 521,938 | 4 | 2 | 1 | 2 | 5 | 5 | 4 | 5 | 5 | 4 | 4 |
| 135 | 서울특별시 | 뉴미디어 웹사이트 운영 | 1 | 724,628 | 4 | 2 | 1 | 1 | 5 | 5 | 1 | 1 | 2 | 1 | 4 |
| 136 | 서울특별시 | 서울시 누리집 운영 | 1 | 1,858,005 | 4 | 2 | 1 | 2 | 5 | 5 | 4 | 5 | 5 | 4 | 4 |
| 137 | 서울특별시 | 시민앱 플랫폼 운영 관리 | 1 | 294,174 | 4 | 2 | 1 | 2 | 5 | 5 | 4 | 5 | 5 | 4 | 4 |
| 138 | 서울특별시 | 운송종사자 지자원관리시스템 운영 | 1 | 63,174 | 4 | 2 | 2 | 2 | 5 | 5 | 4 | 5 | 5 | 4 | 6 |
| 139 | 서울특별시 | 도서종합화 추진 | 1 | 92,500 | 4 | 2 | 1 | 1 | 5 | 5 | 1 | 1 | 1 | 3 | 5 |
| 140 | 서울특별시 | 2025년 서울공공정보수시스템 운영 및 유지관리 | 1 | 332,690 | 1 | 2 | 1 | 1 | 5 | 5 | 1 | 1 | 1 | 1 | 1 |
| 141 | 서울특별시 | 2025년 정보홍보 및 홈페이지 운영 | 1 | 382,223 | 4 | 2 | 1 | 2 | 5 | 5 | 1 | 5 | 5 | 4 | 4 |
| 142 | 서울특별시 | 2025년 서울용역예정홈페이지 유지관리 | 1 | 120,883 | 4 | 2 | 1 | 2 | 5 | 5 | 1 | 5 | 5 | 4 | 4 |
| 143 | 서울특별시 | 2025년 공예자원관리시스템 유지관리 | 1 | 111,295 | 4 | 2 | 1 | 2 | 5 | 5 | 2 | 5 | 5 | 4 | 4 |
| 144 | 서울특별시 | 세외수입종합접수시스템 운영 및 유지보수 | 1 | 1,167,486 | 4 | 2 | 1 | 2 | 5 | 5 | 2 | 5 | 5 | 4 | 4 |
| 145 | 서울특별시 | 세무종합시스템 운영 및 유지보수 | 1 | 1,988,463 | 1 | 2 | 1 | 2 | 5 | 5 | 4 | 5 | 5 | 4 | 4 |
| 146 | 서울특별시 | 서울사립과학관 홈페이지 유지관리 | 1 | 37,246 | 1 | 7 | 8 | 7 | 5 | 5 | 4 | 5 | 5 | 4 | 6 |
| 147 | 서울특별시 | 서울로봇인공지능과학관 누리집 및 상용소프트웨어 유지관리 | 1 | 33,000 | 1 | 4 | 1 | 2 | 5 | 5 | 1 | 1 | 1 | 1 | 1 |
| 148 | 서울특별시 | 음부즈만위원회 누리집 및 상용소프트웨어 유지관리 | 1 | 42,789 | 5 | 2 | 2 | 2 | 5 | 5 | 4 | 5 | 5 | 4 | 4 |
| 149 | 서울특별시 | 동영상학습(e-러닝) 운영 | 1 | 412,995 | 5 | 2 | 1 | 2 | 5 | 5 | 4 | 5 | 4 | 3 | 3 |
| 150 | 서울특별시 | 동영상학습(e-러닝) 운영 | 2 | 405,561 | 5 | 2 | 6(14개월) | 2 | 5 | 5 | 4 | 5 | 5 | 4 | 6 |
| 151 | 서울특별시 | 자동차과태료시스템 | 1 | 32,670 | 1 | 2 | 2 | 2 | 5 | 5 | 1 | 1 | 1 | 2 | 4 |

| 순번 | 시·군·구 | 정보화사업 사업명·예산서 상의 사업명 | 정보화사업 분류<br>1.유지 및 보수<br>2.SW/HW 개발 및 구매<br>3.DB구축<br>4.정보화 전략계획(ISP)수립<br>5.정보화지원<br>6.기타 | 2025년 예산<br>(단위:천원/1년간) | 예산 편성근거<br>1.법률에 규정<br>2.국고보조금<br>3.용도조로 재원<br>4.조례<br>5.지자체 및 상위기관 정책<br>6.기타<br>7.해당없음 | 계약체결방법(경쟁형태)<br>1.일반경쟁<br>2.제한경쟁<br>3.지명경쟁<br>4.수의계약<br>5.방침위탁<br>6.기타( )<br>7.해당없음 | 정보화사업 입찰방식 계약기간<br>1.1년<br>2.2년<br>3.3년<br>4.4년<br>5.5년<br>6.기타( )<br>7.단기계약(1년이하)<br>8.해당없음 | 낙찰자 선정방식<br>1.적격심사<br>2.협상에 의한계약<br>3.최저가낙찰<br>4.규격가격분리<br>5.2단계 경쟁입찰<br>6.기타( )<br>7.해당없음 | 정보화사업 예산 산정 평가신청<br>1.내부신청(자체신청)<br>2.외부신청(전문기관의뢰)<br>3.내외부 모두 신청<br>4.신청無<br>5.해당없음 | 정산방법<br>1.내부정산(내부적으로 정산)<br>2.외부정산(외부전문기관위탁)<br>3.전문<br>4.내외부 모두 정산<br>5.해당없음 | 성과평가 실시여부<br>1.실시<br>2.미실시<br>3.향후 추진<br>4.해당없음 | 성과평가 주기<br>1.매년<br>2.격년<br>3.기간만료<br>4.기타( )<br>5.해당없음 | 성과평가 방법<br>1.자체 평가<br>2.평가기관 구성후 실시(전문기관위촉)<br>3.전문 평가기관 의뢰<br>4.기타( )<br>5.해당없음 | 평가결과 성과평가결과 인센티브 패널티 적용 유무<br>1.적용<br>2.적용 안함<br>3.기타( )<br>4.해당없음 | 평가결과 인센티브 및 패널티 적용 근거<br>1.법률<br>2.조례<br>3.지침<br>4.계약서<br>5.기타( )<br>6.해당없음 |
|---|---|---|---|---|---|---|---|---|---|---|---|---|---|---|---|
| 152 | 서울특별시 | 한양도성 누리집(홈페이지) 유지관리 | 1 | 45,500 | 4 | 4 | 1 | 2 | 5 | 5 | 4 | 5 | 5 | 4 | 6 |
| 153 | 서울특별시 | 건설행 빅데이터 통합관리시스템 운영 | 1 | 138,780 | 7 | 2 | 1 | 2 | 5 | 5 | 4 | 5 | 5 | 4 | 4 |
| 154 | 서울특별시 | 2025.서서울미술관 디지털플랫폼 관리시스템 및 홈페이지 구축 추진 | 1 | 742,045 | 6 | 7 | 8 | 7 | 5 | 5 | 4 | 5 | 5 | 4 | 6 |
| 155 | 서울특별시 | 서울계약마당시스템 운영 및 유지보수 | 1 | 356,751 | 1 | 2 | 1 | 2 | 5 | 5 | 1 | 3 | 1 | 1 | 4 |
| 156 | 서울특별시 | 물품구매 및 재무관리 효율화 | 1 | 22,528 | 1 | 4 | 7 | 6 | 5 | 5 | 2 | 1 | 1 | 2 | 4 |
| 157 | 서울특별시 | 지방재정관리시스템 운영 | 1 | 213,651 | 1 | 5 | 1 | 2 | 5 | 5 | 4 | 4 | 5 | 4 | 4 |
| 158 | 서울특별시 | 정원도시 서울 누리집 운영 | 1 | 141,631 | 5 | 2 | 1 | 6 | 5 | 5 | 1 | 1 | 4(행안부) | 4 | 4 |
| 159 | 서울특별시 | 자원회수시설 홈페이지 유지 보수 | 1 | 21,060 | 4 | 4 | 1 | 2 | 5 | 5 | 4 | 5 | 5 | 2 | 4 |
| 160 | 서울특별시 | 에코마일리지 시스템 운영 및 유지관리 | 1 | 456,588 | 5 | 2 | 1 | 7 | 5 | 5 | 4 | 4 | 1 | 2 | 4 |
| 161 | 서울특별시 | 녹색교통진흥지역 자동차 통합관리시스템 운영 및 유지관리 | 1 | 1,460,389 | 1 | 4 | 1 | 6 | 5 | 5 | 4 | 5 | 4 | 4 | 4 |
| 162 | 서울특별시 | 교통빅데이터 통합관제시스템 구축 운영 | 1 | 1,057,888 | 4 | 2 | 1 | 2 | 5 | 5 | 4 | 5 | 5 | 4 | 4 |
| 163 | 서울특별시 | 서울 C-ITS(차세대 지능형 교통시스템) 운영 | 1 | 3,569,222 | 5 | 2 | 1 | 2 | 5 | 5 | 4 | 5 | 5 | 4 | 6 |
| 164 | 서울특별시 | 교통정보센터(TOPIS) 운영 | 1 | 1,758,958 | 5 | 4 | 1 | 2 | 5 | 5 | 4 | 5 | 5 | 4 | 4 |
| 165 | 서울특별시 | 종합교통정보센터 운영(경찰청) | 1 | 827,634 | 5 | 2 | 2 | 1 | 5 | 5 | 4 | 5 | 5 | 4 | 4 |
| 166 | 서울특별시 | 운수사업 관리시스템 운영 | 1 | 203,719 | 6 | 2 | 1 | 2 | 5 | 5 | 4 | 5 | 5 | 4 | 6 |
| 167 | 서울특별시 | 스마트 수방시스템 관측장비 유지관리 | 1 | 978 | 5 | 2 | 1 | 2 | 5 | 5 | 4 | 1 | 1 | 4 | 4 |
| 168 | 서울특별시 | 수방시스템 고도화 | 2 | 372 | 5 | 7 | 8 | 7 | 5 | 5 | 4 | 5 | 5 | 4 | 6 |
| 169 | 서울특별시 | 스마트 IoT 홀로도 관리시스템 | 1 | 101,000 | 6 | 4 | 1 | 2 | 5 | 5 | 4 | 5 | 5 | 4 | 4 |
| 170 | 서울특별시 | 실내환경관리시스템 운영 및 유지보수 | 1 | 31,319 | 6 | 4 | 2 | 2 | 5 | 5 | 3 | 2 | 1 | 2 | 4 |
| 171 | 서울특별시 | 미래유산 홈페이지 유지관리 | 1 | 23,245 | 6 | 4 | 2 | 2 | 5 | 5 | 4 | 5 | 5 | 4 | 4 |
| 172 | 서울특별시 | 현장영상상황실 유지관리 용역 | 1 | 2,522,142 | 1 | 2 | 1 | 7 | 5 | 5 | 1 | 1 | 4 | 2 | 4 |
| 173 | 서울특별시 | 119종합상황실 유지관리 용역 | 1 | 1,978,000 | 1 | 2 | 1 | 2 | 5 | 5 | 4 | 5 | 5 | 4 | 4 |
| 174 | 서울특별시 | 무선영상시스템 및 소방관서 통신장비 유지관리 용역 | 1 | 891,642 | 4 | 4 | 2 | 2 | 5 | 5 | 4 | 5 | 4(인용보고) | 4 | 4 |
| 175 | 서울특별시 | 안심이 유지관리용역 | 1 | 325,000 | 5 | 7 | 1 | 7 | 5 | 5 | 1 | 1 | 1 | 2 | 4 |
| 176 | 서울특별시 | 문화유산 안전관리시스템 및 안전상황실 운영 | 1 | 225,741 | 4 | 2 | 1 | 2 | 5 | 5 | 3 | 2 | 1 | 2 | 4 |
| 177 | 서울특별시 | 문화유산 통합관리시스템 유지보수 | 1 | 43,256 | 5 | 2 | 2 | 2 | 5 | 5 | 4 | 5 | 5 | 4 | 4 |
| 178 | 서울특별시 | 공공미술작품 홈페이지 유지관리 | 1 | 21,340 | 4 | 4 | 1 | 7 | 5 | 5 | 2 | 1 | 1 | 4 | 4 |
| 179 | 서울특별시 | 비상대비무시설 유지관리 | 1 | 20,840 | 5 | 2 | 1 | 2 | 5 | 5 | 1 | 5 | 5 | 4 | 6 |
| 180 | 서울특별시 | 민방위교육훈련 전자교재 및 관리 시스템 유지관리 용역 | 1 | 21,358 | 7 | 4 | 1 | 7 | 5 | 5 | 3 | 1 | 1 | 4 | 6 |
| 181 | 서울특별시 | 서울시물통 홈페이지 운영 및 유지관리 | 1 | 109,857 | 6 | 2 | 1 | 2 | 5 | 5 | 4 | 5 | 5 | 4 | 4 |
| 182 | 서울특별시 | 서울식물원 CCTV 관제사업 개선 | 2 | 415,000 | 6 | 6 | 7 | 6(복정제품) | 5 | 5 | 4 | 5 | 5 | 4 | 4 |

| 순번 | 시군구 | 정보화사업명 · 예산서 상의 사업명 | 정보화사업 분류 (1.유지 및 보수 2.SW/HW 개발 및 구매 3.DB구축 4.정보화 전략계획(ISP)수립 5.정보화지원 6.기타) | 2025년 예산 (단위:천원/1년간) | 예산 편성근거 (1.법률에 규정 2.국고보조재원 3.용도조정기금 4.조례 5.지자체의 상위기관 정책 6.기타 7.해당없음) | 계약체결방법 (경쟁형태) (1.일반경쟁 2.제한경쟁 3.지명경쟁 4.수의계약 5.협정체약 6.기타 7.해당없음) | 정보화사업 집행방식 계약기간 (1.1년 2.2년 3.3년 4.4년 5.5년 6.기타 7.단기계약(1년미만) 8.해당없음) | 낙찰자 선정방법 (1.적격심사 2.협상에 의한계약 3.최저가낙찰 4.규격가격분리 5.2단계경쟁입찰 6.기타 7.해당없음) | 정보화사업의 예산 산정 원가산정 (1.내부산정(자체적으로 산정) 2.외부산정(전문기관에 산정의뢰) 3.내외부 모두 산정 4.산정 無 5.해당없음) | 정산방법 (1.내부정산(내부적으로 정산) 2.외부정산(외부전문기관위탁) 3.내외부 모두 정산 4.정산 無 5.해당없음) | 성과평가 실시여부 (1.실시 2.미실시 3.향후 주진 4.해당없음) | 성과평가 주기 (1.매년 2.격년 3.기간만료전 4.기타 5.해당없음) | 성과평가 방법 (1.자체평가 2.평가단 구성 후 실시(전문위원위촉) 3.전문평가기관 의뢰 4.기타 5.해당없음) | 평가결과 적용 성과평가결과 인센티브 패널티 적용 유무 (1.적용 2.적용안함 3.기타 4.해당없음) | 인센티브 및 패널티 적용 근거 (1.법률 2.조례 3.지침 4.계약서 5.기타 6.해당없음) |
|---|---|---|---|---|---|---|---|---|---|---|---|---|---|---|---|
| 183 | 서울특별시 | 정보통신시스템 통합유지보수 용역 | 1 | 234,205 | 5 | 2 | 1 | 2 | 5 | 5 | 1 | 1 | 1 | 4 | 4 |
| 184 | 서울특별시 | 행정망 백본스위치 고도화 | 2 | 46,374 | 5 | 1 | 7 | 6 | 5 | 5 | 4 | 5 | 5 | 4 | 4 |
| 185 | 서울특별시 | 정보자료시스템이전 | 6 | 2,200 | 5 | 4 | 1 | 7 | 5 | 5 | 4 | 5 | 5 | 4 | 4 |
| 186 | 서울특별시 | 박물관 누리집 및 전시안내시스템 운영 | 1 | 56,464 | 5 | 4 | 7 | 7 | 5 | 5 | 4 | 5 | 1 | 4 | 4 |
| 187 | 서울특별시 | 정보자료실 도서관리 및 RFID시스템 유지보수용역 | 1 | 8,077 | 5 | 4 | 1 | 7 | 5 | 5 | 4 | 5 | 5 | 4 | 4 |
| 188 | 서울특별시 | 표준유물관리시스템 유지보수용역 | 1 | 7,972 | 5 | 4 | 1 | 7 | 5 | 5 | 1 | 1 | 3 | 4 | 4 |
| 189 | 서울특별시 | 스마트 박물관 유지관리 | 2 | 103,805 | 6 | 2 | 6 | 2 | 5 | 5 | 4 | 5 | 5 | 4 | 4 |
| 190 | 서울특별시 | 도서관 통합관리시스템 구축 | 2 | 2,764,288 | 7 | 7 | 8 | 7 | 5 | 5 | 1 | 1 | 1 | 4 | 6 |
| 191 | 서울특별시 | 정보소통광장 서비스 운영 | 1 | 723,801 | 1 | 1 | 1 | 2 | 5 | 5 | 1 | 1 | 1 | 4 | 4 |
| 192 | 서울특별시 | 서울수송공인디지털 인증제 및 서울디지털플랫폼 관리 | 1 | 22,000 | 5 | 4 | 1 | 7 | 5 | 5 | 4 | 5 | 5 | 4 | 4 |
| 193 | 서울특별시 | 서울디지인 온라인 플랫폼 유지관리 | 1 | 22,000 | 4 | 4 | 1 | 7 | 5 | 5 | 4 | 5 | 5 | 4 | 4 |
| 194 | 서울특별시 | IT Help Center 통합 유지관리 사업 | 1 | 516,000 | 5 | 2 | 1 | 2 | 5 | 5 | 4 | 5 | 5 | 4 | 6 |
| 195 | 서울특별시 | 2025년 서울시립대학교 홈페이지 운영 및 유지보수용역 | 1 | 466,846 | 5 | 2 | 1 | 2 | 5 | 5 | 4 | 5 | 5 | 4 | 4 |
| 196 | 서울특별시 | 2025년 차세대 정보서비스 아웃넷 운영 및 유지관리 용역 | 1 | 1,776,637 | 5 | 2 | 1 | 2 | 5 | 5 | 4 | 5 | 5 | 4 | 4 |
| 197 | 서울특별시 | 2025년 정보통신망 신형 운영 및 유지관리 용역 | 1 | 636,334 | 5 | 4 | 1 | 4 | 5 | 5 | 4 | 5 | 5 | 4 | 4 |
| 198 | 서울특별시 | RFID 자산관리시스템 고도화 | 2 | 22,000 | 6 | 2 | 1 | 3 | 5 | 5 | 3 | 3 | 1 | 1 | 4 |
| 199 | 서울특별시 | 하드웨어 서버장비 유지보수 | 1 | 41,532 | 7 | 4 | 1 | 2 | 5 | 5 | 4 | 5 | 5 | 4 | 4 |
| 200 | 서울특별시 | 소프트웨어 유지보수 | 1 | 26,332 | 1 | 4 | 1 | 6 | 5 | 5 | 2 | 5 | 5 | 4 | 4 |
| 201 | 서울특별시 | 슈퍼컴퓨터 시스템 유지관리 및 운영지원 용역 사업 | 1 | 271,150 | 1 | 4 | 1 | 7 | 5 | 5 | 4 | 5 | 5 | 4 | 4 |
| 202 | 서울특별시 | 2025년 도시과학대학(데이터사이언스과) 슈퍼컴퓨터 서버용 6차 클러스터 구축 및 운영 | 2 | 594,000 | 1 | 1 | 1 | 2 | 5 | 5 | 2 | 5 | 4 | 4 | 4 |
| 203 | 서울특별시 | 서울시립대학교 평생교육원 온라인 플랫폼 서비스 클라우드 서버 임차 사업 | 1 | 45,566 | 5 | 1 | 1 | 3 | 5 | 5 | 3 | 4 | 5 | 3(검토중) | 4 |
| 204 | 서울특별시 | UOstory 포트폴리오 시스템 유지보수 | 1 | 22,000 | 7 | 4 | 4 | 4 | 5 | 5 | 4 | 5 | 5 | 4 | 4 |
| 205 | 서울특별시 | UOstory 포트폴리오 시스템 고도화 | 6 | 150,000 | 1 | 2 | 7 | 2 | 5 | 5 | 2 | 5 | 5 | 4 | 4 |
| 206 | 서울특별시 | 전자출결시스템 | 1 | 12,000 | 5 | 4 | 1 | 7 | 5 | 5 | 2 | 5 | 5 | 4 | 4 |
| 207 | 서울특별시 | 에너지 플랫폼 관리 운영 | 1 | 520,523 | 4 | 2 | 1 | 2 | 5 | 5 | 4 | 5 | 5 | 4 | 4 |
| 208 | 서울특별시 | 서울시립 미술아카이브 운영 | 1 | 246,100 | 4 | 2 | 1 | 2 | 5 | 5 | 1 | 1 | 1 | 4 | 4 |
| 209 | 서울특별시 | 중앙 멀티미디어 기록 정리 및 디지털화 사업 | 3 | 265,000 | 1 | 2 | 7 | 7 | 5 | 5 | 4 | 5 | 5 | 4 | 4 |
| 210 | 서울특별시 | 정보통신 통합유지관리 용역사업 | 1 | 269,000 | 7 | 2 | 2 | 2 | 5 | 5 | 4 | 5 | 5 | 4 | 5 |
| 211 | 서울특별시 | 디지털아카이브 시스템 운영 및 유지보수 | 1 | 303,605 | 1 | 6 | 1 | 1 | 5 | 5 | 1 | 1 | 1 | 4 | 4 |
| 212 | 서울특별시 | 서울기록원 차세대 디지털 아카이브 전환 시스템 마스터플랜(ISMP) 용역 | 4 | 200,000 | 1 | 2 | 1 | 2 | 5 | 5 | 3 | 4 | 1 | 4 | 4 |
| 213 | 서울특별시 | 주민기록 등 H/W 및 시스템 S/W 유지관리 | 1 | 202,042 | 1 | 2 | 2 | 2 | 5 | 5 | 1 | 1 | 1 | 2 | 6 |

| 순번 | 시·군·구 | 정보화사업 사업명 · 예산사업명 사업명 | 정보화사업 분류 | 2025년 예산 (단위:천원/1년간) | 예산 편성근거 | 계약체결방법 (경쟁형태) | 정보화사업 입찰방식 계약기간 | 낙찰자 선정방법 | 평가체 선정 | 정보화사업 예산 산정 정산방법 | 성과평가 실시여부 | 성과평가 주기 | 성과평가 방법 | 평가결과 인센티브 및 패널티 적용 여부 | 인센티브 및 패널티 적용 근거 |
|---|---|---|---|---|---|---|---|---|---|---|---|---|---|---|---|
| 214 | 서울특별시 | 종합정보통신망설비 유지관리 | 1 | 757,780 | 1 | 2 | 2 | 2 | 5 | 5 | 1 | 1 | 1 | 2 | 6 |
| 215 | 서울특별시 | 행정정보시스템 유지관리 | 1 | 199,500 | 1 | 2 | 2 | 2 | 5 | 5 | 1 | 1 | 1 | 2 | 6 |
| 216 | 서울특별시 | 고객지원시스템 유지관리 | 1 | 269,000 | 1 | 2 | 2 | 2 | 5 | 5 | 1 | 1 | 1 | 2 | 6 |
| 217 | 서울특별시 | 디지털 여락스 ON 유지관리 | 1 | 118,000 | 1 | 2 | 2 | 2 | 5 | 5 | 1 | 1 | 1 | 2 | 6 |
| 218 | 서울특별시 | AI 민원상담시스템 유지관리 | 1 | 367,765 | 1 | 2 | 2 | 2 | 5 | 5 | 1 | 1 | 1 | 2 | 6 |
| 219 | 서울특별시 | 2025년 번호판영치·특사경단속시스템 운영 및 유지관리 | 1 | 475,186 | 5 | 7 | 8 | 7 | 5 | 5 | 4 | 5 | 5 | 4 | 4 |
| 220 | 서울특별시 | 2024~2025년 무인단속시스템 운영 및 유지보수 | 1 | 505,648 | 5 | 7 | 8 | 7 | 5 | 5 | 4 | 5 | 5 | 2 | 4 |
| 221 | 서울특별시 | 무인민속촬영용 신규 구축 | 2 | 338,926 | 5 | 7 | 8 | 7 | 5 | 5 | 4 | 5 | 5 | 4 | 4 |
| 222 | 서울특별시 | 교통위반관리시스템 운영장기계속계약-2차 | 1 | 143,099 | 5 | 7 | 8 | 7 | 5 | 5 | 4 | 5 | 5 | 4 | 4 |
| 223 | 서울특별시 | 2025년 서울교통공사 통합플랫폼 운영 및 유지관리 용역(장기계속계약-2차) | 1 | 375,067 | 5 | 7 | 8 | 7 | 5 | 5 | 4 | 5 | 5 | 4 | 4 |
| 224 | 서울특별시 | 2025년 주차관리 및 주차정보안내시스템 유지관리 용역 | 1 | 453,000 | 5 | 7 | 8 | 7 | 5 | 5 | 4 | 5 | 5 | 4 | - |
| 225 | 서울특별시 | 생활체육 종합정보시스템 운영 | 1 | 97,100 | 4 | 2 | 1 | 2 | 5 | 5 | 1 | 1 | 4 | 2 | 4 |
| 226 | 서울특별시 | 사면관리시스템 기능 고도화 | 2 | 338,000 | 6 | 1 | 2 | 1 | 5 | 5 | 3 | 1 | 4(RM) | 4 | 4 |
| 227 | 서울특별시 | 서울대공원 홈페이지 유지관리 | 1 | 94,000 | 7 | 2 | 1 | 2 | 5 | 5 | 4 | 5 | 5 | 4 | 4 |
| 228 | 서울특별시 | 동물관리시스템 유지관리 | 1 | 33,000 | 7 | 4 | 1 | 7 | 5 | 5 | 4 | 5 | 5 | 4 | 4 |
| 229 | 서울특별시 | 2025년 정보통신망 유지관리 용역 | 1 | 54,394 | 7 | 4 | 1 | 7 | 5 | 5 | 4 | 5 | 5 | 4 | 4 |
| 230 | 서울특별시 | 2025년 대표포스 유지관리 용역 | 1 | 58,000 | 7 | 4 | 3 | 2 | 5 | 5 | 2 | 4 | 5 | 4 | 4 |
| 231 | 서울특별시 | 2025년 모바일포스 유지관리 | 1 | 40,590 | 7 | 7 | 1 | 7 | 5 | 5 | 4 | 5 | 5 | 4 | 4 |
| 232 | 서울특별시 | CCTV 통합관제센터 유지관리 용역 | 1 | 539,030 | 5 | 2 | 1 | 2 | 5 | 5 | 4 | 5 | 5 | 4 | 4 |
| 233 | 서울특별시 | 2025년 집합건물통합정보마당 유지관리 운영 | 1 | 40,365 | 1 | 2 | 1 | 2 | 5 | 5 | 4 | 5 | 5 | 3 | 5 |
| 234 | 서울특별시 | 2025년 서울시 건축문화통합누리집 유지관리 용역 | 1 | 45,000 | 4 | 4 | 1 | 7 | 5 | 5 | 1 | 1 | 1 | 4 | 5 |
| 235 | 서울특별시 | 기존하가가건축물관리시스템 유지관리 용역 | 1 | 62,000 | 4 | 2 | 1 | 2 | 1 | 5 | 4 | 5 | 5 | 4 | 4 |
| 236 | 서울특별시 | 정보기술아키텍처(EA) 운영 | 1 | 263,348 | 6 | 4 | 3 | 7 | 5 | 5 | 2 | 4 | 4 | 4 | 6 |
| 237 | 성북구 | 홈페이지 서비스 · 통합 유지보수 | 1 | 204,803 | 7 | 2 | 1 | 2 | 5 | 5 | 4 | 5 | 5 | 4 | 4 |
| 238 | 성북구 | 자체대 업무관리시스템 유지관리 | 1 | 203,670 | 5 | 2 | 8 | 7 | 1 | 5 | 4 | 5 | 5 | 4 | 4 |
| 239 | 성북구 | 시군구 공통기반 및 재해복구시스템 유지관리 | 1 | 91,302 | 5 | 7 | 8 | 7 | 1 | 5 | 4 | 5 | 5 | 4 | 6 |
| 240 | 성북구 | 행정포털시스템 기능개선 | 1 | 137,208 | 5 | 2 | 1 | 2 | 5 | 5 | 4 | 5 | 5 | 4 | 6 |
| 241 | 성북구 | 행정포털 S/W 구매관리 | 2 | 22,000 | 7 | 4 | 1 | 2 | 1 | 5 | 4 | 5 | 5 | 4 | 4 |
| 242 | 성북구 | 행정업무용 S/W 구매관리 | 2 | 154,419 | 7 | 6 | 8 | 7 | 1 | 5 | 4 | 5 | 5 | 4 | 4 |
| 243 | 성북구 | 다기능사무기기 유지관리 | 1 | 149,000 | 7 | 2 | 2 | 2 | 1 | 4 | 4 | 5 | 5 | 4 | 4 |
| 244 | 성북구 | 행정정보시스템 유지관리 | 1 | 198,650 | 5 | 2 | 2 | 2 | 1 | 4 | 4 | 5 | 5 | 4 | 4 |

| 순번 | 시군구 | 정보화사업 사업명 · 예산서 상 사업명 | 정보화사업 분류<br>1. 유지 및 보수<br>2. SW/HW 개발 및 구매<br>3. DB 구축<br>4. 정보화 전략계획(ISP) 수립<br>5. 정보화지원<br>6. 기타 | 2025년 예산<br>(단위:천원/1년간) | 예산 편성근거<br>1. 법률의 규정<br>2. 국고보조재원<br>3. 용도지정기부금<br>4. 조례<br>5. 지자체 및 상위기관 정책<br>6. 기타<br>7. 해당없음 | 계약체결방법<br>(경쟁형태)<br>1. 일반경쟁<br>2. 제한경쟁<br>3. 지명경쟁<br>4. 수의계약<br>5. 일상감사<br>6. 기타<br>7. 해당없음 | 정보화사업 입찰방식<br>계약기간<br>1. 1년<br>2. 2년<br>3. 3년<br>4. 4년<br>5. 5년<br>6. ( )년<br>7. 장기계약(1년미만)<br>8. 해당없음 | 낙찰자 선정방법<br>1. 적격심사<br>2. 협상에 의한계약<br>3. 최저가낙찰제<br>4. 규격가격분리<br>5. 2단계 경쟁입찰<br>6. 기타 ( )<br>7. 해당없음 | 정보화사업 예산 산정<br>원가계산<br>1. 내부산정<br>(자체적으로 산정)<br>2. 외부산정<br>(전문기관에 산정)<br>3. 산정 有<br>4. 산정 無<br>5. 해당없음 | 정산방법<br>1. 내부정산<br>(자체직원 정산)<br>2. 외부정산<br>(외부전문기관에 정산)<br>3. 내외부 모두 정산<br>4. 정산 無<br>5. 해당없음 | 성과평가<br>성과평가 실시여부<br>1. 실시<br>2. 미실시<br>3. 향후 추진<br>4. 해당없음 | 성과평가 주기<br>1. 매년<br>2. 격년<br>3. 기간만료전<br>4. 기타 ( )<br>5. 해당없음 | 성과평가 방법<br>1. 자체 평가<br>2. 평가단 구성(전문위원위촉)<br>3. 전문 평가기관 의뢰<br>4. 기타 ( )<br>5. 해당없음 | 평가결과 적용<br>성과평가결과 인센티브 패널티 적용 유무<br>1. 적용<br>2. 적용 안함<br>3. 기타 ( )<br>4. 해당없음 | 인센티브 및 패널티 적용 근거<br>1. 법률<br>2. 조례<br>3. 지침<br>4. 계약서<br>5. 기타<br>6. 해당없음 |
|---|---|---|---|---|---|---|---|---|---|---|---|---|---|---|---|
| 245 | 서울 성북구 | 정보통신 및 정보보호시스템 유지관리 용역 | 1 | 437,802 | 5 | 2 | 1 | 2 | 1 | 4 | 4 | 5 | 5 | 4 | 4 |
| 246 | 서울 성북구 | 노후 정보업무단시스템 교체 | 2 | 45,265 | 5 | 6 | 8 | 7 | 1 | 4 | 4 | 5 | 5 | 4 | 4 |
| 247 | 서울 성북구 | 구민 정보화교육 | 5 | 331,030 | 5 | 2 | 1 | 2 | 1 | 5 | 4 | 5 | 5 | 4 | 4 |
| 248 | 서울 성북구 | 스마트 인항·정보안내 인공지능 키오스크 설치 | 2 | 66,000 | 7 | 4 | 8 | 7 | 1 | 5 | 4 | 5 | 5 | 4 | 4 |
| 249 | 서울 성북구 | 하천비상대비 알림시스템 유지보수 | 1 | 10,000 | 5 | 4 | 7 | 7 | 5 | 5 | 4 | 5 | 5 | 4 | 6 |
| 250 | 서울 성북구 | 무단투기 단속관리 시스템 운영 | 1 | 4,000 | 7 | 4 | 1 | 7 | 1 | 5 | 4 | 5 | 5 | 4 | 4 |
| 251 | 서울 성북구 | 공무원 인사급여시스템 유지관리 | 1 | 4,000 | 5 | 4 | 1 | 7 | 5 | 5 | 4 | 5 | 5 | 4 | 4 |
| 252 | 서울 성북구 | 대형폐기물 운영관리 스티커 시스템 유지관리 | 1 | 13,200 | 7 | 4 | 1 | 7 | 5 | 1 | 4 | 5 | 5 | 4 | 4 |
| 253 | 서울 성북구 | 음식물종량제 스티커 시스템 유지관리 | 1 | 7,560 | 5 | 4 | 1 | 7 | 5 | 1 | 4 | 5 | 5 | 4 | 4 |
| 254 | 서울 성북구 | 무단투기 CCTV 유지관리 | 1 | 55,728 | 7 | 7 | 1 | 7 | 5 | 2 | 4 | 5 | 5 | 4 | 4 |
| 255 | 서울 성북구 | 계약관리시스템 유지보수 | 1 | 8,790 | 5 | 4 | 1 | 7 | 1 | 1 | 4 | 5 | 5 | 4 | 4 |
| 256 | 서울 성북구 | 물품관리 및 관급자재시스템 키오스크 유지보수 | 1 | 12,360 | 5 | 4 | 1 | 6 | 2 | 2 | 4 | 5 | 5 | 4 | 6 |
| 257 | 서울 성북구 | 차세대 주민등록 시스템 운영비 부담금 | 1 | 35,599 | 5 | 7 | 1 | 7 | 1 | 5 | 4 | 5 | 5 | 4 | 6 |
| 258 | 서울 성북구 | 자치회관 통합운영관리시스템 | 1 | 8,520 | 7 | 4 | 1 | 7 | 5 | 1 | 4 | 5 | 5 | 4 | 6 |
| 259 | 서울 성북구 | 고향사랑e음 종합정보시스템 유지관리 | 1 | 10,707 | 1 | 7 | 8 | 7 | 5 | 5 | 4 | 5 | 5 | 4 | 6 |
| 260 | 서울 성북구 | 성북구TV 홈페이지 유지보수 | 1 | 3,600 | 6 | 4 | 7 | 7 | 3 | 5 | 4 | 5 | 5 | 4 | 5 |
| 261 | 서울 성북구 | 동영상 편집프로그램 사용료 | 2 | 19,500 | 6 | 6 | 1 | 6 | 1 | 5 | 4 | 5 | 5 | 4 | 5 |
| 262 | 서울 성북구 | 성북마음미디어지원센터 키오스크 유지관리 | 1 | 800 | 6 | 4 | 1 | 7 | 1 | 1 | 1 | 1 | 1 | 4 | 4 |
| 263 | 서울 성북구 | 의료영상전송시스템(PACS)유지관리 | 1 | 10,560 | 1 | 4 | 1 | 7 | 5 | 1 | 4 | 5 | 5 | 4 | 4 |
| 264 | 서울 성북구 | 정신건강증진사업 홈페이지 운영 | 1 | 972 | 2 | 7 | 8 | 7 | 1 | 5 | 4 | 5 | 5 | 4 | 4 |
| 265 | 서울 성북구 | 주소정보시스템 자체대 구축 및 유지관리 | 1 | 51,120 | 5 | 4 | 8 | 7 | 5 | 5 | 4 | 5 | 5 | 4 | 6 |
| 266 | 서울 성북구 | 성북복지재단 전산시스템 구축 | 2 | 55,000 | 1 | 7 | 7 | 7 | 3 | 1 | 4 | 5 | 5 | 4 | 4 |
| 267 | 서울 성북구 | 스마트안부확인서비스 | 1 | 30,954 | 5 | 4 | 1 | 7 | 1 | 3 | 4 | 5 | 5 | 4 | 4 |
| 268 | 서울 성북구 | 독독 인부확인 서비스 | 1 | 80,575 | 1 | 4 | 1 | 7 | 5 | 1 | 1 | 1 | 1 | 4 | 4 |
| 269 | 서울 성북구 | 기록관리시스템 유지보수 | 1 | 18,600 | 1 | 7 | 8 | 7 | 1 | 4 | 4 | 5 | 5 | 4 | 6 |
| 270 | 서울 성북구 | 우편아시시스템 유지보수 | 1 | 5,860 | 1 | 4 | 8 | 7 | 5 | 5 | 4 | 5 | 5 | 4 | 6 |
| 271 | 서울 성북구 | 청소년 시설 통합 비대면 앱 운영 | 1 | 6,952 | 4 | 4 | 7 | 7 | 1 | 1 | 4 | 5 | 5 | 4 | 4 |
| 272 | 서울 성북구 | 새마을고 도서관시스템 사용료 지원 | 1 | 10,080 | 1 | 4 | 1 | 7 | 5 | 5 | 4 | 5 | 5 | 4 | 4 |
| 273 | 서울 성북구 | 사립 작은도서관 도서관리시스템 사용료 지원 | 1 | 10,080 | 1 | 4 | 1 | 7 | 5 | 5 | 4 | 5 | 5 | 4 | 4 |
| 274 | 서울 성북구 | 지능형 CCTV 고도화 사업 | 2 | 1,720,000 | 4 | 6 | 7 | 7 | 1 | 1 | 4 | 5 | 5 | 4 | 4 |
| 275 | 서울 성북구 | 지능형 이상행동자치시스템 도입 | 2 | 150,000 | 4 | 6 | 7 | 7 | 1 | 1 | 4 | 5 | 5 | 4 | 4 |

| 순번 | 시군구 | 정보화사업 사업명<br>•예산서 상의 사업명 | 정보사업 분류<br>1.유지 및 보수<br>2.SW/HW 개발 및 구매<br>3.DB 구축<br>4.정보화 전략계획(ISP) 수립<br>5.정보화지원<br>6.기타 | 2025년 예산<br>(단위:천원/1년간) | 예산 편성근거<br>1.법령에 규정<br>2.국고보조재원<br>3.용도조정재원<br>4.조례<br>5.지자체 및 상위기관 정책<br>6.기타<br>7.해당없음 | 계약체결방식(경쟁형태)<br>1.일반경쟁<br>2.제한경쟁<br>3.지명경쟁<br>4.수의계약<br>5.법정계약<br>6.기타( )<br>7.해당없음 | 계약기간<br>1.1년<br>2.2년<br>3.3년<br>4.4년<br>5.5년<br>6.기타( )년<br>7.단기계약(1년미만)<br>8.해당없음 | 낙찰자 선정방식<br>1.적격심사<br>2.협상에 의한계약<br>3.최저가낙찰제<br>4.규격가격분리<br>5.2단계 경쟁입찰<br>6.기타( )<br>7.해당없음 | 평가선정<br>1.내부산정(자체적으로 선정)<br>2.외부산정(전문기관위탁)<br>3.내·외부 모두 산정<br>4.산정 無<br>5.해당없음 | 정산방법<br>1.내부정산(내부적으로 정산)<br>2.외부정산(외부전문기관위탁 정산)<br>3.내·외부 모두 정산<br>4.정산 無<br>5.해당없음 | 성과평가 실시여부<br>1.실시<br>2.미실시<br>3.향후 추진<br>4.해당없음 | 성과평가 주기<br>1.매년<br>2.격년<br>3.기간반영<br>4.기타( )<br>5.해당없음 | 성과평가 방법<br>1.자체 평가<br>2.평가단 구성후 실시(전문위원축)<br>3.전문 평가기관 의뢰<br>4.기타( )<br>5.해당없음 | 성과평가결과 인센티브 적용 유무<br>1.적용<br>2.적용 안함<br>3.기타( )<br>4.해당없음 | 인센티브 및 패널티 적용 근거<br>1.법률<br>2.조례<br>3.지침<br>4.계약서<br>5.기타( )<br>6.해당없음 |
|---|---|---|---|---|---|---|---|---|---|---|---|---|---|---|---|
| 276 | 서울 성북구 | 성북구 스마트 통합관제센터 통합유지관리 | 1 | 722,000 | 4 | 2 | 1 | 2 | 1 | 1 | 4 | 5 | 5 | 4 | 4 |
| 277 | 서울 성북구 | 통합관제센터 장비 보강 | 2 | 274,000 | 4 | 6 | 7 | 5 | 1 | 1 | 4 | 5 | 5 | 4 | 4 |
| 278 | 서울 성북구 | 통합성과관리시스템 유지보수 | 1 | 19,473 | 5 | 4 | 1 | 7 | 1 | 5 | 4 | 5 | 5 | 4 | 4 |
| 279 | 서울 성북구 | 통합지방재정 운영 및 유지관리 | 1 | 115,584 | 5 | 7 | 8 | 7 | 5 | 5 | 4 | 5 | 5 | 4 | 6 |
| 280 | 서울 성북구 | 통합지방재정 재해복구시스템 구축 | 2 | 44,661 | 5 | 7 | 8 | 7 | 5 | 5 | 4 | 5 | 5 | 4 | 6 |
| 281 | 서울 성북구 | 성북 공공데이터 플랫폼 운영 | 1 | 16,000 | 5 | 4 | 1 | 7 | 1 | 5 | 4 | 5 | 5 | 4 | 4 |
| 282 | 서울 성북구 | 마을기록 아카이브시스템 운영 | 1 | 22,000 | 5 | 4 | 1 | 7 | 1 | 5 | 4 | 5 | 5 | 4 | 4 |
| 283 | 서울 성북구 | 진로진학 플랫폼 유지보수 | 1 | 12,000 | 5 | 4 | 1 | 7 | 1 | 1 | 4 | 5 | 5 | 4 | 4 |
| 284 | 서울 성북구 | 어르신 건강주치의 정보관리시스템 유지보수 | 1 | 17,460 | 1 | 2 | 2 | 2 | 3 | 1 | 4 | 5 | 5 | 4 | 4 |
| 285 | 서울 성북구 | 행정정보시스템 통합유지보수 | 1 | 323,619 | 1 | 6 | 1 | 6 | 1 | 3 | 4 | 5 | 5 | 4 | 4 |
| 286 | 서울 성북구 | 시군구 행정정보시스템 유지보수 | 1 | 110,376 | 1 | 2 | 1 | 2 | 1 | 1 | 2 | 5 | 5 | 4 | 4 |
| 287 | 서울 도봉구 | 정보화교육 및 지원 | 5 | 168,890 | 4 | 6 | 1 | 6 | 3 | 1 | 2 | 5 | 5 | 4 | 4 |
| 288 | 서울 도봉구 | 온나라2.0 업무관리시스템 운영 | 1 | 31,500 | 5 | 6 | 1 | 6 | 3 | 1 | 2 | 5 | 5 | 4 | 4 |
| 289 | 서울 도봉구 | 온나라문서2.0 기록물 이관 솔루션 구매 | 2 | 16,500 | 6 | 4 | 7 | 1 | 5 | 1 | 2 | 5 | 5 | 4 | 4 |
| 290 | 서울 도봉구 | 드라이브 도입 | 2 | 24,750 | 5 | 6 | 1 | 6 | 5 | 1 | 2 | 2 | 2 | 4 | 4 |
| 291 | 서울 도봉구 | 네트워크관리시스템 및 네트워크스위치 구매 | 2 | 88,918 | 7 | 7 | 8 | 7 | 5 | 5 | 4 | 5 | 5 | 4 | 6 |
| 292 | 서울 도봉구 | 정보통신망 유지보수 | 1 | 516,000 | 5 | 2 | 1 | 2 | 1 | 1 | 4 | 5 | 5 | 4 | 4 |
| 293 | 서울 도봉구 | 온나라문서 2.0 유지보수 | 1 | 72,311 | 1 | 5 | 8 | 7 | 5 | 5 | 4 | 5 | 1 | 4 | 6 |
| 294 | 서울 도봉구 | 재해복구시스템 수탁수수료(원격지) 자치구 분담금 | 2 | 29,803 | 1 | 5 | 8 | 7 | 5 | 5 | 4 | 5 | 1 | 4 | 6 |
| 295 | 서울 도봉구 | 공통기반 재해복구시스템 유지관리 | 1 | 181,055 | 5 | 2 | 8 | 7 | 1 | 5 | 4 | 5 | 5 | 4 | 4 |
| 296 | 서울 도봉구 | 우편요금시스템 운영 및 보수 | 1 | 5,860 | 1 | 5 | 1 | 2 | 1 | 1 | 1 | 1 | 1 | 4 | 4 |
| 297 | 서울 도봉구 | 데이터 기반 과학행정 실현 | 1 | 849,751 | 5 | 2 | 1 | 2 | 5 | 1 | 4 | 5 | 5 | 4 | 4 |
| 298 | 서울 도봉구 | 데이터개방을 위한 웹서비스 운영 | 1 | 629,590 | 5 | 5 | 8 | 7 | 1 | 1 | 4 | 5 | 5 | 4 | 4 |
| 299 | 서울 도봉구 | 지방행정공통정보시스템 서비스데스크 운영 분담금 | 1 | 76,200 | 1 | 1 | 1 | 2 | 5 | 5 | 4 | 5 | 5 | 4 | 6 |
| 300 | 서울 도봉구 | 온나라문서 2.0 유지관리 | 1 | 1,593 | 1 | 5 | 8 | 7 | 5 | 5 | 4 | 5 | 5 | 4 | 6 |
| 301 | 서울 도봉구 | 공통기반 재해복구시스템 유지관리 | 1 | 103,724 | 7 | 5 | 8 | 7 | 5 | 5 | 4 | 5 | 5 | 4 | 6 |
| 302 | 서울 도봉구 | 지방행정공통정보시스템 서비스데스크 운영 분담금 | 1 | 7,250 | 5 | 5 | 1 | 2 | 1 | 1 | 4 | 5 | 5 | 4 | 4 |
| 303 | 서울 노원구 | 서울 노원구 스마트도시통합운영센터 유지관리 용역 | 1 | 778,351 | 5 | 2 | 2 | 2 | 1 | 1 | 2 | 5 | 5 | 4 | 4 |
| 304 | 서울 노원구 | 2024~2025년 전산/통신시스템 통합유지관리 | 1 | 906,900 | 1 | 6 | 2 | 2 | 3 | 1 | 1 | 1 | 1 | 1 | 6 |
| 305 | 서울 노원구 | 개인정보보호 배상책임보험 가입 | 6 | 14,000 | 1 | 4 | 1 | 7 | 1 | 1 | 4 | 5 | 5 | 4 | 4 |
| 306 | 서울 노원구 | 안티바이러스백신 라이선스 갱신 | 2 | 54,663 | 7 | 7 | 8 | 7 | 5 | 5 | 4 | 5 | 5 | 4 | 6 |

- 10 -

| 순번 | 시군구 | 정보화사업 사업명 ·예산서 상의 사업명 | 정보화사업 분류 | 2025년 예산 (단위:천원/1년간) | 예산 편성근거 | 계약체결형태(경쟁형태) | 정보사업 기간 | 정보사업 입찰방식 낙찰자 선정방법 | 평가시행 | 정보화사업 예산 산정 정산방법 | 성과평가 실시여부 | 성과평가 주기 | 성과평가 방법 | 성과평가결과 인센티브 및 패널티 적용 유무 | 평가결과 적용 인센티브 및 패널티 적용 근거 |
|---|---|---|---|---|---|---|---|---|---|---|---|---|---|---|---|
| 307 | 서울 노원구 | 개인정보 PC필터 추가 라이선스 구매 | 2 | 13,750 | 1 | 6 | 8 | 7 | 1 | 1 | 4 | 5 | 5 | 4 | 4 |
| 308 | 서울 노원구 | 평생교육포털 홈페이지 유지보수 | 1 | 19,780 | 7 | 1 | 1 | 2 | 1 | 1 | 4 | 5 | 5 | 4 | 4 |
| 309 | 서울 노원구 | 공무원 인사급여프로그램 유지보수 | 1 | 4,000 | 6 | 7 | 8 | 7 | 5 | 5 | 4 | 5 | 5 | 4 | 4 |
| 310 | 서울 노원구 | 음식물류 폐기물 종합적 수거관리스캐너 표준화사업 및 유지보수 | 1 | 4,000 | 6 | 4 | 1 | 7 | 5 | 5 | 4 | 5 | 5 | 4 | 4 |
| 311 | 서울 노원구 | 대형생활폐기물 배출관리시스템 유지보수 용역 | 1 | 30,000 | 6 | 4 | 1 | 2 | 5 | 5 | 4 | 5 | 5 | 4 | 4 |
| 312 | 서울 노원구 | 홈페이지 유지보수 | 1 | 174,796 | 1 | 2 | 1 | 7 | 4 | 4 | 2 | 5 | 5 | 4 | 6 |
| 313 | 서울 노원구 | 지역화폐 시스템 부대장비 유지보수 | 1 | 20,000 | 5 | 4 | 1 | 7 | 1 | 1 | 4 | 5 | 5 | 4 | 4 |
| 314 | 서울 노원구 | 노원복지냥 | 1 | 8,800 | 5 | 7 | 8 | 7 | 5 | 5 | 4 | 5 | 5 | 4 | 5 |
| 315 | 서울 노원구 | 2025년 행정정보 공용 소프트웨어 구매 | 2 | 167,902 | 1 | 6 | 8 | 6(조달구매) | 5 | 5 | 4 | 5 | 5 | 4 | 4 |
| 316 | 서울 노원구 | 2025년 행정업무용 다기능 사무기기 구매 | 2 | 303,281 | 5 | 7 | 8 | 6(조달구매) | 1 | 1 | 4 | 5 | 5 | 4 | 4 |
| 317 | 서울 노원구 | PACS(의료영상저장전송시스템) 유지관리 용역 | 1 | 13,750 | 1 | 4 | 1 | 3 | 1 | 1 | 4 | 5 | 5 | 4 | 4 |
| 318 | 서울 서대문구 | 신속하고 정확한 중앙민원 발급(2025 유기민원 스마트지서스템) | 1 | 1,330 | 1 | 4 | 1 | 1 | 1 | 1 | 4 | 5 | 5 | 4 | 4 |
| 319 | 서울 서대문구 | 여권발급홈페이지 연계 우편 대기 현황 통신망 구축 | 2 | 23,500 | 2 | 4 | 7 | 2 | 1 | 1 | 4 | 5 | 5 | 4 | 4 |
| 320 | 서울 서대문구 | 홈페이지 유지관리 | 1 | 170,000 | 1 | 2 | 1 | 7 | 1 | 1 | 4 | 5 | 5 | 4 | 4 |
| 321 | 서울 서대문구 | 행정정보시스템 통합유지관리 | 1 | 214,526 | 1 | 2 | 1 | 2 | 1 | 1 | 4 | 5 | 5 | 4 | 4 |
| 322 | 서울 서대문구 | 인공지능 동보미 지원사업 | 6 | 77,256 | 7 | 2 | 8 | 3 | 5 | 5 | 4 | 5 | 5 | 4 | 4 |
| 323 | 서울 서대문구 | 똑독은서비스 | 1 | 3,960 | 1 | 4 | 1 | 1 | 1 | 1 | 4 | 5 | 5 | 4 | 4 |
| 324 | 서울 서대문구 | 행복1004센터 운영 | 1 | 2,090 | 5 | 4 | 1 | 7 | 1 | 1 | 4 | 5 | 5 | 4 | 4 |
| 325 | 서울 서대문구 | 디지털유지원 유치 및 기능개선 | 1 | 10,800 | 7 | 4 | 1 | 2 | 1 | 1 | 4 | 5 | 5 | 4 | 4 |
| 326 | 서울 서대문구 | 디지털유지원 클라우드 서비스독 | 6 | 15,000 | 5 | 4 | 1 | 2 | 1 | 1 | 4 | 5 | 5 | 4 | 4 |
| 327 | 서울 서대문구 | 홈페이지 유지관리 | 1 | 3,400 | 7 | 7 | 7 | 7 | 1 | 1 | 4 | 5 | 5 | 4 | 4 |
| 328 | 서울 서대문구 | 메타버스 유지관리 | 1 | 14,000 | 5 | 7 | 7 | 7 | 1 | 1 | 4 | 5 | 5 | 4 | 4 |
| 329 | 서울 서대문구 | 메타버스 기능개선 | 1 | 3,000 | 5 | 7 | 8 | 7 | 1 | 1 | 4 | 5 | 5 | 4 | 4 |
| 330 | 서울 서대문구 | 메타버스 기능개선 | 1 | 1,000 | 7 | 4 | 8 | 7 | 1 | 1 | 4 | 5 | 5 | 4 | 4 |
| 331 | 서울 서대문구 | 자연사박물관 표준관리시스템 유지보수 | 1 | 13,200 | 7 | 4 | 1 | 1 | 1 | 1 | 4 | 5 | 5 | 4 | 4 |
| 332 | 서울 서대문구 | 주차위반과태료종합관리시스템 유지보수 | 1 | 15,444 | 5 | 4 | 7 | 7 | 3 | 3 | 4 | 5 | 5 | 4 | 4 |
| 333 | 서울 서대문구 | 독립문화공원 지하공영주차장 자가통신망 연결공사 | 2 | 28,110 | 7 | 4 | 1 | 2 | 1 | 1 | 4 | 5 | 5 | 4 | 4 |
| 334 | 서울 서대문구 | 공영주차장 CCTV 유지관리 용역 | 1 | 16,020 | 1 | 4 | 1 | 7 | 1 | 1 | 4 | 5 | 5 | 4 | 4 |
| 335 | 서울 서대문구 | 통합주차관제센터시스템 유지보수 | 2 | 46,550 | 5 | 4 | 7 | 7 | 1 | 1 | 4 | 5 | 5 | 4 | 4 |
| 336 | 서울 서대문구 | 불법주정차 스마트전광판 구축 | 2 | 53,000 | 5 | 6 | 8 | 7 | 5 | 5 | 4 | 5 | 5 | 4 | 4 |
| 337 | 서울 서대문구 | 그린파킹 무단자가방법 CCTV 구매설치 | 6 | 20,000 | 5 | 4 | 7 | 7 | 3 | 3 | 4 | 5 | 5 | 4 | 4 |

- 11 -

| 순번 | 시군구 | 정보화사업 사업명<br>·예산서 사업명 | 정보화사업 분류<br>1. 유지 및 보수<br>2. SW/HW 개발 및 구매<br>3. DB 구축<br>4. 정보화 전략계획(SP) 수립<br>5. 정보화지원<br>6. 기타 | 2025년 예산<br>(단위:천원/1년간) | 예산 편성근거<br>1. 법적/내규정<br>2. 국고보조재원<br>3. 용도지정기부금<br>4. 조례<br>5. 지자체 및 상위기관 정책<br>6. 기타<br>7. 해당없음 | 정보화사업 입찰방식 계약체결방식(경쟁형태)<br>1. 일반경쟁<br>2. 제한경쟁<br>3. 지명경쟁<br>4. 수의계약<br>5. 지정위탁<br>6. 기타<br>7. 해당없음 | 계약기간<br>1. 1년<br>2. 2년<br>3. 3년<br>4. 4년<br>5. 5년<br>6. 기타<br>7. 두기계약(1년미만)<br>8. 해당없음 | 낙찰자 선정방법<br>1. 적격심사<br>2. 협상에 의한계약<br>3. 최저가제결<br>4. 규모기준결정<br>5. 2단계 경쟁입찰<br>6. 기타<br>7. 해당없음 | 정보화사업 예산 산정 원가산정<br>1. 내부산정<br>2. 외부산정(전문기관의뢰)<br>3. 내외부 모두 산정<br>4. 산정촉<br>5. 해당없음 | 산정방법<br>1. 내부정산<br>(자체적으로 정산)<br>2. 외부정산<br>(전문기관의뢰)<br>3. 내외부 모두 정산<br>4. 정산촉<br>5. 해당없음 | 성과평가 실시여부<br>1. 실시<br>2. 미실시<br>3. 향후 추진<br>4. 해당없음 | 성과평가 주기<br>1. 매년<br>2. 격년<br>3. 기간만료시<br>4. 기타( )<br>5. 해당없음 | 성과평가 방법<br>1. 자체 평가<br>2. 평가단 구성후 실시<br>(전문위원위촉)<br>3. 전문 평가기관 의뢰<br>4. 기타( )<br>5. 해당없음 | 평가결과 인센티브 및 패널티 적용 유무<br>1. 적용<br>2. 적용 안함<br>3. 기타( )<br>4. 해당없음 | 인센티브 및 패널티 적용 근거<br>1. 법률<br>2. 조례<br>3. 지침<br>4. 계약서<br>5. 기타<br>6. 해당없음 |
|---|---|---|---|---|---|---|---|---|---|---|---|---|---|---|---|
| 338 | 서울 서대문구 | 교통관리시스템(주정차단속) | 1 | 2,420 | 5 | 4 | 1 | 7 | 3 | 1 | 4 | 5 | 5 | 4 | 4 |
| 339 | 서울 서대문구 | 주차단속용CCTV(이동식) | 1 | 20,543 | 5 | 4 | 1 | 7 | 3 | 1 | 4 | 5 | 5 | 4 | 4 |
| 340 | 서울 강남구 | 의료영상저장전송시스템(PACS) 유지관리 | 1 | 5,000 | 7 | 7 | 8 | 7 | 5 | 5 | 4 | 5 | 5 | 4 | 6 |
| 341 | 서울 강남구 | 스마트복지관 플랫폼 운영 | 1 | 83,000 | 7 | 7 | 8 | 7 | 5 | 5 | 4 | 5 | 5 | 4 | 6 |
| 342 | 서울 강남구 | 강남구 보행환경 조사사업 | 1 | 50,000 | 7 | 7 | 8 | 7 | 5 | 5 | 4 | 5 | 5 | 4 | 6 |
| 343 | 서울 강남구 | 태양한로 로봇거리 조성사업 | 1 | 172,000 | 7 | 7 | 8 | 7 | 5 | 5 | 4 | 5 | 5 | 4 | 6 |
| 344 | 서울 강남구 | 데이터 강남 플랫폼 운영 | 1 | 88,000 | 7 | 7 | 8 | 7 | 5 | 5 | 4 | 5 | 5 | 4 | 6 |
| 345 | 서울 강남구 | 홈페이지 통합 유지관리 | 1 | 312 | 7 | 7 | 8 | 7 | 5 | 5 | 4 | 5 | 5 | 4 | 6 |
| 346 | 서울 강남구 | 도서관정보시스템 유지관리 도서관 통합자료관리 및 정보화 시스템 보수 | 1 | 14,900 | 7 | 7 | 8 | 7 | 5 | 5 | 4 | 5 | 5 | 4 | 6 |
| 347 | 서울 강남구 | 전자도서관시스템 유지보수 및 운영 | 1 | 34,000 | 7 | 7 | 8 | 7 | 5 | 5 | 4 | 5 | 5 | 4 | 6 |
| 348 | 서울 강남구 | Medical Gangnam 의료관광 플랫폼 운영 | 1 | 80,000 | 7 | 7 | 8 | 7 | 5 | 5 | 4 | 5 | 5 | 4 | 6 |
| 349 | 서울 강남구 | 서울 강남구 이른신동 버스 교통비 지원사업 | 1 | 277 | 7 | 7 | 8 | 7 | 5 | 5 | 4 | 5 | 5 | 4 | 6 |
| 350 | 서울 강남구 | 서울 강남구청 인터넷수능방송 시스템 고도화 | 1 | 497 | 7 | 7 | 8 | 7 | 5 | 5 | 4 | 5 | 5 | 4 | 6 |
| 351 | 서울 강남구 | 시군구 정보화 교육센터 홈페이지 리뉴얼 | 1 | 5,000 | 7 | 7 | 8 | 7 | 5 | 5 | 4 | 5 | 5 | 4 | 6 |
| 352 | 서울 강남구 | 통합전산실 유지관리 | 2 | 2,000 | 7 | 7 | 8 | 7 | 5 | 5 | 4 | 5 | 5 | 4 | 6 |
| 353 | 서울 강남구 | 스마트 수방 시스템 구축 사업 | 1 | 30,000 | 7 | 7 | 8 | 7 | 5 | 5 | 4 | 5 | 5 | 4 | 6 |
| 354 | 서울 강남구 | 청소 행정 통합무선 유지관리 | 1 | 3,000 | 7 | 7 | 8 | 7 | 5 | 5 | 4 | 5 | 5 | 4 | 6 |
| 355 | 서울 강남구 | 환경공무관 안전급여시스템 유지관리 | 1 | 28,000 | 7 | 7 | 8 | 7 | 5 | 5 | 4 | 5 | 5 | 4 | 6 |
| 356 | 서울 강남구 | ICT기반 전기차 급속충전지역 관리시스템 구축 | 1 | 22,000 | 7 | 7 | 8 | 7 | 5 | 5 | 4 | 5 | 5 | 4 | 6 |
| 357 | 서울 강남구 | 서울 강남구 온라인 설문조사시스템 관리시스템 및 기능개선 | 2 | 222 | 7 | 7 | 8 | 7 | 5 | 5 | 4 | 5 | 5 | 4 | 6 |
| 358 | 서울 강남구 | 서울 강남구 대표 홈페이지 행보시 | 2 | 122,000 | 7 | 7 | 8 | 7 | 5 | 5 | 4 | 5 | 5 | 4 | 6 |
| 359 | 서울 강남구 | 시군구 정보화 청소년방송전감중진사업 | 1 | 117,000 | 7 | 7 | 8 | 7 | 5 | 5 | 4 | 5 | 5 | 4 | 6 |
| 360 | 서울 강남구 | 주요 행정업무시스템 유지관리 | 1 | 443 | 7 | 7 | 8 | 7 | 5 | 5 | 4 | 5 | 5 | 4 | 6 |
| 361 | 서울 강남구 | 비대면온라인도로불법야간시스템 구축 | 1 | 366 | 7 | 7 | 8 | 7 | 5 | 5 | 4 | 5 | 5 | 4 | 6 |
| 362 | 서울 강남구 | 볼에이정서운영 정보관리시스템 및 기능개선 | 2 | 10,000 | 7 | 7 | 8 | 7 | 5 | 5 | 4 | 5 | 5 | 4 | 6 |
| 363 | 서울 강남구 | 복용가 청소년정신건강증진사업 | 1 | 8,000 | 7 | 7 | 8 | 7 | 5 | 5 | 4 | 5 | 5 | 4 | 6 |
| 364 | 서울 강남구 | 정북e 시스템 운영 | 1 | 16,000 | 7 | 7 | 8 | 7 | 5 | 5 | 4 | 5 | 5 | 4 | 6 |
| 365 | 서울 강남구 | 전자정부정밀 발급 시스템 유지보수 | 1 | 10,000 | 7 | 7 | 8 | 7 | 5 | 5 | 4 | 5 | 5 | 4 | 6 |
| 366 | 서울 강남구 | 북무관리 시스템 유지보수 | 1 | 21,000 | 7 | 7 | 8 | 7 | 5 | 5 | 4 | 5 | 5 | 4 | 6 |
| 367 | 서울 강남구 | 기관제군자 관리시스템 운영 | 1 | 11,000 | 7 | 7 | 8 | 7 | 5 | 5 | 4 | 5 | 5 | 4 | 6 |
| 368 | 서울 강남구 | 스마트강남 동장실 기능 개선 | 1 | 54,000 | 7 | 7 | 8 | 7 | 5 | 5 | 4 | 5 | 5 | 4 | 6 |

| 순번 | 시군구 | 정보화사업·예산서 상의 사업명 | 정보화사업 분류 | 2025년 예산 (단위:천원/1년간) | 예산 편성근거 | 계약체결방법 | 계약기간 | 낙찰자 선정방식 | 원가산정 | 정산방법 | 성과평가 실시여부 | 성과평가 주기 | 성과평가 방식 | 성과평가결과 인센티브/페널티 적용 유무 | 인센티브 및 페널티 적용 근거 |
|---|---|---|---|---|---|---|---|---|---|---|---|---|---|---|---|
| 369 | 부산 동구 | 영도문화원시스템 스마트에이 유지보수 | 1 | 6,000 | 7 | 7 | 8 | 7 | 5 | 5 | 4 | 5 | 5 | 4 | 6 |
| 370 | 부산 동구 | RFID 용품관리시스템 유지보수 | 1 | 6,000 | 7 | 7 | 8 | 7 | 5 | 5 | 4 | 5 | 5 | 4 | 6 |
| 371 | 부산 동구 | 스마트 민원대기민속 온라인예약시스템 유지관리 | 1 | 3,000 | 7 | 7 | 8 | 7 | 5 | 5 | 4 | 5 | 5 | 4 | 6 |
| 372 | 부산 동구 | 우편업무시스템 유지관리 | 1 | 6,000 | 7 | 7 | 8 | 7 | 5 | 5 | 4 | 5 | 5 | 4 | 6 |
| 373 | 부산 동구 | 서울시 통합 기록관리시스템 유지보수 | 1 | 19,000 | 7 | 7 | 8 | 7 | 5 | 5 | 4 | 5 | 5 | 4 | 6 |
| 374 | 부산광역시 | 부산광역시 통합 홈페이지 운영 및 유지관리 용역 | 1 | 630,000 | 1 | 2 | 2 | 2 | 1 | 1 | 4 | 1 | 1 | 4 | 4 |
| 375 | 부산광역시 | 직원동향발송 | 2 | 38,000 | 4 | 4 | 7 | 7 | 1 | 1 | 3 | 5 | 5 | 4 | 4 |
| 376 | 부산광역시 | 공공빅데이터 활용 청업경진대회 지원 | 6 | 30,000 | 4 | 7 | 8 | 7 | 1 | 1 | 2 | 5 | 5 | 4 | 4 |
| 377 | 부산광역시 | 부산 가형정보 활용지원센터 운영 | 5 | 200,000 | 4 | 7 | 1 | 7 | 5 | 5 | 4 | 5 | 5 | 4 | 4 |
| 378 | 부산광역시 | 부산 데이터산업 성장촉진 정보지원 지원사업 | 5 | 15,000 | 2 | 1 | 3 | 2 | 5 | 5 | 4 | 5 | 2 | 4 | 4 |
| 379 | 부산광역시 | 빅데이터 혁신센터 운영(데이터 활용 센터 운영) | 6 | 1,739,000 | 4 | 7 | 1 | 1 | 1 | 2 | 4 | 5 | 2 | 4 | 4 |
| 380 | 부산광역시 | 중소기업 빅데이터 분석활용 지원사업 | 5 | 500,000 | 4 | 7 | 8 | 7 | 1 | 2 | 1 | 1 | 1 | 4 | 4 |
| 381 | 부산광역시 | 프로젝트 기반의 신업맞춤형 인재양성 | 5 | 500,000 | 4 | 2 | 8 | 7 | 1 | 2 | 3 | 5 | 5 | 4 | 4 |
| 382 | 부산광역시 | 부산문화포털 다음 | 1 | 113,825 | 7 | 2 | 7 | 3 | 1 | 1 | 2 | 5 | 5 | 4 | 4 |
| 383 | 부산광역시 | 스마트 디지털 아카이브 구축 | 6 | 150,000 | 2 | 2 | 7 | 2 | 4 | 4 | 4 | 5 | 5 | 4 | 5 |
| 384 | 부산광역시 | 부산장애인지정보장 시스템 관리 | 1 | 20,000 | 1 | 4 | 3 | 7 | 1 | 1 | 4 | 5 | 5 | 4 | 6 |
| 385 | 부산광역시 | 25년 웹사이트모바일앱 정보통신접근성 수준진단 및 개선사업 | 4 | 42,000 | 1 | 4 | 7 | 3 | 5 | 5 | 4 | 5 | 5 | 2 | 4 |
| 386 | 부산광역시 | 부산형 지능형 구분을 위한 AI서비스 도입 | 2 | 2,800,000 | 5 | 4 | 1 | 6(개월로그계약) | 1 | 1 | 3 | 1 | 1 | 1 | 6 |
| 387 | 부산광역시 | 사이버침해대응센터 보안관재 운영용역 | 6 | 790,413 | 6 | 1 | 3 | 2 | 1 | 1 | 1 | 5 | 5 | 4 | 4 |
| 388 | 부산광역시 | 온-나라시스템 유지관리 위탁사업비 | 3 | 39,530 | 1 | 5 | 1 | 2 | 2 | 2 | 4 | 5 | 5 | 6 | 6 |
| 389 | 부산광역시 | 정보시스템 통합유지관리비 | 1 | 1,443,000 | 5 | 2 | 3 | 2 | 1 | 1 | 4 | 5 | 5 | 4 | 4 |
| 390 | 부산광역시 | 정보화 기본계획 용역 | 4 | 200,000 | 1 | 4 | 1 | 2 | 1 | 1 | 1 | 5 | 5 | 4 | 4 |
| 391 | 부산광역시 | 주요정보통신기반시설 취약점 분석평가 사업 | 6 | 77,330 | 1 | 7 | 7 | 7 | 5 | 5 | 4 | 5 | 5 | 4 | 4 |
| 392 | 부산광역시 | 행정포털 메인화면 변경 | 1 | 7,000 | 7 | 4 | 1 | 3 | 1 | 1 | 4 | 5 | 5 | 4 | 6 |
| 393 | 부산광역시 | 120바른센터 운영시스템 유지관리용역 | 1 | 137,732 | 6 | 2 | 2 | 2 | 1 | 1 | 4 | 5 | 5 | 4 | 4 |
| 394 | 부산광역시 | 중요 시청각 기록물 DB구축 용역 | 3 | 200,000 | 1 | 1 | 7 | 2 | 5 | 5 | 4 | 5 | 5 | 4 | 6 |
| 395 | 부산광역시 | 도시계획 DB 유지관리 | 3 | 21,000 | 5 | 4 | 1 | 4 | 5 | 5 | 4 | 5 | 5 | 4 | 4 |
| 396 | 부산광역시 | 도시계획 정보체계 전산장비 유지관리 | 1 | 35,181 | 5 | 2 | 3 | 2 | 1 | 1 | 4 | 5 | 5 | 4 | 4 |
| 397 | 부산광역시 | 2025년 도시공간정보 ArcGIS SW유지관리 용역 | 1 | 79,468 | 1 | 4 | 1 | 2 | 1 | 1 | 4 | 5 | 5 | 4 | 4 |
| 398 | 부산광역시 | 2025년도 도시공간정보시스템 운영 및 SW유지관리 용역 | 1 | 225,957 | 1 | 1 | 1 | 2 | 1 | 1 | 4 | 5 | 5 | 4 | 4 |
| 399 | 부산광역시 | 데이터센터 정보시스템 통합유지관리 용역(KOPSS) | 1 | 26,019 | 1 | 1 | 3 | 2 | 1 | 1 | 4 | 5 | 5 | 4 | 4 |

- 13 -

| 순번 | 시군구 | 정보화사업 사업명 ·예산서 상의 사업명 | 정보화사업 분류<br>1. 유지 및 보수<br>2. SW/HW 개발 및 구매<br>3. DB 구축<br>4. 정보화 전략계획(ISP) 수립<br>5. 정보화자원<br>6. 기타 | 2025년 예산<br>(단위:천원/1년간) | 예산 편성근거<br>1. 법률에 규정<br>2. 국고보조 재원<br>3. 용도지정기부금<br>4. 조례<br>5. 지자체 및 상위기관 정책<br>6. 기타<br>7. 해당없음 | 계약체결방법(경쟁형태)<br>1. 일반경쟁<br>2. 제한경쟁<br>3. 지명경쟁<br>4. 수의계약<br>5. 법령에 의함<br>6. 기타<br>7. 해당없음 | 정보화사업 입찰방식 계약기간<br>1. 1년<br>2. 2년<br>3. 3년<br>4. 4년<br>5. 5년<br>6. 기타<br>7. 단기계약(1년미만)<br>8. 해당없음 | 정보화사업 입찰방식 낙찰자 선정방법<br>1. 적격심사<br>2. 협상에 의한계약<br>3. 최저가낙찰<br>4. 규격가격분리<br>5. 2단계 경쟁입찰<br>6. 기타( )<br>7. 해당없음 | 정보화사업 예산 산정 원가산정<br>1. 내부산정<br>2. 외부산정<br>3. 내·외부 모두 산정<br>4. 산정 要<br>5. 해당없음 | 정보화사업 예산 산정 정산방법<br>1. 내부적으로 정산<br>2. 외부정산(전문기관위탁)<br>3. 내·외부 모두 정산<br>4. 정산 要<br>5. 해당없음 | 성과평가 성과평가 실시여부<br>1. 실시<br>2. 미실시<br>3. 향후 주정<br>4. 해당없음 | 성과평가 성과평가 주기<br>1. 매년<br>2. 격년<br>3. 기간만료전<br>4. 기타( )<br>5. 해당없음 | 성과평가 성과평가 방법<br>1. 자체 평가<br>2. 평가단 구성후 실시<br>3. 전문 평가기관 의뢰<br>4. 기타( )<br>5. 해당없음 | 평가결과 적용 성과평가결과 인센티브 패널티 적용 유무<br>1. 적용<br>2. 적용 안함<br>3. 기타( )<br>4. 해당없음 | 평가결과 적용 인센티브 및 패널티 적용 근거<br>1. 법률<br>2. 조례<br>3. 지침<br>4. 계약서<br>5. 기타<br>6. 해당없음 |
|---|---|---|---|---|---|---|---|---|---|---|---|---|---|---|---|
| 400 | 부산광역시 | 데이터센터 정보시스템(행정망 통합유지관리 용역(공간정보) | 1 | 22,683 | 1 | 1 | 3 | 2 | 1 | 1 | 4 | 5 | 5 | 4 | 4 |
| 401 | 부산광역시 | 데이터센터 정보시스템(행정지원 통합유지관리 용역(자원관리) | 1 | 15,203 | 1 | 1 | 3 | 2 | 1 | 1 | 4 | 5 | 5 | 4 | 4 |
| 402 | 부산광역시 | 도시공간정보시스템 클라우드용 자원증설 | 2 | 51,576 | 1 | 1 | 7 | 3 | 1 | 1 | 4 | 5 | 5 | 4 | 4 |
| 403 | 부산광역시 | 클라우드 도시공간정보시스템 재구축 리용역 | 6 | 46,990 | 1 | 2 | 2 | 3 | 1 | 1 | 4 | 5 | 5 | 4 | 4 |
| 404 | 부산광역시 | 클라우드 도시공간정보시스템 재구축사업 | 2 | 592,560 | 1 | 1 | 2 | 2 | 1 | 1 | 4 | 5 | 5 | 4 | 4 |
| 405 | 부산광역시 | 형복정보업무 시스템 유지보수 | 1 | 55,546 | 5 | 4 | 1 | 7 | 1 | 1 | 4 | 5 | 5 | 4 | 4 |
| 406 | 부산광역시 | 도시월렛 통합관리 시스템 유지보수 | 1 | 9,506 | 4 | 2 | 3 | 2 | 1 | 1 | 2 | 5 | 5 | 4 | 5 |
| 407 | 부산광역시 | 2025년 교육용 전산장비 유지관리 | 1 | 8,140 | 5 | 4 | 1 | 7 | 4 | 4 | 4 | 5 | 5 | 4 | 6 |
| 408 | 부산광역시 | 2025년 네트워크장비 유지보수 | 1 | 20,920 | 5 | 4 | 1 | 7 | 1 | 1 | 4 | 5 | 5 | 4 | 6 |
| 409 | 부산광역시 | 2025년 자치체 통합교육관리시스템 유지관리 | 1 | 91,750 | 5 | 2 | 1 | 7 | 5 | 1 | 4 | 5 | 5 | 4 | 6 |
| 410 | 부산광역시 | 도서실 자료관리시스템 유지보수 | 1 | 2,500 | 5 | 4 | 1 | 7 | 1 | 1 | 4 | 5 | 5 | 2 | 6 |
| 411 | 부산광역시 | 2025년 대기환경전문평가서비스 유지관리 | 1 | 28,979 | 1 | 4 | 1 | 7 | 1 | 1 | 4 | 5 | 5 | 4 | 6 |
| 412 | 부산광역시 | 2025년 대기환경통합관제시스템 HW 유지관리 | 1 | 20,924 | 1 | 4 | 1 | 7 | 1 | 1 | 4 | 5 | 5 | 4 | 6 |
| 413 | 부산광역시 | 2025년 대기환경통합관제시스템 유지보수 | 1 | 21,499 | 1 | 4 | 1 | 7 | 1 | 1 | 4 | 5 | 5 | 4 | 6 |
| 414 | 부산광역시 | 2025년 예보 통합시스템 통합SW 유지관리 | 1 | 19,846 | 1 | 4 | 1 | 7 | 1 | 1 | 4 | 5 | 5 | 4 | 6 |
| 415 | 부산광역시 | 2025년 교육용 통합시스템 메시징 구축 | 1 | 3,854 | 5 | 2 | 2 | 7 | 1 | 1 | 4 | 5 | 5 | 4 | 6 |
| 416 | 부산광역시 | 대기환경 정보 알림 메시징 구축 | 2 | 14,975 | 1 | 7 | 7 | 7 | 2 | 2 | 4 | 5 | 5 | 4 | 6 |
| 417 | 부산광역시 | 시험검사성적서발급고시스템위탁점검 | 1 | 21,600 | 6 | 4 | 1 | 3 | 1 | 1 | 4 | 5 | 1 | 4 | 4 |
| 418 | 부산광역시 | 지역내공기측속정보대표출자제위탁점검리청검관리 | 1 | 15,600 | 1 | 4 | 1 | 7 | 1 | 1 | 4 | 5 | 5 | 4 | 6 |
| 419 | 부산광역시 | 클라우드시설 이용 | 2 | 70,000 | 7 | 1 | 2 | 2 | 1 | 1 | 4 | 5 | 5 | 4 | 4 |
| 420 | 부산광역시 | 지역내공기기측속정보신본신위탁점검관리점점관리 | 1 | 284,865 | 1 | 4 | 1 | 7 | 1 | 1 | 4 | 5 | 5 | 4 | 6 |
| 421 | 부산광역시 | 문화유산표준관리시스템 유지보수비 | 1 | 12,000 | 1 | 4 | 1 | 7 | 1 | 1 | 4 | 5 | 5 | 4 | 6 |
| 422 | 부산광역시 | 전산장비 유지 | 1 | 8,000 | 5 | 2 | 2 | 2 | 1 | 1 | 2 | 5 | 5 | 4 | 4 |
| 423 | 부산광역시 | 상수도 정보시스템 통합유지 | 1 | 741,649 | 1 | 2 | 1 | 7 | 1 | 1 | 2 | 5 | 5 | 4 | 6 |
| 424 | 부산광역시 | 정보통신기반시설 취약점 분석 평가 용역 | 6 | 147,630 | 5 | 4 | 1 | 7 | 2 | 1 | 1 | 1 | 1 | 4 | 4 |
| 425 | 부산광역시 | 통신설비 유지보수 | 1 | 71,128 | 5 | 4 | 1 | 3 | 1 | 1 | 4 | 5 | 5 | 4 | 6 |
| 426 | 부산광역시 | 공연장 통합운영시스템 | 1 | 70,000 | 7 | 1 | 2 | 2 | 1 | 1 | 4 | 5 | 5 | 4 | 4 |
| 427 | 부산광역시 | 클라우드시비 이용 | 2 | 90,000 | 1 | 4 | 1 | 2 | 1 | 1 | 4 | 5 | 5 | 4 | 4 |
| 428 | 부산광역시 | 2025년 홈페이지 소프트웨어 유지관리 용역 | 1 | 21,000 | 1 | 4 | 1 | 7 | 1 | 1 | 4 | 5 | 5 | 4 | 5 |
| 429 | 부산광역시 | 마을자료관리시스템 관련 SW 유지관리 용역 | 1 | 21,000 | 1 | 4 | 1 | 7 | 1 | 1 | 4 | 5 | 5 | 4 | 4 |
| 430 | 부산광역시 | 정보시스템 유지보수 | 1 | 7,000 | 1 | 4 | 1 | 7 | 1 | 1 | 4 | 4 | 4 | 4 | 4 |

- 14 -

| 순번 | 시군구 | 정보화사업명<br>·예산외 성격 사업명 | 정보화사업 분류<br>1.유지 및 보수<br>2.SW/HW 개발 및 구매<br>3.DB 구축<br>4.정보화 전략계획(ISP) 수립<br>5.정보화지원<br>6.기타 | 2025년 예산<br>(단위:천원/1년간) | 예산 편성근거<br>1.법률에 규정<br>2.국고보조 재원<br>3.용도지정기부금<br>4.조례<br>5.지자체 및 상위기관 정책<br>6.기타<br>7.해당없음 | 계약체결방식<br>(경쟁형태)<br>1.일반경쟁<br>2.제한경쟁<br>3.지명경쟁<br>4.수의계약<br>5.법령위탁<br>6.기타<br>7.해당없음 | 정보화사업 입찰방식 계약기간<br>1.1년<br>2.2년<br>3.3년<br>4.4년<br>5.5년<br>6.기타( )년<br>7.단기계약(1년미만)<br>8.해당없음 | 낙찰자 선정방법<br>1.적격심사<br>2.협상에 의한계약<br>3.최저가낙찰제<br>4.규격가격분리<br>5.2단계 경쟁입찰<br>6.기타( )<br>7.해당없음 | 정보화사업 예산 산정 평가선정<br>1.내부선정<br>2.외부선정(전문기관위탁)<br>3.내외부 모두 선정<br>4.선정 無<br>5.해당없음 | 산정방법<br>1.내부정산(자체적으로 정산)<br>2.외부정산(외부전문기관위탁 정산)<br>3.내외부 모두 정산<br>4.정산 無<br>5.해당없음 | 성과평가 실시여부<br>1.실시<br>2.미실시<br>3.향후 추진<br>4.해당없음 | 성과평가 성과평가 주기<br>1.매년<br>2.격년<br>3.기간별로<br>4.기타( )<br>5.해당없음 | 성과평가 방법<br>1.자체 평가<br>2.평가단 구성후 실시(전문위원 등)<br>3.전문 평가기관 의뢰<br>4.기타<br>5.해당없음 | 평가결과 성과평가결과 인센티브 및 패널티 적용 유무<br>1.적용<br>2.적용 안함<br>3.기타( )<br>4.해당없음 | 평가결과 적용 인센티브 및 패널티 적용 근거<br>1.법률<br>2.조례<br>3.지침<br>4.계약서<br>5.기타( )<br>6.해당없음 |
|---|---|---|---|---|---|---|---|---|---|---|---|---|---|---|---|
| 431 | 부산광역시 | 정보시스템통합유지관리 | 1 | 50,000 | 1 | 4 | 1 | 1 | 1 | 1 | 1 | 1 | 4 | 4 | 4 |
| 432 | 부산광역시 | 시의원홈페이지 유지관리 | 1 | 47,680 | 1 | 4 | 2 | 2 | 1 | 1 | 2 | 5 | 5 | 4 | 5 |
| 433 | 부산광역시 | 무선통신시설 장비 유지보수 | 1 | 296,025 | 1 | 2 | 2 | 2 | 1 | 1 | 4 | 5 | 5 | 4 | 6 |
| 434 | 부산광역시 | 소방 정보통신시스템 유지보수 | 1 | 1,156,988 | 1 | 2 | 3 | 2 | 1 | 1 | 4 | 5 | 5 | 4 | 6 |
| 435 | 부산중구 | 도지지정보시스템 유지보수 | 1 | 9,156 | 1 | 4 | 1 | 7 | 1 | 5 | 4 | 5 | 5 | 4 | 4 |
| 436 | 부산중구 | 정보통신장비 유지관리 | 1 | 21,662 | 1 | 4 | 1 | 7 | 1 | 5 | 4 | 5 | 5 | 4 | 4 |
| 437 | 부산중구 | 네트워크 접근제어시스템 유지관리 | 1 | 8,058 | 1 | 4 | 1 | 7 | 1 | 5 | 4 | 5 | 5 | 4 | 4 |
| 438 | 부산중구 | 정보보안장비 유지관리 | 1 | 19,081 | 1 | 4 | 1 | 7 | 1 | 5 | 4 | 5 | 5 | 4 | 4 |
| 439 | 부산중구 | 유대용 저장매체 보안관리시스템 유지관리 | 1 | 2,680 | 1 | 4 | 1 | 7 | 1 | 5 | 4 | 5 | 5 | 4 | 4 |
| 440 | 부산중구 | DB 접근제어시스템 유지관리 | 1 | 9,844 | 1 | 4 | 1 | 7 | 1 | 5 | 4 | 5 | 5 | 4 | 4 |
| 441 | 부산중구 | 통합로그관리시스템 유지관리 | 1 | 5,615 | 1 | 4 | 1 | 7 | 1 | 5 | 4 | 5 | 5 | 4 | 4 |
| 442 | 부산중구 | 전자결재프로그램 유지관리 | 1 | 5,308 | 1 | 4 | 1 | 7 | 1 | 5 | 4 | 5 | 5 | 4 | 4 |
| 443 | 부산중구 | 홈페이지 개인정보필터링시스템 유지관리 | 1 | 2,348 | 1 | 4 | 1 | 7 | 1 | 5 | 4 | 5 | 5 | 4 | 4 |
| 444 | 부산중구 | 자료유출방지시스템(DRM) 유지관리 | 1 | 15,668 | 1 | 4 | 1 | 7 | 1 | 5 | 4 | 5 | 5 | 4 | 4 |
| 445 | 부산중구 | PC보안전산시스템 유지관리 | 1 | 1,427 | 1 | 4 | 1 | 7 | 1 | 5 | 4 | 5 | 5 | 4 | 4 |
| 446 | 부산중구 | 패치관리시스템 유지관리 | 1 | 1,551 | 1 | 4 | 1 | 7 | 1 | 5 | 4 | 5 | 5 | 4 | 4 |
| 447 | 부산중구 | 개인정보보호 모니터링시스템 유지관리 | 1 | 8,148 | 1 | 4 | 1 | 7 | 1 | 5 | 4 | 5 | 5 | 4 | 4 |
| 448 | 부산중구 | 전산장비 유지관리 | 1 | 31,615 | 1 | 2 | 1 | 3 | 1 | 5 | 4 | 5 | 5 | 4 | 4 |
| 449 | 부산중구 | 홈페이지시스템 유지관리 | 1 | 28,620 | 1 | 4 | 1 | 7 | 1 | 5 | 4 | 5 | 5 | 4 | 4 |
| 450 | 부산중구 | 전산실 무정전전원장비(UPS) 유지관리 | 1 | 5,279 | 1 | 4 | 1 | 7 | 1 | 5 | 4 | 5 | 5 | 4 | 4 |
| 451 | 부산중구 | 온나라 재해복구시스템 유지관리 | 1 | 3,520 | 1 | 4 | 1 | 7 | 1 | 5 | 4 | 5 | 5 | 4 | 4 |
| 452 | 부산중구 | 온나라 연충계서버 유지관리 | 1 | 1,084 | 1 | 4 | 1 | 7 | 1 | 5 | 4 | 5 | 5 | 4 | 4 |
| 453 | 부산중구 | 내부망 백업시스템 유지관리 | 1 | 2,281 | 1 | 4 | 1 | 7 | 1 | 5 | 4 | 5 | 5 | 4 | 4 |
| 454 | 부산중구 | 온북 백신지 알리미 소프트웨어 유지관리 | 1 | 1,295 | 1 | 4 | 1 | 7 | 1 | 5 | 4 | 5 | 5 | 4 | 4 |
| 455 | 부산중구 | 전산실 항온항습기 유지관리 | 1 | 3,739 | 1 | 4 | 1 | 7 | 1 | 5 | 4 | 5 | 5 | 4 | 4 |
| 456 | 부산중구 | 공통기반시스템 및 재해복구시스템 유지관리 | 1 | 83,015 | 1 | 5 | 1 | 7 | 1 | 5 | 4 | 5 | 5 | 4 | 4 |
| 457 | 부산중구 | 새올행정시스템 상면관리 유지관리 | 1 | 7,250 | 1 | 5 | 1 | 7 | 1 | 5 | 4 | 5 | 5 | 4 | 4 |
| 458 | 부산중구 | 온나라시스템 운영 | 1 | 30,187 | 1 | 5 | 1 | 7 | 5 | 5 | 4 | 5 | 5 | 4 | 4 |
| 459 | 부산중구 | 연무 소프트웨어 구입 | 2 | 58,820 | 1 | 7 | 8 | 7 | 1 | 5 | 4 | 5 | 5 | 4 | 4 |
| 460 | 부산중구 | 무정전전원장치(UPS) 축전지 구입 | 1 | 6,120 | 1 | 7 | 8 | 7 | 1 | 5 | 4 | 5 | 5 | 4 | 6 |
| 461 | 부산중구 | 불법 유출사이트통합플랫폼 운영 | 2 | 8,900 | 1 | 7 | 8 | 7 | 1 | 5 | 4 | 5 | 5 | 4 | 4 |

| 순번 | 시＂군＂구 | 정보화사업명·예산서 상 사업명 | 정보화사업 분류<br>1.유지 및 보수<br>2.SW/HW 개발 및 구매<br>3.DB구축<br>4.정보화 전략계획(ISP) 수립<br>5.정보화지원<br>6.기타 | 2025년 예산<br>(단위:천원/1년간) | 예산 편성근거<br>1.법령에 규정<br>2.국고보조 재원<br>3.용도조정기금<br>4.조례<br>5.지자체 및 상위기관 정책<br>6.기타<br>7.해당없음 | 계약체결방식 (경쟁형태)<br>1.일반경쟁<br>2.제한경쟁<br>3.지명경쟁<br>4.수의계약<br>5.정형위락<br>6.기타( )<br>7.해당없음 | 정보사업 입찰방식<br>계약기간<br>1.1년<br>2.2년<br>3.3년<br>4.4년<br>5.5년<br>6.기타<br>7.단기계약(1년미만)<br>8.해당없음 | 낙찰자 선정방법<br>1.적격심사<br>2.협상에 의한계약<br>3.최저가낙찰제<br>4.규격가격분리<br>5.2단계 경쟁입찰<br>6.기타( )<br>7.해당없음 | 정보화사업 예산 산정<br>원가산정<br>1.내부산정<br>2.외부산정(전문기관위탁)<br>3.내외부 모두 산정<br>4.산정 無<br>5.해당없음 | 정산방법<br>1.내부정산(내부적으로 정산)<br>2.외부정산(외부전문기관위탁 정산)<br>3.내외부 모두 정산<br>4.정산 無<br>5.해당없음 | 성과평가<br>성과평가 실시여부<br>1.실시<br>2.미실시<br>3.향후 추진<br>4.해당없음 | 성과평가 주기<br>1.매년<br>2.격년<br>3.기간만료전<br>4.기타( )<br>5.해당없음 | 성과평가 방법<br>1.자체 평가<br>2.평가단 구성후 실시(전문위원위촉)<br>3.전문 평가기관 의뢰<br>4.기타( )<br>5.해당없음 | 평가결과 적용<br>성과평가결과 인센티브 및 패널티 적용 유무<br>1.적용<br>2.적용 안함<br>3.기타( )<br>4.해당없음 | 인센티브 및 패널티 적용 근거<br>1.법률<br>2.조례<br>3.지침<br>4.계약서<br>5.기타( )<br>6.해당없음 |
|---|---|---|---|---|---|---|---|---|---|---|---|---|---|---|---|
| 462 | 부산 중구 | 업무용 PC 교체 | 2 | 210,250 | 5 | 7 | 8 | 7 | 1 | 5 | 4 | 5 | 5 | 4 | 4 |
| 463 | 부산 중구 | 재해복구시스템 스토리지 증설 | 2 | 63,000 | 1 | 7 | 8 | 7 | 5 | 5 | 4 | 5 | 5 | 4 | 6 |
| 464 | 부산 중구 | 백신 소프트웨어 구입 | 2 | 21,555 | 1 | 7 | 8 | 7 | 1 | 5 | 4 | 5 | 5 | 4 | 4 |
| 465 | 부산 중구 | PC보안인프라시스템 SW 교체 | 2 | 20,670 | 1 | 7 | 8 | 7 | 5 | 5 | 4 | 5 | 5 | 4 | 6 |
| 466 | 부산 중구 | 백신 정책관리용 서버 구입 | 2 | 14,400 | 1 | 7 | 8 | 7 | 1 | 5 | 4 | 5 | 5 | 4 | 4 |
| 467 | 부산 중구 | 중구 희망교육지구 홈페이지 유지관리 | 1 | 1,600 | 5 | 4 | 1 | 1 | 1 | 1 | 2 | 5 | 5 | 4 | 6 |
| 468 | 부산 중구 | CCTV통합관제센터 유지관리 용역 | 1 | 39,080 | 6 | 4 | 1 | 7 | 1 | 1 | 4 | 5 | 5 | 4 | 6 |
| 469 | 부산 중구 | CCTV통합관제센터 유지관리 용역 | 1 | 39,080 | 6 | 6 | 1 | 7 | 1 | 1 | 4 | 5 | 5 | 4 | 6 |
| 470 | 부산 중구 | CCTV통합관제센터 유지관리 용역 | 1 | 39,080 | 6 | 6 | 1 | 7 | 1 | 1 | 4 | 5 | 5 | 4 | 6 |
| 471 | 부산 중구 | 지방세정보시스템 운영 유지 관리 | 1 | 107,168 | 5 | 5 | 1 | 5 | 1 | 1 | 4 | 5 | 5 | 4 | 4 |
| 472 | 부산 중구 | 차세대 세외수입 정보시스템 유지 관리 | 1 | 56,130 | 5 | 4 | 1 | 7 | 1 | 1 | 2 | 5 | 5 | 4 | 4 |
| 473 | 부산 중구 | 홈페이지 디자인 개편 | 2 | 20,000 | 5 | 2 | 1 | 1 | 1 | 1 | 4 | 5 | 5 | 4 | 4 |
| 474 | 부산 중구 | 노후 전산장비(pc)교체 | 2 | 217,000 | 5 | 7 | 8 | 7 | 1 | 1 | 4 | 5 | 5 | 4 | 4 |
| 475 | 부산 중구 | 네트워크 스위치 교체 | 2 | 33,687 | 4 | 7 | 8 | 7 | 1 | 1 | 4 | 5 | 5 | 4 | 4 |
| 476 | 부산 중구 | 보안장비 방화벽 교체 | 2 | 21,612 | 5 | 4 | 1 | 7 | 1 | 1 | 4 | 5 | 5 | 4 | 4 |
| 477 | 부산 중구 | 전자정부 생성형 솔루션 도입 | 2 | 33,000 | 2 | 4 | 1 | 7 | 1 | 1 | 4 | 5 | 5 | 4 | 4 |
| 478 | 부산 서구 | 소프트웨어 구입(백신) | 2 | 23,410 | 5 | 4 | 1 | 7 | 1 | 1 | 4 | 5 | 5 | 4 | 4 |
| 479 | 부산 서구 | 소프트웨어 구입(MS오피스) | 2 | 53,000 | 6 | 4 | 8 | 7 | 1 | 1 | 4 | 5 | 5 | 4 | 4 |
| 480 | 부산 서구 | 소프트웨어 구입(한컴오피스) | 2 | 30,600 | 6 | 7 | 8 | 7 | 1 | 1 | 4 | 5 | 5 | 4 | 4 |
| 481 | 부산 서구 | 공공데이터 품질관리비 | 6 | 18,030 | 1 | 4 | 7 | 4 | 1 | 1 | 4 | 5 | 5 | 4 | 4 |
| 482 | 부산 서구 | DB접근제어시스템 라이선스 구입 | 2 | 23,228 | 2 | 7 | 8 | 7 | 1 | 1 | 4 | 5 | 5 | 4 | 4 |
| 483 | 부산 서구 | 주요정보시스템 유지관리 용역 | 1 | 37,897 | 4 | 4 | 1 | 1 | 1 | 1 | 4 | 5 | 5 | 4 | 4 |
| 484 | 부산 서구 | 행정정보 유지관리 용역 | 1 | 19,105 | 5 | 4 | 1 | 7 | 1 | 1 | 4 | 5 | 5 | 4 | 4 |
| 485 | 부산 서구 | 임종정산비 유지관리 용역 | 1 | 1,298 | 4 | 4 | 1 | 7 | 1 | 1 | 4 | 5 | 5 | 4 | 4 |
| 486 | 부산 서구 | 안전센터 유지관리 용역 | 1 | 9,830 | 4 | 4 | 1 | 7 | 1 | 1 | 4 | 5 | 5 | 4 | 4 |
| 487 | 부산 서구 | 정보보호시스템 유지관리 용역 | 1 | 15,357 | 4 | 4 | 1 | 7 | 1 | 1 | 4 | 5 | 5 | 4 | 4 |
| 488 | 부산 서구 | DB접근제어시스템 유지관리 용역 | 1 | 9,814 | 4 | 4 | 1 | 7 | 1 | 1 | 4 | 5 | 5 | 4 | 4 |
| 489 | 부산 서구 | 보조기억매체보안 유지관리 용역 | 1 | 2,406 | 4 | 4 | 1 | 7 | 1 | 1 | 4 | 5 | 5 | 4 | 4 |
| 490 | 부산 서구 | PC보안관리 및 접근제어시스템 유지관리 용역 | 1 | 11,543 | 4 | 4 | 1 | 7 | 1 | 1 | 4 | 5 | 5 | 4 | 4 |
| 491 | 부산 서구 | 전산기억대장비 유지관리 용역 | 1 | 7,234 | 4 | 4 | 1 | 7 | 1 | 1 | 4 | 5 | 5 | 4 | 4 |
| 492 | 부산 서구 | 홈페이지 S/W 유지관리 용역 | 1 | 21,807 | 4 | 4 | 1 | 7 | 1 | 1 | 4 | 5 | 5 | 4 | 4 |

| 순번 | 시군구 | 정보화사업 사업명 · 예산서 상의 사업명 | 정보화사업 분류 (1.유지 및 보수 2.SW/HW 개발 및 구매 3.DB구축 4.정보화전략계획(ISP)수립 5.정보화지원 6.기타) | 2025년 예산 (단위:천원/1년간) | 예산 편성근거 (1.법률에 규정 2.국고보조 재원 3.용도지정기부금 4.조례 5.지자체 및 상위기관 정책 6.기타 7.해당없음) | 계약체결방법 (경쟁형태) (1.일반경쟁 2.제한경쟁 3.지명경쟁 4.수의계약 5.방법없음 6.기타() 7.해당없음) | 정보사업 계약기간 (1.1년 2.2년 3.3년 4.4년 5.5년 6.기타() 7.단기계약(1년미만) 8.해당없음) | 낙찰자 선정방법 (1.적격심사 2.협상에 의한계약 3.최저가낙찰제 4.국가계약법률 5.2단계 경쟁입찰 6.기타() 7.해당없음) | 정보화사업 평가신청 (1.내부신청(자체적으로 신청) 2.외부신청(전문기관권위) 3.내외부 모두 신청 4.신청率 5.해당없음) | 정보화사업 예산 산정 정산방법 (1.내부정산(자체적으로 정산) 2.외부정산(전문기관권위) 3.내외부 모두 정산 4.정산率 5.해당없음) | 성과평가 실시여부 (1.실시 2.미실시 3.향후 추진 4.해당없음) | 성과평가 주기 (1.매년 2.격년 3.기간만료전 4.기타() 5.해당없음) | 성과평가 방법 (1.자체 평가 2.평가기관 구성후 실시 (전문위원위촉) 3.전문 평가기관 의뢰 4.기타() 5.해당없음) | 성과평가결과 인센티브 및 패널티 적용 유무 (1.적용 2.적용 안함 3.기타() 4.해당없음) | 평가결과 적용 인센티브 및 패널티 적용 근거 (1.법률 2.조례 3.지침 4.계약서 5.기타() 6.해당없음) |
|---|---|---|---|---|---|---|---|---|---|---|---|---|---|---|---|
| 493 | 부산 서구 | 업무용 PC, 프린터 유지관리 용역 | 1 | 21,998 | 4 | 4 | 1 | 7 | 1 | 1 | 4 | 5 | 5 | 4 | 4 |
| 494 | 부산 서구 | 홈페이지 개인정보노출점검시스템 유지관리 용역 | 1 | 1,040 | 4 | 4 | 1 | 7 | 1 | 1 | 4 | 5 | 5 | 4 | 4 |
| 495 | 부산 서구 | 내부 기상청 시스템유지관리 용역 | 1 | 13,951 | 4 | 4 | 1 | 7 | 1 | 1 | 4 | 5 | 5 | 4 | 4 |
| 496 | 부산 서구 | 개인정보보호기록관리시스템 유지관리 용역 | 1 | 5,820 | 4 | 4 | 1 | 7 | 2 | 2 | 4 | 5 | 5 | 4 | 4 |
| 497 | 부산 서구 | 온나라시스템 유지보수 | 1 | 21,330 | 4 | 7 | 1 | 7 | 2 | 2 | 4 | 5 | 5 | 4 | 4 |
| 498 | 부산 서구 | 시군구용기반, 재해복구구자보수 | 1 | 77,538 | 4 | 7 | 1 | 7 | 5 | 5 | 4 | 5 | 5 | 4 | 4 |
| 499 | 부산 서구 | 디지털 역회교 운영관리 | 6 | 17,400 | 5 | 1 | 1 | 2 | 2 | 1 | 4 | 5 | 5 | 4 | 4 |
| 500 | 부산 서구 | 정벽e통합 상시모니터링 시스템 운영 | 1 | 11,359 | 1 | 5 | 1 | 7 | 3 | 3 | 4 | 5 | 5 | 4 | 4 |
| 501 | 부산 서구 | 재정정보공개시스템 유지보수 | 1 | 2,000 | 4 | 4 | 1 | 7 | 2 | 2 | 4 | 5 | 5 | 4 | 4 |
| 502 | 부산 서구 | 통합지방재정시스템 재해복구시스템 구축 | 2 | 29,800 | 1 | 5 | 1 | 7 | 2 | 2 | 4 | 5 | 5 | 4 | 4 |
| 503 | 부산 서구 | 지방세정보시스템 관리 | 1 | 113,968 | 1 | 5 | 1 | 7 | 2 | 2 | 4 | 5 | 5 | 4 | 4 |
| 504 | 부산 서구 | 지방세외수입정보시스템 운영관리 | 1 | 58,605 | 1 | 4 | 1 | 7 | 1 | 1 | 4 | 5 | 5 | 4 | 4 |
| 505 | 부산 서구 | 계약정보공개시스템 | 1 | 5,880 | 1 | 5 | 1 | 7 | 2 | 2 | 4 | 5 | 5 | 4 | 4 |
| 506 | 부산 서구 | 표준기록관리시스템 유지관리용 중요기록물 D/B 구축 사업 | 1 | 183,000 | 1 | 5 | 1 | 7 | 2 | 1 | 4 | 5 | 5 | 4 | 4 |
| 507 | 부산 서구 | 신우편모아시스템 | 1 | 5,860 | 7 | 4 | 1 | 7 | 2 | 1 | 4 | 5 | 5 | 4 | 4 |
| 508 | 부산 서구 | 재난예방정보시스템 유지관리 | 1 | 21,474 | 7 | 4 | 1 | 7 | 1 | 1 | 4 | 5 | 5 | 4 | 4 |
| 509 | 부산 서구 | 재난예방 안전정보 유지보수 | 1 | 30,900 | 7 | 4 | 7 | 7 | 1 | 5 | 4 | 5 | 5 | 4 | 4 |
| 510 | 부산 서구 | 통합관제센터 유지보수 | 1 | 124,056 | 5 | 4 | 1 | 7 | 2 | 1 | 4 | 5 | 5 | 4 | 4 |
| 511 | 부산 서구 | 지진가속도 계측기 유지관리 | 1 | 14,614 | 1 | 7 | 1 | 2 | 3 | 1 | 4 | 5 | 5 | 4 | 4 |
| 512 | 부산 서구 | 주정차 단속 문자알림 서비스 | 1 | 6,150 | 7 | 4 | 1 | 7 | 2 | 1 | 4 | 5 | 5 | 4 | 4 |
| 513 | 부산 서구 | 특별회계 통합관리시스템 관리 | 1 | 7,456 | 5 | 7 | 1 | 7 | 5 | 1 | 4 | 5 | 5 | 4 | 4 |
| 514 | 부산 서구 | 불법중정차 신고 통합관리시스템 구축 | 2 | 20,000 | 5 | 2 | 1 | 3 | 2 | 1 | 2 | 5 | 5 | 4 | 4 |
| 515 | 부산 서구 | 서구 주민안심번호 서비스 사업 추진 | 2 | 22,000 | 4 | 4 | 1 | 7 | 2 | 1 | 4 | 5 | 5 | 4 | 4 |
| 516 | 부산 서구 | U-의료원고통관리 시스템 유지보수 | 1 | 6,600 | 1 | 7 | 7 | 7 | 2 | 5 | 4 | 5 | 5 | 4 | 4 |
| 517 | 부산 서구 | 국가주소정보관리시스템 유지관리 | 1 | 47,520 | 5 | 4 | 1 | 7 | 1 | 1 | 4 | 5 | 5 | 4 | 4 |
| 518 | 부산 서구 | 부동산종합공부시스템 | 1 | 12,145 | 1 | 7 | 1 | 2 | 3 | 1 | 4 | 5 | 5 | 4 | 4 |
| 519 | 부산 서구 | 의회 회의록 시스템 사업 | 1 | 3,540 | 4 | 4 | 1 | 7 | 1 | 1 | 4 | 5 | 5 | 4 | 4 |
| 520 | 부산 서구 | 빅데이터 분석공유 플랫폼 유지관리 용역 | 1 | 479,899 | 5 | 2 | 1 | 3 | 5 | 1 | 4 | 5 | 5 | 4 | 4 |
| 521 | 부산 서구 | 도서관 네트워크 및 보안장비 유지관리 | 1 | 4,728 | 1 | 4 | 1 | 2 | 1 | 1 | 4 | 5 | 5 | 4 | 4 |
| 522 | 부산 동구 | RFID 자동화시스템 유지관리 | 1 | 8,364 | 1 | 4 | 1 | 2 | 1 | 1 | 2 | 5 | 5 | 4 | 6 |
| 523 | 부산 동구 | 좌서관리시스템 유지관리 | 1 | 1,112 | 1 | 4 | 1 | 2 | 1 | 1 | 2 | 5 | 5 | 4 | 6 |

- 17 -

| 순번 | 시군구 | 정보화사업 사업명 | 정보화사업 분류<br>1. 유지 및 보수<br>2. SW/HW 개발 및 구매<br>3. DB 구축<br>4. 정보화 전략계획(ISP) 수립<br>5. 정보화지원<br>6. 기타 | 2025년 예산<br>(단위:천원/1년간) | 예산 편성근거<br>1. 별도의 규정<br>2. 국고보조재원<br>3. 동도지청가부금<br>4. 지자체<br>5. 조례<br>6. 상위기관 정책<br>7. 기타<br>8. 해당없음 | 계약체결방식<br>(경쟁형태)<br>1. 일반경쟁<br>2. 제한경쟁<br>3. 지명경쟁<br>4. 수의계약<br>5. 법정위탁<br>6. 기타<br>7. 해당없음 | 정보화사업 입찰발주<br>계약기간<br>1. 1년<br>2. 2년<br>3. 3년<br>4. 4년<br>5. 5년<br>6. 기타<br>7. 단기계약(1년미만)<br>8. 해당없음 | 낙찰자 선정방법<br>1. 적격심사<br>2. 협상에 의한계약<br>3. 최저가낙찰제<br>4. 규격가격분리<br>5. 2단계 경쟁입찰<br>6. 기타( )<br>7. 해당없음 | 정보화사업 예산 산정<br>평가선정<br>1. 내부선정(자체적으로 선정)<br>2. 외부선정(전문기관위탁)<br>3. 내외부 모두 선정<br>4. 해당없음 | 정산방법<br>1. 내부정산(자체적으로 정산)<br>2. 외부정산(외부전문기관위탁)<br>3. 내외부 모두 정산<br>4. 정산 無<br>5. 해당없음 | 성과평가 실시여부<br>1. 실시<br>2. 미실시<br>3. 향후 추진<br>4. 해당없음 | 성과평가 주기<br>1. 매년<br>2. 격년<br>3. 기간만료전<br>4. 기타( )<br>5. 해당없음 | 성과평가 방법<br>1. 자체 평가<br>2. 평가단 구성후실시(전문위원회)<br>3. 전문 평가기관 의뢰<br>4. 기타( )<br>5. 해당없음 | 평가결과 적용<br>성과평가결과 인센티브 및 패널티 적용 유무<br>1. 적용<br>2. 적용 안함<br>3. 기타( )<br>4. 해당없음 | 인센티브 및 패널티 적용 근거<br>1. 법률<br>2. 조례<br>3. 지침<br>4. 계약서<br>5. 기타( )<br>6. 해당없음 |
|---|---|---|---|---|---|---|---|---|---|---|---|---|---|---|---|
| 524 | 부산 동구 | 동구도서관 자동화장비 유지관리 | 1 | 6,266 | 1 | 4 | 1 | 2 | 1 | 1 | 2 | 5 | 5 | 4 | 6 |
| 525 | 부산 동구 | 2025년 동구 희망교육지구 홈페이지 유지보수 | 1 | 430 | 1 | 4 | 1 | 2 | 1 | 1 | 2 | 5 | 5 | 4 | 6 |
| 526 | 부산 동구 | 계약정보관리시스템 | 1 | 5,880 | 5 | 4 | 1 | 7 | 1 | 1 | 4 | 5 | 5 | 2 | 4 |
| 527 | 부산 동구 | 동구 통방송장비 교체 | 1 | 42,000 | 5 | 4 | 7 | 7 | 1 | 1 | 4 | 5 | 5 | 4 | 6 |
| 528 | 부산 동구 | IP행정전화기 구입 | 2 | 15,000 | 5 | 4 | 7 | 7 | 1 | 1 | 4 | 5 | 5 | 4 | 6 |
| 529 | 부산 동구 | 청사 내 노후CCTV 시스템 교체 | 1 | 27,000 | 5 | 4 | 1 | 3 | 1 | 1 | 4 | 5 | 5 | 4 | 6 |
| 530 | 부산 동구 | 정보시스템 지원 유지관리 | 1 | 89,678 | 1 | 2 | 1 | 7 | 1 | 1 | 4 | 5 | 5 | 4 | 4 |
| 531 | 부산 동구 | 홈페이지 개인정보 차단시스템 교체 | 2 | 17,200 | 1 | 6 | 7 | 7 | 1 | 5 | 4 | 5 | 5 | 4 | 4 |
| 532 | 부산 동구 | 홈페이지 개인정보 접속관리 기록 교체 | 2 | 18,600 | 1 | 6 | 7 | 7 | 1 | 5 | 4 | 5 | 5 | 4 | 4 |
| 533 | 부산 동구 | 노후 방화벽 및 웹방화벽 교체 | 2 | 44,335 | 1 | 6 | 7 | 7 | 1 | 5 | 4 | 5 | 5 | 4 | 4 |
| 534 | 부산 동구 | 통합 보안관리시스템 고도화 | 2 | 66,318 | 1 | 6 | 7 | 5 | 1 | 5 | 4 | 5 | 5 | 4 | 4 |
| 535 | 부산 동구 | 업무용 PC 구매 | 5 | 286,000 | 5 | 4 | 1 | 7 | 1 | 1 | 4 | 5 | 5 | 4 | 4 |
| 536 | 부산 동구 | 업무용 소프트웨어 구입 | 5 | 112,996 | 5 | 4 | 1 | 7 | 1 | 1 | 4 | 5 | 5 | 4 | 4 |
| 537 | 부산 동구 | 방범용 CCTV 설치 | 6 | 130,000 | 7 | 4 | 1 | 5 | 1 | 1 | 4 | 5 | 5 | 4 | 4 |
| 538 | 부산 동구 | CCTV 통합관제센터 시스템 유지보수 | 1 | 43,849 | 4 | 7 | 5 | 7 | 5 | 5 | 4 | 5 | 5 | 4 | 6 |
| 539 | 부산 동구 | 노후 업무용 전산장비 교체 | 1 | 155,000 | 4 | 6 | 1 | 7 | 5 | 5 | 4 | 5 | 5 | 4 | 6 |
| 540 | 부산 진구 | 통합스토리지 백업 디스크 증설 | 2 | 40,200 | 4 | 4 | 8 | 7 | 1 | 1 | 4 | 5 | 5 | 4 | 4 |
| 541 | 부산 진구 | 개인정보 접속기록관리시스템 | 6 | 495 | 5 | 7 | 8 | 7 | 1 | 1 | 4 | 5 | 5 | 2 | 4 |
| 542 | 부산 진구 | 개인정보보호 담당인 가입 구입 | 6 | 450 | 5 | 7 | 8 | 7 | 1 | 1 | 4 | 5 | 5 | 4 | 4 |
| 543 | 부산 진구 | LAN소모품 구입 | 1 | 1,300 | 4 | 4 | 8 | 7 | 1 | 1 | 4 | 5 | 5 | 4 | 4 |
| 544 | 부산 진구 | 주전산실 수리용 | 1 | 2,000 | 4 | 4 | 1 | 7 | 1 | 1 | 4 | 5 | 5 | 4 | 4 |
| 545 | 부산 진구 | 온나라 온라인업 SW | 2 | 2,420 | 7 | 6 | 1 | 7 | 1 | 1 | 4 | 5 | 5 | 4 | 4 |
| 546 | 부산 진구 | 온나라 지원시스템 유지 | 1 | 38,803 | 4 | 4 | 1 | 7 | 5 | 5 | 4 | 5 | 5 | 4 | 4 |
| 547 | 부산 진구 | 네트워크 정비 유지 | 1 | 20,091 | 4 | 4 | 1 | 7 | 1 | 1 | 2 | 5 | 5 | 4 | 4 |
| 548 | 부산 진구 | 개인정보 접속기록관리시스템 유지 | 1 | 3,872 | 4 | 7 | 1 | 7 | 1 | 1 | 4 | 5 | 5 | 4 | 4 |
| 549 | 부산 진구 | DB접근제어시스템(내부망) 유지 | 1 | 6,081 | 4 | 4 | 1 | 7 | 1 | 1 | 4 | 5 | 5 | 4 | 4 |
| 550 | 부산 진구 | 정보보안장비 유지 | 1 | 18,837 | 4 | 4 | 1 | 7 | 1 | 1 | 2 | 5 | 5 | 4 | 4 |
| 551 | 부산 진구 | PC 개인정보 유출방지시스템 유지 | 1 | 4,912 | 4 | 4 | 1 | 7 | 1 | 1 | 4 | 5 | 5 | 4 | 4 |
| 552 | 부산 진구 | PC보안 소프트웨어 유지 | 1 | 4,515 | 4 | 4 | 1 | 7 | 1 | 1 | 2 | 5 | 5 | 4 | 4 |
| 553 | 부산 진구 | 보조기억매체관리시스템 유지 | 1 | 2,406 | 4 | 4 | 1 | 7 | 1 | 1 | 2 | 5 | 5 | 4 | 4 |
| 554 | 부산 영도구 | 행정보상장비(PC, 프린터) 유지 | 1 | 20,713 | 4 | 4 | 1 | 7 | 1 | 1 | 4 | 5 | 5 | 4 | 6 |

- 18 -

| 순번 | 시·군·구 | 정보화사업 사업명<br>· 예산서 상의 사업명 | 정보화사업 분류<br>1. 유지 및 보수<br>2. SW/HW<br>　개발 및 구매<br>3. DB 구축<br>4. 정보화<br>　전략계획(ISP) 수립<br>5. 정보화지원<br>6. 기타 | 2025년 예산<br>(단위:천원/1년간) | 예산 편성근거<br>1. 법률에 규정<br>2. 교부요조 재원<br>3. 통·도지침기준금<br>4. 조례<br>5. 지자체<br>　성과기관 정책<br>6. 기타<br>7. 해당없음 | 계약체결방법<br>(경쟁형태)<br>1. 일반경쟁<br>2. 제한경쟁<br>3. 지명경쟁<br>4. 수의계약<br>5. 법정위탁<br>6. 기타( )<br>7. 해당없음 | 정보화사업 입찰방식 계약기간<br>1. 1년<br>2. 2년<br>3. 3년<br>4. 4년<br>5. 5년<br>6. 7년<br>7. 단가계약<br>　(1년미만)<br>8. 해당없음 | 낙찰자 선정방법<br>1. 적격심사<br>2. 협상에 의한계약<br>3. 최저가낙찰제<br>4. 규모가분리<br>5. 2단계 경쟁입찰<br>6. 기타( )<br>7. 해당없음 | 정보화사업 예산 산정 평가산정<br>1. 내부산정<br>2. 외부산정<br>3. 2년계 산정입찰<br>4. 산정 無<br>5. 해당없음 | 정산방법<br>1. 내부정산<br>　(자체로 정산)<br>2. 외부정산<br>　(전문기관위탁<br>　정산)<br>3. 내외부 모두 정산<br>4. 정산 無<br>5. 해당없음 | 성과평가 실시여부<br>1. 실시<br>2. 미실시<br>3. 향후 추진<br>4. 해당없음 | 성과평가 주기<br>1. 매년<br>2. 격년<br>3. 기간만료점<br>4. 기타( )<br>5. 해당없음 | 성과평가 방법<br>1. 자체 평가<br>　구성위원회<br>　(전문위원위촉)<br>2. 평가단<br>3. 전문<br>　평가기관 의뢰<br>4. 기타( )<br>5. 해당없음 | 평가결과 인센티브 및 페널티 적용 유무<br>1. 적용<br>2. 적용 안됨<br>3. 기타( )<br>4. 해당없음 | 인센티브 및 페널티 적용 근거<br>1. 법률<br>2. 조례<br>3. 지침<br>4. 계약서<br>5. 기타<br>6. 해당없음 |
|---|---|---|---|---|---|---|---|---|---|---|---|---|---|---|---|
| 555 | 부산 동구 | 통합 홈페이지 콘텐츠 유지 | 1 | 22,001 | 4 | 4 | 1 | 7 | 5 | 1 | 4 | 5 | 5 | 4 | 4 |
| 556 | 부산 영도구 | 홈페이지 백업시스템 유지 | 1 | 2,508 | 4 | 4 | 1 | 7 | 5 | 1 | 4 | 5 | 5 | 4 | 4 |
| 557 | 부산 동구 | 개인정보호자단시스템(홈페이지) 유지 | 1 | 3,035 | 4 | 4 | 1 | 7 | 5 | 1 | 4 | 5 | 5 | 4 | 4 |
| 558 | 부산 동구 | 주민신설 부대설비 유지 | 1 | 4,243 | 4 | 4 | 1 | 7 | 5 | 1 | 4 | 5 | 5 | 4 | 4 |
| 559 | 부산 동구 | 행정정보방 회선 증설 | 1 | 1,500 | 4 | 4 | 8 | 7 | 5 | 5 | 4 | 5 | 5 | 4 | 4 |
| 560 | 부산 동구 | 공통기반 및 재해복구시스템 유지관리 | 1 | 72,291 | 5 | 7 | 1 | 7 | 5 | 5 | 4 | 5 | 5 | 4 | 4 |
| 561 | 부산 동구 | 지방행정정보시스템 서비스데스크 운영비 | 1 | 7,250 | 5 | 7 | 1 | 7 | 5 | 5 | 4 | 5 | 5 | 4 | 4 |
| 562 | 부산 동구 | 운·나라시스템 운영지원비 | 1 | 7,930 | 5 | 7 | 1 | 7 | 5 | 5 | 4 | 5 | 5 | 4 | 4 |
| 563 | 부산 동구 | 운·나라시스템 HW, SW 유지 | 1 | 14,248 | 5 | 7 | 8 | 7 | 5 | 5 | 4 | 5 | 5 | 4 | 4 |
| 564 | 부산 동구 | 백신 소프트웨어 라이선스 갱신 | 1 | 25,873 | 4 | 7 | 1 | 7 | 5 | 1 | 4 | 5 | 5 | 4 | 4 |
| 565 | 부산 동구 | 업무용 소프트웨어 구입 | 2 | 26,250 | 4 | 1 | 8 | 6(단품구매) | 1 | 1 | 4 | 5 | 5 | 4 | 6 |
| 566 | 부산 동구 | 도메인 등록유지 | 1 | 2,090 | 4 | 7 | 8 | 7 | 5 | 5 | 4 | 5 | 5 | 4 | 4 |
| 567 | 부산 동구 | 안심문화(인)서비스 유지(1년) | 1 | 550 | 4 | 7 | 8 | 7 | 1 | 1 | 4 | 5 | 5 | 4 | 4 |
| 568 | 부산 동구 | 민간이핀 사용료(1년) | 1 | 550 | 4 | 7 | 8 | 7 | 1 | 1 | 4 | 5 | 5 | 4 | 4 |
| 569 | 부산 동구 | 홈페이지 유지보수 서비스(위) | 1 | 1,200 | 4 | 7 | 8 | 7 | 1 | 1 | 4 | 5 | 5 | 4 | 4 |
| 570 | 부산 동구 | 새올자치민원수구 보인인증서비스(소중) 유지(1년) | 1 | 880 | 4 | 7 | 1 | 7 | 5 | 5 | 4 | 5 | 5 | 4 | 4 |
| 571 | 부산 동구 | SSL 인증서 갱신(2년) | 1 | 700 | 4 | 7 | 1 | 7 | 5 | 5 | 4 | 5 | 5 | 4 | 4 |
| 572 | 부산 동구 | 교육청 밤 프로젝터 등 소모품 및 수리비 | 6 | 2,000 | 4 | 4 | 1 | 3 | 2 | 2 | 4 | 5 | 5 | 4 | 6 |
| 573 | 부산 동구 | 디지털 학습 강화 보고서 | 6 | 17,400 | 4 | 4 | 1 | 3 | 1 | 1 | 4 | 5 | 5 | 4 | 6 |
| 574 | 부산 동구 | 직원 정보화교육 강사료 | 6 | 1,330 | 4 | 4 | 8 | 7 | 5 | 5 | 4 | 5 | 5 | 4 | 6 |
| 575 | 부산 부산진구 | 부산 부산진구 스마트 현황판 구축 | 2 | 27,500 | 5 | 4 | 7 | 7 | 5 | 5 | 4 | 5 | 5 | 4 | 6 |
| 576 | 부산 부산진구 | 벡업 포털 구입 | 2 | 32,419 | 5 | 4 | 8 | 7 | 5 | 5 | 4 | 5 | 5 | 4 | 6 |
| 577 | 부산 부산진구 | 업무용 상용 소프트웨어 구입 | 2 | 93,385 | 5 | 4 | 8 | 7 | 1 | 1 | 4 | 5 | 5 | 4 | 6 |
| 578 | 부산 부산진구 | 주전신기 통합유지관리 | 1 | 33,731 | 5 | 4 | 1 | 7 | 1 | 1 | 4 | 5 | 5 | 4 | 6 |
| 579 | 부산 부산진구 | 네트워크장비 유지관리 | 1 | 24,422 | 5 | 4 | 1 | 7 | 4 | 4 | 4 | 5 | 5 | 4 | 6 |
| 580 | 부산 부산진구 | 홈페이지 서버 및 가상화SW 유지관리 | 1 | 15,000 | 5 | 4 | 1 | 7 | 4 | 4 | 4 | 5 | 5 | 4 | 6 |
| 581 | 부산 부산진구 | 홈페이지 SW 유지관리 | 1 | 21,140 | 5 | 4 | 1 | 7 | 4 | 4 | 4 | 5 | 5 | 4 | 6 |
| 582 | 부산 부산진구 | 보조기억체제리 SW 유지관리 | 1 | 3,460 | 5 | 4 | 1 | 7 | 4 | 4 | 4 | 5 | 5 | 4 | 6 |
| 583 | 부산 부산진구 | DB접근제어관리시스템 유지관리 | 1 | 5,584 | 5 | 4 | 1 | 7 | 1 | 1 | 4 | 5 | 5 | 4 | 6 |
| 584 | 부산 부산진구 | 개인정보호시스템 유지관리 | 1 | 11,448 | 5 | 4 | 1 | 7 | 4 | 4 | 4 | 5 | 5 | 4 | 6 |
| 585 | 부산 부산진구 | 문서 및 출력물보안(DRM) 유지관리 | 1 | 13,423 | 5 | 4 | 1 | 7 | 4 | 4 | 4 | 5 | 5 | 4 | 6 |

- 19 -

| 순번 | 시군구 | 정보화사업 사업명·예산서 상의 사업명 | 정보화사업 분류 (1.유지 및 보수 2.SW/HW 개발 및 구매 3.DB 구축 4.정보화 전략계획(ISP) 수립 5.정보보호사업 6.기타) | 2025년 예산 (단위:천원/1년간) | 예산 편성근거 (1.법률에 규정 2.국고보조 재원 3.용도지정기부금 4.조례 5.지자체 및 상위기관 정책 6.기타 7.해당없음) | 계약체결방법 (경쟁형태) (1.일반경쟁 2.제한경쟁 3.지명경쟁 4.수의계약 5.경쟁계약 6.기타 7.해당없음) | 정보화사업 입찰방식 계약기간 (1.1년 2.2년 3.3년 4.4년 5.5년 6.기타( ) 7.단기계약 (1년미만) 8.해당없음) | 낙찰자 선정방식 (1.적격심사 2.협상에 의한계약 3.최저가낙찰 4.규격가대비 5.2단계 경쟁입찰 6.기타( ) 7.해당없음) | 평가신청 (1.내부신청 (자체적으로 신청) 2.외부신청 (전문기관에 신청) 3.신청 無 4.해당없음) | 정보화사업 예산 산정 (1.내부정산 (내부적으로 정산) 2.외부정산 (외부전문기관에 정산) 3.내외부 모두 정산 4.정산無 5.해당없음) | 성과평가 실시여부 (1.실시 2.미실시 3.향후 추진 4.해당없음) | 성과평가 주기 (1.매년 2.격년 3.기간만료전 4.기타( ) 5.해당없음) | 성과평가 방법 (1.자체 평가 2.평가기관 구성후 실시 (전문위원회) 3.전문 평가기관 의뢰 4.기타( ) 5.해당없음) | 평가결과 인센티브 및 패널티 적용 유무 (1.적용 2.적용 안함 3.기타( ) 4.해당없음) | 평가결과 인센티브 및 패널티 적용 근거 (1.법률 2.조례 3.지침 4.계약서 5.기타( ) 6.해당없음) |
|---|---|---|---|---|---|---|---|---|---|---|---|---|---|---|---|
| 586 | 부산 부산진구 | 네트워크 보안장비 유지관리 | 1 | 20,772 | 5 | 4 | 1 | 7 | 1 | 4 | 4 | 5 | 5 | 4 | 6 |
| 587 | 부산 부산진구 | 네트워크 암호화장비 유지관리 | 1 | 5,698 | 5 | 4 | 1 | 7 | 1 | 4 | 4 | 5 | 5 | 4 | 6 |
| 588 | 부산 부산진구 | PC 보안시스템 유지관리 | 1 | 4,291 | 5 | 4 | 1 | 7 | 1 | 2 | 4 | 5 | 5 | 4 | 6 |
| 589 | 부산 부산진구 | 공통기반시스템1,2 유지관리 | 1 | 94,942 | 5 | 5 | 1 | 7 | 1 | 2 | 4 | 5 | 5 | 4 | 6 |
| 590 | 부산 부산진구 | 온나라시스템 유지관리 | 1 | 24,596 | 5 | 5 | 1 | 7 | 5 | 5 | 4 | 5 | 5 | 4 | 6 |
| 591 | 부산 부산진구 | PC 보안시스템 고도화 | 2 | 81,800 | 5 | 7 | 8 | 7 | 5 | 5 | 4 | 5 | 5 | 4 | 6 |
| 592 | 부산 부산진구 | 노후 방화벽 통합 보안관리 서버 교체 | 2 | 25,900 | 5 | 7 | 8 | 7 | 5 | 5 | 4 | 5 | 5 | 4 | 6 |
| 593 | 부산 부산진구 | 노후 내외망용 방화벽 장비 교체 | 2 | 29,874 | 5 | 7 | 8 | 7 | 5 | 5 | 4 | 5 | 5 | 4 | 6 |
| 594 | 부산 부산진구 | 노후 서버팜 네트워크 스위치 교체 | 2 | 72,736 | 5 | 7 | 8 | 7 | 1 | 4 | 4 | 5 | 5 | 4 | 6 |
| 595 | 부산 부산진구 | 온나라 재해복구시스템 저장장치 증설 | 2 | 39,814 | 5 | 7 | 8 | 7 | 1 | 4 | 4 | 5 | 5 | 4 | 6 |
| 596 | 부산 부산진구 | 스마트시티 통합플랫폼 유지관리(HW) | 1 | 38,827 | 5 | 4 | 1 | 2 | 1 | 5 | 4 | 5 | 5 | 4 | 6 |
| 597 | 부산 부산진구 | 스마트시티 통합플랫폼 유지관리(SW) | 1 | 39,729 | 5 | 7 | 1 | 3 | 2 | 1 | 4 | 5 | 5 | 4 | 6 |
| 598 | 부산 부산진구 | CCTV 통합관제시스템(HW) 유지보수 | 1 | 116,276 | 5 | 2 | 1 | 3 | 1 | 5 | 4 | 5 | 5 | 4 | 6 |
| 599 | 부산 부산진구 | CCTV 통합관제시스템(SW) 유지보수 | 1 | 21,703 | 5 | 7 | 8 | 7 | 5 | 4 | 4 | 5 | 5 | 4 | 6 |
| 600 | 부산 부산진구 | CCTV 통합관제시스템 증설 | 2 | 49,030 | 5 | 7 | 1 | 7 | 1 | 5 | 4 | 5 | 5 | 4 | 6 |
| 601 | 부산 동래구 | 재해복구 스토리지 용량증설 | 2 | 59,058 | 4 | 5 | 1 | 2 | 1 | 1 | 4 | 5 | 5 | 4 | 4 |
| 602 | 부산 동래구 | DB컴퓨재해시스템 고도화 | 2 | 56,342 | 4 | 7 | 1 | 7 | 2 | 2 | 4 | 5 | 5 | 4 | 4 |
| 603 | 부산 동래구 | 노후 PC 교체 구입 | 2 | 308,454 | 4 | 3 | 1 | 5 | 1 | 1 | 4 | 5 | 5 | 4 | 4 |
| 604 | 부산 동래구 | 정보보호체계 진단 컨설팅 | 5 | 6,780 | 5 | 5 | 1 | 2 | 2 | 1 | 4 | 5 | 5 | 4 | 4 |
| 605 | 부산 동래구 | 개인정보보호 배상 책임보험 가입 | 6 | 10,260 | 1 | 4 | 1 | 7 | 1 | 1 | 4 | 5 | 5 | 4 | 4 |
| 606 | 부산 동래구 | 공통기반 및 재해복구시스템 | 1 | 101,759 | 5 | 5 | 2 | 7 | 2 | 1 | 4 | 5 | 5 | 4 | 4 |
| 607 | 부산 동래구 | 온나라시스템 유지보수 | 1 | 24,070 | 5 | 4 | 1 | 2 | 1 | 1 | 4 | 5 | 5 | 4 | 4 |
| 608 | 부산 동래구 | 가상화시스템 유지보수 | 1 | 17,197 | 4 | 4 | 1 | 7 | 1 | 1 | 4 | 5 | 5 | 4 | 4 |
| 609 | 부산 동래구 | 스토리지 및 DB 유지보수 | 1 | 17,722 | 4 | 4 | 1 | 7 | 1 | 1 | 4 | 5 | 5 | 4 | 4 |
| 610 | 부산 동래구 | 공통기반 및 부동산새비 유지보수 | 1 | 12,511 | 4 | 4 | 1 | 7 | 1 | 1 | 4 | 5 | 5 | 4 | 4 |
| 611 | 부산 동래구 | 홈페이지 SW 유지보수 | 1 | 21,206 | 5 | 4 | 1 | 7 | 1 | 1 | 4 | 5 | 5 | 4 | 4 |
| 612 | 부산 동래구 | 웹방화벽 등 보안장비 유지보수 | 1 | 3,383 | 4 | 4 | 1 | 7 | 1 | 1 | 4 | 5 | 5 | 4 | 4 |
| 613 | 부산 동래구 | 개인정보분야 및 노후방지 SW 유지보수 | 1 | 1,248 | 4 | 4 | 1 | 7 | 1 | 1 | 4 | 5 | 5 | 4 | 4 |
| 614 | 부산 동래구 | 수치지도 갱신 | 1 | 5,499 | 4 | 4 | 1 | 7 | 1 | 1 | 4 | 5 | 5 | 4 | 4 |
| 615 | 부산 동래구 | 보안장비 및 네트워크장비 이중화 유지보수 | 1 | 16,982 | 4 | 4 | 1 | 7 | 1 | 1 | 4 | 5 | 5 | 4 | 4 |
| 616 | 부산 동래구 | 보조기억매체관리시스템 유지보수 | 1 | 3,144 | 4 | 4 | 1 | 7 | 1 | 1 | 4 | 5 | 5 | 4 | 4 |

| 순번 | 시군구 | 정보화사업명·예산서 상의 사업명 | 정보화사업 분류 (1.유지 및 보수 2.SW/HW 개발 및 구매 3.DB 구축 4.정보화 전략계획(ISP) 수립 5.정보화지원 6.기타) | 2025년 예산 (단위:천원/1년간) | 예산 편성근거 (1.법률 규정 2.국고보조재원 3.용도조정재원 4.조례 5.지자체 재량 6.상위기관 정책 7.기타 8.해당없음) | 계약체결방법 (경쟁형태) (1.일반경쟁 2.제한경쟁 3.지명경쟁 4.수의계약 5.경쟁협약 6.기타 7.해당없음) | 정보화사업 계약기간 (1.1년 2.2년 3.3년 4.4년 5.5년 6.기타( ) 7.단기계약(1년미만) 8.해당없음) | 정보화사업 입찰방식·낙찰자 선정방법 (1.적격심사 2.협상에 의한계약 3.최저가낙찰 4.규격가격분리 5.2단계 경쟁입찰 6.기타( ) 7.해당없음) | 정보화사업 예산 산정 평가산정 (1.내부산정(자체적으로 산정) 2.외부산정(전문기관위탁 산정) 3.내외부 모두 산정 4.산정無 5.해당없음) | 정보화사업 예산 산정 정보산정 (1.내부산정(자체적으로 산정) 2.외부산정(전문기관위탁 산정) 3.내외부 모두 산정 4.정산無 5.해당없음) | 성과평가 실시여부 (1.실시 2.미실시 3.향후 추진 4.해당없음) | 성과평가 성과평가 주기 (1.매년 2.격년 3.기간만료전 4.기타( ) 5.해당없음) | 성과평가 성과평가 방법 (1.자체 평가 2.평가단 구성 후 실시(전문위원위촉) 3.전문 평가기관 의뢰 4.기타( ) 5.해당없음) | 평가결과 적용 성과평가결과 인센티브 패널티 적용유무 (1.적용 2.적용 안함 3.기타( ) 4.해당없음) | 평가결과 적용 인센티브 및 패널티 적용 근거 (1.법률 2.조례 3.지침 4.계약서 5.기타 6.해당없음) |
|---|---|---|---|---|---|---|---|---|---|---|---|---|---|---|---|
| 617 | 부산 동래구 | 폐기물관리시스템 및 자원순환정보프로그램 유지보수 | 1 | 6,000 | 4 | 4 | 1 | 7 | 1 | 1 | 4 | 5 | 5 | 4 | 4 |
| 618 | 부산 동래구 | DB접근제어시스템 유지보수 | 1 | 5,690 | 4 | 4 | 1 | 7 | 1 | 1 | 4 | 5 | 5 | 4 | 4 |
| 619 | 부산 동래구 | 외부망 백업시스템 유지보수 | 1 | 2,364 | 4 | 4 | 1 | 7 | 1 | 1 | 4 | 5 | 5 | 4 | 4 |
| 620 | 부산 동래구 | 개인정보보호시스템 유지보수 | 1 | 10,595 | 4 | 4 | 1 | 7 | 1 | 1 | 4 | 5 | 5 | 4 | 4 |
| 621 | 부산 동래구 | 행정무용 전산장비 유지보수 | 1 | 43,035 | 4 | 4 | 1 | 7 | 1 | 1 | 4 | 5 | 5 | 4 | 4 |
| 622 | 부산 동래구 | 정책e-행정지원시스템(나라장터) 운영 | 6 | 12,990 | 1 | 5 | 1 | 7 | 5 | 5 | 4 | 5 | 5 | 4 | 4 |
| 623 | 부산 동래구 | 통합지방재정시스템 운영 및 유지보수 | 1 | 102,756 | 1 | 5 | 1 | 7 | 5 | 4 | 4 | 5 | 5 | 4 | 4 |
| 624 | 부산 동래구 | 통합정보공개시스템 재해복구시스템 구축 | 1 | 34,745 | 1 | 4 | 1 | 7 | 5 | 4 | 4 | 5 | 5 | 4 | 4 |
| 625 | 부산 동래구 | 재정정보공개시스템 반영용 웹 시스템 도입 용역 | 1 | 4,248 | 1 | 4 | 1 | 7 | 5 | 4 | 4 | 5 | 5 | 4 | 4 |
| 626 | 부산 동래구 | 정보근접제어시스템 유지보수 | 6 | 3,300 | 1 | 4 | 1 | 7 | 5 | 5 | 4 | 5 | 5 | 4 | 6 |
| 627 | 부산 동래구 | DB접근제어시스템 고도화 | 1 | 38,487 | 1 | 6 | 1 | 7 | 5 | 5 | 4 | 5 | 5 | 4 | 6 |
| 628 | 부산 북구 | 온나라2.0시스템 유지관리 및 운영지원 | 2 | 23,225 | 1 | 5 | 1 | 7 | 5 | 5 | 4 | 5 | 5 | 4 | 6 |
| 629 | 부산 북구 | 공통기반전산장비 및 재해복구시스템 유지관리 | 1 | 23,570 | 1 | 5 | 1 | 7 | 5 | 5 | 4 | 5 | 5 | 4 | 6 |
| 630 | 부산 북구 | 세울행정시스템 서비스데스크 운영 | 1 | 96,351 | 1 | 5 | 1 | 7 | 5 | 5 | 4 | 5 | 5 | 4 | 6 |
| 631 | 부산 북구 | 네트워크 정비 구입 | 2 | 7,250 | 1 | 5 | 1 | 7 | 5 | 5 | 4 | 5 | 5 | 4 | 6 |
| 632 | 부산 북구 | 재물관리용(EPP) 백신 서비스 운영 | 2 | 111,744 | 1 | 2 | 1 | 7 | 5 | 5 | 4 | 5 | 5 | 4 | 6 |
| 633 | 부산 북구 | 통합스토리지 디스크 증설 | 2 | 42,000 | 1 | 6 | 1 | 7 | 5 | 5 | 4 | 5 | 5 | 4 | 6 |
| 634 | 부산 북구 | 네트워크 장비 및 PC 유지보수 | 1 | 140,405 | 1 | 4 | 1 | 7 | 5 | 5 | 4 | 5 | 5 | 4 | 6 |
| 635 | 부산 북구 | 무정전전원장치(UPS) 배터리 교체 | 2 | 7,590 | 1 | 4 | 1 | 7 | 5 | 5 | 4 | 5 | 5 | 4 | 6 |
| 636 | 부산 북구 | 세외징수비관리시스템(MS) 유지관리 | 1 | 1,463 | 1 | 5 | 1 | 7 | 2 | 2 | 4 | 5 | 5 | 4 | 6 |
| 637 | 부산 북구 | 중앙관리용(EPP) 백신 서비스 운영 | 2 | 14,400 | 1 | 6 | 1 | 7 | 2 | 2 | 4 | 5 | 5 | 4 | 6 |
| 638 | 부산 북구 | 덕천서린 어린이복합문화공간 ICT 시스템 구축 | 2 | 304,500 | 1 | 2 | 7 | 2 | 1 | 1 | 4 | 5 | 5 | 4 | 6 |
| 639 | 부산 북구 | 노후 전산장비(PC) 교체 | 2 | 19,413 | 1 | 4 | 1 | 7 | 1 | 1 | 4 | 5 | 5 | 4 | 6 |
| 640 | 부산 북구 | 쓰레기종량제 바코드 프로그램 유지수비 | 1 | 5,400 | 5 | 4 | 1 | 7 | 1 | 1 | 4 | 5 | 5 | 4 | 6 |
| 641 | 부산 북구 | 통합웹페이지 SW 유지관리 | 1 | 124,378 | 1 | 5 | 1 | 7 | 1 | 1 | 4 | 5 | 5 | 4 | 6 |
| 642 | 부산 북구 | 계약공개시스템 유지관리 | 1 | 63,553 | 1 | 5 | 1 | 7 | 1 | 1 | 4 | 5 | 5 | 4 | 6 |
| 643 | 부산 북구 | 지방세정보시스템 유지관리 | 2 | 831,000 | 1 | 2 | 1 | 7 | 1 | 1 | 4 | 5 | 5 | 4 | 6 |
| 644 | 부산 북구 | 임체주소 구축 및 주소정보기본도 유지관리 | 1 | 3,360 | 1 | 4 | 1 | 7 | 1 | 1 | 4 | 5 | 5 | 4 | 6 |
| 645 | 부산 북구 | 주소정보관리시스템 | 1 | 32,580 | 1 | 5 | 1 | 7 | 1 | 1 | 4 | 5 | 5 | 4 | 6 |
| 646 | 부산 북구 | 부서종합업무시스템 | 1 | 47,520 | 1 | 5 | 1 | 7 | 5 | 5 | 4 | 5 | 5 | 4 | 6 |
| 647 | 부산 북구 | | 1 | 12,614 | 1 | 7 | 8 | 7 | 5 | 5 | 4 | 5 | 5 | 4 | 6 |

- 21 -

| 순번 | 시군구 | 정보화사업 사업명 (예산서 상 사업명) | 정보화사업 분류 1.유지 및 보수 2.SW/HW 개발 및 구매 3.DB 구축 4.정보화 전략계획(ISP) 수립 5.정보화지원 6.기타 | 2025년 예산 (단위:천원, 기간:년) | 예산 편성근거 1.법률에 규정 2.국고보조재원 3.용도지정기부금 4.조례 5.지자체 및 상위기관 정책 6.기타 7.해당없음 | 계약체결방법 (경쟁형태) 1.일반경쟁 2.제한경쟁 3.지명경쟁 4.수의계약 5.낙찰제약 6.기타 7.해당없음 | 계약기간 1.1년 2.2년 3.3년 4.4년 5.5년 6.기타 7.단기계약(1년미만) 8.해당없음 | 낙찰자 선정방법 1.적격심사 2.협상에 의한계약 3.최저가낙찰제 4.규격가격분리 5.2단계 경쟁입찰 6.기타() 7.해당없음 | 평가시점 1.내부선정 2.외부선정 3.내부전문가위탁 4.산정 5.해당없음 | 정보화사업 예산 산정방법 1.내부정산 (자체적으로 정산) 2.외부정산 (외부전문기관위탁 정산) 3.정산衆 4.내외부 모두 정산 5.해당없음 | 성과평가 실시여부 1.실시 2.미실시 3.향후 추진 4.해당없음 | 성과평가 주기 1.매년 2.격년 3.기간만료전 4.기타() 5.해당없음 | 성과평가 방법 1.자체 평가 2.평가단 구성후 실시 (전문위원위촉) 3.전문 평가기관 의뢰 4.기타() 5.해당없음 | 성과평가결과 인센티브 패널티 적용 유무 1.적용 2.적용 안함 3.기타() 4.해당없음 | 인센티브 및 패널티 적용 근거 1.법률 2.조례 3.지침 4.계약서 5.기타 6.해당없음 |
|---|---|---|---|---|---|---|---|---|---|---|---|---|---|---|---|
| 648 | 부산 북구 | 부동산종합부시스템 | 1 | 12,614 | 1 | 7 | 8 | 7 | 5 | 5 | 4 | 5 | 5 | 4 | 6 |
| 649 | 부산 북구 | 부동산종합부시스템 | 1 | 12,614 | 1 | 7 | 8 | 7 | 5 | 5 | 4 | 5 | 5 | 4 | 6 |
| 650 | 부산 북구 | 부동산종합부시스템 | 1 | 12,614 | 1 | 7 | 8 | 7 | 5 | 5 | 4 | 5 | 5 | 4 | 6 |
| 651 | 부산 북구 | 통합결재시스템(H/W) 유지보수용역 | 1 | 20,240 | 7 | 7 | 8 | 7 | 1 | 5 | 4 | 5 | 5 | 4 | 6 |
| 652 | 부산 북구 | 통합결재시스템(S/W) 유지보수용역 | 1 | 21,040 | 7 | 4 | 1 | 7 | 5 | 5 | 4 | 5 | 5 | 4 | 6 |
| 653 | 부산 북구 | 통합결재시스템(S/W) 유지보수용역 | 1 | 4,200 | 7 | 4 | 1 | 7 | 5 | 5 | 4 | 5 | 5 | 4 | 6 |
| 654 | 부산 북구 | 통합결재시스템(S/W) 유지보수용역 | 1 | 6,966 | 7 | 4 | 1 | 7 | 5 | 5 | 4 | 5 | 5 | 4 | 6 |
| 655 | 부산 북구 | 회의록시스템 유지보수 | 1 | 3,000 | 6 | 4 | 1 | 7 | 2 | 2 | 4 | 5 | 5 | 2 | 4 |
| 656 | 부산 북구 | 통합지방재정시스템 운영 및 유지관리비 | 1 | 102,756 | 1 | 5 | 8 | 7 | 2 | 2 | 2 | 4 | 4 | 4 | 4 |
| 657 | 부산 북구 | 통합지방재정시스템 재해복구시스템 구축 | 3 | 39,704 | 1 | 5 | 8 | 5 | 2 | 2 | 2 | 4 | 4 | 4 | 4 |
| 658 | 부산 북구 | 재정정보시스템 유지보수비 | 1 | 2,757 | 1 | 4 | 1 | 7 | 1 | 1 | 2 | 4 | 4 | 4 | 4 |
| 659 | 부산 북구 | 인터넷 수능방송 등록비 지원 | 6 | 2,000 | 7 | 7 | 8 | 7 | 1 | 1 | 4 | 5 | 5 | 4 | 4 |
| 660 | 부산 북구 | 스마트도서관 운영 | 6 | 14,760 | 1 | 4 | 1 | 7 | 5 | 1 | 4 | 5 | 5 | 4 | 6 |
| 661 | 부산 해운대구 | 노후 컴퓨터 프로그램 구입 | 2 | 2,484 | 7 | 7 | 8 | 7 | 5 | 1 | 4 | 5 | 5 | 4 | 6 |
| 662 | 부산 해운대구 | 노후 컴퓨터 교체 | 2 | 588,000 | 5 | 6 | 8 | 3 | 1 | 1 | 4 | 5 | 5 | 4 | 6 |
| 663 | 부산 해운대구 | 정보시스템 통합유지관리 | 1 | 36,269 | 1 | 2 | 1 | 3 | 1 | 1 | 4 | 5 | 5 | 4 | 6 |
| 664 | 부산 해운대구 | 노후 내부망 가상화 서버 교체 | 2 | 38,000 | 1 | 6 | 8 | 7 | 1 | 1 | 4 | 5 | 5 | 4 | 6 |
| 665 | 부산 해운대구 | 가상화(내부망)외부망 시스템 유지보수비 | 2 | 25,126 | 7 | 4 | 1 | 7 | 1 | 1 | 4 | 5 | 5 | 4 | 6 |
| 666 | 부산 해운대구 | 업무용 소프트웨어 구입(M5오피스) | 2 | 63,360 | 2 | 6 | 8 | 7 | 1 | 1 | 4 | 5 | 5 | 4 | 6 |
| 667 | 부산 해운대구 | 업무용 소프트웨어 구입(한컴오피스) | 2 | 35,700 | 2 | 6 | 8 | 7 | 1 | 1 | 4 | 5 | 5 | 4 | 6 |
| 668 | 부산 해운대구 | 정보시스템 고도화 | 1 | 60,500 | 6 | 6 | 8 | 7 | 1 | 5 | 4 | 5 | 5 | 4 | 6 |
| 669 | 부산 해운대구 | 전산 전용회선 통합 유지관리 | 1 | 74,100 | 5 | 6 | 8 | 7 | 1 | 1 | 4 | 5 | 5 | 4 | 6 |
| 670 | 부산 해운대구 | 보안 메트워크 통합 유지관리 | 1 | 55,158 | 1 | 2 | 1 | 3 | 1 | 1 | 4 | 5 | 5 | 4 | 6 |
| 671 | 부산 해운대구 | 전자정보보안장비 유지관리 | 1 | 21,805 | 1 | 4 | 1 | 7 | 1 | 1 | 4 | 5 | 5 | 4 | 6 |
| 672 | 부산 해운대구 | 디지털영상정보장치(CCTV) 유지관리 | 1 | 1,135 | 1 | 4 | 1 | 7 | 1 | 1 | 4 | 5 | 5 | 4 | 6 |
| 673 | 부산 해운대구 | 페쇄구간 CCTV 교체 | 2 | 2,543 | 1 | 4 | 1 | 7 | 1 | 5 | 4 | 5 | 5 | 4 | 6 |
| 674 | 부산 해운대구 | 안심귀가 CCTV 교체 | 1 | 5,826 | 5 | 4 | 1 | 7 | 5 | 5 | 4 | 5 | 5 | 4 | 6 |
| 675 | 부산 해운대구 | 정보교육장 프린터 교체 | 1 | 2,700 | 5 | 4 | 1 | 7 | 1 | 5 | 4 | 5 | 5 | 4 | 6 |
| 676 | 부산 해운대구 | 정보화교육장 프린터 교체 | 2 | 1,000 | 4 | 7 | 8 | 7 | 1 | 5 | 4 | 5 | 5 | 4 | 6 |
| 677 | 부산 해운대구 | 정보화교육장 비디오프로젝터 교체 | 2 | 4,500 | 4 | 7 | 8 | 7 | 1 | 5 | 4 | 5 | 5 | 4 | 6 |

| 순번 | 시·군·구 | 정보화사업 사업명<br>·예산서 상 사업명 | 정보화사업 분류<br>1.유지 및 보수<br>2.SW/HW 개발 및 구매<br>3.DB구축<br>4.정보화 전략계획(ISP)수립<br>5.정보화재원<br>6.기타 | 2025년 예산<br>(단위:천원<br>/1년간) | 예산 편성근거<br>1.법률에 규정<br>2.국고보조재원<br>3.용도조기부금<br>4.조례<br>5.지자체 및 상위기관 정책<br>6.기타<br>7.해당없음 | 계약체결방식<br>(경쟁형태)<br>1.일반경쟁<br>2.제한경쟁<br>3.지명경쟁<br>4.수의계약<br>5.協정위탁<br>6.기타<br>7.해당없음 | 정보화사업 입찰방식<br>계약기간<br>1.1년<br>2.2년<br>3.3년<br>4.4년<br>5.5년<br>6.기타( )<br>7.장기계약(1년이상)<br>8.해당없음 | 낙찰자 선정방법<br>1.적격심사<br>2.협상에 의한계약<br>3.최저가낙찰제<br>4.규격가격관리<br>5.2단계 경쟁입찰<br>6.기타( )<br>7.해당없음 | 정보화사업 예산 산정<br>원가산정<br>1.내부산정<br>(자체적으로 산정)<br>2.외부산정<br>(전문기관의뢰 산정)<br>3.내외부 모두 산정<br>4.산정 無<br>5.해당없음 | 정산방법<br>1.내부정산<br>(내부적으로 정산)<br>2.외부정산<br>(외부전문기관위탁 정산)<br>3.내외부 모두 정산<br>4.정산 無<br>5.해당없음 | 성과평가<br>성과평가 실시여부<br>1.실시<br>2.미실시<br>3.향후 추진<br>4.해당없음 | 성과평가 주체<br>1.해당<br>2.자체<br>3.기관단독<br>4.기타( )<br>5.해당없음 | 성과평가 방법<br>1.자체 평가<br>2.평가단 구성 후 실시<br>(전문위원회축)<br>3.전문 평가기관 의뢰<br>4.기타( )<br>5.해당없음 | 평가결과 적용<br>성과평가결과 인센티브 및 패널티 적용<br>1.적용<br>2.적용 안함<br>3.기타( )<br>4.해당없음 | 인센티브 및 패널티 적용 근거<br>1.법률<br>2.조례<br>3.지침<br>4.계약서<br>5.기타<br>6.해당없음 |
|---|---|---|---|---|---|---|---|---|---|---|---|---|---|---|---|
| 679 | 부산광역시 | 정보화교육 운영 | 5 | 80,392 | 1 | 7 | 8 | 7 | 1 | 5 | 4 | 5 | 5 | 4 | 6 |
| 680 | 부산해운대구 | 사람이음 그린IDC 및 정보통신조기기기 | 5 | 7,780 | 1 | 7 | 8 | 7 | 5 | 5 | 4 | 5 | 5 | 4 | 6 |
| 681 | 부산해운대구 | 통합홈페이지 유지보수 | 1 | 38,876 | 5 | 4 | 1 | 2 | 1 | 1 | 1 | 1 | 1 | 2 | 4 |
| 682 | 부산해운대구 | 자료유출방지 시스템 유지보수 | 1 | 12,391 | 5 | 4 | 1 | 2 | 1 | 1 | 2 | 5 | 5 | 4 | 4 |
| 683 | 부산해운대구 | 내부망 개인정보 검색(분석)시스템 유지보수 | 1 | 8,148 | 5 | 4 | 1 | 2 | 1 | 1 | 2 | 5 | 5 | 4 | 4 |
| 684 | 부산해운대구 | 홈페이지 개인정보 노출점검 솔루션 유지보수 | 1 | 1,560 | 5 | 4 | 1 | 2 | 1 | 1 | 2 | 5 | 5 | 4 | 4 |
| 685 | 부산해운대구 | 홈페이지 개인정보 차단 솔루션 유지보수 | 1 | 3,828 | 5 | 4 | 1 | 2 | 1 | 1 | 2 | 5 | 5 | 4 | 4 |
| 686 | 부산해운대구 | 새로 개인정보자산 솔루션 유지보수 | 1 | 2,148 | 5 | 4 | 1 | 2 | 1 | 1 | 4 | 5 | 5 | 4 | 4 |
| 687 | 부산해운대구 | CCTV 통합관제시스템 개선 라이센스 갱신 | 2 | 198,991 | 6 | 6 | 8 | 7 | 5 | 5 | 4 | 5 | 5 | 4 | 4 |
| 688 | 부산해운대구 | 백업 라이센스 갱신 | 2 | 11,533 | 6 | 6 | 8 | 7 | 5 | 5 | 4 | 5 | 5 | 4 | 4 |
| 689 | 부산해운대구 | 통신 및 내부백체 스토리지 유지보수 | 1 | 15,975 | 4 | 4 | 1 | 7 | 1 | 1 | 4 | 5 | 5 | 4 | 6 |
| 690 | 부산해운대구 | 노후 컴퓨터 교체 구입 | 2 | 449,500 | 4 | 3 | 8 | 5 | 5 | 2 | 4 | 5 | 5 | 4 | 6 |
| 691 | 부산금정구 | 내PC키퍼 및 패치관리시스템 고도화 | 2 | 77,355 | 4 | 7 | 8 | 7 | 5 | 1 | 4 | 5 | 5 | 4 | 6 |
| 692 | 부산금정구 | 행정사이트 정보접근성 실태조사 용역 | 6 | 20,000 | 4 | 4 | 7 | 7 | 5 | 1 | 4 | 5 | 5 | 4 | 6 |
| 693 | 부산금정구 | 전산실 무정전전원장치(UPS) 배터리 교체 | 6 | 15,675 | 4 | 4 | 8 | 7 | 5 | 1 | 4 | 5 | 5 | 4 | 6 |
| 694 | 부산금정구 | 전산실 항온항습기 교체 | 6 | 33,731 | 4 | 7 | 8 | 7 | 5 | 1 | 4 | 5 | 5 | 4 | 6 |
| 695 | 부산금정구 | 내부망 백업시스템 고도화 | 2 | 48,000 | 4 | 7 | 8 | 7 | 5 | 1 | 4 | 5 | 5 | 4 | 6 |
| 696 | 부산금정구 | 공통기반시스템 유지보수 | 1 | 94,383 | 5 | 5 | 1 | 1 | 1 | 2 | 4 | 5 | 5 | 4 | 6 |
| 697 | 부산금정구 | 우리라시스템 유지보수 | 1 | 24,388 | 5 | 5 | 1 | 1 | 1 | 2 | 4 | 5 | 5 | 4 | 6 |
| 698 | 부산금정구 | 영상음성기 유지보수 | 1 | 2,498 | 4 | 4 | 1 | 7 | 1 | 1 | 4 | 5 | 5 | 4 | 6 |
| 699 | 부산금정구 | 노후 네트워크 장비 교체 | 2 | 36,780 | 4 | 7 | 8 | 7 | 1 | 1 | 4 | 5 | 5 | 4 | 6 |
| 700 | 부산금정구 | 정보통신장비 유지보수 | 1 | 21,401 | 4 | 4 | 1 | 7 | 1 | 1 | 4 | 5 | 5 | 4 | 6 |
| 701 | 부산금정구 | 구 홈페이지 유지보수 | 1 | 25,205 | 4 | 4 | 1 | 7 | 1 | 1 | 4 | 5 | 5 | 4 | 6 |
| 702 | 부산금정구 | 홈페이지 개인정보노출방지시스템 유지보수 | 1 | 3,778 | 4 | 4 | 1 | 7 | 1 | 1 | 4 | 5 | 5 | 4 | 6 |
| 703 | 부산금정구 | 홈페이지 DB암호화 솔루션 유지보수 | 1 | 5,373 | 4 | 4 | 1 | 7 | 1 | 1 | 4 | 5 | 5 | 4 | 6 |
| 704 | 부산금정구 | 홈페이지(서버, 백업) 및 DRM HW 유지보수 | 1 | 7,191 | 4 | 4 | 1 | 7 | 1 | 5 | 4 | 5 | 5 | 4 | 6 |
| 705 | 부산금정구 | 홈페이지 문서변환시스템 유지보수 | 1 | 2,746 | 4 | 4 | 1 | 7 | 1 | 5 | 4 | 5 | 5 | 4 | 6 |
| 706 | 부산금정구 | 홈페이지 문자발송시스템 유지보수 | 1 | 1,209 | 4 | 4 | 1 | 7 | 1 | 1 | 4 | 5 | 5 | 4 | 6 |
| 707 | 부산금정구 | 전산장비 유지보수 | 1 | 50,359 | 4 | 4 | 1 | 7 | 1 | 1 | 4 | 5 | 5 | 4 | 6 |
| 708 | 부산금정구 | 우나라(재난자재해) 알리미(SMS) 유지보수 | 1 | 1,260 | 5 | 4 | 1 | 7 | 1 | 1 | 4 | 5 | 5 | 4 | 6 |
| 709 | 부산금정구 | 무인전환장치 유지보수 | 1 | 3,418 | 4 | 4 | 1 | 7 | 1 | 1 | 4 | 5 | 5 | 4 | 6 |

| 순번 | 시군구 | 정보화사업 사업명<br>*예산서 상 사업명 | 정보화사업 분류<br>1.유지 및 보수<br>2.SW/HW 개발 및 구매<br>3.DB 구축<br>4.정보화전략계획(ISP) 수립<br>5.정보화지원<br>6.기타 | 2025년 예산<br>(단위:천원/1년간) | 예산 편성근거<br>1.법률이 규정<br>2.국고보조 재원<br>3.용도지정기부금<br>4.조례<br>5.지자체 및 상위기관 정책<br>6.기타<br>7.해당없음 | 계약체결방법(경쟁형태)<br>1.일반경쟁<br>2.제한경쟁<br>3.지명경쟁<br>4.수의계약<br>5.법정위탁<br>6.기타()<br>7.해당없음 | 정보화사업 입찰방식 계약기간<br>1.1년<br>2.2년<br>3.3년<br>4.4년<br>5.5년<br>6.기타()<br>7.단기계약(1년미만)<br>8.해당없음 | 낙찰자 선정방법<br>1.적격심사<br>2.협상에 의한계약<br>3.최저가낙찰<br>4.규모가재한<br>5.2단계 경쟁입찰<br>6.기타()<br>7.해당없음 | 평가선정<br>1.내부선정<br>2.외부선정(전문기관위탁)<br>3.내외부 모두 선정<br>4.산정 無<br>5.해당없음 | 정보화사업 예산 산정<br>1.내부정산<br>2.외부정산(과부전문기관위탁 정산)<br>3.내외부 모두 정산<br>4.정산無<br>5.해당없음 | 성과평가 실시여부<br>1.실시<br>2.미실시<br>3.향후 추진<br>4.해당없음 | 성과평가 주기<br>1.매년<br>2.격년<br>3.기간만료점<br>4.기타()<br>5.해당없음 | 성과평가 방법<br>1.자체 평가<br>2.평가기구성 후 실시(전문위원위촉)<br>3.전문 평가기관 의뢰<br>4.기타<br>5.해당없음 | 성과평가결과 인센티브 및 패널티 적용 유무<br>1.적용<br>2.적용 안함<br>3.기타()<br>4.해당없음 | 인센티브 및 패널티 적용 근거<br>1.법률<br>2.조례<br>3.지침<br>4.계약서<br>5.기타()<br>6.해당없음 |
|---|---|---|---|---|---|---|---|---|---|---|---|---|---|---|---|
| 710 | 부산 금정구 | 전자문서유통시스템 유지보수 | 1 | 12,515 | 4 | 4 | 1 | 7 | 1 | 1 | 4 | 5 | 5 | 4 | 6 |
| 711 | 부산 금정구 | 개인정보취급자기록관리시스템 유지보수 | 1 | 12,000 | 4 | 4 | 1 | 7 | 1 | 1 | 4 | 5 | 5 | 4 | 6 |
| 712 | 부산 금정구 | PC보안시스템 및 정보보안장비 유지보수 | 1 | 14,762 | 4 | 4 | 1 | 7 | 1 | 1 | 4 | 5 | 5 | 4 | 6 |
| 713 | 부산 금정구 | 정보자료시스템 유지보수 | 1 | 12,604 | 4 | 4 | 1 | 7 | 1 | 1 | 4 | 5 | 5 | 4 | 6 |
| 714 | 부산 금정구 | 보조기억매체 관리시스템 유지보수 | 1 | 2,552 | 4 | 4 | 1 | 7 | 1 | 1 | 4 | 5 | 5 | 4 | 6 |
| 715 | 부산 금정구 | 전자결재시스템 유지보수 | 1 | 8,683 | 4 | 4 | 1 | 7 | 1 | 1 | 4 | 5 | 5 | 4 | 6 |
| 716 | 부산 금정구 | 패스워드관리시스템 유지보수 | 1 | 5,525 | 4 | 4 | 1 | 7 | 1 | 1 | 4 | 5 | 5 | 4 | 6 |
| 717 | 부산 금정구 | 정보화마인드 확산(정보화교육) | 5 | 32,610 | 1 | 7 | 8 | 7 | 1 | 1 | 4 | 5 | 5 | 4 | 6 |
| 718 | 부산 강서구 | SW 및 PC 경신구입 | 2 | 376,928 | 1 | 7 | 8 | 7 | 1 | 1 | 4 | 5 | 5 | 4 | 6 |
| 719 | 부산 강서구 | 행정정보시스템 운영(지역정보센터 운영) | 5 | 5,018 | 1 | 7 | 8 | 7 | 1 | 1 | 4 | 5 | 5 | 4 | 6 |
| 720 | 부산 강서구 | 행정정보시스템 운영(행정정보보장 회선사용료) | 5 | 6,029 | 1 | 7 | 8 | 7 | 1 | 1 | 4 | 5 | 5 | 4 | 6 |
| 721 | 부산 강서구 | 행정정보시스템 운영(표준시스템 운영 및 유지관리) | 1 | 278,917 | 1 | 2 | 2 | 2 | 1 | 2 | 4 | 5 | 5 | 4 | 4 |
| 722 | 부산 강서구 | 행정정보시스템 운영(전자자산취득비) | 2 | 105,892 | 1 | 5 | 1 | 7 | 1 | 1 | 4 | 5 | 5 | 4 | 4 |
| 723 | 부산 강서구 | 행정정보시스템 운영(홈커뮤니티 운영) | 5 | 57,280 | 1 | 7 | 8 | 7 | 1 | 1 | 4 | 5 | 5 | 4 | 6 |
| 724 | 부산 강서구 | 홈페이지 및 맵커뮤니티 운영(홈페이지 운영) | 5 | 12,200 | 5 | 5 | 1 | 7 | 5 | 5 | 4 | 5 | 5 | 4 | 6 |
| 725 | 부산 강서구 | 업무용 컴퓨터 구입 | 2 | 382,800 | 4 | 5 | 1 | 7 | 5 | 5 | 4 | 5 | 5 | 4 | 4 |
| 726 | 부산 강서구 | 노후 정보통신장비 교체 | 2 | 311,307 | 5 | 7 | 1 | 7 | 2 | 2 | 4 | 5 | 5 | 4 | 4 |
| 727 | 부산 강서구 | 노후 무정전전원장치 교체 | 2 | 30,668 | 4 | 7 | 1 | 7 | 2 | 2 | 4 | 5 | 5 | 4 | 4 |
| 728 | 부산 강서구 | 노후 행정장비 교체 | 2 | 24,934 | 4 | 7 | 1 | 7 | 2 | 2 | 4 | 5 | 5 | 4 | 4 |
| 729 | 부산 강서구 | 노후 네트워크 장비 교체 | 2 | 26,150 | 4 | 5 | 1 | 7 | 1 | 1 | 4 | 5 | 5 | 4 | 4 |
| 730 | 부산 연제구 | 공통기반 및 재해복구시스템 유지관리 (획사업자) | 1 | 80,590 | 5 | 5 | 1 | 7 | 1 | 1 | 4 | 5 | 5 | 4 | 4 |
| 731 | 부산 연제구 | 지방행정통합정보시스템 상용센터 운영 | 1 | 7,250 | 5 | 5 | 1 | 7 | 1 | 1 | 4 | 5 | 5 | 4 | 4 |
| 732 | 부산 연제구 | 나라사랑카드 유지관리 | 1 | 24,630 | 5 | 4 | 1 | 7 | 1 | 1 | 4 | 5 | 5 | 4 | 4 |
| 733 | 부산 연제구 | 업무용 전산장비 유지관리 | 1 | 31,586 | 4 | 4 | 1 | 7 | 1 | 1 | 4 | 5 | 5 | 4 | 4 |
| 734 | 부산 연제구 | 정보시스템(새올) 유지관리 | 1 | 28,926 | 4 | 4 | 1 | 7 | 1 | 1 | 4 | 5 | 5 | 4 | 4 |
| 735 | 부산 연제구 | 통합스토리지 원격지 재해복구 시스템 유지관리 | 1 | 16,516 | 4 | 4 | 1 | 7 | 1 | 1 | 4 | 5 | 5 | 4 | 4 |
| 736 | 부산 연제구 | 등 록 확인서 SW 유지관리 | 1 | 1,416 | 4 | 4 | 1 | 7 | 1 | 1 | 4 | 5 | 5 | 4 | 4 |
| 737 | 부산 연제구 | 정보통신 장비 유지관리 용역 | 1 | 20,678 | 4 | 4 | 1 | 7 | 1 | 1 | 4 | 5 | 5 | 4 | 4 |
| 738 | 부산 연제구 | 보안관제서비스 유지관리 용역 | 1 | 18,657 | 4 | 4 | 1 | 7 | 1 | 1 | 4 | 5 | 5 | 4 | 4 |
| 739 | 부산 연제구 | 보조기억매체 관리시스템 유지관리 용역 | 1 | 2,068 | 4 | 4 | 1 | 7 | 1 | 1 | 4 | 5 | 5 | 4 | 4 |
| 740 | 부산 연제구 | 정보방지시스템 유지관리 용역 | 1 | 4,761 | 4 | 4 | 1 | 7 | 1 | 1 | 4 | 5 | 5 | 4 | 4 |

| 순번 | 시군구 | 정보화사업 사업명 · 예산서상의 사업명 | 정보화사업 분류 | 2025년 예산 (단위:천원/1년간) | 예산 편성근거 | 계약체결방법(경쟁형태) | 계약기간 | 낙찰자 선정방법 | 원가산정 | 정보화사업 예산 산정 | 성과평가 실시여부 | 성과평가 주기 | 성과평가 방법 | 성과평가결과 인센티브 및 패널티 적용 유무 | 인센티브 및 패널티 적용 근거 |
|---|---|---|---|---|---|---|---|---|---|---|---|---|---|---|---|
| 741 | 부산 연제구 | 보안USB관리시스템 유지관리 | 1 | 3,596 | 4 | 4 | 1 | 7 | 1 | 5 | 4 | 5 | 5 | 4 | 4 |
| 742 | 부산 연제구 | DB접근제어시스템 유지관리 | 1 | 5,512 | 4 | 4 | 1 | 7 | 1 | 5 | 4 | 5 | 5 | 4 | 4 |
| 743 | 부산 연제구 | 내PC지키미 및 PMS 유지관리 | 1 | 3,548 | 4 | 4 | 1 | 7 | 1 | 5 | 4 | 5 | 5 | 4 | 4 |
| 744 | 부산 연제구 | 개인정보관리접속기록관리시스템 유지관리 용역 | 1 | 6,000 | 4 | 4 | 1 | 7 | 1 | 5 | 4 | 5 | 5 | 4 | 4 |
| 745 | 부산 연제구 | 개인정보암호화 및 문서유출방지시스템 유지관리 | 1 | 13,756 | 4 | 4 | 1 | 7 | 1 | 5 | 4 | 5 | 5 | 4 | 4 |
| 746 | 부산 연제구 | 지역정보센터 부대경비 유지관리 | 1 | 6,114 | 4 | 4 | 1 | 7 | 1 | 5 | 4 | 5 | 5 | 4 | 4 |
| 747 | 부산 연제구 | 홈페이지 SW 시스템 유지관리 | 1 | 22,870 | 4 | 4 | 1 | 7 | 1 | 5 | 4 | 5 | 5 | 4 | 4 |
| 748 | 부산 연제구 | 외부망 가상화시스템 SW 유지관리 | 1 | 14,200 | 4 | 4 | 1 | 7 | 1 | 5 | 4 | 5 | 5 | 4 | 4 |
| 749 | 부산 연제구 | 홈페이지 개인정보관리 SW 유지관리 | 1 | 2,500 | 4 | 4 | 1 | 7 | 1 | 1 | 4 | 5 | 5 | 4 | 6 |
| 750 | 부산 수영구 | 정보화 활용능력 향상 | 5 | 30,320 | 1 | 7 | 8 | 7 | 1 | 1 | 4 | 5 | 5 | 4 | 6 |
| 751 | 부산 수영구 | 업무용 소프트웨어 구입 | 2 | 93,381 | 1 | 7 | 8 | 7 | 1 | 1 | 4 | 5 | 5 | 4 | 6 |
| 752 | 부산 수영구 | 개인정보 보호 및 정보보호시스템 운영 | 2 | 28,407 | 1 | 7 | 8 | 7 | 1 | 1 | 4 | 5 | 5 | 4 | 6 |
| 753 | 부산 수영구 | 정보시스템 운영 및 전산장비 유지관리 | 2 | 195,501 | 1 | 7 | 8 | 7 | 1 | 1 | 4 | 5 | 5 | 4 | 6 |
| 754 | 부산 수영구 | 표준시스템 전산장비 유지관리 | 1 | 108,469 | 1 | 5 | 1 | 7 | 1 | 2 | 4 | 5 | 5 | 4 | 6 |
| 755 | 부산 수영구 | 노후 네트워크 장비교체 | 2 | 71,240 | 1 | 7 | 8 | 7 | 2 | 1 | 4 | 5 | 5 | 4 | 6 |
| 756 | 부산 수영구 | 업무용 정보화장비 구입 | 2 | 333,500 | 1 | 7 | 8 | 7 | 1 | 1 | 4 | 5 | 5 | 4 | 6 |
| 757 | 부산 수영구 | 정보자산시스템(망분리) 장비 교체 | 2 | 23,800 | 1 | 7 | 8 | 7 | 1 | 1 | 4 | 5 | 5 | 4 | 6 |
| 758 | 부산 수영구 | 부산수영구 대표 홈페이지 부분 개편 | 2 | 20,000 | 1 | 7 | 8 | 3 | 1 | 1 | 4 | 5 | 5 | 4 | 6 |
| 759 | 부산 수영구 | 노후 백업 장비 교체 | 2 | 26,530 | 4 | 1 | 1 | 3 | 1 | 1 | 4 | 5 | 5 | 4 | 6 |
| 760 | 부산 수영구 | DB 접근제어 라이선스 구입 | 2 | 23,230 | 4 | 4 | 1 | 3 | 1 | 1 | 4 | 5 | 5 | 4 | 6 |
| 761 | 부산 수영구 | 전산장비 유지보수 | 2 | 91,280 | 4 | 4 | 1 | 7 | 1 | 1 | 4 | 5 | 5 | 4 | 6 |
| 762 | 부산 사상구 | 전산실 시설통합관리 유지관리 | 2 | 55,360 | 1 | 4 | 1 | 7 | 1 | 1 | 4 | 5 | 5 | 4 | 6 |
| 763 | 부산 사상구 | 토지합필시스템 장비 유지관리 | 2 | 3,790 | 4 | 1 | 1 | 7 | 1 | 1 | 4 | 5 | 5 | 4 | 6 |
| 764 | 부산 사상구 | 토지관리시스템(KLIS) 유지관리 | 1 | 10,008 | 4 | 4 | 1 | 7 | 1 | 1 | 4 | 5 | 5 | 4 | 4 |
| 765 | 부산 사상구 | 통합스토리지 및 재해복구시스템 유지관리 | 1 | 13,464 | 4 | 4 | 1 | 7 | 1 | 1 | 4 | 5 | 5 | 4 | 4 |
| 766 | 부산 사상구 | 홈페이지 서비 및 S/W 유지관리 | 1 | 10,415 | 4 | 4 | 1 | 7 | 1 | 1 | 4 | 5 | 5 | 4 | 4 |
| 767 | 부산 사상구 | 새올행정 개인정보필터링시스템 유지관리 | 1 | 3,300 | 4 | 4 | 1 | 7 | 1 | 1 | 4 | 5 | 5 | 4 | 4 |
| 768 | 부산 사상구 | 개인정보접속기록관리시스템 유지관리 | 1 | 13,380 | 4 | 4 | 1 | 7 | 1 | 1 | 4 | 5 | 5 | 4 | 4 |
| 769 | 부산 사상구 | 열하도시스템 유지관리 | 1 | 2,419 | 4 | 4 | 1 | 7 | 1 | 1 | 4 | 5 | 5 | 4 | 4 |
| 770 | 부산 사상구 | 환경설비관리시스템(FMS) 유지관리 | 1 | 1,938 | 4 | 4 | 1 | 7 | 1 | 1 | 4 | 5 | 5 | 4 | 4 |
| 771 | 부산 사상구 | 방문영상 유지관리 | 1 | 3,313 | 4 | 4 | 1 | 7 | 1 | 1 | 4 | 5 | 5 | 4 | 4 |

| 순번 | 시군구 | 정보화사업 사업명 ·예산서 상의 사업명 | 정보화사업 분류 1.유지 및 보수 2.SW/HW 개발 및 구매 3.DB 구축 4.정보화 전략계획(ISP) 수립 5.정보화지원 6.기타 | 2025년 예산 (단위:천원/1년간) | 예산 편성근거 1.법률에 규정 2.국고보조 재원 3.용도지정 기부금 4.조례 5.자체 및 상위기관 정책 6.기타 7.해당없음 | 계약체결방법 (경쟁형태) 1.일반경쟁 2.제한경쟁 3.지명경쟁 4.수의계약 5.법정예탁 6.기타 () 7.해당없음 | 정보화사업 입찰방식 계약기간 1.1년 2.2년 3.3년 4.4년 5.5년 6.기타() 7.단기계약 (1년미만) 8.해당없음 | 낙찰자 선정방법 1.적격심사 2.협상에 의한계약 3.최저가낙찰제 4.규모계약 5.2단계 경쟁입찰 6.기타() 7.해당없음 | 평가서 선정방법 1.내부선정 2.외부선정 3.내·외부 모두 선정 4.선정 無 5.해당없음 | 정보화사업 예산 산정 정산방법 1.내부정산 (자체적으로 정산) 2.외부정산 (외부전문기관위탁정산) 3.정산無 4.내·외부 모두 정산 5.해당없음 | 성과평가 실시여부 1.실시 2.미실시 3.향후 추진 4.해당없음 | 성과평가 주기 1.매년 2.격년 3.기간완료점 4.기타() 5.해당없음 | 성과평가 방법 1.자체 평가 2.평가단 구성후 실시(전문위원회) 3.전문 평가기관 의뢰 4.기타 5.해당없음 | 평가결과 적용 성과평가결과 인센티브 및 패널티 적용 유무 1.적용 2.적용 안함 3.적용() 4.기타 5.해당없음 | 인센티브 및 패널티 적용 근거 1.법률 2.조례 3.지침 4.계약서 5.기타 6.해당없음 |
|---|---|---|---|---|---|---|---|---|---|---|---|---|---|---|---|
| 772 | 부산 사상구 | 무정전 전원장치(UPS) 유지관리 | 1 | 2,503 | 4 | 4 | 1 | 7 | 1 | 1 | 4 | 5 | 5 | 4 | 4 |
| 773 | 부산 사상구 | 문서암호화시스템(DRM) 유지관리 | 1 | 18,554 | 4 | 4 | 1 | 7 | 1 | 1 | 4 | 5 | 5 | 4 | 4 |
| 774 | 부산 사상구 | 차세대 디스크 백업시스템 유지관리 | 1 | 14,859 | 4 | 4 | 1 | 7 | 1 | 1 | 4 | 5 | 5 | 4 | 4 |
| 775 | 부산 사상구 | 공통기반 및 재해복구시스템 유지관리 | 1 | 81,980 | 4 | 6 | 1 | 7 | 1 | 1 | 4 | 5 | 5 | 4 | 4 |
| 776 | 부산 사상구 | 새올행정시스템 헬프데스크 운영 지원 | 1 | 7,250 | 4 | 6 | 1 | 7 | 2 | 2 | 4 | 5 | 5 | 4 | 4 |
| 777 | 부산 사상구 | 온나라시스템 운영 지원 및 S/W 유지관리 | 1 | 23,570 | 4 | 6 | 1 | 7 | 2 | 2 | 4 | 5 | 5 | 4 | 4 |
| 778 | 부산 사상구 | 개인정보보호 자가학습 시스템 운영 | 6 | 6,000 | 1 | 4 | 1 | 7 | 1 | 1 | 4 | 5 | 5 | 4 | 4 |
| 779 | 부산 사상구 | 업무용 소프트웨어 구입 | 2 | 122,136 | 1 | 7 | 8 | 7 | 2 | 1 | 4 | 5 | 5 | 4 | 6 |
| 780 | 부산 사상구 | 개인정보보호 업무상 책임보험 가입 | 6 | 14,000 | 4 | 4 | 1 | 7 | 1 | 1 | 4 | 5 | 5 | 4 | 4 |
| 781 | 부산 사상구 | 업무용 컴퓨터(교체) | 2 | 435,000 | 1 | 7 | 8 | 7 | 1 | 1 | 4 | 5 | 5 | 4 | 6 |
| 782 | 부산 사상구 | 백업리시스템 고도화 구축 | 2 | 86,000 | 4 | 7 | 8 | 7 | 1 | 1 | 4 | 5 | 5 | 4 | 6 |
| 783 | 부산 사상구 | 누후 방송반 교체 | 2 | 6,517 | 7 | 4 | 1 | 7 | 1 | 1 | 4 | 5 | 5 | 4 | 6 |
| 784 | 부산 사상구 | 전산실 재난방재대책 내진설비 보강 | 6 | 54,424 | 6 | 7 | 8 | 7 | 1 | 1 | 4 | 5 | 5 | 4 | 4 |
| 785 | 부산 사상구 | 홈페이지 개선 기능유지 | 1 | 21,713 | 6 | 4 | 1 | 7 | 1 | 1 | 4 | 5 | 5 | 4 | 4 |
| 786 | 부산 사상구 | 메타버스 VR 플라우드 서비스 이용료 | 1 | 2,640 | 6 | 2 | 1 | 3 | 1 | 1 | 4 | 5 | 5 | 4 | 4 |
| 787 | 부산 사상구 | 홈페이지 통합예약시스템 기능 개선 | 2 | 3,500 | 6 | 6 | 1 | 2 | 1 | 1 | 4 | 5 | 5 | 4 | 4 |
| 788 | 부산 사상구 | 네트워크 장비 유지관리 | 1 | 31,520 | 4 | 4 | 1 | 6 | 1 | 1 | 4 | 5 | 5 | 4 | 4 |
| 789 | 부산 사상구 | 보완장비 유지관리 | 1 | 32,702 | 1 | 5 | 7 | 7 | 1 | 1 | 4 | 5 | 5 | 4 | 4 |
| 790 | 부산 사상구 | 전산장비 유지관리 | 1 | 40,972 | 7 | 7 | 1 | 7 | 1 | 1 | 1 | 1 | 1 | 1 | 4 |
| 791 | 부산 사상구 | 온나라시스템 유지보수 등 | 5 | 24,070 | 4 | 1 | 1 | 5 | 5 | 5 | 4 | 5 | 5 | 4 | 4 |
| 792 | 부산 기장군 | 정보시스템 통합유지보수 | 2 | 274,501 | 7 | 2 | 2 | 2 | 1 | 1 | 4 | 5 | 5 | 4 | 4 |
| 793 | 부산 기장군 | 온나라 문서 음성변환 서비스 도입사업 | 2 | 34,285 | 5 | 6 | 7 | 6 | 5 | 5 | 4 | 5 | 5 | 4 | 4 |
| 794 | 부산 기장군 | 백업(디스크) 장비 구입 | 2 | 56,100 | 5 | 6 | 7 | 7 | 5 | 5 | 4 | 5 | 5 | 4 | 4 |
| 795 | 부산 기장군 | 정보화분야 자기학습 교육 운영 | 5 | 4,400 | 7 | 4 | 1 | 7 | 5 | 5 | 4 | 5 | 5 | 4 | 4 |
| 796 | 부산 기장군 | 공통기반 및 재해복구시스템 유지수수 | 1 | 89,069 | 1 | 5 | 7 | 7 | 5 | 5 | 1 | 1 | 1 | 4 | 4 |
| 797 | 부산 기장군 | 개인정보보호 손해배상 책임보험 | 5 | 14,000 | 5 | 7 | 1 | 5 | 5 | 5 | 4 | 5 | 5 | 4 | 4 |
| 798 | 부산 기장군 | 행정전산망 구입 | 5 | 350,000 | 7 | 1 | 1 | 7 | 1 | 1 | 4 | 5 | 5 | 4 | 4 |
| 799 | 부산 기장군 | UPS용 배터리(축전지) 교체 | 1 | 6,000 | 5 | 4 | 2 | 7 | 1 | 1 | 4 | 5 | 5 | 4 | 4 |
| 800 | 부산 기장군 | 범용 소프트웨어 구입(한글) | 2 | 35,700 | 5 | 6 | 7 | 7 | 5 | 5 | 4 | 4 | 5 | 4 | 4 |
| 801 | 부산 기장군 | 범용 소프트웨어 구입(MS_OFFICE) | 2 | 41,900 | 6 | 6 | 7 | 7 | 5 | 5 | 4 | 4 | 5 | 4 | 4 |
| 802 | 부산 기장군 | 군민 정보화 교육 | 5 | 4,800 | 5 | 7 | 8 | 7 | 5 | 5 | 4 | 5 | 5 | 4 | 4 |

- 26 -

| 순번 | 시군구 | 정보화사업 사업명 · 예산서 상의 사업명 | 정보화사업 분류<br>1. 유지 및 보수<br>2. SW/HW 개발 및 구매<br>3. DB 구축<br>4. 정보화 전략계획(ISP) 수립<br>5. 정보화지원<br>6. 기타 | 2025년 예산 (단위:천원/1년간) | 예산 편성근거<br>1. 법률에 규정<br>2. 국고보조 재원<br>3. 용도지정기부금<br>4. 조례<br>5. 지자체 및 상위기관 정책<br>6. 기타<br>7. 해당없음 | 정보화사업 입찰방식 계약체결방식(경쟁형태)<br>1. 일반경쟁<br>2. 제한경쟁<br>3. 지명경쟁<br>4. 수의계약<br>5. 법정위탁<br>6. 기타( )<br>7. 해당없음 | 정보화사업 입찰방식 계약기간<br>1. 1년<br>2. 2년<br>3. 3년<br>4. 4년<br>5. 5년<br>6. 기타<br>7. 단기계약(1년미만)<br>8. 해당없음 | 정보화사업 입찰방식 낙찰자 선정방식<br>1. 적격심사<br>2. 협상에 의한계약<br>3. 최저가낙찰제<br>4. 규격가격동시<br>5. 2단계 경쟁입찰<br>6. 기타( )<br>7. 해당없음 | 정보화사업 예산 산정 원가산정<br>1. 내부산정(자체적으로 산정)<br>2. 외부산정(전문기관위탁)<br>3. 내외부 모두 산정<br>4. 산정 無<br>5. 해당없음 | 정보화사업 예산 산정 정산방법<br>1. 내부정산(내부적으로 정산)<br>2. 외부정산(외부전문기관위탁 정산)<br>3. 내외부 모두 정산<br>4. 정산 無<br>5. 해당없음 | 성과평가 성과평가 실시여부<br>1. 실시<br>2. 미실시<br>3. 향후 추진<br>4. 해당없음 | 성과평가 성과평가 주기<br>1. 매년<br>2. 격년<br>3. 기간만료전<br>4. 기타( )<br>5. 해당없음 | 성과평가 성과평가 방법<br>1. 자체 평가<br>2. 평가단 구성후 실시(전문위원위촉)<br>3. 전문 평가기관 의뢰<br>4. 기타( )<br>5. 해당없음 | 평가결과 적용 성과평가결과 인센티브 및 패널티 적용 유무<br>1. 적용<br>2. 적용 안함<br>3. 기타( )<br>4. 해당없음 | 평가결과 적용 인센티브 및 패널티 적용 근거<br>1. 법률<br>2. 조례<br>3. 지침<br>4. 계약서<br>5. 기타( )<br>6. 해당없음 |
|---|---|---|---|---|---|---|---|---|---|---|---|---|---|---|---|
| 803 | 부산 기장군 | 디지털 역량강화 교육 | 5 | 17,400 | 5 | 7 | 8 | 7 | 5 | 5 | 4 | 5 | 5 | 4 | 4 |
| 804 | 부산 기장군 | 노후 네트워크 장비 교체 | 5 | 164,670 | 5 | 6 | 7 | 7 | 5 | 5 | 4 | 5 | 5 | 4 | 4 |
| 805 | 부산 기장군 | PC 보안시스템 구입 | 5 | 78,050 | 5 | 6 | 7 | 7 | 5 | 5 | 4 | 5 | 5 | 4 | 4 |
| 806 | 부산 기장군 | 바이러스 백신 소프트웨어 구입 | 5 | 36,850 | 5 | 6 | 7 | 7 | 5 | 5 | 4 | 5 | 5 | 4 | 4 |
| 807 | 부산 기장군 | DB암호화제어 라이선스 구입 | 5 | 23,300 | 5 | 6 | 7 | 7 | 5 | 5 | 4 | 5 | 5 | 4 | 4 |
| 808 | 부산 광역시 | 주요 정보통신기반시설 취약점 분석 평가 | 6 | 91,390 | 1 | 5 | 1 | 6 | 2 | 2 | 4 | 4(매월) | 1 | 4 | 6 |
| 809 | 대구 광역시 | 시도행정 및 재해복구시스템 유지보수 위탁사업비 | 1 | 295,000 | 5 | 5 | 1 | 7 | 1 | 1 | 1 | 4(매월) | 1 | 2 | 6 |
| 810 | 대구 광역시 | 지방행정정보통합보호시스템 서비스데스크 운영 위탁사업비 | 1 | 7,500 | 5 | 5 | 1 | 7 | 1 | 1 | 1 | 4(매월) | 1 | 2 | 6 |
| 811 | 대구 광역시 | 온나라시스템 운영관리 유지보수 | 1 | 67,000 | 5 | 5 | 1 | 7 | 1 | 1 | 3 | 3 | 3 | 1 | 4 |
| 812 | 대구 광역시 | 스마트시티 통합운영센터 관리운영 | 1 | 994,000 | 1 | 1 | 3 | 6 | 2 | 2 | 1 | 1 | 1 | 4 | 6 |
| 813 | 대구 광역시 | 스마트관광 어플리케이션 운영 | 1 | 250,000 | 4 | 2 | 7 | 2 | 1 | 1 | 3 | 5 | 5 | 1 | 6 |
| 814 | 대구 광역시 | 주요정보통신기반시설 취약점 분석 평가 | 5 | 49,210 | 1 | 5 | 1 | 5 | 2 | 2 | 4 | 5 | 5 | 4 | 6 |
| 815 | 대구 광역시 | 차세대 표준지방세정보시스템 | 1 | 125,261 | 5 | 5 | 1 | 2 | 2 | 2 | 4 | 5 | 5 | 1 | 6 |
| 816 | 대구 광역시 | 정보접수시스템 | 1 | 41,628 | 6 | 1 | 1 | 2 | 2 | 2 | 4 | 5 | 5 | 4 | 6 |
| 817 | 대구 광역시 | 스마트빌리지 보급 및 확산 사업 | 2 | 1,290,000 | 2 | 5 | 7 | 2 | 2 | 2 | 4 | 5 | 5 | 4 | 4 |
| 818 | 대구 동구 | 행정정보통신망 유지보수 | 1 | 104,102 | 1 | 5 | 1 | 7 | 1 | 1 | 4 | 5 | 5 | 4 | 6 |
| 819 | 대구 동구 | PC 보안취약점점검시스템 서버 교체 | 2 | 15,830 | 6 | 4 | 8 | 6 | 5 | 5 | 4 | 5 | 5 | 4 | 6 |
| 820 | 대구 동구 | PC 개인정보점검시스템 서버 교체 | 2 | 5,714 | 6 | 4 | 8 | 7 | 5 | 5 | 4 | 5 | 4 | 4 | 6 |
| 821 | 대구 동구 | 세정운영 및 홍보 | 2 | 13,900 | 5 | 4 | 8 | 7 | 5 | 5 | 4 | 5 | 1 | 4 | 6 |
| 822 | 대구 동구 | 차세대지방세입정보시스템 | 6 | 7,749 | 5 | 4 | 1 | 5 | 2 | 2 | 4 | 5 | 1 | 4 | 6 |
| 823 | 대구 동구 | 차세대 공통기반 및 재해복구시스템 유지관리 | 1 | 101,779 | 1 | 5 | 5 | 3 | 1 | 1 | 4 | 5 | 5 | 4 | 6 |
| 824 | 대구 동구 | 지방정공통시스템 상담센터 운영 | 1 | 7,250 | 1 | 5 | 1 | 2 | 1 | 1 | 4 | 5 | 5 | 4 | 6 |
| 825 | 대구 동구 | 세정운영 및 홍보 | 1 | 129,582 | 1 | 5 | 1 | 7 | 2 | 2 | 4 | 5 | 5 | 4 | 4 |
| 826 | 대구 서구 | 차세대세외수입정보시스템 | 1 | 66,026 | 6 | 5 | 6 | 6 | 2 | 2 | 1 | 1 | 4 | 4 | 6 |
| 827 | 대구 서구 | 차세대 지방재정정보시스템 유지보수 | 1 | 124,664 | 5 | 5 | 1 | 7 | 2 | 2 | 1 | 1 | 1 | 4 | 6 |
| 828 | 대구 서구 | 정부e시스템 유지보수 | 1 | 12,174 | 5 | 5 | 1 | 7 | 2 | 2 | 1 | 1 | 1 | 4 | 6 |
| 829 | 대구 서구 | 간편보안 대응역량 강화 사업 | 6 | 2,500 | 1 | 4 | 1 | 5 | 1 | 1 | 4 | 5 | 5 | 4 | 6 |
| 830 | 대구 서구 | 표준기록관리시스템 유지보수 | 1 | 24,281 | 1 | 4 | 1 | 4 | 1 | 1 | 4 | 5 | 5 | 4 | 6 |
| 831 | 대구 서구 | 차세대지방세정보시스템 유지보수 및 SW구매 | 1 | 120,000 | 1 | 2 | 7 | 2 | 1 | 1 | 2 | 5 | 5 | 4 | 6 |
| 832 | 대구 서구 | 중요기록물 DB 구축 | 3 | 27,800 | 5 | 5 | 1 | 7 | 2 | 2 | 2 | 5 | 5 | 4 | 6 |
| 833 | 대구 서구 | 차세대 주민등록시스템 운영비 | 1 | 24,810 | 5 | 5 | 1 | 7 | 1 | 1 | 2 | 5 | 5 | 4 | 6 |

| 순번 | 시군구 | 정보화사업 사업명 · 예산서 상 사업명 | 정보화사업 분류 1.유지 및 보수 2.SW/HW 개발 및 구매 3.DB 구축 4.정보화 전략계획(ISP) 수립 5.정보화지원 6.기타 | 2025년 예산 (단위:천원) (1년간) | 예산 편성근거 1.법률에 규정 2.국고보조 재원 3.용도지정기부금 4.조례 5.지자체 및 상위기관 정책 6.기타 7.해당없음 | 계약체결방법 (경쟁형태) 1.일반경쟁 2.제한경쟁 3.지명경쟁 4.수의계약 5.협정위탁 6.기타 7.해당없음 | 계약기간 1.1년 2.2년 3.3년 4.4년 5.5년 6.기타( ) 7.단가계약(1년이상) 8.해당없음 | 낙찰자 결정방식 1.적격심사 2.협상에 의한계약 3.최저가낙찰 4.규격가분리 5.2단계 경쟁입찰 6.기타( ) 7.해당없음 | 원가산정 1.내부산정 2.외부산정 3.내·외부 모두 산정 4.신청 不 5.해당없음 | 정산방법 1.내부정산(자체적으로 정산) 2.외부정산(전문기관위탁) 3.내·외부 모두 정산 4.정산 不 5.해당없음 | 성과평가 실시여부 1.실시 2.미실시 3.향후 추진 4.해당없음 | 성과평가 주기 1.매년 2.격년 3.기관표준 4.기타( ) 5.해당없음 | 성과평가 방법 1.자체 평가 2.평가단 구성후 실시(전문위원위촉) 3.전문 평가기관 의뢰 4.기타( ) 5.해당없음 | 성과평가결과 인센티브 및 패널티 적용 유무 1.적용 2.적용 안함 3.기타( ) 4.해당없음 | 인센티브 및 패널티 적용 근거 1.법률 2.조례 3.지침 4.계약서 5.기타 6.해당없음 |
|---|---|---|---|---|---|---|---|---|---|---|---|---|---|---|---|
| 834 | 대구 서구 | 종합정보시스템 유지관리 및 운영비 | 1 | 10,717 | 5 | 5 | 1 | 7 | 2 | 1 | 2 | 5 | 5 | 4 | 6 |
| 835 | 대구 서구 | 민방위교육 전자통지시스템 운영 | 5 | 12,500 | 5 | 4 | 1 | 3 | 1 | 1 | 4 | 5 | 5 | 4 | 6 |
| 836 | 대구 서구 | 사이버교육 시스템 운영 | 5 | 16,500 | 5 | 4 | 1 | 3 | 1 | 1 | 4 | 5 | 5 | 4 | 6 |
| 837 | 대구 서구 | CCTV통합관제센터 운영 | 1 | 1,073,834 | 1 | 7 | 8 | 7 | 1 | 1 | 4 | 5 | 5 | 4 | 6 |
| 838 | 대구 서구 | 생활안전 CCTV 설치 및 노후CCTV 개체 | 6 | 684,000 | 1 | 7 | 8 | 7 | 1 | 1 | 4 | 5 | 5 | 4 | 6 |
| 839 | 대구 서구 | 생활안전 CCTV설치(구 등 참여형) | 6 | 90,000 | 1 | 7 | 8 | 7 | 1 | 1 | 4 | 5 | 5 | 4 | 6 |
| 840 | 대구 서구 | 무인민원발급기, 통합증명발급기 등 유지보수 | 1 | 27,960 | 6 | 4 | 1 | 7 | 2 | 2 | 2 | 5 | 5 | 4 | 6 |
| 841 | 대구 서구 | 지방세정보시스템 운영비 | 1 | 119,171 | 5 | 5 | 1 | 7 | 2 | 2 | 2 | 5 | 5 | 4 | 6 |
| 842 | 대구 서구 | 지방세외수입정보시스템 운영관리비 | 1 | 61,079 | 5 | 5 | 1 | 7 | 2 | 2 | 2 | 5 | 5 | 4 | 6 |
| 843 | 대구 서구 | 차량채량 자동차번호판 영치시스템 장비 | 1 | 4,132 | 5 | 4 | 1 | 7 | 5 | 5 | 4 | 5 | 5 | 4 | 6 |
| 844 | 대구 서구 | 부동산종합공부시스템(KRAS) 유지보수 | 1 | 12,254 | 5 | 7 | 1 | 7 | 5 | 5 | 4 | 5 | 5 | 4 | 6 |
| 845 | 대구 서구 | 주소정보시스템(KAIS) 유지보수 | 1 | 91,638 | 5 | 7 | 1 | 7 | 5 | 5 | 4 | 5 | 5 | 4 | 6 |
| 846 | 대구 서구 | 전산장비 유지보수 | 1 | 86,129 | 6 | 2 | 2 | 3 | 1 | 1 | 2 | 5 | 5 | 4 | 6 |
| 847 | 대구 서구 | 개인정보보호 및 정보보안 컨텐츠 구입 등 | 5 | 10,124 | 6 | 7 | 8 | 7 | 1 | 1 | 4 | 5 | 5 | 4 | 6 |
| 848 | 대구 서구 | 정보화교육 교재 구입, 주민정보화교육 강사료 지출 등 | 5 | 78,607 | 4 | 2 | 8 | 7 | 1 | 1 | 4 | 5 | 5 | 4 | 6 |
| 849 | 대구 서구 | 통합보안 소프트웨어 구입, 행정보안용 소프트웨어 구입 | 2 | 130,028 | 1 | 4 | 8 | 7 | 1 | 1 | 2 | 5 | 5 | 4 | 6 |
| 850 | 대구 서구 | PC본체 및 모니터 구입 | 2 | 290,000 | 6 | 7 | 8 | 7 | 1 | 1 | 4 | 5 | 5 | 4 | 6 |
| 851 | 대구 서구 | 복합기 교체 도입 | 1 | 151,188 | 6 | 4 | 7 | 1 | 1 | 1 | 4 | 5 | 5 | 4 | 6 |
| 852 | 대구 서구 | 시설장비유지비, 온-나라 문서시스템 위탁 운영 등 | 1 | 332,472 | 5 | 6 | 7 | 3 | 1 | 1 | 2 | 5 | 5 | 4 | 6 |
| 853 | 대구 서구 | 내부통신망, 정보시스템 구축, 행정전화 인터넷교환기 구입 | 2 | 278,000 | 6 | 6 | 8 | 2 | 2 | 2 | 4 | 5 | 5 | 4 | 6 |
| 854 | 대구 서구 | 정보제 물류전산화 유지보수 | 1 | 170,040 | 6 | 2 | 1 | 2 | 1 | 1 | 4 | 5 | 5 | 4 | 6 |
| 855 | 대구 서구 | 종합민원신청 프로그램 유지보수 | 1 | 4,800 | 7 | 4 | 1 | 7 | 1 | 1 | 4 | 5 | 5 | 4 | 6 |
| 856 | 대구 서구 | 다중이용시설 온라인처리 신청접수 프로그램 | 1 | 1,485 | 2 | 4 | 1 | 7 | 1 | 1 | 2 | 5 | 5 | 4 | 6 |
| 857 | 대구 서구 | 대기정보시스템 운영 유지관리비 | 1 | 80,000 | 7 | 2 | 1 | 1 | 1 | 1 | 2 | 5 | 5 | 4 | 6 |
| 858 | 대구 서구 | 도서관리계획 용역 | 1 | 40,000 | 1 | 4 | 7 | 3 | 1 | 1 | 2 | 5 | 5 | 4 | 6 |
| 859 | 대구 서구 | 우편모아시스템 | 1 | 5,860 | 6 | 6 | 1 | 6 | 2 | 2 | 4 | 5 | 5 | 4 | 6 |
| 860 | 대구 서구 | 통합원스톱시스템 유지보수 | 1 | 4,920 | 7 | 4 | 1 | 7 | 1 | 1 | 4 | 5 | 5 | 4 | 6 |
| 861 | 대구 서구 | 불법주정차 이동식, 고정식 CCTV 유지보수 | 1 | 88,320 | 5 | 1 | 1 | 6 | 1 | 1 | 2 | 5 | 5 | 4 | 6 |
| 862 | 대구 서구 | 불법주정차 단속 고정식 CCTV 설치 | 2 | 200,000 | 5 | 4 | 1 | 6 | 1 | 1 | 2 | 5 | 5 | 4 | 6 |
| 863 | 대구 서구 | 수기센터 유지보수 | 1 | 5,640 | 6 | 4 | 1 | 7 | 1 | 1 | 4 | 5 | 5 | 4 | 6 |
| 864 | 대구 서구 | 의안결제페이지 유지보수 | 1 | 8,280 | 6 | 4 | 1 | 6 | 1 | 1 | 2 | 5 | 5 | 4 | 6 |

| 순번 | 시군구 | | 정보화사업·예산서 상의 사업명 | 정보화사업 분류<br>1. 유지 및 보수<br>2. SW/HW 개발 및 구매<br>3. DB 구축<br>4. 정보화 전략계획(ISP) 수립<br>5. 정보화지원<br>6. 기타 | 2025년 예산<br>(단위:천원/1년간) | 예산 편성근거<br>1. 법률에 규정<br>2. 국고보조재원<br>3. 용도표조재원<br>4. 조례<br>5. 지자체 및 상위기관 정책<br>6. 기타<br>7. 해당없음 | 정보화사업 계약방식 | | | 정보화사업 입찰방식 | | 정보화사업 예산 산정 | | | 성과평가 | | | | 평가결과 적용 | |
|---|---|---|---|---|---|---|---|---|---|---|---|---|---|---|---|---|---|---|---|
| | | | | | | | 계약체결방법(경쟁여부)<br>1. 일반경쟁<br>2. 제한경쟁<br>3. 지명경쟁<br>4. 수의계약<br>5. 내정유찰<br>6. 기타( )<br>7. 해당없음 | 계약기간<br>1. 1년<br>2. 2년<br>3. 3년<br>4. 4년<br>5. 5년<br>6. 기타<br>7. 단기계약( )<br>8. 해당없음 | 낙찰자 선정방식<br>1. 적격심사<br>2. 협상에 의한계약<br>3. 최저가낙찰제<br>4. 규격가격분리<br>5. 2단계 경쟁입찰<br>6. 기타( )<br>7. 해당없음 | 평가산정<br>1. 내부산정(자체적으로 산정)<br>2. 외부산정(전문기관위탁 산정)<br>3. 내외부 모두 산정<br>4. 산정 無<br>5. 해당없음 | 정산방법<br>1. 내부정산(내부적으로 정산)<br>2. 외부정산(외부전문기관위탁 정산)<br>3. 내외부 모두 정산<br>4. 정산 無<br>5. 해당없음 | 성과평가 실시여부<br>1. 실시<br>2. 미실시<br>3. 향후 추진<br>4. 해당없음 | 성과평가 주기<br>1. 매년<br>2. 격년<br>3. 기관표준<br>4. 기타( )<br>5. 해당없음 | 성과평가 방법<br>1. 자체 평가<br>2. 평가원 구성후 실시(전문위원위촉)<br>3. 전문 평가기관 의뢰<br>4. 기타( )<br>5. 해당없음 | 성과평가결과 인센티브 페널티 적용 유무<br>1. 적용<br>2. 적용 안함<br>3. 기타( )<br>4. 해당없음 | 인센티브 및 페널티 적용 근거<br>1. 법률<br>2. 조례<br>3. 지침<br>4. 지침<br>5. 계약서<br>6. 기타<br>7. 해당없음 | |
| 865 | 구 | 단체 | UPIS 시스템 현행화 용역 | 1 | 20,000 | 1 | 4 | 1 | 1 | 1 | 5 | 4 | 5 | 5 | 4 | 4 |
| 866 | 구 | 단체 | 차세대 지방재정관리시스템 유지보수비(위탁) | 1 | 77,070 | 5 | 5 | 1 | 7 | 2 | 1 | 2 | 5 | 5 | 4 | 4 |
| 867 | 구 | 단체 | 통합방재장 재해복구시스템 구축(위탁) | 3 | 29,779 | 5 | 5 | 6(1년6개월) | 7 | 2 | 2 | 2 | 5 | 5 | 4 | 4 |
| 868 | 구 | 단체 | 정보백스-시스템 유지관리 및 운영지원비(위탁) | 1 | 12,174 | 1 | 1 | 1 | 2 | 2 | 2 | 2 | 5 | 5 | 4 | 4 |
| 869 | 구 | 단체 | 기록관리시스템 백신 갱신 | 1 | 15,000 | 1 | 4 | 1 | 7 | 1 | 1 | 4 | 5 | 5 | 4 | 4 |
| 870 | 구 | 단체 | 기록관리시스템 문서보안SW 구입 | 2 | 34,000 | 1 | 6 | 8 | 7 | 1 | 1 | 4 | 5 | 5 | 4 | 4 |
| 871 | 구 | 단체 | 기록관리시스템 보존포맷변환SW 구입 | 2 | 3,500 | 1 | 4 | 8 | 7 | 1 | 1 | 4 | 5 | 5 | 4 | 4 |
| 872 | 구 | 단체 | 기록관리시스템 유지보수 | 1 | 28,420 | 1 | 4 | 1 | 7 | 1 | 1 | 4 | 5 | 5 | 4 | 4 |
| 873 | 구 | 단체 | 중요기록물 DB구축 | 3 | 115,000 | 1 | 2 | 7 | 2 | 1 | 1 | 4 | 5 | 5 | 4 | 4 |
| 874 | 구 | 단체 | 인사성과시스템 유지보수비 및 운영비(위탁) | 1 | 25,637 | 5 | 5 | 1 | 7 | 1 | 1 | 2 | 5 | 5 | 4 | 4 |
| 875 | 구 | 단체 | 차세대 주민등록시스템 운영비(위탁) | 1 | 24,810 | 5 | 5 | 1 | 7 | 1 | 1 | 2 | 5 | 5 | 4 | 4 |
| 876 | 구 | 단체 | 고향사랑기부제 통합정보시스템 유지관리 | 1 | 10,707 | 1 | 5 | 1 | 7 | 2 | 2 | 4 | 5 | 5 | 4 | 4 |
| 877 | 구 | 단체 | 행정정보시스템 통합유지보수 | 1 | 195,628 | 1 | 7 | 8 | 7 | 2 | 2 | 4 | 5 | 5 | 4 | 4 |
| 878 | 구 | 단체 | PC 유지보수 및 이전설치 | 1 | 30,800 | 1 | 5 | 8 | 2 | 1 | 5 | 4 | 5 | 5 | 4 | 4 |
| 879 | 구 | 단체 | 우편모아시스템 유지관리(위탁) | 1 | 5,860 | 1 | 5 | 1 | 2 | 2 | 3 | 2 | 5 | 5 | 4 | 4 |
| 880 | 구 | 단체 | 공통기반 & 재해복구시스템 유지관리(위탁) | 2 | 88,390 | 1 | 5 | 1 | 2 | 2 | 3 | 2 | 5 | 5 | 4 | 4 |
| 881 | 구 | 단체 | 지방행정종합정보시스템 상암센터 운영(위탁) | 1 | 7,250 | 1 | 5 | 1 | 2 | 2 | 3 | 2 | 5 | 5 | 4 | 4 |
| 882 | 구 | 단체 | 온-나라관리시스템 유지관리(위탁) | 2 | 71,907 | 1 | 5 | 1 | 7 | 2 | 3 | 4 | 5 | 5 | 4 | 4 |
| 883 | 구 | 단체 | 전자인증체계 도입 | 2 | 33,000 | 2 | 7 | 8 | 7 | 1 | 5 | 4 | 5 | 5 | 4 | 4 |
| 884 | 구 | 단체 | 백신 SW 연간 라이선스(갱신) | 2 | 23,100 | 2 | 5 | 1 | 7 | 1 | 5 | 4 | 5 | 5 | 4 | 4 |
| 885 | 구 | 단체 | PC통합보안관리시스템(문마이) 고도화 | 2 | 23,370 | 1 | 7 | 8 | 7 | 1 | 5 | 4 | 5 | 5 | 4 | 4 |
| 886 | 구 | 단체 | 온라인 용역통제시스템 라이선스 구입 | 2 | 14,000 | 1 | 7 | 8 | 7 | 1 | 5 | 4 | 5 | 5 | 4 | 4 |
| 887 | 구 | 단체 | 행정망 DB접근제어시스템 교체 | 2 | 40,000 | 1 | 7 | 8 | 7 | 1 | 5 | 4 | 5 | 5 | 4 | 4 |
| 888 | 구 | 단체 | 서버근제어시스템 교체 | 2 | 40,000 | 1 | 5 | 1 | 2 | 2 | 3 | 2 | 5 | 5 | 4 | 4 |
| 889 | 구 | 단체 | 사이버안전보안(관제업무 용역 종합 서비스)(위탁) | 6 | 6,780 | 1 | 5 | 8 | 7 | 1 | 5 | 4 | 5 | 5 | 4 | 4 |
| 890 | 구 | 단체 | 보통통신망 유지관리 | 1 | 151,165 | 1 | 7 | 8 | 7 | 1 | 5 | 4 | 5 | 5 | 4 | 4 |
| 891 | 구 | 단체 | 행정통신망 네트워크 교체 | 2 | 190,000 | 1 | 7 | 8 | 7 | 1 | 5 | 4 | 5 | 5 | 4 | 4 |
| 892 | 구 | 단체 | 행정전화 부가시스템 고도화 | 2 | 197,000 | 1 | 7 | 8 | 7 | 1 | 5 | 4 | 5 | 5 | 4 | 4 |
| 893 | 구 | 단체 | 네트워크 접근제어시스템 구매 | 2 | 105,000 | 1 | 7 | 8 | 7 | 1 | 5 | 4 | 5 | 5 | 4 | 4 |
| 894 | 구 | 단체 | 관제시스템 유지보수 | 1 | 137,446 | 1 | 7 | 8 | 7 | 1 | 4 | 4 | 5 | 5 | 4 | 6 |
| 895 | 구 | 단체 | 인자시스템 유지보수 | 1 | 186,013 | 1 | 7 | 8 | 7 | 1 | 4 | 4 | 5 | 5 | 4 | 6 |

- 29 -

| 순번 | 시·군·구 | 정보화사업 사업명 · 예산서 상의 사업명 | 정보화사업 분류 | 2025년 예산 (단위:천원/1년간) | 예산 편성근거 | 계약체결방법 (경쟁형태) | 정보화사업 입찰방식 계약기간 | 낙찰자 선정방법 | 정보화사업 예산 산정 평가산정 | 정산방법 | 성과평가 실시여부 | 성과평가 주기 | 성과평가 방법 | 평가결과 인센티브 및 패널티 적용 유무 | 인센티브 및 패널티 적용 근거 |
|---|---|---|---|---|---|---|---|---|---|---|---|---|---|---|---|
| 896 | 대구 달서 | 사각지대 해소를 위한 CCTV 신규 보강 설치 | 6 | 96,000 | 1 | 7 | 8 | 7 | 1 | 1 | 4 | 5 | 5 | 4 | 6 |
| 897 | 대구 달서 | 생활안전CCTV 설치(주민참여예산 구성여명) | 6 | 20,000 | 1 | 7 | 8 | 7 | 1 | 1 | 4 | 5 | 5 | 4 | 6 |
| 898 | 대구 달서 | 생활안전CCTV 설치(주민참여예산 동행여명) | 6 | 3,000 | 1 | 7 | 8 | 7 | 1 | 1 | 4 | 5 | 5 | 4 | 6 |
| 899 | 대구 달서 | 차세대 지방세정보시스템 운영지원리 | 1 | 113,968 | 1 | 5 | 1 | 7 | 2 | 2 | 4 | 5 | 5 | 4 | 4 |
| 900 | 대구 달서 | 스마트로 채납통합민원시스템 유지보수비 | 1 | 1,740 | 6 | 4 | 1 | 7 | 1 | 1 | 4 | 5 | 5 | 4 | 4 |
| 901 | 대구 달서 | 차세대 채납지방본조 자동연계시스템 유지보수비 | 1 | 7,452 | 6 | 4 | 1 | 7 | 1 | 1 | 4 | 5 | 5 | 4 | 4 |
| 902 | 대구 달서 | 차세대 지방세외수입정보시스템 운영관리 | 1 | 61,079 | 1 | 5 | 1 | 7 | 1 | 1 | 4 | 5 | 5 | 4 | 4 |
| 903 | 대구 달서 | 정수측 정신 및 통합민속 관리시스템 유지수비 | 1 | 1,961 | 6 | 4 | 1 | 7 | 1 | 1 | 4 | 4 | 5 | 4 | 4 |
| 904 | 대구 달서 | 평생학습 홈페이지 유지관리비 | 1 | 2,820 | 6 | 4 | 1 | 2 | 1 | 1 | 4 | 5 | 5 | 4 | 4 |
| 905 | 대구 달서 | 쓰레기 불법투기 CCTV 유지비 | 1 | 30,000 | 7 | 4 | 8 | 7 | 1 | 1 | 4 | 5 | 5 | 4 | 4 |
| 906 | 대구 달서 | 구 스마트폰 플랫폼 운영 | 1 | 3,960 | 6 | 4 | 1 | 7 | 1 | 1 | 2 | 4 | 5 | 4 | 6 |
| 907 | 대구 달서 | 허블다리 이벤트시설물 유지관리 대행 용역 수용료 | 1 | 13,200 | 5 | 5 | 8 | 7 | 5 | 5 | 4 | 5 | 5 | 4 | 6 |
| 908 | 대구 달서 | 무보행자동행송자정보시스템 유지보수비 | 1 | 3,540 | 5 | 4 | 1 | 7 | 5 | 5 | 4 | 4 | 5 | 4 | 4 |
| 909 | 대구 달서 | 국가주소정보시스템 차세대 구축 및 유지관리(한국국토정보개발원) | 1 | 47,520 | 5 | 5 | 1 | 7 | 5 | 5 | 4 | 5 | 5 | 4 | 4 |
| 910 | 대구 달서 | 방사선 영상자장 전송시스템(PACS) 유지보수비 | 1 | 4,800 | 6 | 4 | 1 | 7 | 1 | 1 | 4 | 5 | 5 | 4 | 4 |
| 911 | 대구 달서 | 의료복합장비시스템유지보수비 | 1 | 6,418 | 6 | 4 | 1 | 7 | 1 | 1 | 2 | 5 | 5 | 2 | 4 |
| 912 | 대구 달서 | (별회회계정보시스템 유지관리비 | 1 | 7,728 | 6 | 4 | 1 | 7 | 1 | 1 | 4 | 5 | 5 | 4 | 4 |
| 913 | 대구 달서 | (별회회계고정처산 CCTV 유지관리비 | 1 | 122,257 | 7 | 7 | 8 | 3 | 5 | 5 | 2 | 5 | 5 | 4 | 4 |
| 914 | 대구 달서 | 주민신고 자동처리시스템 구축 | 2 | 22,000 | 5 | 4 | 7 | 7 | 5 | 5 | 4 | 5 | 5 | 4 | 4 |
| 915 | 대구 달서 | 부동산종합정보시스템 자동화비 | 1 | 45,312 | 5 | 5 | 1 | 7 | 5 | 5 | 4 | 5 | 5 | 4 | 4 |
| 916 | 대구 달서 | 업체소 구축 및 구 주소정보기도 유지관리(한국국토정보) | 2 | 19,954 | 5 | 5 | 1 | 7 | 1 | 1 | 4 | 4 | 5 | 4 | 5 |
| 917 | 대구 달서 | 주민정보 교육 | 6 | 84,259 | 6 | 7 | 8 | 7 | 1 | 1 | 2 | 5 | 5 | 4 | 4 |
| 918 | 대구 달서 | 연무용 소프트웨어 구입 | 2 | 110,200 | 5 | 4 | 8 | 7 | 5 | 5 | 4 | 5 | 5 | 4 | 4 |
| 919 | 대구 달서 | PC용 바이러스 백신 구입 | 2 | 30,000 | 5 | 5 | 8 | 7 | 5 | 5 | 4 | 5 | 5 | 4 | 4 |
| 920 | 대구 달서 | ComVoy 매지관리시스템 고도화 | 2 | 58,800 | 5 | 7 | 8 | 7 | 5 | 5 | 4 | 5 | 5 | 4 | 4 |
| 921 | 대구 달서 | PC 개인정보 암호화 솔루션 고도화 | 2 | 59,708 | 7 | 7 | 8 | 7 | 5 | 5 | 4 | 5 | 5 | 4 | 4 |
| 922 | 대구 달서 | 표준행정시스템 운영 | 1 | 115,893 | 2 | 2 | 1 | 2 | 1 | 1 | 4 | 5 | 5 | 4 | 4 |
| 923 | 대구 달서 | 행정정보시스템 통합유지관리 | 1 | 193,068 | 6 | 5 | 1 | 7 | 2 | 2 | 4 | 5 | 5 | 4 | 4 |
| 924 | 대구 북구 | 2025년 정보통신시스템 유지보수 용역 | 1 | 154,110 | 1 | 2 | 1 | 1 | 1 | 1 | 2 | 5 | 5 | 4 | 6 |
| 925 | 대구 북구 | 2025년 공공와이파이시스템 유지보수 용역 | 6 | 7,398 | 1 | 4 | 1 | 1 | 1 | 1 | 2 | 5 | 5 | 4 | 6 |

| 순번 | 시군구 | 정보화사업 사업명 ·예산서 상의 사업명 | 정보화사업 분류<br>1.유지 및 보수<br>2.SW/HW 개발 및 구매<br>3.DB 구축<br>4.정보화 전략계획(ISP) 수립<br>5.정보화지원<br>6.기타 | 2025년 예산<br>(단위:천원/1년간) | 예산 편성근거<br>1.법률에 규정<br>2.국고보조재원<br>3.조례<br>4.지자체 및 상위기관 정책<br>6.기타<br>7.해당없음 | 계약체결방법<br>(경쟁형태)<br>1.일반경쟁<br>2.제한경쟁<br>3.지명경쟁<br>4.수의계약<br>5.복합계약<br>6.기타<br>7.해당없음 | 정보화사업 입찰방식 계약기간<br>1.1년<br>2.2년<br>3.3년<br>4.4년<br>5.5년<br>6.기타( )<br>7.단기계약(1년미만)<br>8.해당없음 | 낙찰자 선정방법<br>1.적격심사<br>2.협상에 의한계약<br>3.최저가낙찰<br>4.규격가격<br>5.2단계 경쟁입찰<br>6.기타( )<br>7.해당없음 | 정보화사업 예산 산정 원가산정<br>1.내부산정<br>2.외부산정(전문기관에 의뢰)<br>4.산정無<br>5.해당없음 | 정산방법<br>1.내부정산(자체적으로 정산)<br>2.외부정산(전문기관에 의뢰)<br>4.정산 無<br>5.해당없음 | 성과평가 실시여부<br>1.실시<br>2.미실시<br>3.향후 실시<br>4.해당없음 | 성과평가 추가<br>1.예산<br>2.사업<br>3.기관효율<br>4.기타( )<br>5.해당없음 | 성과평가 방법<br>1.자체 평가<br>2.용역간 구성평가(전문위원회축)<br>3.전문평가기관 의뢰<br>4.기타( )<br>5.해당없음 | 평가결과 인센티브 패널티 적용 유무<br>1.적용<br>2.적용 안함<br>3.기타( )<br>4.해당없음 | 인센티브 및 패널티 적용 근거<br>1.법률<br>2.조례<br>3.지침<br>4.계약서<br>5.기타<br>6.해당없음 |
|---|---|---|---|---|---|---|---|---|---|---|---|---|---|---|---|
| 927 | 대구 북구 | 네트워크 스위치 교체 | 2 | 148,700 | 1 | 7 | 8 | 7 | 1 | 1 | 2 | 5 | 5 | 4 | 6 |
| 928 | 대구 북구 | 칠곡2번 공공와이파이 추가 구축 | 6 | 15,000 | 7 | 7 | 8 | 7 | 5 | 5 | 4 | 5 | 5 | 4 | 6 |
| 929 | 대구 북구 | 2025년 CCTV통합관제시스템 유지보수 용역 | 1 | 279,000 | 1 | 5 | 1 | 2 | 1 | 4 | 4 | 5 | 5 | 4 | 4 |
| 930 | 대구 북구 | 2025년 대아티 통합콜맷층 유지관리 | 1 | 22,000 | 5 | 4 | 1 | 7 | 5 | 5 | 4 | 5 | 5 | 4 | 6 |
| 931 | 대구 북구 | 지방세정보시스템 운영유지 관리 | 1 | 129,582 | 1 | 5 | 1 | 7 | 2 | 2 | 4 | 5 | 5 | 4 | 4 |
| 932 | 대구 북구 | 지방세외수입정보시스템 운영관리 | 1 | 66,026 | 1 | 5 | 1 | 7 | 2 | 2 | 4 | 5 | 5 | 4 | 6 |
| 933 | 대구 북구 | 국신 GIS엔진 유지보수 | 1 | 10,200 | 1 | 4 | 1 | 7 | 2 | 2 | 4 | 5 | 5 | 4 | 6 |
| 934 | 대구 북구 | 개인정보 암호화 유지보수 | 1 | 2,280 | 1 | 4 | 1 | 7 | 2 | 2 | 4 | 5 | 5 | 4 | 6 |
| 935 | 대구 북구 | 리포팅툴 유지보수 | 1 | 600 | 1 | 4 | 1 | 7 | 2 | 2 | 4 | 5 | 5 | 4 | 6 |
| 936 | 대구 북구 | 수치지도관리툴 유지보수 | 1 | 480 | 1 | 4 | 1 | 7 | 2 | 2 | 4 | 5 | 5 | 4 | 6 |
| 937 | 대구 북구 | 국가주소정보시스템 유지보수 및 운영 | 1 | 57,027 | 1 | 5 | 1 | 7 | 2 | 2 | 4 | 5 | 5 | 4 | 6 |
| 938 | 대구 북구 | 도로명주소기반도 전산시스템구축사업 | 1 | 54,360 | 1 | 2 | 1 | 2 | 1 | 1 | 2 | 5 | 5 | 4 | 4 |
| 939 | 대구 북구 | 교통안전시설물 전산지도 서비스 용역 | 3 | 110,000 | 5 | 5 | 1 | 7 | 5 | 5 | 4 | 5 | 5 | 4 | 4 |
| 940 | 대구 북구 | 주청차 종합지도 서비스 도입 | 3 | 22,000 | 7 | 7 | 8 | 7 | 5 | 5 | 4 | 5 | 5 | 4 | 6 |
| 941 | 대구 수성구 | 행정업무 SW 구입 | 2 | 127,999 | 1 | 6 | 1 | 6 | 4 | 4 | 4 | 5 | 5 | 4 | 4 |
| 942 | 대구 수성구 | 백신소프트웨어 구입 | 2 | 35,000 | 1 | 6 | 1 | 6 | 4 | 4 | 4 | 5 | 5 | 4 | 4 |
| 943 | 대구 수성구 | 사이버대피소 운영 용역 | 1 | 7,749 | 5 | 7 | 8 | 7 | 5 | 5 | 4 | 5 | 5 | 4 | 4 |
| 944 | 대구 수성구 | 공통기반 및 재해복구시스템 유지관리 | 1 | 84,292 | 6 | 4 | 8 | 7 | 5 | 5 | 4 | 5 | 5 | 4 | 4 |
| 945 | 대구 수성구 | 유료모바일시스템 통합구축 용역 | 1 | 5,860 | 4 | 4 | 8 | 7 | 5 | 5 | 4 | 5 | 5 | 4 | 4 |
| 946 | 대구 수성구 | 온나라시스템 운영지원 | 1 | 81,280 | 6 | 4 | 8 | 7 | 5 | 5 | 4 | 5 | 5 | 4 | 6 |
| 947 | 대구 수성구 | 정보시스템 통합유지보수 | 1 | 7,749 | 1 | 2 | 1 | 2 | 1 | 1 | 4 | 5 | 5 | 4 | 4 |
| 948 | 대구 수성구 | 행정교육 플랫폼 리성북 운영 | 1 | 20,000 | 1 | 4 | 1 | 7 | 1 | 1 | 4 | 5 | 5 | 4 | 6 |
| 949 | 대구 수성구 | 홈페이지 유지관리 | 1 | 49,000 | 1 | 4 | 1 | 7 | 1 | 1 | 4 | 5 | 5 | 4 | 4 |
| 950 | 대구 달서구 | 수성인원 홍보콘큰 통합용 유지보수 | 1 | 12,000 | 6 | 4 | 1 | 7 | 1 | 1 | 4 | 5 | 5 | 4 | 4 |
| 951 | 대구 달서구 | 홈페이지 유지보수 | 1 | 4,500 | 4 | 4 | 1 | 7 | 1 | 1 | 4 | 5 | 5 | 4 | 4 |
| 952 | 대구 달서구 | 홈페이지 콘텐츠 유지관리 | 1 | 39,600 | 1 | 4 | 1 | 7 | 1 | 1 | 4 | 5 | 5 | 4 | 6 |
| 953 | 대구 달서구 | 홈페이지자시비스시스템 유지관리 | 1 | 17,270 | 1 | 4 | 1 | 7 | 1 | 1 | 4 | 5 | 5 | 4 | 6 |
| 954 | 대구 달서구 | PC정보보안시스템 유지관리 | 1 | 39,630 | 1 | 4 | 1 | 7 | 1 | 1 | 4 | 5 | 5 | 4 | 6 |
| 955 | 대구 달서구 | pr보안솔루션 라이선스 구입 | 2 | 34,992 | 1 | 6 | 1 | 7 | 1 | 1 | 4 | 5 | 5 | 4 | 6 |
| 956 | 대구 달서구 | 업무용 전산장비 및 소프트웨어 구입 | 2 | 466,240 | 1 | 6 | 1 | 7 | 1 | 1 | 4 | 5 | 5 | 4 | 6 |
| 957 | 대구 달서구 | 행정정보시스템 통합유지관리 | 1 | 68,930 | 2 | 2 | 1 | 1 | 1 | 1 | 4 | 5 | 5 | 4 | 6 |

- 31 -

| 순번 | 시·군·구 | 정보화사업 사업명<br>·예산서 상 사업명 | 정보화사업 분류<br>1.유지 및 보수<br>2.SW/HW 개발 및 구매<br>3.DB 구축<br>4.정보화 전략계획(ISP) 수립<br>5.정보화지원<br>6.기타 | 2025년 예산<br>(단위:천원/1년간) | 예산 편성근거<br>1.법률에 규정<br>2.국고보조 재원<br>3.도조지정 기부금<br>4.조례<br>5.자체 및 상위기관 정책<br>6.기타<br>7.해당없음 | 계약체결방법(경쟁형태)<br>1.일반경쟁<br>2.제한경쟁<br>3.지명경쟁<br>4.수의계약<br>5.협상계약<br>6.기타<br>7.해당없음 | 계약기간<br>1.1년<br>2.2년<br>3.3년<br>4.4년<br>5.5년<br>6.기타( )<br>7.단기계약(1년미만)<br>8.해당없음 | 낙찰자 선정방식<br>1.적격심사<br>2.협상에 의한계약<br>3.최저가낙찰제<br>4.규격가격분리<br>5.2단계 경쟁입찰<br>6.기타( )<br>7.해당없음 | 평가산정<br>1.내부산정<br>2.외부산정(전문기관위탁)<br>3.내·외부 모두 산정<br>4.산정 無<br>5.해당없음 | 정보화사업 예산 산정<br>정보화방법<br>1.내부정산<br>2.외부직으로 정산<br>3.내·외부 모두 정산<br>4.정산 無<br>5.해당없음 | 성과평가 실시여부<br>1.실시<br>2.미실시<br>3.향후 추진<br>4.해당없음 | 성과평가 주기<br>1.매년<br>2.격년<br>3.기간만료전<br>4.기타( )<br>5.해당없음 | 성과평가 방법<br>1.자체 평가<br>2.평가단 구성후실시(전문위원회)<br>3.전문 평가기관 의뢰<br>4.기타<br>5.해당없음 | 성과평가결과 인센티브 및 패널티 적용 유무<br>1.적용<br>2.적용 안함<br>3.기타( )<br>4.해당없음 | 인센티브 및 패널티 적용 근거<br>1.법률<br>2.조례<br>3.지침<br>4.계약서<br>5.기타<br>6.해당없음 |
|---|---|---|---|---|---|---|---|---|---|---|---|---|---|---|---|
| 958 | 대구 달서구 | 공통기반시스템 유지관리(위탁) | 1 | 103,310 | 1 | 5 | 1 | 7 | 2 | 2 | 4 | 5 | 5 | 4 | 6 |
| 959 | 대구 달서구 | 온나라시스템 유지관리(위탁) | 1 | 80,340 | 1 | 5 | 1 | 1 | 2 | 2 | 4 | 5 | 5 | 4 | 6 |
| 960 | 대구 달서구 | 정보통신시스템 유지관리 | 1 | 225,110 | 1 | 2 | 1 | 1 | 1 | 1 | 4 | 5 | 5 | 4 | 6 |
| 961 | 대구 달서구 | 정보통신망운영관리 | 1 | 80,340 | 1 | 2 | 1 | 1 | 1 | 1 | 4 | 5 | 5 | 4 | 6 |
| 962 | 대구 달서구 | 노후 네트워크시 교체 | 2 | 11,340 | 1 | 6 | 7 | 1 | 1 | 1 | 4 | 5 | 5 | 4 | 6 |
| 963 | 대구 달서구 | 통합전재센터 운영관리 | 1 | 1,220,328 | 1 | 2 | 1 | 1 | 1 | 1 | 4 | 5 | 5 | 4 | 6 |
| 964 | 대구 달서구 | PC사용자 보안규정 준수시스템 교체 | 2 | 41,800 | 1 | 6 | 1 | 7 | 1 | 1 | 4 | 5 | 5 | 4 | 6 |
| 965 | 대구 달서구 | 랜섬웨어 차단보안시스템 구입 | 2 | 67,000 | 1 | 6 | 1 | 1 | 1 | 1 | 4 | 5 | 5 | 4 | 6 |
| 966 | 대구 달서구 | 유해사이트 차단시스템 도입 | 2 | 50,000 | 1 | 6 | 1 | 7 | 1 | 1 | 4 | 5 | 5 | 4 | 6 |
| 967 | 대구 달서구 | 개인정보 집단기계 보관리솔루션 유지보수 | 1 | 10,476 | 7 | 4 | 1 | 7 | 1 | 1 | 4 | 5 | 5 | 4 | 6 |
| 968 | 대구 달서구 | PC보안시스템 유지보수 | 1 | 12,956 | 7 | 4 | 1 | 7 | 1 | 1 | 4 | 5 | 5 | 4 | 6 |
| 969 | 대구 달서구 | PC개인정보보호시스템 유지보수 | 1 | 7,215 | 7 | 6 | 1 | 7 | 1 | 5 | 4 | 5 | 5 | 4 | 6 |
| 970 | 대구 달서구 | 소프트웨어 자산관리시스템 유지보수 | 1 | 6,050 | 7 | 4 | 1 | 7 | 1 | 5 | 4 | 5 | 5 | 4 | 6 |
| 971 | 대구 달서구 | 정품소프트웨어 라이선스 구입(연간) | 2 | 146,937 | 7 | 6 | 1 | 7 | 5 | 5 | 3 | 5 | 5 | 4 | 6 |
| 972 | 대구 달서구 | 기록관리시스템관련유지보수사업 | 1 | 75,340 | 5 | 2 | 1 | 7 | 3 | 1 | 3 | 5 | 5 | 4 | 6 |
| 973 | 대구 달성군 | 중요기록물DB구축및관리사업 | 2 | 244,000 | 5 | 7 | 7 | 2 | 3 | 1 | 4 | 5 | 5 | 4 | 6 |
| 974 | 대구 달성군 | 우편모아시스템 유지보수 | 1 | 5,860 | 7 | 6 | 1 | 7 | 2 | 2 | 4 | 5 | 5 | 4 | 6 |
| 975 | 대구 달성군 | 외부망 및 행정망 정보기반 유지보수 | 1 | 146,157 | 7 | 4 | 1 | 6(행정안전부 소관) | 5 | 1 | 4 | 5 | 5 | 4 | 6 |
| 976 | 대구 달성군 | 자치단체 공통기반 전산장비 자가역습시스템 운영 | 5 | 101,000 | 1 | 6 | 1 | 3 | 1 | 4 | 4 | 1 | 1 | 1 | 4 |
| 977 | 대구 달성군 | 온나라 문서시스템 유지보수 | 1 | 22,570 | 6 | 1 | 1 | 7 | 1 | 2 | 3 | 4 | 4 | 1 | 4 |
| 978 | 대구 달성군 | 군정 정보통신시설 유지보수 | 1 | 352,908 | 7 | 6 | 1 | 3 | 1 | 1 | 1 | 4 | 4 | 1 | 4 |
| 979 | 대구 달성군 | 개발주거약 정보시설 라이선스 구입 | 2 | 2,000 | 5 | 2 | 1 | 7 | 1 | 1 | 4 | 5 | 5 | 4 | 6 |
| 980 | 대구 달성군 | 유해사이트 차단시스템 프로그램 유지보수 | 1 | 27,739 | 5 | 7 | 1 | 7 | 1 | 1 | 4 | 5 | 5 | 4 | 6 |
| 981 | 대구 군위군 | 차세대 주민등록 정보시스템 운영 | 1 | 11,400 | 7 | 4 | 1 | 3 | 5 | 4 | 4 | 5 | 4 | 4 | 6 |
| 982 | 대구 군위군 | 홈페이지 통합관리비 | 5 | 6,000 | 1 | 4 | 1 | 7 | 1 | 1 | 3 | 5 | 5 | 4 | 6 |
| 983 | 대구 군위군 | 개인정보보호 및 정보보안 자가역습시스템 운영 | 1 | 140,000 | 6 | 1 | 1 | 3 | 1 | 1 | 1 | 4 | 4 | 1 | 4 |
| 984 | 대구 군위군 | 정보시스템 통합 유지보수 | 2 | 14,000 | 7 | 7 | 8 | 7 | 1 | 1 | 4 | 5 | 5 | 4 | 6 |
| 985 | 대구 군위군 | 온라인용약 통계관리 라이선스 구입 | 2 | 100,000 | 7 | 6 | 8 | 7 | 1 | 1 | 4 | 5 | 5 | 4 | 4 |
| 986 | 대구 군위군 | 유해사이트 차단시스템 교체 | 2 | 50,000 | 7 | 7 | 8 | 7 | 1 | 1 | 4 | 5 | 5 | 4 | 4 |
| 987 | 대구 군위군 | DNS 전용장비 구입 | 2 | 50,000 | 7 | 7 | 8 | 7 | 1 | 1 | 4 | 5 | 5 | 4 | 4 |
| 988 | 대구 군위군 | 전자정부통합 유지보수 | 1 | 70,400 | 6 | 1 | 1 | 3 | 1 | 1 | 1 | 4 | 1 | 4 | 4 |

| 순번 | 시군구 | 정보화사업 · 예산서 상의 사업명 | 정보화사업 분류<br>1. 유지 및 보수<br>2. SW/HW 개발 및 구매<br>3. DB 구축<br>4. 정보화 전략계획(ISP) 수립<br>5. 정보화지원<br>6. 기타 | 2025년 예산 (단위:천원/1년간) | 예산 편성근거<br>1. 법률에 규정<br>2. 국고보조 지침<br>3. 용도지정기부금<br>4. 조례<br>5. 지자체 및 상위기관 정책<br>6. 기타<br>7. 해당없음 | 계약체결방법(경쟁형태)<br>1. 일반경쟁<br>2. 제한경쟁<br>3. 지명경쟁<br>4. 수의계약<br>5. 민간계약<br>6. 기타( )<br>7. 해당없음 | 계약기간<br>1. 1년<br>2. 2년<br>3. 3년<br>4. 4년<br>5. 5년<br>6. 기타( )<br>7. 단가계약(1년미만)<br>8. 해당없음 | 낙찰자 선정방법<br>1. 적격심사<br>2. 협상에 의한계약<br>3. 최저가낙찰제<br>4. 규격가격분리<br>5. 2단계 경쟁입찰<br>6. 기타( )<br>7. 해당없음 | 평가선정<br>1. 내부선정(자체로선정)<br>2. 외부선정(전문기관위탁)<br>3. 내외부 모두 선정<br>4. 선정 후<br>5. 해당없음 | 정보화사업 예산 산정<br>1. 내부산정(내부로 산정)<br>2. 외부산정(외부전문기관위탁 산정)<br>3. 내외부 모두 선정<br>4. 정산 후<br>5. 해당없음 | 성과평가 실시여부<br>1. 실시<br>2. 미실시<br>3. 향후 추진<br>4. 해당없음 | 성과평가 주기<br>1. 매년<br>2. 격년<br>3. 기간반복<br>4. 기타( )<br>5. 해당없음 | 성과평가 방법<br>1. 자체평가<br>2. 평가단 구성후 실시(전문위원회)<br>3. 전문평가기관 의뢰<br>4. 기타<br>5. 해당없음 | 성과평가결과 인센티브 및 패널티 적용 유무<br>1. 적용<br>2. 적용 안함<br>3. 기타( )<br>4. 해당없음 | 인센티브 및 패널티 적용 근거<br>1. 법률<br>2. 조례<br>3. 지침<br>4. 계약서<br>5. 기타( )<br>6. 해당없음 |
|---|---|---|---|---|---|---|---|---|---|---|---|---|---|---|---|
| 989 | 대구 군위군 | 전자결재기 시스템 유지보수 | 1 | 16,000 | 6 | 4 | 1 | 7 | 1 | 1 | 1 | 4 | 1 | 4 | 4 |
| 990 | 대구 군위군 | 정보보안장비 유지보수 | 1 | 50,400 | 5 | 1 | 1 | 3 | 1 | 1 | 1 | 4 | 1 | 4 | 4 |
| 991 | 대구 군위군 | 방송영상시스템 유지보수 | 1 | 18,000 | 6 | 4 | 1 | 7 | 1 | 1 | 1 | 4 | 1 | 4 | 4 |
| 992 | 대구 군위군 | 전화기 유지보수 | 1 | 7,200 | 6 | 4 | 1 | 7 | 1 | 1 | 1 | 4 | 1 | 4 | 4 |
| 993 | 대구 군위군 | 정보통신 및 환경개선사업 | 6 | 550,000 | 6 | 2 | 1 | 2 | 1 | 1 | 3 | 4 | 1 | 4 | 4 |
| 994 | 대구 군위군 | IP 전화기 구입 | 2 | 20,000 | 6 | 4 | 1 | 3 | 1 | 1 | 1 | 4 | 1 | 4 | 4 |
| 995 | 대구 군위군 | 행정전화교환기 교체 | 6 | 164,000 | 6 | 1 | 1 | 7 | 1 | 1 | 1 | 4 | 1 | 4 | 4 |
| 996 | 대구 군위군 | 하드디스크 파기 장치 구입 | 2 | 22,000 | 7 | 4 | 8 | 7 | 1 | 1 | 4 | 5 | 1 | 4 | 4 |
| 997 | 대구 군위군 | 업무용 전산장비 유지보수(본청) | 1 | 20,000 | 6 | 1 | 1 | 7 | 1 | 1 | 1 | 4 | 1 | 4 | 4 |
| 998 | 대구 군위군 | 홈페이지 유지보수 | 1 | 27,480 | 6 | 4 | 1 | 7 | 1 | 1 | 4 | 5 | 1 | 4 | 4 |
| 999 | 대구 군위군 | 정품소프트웨어 라이선스 구입(연간) | 2 | 82,570 | 7 | 7 | 8 | 7 | 1 | 1 | 4 | 5 | 5 | 4 | 6 |
| 1000 | 대구 군위군 | 업무용 컴퓨터 및 모니터(본청) 구입 | 2 | 187,500 | 7 | 7 | 8 | 7 | 1 | 1 | 4 | 5 | 5 | 4 | 6 |
| 1001 | 대구 군위군 | 2025년 전산 및 네트워크 장비 유지보수 | 1 | 263,224 | 1 | 2 | 1 | 3 | 5 | 5 | 4 | 5 | 5 | 4 | 6 |
| 1002 | 대구 군위군 | 2025년 행정업무 및 네트워크 S/W 구입 | 2 | 158,038 | 5 | 6 | 7 | 6(조달구매) | 5 | 5 | 4 | 5 | 5 | 4 | 6 |
| 1003 | 인천 중구 | 2025년 행정업무용 PC 구매 | 2 | 272,800 | 5 | 6 | 7 | 5 | 5 | 5 | 4 | 5 | 5 | 4 | 4 |
| 1004 | 인천 중구 | 노후 VPN 암호화 교체 | 2 | 145,376 | 5 | 1 | 7 | 6(조달구매) | 5 | 5 | 4 | 5 | 5 | 4 | 4 |
| 1005 | 인천 중구 | 사버관제(외부망)시스템 신규 구매 | 2 | 27,421 | 7 | 6 | 7 | 6(조달구매) | 5 | 5 | 4 | 5 | 5 | 4 | 4 |
| 1006 | 인천 중구 | 홈페이지 시스템 유지보수 | 1 | 70,312 | 1 | 2 | 8 | 2 | 3 | 3 | 2 | 5 | 5 | 4 | 4 |
| 1007 | 인천 중구 | 2025년 백업 및 통합저장장치 유지보수 | 1 | 57,175 | 5 | 2 | 1 | 6(낙찰하한율) | 5 | 5 | 4 | 5 | 5 | 4 | 4 |
| 1008 | 인천 중구 | 2025년 온나라 및 전자문서통합지원센터 유지관리 위탁 | 1 | 74,506 | 5 | 5 | 1 | 7 | 1 | 1 | 4 | 5 | 5 | 4 | 4 |
| 1009 | 인천 중구 | 2025년 자치단체 공통기반 및 재해복구시스템 유지관리 위탁비 | 1 | 92,664 | 5 | 5 | 1 | 7 | 1 | 1 | 4 | 5 | 5 | 4 | 4 |
| 1010 | 인천 중구 | 2025년 지방행정공통시스템 상담센터 운영 위탁비 | 1 | 7,250 | 1 | 1 | 1 | 7 | 1 | 1 | 1 | 1 | 4 | 2 | 4 |
| 1011 | 인천 중구 | 온나라 DISK백업시스템 교체 | 2 | 54,890 | 4 | 2 | 7 | 6(낙찰하한율) | 3 | 3 | 1 | 1 | 4 | 4 | 4 |
| 1012 | 인천 동구 | 정보시스템 통합유지보수 | 1 | 290,000 | 1 | 1 | 1 | 3 | 1 | 1 | 1 | 5 | 5 | 4 | 6 |
| 1013 | 인천 동구 | 여 행정망 VPN 장비 구매 | 2 | 95,700 | 7 | 6 | 1 | 7 | 1 | 1 | 4 | 5 | 5 | 4 | 6 |
| 1014 | 인천 동구 | ATM 스위치 구매 | 2 | 78,500 | 7 | 6 | 8 | 7 | 1 | 1 | 4 | 5 | 5 | 4 | 6 |
| 1015 | 인천 동구 | 네트워크 접근제어시스템(NAC) 구매 | 2 | 144,000 | 6 | 6 | 8 | 7 | 1 | 1 | 4 | 5 | 5 | 4 | 6 |
| 1016 | 인천 동구 | 휴대용저장매체 관리시스템 구매 | 2 | 38,000 | 6 | 6 | 8 | 7 | 1 | 1 | 4 | 5 | 5 | 4 | 6 |
| 1017 | 인천 동구 | 홈페이지 방화벽 구매 | 2 | 33,500 | 7 | 5 | 1 | 7 | 1 | 1 | 1 | 1 | 2 | 4 | 6 |
| 1018 | 인천 미추홀구 | 온나라 시스템 유지보수 | 1 | 74,942 | 5 | 5 | 1 | 7 | 2 | 2 | 2 | 5 | 5 | 4 | 4 |
| 1019 | 인천 미추홀구 | 정보시스템 통합유지보수 | 1 | 336,045 | 1 | 4 | 1 | 2 | 1 | 1 | 4 | 5 | 5 | 4 | 4 |

| 순번 | 시군구 | 정보화사업 사업명·예산사업 성격 사업명 | 정보화사업 분류<br>1.유지 및 보수 2.SW/HW 개발 및 구매 3.DB 구축 4.정보화 전략계획(ISP) 수립 5.정보화지원 6.기타 | 2025년 예산<br>(단위:천원/1년간) | 예산 편성근거<br>1.법률에 규정 2.국고보조재원 3.용도지정기부금 4.조례 5.지자체 및 상위기관 정책 6.기타 7.해당없음 | 계약체결방법<br>(경쟁형태)<br>1.일반경쟁 2.제한경쟁 3.지명경쟁 4.수의계약 5.법정위탁 6.기타() 7.해당없음 | 계약기간<br>1.1년 2.2년 3.3년 4.4년 5.5년 6.기타() 7.단기계약(1년미만) 8.해당없음 | 낙찰자 결정방식<br>1.적격심사 2.협상에 의한계약 3.최저가낙찰제 4.규격가격분리 5.2단계 경쟁입찰 6.기타() 7.해당없음 | 평가보선정<br>1.내부선정 2.외부선정(전문기관위탁) 3.내외부 모두 선정 4.선정 無 5.해당없음 | 정보화사업 예산 산정<br>1.내부작성 2.외부작성으로 정산 3.외부작성(외부전문기관위탁 정산) 4.내외부 모두 정산 5.정산 無 6.해당없음 | 성과평가 실시여부<br>1.실시 2.미실시 3.향후 추진 4.해당없음 | 성과평가 주기<br>1.매년 2.격년 3.기관내부결정 4.기타() 5.해당없음 | 성과평가 방법<br>1.자체 평가 2.평가단 구성(전문위원축) 3.전문 평가기관 의뢰 4.기타 5.해당없음 | 성과평가결과 인센티브 및 패널티 적용<br>1.적용 2.적용 안함 3.기타() 4.해당없음 | 평가결과 적용 인센티브 및 패널티 적용 근거<br>1.법률 2.조례 3.지침 4.계약서 5.기타 6.해당없음 |
|---|---|---|---|---|---|---|---|---|---|---|---|---|---|---|---|
| 1020 | 인천 미추홀구 | 공통기반시스템 유지보수 | 1 | 113,464 | 1 | 5 | 1 | 1 | 2 | 2 | 4 | 5 | 5 | 4 | 4 |
| 1021 | 인천 미추홀구 | 새올행정시스템 서비스데스크 운영 | 1 | 7,250 | 1 | 5 | 1 | 7 | 2 | 2 | 4 | 5 | 5 | 4 | 4 |
| 1022 | 인천 미추홀구 | 업무용SW 구입 | 2 | 45,293 | 1 | 6 | 1 | 7 | 4 | 4 | 4 | 5 | 5 | 4 | 6 |
| 1023 | 인천 미추홀구 | 바이러스 백신구입 | 2 | 25,559 | 1 | 6 | 1 | 7 | 4 | 4 | 4 | 5 | 5 | 4 | 6 |
| 1024 | 인천 미추홀구 | 업무용 컴퓨터 구입 | 2 | 454,150 | 1 | 2 | 8 | 5 | 4 | 4 | 4 | 5 | 5 | 4 | 6 |
| 1025 | 인천 미추홀구 | 홈페이지 방화벽, 웹방화벽, DB암호화 시스템 교체 | 2 | 79,029 | 1 | 6 | 8 | 5 | 4 | 4 | 4 | 5 | 5 | 4 | 6 |
| 1026 | 인천 미추홀구 | 누리집 유지관리 | 1 | 36,372 | 5 | 4 | 1 | 3 | 1 | 1 | 2 | 5 | 5 | 4 | 6 |
| 1027 | 인천 연수구 | 누리집 클라우드 서비스 이용 | 5 | 37,000 | 5 | 1 | 7 | 7 | 1 | 1 | 2 | 5 | 5 | 4 | 6 |
| 1028 | 인천 연수구 | 문서뷰어 솔루션 구입 | 2 | 11,502 | 5 | 4 | 7 | 3 | 1 | 1 | 2 | 5 | 5 | 4 | 6 |
| 1029 | 인천 연수구 | 모바일메시지서비스 모듈 업그레이드 | 1 | 6,350 | 5 | 2 | 1 | 7 | 2 | 2 | 4 | 5 | 5 | 4 | 6 |
| 1030 | 인천 연수구 | 인터넷방송국 유지보수 | 1 | 36,400 | 1 | 5 | 7 | 7 | 1 | 2 | 4 | 5 | 5 | 4 | 6 |
| 1031 | 인천 연수구 | 지방세정보시스템 운영 및 유지관리 | 1 | 134,788 | 1 | 5 | 1 | 7 | 1 | 1 | 4 | 5 | 5 | 4 | 6 |
| 1032 | 인천 연수구 | 지방외국수입징보시스템 유지관리 | 1 | 66,026 | 1 | 4 | 1 | 7 | 1 | 1 | 4 | 5 | 5 | 4 | 6 |
| 1033 | 인천 연수구 | 스마트 불법주청차 시스템 유지관리 | 1 | 3,621 | 5 | 4 | 1 | 6 | 2 | 2 | 2 | 5 | 5 | 4 | 6 |
| 1034 | 인천 연수구 | 스마트 불법주정차 주민신고 교통관리시스템 유지관리 | 1 | 2,913 | 5 | 4 | 7 | 7 | 1 | 1 | 4 | 5 | 5 | 4 | 6 |
| 1035 | 인천 연수구 | 자동차번호판 관련 국민신고 연계 프로그램 구입 | 2 | 11,000 | 7 | 4 | 7 | 7 | 1 | 1 | 4 | 5 | 5 | 4 | 6 |
| 1036 | 인천 연수구 | 2025년 도서관 정보시스템 통합유지관리 | 1 | 320,326 | 5 | 2 | 1 | 3 | 5 | 5 | 4 | 5 | 5 | 4 | 6 |
| 1037 | 인천 연수구 | 송도국제도서관 정보화사업(홈페이지) 구축용역설치 | 2 | 1,361,983 | 1 | 2 | 7 | 2 | 1 | 1 | 4 | 5 | 5 | 4 | 6 |
| 1038 | 인천 연수구 | 계약정보공개시스템 | 1 | 3,850 | 1 | 4 | 1 | 7 | 1 | 1 | 2 | 5 | 5 | 4 | 6 |
| 1039 | 인천 연수구 | 인사행정시스템 유지관리 및 자체대구축분담금 | 1 | 35,557 | 1 | 6 | 1 | 6 | 2 | 2 | 2 | 5 | 5 | 4 | 4 |
| 1040 | 인천 연수구 | 근태관리시스템 유지보수 | 1 | 9,518 | 5 | 4 | 1 | 7 | 1 | 1 | 4 | 5 | 5 | 4 | 4 |
| 1041 | 인천 연수구 | 의회 홈페이지 유지보수 | 1 | 10,168 | 5 | 4 | 1 | 6 | 1 | 1 | 4 | 5 | 5 | 4 | 6 |
| 1042 | 인천 연수구 | 문화의장 전자회의시스템 유지관리 | 1 | 20,280 | 5 | 6 | 1 | 6 | 2 | 2 | 2 | 5 | 5 | 4 | 6 |
| 1043 | 인천 연수구 | 연수구 공간정보활용 유지관리 | 2 | 31,181 | 1 | 4 | 1 | 7 | 1 | 1 | 4 | 5 | 5 | 4 | 4 |
| 1044 | 인천 연수구 | 연수구 주민편활편리지도 홈페이지 유지관리 | 1 | 5,000 | 5 | 4 | 1 | 7 | 1 | 1 | 2 | 5 | 5 | 4 | 4 |
| 1045 | 인천 연수구 | 부동산종합공부시스템 전산장비 유지보수 | 1 | 10,183 | 1 | 1 | 1 | 2 | 1 | 1 | 4 | 5 | 5 | 4 | 4 |
| 1046 | 인천 연수구 | 정보시스템 통합유지관리 | 1 | 345,161 | 1 | 6 | 1 | 7 | 1 | 1 | 2 | 5 | 5 | 4 | 6 |
| 1047 | 인천 연수구 | 공통기반 전산장비 유지관리 | 1 | 121,363 | 1 | 6 | 1 | 6 | 2 | 2 | 4 | 5 | 5 | 4 | 4 |
| 1048 | 인천 연수구 | 모나라 유지관리 | 1 | 74,605 | 1 | 6 | 1 | 6 | 1 | 1 | 4 | 5 | 5 | 4 | 6 |
| 1049 | 인천 연수구 | 행정전산장비 구입 | 2 | 456,000 | 1 | 7 | 8 | 7 | 2 | 2 | 4 | 5 | 5 | 4 | 6 |
| 1050 | 인천 연수구 | 홈페이지 방화벽 교체 구입 | 2 | 23,100 | 7 | 7 | 8 | 7 | 1 | 1 | 4 | 5 | 5 | 4 | 6 |

| 순번 | 시군구 | 정보화사업 사업명 · 예산서 상의 사업명 | 정보화사업 분류<br>1. 유지 및 보수<br>2. SW/HW<br>3. DB 구축<br>4. 정보화<br>전략계획<br>(ISP) 수립<br>5. 정보화지원<br>6. 기타 | 2025년 예산<br>(단위:천원/1년간) | 예산 편성근거<br>1. 법률에 규정<br>2. 국고보조재원<br>3. 용도조정기부금<br>4. 조례<br>5. 지자체 및 상위기관 정책<br>6. 기타<br>7. 해당없음 | 계약체결방법<br>(경쟁형태)<br>1. 일반경쟁<br>2. 제한경쟁<br>3. 지명경쟁<br>4. 수의계약<br>5. 낙찰자<br>6. 기타<br>7. 해당없음 | 정보화사업 입찰방식 계약기간<br>1. 1년<br>2. 2년<br>3. 3년<br>4. 4년<br>5. 5년<br>6. 기타 ( )<br>7. 단기계약<br>(1년미만)<br>8. 해당없음 | 낙찰자 선정방식<br>1. 적격심사<br>2. 협상에 의한계약<br>3. 최저가낙찰제<br>4. 규격가격분리<br>5. 2단계 경쟁방식<br>6. 기타 ( )<br>7. 해당없음 | 정보화사업 예산 산정 평가시점<br>1. 내부선정<br>(자체적으로 선정)<br>2. 외부선정<br>(전문기관에서 선정)<br>3. 내외부 모두 선정<br>4. 해당없음 | 정보화사업 예산 산정 정산방법<br>1. 내부정산<br>(내부적으로 정산)<br>2. 외부정산<br>(외부전문기관에 정산)<br>3. 내외부 모두 정산<br>4. 정산 無<br>5. 해당없음 | 성과평가 실시여부<br>1. 실시<br>2. 미실시<br>3. 향후 추진<br>4. 해당없음 | 성과평가 주기<br>1. 매년<br>2. 격년<br>3. 기간별추진<br>4. 기타 ( )<br>5. 해당없음 | 성과평가 방법<br>1. 자체 평가<br>2. 평가단 구성후 실시<br>(전문위원위촉)<br>3. 전문 평가기관 의뢰<br>4. 기타 ( )<br>5. 해당없음 | 평가결과 인센티브 패널티 적용 유무<br>1. 적용<br>2. 적용 안함<br>3. 기타 ( )<br>4. 해당없음 | 인센티브 및 패널티 적용 근거<br>1. 법률<br>2. 조례<br>3. 지침<br>4. 계약서<br>5. 기타<br>6. 해당없음 |
|---|---|---|---|---|---|---|---|---|---|---|---|---|---|---|
| 1051 | 인천 연수구 | 행정업무용 소프트웨어 구입 | 2 | 72,969 | 1 | 7 | 8 | 7 | 1 | 1 | 4 | 5 | 5 | 4 | 6 |
| 1052 | 인천 연수구 | 백신 소프트웨어 구입 | 2 | 40,466 | 1 | 7 | 8 | 7 | 1 | 1 | 4 | 5 | 5 | 4 | 6 |
| 1053 | 인천 연수구 | 스마트홍보게시판 구입 | 2 | 63,600 | 5 | 7 | 8 | 7 | 1 | 1 | 4 | 5 | 5 | 4 | 6 |
| 1054 | 인천 연수구 | 정보화능력 향상교육 | 6 | 5,850 | 1 | 4 | 7 | 6 | 1 | 1 | 4 | 5 | 5 | 4 | 6 |
| 1055 | 인천 연수구 | 행정포털시스템 유지보수 | 1 | 16,272 | 1 | 4 | 1 | 1 | 1 | 1 | 2 | 5 | 5 | 4 | 6 |
| 1056 | 인천 연수구 | 행정지원(S/W)보강 | 1 | 118,112 | 1 | 6 | 8 | 7 | 1 | 1 | 4 | 5 | 5 | 4 | 6 |
| 1057 | 인천 연수구 | 온나라맷지원사유통지원센터유지관리 | 1 | 74,862 | 1 | 5 | 1 | 7 | 2 | 2 | 2 | 5 | 5 | 4 | 6 |
| 1058 | 인천 연수구 | 자치단체공통기반맞춤체복구시스템유지관리 | 1 | 131,757 | 1 | 5 | 1 | 7 | 2 | 2 | 2 | 5 | 5 | 4 | 6 |
| 1059 | 인천 연수구 | 행정업무용컴퓨터교체 | 2 | 103,000 | 1 | 6 | 7 | 6 | 1 | 1 | 4 | 5 | 5 | 4 | 6 |
| 1060 | 인천 연수구 | 통합예산시스행정비교체 | 2 | 133,495 | 1 | 4 | 7 | 7 | 1 | 1 | 4 | 5 | 5 | 4 | 6 |
| 1061 | 인천 연수구 | 온나라시스템저장장치증설 | 6 | 19,140 | 1 | 4 | 1 | 7 | 1 | 1 | 2 | 5 | 5 | 4 | 6 |
| 1062 | 인천 연수구 | 온나라시스템모니터링솔루션(APM) 구매비 | 2 | 32,515 | 1 | 6 | 7 | 7 | 1 | 1 | 4 | 5 | 5 | 4 | 6 |
| 1063 | 인천 연수구 | 백메이터백용비 | 5 | 22,000 | 7 | 7 | 8 | 8 | 5 | 5 | 4 | 5 | 5 | 4 | 6 |
| 1064 | 인천 남동구 | 주휴고숙지교체 사업 | 2 | 25,135 | 1 | 6 | 1 | 2 | 1 | 1 | 2 | 5 | 5 | 4 | 6 |
| 1065 | 인천 남동구 | 정보화기반시설유지보수 | 1 | 338,000 | 1 | 2 | 1 | 2 | 1 | 1 | 4 | 5 | 5 | 4 | 6 |
| 1066 | 인천 남동구 | 행정 정보통신장비 통합유지보수 용역 | 1 | 221,000 | 1 | 4 | 1 | 7 | 1 | 1 | 4 | 5 | 5 | 4 | 6 |
| 1067 | 인천 남동구 | 자방행정정보망 백도관유지및유지보수 용역 | 1 | 5,170 | 1 | 5 | 1 | 7 | 1 | 1 | 2 | 5 | 5 | 4 | 6 |
| 1068 | 인천 남동구 | 청사 방송용 CCTV 교체 및 보강 | 2 | 25,340 | 6 | 5 | 7 | 7 | 2 | 2 | 4 | 5 | 5 | 4 | 6 |
| 1069 | 인천 남동구 | 전자민원 목민방지 및 전수녹화 시스템 구축 | 2 | 99,600 | 1 | 4 | 7 | 7 | 2 | 2 | 4 | 5 | 5 | 4 | 6 |
| 1070 | 인천 남동구 | 홈페이지 운영관리 | 1 | 77,640 | 1 | 2 | 1 | 2 | 1 | 1 | 2 | 5 | 5 | 4 | 6 |
| 1071 | 인천 남동구 | 홈페이지 전자정부 생성 솔루션 도입 | 2 | 32,877 | 1 | 6 | 8 | 7 | 1 | 1 | 4 | 5 | 5 | 4 | 6 |
| 1072 | 인천 남동구 | 영상미디어제작 및 운영관리 | 1 | 18,000 | 5 | 4 | 1 | 2 | 1 | 1 | 2 | 5 | 5 | 4 | 6 |
| 1073 | 인천 남동구 | 소셜 미디어 운영 관리 | 6 | 121,440 | 4 | 2 | 1 | 2 | 2 | 2 | 2 | 5 | 5 | 4 | 6 |
| 1074 | 인천 남동구 | 정액시스템유지관리및운영지원비 | 1 | 14,622 | 5 | 5 | 7 | 7 | 1 | 1 | 4 | 5 | 5 | 4 | 6 |
| 1075 | 인천 남동구 | 통합지방청보리사시스템 유지보수 | 1 | 115,584 | 5 | 5 | 1 | 7 | 2 | 2 | 2 | 5 | 5 | 4 | 6 |
| 1076 | 인천 남동구 | 성과중심의 주요업무 평가 | 1 | 15,000 | 5 | 4 | 1 | 7 | 1 | 1 | 1 | 1 | 1 | 2 | 4 |
| 1077 | 인천 남동구 | 근태관리시스템장비 | 1 | 18,000 | 6 | 4 | 8 | 7 | 1 | 1 | 2 | 5 | 5 | 4 | 6 |
| 1078 | 인천 남동구 | 지방안사정보시스템 운영 | 1 | 46,126 | 1 | 5 | 1 | 7 | 2 | 2 | 2 | 5 | 5 | 4 | 6 |
| 1079 | 인천 남동구 | 주민등록 및 인감업무 운영 | 1 | 35,399 | 1 | 4 | 1 | 7 | 2 | 2 | 2 | 5 | 5 | 4 | 6 |
| 1080 | 인천 남동구 | 광역자무인계사시스템유지보수 | 1 | 3,300 | 5 | 4 | 1 | 7 | 2 | 2 | 2 | 5 | 5 | 4 | 6 |
| 1081 | 인천 남동구 | 무인민원발급기 운영사업 | 1 | 54,198 | 1 | 4 | 1 | 7 | 1 | 1 | 2 | 5 | 5 | 4 | 6 |

- 35 -

| 순번 | 시군구 | 정보화사업 사업명 · 예산서 설치 사업명 | 정보화사업 분류 (1.유지 및 보수 2.SW/HW 개발 및 구매 3.DB 구축 4.정보화 전략계획(ISP) 수립 5.정보화지원 6.기타) | 2025년 예산 (단위:천원/1년간) | 예산 편성근거 (1.법률에 규정 2.국고보조 재원 3.용도지정기부금 4.조례 5.지자체 및 상위기관 정책 6.기타 7.해당없음) | 계약체결방법 (경쟁형태) (1.일반경쟁 2.제한경쟁 3.지명경쟁 4.수의계약 5.협정체결 6.기타() 7.해당없음) | 계약기간 (1.1년 2.2년 3.3년 4.4년 5.5년 6.기타() 7.단가계약 (1년미만) 8.해당없음) | 낙찰자 선정방법 (1.적격심사 2.협상에 의한계약 3.최저가낙찰 4.규격가격분리 5.2단계 경쟁입찰 6.기타() 7.해당없음) | 평가선정 (1.내부선정 (자체적으로 선정) 2.외부선정 (전문기관위탁 선정) 3.내·외부 모두 선정 4.선정無 5.해당없음) | 정보화사업 예산 산정 (1.내부산정 (자체적으로 산정) 2.외부산정 (외부전문기관에 산정) 3.산정無 4.내·외부 모두 동등 산정 5.해당없음) | 성과평가 실시여부 (1.실시 2.미실시 3.향후 주진 4.해당없음) | 성과평가 주기 (1.매년 2.격년 3.기간만료전 4.기타() 5.해당없음) | 성과평가 방법 (1.자체 평가 2.용역간 구성후실시 (전문위원위촉) 3.전문 평가기관 의뢰 4.기타() 5.해당없음) | 평가결과 성과평가결과 인센티브 패널티 부여 (1.적용 2.적용 안함 3.기타() 4.해당없음) | 평가결과 인센티브 및 패널티 적용 근거 (1.법률 2.조례 3.지침 4.계약서 5.기타() 6.해당없음) |
|---|---|---|---|---|---|---|---|---|---|---|---|---|---|---|---|
| 1082 | 인천 동구 | 표준기록관리시스템유지보수 | 1 | 48,000 | 1 | 2 | 1 | 3 | 1 | 1 | 2 | 5 | 5 | 4 | 6 |
| 1083 | 인천 동구 | 우편아시스템유지관리위탁비 | 1 | 5,860 | 1 | 5 | 1 | 7 | 2 | 2 | 2 | 5 | 5 | 4 | 6 |
| 1084 | 인천 동구 | 입체주소구축맞춤주소정보기본도유지관리 | 1 | 80,788 | 1 | 5 | 1 | 7 | 2 | 2 | 2 | 5 | 5 | 4 | 6 |
| 1085 | 인천 동구 | 주소정보관리시스템새주소구축맞춤유지관리 | 1 | 49,320 | 1 | 5 | 1 | 7 | 2 | 2 | 2 | 5 | 5 | 4 | 6 |
| 1086 | 인천 동구 | 부동산종합공부시스템 서버유지보수 | 1 | 26,686 | 5 | 4 | 1 | 7 | 2 | 1 | 2 | 5 | 5 | 4 | 6 |
| 1087 | 인천 동구 | 지방세프로그램 및 장비 유지보수 | 1 | 134,788 | 1 | 5 | 1 | 7 | 2 | 2 | 2 | 5 | 5 | 4 | 6 |
| 1088 | 인천 동구 | 지방세외수입체납자방범영상자시스템유지수비 | 1 | 5,280 | 1 | 4 | 1 | 7 | 2 | 2 | 2 | 5 | 5 | 4 | 6 |
| 1089 | 인천 동구 | 지방세과입정보시스템 유지관리 | 1 | 68,500 | 1 | 5 | 1 | 7 | 2 | 2 | 4 | 5 | 5 | 4 | 6 |
| 1090 | 인천 동구 | 소재도구 시장 정보화 품목 사업 | 1 | 36,300 | 5 | 7 | 8 | 1 | 1 | 1 | 2 | 5 | 5 | 4 | 6 |
| 1091 | 인천 동구 | 통합관제센터CCTV제설용역 | 1 | 213,360 | 6 | 2 | 1 | 2 | 1 | 1 | 4 | 5 | 5 | 4 | 6 |
| 1092 | 인천 동구 | CCTV통합관제센터시설장비유지비 | 1 | 412,862 | 6 | 2 | 7 | 1 | 1 | 1 | 4 | 5 | 5 | 4 | 6 |
| 1093 | 인천 동구 | 지리정보시스템고도화 | 6 | 32,000 | 6 | 2 | 7 | 2 | 1 | 1 | 2 | 5 | 5 | 4 | 6 |
| 1094 | 인천 동구 | 스마트도시지보급화(CPTED기반방범용CCTV설치) | 6 | 863,750 | 6 | 2 | 7 | 1 | 1 | 1 | 4 | 5 | 5 | 4 | 6 |
| 1095 | 인천 동구 | 스마트도시지보급화(산지조종보급선방상제시스템구축) | 6 | 387,750 | 6 | 2 | 7 | 1 | 1 | 1 | 4 | 5 | 5 | 4 | 6 |
| 1096 | 인천 동구 | 부두지구(관동,논현 일원) 방범용 CCTV 설치 | 6 | 400,000 | 6 | 4 | 7 | 1 | 1 | 1 | 4 | 5 | 5 | 4 | 6 |
| 1097 | 인천 동구 | 부동산종합공부시스템 정보화장비 유지보수용 역 | 1 | 207,794 | 7 | 4 | 7 | 7 | 1 | 1 | 2 | 5 | 5 | 4 | 6 |
| 1098 | 인천 동구 | 시청안팎주차구역 무인인탁 서비스 구축 | 2 | 12,311 | 6 | 4 | 7 | 7 | 1 | 1 | 4 | 5 | 5 | 4 | 6 |
| 1099 | 인천 동구 | 장애인콜택시 작은도서관 무인안내단속관리 | 1 | 5,784 | 6 | 4 | 1 | 7 | 1 | 1 | 3 | 5 | 5 | 4 | 6 |
| 1100 | 인천 동구 | 육아종합지원센터 홈페이지 | 1 | 4,680 | 5 | 1 | 1 | 8 | 1 | 1 | 2 | 5 | 5 | 4 | 6 |
| 1101 | 인천 동구 | 쓰레기종합체투 물류시스템 | 1 | 2,816 | 5 | 4 | 1 | 2 | 1 | 1 | 2 | 5 | 5 | 4 | 6 |
| 1102 | 인천 동구 | 대형폐기물 무인배출신고서비스 유지보수 | 1 | 40,300 | 6 | 1 | 1 | 3 | 1 | 1 | 2 | 5 | 5 | 4 | 6 |
| 1103 | 인천 동구 | 주정차단속장비유지관리 | 1 | 281,313 | 1 | 4 | 1 | 7 | 1 | 1 | 2 | 5 | 5 | 4 | 6 |
| 1104 | 인천 동구 | 불법주정차단속CCTV설치 | 2 | 238,808 | 1 | 6 | 7 | 7 | 1 | 1 | 4 | 5 | 5 | 4 | 6 |
| 1105 | 인천 동구 | 자동차검사면과태료부과전산화프로그램유지보수 | 1 | 4,020 | 7 | 4 | 1 | 7 | 1 | 1 | 2 | 5 | 5 | 4 | 6 |
| 1106 | 인천 동구 | 범법주단속시스템증선화시스템유지보수 | 1 | 3,000 | 7 | 4 | 1 | 7 | 2 | 1 | 2 | 5 | 5 | 4 | 6 |
| 1107 | 인천 동구 | 교통운특시스템중합관리시스템유지보수 | 1 | 3,540 | 7 | 4 | 1 | 7 | 1 | 1 | 2 | 5 | 5 | 4 | 6 |
| 1108 | 인천 동구 | IoT 보안등 양방 원격제어시스템 구축 사업 | 3 | 300,000 | 2 | 7 | 8 | 7 | 5 | 5 | 4 | 5 | 5 | 4 | 6 |
| 1109 | 인천 동구 | 스마트도시관리자통확화(산마트 미디어 스피어 조성) | 2 | 503,390 | 2 | 2 | 2 | 2 | 1 | 1 | 3 | 5 | 5 | 4 | 6 |
| 1110 | 인천 동구 | 의원진서비스유지보수 | 1 | 11,800 | 1 | 4 | 1 | 7 | 1 | 1 | 1 | 1 | 1 | 2 | 6 |
| 1111 | 인천 동구 | 의료영상전송시스템(PACS) 유지보수 | 1 | 4,752 | 5 | 5 | 1 | 7 | 1 | 1 | 2 | 5 | 5 | 4 | 6 |
| 1112 | 인천 동구 | 전산통신설비 유지보수 | 1 | 210,000 | 7 | 4 | 1 | 7 | 1 | 1 | 2 | 5 | 5 | 4 | 6 |

- 36 -

| 순번 | 시군구 | 정보화사업 사업명·예산서 상의 사업명 | 정보화사업 분류<br>1. 유지 및 보수<br>2. SW/HW 개발 및 구매<br>3. DB 구축<br>4. 정보화전략계획(ISP) 수립<br>5. 정보화지원<br>6. 기타 | 2025년 예산(단위:천원/1년간) | 예산 편성근거<br>1. 훈령 등 규정<br>2. 국고보조재원<br>3. 조례<br>4. 용도지정기부금<br>5. 지자체 및 상위기관 정책<br>6. 기타<br>7. 해당없음 | 계약체결방법(경쟁형태)<br>1. 일반경쟁<br>2. 제한경쟁<br>3. 지명경쟁<br>4. 수의계약<br>5. 법정위탁<br>6. 기타<br>7. 해당없음 | 정보화사업 입찰방식 계약기간<br>1. 1년<br>2. 2년<br>3. 3년<br>4. 4년<br>5. 5년<br>6. 기타<br>7. 단기계약(1년미만)<br>8. 해당없음 | 낙찰자 선정방법<br>1. 적격심사<br>2. 협상에 의한계약<br>3. 최저가낙찰제<br>4. 규격가격분리<br>5. 2단계 경쟁입찰<br>6. 기타( )<br>7. 해당없음 | 정보화사업 예산 산정 평가신청<br>1. 내부신청<br>2. 외부신청(전문기관위촉)<br>3. 내·외부 모두 신청<br>4. 신청 無<br>5. 해당없음 | 정산방법<br>1. 내부정산(자체적으로 정산)<br>2. 외부정산(외부전문기관위탁)<br>3. 내·외부 모두 정산<br>4. 정산 無<br>5. 해당없음 | 성과평가 실시여부<br>1. 실시<br>2. 미실시<br>3. 향후 추진<br>4. 해당없음 | 성과평가 주기<br>1. 매년<br>2. 격년<br>3. 기간만료<br>4. 기타( )<br>5. 해당없음 | 성과평가 방법<br>1. 자체 평가<br>2. 용기관(전문위원회)<br>3. 전문<br>4. 평가기관 의뢰<br>5. 해당없음 | 평가결과 적용<br>성과평가결과 인센티브 및 패널티 적용 유무<br>1. 적용<br>2. 적용 안함<br>3. 기타( )<br>4. 해당없음 | 인센티브 및 패널티 적용 근거<br>1. 법률<br>2. 조례<br>3. 지침<br>4. 계약서<br>5. 기타( )<br>6. 해당없음 |
|---|---|---|---|---|---|---|---|---|---|---|---|---|---|---|---|
| 1113 | 인천 남동구 | 홈페이지 재구축 | 2 | 22,000 | 7 | 4 | 7 | 7 | 1 | 1 | 4 | 5 | 5 | 4 | 6 |
| 1114 | 인천 남동구 | 웹 한글 뷰어기 도입 | 2 | 38,000 | 7 | 6 | 8 | 7 | 1 | 1 | 4 | 5 | 5 | 4 | 6 |
| 1115 | 인천 남동구 | 모바일 전자영수증 발급 시스템 도입 | 2 | 11,500 | 5 | 4 | 7 | 7 | 1 | 1 | 4 | 5 | 5 | 4 | 6 |
| 1116 | 인천 남동구 | 주정시스템 도입(회원관리시스템) | 2 | 30,723 | 5 | 4 | 7 | 7 | 1 | 1 | 4 | 5 | 5 | 4 | 6 |
| 1117 | 인천 부평구 | 2025년도 정보시스템 통합유지 | 1 | 526,723 | 1 | 2 | 1 | 7 | 5 | 5 | 4 | 5 | 5 | 4 | 4 |
| 1118 | 인천 부평구 | 공통기반인증장비 및 재해복구시스템 유지보수 | 1 | 125,520 | 1 | 4 | 1 | 7 | 5 | 5 | 4 | 5 | 5 | 4 | 4 |
| 1119 | 인천 부평구 | 지방행정공통시스템 상담센터 위탁 | 1 | 7,250 | 1 | 5 | 1 | 7 | 2 | 2 | 2 | 5 | 5 | 4 | 4 |
| 1120 | 인천 부평구 | 온나라시스템 서비스데스크 운영 위탁사업 | 1 | 55,106 | 1 | 7 | 1 | 7 | 5 | 5 | 4 | 5 | 5 | 4 | 6 |
| 1121 | 인천 부평구 | CCTV 통합유지보수 | 1 | 17,550 | 7 | 4 | 1 | 7 | 5 | 5 | 4 | 4 | 4 | 4 | 4 |
| 1122 | 인천 부평구 | 장애인전용주차구역 위반시스템 유지보수 | 1 | 3,000 | 5 | 4 | 1 | 7 | 1 | 1 | 4 | 5 | 5 | 4 | 4 |
| 1123 | 인천 부평구 | RFID(전자태그) 음식관리시스템 유지보수 | 1 | 4,353 | 7 | 7 | 1 | 7 | 2 | 2 | 4 | 5 | 5 | 4 | 4 |
| 1124 | 인천 부평구 | 지방재정관리시스템 운영유지 관리 | 1 | 115,584 | 1 | 5 | 1 | 7 | 2 | 2 | 4 | 5 | 5 | 4 | 4 |
| 1125 | 인천 부평구 | 통합방재경 재해복구시스템 구축 | 1 | 44,661 | 1 | 1 | 8 | 3 | 5 | 4 | 4 | 5 | 5 | 4 | 4 |
| 1126 | 인천 부평구 | 세입세출운영상황 공개시스템 유지보수 | 1 | 1,910 | 1 | 4 | 1 | 7 | 1 | 1 | 4 | 5 | 5 | 4 | 4 |
| 1127 | 인천 부평구 | 구내식당 수관리 시스템 유지보수 | 1 | 2,640 | 1 | 4 | 1 | 7 | 1 | 1 | 4 | 1 | 1 | 4 | 6 |
| 1128 | 인천 부평구 | 구내식당 수관리 서버 유지보수 | 1 | 867 | 7 | 7 | 1 | 7 | 1 | 1 | 4 | 1 | 1 | 4 | 6 |
| 1129 | 인천 부평구 | 지방세외수입정보시스템 유지보수 | 1 | 68,500 | 5 | 5 | 1 | 7 | 2 | 2 | 5 | 5 | 5 | 4 | 6 |
| 1130 | 인천 부평구 | 지방세정보시스템 유지보수 | 1 | 127,683 | 1 | 5 | 1 | 7 | 2 | 2 | 4 | 5 | 5 | 4 | 6 |
| 1131 | 인천 부평구 | 스마트불법주정차 단속시스템 소프트웨어 유지보수 | 1 | 10,080 | 5 | 1 | 1 | 7 | 1 | 1 | 4 | 5 | 5 | 4 | 4 |
| 1132 | 인천 부평구 | 부동산종합공부시스템 서버 유지보수 | 1 | 23,942 | 1 | 4 | 8 | 7 | 5 | 4 | 4 | 5 | 5 | 4 | 4 |
| 1133 | 인천 부평구 | 주소정보관리시스템 차세대 유지관리 | 1 | 12,515 | 1 | 6 | 1 | 7 | 5 | 3 | 4 | 5 | 5 | 4 | 4 |
| 1134 | 인천 부평구 | 주소보강소 구축 및 주소정보기본도 유지관리 | 1 | 55,377 | 1 | 5 | 1 | 7 | 3 | 3 | 1 | 1 | 1 | 4 | 4 |
| 1135 | 인천 부평구 | 업체주소 구축 및 주소정보기본도 유지관리 | 1 | 48,973 | 1 | 4 | 1 | 7 | 5 | 5 | 4 | 5 | 5 | 4 | 4 |
| 1136 | 인천 부평구 | 홈페이지 유지보수 | 1 | 66,000 | 7 | 4 | 1 | 7 | 2 | 2 | 4 | 5 | 5 | 4 | 6 |
| 1137 | 인천 부평구 | 표준기록관리시스템 유지보수 | 1 | 38,670 | 5 | 7 | 1 | 7 | 1 | 1 | 4 | 4 | 1 | 4 | 4 |
| 1138 | 인천 부평구 | 우편모아시스템유지보수 | 1 | 5,860 | 5 | 7 | 1 | 2 | 2 | 1 | 1 | 4 | 5 | 4 | 6 |
| 1139 | 인천 부평구 | 우편법봉고정구 유지보수 | 1 | 60,600 | 1 | 4 | 1 | 7 | 1 | 1 | 4 | 5 | 5 | 4 | 6 |
| 1140 | 인천 부평구 | 차세대 주민등록정보시스템 구축 및 운영 | 6 | 35,599 | 1 | 7 | 8 | 7 | 2 | 2 | 4 | 5 | 5 | 4 | 6 |
| 1141 | 인천 부평구 | 민원인 순번대기시스템 유지보수 | 1 | 2,640 | 6 | 4 | 1 | 7 | 4 | 4 | 4 | 5 | 5 | 4 | 4 |
| 1142 | 인천 계양구 | 공통기반 및 재해복구시스템 유지보수 | 1 | 107,674 | 1 | 7 | 2 | 2 | 2 | 2 | 4 | 5 | 5 | 4 | 4 |
| 1143 | 인천 계양구 | 홈페이지 유지보수 | 1 | 21,796 | 1 | 4 | 1 | 7 | 5 | 5 | 4 | 5 | 5 | 4 | 4 |

| 순번 | 시·군·구 | 정보화사업 사업명<br>· 예산서 상의 사업명 | 정보화사업 분류<br>1.유지보수 2.SW/HW 3.DB구축 4.개발 및 구매 5.전략계획(ISP)수립/정보화지원 6.기타 | 2025년 예산<br>(단위:천원/1년간) | 예산 편성근거<br>1.법률에 규정 2.고시조례 등 3.용도지정기부금 4.조례 5.지자체 및 상위기관 정책 6.기타 7.해당없음 | 계약체결방법(경쟁형태)<br>1.일반경쟁 2.제한경쟁 3.지명경쟁 4.수의계약 5.법정위탁 6.기타() 7.해당없음 | 계약기간<br>1.1년 2.2년 3.3년 4.4년 5.5년 6.기타() 7.단기계약(1년미만) 8.해당없음 | 낙찰자 선정방법<br>1.적격심사 2.협상에 의한 계약 3.최저가낙찰 4.규격가격분리 5.2단계 경쟁입찰 6.기타() 7.해당없음 | 원가산정<br>1.내부산정(자체적으로 산정) 2.외부산정(전문기관에 신청) 3.내·외부 모두 산정 4.신청 못 5.해당없음 | 정산방법<br>1.내부정산(내부적으로 정산) 2.외부정산(외부전문기관에 정산) 3.내·외부 모두 정산 4.정산 못 5.해당없음 | 성과평가 실시여부<br>1.실시 2.미실시 3.향후 주진 4.해당없음 | 성과평가 주기<br>1.매년 2.격년 3.기간반복 4.기타() 5.해당없음 | 성과평가 방법<br>1.자체 평가 2.평가단 구성후 실시(전문위원회) 3.전문평가기관 의뢰 4.기타() 5.해당없음 | 성과평가결과 인센티브 및 패널티 적용 유무<br>1.적용 2.적용 안함 3.기타() 4.해당없음 | 인센티브 및 패널티 적용 근거<br>1.법률 2.조례 3.지침 4.계약서 5.기타 6.해당없음 |
|---|---|---|---|---|---|---|---|---|---|---|---|---|---|---|---|
| 1144 | 인천 계양구 | 정보보안장비 등 유지보수 | 1 | 54,000 | 1 | 1 | 1 | 3 | 3 | 3 | 4 | 5 | 5 | 4 | 4 |
| 1145 | 인천 계양구 | e-나라시스템 운영지원 및 상용SW 유지보수 | 1 | 64,000 | 1 | 1 | 1 | 2 | 2 | 2 | 4 | 5 | 5 | 4 | 4 |
| 1146 | 인천 계양구 | 표준기록관리시스템 운영 | 1 | 44,097 | 5 | 4 | 1 | 2 | 2 | 2 | 4 | 5 | 5 | 4 | 4 |
| 1147 | 인천 계양구 | 차세대지방세입시스템 운영관리 | 1 | 124,378 | 1 | 5 | 1 | 7 | 2 | 2 | 4 | 5 | 5 | 4 | 4 |
| 1148 | 인천 계양구 | 표준지방세외수입정보시스템 유지보수 | 1 | 63,553 | 1 | 5 | 1 | 7 | 2 | 2 | 4 | 5 | 5 | 4 | 6 |
| 1149 | 인천 계양구 | 소래기흥투 판매 물품전산화 유지보수 | 1 | 2,321 | 5 | 4 | 8 | 7 | 5 | 5 | 4 | 5 | 5 | 4 | 4 |
| 1150 | 인천 계양구 | RFID기반 음식물쓰레기 관리체계 구축 | 6 | 22,150 | 5 | 7 | 8 | 7 | 5 | 5 | 4 | 5 | 5 | 4 | 4 |
| 1151 | 인천 계양구 | 부동산종합공부시스템 유지관리 | 1 | 35,979 | 5 | 5 | 1 | 7 | 2 | 2 | 4 | 5 | 5 | 4 | 6 |
| 1152 | 인천 계양구 | 주소정보관리시스템 유지관리사업 | 1 | 47,520 | 6 | 4 | 1 | 7 | 3 | 3 | 4 | 5 | 5 | 4 | 4 |
| 1153 | 인천 계양구 | 스마트 불법주정차 단속시스템 유지보수 | 1 | 3,399 | 5 | 4 | 1 | 7 | 1 | 1 | 4 | 5 | 5 | 4 | 4 |
| 1154 | 인천 계양구 | 계양 신방학관 홈페이지 유지보수 | 1 | 2,500 | 7 | 4 | 1 | 2 | 5 | 5 | 4 | 5 | 5 | 4 | 4 |
| 1155 | 인천 계양구 | 통합성과관리시스템 유지보수 | 1 | 15,343 | 5 | 4 | 1 | 7 | 1 | 1 | 2 | 5 | 5 | 4 | 5 |
| 1156 | 인천 계양구 | 의회 인터넷 방송 시스템 유지보수 | 1 | 16,700 | 5 | 4 | 1 | 2 | 2 | 2 | 2 | 5 | 5 | 4 | 4 |
| 1157 | 인천 계양구 | 의회 홈페이지 유지보수 | 1 | 7,488 | 5 | 4 | 1 | 2 | 2 | 2 | 4 | 5 | 5 | 4 | 4 |
| 1158 | 인천 계양구 | 차세대 주민등록정보시스템 운영 | 1 | 27,939 | 5 | 7 | 8 | 7 | 5 | 5 | 4 | 5 | 5 | 4 | 4 |
| 1159 | 인천 계양구 | 차세대 지방재정관리시스템 운영 | 1 | 102,756 | 5 | 5 | 1 | 7 | 2 | 2 | 4 | 5 | 5 | 4 | 4 |
| 1160 | 인천 계양구 | 계양구 평생학습포털 홈페이지 유지보수 | 1 | 18,330 | 5 | 4 | 1 | 2 | 2 | 2 | 4 | 5 | 5 | 4 | 4 |
| 1161 | 인천 서구 | L2 스위치 60대 교체 | 1 | 47,726 | 1 | 1 | 8 | 1 | 5 | 5 | 4 | 5 | 5 | 4 | 6 |
| 1162 | 인천 서구 | RFID 물품관리시스템 유지보수 | 1 | 4,080 | 7 | 4 | 1 | 7 | 5 | 5 | 4 | 5 | 5 | 4 | 6 |
| 1163 | 인천 서구 | 서구 공용케이블 라디오 전자칠판시스템 구축 | 2 | 1,523,700 | 7 | 7 | 8 | 7 | 5 | 5 | 4 | 5 | 5 | 4 | 6 |
| 1164 | 인천 서구 | 검단구 공공청사 신축 전시용 | 2 | 606,600 | 7 | 7 | 8 | 7 | 5 | 5 | 4 | 5 | 5 | 4 | 6 |
| 1165 | 인천 서구 | 검단구 표준 기록관리시스템 구축 | 2 | 2,308,940 | 7 | 7 | 8 | 7 | 5 | 5 | 4 | 5 | 5 | 4 | 6 |
| 1166 | 인천 서구 | 계약정보공개시스템 유지관리 용역 | 2 | 546,600 | 7 | 6 | 1 | 7 | 2 | 2 | 2 | 5 | 5 | 4 | 6 |
| 1167 | 인천 서구 | 차량정보공개시스템 유지관리 용역 | 1 | 3,850 | 1 | 4 | 1 | 7 | 5 | 5 | 4 | 5 | 5 | 4 | 6 |
| 1168 | 인천 서구 | 공통기반 및 재해복구시스템 운영관리 | 1 | 102,490 | 5 | 5 | 1 | 7 | 2 | 2 | 4 | 1 | 4 | 4 | 6 |
| 1169 | 인천 서구 | 구용 포 디지털 아카이브 시스템 유지보수 | 1 | 13,430 | 5 | 4 | 1 | 7 | 1 | 1 | 2 | 5 | 5 | 4 | 6 |
| 1170 | 인천 서구 | 행 구축 상용SW 구매 | 2 | 6,311 | 7 | 7 | 8 | 7 | 5 | 5 | 4 | 5 | 5 | 4 | 6 |
| 1171 | 인천 서구 | 대민정보서비스 운영제재SW 구매 | 2 | 19,800 | 7 | 7 | 8 | 7 | 5 | 5 | 4 | 5 | 5 | 4 | 6 |
| 1172 | 인천 서구 | 대민정보시스템 유지관리 | 1 | 292,921 | 1 | 1 | 1 | 1 | 1 | 1 | 2 | 5 | 5 | 4 | 6 |
| 1173 | 인천 서구 | 데이터기반행정 활성화 | 6 | 5,600 | 4 | 4 | 7 | 7 | 2 | 2 | 4 | 5 | 5 | 4 | 6 |
| 1174 | 인천 서구 | 백신소프트웨어구입 | 1 | 52,760 | 1 | 7 | 8 | 7 | 5 | 5 | 4 | 5 | 5 | 4 | 6 |

| 순번 | 시·군·구 | 정보화사업 사업명 · 예산서 상의 사업명 | 정보화사업 분류 1.유지 및 보수 2.SW/HW 개발 및 구매 3.DB 구축 4.정보화 전략계획(ISP) 수립 5.정보보호사업 6.기타 | 2025년 예산 (단위:천원/1년간) | 예산 편성근거 1.법률에 규정 2.국고보조 재원 3.용도지정기부금 4.조례 5.지자체 및 상위기관 정책 6.기타 7.해당없음 | 정보화사업 입찰방식 계약체결방법 (경쟁형태) 1.일부경쟁 2.제한경쟁 3.지명경쟁 4.수의계약 5.변형위탁 6.기타 7.해당없음 | 계약기간 1.1년 2.2년 3.3년 4.4년 5.5년 6.기타 7.단기계약(1년미만) 8.해당없음 | 낙찰자 선정방식 1.적격심사 2.협상에 의한계약 3.최저가낙찰 4.규격가격분리 5.2단계 경쟁입찰 6.기타( ) 7.해당없음 | 정보화사업 예산 산정 평가산정 1.내부산정 2.외부산정(전문기관에 산정) 3.내부외부모두 산정 4.산정無 5.해당없음 | 정산방법 1.내부정산(자체적으로 정산) 2.외부정산(외부전문기관위탁 정산) 3.내외부 모두 정산 4.정산無 5.해당없음 | 성과평가 성과평가 실시여부 1.실시 2.미실시 3.향후 추진 4.해당없음 | 성과평가 주기 1.매년 2.격년 3.기간만료전 4.기타( ) 5.해당없음 | 성과평가 방법 1.자체 평가 2.평가단 구성후실시(전문위원회) 3.전문 평가기관 의뢰 4.기타 5.해당없음 | 평가결과 성과평가결과 인센티브 적용여부 1.적용 2.적용 안함 3.기타( ) 4.해당없음 | 평가결과 적용 인센티브 및 패널티 적용 근거 1.법률 2.조례 3.지침 4.계약서 5.기타 6.해당없음 |
|---|---|---|---|---|---|---|---|---|---|---|---|---|---|---|---|
| 1175 | 인천 서구 | 서구의회 회의록 시스템 | 1 | 12,527 | 5 | 4 | 1 | 7 | 1 | 1 | 2 | 5 | 5 | 4 | 6 |
| 1176 | 인천 서구 | 세외수입 정보시스템 유지보수관리 | 1 | 68,500 | 5 | 5 | 1 | 7 | 2 | 2 | 2 | 5 | 5 | 4 | 6 |
| 1177 | 인천 서구 | 쓰레기봉투 불편신고활동 프로그램 유지보수 | 1 | 3,199 | 5 | 4 | 1 | 7 | 1 | 4 | 2 | 5 | 4 | 4 | 6 |
| 1178 | 인천 서구 | 온-나라 문서시스템 운영관리 | 1 | 97,140 | 5 | 5 | 1 | 7 | 2 | 2 | 1 | 1 | 5 | 4 | 6 |
| 1179 | 인천 서구 | 적격심사관리 프로그램 유지보수 용역 | 1 | 2,500 | 6 | 4 | 1 | 7 | 1 | 5 | 4 | 5 | 5 | 4 | 6 |
| 1180 | 인천 서구 | 정보화교육 | 5 | 9,450 | 1 | 7 | 8 | 7 | 2 | 1 | 4 | 5 | 1 | 4 | 6 |
| 1181 | 인천 서구 | 지방세유지보수비(지방세 정보시스템) | 1 | 139,992 | 5 | 5 | 1 | 7 | 2 | 2 | 2 | 5 | 5 | 4 | 6 |
| 1182 | 인천 서구 | 지자체 지역에너지계획 및 센터 시범사업 | 1 | 2,000 | 5 | 4 | 1 | 7 | 1 | 1 | 1 | 1 | 1 | 4 | 6 |
| 1183 | 인천 서구 | 정외 등 지원센터 발급기 VPN(iTU250) 구매 | 2 | 74,967 | 1 | 7 | 8 | 7 | 1 | 1 | 4 | 5 | 5 | 4 | 6 |
| 1184 | 인천 서구 | 정외 무인민원 발급기 VPN(iTU150) 구매 | 2 | 36,457 | 1 | 7 | 8 | 7 | 5 | 5 | 4 | 5 | 5 | 4 | 6 |
| 1185 | 인천 서구 | 참업지원시스템(행정처) 교체 | 2 | 49,049 | 1 | 7 | 8 | 7 | 5 | 5 | 4 | 5 | 5 | 4 | 6 |
| 1186 | 인천 서구 | 통신장비 유지관리 | 1 | 180,634 | 1 | 2 | 1 | 1 | 1 | 1 | 2 | 5 | 5 | 4 | 6 |
| 1187 | 인천 서구 | 통합전화관리시스템 유지보수 | 1 | 17,000 | 5 | 4 | 1 | 7 | 2 | 2 | 2 | 5 | 5 | 4 | 6 |
| 1188 | 인천 서구 | 표준 기록관리시스템 운영장비 | 1 | 67,288 | 1 | 6 | 1 | 7 | 1 | 1 | 1 | 5 | 1 | 4 | 6 |
| 1189 | 인천 서구 | 행정업무용 PC구입 | 2 | 237,878 | 7 | 7 | 8 | 7 | 5 | 5 | 4 | 5 | 5 | 4 | 6 |
| 1190 | 인천 서구 | 행정업무용 소프트웨어구입 | 2 | 166,033 | 1 | 7 | 8 | 1 | 1 | 1 | 2 | 5 | 5 | 4 | 6 |
| 1191 | 인천 서구 | 행정정보보호시스템 통합유지보수 | 1 | 489,750 | 5 | 2 | 1 | 2 | 2 | 2 | 2 | 5 | 5 | 4 | 6 |
| 1192 | 인천 강화군 | 자세대 세외수입정보시스템 유지보수 | 1 | 63,000 | 5 | 2 | 1 | 2 | 2 | 2 | 2 | 5 | 5 | 4 | 6 |
| 1193 | 인천 강화군 | 수치지도 유지보수 | 1 | 98,000 | 5 | 2 | 1 | 7 | 5 | 5 | 4 | 5 | 5 | 4 | 6 |
| 1194 | 인천 강화군 | 보안USB관리시스템 | 2 | 36,461 | 5 | 6 | 7 | 6 | 5 | 5 | 4 | 5 | 5 | 4 | 6 |
| 1195 | 인천 강화군 | 스마트군정시스템 유지보수 | 1 | 51,000 | 5 | 1 | 1 | 2 | 1 | 1 | 2 | 5 | 5 | 4 | 6 |
| 1196 | 인천 강화군 | 중앙 세외수입정보시스템 유지보수 | 1 | 142,000 | 5 | 5 | 1 | 7 | 5 | 5 | 4 | 5 | 5 | 4 | 6 |
| 1197 | 인천 강화군 | 자세대 세외수입정보시스템 운영지원 유지보수 | 1 | 59,000 | 5 | 4 | 1 | 7 | 4 | 5 | 4 | 5 | 5 | 4 | 6 |
| 1198 | 인천 강화군 | 자세대 지방세정보시스템 운영지원 유지보수 | 1 | 114,000 | 5 | 4 | 1 | 7 | 4 | 5 | 4 | 5 | 5 | 4 | 6 |
| 1199 | 인천 강화군 | 공무원 인사 및 맞춤교시 관리(자세대 인사정보시스템 운영지원 유지보수) | 1 | 27,820 | 5 | 5 | 1 | 7 | 4 | 5 | 4 | 5 | 5 | 4 | 6 |
| 1200 | 인천 강화군 | 자세대 지방재정관리시스템 운영지원 유지보수 | 1 | 89,920 | 5 | 5 | 1 | 7 | 4 | 5 | 4 | 5 | 5 | 4 | 6 |
| 1201 | 인천 강화군 | 행정전산서무기기 보급 | 2 | 543,750 | 5 | 6 | 7 | 6 | 4 | 5 | 4 | 5 | 5 | 4 | 6 |
| 1202 | 인천 강화군 | 행정업무용 소프트웨어 구입 | 2 | 58,000 | 5 | 4 | 1 | 7 | 1 | 5 | 4 | 5 | 5 | 4 | 6 |
| 1203 | 인천 강화군 | 인터넷홈페이지 유지보수 | 1 | 22,000 | 5 | 4 | 1 | 7 | 1 | 5 | 4 | 5 | 5 | 4 | 6 |
| 1204 | 인천 강화군 | 의회홈페이지 유지보수 | 1 | 10,000 | 5 | 4 | 1 | 7 | 1 | 5 | 2 | 5 | 5 | 4 | 6 |
| 1205 | 인천 강화군 | 주민참여화 교육(주민정보화교육) | 5 | 158,000 | 5 | 7 | 8 | 7 | 1 | 5 | 4 | 5 | 5 | 4 | 6 |

- 39 -

| 순번 | 시·군·구 | 정보화사업 사업명 · 예산서 상 사업명 | 정보화사업 분류<br>1.유지 및 보수<br>2.SW/HW 개발 및 구매<br>3.DB 구축<br>4.정보화 전략계획(ISP) 수립<br>5.정보화지원<br>6.기타 | 2025년 예산<br>(단위:천원/1년간) | 예산 편성근거<br>1.법률에 규정<br>2.국고보조 재원<br>3.용도지정기부금<br>4.조례<br>5.자치법규<br>6.기타<br>7.해당없음 | 계약체결방법(경쟁형태)<br>1.입찰경쟁<br>2.제한경쟁<br>3.지명경쟁<br>4.수의계약<br>5.변형계약<br>6.기타()<br>7.해당없음 | 정보화사업 입찰방식 계약기간<br>1.1년<br>2.2년<br>3.3년<br>4.4년<br>5.5년<br>6.기타()<br>7.단기계약(1년미만)<br>8.해당없음 | 낙찰자 선정방식<br>1.적격심사<br>2.협상에 의한계약<br>3.최저가낙찰<br>4.규격가격동시<br>5.2단계 경쟁입찰<br>6.기타()<br>7.해당없음 | 정보화사업 예산 산정 평가신청<br>1.내부신청<br>2.외부신청(전문기관에 의뢰)<br>3.내·외부 모두 선정<br>4.신청 後<br>5.해당없음 | 정산방법<br>1.내부정산(자체적으로 정산)<br>2.외부정산(외부전문기관위탁정산)<br>3.내·외부 모두 정산<br>4.정산함<br>5.해당없음 | 성과평가 실시여부<br>1.실시<br>2.미실시<br>3.향후 추진<br>4.해당없음 | 성과평가 주기<br>1.매년<br>2.격년<br>3.기간만료전<br>4.기타()<br>5.해당없음 | 성과평가 방법<br>1.자체 평가<br>2.평가단 구성 후 실시(전문위원회)<br>3.전문 평가기관 의뢰<br>4.기타()<br>5.해당없음 | 평가결과 작동<br>성과평가결과 인센티브 적용 유무<br>1.적용<br>2.적용 안함<br>3.기타()<br>4.해당없음 | 인센티브 및 패널티 적용 근거<br>1.법률<br>2.조례<br>3.지침<br>4.계약서<br>5.기타<br>6.해당없음 |
|---|---|---|---|---|---|---|---|---|---|---|---|---|---|---|---|
| 1206 | 인천 강화군 | 표준기록관리시스템 유지보수 | 1 | 88,000 | 5 | 2 | 1 | 3 | 1 | 1 | 2 | 5 | 5 | 4 | 6 |
| 1207 | 인천 강화군 | 통합관제센터 운영 및 유지관리 | 1 | 341,000 | 5 | 2 | 1 | 1 | 1 | 1 | 2 | 5 | 5 | 4 | 6 |
| 1208 | 인천 강화군 | 인천 강화도시권 정보화시스템 운영 | 1 | 94,000 | 5 | 2 | 1 | 3 | 1 | 5 | 2 | 5 | 5 | 4 | 6 |
| 1209 | 인천 강화군 | 민원처리 문자전송시스템(MMS) 유지보수 | 1 | 2,000 | 4 | 4 | 1 | 7 | 1 | 5 | 2 | 5 | 5 | 4 | 6 |
| 1210 | 인천 강화군 | 부동산종합공부시스템 유지보수 | 1 | 66,000 | 5 | 4 | 1 | 7 | 1 | 5 | 2 | 5 | 5 | 4 | 6 |
| 1211 | 인천 강화군 | 부동산종합공부시스템 유지보수 | 1 | 66,000 | 5 | 4 | 1 | 7 | 1 | 5 | 2 | 5 | 5 | 4 | 6 |
| 1212 | 인천 강화군 | 부동산종합공부시스템 유지보수 | 1 | 66,000 | 5 | 4 | 1 | 7 | 1 | 5 | 2 | 5 | 5 | 4 | 6 |
| 1213 | 인천 강화군 | 부동산종합공부시스템 유지보수 | 1 | 66,000 | 5 | 4 | 1 | 7 | 1 | 5 | 2 | 5 | 5 | 4 | 6 |
| 1214 | 인천 강화군 | 부동산종합공부시스템 유지보수 | 1 | 66,000 | 5 | 2 | 1 | 3 | 1 | 5 | 2 | 5 | 5 | 4 | 6 |
| 1215 | 인천 강화군 | 국가주소정보시스템 유지보수 | 1 | 89,800 | 5 | 5 | 1 | 7 | 1 | 2 | 2 | 5 | 5 | 4 | 6 |
| 1216 | 인천 강화군 | 지적기록물 전산화사업 | 3 | 24,000 | 2 | 4 | 1 | 2 | 1 | 5 | 2 | 5 | 5 | 4 | 6 |
| 1217 | 인천 강화군 | 경로당 헬스케어 구축사업 | 2 | 1,024,000 | 5 | 2 | 7 | 6 | 5 | 1 | 4 | 5 | 5 | 4 | 6 |
| 1218 | 인천 강화군 | 주요업무평가시스템(통합성과관리시스템)보수 | 1 | 22,000 | 5 | 6 | 7 | 6 | 5 | 5 | 4 | 5 | 5 | 4 | 6 |
| 1219 | 인천 강화군 | 통합관제센터 운영 및 유지관리(무인주정차단속시스템구축) | 2 | 61,000 | 6 | 6 | 7 | 7 | 5 | 5 | 2 | 5 | 5 | 4 | 6 |
| 1220 | 인천 강화군 | 표준기록관리시스템 백업장비 구입 | 2 | 50,000 | 5 | 4 | 1 | 3 | 3 | 5 | 4 | 5 | 5 | 1 | 2 |
| 1221 | 인천 강화군 | 통합지방세 재해복구시스템 구축 | 1 | 34,745 | 5 | 5 | 1 | 7 | 4 | 4 | 4 | 5 | 5 | 4 | 6 |
| 1222 | 인천 강화군 | 강화기독교 역사기념관 운영(홈페이지 유지관리) | 1 | 1,656 | 1 | 1 | 1 | 3 | 1 | 1 | 2 | 5 | 5 | 4 | 6 |
| 1223 | 인천 강화군 | 홈페이지 및 정보시스템 통합 유지보수 | 1 | 190,000 | 5 | 5 | 1 | 7 | 2 | 2 | 4 | 5 | 5 | 4 | 6 |
| 1224 | 인천 강화군 | 공통기반 및 행정복지부서 통합유지관리 | 1 | 113,300 | 5 | 7 | 1 | 7 | 5 | 5 | 2 | 5 | 5 | 4 | 6 |
| 1225 | 인천 옹진군 | 네트워크 정보보호 및 행정안전망보안유지관리 | 1 | 22,000 | 5 | 1 | 1 | 1 | 1 | 4 | 4 | 5 | 5 | 4 | 6 |
| 1226 | 인천 옹진군 | 표준지방인사정보시스템 유지보수 | 1 | 71,760 | 6 | 1 | 1 | 7 | 1 | 1 | 4 | 5 | 5 | 4 | 6 |
| 1227 | 인천 옹진군 | 표준기록관리시스템(RMS) 유지보수 | 1 | 56,000 | 1 | 4 | 1 | 7 | 1 | 1 | 2 | 5 | 5 | 4 | 6 |
| 1228 | 인천 옹진군 | 성과관리시스템 유지보수 | 1 | 16,000 | 1 | 5 | 1 | 3 | 2 | 2 | 4 | 5 | 5 | 1 | 2 |
| 1229 | 인천 옹진군 | 통합지방재정관리시스템 운영 및 유지관리 | 1 | 77,070 | 6 | 5 | 1 | 7 | 2 | 2 | 2 | 5 | 5 | 4 | 6 |
| 1230 | 인천 옹진군 | 통합지방인사정보시스템 구축 | 3 | 29,770 | 6 | 5 | 6(1.5년) | 7 | 2 | 2 | 2 | 5 | 5 | 4 | 6 |
| 1231 | 인천 옹진군 | 세입세출 운용상황 공개시스템 운영 | 1 | 1,850 | 6 | 4 | 1 | 7 | 2 | 2 | 2 | 5 | 5 | 4 | 6 |
| 1232 | 인천 옹진군 | 정보통신망시스템 운영 | 1 | 12,000 | 1 | 5 | 1 | 7 | 1 | 1 | 4 | 5 | 5 | 4 | 6 |
| 1233 | 인천 옹진군 | 차세대 주민등록정보시스템 유지보수 | 1 | 19,560 | 4 | 4 | 1 | 7 | 2 | 2 | 2 | 5 | 5 | 4 | 6 |
| 1234 | 인천 옹진군 | 부동산종합공부시스템 유지보수 | 1 | 45,000 | 4 | 4 | 1 | 7 | 2 | 2 | 2 | 5 | 5 | 4 | 6 |
| 1235 | 인천 옹진군 | 주소정보관리시스템 및 도로명주소기본도 유지관리 | 1 | 57,510 | 1 | 4 | 1 | 7 | 2 | 2 | 2 | 5 | 5 | 4 | 6 |

| 순번 | 시군구 | 정보화사업 사업명 | 정보화사업 분류 (1.유지 및 보수 2.SW/HW 개발 및 구매 3.DB 구축 4.정보화 전략계획(ISP) 수립 5.정보화지원 6.기타) | 2025년 예산 (단위:천원/1년간) | 예산 편성근거 (1.법률의 규정 2.국고보조재원 3.용도지정기부금 4.조례 5.자체재원 6.기타 7.해당없음) | 계약체결방법 (경쟁형태) (1.일반경쟁 2.제한경쟁 3.지명경쟁 4.수의계약 5.변경계약 6.기타 7.해당없음) | 계약기간 (1.1년 2.2년 3.3년 4.4년 5.5년 6.기타 7.단기계약(1년미만) 8.해당없음) | 낙찰자 선정방법 (1.적격심사 2.협상에 의한계약 3.최저가낙찰제 4.규격가격분리 5.2단계 경쟁입찰 6.기타 7.해당없음) | 평가신청 (1.내부선정(자체적으로 선정) 2.외부선정(전문기관에서 선정) 3.내외부 모두 선정 4.신청 無 5.해당없음) | 정보화사업 예산 산정 (1.내부정산(내부적으로 정산) 2.외부정산(외부전문기관에 정산) 3.내외부 모두 정산 4.정산 無 5.해당없음) | 성과평가 실시여부 (1.실시 2.미실시 3.향후 추진 4.해당없음) | 성과평가 주기 (1.매년 2.격년 3.기간만료 4.기타( ) 5.해당없음) | 성과평가 방법 (1.자체 평가 2.평가단 구성후 실시 (전문위원회) 3.전문 평가기관 의뢰 4.기타( ) 5.해당없음) | 성과평가결과 인센티브 및 패널티 적용 유무 (1.적용 2.적용 안함 3.기타( ) 4.해당없음) | 인센티브 및 패널티 적용 근거 (1.법률 2.조례 3.지침 4.계약서 5.기타 6.해당없음) |
|---|---|---|---|---|---|---|---|---|---|---|---|---|---|---|---|
| 1237 | 인천 옹진군 | 계약정보공개시스템 유지보수 | 1 | 4,200 | 1 | 4 | 1 | 7 | 1 | 1 | 4 | 5 | 5 | 4 | 6 |
| 1238 | 인천 옹진군 | 차세대 지방세 정보시스템 유지보수 | 1 | 108,760 | 1 | 4 | 1 | 7 | 1 | 1 | 4 | 5 | 5 | 4 | 6 |
| 1239 | 인천 옹진군 | 표준지방세외수입정보시스템 유지보수 | 1 | 53,650 | 1 | 4 | 1 | 7 | 1 | 1 | 4 | 5 | 5 | 4 | 6 |
| 1240 | 인천 옹진군 | 일자리지원센터홈페이지유지보수 | 1 | 2,000 | 1 | 4 | 1 | 7 | 1 | 1 | 4 | 5 | 5 | 4 | 6 |
| 1241 | 인천 옹진군 | 서해도서민 표준자료관리시스템(KOLAS)통합 유지보수 | 3 | 17,000 | 5 | 4 | 7 | 7 | 1 | 1 | 4 | 5 | 5 | 2 | 6 |
| 1242 | 인천 옹진군 | 공동도서관 표준자료관리시스템(KOLAS)통합 유지보수 | 1 | 12,000 | 5 | 4 | 1 | 7 | 1 | 1 | 4 | 5 | 5 | 4 | 6 |
| 1243 | 인천 옹진군 | 종합재활복 물류유통시스템 유지보수 | 1 | 3,500 | 1 | 4 | 1 | 7 | 1 | 1 | 4 | 5 | 5 | 4 | 6 |
| 1244 | 인천 옹진군 | 의회홈페이지 유지보수 및 서버임차 | 1 | 26,000 | 1 | 6 | 1 | 7 | 1 | 1 | 2 | 5 | 5 | 4 | 6 |
| 1245 | 인천 옹진군 | 노후 보안장비 교체 | 2 | 23,650 | 2 | 7 | 8 | 3 | 1 | 4 | 4 | 5 | 5 | 4 | 6 |
| 1246 | 인천 옹진군 | 표준기록관리시스템(RMS) 노후장비 교체 | 2 | 159,000 | 1 | 1 | 7 | 1 | 1 | 4 | 4 | 5 | 5 | 4 | 6 |
| 1247 | 인천 옹진군 | 스마트 하수도 선도사업(하수약수) 통합관리시스템 구축 | 2 | 350,000 | 6 | 2 | 1 | 1 | 4 | 4 | 4 | 5 | 5 | 4 | 6 |
| 1248 | 광주 동구 | 2025년 IP관리 시스템 유지보수 | 1 | 691,730 | 2 | 4 | 5 | 5 | 4 | 4 | 4 | 5 | 5 | 4 | 6 |
| 1249 | 광주 동구 | 2025년 계약관리 및 적격심사 프로그램 유지보수 | 1 | 4,084 | 4 | 4 | 5 | 5 | 4 | 4 | 4 | 5 | 5 | 4 | 6 |
| 1250 | 광주 동구 | 2025년 현산행정 지원시스템 유지보수 | 1 | 5,160 | 4 | 4 | 5 | 5 | 4 | 4 | 4 | 5 | 5 | 4 | 6 |
| 1251 | 광주 동구 | 모바일 앱 동구행복 홈페이지 기능개선 | 1 | 7,260 | 4 | 4 | 5 | 5 | 4 | 4 | 4 | 5 | 5 | 4 | 6 |
| 1252 | 광주 동구 | 계약정보공개시스템 유지보수 | 1 | 4,356 | 4 | 4 | 5 | 5 | 4 | 4 | 4 | 5 | 5 | 4 | 6 |
| 1253 | 광주 동구 | 2025년 자원재활 영상자원시스템 관련 프로그램 유지보수 계약 | 1 | 6,864 | 4 | 4 | 5 | 5 | 4 | 4 | 4 | 5 | 5 | 4 | 6 |
| 1254 | 광주 동구 | 2025년 개인정보 보호 솔루션 유지보수 | 1 | 8,006 | 4 | 4 | 5 | 5 | 4 | 4 | 4 | 5 | 5 | 4 | 6 |
| 1255 | 광주 동구 | 2025년 주민인원어민센터 홈페이지 유지보수 | 1 | 5,640 | 4 | 4 | 5 | 5 | 4 | 4 | 4 | 5 | 5 | 4 | 6 |
| 1256 | 광주 동구 | 광주 주택의 중장수제 홈페이지 유지보수 | 1 | 6,600 | 4 | 4 | 5 | 5 | 4 | 4 | 4 | 5 | 5 | 4 | 6 |
| 1257 | 광주 동구 | 2025년 민속도 조사시스템 유지보수 | 1 | 53,136 | 1 | 4 | 5 | 5 | 4 | 4 | 4 | 5 | 5 | 4 | 6 |
| 1258 | 광주 동구 | 2025년 네트워크 통합관리시스템(국민권리시스템) 유지보수 | 1 | 21,700 | 4 | 4 | 5 | 5 | 4 | 4 | 4 | 5 | 5 | 4 | 6 |
| 1259 | 광주 동구 | 2025년 야간건축물 통합관리센터 홈페이지 유지보수 | 1 | 5,300 | 4 | 4 | 5 | 5 | 4 | 4 | 4 | 5 | 5 | 4 | 6 |
| 1260 | 광주 동구 | 2025년 종합민원에약관리 유지보수 | 1 | 3,476 | 4 | 4 | 5 | 5 | 4 | 4 | 4 | 5 | 5 | 4 | 6 |
| 1261 | 광주 동구 | 2025년 육아종합지원센터 신청장비 유지보수 | 1 | 6,860 | 4 | 4 | 5 | 5 | 4 | 4 | 4 | 5 | 5 | 4 | 6 |
| 1262 | 광주 동구 | 2025년 부동산종합공부시스템(KRAS) 유지보수 | 1 | 9,557 | 4 | 4 | 5 | 5 | 4 | 4 | 4 | 5 | 5 | 4 | 6 |
| 1263 | 광주 동구 | 2025년 부동산종합공부시스템(MapPrime for KRAS) 유지보수 | 1 | 9,240 | 4 | 4 | 5 | 5 | 4 | 4 | 4 | 5 | 5 | 4 | 6 |
| 1264 | 광주 동구 | 2025년 부동산종합공부시스템 개인정보 암호화 SW 유지보수 | 1 | 2,085 | 4 | 4 | 5 | 5 | 4 | 4 | 4 | 5 | 5 | 4 | 6 |
| 1265 | 광주 동구 | 2025년도 동구 홈페이지 및 두드림 유지보수 | 1 | 22,000 | 4 | 4 | 5 | 5 | 4 | 4 | 4 | 5 | 5 | 4 | 6 |

- 41 -

| 순번 | 시군구 | 정보화사업 사업명<br>·예산서 상의 사업명 | 정보화사업 분류<br>1. 유지 및 보수<br>2. SW/HW 개발 및 구매<br>3. DB 구축<br>4. 정보화 전략계획(ISP) 수립<br>5. 정보화지원<br>6. 기타 | 2025년 예산<br>(단위:천원/1년간) | 예산 편성근거<br>1. 법률적 규정<br>2. 국고보조 재원<br>3. 용도지정기부금<br>4. 조례<br>5. 지자체 및 상위기관 정책<br>6. 기타<br>7. 해당없음 | 계약체결방법(경쟁형태)<br>1. 일반경쟁<br>2. 제한경쟁<br>3. 지명경쟁<br>4. 수의계약<br>5. 낙찰자계약<br>6. 기타<br>7. 해당없음 | 정보화사업 계약기간<br>1. 1년<br>2. 2년<br>3. 3년<br>4. 4년<br>5. 5년<br>6. 기타( )<br>7. 단계계약(1년미만)<br>8. 해당없음 | 정보화사업 입찰방식<br>낙찰자 선정방법<br>1. 적격심사<br>2. 협상에 의한 계약<br>3. 최저가낙찰제<br>4. 규격가격분리<br>5. 2단계 경쟁입찰<br>6. 기타( )<br>7. 해당없음 | 정보화사업<br>평가선정<br>1. 내부선정<br>2. 외부선정<br>3. 내외부선정<br>4. 선정 無<br>5. 해당없음 | 정보화사업 예산 산정<br>정산방법<br>1. 내부정산<br>2. 외부정산<br>3. 내외부 모두 정산<br>4. 정산 無<br>5. 해당없음 | 성과평가 실시여부<br>1. 실시<br>2. 미실시<br>3. 향후 추진<br>4. 해당없음 | 성과평가<br>성과평가 주기<br>1. 매년<br>2. 격년<br>3. 기간만료전<br>4. 기타( )<br>5. 해당없음 | 성과평가 방법<br>1. 자체 평가<br>2. 평가위원 구성 후 실시(전문위원회 등)<br>3. 전문 평가기관 의뢰<br>4. 기타<br>5. 해당없음 | 평가결과 적용<br>성과평가결과 인센티브 패널티 적용<br>1. 적용<br>2. 적용 안함<br>3. 기타( )<br>4. 해당없음 | 인센티브 및 패널티 적용 근거<br>1. 법률<br>2. 조례<br>3. 지침<br>4. 계약서<br>5. 기타<br>6. 해당없음 |
|---|---|---|---|---|---|---|---|---|---|---|---|---|---|---|---|
| 1268 | 광주 동구 | 2025년 지적전산화시스템 서버 유지보수 | 1 | 2,000 | 4 | 4 | 5 | 5 | 4 | 4 | 4 | 5 | 5 | 4 | 6 |
| 1269 | 광주 동구 | 2025년 동구 구립 공공도서관 홈페이지 유지관리 | 1 | 4,994 | 4 | 4 | 5 | 5 | 4 | 4 | 4 | 5 | 5 | 4 | 6 |
| 1270 | 광주 동구 | 2025년도 동구 홈페이지 상용소프트웨어 유지보수 | 1 | 11,117 | 4 | 4 | 5 | 5 | 4 | 4 | 4 | 5 | 5 | 4 | 6 |
| 1271 | 광주 동구 | 2025년도 영상음성 송출시스템 유지보수 | 1 | 7,740 | 4 | 4 | 5 | 5 | 4 | 4 | 4 | 5 | 5 | 4 | 6 |
| 1272 | 광주 동구 | 2025년 매체제어시스템 유지보수 | 1 | 5,490 | 4 | 4 | 5 | 5 | 4 | 4 | 4 | 5 | 5 | 4 | 6 |
| 1273 | 광주 동구 | 2025년 개인정보접속기록관리시스템 유지보수 | 1 | 9,988 | 4 | 4 | 5 | 5 | 4 | 4 | 4 | 5 | 5 | 4 | 6 |
| 1274 | 광주 동구 | 2025년 자체대문서사용통보안서버 통합조치도 유지보수 | 1 | 4,146 | 4 | 4 | 5 | 5 | 4 | 4 | 4 | 5 | 5 | 4 | 6 |
| 1275 | 광주 동구 | 2025년 자원순환 플랫폼 동구리미 운 유지보수 | 1 | 22,000 | 4 | 4 | 5 | 5 | 4 | 4 | 4 | 5 | 5 | 4 | 6 |
| 1276 | 광주 동구 | 2025년도 보안시스템 유지보수 | 1 | 25,432 | 4 | 4 | 5 | 5 | 4 | 4 | 4 | 5 | 5 | 4 | 6 |
| 1277 | 광주 동구 | 2025년 마을생활문제 해결 e플랫폼 우리동네do먼 유지보수 | 1 | 21,900 | 4 | 4 | 5 | 5 | 4 | 4 | 4 | 5 | 5 | 4 | 6 |
| 1278 | 광주 동구 | 2025년도 표준기록관리시스템 유지보수 | 1 | 27,137 | 4 | 4 | 5 | 5 | 4 | 4 | 4 | 5 | 5 | 4 | 6 |
| 1279 | 광주 동구 | 2025년 동구 문화관광 홈페이지 유지보수 | 1 | 25,300 | 4 | 4 | 5 | 5 | 4 | 4 | 4 | 5 | 5 | 4 | 6 |
| 1280 | 광주 동구 | 홈페이지 저작도구 소프트웨어(OZ Xstudio) 유지보수 | 1 | 2,064 | 4 | 4 | 5 | 5 | 4 | 4 | 4 | 5 | 5 | 4 | 6 |
| 1281 | 광주 동구 | 2025년 부동산종합공부시스템(KRAS) 유지보수 | 1 | 7,029 | 4 | 4 | 5 | 5 | 4 | 4 | 4 | 5 | 5 | 4 | 6 |
| 1282 | 광주 동구 | 행정전산장비 유지보수 | 1 | 65,337 | 5 | 1 | 1 | 7 | 1 | 5 | 4 | 5 | 5 | 4 | 4 |
| 1283 | 광주 동구 | 개인정보보호시스템 유지보수 | 1 | 14,004 | 5 | 4 | 1 | 7 | 1 | 5 | 4 | 5 | 5 | 4 | 4 |
| 1284 | 광주 동구 | 네트워크 유지보수 | 1 | 129,746 | 5 | 1 | 1 | 5 | 1 | 5 | 4 | 5 | 5 | 4 | 4 |
| 1285 | 광주 동구 | 광주 동구 홈페이지 및 전자문서유통시 위탁 | 1 | 21,485 | 5 | 4 | 1 | 7 | 2 | 5 | 4 | 5 | 5 | 4 | 4 |
| 1286 | 광주 동구 | 홈페이지 빌더시스템 유지관리 | 1 | 8,102 | 5 | 4 | 1 | 7 | 2 | 5 | 4 | 5 | 5 | 4 | 4 |
| 1287 | 광주 동구 | 공통기반·재해복구시스템 위탁 | 1 | 11,790 | 5 | 4 | 1 | 7 | 2 | 5 | 4 | 5 | 5 | 4 | 4 |
| 1288 | 광주 동구 | 홈페이지 DB암호화시스템 위탁 | 1 | 2,443 | 5 | 4 | 1 | 7 | 2 | 5 | 4 | 5 | 5 | 4 | 4 |
| 1289 | 광주 동구 | 공통기반·재해복구시스템 위탁 | 1 | 5,142 | 5 | 4 | 1 | 7 | 2 | 5 | 4 | 5 | 5 | 4 | 4 |
| 1290 | 광주 동구 | 재정관리시스템 서버 유지보수 | 1 | 160,245 | 5 | 6 | 1 | 7 | 5 | 2 | 4 | 5 | 5 | 4 | 4 |
| 1291 | 광주 동구 | 주민소통플랫폼 유지관리 | 1 | 3,106 | 5 | 4 | 1 | 7 | 4 | 5 | 4 | 5 | 5 | 4 | 4 |
| 1292 | 광주 동구 | 클라우드컴퓨팅 서비스 이용 | 1 | 124,405 | 5 | 4 | 1 | 5 | 1 | 5 | 4 | 5 | 5 | 4 | 4 |
| 1293 | 광주 남구 | 온나라시스템 및 전자문서유통시 위탁 | 1 | 16,457 | 5 | 5 | 1 | 7 | 2 | 5 | 4 | 5 | 5 | 4 | 4 |
| 1294 | 광주 남구 | 공통기반시스템 유지관리 | 1 | 77,766 | 5 | 5 | 1 | 7 | 2 | 5 | 4 | 5 | 5 | 4 | 4 |
| 1295 | 광주 남구 | 재해복구시스템 유지관리 | 1 | 2,443 | 5 | 5 | 1 | 7 | 2 | 5 | 4 | 5 | 5 | 4 | 4 |
| 1296 | 광주 남구 | 응용공통시스템 위탁 | 1 | 5,743 | 5 | 5 | 1 | 7 | 2 | 2 | 4 | 5 | 5 | 4 | 4 |
| 1297 | 광주 남구 | 정보 시스템 운영 | 1 | 14,800 | 5 | 5 | 1 | 7 | 2 | 2 | 2 | 1 | 1 | 4 | 4 |
| 1298 | 광주 북구 | AIoT 재난안전관리시스템 유지보수 | 1 | 100,620 | 7 | 4 | 1 | 5 | 1 | 5 | 4 | 5 | 5 | 4 | 6 |

| 순번 | 시군구 | 정보화사업 사업명<br>·예산서 상의 사업명 | 정보화사업 분류<br>1.유지 및 보수<br>2.SW/HW 개발 및 구매<br>3.DB구축<br>4.정보화전략계획(ISP)수립<br>5.정보화자원<br>6.기타 | 2025년 예산<br>(단위:천원/1년간) | 예산 편성근거<br>1.법률에 규정<br>2.국고보조재원<br>3.용도지정기부금<br>4.조례<br>5.지자체및 상위기관 정책<br>6.기타<br>7.해당없음 | 계약체결방법(경쟁형태)<br>1.일반경쟁<br>2.제한경쟁<br>3.지명경쟁<br>4.수의계약<br>5.법정위탁<br>6.기타<br>7.해당없음 | 정보화사업 입찰방식<br>계약기간<br>1.1년<br>2.2년<br>3.3년<br>4.4년<br>5.5년<br>6.기타<br>7.단기계약(1년미만)<br>8.해당없음 | 낙찰자 선정방법<br>1.적격심사<br>2.협상에 의한계약<br>3.최저가낙찰<br>4.근로가관리<br>5.2단계 경쟁입찰<br>6.기타<br>7.해당없음 | 원가산정<br>1.내부산정<br>2.외부산정(전문기관에 산정)<br>3.내부·외부 모두산정<br>4.산정無<br>5.해당없음 | 정보화사업 예산 산정<br>정산방법<br>1.내부정산(자체적으로 정산)<br>2.외부정산(외부전문기관위탁)<br>3.내외부 모두 정산<br>4.정산無<br>5.해당없음 | 성과평가 실시여부<br>1.실시<br>2.미실시<br>3.향후 추진<br>4.해당없음 | 성과평가 주기<br>1.매년<br>2.격년<br>3.기간만료전<br>4.기타( )<br>5.해당없음 | 성과평가 방법<br>1.자체 평가<br>2.평가단 구성 후 실시(전문위원위촉)<br>3.전문 평가기관 의뢰<br>4.기타( )<br>5.해당없음 | 평가결과 적용<br>성과평가결과 인센티브 패널티 적용 유무<br>1.적용<br>2.적용 안함<br>3.기타( )<br>4.해당없음 | 인센티브 및 패널티 적용 근거<br>1.법률<br>2.조례<br>3.지침<br>4.계약서<br>5.기타( )<br>6.해당없음 |
|---|---|---|---|---|---|---|---|---|---|---|---|---|---|---|---|
| 1299 | 광주 북구 | 주청차단속 문자알림시스템 유지보수 용역 | 1 | 7,872 | 6 | 4 | 1 | 7 | 1 | 1 | 4 | 5 | 5 | 4 | 4 |
| 1300 | 광주 북구 | 불법주정차 무인단속시스템 유지보수 용역 | 1 | 123,559 | 6 | 2 | 1 | 6 | 1 | 1 | 4 | 5 | 5 | 4 | 4 |
| 1301 | 광주 북구 | 통합 교통민원 처리시스템 유지보수 용역 | 1 | 2,280 | 6 | 4 | 1 | 7 | 1 | 1 | 4 | 5 | 5 | 4 | 4 |
| 1302 | 광주 북구 | 주차위반 과태료 및 자동 인부시스템 유지보수 | 1 | 8,091 | 6 | 4 | 1 | 7 | 1 | 1 | 4 | 5 | 5 | 4 | 4 |
| 1303 | 광주 북구 | 표준기록관리시스템 | 1 | 33,000 | 1 | 1 | 8 | 6 | 5 | 5 | 4 | 5 | 5 | 4 | 6 |
| 1304 | 광주 북구 | 비전자기록물 DB구축 | 3 | 18,000 | 7 | 7 | 1 | 7 | 2 | 2 | 4 | 5 | 5 | 4 | 4 |
| 1305 | 광주 북구 | 차세대 표준지방인사정보시스템 유지관리 | 1 | 49,038 | 5 | 5 | 1 | 7 | 2 | 2 | 4 | 5 | 5 | 4 | 4 |
| 1306 | 광주 북구 | 2025년 주민등록시스템 운영 유지관리 용역 | 1 | 35,399 | 5 | 7 | 1 | 7 | 2 | 2 | 4 | 5 | 5 | 4 | 6 |
| 1307 | 광주 북구 | 2025년 지방세정화 사업 | 1 | 127,683 | 5 | 4 | 1 | 7 | 1 | 1 | 4 | 5 | 5 | 4 | 4 |
| 1308 | 광주 북구 | 2025년 지방세입정보시스템 운영관리 | 1 | 66,026 | 5 | 5 | 1 | 3 | 5 | 5 | 4 | 5 | 5 | 4 | 4 |
| 1309 | 광주 북구 | 재난지방번호정보시스템(지방재정) | 1 | 3,960 | 1 | 4 | 1 | 2 | 5 | 5 | 4 | 5 | 5 | 4 | 4 |
| 1310 | 광주 북구 | 변호판치프로그램(유대폰) | 1 | 2,880 | 1 | 2 | 7 | 3 | 2 | 2 | 4 | 5 | 5 | 4 | 4 |
| 1311 | 광주 북구 | 2025년 구 대표 홈페이지 유지보수 용역 | 1 | 44,040 | 5 | 6 | 1 | 2 | 1 | 1 | 4 | 5 | 5 | 4 | 4 |
| 1312 | 광주 북구 | 2025년 북구 대표 홈페이지 클라우드호스팅서비스 이용 계속 | 1 | 28,287 | 5 | 2 | 7 | 3 | 1 | 1 | 4 | 5 | 5 | 4 | 4 |
| 1313 | 광주 북구 | 2025년 구정정보 및 보안시스템 유지보수 용역 | 1 | 64,500 | 5 | 5 | 1 | 2 | 2 | 2 | 4 | 5 | 5 | 4 | 4 |
| 1314 | 광주 북구 | 2025년 지방행정공통기반 및 재해복구시스템 상암센터 운영위탁비 부담금 | 1 | 7,250 | 5 | 4 | 1 | 3 | 5 | 5 | 4 | 5 | 5 | 4 | 4 |
| 1315 | 광주 북구 | 2025년 자치단체 공동기반 및 재해복구시스템 운영관리 위탁사업비 지급 | 2 | 103,344 | 2 | 7 | 8 | 7 | 5 | 5 | 4 | 5 | 5 | 4 | 4 |
| 1316 | 광주 북구 | 2025년 행정정보자원 방화벽 유지보수 용역 | 1 | 18,600 | 5 | 4 | 1 | 7 | 1 | 1 | 2 | 5 | 5 | 4 | 4 |
| 1317 | 광주 북구 | 2025년 행정정보신상비 유지보수 용역 | 1 | 55,050 | 5 | 2 | 1 | 3 | 5 | 5 | 4 | 5 | 5 | 4 | 4 |
| 1318 | 광주 북구 | 2025년 온나라 및 전자정부사용복지센터 유지관리 위탁사업비 지급 | 2 | 23,600 | 5 | 6 | 1 | 2 | 5 | 5 | 4 | 5 | 5 | 4 | 4 |
| 1319 | 광주 북구 | 행정업무용 소프트웨어 구입 | 2 | 103,554 | 5 | 6 | 7 | 2 나라장터 쇼핑몰 구 | 5 | 5 | 4 | 1 | 1 | 4 | 4 |
| 1320 | 광주 북구 | 2025년 온나라 등 클라우드컴퓨팅서비스 이용 | 1 | 141,098 | 5 | 4 | 1 | 2 | 1 | 1 | 4 | 5 | 5 | 4 | 4 |
| 1321 | 광주 북구 | 2025년 GIS 박데이터 플랫폼 유지보수 용역 | 1 | 12,240 | 5 | 4 | 1 | 3 | 1 | 1 | 4 | 5 | 5 | 4 | 4 |
| 1322 | 광주 북구 | AI기반 소상공인 지원시스템 구축 | 2 | 450,000 | 2 | 7 | 8 | 7 | 5 | 5 | 4 | 5 | 5 | 4 | 6 |
| 1323 | 광주 북구 | 도론행정보시스템유지보수 | 1 | 12,600 | 7 | 7 | 8 | 7 | 1 | 1 | 4 | 5 | 5 | 4 | 6 |
| 1324 | 광주 북구 | 드론관제시스템 방화벽 유지보수 | 1 | 568 | 5 | 4 | 1 | 7 | 1 | 1 | 2 | 5 | 5 | 4 | 4 |
| 1325 | 광주 북구 | 구립도서관 전산장비 유지보수 | 1 | 6,255 | 5 | 4 | 1 | 3 | 1 | 1 | 1 | 1 | 1 | 4 | 4 |
| 1326 | 광주 북구 | 구립도서관 통합도서관운영시스템 유지보수 | 1 | 74,000 | 5 | 2 | 1 | 3 | 5 | 5 | 4 | 5 | 5 | 4 | 4 |
| 1327 | 광주 북구 | 공립도서관 전산서비 및 웹원색 유지지보수 | 1 | 15,120 | 5 | 4 | 1 | 3 | 1 | 1 | 4 | 5 | 5 | 4 | 4 |
| 1328 | 광주 북구 | 구립도서관 홈페이지 및 웹원색 유지보수 | 1 | 5,400 | 5 | 4 | 1 | 3 | 1 | 1 | 1 | 1 | 1 | 4 | 4 |
| 1329 | 광주 북구 | 북구 스마트도서관(무인) 유지보수 | 1 | 6,000 | 5 | 4 | 1 | 3 | 1 | 1 | 1 | 1 | 1 | 4 | 4 |

| 순번 | 시·군·구 | 정보화사업 사업명<br>• 예산서 상의 사업명 | 정보화사업 분류<br>1. 유지 및 보수<br>2. SW/HW<br>개발 및 구매<br>3. DB구축<br>4. 정보화<br>전략계획<br>(ISP) 수립<br>5. 정보화지원<br>6. 기타 | 2025년<br>예산<br>(단위:천원<br>/1년간) | 예산 편성근거<br>1. 법률에 규정<br>2. 국고보조금<br>3. 용도지정기부금<br>4. 조례<br>5. 지자체<br>6. 정보화 정책<br>7. 해당없음 | 계약체결방식<br>(경쟁입찰)<br>1. 일반경쟁<br>2. 제한경쟁<br>3. 지명경쟁<br>4. 수의계약<br>5. 법정위탁<br>6. 기타 ( )<br>7. 해당없음 | 정보화사업 입찰방식<br>계약기간<br>1. 1년<br>2. 2년<br>3. 3년<br>4. 4년<br>5. 5년<br>6. 기타 ( )<br>7. 단기계약<br>(1년미만)<br>8. 해당없음 | 낙찰자 선정방법<br>1. 적격심사<br>2. 협상에 의한계약<br>3. 최저가낙찰제<br>4. 규격가격분리<br>5. 2단계 경쟁입찰<br>6. 기타 ( )<br>7. 해당없음 | 정보화사업 예산 산정<br>평가산정<br>1. 내부산정<br>(자체적으로 산정)<br>2. 외부산정<br>(전문기관위탁)<br>3. 내외부 모두 산정<br>4. 신청 후<br>5. 해당없음 | 정산방법<br>1. 내부정산<br>(내부직원 정산)<br>2. 외부정산<br>(외부전문기관위탁 정산)<br>3. 내외부 모두 정산<br>4. 정산 후<br>5. 해당없음 | 성과평가 실시여부<br>1. 실시<br>2. 미실시<br>3. 향후 추진<br>4. 해당없음 | 성과평가 주기<br>1. 매년<br>2. 격년<br>3. 기간만료전<br>4. 기타 ( )<br>5. 해당없음 | 성과평가 방법<br>1. 자체 평가<br>2. 통기관 구성평가<br>(전문위원회)<br>3. 전문 평가기관 의뢰<br>4. 기타<br>5. 해당없음 | 성과평가결과 인센티브 패널티 유무<br>1. 적용<br>2. 적용 없음<br>3. 기타<br>4. 해당없음 | 평가결과 적용<br>인센티브 및 패널티 적용 근거<br>1. 법률<br>2. 조례<br>3. 지침<br>4. 계약서<br>5. 기타<br>6. 해당없음 |
|---|---|---|---|---|---|---|---|---|---|---|---|---|---|---|---|
| 1330 | 광주 북구 | 북구 스마트도서관(2호점) 유지보수 | 1 | 3,250 | 5 | 4 | 1 | 3 | 1 | 5 | 1 | 1 | 1 | 4 | 4 |
| 1331 | 광주 북구 | 북구 스마트도서관(3호점) 유지보수 | 1 | 3,720 | 5 | 4 | 1 | 3 | 1 | 5 | 1 | 1 | 1 | 4 | 4 |
| 1332 | 광주 북구 | 2025년 중동 신용도서관 ICT시스템 유지보수 | 1 | 69,921 | 5 | 2 | 1 | 3 | 1 | 5 | 1 | 1 | 1 | 4 | 4 |
| 1333 | 광주 북구 | 「2025년 부동산종합공부시스템 구성 공간정보 SW 유지보수 용역」지출품의 등록 | 1 | 8,778 | 5 | 4 | 1 | 7 | 1 | 1 | 4 | 1 | 1 | 4 | 4 |
| 1334 | 광주 북구 | 「2025년 부동산종합공부시스템 운영장비 유지보수 용역」지출품의 | 1 | 15,300 | 5 | 4 | 1 | 7 | 1 | 1 | 4 | 1 | 5 | 4 | 4 |
| 1335 | 광주 북구 | 기록물관리 전문시스템 유지보수 | 1 | 1,500 | 7 | 7 | 7 | 7 | 5 | 1 | 4 | 5 | 5 | 4 | 4 |
| 1336 | 광주 북구 | 쓰레기불법투기 무인 | 6 | 86,515 | 7 | 7 | 7 | 5 | 1 | 4 | 4 | 5 | 5 | 4 | 4 |
| 1337 | 대전광역시 | 다기능 사무기기(PC) 구입 | 2 | 360,000 | 7 | 1 | 1 | 5 | 4 | 4 | 4 | 5 | 5 | 4 | 4 |
| 1338 | 대전광역시 | 행정업무용 SW 구입 | 2 | 342,200 | 7 | 4 | 1 | 7 | 1 | 4 | 4 | 5 | 5 | 4 | 4 |
| 1339 | 대전광역시 | 사행의PC 보급 | 6 | 44,430 | 7 | 5 | 1 | 7 | 1 | 4 | 4 | 5 | 5 | 4 | 4 |
| 1340 | 대전광역시 | 시도 행정 공통기반 및 재해복구시스템 유지관리 | 1 | 333,166 | 1 | 6 | 8 | 2 | 5 | 5 | 4 | 5 | 5 | 4 | 4 |
| 1341 | 대전광역시 | 홈페이지 기능개선 및 유지관리 용역사업 | 1 | 463,000 | 4 | 1 | 2 | 7 | 1 | 5 | 1 | 1 | 1 | 1 | 1 |
| 1342 | 대전광역시 | 모니터시스템 유지관리 | 1 | 90,953 | 1 | 5 | 1 | 7 | 1 | 5 | 4 | 5 | 5 | 4 | 4 |
| 1343 | 대전광역시 | PC 개인정보 암호화시스템 기능개선 사업 | 2 | 130,600 | 5 | 6 | 8 | 2 | 5 | 5 | 4 | 5 | 5 | 4 | 4 |
| 1344 | 대전광역시 | 사이버침해대응센터 보안관제 용역 | 1 | 852,500 | 5 | 1 | 2 | 7 | 1 | 5 | 4 | 5 | 5 | 4 | 4 |
| 1345 | 대전광역시 | 바이러스 백신소프트웨어 사용 구입 | 2 | 170,945 | 5 | 6 | 8 | 7 | 5 | 5 | 1 | 1 | 1 | 4 | 1 |
| 1346 | 대전광역시 | 유해사이트 차단용 PC 교체 | 2 | 85,000 | 1 | 1 | 1 | 7 | 5 | 5 | 4 | 5 | 5 | 4 | 4 |
| 1347 | 대전광역시 | 주요정보통신기반시설 취약점분석 평가 | 6 | 77,330 | 1 | 4 | 1 | 2 | 5 | 5 | 4 | 5 | 5 | 5 | 5 |
| 1348 | 대전광역시 | 대전광역시 행정정보 설비 유지관리 용역 | 1 | 288,000 | 5 | 4 | 1 | 7 | 5 | 5 | 4 | 5 | 5 | 4 | 4 |
| 1349 | 대전광역시 | 미디어게이트웨이 교체 | 2 | 76,198 | 5 | 4 | 1 | 4 | 1 | 4 | 4 | 5 | 5 | 4 | 4 |
| 1350 | 대전광역시 | 표준유물관리시스템유지보수 | 1 | 461,798 | 1 | 1 | 1 | 7 | 1 | 1 | 4 | 1 | 1 | 4 | 4 |
| 1351 | 대전광역시 | 정보자원 클라우드 네이티브 전환 정보화전략계획 수립 용역 | 4 | 140,000 | 5 | 2 | 7 | 2 | 5 | 5 | 1 | 1 | 1 | 6 | 6 |
| 1352 | 대전광역시 | 지역정보통합센터 정보시스템 통합유지관리 용역 | 1 | 1,941,859 | 1 | 1 | 2 | 2 | 1 | 5 | 4 | 5 | 5 | 4 | 6 |
| 1353 | 대전광역시 | 교통신호제어 프로그램(SW개발) 유지관리 | 1 | 58,000 | 1 | 4 | 1 | 7 | 1 | 5 | 4 | 5 | 5 | 4 | 6 |
| 1354 | 대전광역시 | 교통정보수집용 검지시스템 유지관리 | 6 | 47,351 | 1 | 4 | 1 | 7 | 1 | 5 | 4 | 5 | 5 | 4 | 6 |
| 1355 | 대전광역시 | 스마트박물관유지보수 | 1 | 7,200 | 5 | 4 | 1 | 7 | 5 | 1 | 1 | 1 | 1 | 2 | 4 |
| 1356 | 대전광역시 | 이동형 단속시스템(EB) 유지관리 | 1 | 22,009 | 5 | 2 | 2 | 2 | 5 | 5 | 4 | 5 | 5 | 2 | 4 |
| 1357 | 대전광역시 | 버스정보통합 무인유지시스템 유지관리 | 1 | 67,917 | 5 | 5 | 7 | 1 | 1 | 5 | 4 | 5 | 5 | 4 | 4 |
| 1358 | 대전광역시 | 교통방송 과태료 통합시스템 유지관리 | 1 | 94,115 | 5 | 5 | 2 | 1 | 1 | 5 | 4 | 5 | 5 | 4 | 4 |
| 1359 | 대전광역시 | 인공지능 기반 만두시스템 유지관리 | 1 | 48,664 | 5 | 2 | 1 | 1 | 1 | 5 | 4 | 5 | 5 | 4 | 4 |
| 1360 | 대전광역시 | 인공지능 기반 만두시스템 유지관리 | 1 | 16,000 | 5 | 4 | 1 | 7 | 1 | 1 | 4 | 1 | 5 | 4 | 4 |

- 44 -

| 순번 | 시군구 | 정보사업 사업명 · 예산서 상 사업명 | 정보화사업 분류 (1.유지 및 보수 2.SW/HW 개발 및 구매 3.DB구축 4.정보화 전략계획(ISP) 수립 5.정보화지원 6.기타) | 2025년 예산 (단위:천원/1년간) | 예산 편성근거 (1.법령에 규정 2.국고보조 재원 3.조례 4.지자체 5.용도지정기부금 6.기타 7.해당없음) | 계약체결방법(경쟁형태) (1.일반경쟁 2.제한경쟁 3.지명경쟁 4.수의계약 5.입찰외 6.기타 7.해당없음) | 계약기간 (1.1년 2.2년 3.3년 4.4년 5.5년 6.기타 ( ) 7.단가계약(1년미만) 8.해당없음) | 낙찰자 선정방법 (1.적격심사 2.협상에 의한계약 3.최저가낙찰 4.국가가격 5.2단계 경쟁입찰 6.기타 ( ) 7.해당없음) | 원가산정 (1.내부산정 2.외부산정(전문기관위탁) 3.내외부 모두산정 4.산정安 5.해당없음) | 정산방법 (1.내부정산(자체적으로 정산) 2.외부정산(전문기관위탁) 3.내외부 모두 정산 4.정산安 5.해당없음) | 성과평가 실시여부 (1.실시 2.미실시 3.향후 추진 4.해당없음) | 성과평가 주기 (1.매년 2.격년 3.기간만료전 4.기타 ( ) 5.해당없음) | 성과평가 방법 (1.자체 평가 2.평가단 구성후 실시(전문위원회) 3.전문 평가기관 의뢰 4.기타 ( ) 5.해당없음) | 성과평가결과 인센티브 및 패널티 적용 유무 (1.적용 2.적용 안함 3.기타 ( ) 4.해당없음) | 인센티브 및 패널티 적용 근거 (1.법률 2.조례 3.지침 4.계약서 5.기타 6.해당없음) |
|---|---|---|---|---|---|---|---|---|---|---|---|---|---|---|---|
| 1361 | 대전광역시 | 버스전용차로 무인단속카메라 교체 | 6 | 122,500 | 5 | 2 | 7 | 1 | 1 | 1 | 4 | 5 | 5 | 4 | 4 |
| 1362 | 대전광역시 | 민간백데이터 구매 | 6 | 270,000 | 4 | 2 | 7 | 2 | 1 | 1 | 3 | 1 | 1 | 4 | 6 |
| 1363 | 대전광역시 | 백데이터 플랫폼(S/W) 유지보수 | 1 | 24,470 | 4 | 4 | 1 | 7 | 1 | 1 | 3 | 1 | 1 | 4 | 6 |
| 1364 | 대전광역시 | 정보시스템 품질진단 및 컨설팅 | 5 | 70,000 | 4 | 2 | 7 | 2 | 1 | 1 | 3 | 1 | 1 | 4 | 6 |
| 1365 | 대전광역시 | 공공데이터 활용 경진대회 | 5 | 37,000 | 4 | 6 | 1 | 5 | | | 3 | 1 | 1 | 4 | 6 |
| 1366 | 대전광역시 | 백데이터 오픈랩 운영지원 | 1 | 270,000 | 4 | 5 | 1 | 7 | 1 | 1 | 3 | 1 | 1 | 4 | 6 |
| 1367 | 대전광역시 | 통합지방재정시스템 정보화 유지관리 | 2 | 141,261 | 5 | 5 | 1 | 7 | 2 | 2 | 4 | 5 | 5 | 4 | 4 |
| 1368 | 대전광역시 | 통합지방재정 재해복구시스템 구축 | 2 | 54,582 | 5 | 2 | 1 | 7 | 2 | 2 | 4 | 5 | 5 | 4 | 4 |
| 1369 | 대전광역시 | 주차장 통합관리시스템 유지관리 | 1 | 42,000 | 4 | 4 | 1 | 7 | 1 | 1 | 4 | 5 | 5 | 4 | 4 |
| 1370 | 대전광역시 | 주차 민원번호 서비스 유지관리 | 1 | 7,000 | 5 | 4 | 1 | 7 | 1 | 1 | 4 | 5 | 5 | 4 | 4 |
| 1371 | 대전광역시 | 불법주정차 통합프로그램 유지관리 | 1 | 10,800 | 5 | 4 | 1 | 7 | 1 | 1 | 4 | 4 | 5 | 4 | 4 |
| 1372 | 대전광역시 | 2025년 교육관리시스템 프로그램 유지보수 용역 | 6 | 14,904 | 6 | 4 | 1 | 7 | 1 | 5 | 4 | 4 | 5 | 4 | 4 |
| 1373 | 대전광역시 | 2025년 교육용 등 PC 유지관리 | 1 | 9,700 | 6 | 4 | 1 | 7 | 1 | 5 | 4 | 4 | 5 | 4 | 4 |
| 1374 | 대전광역시 | 2025-26년 만학위 정보시설 유지보수 용역 | 1 | 14,500 | 4 | 2 | 2 | 7 | 1 | 1 | 2 | 5 | 5 | 4 | 6 |
| 1375 | 대전광역시 | 2025년 시 인터넷방송 사진아카이브 시스템 유지보수 용역 | 1 | 5,104 | 5 | 4 | 1 | 7 | 1 | 4 | 2 | 5 | 5 | 4 | 6 |
| 1376 | 대전광역시 | 2025년 대전광역시 도로관리시스템 유지보수 용역 | 6 | 24,212 | 6 | 2 | 1 | 1 | 4 | 4 | 2 | 5 | 5 | 4 | 4 |
| 1377 | 대전광역시 | 지하자도 진입차단시설 통합관제시스템 구축 | 2 | 167 | 6 | 2 | 7 | 2 | 5 | 1 | 4 | 5 | 5 | 4 | 4 |
| 1378 | 대전광역시 | 합치원영 예음 통합관리 전산시스템 유지관리 | 1 | 5,000 | 7 | 4 | 1 | 7 | 1 | 1 | 4 | 5 | 4 | 4 | 4 |
| 1379 | 대전광역시 | 대전시법예술단 홈페이지 운영 및 서버관리 | 1 | 3,659 | 1 | 2 | 2 | 7 | 5 | 4 | 2 | 4 | 4 | 4 | 4 |
| 1380 | 대전광역시 | 유통정보시스템 유지보수 | 1 | 20,000 | 6 | 6 | 1 | 7 | 1 | 1 | 4 | 5 | 5 | 4 | 4 |
| 1381 | 대전광역시 | 주차관제시스템 유지보수 | 1 | 14,705 | 1 | 4 | 1 | 7 | 1 | 1 | 4 | 5 | 5 | 4 | 4 |
| 1382 | 대전광역시 | 세외수입 자동관리시스템 유지관리 용역 | 1 | 18,000 | 6 | 4 | 1 | 7 | 1 | 1 | 4 | 5 | 5 | 4 | 4 |
| 1383 | 대전광역시 | 대전연보포탈 유영 | 1 | 3,960 | 7 | 4 | 8 | 7 | 5 | 5 | 4 | 5 | 4 | 4 | 6 |
| 1384 | 대전광역시 | 공연보포탈 통합운영 | 6 | 8,000 | 5 | 7 | 8 | 7 | 1 | 1 | 4 | 5 | 5 | 4 | 4 |
| 1385 | 대전광역시 | 공연자료 디지털 아카이브 시스템 유지관리 용역 | 1 | 8,000 | 7 | 4 | 7 | 2 | 1 | 1 | 4 | 5 | 5 | 4 | 4 |
| 1386 | 대전광역시 | 스마트티 플랫자시스템 홈페이지 운영 및 유지관리 | 1 | 435,000 | 1 | 6 | 6 | 7 | 5 | 5 | 4 | 5 | 5 | 4 | 4 |
| 1387 | 대전광역시 | 긴급구조시스템 노후장비 및 교체 | 2 | 584,646 | 1 | 6 | 6 | 6 | 1 | 1 | 4 | 5 | 5 | 2 | 6 |
| 1388 | 대전광역시 | 긴급조조시스템 노후 보안장비 교체 | 2 | 200,325 | 1 | 6 | 7 | 6 | 1 | 1 | 4 | 5 | 5 | 2 | 6 |
| 1389 | 대전광역시 | 주요정보통신기반시설 취약점 분석평가 | 4 | 77,330 | 1 | 5 | 1 | 6 | 2 | 2 | 4 | 5 | 5 | 2 | 6 |

- 45 -

| 순번 | 시.군.구 | 정보화사업 사업명·예산서상 사업명 | 정보화사업 분류 (1.유지 및 보수 2.SW/HW 개발 및 구매 3.DB구축 4.정보화 전략계획(ISP)수립 5.정보화지원 6.기타) | 2025년 예산 (단위:천원/1년간) | 예산 편성근거 (1.법률에 규정 2.국고보조 재원 3.용도지정기부금 4.조례 5.지자체 및 상위기관 정책 6.기타 7.해당없음) | 계약체결방법 (경쟁여부) (1.일반경쟁 2.제한경쟁 3.지명경쟁 4.수의계약 5.법정예탁 6.기타 7.해당없음) | 정보화사업 계약기간 (1.1년 2.2년 3.3년 4.5년 5.5년 6.기타 7.장기계약(1년미만) 8.해당없음) | 낙찰자 선정방식 (1.적격심사 2.협상에 의한계약 3.최저가낙찰 4.규격가격분리 5.간접 경영임찰 6.기타 7.해당없음) | 정보화사업 선정 평가방법 (1.내부선정 2.외부선정 3.전문기관에 선정 4.신청률 5.해당없음) | 정보화사업 예산 산정 정산방법 (1.내부정산 2.외부정산 3.내외부 모두 정산 4.정산 후 5.해당없음) | 성과평가 실시여부 (1.실시 2.미실시 3.향후 추진 4.해당없음) | 성과평가 주기 (1.매년 2.격년 3.기간만료 4.기타 5.해당없음) | 성과평가 방법 (1.자체 평가 2.평가단 구성후 실시 (전문위원회) 3.전문 평가기관 의뢰 4.기타 5.해당없음) | 평가결과 인센티브 패널티 적용 유무 (1.적용 2.적용 안함 3.기타 4.해당없음) | 인센티브 및 패널티 적용 근거 (1.법률 2.조례 3.지침 4.계약서 5.기타 6.해당없음) |
|---|---|---|---|---|---|---|---|---|---|---|---|---|---|---|---|
| 1392 | 대전광역시 | AI 기반 산과폭주 및 비간편대용시스템(긴급대응시스템고도화) | 5 | 750,000 | 7 | 1 | 7 | 2 | 3 | 3 | 4 | 5 | 5 | 2 | 6 |
| 1393 | 대전광역시 | 재난현장 직원상황시스템 구축(긴급대응시스템고도화) | 5 | 100,000 | 7 | 1 | 7 | 2 | 3 | 3 | 4 | 5 | 5 | 1 | 6 |
| 1394 | 대전광역시 | 소방정보시스템 유지보수 | 1 | 749,234 | 1 | 2 | 3 | 2 | 1 | 1 | 4 | 5 | 5 | 4 | 4 |
| 1395 | 대전광역시 | 통합과학관 홈페이지 유지관리 | 1 | 19,470 | 5 | 4 | 1 | 1 | 2 | 5 | 4 | 5 | 5 | 4 | 4 |
| 1396 | 대전광역시 | 통합과학관 H/W 유지관리 | 1 | 2,800 | 5 | 4 | 1 | 1 | 2 | 5 | 4 | 5 | 5 | 4 | 4 |
| 1397 | 대전광역시 | 지능교통체계(ITS)시스템유지관리 | 1 | 1,780,060 | 1 | 2 | 1 | 2 | 1 | 1 | 4 | 5 | 5 | 4 | 4 |
| 1398 | 대전광역시 | 대전광역시 교통빅데이터 운영관리 | 1 | 275,000 | 1 | 2 | 1 | 2 | 1 | 4 | 1 | 1 | 1 | 2 | 4 |
| 1399 | 대전광역시 | 승용자요일제 이행확인시스템 유지보수 용역 | 1 | 37,000 | 1 | 1 | 7 | 2 | 1 | 1 | 2 | 5 | 5 | 4 | 4 |
| 1400 | 대전광역시 | 외국인투자자 홈페이지 유지관리 | 1 | 13,200 | 7 | 6 | 1 | 6(협약) | 3 | 4 | 4 | 5 | 5 | 4 | 4 |
| 1401 | 대전광역시 | 악취관리시스템 유지관리용역 | 1 | 43,300 | 5 | 2 | 1 | 3 | 1 | 1 | 4 | 5 | 5 | 4 | 6 |
| 1402 | 대전광역시 | 북대전악취관리시스템 고도화용역 | 2 | 283,000 | 5 | 4 | 1 | 2 | 7 | 1 | 4 | 5 | 5 | 4 | 6 |
| 1403 | 대전광역시 | 대기환경감시시스템(TMS) 유지관리용역 | 1 | 37,000 | 1 | 7 | 8 | 7 | 1 | 1 | 2 | 5 | 5 | 4 | 6 |
| 1404 | 대전광역시 | '25년 스마트 수도 원격검침단말기 구매설치 | 2 | 4,050,000 | 5 | 4 | 8 | 6 | 5 | 5 | 4 | 5 | 5 | 4 | 6 |
| 1405 | 대전광역시 | '25~'26년도 상수도 정보시스템 통합유지보수 용역 | 1 | 690,000 | 1 | 1 | 2 | 2 | 5 | 4 | 2 | 5 | 5 | 4 | 6 |
| 1406 | 대전광역시 | 상수도 영상정보처리기기 성능개선 | 2 | 540,000 | 5 | 4 | 7 | 6 | 1 | 1 | 4 | 5 | 5 | 4 | 6 |
| 1407 | 대전광역시 | 상수도사업본부 정보연계서비 이중화 | 2 | 62,000 | 5 | 6 | 1 | 7 | 1 | 1 | 4 | 5 | 5 | 4 | 6 |
| 1408 | 대전광역시 | 상수도 주사업 방문검진시스템 운영 | 1 | 14,201 | 1 | 4 | 1 | 7 | 1 | 1 | 4 | 5 | 5 | 4 | 6 |
| 1409 | 대전광역시 | 상수도 정보 포털서비스 개선 | 3 | 389,600 | 7 | 7 | 8 | 7 | 5 | 5 | 4 | 5 | 5 | 4 | 6 |
| 1410 | 대전광역시 | 주요로봉신기반시스템 취약점 분석 평가 및 컨설팅 | 1 | 49,210 | 1 | 7 | 8 | 7 | 5 | 5 | 4 | 5 | 5 | 4 | 6 |
| 1411 | 대전광역시 | 대전광역시 지하수통합관리시스템 | 1 | 21,000 | 6 | 1 | 1 | 3 | 1 | 4 | 2 | 1 | 1 | 4 | 4 |
| 1412 | 대전광역시 | 대전120콜센터 전산시스템 유지관리 용역 | 1 | 33,852 | 5 | 1 | 6(3년7월) | 1 | 1 | 1 | 4 | 5 | 5 | 4 | 6 |
| 1413 | 대전광역시 | 우편인사시스템 정보연계서비 이중화 | 1 | 5,860 | 5 | 7 | 1 | 7 | 2 | 2 | 4 | 5 | 5 | 4 | 6 |
| 1414 | 대전광역시 | 기록관리시스템(SVW) 유지관리 | 1 | 31,101 | 1 | 4 | 1 | 7 | 2 | 2 | 4 | 5 | 5 | 4 | 6 |
| 1415 | 대전광역시 | 비전자기록물 전산관리사업 | 3 | 198,000 | 1 | 7 | 1 | 2 | 4 | 4 | 4 | 5 | 5 | 4 | 6 |
| 1416 | 대전광역시 | 도서관리시스템 유지보수 | 1 | 3,909 | 6 | 4 | 1 | 3 | 1 | 1 | 4 | 1 | 1 | 4 | 6 |
| 1417 | 대전광역시 | 스마트전자민원을 우리동대민관 | 1 | 18,420 | 5 | 4 | 1 | 7 | 1 | 1 | 2 | 1 | 1 | 4 | 4 |
| 1418 | 대전광역시 | 소장품관리체계 | 1 | 13,890 | 5 | 4 | 1 | 3 | 1 | 1 | 4 | 4 | 5 | 4 | 4 |
| 1419 | 대전광역시 | 전자회의시스템 | 1 | 25,239 | 1 | 7 | 1 | 7 | 5 | 5 | 4 | 4 | 5 | 4 | 4 |
| 1420 | 대전광역시 | 방송통신장비 | 1 | 20,000 | 1 | 4 | 1 | 7 | 5 | 5 | 4 | 5 | 5 | 4 | 4 |
| 1421 | 대전광역시 | 의화정보시스템 유지보수 | 1 | 14,500 | 5 | 4 | 1 | 7 | 1 | 1 | 4 | 5 | 5 | 4 | 5 |
| 1422 | 대전광역시 | 인터넷 중개시스템 유지보수 | 1 | 13,435 | 5 | 4 | 1 | 7 | 1 | 1 | 4 | 5 | 5 | 4 | 5 |

- 46 -

| 순번 | 시군구 | 정보화사업명 · 예산서 상 사업명 | 정보화사업 분류<br>1. 유지 및 보수<br>2. SW/hW 개발 및 구매<br>3. DB 구축<br>4. 정보화 전략계획(ISP) 수립<br>5. 정보화지원<br>6. 기타 | 2025년 예산<br>(단위:천원/1년간) | 예산 편성근거<br>1. 법률에 규정<br>2. 국고보조 재원<br>3. 용도지정기부금<br>4. 조례<br>5. 지자체 및 상위기관 정책<br>6. 기타<br>7. 해당없음 | 계약체결방식(경쟁형태)<br>1. 일반경쟁<br>2. 제한경쟁<br>3. 지명경쟁<br>4. 수의계약<br>5. 현약<br>6. 기타( )<br>7. 해당없음 | 계약기간<br>1. 1년<br>2. 2년<br>3. 3년<br>4. 4년<br>5. 5년<br>6. 기타<br>7. 장기계약(1년미만)<br>8. 해당없음 | 낙찰자 선정방법<br>1. 적격심사<br>2. 협상에 의한계약<br>3. 최저가낙찰제<br>4. 규격가격분리<br>5. 2단계 경쟁입찰<br>6. 기타( )<br>7. 해당없음 | 평가신청<br>1. 내부신청(자체적으로 신청)<br>2. 외부신청(전문기관위하여)<br>3. 내외부 모두 신청<br>4. 신청 無<br>5. 해당없음 | 정산방법<br>1. 내부정산(자체적으로 정산)<br>2. 외부정산(외부전문기관위하여)<br>3. 내외부 모두 정산<br>4. 정산 無<br>5. 해당없음 | 성과평가 실시여부<br>1. 실시<br>2. 미실시<br>3. 향후 추진<br>4. 해당없음 | 성과평가 주기<br>1. 매년<br>2. 격년<br>3. 기간만료전<br>4. 기타( )<br>5. 해당없음 | 성과평가 방법<br>1. 자체 평가<br>2. 용기관 구성후 실시(전문위원회)<br>3. 전문평가기관 의뢰<br>4. 기타( )<br>5. 해당없음 | 성과평가결과 인센티브 및 페널티 적용 유무<br>1. 적용<br>2. 적용 안함<br>3. 기타( )<br>4. 해당없음 | 인센티브 및 페널티 적용 근거<br>1. 법률<br>2. 조례<br>3. 지침<br>4. 계약서<br>5. 기타<br>6. 해당없음 |
|---|---|---|---|---|---|---|---|---|---|---|---|---|---|---|---|
| 1423 | 대전광역시 | 영상서저자료 저장장치 H/W 유지보수 | 1 | 7,823 | 5 | 4 | 1 | 1 | 1 | 1 | 4 | 5 | 5 | 4 | 5 |
| 1424 | 대전광역시 | 대전여성인재8 관리시스템 유지보수 용역 | 1 | 7,030 | 5 | 4 | 1 | 3 | 1 | 4 | 4 | 5 | 5 | 4 | 4 |
| 1425 | 대전광역시 | 차세대 표준 지방인사정보시스템 유지관리 및 인프라 보강 | 1 | 113,686 | 5 | 5 | 1 | 7 | 2 | 2 | 4 | 5 | 5 | 4 | 6 |
| 1426 | 대전광역시 | 정보도서관 통합유지보수 | 1 | 182,000 | 1 | 1 | 2 | 7 | 1 | 1 | 4 | 5 | 5 | 4 | 6 |
| 1427 | 대전광역시 | 작은도서관 도서관리시스템 확대 구축 | 2 | 6,000 | 1 | 4 | 8 | 7 | 5 | 5 | 4 | 5 | 5 | 4 | 6 |
| 1428 | 대전 동구 | 차세대 지방재정관리시스템 유지관리 | 1 | 102,756 | 5 | 7 | 1 | 7 | 5 | 5 | 4 | 5 | 5 | 4 | 6 |
| 1429 | 대전 동구 | 차세대 지방재정관리시스템 구축 사업(재해복구시스템) | 2 | 120,700 | 5 | 7 | 1 | 7 | 5 | 5 | 4 | 5 | 5 | 4 | 6 |
| 1430 | 대전 동구 | 정부 e시스템 유지관리 | 1 | 13,100 | 5 | 7 | 7 | 7 | 5 | 5 | 4 | 5 | 5 | 4 | 6 |
| 1431 | 대전 동구 | 차세대 표준지방인사시스템 유지보수 | 1 | 38,354 | 5 | 7 | 1 | 7 | 5 | 5 | 4 | 5 | 5 | 4 | 6 |
| 1432 | 대전 동구 | 차세대 표준지방인사시스템 인프라 보강 | 2 | 526 | 5 | 7 | 1 | 7 | 5 | 5 | 4 | 5 | 5 | 4 | 6 |
| 1433 | 대전 동구 | 차세대 주민등록정보시스템 운영 | 1 | 27,739 | 5 | 7 | 7 | 7 | 5 | 5 | 4 | 5 | 5 | 4 | 6 |
| 1434 | 대전 동구 | 행정전화장비 통합유지보수 | 1 | 275,547 | 5 | 7 | 1 | 7 | 5 | 5 | 4 | 5 | 5 | 4 | 6 |
| 1435 | 대전 동구 | 동구 홈페이지 운영 유지관리 | 1 | 22,000 | 5 | 7 | 1 | 7 | 5 | 5 | 4 | 5 | 5 | 4 | 6 |
| 1436 | 대전 동구 | 스마트 통합역사관 구축 | 2 | 161,900 | 5 | 7 | 8 | 7 | 5 | 5 | 4 | 5 | 5 | 4 | 6 |
| 1437 | 대전 동구 | 네트워크 장비운영 고도화(동) | 2 | 47,000 | 5 | 7 | 1 | 7 | 5 | 5 | 4 | 5 | 5 | 4 | 6 |
| 1438 | 대전 동구 | 노후 DSO 단말기 교체 | 2 | 50,000 | 5 | 7 | 8 | 7 | 5 | 5 | 4 | 5 | 5 | 4 | 6 |
| 1439 | 대전 동구 | 출택정보안시시스템 고도화 | 2 | 23,000 | 5 | 7 | 1 | 7 | 5 | 5 | 4 | 5 | 5 | 4 | 6 |
| 1440 | 대전 동구 | 기초자치단체 사이버위협대응체계 강화사업 | 6 | 7,749 | 5 | 7 | 1 | 7 | 5 | 5 | 4 | 5 | 5 | 4 | 6 |
| 1441 | 대전 동구 | 은둔고립청년 맞춤형 | 2 | 34,000 | 5 | 7 | 8 | 7 | 5 | 5 | 4 | 5 | 5 | 4 | 6 |
| 1442 | 대전 동구 | 통합시스템 운영 | 2 | 28,000 | 5 | 7 | 1 | 7 | 5 | 5 | 4 | 5 | 5 | 4 | 6 |
| 1443 | 대전 동구 | 노후 네트워크 스위치 교체 | 2 | 23,000 | 5 | 7 | 1 | 7 | 5 | 5 | 4 | 5 | 5 | 4 | 6 |
| 1444 | 대전 동구 | 정보보호학 CCTV 교체 운영 | 1 | 104,553 | 5 | 7 | 1 | 7 | 5 | 5 | 4 | 5 | 5 | 4 | 6 |
| 1445 | 대전 동구 | 공통기반 및 재해복구시스템 운영 | 2 | 295,100 | 5 | 7 | 7 | 7 | 5 | 5 | 4 | 5 | 5 | 4 | 6 |
| 1446 | 대전 동구 | 행정업무용 다기능사무기기 구매 | 2 | 135,913 | 5 | 7 | 7 | 7 | 5 | 5 | 4 | 5 | 5 | 4 | 6 |
| 1447 | 대전 동구 | 행정업무용 소프트웨어 운영 | 1 | 56,323 | 5 | 7 | 1 | 7 | 5 | 5 | 4 | 5 | 5 | 4 | 6 |
| 1448 | 대전 동구 | 업무관리시스템 유지관리 | 6 | 12,600 | 5 | 7 | 1 | 7 | 5 | 5 | 4 | 5 | 5 | 4 | 6 |
| 1449 | 대전 동구 | 주민 정보화 교육 | 6 | 15,000 | 5 | 7 | 1 | 7 | 5 | 5 | 4 | 5 | 5 | 4 | 6 |
| 1450 | 대전 동구 | 개인정보보호 순환배상책임보험 가입 | 6 | 6,500 | 5 | 7 | 1 | 7 | 5 | 5 | 4 | 5 | 5 | 4 | 6 |
| 1451 | 대전 동구 | 2025 생활안전 분야 CCTV 설치사업 | 2 | 500,000 | 5 | 7 | 8 | 7 | 5 | 5 | 4 | 5 | 5 | 4 | 6 |
| 1452 | 대전 동구 | 지방세정보시스템 유지관리 | 1 | 124,378 | 5 | 7 | 1 | 7 | 5 | 5 | 4 | 5 | 5 | 4 | 6 |
| 1453 | 대전 동구 | 세수업정보시스템 유지관리 | 1 | 58,605 | 5 | 7 | 1 | 7 | 5 | 5 | 4 | 5 | 5 | 4 | 6 |

| 순번 | 시・군・구 | 정보화사업 사업명 ・예산서 설치 사업명 | 정보화사업 분류 (1.유지 및 보수 2.SW/HW 개발 및 구매 3.DB 구축 4.정보화 전략계획(ISP) 수립 5.정보화지원 6.기타) | 2025년 예산 (단위:천원/1년간) | 예산 편성근거 (1.법률에 규정 2.국고보조 재원 3.용도지정 재원 4.조례 5.자체재원 및 상위기관 정책 6.기타 7.해당없음) | 계약체결방법 (경쟁형태) (1.일반경쟁 2.제한경쟁 3.지명경쟁 4.수의계약 5.방법없음 6.기타( ) 7.해당없음) | 계약기간 (1.1년 2.2년 3.3년 4.4년 5.5년 6.기타( ) 7.단가계약 (1년미만) 8.해당없음) | 낙찰자 선정방식 (1.적격심사 2.협상에 의한계약 3.최저가낙찰제 4.규격가격분리 5.2단계 경쟁입찰 6.기타( ) 7.해당없음) | 평가산정 (1.내부산정 2.외부산정 3.내・외부 모두 산정 4.산정無 5.해당없음) | 산정방법 (1.내부산정 (자체직원 정산) 2.외부산정 (유관기관위탁 정산) 3.내・외부 모두 정산 4.정산無 5.해당없음) | 성과평가 실시여부 (1.실시 2.미실시 3.향후 추진 4.해당없음) | 성과평가 주기 (1.매년 2.격년 3.기간만료전 4.기타( ) 5.해당없음) | 성과평가 방법 (1.자체 평가 2.평가단 구성후 실시 (전문위원위촉) 3.전문 평가기관 의뢰 4.기타( ) 5.해당없음) | 성과평가결과 인센티브 및 패널티 적용 유무 (1.적용 2.적용 안함 3.기타( ) 4.해당없음) | 인센티브 및 패널티 적용 근거 (1.법률 2.조례 3.지침 4.계약서 5.기타( ) 6.해당없음) |
|---|---|---|---|---|---|---|---|---|---|---|---|---|---|---|---|
| 1454 | 대전 동구 | 표준기록관리시스템 유지보수 | 1 | 39,687 | 5 | 7 | 1 | 7 | 5 | 5 | 4 | 5 | 5 | 4 | 6 |
| 1455 | 대전 동구 | 표준기록관리시스템 장비교체 | 2 | 180,000 | 5 | 7 | 1 | 7 | 5 | 5 | 4 | 5 | 5 | 4 | 6 |
| 1456 | 대전 동구 | 무인민원발급기 유지관리 | 1 | 33,662 | 5 | 7 | 1 | 7 | 5 | 5 | 4 | 5 | 5 | 4 | 6 |
| 1457 | 대전 동구 | 환경관리원 인사 및 급여관리 전산시스템 용역 | 1 | 1,440 | 5 | 7 | 1 | 7 | 5 | 5 | 4 | 5 | 5 | 4 | 6 |
| 1458 | 대전 동구 | 쓰레기불법 불투인정화시스템 관리 | 1 | 1,800 | 5 | 7 | 1 | 7 | 5 | 5 | 4 | 5 | 5 | 4 | 6 |
| 1459 | 대전 동구 | 특수건물 물품신고 시스템 관리 | 1 | 2,400 | 5 | 7 | 1 | 7 | 5 | 5 | 4 | 5 | 5 | 4 | 6 |
| 1460 | 대전 동구 | 2025년 부동산종합부시스템 유지보수 용역 | 1 | 25,740 | 5 | 7 | 1 | 7 | 5 | 5 | 4 | 5 | 5 | 4 | 6 |
| 1461 | 대전 동구 | 2025년 부동산종합공부시스템 공간정보 스트리밍 유지보수 용역 | 1 | 9,240 | 5 | 7 | 1 | 7 | 5 | 5 | 4 | 5 | 5 | 4 | 6 |
| 1462 | 대전 동구 | 2025년 임체주소 구축 및 주소정보기본도 유지보수 | 1 | 26,286 | 5 | 7 | 1 | 7 | 5 | 5 | 4 | 5 | 5 | 4 | 6 |
| 1463 | 대전 동구 | 2025년 주조보관리시스템 자체대 구축 및 유지보수 용역 | 1 | 49,320 | 5 | 7 | 1 | 7 | 5 | 5 | 4 | 5 | 5 | 4 | 6 |
| 1464 | 대전 동구 | 지진가속도계측기 유지보수비 | 1 | 10,764 | 5 | 7 | 1 | 7 | 5 | 5 | 4 | 5 | 5 | 4 | 6 |
| 1465 | 대전 동구 | 청소오토캠핑장 인터넷 예약결제 시스템 용역 | 1 | 3,600 | 5 | 7 | 1 | 7 | 5 | 5 | 4 | 5 | 5 | 4 | 6 |
| 1466 | 대전 동구 | 의료영상저장전송시스템 유지관리 | 1 | 7,920 | 5 | 7 | 1 | 7 | 5 | 5 | 4 | 5 | 5 | 4 | 6 |
| 1467 | 대전 동구 | 홈페이지(새비) 유지관리비 | 1 | 4,635 | 5 | 7 | 1 | 7 | 5 | 5 | 4 | 5 | 5 | 4 | 6 |
| 1468 | 대전 중구 | 정보백스 시스템 운영 | 1 | 12,507 | 5 | 4 | 1 | 7 | 1 | 5 | 4 | 5 | 5 | 4 | 4 |
| 1469 | 대전 중구 | 독서경 전산시스템 유지보수 | 1 | 3,000 | 5 | 4 | 1 | 4 | 1 | 5 | 4 | 5 | 5 | 4 | 4 |
| 1470 | 대전 중구 | 방사청관리시스템 유지보수 | 1 | 3,000 | 1 | 4 | 1 | 4 | 1 | 5 | 4 | 5 | 5 | 4 | 4 |
| 1471 | 대전 중구 | 차세대 지방재정관리시스템(e-호조) 유지보수 | 1 | 89,919 | 5 | 5 | 1 | 5 | 2 | 2 | 4 | 5 | 5 | 4 | 4 |
| 1472 | 대전 중구 | 차세대 지방재정관리시스템(e-호조) 구축 | 1 | 34,745 | 5 | 5 | 1 | 4 | 2 | 2 | 4 | 5 | 5 | 4 | 4 |
| 1473 | 대전 중구 | 성과관리(BSC)시스템 유지보수 | 1 | 15,192 | 5 | 5 | 1 | 2 | 2 | 2 | 4 | 5 | 5 | 4 | 4 |
| 1474 | 대전 중구 | 기록관리시스템 유지보수 | 1 | 40,000 | 5 | 4 | 1 | 7 | 1 | 5 | 4 | 5 | 5 | 4 | 4 |
| 1475 | 대전 중구 | 무인민원발급기 유지보수 | 1 | 21,000 | 5 | 4 | 1 | 7 | 1 | 5 | 4 | 5 | 5 | 4 | 4 |
| 1476 | 대전 중구 | 차세대 지방세외수입정보시스템 운영관리 | 1 | 61,079 | 5 | 4 | 1 | 7 | 2 | 5 | 4 | 5 | 5 | 4 | 4 |
| 1477 | 대전 중구 | 차량탐지형 체납차량 양치시스템 유지보수 | 1 | 6,020 | 1 | 2 | 1 | 2 | 1 | 5 | 4 | 5 | 5 | 4 | 4 |
| 1478 | 대전 중구 | 차량용조회기 및 체납관리 SW 유지보수 | 1 | 2,000 | 5 | 4 | 1 | 7 | 1 | 5 | 4 | 5 | 5 | 4 | 4 |
| 1479 | 대전 중구 | 전자입찰시스템 사용료 | 1 | 16,280 | 1 | 4 | 1 | 7 | 1 | 5 | 4 | 5 | 5 | 4 | 4 |
| 1480 | 대전 중구 | 차세대 지방세정보시스템 운영 유지관리 | 1 | 124,378 | 5 | 5 | 1 | 7 | 2 | 5 | 4 | 5 | 5 | 4 | 4 |
| 1481 | 대전 중구 | 의회 홈페이지 유지보수 | 1 | 6,500 | 1 | 4 | 1 | 7 | 1 | 5 | 4 | 5 | 5 | 4 | 4 |
| 1482 | 대전 중구 | 중구사이버플러스 시스템 구축 | 3 | 220,000 | 5 | 2 | 1 | 2 | 1 | 5 | 4 | 5 | 5 | 4 | 4 |
| 1483 | 대전 중구 | 중구사이버플러스 시스템 위탁 운영 | 3 | 400,000 | 1 | 2 | 1 | 2 | 1 | 5 | 4 | 5 | 5 | 4 | 4 |
| 1484 | 대전 중구 | 차세대 주민등록정보시스템 운영 | 1 | 27,739 | 1 | 4 | 1 | 7 | 1 | 5 | 4 | 5 | 5 | 4 | 4 |

- 48 -

| 순번 | 시·군·구 | 정보화사업명<br>·예산서 상 사업명 | 정보화사업 분류<br>1. 유지 및 보수<br>2. SW/HW<br>개발 및 구매<br>3. DB 구축<br>4. 정보화<br>전략계획<br>(ISP) 수립<br>5. 정보화지원<br>6. 기타 | 2025년<br>예산<br>(단위:천원<br>/1년간) | 예산 편성근거<br>1. 법률에 규정<br>2. 국고보조재원<br>3. 조례<br>4. 지자체 및<br>유관기관 정책<br>5. 기타<br>6. 해당없음 | 계약체결방법<br>(경쟁형태)<br>1. 일반경쟁<br>2. 제한경쟁<br>3. 지명경쟁<br>4. 수의계약<br>5. 법정계약<br>6. 기타 ( )<br>7. 해당없음 | 정보화사업 입찰방식<br>계약기간<br>1. 1년<br>2. 2년<br>3. 3년<br>4. 4년<br>5. 5년<br>6. 기타<br>7. 단기계약<br>(1년미만)<br>8. 해당없음 | 낙찰자 선정방식<br>1. 적격심사<br>2. 협상에 의한계약<br>3. 최저가낙찰제<br>4. 규격가격분리<br>5. 2단계 경쟁입찰<br>6. 기타 ( )<br>7. 해당없음 | 정보화사업 예산 산정<br>원가산정<br>1. 내부산정<br>(자체적으로 산정)<br>2. 외부산정<br>(전문기관에 위탁)<br>3. 내외부 모두 산정<br>4. 산정 無<br>5. 해당없음 | 정산방법<br>1. 내부정산<br>(자체적으로 정산)<br>2. 외부정산<br>(외부전문기관위탁<br>정산)<br>3. 내외부 모두 정산<br>4. 정산 無<br>5. 해당없음 | 성과평가<br>성과평가 실시여부<br>1. 실시<br>2. 미실시<br>3. 향후 실시<br>4. 해당없음 | 성과평가 주기<br>1. 매년<br>2. 격년<br>3. 기간별로선정<br>4. 기타 ( )<br>5. 해당없음 | 성과평가 방법<br>1. 자체 평가<br>2. 평가단<br>구성 후 실시<br>(전문위원위촉)<br>3. 전문<br>평가기관 의뢰<br>4. 기타 ( )<br>5. 해당없음 | 평가결과 적용<br>성과평가결과<br>인센티브<br>패널티 적용<br>유무<br>1. 적용<br>2. 적용 안함<br>3. 기타 ( )<br>4. 해당없음 | 인센티브 및<br>패널티 적용<br>근거<br>1. 법률<br>2. 조례<br>3. 지침<br>4. 계약서<br>5. 기타 ( )<br>6. 해당없음 |
|---|---|---|---|---|---|---|---|---|---|---|---|---|---|---|---|
| 1485 | 대전 중구 | 공통기반전산장비 유지보수 | 1 | 113,001 | 1 | 5 | 1 | 7 | 2 | 2 | 4 | 5 | 5 | 4 | 4 |
| 1486 | 대전 중구 | 개인용 컴퓨터 구입 | 2 | 26,726 | 1 | 2 | 1 | 5 | 1 | 5 | 4 | 5 | 5 | 4 | 4 |
| 1487 | 대전 중구 | 개인용컴퓨터(PC) 통합 유지보수 | 1 | 42,000 | 1 | 2 | 1 | 3 | 1 | 5 | 4 | 5 | 5 | 4 | 4 |
| 1488 | 대전 중구 | 온-나라시스템 유지보수 | 1 | 68,211 | 1 | 5 | 1 | 4 | 2 | 5 | 4 | 5 | 5 | 4 | 4 |
| 1489 | 대전 중구 | 행정업무용 프로그램 구입 | 2 | 91,105 | 1 | 6 | 1 | 7 | 5 | 5 | 4 | 5 | 5 | 4 | 4 |
| 1490 | 대전 중구 | 바이러스(MPC, PMS)통합관리 프로그램 구입 | 2 | 37,000 | 1 | 6 | 1 | 7 | 5 | 5 | 4 | 5 | 5 | 4 | 4 |
| 1491 | 대전 중구 | 내부망 통합백업시스템 유지보수 | 1 | 20,000 | 1 | 4 | 1 | 7 | 1 | 5 | 4 | 5 | 5 | 4 | 4 |
| 1492 | 대전 중구 | 매체보안시스템 유지보수 | 1 | 3,000 | 1 | 4 | 1 | 7 | 1 | 5 | 4 | 5 | 5 | 4 | 4 |
| 1493 | 대전 중구 | 주민 정보체계 교육 | 5 | 15,420 | 4 | 4 | 1 | 7 | 1 | 5 | 4 | 5 | 5 | 4 | 4 |
| 1494 | 대전 중구 | 대표 홈페이지 유지보수 | 1 | 60,868 | 1 | 4 | 1 | 7 | 1 | 5 | 4 | 5 | 5 | 4 | 4 |
| 1495 | 대전 중구 | 개인정보필터링시스템 유지보수 | 1 | 5,000 | 1 | 4 | 1 | 7 | 2 | 5 | 4 | 5 | 5 | 4 | 4 |
| 1496 | 대전 중구 | 자산관리시스템 유지보수 | 1 | 4,000 | 1 | 4 | 1 | 7 | 1 | 5 | 4 | 5 | 5 | 4 | 4 |
| 1497 | 대전 중구 | 개인정보 접속기록 관리시스템 유지보수 | 1 | 9,000 | 1 | 4 | 1 | 7 | 1 | 5 | 4 | 5 | 5 | 4 | 4 |
| 1498 | 대전 중구 | 사이버보안 대응역량 강화사업 | 1 | 6,780 | 1 | 4 | 1 | 7 | 1 | 5 | 4 | 5 | 5 | 4 | 4 |
| 1499 | 대전 중구 | 망소관리시스템 USB 구입 | 2 | 9,250 | 1 | 6 | 1 | 7 | 2 | 5 | 4 | 5 | 5 | 4 | 4 |
| 1500 | 대전 중구 | 자산관리시스템 업그레이드 | 1 | 20,000 | 1 | 6 | 1 | 7 | 1 | 5 | 4 | 5 | 5 | 4 | 4 |
| 1501 | 대전 중구 | 외부망 통합보안시스템 교체 | 1 | 82,000 | 1 | 4 | 1 | 7 | 2 | 5 | 4 | 5 | 5 | 4 | 4 |
| 1502 | 대전 중구 | 홈페이지 DNS 서버 교체 | 1 | 7,000 | 1 | 4 | 1 | 7 | 1 | 5 | 4 | 5 | 5 | 4 | 4 |
| 1503 | 대전 중구 | 번호판영상시스템 유지보수 | 1 | 5,782 | 1 | 2 | 1 | 2 | 1 | 5 | 4 | 5 | 5 | 4 | 4 |
| 1504 | 대전 중구 | 민원해제관리시스템 유지보수(CCTV 데이터 연계) | 1 | 5,000 | 1 | 2 | 1 | 2 | 1 | 5 | 4 | 5 | 5 | 4 | 4 |
| 1505 | 대전 중구 | OCR 입출력해제관리시스템 유지보수 | 1 | 4,000 | 1 | 5 | 1 | 7 | 1 | 5 | 4 | 5 | 5 | 4 | 4 |
| 1506 | 대전 중구 | 단속 데이터 관리 및 운영지원 유지보수(CCTV PDA유지) | 1 | 4,000 | 1 | 4 | 1 | 7 | 1 | 5 | 4 | 5 | 5 | 4 | 4 |
| 1507 | 대전 중구 | 불법주정차 PDA관리시스템 및 PDA유지 | 1 | 7,800 | 1 | 4 | 1 | 7 | 1 | 5 | 4 | 5 | 5 | 4 | 4 |
| 1508 | 대전 중구 | 부동산종합부서시스템 유지보수 | 1 | 5,000 | 1 | 4 | 1 | 7 | 1 | 5 | 4 | 5 | 5 | 4 | 4 |
| 1509 | 대전 중구 | 주소정보관리시스템 유지보수 | 1 | 29,677 | 5 | 2 | 1 | 2 | 1 | 5 | 4 | 5 | 5 | 4 | 4 |
| 1510 | 대전 중구 | 표준지방인사정보시스템 유지보수(자체제) | 1 | 49,320 | 5 | 2 | 1 | 2 | 1 | 5 | 4 | 5 | 5 | 4 | 4 |
| 1511 | 대전 중구 | 정보통신 통합 유지보수 | 1 | 37,266 | 1 | 5 | 1 | 7 | 1 | 5 | 4 | 5 | 5 | 4 | 4 |
| 1512 | 대전 중구 | 정보시스템 통합유지보수 | 1 | 279,710 | 1 | 2 | 1 | 2 | 1 | 1 | 4 | 5 | 5 | 4 | 4 |
| 1513 | 대전 서구 | 서구 대표 홈페이지 유지관리 | 1 | 266,618 | 1 | 2 | 2 | 2 | 1 | 1 | 4 | 5 | 5 | 4 | 4 |
| 1514 | 대전 서구 | 개정 문서변환 및 이슈문서 사이트 유지관리 | 1 | 43,405 | 4 | 4 | 1 | 3 | 4 | 1 | 4 | 5 | 5 | 4 | 4 |
| 1515 | 대전 서구 | | 1 | 10,546 | 4 | 4 | 7 | 2 | 1 | 1 | 4 | 5 | 5 | 4 | 4 |

| 순번 | 시·군·구 | 정보화사업 사업명 | 정보화사업 분류 (1.유지 및 보수 2.SW/HW 개발 및 구매 3.DB 구축 4.정보화 전략계획(ISP) 수립 5.정보자원 6.기타) | 2025년 예산 (단위:천원/1년간) | 예산 편성근거 (1.법률에 규정 2.국고보조재원 3.용도지정기부금 4.조례 5.자치계획 및 상위기관 정책 6.기타 7.해당없음) | 계약체결방법 (경쟁형태) (1.일반경쟁 2.제한경쟁 3.지명경쟁 4.수의계약 5.법정위탁 6.기타() 7.해당없음) | 정보화사업 입찰방식 계약기간 (1.1년 2.2년 3.3년 4.4년 5.5년 6.기타 7.단기계약(1년미만) 8.해당없음) | 낙찰자 선정방법 (1.적격심사 2.협상에 의한계약 3.최저가낙찰제 4.규정가낙찰제 5.2단계 경쟁입찰 6.기타() 7.해당없음) | 원가산정 (1.내부산정(자체적으로 산정) 2.외부산정(전문기관에 산정) 3.내·외부 모두 산정 4.산정 無 5.해당없음) | 정보화사업 예산 산정 정산방법 (1.내부정산(내부적으로 정산) 2.외부정산(외부전문기관에 정산) 3.내·외부 모두 정산 4.정산 無 5.해당없음) | 성과평가 실시여부 (1.실시 2.미실시 3.향후 추진 4.해당없음) | 성과평가 시점 (1.매년 2.격년 3.기간만료전 4.기타() 5.해당없음) | 성과평가 방법 (1.자체 평가 2.평가단 구성후실시(전문위원속) 3.전문 평가기관 의뢰 4.기타() 5.해당없음) | 평가결과 적용 성과평가결과 인센티브 및 패널티적용 유무 (1.적용 2.적용 안함 3.기타() 4.해당없음) | 인센티브 및 패널티적용 근거 (1.법률 2.조례 3.지침 4.계약서 5.기타() 6.해당없음) |
|---|---|---|---|---|---|---|---|---|---|---|---|---|---|---|---|
| 1516 | 대전 서구 | 네트워크 스위치 구입 | 2 | 98,226 | 1 | 6 | 8 | 7 | 1 | 5 | 4 | 5 | 5 | 4 | 4 |
| 1517 | 대전 서구 | 서버랩 백본 스위치 구입 | 2 | 60,565 | 1 | 6 | 8 | 7 | 1 | 5 | 4 | 5 | 5 | 4 | 4 |
| 1518 | 대전 서구 | 서구 데이터 센터 구축(네트워크) | 2 | 40,536 | 1 | 6 | 8 | 7 | 1 | 1 | 4 | 5 | 5 | 4 | 4 |
| 1519 | 대전 서구 | 서구 데이터 센터 구축(백업VTL) | 2 | 77,597 | 1 | 6 | 8 | 7 | 1 | 1 | 4 | 5 | 5 | 4 | 4 |
| 1520 | 대전 서구 | 서버랩 방화벽 구입 | 2 | 38,211 | 1 | 6 | 8 | 7 | 1 | 1 | 4 | 5 | 5 | 4 | 4 |
| 1521 | 대전 서구 | 개별형 데이터 플랫폼 유지보수 | 1 | 36,804 | 1 | 4 | 1 | 3 | 1 | 1 | 4 | 5 | 5 | 4 | 6 |
| 1522 | 대전 서구 | AI 딥러닝 분석을 통한 스마트 생활폐기물 수거관리시스템 구축 사업 | 6 | 739,305 | 2 | 2 | 3 | 2 | 2 | 2 | 4 | 5 | 5 | 4 | 6 |
| 1523 | 대전 서구 | 온나라시스템 운영지원 유지관리 | 1 | 52,280 | 5 | 5 | 1 | 7 | 2 | 2 | 4 | 5 | 5 | 4 | 4 |
| 1524 | 대전 서구 | 시군구 공통기반 재해복구시스템 유지관리 | 1 | 133,331 | 1 | 5 | 1 | 7 | 2 | 2 | 4 | 5 | 5 | 4 | 4 |
| 1525 | 대전 서구 | 사이버보안 대응역량 강화사업 | 5 | 8,718 | 5 | 4 | 7 | 1 | 1 | 5 | 4 | 5 | 5 | 4 | 4 |
| 1526 | 대전 서구 | 통합성과관리시스템 웹한글 기안기 시스템 연동 용역 | 6 | 6,100 | 4 | 6 | 8 | 7 | 1 | 5 | 4 | 5 | 5 | 4 | 4 |
| 1527 | 대전 서구 | 통합성과관리시스템 웹한글 기안기 구입 | 2 | 37,392 | 4 | 4 | 1 | 7 | 5 | 2 | 4 | 5 | 5 | 4 | 4 |
| 1528 | 대전 서구 | 성과관리 및 협약관리시스템 유지보수 | 1 | 15,111 | 4 | 5 | 1 | 7 | 1 | 2 | 4 | 5 | 5 | 4 | 4 |
| 1529 | 대전 서구 | 통합지방재정시스템 운영 유지보수 | 1 | 102,756 | 5 | 5 | 1 | 7 | 2 | 2 | 4 | 5 | 5 | 4 | 4 |
| 1530 | 대전 서구 | 통합지방재정 재해복구시스템 구축 | 2 | 39,704 | 5 | 4 | 1 | 7 | 1 | 2 | 4 | 5 | 5 | 4 | 4 |
| 1531 | 대전 서구 | 정보통신 통합유지보수 | 1 | 272,698 | 5 | 2 | 2 | 2 | 2 | 5 | 4 | 2 | 1 | 4 | 4 |
| 1532 | 대전 서구 | 2025년 방범용 CCTV설치공사 | 2 | 375,000 | 5 | 2 | 7 | 1 | 1 | 1 | 4 | 5 | 5 | 4 | 4 |
| 1533 | 대전 서구 | 구봉산 둘레길 방범용 CCTV 설치 공사 | 2 | 300,000 | 5 | 2 | 7 | 1 | 2 | 1 | 4 | 5 | 5 | 4 | 4 |
| 1534 | 대전 서구 | 지방세정보시스템 운영 유지관리 | 1 | 129,582 | 1 | 5 | 1 | 7 | 1 | 5 | 4 | 5 | 5 | 4 | 4 |
| 1535 | 대전 서구 | 차량 합재 영치보수 | 3 | 6,504 | 6 | 4 | 1 | 7 | 2 | 2 | 4 | 5 | 5 | 4 | 4 |
| 1536 | 대전 서구 | 차세대 지방세외수입정보시스템 구축 및 유지보수 | 1 | 66,026 | 1 | 4 | 1 | 7 | 1 | 2 | 4 | 5 | 5 | 4 | 4 |
| 1537 | 대전 서구 | 전자세그빔 및 소프트웨어 유지보수 | 1 | 7,000 | 6 | 4 | 1 | 7 | 2 | 2 | 4 | 5 | 5 | 4 | 4 |
| 1538 | 대전 서구 | 인사행정정보시스템 유지관리 및 온라인 보강 | 1 | 51,400 | 5 | 4 | 1 | 7 | 2 | 2 | 4 | 5 | 5 | 4 | 4 |
| 1539 | 대전 서구 | 차세대 주민등록 전산장비 유지보수 | 1 | 31,680 | 1 | 4 | 1 | 2 | 1 | 1 | 4 | 5 | 5 | 4 | 4 |
| 1540 | 대전 서구 | 고향사랑기부 종합정보시스템 운영 유지관리 | 3 | 12,030 | 5 | 4 | 1 | 7 | 1 | 2 | 4 | 5 | 5 | 4 | 4 |
| 1541 | 대전 서구 | 차세대 주민통합정보시스템 운영 | 3 | 35,599 | 5 | 4 | 1 | 7 | 2 | 2 | 4 | 5 | 5 | 4 | 4 |
| 1542 | 대전 서구 | 문자전송시스템 유지보수 | 1 | 3,441 | 6 | 4 | 1 | 7 | 1 | 1 | 4 | 5 | 5 | 4 | 4 |
| 1543 | 대전 서구 | 무인민원발급기 유지보수 | 1 | 92,560 | 5 | 4 | 1 | 7 | 1 | 2 | 4 | 5 | 5 | 4 | 6 |
| 1544 | 대전 서구 | 비전자문서시스템 유지보수 | 1 | 2,920 | 6 | 4 | 1 | 7 | 1 | 1 | 4 | 5 | 5 | 4 | 6 |
| 1545 | 대전 서구 | 표준기록관리시스템 문서보안소프트웨어 교체 | 2 | 36,634 | 1 | 5 | 1 | 7 | 2 | 2 | 4 | 5 | 5 | 4 | 6 |
| 1546 | 대전 서구 | 무편아시스템 유지관리 | 1 | 5,860 | 1 | 5 | 1 | 7 | 2 | 2 | 4 | 5 | 5 | 4 | 6 |

| 순번 | 시군구 | 정보화사업명 · 예산서 상 사업명 | 정보화사업 분류 (1.유지 및 보수 2.SW/HW 개발 및 구매 3.DB구축 4.정보화 전략계획(ISP)수립 5.정보화지원 6.기타) | 2025년 예산 (단위:천원/1년간) | 예산 편성근거 (1.법률에 규정 2.국고보조 재정 3.용도지정기부금 4.조례 5.지자체 및 상위기관 정책 6.기타 7.해당없음) | 계약체결방법 (경쟁형태) (1.입찰경쟁 2.제한경쟁 3.지명경쟁 4.수의계약 5.변경계약 6.기타 7.해당없음) | 계약기간 (1.1년 2.2년 3.3년 4.4년 5.5년 6.( )년 7.단기계약(1년미만) 8.해당없음) | 낙찰자 선정방법 (1.적격심사 2.협상에 의한 계약 3.최저가낙찰제 4.규격가낙찰제 5.2단계 경쟁입찰 6.기타( ) 7.해당없음) | 평가선정 (1.내부선정 2.외부선정(전문기관위탁 선정) 3.내외부 모두 선정 5.해당없음) | 정산방법 (1.내부정산 (자체적으로 정산) 2.외부정산 (외부전문기관에 정산) 3.내외부 모두 정산 5.해당없음) | 성과평가 실시여부 (1.실시 2.미실시 3.향후 추진 4.해당없음) | 성과평가 주기 (1.매년 2.격년 3.기간완료 4.기타( ) 5.해당없음) | 성과평가 방법 (1.자체 평가 2.평가기구성 후 실시(전문위원위촉) 3.전문 평가기관 의뢰 4.기타( ) 5.해당없음) | 성과평가결과 인센티브 및 페널티 적용 유무 (1.적용 2.적용 안함 3.기타( ) 4.해당없음) | 인센티브 및 페널티 적용 근거 (1.법률 2.조례 3.지침 4.지침서 5.계약서 6.해당없음) |
|---|---|---|---|---|---|---|---|---|---|---|---|---|---|---|---|
| 1547 | 대전 서구 | 표준기록리스템 유지관리 | 1 | 49,573 | 1 | 5 | 1 | 7 | 2 | 2 | 4 | 5 | 5 | 4 | 6 |
| 1548 | 대전 서구 | 장애인통합주거구역 위반차량 과태료시스템 유지관리 | 1 | 4,620 | 7 | 4 | 1 | 7 | 1 | 1 | 2 | 5 | 5 | 4 | 4 |
| 1549 | 대전 서구 | 사회경제지원센터 홈페이지 유지관리 | 1 | 3,000 | 4 | 4 | 1 | 7 | 1 | 1 | 4 | 5 | 5 | 4 | 4 |
| 1550 | 대전 서구 | 건전누리길 노후불적실자생태종합페이지 관리용 역 | 1 | 3,000 | 4 | 4 | 1 | 7 | 1 | 1 | 2 | 5 | 5 | 4 | 4 |
| 1551 | 대전 서구 | 건전누리길 노후불적실자생태종합페이지 데이터이관 | 1 | 22,000 | 4 | 4 | 7 | 7 | 1 | 1 | 2 | 5 | 5 | 2 | 4 |
| 1552 | 대전 서구 | 쓰레기종량제봉투 물류전산시스템 유지관리 | 1 | 2,760 | 4 | 4 | 1 | 7 | 1 | 1 | 4 | 5 | 5 | 4 | 4 |
| 1553 | 대전 서구 | 대형폐기물 전산프로그램 유지보수 | 1 | 1,800 | 5 | 5 | 1 | 7 | 1 | 1 | 4 | 5 | 5 | 4 | 4 |
| 1554 | 대전 서구 | 대형폐기물 인터넷배출신고 시스템 보안관리 | 1 | 1,210 | 5 | 4 | 1 | 7 | 1 | 1 | 4 | 5 | 5 | 4 | 4 |
| 1555 | 대전 서구 | 대형폐기물 모바일배출신고 시스템 운영관리 | 1 | 3,300 | 5 | 4 | 1 | 7 | 1 | 1 | 4 | 5 | 5 | 4 | 4 |
| 1556 | 대전 서구 | 공사장 생활폐기물(PPMd) 배출신고 시스템 유지관리 | 1 | 2,400 | 5 | 6 | 1 | 7 | 1 | 1 | 4 | 5 | 5 | 4 | 4 |
| 1557 | 대전 서구 | 대형폐기물 PPMd 서버 구입 | 2 | 16,500 | 5 | 4 | 8 | 7 | 1 | 1 | 4 | 5 | 5 | 4 | 4 |
| 1558 | 대전 서구 | 쓰레기불법투기단속용 CCTV 유지보수 | 1 | 8,300 | 5 | 6 | 7 | 7 | 1 | 1 | 4 | 5 | 5 | 4 | 4 |
| 1559 | 대전 서구 | 쓰레기불법투기 단속용 CCTV 구입(6대) | 6 | 30,000 | 5 | 6 | 7 | 7 | 1 | 1 | 4 | 5 | 5 | 4 | 4 |
| 1560 | 대전 서구 | 특별사법경찰 지원시스템 유지보수 | 1 | 4,596 | 1 | 4 | 1 | 7 | 1 | 1 | 4 | 5 | 5 | 4 | 4 |
| 1561 | 대전 서구 | 주행형 과태료 입류관리시스템 구축 | 1 | 13,464 | 4 | 4 | 1 | 7 | 1 | 1 | 4 | 5 | 5 | 4 | 4 |
| 1562 | 대전 서구 | CCTV 시스템 서버 구입 | 1 | 176,442 | 5 | 2 | 1 | 7 | 1 | 1 | 4 | 5 | 5 | 4 | 4 |
| 1563 | 대전 서구 | 불법주정차 단속 CCTV 설치(27소) | 6 | 70,000 | 5 | 4 | 7 | 7 | 1 | 1 | 4 | 5 | 5 | 4 | 4 |
| 1564 | 대전 서구 | 불법주정차 단속 CCTV 이전설치(1기소) | 6 | 12,000 | 1 | 4 | 7 | 7 | 1 | 1 | 4 | 5 | 5 | 4 | 4 |
| 1565 | 대전 서구 | 주행형 단속시스템 유지보수 | 1 | 27,360 | 1 | 5 | 1 | 7 | 1 | 1 | 4 | 5 | 5 | 4 | 4 |
| 1566 | 대전 서구 | 주행형 단속시스템 유지보수(스마트폰, 과태료 관리) | 3 | 13,200 | 1 | 5 | 1 | 7 | 2 | 2 | 4 | 5 | 5 | 4 | 4 |
| 1567 | 대전 서구 | 불법주정차 시스템 유지보수(연계 예산시스템) | 1 | 10,920 | 1 | 5 | 1 | 7 | 2 | 2 | 4 | 5 | 5 | 4 | 5 |
| 1568 | 대전 서구 | 거주자우선주차 관리시스템 유지보수 | 1 | 21,000 | 5 | 5 | 1 | 7 | 1 | 1 | 4 | 5 | 5 | 4 | 5 |
| 1569 | 대전 서구 | 거주자우선주차 서버 유지보수 | 1 | 2,005 | 5 | 4 | 1 | 7 | 1 | 1 | 4 | 5 | 5 | 4 | 4 |
| 1570 | 대전 서구 | 한국토지정보(부동산종합공부) 시스템 HW 유지관리 | 1 | 18,057 | 1 | 4 | 1 | 7 | 1 | 1 | 4 | 5 | 5 | 4 | 4 |
| 1571 | 대전 서구 | 한국토지정보(부동산종합공부) 시스템 S/W 유지보수 | 1 | 12,515 | 1 | 4 | 1 | 7 | 1 | 1 | 4 | 5 | 5 | 4 | 4 |
| 1572 | 대전 서구 | 주소정보관리시스템(KAIS) GIS연진, S/W 유지보수 | 1 | 19,170 | 1 | 5 | 1 | 7 | 2 | 2 | 4 | 5 | 5 | 4 | 5 |
| 1573 | 대전 서구 | 주소정보관리시스템(KAIS) 차세대 구축 | 3 | 31,950 | 1 | 5 | 1 | 7 | 2 | 2 | 4 | 5 | 5 | 4 | 5 |
| 1574 | 대전 서구 | 도로명주소기본도 유지관리 및 업체주소 구축 | 1 | 42,318 | 4 | 4 | 1 | 7 | 1 | 4 | 2 | 5 | 5 | 4 | 5 |
| 1575 | 대전 서구 | 전자회의시스템 유지보수 | 1 | 18,183 | 4 | 4 | 1 | 7 | 1 | 1 | 4 | 5 | 5 | 4 | 4 |
| 1576 | 대전 서구 | 서구의회 홈페이지 유지보수 | 1 | 10,920 | 4 | 4 | 1 | 2 | 1 | 1 | 4 | 5 | 5 | 4 | 4 |
| 1577 | 대전 서구 | 의료영상저장전송시스템 유지보수 | 1 | 8,400 | 7 | 4 | 1 | 7 | 5 | 5 | 4 | 5 | 5 | 4 | 4 |

- 51 -

| 순번 | 시군구 | 정보화사업 사업명 ·예산서 상 사업명 | 정보화사업 분류 1.유지 및 보수 2.SW/HW 개발 및 구매 3.DB 구축 4.정보화 전략계획(ISP) 수립 5.정보화지원 6.기타 | 2025년 예산 (단위:천원/1년간) | 예산 편성근거 1.법률에 규정 2.국고보조 재원 3.용도지정 기부금 4.조례 5.지자체 및 상위기관 정책 6.기타 7.해당없음 | 계약체결방법 (경쟁형태) 1.일반경쟁 2.제한경쟁 3.지명경쟁 4.수의계약 5.법정예탁 6.기타 7.해당없음 | 정보화사업 입찰방식 계약기간 1.1년 2.2년 3.3년 4.4년 5.5년 6.기타 7.단기계약(1년미만) 8.해당없음 | 낙찰자 선정방법 1.적격심사 2.협상에 의한 계약 3.최저가낙찰제 4.규격가격분리 5.2단계 경쟁입찰 6.기타 7.해당없음 | 정보화사업 예산 산정 발주선정 1.내부선정 2.외부선정 (전문기관에 선정) 3.내·외부 모두 선정 4.산정 無 5.해당없음 | 정산방법 1.내부정산 (자체적으로 정산) 2.외부정산 (외부전문기관에 정산) 3.내·외부 모두 정산 4.정산 無 5.해당없음 | 성과평가 실시여부 1.실시 2.미실시 3.향후 추진 4.해당없음 | 성과평가 성과평가 주기 1.매년 2.격년 3.기관방침 4.기타 ( ) 5.해당없음 | 성과평가 방법 1.자체 평가 구성위원(전문위원회 등) 2.평가기관 3.컨설팅업체 평가기관 의뢰 4.기타 5.해당없음 | 평가결과 적용 성과평가결과 인센티브 및 패널티 적용 유무 1.적용 2.적용 안함 3.기타 ( ) 4.해당없음 | 평가결과 적용 인센티브 및 패널티 적용 근거 1.법률 2.조례 3.지침 4.계약서 5.기타 6.해당없음 |
|---|---|---|---|---|---|---|---|---|---|---|---|---|---|---|---|
| 1578 | 대전 서구 | 평생학습관 홈페이지 유지 관리용역 | 1 | 3,300 | 4 | 4 | 1 | 7 | 1 | 1 | 4 | 5 | 5 | 4 | 4 |
| 1579 | 대전 서구 | 평생학습관 홈페이지 DB 자료 이관 | 6 | 22,000 | 4 | 4 | 7 | 7 | 1 | 1 | 4 | 5 | 5 | 4 | 6 |
| 1580 | 대전 서구 | 희망도서 동네서점 바로대출시스템 유지관리 | 1 | 3,432 | 5 | 4 | 1 | 7 | 1 | 1 | 4 | 5 | 5 | 4 | 6 |
| 1581 | 대전 서구 | 스마트도서관 유지관리(용문역, 도안동) | 1 | 17,796 | 5 | 4 | 1 | 7 | 1 | 1 | 4 | 5 | 5 | 4 | 6 |
| 1582 | 대전 서구 | 좌석예약관리시스템 고도화 | 2 | 22,273 | 7 | 7 | 8 | 7 | 1 | 5 | 4 | 5 | 5 | 4 | 6 |
| 1583 | 대전 서구 | 서구 도서관 서버시스템 유지보수 | 1 | 3,744 | 5 | 4 | 1 | 7 | 1 | 1 | 4 | 5 | 5 | 4 | 6 |
| 1584 | 대전 서구 | 서구 도서관 이용자용 PC 유지보수 | 1 | 9,363 | 5 | 4 | 1 | 7 | 1 | 1 | 4 | 5 | 5 | 4 | 6 |
| 1585 | 대전 서구 | 도서관(행생학습관) 홈페이지 유지보수 | 1 | 13,351 | 5 | 4 | 1 | 7 | 1 | 1 | 4 | 5 | 5 | 4 | 6 |
| 1586 | 대전 서구 | 좌석예약관리시스템 유지보수 | 1 | 4,824 | 5 | 4 | 1 | 7 | 1 | 1 | 4 | 5 | 5 | 4 | 6 |
| 1587 | 대전 서구 | 평생학습관 홈페이지 DB서버 도입 및 DB 자료 이관 | 2 | 35,760 | 7 | 4 | 7 | 7 | 1 | 1 | 4 | 5 | 5 | 4 | 6 |
| 1588 | 대전 서구 | 클라우드서버 네트워크 유지보수 | 1 | 7,502 | 5 | 4 | 1 | 6 | 1 | 1 | 4 | 5 | 5 | 4 | 6 |
| 1589 | 대전 서구 | 청백e 시스템 유지관리 | 1 | 13,806 | 5 | 5 | 1 | 7 | 1 | 2 | 4 | 5 | 5 | 4 | 4 |
| 1590 | 대전 서구 | 쓰레기 불법투기 방지 CCTV 설치(1식) | 6 | 5,000 | 5 | 6 | 7 | 7 | 2 | 5 | 4 | 5 | 5 | 4 | 4 |
| 1591 | 대전 유성구 | GIS데이터분석시스템 유지보수 | 1 | 20,800 | 5 | 4 | 1 | 7 | 1 | 4 | 4 | 5 | 5 | 4 | 6 |
| 1592 | 대전 유성구 | 2025 유성 데이터 통합 앱용 유지보수 | 1 | 56,500 | 5 | 2 | 2 | 2 | 5 | 4 | 4 | 5 | 5 | 4 | 6 |
| 1593 | 대전 유성구 | 2025 유성구 전산장비 통합유지보수 | 1 | 326,474 | 5 | 6 | 2 | 7 | 1 | 4 | 4 | 5 | 5 | 4 | 6 |
| 1594 | 대전 유성구 | 가상화통합서버 스토리지 구매 | 2 | 49,654 | 5 | 6 | 7 | 7 | 5 | 4 | 4 | 5 | 5 | 4 | 6 |
| 1595 | 대전 유성구 | 2025 유성구 홈페이지 유지보수 | 1 | 20,640 | 5 | 4 | 1 | 7 | 1 | 4 | 4 | 5 | 5 | 4 | 6 |
| 1596 | 대전 유성구 | 협업지시스템 구매 | 2 | 34,980 | 5 | 2 | 2 | 2 | 5 | 4 | 4 | 5 | 5 | 4 | 6 |
| 1597 | 대전 유성구 | 대민서비스용 보안장비 구매 | 2 | 55,090 | 5 | 4 | 7 | 7 | 5 | 4 | 4 | 5 | 5 | 4 | 6 |
| 1598 | 대전 유성구 | 재택무무시스템 스토리지 구매 | 2 | 44,055 | 5 | 6 | 7 | 7 | 5 | 4 | 4 | 5 | 5 | 4 | 6 |
| 1599 | 대전 유성구 | IP관리시스템 구매 | 2 | 51,200 | 5 | 6 | 7 | 7 | 5 | 4 | 4 | 5 | 5 | 4 | 6 |
| 1600 | 대전 유성구 | 네트워크 유지 구매 | 2 | 10,267 | 5 | 6 | 7 | 7 | 5 | 4 | 4 | 5 | 5 | 4 | 6 |
| 1601 | 대전 유성구 | 복무관리시스템 보수 용역 | 1 | 5,292 | 5 | 4 | 1 | 7 | 1 | 1 | 4 | 5 | 5 | 4 | 6 |
| 1602 | 대전 유성구 | 2025 지방세행사용이미지시스템(서버,DBMS) 유지보수 | 1 | 1,536 | 5 | 4 | 1 | 7 | 1 | 1 | 4 | 5 | 5 | 4 | 6 |
| 1603 | 대전 유성구 | 2025 지방세행사용이미지시스템(프로그램) 유지보수 | 1 | 4,356 | 5 | 4 | 1 | 7 | 1 | 1 | 4 | 5 | 5 | 4 | 6 |
| 1604 | 대전 유성구 | 2025 정보통신시설 통합유지보수 | 1 | 291,969 | 5 | 2 | 2 | 2 | 2 | 1 | 4 | 5 | 5 | 4 | 6 |
| 1605 | 대전 유성구 | 2025 지역전산시스템 홈페이지 유지보수 | 1 | 35,672 | 5 | 4 | 1 | 7 | 1 | 1 | 4 | 5 | 5 | 4 | 6 |
| 1606 | 대전 유성구 | 2025 지역통합복지센터 홈페이지 유지보수 | 1 | 3,600 | 5 | 4 | 1 | 7 | 1 | 1 | 4 | 5 | 5 | 4 | 6 |
| 1607 | 대전 유성구 | 2025 마을커뮤니티공간 통합예약시스템 유지보수 | 1 | 1,500 | 5 | 4 | 7 | 7 | 1 | 1 | 4 | 5 | 5 | 4 | 6 |
| 1608 | 대전 유성구 | 나라이음플랫폼 유지보수 | 1 | 2,546 | 5 | 4 | 1 | 7 | 1 | 1 | 4 | 5 | 5 | 4 | 6 |

- 52 -

| 순번 | 시군구 | 정보화사업명 · 예산서 상 사업명 | 정보화사업 분류 | 2025년 예산 (단위:천원/1년간) | 예산편성근거 | 계약체결방법 (경쟁형태) | 계약기간 | 정보화사업 입찰방식 낙찰자 선정방법 | 평가신청 | 정보화사업 예산 산정 정산방법 | 성과평가 실시여부 | 성과평가 주기 | 성과평가 방법 | 성과평가기준 매뉴얼 적용 유무 | 인센티브 및 패널티 적용 근거 |
|---|---|---|---|---|---|---|---|---|---|---|---|---|---|---|---|
| 1609 | 대전 유성구 | 2025 유성다목적행정보수 | 1 | 2,496 | 5 | 4 | 1 | 7 | 1 | 1 | 4 | 5 | 5 | 4 | 6 |
| 1610 | 대전 유성구 | 2025 진환경자동차별 위반 관리 시스템 유지보수 | 1 | 4,620 | 5 | 4 | 1 | 7 | 1 | 1 | 4 | 5 | 5 | 4 | 6 |
| 1611 | 대전 유성구 | 2025 특사경 업무지원시스템(의무방범,무단양치) 유지보수 | 1 | 6,240 | 5 | 4 | 1 | 7 | 1 | 1 | 4 | 5 | 5 | 4 | 6 |
| 1612 | 대전 유성구 | 2025 재난관리시스템(불조짓장치) 동부 및 일상프로그램 유지보수 | 1 | 13,200 | 5 | 4 | 1 | 7 | 1 | 1 | 4 | 5 | 5 | 4 | 6 |
| 1613 | 대전 유성구 | 2025 볼링주청자재재료 프로그램 유지보수 | 1 | 14,784 | 5 | 4 | 1 | 7 | 1 | 1 | 4 | 5 | 5 | 4 | 6 |
| 1614 | 대전 유성구 | 2025 공원녹지관리시스템 유지보수 | 1 | 19,200 | 5 | 4 | 1 | 7 | 1 | 1 | 4 | 5 | 5 | 4 | 6 |
| 1615 | 대전 유성구 | 2025 환경영상시 시스템 유지보수 | 1 | 10,400 | 5 | 4 | 1 | 7 | 1 | 1 | 4 | 5 | 5 | 4 | 6 |
| 1616 | 대전 유성구 | 2025 의료영상진전송장치 유지보수 | 1 | 4,920 | 5 | 4 | 1 | 3 | 1 | 1 | 4 | 5 | 5 | 4 | 6 |
| 1617 | 대전 유성구 | 2025 평생학습 전산장비 통합 유지보수 | 1 | 32,277 | 5 | 4 | 1 | 7 | 1 | 1 | 4 | 5 | 5 | 4 | 6 |
| 1618 | 대전 유성구 | 2025 평생학습 홈페이지 유지보수 | 1 | 21,000 | 5 | 4 | 1 | 7 | 1 | 1 | 4 | 5 | 5 | 4 | 6 |
| 1619 | 대전 유성구 | 통합도서관 홈페이지 기능보강 사업 | 1 | 5,700 | 5 | 4 | 7 | 7 | 1 | 1 | 4 | 5 | 5 | 4 | 6 |
| 1620 | 대전 유성구 | 세종 홈로그인 유지보수 | 1 | 1,320 | 1 | 5 | 1 | 7 | 2 | 5 | 4 | 5 | 5 | 4 | 4 |
| 1621 | 대전 유성구 | 공통기반 전산장비 유지보수 | 1 | 123,710 | 5 | 5 | 1 | 7 | 2 | 5 | 4 | 5 | 5 | 4 | 4 |
| 1622 | 대전 유성구 | 행정무상 S/W 구입 | 2 | 85,160 | 5 | 6 | 8 | 6(조건구매) | 5 | 5 | 4 | 5 | 5 | 4 | 4 |
| 1623 | 대전 유성구 | 대이터기반행정 대이터 분석 | 6 | 22,000 | 4 | 4 | 8 | 5 | 1 | 1 | 4 | 5 | 5 | 4 | 5 |
| 1624 | 대전 대덕구 | 노후컴퓨터 교체 | 2 | 260,000 | 1 | 5 | 8 | 5 | 2 | 2 | 2 | 5 | 1 | 4 | 4 |
| 1625 | 대전 대덕구 | 우리구 문서유통 시스템 관리 | 1 | 68,080 | 5 | 7 | 1 | 7 | 2 | 2 | 4 | 5 | 5 | 4 | 5 |
| 1626 | 대전 대덕구 | 통합지방재정시스템 재해복구구시스템 구축 | 1 | 148,300 | 5 | 2 | 2 | 3 | 5 | 5 | 4 | 5 | 5 | 4 | 4 |
| 1627 | 대전 대덕구 | 행정정보시스템 등 유지보수 | 1 | 22,000 | 7 | 7 | 1 | 8 | 5 | 5 | 2 | 5 | 5 | 4 | 4 |
| 1628 | 대전 대덕구 | 홈페이지 유지보수 | 1 | 36,000 | 1 | 4 | 2 | 7 | 5 | 5 | 4 | 5 | 5 | 4 | 4 |
| 1629 | 대전 대덕구 | 수어영상시스템 유지보수 | 1 | 5,000 | 6 | 5 | 1 | 7 | 5 | 5 | 4 | 5 | 5 | 4 | 4 |
| 1630 | 대전 대덕구 | 행정전자체 유지관리 | 1 | 2,560 | 6 | 4 | 1 | 7 | 5 | 5 | 4 | 5 | 5 | 4 | 4 |
| 1631 | 대전 대덕구 | 표준전자통합결제 대이터통 분석 | 1 | 20,000 | 1 | 5 | 7 | 7 | 1 | 1 | 1 | 1 | 1 | 4 | 4 |
| 1632 | 대전 대덕구 | 정책e 시스템 유지관리 | 1 | 12,300 | 1 | 5 | 1 | 7 | 2 | 2 | 4 | 5 | 5 | 4 | 4 |
| 1633 | 대전 대덕구 | 통합지방재정시스템 운영 | 1 | 89,920 | 1 | 5 | 3 | 7 | 2 | 2 | 4 | 5 | 5 | 4 | 4 |
| 1634 | 대전 대덕구 | 통합지방재정시스템 재해복구구시스템 유지보수 | 1 | 35,000 | 5 | 5 | 1 | 7 | 5 | 5 | 4 | 5 | 5 | 4 | 4 |
| 1635 | 대전 대덕구 | 표준지방인사정시스템 등 유지보수 | 1 | 36,000 | 1 | 7 | 8 | 7 | 5 | 5 | 4 | 5 | 5 | 4 | 4 |
| 1636 | 대전 대덕구 | 지진가속도계기 유지보수 | 1 | 8,390 | 7 | 4 | 1 | 7 | 5 | 5 | 4 | 5 | 5 | 4 | 4 |
| 1637 | 대전 대덕구 | 어린이놀이시설 스마트안전관리시스템 유지관리 | 1 | 7,590 | 6 | 5 | 1 | 7 | 5 | 5 | 4 | 5 | 5 | 4 | 4 |
| 1638 | 대전 대덕구 | 지방세정보시스템 유지보수 | 1 | 119,171 | 1 | 5 | 1 | 7 | 5 | 5 | 4 | 5 | 5 | 4 | 4 |
| 1639 | 대전 대덕구 | 지방세외수입정보시스템 유지보수 | 1 | 56,130 | 1 | 5 | 1 | 7 | 5 | 5 | 4 | 5 | 5 | 4 | 4 |
| 1640 | 대전 대덕구 | 표준기록관리시스템 유지보수 | 1 | 47,380 | 1 | 5 | 1 | 7 | 2 | 5 | 4 | 5 | 5 | 4 | 4 |

- 53 -

| 순번 | 시·군·구 | 정보화사업 사업명<br>·예산서 실집 사업명 | 정보화사업 분류<br>1.유지 및 보수<br>2.SW/HW 개발 및 구매<br>3.DB 구축<br>4.정보화<br>전략계획(ISP) 수립<br>5.정보화지원<br>6.기타 | 2025년 예산<br>(단위:천원/1년간) | 예산 편성근거<br>1.불문의 규정<br>2.국고보조 재원<br>3.동로지정기부금<br>4.조례<br>5.자치제 및 상위기관 정책<br>6.기타<br>7.해당없음 | 계약체결방법(경쟁형태)<br>1.일반경쟁<br>2.제한경쟁<br>3.지명경쟁<br>4.수의계약<br>5.법정예탁<br>6.기타( )<br>7.해당없음 | 정보화사업 입찰방식<br>계약기간<br>1.1년<br>2.2년<br>3.3년<br>4.4년<br>5.5년<br>6.기타( )<br>7.단기계약(1년미만)<br>8.해당없음 | 낙찰자 선정방법<br>1.적격심사<br>2.집행예의계약<br>3.최저가낙찰<br>4.규모비례<br>5.2단계 경쟁입찰<br>6.기타( )<br>7.해당없음 | 정보화사업 예산 산정<br>평가산정<br>1.내부산정<br>2.외부산정<br>3.내외부 모두 산정<br>4.산정 無<br>5.해당없음 | 정산방법<br>1.내부정산(자체직원 정산)<br>2.외부정산(외부전문기관위탁정산)<br>3.내외부 모두 정산<br>4.정산無<br>5.해당없음 | 성과평가 실시여부<br>1.실시<br>2.미실시<br>3.향후 추진<br>4.해당없음 | 성과평가<br>성과평가 주기<br>1.매년<br>2.격년<br>3.기간만료전<br>4.기타( )<br>5.해당없음 | 성과평가 방법<br>1.자체 평가<br>2.평가단 구성후실시(전문위원축)<br>3.전문평가기관 의뢰<br>4.기타<br>5.해당없음 | 평가결과 적용<br>성과평가결과 인센티브 및 패널티 적용 유무<br>1.적용<br>2.적용 안함<br>3.기타( )<br>4.해당없음 | 인센티브 및 패널티 적용 근거<br>1.법률<br>2.조례<br>3.지침<br>4.계약서<br>5.기타<br>6.해당없음 |
|---|---|---|---|---|---|---|---|---|---|---|---|---|---|---|---|
| 1640 | 대전 대덕구 | 우편업시스템 유지관리 | 1 | 5,860 | 5 | 5 | 1 | 1 | 2 | 5 | 4 | 5 | 5 | 4 | 4 |
| 1641 | 대전 대덕구 | 평생학습원 홈페이지 유지관리 | 1 | 12,100 | 5 | 4 | 1 | 7 | 5 | 5 | 4 | 5 | 5 | 4 | 6 |
| 1642 | 대전 대덕구 | 도서관 홈페이지 유지관리 | 1 | 12,000 | 5 | 4 | 1 | 7 | 5 | 5 | 4 | 5 | 5 | 4 | 6 |
| 1643 | 대전 대덕구 | 외부망 웹방화벽 교체 | 2 | 34,000 | 5 | 6 | 8 | 6(조달구매) | 5 | 5 | 4 | 5 | 5 | 4 | 4 |
| 1644 | 대전 대덕구 | 기록관리시스템 스토리지 교체 | 2 | 54,000 | 5 | 6 | 8 | 6(조달구매) | 5 | 5 | 4 | 5 | 5 | 4 | 4 |
| 1645 | 대전 대덕구 | 기록관리시스템 스토리지 데이터이관 | 3 | 18,000 | 7 | 4 | 7 | 7 | 5 | 5 | 4 | 5 | 5 | 4 | 4 |
| 1646 | 대전 대덕구 | 홈페이지 기능개선 | 2 | 22,000 | 5 | 1 | 8 | 7 | 1 | 5 | 4 | 5 | 5 | 4 | 5 |
| 1647 | 대전 대덕구 | 디지털 역향운동 교실 지원 | 5 | 68,684 | 2 | 7 | 7 | 2 | 5 | 5 | 4 | 5 | 5 | 4 | 4 |
| 1648 | 울산광역시 | 정보화기능 예산 | 5 | 89,000 | 2 | 7 | 8 | 7 | 5 | 5 | 4 | 5 | 5 | 4 | 4 |
| 1649 | 울산광역시 | 시각장애인 정보화교육 지원 | 5 | 42,000 | 2 | 7 | 8 | 7 | 5 | 5 | 4 | 5 | 5 | 4 | 4 |
| 1650 | 울산광역시 | 정보통신조리기 지원 | 5 | 200,000 | 2 | 1 | 8 | 7 | 5 | 5 | 4 | 5 | 5 | 4 | 4 |
| 1651 | 울산광역시 | 정보접근성 향상을 위한 웹 실태조사 | 6 | 50,000 | 1 | 4 | 1 | 1 | 1 | 4 | 4 | 5 | 5 | 4 | 4 |
| 1652 | 울산광역시 | 민원행정본부 무정전원장치 구축 | 2 | 200,000 | 7 | 6 | 7 | 6 | 5 | 5 | 4 | 5 | 5 | 4 | 4 |
| 1653 | 울산모아 예약 플랫폼 확대 구축 | 2 | 700,000 | 4 | 2 | 7 | 2 | 4 | 5 | 4 | 5 | 5 | 4 | 4 |
| 1654 | 울산광역시 | 관리용 역사 | 1 | 874,220 | 6 | 1 | 2 | 2 | 1 | 4 | 4 | 5 | 5 | 4 | 4 |
| 1655 | 울산광역시 | 백신 사용자 라이선스 추가 | 2 | 22,000 | 6 | 4 | 8 | 7 | 5 | 5 | 4 | 5 | 5 | 4 | 4 |
| 1656 | 울산광역시 | 백신 전용원무선 표준기능 개발 | 2 | 52,000 | 6 | 7 | 8 | 5 | 5 | 5 | 4 | 5 | 5 | 4 | 6 |
| 1657 | 울산광역시 | 은-나라 문서시스템 유지보수 위탁 | 1 | 121,220 | 1 | 5 | 1 | 7 | 1 | 5 | 4 | 5 | 1 | 4 | 4 |
| 1658 | 울산광역시 | 정보화본부 무정전원장치 교체 | 2 | 95,020 | 7 | 6 | 1 | 6 | 5 | 5 | 4 | 5 | 5 | 4 | 4 |
| 1659 | 울산광역시 | 울산정보보호지원센터 지원(국가지원) | 5 | 36,800 | 6 | 6 | 8 | 6 | 5 | 5 | 4 | 5 | 5 | 4 | 4 |
| 1660 | 울산광역시 | 시·도 행정정보 및 재해복구시스템 위탁운영 | 1 | 370,580 | 6 | 5 | 7 | 7 | 1 | 4 | 4 | 5 | 5 | 4 | 4 |
| 1661 | 울산광역시 | 노후 전산장비 교체 | 2 | 765,910 | 6 | 6 | 8 | 5 | 1 | 4 | 4 | 5 | 5 | 4 | 4 |
| 1662 | 울산광역시 | 사이버침해대응센터 보인관제 운영비 | 1 | 735,000 | 6 | 2 | 2 | 2 | 1 | 4 | 1 | 4 | 1 | 3 | 4 |
| 1663 | 울산광역시 | 정보통신기반시설 유지보수 위탁 평가 | 6 | 63,300 | 1 | 5 | 1 | 1 | 1 | 4 | 4 | 5 | 5 | 4 | 4 |
| 1664 | 울산광역시 | 울산정보보호지원센터 지원(국가지원) | 5 | 810,000 | 1 | 5 | 1 | 7 | 1 | 4 | 4 | 5 | 5 | 4 | 4 |
| 1665 | 울산광역시 | 사이버침해대응센터 노후장비 교체 | 2 | 517,500 | 1 | 6 | 8 | 6 | 1 | 4 | 4 | 5 | 5 | 4 | 4 |
| 1666 | 울산광역시 | 지능형 지속공격 방어시스템(EDR) 구축 | 2 | 320,000 | 1 | 6 | 8 | 6 | 1 | 4 | 4 | 5 | 5 | 4 | 4 |
| 1667 | 울산광역시 | 행정업무용 노후 통신장비 교체 | 2 | 183,000 | 1 | 2 | 8 | 3 | 1 | 5 | 4 | 5 | 5 | 4 | 4 |
| 1668 | 울산광역시 | 재난관전통신망 단말기 구입 | 2 | 17,000 | 1 | 1 | 1 | 1 | 1 | 5 | 4 | 5 | 5 | 4 | 4 |
| 1669 | 울산광역시 | 정보통신장 회선사용료 | 6 | 599,000 | 6 | 6 | 1 | 7 | 5 | 5 | 4 | 5 | 5 | 4 | 4 |
| 1670 | 울산광역시 | 공공와이파이 확대(사용료) | 6 | 436,000 | 6 | 6 | 1 | 7 | 5 | 5 | 4 | 5 | 5 | 4 | 4 |

- 54 -

| 순번 | 시군구 | 정보화사업·예산서 상의 사업명 | 정보화사업 분류<br>1.유지 및 보수<br>2.SW/HW 개발 및 구매<br>3.DB 구축<br>4.정보화 전략계획(ISP) 수립<br>5.정보화지원<br>6.기타 | 2025년 예산<br>(단위:천원/1년간) | 예산 편성근거<br>1.법률에 규정<br>2.국고보조금<br>3.조례<br>4.지자체 및 상위기관 정책<br>5.용도지정기부금<br>6.기타<br>7.해당없음 | 계약방법별(경쟁형태)<br>1.일반경쟁<br>2.제한경쟁<br>3.지명경쟁<br>4.수의계약<br>5.범위계약<br>6.기타<br>7.해당없음 | 정보화사업 입찰방식<br>계약기간<br>1.1년<br>2.2년<br>3.3년<br>4.4년<br>5.5년<br>6.기타<br>7.단기계약(1년미만)<br>8.해당없음 | 낙찰자 선정방법<br>1.적격심사<br>2.협상에 의한계약<br>3.최저가낙찰제<br>4.규격가격분리<br>5.2단계 경쟁입찰<br>6.기타( )<br>7.해당없음 | 정보화사업 예산 산정<br>원가계산<br>1.내부산정(자체적으로 산정)<br>2.외부의뢰(전문기관위탁 산정)<br>3.내외부 모두 산정<br>4.신청 聚<br>5.해당없음 | 정산방법<br>1.내부정산(자체적으로 정산)<br>2.외부정산(외부전문기관위탁 정산)<br>3.내외부 모두 정산<br>4.정산 無<br>5.해당없음 | 성과평가 실시여부<br>1.실시<br>2.미실시<br>3.향후 추진<br>4.해당없음 | 성과평가<br>성과평가 주기<br>1.매년<br>2.격년<br>3.기간만료전<br>4.기타( )<br>5.해당없음 | 성과평가 방법<br>1.자체 평가<br>2.평가단 구성후 실시(전문위원회 등)<br>3.전문 평가기관 의뢰<br>4.기타( )<br>5.해당없음 | 평가결과 인센티브 및 페널티 적용 유무<br>1.적용<br>2.적용 안함<br>3.기타( )<br>4.해당없음 | 평가결과 적용<br>인센티브 및 페널티 적용 근거<br>1.법률<br>2.조례<br>3.지침<br>4.계약서<br>5.기타<br>6.해당없음 |
|---|---|---|---|---|---|---|---|---|---|---|---|---|---|---|---|
| 1671 | 울산광역시 | 정보통신시스템 유지보수 | 1 | 74,000 | 7 | 4 | 1 | 1 | 1 | 1 | 4 | 5 | 5 | 4 | 4 |
| 1672 | 울산광역시 | 방송미디어 운영기반 확충 | 2 | 157,000 | 7 | 4 | 7 | 7 | 1 | 1 | 4 | 5 | 5 | 4 | 4 |
| 1673 | 울산광역시 | 방송미디어장비 유지보수 | 1 | 99,000 | 7 | 4 | 1 | 7 | 1 | 5 | 4 | 5 | 5 | 4 | 4 |
| 1674 | 울산광역시 | 세정정보시스템 유지관리 | 1 | 223,000 | 1 | 5 | 1 | 6 | 1 | 1 | 2 | 3 | 5 | 4 | 4 |
| 1675 | 울산광역시 | 해상물류 통신기술 검증 테스트베드 구축사업 | 2 | 767,000 | 2 | 7 | 8 | 7 | 3 | 3 | 1 | 3 | 2 | 1 | 3 |
| 1676 | 울산광역시 | 하이브리드 주인선박 에너지 통합모듈 시스템 개발 실증 | 2 | 1,424,000 | 2 | 7 | 8 | 7 | 3 | 3 | 1 | 3 | 2 | 1 | 3 |
| 1677 | 울산광역시 | 주력선종 3D프린팅 기술융합 실증지원사업 | 6 | 300,000 | 5 | 4 | 1 | 7 | 1 | 2 | 4 | 5 | 5 | 4 | 4 |
| 1678 | 울산광역시 | DIAM 경진대회 | 6 | 60,000 | 5 | 4 | 1 | 1 | 1 | 2 | 4 | 5 | 5 | 4 | 4 |
| 1679 | 울산광역시 | 울산제조산업 융합 VR/AR콘텐츠 육성 | 4 | 1,112,000 | 5 | 7 | 8 | 7 | 5 | 5 | 4 | 5 | 5 | 4 | 4 |
| 1680 | 울산광역시 | 울산공항 고도화사업 지원 | 6 | 800,000 | 5 | 7 | 8 | 7 | 3 | 3 | 4 | 5 | 5 | 4 | 4 |
| 1681 | 울산광역시 | 제조업 사용화 기반 조성 | 4 | 3,000,000 | 2 | 4 | 8 | 7 | 5 | 5 | 4 | 5 | 5 | 4 | 4 |
| 1682 | 울산광역시 | 울산관광 홈페이지 유지관리 | 1 | 21,700 | 4 | 4 | 1 | 4 | 1 | 5 | 2 | 5 | 5 | 4 | 4 |
| 1683 | 울산광역시 | 울산 스마트관광도시 조성 사업 추진 | 1 | 500,000 | 4 | 5 | 1 | 5 | 1 | 1 | 2 | 3 | 5 | 4 | 4 |
| 1684 | 울산광역시 | 울산빅데이터센터 구축 | 2 | 1,000,000 | 5 | 6 | 7 | 1 | 1 | 1 | 2 | 3 | 5 | 4 | 6 |
| 1685 | 울산광역시 | 버스정보시스템(BIS) 확대 구축 | 1 | 3,194,000 | 1 | 1 | 2 | 2 | 1 | 1 | 2 | 5 | 5 | 4 | 6 |
| 1686 | 울산광역시 | 지능형교통체계(ITS) 보급 및 확장 | 2 | 800,000 | 5 | 2 | 7 | 2 | 1 | 1 | 2 | 5 | 5 | 4 | 6 |
| 1687 | 울산광역시 | 지능형교통체계 정보시스템 유지보수 | 1 | 104,000 | 7 | 1 | 5 | 2 | 5 | 5 | 4 | 5 | 5 | 4 | 4 |
| 1688 | 울산광역시 | 시내버스 재정지원 관리시스템 유지보수 | 3 | 19,363 | 2 | 7 | 8 | 7 | 1 | 1 | 4 | 5 | 5 | 4 | 4 |
| 1689 | 울산광역시 | 도시계획정보체계 DB 현행화 | 3 | 140,000 | 1 | 1 | 2 | 2 | 1 | 1 | 2 | 5 | 5 | 4 | 4 |
| 1690 | 울산광역시 | 도시계획정보체계 운영장비 유지관리 | 1 | 33,000 | 5 | 2 | 1 | 3 | 1 | 1 | 4 | 5 | 5 | 4 | 4 |
| 1691 | 울산광역시 | 울산박데이터센터 운영 | 1 | 500,000 | 1 | 7 | 8 | 7 | 5 | 5 | 4 | 5 | 5 | 4 | 4 |
| 1692 | 울산광역시 | 공공데이터 개방 확대 및 품질 개선 | 2 | 50,000 | 6 | 2 | 7 | 3 | 1 | 1 | 4 | 5 | 5 | 4 | 4 |
| 1693 | 울산광역시 | 스마트도시 통합운영센터 정보시스템 유지보수 | 1 | 279,000 | 1 | 1 | 1 | 2 | 1 | 1 | 4 | 5 | 5 | 4 | 4 |
| 1694 | 울산광역시 | 스마트도시 통합운영센터 정보통신망 회선료 | 1 | 104,000 | 1 | 5 | 5 | 2 | 1 | 1 | 4 | 5 | 5 | 4 | 4 |
| 1695 | 울산광역시 | 수자원도 수정체작 | 3 | 1,000,000 | 2 | 7 | 8 | 7 | 5 | 5 | 4 | 5 | 5 | 4 | 6 |
| 1696 | 울산광역시 | 공간정보시스템 유지관리 | 1 | 228,000 | 1 | 2 | 2 | 2 | 1 | 1 | 2 | 5 | 5 | 4 | 4 |
| 1697 | 울산광역시 | 도시계정보체계 운영장비 유지관리 | 1 | 152,000 | 5 | 1 | 1 | 2 | 1 | 1 | 4 | 5 | 5 | 4 | 4 |
| 1698 | 울산광역시 | 공간정보 시설물관리(상수, 하수, 도로)시스템 노후장비 교체 | 2 | 206,000 | 7 | 7 | 8 | 7 | 5 | 5 | 4 | 5 | 5 | 4 | 6 |
| 1699 | 울산광역시 | 120 해울이콜센터 운영 | 1 | 22,000 | 1 | 4 | 1 | 3 | 1 | 1 | 4 | 5 | 5 | 4 | 4 |
| 1700 | 울산광역시 | 인사행정정보시스템 유지관리 | 1 | 89,343 | 1 | 5 | 1 | 2 | 1 | 1 | 4 | 5 | 5 | 4 | 4 |
| 1701 | 울산광역시 | 인사행정정보시스템 인프라 운영 운영 분담금 | 2 | 7,268 | 7 | 5 | 1 | 7 | 1 | 1 | 4 | 5 | 5 | 4 | 4 |
| 1702 | 울산광역시 | 환경녹지정보시스템 유지관리 | 1 | 29,000 | 7 | 1 | 1 | 3 | 1 | 1 | 3 | 5 | 5 | 2 | 4 |

- 55 -

| 순번 | 시군구 | 정보화사업명 ·예산상 사업명 | 정보화사업 분류<br>1.유지및보수<br>2.SW/HW 개발 및 구매<br>3.DB구축<br>4.정보화 전략계획(ISP) 수립<br>5.정보화지원<br>6.기타 | 2025년 예산<br>(단위:천원/1년간) | 예산 편성근거<br>1.법률에 규정<br>2.국고보조재원<br>3.용도지정기부금<br>4.조례<br>5.자체법<br>6.기타<br>7.해당없음 | 계약체결방법 (경쟁형태)<br>1.일반경쟁<br>2.제한경쟁<br>3.지명경쟁<br>4.수의계약<br>5.수정확약<br>6.기타( )<br>7.해당없음 | 정보화사업 입찰방식<br>계약기간<br>1.1년<br>2.2년<br>3.3년<br>4.4년<br>5.5년<br>6.기타( )<br>7.단기계약(1년미만)<br>8.해당없음 | 낙찰자 선정방법<br>1.적격심사<br>2.협상에 의한계약<br>3.최저가낙찰제<br>4.규격가격분리<br>5.2단계 경쟁입찰<br>6.기타( )<br>7.해당없음 | 정보화사업 예산 산정<br>평가부산정<br>1.내부산정<br>2.외부산정<br>3.내·외부 모두 산정<br>4.산정못<br>5.해당없음 | 정보화사업 예산 산정<br>산정방법<br>1.내부작성<br>(자체적으로 정산)<br>2.외부작성<br>(외부전문기관위탁정산)<br>3.내·외부 모두 정산<br>4.정산 못<br>5.해당없음 | 성과평가<br>성과평가 실시여부<br>1.실시<br>2.미실시<br>3.향후 주진<br>4.해당없음 | 성과평가<br>성과평가 주기<br>1.매년<br>2.격년<br>3.기간만료점<br>4.기타( )<br>5.해당없음 | 성과평가<br>성과평가 방법<br>1.자체 평가<br>2.평가단 구성 후 실시<br>(전문위원위촉)<br>3.전문평가기관 의뢰<br>4.기타( )<br>5.해당없음 | 평가결과<br>성과평가결과 인센티브 및 패널티 적용 유무<br>1.적용<br>2.적용 안함<br>3.기타( )<br>4.해당없음 | 평가결과 적용 인센티브 및 패널티 적용 근거<br>1.법률<br>2.조례<br>3.지침<br>4.계약서<br>5.기타<br>6.해당없음 |
|---|---|---|---|---|---|---|---|---|---|---|---|---|---|---|---|
| 1702 | 울산광역시 | 방사능재난 대비 통합관리시스템 및 시민행동앱시스템 운영 유지보수 | 1 | 50,000 | 7 | 1 | 1 | 3 | 1 | 1 | 3 | 5 | 5 | 2 | 4 |
| 1703 | 울산광역시 | 울산문화예술회관 홈페이지 유지관리 | 1 | 12,770 | 1 | 4 | 1 | 7 | 1 | 1 | 4 | 5 | 5 | 4 | 4 |
| 1704 | 울산광역시 | 의정행정시스템 유지보수 | 1 | 32,500 | 6 | 4 | 1 | 7 | 1 | 5 | 4 | 5 | 5 | 4 | 6 |
| 1705 | 울산광역시 | 의정방송시스템 유지보수 | 1 | 93,000 | 6 | 4 | 1 | 7 | 1 | 5 | 4 | 5 | 5 | 4 | 6 |
| 1706 | 울산광역시 | 디지털 지방의정 표준플랫폼 구축 | 2 | 309,000 | 6 | 5 | 2 | 6 | 5 | 3 | 4 | 1 | 1 | 4 | 6 |
| 1707 | 울산광역시 | 상수도사업본부 정보시스템 유지관리 | 1 | 179,410 | 6 | 2 | 1 | 7 | 1 | 4 | 1 | 1 | 1 | 4 | 4 |
| 1708 | 울산광역시 | 상하수도요금관리시스템 업무편집전용 무 기능개선 | 2 | 22,000 | 6 | 4 | 8 | 2 | 5 | 4 | 1 | 5 | 5 | 4 | 4 |
| 1709 | 울산광역시 | 상수도사업본부 홈페이지 전면 개편 | 2 | 100,000 | 6 | 2 | 8 | 7 | 5 | 4 | 4 | 5 | 5 | 4 | 4 |
| 1710 | 울산광역시 | 노후 전산장비 교체 | 2 | 277,500 | 6 | 7 | 8 | 7 | 1 | 4 | 4 | 5 | 5 | 4 | 4 |
| 1711 | 울산광역시 | 원자재진단기 구입 및 설치 | 2 | 1,200,000 | 6 | 7 | 1 | 3 | 1 | 1 | 4 | 4 | 5 | 4 | 4 |
| 1712 | 울산광역시 | 울산재해재유역행 홈페이지 유지관리 | 1 | 5,500 | 7 | 4 | 1 | 7 | 1 | 4 | 2 | 5 | 5 | 4 | 6 |
| 1713 | 울산광역시 | 울산도서관 정보시스템 유지보수 | 1 | 329,750 | 1 | 2 | 7 | 2 | 1 | 4 | 2 | 5 | 5 | 4 | 6 |
| 1714 | 울산광역시 | 울산도서관 홈페이지 개편 | 2 | 102,000 | 1 | 2 | 7 | 2 | 1 | 4 | 1 | 5 | 5 | 4 | 6 |
| 1715 | 울산광역시 | 소음자동측정망 정보시스템 유지보수 | 1 | 46,500 | 5 | 1 | 1 | 3 | 1 | 1 | 1 | 4 | 5 | 1 | 4 |
| 1716 | 울산광역시 | 대기경제측정망 정보시스템 유지보수 | 2 | 42,300 | 1 | 2 | 1 | 3 | 1 | 4 | 3 | 5 | 5 | 4 | 6 |
| 1717 | 울산광역시 | 소방정보통합 정보시스템 유지관리 | 1 | 1,036,000 | 1 | 6 | 1 | 7 | 1 | 4 | 4 | 5 | 5 | 4 | 4 |
| 1718 | 울산광역시 | 재난안전분야 단말기 교체 | 2 | 220,000 | 5 | 4 | 7 | 7 | 1 | 5 | 2 | 5 | 5 | 4 | 4 |
| 1719 | 울산광역시 | 간구조표준 GIS 고도화 | 2 | 393,000 | 1 | 5 | 7 | 7 | 2 | 5 | 4 | 5 | 5 | 4 | 4 |
| 1720 | 울산광역시 | 금융조주표본 녹사시스템 노후 교체 | 2 | 185,000 | 1 | 5 | 7 | 2 | 2 | 5 | 4 | 5 | 5 | 4 | 4 |
| 1721 | 울산광역시 | 노후 네트워크 스위치 교체 | 2 | 278,000 | 1 | 4 | 1 | 7 | 1 | 5 | 4 | 5 | 5 | 4 | 4 |
| 1722 | 울산광역시 | 신규수대 노후 워크스테이션 교체 | 2 | 119,000 | 1 | 4 | 1 | 7 | 1 | 5 | 4 | 5 | 5 | 4 | 4 |
| 1723 | 울산 중구 | 2024년 정보시스템 통합유지관리 | 1 | 187,656 | 1 | 2 | 7 | 2 | 2 | 5 | 4 | 5 | 5 | 4 | 4 |
| 1724 | 울산 중구 | 공통기반 체력복구 유지관리 | 1 | 90,238 | 7 | 5 | 7 | 7 | 2 | 2 | 4 | 5 | 5 | 4 | 6 |
| 1725 | 울산 중구 | 지방행정공통시스템 성남센터 유지관리 | 1 | 7,250 | 1 | 5 | 1 | 7 | 2 | 2 | 4 | 5 | 5 | 4 | 6 |
| 1726 | 울산 중구 | 우편모아시스템 유지관리 | 1 | 5,860 | 1 | 5 | 1 | 7 | 2 | 2 | 4 | 5 | 5 | 4 | 6 |
| 1727 | 울산 중구 | 온나라시스템 유지관리 | 1 | 23,570 | 1 | 5 | 1 | 7 | 2 | 2 | 4 | 5 | 5 | 4 | 6 |
| 1728 | 울산 중구 | 사진(영상) 기록보존소 누리집 유지관리 | 1 | 19,800 | 1 | 4 | 1 | 7 | 1 | 1 | 4 | 5 | 5 | 4 | 6 |
| 1729 | 울산 중구 | 이민동누리집 유지관리 | 1 | 630 | 1 | 4 | 1 | 7 | 1 | 1 | 4 | 5 | 5 | 4 | 6 |
| 1730 | 울산 중구 | 중앙선성 PACS S/W 유지보수 | 1 | 4,752 | 7 | 4 | 1 | 7 | 5 | 5 | 4 | 5 | 5 | 4 | 6 |
| 1731 | 울산 중구 | 2025년도 전자회의시스템 유지보수 계약 | 1 | 12,700 | 1 | 4 | 1 | 7 | 1 | 5 | 4 | 5 | 5 | 4 | 6 |
| 1732 | 울산 중구 | 2025년도 의회 정보시스템 유지보수 계약 | 1 | 13,602 | 1 | 4 | 1 | 7 | 1 | 1 | 4 | 5 | 5 | 4 | 6 |

| 순번 | 시·군·구 | 정보화사업 사업명 | 정보화사업 분류 (1.유지 및 보수 2.SW/HW 개발 및 구매 3.DB 구축 4.정보화 전략계획(ISP) 수립 5.정보자원 6.기타) | 2025년 예산 (단위:천원/1년간) | 예산 편성근거 (1.법률에 규정 2.국고보조재원 3.조례 4.지침 5.자치법규에 정함 6.기타 7.해당없음) | 계약체결방법 (경쟁등) (1.일반경쟁 2.제한경쟁 3.지명경쟁 4.수의계약 5.법정위탁 6.기타 7.해당없음) | 계약기간 (1.1년 2.2년 3.3년 4.4년 5.5년 6.기타 7.단기계약(1년미만) 8.해당없음) | 낙찰자 선정방법 (1.적격심사 2.협상에 의한 계약 3.최저가낙찰 4.규격가격분리 5.2단계 경쟁입찰 6.기타 7.해당없음) | 원가산정 (1.내부산정(자체로 산정) 2.외부산정(전문기관위탁) 3.내외부 모두 산정 4.산정 籟 5.해당없음) | 정보화사업 예산 산정 (1.내부정산(내부적으로 정산) 2.외부정산(외부기관위탁 정산) 3.내외부 모두 정산 4.정산 籟 5.해당없음) | 성과평가 실시여부 (1.실시 2.미실시 3.향후 추진 4.해당없음) | 성과평가 주기 (1.매년 2.격년 3.기간만료전 4.기타() 5.해당없음) | 성과평가 방법 (1.자체 평가 2.평가단 구성후 실시(전문위원촉) 3.전문평가기관 의뢰 4.기타 5.해당없음) | 성과평가결과 인센티브 및 페널티 적용 유무 (1.적용 2.적용 안함 3.기타() 4.해당없음) | 인센티브 및 페널티 적용 근거 (1.법률 2.조례 3.지침 4.계약서 5.기타 6.해당없음) |
|---|---|---|---|---|---|---|---|---|---|---|---|---|---|---|---|
| 1733 | 울산 중구 | 2025년도 의회 방송시스템 유지보수 계약 | 1 | 8,493 | 1 | 4 | 1 | 7 | 1 | 1 | 4 | 5 | 5 | 4 | 6 |
| 1734 | 울산 중구 | 시민정보화 통신시스템 유지보수 용역 | 1 | 16,944 | 1 | 4 | 1 | 7 | 1 | 4 | 4 | 5 | 5 | 4 | 6 |
| 1735 | 울산 중구 | CCTV 시스템 유지보수 용역 | 1 | 478,237 | 1 | 2 | 1 | 2 | 1 | 4 | 4 | 5 | 5 | 4 | 6 |
| 1736 | 울산 중구 | 공공와이파이 유지보수용역 | 1 | 5,500 | 1 | 4 | 1 | 7 | 1 | 4 | 4 | 5 | 5 | 4 | 6 |
| 1737 | 울산 중구 | 방범용 CCTV 설치 | 2 | 100,000 | 1 | 7 | 8 | 7 | 1 | 4 | 4 | 5 | 5 | 4 | 6 |
| 1738 | 울산 중구 | 사각지대 해소를 위한 CCTV 신규 설치 | 2 | 130,000 | 1 | 7 | 8 | 7 | 1 | 4 | 4 | 5 | 5 | 4 | 6 |
| 1739 | 울산 중구 | 계약보증공개시스템 | 1 | 4,560 | 6 | 4 | 1 | 7 | 1 | 4 | 4 | 5 | 5 | 4 | 6 |
| 1740 | 울산 중구 | 중구문화의전당 누리집 유지관리 | 1 | 5,484 | 7 | 4 | 1 | 7 | 5 | 5 | 4 | 5 | 5 | 4 | 6 |
| 1741 | 울산 중구 | 중구문화의전당 누리집 정보화 유지관리(서버) | 1 | 16,017 | 7 | 4 | 1 | 7 | 5 | 4 | 4 | 5 | 5 | 4 | 6 |
| 1742 | 울산 중구 | 음식물류 폐기물 지원화 | 1 | 4,568 | 4 | 4 | 1 | 7 | 1 | 2 | 2 | 5 | 5 | 4 | 6 |
| 1743 | 울산 중구 | 주소정보관리시스템 차세대 구축 및 유지관리 | 1 | 18,670 | 5 | 7 | 1 | 7 | 2 | 2 | 2 | 5 | 5 | 4 | 6 |
| 1744 | 울산 중구 | 일제주소 구축 및 주소정보기본도 정산 | 2 | 32,580 | 5 | 7 | 7 | 7 | 2 | 2 | 2 | 5 | 5 | 4 | 6 |
| 1745 | 울산 중구 | 드론영상관제시스템 | 1 | 12,375 | 5 | 4 | 1 | 7 | 4 | 4 | 2 | 5 | 5 | 2 | 6 |
| 1746 | 울산 중구 | 자격문서 전산화사업 | 3 | 32,000 | 5 | 4 | 1 | 7 | 4 | 4 | 2 | 5 | 5 | 4 | 6 |
| 1747 | 울산 중구 | 부동산종합부서시스템 소프트웨어 유지보수 | 1 | 2,200 | 5 | 5 | 1 | 7 | 2 | 2 | 2 | 5 | 5 | 4 | 6 |
| 1748 | 울산 중구 | 부동산종합부서시스템 소프트웨어 유지보수 | 1 | 2,086 | 5 | 5 | 1 | 7 | 2 | 2 | 2 | 5 | 5 | 4 | 6 |
| 1749 | 울산 중구 | 부동산종합부서시스템 소프트웨어 유지보수 | 1 | 9,240 | 5 | 5 | 1 | 7 | 2 | 2 | 2 | 5 | 5 | 4 | 6 |
| 1750 | 울산 중구 | 부동산종합부서시스템 소프트웨어 유지보수 | 1 | 739 | 5 | 4 | 1 | 7 | 2 | 2 | 2 | 5 | 5 | 4 | 6 |
| 1751 | 울산 중구 | 정부e-시스템 유지보수 및 운영지원 | 1 | 10,928 | 5 | 4 | 1 | 7 | 2 | 2 | 2 | 5 | 5 | 4 | 6 |
| 1752 | 울산 동구 | 지방재정관리시스템(e호조+) 유지보수 | 1 | 77,070 | 1 | 7 | 8 | 7 | 5 | 5 | 4 | 5 | 5 | 4 | 6 |
| 1753 | 울산 동구 | 지방세 정보시스템 유지보수 | 1 | 119,171 | 1 | 7 | 8 | 7 | 5 | 5 | 4 | 5 | 5 | 4 | 6 |
| 1754 | 울산 동구 | 고향사랑기부제 종합정보시스템 운영지원 | 1 | 13,043 | 1 | 7 | 8 | 7 | 2 | 2 | 4 | 5 | 5 | 4 | 6 |
| 1755 | 울산 동구 | 표준 지방세외수입 정보시스템 운영지원 | 1 | 61,079 | 5 | 5 | 1 | 7 | 2 | 2 | 4 | 5 | 5 | 4 | 6 |
| 1756 | 울산 동구 | 표준기록관리시스템 유지관리비 | 1 | 41,105 | 5 | 4 | 1 | 7 | 3 | 3 | 4 | 5 | 5 | 4 | 6 |
| 1757 | 울산 동구 | 표준지방인사정보시스템 유지관리 | 1 | 28,080 | 5 | 4 | 1 | 7 | 3 | 3 | 4 | 5 | 5 | 4 | 6 |
| 1758 | 울산 동구 | 우편모아시스템 유지보수 | 1 | 5,860 | 5 | 4 | 1 | 7 | 2 | 3 | 4 | 5 | 5 | 4 | 6 |
| 1759 | 울산 동구 | 공통기반시스템 유지보수 | 1 | 90,740 | 5 | 5 | 1 | 7 | 2 | 2 | 4 | 5 | 5 | 4 | 6 |
| 1760 | 울산 동구 | 온-나라시스템 유지보수 | 1 | 20,830 | 5 | 5 | 1 | 7 | 3 | 3 | 4 | 5 | 5 | 4 | 6 |
| 1761 | 울산 동구 | 차세대주민등록시스템 운영 | 1 | 24,810 | 5 | 5 | 1 | 7 | 3 | 3 | 4 | 5 | 5 | 4 | 6 |
| 1762 | 세종특별자치시 | 모바일 전자고지 안내 시스템 구축 | 1 | 27,550 | 6 | 4 | 7 | 6(초조계약) | 1 | 1 | 4 | 5 | 5 | 4 | 6 |
| 1763 | 세종특별자치시 | 민간클라우드시스템 서비스 이용 | 1 | 659,425 | 5 | 6 | 1 | 1 | 1 | 1 | 1 | 1 | 1 | 1 | 4 |

- 57 -

| 순번 | 시군구 | 정보화사업 사업명<br>·예산서 상 사업명 | 정보화사업 분류<br>1.유지 및 보수<br>2.SW/HW 개발 및 구매<br>3.DB 구축<br>4.정보화 전략계획(ISP) 수립<br>5.기타<br>6.정보화지원 | 2025년 예산<br>(단위:천원/1년간) | 예산 편성근거<br>1.법률에 규정<br>2.국고보조재원<br>3.용도지정기부금<br>4.조례<br>5.자체 및 상위기관 정책<br>6.기타<br>7.해당없음 | 계약체결방법(경쟁형태)<br>1.일반경쟁<br>2.제한경쟁<br>3.지명경쟁<br>4.수의계약<br>5.변경계약<br>6.기타()<br>7.해당없음 | 계약기간<br>1.1년<br>2.2년<br>3.3년<br>4.4년<br>5.5년<br>6.기타()<br>7.단기계약(1년미만)<br>8.해당없음 | 낙찰자 선정방식<br>1.적격심사<br>2.협상에 의한계약<br>3.최저가낙찰제<br>4.규격가격분리<br>5.2단계 경쟁입찰<br>6.기타()<br>7.해당없음 | 평가신청<br>1.내부신청<br>2.외부신청(전문기관에 신청)<br>3.내부외부 모두 신청<br>4.신청無<br>5.해당없음 | 정산방법<br>1.내부정산(자체적으로 정산)<br>2.외부정산(외부전문기관에 정산)<br>3.내부외부 모두 정산<br>4.정산無<br>5.해당없음 | 성과평가 실시여부<br>1.실시<br>2.미실시<br>3.향후 추진<br>4.해당없음 | 성과평가 주기<br>1.매년<br>2.격년<br>3.기간만료전<br>4.기타()<br>5.해당없음 | 성과평가 방법<br>1.자체 평가<br>2.평가단 구성 후 실시(전문위원회)<br>3.전문 평가기관 의뢰<br>4.기타<br>5.해당없음 | 성과평가결과 인센티브 패널티 적용 유무<br>1.적용<br>2.적용 안됨<br>3.기타()<br>4.해당없음 | 인센티브 및 패널티 적용 근거<br>1.법률<br>2.조례<br>3.지침<br>4.계약서<br>5.기타<br>6.해당없음 |
|---|---|---|---|---|---|---|---|---|---|---|---|---|---|---|---|
| 1764 | 세종특별자치시 | 공공데이터 개발 추진 | 5 | 20,000 | 1 | 4 | 7 | 7 | 1 | 1 | 2 | 5 | 5 | 2 | 4 |
| 1765 | 세종특별자치시 | 빅데이터 추진 | 1 | 550,000 | 7 | 2 | 2 | 2 | 1 | 1 | 1 | 3 | 1 | 1 | 4 |
| 1766 | 세종특별자치시 | 표준기록관리시스템 유지보수 등 | 1 | 18,000 | 1 | 4 | 1 | 7 | 1 | 1 | 4 | 5 | 5 | 4 | 6 |
| 1767 | 세종특별자치시 | 중요기록물 DB구축 및 공개 재분류 | 3 | 180,000 | 4 | 2 | 7 | 2 | 1 | 1 | 4 | 5 | 5 | 4 | 6 |
| 1768 | 세종특별자치시 | 세종통계포털시스템 운영관리 | 1 | 33,948 | 1 | 4 | 1 | 3 | 1 | 1 | 4 | 5 | 5 | 4 | 6 |
| 1769 | 세종특별자치시 | 영구저장문서 디지털화 구축 | 3 | 19,800 | 1 | 4 | 7 | 7 | 1 | 1 | 4 | 5 | 5 | 4 | 6 |
| 1770 | 세종특별자치시 | 행정업무 혁신을 위한 로봇업무자동화(RPA) 추진 | 6 | 45,000 | 6 | 4 | 1 | 2 | 1 | 1 | 4 | 5 | 5 | 4 | 6 |
| 1771 | 세종특별자치시 | 사이버침해대응센터 및 정보보안시스템 운영관리 | 1 | 1,067,220 | 1 | 2 | 2 | 7 | 1 | 1 | 3 | 5 | 5 | 4 | 6 |
| 1772 | 세종특별자치시 | 도시관 통합정보시스템 운영 및 수자원유지관리 | 1 | 433,757 | 5 | 4 | 1 | 7 | 1 | 1 | 4 | 5 | 5 | 4 | 6 |
| 1773 | 세종특별자치시 | 공공급식지원센터 통합수발주관리시스템 운영 | 1 | 15,437 | 1 | 2 | 2 | 2 | 1 | 1 | 4 | 5 | 5 | 4 | 6 |
| 1774 | 세종특별자치시 | 교통정보시스템 유지관리 | 1 | 1,181,000 | 1 | 4 | 7 | 1 | 1 | 1 | 4 | 5 | 5 | 4 | 6 |
| 1775 | 세종특별자치시 | 버스정보안내단말기(BIT) 신규 설치 및 노후 교체 | 6 | 100,000 | 1 | 2 | 7 | 2 | 1 | 1 | 1 | 1 | 1 | 4 | 4 |
| 1776 | 세종특별자치시 | 민원콜센터 시스템 관리 | 1 | 19,741 | 4 | 4 | 2 | 7 | 1 | 1 | 4 | 5 | 5 | 4 | 6 |
| 1777 | 세종특별자치시 | 세종시 바컨지변찾기 안내서비스 운영 | 1 | 2,700 | 7 | 4 | 1 | 3 | 1 | 1 | 4 | 5 | 5 | 4 | 6 |
| 1778 | 세종특별자치시 | 부동산정보열람 키오스크 유지관리 | 1 | 21,840 | 7 | 4 | 8 | 7 | 1 | 1 | 4 | 5 | 5 | 4 | 6 |
| 1779 | 세종특별자치시 | 행정정보시스템 운영관리 및 유지관리 | 1 | 734,841 | 1 | 7 | 2 | 2 | 1 | 1 | 1 | 1 | 1 | 4 | 4 |
| 1780 | 세종특별자치시 | 정보자원 전산장비 및 시스템 운영관리 | 1 | 3,152,694 | 1 | 1 | 5 | 2 | 5 | 5 | 2 | 5 | 5 | 4 | 6 |
| 1781 | 세종특별자치시 | 자율적 내부통계시스템 운영 | 2 | 133,430 | 1 | 2 | 1 | 5 | 5 | 1 | 4 | 5 | 5 | 4 | 6 |
| 1782 | 세종특별자치시 | 정보보안 총괄 SW 교체 | 6 | 1,060,096 | 4 | 1 | 8 | 7 | 1 | 1 | 1 | 4(매월) | 1 | 1 | 6 |
| 1783 | 세종특별자치시 | 종합방송운영센터 운영 및 유지보수 | 6 | 16,396 | 5 | 5 | 5 | 7 | 5 | 5 | 4 | 5 | 5 | 4 | 6 |
| 1784 | 세종특별자치시 | BSC 성과관리시스템 유지보수 | 1 | 287,063 | 5 | 2 | 2 | 2 | 5 | 5 | 1 | 5 | 1 | 4 | 6 |
| 1785 | 세종특별자치시 | 정보통신 인프라 조성 | 1 | 10,429 | 7 | 4 | 1 | 3 | 1 | 1 | 4 | 5 | 5 | 4 | 6 |
| 1786 | 세종특별자치시 | 공무원 정보화 역량 개발 | 6 | 526,732 | 4 | 7 | 8 | 7 | 5 | 5 | 4 | 5 | 5 | 4 | 6 |
| 1787 | 세종특별자치시 | 스마트서비스 조성 및 운영 | 1 | 10,300 | 1 | 2 | 2 | 2 | 1 | 1 | 1 | 1 | 1 | 4 | 4 |
| 1788 | 세종특별자치시 | CCTV 구축 및 운영 | 6 | 2,109,296 | 4 | 2 | 7 | 5 | 1 | 1 | 4 | 5 | 5 | 1 | 6 |
| 1789 | 세종특별자치시 | 정보행정 전산시스템 유지관리 | 6 | 1,540,000 | 4 | 2 | 1 | 7 | 1 | 1 | 1 | 1 | 1 | 2 | 4 |
| 1790 | 세종특별자치시 | 세종 대기측정망 정보시스템 유지관리 | 1 | 15,520 | 1 | 4 | 1 | 7 | 1 | 1 | 4 | 5 | 5 | 4 | 6 |
| 1791 | 세종특별자치시 | 세종 건이측정망 정보시스템 유지관리 | 1 | 42,000 | 1 | 4 | 1 | 7 | 1 | 1 | 2 | 5 | 5 | 4 | 6 |
| 1792 | 세종특별자치시 | 마을방송시스템 유지보수 | 1 | 43,000 | 4 | 2 | 1 | 7 | 1 | 1 | 4 | 5 | 5 | 4 | 6 |
| 1793 | 세종특별자치시 | 구조조시스템 운영관리 | 2 | 663,657 | 7 | 2 | 7 | 2 | 1 | 4 | 4 | 5 | 5 | 4 | 6 |
| 1794 | 세종특별자치시 | 소방정보시스템 유지관리 | 1 | 927,179 | 1 | 2 | 2 | 2 | 1 | 4 | 4 | 5 | 5 | 4 | 6 |

| 순번 | 시군구 | 정보화사업 사업명 • 예산서 상의 사업명 | 정보화사업 분류<br>1. 유지 및 보수<br>2. SW/HW 개발 및 구매<br>3. DB 구축<br>4. 정보화전략계획(ISP) 수립<br>5. 정보화지원<br>6. 기타 | 2025년 예산<br>(단위:천원/1년간) | 예산 편성근거<br>1. 법률에 규정<br>2. 국고보조 재원<br>3. 조례<br>4. 지침<br>5. 용도지정기부금<br>6. 기타<br>7. 해당없음 | 계약체결방식(경쟁형태)<br>1. 일반경쟁<br>2. 제한경쟁<br>3. 지명경쟁<br>4. 수의계약<br>5. 내정형<br>6. 기타<br>7. 해당없음 | 정보화사업 입찰방식<br>1. 적격심사<br>2. 협상에 의한계약<br>3. 최저가낙찰제<br>4. 규격가격분리<br>5. 2단계 경쟁입찰<br>6. 기타<br>7. 해당없음 | 계약기간<br>1. 1년<br>2. 2년<br>3. 3년<br>4. 4년<br>5. 5년<br>6. 기타<br>7. 단기계약(1년미만)<br>8. 해당없음 | 정보화사업 예산 산정 원가산정<br>1. 내부산정(자체직원산정)<br>2. 외부산정(전문기관에 산정)<br>3. 내외부 모두 산정<br>4. 신청額<br>5. 해당없음 | 정산방법<br>1. 내부정산(내부직원으로정산)<br>2. 외부정산(외부전문기관에서 정산)<br>3. 내외부 모두 정산<br>4. 정산 無<br>5. 해당없음 | 성과평가 실시여부<br>1. 실시<br>2. 미실시<br>3. 향후 추진<br>4. 해당없음 | 성과평가 주기<br>1. 매년<br>2. 격년<br>3. 기관만료전<br>4. 기타( )<br>5. 해당없음 | 성과평가 방법<br>1. 자체 평가<br>2. 평가단 구성후 실시(전문위원회)<br>3. 전문 평가기관 의뢰<br>4. 기타( )<br>5. 해당없음 | 평가결과 인센티브 및 패널티 적용 유무<br>1. 적용<br>2. 작용 안함<br>3. 기타( )<br>4. 해당없음 | 인센티브 및 패널티 적용 근거<br>1. 법률<br>2. 조례<br>3. 지침<br>4. 계약서<br>5. 기타( )<br>6. 해당없음 |
|---|---|---|---|---|---|---|---|---|---|---|---|---|---|---|---|
| 1795 | 세종특별자치시 | 재난안전통신망 구축운영 | 1 | 34,873 | 1 | 7 | 8 | 8 | 5 | 5 | 4 | 5 | 5 | 4 | 6 |
| 1796 | 세종특별자치시 | 재난예경보시설 운영 | 1 | 550,112 | 1 | 2 | 2 | 2 | 1 | 4 | 1 | 1 | 4 | 1 | 4 |
| 1797 | 세종특별자치시 | 민방위 정보시스템 | 1 | 264,055 | 1 | 2 | 2 | 2 | 1 | 4 | 1 | 1 | 4 | 1 | 4 |
| 1798 | 세종특별자치시 | 노후 민방위 사이렌장비 교체 | 1 | 200,000 | 1 | 2 | 1 | 7 | 1 | 1 | 4 | 5 | 5 | 4 | 6 |
| 1799 | 세종특별자치시 | 재난안전상황실 운영 | 1 | 118,843 | 1 | 7 | 8 | 8 | 5 | 5 | 4 | 5 | 5 | 4 | 6 |
| 1800 | 세종특별자치시 | 스마트 서비스(시민체감형 등) 운영 | 1 | 329,800 | 4 | 2 | 2 | 1 | 1 | 4 | 4 | 5 | 5 | 4 | 6 |
| 1801 | 세종특별자치시 | 스마트 헬스케어(예측건강) 플랫폼 유지관리 | 1 | 170,200 | 4 | 2 | 2 | 1 | 5 | 5 | 4 | 5 | 5 | 4 | 6 |
| 1802 | 세종특별자치시 | 시 홈페이지 통합 운영관리 | 1 | 419,430 | 1 | 2 | 2 | 1 | 1 | 1 | 1 | 1 | 1 | 1 | 5 |
| 1803 | 세종특별자치시 | 청체세종 운영관리시스템 | 1 | 2,500 | 4 | 4 | 6 | 1 | 1 | 1 | 4 | 5 | 5 | 4 | 6 |
| 1804 | 세종특별자치시 | 시의회 홈페이지 유지보수 | 1 | 20,910 | 1 | 4 | 7 | 1 | 1 | 1 | 1 | 5 | 5 | 4 | 6 |
| 1805 | 세종특별자치시 | 의안처리시스템 유지보수 | 1 | 31,100 | 7 | 4 | 7 | 1 | 1 | 1 | 2 | 5 | 5 | 4 | 6 |
| 1806 | 세종특별자치시 | 의정포털시스템 유지보수 | 6 | 13,020 | 1 | 4 | 7 | 1 | 1 | 1 | 2 | 5 | 5 | 4 | 6 |
| 1807 | 세종특별자치시 | 정보통신조조기기 지원 | 6 | 104,244 | 2 | 7 | 1 | 8 | 5 | 5 | 4 | 5 | 5 | 4 | 6 |
| 1808 | 세종특별자치시 | 정보화 정보화 교육 | 6 | 21,138 | 2 | 6 | 2 | 1 | 5 | 5 | 2 | 1 | 1 | 2 | 6 |
| 1809 | 세종특별자치시 | 디지털배움터 교육 | 5 | 20,800 | 5 | 1 | 1 | 8 | 1 | 1 | 1 | 5 | 5 | 4 | 4 |
| 1810 | 세종특별자치시 | 시민정보화교육 | 6 | 86,224 | 5 | 7 | 2 | 3 | 1 | 1 | 4 | 5 | 5 | 4 | 6 |
| 1811 | 세종특별자치시 | 대중교통 혁신 추진 | 6 | 700,000 | 4 | 4 | 2 | 3 | 2 | 1 | 1 | 1 | 2 | 4 | 6 |
| 1812 | 세종특별자치시 | 이동약자 5G지원서비스 로봇 실증사업 | 4 | 1,250,000 | 1 | 7 | 7 | 3 | 2 | 2 | 1 | 1 | 2 | 4 | 6 |
| 1813 | 세종특별자치시 | 사기민 디지털통합돌봄서비스 케어 실증사업 | 6 | 1,000,000 | 1 | 7 | 7 | 1 | 2 | 2 | 2 | 1 | 2 | 4 | 6 |
| 1814 | 세종특별자치시 | 세종행복교육지원센터 운영 | 3 | 8,067 | 7 | 6 | 6 | 1 | 1 | 1 | 4 | 5 | 5 | 4 | 6 |
| 1815 | 세종특별자치시 | 세종형 스마트 농정관리시스템 운영 | 1 | 252,000 | 5 | 4 | 7 | 8 | 5 | 1 | 4 | 5 | 5 | 4 | 6 |
| 1816 | 세종특별자치시 | 시티투어 예약시스템 유지보수 및 운영 | 1 | 15,000 | 5 | 4 | 1 | 1 | 1 | 1 | 4 | 5 | 5 | 4 | 6 |
| 1817 | 세종특별자치시 | 버스종합관리시스템(BMS) 구축 유지관리 | 1 | 55,789 | 7 | 4 | 2 | 7 | 1 | 1 | 4 | 5 | 5 | 4 | 4 |
| 1818 | 세종특별자치시 | 부동산종합공부시스템(도로명) 유지관리 | 1 | 5,400 | 7 | 4 | 7 | 1 | 1 | 1 | 4 | 5 | 5 | 4 | 6 |
| 1819 | 세종특별자치시 | 도시계획정보시스템(UPIS) DB 등 유지관리 | 3 | 16,200 | 1 | 4 | 7 | 7 | 1 | 1 | 2 | 1 | 2 | 4 | 6 |
| 1820 | 세종특별자치시 | 공간정보 통합플랫폼 구축운영 | 3 | 803,321 | 7 | 6 | 6 | 1 | 1 | 1 | 4 | 5 | 5 | 4 | 6 |
| 1821 | 세종특별자치시 | 인사관리시스템 유지보수 | 1 | 21,000 | 5 | 4 | 7 | 8 | 5 | 1 | 4 | 5 | 5 | 4 | 6 |
| 1822 | 수원특례시 | 표준기록관리시스템(RMS) S/W 유지관리 | 1 | 16,000 | 5 | 4 | 7 | 1 | 1 | 1 | 4 | 5 | 5 | 4 | 6 |
| 1823 | 수원특례시 | 온라인 채용 웹사이트 유지관리 | 1 | 15,000 | 7 | 4 | 7 | 1 | 1 | 1 | 4 | 5 | 5 | 4 | 4 |
| 1824 | 경기 성남시 | 비전정보 펼지(휼페이지) 운영 | 1 | 21,960 | 4 | 4 | 1 | 1 | 1 | 1 | 4 | 5 | 5 | 4 | 6 |
| 1825 | 경기 성남시 | 플랜티A 상담서비스 유지관리 | 1 | 20,367 | 4 | 4 | 7 | 1 | 1 | 1 | 4 | 5 | 5 | 4 | 4 |

| 순번 | 시군구 | 정보화사업 사업명 · 예산편성 사업명 | 정보화사업 분류 | 2025년 예산 (단위:천원/1년간) | 예산 편성근거 | 계약체결방법 | 정보화사업 입찰방식 계약기간 | 낙찰자 선정방식 | 정보화사업 예산 산정 할계산정 | 정산방법 | 성과평가 실시여부 | 성과평가 주기 | 성과평가 방법 | 성과평가결과 인센티브 페널티 적용 유무 | 평가결과 적용 인센티브 및 페널티 적용 근거 |
|---|---|---|---|---|---|---|---|---|---|---|---|---|---|---|---|
| 1826 | 경기 성남시 | 콜센터 상담서비스 신규 시나리오 추가 | 2 | 19,000 | 4 | 4 | 7 | 3 | 1 | 1 | 4 | 5 | 5 | 4 | 4 |
| 1827 | 경기 성남시 | 콜센터 시스템 유지관리 | 1 | 64,000 | 4 | 4 | 1 | 7 | 1 | 1 | 4 | 5 | 5 | 4 | 4 |
| 1828 | 경기 성남시 | 행정운용 소프트웨어 | 2 | 497,041 | 1 | 1 | 1 | 7 | 1 | 1 | 4 | 5 | 5 | 4 | 4 |
| 1829 | 경기 성남시 | 성남시 홈페이지 유지관리 용역 | 1 | 224,400 | 5 | 1 | 1 | 2 | 3 | 3 | 1 | 1 | 1 | 1 | 4 |
| 1830 | 경기 성남시 | 성남시 홈페이지 전면 개편 | 2 | 623,754 | 5 | 1 | 1 | 2 | 3 | 3 | 1 | 1 | 1 | 1 | 4 |
| 1831 | 경기 성남시 | 운영 장학교육복지 사업 | 5 | 8,740 | 4 | 7 | 8 | 7 | 5 | 5 | 4 | 5 | 5 | 4 | 6 |
| 1832 | 경기 성남시 | 디지털배움터 추진 | 5 | 2,619 | 5 | 7 | 8 | 7 | 1 | 1 | 4 | 5 | 5 | 4 | 6 |
| 1833 | 경기 성남시 | 2025~2026년 행정정보시스템 통합유지관리 | 1 | 197,600 | 5 | 1 | 2 | 2 | 1 | 1 | 2 | 5 | 5 | 4 | 6 |
| 1834 | 경기 성남시 | 2025년 정보포털·디지털사장 통합유지관리 | 1 | 128,767 | 5 | 5 | 1 | 7 | 1 | 2 | 4 | 5 | 5 | 4 | 6 |
| 1835 | 경기 성남시 | 공통기반 및 재해복구시스템 유지관리 | 1 | 188,563 | 5 | 5 | 7 | 3 | 1 | 1 | 4 | 5 | 5 | 4 | 6 |
| 1836 | 경기 성남시 | 공통기반2 시스템 보조서비(대체) | 2 | 88,000 | 5 | 1 | 8 | 7 | 4 | 4 | 4 | 5 | 5 | 4 | 6 |
| 1837 | 경기 성남시 | 헬기인기 라이선스 구매 | 1 | 74,800 | 5 | 4 | 7 | 3 | 1 | 1 | 4 | 5 | 5 | 4 | 6 |
| 1838 | 경기 성남시 | 전자문서 통합검색서비스 기능개선 | 2 | 10,000 | 5 | 5 | 1 | 6 | 1 | 1 | 2 | 5 | 5 | 4 | 6 |
| 1839 | 경기 성남시 | 온나라 문서시스템 운영유지관리 | 1 | 116,557 | 5 | 2 | 1 | 6 | 1 | 2 | 4 | 5 | 5 | 4 | 6 |
| 1840 | 경기 성남시 | 2025년 성남시 행정포털시스템 개편 | 2 | 69,500 | 5 | 2 | 8 | 6 | 1 | 1 | 2 | 5 | 5 | 4 | 6 |
| 1841 | 경기 성남시 | 정보호서비스 및 사이버보안관계 운영 | 1 | 404,325 | 1 | 4 | 7 | 2 | 1 | 1 | 4 | 5 | 5 | 4 | 4 |
| 1842 | 경기 성남시 | 온라인 유지보수 통제 시스템 구축 | 2 | 50,400 | 5 | 2 | 2 | 7 | 1 | 1 | 4 | 5 | 5 | 4 | 4 |
| 1843 | 경기 성남시 | 2025~2026 교통관리시스템 유지보수 장기계속 1차 | 1 | 166,620 | 5 | 1 | 2 | 3 | 1 | 1 | 1 | 1 | 1 | 4 | 4 |
| 1844 | 경기 성남시 | 통합관리시스템 교체 | 2 | 22,000 | 1 | 2 | 8 | 6 | 1 | 1 | 4 | 5 | 5 | 4 | 4 |
| 1845 | 경기 성남시 | 지전자통 방지용 면담이블 구매설치 | 5 | 62,147 | 7 | 4 | 8 | 6 | 1 | 1 | 4 | 5 | 5 | 4 | 4 |
| 1846 | 경기 성남시 | 통신기계 항온항습기 교체 | 1 | 49,500 | 5 | 1 | 8 | 6 | 1 | 1 | 2 | 5 | 5 | 4 | 4 |
| 1847 | 경기 성남시 | 2025~2026년 정보통신 시스템 통합유지보수 용역 | 1 | 211,000 | 5 | 2 | 8 | 6 | 1 | 1 | 2 | 5 | 5 | 4 | 4 |
| 1848 | 경기 성남시 | 도로 도연을 통한 공간정보 구축 | 1 | 15,640 | 1 | 4 | 7 | 1 | 1 | 1 | 4 | 4 | 4 | 4 | 4 |
| 1849 | 경기 성남시 | 공간정보체계 DB구축 유지관리 | 3 | 441,508 | 5 | 2 | 7 | 2 | 1 | 1 | 4 | 5 | 5 | 4 | 4 |
| 1850 | 경기 성남시 | 드론 활용 지하시설물 3차원 데이터 구축 | 3 | 300,000 | 1 | 2 | 7 | 2 | 1 | 1 | 4 | 5 | 5 | 4 | 4 |
| 1851 | 경기 성남시 | 공간정보시스템 통합유지관리 | 1 | 165,000 | 1 | 1 | 1 | 2 | 1 | 1 | 4 | 5 | 5 | 4 | 4 |
| 1852 | 경기 성남시 | 새운용관리시스템(가상개최) 유지관리 | 1 | 19,920 | 7 | 4 | 1 | 7 | 1 | 1 | 4 | 4 | 4 | 4 | 4 |
| 1853 | 경기 성남시 | 평생학습 통합플랫폼 유지관리 | 1 | 75,810 | 1 | 1 | 8 | 1 | 4 | 4 | 2 | 5 | 5 | 4 | 6 |
| 1854 | 경기 성남시 | 소프트웨어 구입 | 1 | 158,750 | 5 | 4 | 1 | 7 | 1 | 1 | 4 | 5 | 5 | 4 | 6 |
| 1855 | 경기 성남시 | 호스팅 및 코로케이션 | 1 | 392,400 | 5 | 4 | 1 | 7 | 1 | 1 | 4 | 5 | 5 | 4 | 6 |
| 1856 | 경기 성남시 | 본인인증서비스 | 1 | 3,000 | 5 | 4 | 1 | 7 | 1 | 1 | 4 | 5 | 5 | 4 | 6 |

- 60 -

| 순번 | 시.군.구 | 정보화사업명<br>· 예산사업 상세 사업명 | 정보화사업 분류<br>1.유지 및 보수<br>2.SW/HW<br>개발 및 구매<br>3.DB 구축<br>4.정보화<br>전략계획<br>(ISP) 수립<br>5.정보화지원<br>6.기타 | 2025년<br>예산<br>(단위:천원<br>/1년간) | 예산 편성근거<br>1.법률에 규정<br>2.국고보조재원<br>3.용도조정기부금<br>4.조례<br>5.지자체 및<br>상위기관 정책<br>6.기타<br>7.해당없음 | 계약계결방법<br>(경쟁형태)<br>1.일반경쟁<br>2.제한경쟁<br>3.지명경쟁<br>4.수의계약<br>5.법정위탁<br>6.기타( )<br>7.해당없음 | 정보화사업 입찰방식<br>계약기간<br>1.1년<br>2.2년<br>3.3년<br>4.4년<br>5.5년<br>6.기타<br>7.단가계약<br>( 1년미만)<br>8.해당없음 | 낙찰자 선정방법<br>1.적격심사<br>2.협상에 의한계약<br>3.최저가낙찰제<br>4.규격가격분리<br>5.2단계 경쟁입찰<br>6.기타( )<br>7.해당없음 | 정보화사업<br>원가산정<br>1.내부산정<br>(자체적으로 산정)<br>2.외부산정<br>(전문기관에서 산정)<br>3.내외부 모두 산정<br>4.산정 無<br>5.해당없음 | 정보화사업 예산 산정<br>정산방법<br>1.내부정산<br>(자체적으로 정산)<br>2.외부정산<br>(외부전문기관위탁<br>정산)<br>3.내외부 모두 정산<br>4.정산 無<br>5.해당없음 | 성과평가<br>실시여부<br>1.실시<br>2.미실시<br>3.향후 추진<br>4.해당없음 | 성과평가<br>성과평가 주기<br>1.매년<br>2.격년<br>3.기간만료전<br>4.기타( )<br>5.해당없음 | 성과평가 방법<br>1.자체 평가<br>2.평가단<br>구성후 실시<br>(전문위원회)<br>3.전문<br>평가기관 의뢰<br>4.기타( )<br>5.해당없음 | 평가결과 적용<br>성과평가와<br>인센티브<br>패널티 적용<br>유무<br>1.적용<br>2.적용 안함<br>3.기타( )<br>4.해당없음 | 인센티브 및<br>패널티 적용<br>근거<br>1.법률<br>2.조례<br>3.지침<br>4.계약서<br>5.기타( )<br>6.해당없음 |
|---|---|---|---|---|---|---|---|---|---|---|---|---|---|---|---|
| 1857 | 경기 성남시 | 복합기 임차 | 1 | 8,400 | 1 | 4 | 1 | 7 | 1 | 1 | 4 | 5 | 5 | 4 | 6 |
| 1858 | 경기 성남시 | 통신요금 | 1 | 64,440 | 1 | 4 | 1 | 7 | 1 | 1 | 4 | 5 | 5 | 4 | 6 |
| 1859 | 경기 성남시 | 정보시스템 통합 유지관리 | 1 | 334,143 | 1 | 1 | 1 | 2 | 3 | 1 | 1 | 1 | 1 | 4 | 4 |
| 1860 | 경기 성남시 | 성남시 미래도서관(홈페이지 운영) | 1 | 26,000 | 1 | 4 | 1 | 7 | 1 | 1 | 4 | 5 | 5 | 4 | 6 |
| 1861 | 경기 성남시 | AI 기반 청소년어항진단 온라인관리 플랫폼 구축 | 1 | 50,000 | 1 | 4 | 1 | 7 | 2 | 2 | 4 | 5 | 5 | 4 | 6 |
| 1862 | 경기 성남시 | 관광전자지도 홈페이지 서버 유지관리 | 1 | 1,440 | 7 | 4 | 1 | 7 | 3 | 3 | 4 | 5 | 5 | 4 | 4 |
| 1863 | 경기 성남시 | 신해철거리 홈페이지 및 서버 유지관리 | 1 | 3,770 | 7 | 4 | 1 | 7 | 1 | 1 | 4 | 5 | 5 | 4 | 4 |
| 1864 | 경기 성남시 | 환경생태학습원 홈페이지 유지관리 | 1 | 9,388 | 6 | 4 | 1 | 7 | 1 | 1 | 4 | 5 | 5 | 4 | 4 |
| 1865 | 경기 성남시 | 성남에듀투어 웹 유지보수 | 1 | 13,500 | 6 | 4 | 1 | 7 | 1 | 1 | 4 | 5 | 5 | 4 | 4 |
| 1866 | 경기 성남시 | 성남 전통 홈페이지 | 1 | 6,792 | 5 | 4 | 1 | 7 | 1 | 1 | 4 | 5 | 5 | 4 | 4 |
| 1867 | 경기 성남시 | 성남시 도시계획정보체계(UPIS) DB 현행화 용역 | 3 | 77,350 | 5 | 7 | 2 | 2 | 1 | 1 | 3 | 1 | 1 | 2 | 4 |
| 1868 | 경기 성남시 | 부동산종합공부 MapPrime 유지보수 용역 | 1 | 8,700 | 5 | 4 | 1 | 7 | 2 | 1 | 2 | 5 | 5 | 4 | 4 |
| 1869 | 경기 성남시 | 부동산종합공부 CubeOne 유지보수 용역 | 1 | 3,128 | 5 | 2 | 1 | 2 | 2 | 1 | 2 | 5 | 5 | 4 | 4 |
| 1870 | 경기 성남시 | 영구전자기록물 전산화 및 DB입출력화 | 3 | 17,100 | 5 | 4 | 7 | 7 | 2 | 1 | 2 | 5 | 5 | 4 | 4 |
| 1871 | 경기 성남시 | 주소정보관리시스템 홈페이지 구축 | 1 | 19,670 | 7 | 5 | 1 | 7 | 2 | 1 | 2 | 5 | 5 | 4 | 4 |
| 1872 | 경기 성남시 | 디지털 주소정보 플랫폼 구축 | 3 | 33,250 | 7 | 5 | 1 | 7 | 2 | 1 | 2 | 5 | 5 | 4 | 4 |
| 1873 | 경기 성남시 | 상하수도관로시스템 | 2 | 21,120 | 7 | 4 | 8 | 7 | 1 | 1 | 4 | 5 | 5 | 4 | 4 |
| 1874 | 경기 성남시 | 성남시 상수도 원격검침 시스템 | 2 | 19,361 | 4 | 4 | 8 | 7 | 1 | 1 | 2 | 5 | 5 | 2 | 5 |
| 1875 | 경기 성남시 | 도서관 정보시스템 통합유지보수비 | 1 | 444,480 | 7 | 2 | 1 | 2 | 1 | 1 | 4 | 5 | 5 | 4 | 4 |
| 1876 | 경기 성남시 | 도서관사업소 통합홈페이지 기능개선 | 1 | 20,000 | 1 | 4 | 1 | 7 | 1 | 1 | 4 | 5 | 5 | 4 | 4 |
| 1877 | 경기 성남시 | 도서관사업소 도서관리시스템 기능개선 | 2 | 20,000 | 7 | 4 | 1 | 7 | 1 | 1 | 4 | 5 | 5 | 4 | 4 |
| 1878 | 경기 성남시 | 도서관 통합 DB시스템 | 2 | 199,000 | 7 | 7 | 8 | 7 | 1 | 1 | 4 | 5 | 5 | 4 | 6 |
| 1879 | 경기 성남시 | 침입방지시스템 | 2 | 35,169 | 4 | 7 | 8 | 7 | 1 | 1 | 4 | 5 | 5 | 4 | 6 |
| 1880 | 경기 성남시 | 박물관 홈페이지 유지보수 | 1 | 12,000 | 5 | 4 | 1 | 7 | 1 | 1 | 4 | 5 | 5 | 4 | 6 |
| 1881 | 경기 성남시 | 판교박물관 홈페이지 유지보수 | 1 | 9,000 | 5 | 4 | 1 | 7 | 1 | 1 | 4 | 5 | 5 | 4 | 6 |
| 1882 | 경기 성남시 | 판교제로시티 스마트 전시안내 시스템 용역개선 | 1 | 19,000 | 1 | 4 | 1 | 7 | 1 | 1 | 4 | 5 | 5 | 4 | 6 |
| 1883 | 경기 성남시 | 2025년 수정구 홈페이지 유지관리 용역 | 2 | 13,100 | 1 | 4 | 1 | 7 | 5 | 5 | 2 | 5 | 5 | 4 | 4 |
| 1884 | 경기 성남시 | 행정업무용 컨신장비 구입 | 2 | 130,250 | 1 | 7 | 8 | 7 | 5 | 5 | 2 | 5 | 5 | 4 | 4 |
| 1885 | 경기 성남시 | 시민보호교육 | 4 | 40,278 | 4 | 7 | 8 | 7 | 5 | 5 | 2 | 5 | 5 | 4 | 4 |
| 1886 | 경기 성남시 | 2025년 수정구 정보통신장비 유지관리 | 1 | 10,779 | 1 | 4 | 1 | 7 | 1 | 1 | 4 | 5 | 5 | 4 | 4 |
| 1887 | 경기 성남시 | 행정용 스위치(대체) | 2 | 38,204 | 7 | 7 | 8 | 7 | 5 | 5 | 4 | 5 | 5 | 4 | 4 |

| 순번 | 시군구 | 정보화사업 사업명<br>·예산서 상 사업명 | 정보화사업 분류<br>1.유지 및 보수<br>2.SW/HW 개발 및 구매<br>3.DB 구축<br>4.정보화 전략계획(ISP) 수립<br>5.정보화지원<br>6.기타 | 2025년 예산<br>(단위:천원/1년간) | 예산 편성근거<br>1.법률에 규정<br>2.국고보조재원<br>3.도·도지정교부금<br>4.조례<br>5.지자체 및 상위기관 정책<br>6.기타<br>7.해당없음 | 계약체결방법(경쟁형태)<br>1.일반경쟁<br>2.제한경쟁<br>3.지명경쟁<br>4.수의계약<br>5.법정위탁<br>6.기타<br>7.해당없음 | 정보화사업 입찰방식<br>계약기간<br>1.1년 2.2년 3.3년 4.4년 5.5년 6.기타 7.단기계약(1년미만) 8.해당없음 | 낙찰자 선정방식<br>1.적격심사<br>2.협상에의한계약<br>3.최저가낙찰제<br>4.규격계약<br>5.2단계 경쟁입찰<br>6.기타<br>7.해당없음 | 정보화사업 예산 산정<br>평가신청<br>1.내부신청<br>2.외부신청<br>3.내·외부 모두 신청<br>4.신청 無<br>5.해당없음 | 정산방법<br>1.내부정산(자체적으로 정산)<br>2.외부정산(외부전문기관위탁 정산)<br>3.내·외부 모두 정산<br>4.정산 無<br>5.해당없음 | 성과평가 실시여부<br>1.실시<br>2.미실시<br>3.향후 추진<br>4.해당없음 | 성과평가<br>성과평가 주기<br>1.매년<br>2.격년<br>3.기간만료전<br>4.기타<br>5.해당없음 | 성과평가 방법<br>1.자체 평가<br>2.평가단 구성후실시(전문위원회등)<br>3.전문 평가기관 의뢰<br>4.기타<br>5.해당없음 | 평가결과 적용<br>성과평가결과 인센티브 및 페널티 적용 유무<br>1.적용<br>2.적용 안함<br>3.기타()<br>4.해당없음 | 인센티브 및 페널티 적용 근거<br>1.법률<br>2.조례<br>3.지침<br>4.계약서<br>5.기타<br>6.해당없음 |
|---|---|---|---|---|---|---|---|---|---|---|---|---|---|---|---|
| 1888 | 경기 성남시 | 2025년 중원구 홈페이지 유지관리 | 1 | 13,100 | 5 | 4 | 1 | 7 | 1 | 1 | 1 | 1 | 1 | 2 | 2 |
| 1889 | 경기 성남시 | 정보통신장비 유지관리비 | 1 | 10,200 | 1 | 4 | 2 | 7 | 1 | 1 | 2 | 5 | 5 | 2 | 6 |
| 1890 | 경기 성남시 | 정보통신장비 유지관리비 | 1 | 13,000 | 5 | 4 | 1 | 7 | 1 | 1 | 4 | 5 | 5 | 4 | 6 |
| 1891 | 경기 성남시 | 시민정보화교육 운영 | 5 | 35,026 | 4 | 7 | 8 | 7 | 1 | 1 | 4 | 5 | 5 | 4 | 6 |
| 1892 | 경기 성남시 | 구정 및 동 홈페이지 유지관리 | 1 | 13,100 | 5 | 4 | 1 | 7 | 1 | 1 | 4 | 5 | 5 | 4 | 6 |
| 1893 | 경기 성남시 | 정보시스템 전산장비 | 2 | 100,500 | 5 | 7 | 8 | 7 | 1 | 1 | 4 | 5 | 5 | 4 | 6 |
| 1894 | 경기 성남시 | 정보시스템 통합 유지보수 | 1 | 88,500 | 5 | 2 | 2 | 2 | 1 | 1 | 4 | 5 | 5 | 4 | 6 |
| 1895 | 경기 성남시 | 전산시스템 통합 유지보수 | 1 | 94,700 | 5 | 2 | 2 | 2 | 1 | 1 | 4 | 5 | 5 | 4 | 6 |
| 1896 | 경기 성남시 | 센터 홈페이지 유지보수 | 1 | 6,882 | 5 | 4 | 7 | 7 | 1 | 1 | 4 | 5 | 5 | 4 | 6 |
| 1897 | 경기 성남시 | 성과평가외재단 홈페이지 유지보수 | 1 | 38,000 | 6 | 4 | 1 | 6 | 1 | 1 | 4 | 5 | 5 | 4 | 4 |
| 1898 | 경기 성남시 | 인사평가제도 시스템 사용료 | 1 | 5,000 | 6 | 7 | 1 | 7 | 1 | 1 | 4 | 5 | 5 | 4 | 4 |
| 1899 | 경기 성남시 | 소프트웨어 | 2 | 93,000 | 6 | 2 | 7 | 7 | 1 | 1 | 4 | 5 | 5 | 4 | 4 |
| 1900 | 경기 성남시 | 전산실 백업 등 사용기간 연장 | 2 | 8,850 | 6 | 7 | 1 | 6 | 1 | 1 | 4 | 5 | 5 | 4 | 4 |
| 1901 | 경기 성남시 | 전산장비유지보수비 | 1 | 50,000 | 6 | 4 | 1 | 1 | 1 | 1 | 4 | 5 | 5 | 4 | 4 |
| 1902 | 경기 성남시 | 홈라우드 사용료 | 1 | 100,000 | 6 | 2 | 1 | 7 | 1 | 1 | 4 | 5 | 5 | 4 | 4 |
| 1903 | 경기 성남시 | 업무용 정보시스템 유지관리 | 1 | 21,804 | 6 | 4 | 1 | 6 | 1 | 1 | 4 | 5 | 5 | 4 | 4 |
| 1904 | 경기 성남시 | 아토웨어 소프트웨어 유지보수 | 2 | 4,320 | 6 | 7 | 1 | 6 | 1 | 1 | 4 | 5 | 5 | 4 | 4 |
| 1905 | 경기 성남시 | 홈페이지 운영 | 1 | 55,000 | 5 | 4 | 1 | 7 | 1 | 1 | 1 | 1 | 1 | 4 | 4 |
| 1906 | 경기 성남시 | 아토웨어 소프트웨어 사용료 | 2 | 8,800 | 5 | 7 | 1 | 7 | 1 | 1 | 4 | 5 | 5 | 4 | 4 |
| 1907 | 경기 성남시 | 마송권 홈페이지 유지보수 | 1 | 8,142 | 6 | 4 | 1 | 6 | 1 | 1 | 4 | 5 | 5 | 4 | 4 |
| 1908 | 경기 성남시 | 미디어 편집/제작 소프트웨어 구매 및 구독비 | 2 | 3,000 | 6 | 4 | 3 | 7 | 1 | 5 | 1 | 1 | 1 | 4 | 4 |
| 1909 | 경기 성남시 | 홈페이지유지보수비 | 1 | 20,000 | 6 | 7 | 2 | 2 | 5 | 5 | 4 | 5 | 5 | 4 | 4 |
| 1910 | 경기 성남시 | 소프트웨어 구입 | 2 | 15,000 | 6 | 4 | 1 | 7 | 1 | 1 | 4 | 5 | 5 | 4 | 4 |
| 1911 | 경기 성남시 | 홈페이지 유지보수비 | 1 | 10,700 | 6 | 7 | 7 | 7 | 1 | 1 | 4 | 5 | 5 | 4 | 4 |
| 1912 | 경기 성남시 | 홈페이지 유지관리 | 1 | 25,000 | 6 | 4 | 1 | 6 | 1 | 1 | 4 | 5 | 5 | 4 | 4 |
| 1913 | 경기 성남시 | 전산시스템 유지관리 | 1 | 8,800 | 5 | 7 | 1 | 7 | 1 | 1 | 1 | 1 | 1 | 4 | 4 |
| 1914 | 경기 성남시 | 민간클라우드 서비스 이용 | 1 | 55,200 | 5 | 4 | 3 | 7 | 5 | 5 | 4 | 5 | 5 | 4 | 4 |
| 1915 | 경기 성남시 | CCTV 유지보수 용역 | 2 | 1,563,857 | 6 | 1 | 2 | 2 | 1 | 1 | 4 | 5 | 5 | 4 | 4 |
| 1916 | 경기 성남시 | 중원구 안전사각지대 생활안전 CCTV 설치 | 2 | 300,000 | 6 | 1 | 7 | 7 | 1 | 1 | 4 | 5 | 5 | 4 | 6 |
| 1917 | 경기 성남시 | 지능형 CCTV 확대사업 | 2 | 900,000 | 6 | 1 | 7 | 7 | 1 | 1 | 4 | 5 | 5 | 4 | 6 |
| 1918 | 경기 성남시 | 생활안전 CCTV 카메라(대체) | 2 | 330,000 | 6 | 1 | 7 | 7 | 1 | 1 | 4 | 5 | 5 | 4 | 6 |

| 순번 | 시군구 | 정보화사업 사업명<br>·예산서 상의 사업명 | 정보화사업 분류<br>1.유지 및 보수<br>2.SW/HW 개발 및 구매<br>3.DB 구축<br>4.정보화전략계획(ISP) 수립<br>5.정보화자원<br>6.기타 | 2025년 예산<br>(단위:천원/1년간) | 예산 편성근거<br>1.법률에 규정<br>2.국고보조재원<br>3.용도지정기부금<br>4.조례<br>5.지자체 및 상위기관 정책<br>6.기타<br>7.해당없음 | 계약체결방법 (경쟁형태)<br>1.일반경쟁<br>2.제한경쟁<br>3.지명경쟁<br>4.수의계약<br>5.법정위탁<br>6.기타( )<br>7.해당없음 | 정보화사업 입찰방식 계약기간<br>1.1년<br>2.2년<br>3.3년<br>4.4년<br>5.5년<br>6.기타<br>7.단기계약(1년미만)<br>8.해당없음 | 낙찰자 선정방법<br>1.적격심사<br>2.협상에 의한계약<br>3.최저가낙찰제<br>4.규격가격분리<br>5.2단계 경쟁입찰<br>6.기타( )<br>7.해당없음 | 정보화사업 예산 산정 원가산정<br>1.내부산정(자체적으로 산정)<br>2.외부산정(전문기관위탁)<br>3.내외부 모두 산정<br>4.산정 無<br>5.해당없음 | 정산방법<br>1.내부정산(자체적으로 정산)<br>2.외부정산(공부기관위탁 정산)<br>3.내외부 모두 정산<br>4.정산 無<br>5.해당없음 | 성과평가 실시여부<br>1.실시<br>2.미실시<br>3.향후 추진<br>4.해당없음 | 성과평가 주기<br>1.매년<br>2.격년<br>3.기간단축연<br>4.기타( )<br>5.해당없음 | 성과평가 방법<br>1.자체 평가<br>2.평가단 구성후 실시(전문위원회)<br>3.전문 평가기관 의뢰<br>4.기타( )<br>5.해당없음 | 평가결과 인센티브 및 패널티 적용 유무<br>1.적용<br>2.적용 안함<br>3.기타( )<br>4.해당없음 | 인센티브 및 패널티 적용 근거<br>1.법률<br>2.조례<br>3.지침<br>4.계약서<br>5.기타( )<br>6.해당없음 |
|---|---|---|---|---|---|---|---|---|---|---|---|---|---|---|---|
| 1919 | 경기 성남시 | 스마트빌리지 보급 및 확산사업 | 4 | 3,294,000 | 2 | 1 | 3 | 2 | 1 | 4 | 4 | 5 | 5 | 4 | 6 |
| 1920 | 경기 성남시 | 지역밀착형 생활SOC 스마트화 사업 통합 유지관리 | 1 | 57,250 | 6 | 4 | 1 | 7 | 1 | 1 | 4 | 5 | 5 | 4 | 6 |
| 1921 | 경기 성남시 | 디지털기반 시설물 안전관리시스템 유지관리 | 1 | 141,450 | 6 | 1 | 2 | 2 | 1 | 1 | 4 | 5 | 5 | 4 | 6 |
| 1922 | 경기 성남시 | 도시정보 통합유지보수 용역 | 1 | 259,000 | 6 | 1 | 2 | 2 | 1 | 1 | 4 | 5 | 5 | 4 | 6 |
| 1923 | 경기 성남시 | 공공와이파이 통합유지보수 용역 | 1 | 226,356 | 6 | 1 | 2 | 2 | 1 | 1 | 4 | 5 | 5 | 4 | 6 |
| 1924 | 경기 성남시 | 스마트 그린안전 쉼터 유지관리 | 1 | 72,827 | 6 | 4 | 7 | 7 | 1 | 1 | 4 | 5 | 5 | 4 | 6 |
| 1925 | 경기 성남시 | 통보관 키오스크 및 계원기 유지관리비 | 1 | 4,860 | 1 | 4 | 1 | 7 | 1 | 1 | 1 | 1 | 1 | 1 | 3 |
| 1926 | 경기 성남시 | 무인주차관제시스템 구축 사업 | 2 | 45,000 | 6 | 6 | 1 | 6 | 4 | 4 | 4 | 5 | 5 | 4 | 6 |
| 1927 | 경기 성남시 | 방호관리시스템 유지관리 | 1 | 21,978 | 5 | 4 | 7 | 7 | 1 | 1 | 4 | 5 | 5 | 4 | 6 |
| 1928 | 경기 성남시 | 복정정수장 제3정수장 스마트공정시스템 구축 | 2 | 95,000 | 5 | 7 | 1 | 7 | 1 | 1 | 4 | 5 | 5 | 4 | 6 |
| 1929 | 경기 성남시 | 식물원 홈페이지 유지관리비 | 1 | 7,700 | 4 | 4 | 1 | 1 | 1 | 1 | 4 | 5 | 5 | 2 | 4 |
| 1930 | 경기 성남시 | 의료영상저장전송시스템(PACS) 유지보수 | 1 | 5,940 | 5 | 4 | 2 | 7 | 1 | 1 | 4 | 5 | 5 | 4 | 4 |
| 1931 | 경기 성남시 | PACS시스템 유지보수 | 1 | 5,940 | 5 | 1 | 1 | 7 | 1 | 1 | 4 | 5 | 4 | 4 | 4 |
| 1932 | 경기 성남시 | 상용 운영 몸 운영 용역 | 1 | 22,000 | 1 | 4 | 7 | 3 | 1 | 1 | 4 | 1 | 1 | 4 | 6 |
| 1933 | 경기 성남시 | 계약정보공개시스템 | 1 | 5,580 | 5 | 4 | 1 | 7 | 1 | 1 | 4 | 5 | 4 | 4 | 4 |
| 1934 | 경기 성남시 | 공용차량 모빌리티(IoT) 플랫폼 유지관리비 | 1 | 11,616 | 5 | 4 | 1 | 7 | 1 | 1 | 4 | 5 | 5 | 4 | 4 |
| 1935 | 경기 성남시 | 성남시청사 CCTV 유지관리 | 1 | 18,291 | 7 | 4 | 1 | 7 | 5 | 5 | 4 | 5 | 5 | 4 | 4 |
| 1936 | 경기 성남시 | 성남시청사 IP관리시스템 유지관리(CCTV 등) | 1 | 1,942 | 7 | 4 | 1 | 7 | 5 | 5 | 4 | 5 | 5 | 4 | 4 |
| 1937 | 경기 성남시 | 지능형교통체계(ITS) 구축사업 | 2 | 1,760 | 1 | 1 | 7 | 7 | 1 | 1 | 4 | 5 | 5 | 4 | 6 |
| 1938 | 경기 성남시 | 함세웅국민체육센터 방화벽 유지관리 | 1 | 840,000 | 5 | 4 | 1 | 3 | 1 | 1 | 4 | 5 | 5 | 4 | 4 |
| 1939 | 경기 성남시 | 국민체육센터 통합화보관리시스템 유지관리 | 1 | 576,000 | 5 | 4 | 1 | 7 | 1 | 1 | 4 | 5 | 5 | 4 | 4 |
| 1940 | 경기 성남시 | 국민체육센터 통합화보관리시스템 유지관리 | 1 | 7,696 | 5 | 4 | 7 | 7 | 1 | 1 | 4 | 5 | 5 | 4 | 4 |
| 1941 | 경기 성남시 | 생활체육시설 방화벽 유지관리 | 1 | 38,400 | 5 | 4 | 1 | 7 | 1 | 1 | 4 | 5 | 5 | 4 | 4 |
| 1942 | 경기 성남시 | 금국체육센터 방화벽 유지관리 | 1 | 2,945 | 5 | 4 | 1 | 7 | 1 | 1 | 4 | 5 | 5 | 4 | 4 |
| 1943 | 경기 성남시 | 금국체육센터 통합화보관리시스템 유지관리 | 1 | 1,760 | 5 | 4 | 1 | 7 | 1 | 1 | 4 | 5 | 5 | 4 | 4 |
| 1944 | 경기 성남시 | 금국체육센터 가상현실서 유지관리 용역 | 1 | 6,000 | 5 | 4 | 1 | 7 | 1 | 1 | 4 | 5 | 5 | 4 | 4 |
| 1945 | 경기 성남시 | VR 소프트웨어 구입 | 2 | 4,600 | 5 | 4 | 1 | 7 | 1 | 4 | 4 | 5 | 5 | 4 | 4 |
| 1946 | 경기 성남시 | 클라이언트 백신 구입 | 2 | 3,840 | 5 | 6 | 1 | 7 | 1 | 1 | 4 | 5 | 5 | 4 | 6 |
| 1947 | 경기 성남시 | 도서자동화시스템 유지보수 | 1 | 1,170 | 5 | 4 | 1 | 7 | 4 | 4 | 4 | 5 | 5 | 4 | 6 |
| 1948 | 경기 성남시 | 도서자동화시스템 유지보수 | 1 | 32,040 | 5 | 4 | 1 | 7 | 1 | 1 | 4 | 5 | 5 | 4 | 4 |
| 1949 | 경기 성남시 | 도서자동화시스템 유지보수 | 1 | 32,040 | 5 | 4 | 1 | 7 | 1 | 1 | 4 | 5 | 5 | 4 | 4 |

| 순번 | 시군구 | 정보화사업 사업명 · 예산서 상의 사업명 | 정보화사업 분류<br>1. 유지 및 보수<br>2. SW/HW 개발 및 구매<br>3. DB 구축<br>4. 정보화전략계획(ISP) 수립<br>5. 정보화사업<br>6. 기타 | 2025년 예산<br>(단위:천원/1년간) | 예산 편성근거<br>1. 법률에 규정<br>2. 국고보조 재원<br>3. 용도지정기부금<br>4. 조례<br>5. 지자체 및 상위기관 정책<br>6. 기타<br>7. 해당없음 | 계약체결방법(경쟁형태)<br>1. 일반경쟁<br>2. 제한경쟁<br>3. 지명경쟁<br>4. 수의계약<br>5. 법정위탁<br>6. 기타( )<br>7. 해당없음 | 계약기간<br>1. 1년<br>2. 2년<br>3. 3년<br>4. 4년<br>5. 5년<br>6. 기타<br>7. 단기계약(1년미만)<br>8. 해당없음 | 낙찰자 선정방법<br>1. 적격심사<br>2. 협상에 의한 계약<br>3. 최저가격경쟁<br>4. 규격가격분리<br>5. 2단계 경쟁입찰<br>6. 기타( )<br>7. 해당없음 | 정보화사업 예산 산정<br>원가산정<br>1. 내부산정<br>2. 외부산정<br>3. 내·외부 모두<br>4. 산정無<br>5. 해당없음 | 정산방법<br>1. 내부정산(자체적으로 정산)<br>2. 외부정산(전문기관위탁정산)<br>3. 내·외부 모두 정산<br>4. 정산無<br>5. 해당없음 | 성과평가 실시여부<br>1. 실시<br>2. 미실시<br>3. 향후 추진<br>4. 해당없음 | 성과평가<br>성과평가 주기<br>1. 매년<br>2. 격년<br>3. 기간완료전<br>4. 기타( )<br>5. 해당없음 | 성과평가 방법<br>1. 자체 평가<br>2. 평가단 구성후 실시(전문위원위촉)<br>3. 전문 평가기관 의뢰<br>4. 기타<br>5. 해당없음 | 성과평가결과 인센티브 패널티 적용 유무<br>1. 적용<br>2. 적용 안함<br>3. 기타( )<br>4. 해당없음 | 인센티브 및 패널티 적용 근거<br>1. 법률<br>2. 조례<br>3. 지침<br>4. 계약서<br>5. 기타( )<br>6. 해당없음 |
|---|---|---|---|---|---|---|---|---|---|---|---|---|---|---|---|
| 1950 | 경기 성남 | 영상실 좌석단말기 유지보수 | 1 | 1,709 | 5 | 4 | 1 | 7 | 1 | 1 | 4 | 5 | 5 | 4 | 4 |
| 1951 | 경기 성남 | 무선인터넷 유지보수 | 1 | 4,755 | 5 | 4 | 1 | 7 | 1 | 1 | 4 | 5 | 5 | 4 | 4 |
| 1952 | 경기 성남 | 네트워크 부하분산 유지보수 | 1 | 1,548 | 5 | 4 | 1 | 7 | 1 | 1 | 4 | 5 | 5 | 4 | 4 |
| 1953 | 경기 성남 | 통합위협관리시스템 유지보수 | 1 | 5,052 | 5 | 4 | 1 | 7 | 1 | 1 | 4 | 5 | 5 | 4 | 4 |
| 1954 | 경기 성남 | 독서통장정리기 유지보수 | 1 | 740 | 5 | 4 | 1 | 7 | 1 | 1 | 4 | 5 | 5 | 4 | 4 |
| 1955 | 경기 성남 | 전산 및 멀티미디어장비 유지보수비 | 5 | 4,800 | 5 | 7 | 8 | 7 | 1 | 1 | 4 | 5 | 5 | 4 | 6 |
| 1956 | 경기 성남 | 영상 스트리밍 서비스(VOD) 이용료 | 5 | 2,400 | 5 | 4 | 8 | 7 | 4 | 4 | 4 | 5 | 5 | 4 | 4 |
| 1957 | 경기 성남 | 보안카메라 CCTV 설치 | 2 | 19,600 | 5 | 6 | 8 | 7 | 4 | 4 | 4 | 5 | 5 | 4 | 6 |
| 1958 | 경기 성남 | 컴퓨터 및 모니터 구입 | 2 | 6,750 | 5 | 6 | 8 | 7 | 4 | 4 | 4 | 5 | 5 | 4 | 6 |
| 1959 | 경기 성남 | 네트워크 스위치 구입 | 2 | 8,100 | 5 | 6 | 8 | 7 | 4 | 4 | 4 | 5 | 5 | 4 | 6 |
| 1960 | 경기 성남 | 통합위협시스템 구입 | 2 | 48,400 | 5 | 6 | 8 | 7 | 4 | 4 | 4 | 5 | 5 | 4 | 6 |
| 1961 | 경기 성남 | 네트워크 트래픽 분석장치 구입 | 2 | 20,000 | 5 | 4 | 8 | 7 | 1 | 1 | 4 | 5 | 5 | 4 | 6 |
| 1962 | 경기 성남 | 지능형교통체계(ITS) 센터장비 유지관리 | 1 | 360,000 | 5 | 1 | 1 | 6 | 1 | 1 | 2 | 5 | 5 | 4 | 6 |
| 1963 | 경기 성남 | 지능형교통체계(ITS) 응용소프트웨어 유지관리 | 1 | 49,000 | 5 | 1 | 1 | 6 | 1 | 1 | 2 | 5 | 5 | 4 | 6 |
| 1964 | 경기 성남 | 상용(DBMS) 소프트웨어 유지관리 | 1 | 90,000 | 5 | 1 | 1 | 6 | 1 | 1 | 2 | 5 | 5 | 4 | 6 |
| 1965 | 경기 성남 | 버스정보시스템(BIS) 센터장비 유지관리 | 1 | 66,000 | 5 | 1 | 1 | 6 | 1 | 1 | 2 | 5 | 5 | 4 | 6 |
| 1966 | 경기 성남 | 그룹웨어 등 대장관리 유지관리 | 1 | 10,180 | 5 | 4 | 1 | 7 | 1 | 1 | 4 | 5 | 5 | 4 | 6 |
| 1967 | 경기 성남 | 통합인사급여시스템 유지관리 | 1 | 11,880 | 5 | 4 | 1 | 7 | 1 | 1 | 4 | 5 | 5 | 4 | 4 |
| 1968 | 경기 성남 | 계약회계통합프로그램(ERP) 유지관리 | 1 | 57,190 | 5 | 1 | 1 | 3 | 1 | 1 | 4 | 5 | 5 | 4 | 4 |
| 1969 | 경기 성남 | 정보자원 통합 및 재해복구시스템 유지관리 | 1 | 34,170 | 5 | 1 | 1 | 3 | 1 | 1 | 4 | 5 | 5 | 4 | 4 |
| 1970 | 경기 성남 | 네트워크 보안장비 유지관리 | 1 | 9,970 | 5 | 4 | 1 | 7 | 1 | 1 | 4 | 5 | 5 | 4 | 4 |
| 1971 | 경기 성남 | 망 연계 방화벽 유지관리 | 1 | 5,120 | 5 | 4 | 1 | 7 | 1 | 1 | 4 | 5 | 5 | 4 | 4 |
| 1972 | 경기 성남 | 부대용 저장매체 보안관리 시스템 유지관리 | 1 | 2,960 | 5 | 4 | 1 | 7 | 1 | 1 | 4 | 5 | 5 | 4 | 4 |
| 1973 | 경기 성남 | 전산자원통합관리시스템 유지관리 | 1 | 3,360 | 5 | 4 | 1 | 7 | 1 | 1 | 4 | 5 | 5 | 4 | 4 |
| 1974 | 경기 성남 | 개인정보 접속 및 다운로드 기록관리시스템 유지관리 | 1 | 6,720 | 5 | 4 | 1 | 7 | 1 | 1 | 4 | 5 | 5 | 4 | 4 |
| 1975 | 경기 성남 | 개인정보 유출방지시스템 유지관리 | 1 | 5,760 | 5 | 4 | 1 | 7 | 1 | 1 | 4 | 5 | 5 | 4 | 4 |
| 1976 | 경기 성남 | 행정데이터 공유활용 시스템 유지보수비 | 1 | 199,000 | 4 | 2 | 1 | 2 | 1 | 1 | 4 | 5 | 5 | 4 | 4 |
| 1977 | 경기 성남 | 성과관리시스템 | 1 | 2,434 | 4 | 4 | 1 | 1 | 1 | 1 | 4 | 5 | 5 | 4 | 4 |
| 1978 | 경기 성남 | PACS시스템 유지보수 | 1 | 5,940 | 5 | 4 | 1 | 7 | 1 | 1 | 3 | 1 | 5 | 4 | 4 |
| 1979 | 경기 성남 | 대기오염 전광판 유지보수 | 6 | 87,040 | 1 | 4 | 1 | 7 | 5 | 5 | 4 | 5 | 5 | 4 | 4 |
| 1980 | 경기 성남 | 다기오염전광판성장원격센터 홈페이지 유지보수비 | 1 | 2,618 | 1 | 4 | 1 | 7 | 5 | 5 | 4 | 5 | 5 | 4 | 4 |

| 순번 | 시군구 | 정보화사업명<br>·예산서 상의 사업명 | 정보화사업 분류<br>1.유지 및 보수<br>2.SW/HW<br>개발 및 구매<br>3.DB 구축<br>4.정보화<br>전략계획<br>(ISP) 수립<br>5.정보화지원<br>6.기타 | 2025년<br>예산<br>(단위:천원<br>/년간) | 예산 편성근거<br>1.법률에 규정<br>2.국고보조 재원<br>3.용도지정기부금<br>4.조례<br>5.지자체 및<br>상위기관 정책<br>6.기타<br>7.해당없음 | 계약체결방법<br>(경쟁여부)<br>1.일반경쟁<br>2.제한경쟁<br>3.지명경쟁<br>4.수의계약<br>5.박정위탁<br>6.기타( )<br>7.해당없음 | 정보화사업<br>계약기간<br>1.1년<br>2.2년<br>3.3년<br>4.4년<br>5.5년<br>6.기타<br>( )<br>7.단가계약<br>(1년미만)<br>8.해당없음 | 정보화사업 입찰방식<br>낙찰자 선정방법<br>1.적격심사<br>2.협상에 의한계약<br>3.최저가낙찰제<br>4.규모가관리<br>5.2단계 경쟁입찰<br>6.기타( )<br>7.해당없음 | 정보화사업 예산 산정<br>원가산정<br>1.내부산정<br>(자체직으로 산정)<br>2.외부산정<br>(전문기관위탁 산정)<br>3.내외부 모두 산정<br>4.산정 無<br>5.해당없음 | 정산방법<br>1.내부정산<br>(내부적으로 정산)<br>2.외부정산<br>(외부전문기관위탁<br>정산)<br>3.내외부 모두 정산<br>4.정산 無<br>5.해당없음 | 성과평가<br>실시여부<br>1.실시<br>2.미실시<br>3.향후 추진<br>4.해당없음 | 성과평가<br>성과평가 주기<br>1.매년<br>2.격년<br>3.기간만료점<br>4.기타( )<br>5.해당없음 | 성과평가 방법<br>1.자체 평가<br>2.평가기관<br>구성후 실시<br>(전문위원회등)<br>3.전문<br>평가기관 의뢰<br>4.기타( )<br>5.해당없음 | 평가결과 적용<br>성과평가결과<br>인센티브 및<br>페널티 적용<br>유무<br>1.적용<br>2.적용 안함<br>3.기타( )<br>4.해당없음 | 인센티브 및<br>페널티 적용<br>근거<br>1.법률<br>2.조례<br>3.지침<br>4.계약서<br>5.기타( )<br>6.해당없음 |
|---|---|---|---|---|---|---|---|---|---|---|---|---|---|---|---|
| 1981 | 경기 광명시 | 정보시스템 통합 유지관리 | 1 | 364,958 | 4 | 2 | 1 | 2 | 1 | 1 | 2 | 5 | 5 | 4 | 6 |
| 1982 | 경기 광명시 | 광명시 홈페이지 유지관리 | 1 | 241,000 | 4 | 2 | 1 | 2 | 1 | 1 | 2 | 5 | 5 | 4 | 6 |
| 1983 | 경기 광명시 | 2025년 광역적 자가통신망 광전송장비 교체 | 2 | 500,000 | 1 | 2 | 7 | 1 | 1 | 1 | 2 | 5 | 5 | 4 | 6 |
| 1984 | 경기 광명시 | 2025년 행정망 네트워크 스위치 교체 | 2 | 280,730 | 1 | 2 | 7 | 2 | 1 | 1 | 2 | 5 | 5 | 4 | 6 |
| 1985 | 경기 광명시 | 정보통신 네트워크 통합 유지관리 | 1 | 551,178 | 6 | 2 | 1 | 7 | 1 | 1 | 2 | 5 | 5 | 4 | 6 |
| 1986 | 경기 광명시 | 정보보안 안정적 운영 | 2 | 106,000 | 1 | 2 | 7 | 7 | 1 | 1 | 2 | 5 | 5 | 4 | 6 |
| 1987 | 경기 광명시 | 보안시스템 통합 유지관리 | 1 | 230,000 | 1 | 2 | 1 | 2 | 1 | 1 | 2 | 5 | 5 | 4 | 6 |
| 1988 | 경기 광명시 | 데이터 기반 행정 활성화 | 1 | 170,200 | 1 | 2 | 1 | 7 | 1 | 1 | 2 | 5 | 5 | 4 | 6 |
| 1989 | 경기 광명시 | 공간정보시스템 통합 유지관리 | 1 | 163,000 | 5 | 2 | 1 | 2 | 1 | 1 | 2 | 5 | 5 | 4 | 6 |
| 1990 | 경기 광명시 | 세아우림 스마트도시 조성사업 | 2 | 6,000,000 | 6 | 2 | 3 | 7 | 1 | 1 | 3 | 5 | 5 | 4 | 6 |
| 1991 | 경기 광명시 | 지능형교통체계정보시스템(ITS) 유지관리 | 1 | 577,466 | 1 | 2 | 1 | 2 | 1 | 1 | 2 | 5 | 5 | 4 | 6 |
| 1992 | 경기 광명시 | 도시통합운영센터 정보시스템 통합 유지관리 | 1 | 330,016 | 7 | 1 | 1 | 7 | 1 | 1 | 2 | 5 | 5 | 4 | 6 |
| 1993 | 경기 광명시 | 옥외광고물 관리서비 고도화 | 2 | 15,000 | 7 | 4 | 1 | 7 | 1 | 1 | 2 | 5 | 5 | 4 | 6 |
| 1994 | 경기 광명시 | 광명상생옷깃 구축 | 2 | 240,000 | 4 | 2 | 1 | 2 | 1 | 1 | 2 | 5 | 5 | 4 | 6 |
| 1995 | 경기 광명시 | 에너지정보플롯폼 데이터 고도 운영관리 | 2 | 22,000 | 1 | 4 | 7 | 7 | 1 | 1 | 2 | 5 | 5 | 4 | 6 |
| 1996 | 경기 광명시 | 세아우림 신용카드 수납시스템 고도화 | 2 | 12,048 | 7 | 4 | 1 | 7 | 1 | 1 | 2 | 5 | 5 | 4 | 6 |
| 1997 | 경기 광명시 | 평생학습 플랫폼 유지관리 | 1 | 94,800 | 7 | 2 | 1 | 7 | 1 | 1 | 2 | 5 | 5 | 4 | 6 |
| 1998 | 경기 동두천시 | 버스안내단말기(BIS) 및 버스운행관리시스템(BMS) 유지보수 | 1 | 85,000 | 7 | 1 | 1 | 7 | 1 | 1 | 4 | 5 | 5 | 4 | 6 |
| 1999 | 경기 동두천시 | 고정형 단속시스템 정보시스 유지보수 용역 | 1 | 24,000 | 7 | 4 | 1 | 7 | 1 | 1 | 4 | 5 | 5 | 4 | 6 |
| 2000 | 경기 동두천시 | 고정형 무인단속카메라 신규설치 | 2 | 26,700 | 7 | 4 | 1 | 7 | 1 | 1 | 4 | 5 | 5 | 4 | 6 |
| 2001 | 경기 동두천시 | 주정차위반과태료부과시스템 유지보수용역 | 1 | 33,000 | 7 | 4 | 1 | 7 | 2 | 2 | 4 | 5 | 5 | 4 | 6 |
| 2002 | 경기 동두천시 | 불법주정차 단속 사전알림시스템 유지보수 용역 | 1 | 8,808 | 7 | 5 | 1 | 7 | 2 | 2 | 4 | 5 | 5 | 4 | 6 |
| 2003 | 경기 동두천시 | 불법주정차 주행형 단속카드 유지보수 용역 | 1 | 3,283 | 7 | 4 | 8 | 7 | 2 | 2 | 4 | 5 | 5 | 4 | 6 |
| 2004 | 경기 동두천시 | 무인민자차량통합관리프로그램유지보수용역 | 1 | 4,440 | 7 | 4 | 1 | 7 | 2 | 2 | 4 | 5 | 5 | 4 | 6 |
| 2005 | 경기 동두천시 | 지방재정관리시스템(e호조) 유지보수 | 1 | 100,000 | 7 | 5 | 1 | 7 | 2 | 2 | 4 | 5 | 5 | 4 | 6 |
| 2006 | 경기 동두천시 | 차세대 지방세정관리시스템 운영 및 유지보수 | 1 | 71,000 | 7 | 5 | 1 | 7 | 2 | 2 | 4 | 5 | 5 | 4 | 6 |
| 2007 | 경기 동두천시 | 정백(통합상시모니터링) 시스템 유지보수 및 운영지원 | 1 | 12,180 | 7 | 5 | 1 | 7 | 2 | 2 | 4 | 5 | 5 | 4 | 6 |
| 2008 | 경기 동두천시 | 동두천시 시설관리공단 홈페이지 유지관리 | 1 | 400 | 7 | 6 | 1 | 7 | 1 | 1 | 4 | 5 | 5 | 4 | 6 |
| 2009 | 경기 동두천시 | 무정전전원장치(UPS) 전산화 유지관리 | 1 | 20,000 | 7 | 4 | 1 | 7 | 5 | 5 | 4 | 5 | 5 | 4 | 6 |
| 2010 | 경기 동두천시 | 도시계획정보체계(UPIS) 전산화 유지관리 | 1 | 20,000 | 5 | 4 | 1 | 7 | 5 | 5 | 4 | 5 | 5 | 4 | 6 |
| 2011 | 경기 동두천시 | 무인민원발급기 유지보수 | 1 | 18,000 | 7 | 4 | 1 | 7 | 1 | 1 | 4 | 5 | 5 | 4 | 6 |

| 순번 | 시군구 | 정보화사업 사업명 · 예산서 사업명 | 정보화사업 분류 (1.유지 및 보수 2.SW/HW 개발 및 구매 3.DB 구축 4.정보화 전략계획(ISP) 수립 5.정보화지원 6.기타) | 2025년 예산 (단위:천원/1년간) | 예산 편성근거 (1.법률에 규정 2.국고보조지원 3.용도지정기부금 4.조례 5.지자체 및 상위기관 정책 6.기타 7.해당없음) | 계약체결방법 (경쟁형태) (1.일반경쟁 2.제한경쟁 3.지명경쟁 4.수의계약 5.법정계약 6.기타 7.해당없음) | 정보화사업 입찰방식 계약기간 (1.1년 2.2년 3.3년 4.5년 5.5년 6.기타 7.단기계약(1년미만) 8.해당없음) | 낙찰자 선정방식 (1.적격심사 2.협상에 의한계약 3.최저가낙찰제 4.규격가격분리 5.2단계 경쟁입찰 6.기타( ) 7.해당없음) | 정보화사업 예산 산정 평가산정 (1.내부산정 (자체적으로 선정) 2.외부산정 (전문기관 선정) 3.내·외부 모두 선정 4.산정 無 5.해당없음) | 정산방법 (1.내부정산 (자체적으로 정산) 2.외부정산 (외부전문기관위탁 정산) 3.내·외부 모두 정산 4.정산 無 5.해당없음) | 성과평가 실시여부 (1.실시 2.미실시 3.향후 추진 4.해당없음) | 성과평가 주기 (1.매년 2.격년 3.기간만료전 4.기타( ) 5.해당없음) | 성과평가 방법 (1.자체 평가 2.평가위원회 구성 후 실시 3.전문평가기관 의뢰 4.기타( ) 5.해당없음) | 성과평가결과 인센티브 적용 유무 (1.적용 2.적용 안함 3.기타( ) 4.해당없음) | 인센티브 및 패널티 적용 근거 (1.법률 2.조례 3.지침 4.계약서 5.기타 6.해당없음) |
|---|---|---|---|---|---|---|---|---|---|---|---|---|---|---|---|
| 2012 | 경기 동두천시 | 자체대 주민등록시스템 유지보수 및 운영 | 1 | 22,000 | 6 | 7 | 1 | 7 | 5 | 5 | 4 | 5 | 5 | 4 | 6 |
| 2013 | 경기 동두천시 | 국가주소정보시스템 유지보수 및 운영 | 1 | 52,077 | 7 | 7 | 1 | 7 | 5 | 5 | 4 | 5 | 5 | 4 | 6 |
| 2014 | 경기 동두천시 | 도로명주소 기본도 유지보수 | 1 | 31,271 | 7 | 7 | 1 | 7 | 5 | 5 | 4 | 5 | 5 | 4 | 6 |
| 2015 | 경기 동두천시 | 영구기록가물 전산화사업 | 1 | 10,000 | 7 | 4 | 1 | 7 | 1 | 1 | 4 | 5 | 5 | 4 | 6 |
| 2016 | 경기 동두천시 | 자체업무통보서 하드웨어 유지관리 | 1 | 11,000 | 5 | 4 | 1 | 7 | 2 | 2 | 4 | 5 | 5 | 4 | 6 |
| 2017 | 경기 동두천시 | 부동산종합공부시스템 유지관리 | 1 | 25,000 | 5 | 4 | 1 | 7 | 2 | 2 | 4 | 5 | 5 | 4 | 6 |
| 2018 | 경기 동두천시 | 의료영상저장송수신시스템(PACS)유지보수 | 1 | 4,752 | 7 | 4 | 1 | 7 | 5 | 5 | 4 | 5 | 5 | 4 | 4 |
| 2019 | 경기 동두천시 | 장애인주거구역반 차량 과태료 관리시스템 | 1 | 4,320 | 6 | 4 | 1 | 7 | 1 | 1 | 4 | 5 | 5 | 4 | 6 |
| 2020 | 경기 동두천시 | 재난정보통합관리시스템 유지보수 | 1 | 3,630 | 7 | 4 | 1 | 7 | 2 | 2 | 4 | 5 | 5 | 4 | 6 |
| 2021 | 경기 동두천시 | 자체대 지방세정보시스템 유지보수 | 1 | 113,968 | 7 | 5 | 1 | 7 | 2 | 2 | 4 | 5 | 5 | 4 | 6 |
| 2022 | 경기 동두천시 | 자체대 세외수입정보시스템 유지보수 | 1 | 58,605 | 7 | 5 | 1 | 7 | 1 | 1 | 4 | 5 | 5 | 4 | 6 |
| 2023 | 경기 동두천시 | 자체자 재영상치열영상시스템 유지관리 | 1 | 5,808 | 7 | 4 | 1 | 7 | 2 | 2 | 4 | 5 | 5 | 4 | 6 |
| 2024 | 경기 동두천시 | 동두천시의회 홈페이지 유지관리 | 1 | 11,951 | 6 | 4 | 1 | 5 | 2 | 2 | 4 | 5 | 5 | 4 | 6 |
| 2025 | 경기 동두천시 | 우편요아시스템 유지관리 | 1 | 5,860 | 1 | 5 | 1 | 7 | 2 | 2 | 4 | 5 | 5 | 4 | 6 |
| 2026 | 경기 동두천시 | 표준기록관리시스템 유지관리 | 1 | 40,361 | 5 | 5 | 1 | 7 | 5 | 5 | 4 | 5 | 5 | 4 | 6 |
| 2027 | 경기 동두천시 | 온나라시스템 유지보수 | 1 | 71,030 | 5 | 4 | 1 | 7 | 5 | 5 | 4 | 5 | 5 | 4 | 6 |
| 2028 | 경기 동두천시 | 한글 프로그램 구입(연간 라이선스) | 2 | 29,315 | 5 | 6 | 8 | 7 | 5 | 5 | 4 | 5 | 5 | 4 | 6 |
| 2029 | 경기 동두천시 | 자체인사정보시스템 유지관리 | 1 | 24,742 | 7 | 5 | 1 | 7 | 2 | 2 | 4 | 5 | 5 | 4 | 6 |
| 2030 | 경기 동두천시 | 전산장비 (PC, 프린터) 유지관리 | 1 | 21,600 | 5 | 4 | 1 | 7 | 5 | 5 | 4 | 5 | 5 | 4 | 6 |
| 2031 | 경기 동두천시 | 행정업무서 구입 | 2 | 168,000 | 5 | 6 | 8 | 5 | 1 | 1 | 4 | 5 | 5 | 4 | 6 |
| 2032 | 경기 동두천시 | 패치관리시스템 유지관리 | 1 | 2,004 | 5 | 4 | 8 | 7 | 1 | 1 | 4 | 5 | 5 | 4 | 6 |
| 2033 | 경기 동두천시 | 바이러스 통합관리 시스템 구입 | 2 | 23,000 | 5 | 6 | 1 | 7 | 1 | 1 | 4 | 5 | 5 | 4 | 6 |
| 2034 | 경기 동두천시 | 정보보안 취약점진단시스템 유지관리 | 1 | 6,000 | 7 | 4 | 1 | 7 | 1 | 1 | 4 | 5 | 5 | 4 | 6 |
| 2035 | 경기 동두천시 | 개인정보보호관리(PC탈리)시스템 유지관리 | 1 | 3,000 | 5 | 4 | 1 | 7 | 1 | 1 | 4 | 5 | 5 | 4 | 6 |
| 2036 | 경기 동두천시 | 개인정보 접속기록 관리시스템 유지관리 | 1 | 7,000 | 5 | 4 | 1 | 5 | 1 | 1 | 4 | 5 | 5 | 4 | 6 |
| 2037 | 경기 동두천시 | 업무용 컴퓨터 구입 | 2 | 17,600 | 5 | 6 | 8 | 7 | 1 | 1 | 4 | 5 | 5 | 4 | 6 |
| 2038 | 경기 동두천시 | 업무용 모니터 구입 | 2 | 17,600 | 5 | 6 | 8 | 7 | 1 | 1 | 4 | 5 | 5 | 4 | 6 |
| 2039 | 경기 동두천시 | 통합백업시스템 유지관리 | 1 | 16,000 | 7 | 4 | 1 | 7 | 1 | 1 | 4 | 5 | 5 | 4 | 6 |
| 2040 | 경기 동두천시 | 자산관리시스템 유지관리 | 1 | 3,000 | 5 | 4 | 1 | 7 | 1 | 1 | 4 | 5 | 5 | 4 | 6 |
| 2041 | 경기 동두천시 | 정보운영시스템 통합 유지관리 | 1 | 3,000 | 5 | 4 | 1 | 7 | 3 | 3 | 4 | 5 | 5 | 4 | 6 |
| 2042 | 경기 동두천시 | 새올행정정보시스템 통합로그인 유지관리 | 1 | 3,000 | 5 | 4 | 1 | 7 | 3 | 3 | 4 | 5 | 5 | 4 | 6 |

| 순번 | 시군구 | 정보화사업 사업명 · 예산서 상의 사업명 | 정보화사업 분류<br>1. 유지 및 보수<br>2. SW/HW 개발 및 구매<br>3. DB 구축<br>4. 정보화 전략계획(ISP) 수립<br>5. 정보화지원<br>6. 기타 | 2025년 예산 (단위:천원/1년간) | 예산 편성근거<br>1. 법률에 규정<br>2. 국고보조재원<br>3. 용도지정기부금<br>4. 조례<br>5. 지자체 및 상위기관 정책<br>6. 기타<br>7. 해당없음 | 계약체결방식 (경쟁형태)<br>1. 일반경쟁<br>2. 제한경쟁<br>3. 지명경쟁<br>4. 수의계약<br>5. 협정위탁<br>6. 기타<br>7. 해당없음 | 계약기간<br>1. 1년<br>2. 2년<br>3. 3년<br>4. 4년<br>5. 5년<br>6. 기타 ( )<br>7. 단기계약 (1년미만)<br>8. 해당없음 | 낙찰자 선정방식<br>1. 적격심사<br>2. 협상에 의한계약<br>3. 최저가낙찰제<br>4. 규격가격분리<br>5. 2단계 경쟁입찰<br>6. 기타 ( )<br>7. 해당없음 | 원가산정<br>1. 내부산정<br>2. 외부산정 (전문기관위탁)<br>3. 내외부 모두 산정<br>4. 산정 無<br>5. 해당없음 | 정산방법<br>1. 내부정산 (내부적으로 정산)<br>2. 외부정산 (외부전문기관에 정산)<br>3. 내외부 모두 정산<br>4. 정산 無<br>5. 해당없음 | 성과평가 실시여부<br>1. 실시<br>2. 미실시<br>3. 향후 추진<br>4. 해당없음 | 성과평가 주기<br>1. 매년<br>2. 격년<br>3. 기간만료전<br>4. 기타 ( )<br>5. 해당없음 | 성과평가 방법<br>1. 자체 평가<br>2. 평가단 구성후 실시 (전문위원위촉)<br>3. 전문 평가기관 의뢰<br>4. 기타 ( )<br>5. 해당없음 | 성과평가결과 인센티브 및 패널티 적용 유무<br>1. 적용<br>2. 적용 안함<br>3. 기타 ( )<br>4. 해당없음 | 인센티브 및 패널티 적용 근거<br>1. 법률<br>2. 조례<br>3. 지침<br>4. 계약서<br>5. 기타<br>6. 해당없음 |
|---|---|---|---|---|---|---|---|---|---|---|---|---|---|---|---|
| 2043 | 경기 동두천시 | 오토캐드프로그램 유지관리 | 1 | 5,000 | 7 | 4 | 1 | 7 | 3 | 5 | 4 | 5 | 5 | 4 | 6 |
| 2044 | 경기 동두천시 | 지하시설물정보통합관리시스템 데이터 유지관리 | 1 | 22,000 | 1 | 4 | 1 | 7 | 3 | 5 | 4 | 5 | 5 | 4 | 6 |
| 2045 | 경기 동두천시 | 행정업무용 소프트웨어구입(GAS 포함 등) | 2 | 75,000 | 7 | 7 | 8 | 7 | 5 | 2 | 4 | 5 | 5 | 4 | 6 |
| 2046 | 경기 동두천시 | 공통기반 전산장비 유지관리 및 상암센터 운영 | 1 | 96,000 | 1 | 5 | 1 | 7 | 2 | 1 | 4 | 5 | 5 | 4 | 6 |
| 2047 | 경기 동두천시 | 방범 CCTV 확충 설치사업 | 2 | 220,000 | 7 | 4 | 8 | 7 | 1 | 1 | 4 | 5 | 5 | 4 | 6 |
| 2048 | 경기 동두천시 | CCTV통합관제센터 방화벽 교체 | 2 | 90,000 | 1 | 4 | 8 | 7 | 1 | 1 | 4 | 5 | 5 | 4 | 6 |
| 2049 | 경기 동두천시 | 노후 카메라 교체 사업 | 2 | 273,104 | 1 | 7 | 8 | 7 | 4 | 1 | 4 | 5 | 5 | 4 | 6 |
| 2050 | 경기 동두천시 | 방범용 CCTV 회선요금 | 1 | 368,000 | 7 | 2 | 8 | 2 | 1 | 1 | 4 | 5 | 5 | 4 | 6 |
| 2051 | 경기 동두천시 | CCTV 통합관제센터 운영 및 유지관리 | 1 | 390,000 | 7 | 2 | 1 | 1 | 1 | 1 | 4 | 5 | 5 | 4 | 6 |
| 2052 | 경기 동두천시 | CCTV 통합관제센터 모니터링 용역 사업 | 1 | 715,000 | 5 | 4 | 1 | 7 | 1 | 1 | 4 | 5 | 5 | 4 | 6 |
| 2053 | 경기 동두천시 | 정보통신망 통합 유지관리(구내통신선로 포함) | 1 | 20,000 | 5 | 4 | 1 | 7 | 1 | 1 | 4 | 5 | 5 | 4 | 6 |
| 2054 | 경기 동두천시 | 네트워크 장비 유지관리 | 1 | 22,000 | 5 | 4 | 1 | 7 | 1 | 1 | 4 | 5 | 5 | 4 | 6 |
| 2055 | 경기 동두천시 | 암호장비 유지관리 | 1 | 20,000 | 5 | 4 | 1 | 7 | 1 | 1 | 4 | 5 | 5 | 4 | 6 |
| 2056 | 경기 동두천시 | 정보보호시스템 유지관리 | 1 | 16,000 | 5 | 1 | 1 | 3 | 1 | 1 | 4 | 5 | 5 | 4 | 6 |
| 2057 | 경기 동두천시 | 랜섬웨어시스템 유지관리 | 1 | 6,000 | 6 | 6 | 7 | 7 | 1 | 1 | 4 | 5 | 5 | 4 | 6 |
| 2058 | 경기 동두천시 | 인터넷전화시스템 유지관리 | 1 | 21,000 | 5 | 4 | 8 | 7 | 1 | 1 | 4 | 5 | 5 | 4 | 6 |
| 2059 | 경기 동두천시 | 공공무선인터넷 및 음향시스템 용역 사업 | 2 | 22,000 | 5 | 4 | 1 | 7 | 1 | 1 | 4 | 5 | 5 | 4 | 6 |
| 2060 | 경기 동두천시 | 영상회의시스템 유지관리 | 1 | 4,000 | 5 | 4 | 1 | 7 | 1 | 5 | 4 | 5 | 5 | 4 | 6 |
| 2061 | 경기 동두천시 | 무선침입방지시스템 유지관리 | 1 | 3,000 | 5 | 4 | 1 | 7 | 1 | 5 | 4 | 5 | 5 | 4 | 6 |
| 2062 | 경기 동두천시 | 행정업무지원시스템 유지관리 | 1 | 9,000 | 5 | 4 | 1 | 7 | 1 | 5 | 4 | 5 | 5 | 4 | 6 |
| 2063 | 경기 동두천시 | 조직도 시스템 유지관리 | 1 | 9,000 | 6 | 6 | 1 | 7 | 1 | 5 | 4 | 5 | 5 | 4 | 6 |
| 2064 | 경기 동두천시 | 노후 행정전화기 교체 | 2 | 50,000 | 6 | 1 | 7 | 3 | 1 | 5 | 4 | 5 | 5 | 4 | 6 |
| 2065 | 경기 동두천시 | 개인정보처리업무 지능형 소형 결재시스템 구입 | 2 | 51,000 | 5 | 6 | 8 | 7 | 1 | 5 | 4 | 5 | 5 | 4 | 6 |
| 2066 | 경기 동두천시 | DB접근제어시스템 유지관리 | 1 | 5,000 | 5 | 4 | 1 | 7 | 1 | 5 | 4 | 5 | 5 | 4 | 6 |
| 2067 | 경기 동두천시 | 무선송신운영장비 유지관리 | 1 | 3,000 | 7 | 4 | 1 | 7 | 1 | 5 | 4 | 5 | 5 | 4 | 6 |
| 2068 | 경기 동두천시 | 시간동기화 서버(NTP) 장비 교체 | 2 | 22,000 | 5 | 4 | 7 | 7 | 1 | 5 | 4 | 5 | 5 | 4 | 6 |
| 2069 | 경기 동두천시 | 홈페이지 내임서버(DNS) 장비 교체 | 2 | 26,000 | 5 | 6 | 7 | 7 | 2 | 5 | 4 | 5 | 5 | 4 | 6 |
| 2070 | 경기 동두천시 | 홈페이지 디도스 공격 대응 시스템 구축 | 2 | 36,000 | 5 | 6 | 7 | 7 | 1 | 5 | 4 | 5 | 5 | 4 | 6 |
| 2071 | 경기 동두천시 | 정보통신실 VPN 암호화 장비 설치 | 2 | 22,000 | 5 | 4 | 7 | 3 | 1 | 5 | 4 | 5 | 5 | 4 | 6 |
| 2072 | 경기 동두천시 | 대여용 음향장비 교체 | 2 | 45,000 | 5 | 4 | 7 | 7 | 1 | 5 | 4 | 5 | 5 | 4 | 6 |
| 2073 | 경기 동두천시 | 보산동 방범용 CCTV 설치 | 2 | 22,000 | 7 | 4 | 8 | 7 | 1 | 1 | 4 | 5 | 5 | 4 | 6 |

- 67 -

| 순번 | 시⋅군⋅구 | 정보화사업 사업명·예산서상 사업명 | 정보화사업 분류<br>1.유지 및 보수<br>2.SW/HW 개발 및 구매<br>3.DB 구축<br>4.정보화전략계획(ISP) 수립<br>5.정보화지원<br>6.기타 | 2025년 예산<br>(단위:천원/1년간) | 예산 편성근거<br>1.법률에 규정<br>2.국고보조 재원<br>3.동도지정기부금<br>4.조례<br>5.자체및 상위기관 정책<br>6.기타<br>7.해당없음 | 계약체결방법 (경쟁도) | 정보화사업 입찰방식<br>계약기간<br>1.1년 2.2년 3.3년 4.4년 5.5년 6.기타( )년 7.단기계약(1년미만) 8.해당없음 | 낙찰자 결정방법<br>1.적격심사<br>2.협상에 의한계약<br>3.최저가낙찰제<br>4.규격가격분리<br>5.2단계 경쟁입찰<br>6.기타( ) 7.해당없음 | 평가신청<br>1.내부신청<br>2.외부신청(전문기관에 신청)<br>3.신청無<br>4.해당없음 | 정보화사업 예산 산정<br>정산방법<br>1.내부정산(자체적으로 정산)<br>2.외부정산(전문기관위탁 정산)<br>3.내외부 모두 정산<br>4.정산無<br>5.해당없음 | 성과평가 실시여부<br>1.실시<br>2.미실시<br>3.향후 추진<br>4.해당없음 | 성과평가 주기<br>1.매년<br>2.격년<br>3.기간만료 4.기타( )<br>5.해당없음 | 성과평가 방법<br>1.자체 평가<br>2.평가단 구성후실시(전문위원회)<br>3.전문 평가기관 의뢰<br>4.기타<br>5.해당없음 | 평가결과 인센티브 및 패널티 적용 유무<br>1.적용<br>2.적용 안함<br>3.기타( )<br>4.해당없음 | 평가결과 인센티브 및 패널티 적용 근거<br>1.법률<br>2.조례<br>3.지침<br>4.계약서<br>5.기타<br>6.해당없음 |
|---|---|---|---|---|---|---|---|---|---|---|---|---|---|---|---|
| 2074 | 경기 동두천시 | 지능형(AI) CCTV 확대설치 | 2 | 110,000 | 5 | 4 | 8 | 7 | 1 | 1 | 4 | 5 | 5 | 4 | 6 |
| 2075 | 경기 동두천시 | 지능형(AI) 카메라 교체설치 | 2 | 290,000 | 5 | 4 | 8 | 5 | 1 | 1 | 4 | 5 | 5 | 4 | 6 |
| 2076 | 경기 동두천시 | 보호구역 전자출입관리시스템 유지관리 | 1 | 2,000 | 5 | 4 | 1 | 7 | 1 | 1 | 4 | 5 | 5 | 4 | 6 |
| 2077 | 경기 동두천시 | 공간정보시스템 지도서비스(엣지가이드) 유지관리 | 1 | 6,000 | 5 | 4 | 1 | 7 | 3 | 5 | 4 | 5 | 5 | 4 | 6 |
| 2078 | 경기 동두천시 | 공간정보시스템 DBMS 유지관리 | 1 | 4,000 | 5 | 4 | 1 | 7 | 3 | 5 | 4 | 5 | 5 | 4 | 6 |
| 2079 | 경기 동두천시 | 휴대용 저장매체 관리시스템 교체 | 2 | 43,000 | 5 | 6 | 8 | 7 | 1 | 5 | 4 | 5 | 5 | 4 | 6 |
| 2080 | 경기 동두천시 | 정보도서관 전산시스템 유지관리 | 1 | 57,831 | 5 | 4 | 1 | 7 | 1 | 5 | 4 | 5 | 5 | 4 | 6 |
| 2081 | 경기 동두천시 | 동두천시 홈페이지 유지관리 | 1 | 22,000 | 4 | 4 | 1 | 7 | 1 | 1 | 4 | 5 | 5 | 4 | 6 |
| 2082 | 경기 동두천시 | 전자책포그램 유지관리 | 1 | 2,232 | 4 | 4 | 1 | 7 | 1 | 1 | 4 | 5 | 5 | 4 | 6 |
| 2083 | 경기 동두천시 | 홈페이지 검색엔진 유지관리 | 1 | 2,244 | 4 | 4 | 1 | 7 | 1 | 1 | 4 | 5 | 5 | 4 | 6 |
| 2084 | 경기 동두천시 | 홈페이지 문서뷰어 유지관리 | 2 | 2,760 | 4 | 4 | 1 | 7 | 1 | 1 | 4 | 5 | 5 | 4 | 6 |
| 2085 | 경기 동두천시 | 홈페이지 개인정보 차단 유지관리 | 1 | 2,286 | 4 | 4 | 1 | 7 | 1 | 1 | 4 | 5 | 5 | 4 | 6 |
| 2086 | 경기 동두천시 | 홈페이지 본인확인 서비스 요금 등 | 1 | 2,040 | 4 | 1 | 7 | 7 | 1 | 1 | 4 | 5 | 5 | 4 | 6 |
| 2087 | 경기 동두천시 | 홈페이지 웹방화벽 유지관리 | 1 | 4,242 | 4 | 4 | 1 | 7 | 1 | 1 | 4 | 5 | 5 | 4 | 6 |
| 2088 | 경기 동두천시 | 망연계 보안서시스템 구매 | 2 | 2,676 | 5 | 6 | 7 | 2 | 1 | 1 | 4 | 5 | 5 | 4 | 6 |
| 2089 | 경기 동두천시 | 전산실 서버관리 모니터(KVM) 구매 | 6 | 22,000 | 5 | 4 | 7 | 7 | 1 | 1 | 4 | 5 | 5 | 4 | 6 |
| 2090 | 경기 동두천시 | 전자태크(RFID) 물품관리시스템 유지관리 | 2 | 4,000 | 6 | 5 | 1 | 7 | 2 | 2 | 4 | 5 | 5 | 4 | 6 |
| 2091 | 경기 동두천시 | 표준기록관리 노후장비 교체 | 2 | 25,000 | 1 | 4 | 1 | 7 | 2 | 2 | 4 | 5 | 5 | 4 | 6 |
| 2092 | 경기 동두천시 | 전자제출입 관리서버 | 2 | 6,545 | 7 | 4 | 8 | 7 | 1 | 4 | 4 | 5 | 5 | 4 | 4 |
| 2093 | 경기 동두천시 | 계약관리프로그램 유지보수 | 1 | 8,400 | 6 | 4 | 1 | 7 | 5 | 5 | 4 | 5 | 5 | 4 | 6 |
| 2094 | 경기 동두천시 | 동두천시 광역 긴급재정 우선신호시스템 구축 | 2 | 680,000 | 6 | 1 | 7 | 7 | 3 | 3 | 4 | 5 | 5 | 4 | 6 |
| 2095 | 경기 동두천시 | 동두천시 신호체계시스템 고도화사업 | 1 | 400,000 | 5 | 1 | 7 | 2 | 3 | 3 | 4 | 5 | 5 | 4 | 6 |
| 2096 | 경기 동두천시 | DB양호화 솔루션 구매 | 2 | 20,350 | 5 | 6 | 7 | 7 | 1 | 1 | 4 | 5 | 5 | 4 | 6 |
| 2097 | 고양특례시 | 공지사 역행신고고시스템 운영 | 1 | 5,500 | 1 | 4 | 1 | 7 | 1 | 1 | 4 | 5 | 5 | 4 | 4 |
| 2098 | 고양특례시 | 공지사 대표누리집 통합유지보수 용역 | 1 | 296,772 | 1 | 2 | 2 | 2 | 1 | 1 | 4 | 5 | 5 | 4 | 4 |
| 2099 | 고양특례시 | 고양시 통합영상 유지관리 | 1 | 13,440 | 4 | 4 | 1 | 7 | 1 | 1 | 4 | 5 | 5 | 4 | 4 |
| 2100 | 고양특례시 | 디지털 고양소식 | 2 | 22,000 | 5 | 4 | 1 | 7 | 1 | 1 | 4 | 5 | 5 | 4 | 4 |
| 2101 | 고양특례시 | 시청홍보TV 시스템(IPTV) 유지보수 | 1 | 20,440 | 4 | 4 | 1 | 2 | 1 | 1 | 4 | 5 | 5 | 4 | 4 |
| 2102 | 고양특례시 | 법무행통합전산시스템 유지보수 | 1 | 23,040 | 6 | 4 | 1 | 7 | 1 | 1 | 4 | 5 | 5 | 4 | 4 |

| 순번 | 시·군·구 | 정보화사업 사업명<br>· 예산서 상의 사업명 | 정보화사업 분류<br>1.유지 및 보수<br>2.SW/HW 개발 및 구매<br>3.DB 구축<br>4.정보화 전략계획(ISP) 수립<br>5.정보화자원<br>6.기타 | 2025년 예산<br>(단위:천원/1년간) | 예산 편성근거<br>1.법률에 규정<br>2.국고보조재원<br>3.용도지정재원<br>4.조례<br>5.지자체 및 상위기관 정책<br>6.기타<br>7.해당없음 | 계약체결방법<br>(경쟁형태)<br>1.일반경쟁<br>2.제한경쟁<br>3.지명경쟁<br>4.수의계약<br>5.법정위탁<br>6.기타<br>7.해당없음 | 계약기간<br>1.1년<br>2.2년<br>3.3년<br>4.4년<br>5.5년<br>6.기타<br>7.단기계약(1년미만)<br>8.해당없음 | 낙찰자 선정방법<br>1.적격심사<br>2.협상에 의한계약<br>3.최저가낙찰제<br>4.근로자경영<br>5.2단계 경쟁방식<br>6.기타( )<br>7.해당없음 | 원가산정<br>1.내부산정<br>2.외부산정(전문기관위탁)<br>3.내외부 모두 산정<br>4.산정 無<br>5.해당없음 | 정산방법<br>1.내부정산(내부적으로 정산)<br>2.외부정산(외부전문기관위탁 정산)<br>3.내외부 모두 정산<br>4.정산 無<br>5.해당없음 | 성과평가 실시여부<br>1.실시<br>2.미실시<br>3.향후 추진<br>4.해당없음 | 성과평가 주기<br>1.매년<br>2.격년<br>3.기간완료<br>4.기타( )<br>5.해당없음 | 성과평가 방법<br>1.자체 평가<br>2.평가단 구성후 실시(전문위원회)<br>3.전문 평가기관 의뢰<br>4.기타<br>5.해당없음 | 성과평가결과 인센티브/패널티 적용유무<br>1.적용<br>2.적용 안함<br>3.기타( )<br>4.해당없음 | 인센티브 및 패널티 적용 근거<br>1.법률<br>2.조례<br>3.지침<br>4.계약서<br>5.기타<br>6.해당없음 |
|---|---|---|---|---|---|---|---|---|---|---|---|---|---|---|---|
| 2105 | 고양특례시 | 고양시 정보화 기본계획 수립용역 | 4 | 155,000 | 1 | 2 | 7 | 2 | 1 | 4 | 4 | 5 | 5 | 4 | 4 |
| 2106 | 고양특례시 | 전산시스템 통합유지보수 | 1 | 449,213 | 1 | 2 | 1 | 2 | 1 | 1 | 4 | 5 | 5 | 4 | 4 |
| 2107 | 고양특례시 | 디지털 정보활용행 유지보수 | 1 | 65,004 | 1 | 2 | 1 | 2 | 1 | 1 | 4 | 5 | 5 | 4 | 4 |
| 2108 | 고양특례시 | 사이버 침해대응 보안관제용역 | 2 | 170,040 | 1 | 1 | 1 | 7 | 1 | 1 | 4 | 5 | 5 | 4 | 4 |
| 2109 | 고양특례시 | 개인정보보호시스템 유지관리 | 2 | 41,280 | 1 | 4 | 1 | 7 | 1 | 1 | 4 | 5 | 5 | 4 | 4 |
| 2110 | 고양특례시 | 정보보안시스템 유지관리 | 2 | 33,085 | 1 | 4 | 1 | 7 | 1 | 1 | 4 | 5 | 5 | 4 | 4 |
| 2111 | 고양특례시 | 기초자치체 정근통제 검사시스템 라이선스 | 2 | 22,700 | 1 | 5 | 1 | 7 | 5 | 2 | 4 | 5 | 5 | 4 | 4 |
| 2112 | 고양특례시 | 사이버위협 대응사업 강화사업 | 6 | 14,529 | 1 | 1 | 7 | 5 | 2 | 1 | 4 | 5 | 5 | 4 | 4 |
| 2113 | 고양특례시 | 홈페이지용 인터넷 방화벽(대체) | 2 | 23,500 | 1 | 4 | 7 | 7 | 1 | 1 | 4 | 5 | 5 | 4 | 4 |
| 2114 | 고양특례시 | 내부망 침입방지시스템(대체) | 2 | 100,400 | 1 | 5 | 1 | 3 | 1 | 1 | 4 | 5 | 5 | 4 | 4 |
| 2115 | 고양특례시 | 연무용AC 유지보수 | 1 | 101,015 | 1 | 1 | 1 | 7 | 1 | 1 | 4 | 5 | 5 | 4 | 4 |
| 2116 | 고양특례시 | 소프트웨어 구매 | 2 | 468,130 | 7 | 4 | 8 | 2 | 5 | 5 | 4 | 5 | 4 | 4 | 6 |
| 2117 | 고양특례시 | 백신소프트웨어 구매 | 2 | 111,455 | 1 | 1 | 1 | 7 | 5 | 5 | 4 | 5 | 5 | 4 | 4 |
| 2118 | 고양특례시 | 온나라문서시스템 유지보수 | 1 | 39,530 | 1 | 4 | 1 | 2 | 5 | 5 | 4 | 5 | 5 | 4 | 4 |
| 2119 | 고양특례시 | 행정업무지원시스템 프로그램 통합운영 | 1 | 21,520 | 1 | 4 | 7 | 7 | 1 | 1 | 4 | 5 | 4 | 4 | 4 |
| 2120 | 고양특례시 | 재율통합인증로그인시스템(SSO) 유지보수 | 1 | 3,371 | 1 | 4 | 1 | 7 | 1 | 1 | 4 | 5 | 4 | 4 | 4 |
| 2121 | 고양특례시 | 시군공통기반 및 재해복구시스템 유지보수 | 1 | 132,000 | 1 | 5 | 1 | 7 | 1 | 1 | 4 | 5 | 5 | 4 | 4 |
| 2122 | 고양특례시 | 2025년 L4 스위치 구입 | 2 | 7,500 | 1 | 5 | 1 | 2 | 5 | 1 | 4 | 5 | 5 | 4 | 4 |
| 2123 | 고양특례시 | 공공와이파이 AP 구입 | 2 | 148,800 | 7 | 4 | 1 | 3 | 5 | 5 | 4 | 4 | 4 | 4 | 4 |
| 2124 | 고양특례시 | 모바일전자결재 인증서 | 1 | 450 | 1 | 4 | 1 | 3 | 5 | 5 | 4 | 4 | 4 | 4 | 4 |
| 2125 | 고양특례시 | 재난안전통신망 백신 | 2 | 1,221 | 1 | 4 | 1 | 7 | 1 | 1 | 4 | 4 | 5 | 4 | 4 |
| 2126 | 고양특례시 | 무선도청탐지시스템 유지보수 | 1 | 3,000 | 1 | 4 | 1 | 7 | 1 | 1 | 4 | 5 | 5 | 4 | 4 |
| 2127 | 고양특례시 | 정보통신망 통합 유지보수 | 1 | 233,796 | 1 | 1 | 1 | 2 | 1 | 1 | 4 | 5 | 5 | 4 | 4 |
| 2128 | 고양특례시 | 2025년 고양시 구내통신선로공사(연간단가) | 1 | 80,000 | 1 | 1 | 1 | 7 | 1 | 1 | 4 | 5 | 5 | 4 | 4 |
| 2129 | 고양특례시 | 2025년 L4 스위치 구입 | 2 | 49,100 | 1 | 5 | 1 | 7 | 1 | 1 | 4 | 5 | 5 | 4 | 4 |
| 2130 | 고양특례시 | 2025년 고양시 민원콜센터 서비스유지 | 1 | 21,971 | 1 | 4 | 1 | 3 | 1 | 1 | 4 | 5 | 5 | 4 | 4 |
| 2131 | 고양특례시 | 2025년 고양시 민원콜센터 교환기 유지보수 | 1 | 48,753 | 1 | 4 | 1 | 3 | 1 | 1 | 4 | 5 | 5 | 4 | 4 |
| 2132 | 고양특례시 | 2025년 고양시 민원콜센터 통신장비 유지보수 | 1 | 14,394 | 1 | 4 | 1 | 7 | 1 | 1 | 4 | 5 | 5 | 4 | 4 |
| 2133 | 고양특례시 | 2025년 고양시 민원콜센터 WAS(협업애플리케이션 서버) 유지보수 | 1 | 11,997 | 1 | 4 | 1 | 7 | 1 | 1 | 4 | 5 | 5 | 4 | 4 |
| 2134 | 고양특례시 | 2025년 고양시 민원콜센터 방화벽 및 EMS 유지보수 | 1 | 6,984 | 1 | 4 | 1 | 7 | 1 | 1 | 4 | 5 | 5 | 4 | 4 |
| 2135 | 고양특례시 | 2025년 고양시 민원콜센터 보안전산망 유지보수 | 1 | 4,654 | 1 | 4 | 1 | 7 | 1 | 1 | 4 | 5 | 5 | 4 | 4 |

| 순번 | 시군구 | 정보화사업 사업명 ·예산서 설정 사업명 | 정보화사업 분류 1.유지 및 보수 2.SW/HW 개발 및 구매 3.DB 구축 4.정보화 전략계획(ISP) 수립 5.정보화지원 6.기타 | 2025년 예산 (단위:천원/1년간) | 예산 편성근거 1.법률에 규정 2.국고보조 재원 3.용도지정 기부금 4.조례 5.지자체 및 상위기관 정책 6.기타 7.해당없음 | 정보화사업 입찰방식 | | | 정보화사업 예산 산정 | | 성과평가 실시여부 1.실시 2.미실시 3.향후 추진 4.해당없음 | 성과평가 | | 평가결과 인센티브 및 패널티 적용 | |
|---|---|---|---|---|---|---|---|---|---|---|---|---|---|---|---|
| | | | | | | 계약체결방법 (경쟁형태) 1.일반경쟁 2.제한경쟁 3.지명경쟁 4.수의계약 5.변경계약 6.기타( ) 7.해당없음 | 계약기간 1.1년 2.2년 3.3년 4.4년 5.5년 6.기타( ) 7.단기계약(1년미만) 8.해당없음 | 낙찰자 선정방법 1.적격심사 2.협상에 의한계약 3.최저가낙찰제 4.규모기준제한 5.2단계 경쟁입찰 6.기타( ) 7.해당없음 | 평가선정 1.내부선정 2.외부선정 3.전문기관위탁 4.신청중 5.해당없음 | 정산방법 1.내부정산 (자체직으로 정산) 2.외부정산 (외부전문기관위탁 정산) 3.내·외부 모두 정산 4.정산無 5.해당없음 | | 성과평가 주기 1.매년 2.격년 3.기간만료전 4.기타( ) 5.해당없음 | 성과평가 방법 1.자체 평가 구성평가(전문위원위촉) 3.전문 평가기관 의뢰 4.기타( ) 5.해당없음 | 성과평가결과 인센티브 및 패널티 적용 유무 1.적용 2.적용 안함 3.기타( ) 4.해당없음 | 인센티브 및 패널티 적용 근거 1.법률 2.조례 3.지침 4.계약서 5.기타 6.해당없음 |
|---|---|---|---|---|---|---|---|---|---|---|---|---|---|---|---|
| 2136 | 고양특례시 | 2025년 고양시 민원콜센터 녹취시스템 유지보수 | 1 | 2,906 | 1 | 4 | 1 | 7 | 1 | 1 | 4 | 5 | 5 | 4 | 4 |
| 2137 | 고양특례시 | 2025년 고양시 민원콜센터 전자매뉴얼시스템 유지보수 | 1 | 3,078 | 1 | 4 | 7 | 7 | 1 | 1 | 4 | 5 | 5 | 4 | 4 |
| 2138 | 고양특례시 | 고양시 민원콜센터 상담프로그램 유지보수 | 1 | 54,233 | 1 | 1 | 1 | 3 | 1 | 1 | 4 | 5 | 5 | 4 | 4 |
| 2139 | 고양특례시 | 고객관리시스템 유지관리 용역 | 1 | 35,244 | 5 | 4 | 1 | 1 | 1 | 1 | 4 | 5 | 5 | 4 | 4 |
| 2140 | 고양특례시 | 일자리통합정보망 유지관리 | 1 | 19,100 | 4 | 1 | 1 | 7 | 1 | 1 | 4 | 5 | 5 | 4 | 6 |
| 2141 | 고양특례시 | 일자리통합정보망 DB운영화 소프트웨어 유지관리 | 1 | 3,564 | 4 | 4 | 1 | 7 | 1 | 1 | 4 | 5 | 5 | 4 | 6 |
| 2142 | 고양특례시 | 남세고지서용 문자결제번호코드 소프트웨어 유지관리 | 1 | 1,950 | 1 | 4 | 1 | 7 | 2 | 4 | 4 | 5 | 5 | 4 | 6 |
| 2143 | 고양특례시 | 지방세정보시스템 운영지원 | 1 | 155,608 | 5 | 5 | 1 | 7 | 2 | 2 | 4 | 5 | 5 | 4 | 6 |
| 2144 | 고양특례시 | 차세대 지방세외수입정보시스템 운영지원 | 1 | 70,973 | 5 | 5 | 1 | 7 | 2 | 2 | 4 | 4 | 4 | 4 | 6 |
| 2145 | 고양특례시 | 재난재해 변복구 영지보수 | 1 | 7,008 | 5 | 4 | 1 | 7 | 1 | 1 | 4 | 4 | 4 | 4 | 4 |
| 2146 | 고양특례시 | 차량탑재형 과태료 영지시스템 유지보수 | 1 | 3,960 | 1 | 4 | 1 | 7 | 1 | 1 | 4 | 5 | 5 | 4 | 4 |
| 2147 | 고양특례시 | 여성회관 홈페이지 관리 및 유지보수비 | 1 | 20,500 | 6 | 4 | 1 | 7 | 1 | 1 | 4 | 5 | 5 | 4 | 4 |
| 2148 | 고양특례시 | 홈페이지 고양사랑방 간소화 프로모션 임차 운영비 | 1 | 3,050 | 6 | 4 | 1 | 7 | 1 | 1 | 4 | 5 | 5 | 4 | 4 |
| 2149 | 고양특례시 | 고양시 평생학습포털 | 1 | 17,350 | 5 | 7 | 8 | 7 | 1 | 1 | 4 | 5 | 5 | 4 | 4 |
| 2150 | 고양특례시 | 고양형 교육사업시스템 추진(연무직원 시스템 관리) | 1 | 25,000 | 4 | 4 | 1 | 1 | 1 | 1 | 2 | 4 | 5 | 2 | 6 |
| 2151 | 고양특례시 | 고양사이버예체능운영유지보수서비스 | 1 | 13,000 | 6 | 1 | 1 | 7 | 1 | 1 | 2 | 5 | 5 | 4 | 4 |
| 2152 | 고양특례시 | 2025년 고양시 문화관광홈페이지 유지보수 용역 | 1 | 13,200 | 4 | 4 | 1 | 7 | 1 | 1 | 4 | 4 | 5 | 4 | 4 |
| 2153 | 고양특례시 | 국토이용통합정보플랫폼 정비 및 운영 관리(KLIP, UPIS) | 3 | 150,000 | 4 | 2 | 2 | 2 | 1 | 5 | 4 | 5 | 5 | 4 | 5 |
| 2154 | 고양특례시 | 일산테크노밸리 홈페이지 | 1 | 20,000 | 6 | 4 | 1 | 7 | 1 | 5 | 1 | 1 | 1 | 4 | 6 |
| 2155 | 고양특례시 | 고양시 지능형교통체계(ITS) 구축사업 | 3 | 2,300,000 | 5 | 7 | 8 | 7 | 1 | 5 | 4 | 5 | 5 | 4 | 6 |
| 2156 | 고양특례시 | 교통신호체계 구축 및 운영관리 | 1 | 589,649 | 1 | 1 | 1 | 1 | 1 | 1 | 2 | 5 | 5 | 2 | 6 |
| 2157 | 고양특례시 | 정보통신 보안시스템 유지보수 | 1 | 19,583 | 5 | 4 | 1 | 7 | 1 | 1 | 4 | 5 | 5 | 4 | 4 |
| 2158 | 고양특례시 | 도서관현장관제어 정비 유지보수비 | 1 | 5,226 | 6 | 4 | 1 | 7 | 1 | 1 | 4 | 5 | 5 | 4 | 4 |
| 2159 | 고양특례시 | 네트워크 유지관리 | 1 | 11,381 | 6 | 4 | 1 | 7 | 1 | 1 | 4 | 5 | 5 | 4 | 4 |
| 2160 | 고양특례시 | 수지원 아카이브 유지관리 | 1 | 5,086 | 1 | 4 | 1 | 7 | 1 | 1 | 4 | 5 | 5 | 4 | 4 |
| 2161 | 고양특례시 | 전자책 홈페이지 유지관리 | 1 | 3,000 | 5 | 4 | 1 | 7 | 1 | 1 | 4 | 5 | 5 | 4 | 4 |
| 2162 | 고양특례시 | 수지원 홈그로복지 | 1 | 9,000 | 6 | 6 | 1 | 7 | 1 | 1 | 4 | 5 | 5 | 4 | 4 |
| 2163 | 고양특례시 | 모바일앱(리브로샵) 유지보수비 | 1 | 7,045 | 6 | 4 | 1 | 7 | 1 | 1 | 4 | 5 | 5 | 4 | 4 |
| 2164 | 고양특례시 | 디지털정지원 유지보수비 | 1 | 12,788 | 6 | 4 | 1 | 7 | 1 | 1 | 4 | 5 | 5 | 4 | 4 |
| 2165 | 고양특례시 | 열람실 좌석시스템 유지관리 | 1 | 14,672 | 6 | 4 | 1 | 7 | 1 | 1 | 4 | 5 | 5 | 4 | 4 |
| 2166 | 고양특례시 | 열람실 대기자 알리미시스템 유지보수 | 1 | 8,964 | 6 | 4 | 1 | 7 | 1 | 1 | 4 | 5 | 5 | 4 | 4 |

| 순번 | 시·군·구 | 정보화사업 사업명<br>·예산서 상의 사업명 | 정보화사업 분류<br>1.유지 및 보수<br>2.SW/HW 개발 및 구매<br>3.DB 구축<br>4.정보화 전략계획(ISP) 수립<br>5.정보자원 기타<br>6.기타 | 2025년 예산<br>(단위:천원/1년간) | 예산 편성근거<br>1.법률에 규정<br>2.국고보조재원<br>3.조례<br>4.지자체 및 상위기관 정책<br>5.용도지정기부금<br>6.기타<br>7.해당없음 | 계약체결방식(경쟁형태)<br>1.일반경쟁<br>2.제한경쟁<br>3.지명경쟁<br>4.수의계약<br>5.낙찰계약<br>6.기타<br>7.해당없음 | 정보화사업 일반방식 계약기간<br>1.1년<br>2.2년<br>3.3년<br>4.4년<br>5.5년<br>6.기타<br>7.단기계약(1년미만)<br>8.해당없음 | 낙찰자 선정방법<br>1.적격심사<br>2.협상에 의한 계약<br>3.최저가낙찰<br>4.수의계약관리<br>5.2단계 경쟁입찰<br>6.기타<br>7.해당없음 | 정보화사업 예산 산정 원가산정<br>1.내부산정<br>(자체적으로 정산)<br>2.외부산정<br>(전문기관에 산정)<br>3.내외부 모두 산정<br>4.산정無<br>5.해당없음 | 정산방법<br>1.내부정산<br>(자체적으로 정산)<br>2.외부정산<br>(전문기관위탁 정산)<br>3.내외부 모두 정산<br>4.정산無<br>5.해당없음 | 성과평가 실시여부<br>1.실시<br>2.미실시<br>3.향후 예정<br>4.해당없음 | 성과평가 주체<br>1.예산<br>2.내부<br>3.기관협조<br>4.기타<br>5.해당없음 | 성과평가 방법<br>1.자체 평가<br>2.평가단 구성후 실시<br>(전문위원 위촉)<br>3.전문 평가기관 의뢰<br>4.기타<br>5.해당없음 | 성과평가결과 인센티브 및 패널티 적용 유무<br>1.적용<br>2.적용 안함<br>3.기타( )<br>4.해당없음 | 인센티브 및 패널티 적용 근거<br>1.법률<br>2.조례<br>3.지침<br>4.계약서<br>5.기타<br>6.해당없음 |
|---|---|---|---|---|---|---|---|---|---|---|---|---|---|---|---|
| 2167 | 고양특례시 | 개인정보보호 솔루션 유지보수 | 1 | 2,685 | 6 | 4 | 1 | 7 | 1 | 1 | 4 | 5 | 5 | 4 | 4 |
| 2168 | 고양특례시 | 행망자재 유지보수 | 1 | 2,720 | 6 | 4 | 1 | 7 | 1 | 1 | 4 | 5 | 5 | 4 | 4 |
| 2169 | 고양특례시 | 도서관 홈페이지 유지보수 | 1 | 22,000 | 5 | 4 | 1 | 7 | 1 | 5 | 4 | 5 | 5 | 4 | 4 |
| 2170 | 고양특례시 | 도서관리프로그램(KOLAS3) 유지보수 | 1 | 21,000 | 5 | 4 | 1 | 7 | 1 | 5 | 4 | 5 | 5 | 4 | 4 |
| 2171 | 고양특례시 | 알림톡 메시지 서비스 유지보수 | 1 | 3,057 | 5 | 4 | 7 | 7 | 1 | 5 | 4 | 5 | 5 | 4 | 4 |
| 2172 | 고양특례시 | 개인정보취급자관리시스템 유지보수 | 1 | 2,100 | 5 | 2 | 7 | 2 | 1 | 5 | 4 | 5 | 5 | 4 | 4 |
| 2173 | 고양특례시 | 도서관 홈페이지 결제시스템 구축 | 2 | 39,000 | 5 | 1 | 1 | 3 | 1 | 1 | 4 | 5 | 5 | 4 | 4 |
| 2174 | 고양특례시 | 도서자동화시스템 장비 유지보수 | 1 | 320,161 | 5 | 4 | 1 | 7 | 1 | 5 | 4 | 5 | 5 | 4 | 4 |
| 2175 | 고양특례시 | 통합로그관리 솔루션 유지보수 | 1 | 6,915 | 5 | 4 | 1 | 7 | 1 | 5 | 4 | 5 | 5 | 4 | 4 |
| 2176 | 고양특례시 | 도서관서비스 서버 유지보수 | 1 | 16,103 | 5 | 4 | 1 | 7 | 1 | 5 | 4 | 5 | 5 | 4 | 4 |
| 2177 | 고양특례시 | 전산실 시설관리 시스템 유지보수 | 1 | 2,993 | 5 | 4 | 1 | 7 | 1 | 5 | 4 | 5 | 5 | 4 | 4 |
| 2178 | 고양특례시 | 정은함솔기 유지보수 | 1 | 4,755 | 5 | 4 | 1 | 7 | 1 | 5 | 4 | 5 | 5 | 4 | 4 |
| 2179 | 고양특례시 | 무정전 전원장치 유지보수 | 1 | 2,395 | 5 | 4 | 1 | 7 | 1 | 5 | 4 | 5 | 5 | 4 | 4 |
| 2180 | 고양특례시 | 통합관제(집근제어)소프트웨어 유지보수 | 1 | 8,340 | 5 | 4 | 1 | 7 | 1 | 5 | 4 | 5 | 5 | 4 | 4 |
| 2181 | 고양특례시 | 도서관 서버보안 솔루션 유지보수 | 1 | 4,061 | 4 | 4 | 1 | 7 | 4 | 4 | 4 | 5 | 5 | 4 | 4 |
| 2182 | 고양특례시 | 도서관리 데이터베이스 점근제어 유지보수 | 1 | 3,540 | 1 | 4 | 1 | 7 | 1 | 4 | 4 | 5 | 5 | 4 | 4 |
| 2183 | 고양특례시 | 홈페이지 및 회의시스템 유지관리 | 1 | 9,900 | 7 | 4 | 1 | 7 | 3 | 4 | 4 | 5 | 5 | 4 | 4 |
| 2184 | 고양특례시 | 상하수도사업소 스마트교차시스템 유지보수 | 1 | 2,760 | 4 | 4 | 1 | 7 | 1 | 1 | 2 | 5 | 5 | 4 | 4 |
| 2185 | 고양특례시 | 상하수도 급 관련 프로그램 유지보수 | 1 | 29,424 | 4 | 4 | 1 | 7 | 1 | 5 | 2 | 5 | 5 | 4 | 4 |
| 2186 | 고양특례시 | 상하수도요금 가상계좌시스템 유지보수 | 1 | 7,200 | 4 | 4 | 1 | 3 | 1 | 1 | 2 | 5 | 5 | 4 | 4 |
| 2187 | 고양특례시 | 상하수도요금 ARS시스템 유지보수 | 1 | 8,688 | 4 | 4 | 1 | 7 | 1 | 1 | 2 | 5 | 5 | 4 | 4 |
| 2188 | 고양특례시 | 상수도 스마트 통합관제시스템(스마트미터링포함) 유지보수 | 1 | 190,260 | 1 | 6 | 8 | 6 (조달청제3단가) | 4 | 4 | 4 | 5 | 5 | 4 | 6 |
| 2189 | 고양특례시 | 상수도 스마트 통합관제시스템(스마트미터링포함) 전산통신시스템 | 1 | 34,875 | 1 | 4 | 8 | 6 (조달청제3단가) | 3 | 4 | 4 | 5 | 5 | 4 | 6 |
| 2190 | 고양특례시 | 홈페이지 및 회의시스템 유지관리 | 1 | 16,344 | 7 | 4 | 7 | 7 | 1 | 1 | 4 | 5 | 5 | 4 | 4 |
| 2191 | 고양특례시 | 2025년 행정용무인 컴퓨터 유지보수 | 1 | 49,920 | 6 | 2 | 1 | 3 | 1 | 5 | 2 | 5 | 5 | 4 | 6 |
| 2192 | 고양특례시 | 2025년 통신장비 유지보수 | 1 | 21,862 | 6 | 4 | 1 | 3 | 1 | 5 | 2 | 5 | 5 | 4 | 6 |
| 2193 | 고양특례시 | 무인민원발급기 구매 | 1 | 24,000 | 5 | 1 | 1 | 7 | 1 | 1 | 2 | 5 | 5 | 4 | 4 |
| 2194 | 고양특례시 | 무인민원발급기 구매 | 1 | 96,000 | 5 | 1 | 1 | 7 | 1 | 1 | 2 | 5 | 5 | 4 | 4 |
| 2195 | 고양특례시 | 영구내용 전산화 사업 | 3 | 15,000 | 1 | 4 | 1 | 7 | 4 | 4 | 4 | 5 | 5 | 4 | 4 |
| 2196 | 고양특례시 | 2025년 위반행위 통합관리시스템 성능개선 및 유지관리 용역 | 1 | 17,760 | 5 | 4 | 1 | 7 | 1 | 1 | 4 | 5 | 5 | 4 | 6 |
| 2197 | 고양특례시 | 위반행위 통합관리시스템 데이터마이그레이션 이전작업 용역 | 3 | 14,000 | 5 | 4 | 1 | 7 | 1 | 1 | 4 | 5 | 5 | 4 | 6 |

- 71 -

| 순번 | 시군구 | 정보화사업 사업명 ·예산서 설치 사업명 | 정보화사업 분류 | 2025년 예산 (단위:천원/1년간) | 예산 편성근거 | 계약체결방법 (경쟁형태) | 정보화사업 입찰방법 시 계약기간 | 낙찰자 선정방법 | 정보화사업 예산 산정 평가산정 | 정산방법 | 성과평가 실시여부 | 성과평가 주기 | 성과평가 방법 | 평가결과 적용 성과평가결과 인센티브 적용 유무 | 인센티브 및 패널티 적용 근거 |
|---|---|---|---|---|---|---|---|---|---|---|---|---|---|---|---|
| 2198 | 고양특례시 | 통신장비 유지보수비 | 1 | 19,271 | 1 | 4 | 1 | 7 | 1 | 1 | 4 | 5 | 5 | 4 | 6 |
| 2199 | 고양특례시 | 네트워크 스위치(대체) | 2 | 21,000 | 1 | 7 | 8 | 7 | 1 | 1 | 4 | 5 | 5 | 4 | 6 |
| 2200 | 고양특례시 | 컴퓨터 유지보수 용역비 | 1 | 45,192 | 1 | 2 | 1 | 6 | 1 | 1 | 2 | 5 | 5 | 4 | 6 |
| 2201 | 고양특례시 | 무인민원발급기 구매 | 2 | 84,000 | 5 | 1 | 8 | 6(조달청제3자단가) | 1 | 1 | 4 | 5 | 5 | 4 | 4 |
| 2202 | 고양특례시 | 2025년 영구기록기록물 전산화 사업 | 3 | 5,800 | 1 | 4 | 7 | 7 | 1 | 1 | 4 | 5 | 5 | 4 | 4 |
| 2203 | 고양특례시 | 위법위물합리시스템 성능개선 및 유지보수 | 1 | 11,000 | 1 | 6 | 7 | 7 | 1 | 1 | 4 | 5 | 5 | 4 | 4 |
| 2204 | 고양특례시 | 컴퓨터 유지보수 용역 사업 | 1 | 41,599 | 1 | 7 | 1 | 3 | 1 | 1 | 4 | 5 | 5 | 4 | 4 |
| 2205 | 고양특례시 | 네트워크통신장비 유지보수 | 1 | 19,235 | 1 | 7 | 8 | 7 | 1 | 1 | 4 | 5 | 5 | 4 | 4 |
| 2206 | 고양특례시 | 서버방화벽장비 유지보수 | 1 | 1,680 | 1 | 4 | 7 | 7 | 1 | 1 | 4 | 5 | 5 | 4 | 4 |
| 2207 | 고양특례시 | 영구기록기록물 전산화 사업 | 3 | 3,040 | 1 | 1 | 8 | 7 | 1 | 1 | 4 | 5 | 5 | 4 | 4 |
| 2208 | 고양특례시 | 무인민원발급기 구매 | 1 | 48,000 | 5 | 1 | 8 | 6(조달청제3자단가) | 1 | 1 | 2 | 5 | 5 | 4 | 6 |
| 2209 | 고양특례시 | 쓰레기 무단투기 고정식 감시카메라 임차 및 유지관리 용역 | 1 | 21,000 | 5 | 1 | 2 | 3 | 1 | 1 | 4 | 5 | 5 | 4 | 6 |
| 2210 | 고양특례시 | 쓰레기 무단투기 이동식 감시카메라(클린아이불캡) 유지관리비 | 1 | 4,000 | 5 | 7 | 8 | 7 | 1 | 1 | 4 | 5 | 5 | 4 | 6 |
| 2211 | 고양특례시 | 질병관리 방역지리정보시스템 데이터베이스 구축 용역 | 3 | 18,400 | 2 | 4 | 1 | 7 | 1 | 1 | 2 | 5 | 5 | 4 | 6 |
| 2212 | 경기 구리시 | 2025년 교통정보센터 단속 전산관리 시스템 유지보수 | 1 | 20,856 | 6 | 4 | 1 | 7 | 1 | 1 | 4 | 5 | 5 | 4 | 6 |
| 2213 | 경기 구리시 | 2025년 주정차단속 사전알림서비스 디지털관리 유지보수 용역 | 1 | 11,324 | 6 | 6 | 1 | 7 | 1 | 1 | 4 | 5 | 5 | 4 | 6 |
| 2214 | 경기 구리시 | 2025년 장애인전용주차구역 단속 고정관리분석시스템 유지보수 용역 | 1 | 5,790 | 6 | 4 | 1 | 7 | 1 | 1 | 4 | 5 | 5 | 4 | 6 |
| 2215 | 경기 구리시 | 구리시 교통정보센터 유지관리 용역(클린아이, 2차) | 1 | 471,012 | 1 | 4 | 1 | 7 | 1 | 1 | 4 | 5 | 5 | 4 | 6 |
| 2216 | 경기 구리시 | 구리시 교통정보센터 전산망(네트워크) 유지관리 용역 | 1 | 18,389 | 1 | 4 | 1 | 7 | 1 | 1 | 4 | 5 | 5 | 4 | 6 |
| 2217 | 경기 구리시 | 구리시 교통정보센터 단속 전산관리 시스템(서버) 유지보수 | 3 | 18,137 | 1 | 4 | 1 | 7 | 1 | 1 | 4 | 5 | 5 | 4 | 6 |
| 2218 | 경기 구리시 | 구리시 교통정보센터 로그인 디지털인증서비스 유지보수 용역 | 1 | 8,870 | 1 | 4 | 1 | 7 | 1 | 1 | 4 | 5 | 5 | 4 | 6 |
| 2219 | 경기 구리시 | 구리시 교통정보센터 통합관리분본석시스템 유지보수 용역 | 1 | 8,208 | 1 | 4 | 1 | 7 | 1 | 1 | 4 | 5 | 5 | 4 | 6 |
| 2220 | 경기 구리시 | 구리시 교통정보센터 서비스 모니터링 솔루션 유지관리 용역 | 1 | 9,405 | 1 | 4 | 1 | 7 | 1 | 1 | 4 | 5 | 5 | 4 | 6 |
| 2221 | 경기 구리시 | 구리시 교통관제 CCTV 센터시스템 유지관리 용역 | 1 | 18,485 | 1 | 4 | 1 | 7 | 1 | 1 | 4 | 5 | 5 | 4 | 6 |
| 2222 | 경기 구리시 | 구리시 교통정보센터 시스템 접근제어관리(보안) 유지관리 용역 | 1 | 15,475 | 1 | 4 | 1 | 7 | 1 | 1 | 4 | 5 | 5 | 4 | 6 |
| 2223 | 경기 구리시 | 구리시 도시계획결재 솔루션(H-PSM) 유지관리 용역 | 1 | 21,000 | 1 | 4 | 1 | 7 | 1 | 1 | 4 | 5 | 5 | 4 | 6 |
| 2224 | 경기 구리시 | 구리시 시스템접근제어 솔루션(H-PSM) 유지관리 용역 | 1 | 2,772 | 6 | 4 | 1 | 7 | 1 | 1 | 4 | 5 | 5 | 4 | 6 |
| 2225 | 경기 구리시 | 2025년 디지털영상정보전송시스템(PACS) 유지관리 | 1 | 5,130 | 6 | 4 | 1 | 7 | 1 | 1 | 4 | 5 | 5 | 4 | 6 |
| 2226 | 경기 구리시 | 차세대 지방세정보시스템 운영 및 유지관리 | 1 | 122,554 | 1 | 5 | 1 | 7 | 2 | 5 | 4 | 5 | 5 | 4 | 6 |
| 2227 | 경기 구리시 | 취득세 중위서류 이미지관리시스템 유지보수비 | 1 | 4,574 | 5 | 4 | 1 | 7 | 2 | 5 | 4 | 5 | 5 | 4 | 6 |
| 2228 | 경기 구리시 | 2025년 상하수도요금 전산 프로그램 유지관리 위탁용역 | 1 | 26,400 | 6 | 4 | 1 | 7 | 1 | 1 | 4 | 5 | 5 | 4 | 6 |

- 72 -

| 순번 | 시군구 | 정보화사업명 · 예산서 상 사업명 | 정보사업 분류<br>1. 유지 및 보수<br>2. SW/HW 개발 및 구매<br>3. DB 구축<br>4. 정보화 전략계획(ISP) 수립<br>5. 정보화지원<br>6. 기타 | 2025년 예산<br>(단위:천원/1년간) | 예산 편성근거<br>1. 법률에 의거<br>2. 국고보조재원<br>3. 용도조정기부금<br>4. 조례<br>5. 지자체 및 상위기관 정책<br>6. 기타<br>7. 해당없음 | 계약체결방법(경쟁형태)<br>1. 일반경쟁<br>2. 제한경쟁<br>3. 지명경쟁<br>4. 수의계약<br>5. 법정위탁<br>6. 기타 ( )<br>7. 해당없음 | 정보화사업 입찰방식<br>계약기간<br>1. 1년<br>2. 2년<br>3. 3년<br>4. 4년<br>5. 5년<br>6. 기타 ( )<br>7. 단가계약(1년이하)<br>8. 해당없음 | 낙찰자 선정방법<br>1. 적격심사<br>2. 협상에 의한계약<br>3. 최저가낙찰<br>4. 근로가중제<br>5. 2단계 경쟁입찰<br>6. 기타 ( )<br>7. 해당없음 | 정보화사업 예산 산정<br>평가신청<br>1. 내부선정<br>2. 외부선정(전문기관위탁)<br>3. 산정 후<br>4. 해당없음 | 예산산정<br>1. 내부정산(자체적으로 정산)<br>2. 외부정산(외부전문기관위탁 정산)<br>3. 나.다.부 모두 정산<br>4. 정산 후<br>5. 해당없음 | 성과평가 실시여부<br>1. 실시<br>2. 미실시<br>3. 향후 추진<br>4. 해당없음 | 성과평가 주체<br>1. 예산<br>2. 기관<br>3. 기간만료 전<br>4. 기타 ( )<br>5. 해당없음 | 성과평가 방법<br>1. 자체 평가<br>2. 평가단 구성평가(전문위원축)<br>3. 전문 평가기관 의뢰<br>4. 기타 ( )<br>5. 해당없음 | 평가결과 적용<br>성과평가결과 인센티브 및 패널티 적용 유무<br>1. 적용<br>2. 적용 안함<br>3. 기타 ( )<br>4. 해당없음 | 인센티브 및 패널티 적용 근거<br>1. 법률<br>2. 조례<br>3. 지침<br>4. 계약서<br>5. 기타<br>6. 해당없음 |
|---|---|---|---|---|---|---|---|---|---|---|---|---|---|---|---|
| 2229 | 경기 구리시 | 상수도특별회계 계약정보시스템 유지관리 용역 | 1 | 5,900 | 6 | 4 | 1 | 7 | 1 | 1 | 4 | 4 | 5 | 4 | 6 |
| 2230 | 경기 구리시 | 상수도특별회계 예산회계시스템 유지관리 용역 | 1 | 14,372 | 6 | 5 | 1 | 7 | 2 | 2 | 4 | 5 | 5 | 4 | 6 |
| 2231 | 경기 구리시 | 시립도서관 홈페이지 유지관리 용역 | 1 | 15,487 | 5 | 4 | 1 | 7 | 1 | 1 | 2 | 5 | 5 | 4 | 6 |
| 2232 | 경기 구리시 | 알림톡 시스템 유지관리 용역 | 1 | 2,799 | 5 | 4 | 1 | 7 | 1 | 1 | 2 | 5 | 5 | 4 | 6 |
| 2233 | 경기 구리시 | 도서관 통합예약관리시스템(2종) 유지관리 | 1 | 1,446 | 5 | 4 | 1 | 7 | 1 | 1 | 2 | 5 | 5 | 4 | 6 |
| 2234 | 경기 구리시 | 모바일도서관(리브피아) 유지관리 용역 | 1 | 1,625 | 5 | 5 | 1 | 7 | 1 | 1 | 2 | 5 | 5 | 4 | 6 |
| 2235 | 경기 구리시 | 도서관 표준자료관리시스템 유지관리 | 1 | 7,268 | 5 | 4 | 1 | 7 | 1 | 1 | 2 | 5 | 5 | 4 | 6 |
| 2236 | 경기 구리시 | 2025년 도서관 정보시스템 HW,SW 유지관리 비용 지급 | 1 | 11,855 | 5 | 4 | 1 | 7 | 1 | 1 | 2 | 5 | 5 | 4 | 6 |
| 2237 | 경기 구리시 | MS 소프트웨어 연간사용 구입 | 2 | 54,000 | 5 | 7 | 1 | 7 | 1 | 1 | 4 | 5 | 5 | 4 | 6 |
| 2238 | 경기 구리시 | 한컴오피스 소프트웨어 연간사용 구입 | 2 | 15,000 | 5 | 7 | 1 | 7 | 1 | 1 | 4 | 5 | 5 | 4 | 6 |
| 2239 | 경기 구리시 | 알툴즈 소프트웨어 연간사용 구입 | 2 | 5,000 | 5 | 7 | 1 | 7 | 1 | 1 | 2 | 5 | 5 | 4 | 6 |
| 2240 | 경기 구리시 | 도서관 자동화장비 유지관리 | 1 | 52,800 | 5 | 4 | 1 | 7 | 1 | 1 | 2 | 5 | 5 | 4 | 6 |
| 2241 | 경기 구리시 | 정보보호시스템 유지관리 | 1 | 15,978 | 5 | 4 | 1 | 2 | 1 | 1 | 2 | 5 | 5 | 4 | 6 |
| 2242 | 경기 구리시 | 교통행정종합도서관 ICT시스템 통합유지관리 | 1 | 37,000 | 5 | 2 | 1 | 2 | 1 | 1 | 2 | 5 | 5 | 4 | 6 |
| 2243 | 경기 구리시 | 검체도서관 정보시스템 통합유지관리 | 1 | 96,400 | 5 | 2 | 3 | 2 | 1 | 1 | 2 | 5 | 5 | 4 | 6 |
| 2244 | 경기 구리시 | 디지털기반 안전관리시스템 구축 운영 | 1 | 60,287 | 5 | 7 | 8 | 7 | 5 | 5 | 2 | 5 | 5 | 4 | 6 |
| 2245 | 경기 구리시 | 2025년 기반관측 및 정보방송시설 유지관리 용역 | 1 | 21,470 | 6 | 4 | 1 | 7 | 1 | 1 | 4 | 5 | 5 | 4 | 6 |
| 2246 | 경기 구리시 | 2025년 지진관측시스템 유지관리 용역 | 1 | 8,134 | 4 | 4 | 1 | 7 | 1 | 1 | 4 | 5 | 5 | 4 | 6 |
| 2247 | 경기 구리시 | 2025년 재난CCTV 영상관리 SW 유지관리 용역 | 1 | 10,770 | 4 | 1 | 1 | 3 | 1 | 1 | 2 | 5 | 5 | 4 | 6 |
| 2248 | 경기 구리시 | 2025년 재난영상감시(CCTV)시스템 유지관리 용역 | 1 | 20,525 | 4 | 2 | 3 | 2 | 1 | 1 | 2 | 5 | 5 | 4 | 6 |
| 2249 | 경기 구리시 | 2025년 WALL통합상황판 유지관리 용역 | 1 | 4,920 | 4 | 4 | 1 | 7 | 1 | 1 | 2 | 5 | 5 | 4 | 6 |
| 2250 | 경기 구리시 | 안전 관련 비상용품 관리 유지관리 | 1 | 7,334 | 4 | 4 | 1 | 7 | 1 | 1 | 2 | 5 | 5 | 4 | 6 |
| 2251 | 경기 구리시 | 2025년 재난관리 정보시스템 유지관리 용역 | 1 | 14,910 | 6 | 4 | 1 | 7 | 1 | 1 | 2 | 5 | 5 | 4 | 6 |
| 2252 | 경기 구리시 | 2025년 자동차등록민원서류 데이터베이스 구축프로그램 유지보수 | 1 | 3,630 | 6 | 4 | 1 | 7 | 1 | 1 | 4 | 5 | 5 | 4 | 6 |
| 2253 | 경기 구리시 | (자동차관리)2025년 자동번호판 영치 스마트폰 시스템 유지보수 | 1 | 4,389 | 5 | 4 | 1 | 7 | 1 | 1 | 4 | 5 | 5 | 4 | 6 |
| 2254 | 경기 구리시 | 홈페이지 유지관리 | 1 | 177,240 | 4 | 2 | 1 | 2 | 1 | 1 | 2 | 5 | 5 | 4 | 6 |
| 2255 | 경기 구리시 | 행정데이터 공유 및 활용시스템 유지관리 | 1 | 77,907 | 4 | 1 | 1 | 3 | 1 | 1 | 2 | 5 | 5 | 4 | 6 |
| 2256 | 경기 구리시 | 행정정보시스템(HW/SW)통합유지관리 | 1 | 287,827 | 4 | 2 | 3 | 2 | 1 | 1 | 2 | 5 | 5 | 4 | 6 |
| 2257 | 경기 구리시 | G-Map 유지관리 | 1 | 19,100 | 7 | 4 | 1 | 7 | 1 | 1 | 2 | 5 | 5 | 4 | 6 |
| 2258 | 경기 구리시 | 행정용 전자팩스 고도화(노후교체) | 2 | 67,000 | 6 | 6 | 7 | 7 | 5 | 5 | 4 | 5 | 5 | 4 | 6 |
| 2259 | 경기 구리시 | 공간정보 S/W 연간사용권 구입 | 2 | 42,196 | 6 | 4 | 3 | 7 | 1 | 5 | 4 | 5 | 5 | 4 | 6 |

- 73 -

| 순번 | 시·군·구 | 정보화사업 사업명 · 예산편성 사업명 | 정보화사업 분류 (1.유지 및 보수 2.SW/HW 개발 및 구매 3.DB 구축 4.정보화전략계획(SP) 수립 5.정보화지원 6.기타) | 2025년 예산 (단위:천원/1년간) | 예산 편성근거 (1.법률에 규정 2.국고보조 재원 3.용도지정기부금 4.조례 5.자체 및 유지기간 정책 6.기타 7.해당없음) | 계약체결방법 (경쟁형태) (1.일반경쟁 2.제한경쟁 3.지명경쟁 4.수의계약 5.법정위탁 6.기타( ) 7.해당없음) | 정보화사업 계약방식 계약기간 (1.1년 2.2년 3.3년 4.4년 5.5년 6.기타( ) 7.단기계약 (1년이내) 8.해당없음) | 낙찰자 선정방식 (1.적격심사 2.협상에 의한계약 3.최저가격계약 4.규모기반관리 5.2단계 경쟁입찰 6.기타( ) 7.해당없음) | 평가반영 (1.내부선정 2.외부선정 3.내·외부혼합 4.신청 先 5.해당없음) | 정보화사업 예산 정산 정산방법 (1.내부정산 (자체조직 정산) 2.외부정산 (전문기관위탁 정산) 3.내·외부 모두 정산 4.정산 無 5.해당없음) | 성과평가 실시여부 (1.실시 2.미실시 3.향후 추진 4.해당없음) | 성과평가 성과평가 주기 (1.매년 2.격년 3.기간만료전 4.기타( ) 5.해당없음) | 성과평가 방법 (1.자체 평가 2.평가단 구성후 평가 (전문위원회) 3.전문 평가기관 의뢰 4.기타( ) 5.해당없음) | 평가결과 적용 성과평가결과 인센티브 및 패널티 적용 유무 (1.적용 2.적용 안함 3.기타( ) 4.해당없음) | 인센티브 및 패널티 적용 근거 (1.법률 2.조례 3.지침 4.계약서 5.기타 6.해당없음) |
|---|---|---|---|---|---|---|---|---|---|---|---|---|---|---|---|
| 2260 | 경기 구리시 | 공간정보 플랫폼 유지관리 | 1 | 22,000 | 1 | 4 | 7 | 7 | 1 | 5 | 4 | 5 | 5 | 4 | 6 |
| 2261 | 경기 구리시 | 공간정보 DB 유지관리 | 3 | 68,000 | 1 | 2 | 7 | 3 | 1 | 5 | 4 | 5 | 5 | 4 | 6 |
| 2262 | 경기 구리시 | 구리톡 유지관리 | 1 | 7,200 | 7 | 4 | 1 | 7 | 1 | 1 | 2 | 5 | 5 | 4 | 6 |
| 2263 | 경기 구리시 | 디스크영역 유지관리 | 1 | 21,017 | 7 | 4 | 7 | 7 | 1 | 1 | 4 | 5 | 5 | 4 | 6 |
| 2264 | 경기 구리시 | 디스크 백업시스템 소프트웨어 교체 | 2 | 5,500 | 1 | 6 | 1 | 7 | 1 | 1 | 4 | 5 | 5 | 4 | 6 |
| 2265 | 경기 구리시 | 디스크 백업시스템 장비 교체 | 2 | 113,000 | 1 | 6 | 7 | 7 | 1 | 1 | 4 | 5 | 5 | 4 | 6 |
| 2266 | 경기 구리시 | 암호화장비(VPN)정책통합관리소프트웨어교체 | 2 | 50,250 | 6 | 6 | 7 | 6 | 1 | 1 | 2 | 5 | 5 | 4 | 6 |
| 2267 | 경기 구리시 | 통합보안시스템(SMS/VMS)소프트웨어구입 | 2 | 23,000 | 6 | 6 | 1 | 6 | 1 | 1 | 2 | 5 | 5 | 4 | 6 |
| 2268 | 경기 구리시 | 네트워크방어시스템유지관리및대응 | 1 | 107,410 | 6 | 1 | 1 | 3 | 1 | 1 | 4 | 5 | 5 | 4 | 6 |
| 2269 | 경기 구리시 | 영상장비유지관리 | 1 | 1,949 | 6 | 4 | 1 | 7 | 1 | 1 | 2 | 5 | 5 | 4 | 6 |
| 2270 | 경기 구리시 | 정보통신장비운용유지관리 | 1 | 52,221 | 6 | 1 | 1 | 3 | 1 | 1 | 2 | 5 | 5 | 4 | 6 |
| 2271 | 경기 구리시 | 광대역가통신망유지관리 | 1 | 27,200 | 6 | 1 | 1 | 6 | 1 | 1 | 2 | 5 | 5 | 4 | 6 |
| 2272 | 경기 구리시 | 재민안방앱(APP)유지관리 | 1 | 3,344 | 6 | 4 | 1 | 6 | 1 | 1 | 2 | 5 | 5 | 4 | 6 |
| 2273 | 경기 구리시 | 행정자가통신망운전송장비교체 | 2 | 550,000 | 6 | 1 | 1 | 2 | 1 | 1 | 2 | 5 | 5 | 4 | 6 |
| 2274 | 경기 구리시 | 노후인넷전화기교체 | 2 | 28,000 | 6 | 6 | 1 | 6 | 1 | 1 | 2 | 5 | 5 | 4 | 6 |
| 2275 | 경기 구리시 | 자체공공와이파이유지관리 | 1 | 56,400 | 7 | 6 | 1 | 6 | 1 | 1 | 4 | 5 | 5 | 4 | 6 |
| 2276 | 경기 구리시 | 2025년 CCTV 및 관제시스템 통합유지관리 용역 | 1 | 860,339 | 1 | 2 | 3 | 2 | 1 | 1 | 4 | 1 | 5 | 1 | 6 |
| 2277 | 경기 구리시 | CCTV영상 AI 마스킹 프로그램 구입 | 2 | 6,033 | 7 | 6 | 7 | 6 | 1 | 5 | 4 | 5 | 5 | 4 | 6 |
| 2278 | 경기 구리시 | 방범용CCTV 확대설치 | 2 | 300,000 | 1 | 4 | 1 | 6(조달3단가) | 1 | 5 | 4 | 5 | 5 | 4 | 6 |
| 2279 | 경기 구리시 | CCTV 영상저장장치(스토리지) 증설 | 2 | 35,000 | 1 | 6 | 7 | 7 | 1 | 5 | 4 | 5 | 5 | 4 | 6 |
| 2280 | 경기 구리시 | 통합관제센터 보안관리시스템 라이선스 구입 | 2 | 22,133 | 1 | 6 | 7 | 6(조달3단가) | 1 | 5 | 4 | 5 | 5 | 4 | 6 |
| 2281 | 경기 구리시 | 정보보안시스템 통합 유지관리 | 1 | 286,911 | 7 | 2 | 7 | 6 | 1 | 5 | 4 | 5 | 5 | 4 | 6 |
| 2282 | 경기 구리시 | NIP 서버 교체 | 2 | 18,108 | 1 | 4 | 1 | 2 | 1 | 5 | 4 | 5 | 5 | 4 | 6 |
| 2283 | 경기 구리시 | 백신SW 연간사용권 구입 | 2 | 107,400 | 7 | 6 | 1 | 6(조달3단가) | 1 | 5 | 4 | 5 | 5 | 4 | 6 |
| 2284 | 경기 구리시 | 개인정보보호 컨설팅 | 5 | 19,700 | 1 | 4 | 7 | 7 | 1 | 5 | 4 | 5 | 5 | 4 | 6 |
| 2285 | 경기 구리시 | 행정업무용 소프트웨어 연간사용권 구입 | 2 | 204,720 | 1 | 6 | 7 | 6(조달3단가) | 1 | 5 | 4 | 5 | 5 | 4 | 6 |
| 2286 | 경기 구리시 | 행정업무용 전산장비 구입교체 | 2 | 148,000 | 1 | 6 | 7 | 7 | 2 | 5 | 4 | 5 | 5 | 4 | 6 |
| 2287 | 경기 구리시 | 2025년 차세대 지방세외수입정보보시스템 유지수수비 | 1 | 66,026 | 1 | 5 | 1 | 7 | 2 | 5 | 4 | 5 | 5 | 4 | 6 |
| 2288 | 경기 구리시 | 표준기록관리시스템(RMS)통합유지관리 | 1 | 43,012 | 1 | 5 | 1 | 7 | 5 | 5 | 4 | 5 | 5 | 4 | 6 |
| 2289 | 경기 구리시 | 2025년 지체통합인원열기 유지보수 용역 | 1 | 1,872 | 1 | 4 | 1 | 7 | 5 | 5 | 4 | 5 | 5 | 4 | 6 |
| 2290 | 경기 구리시 | 부동산종합공부시스템 개인정보 임호화 SW 유지수수용 용역 | 1 | 2,086 | 1 | 4 | 1 | 7 | 5 | 5 | 4 | 5 | 5 | 4 | 6 |

- 74 -

| 순번 | 시군구 | 정보화사업명<br>·예산서 상의 사업명 | 정보화사업 분류<br>1. 유지 및 보수<br>2. SW/HW 개발 및 구매<br>3. DB 구축<br>4. 정보화 전략계획(ISP) 수립<br>5. 정보화지원<br>6. 기타 | 2025년 예산<br>(단위:천원/년간) | 예산 편성근거<br>1. 법률에 규정<br>2. 국고보조재원<br>3. 용도지정기부금<br>4. 조례<br>5. 지자체 및 상위기관 정책<br>6. 기타<br>7. 해당없음 | 계약체결방식<br>(경쟁형태)<br>1. 일반경쟁<br>2. 제한경쟁<br>3. 지명경쟁<br>4. 수의계약<br>5. 사전협약<br>6. 기타<br>7. 해당없음 | 정보화사업 입찰방식 계약기간<br>1. 1년<br>2. 2년<br>3. 3년<br>4. 4년<br>5. 5년<br>6. 기타<br>7. ( )<br>8. 해당없음 | 낙찰자 선정방법<br>1. 적격심사<br>2. 협상에 의한계약<br>3. 최저가낙찰<br>4. 규격가격분리<br>5. 2단계 경쟁입찰<br>6. 기타 ( )<br>7. 해당없음 | 정보화사업 예산 산정 평가산정<br>1. 내부산정 (자체로 산정)<br>2. 외부산정 (전문기관위탁)<br>3. 내외부 모두 산정<br>4. 산정 無<br>5. 해당없음 | 정산방법<br>1. 내부정산 (자체적으로 정산)<br>2. 외부정산 (외부전문기관위탁 정산)<br>3. 내외부 모두 정산<br>4. 정산 無<br>5. 해당없음 | 성과평가 실시여부<br>1. 실시<br>2. 미실시<br>3. 향후 추진<br>4. 해당없음 | 성과평가 주기<br>1. 매년<br>2. 격년<br>3. 기간만료<br>4. 기타 ( )<br>5. 해당없음 | 성과평가 방법<br>1. 자체 평가<br>2. 평가단 구성후실시 (전문위원회)<br>3. 전문 평가기관 의뢰<br>4. 기타 ( )<br>5. 해당없음 | 평가결과 인센티브 패널티 적용 유무<br>1. 적용<br>2. 적용 안함<br>3. 기타 ( )<br>4. 해당없음 | 인센티브 및 패널티 적용 근거<br>1. 법률<br>2. 조례<br>3. 지침<br>4. 계약서<br>5. 기타 ( )<br>6. 해당없음 |
|---|---|---|---|---|---|---|---|---|---|---|---|---|---|---|---|
| 2291 | 경기 구리시 | 용구지자기통합 DB서버 임호화 SW 유지보수 용역 | 1 | 2,862 | 1 | 4 | 1 | 7 | 5 | 5 | 4 | 5 | 5 | 4 | 6 |
| 2292 | 경기 구리시 | 주소정보관리시스템(KAIS) 운영지원 유지보수 | 1 | 18,170 | 1 | 5 | 1 | 7 | 2 | 2 | 4 | 5 | 5 | 4 | 6 |
| 2293 | 경기 구리시 | 차체대 주소정보관리시스템 구축 위탁사업 | 2 | 29,350 | 1 | 5 | 1 | 7 | 2 | 2 | 4 | 5 | 5 | 4 | 6 |
| 2294 | 경기 구리시 | 도로명주소 기본도 유지보수 | 1 | 50,624 | 1 | 5 | 1 | 6 | 1 | 1 | 4 | 4 | 5 | 4 | 6 |
| 2295 | 경기 구리시 | ECO스마트 제이용수 공급기 시스템 유지관리 용역 | 1 | 19,593 | 5 | 4 | 1 | 7 | 5 | 5 | 4 | 4 | 5 | 4 | 6 |
| 2296 | 경기 구리시 | 구리시 하수도특별회계 계약정보공개시스템 운영지원 및 유지관리 용역 | 1 | 5,900 | 6 | 4 | 1 | 1 | 1 | 1 | 4 | 5 | 5 | 4 | 6 |
| 2297 | 경기 구리시 | 2025년 인환경자동차법 위반 단속 과태료 부과시스템 유지보수 용역 | 1 | 4,860 | 5 | 4 | 1 | 7 | 5 | 5 | 4 | 5 | 5 | 4 | 6 |
| 2298 | 경기 구리시 | 2025년 환경개선부담금 가상계좌 실시간 수납시스템 수지보수 용역 | 1 | 6,040 | 1 | 4 | 1 | 7 | 1 | 4 | 4 | 5 | 5 | 4 | 6 |
| 2299 | 경기 구리시 | 2025년 RHD 물품관리 시스템 유지보수 용역 | 1 | 8,400 | 7 | 4 | 1 | 7 | 5 | 5 | 4 | 5 | 5 | 4 | 6 |
| 2300 | 경기 구리시 | 민원센터 운영관리프로그램 유지보수 | 1 | 19,993 | 7 | 4 | 1 | 7 | 1 | 1 | 4 | 5 | 5 | 4 | 6 |
| 2301 | 경기 구리시 | 민원센터 발권관리시스템 유지보수 | 1 | 11,221 | 7 | 4 | 1 | 7 | 1 | 1 | 4 | 5 | 5 | 4 | 6 |
| 2302 | 경기 구리시 | 민원센터 키오스크 유지보수 | 1 | 11,914 | 7 | 1 | 1 | 2 | 1 | 1 | 2 | 1 | 1 | 2 | 6 |
| 2303 | 경기 구양시 | 2025년 자치법규정보시스템 화상수리(수원원관리장비) | 1 | 235,700 | 1 | 5 | 8 | 7 | 2 | 4 | 2 | 5 | 5 | 4 | 6 |
| 2304 | 경기 구양시 | 2025년 재정관리시스템 화상수리자시스템(재정압각시) | 2 | 15,000 | 2 | 5 | 8 | 7 | 2 | 2 | 4 | 5 | 5 | 4 | 6 |
| 2305 | 경기 구양시 | 2025년 구양주시 인방위정보시설 운영관리(대형감시 CCTV) | 2 | 125,000 | 2 | 1 | 8 | 7 | 1 | 1 | 4 | 5 | 5 | 4 | 6 |
| 2306 | 경기 구양시 | 2025년 구양주시 인방위정보시설 유지보수 용역 | 1 | 60,000 | 1 | 1 | 1 | 6 | 5 | 5 | 4 | 5 | 5 | 4 | 6 |
| 2307 | 경기 구양시 | 영상회의 시스템 유지보수 | 1 | 20,832 | 4 | 4 | 1 | 7 | 1 | 1 | 4 | 5 | 5 | 4 | 6 |
| 2308 | 경기 구양시 | 도통사거리LED전광판 유지보수 | 1 | 20,000 | 5 | 4 | 1 | 7 | 5 | 5 | 4 | 5 | 5 | 4 | 6 |
| 2309 | 경기 구양시 | 지역채널IPTV시스템 유지보수 | 1 | 3,000 | 1 | 7 | 8 | 3 | 1 | 1 | 4 | 5 | 5 | 4 | 6 |
| 2310 | 경기 구양시 | 종합어지 통합 운영관리 | 1 | 182,870 | 4 | 2 | 7 | 2 | 5 | 5 | 4 | 5 | 5 | 4 | 6 |
| 2311 | 경기 구양시 | 표준인사정보시스템 유지관리 | 1 | 73,762 | 1 | 5 | 8 | 7 | 1 | 1 | 4 | 5 | 5 | 4 | 6 |
| 2312 | 경기 구양시 | 지방재정정보시스템 구축 | 1 | 178,047 | 1 | 5 | 8 | 7 | 5 | 5 | 4 | 5 | 5 | 4 | 6 |
| 2313 | 경기 구양시 | 부양주시 데이터 통합 플랫폼 구축 | 2 | 64,000 | 5 | 2 | 7 | 3 | 1 | 1 | 2 | 1 | 1 | 2 | 6 |
| 2314 | 경기 구양시 | 빅데이터 분석 시스템(SW)유지보수 | 1 | 22,000 | 5 | 4 | 1 | 7 | 2 | 2 | 4 | 5 | 5 | 4 | 6 |
| 2315 | 경기 구양시 | 개인정보 접속기록 및 소멸 관리시스템 구축 | 2 | 91,394 | 1 | 6 | 8 | 7 | 1 | 1 | 4 | 5 | 5 | 4 | 6 |
| 2316 | 경기 구양시 | 휴대용 저장매체 관리프로그램 업그레이드 | 2 | 61,514 | 1 | 6 | 8 | 7 | 5 | 5 | 2 | 5 | 5 | 4 | 6 |
| 2317 | 경기 구양시 | 사이버 위기대응 훈련 | 6 | 10,000 | 1 | 1 | 1 | 2 | 2 | 2 | 1 | 1 | 1 | 2 | 6 |
| 2318 | 경기 구양시 | 행정정보시스템 통합유지보수 사업 | 1 | 227,340 | 1 | 2 | 7 | 7 | 1 | 1 | 4 | 5 | 5 | 4 | 6 |
| 2319 | 경기 구양시 | 스마트 인허가 시스템 유지보수 사업 | 1 | 22,000 | 4 | 4 | 1 | 2 | 1 | 1 | 4 | 5 | 5 | 4 | 6 |
| 2320 | 경기 구양시 | 사군구 공통기반 시스템 유지보수 | 1 | 124,478 | 1 | 5 | 1 | 7 | 2 | 2 | 4 | 5 | 5 | 4 | 6 |
| 2321 | 경기 구양시 | 상용 소프트웨어 구입(MS GS) | 5 | 209,440 | 1 | 1 | 7 | 6 | 1 | 1 | 4 | 5 | 5 | 4 | 6 |

- 75 -

| 순번 | 시군구 | 정보화사업 사업명 · 예산서 상 사업명 | 정보화사업 분류<br>1.유지 및 보수<br>2.SW/HW 개발 및 구매<br>3.DB 구축<br>4.정보화 전략계획(ISP) 수립<br>5.정보화지원<br>6.기타 | 2025년 예산 (단위:천원/1년간) | 예산 편성근거<br>1.법률에 규정<br>2.국고보조 재원<br>3.용도지정 기부금<br>4.조례<br>5.지자체 및 상위기관 정책<br>6.기타<br>7.해당없음 | 계약체결방법 (경쟁형태)<br>1.일반경쟁<br>2.제한경쟁<br>3.지명경쟁<br>4.수의계약<br>5.기타<br>6.법정위탁<br>7.해당없음 | 정보화사업 입찰방식 계약기간<br>1.1년<br>2.2년<br>3.3년<br>4.4년<br>5.5년<br>6.기타<br>7.단기계약(1년미만)<br>8.해당없음 | 낙찰자 선정방법<br>1.적격심사<br>2.협상에 의한계약<br>3.최저가낙찰제<br>4.규격가격분리<br>5.2단계 경쟁입찰<br>6.기타()<br>7.해당없음 | 정보화사업 예산 산정 평가서 선정<br>1.내부선정<br>2.외부선정<br>3.내외부 모두 선정<br>4.선정 안 함<br>5.해당없음 | 산정방법<br>1.내부정산(자체직원 정산)<br>2.외부정산(외부전문기관에 선정)<br>3.내외부 모두 정산<br>4.정산 안함<br>5.해당없음 | 성과평가 실시여부<br>1.실시<br>2.미실시<br>3.향후 추진<br>4.해당없음 | 성과평가 주기<br>1.매년<br>2.격년<br>3.기간만료점<br>4.기타()<br>5.해당없음 | 성과평가 방법<br>1.자체 평가<br>2.평가단 구성후 실시 (전문위원위촉)<br>3.전문 평가기관 의뢰<br>4.기타()<br>5.해당없음 | 평가결과 활용<br>성과평가결과 인센티브 및 페널티 적용 유무<br>1.적용<br>2.적용 안함<br>3.기타()<br>4.해당없음 | 인센티브 및 페널티 적용 근거<br>1.법률<br>2.조례<br>3.지침<br>4.계약서<br>5.기타<br>6.해당없음 |
|---|---|---|---|---|---|---|---|---|---|---|---|---|---|---|---|
| 2322 | 경기남양주시 | 업무용 소프트웨어 구입(한컴오피스) | 5 | 110,715 | 1 | 1 | 7 | 6 | 1 | 1 | 4 | 5 | 5 | 4 | 6 |
| 2323 | 경기남양주시 | 온나라시스템 운영지원 | 1 | 72,880 | 1 | 5 | 1 | 7 | 2 | 2 | 4 | 5 | 5 | 4 | 6 |
| 2324 | 경기남양주시 | 온나라 라온시스템 스토리지 구입 | 2 | 200,000 | 1 | 1 | 3 | 1 | 1 | 1 | 4 | 5 | 5 | 4 | 6 |
| 2325 | 경기남양주시 | 방송장비 교체 | 2 | 29,891 | 1 | 1 | 7 | 6 | 1 | 1 | 4 | 5 | 5 | 4 | 6 |
| 2326 | 경기남양주시 | 업무용 정보장비 구입 | 2 | 210,000 | 7 | 7 | 8 | 7 | 5 | 5 | 4 | 5 | 5 | 4 | 4 |
| 2327 | 경기남양주시 | 행정업무 지원을 위한 정보통신장비 구매 | 2 | 245,516 | 7 | 7 | 8 | 7 | 5 | 5 | 4 | 5 | 5 | 4 | 4 |
| 2328 | 경기남양주시 | 정보통신시스템 통합유지보수 | 1 | 599,992 | 7 | 2 | 1 | 2 | 1 | 1 | 4 | 5 | 5 | 4 | 4 |
| 2329 | 경기남양주시 | 행정정보보안시설 유지보수 | 1 | 160,000 | 7 | 7 | 8 | 7 | 5 | 5 | 4 | 5 | 5 | 4 | 4 |
| 2330 | 경기남양주시 | 2025년 방범용 CCTV 비상벨 개선사업 | 2 | 60,000 | 5 | 7 | 8 | 7 | 5 | 5 | 4 | 5 | 5 | 4 | 6 |
| 2331 | 경기남양주시 | 방범용 CCTV 설치사업 | 2 | 360,000 | 2 | 1 | 8 | 2 | 1 | 1 | 4 | 5 | 5 | 4 | 6 |
| 2332 | 경기남양주시 | 방범용 CCTV 노후카메라 개선사업 | 2 | 175,000 | 5 | 5 | 8 | 2 | 3 | 3 | 4 | 5 | 5 | 4 | 6 |
| 2333 | 경기남양주시 | 방범용 CCTV 유지보수 용역 | 1 | 1,079,143 | 5 | 4 | 1 | 1 | 1 | 1 | 2 | 4 | 4 | 4 | 6 |
| 2334 | 경기남양주시 | 공용시설 통합관리 IOT 시스템 | 1 | 49,852 | 5 | 7 | 7 | 2 | 5 | 5 | 4 | 5 | 5 | 4 | 6 |
| 2335 | 경기남양주시 | 취득세 부과민원 이력관리시스템 운영 | 1 | 3,267 | 6 | 4 | 1 | 1 | 5 | 5 | 4 | 5 | 4 | 4 | 6 |
| 2336 | 경기남양주시 | 정예인주주체 의 위한 과세관리리시스템 운영 | 6 | 5,040 | 6 | 4 | 8 | 7 | 5 | 5 | 4 | 4 | 4 | 4 | 6 |
| 2337 | 경기남양주시 | 문화재단 운영 | 6 | 54,934 | 7 | 4 | 7 | 1 | 1 | 1 | 4 | 5 | 5 | 4 | 6 |
| 2338 | 경기남양주시 | 홈페이지 구축 | 6 | 15,300 | 5 | 4 | 1 | 3 | 5 | 5 | 4 | 5 | 4 | 4 | 6 |
| 2339 | 경기남양주시 | 청소년교육청보시스템 유지관리 | 1 | 11,200 | 6 | 4 | 7 | 7 | 1 | 1 | 4 | 5 | 5 | 4 | 6 |
| 2340 | 경기남양주시 | 미세먼지 인성 버스정류장 무인 경비시스템 용역 | 6 | 44,286 | 7 | 4 | 7 | 7 | 5 | 5 | 4 | 5 | 5 | 4 | 6 |
| 2341 | 경기남양주시 | 수동시 청소년시설 사업관리용 CCTV 설치 | 6 | 111,524 | 7 | 4 | 1 | 1 | 5 | 5 | 4 | 5 | 5 | 4 | 6 |
| 2342 | 경기남양주시 | 전통시설 방재시스템 유지보수 | 1 | 14,264 | 6 | 6 | 1 | 1 | 1 | 1 | 4 | 4 | 4 | 4 | 6 |
| 2343 | 경기남양주시 | 스마트관광전자지도 유지관리 | 1 | 19,245 | 7 | 4 | 1 | 7 | 5 | 5 | 4 | 5 | 5 | 4 | 6 |
| 2344 | 경기남양주시 | 2025년 공공체육시설 통합운영관리시스템 유지관리 용역 | 1 | 135,662 | 5 | 4 | 1 | 7 | 1 | 1 | 4 | 5 | 5 | 4 | 6 |
| 2345 | 경기남양주시 | 도서관전산유지보수 | 1 | 48,000 | 7 | 4 | 1 | 7 | 5 | 5 | 4 | 5 | 5 | 4 | 6 |
| 2346 | 경기남양주시 | 미세먼지측정망 유지관리 | 1 | 21,450 | 7 | 4 | 1 | 7 | 5 | 5 | 4 | 5 | 5 | 4 | 6 |
| 2347 | 경기남양주시 | 김치저장고전자기기(대) | 1 | 30,000 | 7 | 4 | 1 | 7 | 5 | 5 | 4 | 5 | 5 | 4 | 6 |
| 2348 | 경기남양주시 | 통합보정시스템 유지관리 | 1 | 4,800 | 7 | 4 | 1 | 7 | 5 | 5 | 4 | 5 | 5 | 4 | 6 |
| 2349 | 경기남양주시 | 독후감경류 단속시스템 유지보수 | 1 | 103,814 | 5 | 6 | 1 | 7 | 5 | 5 | 4 | 5 | 5 | 4 | 6 |
| 2350 | 경기남양주시 | 진환경자동차 충전구역 위반 과태료 관리시스템 운영 | 1 | 5,000 | 7 | 4 | 1 | 7 | 1 | 1 | 4 | 5 | 5 | 4 | 6 |
| 2351 | 경기남양주시 | 2025년 환경계측기ARS시스템 유지관리 | 1 | 4,000 | 6 | 4 | 1 | 2 | 1 | 1 | 4 | 5 | 5 | 4 | 6 |
| 2352 | 경기남양주시 | 2025년 선별재난 영상감시시스템 유지관리 용역 | 1 | 22,000 | 6 | 4 | 7 | 7 | 1 | 1 | 4 | 5 | 5 | 4 | 6 |

- 76 -

| 순번 | 시도 | 시군구 | 정보화사업 사업명 | 정보화사업 분류 | 2025년 예산(단위:천원/1년간) | 예산 편성근거 | 계약체결방법(경쟁방식) | 계약기간 | 낙찰자 선정방법 | 원가산정 | 정보화사업 예산 산정 | 성과평가 실시여부 | 성과평가 주기 | 성과평가 방법 | 성과평가결과 인센티브 패널티 적용 유무 | 인센티브 및 패널티 적용 근거 |
|---|---|---|---|---|---|---|---|---|---|---|---|---|---|---|---|---|
| 2353 | 경기 | 광주시 | 진영공원 방법용 CCTV 구입 및 설치 | 6 | 26,984 | 5 | 6 | 7 | 7 | 1 | 1 | 4 | 5 | 5 | 4 | 6 |
| 2354 | 경기 | 광주시 | 국토이용정보체계 대아다 수정편집 및 운영장비 유지관리 | 1 | 112,000 | 1 | 2 | 2 | 2 | 5 | 5 | 1 | 1 | 1 | 2 | 6 |
| 2355 | 경기 | 광주시 | 2025~2026년 공간정보시스템 통합유지보수 | 1 | 96,728 | 1 | 2 | 3 | 2 | 1 | 1 | 4 | 5 | 5 | 4 | 6 |
| 2356 | 경기 | 광주시 | 공간정보시스템 스토리지 구매 | 2 | 34,033 | 1 | 6 | 7 | 7 | 1 | 1 | 4 | 5 | 5 | 4 | 6 |
| 2357 | 경기 | 광주시 | 1/1000 수치지형도 수형 제작 | 5 | 175,000 | 6 | 6 | 7 | 7 | 1 | 2 | 4 | 5 | 5 | 4 | 6 |
| 2358 | 경기 | 광주시 | 차가통보신형 통합검사시스템 구축 | 2 | 1,500,000 | 5 | 1 | 7 | 1 | 1 | 1 | 4 | 5 | 5 | 4 | 6 |
| 2359 | 경기 | 광주시 | 2025년 광주시 교통정보시스템 통합정보보유지보수 용역 | 1 | 891,000 | 5 | 2 | 1 | 2 | 5 | 5 | 4 | 5 | 5 | 4 | 6 |
| 2360 | 경기 | 광주시 | 주정차관리 프로그램 유지보수용역 | 1 | 21,564 | 1 | 4 | 1 | 7 | 1 | 1 | 4 | 5 | 5 | 4 | 6 |
| 2361 | 경기 | 광주시 | 주정차제보 ARS기성격차 유지보수용역 | 1 | 14,130 | 1 | 4 | 7 | 7 | 1 | 1 | 4 | 5 | 5 | 4 | 6 |
| 2362 | 경기 | 광주시 | 고정형 무인단속시스템 설치 | 2 | 200,000 | 1 | 6 | 8 | 7 | 5 | 5 | 4 | 5 | 5 | 4 | 6 |
| 2363 | 경기 | 광주시 | 고정형 주정차시스템무인유지보수 용역 | 1 | 330,520 | 1 | 2 | 1 | 2 | 1 | 1 | 4 | 5 | 5 | 4 | 6 |
| 2364 | 경기 | 광주시 | 주행형 주정차시스템무인유지보수 용역 | 1 | 21,915 | 1 | 4 | 1 | 7 | 1 | 1 | 4 | 5 | 5 | 4 | 6 |
| 2365 | 경기 | 광주시 | 블랙박스차 수거민속시스템 유지보수 용역 | 1 | 12,960 | 1 | 4 | 1 | 6 | 1 | 1 | 4 | 5 | 5 | 4 | 6 |
| 2366 | 경기 | 광주시 | 2025년 주차관리사무소 무인경비시스템 유지관리용역 | 1 | 4,356 | 6 | 4 | 7 | 7 | 5 | 5 | 2 | 5 | 5 | 4 | 6 |
| 2367 | 경기 | 광주시 | 일반진료사업 - PACS서비 | 1 | 9,000 | 7 | 4 | 1 | 7 | 1 | 1 | 2 | 5 | 5 | 4 | 6 |
| 2368 | 경기 | 광주시 | 일반진료사업 | 1 | 5,000 | 1 | 4 | 1 | 7 | 1 | 1 | 1 | 1 | 1 | 4 | 6 |
| 2369 | 경기 | 광주시 | 의회 홈페이지 및 재부재시스템 유지보수 | 1 | 13,880 | 6 | 4 | 8 | 7 | 1 | 1 | 1 | 5 | 5 | 4 | 6 |
| 2370 | 경기 | 광주시 | 현경상사용 CCTV 유지보수용역 | 1 | 38,000 | 6 | 4 | 8 | 7 | 1 | 1 | 1 | 5 | 5 | 4 | 6 |
| 2371 | 경기 | 광주시 | 목현리 마을환경 개선공사(현경감시용 CCTV 설치) | 6 | 21,280 | 7 | 4 | 8 | 7 | 1 | 1 | 2 | 5 | 5 | 4 | 6 |
| 2372 | 경기 | 광주시 | 인터넷용시스템 유지보수 | 1 | 11,490 | 6 | 4 | 8 | 7 | 1 | 1 | 2 | 5 | 5 | 4 | 6 |
| 2373 | 경기 | 광주시 | 의회 홈페이지 클라우드 전환 자업 | 6 | 4,700 | 7 | 4 | 1 | 7 | 1 | 1 | 4 | 5 | 5 | 4 | 6 |
| 2374 | 경기 | 광주시 | 의회 공지시스템 구축 | 2 | 6,000 | 1 | 7 | 1 | 7 | 1 | 5 | 4 | 5 | 5 | 4 | 6 |
| 2375 | 경기 | 광주시 | 페기물 무단투기 단속 CCTV 설치 | 6 | 20,000 | 5 | 4 | 1 | 7 | 1 | 1 | 4 | 5 | 5 | 4 | 6 |
| 2376 | 경기 | 광주시 | 무단투기 감시 CCTV 유지관리 | 1 | 26,880 | 7 | 4 | 7 | 7 | 1 | 1 | 4 | 5 | 5 | 4 | 6 |
| 2377 | 경기 | 광주시 | 환경감시용 CCTV 유지보수용역 | 1 | 38,000 | 7 | 4 | 1 | 7 | 1 | 1 | 4 | 5 | 5 | 4 | 6 |
| 2378 | 경기 | 광주시 | 2025년 무단투기 단속 CCTV 추가설치 | 1 | 19,000 | 7 | 4 | 1 | 7 | 1 | 1 | 4 | 5 | 5 | 4 | 6 |
| 2379 | 경기 | 광주시 | 2025년 무단투기 단속 CCTV 추가설치 | 1 | 23,000 | 7 | 4 | 1 | 7 | 1 | 1 | 4 | 5 | 5 | 4 | 6 |
| 2380 | 경기 | 광주시 | 무단투기 재해웅지 단속 CCTV 유지보수용역 | 1 | 4,500 | 6 | 7 | 1 | 7 | 1 | 1 | 4 | 5 | 5 | 4 | 6 |
| 2381 | 경기 | 광주시 | 2025년 무단기 영상감시장치 유지관리 용역 | 1 | 5,300 | 7 | 4 | 1 | 7 | 1 | 1 | 4 | 5 | 5 | 4 | 6 |
| 2382 | 경기 | 광주시 | 무단투기 단속CCTV 설치 | 2 | 23,500 | 7 | 6 | 7 | 7 | 5 | 5 | 4 | 5 | 5 | 4 | 6 |
| 2383 | 경기 | 광주시 | 2025년 폐기물 무단투기 감시용 CCTV(영상감시장치) 유지보수관리 용역 | 1 | 35,200 | 7 | 6 | 7 | 7 | 1 | 1 | 4 | 5 | 5 | 4 | 6 |
| | 경기 | 광주시 | | | 7,245 | 6 | 4 | 1 | 7 | 1 | 1 | 4 | 5 | 5 | 4 | 6 |

| 순번 | 시군구 | 정보화사업 사업명 · 예산서 상 사업명 | 정보화사업 분류 | 2025년 예산 (단위:천원/년간) | 예산 편성근거 | 계약체결방법 (경쟁형태) | 정보사업 계약기간 | 낙찰자 선정방법 | 정보화사업 원가산정 | 정보화사업 예산 산정 | 성과평가 실시여부 | 성과평가 주기 | 성과평가 방법 | 평가결과 인센티브 및 페널티 적용 유무 | 인센티브 및 페널티 적용 근거 |
|---|---|---|---|---|---|---|---|---|---|---|---|---|---|---|---|
| 2384 | 경기 광명시 | 2025년 생활폐기물 무단투기 단속 CCTV 구입 | 6 | 11,000 | 5 | 4 | 7 | 7 | 5 | 5 | 4 | 5 | 5 | 4 | 6 |
| 2385 | 경기 광명시 | 무단투기 단속 이동식 CCTV 추가 구입 | 6 | 20,000 | 5 | 4 | 7 | 7 | 5 | 5 | 4 | 5 | 5 | 4 | 6 |
| 2386 | 경기 광명시 | 정사 무인경비 유지 관리(CCTV 포함) | 1 | 4,992 | 6 | 4 | 1 | 7 | 5 | 5 | 4 | 5 | 5 | 4 | 6 |
| 2387 | 경기 광명시 | 주차장 유지관리 | 1 | 3,960 | 6 | 4 | 1 | 7 | 5 | 5 | 4 | 5 | 5 | 4 | 6 |
| 2388 | 경기 광명시 | 2025년 무단투기 영상감지장치 유지수 용역 | 1 | 5,830 | 6 | 4 | 7 | 7 | 5 | 5 | 4 | 5 | 5 | 4 | 6 |
| 2389 | 경기 광명시 | 2025년 세올인터넷 시스템 유지관리 용역 | 1 | 15,600 | 7 | 4 | 1 | 7 | 1 | 1 | 1 | 1 | 1 | 2 | 4 |
| 2390 | 경기 오산시 | 2024년 오산시 홈페이지 유지관리용역 | 1 | 21,817 | 5 | 4 | 1 | 7 | 1 | 1 | 1 | 1 | 1 | 2 | 4 |
| 2391 | 경기 오산시 | 2025년 오산시 홈페이지 솔루션 유지관리용역 | 1 | 20,540 | 5 | 4 | 1 | 7 | 1 | 1 | 1 | 1 | 1 | 2 | 4 |
| 2392 | 경기 오산시 | 2025년 새올배신저 유지관리 용역 | 1 | 6,260 | 6 | 4 | 1 | 7 | 5 | 5 | 4 | 5 | 5 | 4 | 6 |
| 2393 | 경기 오산시 | 2025년 행정포탈시스템 유지관리 용역 | 1 | 10,185 | 6 | 4 | 1 | 7 | 5 | 5 | 4 | 5 | 5 | 4 | 6 |
| 2394 | 경기 오산시 | 2025년 UMS시스템 유지보수용역 | 1 | 3,278 | 6 | 4 | 1 | 7 | 5 | 5 | 4 | 5 | 5 | 4 | 6 |
| 2395 | 경기 오산시 | 2025년 개인정보 필터링 시스템 유지보수용역 | 1 | 11,094 | 7 | 4 | 1 | 7 | 5 | 5 | 4 | 5 | 5 | 4 | 6 |
| 2396 | 경기 오산시 | 2025년 DB보안시스템 유지보수 용역 | 1 | 4,230 | 7 | 4 | 1 | 7 | 5 | 5 | 4 | 5 | 5 | 4 | 6 |
| 2397 | 경기 오산시 | 2025년 개인정보보호기록속시스템 유지보수 용역 | 1 | 11,219 | 7 | 4 | 1 | 7 | 5 | 5 | 4 | 5 | 5 | 4 | 6 |
| 2398 | 경기 오산시 | 2025년 정보보호 및 개인정보보호 자가학습시스템 운영 | 1 | 6,200 | 7 | 4 | 1 | 6 | 1 | 1 | 4 | 5 | 5 | 4 | 6 |
| 2399 | 경기 오산시 | 서버네임 SW 유지관리 | 1 | 3,432 | 5 | 4 | 8 | 7 | 5 | 5 | 4 | 5 | 5 | 4 | 6 |
| 2400 | 경기 오산시 | 행정화 구입 | 2 | 41,071 | 6 | 7 | 8 | 7 | 1 | 1 | 4 | 5 | 5 | 4 | 6 |
| 2401 | 경기 오산시 | MS오피스 라이선스 구입 | 2 | 105,320 | 5 | 7 | 8 | 7 | 5 | 5 | 4 | 5 | 5 | 4 | 6 |
| 2402 | 경기 오산시 | 한글프로그램, 알집 조 라이선스 구입 | 2 | 40,820 | 5 | 7 | 8 | 7 | 5 | 5 | 4 | 5 | 5 | 4 | 6 |
| 2403 | 경기 오산시 | 임호화 및 유해사이트차단 시스템 장비 교체 | 2 | 176,328 | 6 | 4 | 8 | 6(2단계 경쟁 예외) | 1 | 1 | 4 | 5 | 5 | 4 | 6 |
| 2404 | 경기 오산시 | 2025년 네트워크정비 유지보수 용역 | 1 | 21,000 | 6 | 4 | 1 | 7 | 1 | 1 | 4 | 5 | 5 | 4 | 6 |
| 2405 | 경기 오산시 | 2025년 네트워크접근제어시스템 유지보수 용역 | 1 | 4,533 | 6 | 4 | 1 | 7 | 1 | 1 | 4 | 5 | 5 | 4 | 6 |
| 2406 | 경기 오산시 | 2025년 임호화 및 유해사이트 차단시스템 유지보수 용역 | 1 | 11,120 | 6 | 4 | 7 | 7 | 1 | 1 | 4 | 5 | 5 | 4 | 6 |
| 2407 | 경기 오산시 | 2025년 인터넷교환장 유지보수 용역 | 1 | 17,500 | 6 | 4 | 7 | 7 | 1 | 1 | 4 | 5 | 5 | 4 | 6 |
| 2408 | 경기 오산시 | 2025년 정보위험관리스 평전송망 유지보수 | 1 | 6,200 | 6 | 4 | 1 | 7 | 1 | 1 | 4 | 5 | 5 | 4 | 6 |
| 2409 | 경기 오산시 | 2025년 행정사가통신망 평전송장비 유지보수 | 1 | 19,459 | 6 | 4 | 7 | 7 | 1 | 1 | 4 | 5 | 5 | 4 | 6 |
| 2410 | 경기 오산시 | 2025년 자가통신 서비스망 유지보수 | 1 | 53,515 | 6 | 4 | 7 | 7 | 1 | 1 | 4 | 5 | 5 | 4 | 6 |
| 2411 | 경기 오산시 | 2025년 공공와이파이 시스템 유지보수 | 1 | 14,690 | 6 | 4 | 1 | 7 | 1 | 1 | 4 | 5 | 5 | 4 | 6 |
| 2412 | 경기 오산시 | 2025년 전자팩스 시스템 유지보수 | 1 | 8,712 | 6 | 4 | 1 | 7 | 1 | 1 | 4 | 5 | 5 | 4 | 6 |
| 2413 | 경기 오산시 | 2025년 영상회의 시스템 유지보수 | 1 | 2,180 | 6 | 4 | 1 | 7 | 1 | 1 | 4 | 5 | 5 | 4 | 6 |
| 2414 | 경기 시흥시 | 무인계수기 유지보수 | 1 | 8,620 | 5 | 7 | 8 | 7 | 5 | 5 | 4 | 5 | 5 | 4 | 6 |

| 순번 | 시 군 구 | 정보화사업 사업명<br>· 예산서 상의 사업명 | 정보화사업 분류<br>1. 유지 및 보수<br>2. SW/HW 개발 및 구매<br>3. DB 구축<br>4. 정보화전략계획(ISP) 수립<br>5. 정보화지원<br>6. 기타 | 2025년 예산<br>(단위:천원/1년간) | 예산 편성근거<br>1. 법률에 규정<br>2. 국고보조재원<br>3. 용도지정기부금<br>4. 조례<br>5. 지자체 및 상위기관 정책<br>6. 기타<br>7. 해당없음 | 계약체결방법<br>(경쟁형태)<br>1. 일반경쟁<br>2. 제한경쟁<br>3. 지명경쟁<br>4. 수의계약<br>5. 협정체결<br>6. 기타 ( )<br>7. 해당없음 | 정보화사업 계약방식 계약기간<br>1. 1년<br>2. 2년<br>3. 3년<br>4. 4년<br>5. 5년<br>6. 기타 ( )<br>7. 단기계약(1년미만)<br>8. 해당없음 | 낙찰자 선정방법<br>1. 적격심사<br>2. 협상에 의한 계약<br>3. 최저가낙찰제<br>4. 규모거래관리<br>5. 2단계 경쟁입찰<br>6. 기타 ( )<br>7. 해당없음 | 정보화사업 예산 산정<br>평가산정<br>1. 내부산정<br>2. 외부산정(전문기관위탁 선정)<br>3. 내외부 모두 선정<br>4. 해당없음 | 정보화사업 예산 산정<br>산정방법<br>(내부산정)<br>1. 내부적으로 정산<br>2. 외부산정(전문기관위탁 정산)<br>3. 내외부 모두 정산<br>4. 정산 측<br>5. 해당없음 | 성과평가 실시여부<br>1. 실시<br>2. 미실시<br>3. 향후 추진<br>4. 해당없음 | 성과평가 주기<br>1. 매년<br>2. 격년<br>3. 기간만료일<br>4. 기타 ( )<br>5. 해당없음 | 성과평가 방법<br>1. 자체 평가<br>2. 평가단 구성(전문위원위촉)<br>3. 전문 평가기관 의뢰<br>4. 기타<br>5. 해당없음 | 평가결과 적용<br>성과평가결과 인센티브 패널티 적용 유무<br>1. 적용<br>2. 적용 안함<br>3. 기타 ( )<br>4. 해당없음 | 평가결과 적용<br>인센티브 및 패널티 적용 근거<br>1. 법률<br>2. 조례<br>3. 지침<br>4. 계약서<br>5. 기타<br>6. 해당없음 |
|---|---|---|---|---|---|---|---|---|---|---|---|---|---|---|---|
| 2415 | 경기 시흥시 | 시흥복지교육지원센터 업무지원 웹사이트 유지보수 | 1 | 16,530 | 5 | 7 | 8 | 7 | 5 | 5 | 4 | 5 | 5 | 4 | 6 |
| 2416 | 경기 시흥시 | 지능형교통시스템(ITS) 유지관리 | 1 | 600 | 5 | 7 | 8 | 7 | 5 | 5 | 4 | 5 | 5 | 4 | 6 |
| 2417 | 경기 시흥시 | 도시계획정보체계(UPIS) 유지관리 용역 | 1 | 50,000 | 5 | 7 | 8 | 7 | 5 | 5 | 4 | 5 | 5 | 4 | 6 |
| 2418 | 경기 시흥시 | 보섬 프로그램 유지보수 | 1 | 3,000 | 5 | 7 | 8 | 7 | 5 | 5 | 4 | 5 | 5 | 4 | 6 |
| 2419 | 경기 시흥시 | 역사자료실 운영 | 1 | 4,000 | 5 | 7 | 8 | 7 | 5 | 5 | 4 | 5 | 5 | 4 | 6 |
| 2420 | 경기 시흥시 | 주요민원행정기 구입 및 유지수수 | 1 | 78,000 | 5 | 7 | 8 | 7 | 5 | 5 | 4 | 5 | 5 | 4 | 6 |
| 2421 | 경기 시흥시 | 통합증명발급기 구입 및 유지수수 | 1 | 1,640 | 5 | 7 | 8 | 7 | 5 | 5 | 4 | 5 | 5 | 4 | 6 |
| 2422 | 경기 시흥시 | 영구자기기록물방전산 유지보수 | 1 | 14,000 | 5 | 7 | 8 | 7 | 5 | 5 | 4 | 5 | 5 | 4 | 6 |
| 2423 | 경기 시흥시 | 부동산종합공부시스템(KRAS) 유지관리 | 1 | 13,000 | 5 | 7 | 8 | 7 | 5 | 5 | 4 | 5 | 5 | 4 | 6 |
| 2424 | 경기 시흥시 | 용 운영시스템 | 1 | 8,750 | 5 | 7 | 8 | 7 | 5 | 5 | 4 | 5 | 5 | 4 | 6 |
| 2425 | 경기 시흥시 | 상수도 홈페이지 유지관리 | 1 | 7,350 | 5 | 7 | 8 | 7 | 5 | 5 | 4 | 5 | 5 | 4 | 6 |
| 2426 | 경기 시흥시 | 요금관리프로그램 유지관리 | 1 | 16,410 | 5 | 7 | 8 | 7 | 5 | 5 | 4 | 5 | 5 | 4 | 6 |
| 2427 | 경기 시흥시 | ARS 요금수납부편의시스템 유지관리 | 1 | 15,300 | 5 | 7 | 8 | 7 | 5 | 5 | 4 | 5 | 5 | 4 | 6 |
| 2428 | 경기 시흥시 | 세입통합 ARS 간편자동납부시스템 유지수용 | 1 | 13,200 | 5 | 7 | 8 | 7 | 5 | 5 | 4 | 5 | 5 | 4 | 6 |
| 2429 | 경기 시흥시 | SNS 및 홈페이지 통합 운영 | 1 | 13,295 | 5 | 7 | 8 | 7 | 5 | 5 | 4 | 5 | 5 | 4 | 6 |
| 2430 | 경기 시흥시 | 재난예보시스템 유지보수비 | 1 | 1,640 | 5 | 7 | 8 | 7 | 5 | 5 | 4 | 5 | 5 | 4 | 6 |
| 2431 | 경기 시흥시 | 어린이놀이시설 안전관리 | 1 | 14,000 | 5 | 7 | 8 | 7 | 5 | 5 | 4 | 5 | 5 | 4 | 6 |
| 2432 | 경기 시흥시 | 통신회선 요금공공요금 | 6 | 757 | 5 | 7 | 8 | 7 | 5 | 5 | 4 | 5 | 5 | 4 | 6 |
| 2433 | 경기 시흥시 | 통신시스템 고도화 | 2 | 642 | 5 | 7 | 8 | 7 | 5 | 5 | 4 | 5 | 5 | 4 | 6 |
| 2434 | 경기 시흥시 | 안심 핵스 운영 | 1 | 11,000 | 5 | 7 | 8 | 7 | 5 | 5 | 4 | 5 | 5 | 4 | 6 |
| 2435 | 경기 시흥시 | PC 및 SW 보급(행정업무용 SW 구입) | 2 | 340 | 5 | 7 | 8 | 7 | 5 | 5 | 4 | 5 | 5 | 4 | 6 |
| 2436 | 경기 시흥시 | PC 및 SW 보급(전산장비 구입) | 2 | 285 | 5 | 7 | 8 | 7 | 5 | 5 | 4 | 5 | 5 | 4 | 6 |
| 2437 | 경기 시흥시 | 정보시스템 통합 유지관리 | 5 | 1,352 | 5 | 7 | 8 | 7 | 5 | 5 | 4 | 5 | 5 | 4 | 6 |
| 2438 | 경기 시흥시 | 전자회계도 | 1 | 10,000 | 5 | 7 | 8 | 7 | 5 | 5 | 4 | 5 | 5 | 4 | 6 |
| 2439 | 경기 시흥시 | 정보보안 시스템 구입 및 교체 | 2 | 250 | 5 | 7 | 8 | 7 | 5 | 5 | 4 | 5 | 5 | 4 | 6 |
| 2440 | 경기 시흥시 | 방범CCTV 공공요금(통신, 전기금) | 6 | 753 | 5 | 7 | 8 | 7 | 5 | 5 | 4 | 5 | 5 | 4 | 6 |
| 2441 | 경기 시흥시 | 응용 통합시스템 관리 | 1 | 2,192 | 5 | 7 | 8 | 7 | 5 | 5 | 4 | 5 | 5 | 4 | 6 |
| 2442 | 경기 시흥시 | 도시정보통합센터 보안 운용 | 2 | 103,000 | 5 | 7 | 8 | 7 | 5 | 5 | 4 | 5 | 5 | 4 | 6 |
| 2443 | 경기 시흥시 | 의료영상장치운영시스템 유지관리 | 1 | 6,000 | 5 | 7 | 8 | 7 | 5 | 5 | 4 | 5 | 5 | 4 | 6 |
| 2444 | 경기 시흥시 | 예산 사업관리시스템 유지관리 | 1 | 10,000 | 5 | 7 | 8 | 7 | 5 | 5 | 4 | 5 | 5 | 4 | 6 |
| 2445 | 경기 시흥시 | 홈페이지 및 포털관리 | 1 | 178 | 5 | 7 | 8 | 7 | 5 | 5 | 4 | 5 | 5 | 4 | 6 |

| 순번 | 시군구 | 정보화사업 사업명<br>·예산서 상의 사업명 | 정보화사업 분류<br>1. 유지 및 보수<br>2. SW/HW 개발 및 구매<br>3. DB 구축<br>4. 정보화 전략계획(ISP) 수립<br>5. 정보화지원<br>6. 기타 | 2025년 예산<br>(단위:천원<br>/1년간) | 예산 편성근거<br>1. 법률에 규정<br>2. 국고보조 재원<br>3. 용도지정기금<br>4. 조례<br>5. 지자체 및 성과평가 정책<br>6. 기타<br>7. 해당없음 | 계약체결방법<br>(경쟁형태)<br>1. 일반경쟁<br>2. 제한경쟁<br>3. 지명경쟁<br>4. 수의계약<br>5. 법정위탁<br>6. 기타 ( )<br>7. 해당없음 | 계약기간<br>1. 1년<br>2. 2년<br>3. 3년<br>4. 4년<br>5. 5년<br>6. 기타 ( )<br>7. 단기계약(1년미만)<br>8. 해당없음 | 낙찰자 선정방법<br>1. 적격심사<br>2. 협상에 의한계약<br>3. 최저가낙찰제<br>4. 규모기반계약<br>5. 2단계 경쟁입찰<br>6. 기타 ( )<br>7. 해당없음 | 평가자 선정방법<br>1. 내부선정(자체적으로 선정)<br>2. 외부선정(전문기관에 선정)<br>3. 내외부 모두 선정<br>4. 선정 安<br>5. 해당없음 | 정보화사업 예산 산정<br>정산방법<br>1. 내부정산<br>(자체적으로 정산)<br>2. 외부정산<br>(전문기관위탁 정산)<br>3. 내외부 모두 정산<br>4. 정산 業<br>5. 해당없음 | 성과평가 실시여부<br>1. 실시<br>2. 미실시<br>3. 향후 추진<br>4. 해당없음 | 성과평가 주기<br>1. 매년<br>2. 격년<br>3. 기간만료전<br>4. 기타 ( )<br>5. 해당없음 | 성과평가 방법<br>1. 자체 평가<br>2. 평가단 구성후 실시(전문위원회)<br>3. 전문 평가기관 의뢰<br>4. 기타 ( )<br>5. 해당없음 | 평가결과 적용<br>성과평가결과 인센티브 적용 유무<br>1. 적용<br>2. 적용 안함<br>3. 기타 ( )<br>4. 해당없음 | 인센티브 및 패널티 적용 근거<br>1. 법률<br>2. 조례<br>3. 지침<br>4. 계약서<br>5. 기타<br>6. 해당없음 |
|---|---|---|---|---|---|---|---|---|---|---|---|---|---|---|---|
| 2446 | 경기 시흥시 | 정보시스템 운영 | 1 | 234 | 5 | 7 | 8 | 7 | 5 | 5 | 4 | 5 | 5 | 4 | 6 |
| 2447 | 경기 시흥시 | 재난자원 번호판 영치팀 운영 | 1 | 15,000 | 5 | 7 | 8 | 7 | 5 | 5 | 4 | 5 | 5 | 4 | 6 |
| 2448 | 경기 시흥시 | 무보험 운영 차량 관리 | 1 | 3,000 | 5 | 7 | 8 | 7 | 5 | 5 | 4 | 5 | 5 | 4 | 6 |
| 2449 | 경기 시흥시 | 유비쿼터스 약취수도니터링 시스템 운영관리 | 1 | 57,000 | 5 | 7 | 8 | 7 | 5 | 5 | 4 | 5 | 5 | 4 | 6 |
| 2450 | 경기 시흥시 | 중요기록물 DB구축 및 공개재분류 사업 | 3 | 250 | 5 | 7 | 8 | 7 | 5 | 5 | 4 | 5 | 5 | 4 | 6 |
| 2451 | 경기 시흥시 | 표준기록관리시스템 유지관리 | 1 | 138,000 | 5 | 7 | 8 | 7 | 5 | 5 | 4 | 5 | 5 | 4 | 6 |
| 2452 | 경기 시흥시 | 계약무추진 | 1 | 7,510 | 5 | 7 | 8 | 7 | 5 | 5 | 4 | 5 | 5 | 4 | 6 |
| 2453 | 경기 시흥시 | 장애인전용주차구역 운영관리 | 1 | 74,300 | 5 | 7 | 8 | 7 | 5 | 5 | 4 | 5 | 5 | 4 | 6 |
| 2454 | 경기 시흥시 | 의정활동 홍보 | 1 | 16,900 | 5 | 7 | 8 | 7 | 5 | 5 | 4 | 5 | 5 | 4 | 6 |
| 2455 | 경기 시흥시 | 온라인 관광전자지도 서비스 구축 | 1 | 2,000 | 5 | 7 | 8 | 7 | 5 | 5 | 4 | 5 | 5 | 4 | 6 |
| 2456 | 경기 시흥시 | 지역사랑상품권 활성화사업 | 1 | 22,003 | 5 | 7 | 8 | 7 | 5 | 5 | 4 | 5 | 5 | 4 | 6 |
| 2457 | 경기 시흥시 | 버스정보시스템(BIS) 확대 사업 | 2 | 100,000 | 5 | 7 | 8 | 7 | 5 | 5 | 4 | 5 | 5 | 4 | 6 |
| 2458 | 경기 시흥시 | 차세대 주민등록시스템 구축 사업 | 2 | 40,000 | 5 | 7 | 8 | 7 | 5 | 5 | 4 | 5 | 5 | 4 | 6 |
| 2459 | 경기 시흥시 | 시용형 기본교통비 지원 | 1 | 1,540 | 5 | 7 | 8 | 7 | 5 | 5 | 4 | 5 | 5 | 4 | 6 |
| 2460 | 경기 시흥시 | 온라인 평생학습 활성화 | 1 | 99,580 | 5 | 7 | 8 | 7 | 5 | 5 | 4 | 5 | 5 | 4 | 6 |
| 2461 | 경기 시흥시 | 지방행정 공동시스템 운영 | 1 | 201 | 5 | 7 | 8 | 7 | 5 | 5 | 4 | 5 | 5 | 4 | 6 |
| 2462 | 경기 시흥시 | 주민참여예산 홈페이지 유지보수 | 1 | 10,000 | 5 | 7 | 8 | 7 | 5 | 5 | 4 | 5 | 5 | 4 | 6 |
| 2463 | 경기 시흥시 | 공유활성화 지원 | 1 | 1,000 | 5 | 7 | 8 | 7 | 5 | 5 | 4 | 5 | 5 | 4 | 6 |
| 2464 | 경기 시흥시 | 공공보조금 신청 인프라 관리 | 1 | 502 | 5 | 7 | 8 | 7 | 5 | 5 | 4 | 5 | 5 | 4 | 6 |
| 2465 | 경기 시흥시 | 교통행정시스템 운영 | 5 | 72,780 | 5 | 7 | 8 | 7 | 5 | 5 | 4 | 5 | 5 | 4 | 6 |
| 2466 | 경기 시흥시 | 방지자원 차리시스템 운영 | 1 | 4,000 | 5 | 7 | 8 | 7 | 5 | 5 | 4 | 5 | 5 | 4 | 6 |
| 2467 | 경기 시흥시 | 재난&소통알리미 유지관리 | 1 | 20,100 | 5 | 7 | 8 | 7 | 5 | 5 | 4 | 5 | 5 | 4 | 6 |
| 2468 | 경기 시흥시 | SNS민원센터 운영 | 1 | 31,000 | 5 | 7 | 8 | 7 | 5 | 5 | 4 | 5 | 5 | 4 | 6 |
| 2469 | 경기 시흥시 | 공공개발 전산프로그램 유지관리 | 1 | 18,830 | 5 | 7 | 8 | 7 | 5 | 5 | 4 | 5 | 5 | 4 | 6 |
| 2470 | 경기 시흥시 | 친환경자 충전구역 운영 관리 | 1 | 31,140 | 5 | 7 | 8 | 7 | 5 | 5 | 4 | 5 | 5 | 4 | 6 |
| 2471 | 경기 시흥시 | 데이터행정 | 5 | 95,000 | 5 | 7 | 8 | 7 | 5 | 5 | 4 | 5 | 5 | 4 | 6 |
| 2472 | 경기 시흥시 | 시흥관광안내 키오스크 운영 | 1 | 8,500 | 5 | 7 | 8 | 7 | 5 | 5 | 4 | 5 | 5 | 4 | 6 |
| 2473 | 경기 시흥시 | 온라인 평생학습 활성화 | 1 | 191 | 5 | 7 | 8 | 7 | 5 | 5 | 4 | 5 | 5 | 4 | 6 |
| 2474 | 경기 시흥시 | 클라우드 사업 추진 | 5 | 651 | 5 | 7 | 8 | 7 | 5 | 5 | 4 | 5 | 5 | 4 | 6 |
| 2475 | 경기 시흥시 | 디지털조치도 안내시스템 유지관리 | 1 | 5,000 | 5 | 7 | 8 | 7 | 5 | 5 | 4 | 5 | 5 | 4 | 6 |
| 2476 | 경기 시흥시 | ITS 공공운영비(통신, 전기요금) | 6 | 197 | 5 | 7 | 8 | 7 | 5 | 5 | 4 | 5 | 5 | 4 | 6 |

- 80 -

| 순번 | 시군구 | 정보화사업명 | 정보화사업 분류 1.유지 및 보수 2.SW/HW 개발 및 구매 3.DB 구축 4.정보화전략계획(ISP) 수립 5.정보화지원 6.기타 | 2025년 예산 (단위:천원/1년간) | 예산 편성근거 1.법률에 규정 2.국고보조재원 3.용도지정기부금 4.조례 5.지자체 및 상위기관 정책 6.기타 7.해당없음 | 계약체결방법(경쟁형태) 1.일반경쟁 2.제한경쟁 3.지명경쟁 4.수의계약 5.입찰계약 6.기타 7.해당없음 | 정보화사업 입찰방식 계약기간 1.1년 2.2년 3.3년 4.4년 5.5년 6.기타( ) 7.단기계약(1년미만) 8.해당없음 | 낙찰자 선정방식 1.적격심사 2.협상에 의한계약 3.최저가낙찰제 4.규격가격분리 5.2단계 경쟁입찰 6.기타( ) 7.해당없음 | 정보화사업 예산 산정 평가신청 1.내부신청 2.외부신청(전문기관위탁) 3.신청 안 5.해당없음 | 정산방법 1.내부정산(자체로 정산) 2.외부정산(외부전문기관위탁정산) 3.내·외부 모두 정산 4.정산 안 5.해당없음 | 성과평가 실시여부 1.실시 2.미실시 3.향후 실시 4.해당없음 | 성과평가 주기 1.매년 2.2년 3.기간반영 4.기타( ) 5.해당없음 | 성과평가 방법 1.자체 평가 2.용기관 구성(전문위원회) 3.전문평가기관 의뢰 4.기타 5.해당없음 | 평가결과 적용 성과평가결과 인센티브 및 패널티 적용 유무 1.적용 2.적용 안 함 3.기타( ) 4.해당없음 | 인센티브 및 패널티 적용 근거 1.법률 2.조례 3.지침 4.계약서 5.기타 6.해당없음 |
|---|---|---|---|---|---|---|---|---|---|---|---|---|---|---|---|
| 2477 | 경기 시흥시 | 버스정보서비스(BIS) 센터시스템 고도화 사업 | 2 | 110,000 | 5 | 7 | 8 | 7 | 5 | 5 | 4 | 5 | 5 | 4 | 6 |
| 2478 | 경기 군포시 | 사이버침해대응 및 정보보안 시스템 운용 | 1 | 210,500 | 5 | 2 | 1 | 2 | 5 | 5 | 4 | 5 | 5 | 4 | 4 |
| 2479 | 경기 군포시 | 전광판용 대응 시스템 교체 | 2 | 96,000 | 1 | 7 | 8 | 7 | 5 | 5 | 4 | 5 | 5 | 4 | 4 |
| 2480 | 경기 군포시 | 홈페이지 내 시민소통공간 개설 | 1 | 20,000 | 5 | 4 | 7 | 7 | 1 | 4 | 4 | 5 | 5 | 4 | 4 |
| 2481 | 경기 군포시 | 홈페이지 콜라우드센터 디스크 증설 | 2 | 30,800 | 5 | 4 | 7 | 7 | 5 | 4 | 4 | 5 | 5 | 4 | 4 |
| 2482 | 경기 군포시 | 홈페이지 방화벽 보안시스템 교체 | 2 | 49,800 | 1 | 6 | 7 | 7 | 4 | 4 | 2 | 4 | 5 | 4 | 4 |
| 2483 | 경기 군포시 | 무정전 전원장치 축전지 교체 | 1 | 15,000 | 5 | 4 | 7 | 7 | 1 | 1 | 4 | 5 | 5 | 4 | 4 |
| 2484 | 경기 군포시 | 행정무무용 노후 통신장비 교체 | 2 | 38,300 | 7 | 4 | 7 | 7 | 5 | 5 | 2 | 4 | 5 | 4 | 4 |
| 2485 | 경기 군포시 | 군포시미디어센터 홈페이지 서버 취약점 및 오류 개선 사업 | 1 | 20,000 | 1 | 4 | 7 | 7 | 1 | 4 | 4 | 4 | 5 | 4 | 4 |
| 2486 | 경기 군포시 | 생활안전용 CCTV 영상 저장서버 구매 | 2 | 52,000 | 5 | 6 | 7 | 6 | 5 | 4 | 4 | 4 | 5 | 4 | 4 |
| 2487 | 경기 군포시 | 백신프로그램 통합솔루션 서버 구매 | 2 | 11,000 | 5 | 6 | 7 | 6 | 5 | 4 | 4 | 5 | 5 | 4 | 4 |
| 2488 | 경기 군포시 | 주민자치원호용 CCTV 신규 설치 | 2 | 23,500 | 5 | 6 | 7 | 6 | 5 | 4 | 4 | 5 | 5 | 4 | 6 |
| 2489 | 경기 군포시 | 도서관시스템 스토리지 교체 | 2 | 25,000 | 1 | 1 | 7 | 1 | 1 | 1 | 4 | 5 | 5 | 4 | 6 |
| 2490 | 경기 군포시 | 도서관 PC 백신 서버 교체 | 2 | 77,000 | 7 | 4 | 7 | 4 | 1 | 1 | 4 | 5 | 5 | 1 | 1 |
| 2491 | 경기 군포시 | 안전계 시스템 교체 | 2 | 50,000 | 1 | 7 | 8 | 7 | 3 | 1 | 4 | 5 | 5 | 4 | 4 |
| 2492 | 경기 군포시 | 2025년도 시기반 시설물(상수도) DB 수시갱신용역 | 2 | 80,000 | 5 | 1 | 7 | 7 | 1 | 1 | 4 | 5 | 5 | 4 | 4 |
| 2493 | 경기 군포시 | 홈페이지 OS(리눅스) 교체 화웜관리 시스템 연동 개발 | 2 | 80,000 | 5 | 4 | 8 | 7 | 1 | 1 | 4 | 5 | 5 | 4 | 4 |
| 2494 | 경기 군포시 | 그룹웨어 웹서버 · DB서버 교체 | 2 | 29,000 | 4 | 4 | 7 | 7 | 5 | 5 | 4 | 5 | 5 | 4 | 4 |
| 2495 | 경기 군포시 | 영상통보시스템(IPTV) 유지관리 | 1 | 21,850 | 4 | 4 | 1 | 7 | 1 | 1 | 2 | 5 | 5 | 4 | 4 |
| 2496 | 경기 군포시 | 회의 생중계 시스템 유지관리 | 1 | 5,330 | 6 | 6 | 1 | 7 | 1 | 1 | 2 | 5 | 5 | 4 | 4 |
| 2497 | 경기 하남시 | 홈페이지 서비스 유지관리 | 1 | 66,455 | 1 | 6 | 1 | 2 | 5 | 1 | 4 | 5 | 5 | 4 | 6 |
| 2498 | 경기 하남시 | 홈페이지 시스템 유지관리 | 1 | 68,430 | 6 | 6 | 1 | 1 | 1 | 1 | 4 | 5 | 5 | 4 | 6 |
| 2499 | 경기 하남시 | N4 위치 교체 | 2 | 24,440 | 1 | 5 | 1 | 1 | 5 | 5 | 4 | 5 | 5 | 4 | 6 |
| 2500 | 경기 하남시 | 2025년 지방세정보화 사업 | 1 | 137,940 | 5 | 4 | 8 | 7 | 2 | 2 | 4 | 5 | 5 | 4 | 6 |
| 2501 | 경기 하남시 | 모바일 전자고지 서비스 및 개인정보 암호화 | 6 | 6,600 | 5 | 4 | 1 | 7 | 5 | 5 | 4 | 5 | 5 | 4 | 6 |
| 2502 | 경기 하남시 | 암호화시스템 DB암호화 SW 유지보수 및 업그레이드 | 1 | 6,350 | 6 | 4 | 1 | 7 | 5 | 5 | 4 | 5 | 5 | 4 | 6 |

| 순번 | 시군구 | 정보화사업 사업명·예산서 상 사업명 | 정보사업 분류<br>1.유지 및 보수<br>2.SW/HW 개발 및 구매<br>3.DB 구축<br>4.정보화 전략계획(ISP)수립<br>5.정보화지원<br>6.기타 | 2025년 예산<br>(단위:천원 /1년간) | 예산 편성근거<br>1.법률에 규정<br>2.국고보조재원<br>3.용도지정자부금<br>4.조례<br>5.자체계획<br>6.상위기관 정책<br>7.해당없음 | 계약체결방법(경쟁형태)<br>1.일반경쟁<br>2.제한경쟁<br>3.지명경쟁<br>4.수의계약<br>5.법령예탁<br>6.기타( )<br>7.해당없음 | 정보화사업 입찰방식<br>계약기간<br>1.1년<br>2.2년<br>3.3년<br>4.4년<br>5.5년<br>6.기타( )<br>7.단기계약(1년미만)<br>8.해당없음 | 낙찰자 선정방법<br>1.적격심사<br>2.협상에 의한 계약<br>3.최저가낙찰제<br>4.규격가격분리<br>5.2단계 경쟁입찰<br>6.기타( )<br>7.해당없음 | 정보화사업 예산 산정<br>평가산정<br>1.내부선정<br>2.외부선정<br>3.내외부 모두 선정<br>4.신청 後<br>5.해당없음 | 정산방법<br>1.내부정산(자체적으로 정산)<br>2.외부정산(외부전문기관위탁)<br>3.내외부 모두 정산<br>4.정산無<br>5.해당없음 | 성과평가 실시여부<br>1.실시<br>2.미실시<br>3.향후 추진<br>4.해당없음 | 성과평가<br>성과평가주기<br>1.매년<br>2.격년<br>3.기간만료전<br>4.기타( )<br>5.해당없음 | 성과평가 방법<br>1.자체 평가<br>2.평가단 구성後 실시(전문위원위촉)<br>3.전문평가기관 의뢰<br>4.기타( )<br>5.해당없음 | 평가결과 적용<br>성과평가결과 인센티브 및 페널티 적용 유무<br>1.적용<br>2.적용 안함<br>3.기타( )<br>4.해당없음 | 인센티브 및 페널티 적용 근거<br>1.법률<br>2.조례<br>3.지침<br>4.계약서<br>5.기타<br>6.해당없음 |
|---|---|---|---|---|---|---|---|---|---|---|---|---|---|---|---|
| 2508 | 경기 하남시 | 번호판영치/교도차시스템 유지보수 | 1 | 8,800 | 6 | 4 | 1 | 7 | 5 | 5 | 4 | 5 | 5 | 4 | 6 |
| 2509 | 경기 하남시 | 체납정보 통합관리 시스템 유지보수 | 1 | 5,280 | 6 | 4 | 1 | 7 | 5 | 5 | 4 | 5 | 5 | 4 | 6 |
| 2510 | 경기 하남시 | 세외수입정보시스템 유지보수 | 1 | 66,026 | 5 | 5 | 1 | 7 | 2 | 2 | 4 | 5 | 5 | 4 | 6 |
| 2511 | 경기 하남시 | 우편모아시스템 유지관리 | 1 | 5,860 | 1 | 5 | 1 | 7 | 1 | 1 | 2 | 5 | 5 | 4 | 6 |
| 2512 | 경기 하남시 | 지문인식복무관리시스템 유지보수 | 1 | 15,400 | 1 | 4 | 1 | 7 | 2 | 2 | 2 | 5 | 5 | 4 | 6 |
| 2513 | 경기 하남시 | 기록관리시스템 유지관리 | 1 | 48,910 | 1 | 5 | 1 | 7 | 1 | 1 | 4 | 5 | 5 | 4 | 6 |
| 2514 | 경기 하남시 | 무인민원발급기 유지보수 | 1 | 63,013 | 1 | 4 | 1 | 7 | 1 | 1 | 4 | 5 | 5 | 4 | 6 |
| 2515 | 경기 하남시 | 민방위조도사 시스템 유지보수 | 1 | 7,779 | 1 | 4 | 1 | 7 | 1 | 1 | 4 | 5 | 5 | 4 | 6 |
| 2516 | 경기 하남시 | 콜센터시스템 유지보수 | 1 | 14,700 | 1 | 2 | 1 | 2 | 5 | 1 | 2 | 5 | 5 | 4 | 6 |
| 2517 | 경기 하남시 | 행정정보시스템 유지보수 | 1 | 131,592 | 1 | 4 | 1 | 7 | 5 | 1 | 4 | 5 | 5 | 4 | 6 |
| 2518 | 경기 하남시 | 2025년도 행정전산장비 유지관리 용역 | 1 | 68,999 | 7 | 1 | 1 | 7 | 5 | 1 | 2 | 5 | 5 | 4 | 6 |
| 2519 | 경기 하남시 | MS(Microsoft) 사용권 구매 | 2 | 105,320 | 7 | 1 | 1 | 5 | 5 | 5 | 2 | 5 | 5 | 4 | 6 |
| 2520 | 경기 하남시 | 2025년 한글 연간 사용권 구매 | 2 | 59,874 | 7 | 1 | 1 | 7 | 5 | 1 | 2 | 5 | 5 | 4 | 6 |
| 2521 | 경기 하남시 | 행정전산장비(컴퓨터, 모니터) 구매 | 2 | 210,000 | 7 | 1 | 1 | 5 | 5 | 1 | 2 | 5 | 5 | 4 | 6 |
| 2522 | 경기 하남시 | 2025년 Adobe 소프트웨어 연간 사용권(엘롤조 협체) 구입 | 2 | 29,450 | 7 | 1 | 1 | 3 | 5 | 5 | 2 | 5 | 5 | 4 | 6 |
| 2523 | 경기 하남시 | 2025년 PC백신(AhnLab V3) 연간 사용권 구매 | 2 | 26,208 | 7 | 2 | 1 | 1 | 1 | 1 | 4 | 5 | 5 | 4 | 6 |
| 2524 | 경기 하남시 | 2025년 AutoCAD 라이선스 구입 | 2 | 11,447 | 7 | 2 | 1 | 3 | 1 | 1 | 2 | 5 | 5 | 4 | 4 |
| 2525 | 경기 하남시 | 2025년 업무용 SW 연간 사용권 (엘롤조 협체) 구입 | 2 | 13,910 | 7 | 2 | 1 | 1 | 1 | 1 | 2 | 5 | 5 | 4 | 6 |
| 2526 | 경기 하남시 | 정보보안 시스템 유지관리 | 1 | 121,437 | 5 | 2 | 2 | 3 | 5 | 5 | 4 | 5 | 5 | 4 | 6 |
| 2527 | 경기 하남시 | 2024년 하남시 인터넷전화(IPT) 및 네트워크 시스템 통합 유지관리 용역 | 1 | 214,001 | 7 | 4 | 1 | 3 | 1 | 1 | 2 | 5 | 5 | 4 | 6 |
| 2528 | 경기 하남시 | 2025년 정보통신 회선(LAN) 유지관리 구매 | 2 | 110,000 | 7 | 2 | 8 | 7 | 5 | 5 | 4 | 5 | 5 | 4 | 6 |
| 2529 | 경기 하남시 | 네트워크 장비(L4 스위치) 구매 | 2 | 49,000 | 7 | 1 | 1 | 2 | 1 | 1 | 2 | 5 | 5 | 4 | 6 |
| 2530 | 경기 하남시 | 2025년 하남시 CCTV 통합관제센터 유지보수 용역 | 1 | 317,940 | 7 | 2 | 8 | 2 | 5 | 5 | 2 | 5 | 5 | 4 | 4 |
| 2531 | 경기 하남시 | 2025 다목적 CCTV 및 통합관제센터 유지관리 용역 | 1 | 759,980 | 1 | 2 | 2 | 2 | 5 | 5 | 4 | 5 | 5 | 4 | 6 |
| 2532 | 경기 하남시 | 하남시청소년수련관 온라인 예약 시스템 도입 | 2 | 60,000 | 1 | 7 | 8 | 7 | 1 | 1 | 4 | 5 | 5 | 4 | 6 |
| 2533 | 경기 하남시 | 청소년상담복지센터 운영 | 1 | 2,400 | 5 | 4 | 1 | 2 | 2 | 1 | 4 | 5 | 5 | 4 | 4 |
| 2534 | 경기 하남시 | 2024년 장애인전용주차구역 관리 위한 관리시스템 유지관리 용역 | 1 | 6,996 | 4 | 4 | 1 | 7 | 2 | 1 | 4 | 5 | 5 | 4 | 6 |
| 2535 | 경기 하남시 | 2025년 실시간 도로위험인지 시스템 운영 | 1 | 20,900 | 1 | 4 | 7 | 7 | 1 | 1 | 4 | 5 | 5 | 4 | 4 |
| 2536 | 경기 하남시 | 스마트시티 통합플랫폼 및 전산시스템 유지관리 | 1 | 275,000 | 1 | 2 | 1 | 3 | 1 | 1 | 4 | 5 | 5 | 4 | 4 |
| 2537 | 경기 하남시 | 부동산종합공부시스템 유지관리 | 1 | 32,750 | 7 | 4 | 1 | 7 | 5 | 1 | 1 | 3 | 1 | 4 | 6 |
| 2538 | 경기 하남시 | 영구지적기록물 전산화 사업 | 3 | 7,200 | 1 | 4 | 1 | 7 | 5 | 1 | 1 | 3 | 1 | 4 | 6 |

| 순번 | 시군구 | 정보화사업 사업명<br>· 예산서 상의 사업명 | 정보화사업 분류<br>1. 유지 및 보수<br>2. SW/HW 개발 및 구매<br>3. DB 구축<br>4. 정보화 전략계획(SP) 수립<br>5. 정보화지원<br>6. 기타 | 2025년 예산<br>(단위:천원/1년간) | 예산 편성근거<br>1. 법률에 규정<br>2. 국고보조재원<br>3. 용도지정기부금<br>4. 조례<br>5. 지자체 및 상위기관 정책<br>6. 기타<br>7. 해당없음 | 계약체결방법(경쟁형태)<br>1. 일반경쟁<br>2. 제한경쟁<br>3. 수의계약<br>4. 수의계약<br>5. 정형위탁<br>6. 기타<br>7. 해당없음 | 계약기간<br>1. 1년<br>2. 2년<br>3. 3년<br>4. 4년<br>5. 5년<br>6. 기타()<br>7. 단기계약(1년미만)<br>8. 해당없음 | 낙찰자 선정방법<br>1. 적격심사<br>2. 협상에 의한계약<br>3. 최저가낙찰제<br>4. 규격가격분리<br>5. 2단계 경쟁입찰<br>6. 기타()<br>7. 해당없음 | 원가산정<br>1. 내부산정<br>2. 외부산정<br>3. 산정無<br>4. 신정()<br>5. 해당없음 | 정산방법<br>1. 내부정산(내부적으로 정산)<br>2. 외부정산(전문기관위탁정산)<br>3. 내외부 모두 정산<br>4. 정산無<br>5. 해당없음 | 성과평가 실시여부<br>1. 실시<br>2. 미실시<br>3. 향후 추진<br>4. 해당없음 | 성과평가 추기<br>1. 매년<br>2. 격년<br>3. 기간만료전<br>4. 기타()<br>5. 해당없음 | 성과평가 방법<br>1. 자체 평가<br>2. 평가단 구성후 실시(전문위원회촉)<br>3. 전문평가기관 의뢰<br>4. 기타()<br>5. 해당없음 | 성과평가결과 인센티브 및 패널티 적용 유무<br>1. 적용<br>2. 적용 안함<br>3. 기타()<br>4. 해당없음 | 인센티브 및 패널티 적용 근거<br>1. 법률<br>2. 조례<br>3. 지침<br>4. 계약서<br>5. 기타<br>6. 해당없음 |
|---|---|---|---|---|---|---|---|---|---|---|---|---|---|---|---|
| 2539 | 경기 하남시 | 주소정보관리시스템 차세대 구축 및 유지관리 | 3 | 49,320 | 5 | 5 | 1 | 7 | 2 | 2 | 4 | 5 | 5 | 4 | 6 |
| 2540 | 경기 하남시 | 주소정보기반도 유지관리 | 1 | 32,580 | 5 | 5 | 1 | 7 | 2 | 2 | 4 | 5 | 5 | 4 | 6 |
| 2541 | 경기 하남시 | 체납징수영자시스템 | 1 | 3,960 | 5 | 4 | 1 | 7 | 1 | 1 | 1 | 1 | 1 | 4 | 4 |
| 2542 | 경기 하남시 | 가상계좌시스템 유지보수 | 1 | 6,600 | 6 | 4 | 1 | 7 | 1 | 1 | 4 | 5 | 5 | 4 | 6 |
| 2543 | 경기 하남시 | 운행제한 시스템 유지관리 | 1 | 46,667 | 6 | 5 | 1 | 2 | 1 | 1 | 4 | 5 | 5 | 4 | 6 |
| 2544 | 경기 하남시 | 승진 활용 산불감시망 | 2 | 120,000 | 2 | 2 | 1 | 2 | 1 | 1 | 4 | 5 | 5 | 4 | 5 |
| 2545 | 경기 하남시 | 산불감시 도로 스마트몰 설치 | 2 | 450,000 | 2 | 4 | 1 | 7 | 4 | 1 | 4 | 4 | 5 | 4 | 5 |
| 2546 | 경기 하남시 | 도시재생지원센터 통합홈페이지 운영 | 1 | 5,000 | 7 | 4 | 1 | 7 | 2 | 4 | 4 | 5 | 5 | 4 | 4 |
| 2547 | 경기 하남시 | 종합 재활용 판매관리시스템 통합유지관리 | 1 | 11,760 | 4 | 4 | 1 | 7 | 2 | 4 | 4 | 5 | 5 | 4 | 6 |
| 2548 | 경기 하남시 | 종합재활 및 대형폐기물 시스템 서버 유지관리 | 1 | 14,735 | 4 | 4 | 1 | 7 | 1 | 4 | 4 | 5 | 5 | 4 | 6 |
| 2549 | 경기 하남시 | 대형폐기물 인터넷 배출신고시스템 유지관리 | 1 | 3,285 | 4 | 4 | 1 | 7 | 1 | 1 | 4 | 5 | 5 | 4 | 6 |
| 2550 | 경기 하남시 | 하남미래교육혁신지구 운영 | 1 | 7,107 | 4 | 4 | 1 | 7 | 1 | 1 | 1 | 1 | 1 | 2 | 6 |
| 2551 | 경기 하남시 | 평생학습 홈페이지 운영 | 1 | 9,228 | 4 | 2 | 1 | 7 | 1 | 1 | 1 | 1 | 1 | 2 | 4 |
| 2552 | 경기 하남시 | 2025년 용인시 홈페이지 기능개선 및 유지관리 | 1 | 9,600 | 1 | 7 | 8 | 2 | 5 | 5 | 1 | 5 | 5 | 4 | 6 |
| 2553 | 용인특례시 | 인터넷 서비스 운영 및 유지관리 | 5 | 295,000 | 4 | 6 | 7 | 7 | 4 | 5 | 4 | 5 | 5 | 4 | 6 |
| 2554 | 용인특례시 | 홈페이지 웹접근성 솔루션 구입 | 2 | 35,000 | 1 | 6 | 7 | 7 | 4 | 5 | 4 | 5 | 5 | 4 | 6 |
| 2555 | 용인특례시 | 홈페이지 관리 | 2 | 40,000 | 7 | 4 | 7 | 3 | 4 | 5 | 4 | 5 | 5 | 4 | 6 |
| 2556 | 용인특례시 | 홈페이지 교체(웹접근성 장비 교체) | 2 | 37,000 | 7 | 6 | 7 | 7 | 1 | 5 | 4 | 5 | 5 | 4 | 6 |
| 2557 | 용인특례시 | 홈페이지 네트워크 장비 교체 | 2 | 36,000 | 7 | 6 | 7 | 7 | 4 | 2 | 4 | 5 | 5 | 4 | 6 |
| 2558 | 용인특례시 | 공무원 홈페이지 | 5 | 25,000 | 1 | 1 | 7 | 3 | 1 | 5 | 4 | 5 | 5 | 4 | 6 |
| 2559 | 용인특례시 | 전산교육장 전자칠판 | 2 | 6,720 | 4 | 6 | 7 | 7 | 1 | 5 | 4 | 5 | 5 | 4 | 6 |
| 2560 | 용인특례시 | 전산교육장 노스위치 | 2 | 6,600 | 4 | 6 | 7 | 7 | 1 | 2 | 4 | 5 | 5 | 4 | 6 |
| 2561 | 용인특례시 | 통합조직도 및 민첩정보관리시스템 유지관리 | 1 | 4,500 | 1 | 4 | 1 | 7 | 1 | 5 | 4 | 5 | 5 | 4 | 4 |
| 2562 | 용인특례시 | 지방행정공통통합정보시스템 서비스 테스크 운영 | 1 | 7,027 | 1 | 5 | 1 | 1 | 2 | 2 | 4 | 5 | 5 | 4 | 4 |
| 2563 | 용인특례시 | 지방행정공통통합정보시스템 서비스 테스크 운영 | 1 | 7,250 | 1 | 4 | 7 | 7 | 1 | 5 | 4 | 5 | 5 | 4 | 4 |
| 2564 | 용인특례시 | 장애인주차표지 디지털 발급시스템 구축 | 2 | 20,240 | 7 | 4 | 7 | 3 | 1 | 5 | 4 | 5 | 5 | 4 | 4 |
| 2565 | 용인특례시 | 가상화서비 스트리지 증설 | 2 | 92,110 | 7 | 1 | 1 | 1 | 1 | 2 | 4 | 5 | 5 | 4 | 4 |
| 2566 | 용인특례시 | 원스톱 무지 및 우편물자동발송 시스템 유지관리 | 1 | 15,444 | 5 | 4 | 1 | 7 | 1 | 5 | 4 | 5 | 5 | 4 | 4 |
| 2567 | 용인특례시 | 구인업체 DB 관리시스템 희망일자리 자원시스템 유지관리 | 1 | 3,576 | 5 | 4 | 1 | 7 | 1 | 5 | 4 | 5 | 5 | 4 | 4 |
| 2568 | 용인특례시 | 온나라 및 전자문서유통지원센터 유지관리 | 1 | 107,543 | 1 | 5 | 1 | 7 | 2 | 2 | 4 | 5 | 5 | 4 | 4 |
| 2569 | 용인특례시 | 행정정보 운영시스템 통합 유지관리 | 1 | 243,530 | 1 | 2 | 1 | 2 | 1 | 5 | 4 | 5 | 5 | 4 | 4 |

| 순번 | 시군구 | 정보화사업 사업명 · 예산서 상의 사업명 | 정보화사업 분류 | 2025년 예산(단위:천원/1년간) | 예산 편성근거 | 계약체결방법 | 계약기간 | 낙찰자 선정방법 | 평가서선정 | 정산방법 | 성과평가 실시여부 | 성과평가 주기 | 성과평가 방법 | 성과평가결과 인센티브 적용 유무 | 인센티브 및 패널티 적용 근거 |
|---|---|---|---|---|---|---|---|---|---|---|---|---|---|---|---|
| 2570 | 용인특례시 | 자치단체 공통기반 및 재해복구시스템 유지관리 | 1 | 148,639 | 1 | 5 | 1 | 7 | 2 | 2 | 4 | 5 | 5 | 4 | 4 |
| 2571 | 용인특례시 | 모바일 행정시스템 용인톡 유지관리 | 1 | 16,759 | 1 | 4 | 1 | 7 | 1 | 5 | 4 | 5 | 5 | 4 | 4 |
| 2572 | 용인특례시 | 행정포털시스템 유지관리 | 1 | 15,471 | 1 | 4 | 1 | 7 | 1 | 5 | 4 | 5 | 5 | 4 | 4 |
| 2573 | 용인특례시 | 정보보호 및 개인정보보호시스템 통합유지관리 | 1 | 206,229 | 6 | 2 | 1 | 2 | 1 | 1 | 4 | 5 | 5 | 4 | 4 |
| 2574 | 용인특례시 | 화성시 스마트행정조서도 | 1 | 6,600 | 1 | 4 | 1 | 7 | 1 | 1 | 4 | 5 | 5 | 4 | 4 |
| 2575 | 화성시 | 화성시 스마트행정케시안 | 1 | 15,400 | 1 | 4 | 1 | 7 | 1 | 1 | 4 | 5 | 5 | 4 | 4 |
| 2576 | 화성시 | 화성시 맞춤형대장관리시스템 | 1 | 42,000 | 1 | 2 | 1 | 2 | 1 | 1 | 4 | 5 | 5 | 4 | 4 |
| 2577 | 화성시 | 2025 화성 다모아플랫폼 유지관리 및 기능 개선 | 2 | 140,399 | 1 | 4 | 7 | 7 | 1 | 1 | 4 | 5 | 5 | 4 | 4 |
| 2578 | 화성시 | 디지털정보 디스플레이(DID) 구매설치 | 2 | 59,614 | 1 | 2 | 7 | 7 | 1 | 1 | 4 | 5 | 5 | 4 | 4 |
| 2579 | 화성시 | 정보화사업 협의시스템 유지관리 | 1 | 2,750 | 1 | 4 | 1 | 7 | 1 | 1 | 4 | 5 | 5 | 4 | 4 |
| 2580 | 화성시 | 2025년 자산관리시스템 유지관리 용역 | 1 | 12,000 | 1 | 4 | 1 | 7 | 1 | 1 | 4 | 5 | 5 | 4 | 4 |
| 2581 | 화성시 | 2025년 전산장비(컴퓨터) 유지관리 용역 | 1 | 105,150 | 1 | 4 | 1 | 7 | 1 | 1 | 4 | 5 | 5 | 4 | 4 |
| 2582 | 화성시 | 2025년 모바일시스템 유지관리 | 1 | 19,000 | 1 | 4 | 1 | 7 | 1 | 1 | 4 | 5 | 5 | 4 | 4 |
| 2583 | 화성시 | 2025년 업무용 메신저 유지관리 | 1 | 9,010 | 1 | 4 | 1 | 7 | 1 | 1 | 4 | 5 | 5 | 4 | 4 |
| 2584 | 화성시 | 업무용 S/W 라이선스 구입 | 2 | 165,250 | 1 | 4 | 1 | 5 | 2 | 1 | 4 | 5 | 5 | 4 | 4 |
| 2585 | 화성시 | 전산장비(PC,모니터) 구입 | 2 | 423,360 | 1 | 2 | 1 | 5 | 2 | 4 | 4 | 5 | 5 | 4 | 4 |
| 2586 | 화성시 | 전산장비(PC,모니터) 주가구입(회추장) | 2 | 108,000 | 1 | 2 | 1 | 3 | 1 | 4 | 4 | 5 | 5 | 4 | 4 |
| 2587 | 화성시 | 2025년도 행정정보시스템 통합유지관리 용역 | 1 | 70,300 | 1 | 6 | 8 | 7 | 1 | 4 | 4 | 5 | 5 | 4 | 4 |
| 2588 | 화성시 | 2025년 자료유통시스템 클라우드 이용료 | 1 | 12,875 | 7 | 6 | 8 | 7 | 1 | 1 | 4 | 5 | 5 | 4 | 4 |
| 2589 | 화성시 | 행정정보시스템 노후 백업장비 교체 | 2 | 18,400 | 1 | 6 | 8 | 2 | 2 | 1 | 4 | 5 | 5 | 4 | 4 |
| 2590 | 화성시 | 온나라 문서시스템 유지관리 | 1 | 95,000 | 1 | 7 | 1 | 2 | 2 | 1 | 4 | 5 | 5 | 4 | 4 |
| 2591 | 화성시 | 통폐합지방 클라우드서비스 이용료 | 1 | 262,300 | 1 | 6 | 1 | 7 | 5 | 5 | 4 | 5 | 5 | 4 | 4 |
| 2592 | 화성시 | 공공기관 원정오피스 연간 라이선스 | 2 | 80,955 | 1 | 6 | 8 | 7 | 1 | 1 | 4 | 5 | 5 | 4 | 4 |
| 2593 | 화성시 | 공공기관 정보시스템 클라우드 이용료 | 1 | 217,315 | 1 | 5 | 1 | 2 | 1 | 1 | 4 | 5 | 5 | 4 | 4 |
| 2594 | 화성시 | 공공기관 통합업무시스템 클라우드 이용료 | 1 | 540,000 | 1 | 7 | 1 | 2 | 1 | 1 | 4 | 5 | 5 | 4 | 4 |
| 2595 | 화성시 | 공통기반 및 재해복구시스템 유지관리 | 1 | 135,186 | 1 | 5 | 1 | 7 | 1 | 1 | 4 | 5 | 5 | 4 | 4 |
| 2596 | 화성시 | 인터넷디스크 유지관리 | 1 | 4,986 | 1 | 4 | 1 | 7 | 2 | 1 | 4 | 5 | 5 | 4 | 4 |
| 2597 | 화성시 | 통합로그인 유지관리 | 1 | 6,588 | 1 | 4 | 1 | 7 | 1 | 1 | 4 | 5 | 5 | 4 | 4 |
| 2598 | 화성시 | 키보드 보안모듈 유지관리 | 1 | 1,584 | 1 | 4 | 1 | 7 | 1 | 1 | 4 | 5 | 5 | 4 | 4 |
| 2599 | 화성시 | 백신 라이선스 구입(행정) | 2 | 80,212 | 5 | 6 | 1 | 6(제3자단가) | 1 | 1 | 4 | 5 | 5 | 4 | 4 |
| 2600 | 화성시 | 백신 라이선스 구입(홈페이지망) | 2 | 2,894 | 5 | 6 | 1 | 6(제3자단가) | 1 | 1 | 4 | 5 | 5 | 4 | 4 |

- 84 -

| 순번 | 시·군·구 | 정보화사업명 · 예산서 상의 사업명 | 정보화사업 분류 (1.유지 및 보수 2.SW/HW 개발 및 구매 3.DB 구축 4.정보화 전략계획(ISP)수립 5.정보화지원 6.기타) | 2025년 예산 (단위:천원/1년간) | 예산 편성근거 (1.불률어 규정 2.국고보조재원 3.조례 4.지자체재원 5.상위기관 정책 6.기타 7.해당없음) | 정보화사업 계약체결방식 (경쟁입찰) (1.일반경쟁 2.제한경쟁 3.지명경쟁 4.수의계약 5.방침위배 6.기타 7.해당없음) | 정보화사업 입찰방식 계약기간 (1.1년 2.2년 3.3년 4.4년 5.5년 6.기타 7.단기계약(1년이만) 8.해당없음) | 낙찰자 선정방식 (1.적격심사 2.협상에 의한계약 3.최저가낙찰제 4.규격가격분리 5.2단계 경쟁입찰 6.기타 ( ) 7.해당없음) | 정보화사업 예산 산정 평가신청 (1.내부신청 (자체로 선정) 2.외부신청 (전문기관에 선정) 3.내·외부 모두 신청 4.신청 無 5.해당없음) | 정보화사업 예산 산정 정성평가 (1.내부평가 (내부직원 정산) 2.외부평가 (외부전문기관위탁) 3.내·외부 모두 정산 4.정산 無 5.해당없음) | 성과평가 실시여부 (1.실시 2.미실시 3.향후 추진 4.해당없음) | 성과평가 성과평가 주기 (1.매년 2.격년 3.기간만료접 4.기타( ) 5.해당없음) | 성과평가 성과평가 평가 (1.자체 평가 2.용기관 구성후 실시 (전문위원회) 3.전문 평가기관 의뢰 4.기타( ) 5.해당없음) | 평가결과 적용 성과평가결과 인센티브 패널티 적용 유무 (1.적용 2.적용 안함 3.기타( ) 4.해당없음) | 평가결과 적용 인센티브 및 패널티 적용 근거 (1.법률 2.조례 3.지침 4.계약서 5.기타 6.해당없음) |
|---|---|---|---|---|---|---|---|---|---|---|---|---|---|---|---|
| 2601 | 화성특례시 | 출퇴근 보안 솔루션 구입 | 2 | 97,102 | 7 | 7 | 8 | 7 | 5 | 5 | 4 | 5 | 5 | 4 | 4 |
| 2602 | 화성특례시 | 기초자치제 정보보호체계 진단 컨설팅 용역 | 5 | 49,000 | 5 | 6 | 7 | 6(입찰) | 2 | 1 | 4 | 5 | 5 | 4 | 4 |
| 2603 | 화성특례시 | 노후 보안장비 교체 | 2 | 305,100 | 5 | 6 | 1 | 6(재3단가) | 1 | 1 | 4 | 5 | 5 | 4 | 4 |
| 2604 | 화성특례시 | 정보보호 및 개인정보시스템 통합 유지관리 | 1 | 471,012 | 1 | 2 | 1 | 2 | 1 | 1 | 4 | 5 | 5 | 4 | 4 |
| 2605 | 화성특례시 | 2025년 화성시 정보통신망 유지관리 | 1 | 344,111 | 1 | 1 | 1 | 1 | 1 | 1 | 4 | 5 | 5 | 4 | 4 |
| 2606 | 화성특례시 | 2025년 전자팩스 시스템 유지관리 용역 | 1 | 9,230 | 1 | 4 | 1 | 1 | 1 | 1 | 4 | 5 | 5 | 4 | 4 |
| 2607 | 화성특례시 | 2025년 도시군 영상회의 시스템 유지관리 용역 | 1 | 5,439 | 1 | 4 | 1 | 1 | 1 | 1 | 4 | 5 | 5 | 4 | 4 |
| 2608 | 화성특례시 | 2025년 IP영상방송시스템 유지관리 용역 | 1 | 21,262 | 1 | 4 | 1 | 1 | 1 | 1 | 4 | 5 | 5 | 4 | 4 |
| 2609 | 화성특례시 | 2025년 IP네트워크 접근제어 시스템 유지관리 | 1 | 20,280 | 1 | 1 | 1 | 1 | 1 | 1 | 4 | 5 | 5 | 4 | 4 |
| 2610 | 화성특례시 | 2025년 IPT 교환기 유지관리 | 1 | 151,100 | 1 | 4 | 1 | 1 | 1 | 1 | 4 | 5 | 5 | 4 | 4 |
| 2611 | 화성특례시 | 2025년 UMS(통합문자전송시스템)유지관리 용역 | 1 | 4,886 | 1 | 1 | 1 | 1 | 4 | 1 | 4 | 5 | 5 | 4 | 4 |
| 2612 | 화성특례시 | 2025년 공공와이파이 시스템 유지관리 용역 | 1 | 45,000 | 1 | 4 | 1 | 7 | 4 | 1 | 4 | 5 | 5 | 4 | 4 |
| 2613 | 화성특례시 | 2025년 홈포털 유지관리 용역 | 1 | 20,000 | 1 | 4 | 7 | 1 | 2 | 1 | 4 | 5 | 5 | 4 | 4 |
| 2614 | 화성특례시 | 화성시독립운동기념관 IP방송 및 DID홍보시스템 유지보수 | 1 | 2,730 | 5 | 4 | 1 | 1 | 1 | 1 | 4 | 5 | 5 | 4 | 4 |
| 2615 | 화성특례시 | 화성시독립운동기념관 홈페이지 유지보수 | 6 | 6,725 | 5 | 2 | 7 | 2 | 1 | 1 | 4 | 5 | 5 | 4 | 4 |
| 2616 | 화성특례시 | 2025년 화성시 3.1운동체육 시스템 유지관리 용역 | 1 | 23,904 | 1 | 4 | 1 | 1 | 1 | 1 | 4 | 5 | 5 | 4 | 4 |
| 2617 | 화성특례시 | 콜센터 시스템 유지관리 | 1 | 116,400 | 1 | 2 | 1 | 7 | 1 | 1 | 4 | 5 | 5 | 4 | 4 |
| 2618 | 화성특례시 | 전산장비 유지관리 | 1 | 8,400 | 5 | 6 | 8 | 2 | 5 | 5 | 4 | 5 | 5 | 4 | 4 |
| 2619 | 화성특례시 | 디지털서비스 사용료 | 6 | 45,840 | 5 | 6 | 1 | 7 | 1 | 1 | 4 | 5 | 5 | 4 | 4 |
| 2620 | 화성특례시 | 성능사 PC | 6 | 3,000 | 1 | 6 | 7 | 7 | 4 | 3 | 4 | 5 | 5 | 4 | 4 |
| 2621 | 화성특례시 | 합격자 예언 | 6 | 20,000 | 5 | 4 | 7 | 7 | 4 | 1 | 4 | 5 | 5 | 4 | 4 |
| 2622 | 화성특례시 | 지식정보화 | 6 | 5,000 | 1 | 4 | 1 | 7 | 4 | 1 | 4 | 5 | 5 | 4 | 4 |
| 2623 | 화성특례시 | 부동산통합관리시스템운영유지수용역 | 1 | 62,000 | 1 | 2 | 1 | 2 | 5 | 5 | 4 | 5 | 5 | 4 | 4 |
| 2624 | 화성특례시 | 민산장환관리시스템 통합운영유지관리 | 1 | 45,000 | 1 | 4 | 1 | 7 | 1 | 1 | 4 | 5 | 5 | 4 | 4 |
| 2625 | 화성특례시 | 표준 지방세 정보시스템 통신회선 유지관리 | 1 | 155,608 | 5 | 4 | 1 | 7 | 1 | 1 | 4 | 5 | 5 | 4 | 4 |
| 2626 | 화성특례시 | 화성시역사박물관 홈페이지 유지보수 | 1 | 2,660 | 1 | 4 | 1 | 7 | 2 | 3 | 4 | 5 | 5 | 4 | 4 |
| 2627 | 화성특례시 | 지능형 교통시스템(ITS, BIS) 유지관리 | 1 | 1,815,800 | 6 | 2 | 1 | 2 | 1 | 1 | 4 | 5 | 5 | 4 | 4 |
| 2628 | 화성특례시 | 긴급문자송신청 신청시스템 유지관리 | 1 | 3,600 | 7 | 4 | 1 | 7 | 1 | 1 | 4 | 5 | 5 | 4 | 4 |
| 2629 | 화성특례시 | 화성시 데이터로 유지관리 | 1 | 50,000 | 1 | 4 | 1 | 1 | 1 | 1 | 4 | 5 | 5 | 4 | 4 |
| 2630 | 화성특례시 | 민간데이터 구매 | 6 | 106,918 | 1 | 2 | 1 | 2 | 5 | 5 | 4 | 5 | 5 | 4 | 4 |
| 2631 | 화성특례시 | 감사시각문영업시스템 유지 보수 | 1 | 3,300 | 7 | 4 | 1 | 6 | 1 | 5 | 4 | 5 | 5 | 4 | 4 |

| 순번 | 시군구 | 정보화사업 사업명<br>·예산서 성질 사업명 | 정보화사업 분류<br>1.유지 및 보수<br>2.SW/HW 개발 및 구매<br>3.DB 구축<br>4.정보화 전략계획(ISP) 수립<br>5.정보화지원<br>6.기타 | 2025년 예산<br>(단위:천원/1년간) | 예산 편성근거<br>1.법률의 규정<br>2.국고보조 재원<br>3.도로지정기부금<br>4.조례<br>5.지자체 및 상위기관 정책<br>6.기타<br>7.해당없음 | 계약체결방식(경쟁형태) | 계약기간 | 낙찰자 선정방법 | 일괄산정 | 정보화사업 예산 산정 | 성과평가 실시여부 | 성과평가 주기 | 성과평가 방법 | 성과평가결과 인센티브 패널티 적용 유무 | 평가결과 적용 인센티브 및 패널티 적용 근거 |
|---|---|---|---|---|---|---|---|---|---|---|---|---|---|---|---|
| 2632 | 화성특례시 | 정배e 시스템 유지관리 | 1 | 15,674 | 5 | 1 | 1 | 1 | 2 | 2 | 4 | 5 | 5 | 4 | 4 |
| 2633 | 화성특례시 | 공지비리 내부신고시스템 사용 수수료 | 1 | 4,000 | 4 | 4 | 1 | 7 | 1 | 1 | 4 | 5 | 5 | 4 | 4 |
| 2634 | 화성특례시 | 화성시 도시계획위원회 통합관리시스템 구축 용역 | 2 | 350,000 | 5 | 2 | 7 | 2 | 1 | 1 | 4 | 5 | 5 | 4 | 4 |
| 2635 | 화성특례시 | 2025년 국토이용정보체계 시스템 운영관리용역 | 3 | 250,000 | 4 | 2 | 1 | 2 | 1 | 1 | 4 | 5 | 5 | 4 | 4 |
| 2636 | 화성특례시 | PACS SYSTEM S/W 유지관리 | 1 | 4,200 | 1 | 4 | 1 | 7 | 1 | 1 | 4 | 5 | 5 | 4 | 4 |
| 2637 | 화성특례시 | PACS 개인정보 DB 암호화 유지관리 | 1 | 8,400 | 5 | 4 | 1 | 7 | 1 | 1 | 4 | 5 | 5 | 4 | 4 |
| 2638 | 화성특례시 | 중요기록물 DB구축 사업 | 3 | 600,000 | 1 | 1 | 1 | 2 | 1 | 1 | 4 | 5 | 5 | 4 | 4 |
| 2639 | 화성특례시 | 표준개로관리시스템 유지보수 용역 | 1 | 62,471 | 1 | 1 | 1 | 3 | 1 | 1 | 4 | 5 | 5 | 4 | 4 |
| 2640 | 화성특례시 | 백업장비 교체 및 구입 | 2 | 90,300 | 1 | 4 | 8 | 7 | 1 | 1 | 4 | 5 | 5 | 4 | 4 |
| 2641 | 화성특례시 | 화성 아이사랑키움 통합관리시스템 유지보수 | 1 | 6,800 | 1 | 4 | 1 | 6 | 1 | 1 | 4 | 5 | 5 | 4 | 4 |
| 2642 | 화성특례시 | 화성시어린이문화센터 운영관리센터 운영관리용역 | 1 | 11,470 | 4 | 4 | 1 | 6 | 1 | 1 | 4 | 5 | 5 | 4 | 4 |
| 2643 | 화성특례시 | 예산편성지원시스템 유지관리 | 1 | 23,270 | 5 | 4 | 1 | 7 | 1 | 1 | 4 | 5 | 5 | 4 | 4 |
| 2644 | 화성특례시 | 예산재정정보 홈페이지 운영 | 1 | 3,600 | 1 | 4 | 1 | 7 | 1 | 1 | 4 | 5 | 5 | 4 | 4 |
| 2645 | 화성특례시 | 웹 한글기안기 구매 | 2 | 52,890 | 6 | 4 | 7 | 7 | 5 | 5 | 4 | 5 | 5 | 4 | 4 |
| 2646 | 화성특례시 | 통합지방재정시스템 운영관리 | 1 | 141,261 | 6 | 5 | 1 | 7 | 5 | 5 | 4 | 5 | 5 | 4 | 4 |
| 2647 | 화성특례시 | 통합지방재정 재해복구시스템 구축 | 1 | 54,582 | 6 | 5 | 1 | 7 | 1 | 1 | 4 | 5 | 5 | 4 | 4 |
| 2648 | 화성특례시 | 화성시 스마트청소관리시스템 유지보수 | 1 | 21,150 | 4 | 4 | 1 | 2 | 1 | 1 | 4 | 5 | 5 | 4 | 4 |
| 2649 | 화성특례시 | 화성시 청소행정포털 구축 | 3 | 55,000 | 4 | 4 | 6 | 2 | 1 | 1 | 4 | 5 | 5 | 4 | 4 |
| 2650 | 화성특례시 | 재난자치정 시스템 유지관리 | 1 | 16,000 | 6 | 4 | 1 | 7 | 1 | 1 | 4 | 5 | 5 | 4 | 4 |
| 2651 | 화성특례시 | 재난안전상황실 영상표출시스템 유지관리 | 1 | 4,620 | 6 | 4 | 1 | 7 | 1 | 1 | 4 | 5 | 5 | 4 | 4 |
| 2652 | 화성특례시 | 재난안전상황실 영상표출시스템 기능개선 용역 | 1 | 3,480 | 6 | 4 | 7 | 7 | 1 | 1 | 4 | 5 | 5 | 4 | 4 |
| 2653 | 화성특례시 | 재난경보시스템 수리유지 유지보수 용역 | 1 | 22,000 | 6 | 4 | 1 | 7 | 1 | 1 | 4 | 5 | 5 | 4 | 4 |
| 2654 | 화성특례시 | 재난영상관시설 유지보수 용역 | 1 | 22,000 | 4 | 4 | 1 | 7 | 1 | 1 | 4 | 5 | 5 | 4 | 4 |
| 2655 | 화성특례시 | 성과관리시스템 유지보수 용역 | 1 | 22,000 | 4 | 4 | 7 | 7 | 1 | 1 | 4 | 5 | 5 | 4 | 4 |
| 2656 | 화성특례시 | 성과관리시스템 기능개선 용역 | 1 | 22,000 | 5 | 6 | 7 | 6(조흥경 구매) | 1 | 1 | 4 | 5 | 5 | 4 | 4 |
| 2657 | 화성특례시 | 웹한글기안기 구입 | 2 | 38,000 | 5 | 4 | 1 | 4 | 5 | 5 | 4 | 5 | 5 | 4 | 4 |
| 2658 | 화성특례시 | 웹한글기안기 적용 | 2 | 6,000 | 1 | 1 | 1 | 2 | 5 | 5 | 4 | 5 | 5 | 4 | 4 |
| 2659 | 화성특례시 | 2025년 화성시 대표홈페이지 유지관리 및 기능개선 | 1 | 380,000 | 1 | 4 | 1 | 7 | 1 | 1 | 4 | 5 | 5 | 4 | 4 |
| 2660 | 화성특례시 | 전자출동 이복 유지관리 | 1 | 7,200 | 1 | 1 | 4 | 7 | 1 | 1 | 4 | 5 | 5 | 4 | 4 |
| 2661 | 화성특례시 | 시민결제통시스템 유지관리 | 1 | 27,098 | 1 | 4 | 1 | 7 | 1 | 1 | 4 | 5 | 5 | 4 | 4 |
| 2662 | 화성특례시 | 통합예약시스템 유지관리 및 기능개선 | 1 | 386,100 | 1 | 2 | 1 | 2 | 1 | 1 | 4 | 5 | 5 | 4 | 4 |

| 순번 | 시군구 | 정보화사업 사업명 · 예산서 상의 사업명 | 정보화사업 분류<br>1.유지 및 보수<br>2.SW/HW 개발 및 구매<br>3.DB 구축<br>4.정보화 전략계획(ISP)수립<br>5.정보화자원<br>6.기타 | 2025년 예산<br>(단위:천원/1년간) | 예산 편성근거<br>1.법률에 규정<br>2.국고보조금<br>3.용도지정기부금<br>4.조례<br>5.지자체 및 상위기관 정책<br>6.기타<br>7.해당없음 | 계약체결방법(경쟁방식)<br>1.일반경쟁<br>2.제한경쟁<br>3.지명경쟁<br>4.수의계약<br>5.법정위탁<br>6.기타( )<br>7.해당없음 | 계약기간<br>1.1년<br>2.2년<br>3.3년<br>4.4년<br>5.5년<br>6.기타<br>7.단기계약(1년미만)<br>8.해당없음 | 낙찰자 선정방식<br>1.적격심사<br>2.협상에 의한계약<br>3.최저가낙찰제<br>4.규격가격분리<br>5.2단계경쟁입찰<br>6.기타( )<br>7.해당없음 | 정보화사업 예산 산정 원가산정<br>1.내부산정<br>2.외부산정(전문기관의뢰)<br>3.내외부 모두 산정<br>4.산정 X<br>5.해당없음 | 정산방법<br>1.내부정산<br>2.외부정산<br>3.내외부 모두 정산<br>4.정산 X<br>5.해당없음 | 성과평가 실시여부<br>1.실시<br>2.미실시<br>3.향후추진<br>4.해당없음 | 성과평가 주기<br>1.매년<br>2.격년<br>3.기간만료점<br>4.기타( )<br>5.해당없음 | 성과평가 방법<br>1.자체평가<br>2.평가단 구성후 실시(전문위원회)<br>3.전문 평가기관 의뢰<br>4.기타<br>5.해당없음 | 성과평가결과 인센티브 및 페널티 적용 유무<br>1.적용<br>2.적용 안함<br>3.기타( )<br>4.해당없음 | 인센티브 및 페널티 적용 근거<br>1.법률<br>2.조례<br>3.지침<br>4.계약서<br>5.기타<br>6.해당없음 |
|---|---|---|---|---|---|---|---|---|---|---|---|---|---|---|---|
| 2663 | 화성특례시 | 통합예약시스템 클라우드 서비스 운영 | 1 | 80,200 | 1 | 6 | 1 | 6 (가입토그계약) | 1 | 1 | 4 | 5 | 5 | 4 | 4 |
| 2664 | 화성특례시 | 가상자산플랫폼서비스 이용료 | 2 | 10,500 | 1 | 4 | 1 | 7 | 4 | 4 | 4 | 5 | 5 | 4 | 4 |
| 2665 | 화성특례시 | 전자예금류 서비스 이용료 | 2 | 36,080 | 1 | 4 | 1 | 7 | 1 | 1 | 4 | 5 | 5 | 4 | 4 |
| 2666 | 화성특례시 | 차세대내부정보통합행정시스템 | 1 | 11,418 | 5 | 4 | 1 | 7 | 1 | 1 | 4 | 5 | 5 | 4 | 4 |
| 2667 | 화성특례시 | 세외수입가상계좌시스템 유지보수 | 1 | 5,930 | 1 | 4 | 1 | 7 | 1 | 1 | 4 | 5 | 5 | 4 | 4 |
| 2668 | 화성특례시 | 재물정보통합관리시스템보수 | 1 | 5,808 | 1 | 4 | 1 | 7 | 1 | 1 | 4 | 5 | 5 | 4 | 4 |
| 2669 | 화성특례시 | 차세대지방세외수입정보시스템유지보수 | 2 | 70,973 | 5 | 6 | 1 | 7 | 2 | 2 | 4 | 5 | 5 | 4 | 4 |
| 2670 | 화성특례시 | 재물정보통합관리시스템노후서버교체 | 2 | 2,000 | 5 | 4 | 7 | 7 | 1 | 1 | 4 | 5 | 5 | 4 | 4 |
| 2671 | 화성특례시 | 세외수입가상계좌시스템노후서버교체 | 2 | 49,967 | 5 | 2 | 7 | 3 | 1 | 1 | 4 | 5 | 5 | 4 | 4 |
| 2672 | 화성특례시 | 2025년 스마트도시정보 서비스 유지관리 | 1 | 82,006 | 5 | 2 | 1 | 2 | 1 | 1 | 4 | 5 | 5 | 4 | 4 |
| 2673 | 화성특례시 | 2025년 스마트도시 통합플랫폼 서비스 유지관리 | 1 | 94,489 | 1 | 6 | 1 | 6 | 1 | 1 | 4 | 5 | 5 | 4 | 4 |
| 2674 | 화성특례시 | 공간정보시스템 통합유지관리 | 1 | 343,000 | 5 | 4 | 8 | 7 | 1 | 1 | 4 | 5 | 5 | 4 | 4 |
| 2675 | 화성특례시 | 공간정보시스템 보안솔루션 라이선스 | 2 | 6,000 | 1 | 7 | 8 | 7 | 1 | 1 | 4 | 5 | 5 | 4 | 4 |
| 2676 | 화성특례시 | 공간정보시스템 상용 소프트웨어 교체 | 2 | 17,843 | 5 | 4 | 8 | 7 | 1 | 1 | 4 | 5 | 5 | 4 | 4 |
| 2677 | 화성특례시 | 공간정보시스템 노후장비 교체 | 2 | 49,627 | 5 | 7 | 1 | 2 | 1 | 1 | 4 | 5 | 5 | 4 | 4 |
| 2678 | 화성특례시 | 안전상CCTV통합유지관리 | 1 | 1,988,837 | 1 | 2 | 7 | 2 | 1 | 1 | 4 | 5 | 5 | 4 | 4 |
| 2679 | 화성특례시 | 안전영상CCTV VMS유지관리 | 1 | 102,309 | 1 | 6 | 1 | 6 (총액구매) | 1 | 1 | 4 | 5 | 5 | 4 | 4 |
| 2680 | 화성특례시 | 안전상CCTV GIS유지관리 | 1 | 12,000 | 1 | 4 | 8 | 6 | 4 | 4 | 4 | 5 | 5 | 4 | 4 |
| 2681 | 화성특례시 | 스마트교차로 | 2 | 455,972 | 5 | 6 | 1 | 6 (총액구매) | 5 | 5 | 4 | 5 | 5 | 4 | 4 |
| 2682 | 화성특례시 | 지능형 영상분석 서버 증설 | 2 | 109,200 | 5 | 6 | 7 | 6 (총액구매) | 5 | 5 | 4 | 5 | 5 | 4 | 4 |
| 2683 | 화성특례시 | 정보보호시스템 유지관리 | 1 | 458,150 | 1 | 2 | 1 | 2 | 5 | 5 | 4 | 5 | 5 | 4 | 4 |
| 2684 | 화성특례시 | 노후 보안장비 교체 | 2 | 243,620 | 1 | 6 | 8 | 2 | 1 | 1 | 4 | 5 | 5 | 4 | 4 |
| 2685 | 화성특례시 | 2025년 과수 스마트팜 통합관제시스템 운영 및 유지보수 용역 | 1 | 16,000 | 7 | 4 | 1 | 7 | 4 | 4 | 4 | 5 | 5 | 4 | 4 |
| 2686 | 화성특례시 | 2025년 과수 ICT 융합관제시스템 유지 보수 용역 | 1 | 16,000 | 7 | 4 | 1 | 7 | 5 | 5 | 4 | 5 | 5 | 4 | 4 |
| 2687 | 화성특례시 | 시립작도서관 전산장비유지보수 | 1 | 16,163 | 6 | 4 | 1 | 7 | 5 | 5 | 4 | 5 | 5 | 4 | 4 |
| 2688 | 화성특례시 | 시립도서관 통합홈페이지 구축·알림톡 및 핫봇 시스템 유지보수 | 1 | 5,174 | 1 | 4 | 1 | 7 | 5 | 5 | 4 | 5 | 5 | 4 | 4 |
| 2689 | 화성특례시 | 화성시립도서관 전산장비 유지보수 | 1 | 22,000 | 6 | 4 | 1 | 7 | 1 | 1 | 4 | 5 | 5 | 4 | 4 |
| 2690 | 화성특례시 | 중앙도서관 정보화물품 | 2 | 1,055,000 | 6 | 2 | 1 | 2 | 1 | 1 | 4 | 5 | 5 | 4 | 4 |
| 2691 | 화성특례시 | 중앙도서관 홈페이지 운영 | 1 | 22,000 | 5 | 4 | 1 | 6 | 4 | 4 | 4 | 5 | 5 | 4 | 4 |
| 2692 | 화성특례시 | 무인 반납시 시스템 유지관리 용역 | 1 | 5,600 | 5 | 4 | 1 | 7 | 1 | 1 | 4 | 5 | 5 | 4 | 4 |
| 2693 | 화성특례시 | 우리포역사문화 홈페이지 운영 | 1 | 3,000 | 6 | 4 | 1 | 2 | 3 | 3 | 4 | 5 | 5 | 4 | 4 |

| 순번 | 시군구 | 정보화사업 사업명·예산사업 성질 사업명 | 정보화사업 분류<br>1.유지 및 보수<br>2.SW/HW 개발 및 구매<br>3.DB 구축<br>4.정보화 전략계획(ISP) 수립<br>5.정보화자원<br>6.기타 | 2025년 예산<br>(단위:천원/1년간) | 예산 편성근거<br>1.법률에 규정<br>2.국고보조 재원<br>3.동 조지정기부금<br>4.조례<br>5.자체 및 상위기관 정책<br>6.기타<br>7.해당없음 | 계약체결방법(경쟁형태)<br>1.일반경쟁<br>2.제한경쟁<br>3.지명경쟁<br>4.수의계약<br>5.법정예탁<br>6.기타<br>7.해당없음 | 계약기간<br>1.1년<br>2.2년<br>3.3년<br>4.4년<br>5.5년<br>6.기타<br>7.단기계약(1년미만)<br>8.해당없음 | 낙찰자 선정방식<br>1.적격심사<br>2.협상에의한계약<br>3.최저가낙찰제<br>4.규격가격분리<br>5.2단계 경쟁입찰<br>6.기타<br>7.해당없음 | 평가산정<br>1.내부산정<br>2.외부산정<br>3.내외부모두산정<br>4.산정安<br>5.해당없음 | 정보화사업 예산 산정<br>정산방법<br>1.내부정산(자체직원 정산)<br>2.외부정산(전문기관위탁)<br>3.내외부모두 정산<br>4.정산 없음<br>5.해당없음 | 성과평가 실시여부<br>1.실시<br>2.미실시<br>3.향후 추진<br>4.해당없음 | 성과평가 주기<br>1.매년<br>2.격년<br>3.기간만료점<br>4.기타()<br>5.해당없음 | 성과평가 방법<br>1.자체 평가<br>2.평가기관 후 실시<br>3.전문<br>평가기관 의뢰<br>4.기타()<br>5.해당없음 | 평가결과 인센티브 및 패널티 적용 유무<br>1.적용<br>2.적용 안함<br>3.기타()<br>4.해당없음 | 인센티브 및 패널티 적용 근거<br>1.법률<br>2.조례<br>3.지침<br>4.계약서<br>5.기타<br>6.해당없음 |
|---|---|---|---|---|---|---|---|---|---|---|---|---|---|---|---|
| 2694 | 화성특례시 | 시울관리시스템 개발 용역 | 2 | 50,000 | 7 | 1 | 7 | 2 | 1 | 4 | 4 | 5 | 5 | 4 | 4 |
| 2695 | 화성특례시 | 불법건축물 통합관리시스템 구축 | 3 | 20,000 | 7 | 4 | 7 | 7 | 1 | 5 | 4 | 5 | 5 | 4 | 4 |
| 2696 | 경기 양주시 | 백신 소프트웨어 경신 | 2 | 48,520 | 6 | 7 | 8 | 7 | 1 | 5 | 4 | 5 | 5 | 4 | 6 |
| 2697 | 경기 양주시 | 예탁매일 모의훈련시스템 교체 | 2 | 27,649 | 6 | 7 | 8 | 7 | 1 | 5 | 4 | 5 | 5 | 4 | 6 |
| 2698 | 경기 양주시 | 정보보호시스템 통합유지관리 | 1 | 232,701 | 6 | 2 | 1 | 2 | 1 | 5 | 4 | 5 | 5 | 4 | 6 |
| 2699 | 경기 양주시 | 서버팜 방화벽시스템 교체 | 2 | 89,136 | 6 | 7 | 8 | 7 | 1 | 5 | 4 | 5 | 5 | 4 | 6 |
| 2700 | 경기 양주시 | 홈페이지 모서버 업그레이드 | 2 | 11,502 | 6 | 4 | 8 | 7 | 1 | 5 | 4 | 5 | 5 | 4 | 6 |
| 2701 | 경기 양주시 | 빅데이터 시각화서비스 라이선스 경신 | 1 | 6,600 | 6 | 4 | 1 | 7 | 2 | 2 | 4 | 5 | 5 | 4 | 6 |
| 2702 | 경기 양주시 | 운나라 유지관리 위탁사업비 | 1 | 13,400 | 5 | 5 | 1 | 6 | 2 | 2 | 4 | 5 | 5 | 4 | 6 |
| 2703 | 경기 양주시 | 공통기반 전산장비 및 재해복구시스템 유지관리 위탁사업비 | 1 | 91,404 | 5 | 5 | 1 | 6 | 1 | 5 | 4 | 5 | 5 | 4 | 6 |
| 2704 | 경기 양주시 | 가상화시스템 교체 | 2 | 700,000 | 6 | 2 | 8 | 2 | 1 | 5 | 4 | 5 | 5 | 4 | 6 |
| 2705 | 경기 양주시 | 공간정보시스템 WAS서버 교체 | 2 | 35,000 | 6 | 7 | 8 | 7 | 1 | 5 | 4 | 5 | 5 | 4 | 6 |
| 2706 | 경기 양주시 | 홈페이지 백업시스템 L TO장비 교체 | 2 | 19,800 | 6 | 4 | 8 | 4 | 1 | 5 | 4 | 5 | 5 | 4 | 6 |
| 2707 | 경기 양주시 | 행정정보시스템 통합 유지관리(통합유지관리건으로 통합) | 1 | 285,002 | 6 | 2 | 1 | 2 | 1 | 5 | 4 | 5 | 5 | 4 | 6 |
| 2708 | 경기 양주시 | 아이패밀리시스템 유지관리비 | 1 | 7,340 | 6 | 4 | 1 | 7 | 1 | 1 | 2 | 5 | 5 | 4 | 6 |
| 2709 | 경기 양주시 | 영상회의장비 유지관리 | 1 | 3,880 | 6 | 4 | 1 | 3 | 1 | 1 | 4 | 5 | 5 | 4 | 6 |
| 2710 | 경기 양주시 | 정보통신시스템 유지관리비 | 1 | 411,749 | 6 | 4 | 1 | 3 | 5 | 1 | 4 | 5 | 5 | 4 | 6 |
| 2711 | 경기 양주시 | 2025년도 도시계획정보체계(UPIS) HW,SW 유지관리 용역 | 1 | 131,000 | 6 | 4 | 1 | 2 | 1 | 1 | 4 | 5 | 5 | 4 | 6 |
| 2712 | 경기 양주시 | 인터넷교환기 유지관리비 | 1 | 19,800 | 6 | 4 | 1 | 7 | 1 | 1 | 4 | 5 | 5 | 4 | 6 |
| 2713 | 경기 양주시 | 2025년도 도시계획정보체계(UPIS) DB 정비 용역 | 3 | 18,000 | 1 | 4 | 1 | 2 | 1 | 5 | 4 | 5 | 5 | 4 | 6 |
| 2714 | 경기 양주시 | CCTV 및 관제시스템 통합유지관리비 | 1 | 961,200 | 5 | 4 | 1 | 7 | 1 | 1 | 2 | 5 | 5 | 4 | 6 |
| 2715 | 경기 양주시 | 2025년도 부동산계획위원회 전산의사시스템 유지관리 용역 | 1 | 21,000 | 6 | 4 | 1 | 1 | 4 | 4 | 4 | 5 | 5 | 4 | 4 |
| 2716 | 경기 양주시 | 통합성과관리시스템 | 3 | 2,215 | 6 | 4 | 1 | 1 | 1 | 1 | 1 | 1 | 1 | 4 | 4 |
| 2717 | 경기 양주시 | 영상기록물 전산화 추진 | 3 | 49,540 | 6 | 5 | 1 | 1 | 1 | 1 | 1 | 1 | 1 | 4 | 4 |
| 2718 | 경기 양주시 | 재난자원 번호판 전산시스템 운영 | 1 | 3,375 | 1 | 7 | 1 | 1 | 2 | 2 | 4 | 5 | 5 | 4 | 4 |
| 2719 | 경기 양주시 | 음료 관리 전산체계 수수료 | 1 | 2,400 | 1 | 4 | 1 | 1 | 5 | 5 | 4 | 5 | 5 | 4 | 4 |
| 2720 | 경기 양주시 | 부동산종합부시스템(KRAS) 유지보수 | 1 | 16,650 | 1 | 7 | 1 | 7 | 5 | 5 | 4 | 5 | 5 | 4 | 4 |
| 2721 | 경기 양주시 | 부동산종합공부시스템(KRAS) 유지보수 - ㈜포지에스 등 3개사 유지보수 | 1 | 10,267 | 4 | 7 | 1 | 6 | 5 | 5 | 4 | 5 | 5 | 4 | 4 |
| 2722 | 경기 양주시 | 업체주소 수소정보기반도 유지관리 | 1 | 42,318 | 5 | 7 | 8 | 7 | 5 | 5 | 4 | 5 | 5 | 4 | 4 |
| 2723 | 경기 양주시 | 주소정보관리시스템(KAIS) 차세대 구축 및 유지관리 | 1 | 49,320 | 5 | 7 | 8 | 7 | 5 | 5 | 4 | 5 | 5 | 4 | 4 |

| 순번 | 시군구 | 정보화사업 사업명 · 예산서 상의 사업명 | 정보화사업 분류<br>1. 유지 및 보수<br>2. SW/HW 개발 및 구매<br>3. DB 구축<br>4. 정보화 전략계획(ISP) 수립<br>5. 정보화지원<br>6. 기타 | 2025년 예산<br>(단위:천원/1년간) | 예산 편성근거<br>1. 법률 규정<br>2. 국고조 재원<br>3. 용도지정기부금<br>4. 조례<br>5. 지자체 및 상위기관 정책<br>6. 기타<br>7. 해당없음 | 계약체결방법 (경쟁형태)<br>1. 일반경쟁<br>2. 제한경쟁<br>3. 지명경쟁<br>4. 수의계약<br>5. 분임계약<br>6. 기타<br>7. 해당없음 | 정보화사업 입찰방식 계약기간<br>1. 1년<br>2. 2년<br>3. 3년<br>4. 4년<br>5. 5년<br>6. 기타<br>7. 단기계약(1년미만)<br>8. 해당없음 | 낙찰자 선정방법<br>1. 적격심사<br>2. 협상에 의한계약<br>3. 최저가낙찰제<br>4. 규격가격분리<br>5. 2단계 경쟁입찰<br>6. 기타<br>7. 해당없음 | 정보화사업 예산 산정 평가산정<br>1. 내부산정<br>2. 외부산정(전문기관위탁)<br>3. 내외부 모두 산정<br>4. 산정 無<br>5. 해당없음 | 정산방법<br>1. 내부정산<br>2. 외부정산(외부전문기관위탁)<br>3. 내외부 모두 정산<br>4. 정산 無<br>5. 해당없음 | 성과평가 실시여부<br>1. 실시<br>2. 미실시<br>3. 향후 추진<br>4. 해당없음 | 성과평가 주기<br>1. 매년<br>2. 격년<br>3. 기간완료 후<br>4. 기타()<br>5. 해당없음 | 성과평가 방법<br>1. 자체 평가<br>2. 평가 후 실시(구성위원위촉)<br>3. 전문평가기관 의뢰<br>4. 기타()<br>5. 해당없음 | 평가결과 인센티브 및 패널티 적용 유무<br>1. 적용<br>2. 적용 안함<br>3. 기타()<br>4. 해당없음 | 인센티브 및 패널티 적용 근거<br>1. 법률<br>2. 조례<br>3. 지침<br>4. 계약서<br>5. 해당없음<br>6. 해당없음 |
|---|---|---|---|---|---|---|---|---|---|---|---|---|---|---|---|
| 2725 | 경기 여주시 | 수도응급경보 통합제어 시스템 구축 용역 | 2 | 150,000 | 6 | 7 | 8 | 7 | 1 | 1 | 4 | 5 | 5 | 2 | 4 |
| 2726 | 경기 여주시 | 2025년 여주시 ITS 통합 교통정보시스템 유지보수용역 | 1 | 293,800 | 6 | 7 | 8 | 7 | 1 | 1 | 4 | 5 | 5 | 2 | 4 |
| 2727 | 경기 여주시 | 시스템 접근제어 SW 라이선스 구입 | 2 | 20,350 | 6 | 7 | 8 | 7 | 1 | 1 | 4 | 5 | 5 | 2 | 4 |
| 2728 | 경기 여주시 | 교통보안시스템 H/W 구입 | 2 | 224,036 | 6 | 7 | 8 | 7 | 1 | 1 | 4 | 5 | 5 | 4 | 4 |
| 2729 | 경기 여주시 | 2025년 자원봉사센터 cctv 유지관리 용역 | 1 | 5,412 | 6 | 7 | 8 | 7 | 1 | 1 | 4 | 5 | 5 | 2 | 4 |
| 2730 | 경기 여주시 | 2025년 여주시 주정차금지구역 전산화 구축 사업 | 3 | 18,972 | 6 | 4 | 1 | 7 | 1 | 1 | 2 | 5 | 5 | 4 | 4 |
| 2731 | 경기 여주시 | PACS프로그램 유지보수비 | 1 | 5,400 | 6 | 7 | 8 | 7 | 1 | 1 | 4 | 5 | 5 | 4 | 4 |
| 2732 | 경기 여주시 | 2025년 여주시 수목관리시스템 유지보수용역 | 1 | 7,000 | 7 | 7 | 8 | 7 | 2 | 1 | 4 | 5 | 5 | 4 | 4 |
| 2733 | 경기 여주시 | 온나라시스템 모니터링 SW 고도화 | 1 | 32,515 | 1 | 7 | 8 | 7 | 1 | 1 | 4 | 5 | 5 | 4 | 4 |
| 2734 | 경기 여주시 | 네트워크접근제어시스템 소프트웨어 구입 | 1 | 200,000 | 1 | 7 | 8 | 7 | 1 | 1 | 4 | 5 | 5 | 4 | 4 |
| 2735 | 경기 여주시 | 온라인영상회의시스템 소프트웨어 구입 | 1 | 500,000 | 1 | 7 | 8 | 7 | 1 | 1 | 4 | 5 | 5 | 4 | 4 |
| 2736 | 경기 여주시 | 네트워크장비관리시스템 고도화 | 1 | 130,000 | 1 | 7 | 8 | 7 | 4 | 1 | 2 | 5 | 5 | 4 | 4 |
| 2737 | 경기 여주시 | 차세대정보관리시스템 | 5 | 89,919 | 1 | 5 | 1 | 7 | 5 | 1 | 1 | 1 | 1 | 4 | 4 |
| 2738 | 경기 연천군 | 정책e시스템 유지보수 | 1 | 12,174 | 5 | 5 | 1 | 7 | 1 | 1 | 4 | 5 | 5 | 2 | 2 |
| 2739 | 경기 연천군 | 관인인가증록관리시스템 운영 | 1 | 2,850 | 5 | 4 | 1 | 6 | 1 | 1 | 1 | 1 | 1 | 2 | 2 |
| 2740 | 경기 연천군 | 통합행정팩스 유지관리 | 1 | 11,200 | 5 | 1 | 1 | 1 | 1 | 1 | 1 | 1 | 1 | 2 | 2 |
| 2741 | 경기 연천군 | 무인정비대여 용역 | 1 | 17,780 | 5 | 4 | 1 | 6 | 1 | 1 | 1 | 1 | 1 | 2 | 2 |
| 2742 | 경기 연천군 | 정책연상시스템 통합 위탁사업비 | 1 | 5,860 | 5 | 5 | 1 | 7 | 2 | 1 | 4 | 5 | 5 | 4 | 6 |
| 2743 | 경기 연천군 | 표준기록관리시스템 통합 유지관리 위탁사업비 | 1 | 128,812 | 1 | 4 | 1 | 7 | 2 | 1 | 4 | 5 | 5 | 4 | 6 |
| 2744 | 경기 연천군 | 독수영기록관리시스템 통합 유지보수 | 1 | 11,725 | 5 | 7 | 1 | 7 | 2 | 2 | 4 | 5 | 5 | 4 | 6 |
| 2745 | 경기 연천군 | 표준인사정보시스템 통합 위탁사업비 | 1 | 10,641 | 5 | 5 | 1 | 7 | 5 | 5 | 4 | 5 | 5 | 4 | 6 |
| 2746 | 경기 연천군 | 온나라 및 전자문서유통지원센터 통합유지관리 위탁금 | 1 | 73,280 | 5 | 5 | 1 | 7 | 1 | 2 | 4 | 5 | 5 | 4 | 4 |
| 2747 | 경기 연천군 | 가상데스크톱환경 운영 유지관리 | 1 | 22,000 | 5 | 4 | 1 | 7 | 1 | 1 | 4 | 5 | 5 | 4 | 4 |
| 2748 | 경기 연천군 | 통합헬프데스크 유지관리 | 1 | 25,000 | 5 | 4 | 1 | 7 | 1 | 1 | 4 | 5 | 5 | 2 | 4 |
| 2749 | 경기 연천군 | 새올행정시스템조치도 연동 및 통합운영그린아시스템 유지관리 | 1 | 5,400 | 5 | 4 | 1 | 7 | 1 | 1 | 2 | 5 | 5 | 2 | 4 |
| 2750 | 경기 연천군 | 공통기반 및 재해복구시스템 전산장비 통합관리 | 1 | 95,000 | 5 | 5 | 1 | 7 | 2 | 1 | 2 | 5 | 5 | 2 | 4 |
| 2751 | 경기 연천군 | 공공데이터 품질 및 메타데이터 등록관리 용역사업 | 6 | 22,000 | 7 | 7 | 8 | 7 | 2 | 1 | 4 | 5 | 5 | 4 | 6 |
| 2752 | 경기 연천군 | 홈페이지시스템 S/W 통합 유지관리 | 1 | 21,700 | 5 | 4 | 1 | 7 | 1 | 1 | 4 | 5 | 5 | 4 | 4 |
| 2753 | 경기 연천군 | 홈페이지시스템 H/W 통합 유지관리 | 1 | 12,342 | 5 | 4 | 1 | 7 | 1 | 1 | 4 | 5 | 5 | 4 | 4 |
| 2754 | 경기 연천군 | 홈페이지 망연계 자료전송시스템 유지관리 | 1 | 8,280 | 5 | 4 | 1 | 7 | 1 | 1 | 4 | 5 | 5 | 4 | 4 |
| 2755 | 경기 연천군 | 홈페이지 웹방화벽 유지관리 | 1 | 4,693 | 5 | 4 | 1 | 7 | 1 | 1 | 4 | 5 | 5 | 4 | 4 |

| 순번 | 시·도 | 시·군·구 | 정보화사업<br>· 예산서 상 사업명 | 정보화사업 분류<br>1. 유지 및 보수<br>2. SW/HW<br>   개발 및 구매<br>3. DB구축<br>4. 정보화<br>   전략계획<br>   (ISP) 수립<br>6. 기타 | 2025년<br>예산<br>(단위:천원<br>/1년간) | 예산 편성근거<br>1. 법률에 규정<br>2. 국고보조재원<br>3. 용도지정기부금<br>4. 조례<br>5. 지자체 및<br>   상위기관 정책<br>6. 기타<br>7. 해당없음 | 계약체결방법<br>(경쟁형태)<br>1. 일반경쟁<br>2. 재한경쟁<br>3. 지명경쟁<br>4. 수의계약<br>5. 낙찰협약<br>6. 기타 ( )<br>7. 해당없음 | 계약기간<br>1. 1년<br>2. 2년<br>3. 3년<br>4. 4년<br>5. 5년<br>6. 기타<br>   ( )<br>7. 단가계약<br>   (1년미만)<br>8. 해당없음 | 낙찰자 선정방법<br>1. 적격심사<br>2. 협상에 의한계약<br>3. 최저가낙찰<br>4. 규격가격분리<br>5. 2단계 경쟁입찰<br>6. 기타 ( )<br>7. 해당없음 | 평가선정<br>1. 내부선정<br>   (자체적으로 선정)<br>2. 외부선정<br>   (전문기관에 선정)<br>3. 내외부 모두 선정<br>4. 신청 후<br>5. 해당없음 | 정산방법<br>1. 내부정산<br>   (내부적으로 정산)<br>2. 외부정산<br>   (외부용역기관위탁)<br>3. 내외부 모두 정산<br>4. 정산 無<br>5. 해당없음 | 성과평가 실시여부<br>1. 실시<br>2. 미실시<br>3. 향후 추진<br>4. 해당없음 | 성과평가 주기<br>1. 매년<br>2. 격년<br>3. 기간만료전<br>4. 기타 ( )<br>5. 해당없음 | 성과평가 방법<br>1. 자체 평가<br>2. 평가단<br>   구성후 실시<br>   (전문위원회)<br>3. 전문<br>   평가기관 의뢰<br>4. 기타 ( )<br>5. 해당없음 | 성과평가결과 인센티브 적용 유무<br>1. 적용<br>2. 적용 안함<br>3. 기타 ( )<br>4. 해당없음 | 인센티브 및 패널티 적용 근거<br>1. 법률<br>2. 조례<br>3. 지침<br>4. 계약서<br>5. 기타<br>6. 해당없음 |
|---|---|---|---|---|---|---|---|---|---|---|---|---|---|---|---|---|
| 2756 | 경기 | 연천군 | 홈페이지 문서변환솔루션 유지관리 | 1 | 3,432 | 5 | 4 | 1 | 7 | 5 | 5 | 4 | 5 | 5 | 4 | 4 |
| 2757 | 경기 | 연천군 | 홈페이지 방화벽 네트워크장비 유지관리 | 1 | 3,805 | 5 | 4 | 1 | 7 | 5 | 5 | 4 | 5 | 5 | 4 | 4 |
| 2758 | 경기 | 연천군 | 홈페이지 소스코드 보안취약점 점검시스템 유지관리 | 1 | 2,850 | 5 | 4 | 1 | 7 | 5 | 5 | 4 | 5 | 5 | 4 | 4 |
| 2759 | 경기 | 연천군 | 홈페이지 검색엔진 유지관리 | 1 | 2,400 | 5 | 4 | 1 | 7 | 5 | 5 | 4 | 5 | 5 | 4 | 4 |
| 2760 | 경기 | 연천군 | 정보자산 취약점점검시스템 및 해킹메일 모의훈련시스템 유지관리 | 1 | 9,300 | 5 | 4 | 1 | 7 | 1 | 1 | 2 | 5 | 5 | 4 | 4 |
| 2761 | 경기 | 연천군 | 서버용 방화벽시스템 유지관리 | 1 | 10,500 | 5 | 4 | 1 | 7 | 1 | 1 | 2 | 5 | 5 | 4 | 4 |
| 2762 | 경기 | 연천군 | 서버팜 네트워크스위치 유지관리 | 1 | 4,530 | 5 | 4 | 1 | 7 | 1 | 1 | 2 | 5 | 5 | 4 | 4 |
| 2763 | 경기 | 연천군 | 보조기억매체 관리시스템 유지관리 | 1 | 5,100 | 5 | 6 | 1 | 7 | 1 | 1 | 2 | 5 | 5 | 4 | 4 |
| 2764 | 경기 | 연천군 | 시스템 접근제어 솔루션 유지관리 | 1 | 4,860 | 5 | 4 | 1 | 7 | 1 | 1 | 2 | 5 | 5 | 4 | 4 |
| 2765 | 경기 | 연천군 | PC보안 취약점 및 PMS 유지관리 | 1 | 10,200 | 5 | 4 | 1 | 7 | 1 | 1 | 2 | 5 | 5 | 4 | 4 |
| 2766 | 경기 | 연천군 | 서버보안프로그램 유지관리 | 1 | 2,310 | 5 | 4 | 1 | 7 | 1 | 1 | 2 | 5 | 5 | 4 | 4 |
| 2767 | 경기 | 연천군 | 서버 및 PC 백신프로그램 구입 | 2 | 35,900 | 5 | 4 | 1 | 7 | 1 | 1 | 2 | 5 | 5 | 4 | 4 |
| 2768 | 경기 | 연천군 | 정보자산 취약점 점검시스템 업그레이드 | 2 | 42,100 | 5 | 4 | 1 | 7 | 1 | 1 | 2 | 5 | 5 | 4 | 4 |
| 2769 | 경기 | 연천군 | PC보안취약점 점검시스템 업그레이드 | 2 | 25,620 | 5 | 4 | 1 | 7 | 1 | 1 | 2 | 5 | 5 | 4 | 4 |
| 2770 | 경기 | 연천군 | 원도우 업그레이드 자동화 솔루션 구입 | 2 | 34,000 | 5 | 5 | 1 | 7 | 1 | 1 | 2 | 5 | 5 | 4 | 4 |
| 2771 | 경기 | 연천군 | 랜섬웨어 대응 솔루션 구입 | 2 | 49,860 | 1 | 4 | 1 | 7 | 1 | 1 | 2 | 5 | 5 | 4 | 4 |
| 2772 | 경기 | 연천군 | 보조기억매체 관리시스템 업그레이드 | 2 | 28,200 | 5 | 4 | 1 | 7 | 1 | 1 | 2 | 5 | 5 | 4 | 4 |
| 2773 | 경기 | 연천군 | 사이버보안 대응 역량강화 사업 | 5 | 31,000 | 5 | 5 | 1 | 7 | 1 | 1 | 2 | 5 | 5 | 4 | 4 |
| 2774 | 경기 | 연천군 | 개인정보 복수기록관리 시스템 유지관리 | 1 | 15,012 | 1 | 4 | 1 | 7 | 2 | 2 | 4 | 5 | 5 | 4 | 4 |
| 2775 | 경기 | 연천군 | 개인정보 PC필팅시스템 유지관리 | 1 | 26,542 | 5 | 5 | 1 | 7 | 5 | 5 | 4 | 5 | 5 | 4 | 4 |
| 2776 | 경기 | 연천군 | PC개인정보 모니터링시스템 유지관리 | 1 | 6,270 | 1 | 4 | 1 | 7 | 1 | 1 | 4 | 5 | 5 | 4 | 4 |
| 2777 | 경기 | 연천군 | 행정전화교환기 유지관리 | 1 | 7,740 | 5 | 4 | 1 | 7 | 1 | 1 | 4 | 5 | 5 | 4 | 4 |
| 2778 | 경기 | 연천군 | 트래픽 분석장비 유지관리 | 1 | 22,200 | 5 | 4 | 1 | 7 | 1 | 1 | 4 | 5 | 5 | 4 | 4 |
| 2779 | 경기 | 연천군 | 영연제 유지관리 | 1 | 7,200 | 5 | 4 | 1 | 7 | 1 | 1 | 4 | 5 | 5 | 4 | 4 |
| 2780 | 경기 | 연천군 | 인터넷 전화서비스 유지관리 | 1 | 20,400 | 5 | 4 | 1 | 7 | 1 | 1 | 4 | 5 | 5 | 4 | 4 |
| 2781 | 경기 | 연천군 | 부가통신장비 유지관리 | 1 | 10,824 | 1 | 4 | 1 | 7 | 1 | 1 | 4 | 5 | 5 | 4 | 4 |
| 2782 | 경기 | 연천군 | 2025년도 영상회의장비 유지관리 용역 | 1 | 1,920 | 5 | 4 | 1 | 7 | 1 | 1 | 4 | 5 | 5 | 4 | 4 |
| 2783 | 경기 | 연천군 | 2025년 네트워크 선로 유지관리 용역 | 1 | 20,040 | 5 | 4 | 1 | 7 | 1 | 1 | 4 | 5 | 5 | 4 | 4 |
| 2784 | 경기 | 연천군 | 2025년 네트워크 접근제어 장비 유지관리 용역 | 1 | 21,000 | 5 | 4 | 1 | 7 | 1 | 1 | 4 | 5 | 5 | 4 | 4 |
| 2785 | 경기 | 연천군 | 2025년 전자팩스서비스 유지관리 용역 | 1 | 6,936 | 5 | 5 | 1 | 7 | 1 | 1 | 4 | 5 | 5 | 4 | 4 |
| 2786 | 경기 | 연천군 | 2025년 행정통신망 백본, L3, L2 스위치 유지관리 용역 | 1 | 24,960 | 5 | 4 | 1 | 7 | 1 | 1 | 4 | 5 | 5 | 4 | 4 |

| 순번 | 시군구 | 정보화사업명<br>· 예산서 상의 사업명 | 정보화사업 분류<br>1.유지 및 보수<br>2.SW/HW<br>3.DB구축<br>4.정보화전략계획(ISP)수립<br>5.정보화지원<br>6.기타 | 2025년 예산<br>(단위:천원/1년간) | 예산 편성근거<br>1.법률에 규정<br>2.국고보조재원<br>3.용도지정기부금<br>4.조례<br>5.지자체 및 상위기관 정책<br>6.기타<br>7.해당없음 | 계약체결방법(경쟁형태)<br>1.일반경쟁<br>2.제한경쟁<br>3.지명경쟁<br>4.수의계약<br>5.법정위탁<br>6.기타()<br>7.해당없음 | 계약기간<br>1.1년<br>2.2년<br>3.3년<br>4.4년<br>5.5년<br>6.기타<br>7.단기계약(1년미만)<br>8.해당없음 | 낙찰자 선정방식<br>1.적격심사<br>2.협상에 의한계약<br>3.최저가낙찰<br>4.규가경쟁<br>5.2단계 경쟁입찰<br>6.기타()<br>7.해당없음 | 원가산정<br>1.내부산정(자체적으로 산정)<br>2.외부산정(전문기관에 의뢰)<br>3.내부외부 모두 산정<br>4.산정 안 함<br>5.해당없음 | 정상방법<br>1.내부정산(내부적으로 정산)<br>2.외부정산(외부전문기관위탁정산)<br>3.내외부 모두 정산<br>4.정산 未<br>5.해당없음 | 성과평가 실시여부<br>1.실시<br>2.미실시<br>3.향후 추진<br>4.해당없음 | 성과평가 주기<br>1.매년<br>2.격년<br>3.기간반복적<br>4.기타()<br>5.해당없음 | 성과평가 방법<br>1.자체 평가<br>2.용역간 구성후 실시(전문위원회등)<br>3.전문 평가기관 의뢰<br>4.기타()<br>5.해당없음 | 평가결과 인센티브 및 패널티 적용 유무<br>1.적용<br>2.적용 안함<br>3.기타()<br>4.해당없음 | 평가결과 인센티브 및 패널티 적용 근거<br>1.법률<br>2.조례<br>3.지침<br>4.계약서<br>5.기타<br>6.해당없음 |
|---|---|---|---|---|---|---|---|---|---|---|---|---|---|---|---|
| 2787 | 경기 연천군 | 2025년 네트워크 관리시스템 유지관리 용역 | 1 | 6,000 | 5 | 4 | 1 | 7 | 1 | 1 | 4 | 5 | 5 | 4 | 4 |
| 2788 | 경기 연천군 | 2025년 자가통신망 광전송장비 유지관리 | 1 | 11,340 | 5 | 4 | 1 | 7 | 5 | 5 | 4 | 5 | 5 | 4 | 4 |
| 2789 | 경기 연천군 | 2025년 트래픽통제장비 유지관리 | 1 | 5,016 | 5 | 4 | 1 | 7 | 5 | 5 | 4 | 5 | 5 | 4 | 4 |
| 2790 | 경기 연천군 | 2025년 무선도청 탐지장치 유지관리 | 1 | 7,260 | 5 | 4 | 1 | 7 | 5 | 5 | 4 | 5 | 5 | 4 | 4 |
| 2791 | 경기 연천군 | 2025년 방화벽,VPN시스템,스위치 유지관리 | 1 | 19,450 | 5 | 4 | 1 | 7 | 5 | 5 | 4 | 5 | 5 | 4 | 4 |
| 2792 | 경기 연천군 | 율동리 전자태그장비 유지관리 용역 | 1 | 9,384 | 5 | 4 | 1 | 7 | 1 | 1 | 4 | 5 | 5 | 4 | 4 |
| 2793 | 경기 연천군 | 계약정보공개시스템 | 1 | 5,870 | 1 | 4 | 1 | 7 | 5 | 5 | 4 | 5 | 5 | 4 | 4 |
| 2794 | 경기 연천군 | 지방세정보화(운영관리)사업 | 1 | 113,968 | 5 | 5 | 1 | 7 | 5 | 5 | 4 | 5 | 5 | 4 | 4 |
| 2795 | 경기 연천군 | 차세대 세외수입정보시스템 운영 관리 | 1 | 56,130 | 5 | 4 | 1 | 7 | 5 | 5 | 4 | 5 | 5 | 4 | 4 |
| 2796 | 경기 연천군 | 재난통합관리시스템(문자편집시스템) | 1 | 5,040 | 5 | 4 | 1 | 7 | 5 | 5 | 4 | 5 | 5 | 6 | 6 |
| 2797 | 경기 연천군 | 전곡전통시장 방범 CCTV 유지관리용역 | 1 | 9,968 | 5 | 4 | 1 | 7 | 5 | 5 | 2 | 5 | 5 | 4 | 6 |
| 2798 | 경기 연천군 | 버스정보시스템 유지관리 용역 | 2 | 63,752 | 7 | 2 | 7 | 2 | 1 | 1 | 4 | 5 | 1 | 4 | 4 |
| 2799 | 경기 연천군 | 다원예 미래로 연전 스마트 정로망 구축 사업 | 2 | 1,920,000 | 2 | 2 | 7 | 2 | 3 | 3 | 3 | 2 | 5 | 4 | 4 |
| 2800 | 경기 연천군 | 기상관측 유지관리 | 1 | 2,380 | 5 | 4 | 1 | 7 | 5 | 5 | 4 | 5 | 5 | 4 | 4 |
| 2801 | 경기 연천군 | 재난전파문자전광판 유지관리 | 1 | 8,360 | 5 | 4 | 1 | 7 | 5 | 5 | 4 | 5 | 5 | 4 | 4 |
| 2802 | 경기 연천군 | 마을무선방송장치 유지관리 | 1 | 9,850 | 5 | 4 | 1 | 7 | 5 | 5 | 4 | 5 | 5 | 4 | 4 |
| 2803 | 경기 연천군 | 자동우량경보시설 유지관리 | 1 | 2,270 | 5 | 4 | 1 | 7 | 5 | 5 | 4 | 5 | 5 | 4 | 4 |
| 2804 | 경기 연천군 | 상황실 IPWall 유지관리 | 1 | 5,070 | 5 | 4 | 1 | 7 | 5 | 5 | 4 | 5 | 5 | 4 | 4 |
| 2805 | 경기 연천군 | 상상의마을 유지관리 | 1 | 1,300 | 5 | 4 | 1 | 7 | 5 | 5 | 4 | 5 | 5 | 4 | 4 |
| 2806 | 경기 연천군 | 방범용 NAC시스템 유지관리 | 1 | 12,000 | 5 | 4 | 1 | 7 | 5 | 5 | 4 | 5 | 5 | 4 | 4 |
| 2807 | 경기 연천군 | 방범용 CCTV 스토리지 유지관리비 | 1 | 21,810 | 5 | 4 | 1 | 7 | 5 | 5 | 4 | 5 | 5 | 4 | 4 |
| 2808 | 경기 연천군 | CCTV 자가통신망 유지관리 | 1 | 12,000 | 5 | 4 | 1 | 7 | 5 | 5 | 4 | 5 | 5 | 4 | 4 |
| 2809 | 경기 연천군 | SAN 스위치 스토리지 유지관리비 | 1 | 12,000 | 5 | 4 | 1 | 7 | 5 | 5 | 4 | 5 | 5 | 4 | 4 |
| 2810 | 경기 연천군 | 방범용 백본스위치 유지관리 | 1 | 5,280 | 5 | 4 | 1 | 7 | 5 | 5 | 4 | 5 | 5 | 4 | 4 |
| 2811 | 경기 연천군 | 방범용 패스워드관리솔루션 유지관리 | 1 | 6,000 | 5 | 4 | 1 | 7 | 5 | 5 | 4 | 5 | 5 | 4 | 4 |
| 2812 | 경기 연천군 | 방범용 방화벽 유지관리 | 1 | 11,000 | 5 | 4 | 1 | 7 | 5 | 5 | 4 | 5 | 5 | 4 | 4 |
| 2813 | 경기 연천군 | 방범용 통합관제시스템 유지관리 | 1 | 18,500 | 5 | 4 | 1 | 7 | 5 | 5 | 4 | 5 | 5 | 4 | 4 |
| 2814 | 경기 연천군 | 방범용 영상관제서버 유지관리 | 1 | 78,000 | 5 | 4 | 1 | 7 | 5 | 5 | 4 | 5 | 5 | 4 | 4 |
| 2815 | 경기 연천군 | 방범CCTV 방화벽교체비 | 2 | 46,000 | 5 | 6 | 1 | 6 | 5 | 5 | 4 | 5 | 5 | 4 | 4 |
| 2816 | 경기 연천군 | GIS시스템 유지관리 | 1 | 5,400 | 5 | 4 | 1 | 7 | 5 | 5 | 4 | 5 | 5 | 4 | 4 |
| 2817 | 경기 연천군 | 방범용 웹티스크린(IPWall) 유지관리 | 1 | 3,471 | 5 | 4 | 1 | 7 | 5 | 5 | 4 | 5 | 5 | 4 | 4 |

| 순번 | 시 군 구 | 정보화사업 사업명<br>·예산서 상 사업명 | 정보화사업 분류<br>1. 유지 및 보수<br>2. SW/HW 개발 및 구매<br>3. DB구축<br>4. 정보화 전략계획(ISP) 수립<br>5. 정보화지원<br>6. 기타 | 2025년 예산<br>(단위:천원/1년간) | 예산 편성근거<br>1. 법률에 규정<br>2. 국고보조재원<br>3. 용도지정기부금<br>4. 조례<br>5. 지자체 및 상위기관 정책<br>6. 기타<br>7. 해당없음 | 계약체결방법(경쟁형태)<br>1. 일반경쟁<br>2. 제한경쟁<br>3. 지명경쟁<br>4. 수의계약<br>5. 법정위탁<br>6. 기타<br>7. 해당없음 | 정보화사업 입찰방식 계약기간<br>1. 1년<br>2. 2년<br>3. 3년<br>4. 4년<br>5. 5년<br>6. 기타<br>7. 단기계약()년미만)<br>8. 해당없음 | 낙찰자 선정방식<br>1. 적격심사<br>2. 협상에 의한계약<br>3. 최저가낙찰제<br>4. 규격가격분리<br>5. 2단계 경쟁입찰<br>6. 기타()<br>7. 해당없음 | 정보화사업 예산 산정 원가산정<br>1. 내부산정(자체적으로 산정)<br>2. 외부산정(전문기관에 산정)<br>3. 내외부 모두 산정<br>4. 해당없음 | 정산방법<br>1. 내부정산(내부직원으로 정산)<br>2. 외부정산(외부전문가위촉)<br>3. 내외부 모두 정산<br>4. 정산 無<br>5. 해당없음 | 성과평가 실시여부<br>1. 실시<br>2. 미실시<br>3. 향후 추진<br>4. 해당없음 | 성과평가 주기<br>1. 매년<br>2. 격년<br>3. 기간만료전<br>4. 기타()<br>5. 해당없음 | 성과평가 방법<br>1. 자체 평가<br>2. 용역기관 구성후 실시(전문위원회)<br>3. 전문평가기관 의뢰<br>4. 기타()<br>5. 해당없음 | 평가결과 인센티브 및 패널티 적용 유무<br>1. 적용<br>2. 적용 안함<br>3. 기타()<br>4. 해당없음 | 인센티브 및 패널티 적용 근거<br>1. 법률<br>2. 조례<br>3. 지침<br>4. 계약서<br>5. 기타<br>6. 해당없음 |
|---|---|---|---|---|---|---|---|---|---|---|---|---|---|---|---|
| 2818 | 경기 연천군 | 2025년 연천군 소하천 종합정보시스템 유지관리 용역 | 1 | 21,582 | 5 | 4 | 1 | 7 | 5 | 5 | 4 | 5 | 5 | 4 | 4 |
| 2819 | 경기 연천군 | 위성영상정보관리시스템 유지관리 | 1 | 20,000 | 7 | 4 | 1 | 7 | 5 | 5 | 4 | 5 | 5 | 4 | 6 |
| 2820 | 경기 연천군 | 도시계획정보체계(UPIS) 유지관리 | 1 | 20,000 | 7 | 4 | 1 | 7 | 5 | 5 | 4 | 5 | 5 | 4 | 6 |
| 2821 | 경기 연천군 | 국토이용정보통합플랫폼(KLIP) 유지관리 | 1 | 20,000 | 7 | 4 | 1 | 7 | 5 | 5 | 4 | 5 | 5 | 4 | 6 |
| 2822 | 경기 연천군 | 가상계좌정보시스템 | 1 | 73,280 | 5 | 4 | 1 | 7 | 5 | 5 | 4 | 5 | 5 | 4 | 4 |
| 2823 | 경기 연천군 | 무단투기방지 이동식 CCTV 구입 | 2 | 40,000 | 7 | 7 | 8 | 7 | 1 | 1 | 3 | 1 | 1 | 4 | 4 |
| 2824 | 경기 연천군 | 무단투기방지 고정식 CCTV 유지관리 | 1 | 15,120 | 7 | 4 | 1 | 7 | 1 | 1 | 4 | 5 | 5 | 4 | 4 |
| 2825 | 경기 연천군 | 2025년 병원정보시스템 및 국가응급환자진료정보망(SW) 유지관리 | 1 | 21,960 | 5 | 4 | 1 | 7 | 5 | 5 | 4 | 5 | 5 | 4 | 4 |
| 2826 | 경기 연천군 | 2025년 전산장비 유지관리 | 1 | 12,000 | 5 | 4 | 1 | 7 | 5 | 5 | 4 | 5 | 5 | 4 | 4 |
| 2827 | 경기 연천군 | 2025년 서버 하드웨어 유지관리 | 1 | 1,560 | 5 | 4 | 1 | 7 | 5 | 5 | 4 | 5 | 5 | 4 | 4 |
| 2828 | 경기 연천군 | 2025년 DB암호화 프로그램 유지관리 | 1 | 3,600 | 5 | 4 | 1 | 7 | 5 | 5 | 4 | 5 | 5 | 4 | 4 |
| 2829 | 경기 연천군 | DB형태제어시스템 유지관리 | 1 | 3,960 | 5 | 4 | 1 | 7 | 5 | 5 | 4 | 5 | 5 | 4 | 4 |
| 2830 | 경기 연천군 | 상하수도사용료 정보관리 프로그램 유지관리 | 1 | 12,540 | 5 | 4 | 1 | 7 | 5 | 5 | 4 | 5 | 5 | 4 | 4 |
| 2831 | 경기 연천군 | PC바이러스 백신 구입(중앙연천직원도서관) | 2 | 2,480 | 5 | 7 | 8 | 7 | 5 | 5 | 4 | 5 | 5 | 4 | 6 |
| 2832 | 경기 연천군 | EPP 백신보안 솔루션 구입 | 2 | 560 | 5 | 7 | 8 | 7 | 5 | 5 | 4 | 5 | 5 | 4 | 6 |
| 2833 | 경기 연천군 | 도서자료관리시스템 및 통합도서서비스 유지관리 | 1 | 12,000 | 5 | 4 | 7 | 7 | 5 | 5 | 4 | 5 | 5 | 4 | 4 |
| 2834 | 경기 연천군 | 도서관 홈페이지 검색API 적용 개발 | 2 | 4,140 | 5 | 4 | 7 | 7 | 5 | 5 | 4 | 5 | 5 | 4 | 4 |
| 2835 | 경기 연천군 | 도서 RFID시스템 유지관리 | 1 | 12,240 | 5 | 4 | 1 | 7 | 5 | 5 | 4 | 5 | 5 | 4 | 4 |
| 2836 | 경기 연천군 | 도서관 PC 유지관리 | 1 | 500 | 7 | 7 | 8 | 7 | 5 | 5 | 4 | 5 | 5 | 4 | 6 |
| 2837 | 경기 연천군 | 도서관 정보시스템 클라우드 사용비 | 2 | 38,400 | 7 | 4 | 1 | 7 | 5 | 5 | 4 | 5 | 5 | 4 | 4 |
| 2838 | 경기 연천군 | 도서관 홈페이지 검색API 적용 개발 | 2 | 11,300 | 5 | 4 | 1 | 7 | 5 | 5 | 4 | 5 | 5 | 4 | 4 |
| 2839 | 경기 연천군 | 연천도서관 방화벽(이용자망, 업무망) 구입 | 2 | 10,400 | 5 | 4 | 1 | 7 | 5 | 5 | 4 | 5 | 5 | 4 | 4 |
| 2840 | 경기 연천군 | 전자책 구입 | 2 | 50,000 | 5 | 4 | 1 | 7 | 5 | 5 | 4 | 5 | 5 | 4 | 4 |
| 2841 | 경기 연천군 | 2025년 의약품페이지 및 희의록관리시스템 유지관리 용역 | 1 | 6,278 | 7 | 4 | 1 | 7 | 5 | 5 | 4 | 5 | 5 | 2 | 4 |
| 2842 | 경기 가평군 | 환경개선부담금 가상계좌시스템 유지보수 | 1 | 9,600 | 6 | 4 | 6 | 7 | 5 | 5 | 4 | 5 | 5 | 4 | 6 |
| 2843 | 경기 가평군 | 가평군 환경성질환 예방관리센터 홈페이지 재구축 | 3 | 26,400 | 6 | 4 | 1 | 7 | 5 | 5 | 4 | 5 | 5 | 4 | 6 |
| 2844 | 경기 가평군 | 2025년도 경기도구지적기록물 전산화 | 3 | 43,912 | 1 | 4 | 7 | 7 | 1 | 1 | 4 | 5 | 5 | 4 | 6 |
| 2845 | 경기 가평군 | 2025년 비법인분묘 일구지적기록물 전산화 | 3 | 11,088 | 1 | 4 | 1 | 7 | 2 | 2 | 4 | 5 | 5 | 4 | 6 |
| 2846 | 경기 가평군 | 2025년도 부동산종합공부시스템 SW(GeoNURIS for KRAS) 유지보수 용역 | 1 | 8,778 | 1 | 4 | 1 | 7 | 2 | 2 | 4 | 5 | 5 | 4 | 6 |
| 2847 | 경기 가평군 | 2025년도 부동산종합공부시스템 SW(GeoDT) 유지보수 용역 | 1 | 740 | 1 | 4 | 1 | 7 | 2 | 2 | 4 | 5 | 5 | 4 | 6 |
| 2848 | 경기 가평군 | 2025년도 부동산종합공부시스템 SW(OZ-Xstudio) 유지보수 용역 | 1 | 550 | 1 | 4 | 1 | 7 | 2 | 2 | 4 | 5 | 5 | 4 | 6 |

| 순번 | 시군구 | 정보화사업<br>·예산서 상 사업명 | 정보화사업 분류 | 2025년 예산<br>(단위:천원/1년간) | 예산 편성근거 | 계약체결방식(경쟁형) | 계약기간 | 낙찰자 선정방법 | 정보화사업 예산 산정 | | 성과평가 | | | | 평가결과 적용 | |
|---|---|---|---|---|---|---|---|---|---|---|---|---|---|---|---|---|
| | | | | | | | | | 원가산정 | 정산방법 | 성과평가 실시여부 | 성과평가 주기 | 성과평가 방법 | 성과평가결과 인센티브 적용 유무 | 인센티브 및 페널티 적용 근거 |
| 2849 | 경기 가평군 | 2025년도 부동산종합공부시스템 개인정보암호화 SW(Cube One) 유지보수 용역 | 1 | 2,086 | 1 | 4 | 1 | 7 | 2 | 1 | 4 | 5 | 5 | 4 | 6 |
| 2850 | 경기 가평군 | 2025년 광구지적기폭 통합관리 서버 구매 | 2 | 12,950 | 5 | 4 | 1 | 7 | 2 | 1 | 4 | 5 | 5 | 4 | 6 |
| 2851 | 경기 가평군 | KRAS 연속지적도 정비사업 | 3 | 57,986 | 7 | 7 | 8 | 7 | 5 | 5 | 4 | 5 | 5 | 4 | 6 |
| 2852 | 경기 가평군 | 2025년도 공간정보 DB 품질관리 개선사업 | 3 | 22,000 | 7 | 7 | 8 | 7 | 1 | 5 | 4 | 5 | 5 | 4 | 6 |
| 2853 | 경기 가평군 | 2025년 콜센터 상담관리시스템 유지관리 용역 | 1 | 5,061 | 7 | 4 | 1 | 7 | 1 | 1 | 4 | 5 | 5 | 4 | 4 |
| 2854 | 경기 가평군 | 출납장리집금 지원 서버 유지보수료 | 1 | 2,500 | 4 | 4 | 1 | 7 | 1 | 1 | 4 | 5 | 5 | 4 | 6 |
| 2855 | 경기 가평군 | 가평군 어린이용영어 운영 및 관리 | 1 | 9,240 | 5 | 4 | 1 | 7 | 1 | 5 | 4 | 5 | 5 | 4 | 6 |
| 2856 | 경기 가평군 | 디지털 어린이영상 시스템(PACS) 유지보수 | 1 | 4,548 | 6 | 4 | 1 | 7 | 1 | 1 | 4 | 5 | 5 | 4 | 6 |
| 2857 | 경기 가평군 | 2024년 문화관광폐이지 시청장비 약제 지원사업 | 3 | 13,000 | 6 | 4 | 1 | 7 | 5 | 5 | 4 | 5 | 5 | 4 | 6 |
| 2858 | 경기 가평군 | 65세 이상 고령군/농병 약제도(Help line) 운영 | 1 | 7,000 | 4 | 4 | 1 | 7 | 3 | 3 | 2 | 5 | 5 | 4 | 6 |
| 2859 | 경기 가평군 | 공자 내부영신고체도(Help line) 운영 | 1 | 4,000 | 4 | 4 | 1 | 7 | 1 | 4 | 4 | 5 | 5 | 4 | 6 |
| 2860 | 경기 가평군 | 국토이용정보체계 유지수(KLIP) | 3 | 98,000 | 5 | 4 | 7 | 7 | 1 | 4 | 4 | 5 | 5 | 4 | 6 |
| 2861 | 경기 가평군 | 국토이용정보체계 유지수(UPIS) | 1 | 19,000 | 5 | 4 | 1 | 7 | 1 | 4 | 4 | 5 | 5 | 4 | 6 |
| 2862 | 경기 가평군 | 상용프로그램(ARCGIS) 유지보수 | 1 | 10,514 | 5 | 4 | 1 | 7 | 1 | 4 | 4 | 5 | 5 | 4 | 6 |
| 2863 | 경기 가평군 | 기초사점체계 DB 유지보수 | 3 | 17,848 | 1 | 1 | 1 | 2 | 5 | 5 | 1 | 1 | 1 | 4 | 6 |
| 2864 | 경기 가평군 | 성과관리시스템 유지보수 사업 | 1 | 14,980 | 4 | 4 | 1 | 7 | 1 | 5 | 4 | 5 | 5 | 4 | 6 |
| 2865 | 경기 가평군 | 세액수입 신용카드남부시스템 유지보수 용역 | 1 | 3,960 | 6 | 4 | 1 | 7 | 5 | 5 | 4 | 5 | 5 | 4 | 6 |
| 2866 | 경기 가평군 | 세입세출 영자시스템 유지관리 용역 | 1 | 5,575 | 6 | 4 | 1 | 7 | 5 | 5 | 4 | 5 | 5 | 4 | 6 |
| 2867 | 경기 가평군 | 공자 폐기 모니로 운영 | 2 | 22,000 | 6 | 4 | 7 | 7 | 1 | 5 | 4 | 5 | 5 | 4 | 6 |
| 2868 | 경기 가평군 | 대표홈페이지 및 모바일 유지관리 용역 | 1 | 6,660 | 6 | 4 | 1 | 2 | 2 | 2 | 4 | 5 | 5 | 4 | 6 |
| 2869 | 경기 가평군 | 2025년 인자가 의사결정시스템 클라우드 유지관리(MSP) 용역 | 1 | 5,913 | 6 | 4 | 1 | 7 | 1 | 1 | 4 | 5 | 5 | 4 | 6 |
| 2870 | 경기 가평군 | 2025년 행정정보시스템 통합유지관리 용역 | 1 | 86,036 | 5 | 1 | 1 | 7 | 1 | 5 | 4 | 5 | 5 | 4 | 6 |
| 2871 | 경기 가평군 | 2025년 대표홈페이지(S/W) 유지보수 용역 | 1 | 21,631 | 4 | 4 | 1 | 7 | 1 | 5 | 4 | 5 | 5 | 4 | 6 |
| 2872 | 경기 가평군 | 채임자 개인인정보관보터 유지보수 용역 | 1 | 3,274 | 1 | 4 | 1 | 7 | 1 | 5 | 4 | 5 | 5 | 4 | 6 |
| 2873 | 경기 가평군 | 2025년 세울통합포털 통합로그인(SSO) 유지보수 용역 | 1 | 5,330 | 6 | 4 | 1 | 7 | 1 | 5 | 4 | 5 | 5 | 4 | 6 |
| 2874 | 경기 가평군 | 2025년 기평군 대표홈페이지 클라우드 유지관리(MSP) 용역 | 1 | 87,318 | 4 | 4 | 1 | 7 | 2 | 5 | 4 | 5 | 5 | 4 | 6 |
| 2875 | 경기 가평군 | 2025년 소프트웨어 자산관리(협력)시스템 유지보수 용역 | 1 | 4,005 | 5 | 4 | 1 | 7 | 1 | 5 | 4 | 5 | 5 | 4 | 6 |
| 2876 | 경기 가평군 | 2025년 문자발송(협력)시스템 유지보수 용역 | 1 | 2,688 | 5 | 1 | 1 | 2 | 1 | 5 | 4 | 5 | 5 | 4 | 6 |
| 2877 | 경기 가평군 | 2025년 PC자료 백업시스템 유지보수 용역 | 1 | 7,700 | 5 | 4 | 1 | 7 | 1 | 5 | 4 | 5 | 5 | 4 | 6 |
| 2878 | 경기 가평군 | 2025년 통합조직도시스템 유지관리 용역 | 1 | 4,088 | 6 | 4 | 1 | 7 | 1 | 5 | 4 | 5 | 5 | 4 | 6 |
| 2879 | 경기 가평군 | 대피누리집 간판문증 및 열람군수 고도화 | 2 | 22,000 | 5 | 4 | 1 | 7 | 1 | 5 | 4 | 5 | 5 | 4 | 6 |

| 순번 | 시 군 구 | 정보화사업 사업명 · 예산편성 세부 사업명 | 정보화사업 분류<br>1.유지 및 보수<br>2.SW/HW 개발 및 구매<br>3.DB 구축<br>4.정보화전략계획(ISP) 수립<br>5.정보화지원<br>6.기타 | 2025년 예산<br>(단위:천원/1년간) | 예산 편성근거<br>1.법률에 규정<br>2.국고보조재원<br>3.용도지정기부금<br>4.조례<br>5.자치재정 상위기관정책<br>6.기타<br>7.해당없음 | 계약체결방법(경쟁형태)<br>1.일반경쟁<br>2.제한경쟁<br>3.지명경쟁<br>4.수의계약<br>5.협정위탁<br>6.기타()<br>7.해당없음 | 정보화사업 계약기간<br>1.1년<br>2.2년<br>3.3년<br>4.4년<br>5.5년<br>6.기타()<br>7.단가계약(1년이내)<br>8.해당없음 | 낙찰자 선정방식<br>1.적격심사<br>2.협상에 의한계약<br>3.최저가낙찰제<br>4.규격가격분리<br>5.2단계 경쟁입찰<br>6.기타()<br>7.해당없음 | 평가시점<br>1.내부선정(자체적으로선정)<br>2.외부선정(전문기관에서선정)<br>3.내외부모두선정<br>5.해당없음 | 정보화사업 예산 산정<br>1.내부정산(내부적으로정산)<br>2.외부정산(외부전문기관위탁정산)<br>3.내외부모두정산<br>4.정산 無<br>5.해당없음 | 성과평가 실시여부<br>1.실시<br>2.미실시<br>3.향후 추진<br>4.해당없음 | 성과평가 주기<br>1.매년<br>2.격년<br>3.기간 만료<br>4.기타()<br>5.해당없음 | 성과평가 방법<br>1.자체 평가<br>2.평가단 구성후 실시(전문위원회)<br>3.전문 평가기관 의뢰<br>4.기타()<br>5.해당없음 | 성과평가결과 인센티브및 패널티 적용유무<br>1.적용<br>2.적용 안함<br>3.기타()<br>4.해당없음 | 인센티브 및 패널티 적용 근거<br>1.법률<br>2.조례<br>3.지침<br>4.계약서<br>5.기타()<br>6.해당없음 |
|---|---|---|---|---|---|---|---|---|---|---|---|---|---|---|---|
| 2880 | 경기 가평군 | GPS기반 시각동기화 장비 교체 | 2 | 22,000 | 5 | 4 | 1 | 7 |  | 5 | 4 | 5 | 5 | 4 | 6 |
| 2881 | 경기 가평군 | 2025년 내외부망 정보보안 솔루션 유지관리 용역 | 1 | 27,313 | 1 | 4 | 1 | 7 | 1 | 5 | 4 | 5 | 5 | 4 | 6 |
| 2882 | 경기 가평군 | 2025년 외부망 보안장비 유지관리 용역 | 1 | 10,501 | 1 | 4 | 1 | 7 | 1 | 5 | 4 | 5 | 5 | 4 | 6 |
| 2883 | 경기 가평군 | 2025년 통합보안관제시스템 유지관리 용역 | 1 | 18,816 | 1 | 4 | 1 | 7 | 1 | 5 | 4 | 5 | 5 | 4 | 6 |
| 2884 | 경기 가평군 | 2025년 USB보안시스템 유지관리 용역 | 1 | 3,936 | 1 | 4 | 7 | 7 | 1 | 5 | 4 | 5 | 5 | 4 | 6 |
| 2885 | 경기 가평군 | 2025년 서버팜 방화벽 유지관리 용역 | 1 | 3,272 | 1 | 4 | 1 | 7 | 1 | 5 | 4 | 5 | 5 | 4 | 6 |
| 2886 | 경기 가평군 | 2025년 SSL 가시화시스템 유지관리 용역 | 1 | 5,016 | 1 | 4 | 7 | 7 | 1 | 5 | 4 | 5 | 5 | 4 | 6 |
| 2887 | 경기 가평군 | 행정무선시스템 모의 침투 해킹 훈련 | 5 | 10,000 | 1 | 5 | 7 | 7 | 5 | 5 | 4 | 5 | 5 | 4 | 6 |
| 2888 | 경기 가평군 | DDOS 대응 모의 훈련 | 5 | 10,000 | 1 | 4 | 7 | 7 | 5 | 5 | 4 | 5 | 5 | 4 | 6 |
| 2889 | 경기 가평군 | 기초지자체 사이버보안 대응 역량 강화 사업 | 5 | 9,686 | 1 | 5 | 7 | 7 | 5 | 5 | 4 | 5 | 5 | 4 | 6 |
| 2890 | 경기 가평군 | 협의점검 점검 솔루션 구입 | 2 | 30,000 | 1 | 6 | 7 | 7 | 1 | 5 | 4 | 5 | 5 | 4 | 6 |
| 2891 | 경기 가평군 | 노후 행정망 방화벽 교체 | 2 | 10,300 | 1 | 6 | 7 | 7 | 1 | 5 | 4 | 5 | 5 | 4 | 6 |
| 2892 | 경기 가평군 | PC개인정보 보호시스템 유지관리 | 1 | 8,824 | 1 | 4 | 1 | 7 | 1 | 5 | 4 | 5 | 5 | 4 | 6 |
| 2893 | 경기 가평군 | 개인정보 관리시스템 유지관리 용역 | 1 | 12,441 | 1 | 4 | 1 | 7 | 1 | 5 | 4 | 5 | 5 | 4 | 6 |
| 2894 | 경기 가평군 | 네트워크 보안장비 유지관리 용역 | 1 | 20,157 | 5 | 4 | 1 | 7 | 1 | 5 | 4 | 5 | 5 | 4 | 6 |
| 2895 | 경기 가평군 | 보안관제체계 유지관리 용역 | 1 | 30,875 | 5 | 4 | 1 | 7 | 1 | 5 | 4 | 5 | 5 | 4 | 6 |
| 2896 | 경기 가평군 | 영상정보시설 유지관리 용역 | 1 | 2,789 | 1 | 6 | 1 | 7 | 1 | 5 | 4 | 5 | 5 | 4 | 6 |
| 2897 | 경기 가평군 | 무정전전원장치 유지관리 용역 | 1 | 6,350 | 1 | 4 | 1 | 7 | 2 | 5 | 4 | 5 | 5 | 4 | 6 |
| 2898 | 경기 가평군 | HD영상방송시스템 관리용역 | 1 | 11,675 | 5 | 4 | 1 | 7 | 1 | 5 | 4 | 5 | 5 | 4 | 6 |
| 2899 | 경기 가평군 | 행정전화시스템 유지관리 용역 | 1 | 14,814 | 5 | 4 | 1 | 7 | 1 | 5 | 4 | 5 | 5 | 4 | 6 |
| 2900 | 경기 양평군 | 정보통신망장비 유지관리 용역 | 1 | 20,087 | 1 | 4 | 8 | 7 | 1 | 5 | 4 | 5 | 5 | 4 | 6 |
| 2901 | 경기 양평군 | 자가통신망장비 유지관리 용역 | 1 | 19,106 | 1 | 4 | 8 | 7 | 1 | 5 | 4 | 5 | 5 | 4 | 6 |
| 2902 | 경기 양평군 | 구내통신시설 유지관리 용역 | 1 | 40,748 | 1 | 4 | 8 | 7 | 1 | 5 | 4 | 5 | 5 | 4 | 6 |
| 2903 | 경기 양평군 | 온-나라시스템 운영지원 업무위탁 | 1 | 66,927 | 1 | 6 | 1 | 7 | 2 | 2 | 4 | 5 | 5 | 4 | 4 |
| 2904 | 경기 양평군 | 통합조직도 연동 프로그램 구입 | 2 | 10,000 | 4 | 4 | 8 | 7 | 1 | 1 | 4 | 5 | 5 | 4 | 4 |
| 2905 | 경기 양평군 | 통합백업시스템 응용증설 개발비(고도화) | 2 | 2,000 | 4 | 4 | 8 | 7 | 1 | 1 | 4 | 5 | 5 | 4 | 4 |
| 2906 | 경기 양평군 | 통합백업시스템 응용증설 및 노후장비 교체 | 2 | 89,500 | 6 | 6 | 8 | 6(조달품목구매) | 1 | 1 | 4 | 5 | 5 | 4 | 4 |
| 2907 | 경기 양평군 | 스마트 부서내 시스템 확대 구축 | 2 | 45,968 | 6 | 6 | 8 | 6(조달품목구매) | 1 | 1 | 4 | 5 | 5 | 4 | 4 |
| 2908 | 경기 양평군 | 업무용 컴퓨터 구입 | 2 | 434,700 | 1 | 6 | 8 | 5 | 5 | 1 | 4 | 5 | 5 | 4 | 4 |
| 2909 | 경기 양평군 | 업무용 소프트웨어 구입 | 2 | 202,545 | 5 | 6 | 8 | 5 | 5 | 1 | 4 | 5 | 5 | 4 | 4 |
| 2910 | 경기 양평군 | 스마트 양평특화 플랫폼 개발비 | 2 | 250,000 | 5 | 6 | 7 | 7 | 1 | 1 | 4 | 5 | 5 | 4 | 4 |

| 순번 | 시군구 | 정보화사업 사업명 · 예산사업 상위 사업명 | 정보화사업 분류 | 2025년 예산 (단위:천원/1년간) | 예산 편성근거 | 계약체결방법 (경쟁형태) | 정보화사업 입찰방식 계약기간 | 낙찰자 선정방법 | 정보화사업 예산 산정 평가시점 | 정산방법 | 성과평가 실시여부 | 성과평가 주기 | 성과평가 방법 | 평가결과 인센티브 및 패널티 적용 유무 | 평가결과 인센티브 및 패널티 적용 근거 |
|---|---|---|---|---|---|---|---|---|---|---|---|---|---|---|---|
| 2911 | 경기 양평군 | 정보통신시스템 통합 유지보수 | 1 | 870,000 | 1 | 2 | 1 | 2 | 1 | 1 | 2 | 5 | 5 | 4 | 4 |
| 2912 | 경기 양평군 | 행정전화 스마트 알림 서비스 라이선스 구입 | 2 | 11,908 | 1 | 7 | 2 | 7 | 4 | 4 | 2 | 5 | 5 | 4 | 4 |
| 2913 | 경기 양평군 | IP전화기 구입 | 2 | 19,500 | 6 | 4 | 1 | 7 | 1 | 1 | 4 | 5 | 5 | 4 | 4 |
| 2914 | 경기 양평군 | 행정전화시스템 재구축 | 2 | 700,975 | 6 | 7 | 8 | 7 | 5 | 5 | 4 | 5 | 5 | 4 | 6 |
| 2915 | 경기 양평군 | 행정전화 스마트 알림 서비스 방화벽 구입 | 2 | 11,908 | 6 | 7 | 8 | 7 | 5 | 5 | 4 | 5 | 5 | 4 | 6 |
| 2916 | 경기 양평군 | 업무용PC 백신프로그램 구입 | 6 | 65,727 | 1 | 6 | 1 | 7 | 4 | 4 | 2 | 5 | 5 | 4 | 4 |
| 2917 | 경기 양평군 | 사이버보안 대응 운영지원 위탁사업비 | 2 | 10,655 | 1 | 7 | 1 | 7 | 2 | 2 | 4 | 5 | 5 | 4 | 4 |
| 2918 | 경기 양평군 | 행정망 침해방지시스템 교체 구축 | 2 | 50,166 | 1 | 6 | 1 | 7 | 4 | 4 | 2 | 5 | 5 | 4 | 4 |
| 2919 | 경기 양평군 | CCTV운영 라이선스 구입 | 2 | 110,000 | 4 | 2 | 1 | 7 | 5 | 1 | 4 | 5 | 5 | 4 | 4 |
| 2920 | 경기 양평군 | CCTV 통합유지보수 | 1 | 500,000 | 4 | 6 | 1 | 7 | 5 | 1 | 4 | 5 | 5 | 4 | 4 |
| 2921 | 경기 양평군 | 다목적 CCTV 설치 및 노후 CCTV | 2 | 390,000 | 4 | 6 | 1 | 7 | 5 | 1 | 4 | 5 | 5 | 4 | 4 |
| 2922 | 경기 양평군 | 차량방호 안내용 CCTV 설치 | 2 | 45,000 | 4 | 6 | 1 | 3 | 1 | 1 | 4 | 5 | 5 | 4 | 4 |
| 2923 | 경기 양평군 | 영상저장용 스토리지 교체 및 증설 | 2 | 220,000 | 4 | 4 | 1 | 7 | 5 | 5 | 4 | 5 | 5 | 4 | 4 |
| 2924 | 경기 양평군 | 장애대비용 CCTV 카메라 구입 | 2 | 170,000 | 4 | 4 | 1 | 7 | 5 | 5 | 4 | 5 | 5 | 4 | 4 |
| 2925 | 경기 양평군 | CCTV 네트워크 접근제어 시스템 교체 | 2 | 90,000 | 4 | 6 | 1 | 7 | 5 | 5 | 4 | 5 | 5 | 4 | 4 |
| 2926 | 경기 양평군 | 도시데이터 수집 센서 설치 | 2 | 400,000 | 4 | 2 | 7 | 5 | 3 | 3 | 4 | 5 | 5 | 4 | 4 |
| 2927 | 경기 양평군 | CCTV 확대 설치 | 2 | 90,000 | 5 | 6 | 1 | 7 | 5 | 5 | 4 | 5 | 5 | 4 | 4 |
| 2928 | 경기 양평군 | 도서관 홈페이지 기능개선 용역 | 2 | 700 | 6 | 4 | 7 | 7 | 1 | 1 | 4 | 5 | 5 | 4 | 4 |
| 2929 | 경기 양평군 | 2025년 도서관 자료관리시스템 및 홈페이지 유지보수 | 1 | 14,400 | 6 | 4 | 7 | 7 | 5 | 5 | 4 | 5 | 5 | 4 | 4 |
| 2930 | 경기 양평군 | 2024년 상하수도요금 정보관리 DB서비 유지보수용역 | 1 | 8,019 | 6 | 4 | 7 | 7 | 1 | 1 | 4 | 5 | 5 | 4 | 4 |
| 2931 | 경기 양평군 | 방사선사 운영 관리를 위한 PACS(의료영상정보시스템) 서비 구입 | 1 | 19,000 | 6 | 4 | 1 | 7 | 2 | 2 | 4 | 5 | 5 | 4 | 4 |
| 2932 | 경기 양평군 | 용 수처리와 서비 | 1 | 9,504 | 1 | 4 | 1 | 6 | 1 | 1 | 4 | 5 | 5 | 4 | 4 |
| 2933 | 경기 양평군 | 2025년 양평군 불법주정차 단속알림시스템 운영 | 1 | 9,600 | 7 | 4 | 1 | 2 | 5 | 5 | 4 | 5 | 5 | 4 | 6 |
| 2934 | 경기 양평군 | 2025년 양평군 직영 병성의료폐기물관리시스템 운영 | 1 | 8,536 | 7 | 4 | 1 | 5 | 5 | 5 | 4 | 5 | 5 | 4 | 4 |
| 2935 | 경기 양평군 | 2025년 양평군 특사장 업무지원시스템 유지보수 용역 | 3 | 9,300 | 7 | 4 | 1 | 7 | 5 | 5 | 4 | 5 | 5 | 4 | 6 |
| 2936 | 경기 양평군 | 2025년 평생학습센터 수영장 회원관리시스템 통합운영관리시스템 유지보수용역 | 1 | 6,383 | 6 | 4 | 1 | 7 | 2 | 2 | 4 | 5 | 5 | 4 | 4 |
| 2937 | 경기 양평군 | 2025년 통합성과관리시스템 유지보수 용역 | 1 | 18,000 | 4 | 4 | 1 | 2 | 1 | 1 | 4 | 5 | 5 | 4 | 4 |
| 2938 | 경기 양평군 | 2025년 양평군의회 홈페이지 차기 영상의록 시스템 건의 | 1 | 22,000 | 1 | 7 | 1 | 2 | 1 | 1 | 4 | 5 | 5 | 4 | 4 |
| 2939 | 경기 양평군 | 2025년 양평군의회 홈페이지 시스템 서비 유지보수 시행 건의 | 1 | 3,000 | 1 | 4 | 1 | 2 | 1 | 1 | 4 | 5 | 5 | 4 | 4 |
| 2940 | 경기 양평군 | 2025년 양평군의회 홈페이지 유지보수 용역 | 1 | 7,000 | 1 | 4 | 1 | 2 | 1 | 1 | 4 | 5 | 5 | 4 | 4 |
| 2941 | 강원 춘천시 | 인쇄출력터 설치 및 운영 | 1 | 13,000 | 7 | 7 | 8 | 7 | 5 | 5 | 4 | 5 | 5 | 4 | 6 |

| 순번 | 시군구 | 정보화사업 정보 사업명 | 정보화사업 분류<br>1. 유지 및 보수<br>2. SW/HW 개발 및 구매<br>3. DB 구축<br>4. 정보화 전략계획(ISP) 수립<br>5. 정보화지원<br>6. 기타 | 2025년 예산<br>(단위:천원/1년간) | 예산 편성근거<br>1. 법률에 규정<br>2. 국고보조재원<br>3. 용도지정기부금<br>4. 조례<br>5. 지자체 및 성과평가 정책<br>6. 기타<br>7. 해당없음 | 계약체결방법<br>1. 일반경쟁<br>2. 제한경쟁<br>3. 지명경쟁<br>4. 수의계약<br>5. 법정위탁<br>6. 기타<br>7. 해당없음 | 정보화사업 입찰방식 계약기간<br>1. 1년<br>2. 2년<br>3. 3년<br>4. 4년<br>5. 5년<br>6. 기타<br>7. 단가계약(1년미만)<br>8. 해당없음 | 낙찰자 선정방법<br>1. 적격심사<br>2. 협상에의한계약<br>3. 최저가낙찰제<br>4. 규격가격분리<br>5. 2단계 경쟁입찰<br>6. 기타<br>7. 해당없음 | 평가신청<br>1. 내부신청<br>2. 외부신청<br>3. 내외부모두신청<br>4. 신청無<br>5. 해당없음 | 정보화사업 예산 정산 정산방법<br>1. 내부정산(자체적으로 정산)<br>2. 외부정산(외부전문가에게)<br>3. 내외부 모두 정산<br>4. 정산無<br>5. 해당없음 | 성과평가 실시여부<br>1. 실시<br>2. 미실시<br>3. 향후 추진<br>4. 해당없음 | 성과평가 성과평가 주기<br>1. 매년<br>2. 격년<br>3. 기간만료후<br>4. 기타<br>5. 해당없음 | 성과평가 방법<br>1. 자체 평가<br>2. 평가단 구성후실시(전문위원위촉)<br>3. 전문평가기관 의뢰<br>4. 기타<br>5. 해당없음 | 평가결과 적용 성과평가결과 인센티브 및 패널티 적용 유무<br>1. 적용<br>2. 적용 안함<br>3. 기타<br>4. 해당없음 | 인센티브 및 패널티 적용 근거<br>1. 법률<br>2. 조례<br>3. 지침<br>4. 계약서<br>5. 기타<br>6. 해당없음 |
|---|---|---|---|---|---|---|---|---|---|---|---|---|---|---|---|
| 2942 | 강원 춘천시 | 방범용 CCTV 구축 및 운영(CCTV 구축 및 고도화 등) | 2 | 1,042,000 | 7 | 7 | 8 | 7 | 5 | 5 | 4 | 5 | 5 | 4 | 6 |
| 2943 | 강원 춘천시 | 방범용 CCTV 구축 및 운영(CCTV시스템 유지관리비 등) | 1 | 405,530 | 7 | 7 | 8 | 7 | 5 | 5 | 4 | 5 | 5 | 4 | 6 |
| 2944 | 강원 춘천시 | 방범용 CCTV 구축 및 운영(CCTV 전기 및 통신요금) | 6 | 920,000 | 7 | 7 | 8 | 7 | 5 | 5 | 4 | 5 | 5 | 4 | 6 |
| 2945 | 강원 춘천시 | 표준기록관리시스템 유지보수 | 1 | 35,734 | 1 | 7 | 8 | 7 | 5 | 5 | 4 | 5 | 5 | 4 | 6 |
| 2946 | 강원 춘천시 | 표준기록관리시스템 고도화 | 2 | 260,000 | 1 | 7 | 8 | 7 | 5 | 5 | 4 | 5 | 5 | 4 | 6 |
| 2947 | 강원 춘천시 | 비전자기록물 DB 구축 | 6 | 115,000 | 1 | 7 | 8 | 7 | 5 | 5 | 4 | 5 | 5 | 4 | 6 |
| 2948 | 강원 춘천시 | 우편모아시스템 유지관리 | 1 | 5,860 | 1 | 7 | 8 | 7 | 5 | 5 | 4 | 5 | 5 | 4 | 6 |
| 2949 | 강원 춘천시 | 자세대춘천지방세정보시스템 등 유지관리 | 1 | 68,404 | 1 | 7 | 8 | 7 | 5 | 5 | 4 | 5 | 5 | 4 | 6 |
| 2950 | 강원 춘천시 | 근태관리시스템 운영 | 1 | 8,400 | 6 | 7 | 8 | 7 | 5 | 5 | 4 | 5 | 5 | 4 | 6 |
| 2951 | 강원 춘천시 | 셈의대화 홈페이지 | 1 | 20,000 | 1 | 7 | 8 | 7 | 5 | 5 | 4 | 5 | 5 | 4 | 6 |
| 2952 | 강원 춘천시 | 2025년 지방세고지서 문서용 성변경바코드 적용 시스템 유지보수 용역 | 1 | 3,406 | 6 | 7 | 8 | 7 | 5 | 5 | 4 | 5 | 5 | 4 | 6 |
| 2953 | 강원 춘천시 | 평생학습 통합플랫폼 운영 운영 관리 | 1 | 65,000 | 5 | 7 | 8 | 7 | 5 | 5 | 4 | 5 | 5 | 4 | 6 |
| 2954 | 강원 춘천시 | 정보통신기반시설 운영 | 1 | 663,000 | 5 | 7 | 8 | 7 | 5 | 5 | 4 | 5 | 5 | 4 | 6 |
| 2955 | 강원 춘천시 | 정보통신 고도화 | 2 | 67,000 | 5 | 7 | 8 | 7 | 5 | 5 | 4 | 5 | 5 | 4 | 6 |
| 2956 | 강원 춘천시 | 춘천시 초고속 자가통신망 구축 | 5 | 2,000,000 | 5 | 7 | 8 | 7 | 5 | 5 | 4 | 5 | 5 | 4 | 6 |
| 2957 | 강원 춘천시 | 공공 무선인터넷(Wi-Fi) 운영 | 1 | 566,000 | 4 | 7 | 8 | 7 | 5 | 5 | 4 | 5 | 5 | 4 | 6 |
| 2958 | 강원 춘천시 | 로봇 기술(RPA) 활용 업무효율화 | 2 | 20,000 | 1 | 7 | 8 | 7 | 5 | 5 | 4 | 5 | 5 | 4 | 6 |
| 2959 | 강원 춘천시 | 공공데이터 품질관리 진단 및 개선 용역 | 6 | 100,000 | 1 | 7 | 8 | 7 | 5 | 5 | 4 | 5 | 5 | 4 | 6 |
| 2960 | 강원 춘천시 | 빅데이터 분석 과제 용역 | 6 | 100,000 | 1 | 7 | 8 | 7 | 5 | 5 | 4 | 5 | 5 | 4 | 6 |
| 2961 | 강원 춘천시 | 스마트행정 데이터 통합 플랫폼 유지관리 | 1 | 30,000 | 1 | 7 | 8 | 7 | 5 | 5 | 4 | 5 | 5 | 4 | 6 |
| 2962 | 강원 춘천시 | 민원대이터 구축 | 6 | 70,000 | 5 | 7 | 8 | 7 | 5 | 5 | 4 | 5 | 5 | 4 | 6 |
| 2963 | 강원 춘천시 | 시운영 웹사이트 관리 | 1 | 96,489 | 5 | 7 | 8 | 7 | 5 | 5 | 4 | 5 | 5 | 4 | 6 |
| 2964 | 강원 춘천시 | 통합전산실 시스템 운영 | 1 | 332,509 | 1 | 7 | 8 | 7 | 5 | 5 | 4 | 5 | 5 | 4 | 6 |
| 2965 | 강원 춘천시 | 지방행정공통정보시스템 운영 | 1 | 100,578 | 1 | 7 | 8 | 7 | 5 | 5 | 4 | 5 | 5 | 4 | 6 |
| 2966 | 강원 춘천시 | 온나라 문서관리 시스템 운영 | 1 | 58,376 | 1 | 7 | 8 | 7 | 5 | 5 | 4 | 5 | 5 | 4 | 6 |
| 2967 | 강원 춘천시 | 정보시스템 고도화 | 1 | 5,200 | 1 | 7 | 8 | 7 | 5 | 5 | 4 | 5 | 5 | 4 | 6 |
| 2968 | 강원 춘천시 | 클라우드시스템 운영 | 1 | 566,919 | 1 | 7 | 8 | 7 | 5 | 5 | 4 | 5 | 5 | 4 | 6 |
| 2969 | 강원 춘천시 | 정보화운영기기 보급 | 1 | 100,000 | 1 | 7 | 8 | 7 | 5 | 5 | 4 | 5 | 5 | 4 | 6 |
| 2970 | 강원 춘천시 | 정품 소프트웨어 운영 | 2 | 352,593 | 1 | 7 | 8 | 7 | 5 | 5 | 4 | 5 | 5 | 4 | 6 |
| 2971 | 강원 춘천시 | 개인정보보호 및 정보보안 운영 | 1 | 286,682 | 1 | 7 | 8 | 7 | 5 | 5 | 4 | 5 | 5 | 4 | 6 |
| 2972 | 강원 춘천시 | 관광안내체계 강화 | 1 | 2,000 | 5 | 7 | 8 | 7 | 5 | 5 | 4 | 5 | 5 | 4 | 6 |

| 순번 | 시군구 | 정보화사업명<br>· 예산서 상위 사업명 | 정보화사업 분류<br>1. 유지 및 보수<br>2. SW/HW<br>  개발 및 구매<br>3. DB 구축<br>4. 정보화<br>  전략계획<br>  (ISP) 수립<br>5. 정보화지원<br>6. 기타 | 2025년<br>예산<br>(단위:천원<br>/1년간) | 예산 편성근거<br>1. 법에 의 규정<br>2. 국고보조 재원<br>3. 용도지정부금<br>4. 조례<br>5. 지자체 및<br>  상위계획 정책<br>6. 기타<br>7. 해당없음 | 계약체결방법<br>(경쟁방식)<br>1. 일반경쟁<br>2. 제한경쟁<br>3. 지명경쟁<br>4. 수의계약<br>5. 분할계약<br>6. 기타( )<br>7. 해당없음 | 정보화사업 계약기간<br>1. 1년<br>2. 2년<br>3. 3년<br>4. 4년<br>5. 5년<br>6. 기타<br>7. 단기계약<br>  (1년미만)<br>8. 해당없음 | 정보화사업 입찰방식<br>낙찰자 선정방법<br>1. 적격심사<br>2. 협상에 의한계약<br>3. 최저가낙찰제<br>4. 규격가격분리<br>5. 2단계 경쟁입찰<br>6. 기타( )<br>7. 해당없음 | 정보화사업 예산<br>평가신청<br>1. 내부신청<br>2. 외부신청<br>  (전문기관위촉)<br>3. 내외부 모두 신청<br>4. 신청 無<br>5. 해당없음 | 정산<br>정산방법<br>1. 내부정산<br>  (자체적으로 정산)<br>2. 외부정산<br>  (외부전문기관에<br>  정산)<br>3. 내외부 모두 정산<br>4. 정산 無<br>5. 해당없음 | 성과평가<br>실시여부<br>1. 실시<br>2. 미실시<br>3. 향후 추진<br>4. 해당없음 | 성과평가<br>성과평가 주기<br>1. 매년<br>2. 격년<br>3. 기간만료전<br>4. 기타( )<br>5. 해당없음 | 성과평가 방법<br>1. 자체 평가<br>2. 평가단<br>  구성후 실시<br>  (전문위원위촉)<br>3. 전문<br>  평가기관 의뢰<br>4. 기타( )<br>5. 해당없음 | 평가결과 적용<br>인센티브및<br>페널티 적용<br>유무<br>1. 적용<br>2. 적용 안함<br>3. 기타( )<br>4. 해당없음 | 인센티브 및<br>페널티 적용<br>근거<br>1. 법률<br>2. 조례<br>3. 지침<br>4. 계약서<br>5. 기타<br>6. 해당없음 |
|---|---|---|---|---|---|---|---|---|---|---|---|---|---|---|---|
| 2973 | 강원 춘천시 | 원격검침분야 가산계측 부 시스템 | 1 | 360 | 5 | 7 | 8 | 7 | 5 | 5 | 4 | 5 | 5 | 4 | 6 |
| 2974 | 강원 춘천시 | 불법주정차단속 고정형CCTV 유지관리 | 1 | 86,400 | 1 | 7 | 8 | 7 | 5 | 5 | 4 | 5 | 5 | 4 | 6 |
| 2975 | 강원 춘천시 | 불법주정차단속 문자알림서비스 유지관리 | 1 | 9,480 | 5 | 7 | 8 | 7 | 5 | 5 | 4 | 5 | 5 | 4 | 6 |
| 2976 | 강원 춘천시 | 버스정보시스템 운영 (공공요금 및 시설장비 유지비) | 1 | 938,000 | 7 | 7 | 8 | 7 | 5 | 5 | 4 | 5 | 5 | 4 | 6 |
| 2977 | 강원 춘천시 | 버스정보시스템 운영 (신설 및 교체) | 2 | 384,000 | 7 | 7 | 8 | 7 | 5 | 5 | 4 | 5 | 5 | 4 | 6 |
| 2978 | 강원 춘천시 | 지능형교통체계(ITS) 구축 | 2 | 200,000 | 7 | 7 | 8 | 7 | 5 | 5 | 4 | 5 | 5 | 4 | 6 |
| 2979 | 강원 춘천시 | 공간정보시스템 유지관리 | 1 | 115,990 | 1 | 7 | 8 | 7 | 5 | 5 | 4 | 5 | 5 | 4 | 6 |
| 2980 | 강원 춘천시 | 디지털트윈 행정 공간정보 확대 구축 | 3 | 450,000 | 6 | 7 | 8 | 7 | 5 | 5 | 4 | 5 | 5 | 4 | 6 |
| 2981 | 강원 춘천시 | 주소정보관리시스템(KAIS) 유지관리 | 1 | 19,170 | 2 | 7 | 8 | 7 | 5 | 5 | 4 | 5 | 5 | 4 | 6 |
| 2982 | 강원 춘천시 | 디지털 주소정보 활용앱 구축 | 2 | 31,950 | 2 | 7 | 8 | 7 | 5 | 5 | 4 | 5 | 5 | 4 | 6 |
| 2983 | 강원 춘천시 | AI이기반 어린신검강관리 | 6 | 141,532 | 2 | 7 | 8 | 7 | 5 | 5 | 4 | 5 | 5 | 4 | 6 |
| 2984 | 강원 춘천시 | 수도요금 홈페이지 유지관리 | 1 | 5,093 | 5 | 7 | 8 | 7 | 5 | 5 | 4 | 5 | 5 | 4 | 6 |
| 2985 | 강원 춘천시 | 원격검침 전산시스템 유지관리 | 1 | 11,978 | 5 | 6 | 8 | 7 | 5 | 5 | 4 | 5 | 5 | 4 | 6 |
| 2986 | 강원 춘천시 | 상하수도요금 기본시스템 유지관리 | 1 | 6,911 | 5 | 5 | 8 | 7 | 5 | 5 | 4 | 5 | 5 | 4 | 6 |
| 2987 | 강원 원주시 | 정품 소프트웨어 보급 | 2 | 405,868 | 1 | 5 | 1 | 2 | 1 | 1 | 4 | 5 | 5 | 4 | 6 |
| 2988 | 강원 원주시 | 공유림 정보화 운영 강화 | 5 | 2,600 | 1 | 4 | 1 | 7 | 1 | 1 | 2 | 5 | 5 | 4 | 4 |
| 2989 | 강원 원주시 | 개인정보보호 강화 | 1 | 55,939 | 6 | 4 | 1 | 2 | 2 | 4 | 2 | 5 | 5 | 4 | 4 |
| 2990 | 강원 원주시 | 시민정보교육 실시 | 5 | 2,490 | 6 | 2 | 1 | 7 | 2 | 4 | 2 | 5 | 5 | 4 | 4 |
| 2991 | 강원 원주시 | 소프트웨어(SW) 미래적용 사업 | 6 | 63,210 | 1 | 2 | 1 | 2 | 1 | 1 | 4 | 5 | 5 | 4 | 6 |
| 2992 | 강원 원주시 | 스마트 행정 구축 및 운영 | 6 | 262,500 | 5 | 7 | 8 | 7 | 5 | 5 | 4 | 5 | 5 | 4 | 6 |
| 2993 | 강원 원주시 | 기록관리시스템 노후 장비 교체 | 2 | 310,500 | 2 | 6 | 8 | 2 | 2 | 2 | 4 | 5 | 5 | 4 | 6 |
| 2994 | 강원 원주시 | 문나리시스템 운영 | 1 | 41,780 | 1 | 5 | 1 | 2 | 2 | 2 | 4 | 5 | 5 | 4 | 4 |
| 2995 | 강원 원주시 | 사고관리시스템 운영 | 1 | 57,840 | 1 | 5 | 1 | 2 | 2 | 2 | 4 | 5 | 5 | 4 | 4 |
| 2996 | 강원 원주시 | 원주시 기록관 홈페이지 구축 운영 | 1 | 2,376 | 6 | 4 | 1 | 2 | 2 | 4 | 4 | 5 | 5 | 4 | 4 |
| 2997 | 강원 원주시 | 행정정보시스템 운영 | 1 | 337,453 | 1 | 2 | 1 | 2 | 2 | 1 | 2 | 5 | 5 | 4 | 4 |
| 2998 | 강원 원주시 | 녹 후 행정정보전산장치 교체 | 2 | 90,000 | 1 | 2 | 1 | 2 | 2 | 1 | 4 | 5 | 5 | 4 | 6 |
| 2999 | 강원 원주시 | 원격지 재해복구시스템 노후 장비 교체 | 2 | 380,000 | 1 | 2 | 1 | 2 | 2 | 1 | 4 | 5 | 5 | 4 | 4 |
| 3000 | 강원 원주시 | 공통기반 및 재해복구시스템 유지관리 | 1 | 337,453 | 1 | 2 | 1 | 2 | 2 | 1 | 4 | 5 | 5 | 4 | 4 |
| 3001 | 강원 원주시 | 홈페이지 운영 | 1 | 99,383 | 1 | 2 | 1 | 2 | 2 | 1 | 4 | 5 | 5 | 4 | 4 |
| 3002 | 강원 원주시 | 초미세먼지(PM2.5) 연속측정시스템 운영 | 5 | 30,000 | 2 | 7 | 8 | 7 | 5 | 5 | 4 | 5 | 5 | 4 | 6 |
| 3003 | 강원 원주시 | 상하수도 요금관리 프로그램(유료분) 유지보수 사업 | 1 | 25,200 | 1 | 7 | 8 | 7 | 1 | 1 | 4 | 5 | 5 | 4 | 6 |

- 97 -

| 순번 | 시군구 | 정보화사업 사업명 · 예산서상 사업명 | 정보화사업 분류<br>1. 유지 및 보수<br>2. SW/HW 개발 및 구매<br>3. DB 구축<br>4. 정보화 전략계획(ISP) 수립<br>5. 정보화지원<br>6. 기타 | 2025년 예산 (단위:천원/1년간) | 예산 편성근거<br>1. 법률에 규정<br>2. 국고보조재원<br>3. 용도지정기부금<br>4. 조례<br>5. 자치법규 및 상위기관 정책<br>6. 기타<br>7. 해당없음 | 계약체결방법 (경쟁형태)<br>1. 일반경쟁<br>2. 제한경쟁<br>3. 지명경쟁<br>4. 수의계약<br>5. 법정위탁<br>6. 기타<br>7. 해당없음 | 정보화사업 입찰방식 계약기간<br>1. 1년<br>2. 2년<br>3. 3년<br>4. 4년<br>5. 5년<br>6. 기타<br>7. 단기계약(1년미만)<br>8. 해당없음 | 낙찰자 결정방식<br>1. 적격심사<br>2. 협상에 의한계약<br>3. 최저가낙찰제<br>4. 규모가관리<br>5. 2단계 경쟁입찰<br>6. 기타( )<br>7. 해당없음 | 원가산정<br>1. 내부산정<br>2. 외부산정(전문기관의뢰)<br>3. 내외부 모두 산정<br>4. 산정 無<br>5. 해당없음 | 정보화사업 예산 산정<br>정산방법<br>1. 내부정산(자체적으로 정산)<br>2. 외부정산(전문기관의뢰)<br>3. 내외부 모두 정산<br>4. 정산불<br>5. 해당없음 | 성과평가 실시여부<br>1. 실시<br>2. 미실시<br>3. 향후 추진<br>4. 해당없음 | 성과평가 주기<br>1. 매년<br>2. 격년<br>3. 기간만료전<br>4. 기타( )<br>5. 해당없음 | 성과평가 방법<br>1. 자체 평가<br>2. 평가단 구성후실시(전문위원위촉)<br>3. 전문평가기관 의뢰<br>4. 기타<br>5. 해당없음 | 평가결과 적용<br>성과평가결과 인센티브 및 패널티 적용 유무<br>1. 적용<br>2. 적용 안됨<br>3. 기타( )<br>4. 해당없음 | 인센티브 및 패널티 적용 근거<br>1. 법률<br>2. 조례<br>3. 지침<br>4. 계약서<br>5. 기타<br>6. 해당없음 |
|---|---|---|---|---|---|---|---|---|---|---|---|---|---|---|---|
| 3004 | 강원 원주시 | 상하수도요금 24시간 상담서비스(챗봇) 유지보수 사업 | 1 | 6,048 | 1 | 7 | 8 | 7 | 1 | 1 | 4 | 5 | 5 | 4 | 6 |
| 3005 | 강원 원주시 | 상하수도 요금 ARS, 카카오톡 납부서비스 시스템 유지보수 사업 | 1 | 30,000 | 1 | 7 | 8 | 7 | 1 | 1 | 4 | 5 | 5 | 4 | 6 |
| 3006 | 강원 원주시 | 상하수도 전용 홈페이지 유지보수 사업 | 1 | 9,240 | 1 | 7 | 8 | 7 | 1 | 1 | 4 | 5 | 5 | 4 | 6 |
| 3007 | 강원 원주시 | 상수도 계량기 원격검침 시스템 유지보수 | 1 | 280,707 | 5 | 4 | 8 | 7 | 1 | 1 | 4 | 5 | 5 | 4 | 6 |
| 3008 | 강원 원주시 | 역사박물관 홈페이지운영 | 1 | 2,000 | 1 | 4 | 1 | 7 | 5 | 5 | 4 | 5 | 5 | 4 | 4 |
| 3009 | 강원 원주시 | 기후통합 빅데이터플랫폼 유지운영 | 1 | 33,600 | 7 | 4 | 1 | 7 | 1 | 1 | 4 | 1 | 3 | 4 | 4 |
| 3010 | 강원 원주시 | 농업인정보교육 | 6 | 52,900 | 4 | 4 | 8 | 7 | 1 | 1 | 1 | 1 | 1 | 4 | 4 |
| 3011 | 강원 원주시 | 유동인구분석시스템 운영 | 1 | 21,225 | 4 | 4 | 1 | 7 | 1 | 4 | 4 | 5 | 5 | 4 | 6 |
| 3012 | 강원 원주시 | 스마트도시 공공와이파이 시스템 운영 | 1 | 39,803 | 4 | 4 | 1 | 2 | 1 | 4 | 2 | 5 | 5 | 4 | 6 |
| 3013 | 강원 원주시 | 도시정보센터 운영 | 1 | 510,950 | 4 | 2 | 1 | 8 | 5 | 5 | 4 | 5 | 5 | 4 | 6 |
| 3014 | 강원 원주시 | 스마트 지능형 선별관제시스템 운영 | 6 | 12,250 | 4 | 4 | 8 | 7 | 1 | 1 | 4 | 5 | 5 | 4 | 6 |
| 3015 | 강원 원주시 | 방범용 CCTV 설치 및 운영 | 6 | 500,000 | 4 | 4 | 7 | 1 | 1 | 4 | 4 | 5 | 5 | 4 | 6 |
| 3016 | 강원 원주시 | 공영기차전용 홈페이지 유지운용 | 1 | 14,850 | 4 | 4 | 1 | 7 | 1 | 1 | 2 | 5 | 5 | 4 | 4 |
| 3017 | 강원 원주시 | 수요응답형버스 예약보조시스템 운영 | 1 | 39,750 | 4 | 4 | 1 | 7 | 1 | 4 | 4 | 5 | 5 | 4 | 4 |
| 3018 | 강원 원주시 | 원주시의회 홈페이지 유지관리 | 1 | 18,000 | 1 | 4 | 1 | 7 | 1 | 1 | 1 | 1 | 1 | 4 | 4 |
| 3019 | 강원 원주시 | 영상회의 편익 유지관리 | 1 | 10,000 | 1 | 4 | 1 | 7 | 1 | 1 | 4 | 5 | 5 | 4 | 6 |
| 3020 | 강원 원주시 | 원주시의회 전산장비 유지관리 | 1 | 33,000 | 1 | 2 | 7 | 3 | 1 | 1 | 4 | 5 | 5 | 4 | 6 |
| 3021 | 강원 원주시 | 민원위 전자민원시스템 유지관리 용역 | 5 | 20,000 | 4 | 4 | 1 | 3 | 1 | 1 | 2 | 5 | 5 | 4 | 1 |
| 3022 | 강원 원주시 | 어린이놀이시설 스마트 안전관리시스템 운영 | 1 | 12,120 | 4 | 4 | 1 | 7 | 1 | 1 | 4 | 5 | 5 | 4 | 6 |
| 3023 | 강원 원주시 | 재난관리시스템 및 예경보시스템 운영 | 1 | 8,060 | 4 | 4 | 1 | 7 | 1 | 1 | 1 | 1 | 1 | 4 | 6 |
| 3024 | 강원 원주시 | 공간정보전산시스템 유지관리용역 | 1 | 66,000 | 1 | 4 | 1 | 7 | 1 | 1 | 4 | 5 | 5 | 4 | 6 |
| 3025 | 강원 원주시 | 시설물 지하시설관리시스템 SW 유지관리용역 | 1 | 49,910 | 1 | 4 | 1 | 7 | 1 | 4 | 4 | 5 | 5 | 4 | 6 |
| 3026 | 강원 원주시 | 2025년 도로 및 지하시설물 DB자료 갱신 용역 | 3 | 7,000 | 1 | 2 | 7 | 3 | 1 | 4 | 4 | 1 | 1 | 4 | 1 |
| 3027 | 강원 원주시 | 2025년 지하시설물(상하수) 정보 품질진단(신규분야) 용역 | 1 | 50,000 | 1 | 4 | 1 | 7 | 1 | 4 | 1 | 5 | 5 | 4 | 6 |
| 3028 | 강원 원주시 | 부동산종합공부시스템 SW 유지관리용역 | 1 | 45,000 | 1 | 4 | 7 | 7 | 1 | 4 | 4 | 5 | 5 | 4 | 6 |
| 3029 | 강원 원주시 | 온라인 민원발급 유지관리운영 | 1 | 18,800 | 1 | 4 | 1 | 7 | 1 | 4 | 4 | 5 | 5 | 4 | 6 |
| 3030 | 강원 원주시 | 자체대표준 지방인사정보시스템 운영 | 1 | 80,000 | 4 | 2 | 1 | 2 | 1 | 1 | 3 | 4 | 1 | 3 | 5 |
| 3031 | 강원 원주시 | 원주시의회 홈페이지인사정보시스템 운영 | 1 | 70,572 | 6 | 7 | 8 | 7 | 2 | 2 | 4 | 5 | 5 | 2 | 6 |
| 3032 | 강원 원주시 | 체형형 통화구간 시스템 운영 | 6 | 16,800 | 4 | 4 | 1 | 7 | 1 | 1 | 4 | 5 | 5 | 4 | 6 |
| 3033 | 강원 원주시 | IBS 시스템 운영 | 6 | 52,800 | 6 | 4 | 1 | 7 | 1 | 5 | 4 | 5 | 5 | 4 | 6 |
| 3034 | 강원 원주시 | 불법주정차 문자알림 서비스(SMS) 운영 | 5 | 11,385 | 1 | 4 | 1 | 7 | 1 | 1 | 4 | 5 | 5 | 4 | 6 |

- 98 -

| 순번 | 시군구 | 정보화사업·예산서 상의 사업명 | 정보화사업 분류<br>1.유지 및 보수<br>2.SW/HW 개발 및 구매<br>3.DB 구축<br>4.정보화전략계획(ISP)수립<br>5.정보보호지원<br>6.기타 | 2025년 예산<br>(단위:천원/1년간) | 예산 편성근거<br>1.법률에 규정<br>2.국고보조 재원<br>3.용도지정기부금<br>4.조례<br>5.자치체 및 상위기관 정책<br>6.기타<br>7.해당없음 | 계약체결방법 (경쟁형태)<br>1.일반경쟁<br>2.제한경쟁<br>3.지명경쟁<br>4.수의계약<br>5.방위계약<br>6.기타<br>7.해당없음 | 계약기간<br>1.1년<br>2.2년<br>3.3년<br>4.4년<br>5.5년<br>6.기타<br>7.단기계약(1년미만)<br>8.해당없음 | 낙찰자 선정방법<br>1.적격심사<br>2.협상에 의한계약<br>3.최저가낙찰제<br>4.규모가격제<br>5.2단계 경쟁입찰<br>6.기타<br>7.해당없음 | 평가산정<br>1.내부산정<br>2.외부산정(전문기관위탁)<br>3.내외부 모두 산정<br>4.산정 無<br>5.해당없음 | 정보화사업 예산 산정방법<br>1.내부정산(자체적으로 정산)<br>2.외부정산(외부전문기관 정산)<br>3.내외부 모두 정산<br>4.정산 無<br>5.해당없음 | 성과평가 실시여부<br>1.실시<br>2.미실시<br>3.향후 추진<br>4.해당없음 | 성과평가 주기<br>1.매년<br>2.격년<br>3.기간보호전<br>4.기타()<br>5.해당없음 | 성과평가 방법<br>1.자체 평가<br>2.평가기구 구성 후 실시(전문위원회)<br>3.전문평가기관 의뢰<br>4.기타()<br>5.해당없음 | 성과평가결과 인센티브 패널티 적용 유무<br>1.적용<br>2.적용 안함<br>3.기타()<br>4.해당없음 | 인센티브 및 패널티 적용 근거<br>1.법률<br>2.조례<br>3.지침<br>4.계약서<br>5.기타<br>6.해당없음 |
|---|---|---|---|---|---|---|---|---|---|---|---|---|---|---|---|
| 3035 | 강원 원주시 | 불법주정차 무인단속시스템(CCTV) 운영 | 1 | 65,000 | 5 | 2 | 1 | 3 | 1 | 1 | 4 | 5 | 5 | 4 | 6 |
| 3036 | 강원 원주시 | 노인주차장 통합관리시스템 운영 | 1 | 40,920 | 4 | 4 | 1 | 7 | 1 | 1 | 4 | 5 | 5 | 4 | 6 |
| 3037 | 강원 원주시 | 교통정보센터 유지관리용역 | 1 | 470,000 | 5 | 1 | 1 | 2 | 1 | 1 | 4 | 5 | 5 | 4 | 4 |
| 3038 | 강원 원주시 | 교통정보센터 전산장비 유지관리용역 | 1 | 42,000 | 5 | 1 | 1 | 3 | 1 | 4 | 4 | 5 | 5 | 4 | 4 |
| 3039 | 강원 원주시 | 교통정보센터 홈페이지 유지관리용역 | 1 | 12,000 | 5 | 4 | 1 | 7 | 1 | 4 | 4 | 5 | 5 | 4 | 4 |
| 3040 | 강원 원주시 | 개항이동장치 민원신고시스템 유지관리용역 | 1 | 5,400 | 5 | 4 | 1 | 7 | 1 | 1 | 4 | 5 | 5 | 4 | 6 |
| 3041 | 강원 원주시 | 전자도서관 운영 | 6 | 53,600 | 7 | 7 | 8 | 7 | 1 | 1 | 4 | 5 | 5 | 4 | 4 |
| 3042 | 강원 원주시 | 책 바로대출 시스템 운영 | 1 | 3,928 | 7 | 4 | 1 | 7 | 1 | 1 | 2 | 5 | 5 | 4 | 4 |
| 3043 | 강원 원주시 | U-도서관(스마트도서관) 운영 | 1 | 7,840 | 7 | 2 | 1 | 3 | 1 | 1 | 4 | 5 | 5 | 4 | 4 |
| 3044 | 강원 원주시 | 도서관리시스템 운영 | 1 | 58,891 | 4 | 7 | 8 | 7 | 5 | 4 | 4 | 5 | 5 | 4 | 4 |
| 3045 | 강원 원주시 | 디지털자료실 운영 | 1 | 49,000 | 4 | 4 | 1 | 7 | 1 | 4 | 2 | 5 | 5 | 4 | 4 |
| 3046 | 강원 원주시 | 도서관 홈페이지 운영 | 1 | 11,580 | 4 | 4 | 8 | 7 | 1 | 4 | 4 | 5 | 5 | 4 | 4 |
| 3047 | 강원 원주시 | 태장체육단지 체육아구장 원격제어시스템 구축 | 1 | 8,300 | 6 | 4 | 7 | 7 | 2 | 4 | 4 | 5 | 5 | 4 | 4 |
| 3048 | 강원 원주시 | 건강보험 빅데이터기반 의료기기 개발지원 플랫폼 구축(국가지원사업) | 6 | 271,000 | 2 | 7 | 8 | 7 | 5 | 5 | 4 | 5 | 5 | 4 | 4 |
| 3049 | 강원 원주시 | 한라대학교 소프트웨어 중심대학 지원(국가지원사업) | 6 | 70,000 | 2 | 7 | 8 | 7 | 5 | 5 | 4 | 5 | 5 | 4 | 4 |
| 3050 | 강원 원주시 | 원주시 자율주행 순찰로봇 실증 | 6 | 30,000 | 4 | 4 | 1 | 7 | 1 | 1 | 4 | 5 | 5 | 4 | 4 |
| 3051 | 강원 원주시 | 번호판영상시스템 운영 | 1 | 13,932 | 5 | 4 | 1 | 7 | 1 | 2 | 4 | 4 | 5 | 4 | 4 |
| 3052 | 강원 원주시 | 지방세 자동응답체제(자청) 시스템 | 1 | 3,464 | 6 | 4 | 5 | 2 | 2 | 1 | 4 | 5 | 5 | 4 | 4 |
| 3053 | 강원 원주시 | 차세대지방세정보시스템 운영 | 6 | 68,500 | 1 | 1 | 1 | 1 | 5 | 5 | 2 | 5 | 5 | 4 | 4 |
| 3054 | 강원 원주시 | 재난 신용정보시스템 | 1 | 3,960 | 5 | 5 | 5 | 7 | 5 | 2 | 4 | 5 | 5 | 4 | 5 |
| 3055 | 강원 원주시 | 애중전자업무시스템 | 1 | 17,600 | 5 | 4 | 1 | 7 | 2 | 1 | 4 | 5 | 5 | 5 | 5 |
| 3056 | 강원 강릉시 | 가상관리업무관리 | 1 | 5,500 | 5 | 7 | 1 | 3 | 1 | 5 | 4 | 4 | 5 | 4 | 4 |
| 3057 | 강원 강릉시 | 인사영양관리 | 1 | 30,928 | 6 | 1 | 8 | 1 | 5 | 5 | 4 | 5 | 5 | 4 | 4 |
| 3058 | 강원 강릉시 | 기록관리시스템유지보수 | 1 | 60,200 | 1 | 5 | 1 | 6(위탁) | 2 | 2 | 4 | 4 | 5 | 4 | 4 |
| 3059 | 강원 강릉시 | 의료취약지 원격전산망 | 1 | 792 | 6 | 5 | 8 | 7 | 1 | 1 | 4 | 5 | 5 | 4 | 4 |
| 3060 | 강원 강릉시 | 진료기록부전산화 발급시스템 유지보수 | 1 | 18,400 | 7 | 7 | 1 | 7 | 5 | 5 | 4 | 5 | 5 | 4 | 4 |
| 3061 | 강원 강릉시 | 의료폐기물 운영 | 1 | 178,735 | 1 | 4 | 5 | 7 | 2 | 2 | 4 | 5 | 5 | 4 | 4 |
| 3062 | 강원 강릉시 | 재정운영 | 1 | 59,452 | 7 | 7 | 1 | 7 | 5 | 5 | 4 | 4 | 5 | 4 | 4 |
| 3063 | 강원 강릉시 | 우편모아시스템보수 | 1 | 5,860 | 1 | 5 | 1 | 3 | 2 | 2 | 4 | 5 | 5 | 4 | 4 |
| 3064 | 강원 강릉시 | 마을방송 통합방송시스템 구축 | 6 | 93,000 | 6 | 6 | 7 | 7 | 1 | 1 | 4 | 5 | 5 | 4 | 6 |
| 3065 | 강원 강릉시 | 재난인전 마을방송 가청권 확대 사업 | 6 | 98,800 | 5 | 6 | 7 | 7 | 1 | 1 | 4 | 5 | 5 | 4 | 6 |

- 99 -

| 순번 | 시군구 | 정보화사업 사업명·예산서 상의 사업명 | 정보화사업 분류 | 2025년 예산 (단위:천원/1년간) | 예산 편성근거 | 계약체결방법 | 계약기간 | 낙찰자 선정방법 | 평가신청 | 정산방법 | 성과평가 실시여부 | 성과평가 주기 | 성과평가 방법 | 성과평가결과 인센티브 적용 유무 | 인센티브 및 페널티 적용 근거 |
|---|---|---|---|---|---|---|---|---|---|---|---|---|---|---|---|
| 3066 | 강원 강릉시 | 재난예경보시설 유지보수 | 1 | 75,000 | 5 | 1 | 7 | 3 | 1 | 1 | 4 | 5 | 5 | 4 | 6 |
| 3067 | 강원 강릉시 | 차세대지방세정보시스템 유지관리 | 1 | 129,582 | 1 | 5 | 1 | 7 | 5 | 5 | 4 | 5 | 5 | 4 | 4 |
| 3068 | 강원 강릉시 | 지방세 고지서 출력 및 봉합 일괄처리기기 유지보수 | 1 | 80,000 | 7 | 4 | 1 | 7 | 5 | 5 | 4 | 5 | 5 | 4 | 4 |
| 3069 | 강원 강릉시 | 차량합재영상시스템 운영 유지보수 | 1 | 4,224 | 7 | 4 | 1 | 7 | 1 | 1 | 4 | 5 | 5 | 4 | 4 |
| 3070 | 강원 강릉시 | 영상시스템 고도화시스템 유지보수 | 1 | 4,383 | 7 | 4 | 1 | 7 | 1 | 1 | 4 | 5 | 5 | 4 | 4 |
| 3071 | 강원 강릉시 | 전자재금인류시스템 운영사업 | 1 | 3,120 | 5 | 5 | 1 | 7 | 1 | 1 | 4 | 5 | 5 | 4 | 4 |
| 3072 | 강원 강릉시 | 세외수입 정보시스템 유지관리 | 1 | 66,026 | 1 | 4 | 1 | 7 | 1 | 1 | 4 | 5 | 5 | 4 | 4 |
| 3073 | 강원 강릉시 | 재난정보 알림이 시스템 유지보수 | 1 | 4,800 | 7 | 4 | 1 | 7 | 1 | 1 | 4 | 5 | 5 | 4 | 4 |
| 3074 | 강원 강릉시 | 효율적 계약제도 운영 | 1 | 22,560 | 5 | 4 | 1 | 7 | 5 | 5 | 2 | 5 | 5 | 4 | 6 |
| 3075 | 강원 강릉시 | RFID 행자산관리 시스템 유지보수 | 1 | 17,000 | 5 | 4 | 1 | 7 | 5 | 5 | 2 | 5 | 5 | 4 | 6 |
| 3076 | 강원 강릉시 | 메타버스 융복합 플랫폼 조성 | 2 | 1,400,000 | 2 | 5 | 1 | 7 | 4 | 1 | 4 | 5 | 5 | 4 | 4 |
| 3077 | 강원 강릉시 | 소프트웨어(SW) 미래채움사업 | 5 | 350,000 | 2 | 2 | 7 | 1 | 4 | 1 | 4 | 5 | 5 | 4 | 4 |
| 3078 | 강원 강릉시 | ICT이노베이션스퀘어 확산사업 | 5 | 86,100 | 2 | 5 | 7 | 5 | 1 | 1 | 4 | 5 | 5 | 4 | 4 |
| 3079 | 강원 강릉시 | 스마트 서비스 운영 | 1 | 11,000 | 5 | 4 | 1 | 7 | 1 | 1 | 4 | 5 | 5 | 4 | 4 |
| 3080 | 강원 강릉시 | 관광객 빅데이터 분석 및 실태조사(관광거점도시) | 2 | 352,000 | 2 | 7 | 8 | 2 | 5 | 5 | 4 | 5 | 5 | 4 | 6 |
| 3081 | 강원 강릉시 | CCTV 통합 운영관리 및 확대 구축 | 1 | 450,000 | 5 | 4 | 1 | 7 | 1 | 1 | 4 | 5 | 5 | 4 | 6 |
| 3082 | 강원 강릉시 | 인터넷수신료 운영 | 1 | 1,940 | 5 | 2 | 1 | 2 | 5 | 5 | 1 | 1 | 1 | 2 | 4 |
| 3083 | 강원 강릉시 | 행정업무 서비스강화 | 1 | 402 | 5 | 5 | 7 | 1 | 5 | 5 | 4 | 4 | 1 | 2 | 4 |
| 3084 | 강원 강릉시 | 행정장비 현대화사업 | 2 | 620 | 5 | 2 | 7 | 5 | 1 | 1 | 4 | 5 | 5 | 4 | 4 |
| 3085 | 강원 강릉시 | 디지털 역뜰거리 | 2 | 21,000 | 4 | 4 | 1 | 7 | 1 | 1 | 4 | 5 | 5 | 4 | 4 |
| 3086 | 강원 강릉시 | 통신장비 유지관리 | 1 | 349,000 | 6 | 2 | 1 | 2 | 1 | 1 | 4 | 5 | 5 | 4 | 4 |
| 3087 | 강원 강릉시 | 통신행정장비 현대화 | 6 | 282,000 | 6 | 7 | 1 | 7 | 5 | 5 | 4 | 5 | 5 | 4 | 4 |
| 3088 | 강원 강릉시 | 가성데이터수집시스템 유지보수 | 1 | 8,000 | 5 | 4 | 1 | 7 | 5 | 5 | 4 | 5 | 5 | 4 | 4 |
| 3089 | 강원 강릉시 | 이동 통합정보공유플랫폼 구축 | 2 | 300 | 6 | 7 | 8 | 7 | 5 | 5 | 4 | 5 | 5 | 4 | 6 |
| 3090 | 강원 강릉시 | 무인민원발급기 및 정부24운영 | 1 | 138,660 | 5 | 1 | 7 | 3 | 1 | 1 | 4 | 5 | 5 | 4 | 4 |
| 3091 | 강원 강릉시 | 공간정보시스템 SW 통합유지보수용역 | 1 | 115,600 | 4 | 1 | 1 | 3 | 5 | 5 | 1 | 1 | 4(im시스템) | 1 | 3 |
| 3092 | 강원 강릉시 | 버스정보시스템 구축 및 운영 | 1 | 356 | 5 | 4 | 1 | 7 | 1 | 1 | 2 | 5 | 5 | 4 | 4 |
| 3093 | 강원 강릉시 | 교통행정업무지원시스템 | 1 | 8,000 | 5 | 4 | 1 | 7 | 1 | 1 | 4 | 5 | 5 | 4 | 4 |
| 3094 | 강원 강릉시 | 2026 ITS 세계총회 서비스 체공사업 | 1 | 75,010 | 2 | 1 | 1 | 2 | 2 | 4 | 2 | 5 | 3 | 2 | 4 |
| 3095 | 강원 강릉시 | 한수행정망 운영 | 1 | 43,580 | 6 | 4 | 1 | 6 | 1 | 1 | 4 | 1 | 1 | 4 | 4 |
| 3096 | 강원 강릉시 | 상하수도 정보관리시스템(WIMS) 유지보수 | 1 | 22,560 | 6 | 4 | 1 | 6 | 1 | 1 | 1 | 1 | 1 | 4 | 4 |

| 순번 | 시군구 | 정보화사업명 · 예산서 상 사업명 | 정보화사업 분류<br>1.유지 및 보수<br>2.SW/HW 개발 및 구매<br>3.DB 구축<br>4.정보화 전략계획(ISP) 수립<br>5.정보화지원<br>6.기타 | 2025년 예산<br>(단위:천원/시군구) | 예산 편성근거<br>1.법률에 규정<br>2.국고보조재원<br>3.용도지정기부금<br>4.조례<br>5.지자체 및 상위기관 정책<br>6.기타<br>7.해당없음 | 계약체결방법(경쟁방식)<br>1.일반경쟁<br>2.제한경쟁<br>3.지명경쟁<br>4.수의계약<br>5.민간위탁<br>6.기타<br>7.해당없음 | 계약기간<br>1.1년<br>2.2년<br>3.3년<br>4.4년<br>5.5년<br>6.기타( )<br>7.단기계약(1년미만)<br>8.해당없음 | 낙찰자 선정방법<br>1.적격심사<br>2.협상에 의한계약<br>3.최저가낙찰<br>4.규격가격분리<br>5.2단계 경쟁입찰<br>6.기타( )<br>7.해당없음 | 원가산정<br>1.내부산정<br>2.외부산정<br>3.내외부 모두 산정<br>4.신정書<br>5.해당없음 | 정산방법<br>1.내부정산<br>2.외부정산<br>3.내외부 모두 정산<br>4.정산書<br>5.해당없음 | 성과평가 실시여부<br>1.실시<br>2.미실시<br>3.향후 추진<br>4.해당없음 | 성과평가 주기<br>1.매년<br>2.격년<br>3.기간만료점<br>4.기타( )<br>5.해당없음 | 성과평가 방법<br>1.자체 평가<br>2.평가단 구성후 실시(전문위원위촉)<br>3.전문 평가기관 의뢰<br>4.기타( )<br>5.해당없음 | 성과평가결과 인벤토리 및 패밀리 적용 유무<br>1.적용<br>2.적용 안함<br>3.기타( )<br>4.해당없음 | 인벤토리 및 패밀리 적용 근거<br>1.법률<br>2.조례<br>3.지침<br>4.계약서<br>5.기타<br>6.해당없음 |
|---|---|---|---|---|---|---|---|---|---|---|---|---|---|---|---|
| 3097 | 강원 강릉시 | 상하수도요금 관리시스템 유지보수 | 1 | 7,600 | 6 | 4 | 1 | 6 | 1 | 1 | 1 | 1 | 1 | 4 | 4 |
| 3098 | 강원 강릉시 | 상하수도요금 관리시스템(서버동)유지보수 | 1 | 4,000 | 6 | 4 | 1 | 6 | 1 | 1 | 1 | 1 | 1 | 4 | 4 |
| 3099 | 강원 강릉시 | 시립도서관운영 | 1 | 6,000 | 5 | 4 | 1 | 2 | 1 | 1 | 1 | 1 | 1 | 2 | 4 |
| 3100 | 강원 강릉시 | 재문화센터운영 | 1 | 4,800 | 5 | 4 | 1 | 2 | 1 | 1 | 1 | 1 | 1 | 2 | 4 |
| 3101 | 강원 동해시 | 세입세출 재정정보공개시스템 유지보수 | 1 | 1,656 | 1 | 4 | 1 | 7 | 1 | 1 | 4 | 5 | 5 | 4 | 4 |
| 3102 | 강원 동해시 | 공통기반 및 재해복구시스템 유지관리 | 1 | 87,615 | 5 | 5 | 1 | 7 | 2 | 2 | 1 | 1 | 2 | 4 | 6 |
| 3103 | 강원 동해시 | 기초자치제 정보보호체계진단 사업 | 1 | 5,000 | 5 | 5 | 7 | 7 | 2 | 2 | 1 | 1 | 2 | 4 | 6 |
| 3104 | 강원 동해시 | 다기능사무기기 유지보수 | 1 | 51,170 | 5 | 1 | 1 | 7 | 1 | 1 | 4 | 5 | 5 | 4 | 6 |
| 3105 | 강원 동해시 | 대표홈페이지 유지보수 | 1 | 19,270 | 6 | 4 | 1 | 7 | 1 | 1 | 4 | 5 | 5 | 4 | 6 |
| 3106 | 강원 동해시 | 백신 소프트웨어(알툴즈 통합오피스 통합보안, 알약 사이버신) 구매 | 2 | 38,531 | 5 | 6 | 1 | 7 | 2 | 2 | 1 | 1 | 2 | 4 | 4 |
| 3107 | 강원 동해시 | 사이버보안 대응역량 강화사업 | 1 | 8,718 | 5 | 5 | 7 | 7 | 1 | 1 | 4 | 5 | 5 | 4 | 6 |
| 3108 | 강원 동해시 | 업무용 소프트웨어 구매(한컴오피스 2024, 2000ser이상/ALA) | 2 | 30,358 | 6 | 1 | 8 | 7 | 5 | 5 | 1 | 1 | 1 | 4 | 4 |
| 3109 | 강원 동해시 | 업무용 소프트웨어 구매(MS-GAS 2021) | 2 | 56,591 | 6 | 4 | 1 | 3 | 1 | 1 | 4 | 5 | 5 | 4 | 4 |
| 3110 | 강원 동해시 | 업무용 전산장비 유지관리 | 2 | 18,020 | 5 | 5 | 7 | 7 | 3 | 3 | 4 | 5 | 5 | 4 | 4 |
| 3111 | 강원 동해시 | 공간정보시스템 운영 | 1 | 790,200 | 1 | 1 | 1 | 2 | 1 | 1 | 1 | 1 | 1 | 4 | 4 |
| 3112 | 강원 동해시 | 우편물 관리시스템 유지관리 | 1 | 67,968 | 6 | 4 | 1 | 7 | 2 | 2 | 1 | 1 | 2 | 4 | 6 |
| 3113 | 강원 동해시 | 재해자형 영상시스템 상황센터 운영 | 5 | 7,250 | 5 | 4 | 1 | 1 | 1 | 1 | 1 | 1 | 2 | 4 | 6 |
| 3114 | 강원 동해시 | 행정행정정보 통합관리시스템 | 2 | 35,221 | 7 | 7 | 8 | 7 | 5 | 5 | 4 | 5 | 5 | 4 | 6 |
| 3115 | 강원 동해시 | 전기차 주차위반 통합관리시스템 | 1 | 3,510 | 7 | 4 | 1 | 7 | 1 | 1 | 1 | 1 | 1 | 4 | 4 |
| 3116 | 강원 동해시 | CCTV 시스템 유지 및 보수 | 1 | 190,000 | 7 | 1 | 1 | 3 | 1 | 1 | 4 | 5 | 4 | 4 | 4 |
| 3117 | 강원 동해시 | 도시계획정보(UPS) 현행화 및 운영관리(s/w) 유지보수 | 3 | 134,000 | 1 | 5 | 1 | 7 | 1 | 1 | 4 | 5 | 5 | 4 | 4 |
| 3118 | 강원 동해시 | 표준기록관리시스템 통합 유지관리 | 1 | 150,400 | 1 | 1 | 1 | 2 | 1 | 1 | 4 | 5 | 5 | 4 | 4 |
| 3119 | 강원 동해시 | 홈페이지 솔루션 유지보수 | 1 | 8,800 | 6 | 4 | 1 | 7 | 2 | 2 | 2 | 5 | 1 | 2 | 6 |
| 3120 | 강원 동해시 | 채점자형 영상시스템 | 1 | 8,528 | 6 | 4 | 1 | 7 | 1 | 1 | 1 | 1 | 1 | 2 | 6 |
| 3121 | 강원 동해시 | 폐기물 통합관리시스템 | 1 | 22,000 | 7 | 1 | 1 | 7 | 1 | 1 | 4 | 5 | 5 | 4 | 4 |
| 3122 | 강원 동해시 | 상하수도전산화 및 개인정보보호프로그램 유지보수 | 1 | 22,000 | 6 | 7 | 1 | 7 | 1 | 1 | 4 | 5 | 5 | 4 | 6 |
| 3123 | 강원 동해시 | 원격검침 통합관리 유지관리 | 1 | 69,421 | 6 | 7 | 1 | 7 | 4 | 4 | 4 | 5 | 5 | 4 | 4 |
| 3124 | 강원 동해시 | 상하수도종합관리시스템 유지보수 | 1 | 5,300 | 5 | 7 | 1 | 7 | 4 | 4 | 4 | 5 | 5 | 4 | 4 |
| 3125 | 강원 동해시 | 위지 전산시스템 유지보수 | 1 | 12,400 | 5 | 4 | 1 | 7 | 1 | 1 | 2 | 5 | 5 | 4 | 6 |

- 101 -

| 순번 | 시군구 | 정보화사업 사업명<br>· 예산서 상 사업명 | 정보화사업 분류<br>1.유지 및 보수<br>2.SW/HW 개발 및 구매<br>3.DB 구축<br>4.정보화 전략계획(ISP) 수립<br>5.정보화지원<br>6.기타 | 2025년 예산<br>(단위:천원/1년간) | 예산 편성근거<br>1.법률에 규정<br>2.국고보조재원<br>3.용도지정기부금<br>4.조례<br>5.지자체 및 상위기관 정책<br>6.기타<br>7.해당없음 | 계약체결방법<br>(경쟁형태)<br>1.일반경쟁<br>2.제한경쟁<br>3.지명경쟁<br>4.수의계약<br>5.협정체결<br>6.기타()<br>7.해당없음 | 계약기간<br>1.1년<br>2.2년<br>3.3년<br>4.4년<br>5.5년<br>6.기타()<br>7.단기계약(1년미만)<br>8.해당없음 | 낙찰자 선정방법<br>1.적격심사<br>2.협상에 의한계약<br>3.최저가낙찰<br>4.규격가격분리<br>5.2단계 경쟁입찰<br>6.기타()<br>7.해당없음 | 평가신청<br>1.내부신청<br>2.외부신청(전문기관위탁)<br>3.내외부 모두 신청<br>4.신청 無<br>5.해당없음 | 정산방법<br>(내부정산:자체적으로 정산)<br>(외부정산:외부전문기관에 정산)<br>1.내부정산<br>2.외부정산<br>3.내외부 모두 정산<br>4.정산無<br>5.해당없음 | 성과평가 실시여부<br>1.실시<br>2.미실시<br>3.향후 추진<br>4.해당없음 | 성과평가 주기<br>1.매년<br>2.격년<br>3.기간별로<br>4.기타()<br>5.해당없음 | 성과평가 방법<br>1.자체 평가<br>2.평가단 구성후 실시<br>3.전문 평가기관 의뢰<br>4.기타()<br>5.해당없음 | 성과평가결과 인센티브 및 패널티 적용 유무<br>1.적용<br>2.적용 안함<br>3.기타()<br>4.해당없음 | 인센티브 및 패널티 적용 근거<br>1.법률<br>2.조례<br>3.지침<br>4.계약서<br>5.기타<br>6.해당없음 |
|---|---|---|---|---|---|---|---|---|---|---|---|---|---|---|---|
| 3128 | 강원 동해시 | 동해시립도서관 정보시스템 통합유지보수 용역 | 1 | 110,000 | 5 | 1 | 1 | 3 | 1 | 1 | 4 | 5 | 5 | 4 | 4 |
| 3129 | 강원 동해시 | 동해시립도서관 홈페이지 유지보수 용역 | 1 | 11,000 | 5 | 4 | 1 | 7 | 1 | 1 | 4 | 5 | 5 | 4 | 4 |
| 3130 | 강원 동해시 | 꿈빛마루도서관 ICT장비 유지보수 용역 | 1 | 22,000 | 5 | 4 | 1 | 7 | 1 | 1 | 4 | 5 | 5 | 4 | 4 |
| 3131 | 강원 동해시 | 도서관 열람실 좌석예약시스템 고도화 사업 | 2 | 35,000 | 2 | 7 | 8 | 7 | 5 | 5 | 4 | 5 | 5 | 4 | 6 |
| 3132 | 강원 동해시 | 동해무릉건강순찰 운영 | 1 | 4,320 | 5 | 4 | 1 | 7 | 1 | 1 | 1 | 1 | 1 | 2 | 6 |
| 3133 | 강원 동해시 | 계약관리 관련 프로그램 유지보수 | 1 | 14,580 | 1 | 4 | 1 | 7 | 1 | 1 | 4 | 5 | 5 | 4 | 4 |
| 3134 | 강원 동해시 | 동해시 대중교통정보 시스템 | 1 | 8,640 | 6 | 4 | 1 | 7 | 5 | 5 | 4 | 5 | 5 | 4 | 4 |
| 3135 | 강원 동해시 | 행정사무용 소프트웨어 구입 | 2 | 80,000 | 6 | 4 | 8 | 7 | 5 | 5 | 4 | 5 | 5 | 4 | 4 |
| 3136 | 강원 태백시 | 행정전산장비 대체 | 2 | 150,000 | 6 | 4 | 8 | 7 | 2 | 2 | 4 | 5 | 5 | 4 | 4 |
| 3137 | 강원 태백시 | 백업시스템 및 전산부대장비 통합 유지관리 | 1 | 49,843 | 5 | 2 | 1 | 7 | 1 | 1 | 4 | 5 | 5 | 4 | 4 |
| 3138 | 강원 태백시 | 공통기반 및 재해복구시스템 유지관리 | 1 | 88,348 | 6 | 4 | 1 | 7 | 2 | 2 | 4 | 5 | 5 | 4 | 4 |
| 3139 | 강원 태백시 | 지방행정공통시스템 상담센터 운영 | 1 | 7,250 | 5 | 4 | 8 | 7 | 5 | 5 | 4 | 5 | 5 | 4 | 4 |
| 3140 | 강원 태백시 | 온나라 및 전자문서유통지원센터 유지관리 | 1 | 64,468 | 5 | 4 | 1 | 7 | 1 | 1 | 4 | 5 | 5 | 4 | 4 |
| 3141 | 강원 태백시 | 정보보호시스템 통합 유지관리 | 1 | 99,190 | 6 | 2 | 1 | 1 | 5 | 5 | 4 | 5 | 5 | 4 | 4 |
| 3142 | 강원 태백시 | 개인정보보호 백업장비 가입 | 6 | 13,000 | 6 | 4 | 1 | 7 | 1 | 1 | 4 | 5 | 5 | 4 | 4 |
| 3143 | 강원 태백시 | 기조지자체 사이버보안 대응역량 강화 사업 | 6 | 10,655 | 7 | 4 | 1 | 7 | 2 | 2 | 4 | 5 | 5 | 4 | 4 |
| 3144 | 강원 태백시 | PC보안시스템(PMS패치관리) 교체 구입 | 1 | 48,440 | 1 | 4 | 8 | 7 | 5 | 5 | 4 | 5 | 5 | 4 | 4 |
| 3145 | 강원 태백시 | 대표홈페이지 유지관리 | 1 | 19,350 | 7 | 4 | 1 | 7 | 1 | 1 | 4 | 5 | 3 | 4 | 4 |
| 3146 | 강원 태백시 | 몀예 유지관리 | 1 | 4,760 | 7 | 4 | 1 | 7 | 1 | 1 | 4 | 5 | 3 | 4 | 4 |
| 3147 | 강원 태백시 | 재정정보시스템 통합 유지관리 | 1 | 6,004 | 6 | 4 | 1 | 7 | 1 | 1 | 4 | 5 | 5 | 4 | 4 |
| 3148 | 강원 태백시 | 웹 가상화 및 웹방화벽 유지관리 | 1 | 6,004 | 7 | 4 | 1 | 7 | 1 | 1 | 4 | 5 | 5 | 4 | 4 |
| 3149 | 강원 태백시 | 차세대 지방세 정보시스템 유지보수 | 1 | 108,762 | 1 | 4 | 1 | 7 | 5 | 5 | 4 | 5 | 5 | 4 | 4 |
| 3150 | 강원 태백시 | 표준지방세외수입 정보시스템 유지보수 | 1 | 56,130 | 1 | 4 | 1 | 7 | 2 | 2 | 4 | 5 | 5 | 4 | 4 |
| 3151 | 강원 태백시 | 고향사랑기부제종합정보시스템 유지관리 | 1 | 14,082 | 1 | 4 | 1 | 7 | 2 | 2 | 4 | 5 | 5 | 4 | 4 |
| 3152 | 강원 태백시 | 전자예금 압류 유지관리 | 1 | 15,180 | 6 | 4 | 1 | 7 | 2 | 2 | 4 | 5 | 5 | 4 | 4 |
| 3153 | 강원 태백시 | 전자예금 압류 유지관리 | 1 | 3,960 | 6 | 4 | 1 | 7 | 2 | 2 | 4 | 5 | 5 | 4 | 4 |
| 3154 | 강원 태백시 | 변호판영치 시스템 통합 유지관리 | 1 | 7,406 | 6 | 4 | 1 | 7 | 2 | 2 | 4 | 5 | 5 | 4 | 4 |
| 3155 | 강원 태백시 | 금연사업 | 1 | 3,240 | 2 | 4 | 1 | 7 | 1 | 1 | 1 | 1 | 3 | 4 | 4 |
| 3156 | 강원 태백시 | 노후 가상사설망(VPN) 관리 솔루션 교체 | 2 | 52,000 | 5 | 7 | 8 | 7 | 1 | 1 | 4 | 5 | 5 | 4 | 4 |
| 3157 | 강원 속초시 | 정보화시스템 통합 유지보수 | 1 | 240,890 | 5 | 7 | 8 | 7 | 1 | 1 | 4 | 5 | 5 | 4 | 6 |
| 3158 | 강원 속초시 | 공인용 개인정보자동시스템 교체 | 2 | 66,000 | 5 | 7 | 8 | 7 | 1 | 1 | 4 | 5 | 5 | 4 | 6 |

| 순번 | 시군구 | 정보화사업 사업명 · 예산서 상의 사업명 | 정보화사업 분류 1.유지 및 보수 2.SW/HW 개발 및 구매 3.DB 구축 4.정보화 전략계획(ISP) 수립 5.정보화재원 6.기타 | 2025년 예산 (단위:천원/1년간) | 예산 편성근거 1.법령에 규정 2.국고보조재원 3.용도지정기부금 4.조례 5.지자체 및 상위기관 정책 6.기타 7.해당없음 | 계약체결방법 (경쟁형태) 1.일반경쟁 2.제한경쟁 3.지명경쟁 4.수의계약 5.낙찰계약 6.기타 7.해당없음 | 정보화사업 입찰방식 계약기간 1.1년 2.2년 3.3년 4.4년 5.5년 6.기타 7.단기계약(1년미만) 8.해당없음 | 낙찰자 선정방법 1.적격심사 2.협상에 의한계약 3.최저가낙찰 4.근로가낙찰 5.2단계 경쟁입찰 6.기타 7.해당없음 | 정보화사업 원가산정 1.내부산정 (자체적으로 선정) 2.외부산정 (전문기관에서 선정) 3.내외부 모두 선정 4.해당없음 | 정보화사업 예산 산정 정산방법 1.내부정산 (내부적으로 정산) 2.외부정산 (외부전문기관위촉 정산) 3.내외부 모두 정산 4.정산 無 5.해당없음 | 성과평가 실시여부 1.실시 2.미실시 3.향후 추진 4.해당없음 | 성과평가 주기 1.매년 2.격년 3.기간만료전 4.기타() 5.해당없음 | 성과평가 방법 1.자체 평가 2.운영기관 구성후 실시 (전문위원회) 3.전문 평가기관 의뢰 4.기타() 5.해당없음 | 성과평가결과 인센티브 및 패널티 적용 유무 1.적용 2.적용 안함 3.기타() 4.해당없음 | 인센티브 및 패널티 적용 근거 1.법률 2.조례 3.지침 4.계약서 5.기타() 6.해당없음 |
|---|---|---|---|---|---|---|---|---|---|---|---|---|---|---|---|
| 3159 | 강원 속초시 | 정보시스템 백업서버 교체 | 2 | 98,000 | 5 | 7 | 8 | 7 | 1 | 1 | 4 | 5 | 5 | 4 | 6 |
| 3160 | 강원 속초시 | 행정정보시스템 DBMS 라이선스구입 | 2 | 2,000 | 5 | 7 | 8 | 7 | 1 | 1 | 4 | 5 | 5 | 4 | 6 |
| 3161 | 강원 속초시 | 행정무용 PC 유지보수 | 1 | 22,000 | 5 | 7 | 8 | 7 | 1 | 1 | 4 | 5 | 5 | 4 | 6 |
| 3162 | 강원 속초시 | 업무용 소프트웨어 구입 | 2 | 5,000 | 5 | 7 | 8 | 7 | 1 | 1 | 4 | 5 | 5 | 4 | 6 |
| 3163 | 강원 속초시 | 업무용 OFFICE 프로그램 구입 | 2 | 42,000 | 5 | 7 | 8 | 7 | 1 | 1 | 4 | 5 | 5 | 4 | 6 |
| 3164 | 강원 속초시 | PC 바이러스 백신 구입 | 2 | 23,200 | 5 | 7 | 8 | 7 | 1 | 1 | 4 | 5 | 5 | 4 | 6 |
| 3165 | 강원 속초시 | 노후 컴퓨터 백신 관리 서버 교체 | 2 | 10,000 | 5 | 7 | 8 | 7 | 1 | 1 | 4 | 5 | 5 | 4 | 6 |
| 3166 | 강원 속초시 | 전산실 무정전전원장치 교체 | 2 | 47,000 | 5 | 7 | 8 | 7 | 1 | 1 | 4 | 5 | 5 | 4 | 6 |
| 3167 | 강원 속초시 | 문서편집 소프트웨어 구입 | 2 | 21,000 | 5 | 7 | 8 | 7 | 1 | 1 | 4 | 5 | 5 | 4 | 6 |
| 3168 | 강원 속초시 | ADSL-VPN 회선 사용료 | 1 | 2,400 | 5 | 7 | 8 | 7 | 1 | 1 | 4 | 5 | 5 | 4 | 6 |
| 3169 | 강원 속초시 | 중사업소 전용회선 사용료 | 1 | 101,400 | 5 | 7 | 8 | 7 | 1 | 1 | 4 | 5 | 5 | 4 | 6 |
| 3170 | 강원 속초시 | 정보통신망(LAN, WAN) 유지보수 | 1 | 20,000 | 5 | 7 | 8 | 7 | 1 | 1 | 4 | 5 | 5 | 4 | 6 |
| 3171 | 강원 속초시 | 내부망 백업시스템 소프트웨어 구입 | 2 | 30,000 | 5 | 7 | 8 | 7 | 1 | 1 | 4 | 5 | 5 | 4 | 6 |
| 3172 | 강원 속초시 | 내부망 백업시스템 하드웨어 구입 | 2 | 36,000 | 5 | 7 | 8 | 7 | 1 | 1 | 4 | 5 | 5 | 4 | 6 |
| 3173 | 강원 속초시 | 자치민제 공통기반 및 채제복구시스템 유지관리 | 1 | 99,500 | 5 | 5 | 1 | 7 | 5 | 5 | 1 | 1 | 1 | 1 | 3 |
| 3174 | 강원 속초시 | 자치민제 사이버보안 대응 및 운영 강화 사업 | 1 | 8,710 | 5 | 5 | 1 | 7 | 5 | 5 | 1 | 1 | 1 | 1 | 3 |
| 3175 | 강원 속초시 | 지명행정공통기반 장비 운영 지원사업 구입 | 1 | 7,250 | 5 | 5 | 1 | 7 | 5 | 5 | 1 | 1 | 1 | 1 | 3 |
| 3176 | 강원 속초시 | 개인정보보호 교육 추진 | 5 | 2,850 | 5 | 7 | 8 | 7 | 1 | 1 | 4 | 5 | 5 | 4 | 6 |
| 3177 | 강원 속초시 | 정보보안 교육 주진 | 5 | 1,710 | 5 | 7 | 8 | 7 | 1 | 1 | 4 | 5 | 5 | 4 | 6 |
| 3178 | 강원 속초시 | 홈페이지용 S/W 유지보수 | 1 | 30,000 | 5 | 7 | 8 | 7 | 1 | 1 | 4 | 5 | 5 | 4 | 6 |
| 3179 | 강원 속초시 | 속초 미디어센터 홈페이지 구축비 | 2 | 60,000 | 5 | 7 | 8 | 7 | 1 | 1 | 4 | 5 | 5 | 4 | 6 |
| 3180 | 강원 속초시 | 정부 e 시스템 운영 | 1 | 12,180 | 5 | 7 | 1 | 7 | 1 | 1 | 4 | 5 | 5 | 4 | 3 |
| 3181 | 강원 속초시 | 빅데이터 솔루션 구입 | 2 | 30,000 | 5 | 7 | 8 | 7 | 1 | 1 | 4 | 5 | 5 | 4 | 6 |
| 3182 | 강원 속초시 | 빅데이터 교육 추진 | 5 | 10,000 | 5 | 7 | 8 | 7 | 1 | 1 | 4 | 5 | 5 | 4 | 6 |
| 3183 | 강원 속초시 | 생성형 AI 교육 추진 | 5 | 10,000 | 5 | 7 | 8 | 7 | 1 | 1 | 4 | 5 | 5 | 4 | 6 |
| 3184 | 강원 속초시 | 정보화책임관 교육 추진 | 5 | 1,710 | 5 | 7 | 8 | 7 | 1 | 1 | 4 | 5 | 5 | 4 | 6 |
| 3185 | 강원 속초시 | 빅데이터 플랫폼 통합솔루션 서비스 이용료 | 2 | 60,000 | 5 | 7 | 8 | 7 | 1 | 1 | 4 | 5 | 5 | 4 | 6 |
| 3186 | 강원 속초시 | 챗GPT 구독료 | 2 | 24,000 | 5 | 7 | 8 | 7 | 1 | 1 | 4 | 5 | 5 | 4 | 6 |
| 3187 | 강원 속초시 | 표준인사정보시스템 유지보수비 | 1 | 27,890 | 5 | 7 | 1 | 7 | 1 | 1 | 4 | 5 | 1 | 1 | 3 |
| 3188 | 강원 속초시 | 온나라이용화 및 백업시스템 | 1 | 60,000 | 5 | 7 | 8 | 7 | 1 | 1 | 4 | 5 | 5 | 4 | 6 |
| 3189 | 강원 속초시 | 온나라 및 이중화 시스템(S/W) | 1 | 12,000 | 5 | 7 | 8 | 7 | 1 | 1 | 4 | 5 | 5 | 4 | 6 |

| 순번 | 시군구 | 정보화사업 사업명<br>·예산서 상의 사업명 | 정보화사업 분류<br>1. 유지 및 보수<br>2. SW/HW<br>3. 정보화<br>전략계획<br>(ISP) 수립<br>4. DB구축<br>5. 정보화자원<br>6. 기타 | 2025년<br>예산<br>(단위:천원<br>/1년간) | 예산 편성근거<br>1. 법률에 규정<br>2. 국고보조 재원<br>3. 용도지정기부금<br>4. 조례<br>5. 지자체 및<br>성과기관 정책<br>6. 기타<br>7. 해당없음 | 계약체결방법<br>(경쟁형태)<br>1. 일반경쟁<br>2. 제한경쟁<br>3. 지명경쟁<br>4. 수의계약<br>5. 법정위탁<br>6. 기타( )<br>7. 해당없음 | 계약기간<br>1. 1년<br>2. 2년<br>3. 3년<br>4. 4년<br>5. 5년<br>6. 기타<br>( )<br>7. 단기계약<br>(1년미만)<br>8. 해당없음 | 낙찰자 선정방법<br>1. 적격심사<br>2. 협상에 의한계약<br>3. 최저가낙찰제<br>4. 규격가격동시<br>5. 2단계 경쟁입찰<br>6. 기타( )<br>7. 해당없음 | 평가산정<br>1. 내부산정<br>(자체적으로 산정)<br>2. 외부산정<br>(전문기관위탁)<br>3. 내외부 모두 산정<br>4. 산정 無<br>5. 해당없음 | 정산방법<br>1. 내부정산<br>(내부적으로 정산)<br>2. 외부정산<br>(외부전문기관위탁)<br>3. 내외부 모두 정산<br>4. 정산 無<br>5. 해당없음 | 성과평가 실시여부<br>1. 실시<br>2. 미실시<br>3. 향후 추진<br>4. 해당없음 | 성과평가 주기<br>1. 매년<br>2. 격년<br>3. 기간단위<br>4. 기타( )<br>5. 해당없음 | 성과평가 방법<br>1. 자체 평가<br>2. 평가단<br>구성후 실시<br>(전문위원위촉)<br>3. 전문<br>평가기관 의뢰<br>4. 기타( )<br>5. 해당없음 | 성과평가결과 인센티브및 페널티 적용 유무<br>1. 적용<br>2. 적용 안함<br>3. 기타( )<br>4. 해당없음 | 평가결과 인센티브 및 페널티 적용 근거<br>1. 법률<br>2. 조례<br>3. 지침<br>4. 계약서<br>5. 기타<br>6. 해당없음 |
|---|---|---|---|---|---|---|---|---|---|---|---|---|---|---|---|
| 3190 | 강원 속초시 | 온-나라 및 표준기록관리시스템 DB(요리랩) | 1 | 13,000 | 5 | 7 | 8 | 7 | 1 | 1 | 4 | 5 | 5 | 4 | 6 |
| 3191 | 강원 속초시 | 표준기록관리 및 이중화시스템 | 1 | 60,000 | 5 | 7 | 8 | 7 | 1 | 1 | 4 | 5 | 5 | 4 | 6 |
| 3192 | 강원 속초시 | 표준기록관리시스템(SW) | 1 | 12,000 | 5 | 7 | 8 | 7 | 1 | 1 | 4 | 5 | 5 | 4 | 6 |
| 3193 | 강원 속초시 | 중요기록물 DB구축사업 | 3 | 130,000 | 5 | 7 | 8 | 7 | 1 | 1 | 4 | 5 | 5 | 4 | 6 |
| 3194 | 강원 속초시 | 온-나라시스템 통합유지보수 | 1 | 25,000 | 5 | 5 | 1 | 7 | 5 | 5 | 1 | 1 | 1 | 1 | 3 |
| 3195 | 강원 속초시 | 무편모사시스템 통합유지관리 | 1 | 5,860 | 5 | 5 | 1 | 7 | 5 | 5 | 1 | 1 | 1 | 1 | 3 |
| 3196 | 강원 속초시 | 공공와이파이 회선료 | 5 | 38,400 | 5 | 7 | 8 | 7 | 1 | 1 | 4 | 5 | 5 | 4 | 6 |
| 3197 | 강원 속초시 | 행정통신망 전용회선료(도·시간 등) | 5 | 138,000 | 5 | 7 | 8 | 7 | 1 | 1 | 4 | 5 | 5 | 4 | 6 |
| 3198 | 강원 속초시 | 기록관리시스템 백업 서버 교체 | 2 | 9,500 | 5 | 7 | 8 | 7 | 1 | 1 | 4 | 5 | 5 | 4 | 6 |
| 3199 | 강원 속초시 | 2025년 지방재정관리시스템 분담금 | 1 | 77,070 | 5 | 5 | 1 | 7 | 5 | 5 | 1 | 1 | 1 | 1 | 3 |
| 3200 | 강원 속초시 | 통합지방재정 재해복구시스템 구축 사업 분담금 | 1 | 29,780 | 5 | 5 | 1 | 7 | 5 | 5 | 1 | 1 | 1 | 1 | 3 |
| 3201 | 강원 속초시 | 종합관광안내서비스 유지보수비 | 1 | 11,690 | 5 | 7 | 8 | 7 | 1 | 1 | 4 | 5 | 5 | 4 | 6 |
| 3202 | 강원 속초시 | 대표관광지 VR서비스 유지보수비 | 1 | 2,200 | 5 | 7 | 8 | 7 | 1 | 1 | 4 | 5 | 5 | 4 | 6 |
| 3203 | 강원 속초시 | 지방세정보통신(운용, 유지보수 사업) | 1 | 113,960 | 5 | 5 | 1 | 7 | 5 | 5 | 1 | 1 | 1 | 1 | 3 |
| 3204 | 강원 속초시 | 재난지방방지 영상인사시스템 유지보수 | 1 | 7,260 | 5 | 7 | 8 | 7 | 1 | 1 | 4 | 5 | 5 | 4 | 6 |
| 3205 | 강원 속초시 | 지방세부독(법률)관리시스템 유지보수 | 1 | 10,700 | 5 | 7 | 8 | 7 | 1 | 1 | 4 | 5 | 5 | 4 | 6 |
| 3206 | 강원 속초시 | 표준지방세외수입 정보화사업비 | 1 | 61,070 | 5 | 5 | 1 | 7 | 5 | 5 | 1 | 1 | 1 | 1 | 3 |
| 3207 | 강원 속초시 | 무인발발기 회선사용료 | 5 | 5,760 | 5 | 7 | 8 | 7 | 1 | 1 | 4 | 5 | 5 | 4 | 6 |
| 3208 | 강원 속초시 | 무인발발기 유지보수 | 1 | 23,000 | 5 | 7 | 8 | 7 | 1 | 1 | 4 | 5 | 5 | 4 | 6 |
| 3209 | 강원 속초시 | 차세대 주민통합정보시스템 운영 | 1 | 21,990 | 5 | 5 | 1 | 7 | 5 | 5 | 1 | 1 | 1 | 1 | 3 |
| 3210 | 강원 속초시 | 국가공간정보 통합시스템 유지보수 | 1 | 20,000 | 5 | 7 | 8 | 7 | 1 | 1 | 4 | 5 | 5 | 4 | 6 |
| 3211 | 강원 속초시 | GIS시스템 유지보수 | 1 | 90,800 | 5 | 7 | 8 | 7 | 1 | 1 | 4 | 5 | 5 | 4 | 6 |
| 3212 | 강원 속초시 | 디지털토지 품앱로 유지보수 | 1 | 228,000 | 5 | 7 | 8 | 7 | 1 | 1 | 4 | 5 | 5 | 4 | 6 |
| 3213 | 강원 속초시 | 주소정보기본도 유지관리 | 1 | 13,980 | 5 | 5 | 1 | 7 | 5 | 5 | 1 | 1 | 1 | 1 | 3 |
| 3214 | 강원 속초시 | 평생교육화센터 홈페이지 유지보수비 | 1 | 4,560 | 5 | 7 | 8 | 7 | 1 | 1 | 4 | 5 | 5 | 4 | 6 |
| 3215 | 강원 속초시 | CCTV및 관제시스템 유지보수 용역비 | 1 | 210,000 | 5 | 7 | 8 | 7 | 1 | 1 | 4 | 5 | 5 | 4 | 6 |
| 3216 | 강원 속초시 | CCTV 및 전자정부 전용 회선수 | 5 | 336,000 | 5 | 7 | 8 | 7 | 1 | 1 | 4 | 5 | 5 | 4 | 6 |
| 3217 | 강원 속초시 | 재난안전망 유지보수 | 1 | 10,000 | 5 | 7 | 8 | 7 | 1 | 1 | 4 | 5 | 5 | 4 | 6 |
| 3218 | 강원 속초시 | 민원위 및 지진해일정보시설 전용회선료 | 5 | 8,400 | 5 | 7 | 8 | 7 | 1 | 1 | 4 | 5 | 5 | 4 | 6 |
| 3219 | 강원 속초시 | 인터넷 회선료 | 5 | 880 | 5 | 7 | 8 | 7 | 1 | 1 | 4 | 5 | 5 | 4 | 6 |
| 3220 | 강원 속초시 | 불법주정차 단속카메라 회선료 | 5 | 30,000 | 5 | 7 | 8 | 7 | 1 | 1 | 4 | 5 | 5 | 4 | 6 |

| 순번 | 시군구 | 정보화사업 사업명 · 예산서 상의 사업명 | 정보화사업 분류 (1.유지 및 보수 2.SW/HW 개발 및 구매 3.DB 구축 4.정보화 전략계획(ISP) 수립 5.정보보호지원 6.기타) | 2025년 예산 (단위:천원/1년간) | 예산 편성근거 (1.법률 및 규정 2.국고보조 지침 3.용도지정 재원 4.조례 5.지자체 및 상위기관 정책 6.기타 7.해당없음) | 정보화사업 입찰방식 | | 정보화사업 예산 산정 | | | 성과평가 | | | | 평가결과 적용 | |
|---|---|---|---|---|---|---|---|---|---|---|---|---|---|---|---|---|
| | | | | | | 계약체결방법 (경쟁형태) (1.일반경쟁 2.제한경쟁 3.지명경쟁 4.수의계약 5.법령에 의한계약 6.기타 7.해당없음) | 낙찰자 선정방법 계약기간 (1.적격심사 (1.1년 2.협상에 의한계약 2.2년 3.최저가낙찰 3.3년 4.규격가격분리 4.4년 5.2단계 경쟁입찰 5.5년 6.기타( ) 6.기타 7.해당없음 7.단기계약 (1년미만) 8.해당없음) | 평가산정 (1.내부산정 (자체적으로 산정) 2.외부산정 (전문기관위탁 산정) 3.내외부 모두 산정 4.산정無 5.해당없음) | 정산방법 (1.내부정산 (자체적으로 정산) 2.외부정산 (외부전문기관위탁 정산) 3.내외부 모두 정산 4.정산無 5.해당없음) | 성과평가 실시여부 (1.실시 2.미실시 3.향후 실시 4.해당없음) | 성과평가 주체 (1.해당 2.자체 3.기관표컨 4.기타( ) 5.해당없음) | 성과평가 방법 (1.자체 평가 2.평가단 구성후실시 3.전문 평가기관 의뢰 4.기타( ) 5.해당없음) | 성과평가결과 인센티브 및 패널티 적용 유무 (1.적용 2.적용 안함 3.기타( ) 4.해당없음) | 인센티브 및 패널티 적용 근거 (1.법률 2.조례 3.지침 4.계약서 5.기타( ) 6.해당없음) |
| 3221 | 강원 속초시 | 불법주정차신고 통합관리 시스템유지보수 | 1 | 3,000 | 5 | 7 | 7 | 8 | 1 | 1 | 4 | 5 | 5 | 4 | 6 |
| 3222 | 강원 속초시 | 주정차단속 사전알림 서비스 유지보수 | 1 | 10,800 | 5 | 7 | 7 | 8 | 1 | 1 | 4 | 5 | 5 | 4 | 6 |
| 3223 | 강원 속초시 | 주행형 불법주정차 단속시스템 유지보수 | 1 | 16,800 | 5 | 7 | 7 | 8 | 1 | 1 | 4 | 5 | 5 | 4 | 6 |
| 3224 | 강원 속초시 | 교통행정 관제시스템 유지보수 | 1 | 110,400 | 5 | 7 | 7 | 8 | 1 | 1 | 4 | 5 | 5 | 4 | 6 |
| 3225 | 강원 속초시 | 특사경 업무프로그램 암호화시스템 유지보수 | 1 | 1,320 | 5 | 7 | 7 | 8 | 1 | 1 | 4 | 5 | 5 | 4 | 6 |
| 3226 | 강원 속초시 | 특사경 업무프로그램 유지보수 | 1 | 3,840 | 5 | 7 | 7 | 8 | 1 | 1 | 4 | 5 | 5 | 4 | 6 |
| 3227 | 강원 속초시 | 특사경업무지원 전용서비스시스템 구축 | 2 | 20,000 | 5 | 7 | 7 | 8 | 1 | 1 | 4 | 5 | 5 | 4 | 6 |
| 3228 | 강원 속초시 | 버스정보시스템(BIS) 운영 및 유지보수 | 1 | 136,340 | 5 | 7 | 7 | 8 | 1 | 1 | 4 | 5 | 5 | 4 | 6 |
| 3229 | 강원 속초시 | 무인감시카메라 등 전용회선 사용료 | 5 | 6,970 | 5 | 7 | 7 | 8 | 1 | 1 | 4 | 5 | 5 | 4 | 6 |
| 3230 | 강원 속초시 | 인터넷 회선 사용료 | 5 | 730 | 5 | 7 | 7 | 8 | 1 | 1 | 4 | 5 | 5 | 4 | 3 |
| 3231 | 강원 속초시 | 공기예산관계 표준시스템유지보수 | 1 | 15,000 | 5 | 5 | 5 | 1 | 5 | 5 | 1 | 1 | 1 | 1 | 6 |
| 3232 | 강원 속초시 | 요금 관리 시스템 암호화 유지보수 | 1 | 5,160 | 5 | 7 | 7 | 8 | 1 | 1 | 4 | 5 | 5 | 4 | 6 |
| 3233 | 강원 속초시 | 무선원격검침시스템 유지보수 | 1 | 50,400 | 5 | 7 | 7 | 8 | 1 | 1 | 4 | 5 | 5 | 4 | 6 |
| 3234 | 강원 속초시 | 요금관리 프로그램 서버 유지보수 | 1 | 2,580 | 5 | 7 | 7 | 8 | 1 | 1 | 4 | 5 | 5 | 4 | 6 |
| 3235 | 강원 속초시 | 요금관리 프로그램 유지보수 | 1 | 29,040 | 5 | 7 | 7 | 8 | 1 | 1 | 4 | 5 | 5 | 4 | 6 |
| 3236 | 강원 속초시 | 상하수도 신용카드 단말기 유지보수 | 1 | 4,410 | 5 | 7 | 7 | 8 | 1 | 1 | 4 | 5 | 5 | 4 | 6 |
| 3237 | 강원 속초시 | CCTV, 웹서비스 전용회선 사용료 | 5 | 6,840 | 5 | 7 | 7 | 8 | 1 | 1 | 4 | 5 | 5 | 4 | 6 |
| 3238 | 강원 속초시 | 실감관광 전시관 및 아카이브시스템 유지보수 | 1 | 19,920 | 5 | 7 | 7 | 8 | 1 | 1 | 4 | 5 | 5 | 4 | 6 |
| 3239 | 강원 속초시 | 박물관 방사시스템 유지보수 | 1 | 10,800 | 5 | 7 | 7 | 8 | 1 | 1 | 4 | 5 | 5 | 4 | 6 |
| 3240 | 강원 속초시 | 무인 발권기 유지보수 | 1 | 4,560 | 5 | 7 | 7 | 8 | 1 | 1 | 4 | 5 | 5 | 4 | 6 |
| 3241 | 강원 속초시 | 운영관리시스템 유지수비 | 1 | 6,600 | 5 | 7 | 7 | 8 | 1 | 1 | 4 | 5 | 5 | 4 | 6 |
| 3242 | 강원 속초시 | 도서관리 소프트웨어 유지수비 | 1 | 6,480 | 5 | 7 | 7 | 8 | 1 | 1 | 4 | 5 | 5 | 4 | 6 |
| 3243 | 강원 속초시 | 멀티미디어 컴퓨터 유지보수 | 1 | 2,400 | 5 | 7 | 7 | 8 | 1 | 1 | 4 | 5 | 5 | 4 | 6 |
| 3244 | 강원 속초시 | 도서관리 정보화시스템 유지보수 | 1 | 17,400 | 5 | 7 | 7 | 8 | 1 | 1 | 4 | 5 | 5 | 4 | 6 |
| 3245 | 강원 속초시 | 홈페이지 S/W 유지보수 | 1 | 3,840 | 5 | 7 | 7 | 8 | 1 | 1 | 4 | 5 | 5 | 4 | 6 |
| 3246 | 강원 속초시 | DB보안시스템 유지보수 | 1 | 570 | 5 | 7 | 7 | 8 | 1 | 1 | 4 | 5 | 5 | 4 | 6 |
| 3247 | 강원 속초시 | 무인도서예약대출출기 자치비 유지수비 | 1 | 3,360 | 5 | 7 | 7 | 8 | 1 | 1 | 4 | 5 | 5 | 4 | 6 |
| 3248 | 강원 속초시 | 의병용시스템 유지수비 | 1 | 16,020 | 5 | 7 | 7 | 8 | 1 | 1 | 4 | 5 | 5 | 4 | 6 |
| 3249 | 강원 속초시 | 의회홈페이지 유지보수 | 1 | 11,500 | 5 | 7 | 7 | 8 | 1 | 1 | 4 | 5 | 5 | 4 | 6 |
| 3250 | 강원 속초시 | 인터넷 전용회선 사용료(방송실) | 5 | 1,120 | 5 | 7 | 7 | 8 | 1 | 1 | 4 | 5 | 5 | 4 | 6 |
| 3251 | 강원 횡성군 | 신규상수설물 공간정보 DB구축 | 3 | 500,000 | 1 | 1 | 2 | 1 | 2 | 1 | 3 | 1 | 1 | 2 | 4 |

- 105 -

| 순번 | 시군구 | 정보화사업 사업명 · 예산서 상 사업명 | 정보화사업 분류 | 2025년 예산 (단위:천원/1년간) | 예산 편성근거 | 계약체결방법 (경쟁형태) | 정보화사업 계약기간 | 낙찰자 선정방법 | 정보화사업 원가산정 | 정보화사업 예산 산정 정산방법 | 성과평가 실시여부 | 성과평가 주기 | 성과평가 방법 | 성과평가결과 인센티브 및 패널티 적용 유무 | 인센티브 및 패널티 적용 근거 |
|---|---|---|---|---|---|---|---|---|---|---|---|---|---|---|---|
| 3252 | 경남 함안군 | 지적행구보존문서 전산화 사업 | 3 | 22,000 | 1 | 1 | 1 | 3 | 1 | 1 | 3 | 1 | 1 | 2 | 4 |
| 3253 | 경남 함양군 | 공공와이파이 및 무선정보망시스템구축 | 2 | 233,122 | 5 | 1 | 1 | 1 | 1 | 1 | 3 | 1 | 1 | 2 | 4 |
| 3254 | 경남 함양군 | 목민원지ARS시스템구축 | 2 | 22,119 | 5 | 1 | 1 | 1 | 1 | 1 | 3 | 1 | 1 | 2 | 4 |
| 3255 | 경남 함양군 | 홈페이지용 백업용 스토리지 증설 | 2 | 33,580 | 5 | 2 | 1 | 1 | 1 | 1 | 3 | 1 | 1 | 2 | 4 |
| 3256 | 경남 함양군 | AI 사회적약자 안전시스템 구축 | 2 | 199,815 | 5 | 2 | 1 | 1 | 1 | 1 | 3 | 1 | 1 | 2 | 4 |
| 3257 | 경남 함양군 | 함양군청년센터홈페이지구축 | 2 | 11,000 | 5 | 4 | 1 | 1 | 1 | 1 | 3 | 1 | 1 | 2 | 4 |
| 3258 | 경남 함양군 | 2025년 함양군 전산정보보안시스템 유지관리용역 | 1 | 80,500 | 1 | 4 | 1 | 3 | 3 | 1 | 4 | 4 | 5 | 4 | 6 |
| 3259 | 경남 함양군 | 2025년도 함양군 대표 홈페이지 유지보수 용역 | 1 | 19,900 | 1 | 4 | 1 | 7 | 3 | 1 | 4 | 4 | 5 | 4 | 6 |
| 3260 | 경남 함양군 | 2025년도 행정전산장비 유지보수 용역 | 1 | 39,900 | 1 | 4 | 1 | 3 | 3 | 1 | 4 | 4 | 5 | 4 | 6 |
| 3261 | 경남 함양군 | 2025년 보건소원내원(PACS)의료영상전송시스템유지보수 용역 | 1 | 9,000 | 1 | 4 | 1 | 7 | 3 | 1 | 4 | 4 | 5 | 4 | 6 |
| 3262 | 경남 함양군 | 2025년 농업보조사업 시스템 유지보수 용역 | 1 | 6,000 | 1 | 4 | 1 | 7 | 3 | 1 | 4 | 4 | 5 | 4 | 6 |
| 3263 | 경남 함양군 | 2025년 특사경업무지원 프로그램 유지보수용역 | 1 | 13,200 | 1 | 4 | 1 | 7 | 3 | 1 | 4 | 4 | 5 | 4 | 6 |
| 3264 | 경남 함양군 | 2025년 민원 보조통합서비스 유지보수 용역 | 1 | 6,624 | 1 | 4 | 1 | 7 | 3 | 1 | 4 | 4 | 5 | 4 | 6 |
| 3265 | 경남 함양군 | 2025년 민방위 정보시스템 유지보수 용역 | 1 | 21,952 | 1 | 4 | 1 | 7 | 3 | 1 | 4 | 4 | 5 | 4 | 6 |
| 3266 | 경남 함양군 | 2025년 함양군 생산이력제 홈페이지 유지보수 용역 | 1 | 2,713 | 1 | 4 | 1 | 7 | 3 | 1 | 4 | 4 | 5 | 4 | 6 |
| 3267 | 경남 함양군 | 2025년 뉴스 스크랩 서비스 유지보수 용역 | 1 | 19,668 | 1 | 4 | 1 | 3 | 3 | 1 | 4 | 4 | 5 | 4 | 6 |
| 3268 | 경남 함양군 | 2025년 통합메시지시스템(UMS)유지보수 용역 | 1 | 5,000 | 1 | 4 | 1 | 3 | 3 | 1 | 4 | 4 | 5 | 4 | 6 |
| 3269 | 경남 함양군 | 2025년도 의회전산시스템 유지보수 용역 | 1 | 10,620 | 1 | 4 | 1 | 7 | 3 | 1 | 4 | 4 | 5 | 4 | 6 |
| 3270 | 경남 함양군 | 2025년 다목적 및 차량번호인식 CCTV 유지보수 용역 | 1 | 48,435 | 1 | 4 | 1 | 7 | 3 | 1 | 4 | 4 | 5 | 4 | 6 |
| 3271 | 경남 함양군 | 2025년 재해예방용CCTV 유지관리 용역(상반기) | 1 | 19,882 | 1 | 4 | 1 | 7 | 3 | 1 | 4 | 4 | 5 | 4 | 6 |
| 3272 | 경남 함양군 | 군립도서관 표준자료관리시스템 유지보수 | 1 | 8,809 | 1 | 4 | 1 | 7 | 3 | 1 | 4 | 4 | 5 | 4 | 6 |
| 3273 | 경남 함양군 | 군립도서관 RFID시스템(대죽,병동,진부도서관) 유지보수용역 | 1 | 5,643 | 1 | 4 | 1 | 7 | 3 | 1 | 4 | 4 | 5 | 4 | 6 |
| 3274 | 경남 함양군 | 군립도서관 RFID시스템(대죽별,진부도서관) 유지보수용역 | 1 | 7,396 | 1 | 4 | 1 | 7 | 3 | 1 | 4 | 4 | 5 | 4 | 6 |
| 3275 | 경남 함양군 | 2025년 스마트폰 재난단축시스템(변장호/방영관리시스템) 통합운영 유지보수용역 | 1 | 9,808 | 1 | 4 | 1 | 7 | 3 | 1 | 4 | 4 | 5 | 4 | 6 |
| 3276 | 경남 함양군 | 2025년 지방세권 통합재무시스템 유지보수 용역 | 1 | 7,920 | 1 | 4 | 1 | 7 | 3 | 1 | 4 | 4 | 5 | 4 | 6 |
| 3277 | 경남 함양군 | 2025년 영수필통지서 중위서류 이미지관리시스템 유지보수용역 | 1 | 7,260 | 1 | 4 | 1 | 7 | 3 | 1 | 4 | 4 | 5 | 4 | 6 |
| 3278 | 경남 함양군 | 2025년 모바일전자지서 유지보수 용역 | 1 | 15,000 | 1 | 4 | 1 | 7 | 3 | 1 | 4 | 4 | 5 | 4 | 6 |

| 순번 | 시군구 | 정보화사업 사업명 · 예산서 상의 사업명 | 정보화사업 분류 | 2025년 예산 (단위:천원/1년간) | 예산 편성근거 | 계약체결방법 (경쟁형태) | 정보화사업 입찰방식 | | 정보화사업 예산 산정 | | 성과평가 | | | | 평가결과 적용 | |
|---|---|---|---|---|---|---|---|---|---|---|---|---|---|---|---|---|
| | | | | | | | 계약기간 | 낙찰자 선정방법 | 원가산정 | 정산방법 | 성과평가 실시여부 | 성과평가 주기 | 성과평가 방법 | 성과평가결과 인센티브 패널티 적용 유무 | 인센티브 및 패널티 적용 근거 |
| 3283 | 강원 평창군 | 부동산종합부시스템 SWiMapPrime for KRAS) 유지수용역 | 1 | 9,240 | 1 | 4 | 1 | 1 | 3 | 1 | 4 | 4 | 5 | 4 | 6 |
| 3284 | 강원 평창군 | 2025년 평창군 부동산종합부시스템 및 한국토지정보시스템 HW 유지관리용역 | 1 | 13,580 | 1 | 4 | 1 | 7 | 3 | 1 | 4 | 4 | 5 | 4 | 6 |
| 3285 | 강원 평창군 | 2025년 평창군 부동산종합부시스템 SWiOZ Xstudio)유지보수 용역 | 1 | 2,090 | 1 | 4 | 1 | 7 | 3 | 1 | 4 | 4 | 5 | 4 | 6 |
| 3286 | 강원 평창군 | 2025년 평창군 3차원활용시스템 유지관리 용역 | 1 | 41,272 | 1 | 4 | 1 | 7 | 3 | 1 | 4 | 4 | 5 | 4 | 6 |
| 3287 | 강원 평창군 | 2025년 평창군 공간정보통합플랫폼 유지관리 용역 | 1 | 48,312 | 1 | 4 | 1 | 7 | 3 | 1 | 4 | 4 | 5 | 4 | 6 |
| 3288 | 강원 평창군 | 공간정보시스템 하드웨어 통합 유지관리 용역 | 1 | 10,580 | 1 | 4 | 1 | 7 | 3 | 1 | 4 | 4 | 5 | 4 | 6 |
| 3289 | 강원 평창군 | 2025년 부동산종합부시스템 개인정보 암호화 S/W 유지보수 용역 | 1 | 2,086 | 1 | 4 | 1 | 7 | 3 | 1 | 4 | 4 | 5 | 4 | 6 |
| 3290 | 강원 평창군 | 2025년 가정계획추부시스템 유지관리 용역 | 1 | 9,150 | 1 | 4 | 1 | 7 | 3 | 1 | 4 | 4 | 5 | 4 | 6 |
| 3291 | 강원 평창군 | 2025년 상수도지형캐시대 관리시스템 유지보수 용역 | 1 | 2,580 | 1 | 4 | 1 | 7 | 3 | 1 | 4 | 4 | 5 | 4 | 6 |
| 3292 | 강원 평창군 | 2025년 평창군 관광문화 홈페이지 유지보수 용역 | 1 | 10,650 | 1 | 4 | 1 | 7 | 3 | 1 | 4 | 4 | 5 | 4 | 6 |
| 3293 | 강원 평창군 | 2025년 평창군 보건기관 원격건강관리 HW 유지보수 용역 | 1 | 12,884 | 1 | 4 | 1 | 7 | 3 | 1 | 4 | 4 | 5 | 4 | 6 |
| 3294 | 강원 평창군 | 2025년 평창군 도시경관 기록 및 관리시스템 유지보수 용역 | 1 | 9,700 | 1 | 4 | 1 | 7 | 3 | 1 | 4 | 4 | 5 | 4 | 6 |
| 3295 | 강원 평창군 | 평창군 도시계획이력체계(UPIS) DB현행화 용역 | 1 | 19,800 | 1 | 4 | 1 | 7 | 3 | 1 | 4 | 4 | 5 | 4 | 6 |
| 3296 | 강원 평창군 | 행정키오스크 통합시스템 구축 | 2 | 48,400 | 1 | 4 | 6(120일) | 7 | 3 | 1 | 4 | 4 | 5 | 4 | 6 |
| 3297 | 강원 평창군 | 개인용 클라우드 스토리지 및 파일공유 플랫폼 | 2 | 34,183 | 1 | 6 | 6(120일) | (조달청 디지털서비스몰) | 4 | 1 | 4 | 4 | 5 | 4 | 6 |
| 3298 | 강원 평창군 | 평창동 행정학습 통합 콘텐츠 구축사업 | 2 | 50,000 | 1 | 4 | 6(120일) | 7 | 3 | 1 | 4 | 4 | 5 | 4 | 6 |
| 3299 | 강원 평창군 | 평창인재육성장학재단 홈페이지 구축 | 2 | 55,000 | 1 | 4 | 1 | 2 | 4 | 2 | 2 | 5 | 5 | 2 | 4 |
| 3300 | 강원 정선군 | 2025도로교의료전산시스템 유지보수 용역 | 1 | 9,783 | 5 | 4 | 1 | 3 | 1 | 1 | 4 | 5 | 5 | 4 | 4 |
| 3301 | 강원 정선군 | 지방재정관리시스템 유지보수 | 1 | 89,919 | 6 | 7 | 1 | 7 | 1 | 1 | 4 | 5 | 5 | 4 | 4 |
| 3302 | 강원 정선군 | 고향사랑기부제종합시스템 운영 | 2 | 13,043 | 6 | 7 | 1 | 7 | 1 | 5 | 4 | 5 | 5 | 4 | 6 |
| 3303 | 강원 정선군 | 감사업무 수행지원 | 1 | 12,000 | 6 | 7 | 1 | 7 | 5 | 5 | 4 | 5 | 5 | 4 | 6 |
| 3304 | 강원 정선군 | 표준인사정보시스템 유지보수 | 1 | 21,537 | 6 | 5 | 1 | 7 | 5 | 5 | 4 | 5 | 5 | 4 | 6 |
| 3305 | 강원 정선군 | 우편모아시스템 위탁관리 | 1 | 5,860 | 7 | 2 | 1 | 2 | 4 | 2 | 2 | 5 | 5 | 2 | 4 |
| 3306 | 강원 정선군 | 표준기록관리시스템 | 1 | 44,420 | 1 | 1 | 1 | 3 | 1 | 1 | 2 | 5 | 5 | 4 | 4 |
| 3307 | 강원 정선군 | 다기능사무기기 | 2 | 198,440 | 6 | 4 | 1 | 7 | 1 | 1 | 4 | 5 | 5 | 4 | 6 |
| 3308 | 강원 정선군 | 행정업무지원 소프트웨어 구입 | 2 | 105,555 | 6 | 4 | 1 | 7 | 1 | 1 | 4 | 5 | 5 | 4 | 6 |
| 3309 | 강원 정선군 | 홈페이지 유지보수 | 1 | 36,900 | 6 | 4 | 1 | 7 | 1 | 1 | 4 | 5 | 5 | 4 | 6 |
| 3310 | 강원 정선군 | 온나라 및 정부전자문서유통지원센터 유지관리 | 1 | 49,197 | 6 | 7 | 1 | 7 | 5 | 1 | 4 | 5 | 5 | 4 | 6 |
| 3311 | 강원 정선군 | 행정정보시스템 유지보수 | 1 | 108,800 | 6 | 2 | 1 | 3 | 1 | 1 | 4 | 5 | 5 | 4 | 6 |
| 3312 | 강원 정선군 | 새올행정시스템 통합로그인(SSO) 유지보수 | 1 | 3,626 | 6 | 4 | 1 | 7 | 5 | 5 | 4 | 5 | 5 | 4 | 6 |
| 3313 | 강원 정선군 | 자치단체 공통기반 및 재해복구시스템 유지관리 | 1 | 79,455 | 6 | 7 | 1 | 7 | 5 | 5 | 4 | 5 | 5 | 4 | 6 |

- 107 -

| 순번 | 시군구 | 정보화사업 사업명 · 예산서 상의 사업명 | 정보화사업 분류 | 2025년 예산 (단위:천원/1년간) | 예산 편성근거 | 계약체결방법 (경쟁형태) | 정보화사업 계약기간 | 낙찰자 선정방법 | 정보화사업 예산 산정 | | 성과평가 실시여부 | 성과평가 주기 | 성과평가 방법 | 성과평가결과 인센티브 적용 유무 | 평가결과 인센티브 및 패널티 적용 근거 |
|---|---|---|---|---|---|---|---|---|---|---|---|---|---|---|---|
| | | | | | | | | | 원가산정 | 정산방법 | | | | | |
| 3314 | 강원 정선군 | 지방행정공통시스템 성담센터 운영 위탁 | 1 | 7,250 | 6 | 7 | 1 | 7 | 5 | 5 | 4 | 5 | 5 | 4 | 6 |
| 3315 | 강원 정선군 | 개인정보접속기록관리시스템 유지보수 | 1 | 8,140 | 6 | 4 | 1 | 7 | 5 | 5 | 4 | 5 | 5 | 4 | 6 |
| 3316 | 강원 정선군 | 정보보안시스템 및 장비 유지보수 | 1 | 18,440 | 6 | 4 | 1 | 7 | 1 | 1 | 4 | 5 | 5 | 4 | 6 |
| 3317 | 강원 정선군 | 외부망 방화벽평행화 유지보수 | 1 | 6,825 | 6 | 4 | 1 | 7 | 1 | 1 | 4 | 5 | 5 | 4 | 6 |
| 3318 | 강원 정선군 | 네트워크 허브 고도화 사업 | 2 | 120,000 | 5 | 1 | 7 | 3 | 1 | 1 | 4 | 5 | 5 | 4 | 6 |
| 3319 | 강원 정선군 | CCTV 통합관제센터 소프트웨어 유지보수 | 1 | 30,000 | 5 | 4 | 1 | 7 | 1 | 1 | 4 | 5 | 5 | 4 | 6 |
| 3320 | 강원 정선군 | CCTV 통합관제센터 하드웨어 유지보수 | 1 | 65,000 | 5 | 4 | 1 | 7 | 1 | 1 | 4 | 5 | 5 | 4 | 6 |
| 3321 | 강원 정선군 | 2025년 정보통신시스템 통합 유지보수 용역 | 1 | 65,850 | 5 | 2 | 1 | 3 | 1 | 1 | 4 | 5 | 5 | 4 | 6 |
| 3322 | 강원 정선군 | 2025년 IP교환기 유지보수 용역 | 1 | 21,520 | 1 | 4 | 1 | 7 | 1 | 1 | 4 | 5 | 5 | 4 | 6 |
| 3323 | 강원 정선군 | 2025년 통신공사 영상음성기 유지보수 용역 | 1 | 6,000 | 1 | 5 | 1 | 2 | 1 | 1 | 4 | 5 | 5 | 4 | 6 |
| 3324 | 강원 정선군 | 통합메시징시스템 유지보수 | 1 | 7,500 | 1 | 5 | 1 | 2 | 1 | 1 | 4 | 5 | 5 | 4 | 6 |
| 3325 | 강원 정선군 | 영상회의 장비 유지보수 | 1 | 5,000 | 6 | 4 | 1 | 7 | 1 | 1 | 4 | 5 | 5 | 4 | 6 |
| 3326 | 강원 정선군 | CCTV 통합관제센터 시스템 고도화 | 1 | 285,000 | 5 | 7 | 8 | 7 | 2 | 2 | 4 | 5 | 5 | 4 | 6 |
| 3327 | 강원 정선군 | 계약행정관리 유지보수 | 1 | 9,000 | 6 | 4 | 1 | 7 | 1 | 1 | 4 | 5 | 5 | 4 | 6 |
| 3328 | 강원 정선군 | 관급자재 프로그램 유지보수 | 1 | 2,200 | 5 | 7 | 1 | 2 | 5 | 5 | 4 | 5 | 5 | 4 | 6 |
| 3329 | 강원 정선군 | 지방세외수입 정보시스템 운영관리 | 1 | 36,529 | 1 | 5 | 1 | 7 | 5 | 5 | 1 | 4 | 1 | 4 | 6 |
| 3330 | 강원 정선군 | 지방세정보시스템 운영관리 위탁 | 1 | 108,762 | 6 | 7 | 1 | 7 | 5 | 5 | 1 | 1 | 1 | 4 | 6 |
| 3331 | 강원 정선군 | 번호판 영치시스템 통합 운영 유지수비 | 1 | 8,800 | 5 | 4 | 1 | 2 | 3 | 3 | 4 | 5 | 5 | 4 | 6 |
| 3332 | 강원 정선군 | 차세대 주민등록시스템 구축 | 1 | 19,560 | 1 | 5 | 1 | 7 | 2 | 2 | 4 | 5 | 5 | 4 | 6 |
| 3333 | 강원 정선군 | 부동산종합부서 유지보수 | 1 | 31,324 | 5 | 4 | 1 | 2 | 2 | 2 | 4 | 5 | 5 | 4 | 6 |
| 3334 | 강원 정선군 | 주소 및 지적정보 열람시스템 DB 구축(정선군) | 1 | 7,250 | 6 | 1 | 5 | 1 | 5 | 5 | 4 | 5 | 5 | 4 | 6 |
| 3335 | 강원 정선군 | 주소정보관리시스템 운영관리 위탁 | 1 | 47,520 | 6 | 4 | 1 | 7 | 5 | 5 | 4 | 5 | 5 | 4 | 6 |
| 3336 | 강원 정선군 | 국가공간정보시스템체계 시스템 운영관리 | 1 | 21,800 | 4 | 4 | 7 | 7 | 1 | 1 | 4 | 5 | 5 | 4 | 6 |
| 3337 | 강원 정선군 | 스마트 공간정보 플랫폼 유지보수 | 1 | 22,000 | 5 | 4 | 7 | 7 | 5 | 5 | 4 | 5 | 5 | 4 | 6 |
| 3338 | 강원 정선군 | 도로 및 지하시설물(상하수도) DB 구축(정선군도) | 1 | 500,000 | 6 | 1 | 5 | 2 | 5 | 5 | 4 | 5 | 5 | 4 | 6 |
| 3339 | 강원 정선군 | 정선 아카데미 운영 | 1 | 20,000 | 4 | 4 | 1 | 1 | 1 | 1 | 4 | 5 | 5 | 4 | 6 |
| 3340 | 강원 정선군 | 군립도서관 운영 | 2 | 63,803 | 5 | 4 | 1 | 7 | 5 | 5 | 4 | 5 | 5 | 4 | 6 |
| 3341 | 강원 정선군 | 물놀이 안전관리 대응시스템 유지보수 | 3 | 16,000 | 5 | 4 | 1 | 7 | 5 | 5 | 4 | 5 | 5 | 4 | 6 |
| 3342 | 강원 정선군 | 안전한 근로자 디지털 안전관리 시스템 도입 | 3 | 32,000 | 6 | 4 | 7 | 7 | 5 | 5 | 4 | 5 | 5 | 4 | 6 |
| 3343 | 강원 정선군 | 관광모빌리티 관리 | 1 | 13,000 | 7 | 4 | 1 | 7 | 1 | 1 | 4 | 5 | 5 | 4 | 6 |
| 3344 | 강원 정선군 | 가상결제 수납시스템(G-Banking) 유지관리 | 1 | 9,000 | 5 | 4 | 1 | 7 | 4 | 5 | 4 | 5 | 5 | 4 | 6 |

| 순번 | 시군구 | 정보화사업 사업명 ·예산서 상의 사업명 | 정보화사업 분류<br>1. 유지 및 보수<br>2. SW/HW 개발 및 구매<br>3. DB 구축<br>4. 정보화 전략계획(ISP) 수립<br>5. 정보화지원<br>6. 기타 | 2025년 예산<br>(단위:천원/1년간) | 예산 편성근거<br>1. 법률이 규정<br>2. 국고보조재원<br>3. 용도지정기부금<br>4. 조례<br>5. 지자체 및 상위기관 정책<br>6. 기타<br>7. 해당없음 | 계약체결방법<br>(경쟁형태)<br>1. 일반경쟁<br>2. 제한경쟁<br>3. 지명경쟁<br>4. 수의계약<br>5. 법정예탁<br>6. 기타( )<br>7. 해당없음 | 정보화사업 입찰방식 계약기간<br>1. 1년<br>2. 2년<br>3. 3년<br>4. 4년<br>5. 5년<br>6. 기타<br>7. 단기계약(1년미만)<br>8. 해당없음 | 낙찰자 선정방법<br>1. 적격심사<br>2. 협상에 의한계약<br>3. 최저가낙찰제<br>4. 규격가격분리<br>5. 2단계 경쟁입찰<br>6. 기타( )<br>7. 해당없음 | 정보화사업 예산 산정 원가산정<br>1. 내부산정<br>2. 외부산정(전문기관에 선정)<br>3. 내외부 모두 선정<br>4. 산정 無<br>5. 해당없음 | 정산방법<br>1. 내부정산(자체적으로 정산)<br>2. 외부정산(외부전문기관위탁 정산)<br>3. 내외부 모두 정산<br>4. 정산 無<br>5. 해당없음 | 성과평가 실시여부<br>1. 실시<br>2. 미실시<br>3. 향후 추진<br>4. 해당없음 | 성과평가 주기<br>1. 매년<br>2. 격년<br>3. 기간만료전<br>4. 기타( )<br>5. 해당없음 | 성과평가 방법<br>1. 자체 평가<br>2. 평가단 구성후 실시(전문위원회)<br>3. 전문 평가기관 의뢰<br>4. 기타( )<br>5. 해당없음 | 평가결과 인센티브 패널티 적용 유무<br>1. 적용<br>2. 적용 안함<br>3. 기타( )<br>4. 해당없음 | 인센티브 및 패널티 적용 근거<br>1. 법률<br>2. 조례<br>3. 지침<br>4. 계약서<br>5. 기타<br>6. 해당없음 |
|---|---|---|---|---|---|---|---|---|---|---|---|---|---|---|---|
| 3345 | 강원 정선군 | 정선군 옥의광고물 홈페이지 유지관리 | 1 | 5,000 | 7 | 4 | 1 | 7 | 1 | 1 | 2 | 5 | 5 | 4 | 6 |
| 3346 | 강원 정선군 | 공영버스운영 | 1 | 99,000 | 6 | 4 | 1 | 6 | 2 | 1 | 4 | 5 | 5 | 4 | 4 |
| 3347 | 강원 정선군 | 불법주정차 단속 알림 시스템 | 1 | 8,040 | 5 | 4 | 1 | 7 | 1 | 1 | 1 | 1 | 1 | 2 | 6 |
| 3348 | 강원 정선군 | 사무용소프트웨어 구매 | 2 | 135,247 | 1 | 7 | 8 | 7 | 5 | 5 | 4 | 5 | 5 | 4 | 6 |
| 3349 | 강원 정선군 | 사무용 컴퓨터 구입 | 2 | 225,000 | 1 | 7 | 8 | 7 | 5 | 5 | 4 | 5 | 5 | 4 | 6 |
| 3350 | 강원 화천군 | 노후정보화서비(외부용) 교체구입 | 2 | 320,000 | 6 | 7 | 8 | 7 | 1 | 1 | 4 | 5 | 5 | 4 | 6 |
| 3351 | 강원 화천군 | 정보시스템 통합 유지보수 | 1 | 126,246 | 1 | 2 | 1 | 1 | 1 | 1 | 4 | 1 | 1 | 4 | 4 |
| 3352 | 강원 화천군 | 정보안정비 통합 유지보수 | 1 | 89,600 | 1 | 2 | 1 | 1 | 1 | 1 | 1 | 1 | 1 | 4 | 4 |
| 3353 | 강원 화천군 | 시설장비 유지보수 | 1 | 17,465 | 6 | 4 | 1 | 7 | 1 | 1 | 1 | 1 | 1 | 4 | 4 |
| 3354 | 강원 화천군 | 사무용 컴퓨터 유지보수 | 1 | 58,860 | 1 | 2 | 1 | 7 | 1 | 1 | 1 | 1 | 1 | 4 | 4 |
| 3355 | 강원 화천군 | 홍원군 홈페이지 유지보수 | 1 | 21,762 | 1 | 4 | 1 | 7 | 1 | 1 | 1 | 1 | 1 | 4 | 4 |
| 3356 | 강원 화천군 | 바이러스 및 악성코드 치료 프로그램 구입 | 2 | 30,000 | 6 | 4 | 1 | 7 | 1 | 1 | 2 | 5 | 5 | 4 | 4 |
| 3357 | 강원 화천군 | 정보자원 관리 및 ISMS-P 기초점검 컨설팅 용역 | 5 | 20,000 | 6 | 4 | 1 | 7 | 4 | 3 | 2 | 5 | 5 | 4 | 4 |
| 3358 | 강원 화천군 | 공유데이터 품질관리 수준진단 컨설팅 용역 | 5 | 22,000 | 5 | 5 | 1 | 7 | 4 | 3 | 1 | 1 | 1 | 4 | 4 |
| 3359 | 강원 화천군 | 전자정거래 거점센터 관리자 육성사업 | 6 | 25,156 | 7 | 7 | 8 | 7 | 5 | 5 | 4 | 5 | 5 | 4 | 4 |
| 3360 | 강원 화천군 | 지방행정통합정보시스템 위탁 운영 | 1 | 72,000 | 6 | 5 | 1 | 7 | 1 | 1 | 2 | 5 | 5 | 4 | 4 |
| 3361 | 강원 화천군 | 공통기반 및 재해복구시스템 위탁 운영 | 1 | 95,000 | 7 | 4 | 1 | 7 | 5 | 5 | 2 | 5 | 5 | 4 | 4 |
| 3362 | 강원 화천군 | 온나라 및 문서유통시스템 위탁 운영 | 1 | 21,300 | 5 | 5 | 1 | 7 | 5 | 5 | 2 | 5 | 5 | 4 | 4 |
| 3363 | 강원 화천군 | 주민정보화 교육 | 6 | 63,600 | 5 | 7 | 8 | 7 | 1 | 1 | 4 | 5 | 5 | 4 | 4 |
| 3364 | 강원 화천군 | 조리관보시스템관리 | 1 | 25,000 | 6 | 4 | 1 | 7 | 5 | 5 | 1 | 5 | 5 | 4 | 4 |
| 3365 | 강원 화천군 | 기상관측시스템 유지관리 | 1 | 15,400 | 6 | 4 | 1 | 7 | 5 | 5 | 1 | 5 | 5 | 4 | 4 |
| 3366 | 강원 화천군 | 자진개수도계측시스템 유지관리 | 1 | 11,000 | 6 | 4 | 1 | 7 | 5 | 5 | 1 | 5 | 5 | 4 | 4 |
| 3367 | 강원 화천군 | 재난안전체보부 홈페이지 유지보수 | 1 | 5,000 | 7 | 4 | 1 | 7 | 1 | 1 | 4 | 5 | 5 | 4 | 4 |
| 3368 | 강원 화천군 | 홈페이지유지보수수수료 | 1 | 2,730 | 1 | 7 | 1 | 7 | 1 | 1 | 2 | 5 | 5 | 4 | 4 |
| 3369 | 강원 화천군 | 의료영상저장전송시스템 유지보수 사업 | 1 | 12,000 | 1 | 4 | 1 | 7 | 5 | 5 | 4 | 5 | 5 | 4 | 4 |
| 3370 | 강원 화천군 | 상수도 무선원격검침시스템 | 1 | 44,000 | 6 | 4 | 1 | 7 | 5 | 5 | 4 | 5 | 5 | 4 | 4 |
| 3371 | 강원 화천군 | RFID 소프트웨어 유지보수 | 1 | 10,020 | 7 | 4 | 1 | 7 | 5 | 5 | 4 | 5 | 5 | 4 | 4 |
| 3372 | 강원 화천군 | 세외수입정보시스템 유지보수 | 1 | 51,184 | 5 | 5 | 8 | 7 | 2 | 2 | 4 | 5 | 5 | 4 | 6 |
| 3373 | 강원 화천군 | 고향사랑기부제 유지관리 | 1 | 12,030 | 5 | 5 | 8 | 7 | 2 | 2 | 4 | 5 | 5 | 4 | 6 |
| 3374 | 강원 화천군 | 지방세시스템 유지보수 | 1 | 108,762 | 5 | 5 | 8 | 7 | 2 | 2 | 4 | 5 | 5 | 4 | 6 |
| 3375 | 강원 화천군 | 체납차량 번호판 영치시스템 유지보수 | 1 | 4,320 | 7 | 4 | 1 | 7 | 1 | 1 | 4 | 5 | 5 | 4 | 6 |

- 109 -

| 순번 | 시군구 | 정보화사업<br>- 예산서 상의 사업명 | 정보화사업 분류<br>1. 유지 및 보수<br>2. SW/HW<br>3. DB 구축<br>4. 정보화<br>전략계획<br>(ISP) 수립<br>5. 정보화지원<br>6. 기타 | 2025년<br>예산<br>(단위:천원<br>/1년간) | 예산 편성근거<br>1. 법률에 규정<br>2. 국고보조재원<br>3. 용도지정기부금<br>4. 조례<br>5. 지자체 및<br>상위기관 정책<br>6. 기타<br>7. 해당없음 | 계약체결방법<br>(경쟁형태)<br>1. 일반경쟁<br>2. 제한경쟁<br>3. 지명경쟁<br>4. 수의계약<br>5. 법정위탁<br>6. 기타( )<br>7. 해당없음 | 정보화사업 입찰방식 | | 정보화사업 예산 산정 | | | 성과평가 | | | | 평가결과 적용 | |
|---|---|---|---|---|---|---|---|---|---|---|---|---|---|---|---|---|---|
| | | | | | | | 낙찰자 선정방법<br>1. 적격심사<br>2. 협상에 의한계약<br>3. 최저가낙찰제<br>4. 규격가격분리<br>5. 2단계경쟁입찰<br>6. 기타( )<br>7. 해당없음 | 계약기간<br>1. 1년<br>2. 2년<br>3. 3년<br>4. 4년<br>5. 5년<br>6. 기타<br>( )년<br>7. 단가계약<br>(1년미만)<br>8. 해당없음 | 원가산정<br>1. 내부산정<br>(자체로 산정)<br>2. 외부산정<br>(전문기관위탁<br>산정)<br>3. 내외부 모두 산정<br>4. 산정 無<br>5. 해당없음 | 정산방법<br>1. 내부정산<br>(자체로 정산)<br>2. 외부정산<br>(외부전문기관위탁<br>정산)<br>3. 내외부 모두 정산<br>4. 정산 無<br>5. 해당없음 | 성과평가<br>실시여부<br>1. 실시<br>2. 미실시<br>3. 향후 추진<br>4. 해당없음 | 성과평가 주기<br>1. 매년<br>2. 격년<br>3. 기간변동<br>4. 기타( )<br>5. 해당없음 | 성과평가 방법<br>1. 자체 평가<br>2. 평가단<br>구성(평가위원회)<br>3. 전문<br>평가기관 의뢰<br>4. 기타( )<br>5. 해당없음 | 성과평가결과<br>인센티브 및<br>패널티 적용<br>유무<br>1. 적용<br>2. 적용 안함<br>3. 기타( )<br>4. 해당없음 | 인센티브 및<br>패널티 적용<br>근거<br>1. 법률<br>2. 조례<br>3. 지침<br>4. 계약서<br>5. 기타<br>6. 해당없음 |
| 3376 | 강원 화천군 | 계약관리시스템 유지보수 | 1 | 20,250 | 6 | 4 | 7 | 1 | 1 | 1 | 4 | 5 | 5 | 4 | 6 |
| 3377 | 강원 양구군 | 행정정보화 기반강화 | 1 | 452,498 | 5 | 7 | 7 | 1 | 1 | 1 | 4 | 4 | 4 | 4 | 4 |
| 3378 | 강원 양구군 | 홈페이지 운영 | 1 | 42,200 | 5 | 7 | 7 | 1 | 5 | 1 | 4 | 4 | 4 | 4 | 4 |
| 3379 | 강원 양구군 | 시군구 정보화 공통기반 시스템 운영 | 1 | 98,462 | 1 | 7 | 7 | 1 | 3 | 3 | 4 | 4 | 4 | 4 | 4 |
| 3380 | 강원 양구군 | 주민정보화교육 | 6 | 10,000 | 5 | 7 | 7 | 1 | 5 | 5 | 4 | 4 | 4 | 4 | 4 |
| 3381 | 강원 양구군 | 개인정보 보호 기반강화 | 1 | 17,613 | 1 | 7 | 7 | 1 | 5 | 5 | 4 | 4 | 4 | 4 | 4 |
| 3382 | 강원 양구군 | 통신시스템 기반강화 | 5 | 575,900 | 5 | 7 | 7 | 1 | 5 | 5 | 4 | 4 | 4 | 4 | 4 |
| 3383 | 강원 양구군 | 방송시스템 기반강화 | 1 | 14,000 | 5 | 7 | 7 | 1 | 5 | 5 | 4 | 4 | 4 | 4 | 4 |
| 3384 | 강원 양구군 | 행정사무용 전산장비 구입 | 2 | 149,000 | 5 | 7 | 7 | 8 | 1 | 1 | 4 | 5 | 5 | 4 | 6 |
| 3385 | 강원 양구군 | 전산프로그램 구입 | 2 | 188,000 | 5 | 7 | 7 | 8 | 1 | 1 | 4 | 5 | 5 | 4 | 6 |
| 3386 | 강원 양구군 | 외부망 가상화서버 구입 | 2 | 120,000 | 1 | 7 | 7 | 8 | 1 | 1 | 4 | 5 | 5 | 4 | 6 |
| 3387 | 강원 양구군 | 가상화 솔루션 라이선스 구입 | 2 | 35,000 | 1 | 4 | 7 | 1 | 1 | 1 | 4 | 5 | 5 | 4 | 6 |
| 3388 | 강원 양구군 | 내외부망 통합업무시스템 유지보수 | 1 | 16,866 | 5 | 4 | 7 | 1 | 1 | 1 | 4 | 5 | 5 | 4 | 6 |
| 3389 | 강원 양구군 | 원격지 재해복구 및 내부망 가상화시스템 유지보수 | 1 | 14,000 | 5 | 4 | 7 | 1 | 1 | 1 | 4 | 5 | 5 | 4 | 6 |
| 3390 | 강원 인제군 | 내부망 통합스토리지 유지보수 | 1 | 19,764 | 5 | 4 | 7 | 1 | 1 | 1 | 4 | 5 | 5 | 4 | 6 |
| 3391 | 강원 인제군 | 소규모 전산장비 유지보수 | 1 | 13,300 | 5 | 4 | 7 | 1 | 1 | 1 | 4 | 5 | 5 | 4 | 6 |
| 3392 | 강원 인제군 | 개인정보 접속기록 통합 보안 유지보수 | 1 | 18,200 | 5 | 4 | 7 | 1 | 1 | 1 | 4 | 5 | 5 | 4 | 6 |
| 3393 | 강원 인제군 | PC개인정보보호(PC-셉) 유지보수 | 1 | 6,000 | 5 | 4 | 7 | 1 | 1 | 1 | 4 | 5 | 5 | 4 | 6 |
| 3394 | 강원 인제군 | 통합로그관리시스템 유지보수 | 1 | 22,000 | 5 | 4 | 7 | 1 | 1 | 1 | 4 | 5 | 5 | 4 | 6 |
| 3395 | 강원 인제군 | 랜섬웨어 차단시스템 유지보수 | 1 | 8,146 | 5 | 5 | 7 | 1 | 1 | 1 | 4 | 5 | 5 | 4 | 6 |
| 3396 | 강원 인제군 | 행정사무용 전산장비 유지보수 | 1 | 22,000 | 5 | 4 | 7 | 1 | 1 | 1 | 4 | 5 | 5 | 4 | 6 |
| 3397 | 강원 인제군 | 자산관리시스템 유지보수 | 1 | 4,152 | 5 | 4 | 7 | 1 | 1 | 1 | 4 | 5 | 5 | 4 | 6 |
| 3398 | 강원 인제군 | 정보시스템 방화벽 통합 서버팜 유지보수 | 1 | 11,756 | 5 | 4 | 7 | 1 | 1 | 1 | 4 | 5 | 5 | 4 | 6 |
| 3399 | 강원 인제군 | 인제군 대표홈페이지 유지보수 | 1 | 12,600 | 5 | 4 | 7 | 1 | 1 | 1 | 4 | 5 | 5 | 4 | 6 |
| 3400 | 강원 인제군 | 인제군 재해복구시스템 유지보수 | 1 | 9,668 | 5 | 4 | 7 | 1 | 1 | 1 | 4 | 5 | 5 | 4 | 6 |
| 3401 | 강원 인제군 | 영운항습기 유지보수 | 1 | 4,064 | 5 | 4 | 7 | 1 | 1 | 1 | 4 | 5 | 5 | 4 | 6 |
| 3402 | 강원 인제군 | 공통기반 및 재해복구시스템 유지관리 | 1 | 93,402 | 1 | 5 | 7 | 1 | 1 | 1 | 4 | 5 | 5 | 4 | 6 |
| 3403 | 강원 인제군 | 온나라시스템 유지보수 | 1 | 52,426 | 1 | 5 | 7 | 1 | 1 | 1 | 4 | 5 | 5 | 4 | 6 |
| 3404 | 강원 인제군 | 강원특별자치도 빅데이터 통합 솔루션 이용료 | 2 | 27,000 | 5 | 7 | 7 | 8 | 1 | 1 | 4 | 5 | 5 | 4 | 6 |
| 3405 | 강원 인제군 | 스마트 마을방송시스템 유지보수 | 1 | 19,970 | 5 | 4 | 7 | 1 | 1 | 1 | 4 | 5 | 5 | 4 | 6 |
| 3406 | 강원 인제군 | 스마트팜피지 시스템 및 시설 유지관리 | 1 | 46,600 | 5 | 1 | 7 | 7 | 1 | 1 | 4 | 5 | 5 | 4 | 6 |

| 순번 | 시군구 | 정보화사업명 ・예산서 상의 사업명 | 정보화사업 분류 1.유지 및 보수 2.SW/HW 개발 및 구매 3.DB 구축 4.정보화 전략계획(ISP) 수립 5.정보화지원 6.기타 | 2025년 예산 (단위:천원/1년간) | 예산 편성근거 1.법률에 규정 2.국고보조 재원 3.용도지정기부금 4.조례 5.지자체 및 상위기관 정책 6.기타 7.해당없음 | 계약체결방법 (경쟁형태) 1.일반경쟁 2.제한경쟁 3.지명경쟁 4.수의계약 5.법정위탁 6.기타() 7.해당없음 | 정보화사업 입찰방식 계약기간 1.1년 2.2년 3.3년 4.4년 5.5년 6.기타() 7.단기계약(1년미만) 8.해당없음 | 낙찰자 선정방법 1.적격심사 2.협상에 의한계약 3.최저가낙찰 4.규격가격리 5.2단계 경쟁입찰 6.기타() 7.해당없음 | 정보화사업 예산 산정 평가산정 1.내부산정 (자체적으로 산정) 2.외부산정 (전문기관위탁 산정) 3.내외부 모두 산정 4.신청額 5.해당없음 | 정산방법 1.내부정산 (내부적으로 정산) 2.외부정산 (외부전문기관위탁 정산) 3.내외부 모두 정산 4.정산額 5.해당없음 | 성과평가 성과평가 실시여부 1.실시 2.미실시 3.향후 추진 4.해당없음 | 성과평가 주기 1.매년 2.격년 3.기간만료전 4.기타() 5.해당없음 | 성과평가 방법 1.자체 평가 2.평가기관 구성후 실시 (전문위원회) 3.전문 평가기관 의뢰 4.기타() 5.해당없음 | 평가결과 적용 성과평가결과 인센티브 페널티 적용 유무 1.적용 2.적용 안함 3.기타() 4.해당없음 | 인센티브 및 페널티 적용 근거 1.법률 2.조례 3.지침 4.계약서 5.기타 6.해당없음 |
|---|---|---|---|---|---|---|---|---|---|---|---|---|---|---|---|
| 3407 | 강원 고성군 | 오라클 라이센스 구입 | 2 | 18,639 | 5 | 7 | 8 | 7 | 1 | 4 | 4 | 5 | 5 | 4 | 6 |
| 3408 | 강원 고성군 | 전산장비 통합 유지관리 | 1 | 306,637 | 5 | 2 | 1 | 3 | 1 | 4 | 2 | 5 | 5 | 4 | 6 |
| 3409 | 강원 고성군 | 행정업무용 PC 유지관리 | 1 | 25,000 | 5 | 4 | 1 | 7 | 1 | 4 | 2 | 5 | 5 | 4 | 6 |
| 3410 | 강원 고성군 | 통합로그인(SSO) 유지관리 | 1 | 3,267 | 5 | 4 | 1 | 7 | 1 | 4 | 2 | 5 | 5 | 4 | 6 |
| 3411 | 강원 고성군 | 백신서 S/W 유지관리 | 1 | 2,678 | 5 | 4 | 1 | 7 | 1 | 4 | 2 | 5 | 5 | 4 | 6 |
| 3412 | 강원 고성군 | 통합웨비취합보안관제시스템 유지관리 | 1 | 4,629 | 5 | 4 | 1 | 7 | 1 | 4 | 2 | 5 | 5 | 4 | 6 |
| 3413 | 강원 고성군 | 강원사이버 통합보안관제센터 분담금 | 6 | 25,304 | 1 | 5 | 8 | 2 | 2 | 4 | 2 | 5 | 5 | 4 | 6 |
| 3414 | 강원 고성군 | 공통기반 및 재해복구 유지관리 | 1 | 80,500 | 2 | 5 | 1 | 7 | 2 | 4 | 2 | 5 | 5 | 4 | 6 |
| 3415 | 강원 고성군 | 온나라시스템 유지관리 | 1 | 20,830 | 5 | 5 | 8 | 7 | 1 | 4 | 4 | 5 | 5 | 4 | 6 |
| 3416 | 강원 고성군 | 내부용 가상화서버 추가 | 2 | 30,000 | 5 | 7 | 8 | 7 | 1 | 4 | 4 | 5 | 5 | 4 | 6 |
| 3417 | 강원 고성군 | UPS 교체 | 2 | 34,415 | 5 | 7 | 8 | 7 | 1 | 4 | 4 | 5 | 5 | 4 | 6 |
| 3418 | 강원 고성군 | 웹방화벽 업그레이드 | 2 | 6,000 | 5 | 7 | 8 | 7 | 1 | 4 | 4 | 5 | 5 | 4 | 6 |
| 3419 | 강원 고성군 | 상용 소프트웨어 구입 | 2 | 90,500 | 5 | 4 | 8 | 7 | 1 | 4 | 2 | 5 | 5 | 4 | 6 |
| 3420 | 강원 고성군 | 빅데이터 플랫폼 통합솔루션 이용 | 2 | 22,000 | 5 | 7 | 8 | 7 | 1 | 4 | 4 | 5 | 5 | 4 | 6 |
| 3421 | 강원 고성군 | 개인정보보호 자가진단시스템 도입 | 6 | 4,320 | 5 | 4 | 7 | 4 | 1 | 4 | 2 | 5 | 5 | 4 | 6 |
| 3422 | 강원 고성군 | 개인컴퓨터 구입 | 2 | 50,000 | 5 | 7 | 8 | 7 | 1 | 4 | 4 | 5 | 5 | 4 | 6 |
| 3423 | 강원 고성군 | 홈페이지 웹접근성 인증수수료 | 6 | 2,500 | 5 | 4 | 8 | 7 | 1 | 4 | 4 | 5 | 5 | 4 | 6 |
| 3424 | 강원 고성군 | 홈페이지 유지관리 | 1 | 22,000 | 5 | 4 | 1 | 7 | 1 | 4 | 2 | 5 | 5 | 4 | 6 |
| 3425 | 강원 고성군 | SSL 인증서 도메인 수수료 | 6 | 250 | 5 | 4 | 1 | 7 | 1 | 4 | 2 | 5 | 5 | 4 | 6 |
| 3426 | 강원 고성군 | 인터넷전화서비스 유지보수 | 1 | 16,920 | 5 | 7 | 8 | 7 | 1 | 4 | 4 | 5 | 5 | 4 | 6 |
| 3427 | 강원 고성군 | 네트워크화서 유지보수 | 1 | 17,280 | 5 | 4 | 8 | 7 | 1 | 4 | 4 | 5 | 5 | 4 | 6 |
| 3428 | 강원 고성군 | 영상회의시스템 유지보수 | 1 | 6,000 | 5 | 4 | 8 | 7 | 1 | 4 | 4 | 5 | 5 | 4 | 6 |
| 3429 | 강원 고성군 | 사물인터넷 서비스 유지관리 | 1 | 12,980 | 5 | 4 | 1 | 7 | 1 | 4 | 2 | 5 | 5 | 4 | 6 |
| 3430 | 강원 고성군 | 전자세스시스템 유지보수 | 1 | 7,700 | 5 | 4 | 1 | 7 | 1 | 4 | 2 | 5 | 5 | 4 | 6 |
| 3431 | 강원 고성군 | 내부망 및 외부망 UPS(침입방지시스템) 교체 | 2 | 87,000 | 5 | 7 | 8 | 7 | 1 | 4 | 4 | 5 | 5 | 4 | 6 |
| 3432 | 강원 고성군 | CCTV용 백신 라이센스 구입 | 2 | 3,724 | 5 | 7 | 8 | 7 | 1 | 4 | 4 | 5 | 5 | 4 | 6 |
| 3433 | 강원 고성군 | VMS라이센스 증설 | 1 | 24,000 | 5 | 4 | 8 | 7 | 1 | 4 | 4 | 5 | 5 | 4 | 6 |
| 3434 | 강원 고성군 | CCTV통합관제센터 전산장비 유지관리 | 1 | 133,333 | 5 | 2 | 1 | 3 | 1 | 4 | 2 | 5 | 5 | 4 | 6 |
| 3435 | 강원 고성군 | CCTV통합관제센터 방화벽 교체 | 2 | 45,270 | 5 | 7 | 8 | 7 | 1 | 4 | 4 | 5 | 5 | 4 | 6 |
| 3436 | 강원 고성군 | 노후 자원변조시스템 교체 | 2 | 74,000 | 5 | 7 | 8 | 7 | 1 | 4 | 4 | 5 | 5 | 4 | 6 |
| 3437 | 강원 고성군 | 읍면동 홈페이지 서버호스팅 및 유지보수 용역 | 1 | 2,115 | 5 | 4 | 1 | 7 | 1 | 4 | 2 | 5 | 5 | 4 | 6 |

- 111 -

| 순번 | 시군구 | 정보화사업 사업명 · 예산서 상의 사업명 | 정보화사업 분류<br>1. 유지 및 보수<br>2. SW/HW 개발 및 구매<br>3. DB 구축<br>4. 정보화 전략계획(ISP) 수립<br>5. 정보화지원<br>6. 기타 | 2025년 예산 (단위:천원/1년간) | 예산 편성근거<br>1. 법률에 규정<br>2. 국고보조 재원<br>3. 용도지정기부금<br>4. 조례<br>5. 자체재 및 상위기관 정책<br>6. 기타<br>7. 해당없음 | 계약체결방법 (경쟁형태)<br>1. 일반경쟁<br>2. 제한경쟁<br>3. 지명경쟁<br>4. 수의계약<br>5. 변경계약<br>6. 기타()<br>7. 해당없음 | 계약기간<br>1. 1년<br>2. 2년<br>3. 3년<br>4. 4년<br>5. 5년<br>6. 기타()<br>7. 단기계약(1년미만)<br>8. 해당없음 | 낙찰자 선정방법<br>1. 적격심사<br>2. 협상에 의한계약<br>3. 최저가낙찰제<br>4. 규모가제한<br>5. 2단계 경쟁입찰<br>6. 기타()<br>7. 해당없음 | 정보화사업 신청<br>평가신청<br>1. 내부신청<br>2. 외부신청<br>3. 내외부 모두 신청<br>4. 신청 無<br>5. 해당없음 | 정보화사업 예산 산정<br>정산방법<br>1. 내부정산<br>2. 외부정산(외부전문기관위탁)<br>3. 내외부 모두 정산<br>4. 정산 無<br>5. 해당없음 | 성과평가 실시여부<br>1. 실시<br>2. 미실시<br>3. 향후 주진<br>4. 해당없음 | 성과평가 주기<br>1. 매년<br>2. 격년<br>3. 기간만료전<br>4. 기타()<br>5. 해당없음 | 성과평가 방법<br>1. 자체 평가<br>2. 평가단 구성후 실시(전문위원회)<br>3. 전문 평가기관 의뢰<br>4. 기타()<br>5. 해당없음 | 성과평가결과 인센티브 페널티 적용 유무<br>1. 적용<br>2. 적용 안함<br>3. 기타()<br>4. 해당없음 | 평가결과 적용 인센티브 및 페널티 적용 근거<br>1. 법률<br>2. 조례<br>3. 지침<br>4. 계약서<br>5. 기타<br>6. 해당없음 |
|---|---|---|---|---|---|---|---|---|---|---|---|---|---|---|---|
| 3438 | 강원 고성군 | 옥기 행태사업 복기 프로그램 유지관리 용역 | 1 | 3,240 | 5 | 4 | 1 | 7 | 1 | 4 | 2 | 5 | 5 | 4 | 6 |
| 3439 | 강원 고성군 | 상수도 원격검침시스템 유지보수 용역 | 1 | 22,000 | 5 | 4 | 1 | 7 | 1 | 4 | 2 | 5 | 5 | 4 | 6 |
| 3440 | 강원 고성군 | 상하수도 요금관리 프로그램 유지보수 용역 | 1 | 21,780 | 5 | 4 | 1 | 7 | 1 | 4 | 2 | 5 | 5 | 4 | 6 |
| 3441 | 강원 고성군 | 상하수도요금 가상계좌 수납시스템 유지보수 용역 | 1 | 9,040 | 5 | 4 | 1 | 7 | 1 | 4 | 2 | 5 | 5 | 4 | 6 |
| 3442 | 강원 고성군 | 수도시설 감시제어시스템 유지보수 용역 | 1 | 99,834 | 5 | 2 | 1 | 7 | 1 | 4 | 2 | 5 | 5 | 4 | 6 |
| 3443 | 강원 고성군 | 표준기록관리시스템 소프트웨어 유지보수 | 1 | 21,371 | 5 | 4 | 1 | 7 | 1 | 4 | 2 | 5 | 5 | 4 | 6 |
| 3444 | 강원 고성군 | 표준기록관리시스템 백신 소프트웨어 라이선스 구입 | 1 | 12,000 | 5 | 4 | 1 | 7 | 1 | 4 | 2 | 5 | 5 | 4 | 6 |
| 3445 | 강원 고성군 | 표준기록관리시스템 하드웨어 유지보수 | 1 | 9,924 | 5 | 4 | 1 | 7 | 1 | 4 | 2 | 5 | 5 | 4 | 6 |
| 3446 | 강원 고성군 | 개별주택가격 연동도면 프로그램 유지보수 | 1 | 2,499 | 5 | 4 | 1 | 7 | 1 | 4 | 2 | 5 | 5 | 4 | 6 |
| 3447 | 강원 고성군 | 대중교통 통합보조시스템 유지보수 | 1 | 9,900 | 5 | 4 | 1 | 7 | 1 | 4 | 2 | 5 | 5 | 4 | 6 |
| 3448 | 강원 고성군 | 특사경 업무지원 시스템 유지보수 | 1 | 6,600 | 5 | 4 | 1 | 7 | 1 | 4 | 2 | 5 | 5 | 4 | 6 |
| 3449 | 강원 고성군 | 고성군 공공행정장 통합영상시스템 유지보수 | 1 | 15,000 | 5 | 4 | 1 | 7 | 1 | 4 | 2 | 5 | 5 | 4 | 6 |
| 3450 | 강원 고성군 | 신문영상스크랩 프로그램 아이사미 유지보수 | 1 | 17,352 | 5 | 4 | 1 | 7 | 1 | 4 | 2 | 5 | 5 | 4 | 6 |
| 3451 | 강원 고성군 | 부동산종합공부시스템 유지보수 | 1 | 33,973 | 5 | 2 | 1 | 3 | 1 | 4 | 2 | 5 | 5 | 4 | 6 |
| 3452 | 강원 고성군 | 지하시설물 통합관리시스템 유지관리 | 1 | 35,280 | 5 | 4 | 1 | 3 | 1 | 4 | 2 | 5 | 5 | 4 | 6 |
| 3453 | 강원 고성군 | 계약서시, 적격시, 관급자재시 유지보수 | 1 | 7,380 | 5 | 4 | 1 | 7 | 1 | 4 | 2 | 5 | 5 | 4 | 6 |
| 3454 | 강원 고성군 | 계약정보계시스템 유지보수 | 1 | 18,653 | 5 | 4 | 1 | 7 | 1 | 4 | 2 | 5 | 5 | 4 | 6 |
| 3455 | 강원 고성군 | 하자진사 프로그램 유지보수 | 1 | 4,452 | 5 | 4 | 1 | 7 | 1 | 4 | 2 | 5 | 5 | 4 | 6 |
| 3456 | 강원 고성군 | RFID 동기화프로그램 및 물품관리 유지보수 | 1 | 15,530 | 5 | 4 | 1 | 7 | 1 | 4 | 2 | 5 | 5 | 4 | 6 |
| 3457 | 강원 고성군 | 스마트그린도시 포털 시스템 유지보수 | 1 | 13,000 | 5 | 4 | 1 | 7 | 1 | 4 | 2 | 5 | 5 | 4 | 6 |
| 3458 | 강원 고성군 | 도서관리시스템 유지관리 | 1 | 8,374 | 5 | 4 | 1 | 7 | 1 | 4 | 2 | 5 | 5 | 4 | 6 |
| 3459 | 강원 고성군 | 고성사물상품권 프로그램 유지보수 | 1 | 17,418 | 5 | 4 | 1 | 7 | 1 | 4 | 2 | 5 | 5 | 4 | 6 |
| 3460 | 강원 고성군 | 가로등보안등 원격제어시스템 유지보수 | 1 | 18,653 | 5 | 4 | 1 | 7 | 1 | 4 | 2 | 5 | 5 | 4 | 6 |
| 3461 | 강원 고성군 | 고성군의회 누리집 유지보수 | 1 | 3,300 | 5 | 4 | 1 | 7 | 1 | 4 | 2 | 5 | 5 | 4 | 6 |
| 3462 | 강원 고성군 | 희의록시스템 유지관리 | 1 | 3,630 | 5 | 4 | 1 | 7 | 1 | 4 | 2 | 5 | 5 | 4 | 6 |
| 3463 | 강원 고성군 | 인터넷방시스템 유지보수 용역 | 1 | 238,548 | 5 | 2 | 2 | 2 | 1 | 1 | 4 | 5 | 5 | 4 | 4 |
| 3464 | 강원 고성군 | 클라우드기반의 재해복구시스템고도화 | 2 | 755,050 | 5 | 2 | 2 | 2 | 1 | 1 | 4 | 5 | 5 | 4 | 4 |
| 3465 | 충북 청주시 | 시민 정보화교육 | 5 | 200,998 | 4 | 7 | 8 | 7 | 1 | 1 | 4 | 5 | 5 | 4 | 4 |
| 3466 | 충북 청주시 | 정품 SW 구입 | 2 | 338,400 | 6 | 7 | 8 | 7 | 1 | 1 | 4 | 5 | 5 | 4 | 4 |
| 3467 | 충북 청주시 | 사랑방 PC나누기 | 5 | 8,000 | 4 | 7 | 8 | 7 | 1 | 1 | 4 | 5 | 5 | 4 | 4 |
| 3468 | 충북 청주시 | 소프트웨어(도서관)시스템 유지보수 | 5 | 6,852 | 5 | 4 | 1 | 7 | 1 | 1 | 4 | 5 | 5 | 4 | 4 |

- 112 -

| 순번 | 시 군 구 | 정보화사업 사업명 · 예산서 상 사업명 | 정보화사업 분류 | 2025년 예산 (단위:천원/1년간) | 예산 편성근거 | 계약체결방법 (경쟁형태) | 정보화사업 계약기간 | 낙찰자 선정방식 | 원가산정 | 정보화사업 예산 산정 | 성과평가 실시여부 | 성과평가 주기 | 성과평가 방법 | 성과평가결과 인센티브 패널티 적용 유무 | 인센티브 및 패널티 적용 근거 |
|---|---|---|---|---|---|---|---|---|---|---|---|---|---|---|---|
| 3469 | 충북 청주시 | IT자산관리시스템 유지보수 | 1 | 9,600 | 5 | 4 | 1 | 7 | 1 | 1 | 4 | 5 | 5 | 4 | 4 |
| 3470 | 충북 청주시 | 행정업무용 전산장비 유지보수 | 1 | 158,520 | 6 | 2 | 1 | 2 | 1 | 1 | 4 | 5 | 5 | 4 | 4 |
| 3471 | 충북 청주시 | 업무용 전산장비 교체 | 2 | 878,000 | 6 | 7 | 8 | 7 | 1 | 1 | 4 | 5 | 5 | 4 | 4 |
| 3472 | 충북 청주시 | 업무지원포털(굿모닝) 시스템 유지관리 | 1 | 156,833 | 7 | 2 | 1 | 2 | 1 | 1 | 4 | 5 | 5 | 4 | 4 |
| 3473 | 충북 청주시 | 업무지원포털(굿모닝) 시스템 클라우드 전환 구축 | 2 | 463,000 | 1 | 2 | 7 | 7 | 1 | 4 | 2 | 5 | 5 | 4 | 4 |
| 3474 | 충북 청주시 | 대형폐기물처리시스템 | 1 | 6,340 | 4 | 4 | 1 | 2 | 1 | 4 | 2 | 5 | 1 | 4 | 4 |
| 3475 | 충북 청주시 | 악취관리시스템 | 1 | 25,000 | 4 | 4 | 1 | 7 | 1 | 4 | 1 | 1 | 1 | 4 | 4 |
| 3476 | 충북 청주시 | 청주시 통합예약시스템 통합유지관리 | 1 | 202,900 | 4 | 2 | 1 | 2 | 1 | 4 | 1 | 1 | 1 | 4 | 4 |
| 3477 | 충북 청주시 | 청주시 통합예약시스템 기능 강화 | 1 | 193,000 | 4 | 5 | 1 | 7 | 2 | 2 | 4 | 5 | 5 | 4 | 4 |
| 3478 | 충북 청주시 | 온나라시스템 S/W 유지관리비 | 1 | 31,130 | 5 | 4 | 1 | 7 | 1 | 1 | 4 | 5 | 5 | 4 | 4 |
| 3479 | 충북 청주시 | 시민소통 플랫폼 청주톡톡 유지보수비 | 1 | 22,000 | 5 | 4 | 7 | 7 | 1 | 1 | 4 | 5 | 5 | 4 | 4 |
| 3480 | 충북 청주시 | 비대면 온라인 신청수수료 플랫폼 유지보수비 | 2 | 3,500 | 1 | 4 | 1 | 7 | 5 | 5 | 4 | 5 | 5 | 2 | 4 |
| 3481 | 충북 청주시 | 정보공개 온라인 청구시스템 개선 | 2 | 112,000 | 6 | 7 | 8 | 7 | 1 | 1 | 4 | 5 | 5 | 4 | 4 |
| 3482 | 충북 청주시 | 보조금 관리시스템 유지보수 | 1 | 8,910 | 6 | 4 | 1 | 7 | 1 | 1 | 4 | 5 | 5 | 4 | 4 |
| 3483 | 충북 청주시 | 청주시민원상담챗봇시스템 | 1 | 17,040 | 5 | 2 | 1 | 2 | 1 | 1 | 4 | 5 | 5 | 4 | 6 |
| 3484 | 충북 청주시 | 청소년 불법쓰레기 인행 자리시스템 유지보수 | 1 | 9,884 | 4 | 6 | 3 | 7 | 1 | 1 | 4 | 5 | 5 | 4 | 6 |
| 3485 | 충북 청주시 | 실시간 도로 영상 관리시스템 구축 | 2 | 1,025,000 | 7 | 1 | 1 | 3 | 4 | 4 | 4 | 5 | 5 | 4 | 6 |
| 3486 | 충북 청주시 | 2025년 버스쉘터미어 시스템 HW 유지관리 | 1 | 8,107 | 5 | 4 | 7 | 3 | 4 | 4 | 2 | 5 | 5 | 4 | 6 |
| 3487 | 충북 청주시 | 2025년 버스쉘터미어 시스템 SW 유지관리 | 1 | 19,338 | 5 | 4 | 1 | 3 | 4 | 4 | 2 | 5 | 5 | 4 | 6 |
| 3488 | 충북 청주시 | 2025년 서원구 통합민원발급기 및 직원안내시스템 유지보수 용역 | 1 | 19,200 | 6 | 1 | 1 | 7 | 1 | 1 | 4 | 5 | 5 | 4 | 6 |
| 3489 | 충북 청주시 | 대이터매매 관리시스템 분석 및 유지관리 사업 | 1 | 280,009 | 5 | 2 | 7 | 2 | 1 | 1 | 2 | 5 | 5 | 2 | 6 |
| 3490 | 충북 청주시 | 스마트관광도시 활성화 | 1 | 708,000 | 4 | 2 | 3 | 7 | 1 | 1 | 4 | 5 | 5 | 4 | 4 |
| 3491 | 충북 청주시 | 맞춤형 예산정보시스템 | 2 | 66,800 | 7 | 6 | 1 | 7 | 1 | 1 | 4 | 5 | 5 | 4 | 4 |
| 3492 | 충북 청주시 | 2025년 서원구 전산장비(PC) 유지보수 용역 | 1 | 56,706 | 6 | 1 | 1 | 3 | 1 | 1 | 4 | 5 | 5 | 4 | 4 |
| 3493 | 충북 청주시 | 2025년 서원구 무인민원발급기 유지보수 용역 | 1 | 55,836 | 6 | 1 | 1 | 3 | 1 | 1 | 4 | 5 | 5 | 4 | 4 |
| 3494 | 충북 청주시 | 2025년 서원구 통합민원발급기 및 직원안내시스템 유지보수 용역 | 1 | 13,290 | 6 | 4 | 1 | 3 | 1 | 1 | 4 | 5 | 5 | 4 | 4 |
| 3495 | 충북 청주시 | 2025년 서원구 홈페이지 통합유지보수 용역 | 1 | 14,376 | 6 | 2 | 1 | 7 | 1 | 1 | 4 | 5 | 5 | 4 | 4 |
| 3496 | 충북 청주시 | 정보통신시스템 통합유지보수 | 1 | 109,020 | 5 | 2 | 7 | 2 | 1 | 1 | 4 | 5 | 5 | 4 | 4 |
| 3497 | 충북 청주시 | 백신 스위치 구매 | 2 | 142,000 | 7 | 6 | 8 | 7 | 1 | 1 | 4 | 5 | 5 | 4 | 4 |
| 3498 | 충북 청주시 | 2025년 홍덕구 정보보호장비 신장비 및 발송장비 통합유지관리 용역 | 2 | 132,360 | 5 | 1 | 1 | 2 | 1 | 1 | 2 | 5 | 5 | 4 | 4 |
| 3499 | 충북 청주시 | 2025년 홍덕구 CCTV시스템 유지관리용 | 1 | 19,580 | 5 | 4 | 1 | 7 | 1 | 1 | 2 | 5 | 5 | 4 | 4 |

- 113 -

| 순번 | 시군구 | 정보화사업 사업명 · 예산서 설치 사업명 | 정보화사업 분류 | 2025년 예산 (단위:천원/1년간) | 예산 편성근거 | 계약체결방법 | 정보화사업 입찰방식 계약기간 | 낙찰자 선정방법 | 정보화사업 예산 산정 평가사정 | 정산방법 | 성과평가 실시여부 | 성과평가 주기 | 성과평가 방법 | 성과평가결과 인센티브 및 패널티 적용 유무 | 인센티브 및 패널티 적용 근거 |
|---|---|---|---|---|---|---|---|---|---|---|---|---|---|---|---|
| 3500 | 충북 청주시 | 대민민원서비스유지업 | 1 | 93,060 | 5 | 1 | 1 | 1 | 1 | 1 | 4 | 5 | 5 | 4 | 4 |
| 3501 | 충북 청주시 | 2025년 청주구 전산장비유지 D/W시스 | 1 | 57,196 | 5 | 1 | 1 | 1 | 1 | 1 | 4 | 5 | 5 | 4 | 4 |
| 3502 | 충북 청주시 | 2025년 청주구 홈페이지 유지관리용역 | 1 | 14,700 | 5 | 1 | 1 | 1 | 1 | 1 | 4 | 5 | 5 | 4 | 4 |
| 3503 | 충북 청주시 | 2025년 청주구 행정전산장비(PC, 모니터) 구입 | 5 | 366,000 | 5 | 7 | 8 | 7 | 1 | 1 | 4 | 5 | 5 | 4 | 4 |
| 3504 | 충북 청주시 | 정품 소프트웨어 구입 | 2 | 33,194 | 5 | 7 | 8 | 7 | 1 | 1 | 4 | 5 | 5 | 4 | 4 |
| 3505 | 충북 청주시 | 백신S/W 유지 | 2 | 40,390 | 5 | 1 | 8 | 1 | 1 | 1 | 4 | 5 | 5 | 4 | 4 |
| 3506 | 충북 청주시 | 전산장비(PC)유지보수 | 1 | 64,800 | 5 | 1 | 1 | 1 | 1 | 1 | 4 | 5 | 5 | 4 | 4 |
| 3507 | 충북 청주시 | 무인발급기 유지보수 | 1 | 71,040 | 5 | 1 | 1 | 1 | 1 | 4 | 4 | 5 | 5 | 4 | 6 |
| 3508 | 충북 청주시 | 통합민원발급기 유지보수 | 1 | 11,220 | 5 | 4 | 7 | 7 | 1 | 4 | 4 | 5 | 5 | 4 | 6 |
| 3509 | 충북 청주시 | 홈페이지 유지보수 | 1 | 15,804 | 5 | 4 | 7 | 7 | 1 | 4 | 4 | 5 | 5 | 4 | 6 |
| 3510 | 충북 청주시 | 정사안내시스템 유지보수 | 1 | 4,320 | 5 | 4 | 1 | 1 | 1 | 4 | 4 | 5 | 5 | 4 | 6 |
| 3511 | 충북 청주시 | 엠보 사무용정치 | 2 | 498,080 | 5 | 7 | 8 | 7 | 1 | 4 | 4 | 5 | 5 | 4 | 6 |
| 3512 | 충북 청주시 | 정품 소프트웨어 구입 | 2 | 33,422 | 5 | 7 | 8 | 7 | 1 | 4 | 4 | 5 | 5 | 4 | 6 |
| 3513 | 충북 청주시 | 보안S/W 사용유지비 | 2 | 40,835 | 5 | 7 | 8 | 7 | 1 | 4 | 4 | 5 | 5 | 4 | 6 |
| 3514 | 충북 청주시 | 정보방송장비 유지보수 | 1 | 18,250 | 5 | 4 | 1 | 1 | 1 | 4 | 4 | 5 | 5 | 4 | 6 |
| 3515 | 충북 청주시 | 청사CCTV 유지보수 | 1 | 19,440 | 5 | 4 | 1 | 1 | 1 | 4 | 4 | 5 | 5 | 4 | 6 |
| 3516 | 충북 청주시 | 출입통제시스템 | 1 | 11,160 | 5 | 4 | 1 | 1 | 1 | 4 | 4 | 5 | 5 | 4 | 6 |
| 3517 | 충북 청주시 | 시정정보통신장비유지보수 수리용역체비 | 5 | 104,505 | 5 | 6 | 1 | 2 (6예측보수업체) | 1 | 4 | 4 | 5 | 5 | 4 | 6 |
| 3518 | 충북 청주시 | 청주첨단문화산업단지 정보통신인프라 고도화사업 | 2 | 1,160,000 | 6 | 2 | 7 | 2 | 1 | 4 | 4 | 5 | 5 | 4 | 6 |
| 3519 | 충북 청주시 | 정보신장비 구매 | 1 | 31,000 | 4 | 7 | 8 | 7 | 4 | 4 | 4 | 5 | 5 | 4 | 6 |
| 3520 | 충북 청주시 | 건기 단말기 운영 | 5 | 9,600 | 4 | 2 | 8 | 2 | 1 | 4 | 2 | 5 | 5 | 4 | 6 |
| 3521 | 충북 청주시 | 청주시 온라인도매시장 운영 | 1 | 7,200 | 2 | 4 | 1 | 7 | 5 | 5 | 4 | 5 | 5 | 4 | 6 |
| 3522 | 충북 청주시 | 건강행정신사업 | 1 | 25,680 | 4 | 1 | 8 | 7 | 1 | 1 | 1 | 1 | 1 | 2 | 6 |
| 3523 | 충북 청주시 | 2025년 청주시 CCTV통합관제센터시스템 통합유지보수 용역 | 1 | 7,200 | 2 | 4 | 1 | 2 | 1 | 1 | 4 | 5 | 5 | 4 | 6 |
| 3524 | 충북 청주시 | 청주정보산업단지 정보통신인프라 고도화사업 | 2 | 493,933 | 5 | 2 | 1 | 2 | 1 | 4 | 4 | 5 | 5 | 4 | 6 |
| 3525 | 충북 청주시 | 청주시 공간정보시스템 HW통합 유지보수 | 1 | 130,000 | 6 | 2 | 7 | 2 | 4 | 4 | 4 | 5 | 5 | 4 | 4 |
| 3526 | 충북 청주시 | 청주시 공간정보시스템 SW통합 유지보수 | 1 | 300,000 | 4 | 1 | 1 | 2 | 1 | 4 | 2 | 5 | 5 | 4 | 4 |
| 3527 | 충북 청주시 | 청주시 공간정보시스템 노후장비 교체(서버) | 2 | 58,000 | 4 | 1 | 7 | 7 | 1 | 5 | 2 | 5 | 5 | 4 | 4 |
| 3528 | 충북 청주시 | 청주시 공간정보시스템 노후장비 교체(스토리지) | 2 | 35,000 | 4 | 1 | 7 | 7 | 1 | 5 | 2 | 5 | 5 | 4 | 4 |
| 3529 | 충북 청주시 | 청주시 공간정보시스템 노후장비 교체(소프트웨어) | 2 | 25,020 | 4 | 4 | 7 | 7 | 1 | 5 | 2 | 5 | 5 | 4 | 4 |
| 3530 | 충북 청주시 | 청주시 공간정보시스템 노후장비 교체(네스위치) | 2 | 22,000 | 4 | 1 | 7 | 7 | 1 | 5 | 2 | 5 | 5 | 4 | 4 |

- 114 -

| 순번 | 시군구 | 정보화사업 사업명 ·예산서 상의 사업명 | 정보화사업 분류<br>1.유지 및 보수<br>2.SW/HW 개발 및 구매<br>3.DB 구축<br>4.정보화 전략계획(ISP) 수립<br>5.정보화지원<br>6.기타 | 2025년 예산<br>(단위:천원/1년간) | 예산 편성근거<br>1.법률에 규정<br>2.국고보조재원<br>3.용도지정기부금<br>4.조례<br>5.지자체 및 상위기관 정책<br>6.기타<br>7.해당없음 | 계약체결방법<br>(경쟁방식)<br>1.일반경쟁<br>2.제한경쟁<br>3.지명경쟁<br>4.수의계약<br>5.법정위탁<br>6.기타<br>7.해당없음 | 정보화사업 계약기간<br>1.1년<br>2.2년<br>3.3년<br>4.4년<br>5.5년<br>6.기타( )<br>7.단기계약(1년미만)<br>8.해당없음 | 정보화사업 낙찰자 선정방법<br>1.적격심사<br>2.협상에 의한계약<br>3.최저가낙찰제<br>4.규격가격분리<br>5.2단계 경쟁입찰<br>6.기타( )<br>7.해당없음 | 평가자선정<br>1.내부선정(자체로 선정)<br>2.외부선정(전문기관위탁)<br>3.내외부 모두<br>4.신청 후<br>5.해당없음 | 정보화사업 예산 산정<br>1.내부정산(내부적으로 정산)<br>2.외부정산(외부용역기관위탁 정산)<br>3.내외부 모두 정산<br>4.정산 후<br>5.해당없음 | 성과평가 실시여부<br>1.실시<br>2.미실시<br>3.향후 추진<br>4.해당없음 | 성과평가 주기<br>1.매년<br>2.격년<br>3.기간만료전<br>4.기타( )<br>5.해당없음 | 성과평가 방법<br>1.자체 평가<br>2.용역실시(전문위원위촉)<br>3.전문 평가기관 의뢰<br>4.기타<br>5.해당없음 | 평가결과 인센티브 및 패널티 적용 유무<br>1.적용<br>2.적용 안함<br>3.기타( )<br>4.해당없음 | 인센티브 및 패널티 적용 근거<br>1.법률<br>2.조례<br>3.지침<br>4.계약서<br>5.기타<br>6.해당없음 |
|---|---|---|---|---|---|---|---|---|---|---|---|---|---|---|---|
| 3531 | 충북 청주시 | 청주시 공간정보시스템 노후장비 교체(SAN스위치) | 2 | 28,000 | 4 | 1 | 1 | 7 | 1 | 5 | 2 | 5 | 5 | 4 | 4 |
| 3532 | 충북 청주시 | 청주시 공간정보 재해복구체계 구성(스토리지증설) | 2 | 41,000 | 4 | 1 | 1 | 7 | 1 | 5 | 2 | 5 | 5 | 4 | 4 |
| 3533 | 충북 청주시 | 청주시 공간정보 재해복구체계 구성(소프트웨어) | 2 | 25,000 | 4 | 4 | 1 | 7 | 1 | 5 | 2 | 5 | 5 | 4 | 4 |
| 3534 | 충북 청주시 | 청주시 드론활용 공간정보 DB구축 | 3 | 20,000 | 5 | 4 | 1 | 7 | 1 | 4 | 2 | 5 | 5 | 4 | 4 |
| 3535 | 충북 청주시 | 청주시 시민DB서비스 개편 | 2 | 22,000 | 5 | 4 | 1 | 7 | 1 | 5 | 4 | 5 | 5 | 4 | 4 |
| 3536 | 충북 청주시 | 전기 앱 워드로 운영비 | 5 | 7,200 | 2 | 2 | 1 | 7 | 5 | 5 | 2 | 5 | 5 | 4 | 6 |
| 3537 | 충북 청주시 | 청주시 평생학습 플랫폼 유지관리 | 1 | 21,960 | 4 | 4 | 1 | 7 | 1 | 1 | 4 | 5 | 5 | 4 | 4 |
| 3538 | 충북 청주시 | 청주시 평생학습 플랫폼 고도화 | 2 | 22,000 | 4 | 4 | 1 | 7 | 1 | 1 | 4 | 5 | 1 | 4 | 4 |
| 3539 | 충북 청주시 | 개발주택가조사 | 1 | 15,800 | 5 | 4 | 1 | 7 | 1 | 1 | 4 | 5 | 5 | 4 | 6 |
| 3540 | 충북 청주시 | 전산장비 유지보수 | 1 | 70,800 | 5 | 1 | 1 | 7 | 1 | 1 | 4 | 5 | 5 | 4 | 4 |
| 3541 | 충북 청주시 | 홈페이지 유지보수 | 1 | 15,792 | 5 | 4 | 1 | 7 | 1 | 1 | 4 | 5 | 5 | 4 | 4 |
| 3542 | 충북 청주시 | 유인민원발급기 유지보수용역 | 1 | 73,128 | 5 | 1 | 8 | 7 | 1 | 1 | 4 | 5 | 5 | 4 | 4 |
| 3543 | 충북 청주시 | 행정사무정보체계(ITS) 관리 및 유지보수 | 2 | 395,980 | 5 | 7 | 8 | 7 | 1 | 1 | 4 | 5 | 5 | 4 | 4 |
| 3544 | 충북 청주시 | 정용 소프트웨어 구입 | 2 | 32,700 | 5 | 7 | 1 | 2 | 1 | 1 | 4 | 5 | 5 | 4 | 4 |
| 3545 | 충북 청주시 | 넥서스W 유지 | 1 | 40,835 | 5 | 2 | 1 | 2 | 1 | 1 | 4 | 5 | 5 | 4 | 4 |
| 3546 | 충북 청주시 | 청원구 정보통신시스템 통합유지보수 | 1 | 145,542 | 5 | 1 | 1 | 2 | 1 | 4 | 4 | 5 | 4 | 4 | 4 |
| 3547 | 충북 청주시 | 정보통신장비 구매 | 1 | 101,346 | 6 | 4 | 1 | 3 | 4 | 1 | 4 | 5 | 5 | 4 | 6 |
| 3548 | 충북 청주시 | 차지 공종별 웹사이트 유지관리 | 1 | 24,240 | 7 | 4 | 1 | 2 | 1 | 1 | 4 | 5 | 5 | 4 | 5 |
| 3549 | 충북 청주시 | 버스정보시스템 유지보수용 등 | 2 | 563,000 | 1 | 6 | 1 | 6(3년단가) | 5 | 5 | 4 | 5 | 5 | 4 | 5 |
| 3550 | 충북 청주시 | 지능형교통체계(ITS) 관리 및 유지보수 | 1 | 510,804 | 6 | 6 | 2 | 2 | 1 | 1 | 1 | 1 | 4 | 4 | 4 |
| 3551 | 충북 청주시 | 교통신호제어시스템 유지보수 | 1 | 504,570 | 1 | 1 | 1 | 2 | 1 | 1 | 1 | 1 | 1 | 4 | 4 |
| 3552 | 충북 청주시 | 교통지리정보시스템(tgis) 유지보수 | 1 | 195,000 | 6 | 2 | 1 | 2 | 1 | 1 | 1 | 1 | 4 | 4 | 4 |
| 3553 | 충북 청주시 | 청주시 홈페이지 통합 유지보수 | 1 | 70,030 | 4 | 2 | 1 | 3 | 1 | 4 | 2 | 5 | 5 | 4 | 4 |
| 3554 | 충북 청주시 | 정보화교육 등 | 6 | 162,000 | 1 | 4 | 1 | 1 | 1 | 1 | 4 | 5 | 4 | 4 | 5 |
| 3555 | 충북 청주시 | 소프트웨어(MS, 한글, 포토샵 등) | 2 | 195,000 | 6 | 6 | 1 | 1 | 5 | 5 | 4 | 5 | 5 | 4 | 4 |
| 3556 | 충북 청주시 | 통합행정정보시스템 유지관리 | 1 | 577,985 | 6 | 6 | 2 | 2 | 1 | 1 | 4 | 5 | 5 | 4 | 4 |
| 3557 | 충북 청주시 | 바이러스방역시스템 구축 | 2 | 43,040 | 6 | 6 | 1 | 6 | 1 | 1 | 4 | 5 | 5 | 4 | 4 |
| 3558 | 충북 청주시 | 내부지키미 프로그램 구입 | 2 | 34,100 | 6 | 6 | 1 | 6 | 1 | 1 | 4 | 5 | 5 | 4 | 4 |
| 3559 | 충북 청주시 | 행정정보 전산장비 유지관리(재해복구) | 1 | 113,759 | 6 | 6 | 1 | 6 | 2 | 2 | 4 | 5 | 5 | 4 | 4 |
| 3560 | 충북 청주시 | 행정업무용 PC 통합 구입 | 2 | 322,500 | 6 | 6 | 7 | 6 | 1 | 1 | 4 | 5 | 5 | 4 | 4 |
| 3561 | 충북 청주시 | 온-나라 시스템 유지관리 | 1 | 23,100 | 6 | 6 | 1 | 6 | 2 | 2 | 4 | 5 | 5 | 4 | 4 |

| 순번 | 시 군 구 | 정보화사업 사업명·예산서 상의 사업명 | 정보화사업 분류<br>1.유지 및 보수<br>2.SW/HW 개발 및 구매<br>3.DB 구축<br>4.정보화 전략계획(ISP) 수립<br>5.정보화지원<br>6.기타 | 2025년 예산<br>(단위:천원/1년간) | 예산 편성근거<br>1.법률에 규정<br>2.국고보조재원<br>3.용도조정기부금<br>4.조례<br>5.지자체 및 상위기관 정책<br>6.기타<br>7.해당없음 | 계약체결방법(경쟁형태)<br>1.일반경쟁<br>2.제한경쟁<br>3.지명경쟁<br>4.수의계약<br>5.법정위탁<br>6.기타<br>7.해당없음 | 정보화사업 계약기간<br>1.1년<br>2.2년<br>3.3년<br>4.4년<br>5.5년<br>6.기타<br>7.단기계약(1년미만)<br>8.해당없음 | 정보화사업 입찰방식<br>낙찰자 선정방법<br>1.적격심사<br>2.협상에 의한 계약<br>3.최저가낙찰제<br>4.규격가격분리<br>5.2단계 경쟁입찰<br>6.기타<br>7.해당없음 | 평가선정<br>1.내부선정<br>2.외부선정<br>3.내부·외부 모두 선정<br>4.신청 無<br>5.해당없음 | 정산방법<br>1.내부정산(자체적으로 정산)<br>2.외부정산(전문기관위탁 or 외부기관위탁 정산)<br>3.내외부 모두 정산<br>4.정산 無<br>5.해당없음 | 성과평가 실시여부<br>1.실시<br>2.미실시<br>3.향후 추진<br>4.해당없음 | 성과평가 주기<br>1.매년<br>2.격년<br>3.기간만료점<br>4.기타( )<br>5.해당없음 | 성과평가 방법<br>1.자체 평가<br>2.평가기관 구성(전문위원회)<br>3.전문평가기관 의뢰<br>4.기타( )<br>5.해당없음 | 성과평가결과 인센티브 및 패널티 적용 유무<br>1.적용<br>2.적용 안함<br>3.기타( )<br>4.해당없음 | 평가결과 적용 인센티브 및 패널티 적용 근거<br>1.법률<br>2.조례<br>3.지침<br>4.계약서<br>5.기타<br>6.해당없음 |
|---|---|---|---|---|---|---|---|---|---|---|---|---|---|---|---|
| 3562 | 충북 충주시 | 알림톡 통합메시지 솔루션 구축 | 2 | 40,000 | 6 | 6 | 7 | 6 | 1 | 1 | 4 | 5 | 5 | 4 | 4 |
| 3563 | 충북 충주시 | 2025년 정보통신시스템 통합유지보수 용역 | 1 | 187,700 | 6 | 2 | 1 | 2 | 1 | 1 | 2 | 5 | 5 | 4 | 5 |
| 3564 | 충북 충주시 | 영상회의 시스템 유지보수 | 1 | 1,895 | 6 | 4 | 1 | 7 | 1 | 1 | 2 | 5 | 5 | 4 | 5 |
| 3565 | 충북 충주시 | 2025년 멀티미디어 방송시스템 유지보수 | 1 | 21,000 | 6 | 4 | 1 | 7 | 1 | 1 | 2 | 5 | 5 | 4 | 5 |
| 3566 | 충북 충주시 | 2025년 공공와이파이 연간단가 유지보수 용역 | 1 | 16,000 | 6 | 4 | 1 | 7 | 1 | 1 | 2 | 5 | 5 | 4 | 5 |
| 3567 | 충북 충주시 | 클라우드 보안관제 시스템 구축 | 2 | 134,000 | 6 | 6 | 7 | 7 | 5 | 5 | 2 | 5 | 5 | 4 | 5 |
| 3568 | 충북 충주시 | 노후 네트워크 스위치 교체 | 2 | 35,400 | 6 | 6 | 1 | 7 | 5 | 5 | 2 | 5 | 5 | 4 | 5 |
| 3569 | 충북 충주시 | 2025년 기초지자체 사이버보안 대응역량 강화사업 위탁 | 1 | 12,000 | 6 | 6 | 7 | 6 | 2 | 2 | 4 | 5 | 5 | 4 | 6 |
| 3570 | 충북 충주시 | 스마트 시티 서비스 구축 | 2 | 530,000 | 6 | 4 | 1 | 7 | 1 | 1 | 4 | 5 | 5 | 4 | 6 |
| 3571 | 충북 충주시 | 드론시스템 운영 및 전문인력 양성교육 | 5 | 19,800 | 7 | 1 | 7 | 6 | 1 | 1 | 1 | 1 | 2 | 4 | 6 |
| 3572 | 충북 충주시 | 방범 CCTV 설치 | 6 | 400,000 | 1 | 1 | 7 | 6 | 1 | 1 | 1 | 1 | 2 | 4 | 6 |
| 3573 | 충북 충주시 | 노후 방범 CCTV 교체 | 6 | 350,000 | 1 | 1 | 7 | 6 | 5 | 5 | 1 | 1 | 2 | 4 | 6 |
| 3574 | 충북 충주시 | 통합관제센터 CCTV IP관리시스템 구축 | 2 | 95,000 | 6 | 6 | 7 | 6(초음구입) | 5 | 5 | 4 | 5 | 5 | 4 | 6 |
| 3575 | 충북 충주시 | 현장 CCTV 유지보수 | 1 | 140,000 | 7 | 1 | 1 | 6 | 1 | 1 | 4 | 5 | 5 | 4 | 6 |
| 3576 | 충북 충주시 | 주택가 CCTV 비상벨 설치 | 6 | 37,500 | 7 | 7 | 7 | 7 | 1 | 1 | 4 | 5 | 5 | 4 | 6 |
| 3577 | 충북 충주시 | 초등학교 CCTV 통합관제센터 연계 | 1 | 490,200 | 6 | 1 | 2 | 2 | 1 | 1 | 1 | 2 | 1 | 4 | 4 |
| 3578 | 충북 충주시 | 통합관제센터 CCTV 모니터링 | 1 | 490,200 | 6 | 4 | 2 | 2 | 1 | 1 | 1 | 2 | 1 | 4 | 4 |
| 3579 | 충북 충주시 | CCTV 통합관제센터 유지보수 | 1 | 240,000 | 6 | 4 | 1 | 7 | 1 | 1 | 2 | 5 | 5 | 4 | 6 |
| 3580 | 충북 충주시 | 대형폐기물 관리시스템 기능개선 구축사업 | 2 | 15,000 | 6 | 4 | 1 | 7 | 5 | 5 | 2 | 5 | 5 | 4 | 4 |
| 3581 | 충북 충주시 | 가로보안등 관제시스템 및 양방향 점열기 유지관리 | 1 | 11,500 | 6 | 4 | 1 | 7 | 1 | 1 | 4 | 5 | 5 | 4 | 4 |
| 3582 | 충북 충주시 | 전산시스템 유지보수 | 1 | 21,360 | 6 | 4 | 1 | 7 | 1 | 1 | 4 | 5 | 5 | 4 | 4 |
| 3583 | 충북 충주시 | 크라스 및 소프트웨어 유지보수 | 1 | 19,932 | 6 | 4 | 1 | 7 | 1 | 1 | 4 | 5 | 5 | 4 | 4 |
| 3584 | 충북 충주시 | 응용솔루션 및 홈페이지 유지보수 | 1 | 19,572 | 6 | 4 | 1 | 7 | 1 | 1 | 4 | 5 | 5 | 4 | 4 |
| 3585 | 충북 충주시 | 도서관 자동화(RFID)장비 유지보수 | 1 | 38,484 | 6 | 4 | 1 | 7 | 1 | 1 | 4 | 5 | 5 | 4 | 4 |
| 3586 | 충북 충주시 | 희망도서 바로대출 시스템 유지보수 | 1 | 3,600 | 6 | 4 | 1 | 7 | 1 | 1 | 4 | 5 | 5 | 4 | 4 |
| 3587 | 충북 충주시 | 카카오톡 알림톡 발송시스템 유지보수 | 1 | 2,856 | 6 | 4 | 1 | 7 | 1 | 1 | 4 | 5 | 5 | 4 | 4 |
| 3588 | 충북 충주시 | 향토자료 아카이브 시스템 유지보수 | 1 | 3,264 | 6 | 4 | 1 | 7 | 1 | 1 | 4 | 5 | 5 | 4 | 4 |
| 3589 | 충북 충주시 | 시민행복센터 상담시스템 유지보수 | 1 | 19,800 | 4 | 4 | 1 | 7 | 1 | 1 | 4 | 4 | 4 | 4 | 4 |
| 3590 | 충북 충주시 | 바이러스 백신프로그램 | 2 | 3,400 | 4 | 2 | 1 | 3 | 5 | 5 | 4 | 4 | 4 | 4 | 4 |
| 3591 | 충북 충주시 | 재난예방 관리시스템 통합 유지관리 | 1 | 88,000 | 4 | 4 | 1 | 7 | 1 | 1 | 4 | 5 | 5 | 4 | 6 |
| 3592 | 충북 충주시 | 지진가속도계 유지관리 | 1 | 5,400 | 1 | 4 | 1 | 7 | 5 | 5 | 4 | 5 | 5 | 4 | 6 |

- 116 -

| 순번 | 시군구 | 정보화사업 상의 사업명 | 정보화사업 분류 | 2025년 예산 (단위:천원/1년간) | 예산 편성근거 | 계약체결방법 (경쟁형태) | 계약기간 | 낙찰자 선정방식 | 평가신청 | 정보화사업 예산 산정 | 성과평가 실시여부 | 성과평가 주기 | 성과평가 방법 | 성과평가결과 인센티브 및 페널티 적용 유무 | 인센티브 및 페널티 적용 근거 |
|---|---|---|---|---|---|---|---|---|---|---|---|---|---|---|---|
| 3593 | 충북 충주시 | 전적유물 통합관리 웹페이지 | 1 | 90,000 | 4 | 2 | 1 | 3 | 1 | 1 | 4 | 5 | 5 | 4 | 6 |
| 3594 | 충북 충주시 | 지진가속도계 유지관리 | 1 | 5,400 | 1 | 4 | 1 | 7 | 5 | 5 | 4 | 5 | 5 | 4 | 6 |
| 3595 | 충북 충주시 | 재난예방 CCTV설치 및 정비 | 2 | 48,000 | 4 | 4 | 7 | 7 | 1 | 1 | 4 | 5 | 5 | 4 | 6 |
| 3596 | 충북 충주시 | 긴급통신단말기(위성전화기) 교체 | 2 | 14,000 | 4 | 4 | 7 | 7 | 5 | 5 | 4 | 5 | 5 | 4 | 6 |
| 3597 | 충북 충주시 | 민방위 사이버교육 시스템 운영 | 1 | 8,500 | 1 | 4 | 1 | 7 | 1 | 1 | 4 | 5 | 5 | 4 | 6 |
| 3598 | 충북 충주시 | 민방위 경보시설 유지관리 | 2 | 22,000 | 4 | 4 | 7 | 7 | 5 | 5 | 4 | 5 | 5 | 4 | 6 |
| 3599 | 충북 충주시 | 노후 민방위 사이렌장비 교체 | 2 | 45,000 | 4 | 4 | 7 | 6 | 1 | 1 | 4 | 5 | 5 | 4 | 6 |
| 3600 | 충북 충주시 | 디지털 안전보건관리 시스템 구축 | 2 | 85,800 | 5 | 4 | 8 | 2 | 5 | 5 | 4 | 4 | 5 | 4 | 6 |
| 3601 | 충북 충주시 | 관광사업소 정보화장비 SW 유지보수 | 1 | 21,780 | 4 | 4 | 1 | 7 | 1 | 1 | 4 | 5 | 5 | 4 | 4 |
| 3602 | 충북 충주시 | 정복e시스템 운영지원 및 유지보수 | 1 | 13,806 | 1 | 5 | 1 | 7 | 2 | 2 | 1 | 4(매월) | 1 | 4 | 6 |
| 3603 | 충북 충주시 | 제천시 문화관광 홈페이지 유지보수용역 | 1 | 13,200 | 5 | 4 | 2 | 2 | 1 | 1 | 4 | 5 | 5 | 4 | 6 |
| 3604 | 충북 충주시 | 2025~2026년 제천시 교통정보센터 유지관리 용역 | 1 | 355,347 | 5 | 2 | 2 | 2 | 1 | 1 | 2 | 5 | 5 | 4 | 6 |
| 3605 | 충북 충주시 | 제천시 버스정보시스템(BIS) 신뢰도 개선사업 | 2 | 345,000 | 5 | 2 | 1 | 2 | 1 | 1 | 3 | 1 | 1 | 4 | 6 |
| 3606 | 충북 충주시 | 차세대통합지방재정시스템 | 1 | 160,245 | 1 | 5 | 1 | 7 | 5 | 5 | 4 | 4 | 4 | 4 | 6 |
| 3607 | 충북 제천시 | 행정업무디렉토리 | 1 | 2,235 | 6 | 4 | 1 | 7 | 5 | 5 | 4 | 5 | 5 | 4 | 6 |
| 3608 | 충북 제천시 | 정보관리시스템 유지보수 | 1 | 2,600 | 4 | 4 | 1 | 2 | 1 | 1 | 4 | 5 | 5 | 4 | 6 |
| 3609 | 충북 제천시 | 정예인행광광 홈페이지 유지관리 | 1 | 12,696 | 7 | 4 | 7 | 7 | 1 | 1 | 4 | 5 | 5 | 4 | 6 |
| 3610 | 충북 제천시 | 홈페이지 구축사업 | 2 | 22,000 | 7 | 7 | 8 | 2 | 2 | 2 | 4 | 5 | 5 | 4 | 6 |
| 3611 | 충북 제천시 | 국토이용정보 통합활용체계(KLIP) DB 현행화 및 정비용역 | 3 | 22,000 | 1 | 4 | 1 | 7 | 1 | 1 | 2 | 5 | 5 | 4 | 6 |
| 3612 | 충북 제천시 | 도시계획정보시스템(UPIS) 서버 유지관리 용역 | 1 | 20,000 | 6 | 5 | 1 | 7 | 2 | 2 | 2 | 5 | 5 | 4 | 6 |
| 3613 | 충북 제천시 | 도시계획정보시스템(UPIS) DB 현행화 및 정비 용역 | 3 | 20,000 | 6 | 3 | 1 | 2 | 1 | 1 | 2 | 5 | 5 | 4 | 6 |
| 3614 | 충북 제천시 | 마을회관 시스템 유지보수 | 1 | 2,000 | 4 | 4 | 1 | 2 | 2 | 2 | 1 | 1 | 1 | 4 | 6 |
| 3615 | 충북 제천시 | 지적도 전산시스템 DB자료 구축 | 3 | 22,000 | 5 | 4 | 7 | 7 | 2 | 2 | 1 | 5 | 5 | 4 | 6 |
| 3616 | 충북 제천시 | 지하시설물전산화-정비영상사업 | 3 | 204,000 | 7 | 2 | 1 | 2 | 1 | 1 | 4 | 5 | 5 | 4 | 6 |
| 3617 | 충북 제천시 | 토지정보시스템 유지관리 | 1 | 47,635 | 5 | 4 | 1 | 7 | 1 | 1 | 4 | 5 | 5 | 4 | 6 |
| 3618 | 충북 제천시 | 국가주소정보시스템 유지관리 | 1 | 49,320 | 5 | 5 | 1 | 7 | 2 | 2 | 4 | 5 | 5 | 4 | 6 |
| 3619 | 충북 제천시 | 공간정보시스템 통합 유지보수 | 1 | 129,707 | 5 | 3 | 1 | 2 | 1 | 1 | 4 | 5 | 5 | 4 | 6 |
| 3620 | 충북 제천시 | 표준지방세정보시스템운영 | 1 | 117,424 | 5 | 4 | 1 | 7 | 2 | 2 | 4 | 5 | 5 | 4 | 6 |
| 3621 | 충북 제천시 | 세외수입정보시스템운영 | 1 | 63,553 | 7 | 4 | 7 | 7 | 2 | 2 | 4 | 5 | 5 | 4 | 6 |
| 3622 | 충북 제천시 | 상하수도 요금관리 전산프로그램 유지보수 용역 | 1 | 21,780 | 5 | 4 | 1 | 7 | 1 | 1 | 4 | 5 | 5 | 4 | 6 |
| 3623 | 충북 제천시 | 상수도 기타수업(임금검사 등) 전산프로그램 유지보수 용역 | 1 | 4,000 | 5 | 4 | 1 | 7 | 5 | 5 | 4 | 5 | 5 | 4 | 6 |

- 117 -

| 순번 | 시군구 | 정보화사업 사업명 · 예산서 상 사업명 | 정보화사업 분류 1.유지 및 보수 2.SW/HW 개발 및 구매 3.DB 구축 4.정보화 전략계획(ISP) 수립 5.정보화자원 6.기타 | 2025년 예산 (단위:천원/1년간) | 예산 편성근거 1.법률에 규정 2.국고보조재원 3.용도지정기부금 4.조례 5.지자체 및 상위기관 정책 6.기타 7.해당없음 | 계약체결방법 (경쟁형태) 1.일반경쟁 2.제한경쟁 3.지명경쟁 4.수의계약 5.법정위탁 6.기타 7.해당없음 | 계약기간 1.1년 2.2년 3.3년 4.4년 5.5년 6.기타( ) 7.단기계약(1년미만) 8.해당없음 | 낙찰자 선정방법 1.적격심사 2.협상에 의한 계약 3.최저가계약 4.규격가격분리 5.2단계 경쟁입찰 6.기타( ) 7.해당없음 | 평가선정 1.내부선정 2.외부선정 3.내외부 선정 4.신청 계 5.해당없음 | 정산방법 1.내부정산 (자체적으로 정산) 2.외부정산 (회계전문기관 정산) 3.내외부 모두 정산 4.정산 X 5.해당없음 | 성과평가 실시여부 1.실시 2.미실시 3.향후 추진 4.해당없음 | 성과평가 주기 1.매년 2.격년 3.기관방침 4.기타( ) 5.해당없음 | 성과평가 방법 1.자체 평가 2.평가단 구성후 실시 (전문위원회) 3.전문 평가기관 의뢰 4.기타 5.해당없음 | 성과평가결과 인센티브 및 페널티 적용 유무 1.적용 2.적용 안함 3.기타( ) 4.해당없음 | 인센티브 및 페널티 적용 근거 1.법률 2.조례 3.지침 4.계약서 5.기타( ) 6.해당없음 |
|---|---|---|---|---|---|---|---|---|---|---|---|---|---|---|---|
| 3624 | 충북 제천시 | 상하수도요금 통합납부시스템(기반시설) 유지보수 용역 | 1 | 4,560 | 5 | 4 | 1 | 7 | 1 | 5 | 4 | 5 | 5 | 4 | 6 |
| 3625 | 충북 제천시 | 스마트시티 통합플랫폼 유지보수 | 1 | 87,781 | 5 | 4 | 1 | 1 | 1 | 5 | 4 | 5 | 5 | 4 | 6 |
| 3626 | 충북 제천시 | 스마트빌리지 보급 및 확산사업 | 4 | 1,200,000 | 2 | 2 | 2 | 2 | 3 | 1 | 4 | 5 | 5 | 4 | 6 |
| 3627 | 충북 제천시 | 주민센터 주요 정보시스템 통합 유지관리 | 1 | 170,000 | 5 | 2 | 1 | 7 | 1 | 5 | 4 | 5 | 5 | 4 | 6 |
| 3628 | 충북 제천시 | 업무용 소프트웨어 구입 | 2 | 100,000 | 7 | 7 | 8 | 7 | 1 | 5 | 4 | 5 | 5 | 4 | 6 |
| 3629 | 충북 제천시 | 노후컴퓨터 교체 및 모니터 구입 | 2 | 383,000 | 7 | 2 | 8 | 5 | 1 | 5 | 4 | 5 | 5 | 4 | 6 |
| 3630 | 충북 제천시 | 제천시 행정용무용 컴퓨터 유지관리 | 1 | 80,000 | 7 | 2 | 1 | 7 | 1 | 5 | 4 | 5 | 5 | 4 | 6 |
| 3631 | 충북 제천시 | 홈페이지 전자정부 생성 솔루션 구입 | 2 | 33,000 | 1 | 7 | 8 | 7 | 1 | 5 | 4 | 5 | 5 | 4 | 6 |
| 3632 | 충북 제천시 | 홈페이지 DB암호화 솔루션 구입 | 2 | 14,000 | 7 | 7 | 1 | 7 | 1 | 4 | 4 | 5 | 5 | 4 | 6 |
| 3633 | 충북 제천시 | 기록관운영 | 1 | 36,627 | 5 | 1 | 1 | 1 | 1 | 5 | 4 | 5 | 5 | 4 | 6 |
| 3634 | 충북 제천시 | IPT교환기및 네트워크 장비유지보수 | 1 | 99,197 | 5 | 4 | 2 | 2 | 1 | 5 | 4 | 5 | 5 | 4 | 6 |
| 3635 | 충북 제천시 | 사이버침해대응센터 및 정보보호시스템 통합유지보수 | 1 | 142,323 | 6 | 1 | 2 | 2 | 3 | 5 | 4 | 5 | 5 | 4 | 6 |
| 3636 | 충북 제천시 | 암호장비 교체 및 취약점 운석 및 SW 구입 | 2 | 312,707 | 6 | 4 | 8 | 7 | 3 | 1 | 4 | 5 | 5 | 4 | 6 |
| 3637 | 충북 제천시 | 2025년 제천시 사이버보안 모의훈련 및 취약 | 6 | 22,000 | 6 | 4 | 8 | 8 | 3 | 5 | 4 | 5 | 5 | 4 | 6 |
| 3638 | 충북 제천시 | 스마트마을방송 시스템 유지보수 | 1 | 18,907 | 6 | 4 | 1 | 1 | 1 | 5 | 4 | 5 | 5 | 4 | 6 |
| 3639 | 충북 제천시 | 2025년 불법도청탐지시스템 유지관리 | 1 | 6,945 | 7 | 4 | 1 | 1 | 1 | 5 | 4 | 5 | 5 | 4 | 6 |
| 3640 | 충북 제천시 | 2025년 통합전자결재시스템 유지보수 | 1 | 8,083 | 7 | 4 | 1 | 1 | 1 | 5 | 4 | 5 | 5 | 4 | 6 |
| 3641 | 충북 제천시 | 스마트도서관 유지보수 | 1 | 9,500 | 4 | 4 | 1 | 2 | 1 | 5 | 4 | 5 | 5 | 4 | 6 |
| 3642 | 충북 제천시 | 작은도서관 육성 시범지구 조성 공모사업 | 2 | 243,000 | 2 | 7 | 8 | 2 | 3 | 1 | 4 | 5 | 5 | 4 | 6 |
| 3643 | 충북 제천시 | 통합결제센터 운영 장비 통합유지보수료 | 1 | 362,567 | 7 | 4 | 1 | 1 | 1 | 5 | 4 | 5 | 5 | 4 | 6 |
| 3644 | 충북 제천시 | 이용자용 컴퓨터 구입(스토리지 증설) | 2 | 100,000 | 7 | 4 | 8 | 7 | 1 | 5 | 4 | 5 | 5 | 4 | 6 |
| 3645 | 충북 제천시 | CCTV 영상저장장치 노후장비 교체 | 2 | 206,000 | 7 | 4 | 8 | 7 | 1 | 5 | 4 | 5 | 5 | 4 | 6 |
| 3646 | 충북 제천시 | CCTV 통합관제센터 노후장비 유지보수 용역 | 1 | 75,042 | 7 | 4 | 1 | 3 | 1 | 5 | 4 | 5 | 5 | 4 | 6 |
| 3647 | 충북 제천시 | 북부지역 방범용 CCTV 기초시설 유지보수 용역 | 1 | 82,357 | 7 | 4 | 1 | 3 | 1 | 5 | 4 | 5 | 5 | 4 | 6 |
| 3648 | 충북 제천시 | 중부지역 방범용 CCTV 기초시설 유지보수 용역 | 1 | 75,042 | 7 | 4 | 1 | 3 | 1 | 5 | 4 | 5 | 5 | 4 | 6 |
| 3649 | 충북 제천시 | 남부지역 방범용 CCTV 기초시설 유지보수 용역 | 1 | 31,200 | 7 | 4 | 1 | 7 | 1 | 5 | 4 | 5 | 5 | 4 | 6 |
| 3650 | 충북 제천시 | 자전거용안시용 CCTV 유지보수 용역 | 1 | 10,000 | 7 | 4 | 1 | 7 | 1 | 5 | 4 | 5 | 5 | 4 | 6 |
| 3651 | 충북 제천시 | 자전거도로체계시스템 유지보수 용역 | 1 | 10,080 | 5 | 4 | 1 | 7 | 1 | 4 | 4 | 5 | 5 | 4 | 6 |

- 118 -

| 순번 | 시군구 | 정보화사업 사업명·예산서 상의 사업명 | 정보화사업 분류 | 2025년 예산 (단위:천원/1년간) | 예산 편성근거 | 계약체결방법 (경쟁형태) | 계약기간 | 낙찰자 선정방법 | 정보화사업 입찰방식 평가선정 | 정보화사업 예산 산정 | 성과평가 실시여부 | 성과평가 주기 | 성과평가 방법 | 성과평가결과 인센티브 및 페널티 적용 유무 | 인센티브 및 페널티 적용 근거 |
|---|---|---|---|---|---|---|---|---|---|---|---|---|---|---|---|
| 3655 | 충북 제천시 | 재활용품배스포스센터 홈페이지 유지관리 | 1 | 7,920 | 5 | 4 | 1 | 7 | 5 | 5 | 4 | 5 | 5 | 4 | 6 |
| 3656 | 충북 제천시 | 공공체육시설 예약결제시스템 및 서버 유지관리 | 1 | 6,750 | 6 | 4 | 1 | 7 | 1 | 1 | 4 | 5 | 5 | 4 | 6 |
| 3657 | 충북 제천시 | 표준지방인사정보시스템 | 1 | 43,253 | 5 | 7 | 1 | 7 | 5 | 5 | 4 | 5 | 5 | 4 | 6 |
| 3658 | 충북 제천시 | 사진DB홈페이지 유지 관리 | 1 | 2,970 | 4 | 4 | 1 | 7 | 2 | 5 | 4 | 5 | 5 | 4 | 6 |
| 3659 | 충북 제천시 | 사진DB서버홈페이지 유지 관리 | 1 | 3,888 | 4 | 4 | 1 | 7 | 2 | 5 | 4 | 5 | 5 | 4 | 6 |
| 3660 | 충북 제천시 | 평생학습 홈페이지 DB암호화 유지 관리 | 1 | 3,760 | 4 | 4 | 1 | 7 | 5 | 5 | 4 | 5 | 5 | 4 | 6 |
| 3661 | 충북 제천시 | 계약정보공개시스템 유지관리 용역 | 1 | 5,586 | 1 | 4 | 1 | 7 | 1 | 1 | 4 | 5 | 5 | 4 | 6 |
| 3662 | 충북 제천시 | 물품관리시스템 S/W 및 장비 유지보수 | 1 | 26,985 | 7 | 4 | 1 | 1 | 1 | 1 | 4 | 5 | 5 | 4 | 6 |
| 3663 | 충북 제천시 | 공유재산 업무지원 전산시스템 구축 | 3 | 19,800 | 6 | 4 | 7 | 7 | 1 | 5 | 4 | 5 | 5 | 4 | 6 |
| 3664 | 충북 제천시 | 정보시스템 통합유지보수 | 1 | 241,715 | 5 | 2 | 1 | 1 | 1 | 1 | 4 | 5 | 5 | 4 | 6 |
| 3665 | 충북 옥천군 | 대표 홈페이지 운영 유지보수 | 1 | 17,480 | 4 | 4 | 1 | 7 | 1 | 1 | 4 | 5 | 5 | 4 | 6 |
| 3666 | 충북 옥천군 | 스마트마을방송시스템 유지보수 | 1 | 15,180 | 1 | 4 | 1 | 7 | 1 | 1 | 4 | 5 | 5 | 4 | 6 |
| 3667 | 충북 옥천군 | 스마트 이장넷 유지보수 | 1 | 2,750 | 4 | 4 | 1 | 7 | 1 | 1 | 4 | 5 | 5 | 4 | 6 |
| 3668 | 충북 옥천군 | 계약정보 공개시스템 유지관리 용역 | 1 | 5,616 | 4 | 4 | 1 | 7 | 1 | 1 | 4 | 5 | 5 | 4 | 6 |
| 3669 | 충북 옥천군 | 주민정보화시스템 유 프로그램 유지보수 | 1 | 7,440 | 4 | 4 | 7 | 7 | 1 | 1 | 4 | 5 | 5 | 4 | 6 |
| 3670 | 충북 옥천군 | 통합택시장(UMS) 유지보수 | 1 | 5,670 | 1 | 1 | 1 | 3 | 1 | 1 | 4 | 5 | 5 | 4 | 6 |
| 3671 | 충북 옥천군 | 공간정보시스템 통합 유지보수 | 1 | 38,000 | 4 | 4 | 1 | 3 | 1 | 1 | 4 | 5 | 5 | 4 | 6 |
| 3672 | 충북 옥천군 | 영구보존 전자문서를 전자화 | 1 | 20,000 | 1 | 4 | 7 | 3 | 1 | 1 | 4 | 5 | 5 | 4 | 6 |
| 3673 | 충북 옥천군 | 교통법규위반 행정전자시스템 수지화 | 3 | 18,020 | 1 | 4 | 1 | 3 | 1 | 1 | 4 | 5 | 5 | 4 | 6 |
| 3674 | 충북 옥천군 | 수지비화 공개시스템 수지보수 | 1 | 2,900 | 1 | 4 | 1 | 7 | 1 | 1 | 4 | 5 | 5 | 4 | 6 |
| 3675 | 충북 옥천군 | 옥천군민도서관 도서관리시스템 | 1 | 19,440 | 4 | 2 | 8 | 5 | 1 | 1 | 4 | 5 | 5 | 4 | 5 |
| 3676 | 충북 옥천군 | 컴퓨터소모품자재 | 6 | 29,700 | 1 | 1 | 1 | 5 | 1 | 1 | 4 | 5 | 5 | 4 | 5 |
| 3677 | 충북 영동군 | 업무용프린터유지 | 1 | 99,900 | 1 | 7 | 8 | 7 | 1 | 1 | 4 | 5 | 5 | 4 | 5 |
| 3678 | 충북 영동군 | 칼라레이저프린터유지 | 1 | 147,000 | 1 | 1 | 8 | 3 | 1 | 1 | 4 | 5 | 5 | 4 | 5 |
| 3679 | 충북 영동군 | 행정장비자자비 | 1 | 101,175 | 1 | 1 | 1 | 7 | 1 | 1 | 4 | 5 | 5 | 4 | 5 |
| 3680 | 충북 영동군 | 통합민원팩스 소모품 유지비 | 1 | 45,540 | 4 | 4 | 1 | 7 | 1 | 1 | 4 | 5 | 5 | 4 | 5 |
| 3681 | 충북 영동군 | 통합민원팩스 장비 유지비 | 1 | 7,594 | 1 | 1 | 1 | 7 | 1 | 1 | 4 | 5 | 5 | 4 | 5 |
| 3682 | 충북 영동군 | 직원용 컴퓨터 타 구입 | 6 | 192,000 | 1 | 2 | 8 | 5 | 1 | 1 | 4 | 5 | 5 | 4 | 5 |
| 3683 | 충북 영동군 | 직원용 프린터 구입 | 6 | 37,500 | 1 | 7 | 8 | 7 | 1 | 1 | 4 | 5 | 5 | 4 | 5 |
| 3684 | 충북 영동군 | 노후 노트북 대체 및 신규구매 | 6 | 14,100 | 1 | 7 | 8 | 7 | 1 | 1 | 4 | 5 | 5 | 4 | 5 |
| 3685 | 충북 영동군 | 주전산기자비 | 1 | 769,635 | 1 | 1 | 3 | 2 | 1 | 1 | 4 | 5 | 5 | 4 | 4 |

- 119 -

| 순번 | 시군구 | 정보화사업 사업명 · 예산서 상의 사업명 | 정보화사업 분류 (1.유지 및 보수 2.SW/HW 개발 및 구매 3.DB 구축 4.정보화 전략계획(ISP) 수립 5.정보화지원 6.기타) | 2025년 예산 (단위:천원/1년간) | 예산 편성근거 (1.법률에 규정 2.국고보조 재원 3.용도조정 재원 4.조례 5.지자체 및 상위기관 정책 6.기타 7.해당없음) | 계약체결방법 (경쟁형태) (1.일반경쟁 2.제한경쟁 3.지명경쟁 4.수의계약 5.협약 6.기타 7.해당없음) | 정보화사업 입찰방식 계약기간 | 낙찰자 선정방식 (1.적격심사 2.협상에 의한 계약 3.최저가낙찰 4.규격가격분리 5.2단계 경쟁입찰 6.기타 7.해당없음) | 정보화사업 예산 산정 평가기 선정 (1.내부선정 2.외부선정 (전문기관위탁) 3.내·외부 모두 선정 4.선정 無 5.해당없음) | 정산방법 (1.내부정산 (자체직원 정산) 2.외부정산 (외부전문기관위탁 정산) 3.내·외부 모두 정산 4.정산 無 5.해당없음) | 성과평가 실시여부 (1.실시 2.미실시 3.향후 추진 4.해당없음) | 성과평가 주기 (1.매년 2.격년 3.기간만료전 4.기타 5.해당없음) | 성과평가 방법 (1.자체 평가 2.평가단 구성 후 실시 (전문위원회) 3.전문 평가기관 의뢰 4.기타 5.해당없음) | 평가결과 적용 성과평가결과 인센티브 적용 유무 (1.적용 2.적용 안함 3.기타 ( ) 4.해당없음) | 인센티브 및 패널티 적용 근거 (1.법률 2.조례 3.지침 4.계약서 5.기타 6.해당없음) |
|---|---|---|---|---|---|---|---|---|---|---|---|---|---|---|---|---|
| 3686 | 충북 영동군 | 공통기반 및 재해복구시스템 유지비 | 1 | 56,563 | 1 | 7 | 1 | 7 | 5 | 5 | 4 | 5 | 5 | 4 | 4 |
| 3687 | 충북 영동군 | 정액-시스템 운영유지비 | 1 | 12,174 | 1 | 7 | 1 | 7 | 5 | 5 | 4 | 5 | 5 | 4 | 4 |
| 3688 | 충북 영동군 | 주소정보관리시스템 자체업 구축 및 유지비 | 1 | 47,520 | 1 | 7 | 1 | 7 | 5 | 5 | 4 | 5 | 5 | 4 | 4 |
| 3689 | 충북 영동군 | 업체주소 구축용 주소정보기본도 유지비 | 1 | 26,286 | 1 | 7 | 1 | 7 | 5 | 5 | 4 | 5 | 5 | 4 | 4 |
| 3690 | 충북 영동군 | 지방행정통합정보시스템 상임센터 운영유지비 | 1 | 7,250 | 1 | 7 | 1 | 7 | 5 | 5 | 4 | 5 | 5 | 4 | 4 |
| 3691 | 충북 영동군 | 우편모아시스템 유지비 | 1 | 5,860 | 1 | 7 | 1 | 7 | 5 | 5 | 4 | 5 | 5 | 4 | 4 |
| 3692 | 충북 영동군 | MS제품 GAS 프로그램 구입 | 2 | 82,150 | 1 | 4 | 1 | 7 | 1 | 5 | 4 | 5 | 5 | 4 | 4 |
| 3693 | 충북 영동군 | 정품 소프트웨어 구입 | 2 | 48,000 | 7 | 4 | 1 | 7 | 5 | 5 | 4 | 5 | 5 | 4 | 4 |
| 3694 | 충북 영동군 | 한컴오피스2024 연간 사용권 구입 | 2 | 32,550 | 1 | 4 | 1 | 7 | 1 | 5 | 4 | 5 | 5 | 4 | 4 |
| 3695 | 충북 영동군 | 알툴즈 통합팩 연간 사용권 구입 | 2 | 10,620 | 1 | 4 | 1 | 7 | 1 | 5 | 4 | 5 | 5 | 4 | 4 |
| 3696 | 충북 영동군 | 바이러스백신 프로그램 업그레이드 | 2 | 19,800 | 1 | 4 | 1 | 7 | 1 | 5 | 4 | 5 | 5 | 4 | 4 |
| 3697 | 충북 영동군 | 원도우서버백신 프로그램 업그레이드 | 2 | 6,000 | 1 | 4 | 1 | 7 | 1 | 5 | 4 | 5 | 5 | 4 | 4 |
| 3698 | 충북 영동군 | 리눅스서버백신 프로그램 구입 | 2 | 2,106 | 1 | 4 | 1 | 7 | 1 | 5 | 4 | 5 | 5 | 4 | 4 |
| 3699 | 충북 영동군 | 패치관리 프로그램 구입 | 2 | 13,200 | 1 | 4 | 1 | 7 | 1 | 5 | 4 | 5 | 5 | 4 | 4 |
| 3700 | 충북 영동군 | 내PC지키미 프로그램 업그레이드 | 2 | 11,550 | 1 | 4 | 1 | 7 | 1 | 5 | 4 | 5 | 5 | 4 | 4 |
| 3701 | 충북 영동군 | 개인정보파일 프로그램 업그레이드 | 2 | 13,200 | 1 | 4 | 1 | 7 | 1 | 5 | 4 | 5 | 5 | 4 | 4 |
| 3702 | 충북 영동군 | 통합보안관리 프로그램 구입(EPP) | 2 | 3,675 | 1 | 4 | 1 | 7 | 1 | 5 | 4 | 5 | 5 | 4 | 4 |
| 3703 | 충북 영동군 | 오토캐드 프로그램구입 | 2 | 13,225 | 1 | 4 | 1 | 7 | 5 | 5 | 4 | 5 | 5 | 4 | 4 |
| 3704 | 충북 영동군 | 홈페이지 도메인수수료 | 6 | 720 | 1 | 4 | 8 | 7 | 1 | 1 | 4 | 5 | 5 | 4 | 4 |
| 3705 | 충북 영동군 | 인터넷실명인증서비스 사용료 | 6 | 4,800 | 1 | 4 | 8 | 2 | 1 | 1 | 4 | 5 | 5 | 4 | 4 |
| 3706 | 충북 영동군 | 홈페이지 맞춤형계시판 유지보수 | 1 | 44,600 | 1 | 1 | 8 | 2 | 1 | 1 | 4 | 5 | 5 | 4 | 4 |
| 3707 | 충북 영동군 | 국악아카이브 및 미디어출연 유지비 | 1 | 3,072 | 4 | 4 | 8 | 2 | 1 | 1 | 4 | 5 | 5 | 4 | 4 |
| 3708 | 충북 영동군 | 영동군 스마트회민적 유지비 | 1 | 3,154 | 4 | 4 | 7 | 2 | 1 | 1 | 4 | 5 | 5 | 4 | 4 |
| 3709 | 충북 영동군 | 영동알리미 고도화용 용역사업 | 2 | 20,000 | 6 | 4 | 1 | 3 | 1 | 1 | 4 | 5 | 5 | 4 | 4 |
| 3710 | 충북 영동군 | CCTV시설 유지관리 | 1 | 198,844 | 4 | 1 | 1 | 2 | 1 | 1 | 4 | 5 | 5 | 4 | 4 |
| 3711 | 충북 영동군 | 농촌마을안정 CCTV시설 유지관리 | 1 | 135,274 | 4 | 1 | 1 | 2 | 1 | 1 | 4 | 5 | 5 | 4 | 4 |
| 3712 | 충북 영동군 | CCTV통합관제센터시스템(장비)유지비 | 1 | 87,292 | 4 | 1 | 1 | 2 | 1 | 1 | 4 | 5 | 5 | 4 | 4 |
| 3713 | 충북 영동군 | CCTV통합관제센터 프로그램유지비 | 1 | 130,667 | 4 | 1 | 1 | 3 | 1 | 1 | 4 | 5 | 5 | 4 | 4 |
| 3714 | 충북 영동군 | CCTV통합관제센터 모니터요원 용역사업 | 1 | 384,960 | 4 | 1 | 1 | 1 | 1 | 1 | 4 | 5 | 5 | 4 | 4 |
| 3715 | 충북 영동군 | 농촌마을 CCTV 문체 서비 구입 | 2 | 54,420 | 4 | 1 | 1 | 6 | 1 | 5 | 4 | 5 | 5 | 4 | 4 |
| 3716 | 충북 영동군 | 지능형 선별관제 서비 구입 | 2 | 26,544 | 4 | 1 | 1 | 6 | 5 | 5 | 4 | 5 | 5 | 4 | 4 |

- 120 -

| 순번 | 시군구 | 정보화사업명<br>·예산 상의 사업명 | 정보화사업 분류<br>1.유지 및 보수<br>2.SW/HW<br>개발 및 구매<br>3.DB 구축<br>4.정보화<br>전략계획<br>(ISP) 수립<br>5.정보자원<br>6.기타 | 2025년<br>예산<br>(단위:천원<br>/1년간) | 예산 편성근거<br>1.법률에 규정<br>2.국고보조재원<br>3.용도지정기부금<br>4.조례<br>5.지자체 및<br>상위기관 정책<br>6.기타<br>7.해당없음 | 계약체결방식<br>(경쟁형태)<br>1.일반경쟁<br>2.제한경쟁<br>3.지명경쟁<br>4.수의계약<br>5.경쟁입찰<br>6.기타( )<br>7.해당없음 | 계약기간<br>1.1년<br>2.2년<br>3.3년<br>4.4년<br>5.5년<br>6.기타<br>( )년<br>7.단기계약<br>(1년미만)<br>8.해당없음 | 낙찰자 선정방식<br>1.적격심사<br>2.협상에 의한계약<br>3.최저가낙찰제<br>4.규격가격분리<br>5.2단계 경쟁입찰<br>6.기타( )<br>7.해당없음 | 평가부서선정<br>1.내부선정<br>(자체적으로 선정)<br>2.외부선정<br>(전문기관에서 선정)<br>3.내·외부 모두 선정<br>4.선정 無<br>5.해당없음 | 정산방법<br>1.내부정산<br>(내부적으로 정산)<br>2.외부정산<br>(외부전문기관위탁<br>정산)<br>3.내·외부 모두 정산<br>4.정산 無<br>5.해당없음 | 성과평가 실시여부<br>1.실시<br>2.미실시<br>3.향후 추진<br>4.해당없음 | 성과평가 주기<br>1.매년<br>2.격년<br>3.기간만료<br>4.기타( )<br>5.해당없음 | 성과평가 방법<br>1.자체 평가<br>2.평가단<br>구성후 실시<br>(전문위원축)<br>3.전문<br>평가기관 의뢰<br>4.기타( )<br>5.해당없음 | 성과평가결과 인센티브 적용유무<br>1.적용<br>2.적용 안함<br>3.기타( )<br>4.해당없음 | 인센티브 및 페널티 적용 근거<br>1.법률<br>2.조례<br>3.지침<br>4.계약서<br>5.기타<br>6.해당없음 |
|---|---|---|---|---|---|---|---|---|---|---|---|---|---|---|---|
| 3717 | 충북 영동군 | CCTV통합관제센터 저장장치 구입 | 2 | 87,264 | 4 | 1 | 1 | 6 | 5 | 5 | 4 | 5 | 5 | 4 | 4 |
| 3718 | 충북 영동군 | CCTV 카메라 및 관제 라인선수 구입 | 2 | 177,200 | 4 | 1 | 1 | 6 | 5 | 5 | 4 | 5 | 5 | 4 | 4 |
| 3719 | 충북 영동군 | IP관리 정책서버 구입 | 2 | 19,410 | 4 | 1 | 1 | 6 | 5 | 5 | 4 | 5 | 5 | 4 | 4 |
| 3720 | 충북 영동군 | IP관리 자산서버 구입 | 2 | 20,940 | 4 | 1 | 1 | 6 | 5 | 5 | 4 | 5 | 5 | 4 | 4 |
| 3721 | 충북 영동군 | 안전한 충돈만들기 CCTV 설치 | 6 | 375,000 | 4 | 1 | 1 | 3 | 5 | 1 | 4 | 5 | 5 | 4 | 4 |
| 3722 | 충북 영동군 | 설계리 CCTV 설치공사 | 6 | 20,000 | 4 | 1 | 1 | 6 | 1 | 1 | 4 | 5 | 5 | 4 | 4 |
| 3723 | 충북 영동군 | 자동화 보안용 CCTV 설치공사 | 6 | 20,000 | 4 | 1 | 1 | 6 | 1 | 1 | 4 | 5 | 5 | 4 | 4 |
| 3724 | 충북 영동군 | 유무리 CCTV 설치공사 | 6 | 9,000 | 4 | 1 | 1 | 6 | 1 | 1 | 4 | 5 | 5 | 4 | 4 |
| 3725 | 충북 영동군 | 공원마을 CCTV 설치공사 | 6 | 20,000 | 4 | 1 | 1 | 2 | 1 | 1 | 4 | 5 | 5 | 4 | 4 |
| 3726 | 충북 영동군 | 네트워크시스템 유지비 | 1 | 131,657 | 1 | 4 | 1 | 2 | 5 | 5 | 4 | 5 | 5 | 4 | 4 |
| 3727 | 충북 영동군 | 네트워크보안장치 유지비 | 1 | 65,829 | 1 | 4 | 1 | 6 | 5 | 5 | 4 | 5 | 5 | 4 | 4 |
| 3728 | 충북 영동군 | UPS 유지비 | 1 | 7,303 | 1 | 4 | 1 | 6 | 5 | 5 | 4 | 5 | 5 | 4 | 4 |
| 3729 | 충북 영동군 | 영상정보 엘리베이진 콘트롤러 구입 | 2 | 270,425 | 5 | 1 | 1 | 6 | 5 | 5 | 4 | 5 | 5 | 4 | 4 |
| 3730 | 충북 영동군 | 네트워크스워치 교체 구입 | 2 | 19,300 | 6 | 7 | 1 | 6 | 5 | 5 | 4 | 5 | 5 | 4 | 4 |
| 3731 | 충북 영동군 | 스마트 안전 모바앱송시스템(소프트웨어) 유지비 | 1 | 28,808 | 7 | 4 | 1 | 6 | 2 | 2 | 4 | 5 | 5 | 4 | 4 |
| 3732 | 충북 영동군 | 스마트 안전 모바앱송시스템(하드웨어) 유지비 | 1 | 1,680 | 4 | 4 | 1 | 6 | 1 | 1 | 4 | 5 | 5 | 4 | 4 |
| 3733 | 충북 영동군 | 마을방송용시설 유지관리 | 1 | 56,030 | 4 | 4 | 1 | 6 | 1 | 1 | 4 | 5 | 5 | 4 | 4 |
| 3734 | 충북 영동군 | 미사용 마을방송 시설 정비 전수조사 | 6 | 19,600 | 5 | 2 | 2 | 6 | 2 | 2 | 4 | 5 | 5 | 4 | 4 |
| 3735 | 충북 영동군 | 국악익스포유지비 | 6 | 132,000 | 5 | 7 | 1 | 6 | 2 | 2 | 4 | 5 | 5 | 4 | 4 |
| 3736 | 충북 영동군 | 인사행정운영(표준지방인사정보시스템 분담금) | 1 | 17,138 | 6 | 4 | 1 | 7 | 1 | 1 | 4 | 5 | 5 | 4 | 4 |
| 3737 | 충북 영동군 | 표준기록관리시스템 운영 | 1 | 47,751 | 1 | 5 | 1 | 7 | 1 | 1 | 1 | 1 | 1 | 2 | 4 |
| 3738 | 충북 영동군 | 충평군 특수기록물관리시스템 유지보수 | 1 | 6,600 | 7 | 4 | 1 | 7 | 2 | 2 | 4 | 5 | 5 | 4 | 4 |
| 3739 | 충북 영동군 | 충평 디지털 아카이브 시스템 유지보수 용역 | 1 | 21,500 | 4 | 4 | 1 | 7 | 1 | 1 | 4 | 5 | 5 | 4 | 4 |
| 3740 | 충북 영동군 | 정보시스템 통합 유지보수 | 1 | 100,276 | 5 | 2 | 2 | 7 | 2 | 2 | 4 | 5 | 5 | 4 | 4 |
| 3741 | 충북 영동군 | 공통기반 전산장비 및 재해복구시스템 유지보수 위탁사업 | 1 | 125,700 | 5 | 7 | 2 | 7 | 2 | 2 | 4 | 5 | 5 | 4 | 4 |
| 3742 | 충북 영동군 | 개인정보 암호화시스템 유지보수 | 1 | 4,611 | 5 | 4 | 1 | 7 | 1 | 1 | 4 | 5 | 5 | 4 | 4 |
| 3743 | 충북 영동군 | 대표홈페이지 유지보수 | 1 | 24,450 | 5 | 4 | 1 | 7 | 1 | 1 | 4 | 5 | 5 | 4 | 4 |
| 3744 | 충북 영동군 | 온나라 2.0 유지보수 | 1 | 47,698 | 5 | 7 | 1 | 7 | 1 | 1 | 4 | 5 | 5 | 4 | 4 |
| 3745 | 충북 영동군 | 내부망 가상화 시스템 고도화 | 2 | 160,000 | 5 | 2 | 1 | 2 | 1 | 1 | 4 | 5 | 5 | 4 | 4 |
| 3746 | 충북 영동군 | 개인정보 암호화 시스템 고도화 | 2 | 18,000 | 5 | 4 | 1 | 7 | 1 | 1 | 4 | 5 | 5 | 4 | 4 |
| 3747 | 충북 영동군 | 정은영승기 교체 구입 | 2 | 50,000 | 5 | 4 | 1 | 7 | 1 | 1 | 4 | 5 | 5 | 4 | 4 |

| 순번 | 시군구 | 정보화사업 사업명<br>・예산서 상의 사업명 | 정보화사업 분류<br>1. 유지 및 보수<br>2. SW/HW 개발 및 구매<br>3. DB 구축<br>4. 정보화 전략계획(SP) 수립<br>5. 정보화지원<br>6. 기타 | 2025년 예산<br>(단위:천원/1년간) | 예산편성근거<br>1. 법률에 규정<br>2. 국고보조재원<br>3. 용도지정기부금<br>4. 조례<br>5. 지자체 및 상위기관 정책<br>6. 기타<br>7. 해당없음 | 계약체결방법(경쟁형태)<br>1. 일반경쟁<br>2. 제한경쟁<br>3. 지명경쟁<br>4. 수의계약<br>5. 방법없음<br>6. 기타<br>7. 해당없음 | 계약기간<br>1. 1년<br>2. 2년<br>3. 3년<br>4. 4년<br>5. 5년<br>6. 기타<br>7. 단기계약(1년미만)<br>8. 해당없음 | 낙찰자 선정방법<br>1. 적격심사<br>2. 협상에 의한계약<br>3. 최저가낙찰제<br>4. 규격가격분리<br>5. 2단계 경쟁입찰<br>6. 기타<br>7. 해당없음 | 평가부 선정<br>1. 내부선정<br>2. 외부선정<br>3. 내외부 모두 선정<br>4. 선정無<br>5. 해당없음 | 정산방법<br>1. 내부정산(자체적으로 정산)<br>2. 외부정산(외부전문기관위탁)<br>3. 내외부 모두 정산<br>4. 정산無<br>5. 해당없음 | 성과평가 실시여부<br>1. 실시<br>2. 미실시<br>3. 향후 추진<br>4. 해당없음 | 성과평가 주기<br>1. 매년<br>2. 격년<br>3. 기간완료전<br>4. 기타( )<br>5. 해당없음 | 성과평가 방법<br>1. 자체 평가<br>2. 평가위원회 구성 후 실시<br>3. 전문 평가기관 의뢰<br>4. 기타<br>5. 해당없음 | 성과평가결과 인센티브 페널티 적용 유무<br>1. 적용<br>2. 적용 안함<br>3. 기타( )<br>4. 해당없음 | 인센티브 및 페널티 적용 근거<br>1. 법률<br>2. 조례<br>3. 지침<br>4. 계약서<br>5. 기타<br>6. 해당없음 |
|---|---|---|---|---|---|---|---|---|---|---|---|---|---|---|---|
| 3748 | 충북 증평군 | 무정전전원장치 교체 구입 | 2 | 36,000 | 5 | 4 | 7 | 7 | 1 | 1 | 4 | 5 | 5 | 4 | 4 |
| 3749 | 충북 증평군 | 영상회의시스템 유지보수 | 1 | 1,200 | 6 | 4 | 1 | 7 | 1 | 5 | 4 | 5 | 5 | 4 | 6 |
| 3750 | 충북 증평군 | 스마트마을방송시스템 유지보수 | 1 | 19,000 | 6 | 4 | 1 | 7 | 1 | 5 | 4 | 5 | 5 | 4 | 6 |
| 3751 | 충북 증평군 | 정보보안시스템 유지보수 | 1 | 57,722 | 6 | 2 | 1 | 7 | 1 | 5 | 4 | 5 | 5 | 4 | 6 |
| 3752 | 충북 증평군 | 행정교환기 등 유지보수 | 1 | 22,000 | 6 | 4 | 1 | 7 | 1 | 5 | 4 | 5 | 5 | 4 | 6 |
| 3753 | 충북 증평군 | 행정교환기망 부가서비스 장비 유지보수 | 1 | 14,256 | 6 | 4 | 1 | 7 | 1 | 5 | 4 | 5 | 5 | 4 | 6 |
| 3754 | 충북 증평군 | 증평군 자원 전원변속중단 통합 유지보수 | 1 | 1,560 | 6 | 4 | 1 | 7 | 1 | 5 | 4 | 5 | 5 | 4 | 6 |
| 3755 | 충북 증평군 | 증평군 네트워크 수지보수 시스템 유지보수 | 1 | 22,000 | 6 | 4 | 1 | 6 | 1 | 5 | 4 | 5 | 5 | 4 | 6 |
| 3756 | 충북 증평군 | 누수 탐사시스 시스템 교체 | 1 | 60,500 | 6 | 2 | 7 | 6 | 1 | 5 | 4 | 5 | 5 | 4 | 6 |
| 3757 | 충북 증평군 | 홈페이지망 보안장비 구축 | 1 | 71,000 | 6 | 6 | 7 | 6 | 1 | 5 | 4 | 5 | 5 | 4 | 6 |
| 3758 | 충북 증평군 | 바이러스 백신 프로그램 구입 | 1 | 58,030 | 5 | 6 | 7 | 6 | 1 | 5 | 4 | 5 | 5 | 4 | 4 |
| 3759 | 충북 증평군 | 증평군 생활안전 캐머라 유지보수비 | 1 | 80,000 | 5 | 4 | 1 | 7 | 2 | 1 | 4 | 5 | 5 | 4 | 4 |
| 3760 | 충북 증평군 | 영상관제센터 네트워크 시스템 유지보수비 | 1 | 18,009 | 5 | 4 | 1 | 7 | 2 | 1 | 4 | 5 | 5 | 4 | 4 |
| 3761 | 충북 증평군 | 영상관제센터 저장분배서버 및 스토리지 | 1 | 21,671 | 5 | 4 | 1 | 7 | 1 | 1 | 4 | 5 | 5 | 4 | 4 |
| 3762 | 충북 증평군 | 영상관제센터 GIS 및 VMS IPWALL 컨트롤러 유지보수비 | 1 | 13,247 | 5 | 4 | 1 | 7 | 1 | 1 | 4 | 5 | 5 | 4 | 4 |
| 3763 | 충북 증평군 | 영상관제센터 영상반출 지원관리 유지보수 | 1 | 4,846 | 5 | 4 | 1 | 7 | 1 | 1 | 4 | 5 | 5 | 4 | 4 |
| 3764 | 충북 증평군 | 영상관제센터 영상연계시스템 유지보수 | 1 | 3,960 | 5 | 4 | 1 | 7 | 1 | 1 | 4 | 5 | 5 | 4 | 4 |
| 3765 | 충북 증평군 | 재해위험지 및 대피용 조기정보시스템 유지보수 용역 | 1 | 22,000 | 6 | 4 | 1 | 7 | 1 | 1 | 4 | 1 | 1 | 6 | 6 |
| 3766 | 충북 증평군 | 증평군 지진가속도계측시스템 유지보수 용역 | 1 | 10,000 | 6 | 4 | 1 | 7 | 5 | 5 | 4 | 1 | 1 | 6 | 6 |
| 3767 | 충북 증평군 | 영상관제센터 영상관리시스템 유지보수 | 1 | 19,800 | 5 | 4 | 1 | 7 | 1 | 1 | 4 | 5 | 5 | 4 | 4 |
| 3768 | 충북 증평군 | 부동산 중합공부시스템 소프트웨어 유지보수 | 1 | 21,055 | 1 | 4 | 1 | 7 | 1 | 1 | 4 | 5 | 5 | 4 | 6 |
| 3769 | 충북 증평군 | 영구존지재기록물 시스템 유지보수 | 1 | 3,960 | 1 | 4 | 1 | 7 | 1 | 1 | 4 | 5 | 5 | 4 | 6 |
| 3770 | 충북 증평군 | 국토이용정보체계 DB 및 면 관리 | 1 | 40,000 | 1 | 4 | 1 | 7 | 1 | 1 | 4 | 5 | 5 | 4 | 6 |
| 3771 | 충북 증평군 | 통합중영발급기 유지보수(2025) | 1 | 780 | 4 | 4 | 1 | 7 | 1 | 1 | 4 | 5 | 5 | 4 | 6 |
| 3772 | 충북 증평군 | 무인민원발급기 유지보수(2025) | 1 | 8,508 | 4 | 4 | 1 | 7 | 1 | 1 | 4 | 5 | 5 | 4 | 4 |
| 3773 | 충북 증평군 | 공간정보시스템 소프트웨어 유지보수 | 6 | 14,376 | 7 | 4 | 1 | 7 | 1 | 5 | 2 | 5 | 5 | 4 | 4 |
| 3774 | 충북 증평군 | 2025년 군립도서관 전산시스템 유지보수 | 1 | 11,820 | 6 | 4 | 1 | 7 | 1 | 1 | 4 | 5 | 5 | 4 | 4 |
| 3775 | 충북 증평군 | 2025년 군립도서관 보안시스템 유지보수 | 1 | 9,910 | 6 | 4 | 1 | 7 | 1 | 1 | 4 | 5 | 5 | 4 | 4 |
| 3776 | 충북 증평군 | 2025년 군립도서관 디지털자료실시스템 유지보수 | 1 | 16,340 | 6 | 4 | 1 | 7 | 1 | 1 | 4 | 5 | 5 | 4 | 4 |
| 3777 | 충북 증평군 | 2025년 군립도서관 RFID장비 및 도서관리시스템 유지보수 | 1 | 15,340 | 6 | 4 | 1 | 7 | 1 | 1 | 4 | 5 | 5 | 4 | 4 |
| 3778 | 충북 증평군 | 2025년 군립도서관 홈페이지 유지보수 | 1 | 17,420 | 6 | 4 | 1 | 7 | 1 | 1 | 4 | 5 | 5 | 4 | 4 |

| 순번 | 시군구 | 정보화사업 · 예산서 상의 사업명 | 정보화사업 분류 (1.유지 및 보수 2.SW/HW 개발 및 구매 3.DB구축 4.정보화 전략계획(ISP) 수립 5.정보화지원 6.기타) | 2025년 예산 (단위:천원/1년간) | 예산 편성근거 (1.법률에 규정 2.국고보조 재원 3.용도지정기부금 4.조례 5.지자체 및 상위기관 정책 6.기타 7.해당없음) | 계약체결방법 (경쟁형태) (1.일반경쟁 2.제한경쟁 3.지명경쟁 4.수의계약 5.병행위탁 6.기타() 7.해당없음) | 계약기간 (1.1년 2.2년 3.3년 4.4년 5.5년 6.기타() 7.단기계약(1년미만) 8.해당없음) | 낙찰자 선정방식 (1.적격심사 2.협상에 의한계약 3.최저가낙찰제 4.규격가격분리 5.2단계 경쟁입찰 6.기타() 7.해당없음) | 평가신청 (1.내부신청 (자체적으로 선정) 2.외부신청 (전문기관위탁) 3.내외부 모두 선정 4.신청 無 5.해당없음) | 정산방법 (1.내부정산 (내부적으로 정산) 2.외부정산 (외부전문기관에 정산) 3.내외부 모두 정산 4.정산 無 5.해당없음) | 성과평가 실시여부 (1.실시 2.미실시 3.향후 실시 4.해당없음) | 성과평가 주기 (1.매년 2.격년 3.기간만료전 4.기타() 5.해당없음) | 성과평가 방법 (1.자체 평가 2.평가단 구성후 실시 (전문위원위촉) 3.전문 평가기관 의뢰 4.기타 5.해당없음) | 성과결과의 인센티브 및 패널티 적용 유무 (1.적용 2.적용 안함 3.기타() 4.해당없음) | 인센티브 및 패널티 적용 근거 (1.법률 2.조례 3.지침 4.지시서 5.계약 6.기타() 7.해당없음) |
|---|---|---|---|---|---|---|---|---|---|---|---|---|---|---|---|
| 3779 | 충북 증평군 | 2025년 군립도서관 전산응용기기 장비보수 | 1 | 10,330 | 6 | 4 | 1 | 1 | 1 | 1 | 4 | 5 | 5 | 4 | 4 |
| 3780 | 충북 증평군 | 차세대 지방세 시스템 유지보수 위탁 | 1 | 107,167 | 5 | 4 | 1 | 7 | 2 | 2 | 4 | 5 | 5 | 4 | 4 |
| 3781 | 충북 진천군 | 지역정보화 | 5 | 3,000 | 6 | 7 | 8 | 7 | 5 | 5 | 4 | 5 | 5 | 4 | 6 |
| 3782 | 충북 진천군 | 정보화교육 | 4 | 8,170 | 6 | 7 | 8 | 7 | 5 | 5 | 4 | 5 | 5 | 4 | 6 |
| 3783 | 충북 진천군 | 소프트웨어 관리 | 2 | 15,176 | 5 | 7 | 8 | 7 | 2 | 2 | 4 | 5 | 5 | 4 | 6 |
| 3784 | 충북 진천군 | 행정정보시스템 운영관리 | 1 | 521 | 1 | 4 | 8 | 7 | 5 | 5 | 1 | 1 | 1 | 4 | 4 |
| 3785 | 충북 진천군 | 헬서비스 고도화 | 1 | 61,040 | 5 | 7 | 8 | 7 | 5 | 5 | 4 | 5 | 5 | 4 | 6 |
| 3786 | 충북 진천군 | 행정전산장비 고도화사업 | 2 | 269 | 5 | 7 | 8 | 7 | 5 | 5 | 4 | 5 | 5 | 4 | 6 |
| 3787 | 충북 진천군 | 개인정보보호 강화 | 1 | 18,980 | 5 | 7 | 8 | 7 | 1 | 1 | 4 | 5 | 5 | 4 | 6 |
| 3788 | 충북 진천군 | 데이터기반행정 | 6 | 4,000 | 6 | 7 | 8 | 7 | 5 | 5 | 4 | 5 | 5 | 4 | 6 |
| 3789 | 충북 진천군 | 사이버침해 대응 네트워크 운영 및 보안 강화 | 1 | 9,000 | 1 | 7 | 8 | 7 | 5 | 5 | 4 | 5 | 5 | 4 | 6 |
| 3790 | 충북 진천군 | 초고속 정보통신 회선사용료 | 6 | 368 | 7 | 7 | 8 | 7 | 5 | 5 | 4 | 5 | 5 | 4 | 6 |
| 3791 | 충북 진천군 | 안정적인 행정통신망 장비 운영 | 1 | 196 | 1 | 7 | 8 | 7 | 1 | 1 | 4 | 5 | 5 | 4 | 6 |
| 3792 | 충북 진천군 | 스마트시티에 대비한 사용전검사 | 6 | 1,050 | 7 | 7 | 8 | 7 | 5 | 5 | 4 | 5 | 5 | 4 | 6 |
| 3793 | 충북 진천군 | 구내통신망(LAN) 운영 | 1 | 16,038 | 6 | 7 | 8 | 7 | 1 | 1 | 4 | 5 | 5 | 4 | 6 |
| 3794 | 충북 진천군 | 공공장소 무료 WIFI ZONE 구축 | 5 | 5,390 | 5 | 7 | 8 | 7 | 5 | 5 | 4 | 5 | 5 | 4 | 6 |
| 3795 | 충북 진천군 | 효율적인 무선마을방송시스템 운영 | 1 | 9,600 | 5 | 4 | 1 | 3 | 1 | 1 | 4 | 5 | 5 | 4 | 6 |
| 3796 | 충북 진천군 | 농촌신생광고화 사업 | 5 | 102,252 | 5 | 2 | 1 | 7 | 1 | 1 | 4 | 5 | 5 | 4 | 6 |
| 3797 | 충북 진천군 | 효율적인 방범용 CCTV 통합운영 | 1 | 2,220 | 1 | 4 | 1 | 7 | 1 | 1 | 4 | 5 | 5 | 4 | 6 |
| 3798 | 충북 진천군 | 초등학교 CCTV 모니터링 운영사업 | 6 | 289 | 5 | 4 | 8 | 7 | 1 | 1 | 4 | 5 | 5 | 4 | 6 |
| 3799 | 충북 진천군 | 주민안전 다목적 CCTV 설치사업 | 6 | 1,800 | 5 | 7 | 8 | 7 | 1 | 1 | 4 | 5 | 5 | 4 | 6 |
| 3800 | 충북 진천군 | 마을 방범용 CCTV 확대 설치 | 6 | 240 | 5 | 4 | 8 | 7 | 1 | 1 | 4 | 5 | 5 | 4 | 6 |
| 3801 | 충북 괴산군 | 행정자료실 표준자료관리시스템(KORAS III) 유지관리 | 1 | 1,800 | 5 | 4 | 1 | 1 | 1 | 1 | 4 | 5 | 5 | 4 | 4 |
| 3802 | 충북 괴산군 | 괴산군 대표 홈페이지 운영 | 1 | 21,950 | 5 | 4 | 1 | 1 | 1 | 1 | 4 | 5 | 5 | 4 | 4 |
| 3803 | 충북 괴산군 | 행정업무 정보시스템 유지관리 | 1 | 225,530 | 5 | 2 | 1 | 7 | 1 | 1 | 4 | 5 | 5 | 4 | 4 |
| 3804 | 충북 괴산군 | 물품관리시스템 유지보수 | 1 | 12,430 | 5 | 4 | 1 | 7 | 1 | 1 | 4 | 5 | 5 | 4 | 4 |
| 3805 | 충북 괴산군 | 재난자원 변환 영상시스템 유지보수 | 1 | 10,300 | 5 | 4 | 8 | 7 | 1 | 1 | 4 | 5 | 5 | 4 | 4 |
| 3806 | 충북 괴산군 | 가상계좌수납시스템 유지보수 | 1 | 9,080 | 5 | 4 | 1 | 7 | 1 | 1 | 4 | 5 | 5 | 4 | 4 |
| 3807 | 충북 괴산군 | 괴산정타시스템 운영 및 유지관리 | 1 | 18,060 | 5 | 4 | 1 | 7 | 1 | 1 | 4 | 5 | 5 | 4 | 4 |
| 3808 | 충북 음성군 | 통합스토리지(중설용) 구매(DAE) | 2 | 78,925 | 7 | 4 | 8 | 7 | 2 | 2 | 4 | 5 | 5 | 4 | 4 |
| 3809 | 충북 음성군 | 통합스토리지(중설용) 디스크 구매 | 2 | 27,797 | 7 | 2 | 8 | 3 | 1 | 5 | 4 | 5 | 5 | 4 | 4 |

| 순번 | 시군구 | 정보화사업 사업명<br>·예산서 상의 사업명 | 정보화사업 분류<br>1. 유지 및 보수<br>2. SW/HW 개발 및 구매<br>3. DB 구축<br>4. 정보화 전략계획(ISP) 수립<br>5. 정보화지원<br>6. 기타 | 2025년 예산<br>(단위:천원/1년간) | 예산 편성근거<br>1. 법률에 규정<br>2. 국고보조재원<br>3. 조례<br>4. 지자체<br>상위기관 정책<br>5. 자체자원<br>6. 기타<br>7. 해당없음 | 계약체결방법<br>(경쟁형태)<br>1. 일반경쟁<br>2. 제한경쟁<br>3. 지명경쟁<br>4. 수의계약<br>5. 협정체결<br>6. 기타( )<br>7. 해당없음 | 정보화사업 입찰방식 계약기간<br>1. 1년<br>2. 2년<br>3. 3년<br>4. 4년<br>5. 5년<br>6. 기타( )<br>7. 단기계약(1년미만)<br>8. 해당없음 | 낙찰자 선정방법<br>1. 적격심사<br>2. 협상에 의한계약<br>3. 최저가낙찰<br>4. 규격가격분리<br>5. 2단계 경쟁입찰<br>6. 기타( )<br>7. 해당없음 | 평가시점<br>1. 내부선정<br>(자체로 선정)<br>2. 외부선정<br>(전문기관위탁)<br>3. 내외부 모두 선정<br>4. 선정 無<br>5. 해당없음 | 정보화사업 예산 산정<br>정산방법<br>1. 내부정산<br>(자체적으로 정산)<br>2. 외부정산<br>(외부전문기관위탁 정산)<br>3. 내외부 모두 정산<br>4. 정산 無<br>5. 해당없음 | 성과평가 실시여부<br>1. 실시<br>2. 미실시<br>3. 향후 추진<br>4. 해당없음 | 성과평가 주기<br>1. 매년<br>2. 격년<br>3. 기간만료전<br>4. 기타( )<br>5. 해당없음 | 성과평가 방법<br>1. 자체 평가<br>2. 평가반<br>구성후 실시<br>(전문위원회)<br>3. 전문<br>평가기관 의뢰<br>4. 기타( )<br>5. 해당없음 | 평가결과 적용<br>성과평가결과 인센티브 및 패널티 적용 유무<br>1. 적용<br>2. 적용 안함<br>3. 기타( )<br>4. 해당없음 | 인센티브 및 패널티 적용 근거<br>1. 법률<br>2. 조례<br>3. 지침<br>4. 계약서<br>5. 기타( )<br>6. 해당없음 |
|---|---|---|---|---|---|---|---|---|---|---|---|---|---|---|---|
| 3810 | 충북 음성군 | 통합스토리지 운영 서버 구매 | 2 | 69,649 | 7 | 4 | 8 | 7 | 2 | 5 | 4 | 5 | 5 | 4 | 4 |
| 3811 | 충북 음성군 | 통합스토리지 장비교체(SAN Switch) | 2 | 79,243 | 7 | 2 | 8 | 3 | 1 | 5 | 4 | 5 | 5 | 4 | 4 |
| 3812 | 충북 음성군 | DB접근제어 시스템 교체 | 2 | 115,500 | 1 | 4 | 8 | 7 | 1 | 5 | 4 | 5 | 5 | 4 | 4 |
| 3813 | 충북 음성군 | 정보유출 방지 솔루션 구매 | 2 | 32,100 | 1 | 4 | 8 | 7 | 1 | 5 | 4 | 5 | 5 | 4 | 4 |
| 3814 | 충북 음성군 | 2025년 부동산종합공부시스템 유지보수 용역 | 1 | 16,468 | 6 | 4 | 1 | 6 | 1 | 1 | 2 | 5 | 5 | 4 | 4 |
| 3815 | 충북 음성군 | 2025년 부동산종합공부시스템 국선 SW 유지보수 용역 | 1 | 9,240 | 6 | 4 | 1 | 6 | 1 | 1 | 2 | 5 | 5 | 4 | 4 |
| 3816 | 충북 음성군 | 2025년 국가공간정보포털 유지보수 용역 | 1 | 16,991 | 6 | 4 | 1 | 6 | 1 | 1 | 2 | 5 | 5 | 4 | 4 |
| 3817 | 충북 음성군 | 2025년 토지이용체계화사업 미승인필지 유지관리 | 1 | 20,000 | 6 | 4 | 1 | 6 | 1 | 2 | 4 | 5 | 5 | 4 | 4 |
| 3818 | 충북 음성군 | 차세대 주민등록정보시스템 운영 | 1 | 21,995 | 7 | 5 | 1 | 7 | 2 | 5 | 4 | 5 | 5 | 4 | 4 |
| 3819 | 충북 음성군 | 2025년 영구지적제도 전산화 사업 | 3 | 150,000 | 7 | 2 | 1 | 2 | 5 | 5 | 4 | 5 | 5 | 4 | 4 |
| 3820 | 충북 음성군 | D-DAS(건축허가권한) 연간 라이선스 구매 | 2 | 7,700 | 1 | 4 | 1 | 7 | 5 | 5 | 4 | 5 | 5 | 4 | 4 |
| 3821 | 충북 음성군 | 건축물관리 업무지원시스템(D-DAS) 연간 라이선스 구매 | 2 | 7,700 | 1 | 4 | 1 | 7 | 1 | 1 | 4 | 5 | 5 | 4 | 4 |
| 3822 | 충북 음성군 | 토지이용정보시스템D-DAS 라이선스 구매 | 1 | 7,320 | 1 | 5 | 1 | 7 | 1 | 4 | 4 | 5 | 5 | 4 | 4 |
| 3823 | 충북 음성군 | 2025년 국토이용정보체계 전산자료 유지관리 용역 | 1 | 20,000 | 5 | 2 | 1 | 6 | 1 | 4 | 4 | 5 | 5 | 4 | 4 |
| 3824 | 충북 음성군 | 통합인허가정보서비스(IPSS) 개발용역 DB구축 유지보수 용역 | 1 | 30,000 | 5 | 4 | 1 | 7 | 1 | 4 | 4 | 5 | 5 | 4 | 4 |
| 3825 | 충북 음성군 | 2025년 D-DAS(개발행위하가) DB운영 유지관리 용역 | 1 | 7,700 | 1 | 4 | 1 | 7 | 1 | 4 | 4 | 5 | 5 | 4 | 4 |
| 3826 | 충북 음성군 | 예약관리시스템 유지관리 | 1 | 5,800 | 6 | 7 | 8 | 7 | 5 | 5 | 4 | 5 | 5 | 4 | 6 |
| 3827 | 충북 단양군 | 차세대지방세정보시스템 | 1 | 119,171 | 1 | 5 | 1 | 7 | 2 | 2 | 4 | 5 | 5 | 4 | 4 |
| 3828 | 충북 단양군 | 차세대세외수입정보시스템 | 1 | 63,553 | 1 | 5 | 1 | 7 | 2 | 2 | 4 | 5 | 5 | 4 | 4 |
| 3829 | 충북 단양군 | 2025년 음성군립도서관 전산시스템 유지보수 용역 | 1 | 83,488 | 1 | 2 | 1 | 6 | 1 | 5 | 4 | 5 | 5 | 4 | 4 |
| 3830 | 충북 단양군 | 음성군 오감만족세제행정 예약시스템 유지관리 용역 | 1 | 1,980 | 4 | 5 | 7 | 7 | 5 | 5 | 4 | 5 | 5 | 4 | 4 |
| 3831 | 충북 단양군 | 금연구역 통합관리시스템 유지보수 용역 | 1 | 3,360 | 2 | 4 | 1 | 7 | 5 | 5 | 4 | 5 | 5 | 4 | 4 |
| 3832 | 충북 단양군 | D-DAS(지적정보) 연간 라이선스 구매 | 1 | 7,700 | 7 | 2 | 1 | 7 | 1 | 1 | 4 | 5 | 5 | 4 | 4 |
| 3833 | 충북 단양군 | 공통기반 및 재해복구시스템 유지관리 | 1 | 101,448 | 5 | 7 | 1 | 7 | 5 | 5 | 4 | 5 | 5 | 4 | 4 |
| 3834 | 충북 단양군 | 지방행정공통보조시스템 유지관리 | 1 | 7,250 | 5 | 7 | 1 | 7 | 5 | 5 | 4 | 5 | 5 | 4 | 4 |
| 3835 | 충북 단양군 | 개인정보 접속기록 소명 관리솔루션 도입 | 2 | 45,000 | 1 | 1 | 8 | 7 | 5 | 5 | 4 | 5 | 5 | 4 | 4 |
| 3836 | 충북 단양군 | 업무용 컴퓨터 개인정보보호시스템 유지보수 | 1 | 5,165 | 6 | 6 | 1 | 7 | 5 | 5 | 4 | 5 | 5 | 4 | 4 |
| 3837 | 충북 단양군 | 개인정보 통합관리시스템 유지보수 | 1 | 4,321 | 6 | 4 | 1 | 7 | 5 | 5 | 4 | 5 | 5 | 4 | 4 |
| 3838 | 충북 단양군 | 원타치 군정소통 유지보수 | 1 | 2,520 | 1 | 4 | 1 | 7 | 5 | 5 | 4 | 5 | 5 | 4 | 4 |
| 3839 | 충북 단양군 | 통합엽서지(UMS)시스템 유지보수 | 1 | 2,970 | 6 | 4 | 1 | 7 | 5 | 5 | 4 | 5 | 5 | 4 | 4 |
| 3840 | 충북 단양군 | 재해복구시스템 유지보수 | 1 | 29,056 | 1 | 2 | 1 | 3 | 5 | 5 | 4 | 5 | 5 | 4 | 4 |

- 124 -

| 순번 | 시군구 | 정보화사업 사업명 · 예산서 상의 사업명 | 정보화사업 분류 (1.유지 및 보수 2.SW/HW 개발 및 구축 3.DB 구축 4.정보화 전략계획(ISP) 수립 5.정보화자원 6.기타) | 2025년 예산 (단위:천원/1년간) | 예산 편성근거 (1.법률에 규정 2.공표보조 지침 3.용도지정기부금 4.조례 5.자체계획 성과기관 정책 6.기타 7.해당없음) | 계약체결방법 (경쟁형태) (1.일반경쟁 2.제한경쟁 3.지명경쟁 4.수의계약 5.법정위탁 6.기타( ) 7.해당없음) | 정보화사업 입찰방식 계약기간 (1.1년 2.2년 3.3년 4.4년 5.5년 6.기타( ) 7.단기계약(1년미만) 8.해당없음) | 낙찰자 선정방법 (1.적격심사 2.협상에 의한계약 3.최저가낙찰제 4.규모가격분리 5.2단계 경쟁입찰 6.기타( ) 7.해당없음) | 정보화사업 예산 산정 방식 평가산정 (1.내부산정(자체의으로 산정) 2.외부산정(전문기관위탁) 3.신청률 4.내외부 모두 정산 5.해당없음) | 정산산정 (1.내부정산(자체적으로 정산) 2.외부정산(전문기관위탁) 3.정산률 4.내외부 모두 정산 5.해당없음) | 성과평가 실시여부 (1.실시 2.미실시 3.향후 추진 4.해당없음) | 성과평가 주기 (1.매년 2.격년 3.기간완료전 4.기타( ) 5.해당없음) | 성과평가 방법 (1.자체 평가 2.평가단구성후 실시(전문위원회) 3.전문 평가기관 의뢰 4.기타( ) 5.해당없음) | 평가결과 적용 성과평가결과 인센티브및 패널티 적용 유무 (1.적용 2.적용 안함 3.기타( ) 4.해당없음) | 인센티브 및 패널티 적용 근거 (1.법률 2.조례 3.지침 4.계약서 5.기타 6.해당없음) |
|---|---|---|---|---|---|---|---|---|---|---|---|---|---|---|---|
| 3841 | 충북 단양군 | 서버가상화시스템 유지보수 | 1 | 29,553 | 1 | 2 | 1 | 3 | 5 | 5 | 4 | 5 | 5 | 4 | 4 |
| 3842 | 충북 단양군 | DB정규화시스템 유지보수 | 1 | 6,990 | 1 | 2 | 1 | 3 | 5 | 5 | 4 | 5 | 5 | 4 | 4 |
| 3843 | 충북 단양군 | 키보드해킹방지시스템 유지보수 | 1 | 1,614 | 1 | 2 | 1 | 3 | 5 | 5 | 4 | 5 | 5 | 4 | 4 |
| 3844 | 충북 단양군 | 단양에신자 시스템 유지보수 | 1 | 2,886 | 7 | 4 | 1 | 7 | 5 | 5 | 4 | 5 | 5 | 4 | 4 |
| 3845 | 충북 단양군 | 온나라 전자문서 스토리지 디스크 추가 구입 | 2 | 40,000 | 7 | 2 | 6(60월) | 3 | 5 | 5 | 4 | 5 | 5 | 4 | 4 |
| 3846 | 충북 단양군 | 인터넷폰(IP) 교체사업 | 2 | 500,000 | 5 | 5 | 7 | 1 | 1 | 1 | 4 | 5 | 5 | 4 | 5 |
| 3847 | 충북 단양군 | CCTV통합관제시스템 노후서버 교체 | 2 | 115,160 | 5 | 7 | 7 | 3 | 1 | 1 | 4 | 5 | 5 | 4 | 5 |
| 3848 | 충북 단양군 | 행정망 방화벽(IPS) 교체 | 2 | 34,000 | 5 | 7 | 7 | 3 | 1 | 1 | 4 | 5 | 5 | 4 | 5 |
| 3849 | 충북 단양군 | CCTV통합관제센터 방화벽 교체 | 2 | 43,000 | 5 | 2 | 7 | 3 | 1 | 1 | 4 | 5 | 5 | 4 | 5 |
| 3850 | 충북 단양군 | 2025년 다목적(방범, 쓰레기, 재해예방)용 CCTV 구축 | 2 | 180,000 | 5 | 2 | 7 | 3 | 1 | 1 | 4 | 5 | 5 | 4 | 5 |
| 3851 | 충북 단양군 | 2024년 정보통신망 통합 유지보수 | 1 | 75,710 | 5 | 4 | 1 | 7 | 1 | 1 | 4 | 5 | 5 | 4 | 5 |
| 3852 | 충북 단양군 | 2024년 단양군 네트워크 제어 시스템 유지보수 | 1 | 14,870 | 5 | 4 | 1 | 7 | 1 | 1 | 4 | 5 | 5 | 4 | 5 |
| 3853 | 충북 단양군 | 2024년 단양군 도로방범CCTV 유지보수 | 1 | 20,840 | 5 | 2 | 1 | 7 | 1 | 1 | 4 | 5 | 5 | 4 | 5 |
| 3854 | 충북 단양군 | 2024년 단양군 통합방범CCTV 유지보수 | 1 | 37,582 | 5 | 4 | 1 | 7 | 1 | 1 | 4 | 5 | 5 | 4 | 5 |
| 3855 | 충북 단양군 | 2024년 단양군 도시공원어린이공원CCTV 유지보수 | 1 | 14,310 | 5 | 4 | 1 | 7 | 1 | 1 | 4 | 5 | 5 | 4 | 5 |
| 3856 | 충북 단양군 | 2024년 단양군 어린이방범CCTV 유지보수 | 1 | 8,140 | 5 | 2 | 1 | 7 | 1 | 1 | 4 | 5 | 5 | 4 | 5 |
| 3857 | 충북 단양군 | 2024년 단양군 농축산방범CCTV 유지보수 | 1 | 31,196 | 5 | 4 | 1 | 7 | 1 | 1 | 4 | 5 | 5 | 4 | 5 |
| 3858 | 충북 단양군 | 2024년 단양군 CCTV통합관제시스템 유지보수 | 1 | 125,389 | 5 | 4 | 1 | 7 | 1 | 1 | 4 | 5 | 5 | 4 | 5 |
| 3859 | 충북 단양군 | 2025년 단양군 스마트 도시안전 시스템 유지보수 수리 수신 | 1 | 29,012 | 5 | 2 | 1 | 6 | 1 | 1 | 4 | 5 | 5 | 4 | 5 |
| 3860 | 충북 단양군 | 2025년 도로를 데이터베이스 유지보수 | 1 | 22,113 | 5 | 4 | 1 | 6 | 1 | 1 | 4 | 5 | 5 | 4 | 5 |
| 3861 | 충북 단양군 | 2025년 단양군 인터넷교환기(IP) 유지보수 | 1 | 9,629 | 5 | 4 | 1 | 6 | 1 | 1 | 4 | 5 | 5 | 4 | 5 |
| 3862 | 충북 단양군 | 2025년 단양군 대도형 유지보수 | 1 | 23,408 | 5 | 4 | 1 | 3 | 1 | 1 | 4 | 5 | 5 | 4 | 5 |
| 3863 | 충북 단양군 | 2025년 단양군 보육복지 유선방송설비 등 및 운영 유지보수 | 1 | 63,914 | 5 | 4 | 1 | 6 | 1 | 1 | 4 | 5 | 5 | 4 | 5 |
| 3864 | 충북 단양군 | 2025년 단양군 스마트마을방송 시스템 운영 등 및 수리 수선 | 1 | 50,000 | 5 | 4 | 1 | 6 | 1 | 1 | 4 | 5 | 5 | 4 | 5 |
| 3865 | 충북 단양군 | 2025년도 조례를 데이터베이스 유지보수료 지출 | 1 | 7,128 | 5 | 4 | 1 | 6 | 1 | 1 | 4 | 5 | 5 | 4 | 4 |
| 3866 | 충북 단양군 | 2025년 서비OS(운영체제) 보안관리 유지보수 | 1 | 6,784 | 5 | 4 | 1 | 6 | 1 | 1 | 4 | 5 | 5 | 4 | 4 |
| 3867 | 충북 단양군 | 2025년 단양군 홈페이지 통합관리 유지보수료 지출 | 1 | 49,900 | 5 | 2 | 1 | 3 | 1 | 1 | 4 | 5 | 5 | 4 | 4 |
| 3868 | 충북 단양군 | 2025년도 백업 및 보안시스템 유지보수료 지출 | 1 | 21,078 | 5 | 4 | 1 | 6 | 1 | 1 | 4 | 5 | 5 | 4 | 4 |
| 3869 | 충북 단양군 | 2025년도 불법주정차 단속용 차량 이동형프트웨어 유지보수료 지출 | 1 | 3,880 | 5 | 4 | 1 | 6 | 1 | 1 | 4 | 5 | 5 | 4 | 4 |
| 3870 | 충북 단양군 | 2025년 전산재해대응시스템 유지보수료 지출 | 1 | 5,478 | 5 | 4 | 1 | 6 | 1 | 1 | 4 | 5 | 5 | 4 | 4 |
| 3871 | 충북 단양군 | 보안관제시스템 조달 구입 | 1 | 40,000 | 5 | 6 | 7 | 6(조달) | 5 | 5 | 4 | 5 | 5 | 4 | 4 |

- 125 -

| 순번 | 시군구 | 정보화사업 사업명 · 예산서 상의 사업명 | 정보화사업 분류<br>1.유지 및 보수<br>2.SW/HW<br>3.개발 및 구매<br>4.정보화<br>5.DB 구축<br>6.정보화 전략계획(ISP) 수립<br>7.기타 | 2025년 예산 (단위:천원/1년간) | 예산 편성근거<br>1.법률에 규정<br>2.국고보조재원<br>3.용도지정기부금<br>4.조례<br>5.지자체 및 상위기관 정책<br>6.기타<br>7.해당없음 | 계약방법(경쟁형태)<br>1.일반경쟁<br>2.제한경쟁<br>3.지명경쟁<br>4.수의계약<br>5.법정위탁<br>6.기타()<br>7.해당없음 | 정보화사업 입찰방식<br>계약기간<br>1.1년<br>2.2년<br>3.3년<br>4.4년<br>5.5년<br>6.기타<br>7.단기계약(1년미만)<br>8.해당없음 | 낙찰자 선정방식<br>1.적격심사<br>2.협상에 의한 계약<br>3.최저가낙찰제<br>4.규가거래<br>5.2단계 경쟁입찰<br>6.기타()<br>7.해당없음 | 정보화사업 예산 산정<br>평가기준<br>1.내부산정(자체적으로 산정)<br>2.외부산정(전문기관에 산정)<br>3.내외부 모두 산정<br>4.산정 無<br>5.해당없음 | 정산방법<br>1.내부정산(자체적으로 정산)<br>2.외부정산(외부용역기관에 정산)<br>3.내외부 모두 정산<br>4.정산 無<br>5.해당없음 | 성과평가<br>성과평가 실시여부<br>1.실시<br>2.미실시<br>3.향후 추진<br>4.해당없음 | 성과평가 주기<br>1.매년<br>2.격년<br>3.기간만료 후<br>4.기타()<br>5.해당없음 | 성과평가 방법<br>1.자체 평가<br>2.평가단 구성평가(전문위원회)<br>3.전문 평가기관 의뢰<br>4.기타()<br>5.해당없음 | 평가결과 적용<br>성과결과 인센티브 및 패널티 적용 유무<br>1.적용<br>2.적용 안함<br>3.기타()<br>4.해당없음 | 인센티브 및 패널티 적용근거<br>1.법률<br>2.조례<br>3.지침<br>4.계약서<br>5.기타<br>6.해당없음 |
|---|---|---|---|---|---|---|---|---|---|---|---|---|---|---|---|
| 3872 | 충북 단양군 | 보안 USB 시스템 교체 조치 | 2 | 37,000 | 5 | 6 | 7 | 6(조달) | 5 | 5 | 4 | 5 | 5 | 4 | 4 |
| 3873 | 충북 단양군 | 기록관 전수조사 | 3 | 200,000 | 5 | 2 | 7 | 2 | 2 | 3 | 4 | 4 | 5 | 4 | 4 |
| 3874 | 충북 단양군 | 2025년표준기록관리시스템 유지보수비지급 | 1 | 16,622 | 5 | 4 | 1 | 6 | 1 | 1 | 2 | 5 | 5 | 4 | 4 |
| 3875 | 충북 단양군 | 2025년 기록관운영용기 유지보수료지출 | 1 | 1,255 | 5 | 4 | 1 | 6 | 1 | 1 | 2 | 5 | 5 | 4 | 4 |
| 3876 | 충북 단양군 | 디지털 뉴딜 시대 스마트관광 기반구축 | 2 | 1,200,880 | 1 | 2 | 1 | 7 | 2 | 5 | 4 | 5 | 5 | 4 | 4 |
| 3877 | 충북 단양군 | 국토이용정보플랫폼(KLIP) 유지보수 | 1 | 20,000 | 1 | 4 | 1 | 7 | 1 | 1 | 4 | 5 | 5 | 4 | 4 |
| 3878 | 충북 단양군 | 도시계획정보시스템(UPIS) 유지보수 | 1 | 35,000 | 1 | 4 | 1 | 7 | 1 | 1 | 4 | 5 | 5 | 2 | 4 |
| 3879 | 충북 단양군 | 2025년 정보시스템 유지보수 | 1 | 65,997 | 4 | 2 | 1 | 2 | 1 | 1 | 4 | 5 | 5 | 4 | 6 |
| 3880 | 충북 충주시 | 종합전표 유지관리 | 1 | 40,000 | 5 | 4 | 1 | 7 | 1 | 1 | 4 | 5 | 5 | 4 | 6 |
| 3881 | 충북 충주시 | DB시스템 품질 진단 및 개선 | 4 | 100,000 | 4 | 1 | 1 | 2 | 1 | 1 | 4 | 5 | 5 | 4 | 6 |
| 3882 | 충북 충주시 | 2025년 시군행정종합정보시스템(CVS) 고도화 사업 | 1 | 400,000 | 4 | 4 | 7 | 7 | 1 | 1 | 4 | 5 | 5 | 4 | 6 |
| 3883 | 충북 충주시 | 2025년 중앙행정 행정정보공동이용 연계 사업 운용 | 2 | 19,000 | 5 | 2 | 7 | 2 | 2 | 5 | 4 | 5 | 5 | 4 | 6 |
| 3884 | 충북 충주시 | 노후 정보보안 시스템 고도화 | 2 | 90,000 | 1 | 4 | 7 | 2 | 1 | 1 | 4 | 5 | 5 | 4 | 6 |
| 3885 | 충북 충주시 | 통합 정보통신망 구축 | 2 | 100,000 | 5 | 4 | 7 | 4 | 1 | 1 | 4 | 5 | 5 | 4 | 6 |
| 3886 | 충북 충주시 | 2025년 전자책(e-book) 자료관시스템 유지보수 | 1 | 250,000 | 5 | 6 | 1 | 6(3자단가구매) | 1 | 1 | 4 | 5 | 5 | 4 | 6 |
| 3887 | 충북 충주시 | 2025년 충청북도권 자원재활용 운용 | 1 | 5,808 | 7 | 4 | 7 | 7 | 1 | 1 | 4 | 5 | 5 | 4 | 6 |
| 3888 | 충북 충주시 | 2025년 안전정보시스템 유지보수 | 1 | 47,500 | 5 | 1 | 1 | 4 | 1 | 1 | 4 | 5 | 5 | 4 | 6 |
| 3889 | 충북 충주시 | 2025년 충청북도권 수질자원관리 용역 | 1 | 22,000 | 5 | 4 | 1 | 2 | 1 | 5 | 4 | 5 | 5 | 4 | 6 |
| 3890 | 충북 충주시 | 송수용 통합데이터처리 지원보안정보관리 연동 사업 용역 | 1 | 90,000 | 6 | 2 | 7 | 7 | 1 | 1 | 4 | 5 | 5 | 4 | 6 |
| 3891 | 충북 충주시 | 2025년 학교토지자원관리 유지관리 | 1 | 330,000 | 1 | 4 | 7 | 7 | 1 | 1 | 4 | 5 | 5 | 4 | 6 |
| 3892 | 충북 충주시 | 지적부학자 관리시스템 유지관리 | 1 | 6,000 | 5 | 1 | 1 | 2 | 1 | 5 | 4 | 5 | 5 | 4 | 6 |
| 3893 | 충북 충주시 | 디지털 정책수립과관리 관리시스템 구축 운영관리 | 1 | 117,600 | 4 | 4 | 7 | 7 | 1 | 5 | 4 | 5 | 5 | 4 | 6 |
| 3894 | 충북 충주시 | 디지 지적행정관리 통합관리시스템 관리 | 2 | 119,828 | 6 | 2 | 1 | 2 | 2 | 5 | 4 | 5 | 5 | 4 | 6 |
| 3895 | 충북 충주시 | 표준지공시지가관리시스템 관리 | 1 | 11,500 | 1 | 4 | 1 | 7 | 1 | 1 | 4 | 5 | 5 | 4 | 6 |
| 3896 | 충북 충주시 | 2025년 공간정보 통합플랫폼 유지보수 사업 | 1 | 45,000 | 7 | 2 | 1 | 2 | 1 | 1 | 4 | 5 | 5 | 4 | 6 |
| 3897 | 충북 충주시 | 2025년 공간정보시스템 통합 유지보수 | 1 | 232,530 | 5 | 1 | 1 | 7 | 1 | 5 | 4 | 5 | 5 | 4 | 6 |
| 3898 | 충북 충주시 | 2025년 공간정보시스템 유지보수 사업 | 1 | 16,400 | 1 | 4 | 1 | 7 | 1 | 5 | 4 | 5 | 5 | 4 | 6 |
| 3899 | 충북 충주시 | 2025년 클라우드서비스 운영 유지보수 용역 | 1 | 12,873 | 6 | 4 | 1 | 7 | 1 | 1 | 4 | 5 | 5 | 3 | 6 |

| 순번 | 시군구 | 정보화사업·예산서 상위 사업명 | 정보화사업 분류 | 2025년 예산 (단위:천원/1년간) | 예산 편성근거 | 계약체결방법(경쟁형태) | 계약기간 | 낙찰자 선정방식 | 원가산정 | 정보화사업 예산 산정 | 성과평가 실시여부 | 성과평가 주기 | 성과평가 방법 | 성과평가결과 인센티브 및 패널티 적용 유무 | 인센티브 및 패널티 적용 근거 |
|---|---|---|---|---|---|---|---|---|---|---|---|---|---|---|---|
| 3903 | 공주시 | 2025년 소방행정통합시스템 통합 유지보수 장기 용역 | 1 | 1,468,316 | 1 | 2 | 1 | 2 | 1 | 1 | 4 | 5 | 5 | 4 | 6 |
| 3904 | 공주시 | 중소병 등 및 전환장치 비매 소프트웨어 관리 구매 | 1 | 12,300 | 1 | 4 | 7 | 3 | 1 | 4 | 4 | 5 | 5 | 4 | 6 |
| 3905 | 공주시 | 공주시 대기환경 모니터링시스템 유지보수 | 1 | 67,900 | 1 | 4 | 1 | 7 | 1 | 1 | 4 | 5 | 5 | 4 | 6 |
| 3906 | 공주시 | 2025년 대기오염정보관리시스템 통합유지보수 용역 | 1 | 67,341 | 1 | 2 | 4 | 3 | 1 | 1 | 4 | 5 | 5 | 4 | 6 |
| 3907 | 공주시 | 보건행정정보활용 데이터 시각화 | 2 | 75,175 | 5 | 1 | 7 | 5 | 2 | 1 | 4 | 5 | 5 | 4 | 6 |
| 3908 | 공주시 | 인재노출평가 시스템 구축 용역 | 2 | 177,120 | 5 | 1 | 7 | 2 | 1 | 1 | 4 | 5 | 5 | 4 | 6 |
| 3909 | 공주시 | 통합과제관리시스템 | 1 | 15,000 | 5 | 4 | 1 | 7 | 1 | 1 | 2 | 5 | 5 | 4 | 4 |
| 3910 | 공주시 | 공주시CCTV통합관제시스템 | 1 | 405,510 | 4 | 2 | 1 | 3 | 1 | 1 | 2 | 5 | 5 | 4 | 4 |
| 3911 | 공주시 | 공주시 통합 홈페이지_2020 | 1 | 60,000 | 4 | 4 | 1 | 2 | 1 | 1 | 2 | 5 | 5 | 4 | 4 |
| 3912 | 공주시 | 공주시 행정정보시스템 | 1 | 78,000 | 5 | 1 | 2 | 7 | 1 | 1 | 2 | 5 | 5 | 4 | 4 |
| 3913 | 공주시 | 공주시정보화시스템 | 1 | 15,000 | 5 | 1 | 1 | 2 | 1 | 1 | 2 | 5 | 5 | 4 | 4 |
| 3914 | 공주시 | 공주시 공간정보시스템 | 1 | 39,000 | 5 | 2 | 3 | 2 | 1 | 1 | 2 | 5 | 5 | 4 | 4 |
| 3915 | 공주시 | 공주시 홈페이지 상담시스템 | 1 | 36,210 | 4 | 2 | 1 | 3 | 1 | 1 | 2 | 5 | 5 | 4 | 4 |
| 3916 | 공주시 | 공주시 홈페이지 | 1 | 5,000 | 5 | 4 | 7 | 7 | 1 | 1 | 2 | 5 | 5 | 4 | 4 |
| 3917 | 공주시 | 공주시 인구증가지역 관리시스템 | 1 | 680 | 5 | 4 | 1 | 7 | 1 | 1 | 2 | 5 | 5 | 4 | 4 |
| 3918 | 공주시 | 공주시 고도화 홈페이지 | 1 | 4,000 | 4 | 4 | 1 | 2 | 1 | 1 | 2 | 5 | 5 | 4 | 4 |
| 3919 | 공주시 | 지능형교통체계(ITS) | 1 | 320,520 | 5 | 4 | 2 | 7 | 1 | 1 | 2 | 5 | 5 | 4 | 4 |
| 3920 | 공주시 | 고정형자동차번호판독기 임차 | 2 | 2,400 | 5 | 4 | 1 | 2 | 1 | 1 | 2 | 5 | 5 | 4 | 4 |
| 3921 | 공주시 | 정보조시스템 통합유지보수 | 1 | 3,200 | 1 | 2 | 1 | 2 | 1 | 1 | 4 | 5 | 5 | 4 | 4 |
| 3922 | 공주시 | 수자원 교부 개인정보 전산장비(분쇄)용 | 1 | 5,780 | 1 | 4 | 1 | 2 | 1 | 5 | 4 | 5 | 5 | 4 | 4 |
| 3923 | 공주시 | 2025년 업무용 전산장비(분쇄)용 수리 | 1 | 22,000 | 5 | 4 | 1 | 7 | 1 | 5 | 4 | 5 | 5 | 4 | 4 |
| 3924 | 공주시 | 정보시스템 통합유지보수 | 1 | 8,002 | 5 | 4 | 1 | 2 | 1 | 1 | 4 | 5 | 5 | 4 | 4 |
| 3925 | 공주시 | 대신저 이미지판 도시간 표출을 위한 연계모듈 라이선스 구 | 2 | 15,000 | 5 | 4 | 7 | 7 | 1 | 1 | 4 | 5 | 5 | 4 | 4 |
| 3926 | 공주시 | 입도우 운영체제 업그레이드 | 1 | 20,000 | 5 | 4 | 1 | 7 | 1 | 1 | 4 | 5 | 5 | 4 | 4 |
| 3927 | 공주시 | 정보보조시스템 통합유지보수 | 1 | 162,600 | 1 | 2 | 1 | 2 | 1 | 1 | 4 | 5 | 5 | 4 | 4 |
| 3928 | 공주시 | 사이버침해대응센터 통합유지보수 | 1 | 189,240 | 1 | 4 | 1 | 2 | 1 | 1 | 4 | 5 | 5 | 4 | 4 |
| 3929 | 공주시 | 공주시스템 유지보수 | 1 | 20,750 | 1 | 4 | 1 | 7 | 1 | 1 | 4 | 5 | 5 | 4 | 4 |
| 3930 | 공주시 | 대민서비스(보안)인증기반전용용 | 6 | 18,441 | 1 | 2 | 1 | 2 | 1 | 1 | 4 | 5 | 5 | 4 | 4 |
| 3931 | 공주시 | 2025년 행정정보통신망 네트워크장비 유지보수 | 1 | 187,363 | 5 | 4 | 1 | 7 | 1 | 1 | 4 | 5 | 5 | 4 | 4 |
| 3932 | 공주시 | NTP 서버 도입 | 2 | 12,000 | 5 | 4 | 1 | 2 | 1 | 1 | 4 | 5 | 5 | 4 | 4 |
| 3933 | 공주시 | 녹취솔루션패키지 라이선스 | 2 | 4,950 | 5 | 4 | 1 | 7 | 1 | 5 | 4 | 5 | 5 | 4 | 4 |

| 순번 | 시군구 | 정보화사업 사업명<br>· 예산서 상의 사업명 | 정보화사업 분류<br>1.유지 및 보수 2.SW/HW 개발 및 구매 3.DB 구축 4.정보화 전략계획(ISP)수립 5.정보화지원 6.기타 | 2025년 예산<br>(단위:천원/1년간) | 예산 편성근거<br>1.법률에 규정 2.국고보조재원 3.용도지정기부금 4.조례 5.지자체 및 상위기관 정책 6.기타 7.해당없음 | 계약체결방식(경쟁 등)<br>1.일반경쟁 2.제한경쟁 3.지명경쟁 4.수의계약 5.낙찰위탁 6.기타 7.해당없음 | 계약기간<br>1.1년 2.2년 3.3년 4.4년 5.5년 6.기타 7.단가계약 8.해당없음 | 낙찰자 선정방식<br>1.적격심사 2.협상에 의한 계약 3.최저가낙찰 4.국가거래분리 5.2단계 경쟁입찰 6.기타 7.해당없음 | 평가선정<br>1.내부선정 2.외부선정 3.내외부 모두 선정 5.해당없음 | 정보화사업 예산 산정<br>1.내부편성 2.외부편성 3.내외부 모두 산정 4.정산 5.해당없음 | 성과평가 실시여부<br>1.실시 2.미실시 3.향후 실시 4.해당없음 | 성과평가 주기<br>1.매년 2.격년 3.기간만료전 4.기타 5.해당없음 | 성과평가 방법<br>1.자체평가 2.평가단 구성 후 실시(전문위원회) 3.전문평가기관 의뢰 4.기타 5.해당없음 | 성과평가결과 인센티브 및 페널티 적용 유무<br>1.적용 2.적용 안함 3.기타 4.해당없음 | 인센티브 및 페널티 적용 근거<br>1.법률 2.조례 3.지침 4.계약서 5.기타 6.해당없음 |
|---|---|---|---|---|---|---|---|---|---|---|---|---|---|---|---|
| 3934 | 충청남도 | 2025년 노후 민방위 경보시설 교체사업 | 6 | 135,000 | 5 | 2 | 1 | 7 | 1 | 5 | 4 | 5 | 5 | 4 | 4 |
| 3935 | 충청남도 | 2025년 노후 마을방송 앰프 및 스피커 교체 | 2 | 120,000 | 5 | 2 | 1 | 7 | 1 | 5 | 4 | 5 | 5 | 4 | 4 |
| 3936 | 충청남도 | 행정업무 지원을 위한 PC(전화기 구입 | 2 | 29,750 | 5 | 4 | 1 | 7 | 1 | 5 | 4 | 5 | 5 | 4 | 4 |
| 3937 | 충청남도 | 통합메세지시스템 유지보수 | 1 | 4,817 | 5 | 4 | 1 | 7 | 1 | 5 | 4 | 5 | 5 | 4 | 4 |
| 3938 | 충청남도 | 당진시 도시계획정보체계(UPIS) 운영장비 유지관리용역 | 1 | 19,200 | 7 | 4 | 1 | 7 | 1 | 4 | 4 | 4 | 5 | 4 | 4 |
| 3939 | 충청남도 | 도서관리시스템 유지보수 | 1 | 78,000 | 4 | 4 | 1 | 7 | 1 | 4 | 4 | 5 | 5 | 4 | 4 |
| 3940 | 충청남도 | 도서관 서버 유지보수 | 1 | 32,100 | 4 | 4 | 1 | 7 | 1 | 4 | 4 | 5 | 5 | 4 | 4 |
| 3941 | 충청남도 | 실시간 정읍도 조사시스템 | 2 | 40,000 | 5 | 6 | 1 | 7 | 5 | 5 | 4 | 5 | 5 | 4 | 4 |
| 3942 | 충청남도 | 보성업무 자동화시스템 | 6 | 3,000 | 7 | 4 | 1 | 7 | 5 | 5 | 4 | 5 | 5 | 4 | 4 |
| 3943 | 충청남도 | 통계임대주택 관리 시스템 유지보수 | 1 | 3,290 | 5 | 4 | 1 | 7 | 1 | 5 | 4 | 5 | 5 | 4 | 4 |
| 3944 | 충청남도 | 스마트팜 통합관제관리시스템 유지관리 | 1 | 20,000 | 5 | 4 | 1 | 7 | 1 | 1 | 1 | 1 | 1 | 4 | 4 |
| 3945 | 충청남도 | 평생학습 통합 플랫폼 배움나루 유지관리 | 1 | 64,350 | 1 | 1 | 1 | 2 | 5 | 5 | 4 | 5 | 5 | 4 | 4 |
| 3946 | 충청남도 | 계약관련 적격심사 로그 유지보수 | 1 | 9,600 | 7 | 4 | 1 | 7 | 5 | 4 | 4 | 5 | 5 | 4 | 4 |
| 3947 | 충청남도 | 하자검사대상 안내시스템 유지보수비 | 1 | 4,800 | 7 | 4 | 1 | 7 | 5 | 4 | 4 | 5 | 5 | 4 | 4 |
| 3948 | 충청남도 | 계약정보 공개시스템 유지보수비 | 1 | 8,100 | 4 | 4 | 1 | 7 | 1 | 4 | 4 | 5 | 5 | 4 | 4 |
| 3949 | 충청남도 | 연여부 통합 모니터링 및 자동통제 데이터 구축 | 3 | 200,000 | 5 | 2 | 1 | 2 | 2 | 1 | 4 | 5 | 5 | 4 | 6 |
| 3950 | 충청남도 | 블랙아이스내부 대응화 및 영상 적재량 기술 개발 연구용역 | 3 | 250,000 | 5 | 1 | 7 | 2 | 1 | 1 | 4 | 5 | 5 | 4 | 6 |
| 3951 | 충청남도 | 공공부문 온실가스 모니터링 시스템 | 1 | 9,649 | 6 | 4 | 1 | 6 | 1 | 5 | 4 | 5 | 5 | 4 | 4 |
| 3952 | 충청남도 | 스마트관제시스템 구입(라이선스) | 2 | 19,800 | 5 | 4 | 1 | 7 | 1 | 4 | 4 | 5 | 5 | 4 | 4 |
| 3953 | 충청남도 | 지능형 교통체계(ITS) 운영 및 유지관리 | 1 | 264,000 | 1 | 1 | 2 | 1 | 2 | 1 | 2 | 1 | 5 | 4 | 4 |
| 3954 | 충청남도 | 스마트도시 솔루션 확산사업 | 2 | 2,500,000 | 2 | 2 | 2 | 2 | 3 | 1 | 2 | 1 | 5 | 4 | 4 |
| 3955 | 충청남도 | 기로등 유지관리 프로그 유지관리 | 1 | 10,000 | 1 | 7 | 7 | 7 | 1 | 1 | 4 | 5 | 5 | 4 | 4 |
| 3956 | 충청남도 | CCTV통합관제센터 통합 유지보수 | 1 | 12,000 | 5 | 2 | 1 | 2 | 1 | 1 | 4 | 5 | 5 | 4 | 4 |
| 3957 | 충청남도 | 시민안전 다목적 방범시스템 설치 | 5 | 438,000 | 5 | 1 | 7 | 7 | 1 | 1 | 4 | 5 | 5 | 4 | 4 |
| 3958 | 충청남도 | 스마트관제시스템 구입(서비) | 2 | 720,000 | 5 | 1 | 1 | 1 | 1 | 5 | 4 | 5 | 5 | 4 | 4 |
| 3959 | 충청남도 | 예방 홈페이지 유지보수 | 1 | 41,000 | 1 | 4 | 1 | 2 | 1 | 1 | 4 | 5 | 5 | 4 | 4 |
| 3960 | 충청남도 | 의료기관 의료영상정장 전송시스템(pacs) 유지보수 | 1 | 14,400 | 5 | 4 | 1 | 7 | 5 | 5 | 4 | 5 | 5 | 4 | 4 |
| 3961 | 충청남도 | 의료원 통합관리시스템 유지보수 | 1 | 10,800 | 5 | 4 | 1 | 7 | 1 | 5 | 4 | 5 | 5 | 4 | 4 |
| 3962 | 충청남도 | 수도요금 서버 유지보수 용역 | 1 | 4,224 | 7 | 4 | 1 | 7 | 1 | 1 | 2 | 5 | 5 | 4 | 4 |

- 128 -

| 순번 | 시군구 | 정보화사업명 · 예산서 상의 사업명 | 정보화사업 분류 (1.유지 및 보수 2.SW/HW 개발 및 구매 3.DB 구축 4.정보화 전략계획(ISP) 수립 5.정보화재원 6.기타) | 2025년 예산 (단위:천원/1년간) | 예산 편성근거 (1.법률에 구정 2.국고보조 재원 3.용도지정기부금 4.조례 5.지자체 및 상위기관 정책 6.기타 7.해당없음) | 계약체결방법(경쟁여부) (1.일반경쟁 2.제한경쟁 3.지명경쟁 4.수의계약 5.법정계약 6.기타 7.해당없음) | 계약기간 (1.1년 2.2년 3.3년 4.4년 5.5년 6.기타( )년 7.단기계약(1년미만) 8.해당없음) | 낙찰자 선정방법 (1.적격심사 2.협상에 의한계약 3.최저가낙찰제 4.규격가격분리 5.2단계 경쟁입찰 6.기타( ) 7.해당없음) | 평가비산정 (1.내부산정 2.외부산정(전문기관위탁) 3.내외부 모두 산정 4.산정 無 5.해당없음) | 정산방법 (1.내부정산 (내부적으로 정산) 2.외부정산 (외부전문기관위탁 정산) 3.내외부 모두 정산 4.정산 無 5.해당없음) | 성과평가 실시여부 (1.실시 2.미실시 3.향후 추진 4.해당없음) | 성과평가 주기 (1.매년 2.격년 3.기간만료 4.기타( ) 5.해당없음) | 성과평가 방법 (1.자체 평가 2.평가단 구성후 실시 (전문위원회축) 3.전문 평가기관 의뢰 4.기타( ) 5.해당없음) | 성과평가결과 인센티브 및 패널티 적용 유무 (1.적용 2.적용 안함 3.기타( ) 4.해당없음) | 인센티브 및 패널티 적용 근거 (1.법률 2.조례 3.지침 4.계약서 5.기타( ) 6.해당없음) |
|---|---|---|---|---|---|---|---|---|---|---|---|---|---|---|---|
| 3965 | 충남 진천시 | 수도요금 관리프로그램 유지보수용역 | 1 | 13,920 | 7 | 4 | 1 | 7 | 1 | 1 | 2 | 5 | 5 | 4 | 4 |
| 3966 | 충남 진천시 | 상하수도 요금 홈페이지 유지보수 용역 | 1 | 4,200 | 7 | 4 | 1 | 7 | 1 | 1 | 2 | 5 | 5 | 4 | 4 |
| 3967 | 충남 진천시 | 가상화수납시스템 유지보수 용역 | 1 | 9,020 | 5 | 4 | 1 | 7 | 1 | 1 | 2 | 5 | 5 | 4 | 4 |
| 3968 | 충남 진천시 | 상수도 자동원격검침시스템 유지관리 용역 | 1 | 526,750 | 7 | 4 | 1 | 7 | 1 | 1 | 2 | 5 | 5 | 4 | 4 |
| 3969 | 충남 진천시 | 상수도 누선탐지검 프로그램 유지관리 용역 | 1 | 8,297 | 7 | 4 | 1 | 7 | 1 | 1 | 2 | 5 | 5 | 4 | 4 |
| 3970 | 충남 진천시 | 상수도 계량원격검침 프로그램 유지관리 용역 | 1 | 3,000 | 7 | 4 | 1 | 7 | 1 | 1 | 2 | 5 | 5 | 4 | 4 |
| 3971 | 충남 진천시 | 상수도 e-지급행 프로그램 유지관리 용역 | 1 | 1,320 | 7 | 4 | 1 | 7 | 1 | 1 | 2 | 5 | 5 | 4 | 4 |
| 3972 | 충남 진천시 | 상수도 예산고정자산회계관리 통합관리프로그램 유지관리 용역 | 1 | 3,000 | 7 | 4 | 1 | 7 | 1 | 1 | 2 | 5 | 5 | 4 | 4 |
| 3973 | 충남 진천시 | 상수도 예산 및 재무회계 통합관리프로그램 유지관리 용역 | 1 | 17,200 | 7 | 4 | 1 | 7 | 1 | 1 | 2 | 5 | 5 | 4 | 4 |
| 3974 | 충남 진천시 | 재고자산 구입예산 수불회계관리 프로그램 유지관리 용역 | 1 | 3,000 | 7 | 4 | 1 | 7 | 1 | 1 | 2 | 5 | 5 | 4 | 4 |
| 3975 | 충남 진천시 | 하수도 계약원격검침 프로그램 유지관리 용역 | 1 | 3,000 | 7 | 4 | 1 | 7 | 1 | 1 | 2 | 5 | 5 | 4 | 4 |
| 3976 | 충남 진천시 | 하수도 e-지급행 프로그램 유지관리 용역 | 1 | 1,320 | 7 | 4 | 1 | 7 | 1 | 1 | 2 | 5 | 5 | 4 | 4 |
| 3977 | 충남 진천시 | 하수도 예산고정자산회계관리 통합관리프로그램 유지관리 용역 | 1 | 3,000 | 7 | 4 | 1 | 7 | 1 | 1 | 2 | 5 | 5 | 4 | 4 |
| 3978 | 충남 진천시 | 하수도 예산 및 재무회계 통합관리프로그램 유지관리 용역 | 1 | 17,200 | 7 | 4 | 1 | 7 | 1 | 1 | 2 | 5 | 5 | 4 | 4 |
| 3979 | 충남 진천시 | 전산 운영자재 및 자급 수수료 | 6 | 9,000 | 5 | 4 | 7 | 7 | 1 | 1 | 4 | 4 | 5 | 4 | 4 |
| 3980 | 충남 진천시 | 행정업무용 SW구입(한글, MS 등) | 2 | 180,000 | 5 | 7 | 8 | 2 | 1 | 1 | 4 | 5 | 5 | 4 | 4 |
| 3981 | 충남 진천시 | 백신 SW구입 | 2 | 43,000 | 5 | 7 | 8 | 2 | 1 | 1 | 4 | 5 | 5 | 4 | 4 |
| 3982 | 충남 진천시 | 개인정보보호관리단 컨설팅 수수료 등 | 6 | 22,000 | 7 | 4 | 7 | 7 | 2 | 1 | 4 | 5 | 5 | 4 | 4 |
| 3983 | 충남 진천시 | 행정업무용 PC구매 | 2 | 487,000 | 5 | 2 | 8 | 3 | 1 | 1 | 4 | 5 | 5 | 4 | 4 |
| 3984 | 충남 진천시 | 행정 네트워크장비(스위치) 구입 | 2 | 91,000 | 5 | 7 | 8 | 7 | 1 | 1 | 4 | 5 | 5 | 4 | 4 |
| 3985 | 충남 진천시 | 행정망영상회의시설용 | 1 | 250,000 | 5 | 4 | 5 | 2 | 1 | 1 | 4 | 5 | 5 | 4 | 4 |
| 3986 | 충남 진천시 | 정보화시설·통합유지관리 | 1 | 320,000 | 5 | 7 | 3 | 2 | 1 | 1 | 4 | 5 | 5 | 4 | 4 |
| 3987 | 충남 진천시 | 누리침 정보시스템 통합유지관리 | 1 | 90,000 | 5 | 2 | 2 | 2 | 2 | 1 | 4 | 5 | 5 | 4 | 4 |
| 3988 | 충남 진천시 | 공기관 위탁사업비(3종) | 1 | 211,000 | 5 | 5 | 1 | 1 | 1 | 1 | 4 | 5 | 5 | 4 | 4 |
| 3989 | 충남 진천시 | 정보교육 | 5 | 56,000 | 5 | 1 | 8 | 7 | 1 | 2 | 4 | 5 | 5 | 4 | 4 |
| 3990 | 충남 진천시 | 정보보안 관리시스템 유지관리 | 5 | 3,000 | 5 | 4 | 5 | 2 | 1 | 1 | 4 | 5 | 5 | 4 | 4 |
| 3991 | 충남 진천시 | 정보화시설·통합유지관리 | 5 | 50,000 | 5 | 7 | 3 | 7 | 1 | 1 | 4 | 5 | 5 | 4 | 4 |
| 3992 | 충남 진천시 | 공간정보체계 운영 | 1 | 500,750 | 5 | 1 | 2 | 1 | 1 | 1 | 4 | 5 | 5 | 4 | 4 |
| 3993 | 충남 진천시 | 지적정보시스템 구축 운영 유지관리 | 1 | 184,000 | 5 | 1 | 1 | 1 | 1 | 5 | 4 | 5 | 5 | 4 | 4 |
| 3994 | 충남 진천시 | 공공마이데이터 구축 운영 유지관리 | 1 | 22,000 | 5 | 4 | 1 | 7 | 1 | 5 | 4 | 5 | 5 | 4 | 4 |
| 3995 | 충남 진천시 | 데이터 분석 용역 | 6 | 100,000 | 5 | 1 | 1 | 2 | 1 | 5 | 4 | 5 | 5 | 4 | 4 |

| 순번 | 시군구 | 정보화사업 사업명·예산사업 성질 사업명 | 정보화사업 분류 1.유지 및 보수 2.SW/HW 개발 및 구매 3.DB 구축 4.정보화 전략계획(ISP) 수립 5.정보화지원 6.기타 | 2025년 예산 (단위:천원/1년간) | 예산 편성근거 1.법률에 규정 2.국고보조 재원 3.용도지정기부금 4.조례 5.지자체 및 상위기관 정책 6.기타 7.해당없음 | 계약체결방법 (경쟁형태) 1.일반경쟁 2.제한경쟁 3.지명경쟁 4.수의계약 5.협정계약 6.기타() 7.해당없음 | 정보화사업 입찰방식 계약기간 1.1년 2.2년 3.3년 4.4년 5.5년 6.기타() 7.단기계약(1년미만) 8.해당없음 | 낙찰자 선정방식 1.적격심사 2.협상에 의한계약 3.최저가낙찰제 4.규격가격분리 5.2단계 경쟁입찰 6.기타() 7.해당없음 | 정보화사업 예산 신청 평가신청 1.내부선정 (자체적으로 선정) 2.외부선정 (전문기관에 선정) 3.내·외부 모두 선정 4.신청없 5.해당없음 | 정산방법 1.내부정산 (내부적으로 정산) 2.외부정산 (외부전문기관에 정산) 3.내·외부 모두 정산 4.정산無 5.해당없음 | 성과평가 실시여부 1.실시 2.미실시 3.향후 실시 4.해당없음 | 성과평가 성과평가 주기 1.매년 2.격년 3.기간만료전 4.기타() 5.해당없음 | 성과평가 방법 1.자체 평가 2.평가기관 구성후실시 (전문위원회) 3.전문 평가기관 의뢰 4.기타() 5.해당없음 | 평가결과 성과평가결과 인센티브 적용 여부 1.적용 2.적용 안됨 3.기타() 4.해당없음 | 인센티브 및 패널티 적용 근거 1.법률 2.조례 3.지침 4.계약서 5.기타 6.해당없음 |
|---|---|---|---|---|---|---|---|---|---|---|---|---|---|---|---|
| 3996 | 증평군 | 데이터 개방 및 품질개선용역 | 6 | 15,000 | 5 | 7 | 8 | 7 | 5 | 5 | 4 | 5 | 5 | 4 | 6 |
| 3997 | 증평군 | 개인정보 접속기록 솔루션 교체 | 2 | 45,000 | 7 | 7 | 8 | 7 | 5 | 5 | 4 | 5 | 5 | 4 | 4 |
| 3998 | 증평군 | 보안USB관리 시스템 교체 | 2 | 65,000 | 5 | 7 | 8 | 7 | 1 | 1 | 4 | 5 | 5 | 4 | 4 |
| 3999 | 증평군 | 원격업무지원시스템(영상 통제) 솔루션 | 2 | 30,000 | 5 | 7 | 8 | 7 | 1 | 1 | 4 | 5 | 5 | 4 | 4 |
| 4000 | 증평군 | 국가정보통신망 네트워크 설치지원 | 1 | 8,000 | 5 | 7 | 8 | 7 | 1 | 1 | 4 | 5 | 5 | 4 | 4 |
| 4001 | 증평군 | DNS서버 교체 | 2 | 7,000 | 5 | 7 | 8 | 7 | 1 | 1 | 4 | 5 | 5 | 4 | 4 |
| 4002 | 증평군 | 행정업무용 노트북 구매 | 2 | 3,000 | 5 | 7 | 8 | 7 | 1 | 1 | 4 | 5 | 5 | 4 | 4 |
| 4003 | 증평군 | 인공지능(AI) 시스템 교체 | 2 | 50,000 | 7 | 4 | 8 | 3 | 1 | 1 | 4 | 5 | 5 | 4 | 4 |
| 4004 | 증평군 | 방송 및 통신시설 유지관리 | 1 | 18,000 | 5 | 4 | 1 | 7 | 1 | 1 | 4 | 5 | 5 | 4 | 4 |
| 4005 | 증평군 | IP전화(교환) 시스템 유지관리 | 1 | 34,800 | 7 | 2 | 1 | 3 | 1 | 1 | 4 | 5 | 5 | 4 | 4 |
| 4006 | 증평군 | HD영상방송 시스템 유지관리 | 1 | 15,000 | 5 | 4 | 1 | 7 | 1 | 1 | 4 | 5 | 5 | 4 | 4 |
| 4007 | 증평군 | FMX(모바일행정전화) 시스템 유지관리 | 1 | 14,000 | 5 | 4 | 1 | 7 | 1 | 1 | 4 | 5 | 5 | 4 | 4 |
| 4008 | 증평군 | 전자팩스 시스템 유지관리 | 1 | 7,000 | 5 | 4 | 1 | 3 | 1 | 1 | 4 | 5 | 5 | 4 | 4 |
| 4009 | 증평군 | 공공와이파이 시스템 유지관리 | 1 | 37,000 | 5 | 2 | 1 | 7 | 1 | 1 | 4 | 5 | 5 | 4 | 4 |
| 4010 | 증평군 | 통신실 통합 보안장비(UTM) 유지관리 | 1 | 3,900 | 5 | 4 | 1 | 7 | 1 | 1 | 4 | 5 | 5 | 4 | 4 |
| 4011 | 증평군 | 팻봇 시스템 유지관리 | 1 | 8,600 | 7 | 7 | 8 | 7 | 1 | 1 | 4 | 5 | 5 | 4 | 4 |
| 4012 | 증평군 | 스마트 마을방송 운영관리 | 1 | 2,000 | 5 | 7 | 1 | 7 | 1 | 1 | 4 | 5 | 5 | 4 | 4 |
| 4013 | 증평군 | 스마트 마을방송 시스템 유지관리 | 1 | 21,000 | 5 | 4 | 1 | 7 | 1 | 1 | 4 | 5 | 5 | 4 | 4 |
| 4014 | 증평군 | 행정전화 및 전용회선 요금 | 1 | 90,000 | 7 | 7 | 8 | 7 | 1 | 1 | 4 | 5 | 5 | 4 | 4 |
| 4015 | 증평군 | 비즈링 서비스 요금 | 1 | 9,000 | 7 | 7 | 8 | 7 | 1 | 1 | 4 | 5 | 5 | 4 | 4 |
| 4016 | 증평군 | 인공지능(AI) 상담전화 서비스 요금 | 1 | 15,000 | 7 | 7 | 8 | 7 | 5 | 5 | 4 | 5 | 5 | 4 | 4 |
| 4017 | 증평군 | 행정업무용 인터넷 구축 | 2 | 20,000 | 7 | 1 | 8 | 3 | 1 | 1 | 4 | 5 | 5 | 4 | 4 |
| 4018 | 증평군 | 무선인터넷 인프라 구축 회선료 | 1 | 6,000 | 7 | 7 | 8 | 7 | 5 | 5 | 4 | 5 | 5 | 4 | 4 |
| 4019 | 증평군 | 대표홈페이지 유지수수료 | 1 | 21,000 | 7 | 2 | 8 | 2 | 1 | 1 | 4 | 5 | 5 | 4 | 4 |
| 4020 | 증평군 | 버스 공공와이파이 운영 자치단체재간 요금 | 1 | 11,000 | 7 | 7 | 8 | 7 | 1 | 1 | 4 | 5 | 5 | 4 | 4 |
| 4021 | 증평군 | 행정업무 사업전기 요금 | 2 | 100,000 | 7 | 1 | 8 | 3 | 5 | 5 | 4 | 5 | 5 | 4 | 4 |
| 4022 | 증평군 | CCTV통합관제센터 운영 - CCTV 통신 회선료 | 1 | 544,000 | 7 | 7 | 8 | 7 | 5 | 5 | 4 | 5 | 5 | 4 | 4 |
| 4023 | 증평군 | CCTV통합관제센터 시스템 유지관리 용역 | 1 | 350,000 | 7 | 2 | 8 | 2 | 1 | 1 | 2 | 5 | 5 | 4 | 4 |
| 4024 | 증평군 | CCTV 통합관제센터 현장CCTV 유지보수 용역 | 1 | 336,000 | 7 | 2 | 8 | 3 | 1 | 1 | 2 | 5 | 5 | 4 | 4 |
| 4025 | 증평군 | 안심귀가서비스 시스템 유지관리 용역 | 1 | 15,100 | 7 | 4 | 1 | 7 | 1 | 1 | 2 | 5 | 5 | 4 | 4 |
| 4026 | 증평군 | 전기안전관리 대행 용역 | 1 | 8,500 | 7 | 4 | 1 | 7 | 1 | 1 | 2 | 5 | 5 | 4 | 4 |

- 130 -

| 순번 | 시군구 | 정보화사업 · 예산서 상의 사업명 | 정보화사업 분류 (1.유지 및 보수 2.SW/HW 개발 및 구매 3.DB구축 4.정보화 전략계획(ISP)수립 5.정보화지원 6.기타) | 2025년 예산 (단위:천원/1년간) | 예산 편성근거 (1.법률에 규정 2.국고보조 재원 3.용도지정 기부금 4.조례 5.지자체 및 상위기관 정책 6.기타 7.해당없음) | 계약체결방법(경쟁형태) (1.일반경쟁 2.제한경쟁 3.지명경쟁 4.수의계약 5.방위계약 6.기타 7.해당없음) | 정보화사업 계약기간 (1.1년 2.2년 3.3년 4.4년 5.5년 6.기타 7.단기계약 (1년미만) 8.해당없음) | 낙찰자 선정방법 (1.적격심사 2.협상에 의한계약 3.최저가낙찰제 4.규격가격분리 5.2단계 경쟁입찰 6.기타 7.해당없음) | 평가신청 (1.내부신청 2.외부신청 3.내외부 모두 신청 4.신청측 5.해당없음) | 정산방법 (1.내부정산 (자체적으로 정산) 2.외부정산 (전문기관위탁정산) 3.내외부 모두 정산 4.정산 5.해당없음) | 성과평가 실시여부 (1.실시 2.미실시 3.향후 추진 4.해당없음) | 성과평가 주기 (1.매년 2.격년 3.기간만료전 4.기타 5.해당없음) | 성과평가 방법 (1.자체 평가 2.평가기관 구성평가 (전문위원회) 3.전문 평가기관 의뢰 4.기타 5.해당없음) | 성과평가결과 인센티브 및 패널티 적용 유무 (1.적용 2.적용 안함 3.기타 4.해당없음) | 인센티브 및 패널티 적용 근거 (1.법률 2.조례 3.지침 4.계약서 5.기타 6.해당없음) |
|---|---|---|---|---|---|---|---|---|---|---|---|---|---|---|---|
| 4027 | 충남 보령시 | 지능형 선별관제 라이선스 구입 | 2 | 88,476 | 7 | 6 | 8 | 7 | 5 | 5 | 4 | 5 | 5 | 4 | 4 |
| 4028 | 충남 보령시 | 지능형 선별관제 서버 구입 | 2 | 44,000 | 7 | 6 | 8 | 7 | 5 | 5 | 4 | 5 | 5 | 4 | 4 |
| 4029 | 충남 보령시 | 선별관제 서버 장애부품 교체 | 1 | 24,000 | 7 | 6 | 8 | 7 | 5 | 5 | 4 | 4 | 5 | 4 | 4 |
| 4030 | 충남 아산시 | 2025년 통합 빅데이터플랫폼 유지보수 | 1 | 98,320 | 5 | 1 | 1 | 2 | 2 | 4 | 4 | 5 | 5 | 4 | 4 |
| 4031 | 충남 아산시 | 디지털 트윈국토 운영 및 유지관리 | 1 | 133,000 | 5 | 5 | 1 | 6(하자관리) | 4 | 4 | 4 | 4 | 5 | 4 | 4 |
| 4032 | 충남 아산시 | ITS시스템 및 시설물 유지관리 | 1 | 365,000 | 7 | 2 | 1 | 2 | 1 | 1 | 1 | 1 | 1 | 4 | 4 |
| 4033 | 충남 아산시 | 2025년 아산시 지적정보시스템 통합유지관리 용역 | 1 | 170,400 | 5 | 2 | 8 | 2 | 3 | 4 | 4 | 5 | 5 | 4 | 4 |
| 4034 | 충남 서산시 | 드론배송 상용화 서비스 | 4 | 240,000 | 1 | 7 | 8 | 7 | 3 | 3 | 4 | 5 | 5 | 4 | 6 |
| 4035 | 충남 서산시 | 생활밀착형 도시재생 스마트기술솔루션사업 유지보수 | 1 | 55,928 | 1 | 7 | 8 | 7 | 3 | 3 | 4 | 5 | 5 | 4 | 6 |
| 4036 | 충남 서산시 | 인터넷 시스템 클라우드 전환 중장기 계획 수립 용역 | 5 | 70,000 | 1 | 7 | 8 | 7 | 3 | 3 | 4 | 5 | 5 | 4 | 6 |
| 4037 | 충남 서산시 | 노후 웹방화벽 시스템 교체 | 2 | 68,000 | 1 | 7 | 8 | 7 | 3 | 3 | 4 | 5 | 5 | 4 | 6 |
| 4038 | 충남 서산시 | 외부망 노후 컴퓨터 교체 | 2 | 71,500 | 1 | 7 | 8 | 7 | 3 | 3 | 4 | 5 | 5 | 4 | 6 |
| 4039 | 충남 서산시 | 전산실 무정전전원장치(UPS) 교체 | 2 | 19,856 | 1 | 7 | 8 | 7 | 3 | 3 | 4 | 5 | 5 | 4 | 6 |
| 4040 | 충남 서산시 | 정내 방송시스템 교체 | 2 | 86,970 | 1 | 7 | 8 | 7 | 3 | 3 | 4 | 5 | 5 | 4 | 6 |
| 4041 | 충남 서산시 | 매체제어 관리시스템 및 에이전트 구입 | 5 | 54,300 | 1 | 7 | 8 | 7 | 3 | 3 | 4 | 5 | 5 | 4 | 6 |
| 4042 | 충남 서산시 | 행정전화 발신표시(XML) 서버 교체 | 2 | 30,400 | 1 | 7 | 8 | 7 | 3 | 3 | 4 | 5 | 5 | 4 | 6 |
| 4043 | 충남 서산시 | VPN 통합관리솔루션 고도화 계획 | 2 | 50,300 | 1 | 7 | 8 | 7 | 3 | 3 | 4 | 5 | 5 | 4 | 6 |
| 4044 | 충남 서산시 | 생활맞춤형 시민정보보안교육 운영 | 5 | 53,435 | 1 | 7 | 8 | 7 | 3 | 3 | 4 | 5 | 5 | 4 | 6 |
| 4045 | 충남 서산시 | 지원 정보화교육 운영 | 5 | 21,940 | 1 | 7 | 8 | 7 | 3 | 3 | 4 | 5 | 5 | 4 | 6 |
| 4046 | 충남 서산시 | 개인정보통합관리시스템 유지보수 | 5 | 20,285 | 1 | 7 | 8 | 7 | 3 | 3 | 4 | 5 | 5 | 4 | 6 |
| 4047 | 충남 서산시 | 도시안전통합센터 정보시스템 통합유지보수 | 1 | 576,700 | 1 | 7 | 8 | 7 | 3 | 3 | 4 | 5 | 5 | 4 | 6 |
| 4048 | 충남 서산시 | 서산시 인상지기 유지보수 | 1 | 18,400 | 1 | 7 | 8 | 7 | 3 | 3 | 4 | 5 | 5 | 4 | 6 |
| 4049 | 충남 서산시 | 스마트포털 및 알리미 고도화 유지보수 | 1 | 29,298 | 1 | 7 | 8 | 7 | 3 | 3 | 4 | 5 | 5 | 4 | 6 |
| 4050 | 충남 서산시 | 방범용 CCTV 유지보수 용역 | 1 | 300,000 | 1 | 7 | 8 | 7 | 3 | 3 | 4 | 5 | 5 | 4 | 6 |
| 4051 | 충남 서산시 | 방범용 CCTV 설치사업 | 2 | 150,000 | 1 | 7 | 8 | 7 | 3 | 3 | 4 | 5 | 5 | 4 | 6 |
| 4052 | 충남 서산시 | 서산시 통합 홈페이지 유지관리 | 1 | 60,226 | 1 | 7 | 8 | 7 | 3 | 3 | 4 | 5 | 5 | 4 | 6 |
| 4053 | 충남 서산시 | 통합원관리시스템 유지관리 | 1 | 14,583 | 1 | 7 | 8 | 7 | 3 | 3 | 4 | 5 | 5 | 4 | 6 |
| 4054 | 충남 서산시 | 홈페이지 보안장비 유지관리 | 1 | 19,665 | 1 | 7 | 8 | 7 | 3 | 3 | 4 | 5 | 5 | 4 | 6 |
| 4055 | 충남 서산시 | 홈페이지 원격 점검 용역 | 1 | 19,800 | 1 | 7 | 8 | 7 | 3 | 3 | 4 | 5 | 5 | 4 | 6 |
| 4056 | 충남 서산시 | 홈페이지 클라우드 서비스 이용 | 5 | 78,200 | 1 | 7 | 8 | 7 | 3 | 3 | 4 | 5 | 5 | 4 | 6 |
| 4057 | 충남 서산시 | 서산시 업무관리시스템 유지관리 | 1 | 28,279 | 1 | 7 | 8 | 7 | 3 | 3 | 4 | 5 | 5 | 4 | 6 |

| 순번 | 시군구 | 정보화사업 사업명<br>·예산서 상의 사업명 | 정보화사업 분류<br>1.유지 및 보수<br>2.SW/HW<br>개발 및 구매<br>3.DB 구축<br>4.정보화<br>전략계획<br>(ISP) 수립<br>5.정보화지원<br>6.기타 | 2025년<br>예산<br>(단위:천원<br>/1년간) | 예산 편성근거<br>1.법률이 규정<br>2.국고보조 재원<br>3.조례<br>4.용도지정기부금<br>5.지자체 및<br>상위기관 정책<br>6.기타<br>7.해당없음 | 계약체결방식<br>(경쟁형태)<br>1.일반경쟁<br>2.제한경쟁<br>3.지명경쟁<br>4.수의계약<br>5.법정위탁<br>6.기타( )<br>7.해당없음 | 정보화사업 계약방식 계약기간<br>1.1년<br>2.2년<br>3.3년<br>4.4년<br>5.5년<br>6.기타<br>7.단기계약<br>(1년미만)<br>8.해당없음 | 낙찰자 선정방식<br>1.적격심사<br>2.협상에 의한계약<br>3.최저가낙찰제<br>4.규격가격분리<br>5.2단계 경쟁입찰<br>6.기타( )<br>7.해당없음 | 정보화사업 평가 평가시점<br>1.내부선정<br>(자체적으로 선정)<br>2.외부선정<br>(전문기관위축)<br>3.내외부 모두 선정<br>4.신정書<br>5.해당없음 | 정보화사업 예산 산정<br>정산방법<br>1.내부정산<br>(내부직으로 정산)<br>2.외부정산<br>(외부기관위축 정산)<br>3.내외부 모두 정산<br>4.정산書<br>5.해당없음 | 성과평가 실시여부<br>1.실시<br>2.미실시<br>3.향후 추진<br>4.해당없음 | 성과평가 성과평가 주기<br>1.매년<br>2.격년<br>3.기간만료전<br>4.기타( )<br>5.해당없음 | 성과평가 방법<br>1.자체 평가<br>2.평가단<br>구성후실시<br>(전문위원축)<br>3.전문<br>평가기관 의축<br>4.기타( )<br>5.해당없음 | 평가결과 적용 성과평가결과 인센티브 적용<br>페널티 적용 유무<br>1.적용<br>2.적용 안함<br>3.기타( )<br>4.해당없음 | 평가결과 적용 인센티브 및 페널티 적용 근거<br>1.법률<br>2.조례<br>3.지침<br>4.계약서<br>5.기타( )<br>6.해당없음 |
|---|---|---|---|---|---|---|---|---|---|---|---|---|---|---|---|
| 4058 | 충남 서산시 | 공통기반 및 재해복구시스템 유지관리 | 1 | 126,894 | 1 | 7 | 8 | 7 | 3 | 3 | 4 | 5 | 5 | 4 | 6 |
| 4059 | 충남 서산시 | 정보시스템 통합 유지관리 | 1 | 89,120 | 1 | 7 | 8 | 7 | 3 | 3 | 4 | 5 | 5 | 4 | 6 |
| 4060 | 충남 서산시 | 온나라 문서시스템 유지관리 | 1 | 75,624 | 1 | 7 | 8 | 7 | 3 | 3 | 4 | 5 | 5 | 4 | 6 |
| 4061 | 충남 서산시 | 행정업무용 전산장비 구입 | 2 | 351,500 | 1 | 7 | 8 | 7 | 3 | 3 | 4 | 5 | 5 | 4 | 6 |
| 4062 | 충남 서산시 | 행정전산장비 유지관리 | 1 | 92,187 | 1 | 7 | 8 | 7 | 3 | 3 | 4 | 5 | 5 | 4 | 6 |
| 4063 | 충남 서산시 | IT 자산관리 시스템 유지관리 | 1 | 8,000 | 1 | 7 | 8 | 7 | 3 | 3 | 4 | 5 | 5 | 4 | 6 |
| 4064 | 충남 서산시 | 행정업무용 소프트웨어 구입 | 2 | 216,939 | 1 | 7 | 8 | 7 | 3 | 3 | 4 | 5 | 5 | 4 | 6 |
| 4065 | 충남 서산시 | 정보보안시스템 유지보수 | 5 | 10,600 | 1 | 7 | 8 | 7 | 3 | 3 | 4 | 5 | 5 | 4 | 6 |
| 4066 | 충남 서산시 | 네트워크 시스템 유지보수 | 1 | 79,924 | 1 | 7 | 8 | 7 | 3 | 3 | 4 | 5 | 5 | 4 | 6 |
| 4067 | 충남 서산시 | 행정전화 시스템 유지보수 | 1 | 60,986 | 1 | 7 | 8 | 7 | 3 | 3 | 4 | 5 | 5 | 4 | 6 |
| 4068 | 충남 서산시 | 전자팩스 시스템 유지보수 | 1 | 8,184 | 1 | 7 | 8 | 7 | 3 | 3 | 4 | 5 | 5 | 4 | 6 |
| 4069 | 충남 서산시 | 노후 통신장비 교체 | 2 | 18,000 | 1 | 7 | 8 | 7 | 3 | 3 | 4 | 5 | 5 | 4 | 6 |
| 4070 | 충남 서산시 | 행정전화 발신자 표시 서비스 | 4 | 36,300 | 1 | 7 | 8 | 7 | 3 | 3 | 4 | 5 | 5 | 4 | 6 |
| 4071 | 충남 서산시 | 돌고 다니는 행정전화 서비스 | 4 | 15,840 | 1 | 7 | 8 | 7 | 3 | 3 | 4 | 5 | 5 | 4 | 6 |
| 4072 | 충남 서산시 | 시정홍보 알림메세지 서비스 | 4 | 16,632 | 1 | 7 | 8 | 7 | 3 | 3 | 4 | 5 | 5 | 4 | 6 |
| 4073 | 충남 서산시 | 직원용 와이파이 서비스 | 1 | 31,007 | 1 | 7 | 8 | 7 | 3 | 3 | 4 | 5 | 5 | 4 | 6 |
| 4074 | 충남 서산시 | 공공와이파이 시스템 유지보수 | 1 | 32,132 | 1 | 7 | 8 | 7 | 3 | 3 | 4 | 5 | 5 | 4 | 6 |
| 4075 | 충남 서산시 | 고화질중계방송 시스템 유지관리 | 1 | 10,200 | 1 | 5 | 1 | 2 | 3 | 3 | 4 | 5 | 5 | 4 | 6 |
| 4076 | 충남 서산시 | 스마트마을방송 시스템 유지보수 | 2 | 12,960 | 5 | 5 | 1 | 2 | 3 | 3 | 4 | 5 | 5 | 4 | 6 |
| 4077 | 충남 서산시 | 성과관리시스템 유지보수 | 1 | 14,000 | 5 | 4 | 1 | 2 | 1 | 1 | 2 | 5 | 5 | 4 | 6 |
| 4078 | 충남 서산시 | 정보통신시설장비유지사업 | 1 | 1,202 | 5 | 1 | 8 | 7 | 1 | 1 | 2 | 5 | 5 | 4 | 6 |
| 4079 | 충남 논산시 | 정보통신장비 운영 | 1 | 8,000 | 5 | 1 | 1 | 2 | 1 | 1 | 2 | 5 | 5 | 4 | 6 |
| 4080 | 충남 논산시 | 노후 민방위정보 시스템 교체설치 사업 | 2 | 45,000 | 5 | 5 | 8 | 7 | 1 | 1 | 2 | 5 | 5 | 4 | 6 |
| 4081 | 충남 논산시 | 방범용 CCTV 설치공사 | 2 | 701 | 5 | 5 | 1 | 2 | 1 | 1 | 2 | 5 | 5 | 4 | 6 |
| 4082 | 충남 논산시 | CCTV 통합관제센터 운영 | 1 | 2,653 | 5 | 1 | 8 | 7 | 1 | 1 | 2 | 5 | 5 | 4 | 6 |
| 4083 | 충남 논산시 | 지방재정 호보시스템 운영관리 | 1 | 116,000 | 5 | 5 | 1 | 2 | 1 | 1 | 2 | 5 | 5 | 4 | 6 |
| 4084 | 충남 논산시 | 지방재정 재해복구시스템 유지관리 | 2 | 45,000 | 5 | 5 | 1 | 2 | 1 | 1 | 2 | 5 | 5 | 4 | 6 |
| 4085 | 충남 논산시 | 은행공금계시스템 유지 수수료 | 1 | 4,000 | 5 | 4 | 1 | 2 | 1 | 1 | 2 | 5 | 5 | 4 | 6 |
| 4086 | 충남 논산시 | 디지털행정용 유지보수 용역 | 1 | 2,050 | 5 | 1 | 8 | 7 | 1 | 1 | 2 | 5 | 5 | 4 | 6 |
| 4087 | 충남 논산시 | 시간 중앙 모니터링 용 보 | 6 | 25,000 | 5 | 2 | 7 | 2 | 1 | 1 | 2 | 5 | 5 | 4 | 6 |
| 4088 | 충남 논산시 | 노후 무인민원발급기 교체 사업 | 2 | 40,000 | 5 | 7 | 8 | 7 | 1 | 1 | 2 | 5 | 5 | 4 | 6 |

| 순번 | 시군구 | 정보화사업 사업명<br>· 예산편성 세부사업명 | 정보사업 분류<br>1. 유지 및 보수<br>2. SW/HW 개발 및 구매<br>3. DB 구축<br>4. 정보화 전략계획(ISP) 수립<br>5. 정보화지원<br>6. 기타 | 2025년 예산<br>(단위:천원/년간) | 예산 편성근거<br>1. 법률에 규정<br>2. 국고보조재원<br>3. 용도지정기부금<br>4. 조례<br>5. 지자체 및 상위기관 정책<br>6. 기타<br>7. 해당없음 | 계약체결방식<br>(경쟁형태)<br>1. 일반경쟁<br>2. 제한경쟁<br>3. 지명경쟁<br>4. 수의계약<br>5. 복수계약<br>6. 기타( )<br>7. 해당없음 | 계약기간<br>1. 1년<br>2. 2년<br>3. 3년<br>4. 4년<br>5. 5년<br>6. 기타<br>7. 단기계약(1년미만)<br>8. 해당없음 | 낙찰자 선정방식<br>1. 적격심사<br>2. 협상에 의한계약<br>3. 최저가낙찰제<br>4. 근로가점평가<br>5. 2단계 경쟁입찰<br>6. 기타( )<br>7. 해당없음 | 평가산정<br>1. 내부산정<br>2. 외부산정(전문기관에 산정)<br>3. 내외부 모두 산정<br>4. 산정 無<br>5. 해당없음 | 정산방법<br>1. 내부정산(내부적으로 정산)<br>2. 외부정산(외부전문기관위탁 정산)<br>3. 내외부 모두 정산<br>4. 정산 無<br>5. 해당없음 | 성과평가 실시여부<br>1. 실시<br>2. 미실시<br>3. 향후 추진<br>4. 해당없음 | 성과평가 주체<br>1. 매년<br>2. 격년<br>3. 기간표정<br>4. 기타( )<br>5. 해당없음 | 성과평가 방법<br>1. 자체 평가<br>2. 합동기관<br>3. 전문<br>4. 기타<br>5. 해당없음 | 성과평가결과 인센티브 패널티 유무<br>1. 적용<br>2. 적용 안함<br>3. 기타( )<br>4. 해당없음 | 인센티브 및 패널티 적용 근거<br>1. 법률<br>2. 조례<br>3. 지침<br>4. 계약서<br>5. 기타<br>6. 해당없음 |
|---|---|---|---|---|---|---|---|---|---|---|---|---|---|---|---|
| 4089 | 충남 논산시 | 민원콜센터 운영 | 1 | 20,000 | 5 | 1 | 1 | 2 | 1 | 1 | 2 | 5 | 5 | 4 | 6 |
| 4090 | 충남 논산시 | 논산시 도시계획정보체계 유지관리 | 1 | 33,000 | 5 | 1 | 1 | 2 | 1 | 1 | 2 | 5 | 5 | 4 | 6 |
| 4091 | 충남 논산시 | 공간정보고도화시스템 유지보수 | 1 | 2,000 | 5 | 1 | 1 | 2 | 1 | 1 | 2 | 5 | 5 | 4 | 6 |
| 4092 | 충남 논산시 | 논산시 지하시설물(하수도) DB전산화 구축 | 3 | 300 | 5 | 1 | 7 | 2 | 1 | 1 | 2 | 5 | 5 | 4 | 6 |
| 4093 | 충남 논산시 | 논산시 클라우드 전환 중장기 정보화 전략계획(ISP) 수립 | 4 | 100,000 | 5 | 1 | 7 | 7 | 1 | 1 | 2 | 5 | 5 | 4 | 6 |
| 4094 | 충남 논산시 | 행정업무용 개인PC 보안제품을 위한 EDR 도입 | 2 | 50,600 | 5 | 7 | 8 | 7 | 1 | 1 | 2 | 5 | 5 | 4 | 6 |
| 4095 | 충남 논산시 | 출연기관 대상 사이버보안 관제 확대 | 2 | 36,500 | 5 | 7 | 8 | 7 | 1 | 1 | 2 | 5 | 5 | 4 | 6 |
| 4096 | 충남 논산시 | 정보호 역량 강화를 위한 정보보호 우수부서 포상 | 6 | 4,000 | 5 | 7 | 8 | 7 | 1 | 1 | 2 | 5 | 5 | 4 | 6 |
| 4097 | 충남 논산시 | 전산실 노후 무정전전원장치(UPS) 교체 | 2 | 40,000 | 5 | 7 | 8 | 7 | 1 | 1 | 2 | 5 | 5 | 4 | 6 |
| 4098 | 충남 논산시 | 자료 유출 차단을 위한 매체 제어시스템(보안USB) 교체 | 2 | 58,000 | 5 | 7 | 8 | 7 | 1 | 1 | 2 | 5 | 5 | 4 | 6 |
| 4099 | 충남 논산시 | 지역, 계층 간 정보격차 해소를 위한 사이버정보화교육 | 5 | 77,760 | 5 | 5 | 8 | 2 | 1 | 1 | 2 | 5 | 5 | 4 | 6 |
| 4100 | 충남 논산시 | 온라인 평생교육 사이버 문화센터 운영 | 5 | 20,000 | 5 | 5 | 1 | 2 | 1 | 1 | 2 | 5 | 5 | 4 | 6 |
| 4101 | 충남 논산시 | 2025~2026년도 행정정보시스템 통합유지보수 용역 | 1 | 385 | 5 | 1 | 2 | 2 | 1 | 1 | 2 | 5 | 5 | 4 | 6 |
| 4102 | 충남 논산시 | 행정업무용 컴퓨터 유지보수 용역 | 1 | 65,000 | 5 | 4 | 1 | 2 | 1 | 1 | 2 | 5 | 5 | 4 | 6 |
| 4103 | 충남 논산시 | 행정업무용 컴퓨터 구입 | 2 | 373 | 5 | 4 | 7 | 2 | 1 | 1 | 2 | 5 | 5 | 4 | 6 |
| 4104 | 충남 논산시 | 행정업무용 소프트웨어 구입 | 2 | 1,900 | 5 | 4 | 8 | 7 | 1 | 1 | 2 | 5 | 5 | 4 | 6 |
| 4105 | 충남 논산시 | 지방세정보화사업 위탁 운영관리 | 2 | 119,000 | 5 | 5 | 1 | 2 | 1 | 1 | 2 | 5 | 5 | 4 | 6 |
| 4106 | 충남 논산시 | 차세대 지방세부과수납시스템 제어시스템 위탁 운영관리 | 2 | 61,000 | 5 | 5 | 1 | 2 | 1 | 1 | 2 | 5 | 5 | 4 | 6 |
| 4107 | 충남 논산시 | 논산시 도서관 정보시스템 유지보수 | 1 | 86,000 | 5 | 1 | 1 | 7 | 1 | 1 | 2 | 5 | 5 | 4 | 6 |
| 4108 | 충남 논산시 | 평생학습포털 홈페이지 유지보수 | 1 | 11,400 | 5 | 4 | 1 | 2 | 1 | 1 | 2 | 5 | 5 | 4 | 6 |
| 4109 | 충남 논산시 | 평생학습 컴퓨터 대관시스템 등 구축 | 2 | 13,000 | 5 | 4 | 7 | 7 | 1 | 1 | 2 | 5 | 5 | 4 | 6 |
| 4110 | 충남 논산시 | 논산시 도서관 유해사이트 차단시스템 설치 | 2 | 27,270 | 5 | 4 | 8 | 2 | 1 | 1 | 2 | 5 | 5 | 4 | 6 |
| 4111 | 충남 논산시 | 물빛작은도서관 정보시스템 구축 | 2 | 17,000 | 5 | 7 | 8 | 2 | 1 | 1 | 2 | 5 | 5 | 4 | 6 |
| 4112 | 충남 논산시 | 물빛작은도서관 ICT 장비 구축 | 2 | 100,000 | 5 | 1 | 7 | 2 | 1 | 1 | 2 | 5 | 5 | 4 | 6 |
| 4113 | 충남 논산시 | 작은도서관 시스템 보수 | 1 | 3,000 | 5 | 4 | 1 | 2 | 1 | 1 | 2 | 5 | 5 | 4 | 6 |
| 4114 | 충남 논산시 | 스마트도서관 시스템 유지보수 | 1 | 19,000 | 5 | 4 | 1 | 2 | 1 | 1 | 2 | 5 | 5 | 4 | 6 |
| 4115 | 충남 논산시 | 맑은공기관리시스템 유지보수 | 1 | 13,000 | 5 | 4 | 1 | 2 | 1 | 1 | 2 | 5 | 5 | 4 | 6 |
| 4116 | 충남 논산시 | 가성계수납시스템 유지보수 | 1 | 9,080 | 5 | 4 | 7 | 2 | 1 | 1 | 2 | 5 | 5 | 4 | 6 |
| 4117 | 충남 논산시 | 가상계좌수납시스템서버교체 | 1 | 50,000 | 5 | 7 | 8 | 2 | 1 | 1 | 2 | 5 | 5 | 4 | 6 |
| 4118 | 충남 논산시 | 감사시스템 통합유지관리 | 2 | 15,000 | 5 | 7 | 8 | 7 | 1 | 1 | 2 | 5 | 5 | 4 | 6 |
| 4119 | 충남 논산시 | 표준기록관리시스템 통합유지관리 | 1 | 244 | 5 | 5 | 1 | 7 | 1 | 1 | 2 | 5 | 5 | 4 | 6 |

| 순번 | 시군구 | 정보화사업 사업명<br>•예산서 상의 사업명 | 정보화사업 분류<br>1. 유지 및 보수<br>2. SW/HW 개발 및 구매<br>3. DB 구축<br>4. 정보화 전략계획(ISP) 수립<br>5. 정보화지원<br>6. 기타 | 2025년 예산<br>(단위:천원/1년간) | 예산 편성근거<br>1. 법률의 규정<br>2. 국고보조재원<br>3. 용도지정기부금<br>4. 조례<br>5. 자치제 및 상위기관 정책<br>6. 기타<br>7. 해당없음 | 계약체결방법<br>(경쟁형태)<br>1. 일반경쟁<br>2. 제한경쟁<br>3. 지명경쟁<br>4. 수의계약<br>5. 민간경상<br>6. 기타<br>7. 해당없음 | 정보화사업 입찰방식 계약기간<br>1. 1년<br>2. 2년<br>3. 3년<br>4. 4년<br>5. 5년<br>6. 기타( )<br>7. 단기계약(1년미만)<br>8. 해당없음 | 낙찰자 선정방법<br>1. 적격심사<br>2. 협상에 의한계약<br>3. 최저가낙찰제<br>4. 규격가격분리<br>5. 2단계 경쟁입찰<br>6. 기타( )<br>7. 해당없음 | 정보화사업 예산 산정 평가신청<br>1. 내부신청<br>2. 외부신청(전문기관에)<br>3. 내외부 모두 신청<br>4. 신청 無<br>5. 해당없음 | 정보화사업 예산 산정 산정방법<br>1. 내부정산(자체적으로 정산)<br>2. 외부정산(외부전문기관위탁 정산)<br>3. 내외부 모두 정산<br>4. 정산 無<br>5. 해당없음 | 성과평가 실시여부<br>1. 실시<br>2. 미실시<br>3. 향후 추진<br>4. 해당없음 | 성과평가 주기<br>1. 매년<br>2. 격년<br>3. 기간만료전<br>4. 기타( )<br>5. 해당없음 | 성과평가 방법<br>1. 자체 평가<br>2. 평가단 구성 후 실시(전문위원회)<br>3. 전문 평가기관 의뢰<br>4. 기타( )<br>5. 해당없음 | 성과평가결과 인센티브 및 패널티 적용 유무<br>1. 적용<br>2. 적용 안함<br>3. 기타( )<br>4. 해당없음 | 평가결과 적용 인센티브 및 패널티 적용 근거<br>1. 법<br>2. 조례<br>3. 지침<br>4. 계약서<br>5. 기타<br>6. 해당없음 |
|---|---|---|---|---|---|---|---|---|---|---|---|---|---|---|---|
| 4120 | 충남 논산시 | 논산시 영역외 전담 구축 | 2 | 1,880 | 5 | 7 | 8 | 7 | 1 | 1 | 2 | 5 | 5 | 4 | 6 |
| 4121 | 충남 계룡시 | 공통기반 및 재해복구시스템 유지보수 | 1 | 105,000 | 5 | 6 | 1 | 7 | 1 | 1 | 2 | 5 | 5 | 4 | 4 |
| 4122 | 충남 계룡시 | 새올 서비스데스크 운영용역 | 1 | 9,900 | 5 | 6 | 1 | 7 | 1 | 1 | 2 | 5 | 5 | 4 | 4 |
| 4123 | 충남 계룡시 | 온-나라시스템 운영지원 위탁 | 1 | 50,606 | 5 | 6 | 1 | 7 | 1 | 1 | 2 | 5 | 5 | 4 | 4 |
| 4124 | 충남 계룡시 | 공공데이터DB품질진단 | 5 | 20,000 | 5 | 4 | 1 | 7 | 1 | 1 | 2 | 5 | 5 | 4 | 4 |
| 4125 | 충남 계룡시 | 행정업무용PC 구매 | 2 | 108,000 | 5 | 7 | 8 | 7 | 1 | 1 | 2 | 5 | 5 | 4 | 4 |
| 4126 | 충남 계룡시 | WIN11 OS전환사업 | 5 | 22,000 | 5 | 4 | 1 | 7 | 1 | 1 | 2 | 5 | 5 | 4 | 4 |
| 4127 | 충남 계룡시 | 상용S/W구매 | 5 | 100,000 | 5 | 7 | 8 | 7 | 1 | 1 | 2 | 5 | 5 | 4 | 4 |
| 4128 | 충남 계룡시 | 전산시스템 통합 유지관리 | 1 | 305,138 | 5 | 1 | 2 | 2 | 5 | 5 | 4 | 5 | 5 | 4 | 6 |
| 4129 | 충남 계룡시 | 디지털통합통 유지관리 및 분석사업 | 1 | 103,900 | 5 | 1 | 2 | 7 | 5 | 5 | 4 | 5 | 5 | 4 | 4 |
| 4130 | 충남 계룡시 | 전산장비통합유지보수 | 1 | 15,500 | 5 | 2 | 2 | 7 | 5 | 5 | 4 | 5 | 5 | 4 | 4 |
| 4131 | 전북 금산군 | 행정전산장비유지보수 | 1 | 230 | 7 | 2 | 2 | 7 | 5 | 5 | 4 | 5 | 5 | 4 | 4 |
| 4132 | 전북 금산군 | 행정업무용 SW 등구매 | 2 | 22,000 | 7 | 4 | 1 | 7 | 5 | 5 | 4 | 5 | 5 | 4 | 4 |
| 4133 | 전북 금산군 | 시군구공통기반시스템유지보수 | 1 | 98,550 | 7 | 4 | 2 | 7 | 5 | 5 | 4 | 5 | 5 | 4 | 4 |
| 4134 | 전북 금산군 | 금산군 cctv통합관제센터 운영 | 1 | 2,103 | 7 | 4 | 1 | 7 | 5 | 5 | 4 | 5 | 5 | 4 | 4 |
| 4135 | 전북 금산군 | 방범용 cctv 설치 사업 | 1 | 300 | 7 | 2 | 2 | 7 | 5 | 5 | 4 | 5 | 5 | 4 | 4 |
| 4136 | 전북 금산군 | 정보통신시스템 통합유지보수 | 1 | 675 | 7 | 2 | 2 | 7 | 5 | 5 | 4 | 5 | 5 | 4 | 4 |
| 4137 | 전북 금산군 | 행정용 PC 등 구매 | 1 | 1,730 | 7 | 2 | 1 | 7 | 5 | 5 | 4 | 5 | 5 | 4 | 4 |
| 4138 | 전북 금산군 | 행정용 SW 등 구매 | 1 | 12,221 | 7 | 4 | 1 | 7 | 5 | 5 | 4 | 5 | 5 | 4 | 4 |
| 4139 | 전북 금산군 | 주민보호 교육 | 1 | 43,000 | 7 | 4 | 2 | 7 | 5 | 5 | 4 | 5 | 5 | 4 | 4 |
| 4140 | 전북 금산군 | 온나라시스템 유지보수 | 1 | 60,000 | 7 | 4 | 1 | 7 | 5 | 5 | 4 | 5 | 5 | 4 | 4 |
| 4141 | 전북 금산군 | 주민정보보안 시스템 확대 구축 | 1 | 22,153 | 7 | 2 | 1 | 7 | 5 | 5 | 4 | 5 | 5 | 4 | 4 |
| 4142 | 전북 금산군 | UPIS 개발행위허가 DB구축 용역 | 1 | 22,000 | 7 | 4 | 1 | 7 | 5 | 5 | 4 | 5 | 5 | 4 | 4 |
| 4143 | 전북 금산군 | 중요기록물 전산화 및 공개재분류 사업 | 1 | 24,885 | 7 | 7 | 1 | 7 | 5 | 5 | 4 | 5 | 5 | 4 | 4 |
| 4144 | 전북 금산군 | 기록관리시스템 유지보수 | 1 | 36,000 | 7 | 4 | 1 | 7 | 5 | 5 | 4 | 5 | 5 | 4 | 4 |
| 4145 | 전북 금산군 | 디지털 홈페이 고도화 | 1 | 33,000 | 7 | 4 | 1 | 7 | 5 | 5 | 4 | 5 | 5 | 4 | 4 |
| 4146 | 전북 금산군 | 주민등록시스템 유지보수 | 1 | 20,000 | 7 | 4 | 1 | 7 | 5 | 5 | 4 | 5 | 5 | 4 | 4 |
| 4147 | 전북 금산군 | 지방세정보시스템 유지보수 | 1 | 71,000 | 7 | 2 | 1 | 7 | 5 | 5 | 4 | 5 | 5 | 4 | 4 |
| 4148 | 전북 금산군 | 지방세외수입보시스템 유지보수 | 1 | 56,000 | 7 | 2 | 1 | 7 | 5 | 5 | 4 | 5 | 5 | 4 | 4 |
| 4149 | 전북 금산군 | 도시계획정보서비스(UPIS) 유지보수 | 1 | 45,000 | 7 | 4 | 1 | 7 | 5 | 5 | 4 | 5 | 5 | 4 | 4 |
| 4150 | 전북 금산군 | 상하수도 지하정보 정보도 개선사업 | 1 | 140,000 | 7 | 2 | 1 | 7 | 5 | 5 | 4 | 5 | 5 | 4 | 4 |

| 순번 | 시군구 | 정보화사업·예산서 상의 사업명 | 정보화사업 분류 | 2025년 예산 (단위:천원/1년간) | 예산 편성근거 | 계약체결방법 (경쟁형태) | 정보화사업 계약기간 | 낙찰자 선정방법 | 정보화사업 인물발주서 평가산정 | 정보화사업 예산 산정 | 성과평가 실시여부 | 성과평가 주기 | 성과평가 방법 | 성과평가결과 인센티브 패널티 적용 유무 | 인센티브 및 패널티 적용 근거 |
|---|---|---|---|---|---|---|---|---|---|---|---|---|---|---|---|
| 4151 | 충남 군산 | 신뢰및행정정보 홈페이지 재구축 | 1 | 25,000 | 7 | 4 | 1 | 7 | 5 | 5 | 4 | 5 | 5 | 4 | 4 |
| 4152 | 충남 군산 | 자원순환화 전산화 구축사업 | 1 | 2,550 | 7 | 4 | 1 | 7 | 5 | 5 | 4 | 5 | 5 | 4 | 4 |
| 4153 | 충남 군산 | 구 도지대장 한글화 디지털 구축사업 | 1 | 2,230 | 7 | 4 | 1 | 7 | 5 | 5 | 4 | 5 | 5 | 4 | 4 |
| 4154 | 충남 군산 | 대표홈페이지 일부 개편 | 1 | 1,100 | 7 | 4 | 1 | 7 | 5 | 5 | 4 | 5 | 5 | 4 | 4 |
| 4155 | 충남 군산 | 홈페이지 중계서버 교체 | 1 | 55,500 | 7 | 4 | 1 | 7 | 5 | 5 | 4 | 5 | 5 | 4 | 4 |
| 4156 | 충남 군산 | 웹방화벽 장비 교체 구입 | 1 | 3,500 | 7 | 4 | 1 | 7 | 5 | 5 | 4 | 5 | 5 | 4 | 4 |
| 4157 | 충남 군산 | 공공마이터 표준사전 구축 | 1 | 15,540 | 7 | 4 | 1 | 7 | 5 | 5 | 4 | 5 | 5 | 4 | 4 |
| 4158 | 충남 군산 | 금산행정정보시스템 유지보수 | 1 | 50,000 | 7 | 4 | 1 | 7 | 5 | 5 | 4 | 5 | 5 | 4 | 4 |
| 4159 | 충남 군산 | 디지털 플랫폼 | 1 | 298 | 7 | 2 | 1 | 7 | 5 | 5 | 4 | 5 | 5 | 4 | 4 |
| 4160 | 충남 군산 | 정보시스템 클라우드 전환 컨설팅 | 1 | 5,557 | 7 | 4 | 1 | 7 | 5 | 5 | 4 | 5 | 5 | 4 | 4 |
| 4161 | 충남 군산 | 행정업무 로봇서비스 구축 | 1 | 4,884 | 7 | 4 | 1 | 7 | 5 | 5 | 4 | 5 | 5 | 4 | 4 |
| 4162 | 충남 군산 | 도로와 지하시설물 전산화사업 | 1 | 5,500 | 1 | 4 | 1 | 7 | 5 | 5 | 4 | 5 | 5 | 4 | 4 |
| 4163 | 충남 군산 | 아토피 자연치유마을 홈페이지 구축 | 1 | 3,000 | 6 | 4 | 1 | 7 | 5 | 5 | 4 | 5 | 5 | 4 | 4 |
| 4164 | 충남 군산 | 정보시스템 클라우드 전환/자원도 | 1 | 2,000 | 7 | 2 | 1 | 7 | 5 | 5 | 4 | 5 | 5 | 4 | 4 |
| 4165 | 충남 부여 | 공통기반 및 재해복구시스템 유지관리 | 1 | 99,404 | 5 | 6 | 1 | 7 | 1 | 1 | 4 | 5 | 5 | 4 | 4 |
| 4166 | 충남 부여 | 온나라 문서시스템 유지관리 | 1 | 62,955 | 5 | 6 | 1 | 7 | 5 | 5 | 4 | 5 | 5 | 4 | 4 |
| 4167 | 충남 부여 | 부여군 대이비 통합 플랫폼 구축 | 6 | 500,000 | 5 | 2 | 1 | 7 | 1 | 1 | 4 | 5 | 5 | 4 | 4 |
| 4168 | 충남 부여 | 행정정보 통합 솔루션 유지보수 | 1 | 17,450 | 6 | 4 | 1 | 7 | 5 | 5 | 4 | 5 | 5 | 4 | 4 |
| 4169 | 충남 부여 | 가상화서비스 및 솔루션 유지보수 | 2 | 16,655 | 5 | 4 | 7 | 7 | 5 | 5 | 4 | 5 | 5 | 4 | 4 |
| 4170 | 충남 부여 | 홈페이지 유지보수 | 1 | 22,000 | 5 | 4 | 1 | 7 | 5 | 5 | 4 | 5 | 5 | 4 | 4 |
| 4171 | 충남 부여 | 차세대지방세정보시스템 운영 | 1 | 113,968 | 1 | 7 | 1 | 7 | 5 | 5 | 4 | 5 | 5 | 4 | 4 |
| 4172 | 충남 부여 | 차세대세외수입시스템 운영 | 1 | 58,605 | 1 | 7 | 1 | 7 | 5 | 5 | 4 | 5 | 5 | 4 | 4 |
| 4173 | 충남 부여 | 재난정보통신망시스템 운영 | 1 | 4,800 | 5 | 2 | 1 | 2 | 5 | 5 | 4 | 5 | 5 | 4 | 4 |
| 4174 | 충남 부여 | 재난자원 무선영상시스템 유지보수 | 1 | 8,712 | 1 | 4 | 1 | 7 | 1 | 1 | 4 | 5 | 5 | 4 | 4 |
| 4175 | 충남 부여 | 부여여성새로일하기센터 누리집 재구축 | 2 | 22,000 | 5 | 4 | 1 | 7 | 5 | 5 | 4 | 5 | 5 | 4 | 4 |
| 4176 | 충남 부여 | 국토이용정보 통합플랫폼(KLIP) DB현행화 용역 | 3 | 22,000 | 1 | 4 | 1 | 7 | 5 | 5 | 4 | 5 | 5 | 4 | 4 |
| 4177 | 충남 부여 | 도시계획정보체계(UPIS) 유지관리용역 | 1 | 22,000 | 1 | 4 | 1 | 7 | 1 | 1 | 4 | 5 | 5 | 4 | 4 |
| 4178 | 충남 부여 | 홈페이지 유지보수 | 1 | 120,000 | 6 | 4 | 1 | 7 | 5 | 5 | 4 | 5 | 5 | 4 | 4 |
| 4179 | 충남 부여 | 스마트운전 본사업 스마트 ICT 사업 | 2 | 150,000 | 5 | 1 | 5 | 3 | 1 | 1 | 3 | 3 | 1 | 4 | 4 |
| 4180 | 충남 부여 | 맑은물 수질관리 스마트시스템 | 1 | 1,600 | 7 | 4 | 1 | 2 | 1 | 1 | 4 | 4 | 5 | 4 | 4 |
| 4181 | 충남 부여 | 농촌지도고객관리시스템 동읍기계임대사업소 관리서비스 유지보수 | 1 | 4,100 | 6 | 4 | 1 | 7 | 1 | 1 | 4 | 5 | 5 | 4 | 4 |

| 순번 | 시군구 | 정보화사업 사업명·예산편성 사업명 | 정보화사업 분류 (1.유지 및 보수 2.SW/HW 개발 및 구매 3.DB 구축 4.정보화전략계획(ISP) 수립 5.정보화지원 6.기타) | 2025년 예산 (단위:천원/1년간) | 예산 편성근거 (1.법률에 규정 2.국고보조 재원 3.조례 4.중장기정보화 5.지자체 및 상위기관 정책 6.기타 7.해당없음) | 정보화사업 입찰 및 계약 계약체결방법 (경쟁형태) (1.일반경쟁 2.제한경쟁 3.지명경쟁 4.수의계약 5.낙찰제 6.기타 7.해당없음) | 계약기간 (1.1년 2.2년 3.3년 4.4년 5.5년 6.기타() 7.단기계약 (1년미만) 8.해당없음) | 낙찰자 선정방법 (1.적격심사 2.협상에 의한계약 3.최저가낙찰제 4.규격가격분리 5.2단계 경쟁입찰 6.기타() 7.해당없음) | 정보화사업 예산 평가산정 평가산정 (1.내부산정 2.외부산정 3.산정無 4.신청제 5.해당없음) | 산정방법 (1.내부산정 (자체적으로 산정) 2.외부산정 (전문기관위탁) 3.내외부 모두 산정 4.산정 無 5.해당없음) | 성과평가 실시여부 (1.실시 2.미실시 3.향후 추진 4.해당없음) | 성과평가 성과평가 주기 (1.매년 2.격년 3.기간만료전 4.기타() 5.해당없음) | 성과평가 방법 (1.자체 평가 2.평가단 구성 후 실시 (전문위원회) 3.전문 평가기관 의뢰 4.기타() 5.해당없음) | 평가결과 적용 성과평가결과 인센티브 패널티 적용 유무 (1.적용 2.적용 안됨 3.기타() 4.해당없음) | 인센티브 및 패널티 적용 근거 (1.법률 2.조례 3.지침 4.계약서 5.기타() 6.해당없음) |
|---|---|---|---|---|---|---|---|---|---|---|---|---|---|---|---|
| 4182 | 충남 부여군 | 버섯스마트팜 모니터링 서버 및 소프트웨어 유지관리 | 1 | 5,000 | 5 | 4 | 1 | 7 | 1 | 1 | 3 | 1 | 1 | 4 | 4 |
| 4183 | 충남 부여군 | ICT 스마트 통합관제 시스템 운영관리 용역 | 1 | 16,000 | 6 | 4 | 7 | 7 | 1 | 1 | 4 | 4 | 5 | 4 | 4 |
| 4184 | 충남 부여군 | 2025년 서북부 노성공주지장 통합관제센터(클센터) 운영 용역 | 1 | 14,520 | 4 | 4 | 1 | 7 | 1 | 1 | 1 | 1 | 1 | 1 | 5(성과평가) |
| 4185 | 충남 부여군 | 2025년 구아리 제2번지자치장 통합관제센터(클센터) 운영 용역 | 1 | 4,320 | 4 | 4 | 1 | 7 | 1 | 1 | 1 | 1 | 1 | 1 | 5(성과평가) |
| 4186 | 충남 부여군 | 2025년 특사업 업무지원 프로그램 유지보수 용역 | 1 | 9,240 | 5 | 4 | 1 | 7 | 1 | 5 | 4 | 5 | 5 | 4 | 4 |
| 4187 | 충남 부여군 | 지역화폐 활성화 | 6 | 410,000 | 1 | 1 | 4 | 2 | 1 | 1 | 4 | 5 | 5 | 1 | 1 |
| 4188 | 충남 부여군 | 불법주정차 문자알림서비스 유지보수 | 1 | 4,800 | 5 | 4 | 1 | 7 | 1 | 1 | 4 | 5 | 5 | 4 | 4 |
| 4189 | 충남 부여군 | 교통행정 독화시스템 유지보수 | 1 | 7,260 | 5 | 4 | 1 | 7 | 1 | 1 | 4 | 5 | 5 | 4 | 4 |
| 4190 | 충남 부여군 | 고정식 불법주정차 단속 시스템 유지보수 | 1 | 16,800 | 5 | 4 | 1 | 7 | 1 | 1 | 4 | 5 | 5 | 4 | 4 |
| 4191 | 충남 부여군 | 행정업무용컴퓨터구입 | 2 | 30,000 | 7 | 7 | 8 | 7 | 5 | 5 | 4 | 5 | 5 | 4 | 6 |
| 4192 | 충남 부여군 | 모바일오피스유지보수 | 1 | 5,500 | 7 | 4 | 1 | 7 | 1 | 1 | 4 | 5 | 5 | 4 | 6 |
| 4193 | 충남 서천군 | 시군구 공통기반 재해복구시스템 유지보수 | 1 | 103,397 | 5 | 5 | 1 | 7 | 2 | 2 | 4 | 5 | 5 | 4 | 6 |
| 4194 | 충남 서천군 | 온나라시스템유지보수 | 1 | 63,864 | 5 | 5 | 1 | 7 | 2 | 2 | 4 | 5 | 5 | 4 | 6 |
| 4195 | 충남 서천군 | 내부행정업무시스템 유지보수 | 1 | 14,461 | 7 | 4 | 1 | 7 | 1 | 1 | 4 | 5 | 5 | 4 | 6 |
| 4196 | 충남 서천군 | 스마트 이장넷 유지보수 | 1 | 6,500 | 7 | 4 | 1 | 7 | 5 | 5 | 4 | 5 | 5 | 4 | 6 |
| 4197 | 충남 서천군 | 행정업무용 소프트웨어 구입 | 2 | 42,000 | 7 | 7 | 1 | 7 | 5 | 5 | 4 | 5 | 5 | 4 | 6 |
| 4198 | 충남 서천군 | 행정업무용(전용) 소프트웨어 구입 | 2 | 20,400 | 7 | 7 | 1 | 7 | 5 | 5 | 4 | 5 | 5 | 4 | 6 |
| 4199 | 충남 서천군 | 바이러스 백신 소프트웨어 구입 | 2 | 27,200 | 7 | 4 | 1 | 7 | 5 | 5 | 4 | 5 | 5 | 4 | 6 |
| 4200 | 충남 서천군 | 모바일오피스유지보수 | 1 | 5,500 | 7 | 5 | 1 | 7 | 5 | 5 | 4 | 5 | 5 | 4 | 6 |
| 4201 | 충남 서천군 | 웹서버 및 백업시스템 유지보수비 | 1 | 8,800 | 7 | 5 | 1 | 7 | 5 | 5 | 4 | 5 | 5 | 4 | 6 |
| 4202 | 충남 서천군 | 통합홈페이지 유지보수비 | 1 | 22,550 | 7 | 4 | 1 | 7 | 5 | 5 | 4 | 5 | 5 | 4 | 6 |
| 4203 | 충남 서천군 | 행정메일 서버팀터 유지보수비 | 1 | 4,200 | 7 | 4 | 1 | 7 | 5 | 5 | 4 | 5 | 5 | 4 | 6 |
| 4204 | 충남 서천군 | 통합전산자시스템 유지보수비 | 1 | 2,760 | 7 | 4 | 1 | 7 | 5 | 5 | 4 | 5 | 5 | 4 | 6 |
| 4205 | 충남 서천군 | 서천군정보시스템 유지보수비 | 1 | 2,295 | 7 | 4 | 1 | 7 | 5 | 5 | 4 | 5 | 5 | 4 | 6 |
| 4206 | 충남 서천군 | 행정정보방화벽 및 침입차단장비(VPN) 유지보수비 | 1 | 24,200 | 7 | 4 | 1 | 7 | 5 | 5 | 4 | 5 | 5 | 4 | 6 |
| 4207 | 충남 서천군 | 인터넷망안전단말차단시스템(외부망방비) 유지보수 | 1 | 10,660 | 7 | 4 | 1 | 7 | 5 | 5 | 4 | 5 | 5 | 4 | 6 |
| 4208 | 충남 서천군 | DB 및 서버접근제어시스템 유지보수비 | 1 | 7,500 | 7 | 4 | 1 | 7 | 5 | 5 | 4 | 5 | 5 | 4 | 6 |
| 4209 | 충남 서천군 | 매체관리시스템(보안USB) 유지보수비 | 1 | 3,840 | 7 | 4 | 1 | 7 | 5 | 5 | 4 | 5 | 5 | 4 | 6 |
| 4210 | 충남 서천군 | 스마트 마을방송시스템 유지관리 | 1 | 20,700 | 7 | 4 | 1 | 3 | 1 | 1 | 4 | 5 | 5 | 4 | 6 |
| 4211 | 충남 서천군 | 서천군 정보통신시스템 통합유지보수 용역 | 1 | 84,660 | 7 | 2 | 1 | 7 | 1 | 1 | 4 | 5 | 5 | 4 | 6 |
| 4212 | 충남 청양군 | 통합지방재정시스템 운영 및 유지관리 | 1 | 89,919 | 5 | 6 | 6 | 6 | 5 | 5 | 4 | 5 | 5 | 4 | 4 |

| 순번 | 시군구 | 정보화사업명<br>·예산서 상의 사업명 | 정보화사업 분류<br>1.유지 및 보수<br>2.SW/HW<br>개발 및 구매<br>3.DB 구축<br>4.정보화<br>전략계획<br>(ISP) 수립<br>5.정보화지원<br>6.기타 | 2025년<br>예산<br>(단위:천원<br>/1년간) | 예산 편성근거<br>1.법률에 규정<br>2.국고보조 재원<br>3.용도지정기부금<br>4.조례<br>5.지자체 및<br>상위기관 정책<br>6.기타<br>7.해당없음 | 계약체결방식<br>(경쟁형태)<br>1.일반경쟁<br>2.제한경쟁<br>3.지명경쟁<br>4.수의계약<br>5.특정계약<br>6.기타()<br>7.해당없음 | 정보화사업 입찰방식<br>계약기간<br>1.1년<br>2.2년<br>3.3년<br>4.4년<br>5.5년<br>6.기타()<br>7.단기계약<br>(1년미만)<br>8.해당없음 | 낙찰자 선정방법<br>1.적격심사<br>2.협상에 의한계약<br>3.최저가격계찰<br>4.규격가격분리<br>5.2단계 경쟁입찰<br>6.기타()<br>7.해당없음 | 정보화사업 평가<br>평가신청<br>1.내부선정<br>(자체로 선정)<br>2.외부선정<br>(전문기관에서 선정)<br>3.내외부 모두 선정<br>4.신청 無<br>5.해당없음 | 정보화사업 예산 산정법<br>정산법<br>1.내부정산<br>(내부로 정산)<br>2.외부정산<br>(외부전문기관위탁 정산)<br>3.내외부 모두 정산<br>4.정산 無<br>5.해당없음 | 성과평가 실시여부<br>1.실시<br>2.미실시<br>3.향후 추진<br>4.해당없음 | 성과평가 주기<br>1.매년<br>2.격년<br>3.기반완료<br>4.기타()<br>5.해당없음 | 성과평가 방법<br>1.자체 평가<br>2.평가단<br>구성후 실시<br>(전문위원회측)<br>3.전문<br>평가기관 의뢰<br>4.기타()<br>5.해당없음 | 평가결과 적용<br>성과평가결과<br>인센티브 및<br>패널티 적용<br>유무<br>1.적용<br>2.적용 안함<br>3.기타()<br>4.해당없음 | 인센티브 및 패널티 적용 근거<br>1.법률<br>2.조례<br>3.지침<br>4.계약서<br>5.기타()<br>6.해당없음 |
|---|---|---|---|---|---|---|---|---|---|---|---|---|---|---|---|
| 4213 | 충청남도 청양군 | 통합재정 재해복구시스템 구매 | 2 | 34,745 | 5 | 6 | 6 | 6 | 5 | 5 | 4 | 5 | 5 | 4 | 4 |
| 4214 | 충청남도 청양군 | 정보통신시스템 유지보수 및 운영지원 | 1 | 12,510 | 1 | 5 | 1 | 7 | 2 | 2 | 4 | 5 | 5 | 4 | 4 |
| 4215 | 충청남도 청양군 | 엘리스진DB 유지보수 | 3 | 21,000 | 6 | 4 | 1 | 7 | 1 | 1 | 2 | 5 | 5 | 2 | 4 |
| 4216 | 충청남도 청양군 | 농업보조사업관리시스템 운영지원 | 1 | 10,209 | 6 | 4 | 1 | 2 | 1 | 1 | 1 | 1 | 1 | 2 | 4 |
| 4217 | 충청남도 청양군 | 청양군일자리정보망 유지보수용 역 | 1 | 17,000 | 1 | 4 | 1 | 7 | 5 | 5 | 2 | 5 | 5 | 4 | 6 |
| 4218 | 충청남도 청양군 | 가정계측수납스수영 | 1 | 920 | 1 | 4 | 1 | 7 | 2 | 2 | 1 | 1 | 1 | 2 | 4 |
| 4219 | 충청남도 청양군 | 변호편영지시스템 유지보수비 | 1 | 4,269 | 5 | 4 | 1 | 7 | 2 | 2 | 1 | 1 | 1 | 4 | 4 |
| 4220 | 충청남도 청양군 | 제녹편영정보환조원시스템 | 1 | 4,704 | 5 | 4 | 1 | 7 | 2 | 2 | 1 | 1 | 1 | 4 | 4 |
| 4221 | 충청남도 청양군 | 자체대 지방세정보시스템 유지관리 | 6 | 108,762 | 5 | 7 | 1 | 7 | 5 | 5 | 4 | 5 | 5 | 4 | 4 |
| 4222 | 충청남도 청양군 | 자체대 세외수입정보시스템 유지보수 | 6 | 53,657 | 5 | 7 | 1 | 7 | 5 | 5 | 4 | 5 | 5 | 4 | 4 |
| 4223 | 충청남도 청양군 | 토지이동경리시 전산화 | 3 | 6,750 | 7 | 4 | 7 | 7 | 1 | 1 | 4 | 5 | 5 | 4 | 4 |
| 4224 | 충청남도 청양군 | 지적재수납스시스템 수수료 | 1 | 6,075 | 7 | 4 | 7 | 7 | 5 | 5 | 4 | 5 | 5 | 4 | 4 |
| 4225 | 충청남도 청양군 | 기타 지적문서 전산화 수수료 | 3 | 4,500 | 7 | 4 | 1 | 7 | 1 | 1 | 4 | 5 | 5 | 4 | 4 |
| 4226 | 충청남도 청양군 | 지적문서 암호화 서버 유지보수 | 1 | 2,178 | 7 | 4 | 1 | 3 | 1 | 1 | 4 | 5 | 5 | 4 | 4 |
| 4227 | 충청남도 청양군 | 지적문서시스템 유지보수 | 1 | 2,008 | 7 | 4 | 1 | 3 | 5 | 5 | 4 | 5 | 5 | 4 | 4 |
| 4228 | 충청남도 청양군 | 지하시설물 활용부시스템 S/W 유지보수 | 1 | 14,331 | 1 | 4 | 1 | 3 | 5 | 5 | 4 | 5 | 5 | 4 | 4 |
| 4229 | 충청남도 청양군 | 지하시설물 활용부시스템 H/W 유지보수 | 3 | 13,206 | 1 | 4 | 1 | 3 | 5 | 5 | 4 | 5 | 5 | 4 | 4 |
| 4230 | 충청남도 청양군 | 국토이용정보 종합공공부플렛폼(용도지역지구DB) 유지보수 | 1 | 22,000 | 1 | 4 | 1 | 3 | 5 | 5 | 4 | 5 | 5 | 4 | 4 |
| 4231 | 충청남도 청양군 | 드론영상중계시비 유지보수 | 1 | 12,991 | 1 | 4 | 1 | 3 | 1 | 1 | 4 | 5 | 5 | 4 | 4 |
| 4232 | 충청남도 청양군 | 드론운영 플랫폼 H/W 유지보수 | 1 | 3,525 | 1 | 4 | 1 | 3 | 1 | 1 | 4 | 5 | 5 | 4 | 4 |
| 4233 | 충청남도 청양군 | 드론영상기반 디지털 공간맵 구축 | 1 | 17,903 | 1 | 4 | 1 | 7 | 1 | 1 | 4 | 5 | 5 | 4 | 4 |
| 4234 | 충청남도 청양군 | 부동산종합공부시스템 H/W 유지보수 | 3 | 19,800 | 1 | 4 | 1 | 7 | 1 | 1 | 4 | 5 | 5 | 4 | 4 |
| 4235 | 충청남도 청양군 | 부동산종합공부시스템 S/W 유지보수 | 1 | 14,443 | 1 | 4 | 1 | 7 | 1 | 1 | 4 | 5 | 5 | 4 | 4 |
| 4236 | 충청남도 청양군 | 부동산종합공부시스템 국신 S/W 유지보수 | 1 | 18,515 | 1 | 4 | 1 | 7 | 1 | 1 | 4 | 5 | 5 | 4 | 4 |
| 4237 | 충청남도 청양군 | 부동산종합공부시스템 유지보수 | 1 | 9,240 | 1 | 4 | 1 | 7 | 1 | 1 | 4 | 5 | 5 | 4 | 4 |
| 4238 | 충청남도 청양군 | 구 토지대장 연혁화 관리시스템 유지보수 | 1 | 4,929 | 1 | 4 | 1 | 3 | 1 | 1 | 4 | 5 | 5 | 4 | 4 |
| 4239 | 충청남도 청양군 | 도시계획정보시스템(ups) | 1 | 22,000 | 1 | 4 | 1 | 7 | 2 | 2 | 4 | 5 | 5 | 4 | 4 |
| 4240 | 충청남도 청양군 | 목표관리시스템 | 1 | 15,000 | 1 | 4 | 1 | 7 | 2 | 2 | 4 | 5 | 5 | 4 | 6 |
| 4241 | 충청남도 청양군 | 새올행정시스템 | 1 | 104,928 | 1 | 5 | 1 | 7 | 2 | 2 | 4 | 5 | 5 | 4 | 6 |
| 4242 | 충청남도 청양군 | 정부업무관리시스템(물레아온나라) | 1 | 38,970 | 1 | 5 | 1 | 2 | 2 | 2 | 4 | 5 | 5 | 4 | 6 |
| 4243 | 충청남도 청양군 | 스마트이장넷(전산통합유지보수 포함) | 1 | 550 | 1 | 2 | 2 | 2 | 2 | 2 | 4 | 5 | 5 | 4 | 6 |

- 137 -

| 순번 | 시군구 | 정보화사업 사업명 · 예산서 상 사업명 | 정보화사업 분류 1.유지 및 보수 2.SW/HW 개발 및 구매 3.DB 구축 4.정보화 전략계획 5.정보화지원 6.기타 | 2025년 예산 (단위:천원/1년간) | 예산 편성근거 1.법률이 규정 2.국고보조 재원 3.용도지정 기부금 4.조례 5.지자체 및 상위기관 정책 6.기타 7.해당없음 | 계약체결방식 (경쟁방식) 1.일반경쟁 2.제한경쟁 3.지명경쟁 4.수의계약 5.법정계약 6.기타 7.해당없음 | 계약기간 1.1년 2.2년 3.3년 4.4년 5.5년 6.기타 7.단기계약 (1년미만) 8.해당없음 | 정보화사업 입찰방식 낙찰자 선정방식 1.적격심사 2.협상에 의한 계약 3.최저가낙찰 4.규격가격분리 5.2단계 경쟁입찰 6.기타( ) 7.해당없음 | 정보화사업 예산 산정 원가산정 1.내부산정 2.외부산정 (전문기관위탁) 3.내외부 모두 산정 4.산정 無 5.해당없음 | 정산방법 1.내부정산 (자체적으로 정산) 2.외부정산 (외부전문기관위탁 정산) 3.내외부 모두 정산 4.정산 無 5.해당없음 | 성과평가 실시여부 1.실시 2.미실시 3.향후 추진 4.해당없음 | 성과평가 주기 1.매년 2.격년 3.기간내 1회 4.기타( ) 5.해당없음 | 성과평가 방법 1.자체 평가 2.평가단 구성(외부위촉) 3.전문 평가기관 의뢰 4.기타( ) 5.해당없음 | 평가결과 성과평가결과 인센티브 및 패널티 적용 유무 1.적용 2.적용 안함 3.기타( ) 4.해당없음 | 평가결과 적용 인센티브 및 패널티 적용 근거 1.법률 2.조례 3.지침 4.계약서 5.기타 6.해당없음 |
|---|---|---|---|---|---|---|---|---|---|---|---|---|---|---|---|
| 4244 | 충남 홍성군 | 홍성군의회 홈페이지 | 1 | 6,000 | 1 | 4 | 1 | 7 | 2 | 2 | 4 | 5 | 5 | 4 | 6 |
| 4245 | 충남 홍성군 | 홍성군홈페이지 | 1 | 46,350 | 1 | 2 | 2 | 2 | 2 | 2 | 4 | 5 | 5 | 4 | 6 |
| 4246 | 충남 홍성군 | 차세대지방세외수입정보시스템 | 1 | 61,079 | 1 | 5 | 1 | 7 | 2 | 2 | 4 | 5 | 5 | 4 | 6 |
| 4247 | 충남 홍성군 | 차세대지방세정보시스템 | 1 | 113,968 | 1 | 5 | 1 | 7 | 2 | 2 | 4 | 5 | 5 | 4 | 6 |
| 4248 | 충남 홍성군 | 차세대인사시스템 | 1 | 40,000 | 1 | 5 | 1 | 7 | 2 | 2 | 4 | 5 | 5 | 4 | 6 |
| 4249 | 충남 홍성군 | 정보시스템 유지관리 | 1 | 115,030 | 5 | 7 | 8 | 7 | 1 | 1 | 4 | 5 | 5 | 4 | 6 |
| 4250 | 충남 홍성군 | 홈페이지 운영관리 | 1 | 91,500 | 5 | 7 | 8 | 7 | 1 | 1 | 4 | 5 | 5 | 4 | 6 |
| 4251 | 충남 홍성군 | 전산장비 및 SW구입 | 2 | 257,870 | 5 | 7 | 8 | 7 | 1 | 1 | 4 | 5 | 5 | 4 | 6 |
| 4252 | 충남 홍성군 | 개인정보보호조치강화(웹쉘탐지/대응) | 5 | 600 | 5 | 5 | 8 | 7 | 1 | 1 | 4 | 5 | 5 | 4 | 6 |
| 4253 | 충남 홍성군 | 정보통신시스템 운영관리 | 1 | 204,570 | 5 | 7 | 8 | 7 | 1 | 1 | 4 | 5 | 5 | 4 | 6 |
| 4254 | 충남 홍성군 | 정보통신망 구축 및 운영 | 1 | 573,000 | 5 | 7 | 8 | 7 | 1 | 1 | 4 | 5 | 5 | 4 | 6 |
| 4255 | 충남 홍성군 | CCTV 통합관제센터 운영 | 1 | 724,960 | 5 | 7 | 8 | 7 | 1 | 1 | 4 | 5 | 5 | 4 | 6 |
| 4256 | 충남 홍성군 | CCTV 통합관제센터 및 현장장비 유지보수 | 1 | 388,160 | 5 | 7 | 8 | 7 | 1 | 1 | 4 | 5 | 5 | 4 | 6 |
| 4257 | 충남 예산군 | 차세대 표준지방인사정보시스템 | 1 | 34,930 | 1 | 5 | 1 | 7 | 1 | 1 | 4 | 5 | 5 | 4 | 6 |
| 4258 | 충남 예산군 | 차세대 주민등록정보시스템 운영 | 1 | 21,990 | 1 | 7 | 8 | 7 | 1 | 1 | 4 | 5 | 5 | 4 | 6 |
| 4259 | 충남 예산군 | 읍면지 부동산정보열람시스템 유지보수 | 1 | 15,590 | 1 | 7 | 8 | 7 | 1 | 1 | 4 | 5 | 5 | 4 | 6 |
| 4260 | 충남 예산군 | 부동산종합공부시스템 유지보수 | 1 | 29,040 | 5 | 5 | 8 | 7 | 1 | 1 | 4 | 5 | 5 | 4 | 6 |
| 4261 | 충남 예산군 | 국가공간정보통합체계시스템 유지보수 | 1 | 24,690 | 1 | 7 | 8 | 7 | 1 | 1 | 4 | 5 | 5 | 4 | 6 |
| 4262 | 충남 예산군 | 도서관정보시스템 유지보수 | 5 | 45,240 | 5 | 7 | 1 | 7 | 1 | 1 | 4 | 5 | 5 | 4 | 6 |
| 4263 | 충남 예산군 | 예산군추모공원 모지관리시스템 유지보수 | 1 | 7,000 | 1 | 5 | 8 | 7 | 1 | 1 | 4 | 5 | 5 | 4 | 6 |
| 4264 | 충남 예산군 | 국민여가캠핑장 홈페이지 유지보수 | 1 | 11,000 | 5 | 7 | 8 | 7 | 1 | 1 | 4 | 5 | 5 | 4 | 6 |
| 4265 | 충남 예산군 | 도·시군 민간데이터 공동구매 | 5 | 38,000 | 5 | 7 | 1 | 7 | 1 | 1 | 4 | 5 | 5 | 4 | 6 |
| 4266 | 충남 예산군 | 공통기반및체계복구전산정보서비스 | 1 | 108,590 | 1 | 5 | 8 | 7 | 1 | 1 | 4 | 5 | 5 | 4 | 6 |
| 4267 | 충남 예산군 | 새올행정시스템운영자원유지관리 | 1 | 7,250 | 5 | 5 | 1 | 7 | 1 | 1 | 4 | 5 | 5 | 4 | 6 |
| 4268 | 충남 예산군 | 온나라시스템운영자원유지 | 1 | 73,630 | 5 | 7 | 8 | 7 | 1 | 1 | 4 | 5 | 5 | 4 | 6 |
| 4269 | 충남 예산군 | 빅데이터분석사업 | 5 | 30,000 | 5 | 5 | 1 | 7 | 1 | 1 | 4 | 5 | 5 | 4 | 6 |
| 4270 | 충남 예산군 | 정보시스템운영및유지 | 1 | 12,510 | 5 | 5 | 8 | 7 | 1 | 1 | 4 | 5 | 5 | 4 | 6 |
| 4271 | 충남 예산군 | 차세대 지방세외수입정보시스템 유지보수 | 1 | 61,070 | 5 | 5 | 1 | 7 | 1 | 1 | 4 | 5 | 5 | 4 | 6 |
| 4272 | 충남 예산군 | 의회홈페이지 유지보수 | 1 | 13,260 | 5 | 7 | 8 | 7 | 1 | 1 | 4 | 5 | 5 | 4 | 6 |
| 4273 | 충남 예산군 | 차세대 지방세정보시스템 운영관리 | 1 | 113,960 | 5 | 5 | 1 | 7 | 1 | 1 | 4 | 5 | 5 | 4 | 6 |
| 4274 | 충남 예산군 | 차세대 지방재정관리시스템 유지보수 | 1 | 102,750 | 5 | 5 | 1 | 7 | 1 | 1 | 4 | 5 | 5 | 4 | 6 |

- 138 -

| 순번 | 시군구 | 정보화사업명 · 예산서 상의 사업명 | 정보화사업 분류 | 2025년 예산 (단위:천원/1년간) | 예산 편성근거 | 계약체결방법(경쟁형태) | 계약기간 | 낙찰자 선정방법 | 평가신청 | 정산방법 | 성과평가 실시여부 | 성과평가 주기 | 성과평가 방법 | 성과평가결과 인센티브 패널티 적용 유무 | 인센티브 및 패널티 적용 근거 |
|---|---|---|---|---|---|---|---|---|---|---|---|---|---|---|---|
| 4275 | 충남 예산군 | 예산1100년 기념관 회원관리시스템 유지보수 | 1 | 13,800 | 5 | 7 | 8 | 7 | 1 | 1 | 4 | 5 | 5 | 4 | 6 |
| 4276 | 충남 예산군 | 도시계획정보통합체계(UPIS) 현행화 및 유지관리 | 1 | 40,000 | 5 | 7 | 8 | 7 | 1 | 1 | 4 | 5 | 5 | 4 | 6 |
| 4277 | 충남 예산군 | 도시계획정보 연합 및 업무지원시스템 유지관리 | 1 | 15,000 | 5 | 7 | 8 | 7 | 1 | 1 | 4 | 5 | 5 | 4 | 6 |
| 4278 | 충남 예산군 | 통합 백업시스템 고도화 구축 | 2 | 150,000 | 5 | 7 | 8 | 7 | 1 | 1 | 4 | 5 | 5 | 4 | 6 |
| 4279 | 충남 예산군 | 의회홈페이지 전면개편사업 | 2 | 65,000 | 5 | 7 | 8 | 7 | 1 | 1 | 4 | 5 | 5 | 4 | 6 |
| 4280 | 충남 예산군 | 의회홈페이지 백업서버 및 소프트웨어 노후장비 교체 | 2 | 65,400 | 5 | 7 | 8 | 7 | 1 | 1 | 4 | 5 | 5 | 4 | 6 |
| 4281 | 충남 예산군 | 의회홈페이지 웹마스터 소프트웨어 노후장비 교체 | 2 | 29,600 | 5 | 7 | 8 | 7 | 1 | 1 | 4 | 5 | 5 | 4 | 6 |
| 4282 | 충남 예산군 | 의회홈페이지 시스템 통합관리 유지보수 | 1 | 11,280 | 5 | 7 | 8 | 7 | 1 | 1 | 4 | 5 | 5 | 4 | 6 |
| 4283 | 충남 예산군 | 의회 전자회의시스템 유지보수 | 1 | 13,020 | 5 | 7 | 8 | 7 | 1 | 1 | 4 | 5 | 5 | 4 | 6 |
| 4284 | 충남 예산군 | 지하시설물전산화 | 3 | 27,800 | 5 | 7 | 8 | 6 | 1 | 1 | 4 | 5 | 5 | 4 | 6 |
| 4285 | 충남 예산군 | CCTV 관제시스템 구축 및 고도화 | 1 | 1,085,000 | 6 | 4 | 1 | 2 | 5 | 5 | 4 | 5 | 5 | 4 | 4 |
| 4286 | 전북 전주시 | 사진영상물 기록관리 시스템 유지보수 | 1 | 15,236 | 1 | 4 | 1 | 7 | 1 | 1 | 4 | 5 | 5 | 4 | 4 |
| 4287 | 전북 전주시 | 성과관리 전산시스템 유지보수 용역 | 1 | 19,100 | 1 | 5 | 1 | 1 | 1 | 1 | 2 | 5 | 5 | 4 | 4 |
| 4288 | 전북 전주시 | 중요 기록물 DB 구축 | 3 | 125,000 | 1 | 4 | 7 | 2 | 1 | 1 | 4 | 5 | 5 | 4 | 6 |
| 4289 | 전북 전주시 | 계약정보공개시스템 유지보수 | 1 | 5,280 | 7 | 4 | 1 | 7 | 1 | 1 | 4 | 5 | 5 | 4 | 4 |
| 4290 | 전북 전주시 | 세입출납관리시스템 유지보수 | 1 | 1,656 | 1 | 5 | 1 | 7 | 1 | 1 | 4 | 5 | 5 | 4 | 4 |
| 4291 | 전북 전주시 | 표준지방세정보시스템 유지보수 | 1 | 150,402 | 1 | 5 | 1 | 7 | 2 | 2 | 4 | 5 | 5 | 4 | 4 |
| 4292 | 전북 전주시 | 세외수입 정보시스템 운영 | 1 | 70,973 | 1 | 5 | 1 | 3 | 2 | 2 | 4 | 5 | 5 | 4 | 4 |
| 4293 | 전북 전주시 | 지방세 신용카드 용역 운영 | 1 | 7,920 | 6 | 4 | 1 | 6 | 1 | 1 | 4 | 5 | 5 | 4 | 4 |
| 4294 | 전북 전주시 | 전자채권유통시스템 이용 | 1 | 15,000 | 7 | 1 | 1 | 3 | 5 | 5 | 4 | 5 | 5 | 4 | 4 |
| 4295 | 전북 전주시 | 업무관리자동화 시스템 | 1 | 12,000 | 1 | 1 | 1 | 6 | 1 | 1 | 4 | 5 | 5 | 4 | 6 |
| 4296 | 전북 전주시 | 행정정보화 운영 | 1 | 109,401 | 1 | 5 | 1 | 7 | 2 | 2 | 4 | 5 | 5 | 4 | 5 |
| 4297 | 전북 전주시 | 온나라시스템 운영 | 1 | 82,705 | 1 | 5 | 1 | 7 | 2 | 2 | 4 | 5 | 5 | 4 | 5 |
| 4298 | 전북 전주시 | 2025년 전주시 인터넷 시스템 보안장비 유지관리 | 1 | 12,171 | 1 | 1 | 1 | 3 | 1 | 1 | 2 | 5 | 5 | 4 | 5 |
| 4299 | 전북 전주시 | 2025년 자동호인체시시스템 유지관리 | 1 | 5,415 | 5 | 1 | 1 | 6 | 1 | 1 | 4 | 5 | 5 | 4 | 5 |
| 4300 | 전북 전주시 | 2025년 문서보안(DRM) 및 개인정보유출방지시스템 유지관리 | 1 | 20,512 | 6 | 1 | 1 | 3 | 1 | 1 | 2 | 5 | 5 | 4 | 5 |
| 4301 | 전북 전주시 | 2025년 망분리시스템 유지관리 | 1 | 2,970 | 5 | 1 | 1 | 6 | 1 | 1 | 4 | 5 | 5 | 4 | 5 |
| 4302 | 전북 전주시 | 2025년 업무용 메신저시스템 유지관리 | 1 | 4,520 | 5 | 1 | 1 | 3 | 1 | 1 | 2 | 5 | 5 | 4 | 5 |
| 4303 | 전북 전주시 | 2025년 서버보안 및 접근제어솔루션 유지관리 | 1 | 12,469 | 5 | 1 | 1 | 6 | 1 | 1 | 2 | 5 | 5 | 4 | 5 |
| 4304 | 전북 전주시 | 2025년 행정정보보안 침입방지시스템 유지관리 | 1 | 15,336 | 5 | 1 | 1 | 3 | 1 | 1 | 2 | 5 | 5 | 4 | 5 |
| 4305 | 전북 전주시 | 2025년 비인가자 차단시스템 통합 유지관리 | 1 | 21,796 | 5 | 1 | 1 | 3 | 1 | 4 | 2 | 5 | 5 | 4 | 5 |

| 순번 | 시군구 | 정보화사업 사업명 · 예산서 상의 사업명 | 정보사업 분류<br>1.유지 및 보수<br>2.SW/HW 개발 및 구매<br>3.DB 구축<br>4.정보화 전략계획(ISP) 수립<br>5.정보화자원<br>6.기타 | 2025년 예산<br>(단위:천원/1년간) | 예산 편성근거<br>1.법률에 규정<br>2.교부보조사업<br>3.용도조정기부금<br>4.조례<br>5.지자체 및 상위기관 정책<br>6.기타<br>7.해당없음 | 계약체결방법(경쟁형태)<br>1.일반경쟁<br>2.제한경쟁<br>3.지명경쟁<br>4.수의계약<br>5.법정위탁<br>6.기타<br>7.해당없음 | 계약기간<br>1.1년<br>2.2년<br>3.3년<br>4.4년<br>5.5년<br>6.기타<br>7.단기계약(1년미만)<br>8.해당없음 | 낙찰자 선정방법<br>1.적격심사<br>2.협상에 의한 계약<br>3.최저가낙찰제<br>4.규모가격분리<br>5.2단계 경쟁입찰<br>6.기타<br>7.해당없음 | 평가산정<br>1.내부산정(자체로 산정)<br>2.외부산정(전문기관에 산정)<br>3.내외부 모두 산정<br>4.산정 안함<br>5.해당없음 | 정산방법<br>1.내부정산<br>2.외부정산(외부전문기관)<br>3.내외부 모두 정산<br>4.정산 안함<br>5.해당없음 | 성과평가 실시여부<br>1.실시<br>2.미실시<br>3.향후 추진<br>4.해당없음 | 성과평가 주기<br>1.매년<br>2.격년<br>3.기간만료<br>4.기타()<br>5.해당없음 | 성과평가 방법<br>1.자체 평가<br>2.평가기간 구성후 실시(전문위원축)<br>3.전문 평가기관 의뢰<br>4.기타()<br>5.해당없음 | 성과평가결과 인센티브 및 페널티 적용<br>1.적용<br>2.적용 안함<br>3.기타()<br>4.해당없음 | 인센티브 및 페널티 적용 근거<br>1.법률<br>2.조례<br>3.지침<br>4.계약서<br>5.기타<br>6.해당없음 |
|---|---|---|---|---|---|---|---|---|---|---|---|---|---|---|---|
| 4306 | 전북 전주시 | 2025년 암호통신신청비(VPN) 유지관리 | 1 | 32,521 | 5 | 1 | 1 | 3 | 1 | 4 | 2 | 5 | 5 | 4 | 5 |
| 4307 | 전북 전주시 | 공간정보시스템 유지관리 용역 | 1 | 71,150 | 1 | 1 | 1 | 3 | 1 | 1 | 4 | 5 | 5 | 4 | 6 |
| 4308 | 전북 전주시 | 2025년 전주시 정보통신시설장비 유지관리 용역 | 1 | 38,259 | 1 | 4 | 1 | 7 | 1 | 1 | 4 | 5 | 5 | 4 | 6 |
| 4309 | 전북 전주시 | 2025년 영상방송시스템 유지관리 용역 | 1 | 7,459 | 1 | 4 | 1 | 7 | 1 | 1 | 4 | 5 | 5 | 4 | 6 |
| 4310 | 전북 전주시 | 2025년 무선전업자시스템 유지관리 용역 | 1 | 4,146 | 1 | 4 | 1 | 7 | 1 | 1 | 4 | 5 | 5 | 4 | 6 |
| 4311 | 전북 전주시 | 2025년 스마트레탑 유지관리 용역 | 1 | 3,600 | 1 | 4 | 1 | 7 | 1 | 1 | 4 | 5 | 5 | 4 | 6 |
| 4312 | 전북 전주시 | 2025년 전주시 행정정보 네트워크 유지보수 용역 | 1 | 48,506 | 1 | 4 | 1 | 7 | 1 | 1 | 4 | 5 | 5 | 4 | 6 |
| 4313 | 전북 전주시 | 2025년 전주시 모바일 조직도앱 유지보수 용역 | 1 | 4,338 | 1 | 2 | 1 | 3 | 1 | 1 | 4 | 5 | 4 | 4 | 4 |
| 4314 | 전북 전주시 | CCTV 통합관제센터 유지보수 | 1 | 471,742 | 4 | 4 | 1 | 7 | 1 | 1 | 4 | 5 | 4 | 4 | 4 |
| 4315 | 전북 전주시 | 스마트시티 통합플랫폼 유지보수 | 1 | 16,388 | 4 | 7 | 1 | 7 | 1 | 1 | 4 | 5 | 4 | 4 | 4 |
| 4316 | 전북 전주시 | 스마트 지능형 선별관제 시스템 구입 | 2 | 162,400 | 5 | 2 | 1 | 3 | 5 | 5 | 4 | 5 | 5 | 4 | 6 |
| 4317 | 전북 전주시 | 누리집 프로그램(S/W) 유지보수 | 1 | 62,400 | 1 | 4 | 1 | 7 | 1 | 1 | 4 | 5 | 5 | 4 | 6 |
| 4318 | 전북 전주시 | 누리집 관련장비(H/W) 유지보수 | 1 | 20,000 | 1 | 4 | 1 | 7 | 1 | 1 | 4 | 5 | 5 | 4 | 6 |
| 4319 | 전북 전주시 | 누리집 무정지 지원솔루션 유지보수 | 1 | 3,300 | 1 | 4 | 1 | 7 | 1 | 1 | 4 | 5 | 5 | 4 | 6 |
| 4320 | 전북 전주시 | 비정형 암호화시스템 유지관리 | 1 | 4,340 | 1 | 4 | 1 | 7 | 1 | 1 | 4 | 5 | 5 | 4 | 6 |
| 4321 | 전북 전주시 | 메시지전송시스템 유지관리 | 1 | 5,280 | 2 | 4 | 1 | 7 | 1 | 1 | 4 | 5 | 5 | 4 | 6 |
| 4322 | 전북 전주시 | 느름라우드도시 유지관리 | 1 | 16,900 | 2 | 4 | 1 | 7 | 1 | 1 | 4 | 5 | 5 | 4 | 6 |
| 4323 | 전북 전주시 | MS-Office 라이선스 갱신 | 2 | 20,800 | 7 | 1 | 1 | 7 | 1 | 1 | 4 | 4 | 5 | 4 | 6 |
| 4324 | 전북 전주시 | 바이러스방역 및 통합보안관리 S/W 라이선스 갱신 | 2 | 40,000 | 1 | 2 | 1 | 3 | 1 | 1 | 4 | 4 | 5 | 4 | 6 |
| 4325 | 전북 전주시 | 외국어 자동번역 솔루션(영,중,일) | 2 | 23,000 | 1 | 4 | 1 | 7 | 1 | 1 | 4 | 4 | 5 | 4 | 6 |
| 4326 | 전북 전주시 | 데이터기반행정 기반조성 및 활성화(2025년 전주시 빅데이터 분석용용 통합플랫폼 프로그램(SW) 유지관리 용역) | 1 | 33,000 | 1 | 2 | 1 | 3 | 1 | 5 | 4 | 4 | 5 | 4 | 6 |
| 4327 | 전북 전주시 | 데이터기반행정 기반조성 및 활성화(2025년 전주시 빅데이터 분석용용 종합영상 하드웨어 유지관리 용역) | 1 | 9,000 | 1 | 4 | 1 | 7 | 1 | 5 | 4 | 4 | 5 | 4 | 6 |
| 4328 | 전북 전주시 | 데이터기반행정 기반조성 및 활성화(2025년 공공데이터 개방 운영시스템 유지관리 용역) | 1 | 5,220 | 1 | 4 | 1 | 7 | 1 | 5 | 4 | 4 | 5 | 4 | 6 |
| 4329 | 전북 전주시 | 데이터기반행정 기반조성 및 활성화(2025년 전주시 빅데이터 분석 및 활용사업) | 6 | 70,000 | 1 | 2 | 7 | 2 | 1 | 5 | 4 | 4 | 5 | 4 | 6 |
| 4330 | 전북 전주시 | 스마트빌리지 보급 및 확산사업 | 5 | 560,000 | 2 | 7 | 8 | 7 | 5 | 5 | 4 | 5 | 5 | 4 | 6 |
| 4331 | 전북 전주시 | 2025년 스마트빌리지 정보 운영 지원 | 5 | 910,000 | 2 | 7 | 8 | 7 | 5 | 5 | 4 | 5 | 5 | 4 | 6 |
| 4332 | 전북 전주시 | 아동돌봄 통합정보센터 운영 지원 | 1 | 10,000 | 7 | 7 | 8 | 7 | 5 | 5 | 4 | 5 | 5 | 4 | 6 |
| 4333 | 전북 전주시 | 전주음식 중매에지 유지보수 | 1 | 5,000 | 1 | 4 | 1 | 7 | 1 | 1 | 4 | 5 | 5 | 4 | 4 |
| 4334 | 전북 전주시 | 2025 비캇전주 콘텐츠 개발 및 유지관리 | 1 | 190,000 | 2 | 2 | 1 | 2 | 1 | 1 | 4 | 5 | 5 | 4 | 4 |
| 4335 | 전북 전주시 | 광수취약지역 스마트 계측사시스템 구축사업 | 2 | 269,938 | 7 | 6 | 7 | 6(조문공급) | 4 | 4 | 4 | 5 | 5 | 4 | 4 |
| 4336 | 전북 전주시 | 음식물 폐기물 배출량관리 운영시스템 유지보수 | 1 | 81,700 | 5 | 1 | 1 | 3 | 1 | 1 | 2 | 5 | 5 | 2 | 4 |

- 140 -

| 순번 | 시군구 | 정보화사업 사업명 · 예산서 상의 사업명 | 정보화사업 분류 (1.유지 및 보수 2.SW/HW 개발 및 구매 3.DB 구축 4.정보화 전략계획(ISP) 수립 5.정보화지원 6.기타) | 2025년 예산 (단위:백만/1년간) | 예산 편성근거 (1.법률에 규정 2.국고보조 지원 3.용도지정기부금 4.조례 5.지자체 및 상부기관 정책 6.기타 7.해당없음) | 계약체결방법(경쟁형태) (1.일반경쟁 2.제한경쟁 3.지명경쟁 4.수의계약 5.변형위탁 6.기타 7.해당없음) | 정보화사업 입찰방식 계약기간 (1.1년 2.2년 3.3년 4.4년 5.5년 6.기타 7.단기계약(1년미만) 8.해당없음) | 낙찰자 선정방식 (1.적격심사 2.협상에 의한계약 3.최저가낙찰제 4.규격가격동시 5.2단계 경쟁입찰 6.기타( ) 7.해당없음) | 정보화사업 예산 산정 평가산정 (1.내부산정 2.외부산정(전문기관에 산정) 3.산정률 4.산정액 5.해당없음) | 정산방법 (1.내부정산 (자체적으로 정산) 2.외부정산 (외부전문기관위탁 정산) 3.내외부 모두 정산 4.정산률 5.해당없음) | 성과평가 실시여부 (1.실시 2.미실시 3.향후 추진 4.해당없음) | 성과평가 주기 (1.매년 2.격년 3.기간만료전 4.기타( ) 5.해당없음) | 성과평가 방법 (1.자체 평가 2.평가단 구성 후 실시(전문위원회) 3.전문 평가기관 의뢰 4.기타( ) 5.해당없음) | 평가결과 인센티브 및 페널티 적용 유무 (1.적용 2.적용안함 3.기타( ) 4.해당없음) | 인센티브 및 페널티 적용 근거 (1.법률 2.조례 3.지침 4.계약서 5.기타( ) 6.해당없음) |
|---|---|---|---|---|---|---|---|---|---|---|---|---|---|---|---|
| 4337 | 전북 전주시 | 운수사업관리시스템 유지관리 | 1 | 40,743 | 6 | 4 | 1 | 7 | 1 | 1 | 4 | 5 | 5 | 4 | 6 |
| 4338 | 전북 전주시 | 원스톱민원처리시스템 홈페이지 유지관리 | 1 | 27,772 | 6 | 4 | 1 | 7 | 1 | 1 | 4 | 5 | 5 | 4 | 6 |
| 4339 | 전북 전주시 | 전주 공영전자 대여소 운영 | 1 | 500 | 1 | 4 | 1 | 7 | 1 | 1 | 4 | 5 | 5 | 4 | 4 |
| 4340 | 전북 전주시 | 지능형교통체계(ITS) 전산시스템 유지관리 | 1 | 136,586 | 1 | 2 | 1 | 1 | 1 | 1 | 4 | 5 | 5 | 4 | 4 |
| 4341 | 전북 전주시 | 보건정보시스템 유지보수 | 1 | 18,000 | 1 | 4 | 1 | 7 | 1 | 1 | 4 | 5 | 5 | 4 | 6 |
| 4342 | 전북 전주시 | 현장 유기농 육성사업 | 1 | 8,100 | 1 | 4 | 1 | 7 | 1 | 1 | 2 | 4 | 5 | 4 | 6 |
| 4343 | 전북 전주시 | 농업수입 전산시스템 대포털 솔루션 구입비 | 2 | 10,000 | 5 | 7 | 1 | 7 | 1 | 1 | 4 | 5 | 5 | 4 | 4 |
| 4344 | 전북 전주시 | 도매시장 시설 유지보수 | 1 | 4,860 | 5 | 4 | 1 | 7 | 5 | 5 | 4 | 4 | 5 | 4 | 4 |
| 4345 | 전북 전주시 | 주요농산물 가격안정 지원사업 | 1 | 1,800 | 1 | 7 | 1 | 7 | 1 | 1 | 4 | 4 | 5 | 4 | 4 |
| 4346 | 전북 전주시 | 농업손 공익적 가치 지원 | 1 | 1,200 | 5 | 7 | 1 | 7 | 5 | 5 | 4 | 5 | 5 | 4 | 4 |
| 4347 | 전북 전주시 | 농업기술센터 홈페이지 유지보수 | 1 | 2,500 | 7 | 4 | 1 | 7 | 1 | 1 | 4 | 5 | 5 | 4 | 6 |
| 4348 | 전북 전주시 | 통합 요금관리용 프로그램 유지보수 | 1 | 22,000 | 5 | 4 | 1 | 7 | 1 | 1 | 2 | 5 | 5 | 4 | 4 |
| 4349 | 전북 전주시 | 서버, 백업프로그램, 요금오더플 프로그램 유지보수 | 1 | 6,032 | 7 | 4 | 1 | 7 | 1 | 1 | 2 | 5 | 5 | 4 | 4 |
| 4350 | 전북 전주시 | 요금서버, 백업서버 | 1 | 9,695 | 5 | 4 | 1 | 2 | 1 | 1 | 2 | 5 | 5 | 4 | 4 |
| 4351 | 전북 전주시 | 가정계좌이수시스템, 카드납부시스템, 전자고지 S/W 유지보수 | 1 | 4,800 | 5 | 4 | 1 | 7 | 1 | 1 | 2 | 5 | 5 | 4 | 4 |
| 4352 | 전북 전주시 | ARS부시스템, 카드납부시스템 S/W 유지보수 | 1 | 6,000 | 7 | 4 | 1 | 7 | 1 | 1 | 2 | 5 | 5 | 4 | 4 |
| 4353 | 전북 전주시 | 홈페이지 유지관리 | 1 | 4,848 | 5 | 4 | 1 | 7 | 1 | 1 | 2 | 5 | 5 | 4 | 4 |
| 4354 | 전북 전주시 | 2025년 급수공사 및 민원처리 프로그램 유지관리 용역 | 1 | 50,000 | 1 | 4 | 1 | 7 | 5 | 5 | 1 | 1 | 1 | 4 | 4 |
| 4355 | 전북 전주시 | 2025년 급수공사 및 민원처리 프로그램 데이터 마이그레이션 용역 | 3 | 10,000 | 1 | 4 | 1 | 7 | 5 | 5 | 1 | 1 | 1 | 4 | 4 |
| 4356 | 전북 전주시 | 제4회 전주국제혁혐도서전 사업 | 1 | 4,500 | 5 | 4 | 1 | 7 | 1 | 1 | 2 | 5 | 5 | 2 | 6 |
| 4357 | 전북 전주시 | 전주책방포럼 시스템 | 1 | 8,752 | 7 | 4 | 1 | 7 | 1 | 1 | 2 | 5 | 5 | 4 | 3 |
| 4358 | 전북 전주시 | 2025년 전주시립도서관 서버 및 관련시스템 유지관리 | 1 | 28,500 | 7 | 4 | 1 | 2 | 5 | 5 | 4 | 5 | 5 | 4 | 4 |
| 4359 | 전북 전주시 | 2025년 전주시 도서관 네트워크장비 유지관리 | 1 | 17,660 | 7 | 4 | 1 | 7 | 5 | 5 | 4 | 5 | 5 | 4 | 4 |
| 4360 | 전북 전주시 | 2025년 전주시 도서관 무선랜비 유지관리 | 1 | 12,735 | 7 | 4 | 1 | 7 | 5 | 5 | 4 | 5 | 5 | 4 | 4 |
| 4361 | 전북 전주시 | 2025년 전주시 도서관 통합자료관리시스템 유지관리 | 1 | 18,342 | 7 | 4 | 1 | 7 | 5 | 5 | 4 | 5 | 5 | 4 | 4 |
| 4362 | 전북 전주시 | 2025년 전주시 도서관 홈페이지 유지관리 | 1 | 8,529 | 7 | 4 | 1 | 7 | 5 | 5 | 4 | 5 | 5 | 4 | 4 |
| 4363 | 전북 전주시 | 2025년 전주시 도서무용 전산장비 유지관리 | 1 | 9,360 | 7 | 4 | 1 | 7 | 5 | 5 | 4 | 5 | 5 | 4 | 4 |
| 4364 | 전북 전주시 | 2025년 전주시 도서관 DB업조정 유지관리 | 1 | 2,874 | 7 | 4 | 1 | 7 | 5 | 5 | 4 | 5 | 5 | 4 | 4 |
| 4365 | 전북 전주시 | 2025년 전주시 도서관 좌석관리시스템 유지관리 | 1 | 2,175 | 7 | 4 | 1 | 7 | 5 | 5 | 4 | 5 | 5 | 4 | 4 |
| 4366 | 전북 전주시 | 전주시협회단 홈페이지 유지보수 | 1 | 4,000 | 6 | 4 | 1 | 7 | 1 | 1 | 4 | 5 | 5 | 4 | 4 |
| 4367 | 전북 전주시 | 평생학습관 운영지원 | 1 | 4,500 | 6 | 4 | 1 | 7 | 2 | 1 | 1 | 4 | 1 | 2 | 4 |

| 순번 | 시·군·구 | 정보화사업 사업명 ·예산서 상의 사업명 | 정보화사업 분류 (1.유지 및 보수 2.SW/HW 개발 및 구매 3.DB 구축 4.정보화 전략계획(ISP) 수립 5.정보화지원 6.기타) | 2025년 예산 (단위:천원/1년간) | 예산 편성근거 (1.법률에 규정 2.국고보조재원 3.용도지정기부금 4.조례 5.지자체 및 상위기관 정책 6.기타 7.해당없음) | 계약체결방법 (경쟁형태) (1.일반경쟁 2.제한경쟁 3.지명경쟁 4.수의계약 5.별정위탁 6.기타( ) 7.해당없음) | 계약기간 (1.1년 2.2년 3.3년 4.4년 5.5년 6.기타( ) 7.단기계약(1년미만) 8.해당없음) | 낙찰자 선정방식 (1.적격심사 2.협상에 의한계약 3.최저가낙찰 4.규격가격분리 5.2단계 경쟁입찰 6.기타( ) 7.해당없음) | 평가신청 (1.내부신청 (자체적으로 선정) 2.외부신청 (전문기관에 선정) 3.내·외부 모두 신청 4.신청 無 5.해당없음) | 정보화사업 예산 산정 (1.내부산정 (내부적으로 정산) 2.외부산정 (외부전문기관에 정산) 3.내·외부 모두 정산 4.정산 無 5.해당없음) | 성과평가 실시여부 (1.실시 2.미실시 3.향후 추진 4.해당없음) | 성과평가 주기 (1.매년 2.격년 3.기간만료전 4.기타( ) 5.해당없음) | 성과평가 방법 (1.자체 평가 2.평가단 구성 후 실시 (전문위원회) 3.전문 평가기관 의뢰 4.기타 5.해당없음) | 평가결과 적용 성과평가결과 인센티브 및 패널티 적용 유무 (1.적용 2.적용 안함 3.기타( ) 4.해당없음) | 평가결과 적용 인센티브 및 패널티 적용 근거 (1.법률 2.조례 3.지침 4.계약서 5.기타 6.해당없음) |
|---|---|---|---|---|---|---|---|---|---|---|---|---|---|---|---|
| 4368 | 전북 전주시 | 2025년 의회 전산시스템 운영관리 용역 | 1 | 17,237 | 4 | 4 | 7 | 7 | 1 | 1 | 2 | 5 | 5 | 4 | 6 |
| 4369 | 전북 전주시 | 지적공부자료 전산화 | 3 | 13,000 | 1 | 4 | 7 | 7 | 1 | 1 | 2 | 5 | 5 | 4 | 4 |
| 4370 | 전북 전주시 | 부동산종합부시스템(KRAS) 소프트웨어 유지보수 계약 | 1 | 550 | 1 | 4 | 1 | 7 | 1 | 1 | 2 | 5 | 5 | 4 | 4 |
| 4371 | 전북 전주시 | 부동산종합부시스템(KRAS) 주전산기 유지보수 계약 | 1 | 2,587 | 1 | 4 | 7 | 7 | 1 | 1 | 2 | 5 | 5 | 4 | 4 |
| 4372 | 전북 전주시 | 지적공부자료 전산화 | 3 | 13,000 | 1 | 4 | 7 | 7 | 1 | 1 | 2 | 5 | 5 | 4 | 4 |
| 4373 | 전북 전주시 | 부동산종합부시스템(KRAS) 소프트웨어 유지보수 계약 | 1 | 550 | 1 | 4 | 1 | 7 | 1 | 1 | 2 | 5 | 5 | 4 | 4 |
| 4374 | 전북 전주시 | 부동산종합부시스템(KRAS) 주전산기 유지보수 계약 | 1 | 2,587 | 1 | 4 | 7 | 7 | 1 | 1 | 2 | 5 | 5 | 4 | 4 |
| 4375 | 전북 군산시 | 군산시 생활인구 빅데이터 분석 | 6 | 60,000 | 5 | 1 | 7 | 2 | 1 | 5 | 4 | 5 | 5 | 4 | 4 |
| 4376 | 전북 군산시 | 군산시 공공데이터 품질관리 용역 | 6 | 40,000 | 5 | 4 | 7 | 7 | 1 | 5 | 4 | 5 | 5 | 4 | 4 |
| 4377 | 전북 군산시 | 환경개선부담금 가상계좌 수납시스템 용역 | 2 | 17,500 | 1 | 1 | 1 | 3 | 1 | 5 | 4 | 5 | 5 | 4 | 6 |
| 4378 | 전북 익산시 | 시홈페이지 S/W 유지관리 | 1 | 52,880 | 1 | 4 | 1 | 7 | 1 | 5 | 4 | 5 | 5 | 4 | 6 |
| 4379 | 전북 익산시 | 시홈페이지 개인정보 자단시스템 유지관리 | 1 | 3,194 | 1 | 4 | 1 | 7 | 1 | 5 | 4 | 5 | 5 | 4 | 6 |
| 4380 | 전북 익산시 | 웹방화벽 유지관리 | 1 | 3,400 | 1 | 4 | 1 | 7 | 1 | 5 | 4 | 5 | 5 | 4 | 6 |
| 4381 | 전북 익산시 | 보안위약점 진단 S/W 유지관리 | 1 | 1,550 | 1 | 4 | 1 | 7 | 1 | 5 | 4 | 5 | 5 | 4 | 6 |
| 4382 | 전북 익산시 | 개인정보 접속기록관리시스템 유지관리 | 1 | 4,352 | 1 | 4 | 1 | 5 | 1 | 5 | 4 | 5 | 5 | 4 | 6 |
| 4383 | 전북 익산시 | 보안 USB 관리시스템 유지관리 | 1 | 4,268 | 1 | 1 | 1 | 7 | 1 | 5 | 4 | 5 | 5 | 4 | 6 |
| 4384 | 전북 익산시 | 개인정보 검출 및 암호화시스템(직원용) S/W유지관리 | 1 | 14,596 | 1 | 1 | 1 | 7 | 1 | 5 | 4 | 5 | 5 | 4 | 6 |
| 4385 | 전북 익산시 | DB보안 서버보안 S/W유지관리 | 1 | 5,412 | 1 | 5 | 1 | 7 | 1 | 5 | 4 | 5 | 5 | 4 | 6 |
| 4386 | 전북 익산시 | 통합그린리시스템 유지관리 | 1 | 108,929 | 1 | 1 | 1 | 7 | 2 | 3 | 3 | 5 | 5 | 4 | 6 |
| 4387 | 전북 익산시 | 전산실 서버랙네트워크 유지관리 | 1 | 21,611 | 1 | 4 | 1 | 5 | 1 | 5 | 4 | 5 | 5 | 4 | 6 |
| 4388 | 전북 익산시 | 외부망 방화벽 유지관리 | 1 | 3,871 | 1 | 4 | 1 | 7 | 1 | 5 | 4 | 5 | 5 | 4 | 6 |
| 4389 | 전북 익산시 | 내부망 방화벽 유지관리 | 1 | 3,732 | 1 | 4 | 1 | 7 | 1 | 5 | 4 | 5 | 5 | 4 | 6 |
| 4390 | 전북 익산시 | SSL 가시성 확보 시스템 유지관리 | 1 | 3,248 | 1 | 4 | 1 | 7 | 1 | 5 | 4 | 5 | 5 | 4 | 6 |
| 4391 | 전북 익산시 | 온나라시스템 문서 2.0 유지관리 | 1 | 55,944 | 1 | 1 | 1 | 7 | 1 | 5 | 4 | 5 | 5 | 4 | 6 |
| 4392 | 전북 익산시 | 클라우드저장소시스템(직원용) S/W유지관리 | 1 | 10,461 | 1 | 4 | 1 | 7 | 1 | 5 | 4 | 5 | 5 | 4 | 6 |
| 4393 | 전북 익산시 | 클라우드저장소시스템(직원용) H/W유지관리 | 1 | 4,832 | 1 | 4 | 1 | 7 | 1 | 5 | 4 | 5 | 5 | 4 | 6 |
| 4394 | 전북 익산시 | 공통기반 전산장비 유지관리 | 1 | 108,929 | 1 | 5 | 1 | 7 | 1 | 5 | 4 | 5 | 5 | 4 | 6 |
| 4395 | 전북 익산시 | 종합정보통신망(LAN) 유지관리 | 1 | 3,318 | 1 | 4 | 1 | 7 | 1 | 5 | 4 | 5 | 5 | 4 | 6 |
| 4396 | 전북 익산시 | 업무망지시스템(SSO) 유지관리 | 1 | 3,318 | 1 | 4 | 1 | 7 | 1 | 5 | 4 | 5 | 5 | 4 | 6 |
| 4397 | 전북 익산시 | 네트워크 저장장치암호화(VPN) 유지관리 | 1 | 29,203 | 1 | 1 | 1 | 3 | 1 | 5 | 4 | 5 | 5 | 4 | 6 |
| 4398 | 전북 익산시 | 무선침입방지시스템(WIPS) 유지관리 | 1 | 5,153 | 1 | 4 | 1 | 7 | 1 | 5 | 4 | 5 | 5 | 4 | 6 |

| 순번 | 시군구 | 정보화사업 사업명·예산서상 사업명 | 정보사업 분류 | 2025년 예산 (단위:천원/1년간) | 예산 편성근거 | 계약체결방법 (경쟁형태) | 계약기간 | 낙찰자 선정방식 | 평가유형 | 정산방법 | 성과평가 실시여부 | 성과평가 주기 | 성과평가 방법 | 성과평가결과 인센티브 패널티 적용 유무 | 인센티브 및 패널티 적용 근거 |
|---|---|---|---|---|---|---|---|---|---|---|---|---|---|---|---|
| 4399 | 전북 익산시 | 무선인터넷(와이파이) 시스템 유지관리비 | 1 | 14,960 | 1 | 4 | 1 | 7 | 1 | 5 | 4 | 5 | 5 | 4 | 6 |
| 4400 | 전북 익산시 | 네트워크 접근제어 시스템 유지관리비 | 1 | 8,740 | 1 | 4 | 1 | 7 | 1 | 5 | 4 | 5 | 5 | 4 | 6 |
| 4401 | 전북 익산시 | 유해사이트 차단 시스템 유지관리비 | 1 | 5,060 | 1 | 4 | 1 | 7 | 1 | 5 | 4 | 5 | 5 | 4 | 6 |
| 4402 | 전북 익산시 | 무선증 침지시스템 유지관리 | 1 | 7,800 | 1 | 4 | 1 | 7 | 1 | 5 | 4 | 5 | 5 | 4 | 6 |
| 4403 | 전북 익산시 | 시 대표 누리집 개편 | 2 | 430,000 | 1 | 2 | 1 | 2 | 1 | 1 | 4 | 5 | 5 | 4 | 6 |
| 4404 | 전북 익산시 | 익취모니터링시스템 S/W 유지보수 | 1 | 38,000 | 5 | 1 | 7 | 3 | 1 | 1 | 4 | 5 | 5 | 4 | 4 |
| 4405 | 전북 익산시 | 익산해솔의전당 S/W 유지관리 | 1 | 1,300 | 5 | 1 | 1 | 2 | 1 | 1 | 4 | 5 | 5 | 4 | 6 |
| 4406 | 전북 익산시 | 지리정보시스템(GIS)서비 유지보수 용역 | 1 | 81,430 | 1 | 1 | 1 | 5 | 1 | 4 | 4 | 5 | 5 | 4 | 4 |
| 4407 | 전북 익산시 | 부성산종합본부시스템 서비 유지보수 | 1 | 32,502 | 5 | 1 | 1 | 3 | 1 | 1 | 4 | 5 | 5 | 4 | 4 |
| 4408 | 전북 익산시 | 2024년 영동시립도서관 도서통화시스템 I 유지관리 용역 | 1 | 22,546 | 5 | 4 | 1 | 7 | 1 | 5 | 4 | 5 | 5 | 4 | 6 |
| 4409 | 전북 익산시 | 2024년 영동시립도서관 도서통화시스템 II 유지관리 용역 | 1 | 7,403 | 5 | 4 | 1 | 7 | 1 | 5 | 4 | 5 | 5 | 4 | 6 |
| 4410 | 전북 익산시 | 2024년 부송도서관 좌석관리시스템 유지관리 용역 | 1 | 1,000 | 5 | 4 | 1 | 7 | 1 | 5 | 4 | 5 | 5 | 4 | 6 |
| 4411 | 전북 익산시 | 2023년 부송도서관 좌석관리시스템 유지관리 용역 | 1 | 700 | 5 | 4 | 1 | 3 | 1 | 5 | 4 | 5 | 5 | 4 | 6 |
| 4412 | 전북 익산시 | 재난자원 번호판 영지시스템 유지보수 | 1 | 7,260 | 1 | 4 | 8 | 1 | 1 | 5 | 4 | 5 | 5 | 4 | 4 |
| 4413 | 전북 익산시 | 실시간 무선연계 변호판 유지보수 | 5 | 880 | 1 | 4 | 8 | 1 | 1 | 5 | 4 | 5 | 5 | 4 | 4 |
| 4414 | 전북 익산시 | 계약정보공개시스템 유지보수 | 1 | 4,152 | 1 | 4 | 1 | 7 | 1 | 5 | 4 | 5 | 5 | 4 | 4 |
| 4415 | 전북 익산시 | 계약관리프리시스템 유지보수 | 1 | 10,848 | 1 | 4 | 1 | 7 | 1 | 5 | 4 | 5 | 5 | 4 | 6 |
| 4416 | 전북 익산시 | 지방재정관리시스템(e-호조) 운영 | 1 | 125,200 | 1 | 5 | 1 | 7 | 1 | 5 | 4 | 5 | 5 | 4 | 6 |
| 4417 | 전북 남원시 | 정보서비스시스템 유지보수 | 1 | 14,000 | 4 | 5 | 1 | 7 | 1 | 2 | 4 | 5 | 5 | 4 | 6 |
| 4418 | 전북 남원시 | 통합성과관리시스템 운영 | 1 | 13,900 | 1 | 4 | 1 | 3 | 1 | 1 | 4 | 5 | 5 | 4 | 6 |
| 4419 | 전북 남원시 | 표준기록관리시스템 운영 | 1 | 57,600 | 7 | 1 | 7 | 7 | 1 | 1 | 4 | 5 | 5 | 4 | 6 |
| 4420 | 전북 남원시 | 인사정보시스템 유지관리 | 2 | 49,000 | 1 | 5 | 1 | 7 | 2 | 2 | 4 | 5 | 5 | 4 | 6 |
| 4421 | 전북 남원시 | 고향사랑응 유지관리 | 1 | 23,400 | 1 | 6 | 1 | 5 | 1 | 2 | 4 | 5 | 5 | 4 | 6 |
| 4422 | 전북 남원시 | 시정정보자료 관리시스템 운영 | 1 | 20,000 | 5 | 4 | 1 | 7 | 1 | 1 | 4 | 5 | 5 | 4 | 6 |
| 4423 | 전북 남원시 | 시 대표홈페이지 운영 | 1 | 47,900 | 5 | 1 | 1 | 2 | 1 | 1 | 4 | 5 | 5 | 4 | 4 |
| 4424 | 전북 남원시 | 내부공간 정보완녹기 운영 | 1 | 90,500 | 7 | 1 | 1 | 7 | 1 | 1 | 4 | 5 | 5 | 4 | 6 |
| 4425 | 전북 남원시 | 컴퓨터 바이러스 백신 S/W구입 | 2 | 48,980 | 7 | 1 | 1 | 3 | 1 | 1 | 4 | 5 | 5 | 4 | 6 |
| 4426 | 전북 남원시 | 업무용 컴퓨터 및 소프트웨어 구입 보급 | 2 | 558,600 | 7 | 6 | 1 | 7 | 2 | 1 | 4 | 5 | 5 | 4 | 6 |
| 4427 | 전북 남원시 | 행정정보통신망 네트워크 장비 운영 | 1 | 31,700 | 7 | 1 | 1 | 5 | 1 | 1 | 4 | 5 | 5 | 4 | 4 |
| 4428 | 전북 남원시 | 온-나라 전자문서시스템 운영관리 | 1 | 77,100 | 7 | 5 | 1 | 7 | 2 | 2 | 4 | 5 | 5 | 4 | 6 |
| 4429 | 전북 남원시 | 통합백업시스템 운영 관리 | 1 | 9,000 | 7 | 4 | 1 | 2 | 1 | 1 | 4 | 5 | 5 | 4 | 6 |

| 순번 | 시․군․구 | 정보화사업 사업명<br>· 예산사업 성격 사업명 | 정보화사업 분류<br>1. 유지 및 보수<br>2. SW/HW<br>3. DB 구축<br>4. 정보화<br>전략계획<br>(ISP) 수립<br>5. 정보화지원<br>6. 기타 | 2025년<br>예산<br>(단위:천원<br>/1년간) | 예산 편성근거<br>1. 법률에 규정<br>2. 국고보조 재원<br>3. 용도지정기부금<br>4. 조례<br>5. 지자체 및<br>상위기관 정책<br>6. 기타<br>7. 해당없음 | 계약체결방법<br>(경쟁형태)<br>1. 일반경쟁<br>2. 제한경쟁<br>3. 지명경쟁<br>4. 수의계약<br>5. 변형계약<br>6. 기타<br>7. 해당없음 | 정보화사업 입찰방식 계약기간<br>1. 1년<br>2. 2년<br>3. 3년<br>4. 4년<br>5. 5년<br>6. 기타<br>7. 단기계약<br>(1년미만)<br>8. 해당없음 | 낙찰자 선정방법<br>1. 적격심사<br>2. 협상에 의한계약<br>3. 최저가낙찰제<br>4. 규격가격분리<br>5. 2단계 경쟁입찰<br>6. 기타 ( )<br>7. 해당없음 | 정보화사업 예산 산정<br>평가선정<br>1. 내부선정<br>2. 외부선정<br>3. 내부외부함께 선정<br>4. 산정 無<br>5. 해당없음 | 정산방법<br>1. 내부정산<br>(자체직으로 정산)<br>2. 외부정산<br>(외부전문기관위탁 정산)<br>3. 내외부 모두 정산<br>4. 정산 無<br>5. 해당없음 | 성과평가 실시여부<br>1. 실시<br>2. 미실시<br>3. 향후 추진<br>4. 해당없음 | 성과평가<br>성과평가 주기<br>1. 매년<br>2. 격년<br>3. 기간만료전<br>4. 기타 ( )<br>5. 해당없음 | 성과평가 방법<br>1. 자체 평가<br>2. 평가단<br>구성후실시<br>(전문위원회등)<br>3. 전문<br>평가기관 의뢰<br>4. 기타 ( )<br>5. 해당없음 | 평가결과 적용<br>성과평가결과 인센티브 및 페널티 적용 유무<br>1. 적용<br>2. 적용 안함<br>3. 기타 ( )<br>4. 해당없음 | 인센티브 및 페널티 적용 근거<br>1. 법률<br>2. 조례<br>3. 지침<br>4. 계약서<br>5. 기타<br>6. 해당없음 |
|---|---|---|---|---|---|---|---|---|---|---|---|---|---|---|---|
| 4430 | 전북특별자치도 | 전산실 항온항습기 운영관리 | 1 | 2,800 | 7 | 7 | 8 | 7 | 1 | 1 | 4 | 4 | 5 | 4 | 6 |
| 4431 | 전북특별자치도 | 공통기반 및 재해복구시스템 운영관리 | 1 | 95,300 | 1 | 5 | 1 | 7 | 2 | 2 | 4 | 5 | 5 | 4 | 6 |
| 4432 | 전북특별자치도 | 문자발송시스템 운영 | 1 | 70,000 | 7 | 4 | 1 | 2 | 1 | 1 | 4 | 5 | 5 | 4 | 6 |
| 4433 | 전북특별자치도 | 스마트청사안내시스템 운영 | 1 | 13,000 | 7 | 4 | 1 | 2 | 1 | 1 | 4 | 5 | 5 | 4 | 6 |
| 4434 | 전북특별자치도 | 트래픽 양체효율 장비 구입 | 2 | 49,900 | 1 | 1 | 7 | 7 | 1 | 1 | 4 | 5 | 5 | 4 | 6 |
| 4435 | 전북특별자치도 | 보안 USB 소프트웨어 교체 | 2 | 34,700 | 7 | 4 | 1 | 7 | 1 | 1 | 4 | 5 | 5 | 4 | 6 |
| 4436 | 전북특별자치도 | 스마트정보단말 구축 | 6 | 4,170 | 2 | 1 | 7 | 2 | 1 | 1 | 3 | 3 | 1 | 2 | 6 |
| 4437 | 전북특별자치도 | 행정통신장비 운영 관리 | 1 | 39,000 | 5 | 2 | 1 | 3 | 1 | 1 | 4 | 5 | 5 | 4 | 6 |
| 4438 | 전북특별자치도 | 웹하드시스템 유지관리 | 1 | 11,500 | 7 | 4 | 1 | 7 | 1 | 1 | 4 | 5 | 5 | 4 | 6 |
| 4439 | 전북특별자치도 | 스마트회의시스템 유지관리 | 1 | 6,600 | 7 | 4 | 1 | 7 | 1 | 1 | 4 | 5 | 5 | 4 | 6 |
| 4440 | 전북특별자치도 | 노후 전산장비 구입 및 교체 | 2 | 156,500 | 7 | 6 | 1 | 7 | 1 | 1 | 3 | 5 | 5 | 4 | 6 |
| 4441 | 전북특별자치도 | 스마트 영농관리시스템 농부 구축 | 4 | 1,250,000 | 2 | 5 | 1 | 7 | 1 | 3 | 3 | 3 | 1 | 2 | 6 |
| 4442 | 전북특별자치도 | 공간정보시스템 운영 | 1 | 111,100 | 4 | 1 | 5 | 3 | 1 | 1 | 4 | 5 | 5 | 4 | 6 |
| 4443 | 전북특별자치도 | 차세대 주민등록정보시스템 관리 | 1 | 21,900 | 5 | 5 | 5 | 2 | 2 | 2 | 4 | 5 | 5 | 4 | 6 |
| 4444 | 전북특별자치도 | 지방세정보시스템 | 1 | 113,900 | 1 | 5 | 1 | 2 | 3 | 1 | 4 | 5 | 5 | 4 | 6 |
| 4445 | 전북특별자치도 | 지방행정 업무시스템 운영 | 1 | 12,000 | 7 | 4 | 1 | 2 | 1 | 1 | 4 | 5 | 5 | 4 | 6 |
| 4446 | 전북특별자치도 | 표준지방세외수입정보시스템 유지관리 | 1 | 61,000 | 1 | 5 | 1 | 7 | 1 | 1 | 4 | 5 | 5 | 4 | 6 |
| 4447 | 전북특별자치도 | 주민소득지원시스템 | 1 | 7,500 | 1 | 4 | 2 | 2 | 1 | 1 | 4 | 5 | 5 | 4 | 6 |
| 4448 | 전북특별자치도 | CCTV 통합관제센터 노후 방화벽 교체 | 2 | 12,700 | 1 | 6 | 7 | 7 | 2 | 2 | 4 | 5 | 5 | 4 | 6 |
| 4449 | 전북특별자치도 | 농업조사원 관리시스템(hagrin) 갱신 및 운영 | 1 | 20,000 | 7 | 4 | 1 | 6 | 1 | 1 | 4 | 5 | 5 | 4 | 6 |
| 4450 | 전북특별자치도 | 대기오염측정장비 부품 구축 운영 | 1 | 155,600 | 1 | 1 | 1 | 7 | 1 | 1 | 4 | 5 | 5 | 4 | 6 |
| 4451 | 전북특별자치도 | 도시계획정보체계 운영 | 1 | 87,000 | 6 | 1 | 1 | 3 | 1 | 1 | 4 | 5 | 5 | 4 | 6 |
| 4452 | 전북특별자치도 | 지진가속도계측기 시스템 운영 | 1 | 9,000 | 1 | 4 | 1 | 7 | 1 | 1 | 4 | 5 | 5 | 4 | 6 |
| 4453 | 전북특별자치도 | CCTV 통합관제센터 운영 | 1 | 482,500 | 1 | 6 | 2 | 2 | 1 | 1 | 4 | 5 | 5 | 4 | 6 |
| 4454 | 전북특별자치도 | 재난재해모니터링 시스템 운영 | 2 | 50,000 | 1 | 6 | 7 | 7 | 2 | 2 | 4 | 5 | 5 | 4 | 6 |
| 4455 | 전북특별자치도 | 하천개선부속 음달자정보체계 노후 방화벽 운영 | 1 | 51,400 | 2 | 4 | 1 | 6 | 1 | 1 | 4 | 5 | 5 | 4 | 6 |
| 4456 | 전북특별자치도 | 주정차 위반 문자알림시스템 운영 | 1 | 9,100 | 5 | 4 | 1 | 7 | 1 | 1 | 4 | 5 | 5 | 4 | 6 |
| 4457 | 전북특별자치도 | 재난보호시스템 유지관리 | 1 | 8,000 | 6 | 4 | 1 | 2 | 1 | 1 | 4 | 5 | 5 | 2 | 6 |
| 4458 | 전북특별자치도 | 특정보 단속시스템 유지관리 | 1 | 46,200 | 1 | 4 | 1 | 2 | 5 | 5 | 4 | 5 | 5 | 2 | 6 |
| 4459 | 전북특별자치도 | 특수지시스템 유지관리 | 1 | 3,600 | 1 | 4 | 1 | 2 | 5 | 5 | 4 | 5 | 5 | 2 | 6 |
| 4460 | 전북특별자치도 | 자동물교통체계 시스템 유지관리 | 1 | 130,000 | 6 | 2 | 1 | 6 | 5 | 5 | 4 | 5 | 5 | 2 | 6 |

| 순번 | 시군구 | 정보화사업 사업명 | 정보화사업 분류<br>1. 유지 및 보수<br>2. SW/HW 개발 및 구매<br>3. DB 구축<br>4. 정보화 전략계획(ISP) 수립<br>5. 정보화자원<br>6. 기타 | 2025년 예산<br>(단위:천원/1년간) | 예산 편성근거<br>1. 법률의 규정<br>2. 국고보조재원<br>3. 조례<br>4. 용도지정기부금<br>5. 지자체 및 상위기관 정책<br>6. 기타<br>7. 해당없음 | 계약체결방법(경쟁형태)<br>1. 일반경쟁<br>2. 제한경쟁<br>3. 지명경쟁<br>4. 수의계약<br>5. 법령위탁<br>6. 기타<br>7. 해당없음 | 정보화사업 입찰방식<br>계약기간<br>1. 1년<br>2. 2년<br>3. 3년<br>4. 4년<br>5. 5년<br>6. 기타<br>7. 단기계약(1년미만)<br>8. 해당없음 | 낙찰자 선정방식<br>1. 적격심사<br>2. 협상에 의한계약<br>3. 최저가낙찰제<br>4. 규격가격분리<br>5. 2단계 경쟁입찰<br>6. 기타<br>7. 해당없음 | 정보화사업 평가신청<br>1. 내부선정(자체적으로 선정)<br>2. 외부선정(전문기관에서 선정)<br>3. 내외부 모두 선정<br>5. 해당없음 | 예산 산정<br>정산방법<br>1. 내부정산(내부적으로 정산)<br>2. 외부정산(외부전문기관위탁 정산)<br>3. 내외부 모두 정산<br>4. 정산無<br>5. 해당없음 | 성과평가 실시여부<br>1. 실시<br>2. 미실시<br>3. 향후 실시<br>4. 해당없음 | 성과평가 주기<br>1. 매년<br>2. 격년<br>3. 기간표준<br>4. 기타<br>5. 해당없음 | 성과평가 방법<br>1. 자체 평가<br>2. 평가단구성평가(전문위원회 등)<br>3. 전문평가기관 의뢰<br>4. 기타<br>5. 해당없음 | 평가결과 인센티브및 패널티 적용 유무<br>1. 적용<br>2. 적용 안함<br>3. 기타( )<br>4. 해당없음 | 인센티브 및 패널티 적용 근거<br>1. 법률<br>2. 조례<br>3. 지침<br>4. 계약서<br>5. 기타<br>6. 해당없음 |
|---|---|---|---|---|---|---|---|---|---|---|---|---|---|---|---|
| 4461 | 전북 남원시 | 치매예방 모바일 앱 운영 | 1 | 15,200 | 5 | 4 | 1 | 1 | 1 | 1 | 4 | 5 | 5 | 4 | 6 |
| 4462 | 전북 남원시 | 급수공사비 부과 프로그램 운영 | 1 | 3,800 | 7 | 4 | 1 | 7 | 1 | 1 | 4 | 5 | 5 | 4 | 6 |
| 4463 | 전북 남원시 | 상하수도 요금 부과징수시스템 운영 | 1 | 13,000 | 4 | 4 | 1 | 7 | 2 | 3 | 4 | 5 | 5 | 4 | 6 |
| 4464 | 전북 완주군 | 공통기반시스템 유지관리 | 1 | 100,782 | 7 | 7 | 8 | 7 | 5 | 5 | 4 | 5 | 5 | 4 | 6 |
| 4465 | 전북 완주군 | 온-나라시스템 유지관리 | 1 | 103,672 | 7 | 7 | 8 | 7 | 5 | 5 | 4 | 5 | 5 | 4 | 6 |
| 4466 | 전북 완주군 | 모바일 행정포털 유지관리 | 1 | 2,400 | 7 | 7 | 8 | 7 | 5 | 5 | 4 | 5 | 5 | 4 | 6 |
| 4467 | 전북 완주군 | 기록관리시스템 | 1 | 34,000 | 7 | 7 | 8 | 7 | 5 | 5 | 4 | 5 | 5 | 4 | 6 |
| 4468 | 전북 완주군 | 도면관리시스템 도입 | 2 | 13,000 | 7 | 7 | 8 | 7 | 5 | 5 | 4 | 5 | 5 | 4 | 6 |
| 4469 | 전북 완주군 | 클라우드저장소시스템 유지관리 | 1 | 6,516 | 7 | 7 | 8 | 7 | 5 | 5 | 4 | 5 | 5 | 4 | 6 |
| 4470 | 전북 완주군 | 클라우드 통합 이용료 | 1 | 70,010 | 7 | 7 | 8 | 7 | 5 | 5 | 4 | 5 | 5 | 4 | 6 |
| 4471 | 전북 완주군 | 통합예약시스템 유지관리 | 1 | 29,960 | 7 | 7 | 8 | 7 | 5 | 5 | 4 | 5 | 5 | 4 | 6 |
| 4472 | 전북 완주군 | 정보화 예산지 유지관리 | 1 | 6,000 | 7 | 7 | 8 | 7 | 5 | 5 | 4 | 5 | 5 | 4 | 6 |
| 4473 | 전북 완주군 | 스마트 정사종합안내시스템 도입 | 2 | 182,295 | 7 | 7 | 8 | 7 | 5 | 5 | 4 | 5 | 5 | 4 | 6 |
| 4474 | 전북 완주군 | 보안관리시스템 유지관리 | 1 | 250,843 | 7 | 7 | 8 | 7 | 5 | 5 | 4 | 5 | 5 | 4 | 6 |
| 4475 | 전북 완주군 | 사이버침해대응 보안관제시스템 도입 | 2 | 120,000 | 7 | 7 | 8 | 7 | 5 | 5 | 4 | 5 | 5 | 4 | 6 |
| 4476 | 전북 완주군 | 행정정보통신망 운영 | 1 | 326,085 | 7 | 7 | 8 | 7 | 5 | 5 | 4 | 5 | 5 | 4 | 6 |
| 4477 | 전북 완주군 | 행정망용 데이터 백본스위치 교체 | 2 | 152,520 | 7 | 7 | 8 | 7 | 5 | 5 | 4 | 5 | 5 | 4 | 6 |
| 4478 | 전북 완주군 | 민원대용 사면주봇 도입 | 2 | 10,400 | 7 | 7 | 8 | 7 | 5 | 5 | 4 | 5 | 5 | 4 | 6 |
| 4479 | 전북 완주군 | 정보통신실 운영 | 1 | 2,400 | 7 | 7 | 8 | 7 | 5 | 5 | 4 | 5 | 5 | 4 | 6 |
| 4480 | 전북 완주군 | 업무용 컴퓨터 유지관리 | 2 | 240,000 | 7 | 7 | 8 | 7 | 5 | 5 | 4 | 5 | 5 | 4 | 6 |
| 4481 | 전북 완주군 | 업무용 컴퓨터 도입 | 2 | 266,006 | 7 | 7 | 8 | 7 | 5 | 5 | 4 | 5 | 5 | 4 | 6 |
| 4482 | 전북 완주군 | 행정전화 운영 | 1 | 40,000 | 7 | 7 | 8 | 7 | 5 | 5 | 4 | 5 | 5 | 4 | 6 |
| 4483 | 전북 완주군 | 행정전화 녹취시스템 도입 | 2 | 10,000 | 7 | 7 | 8 | 7 | 5 | 5 | 4 | 5 | 5 | 4 | 6 |
| 4484 | 전북 완주군 | 행정정보화기 라이선스 구입 | 2 | 51,300 | 7 | 7 | 8 | 7 | 5 | 5 | 4 | 5 | 5 | 4 | 6 |
| 4485 | 전북 완주군 | 인왕대용 사면주봇 도입 | 1 | 43,470 | 7 | 7 | 8 | 7 | 5 | 5 | 4 | 5 | 5 | 4 | 6 |
| 4486 | 전북 완주군 | 소프트웨어 구입(MS오피스, 한컴오피스, 알툴즈통합) | 2 | 104,500 | 7 | 7 | 8 | 7 | 5 | 5 | 4 | 5 | 5 | 4 | 6 |
| 4487 | 전북 완주군 | 개인정보보호 관리 | 1 | 25,044 | 7 | 7 | 8 | 7 | 5 | 5 | 4 | 5 | 5 | 4 | 6 |
| 4488 | 전북 완주군 | 스마트빌리지 실증 및 보급 | 2 | 1,000,000 | 7 | 7 | 8 | 7 | 5 | 5 | 4 | 5 | 5 | 4 | 6 |
| 4489 | 전북 완주군 | 사물인터넷 공공서비스 운영 | 2 | 107,771 | 7 | 7 | 8 | 7 | 5 | 5 | 4 | 5 | 5 | 4 | 6 |
| 4490 | 전북 완주군 | 완주군 대표홈페이지 | 1 | 81,008 | 7 | 7 | 8 | 7 | 5 | 5 | 4 | 5 | 5 | 4 | 6 |
| 4491 | 전북 완주군 | 방화벽 교체 | 2 | 42,000 | 7 | 7 | 8 | 7 | 5 | 5 | 4 | 5 | 5 | 4 | 6 |

| 순번 | 시군구 | 정보화사업명<br>·예산서 상 사업명 | 정보사업분 분류<br>1. 유지 및 보수<br>2. SW/HW<br>3. DB 구축<br>4. 정보화<br>전략계획<br>(SP) 수립<br>5. 정보화지원<br>6. 기타 | 2025년<br>예산<br>(단위:천원<br>/1천간) | 예산 편성근거<br>1. 법률에 규정<br>2. 국고보조 재원<br>3. 용도지정 기부금<br>4. 조례<br>5. 지자체 및<br>상위기관 정책<br>6. 기타<br>7. 해당없음 | 계약체결방법<br>(경쟁형태)<br>1. 일반경쟁<br>2. 제한경쟁<br>3. 지명경쟁<br>4. 수의계약<br>5. 협정체약<br>6. 기타 ( )<br>7. 해당없음 | 정보화사업 입찰방식<br>계약기간<br>1. 1년<br>2. 2년<br>3. 3년<br>4. 4년<br>5. 5년<br>6. 기타<br>7. 단가계약<br>( )년만<br>8. 해당없음 | 낙찰자 선정방법<br>1. 적격심사<br>2. 협상에 의한계약<br>3. 최저가낙찰제<br>4. 규격가격분리<br>5. 2단계 경쟁입찰<br>6. 기타 ( )<br>7. 해당없음 | 정보화사업 예산 산정<br>평가수행<br>1. 내부선정<br>2. 외부선정<br>3. 내외부모두선정<br>4. 산정 無<br>5. 해당없음 | 정산방법<br>1. 내부정산<br>(자체직원 정산)<br>2. 외부정산<br>(전문기관위탁<br>정산)<br>3. 내외부모두정산<br>4. 정산 無<br>5. 해당없음 | 성과평가 실시여부<br>1. 실시<br>2. 미실시<br>3. 향후 추진<br>4. 해당없음 | 성과평가<br>성과평가 주기<br>1. 매년<br>2. 격년<br>3. 기간만료점<br>4. 기타 ( )<br>5. 해당없음 | 성과평가 방법<br>1. 자체 평가<br>2. 평가기관<br>구성후 실시<br>(전문위원회)<br>3. 전문<br>평가기관 의뢰<br>4. 기타<br>5. 해당없음 | 평가결과 적용<br>성과평가결과<br>인센티브 및<br>패널티 적용<br>유무<br>1. 적용<br>2. 적용 안함<br>3. 기타 ( )<br>4. 해당없음 | 인센티브 및<br>패널티 적용<br>근거<br>1. 법률<br>2. 조례<br>3. 지침<br>4. 계약서<br>5. 기타<br>6. 해당없음 |
|---|---|---|---|---|---|---|---|---|---|---|---|---|---|---|---|
| 4492 | 전북 완주군 | 세이프완주특 | 1 | 9,440 | 7 | 7 | 8 | 7 | 5 | 5 | 4 | 5 | 5 | 4 | 6 |
| 4493 | 전북 완주군 | 지방세정보시스템 유지관리 | 1 | 119,171 | 7 | 7 | 8 | 7 | 5 | 5 | 4 | 5 | 5 | 4 | 6 |
| 4494 | 전북 완주군 | 변호판영치시스템 유지관리 | 1 | 12,144 | 7 | 7 | 8 | 7 | 5 | 5 | 4 | 5 | 5 | 4 | 6 |
| 4495 | 전북 완주군 | 세외수입무인수납시스템유지 | 1 | 5,650 | 7 | 7 | 8 | 7 | 5 | 5 | 4 | 5 | 5 | 4 | 6 |
| 4496 | 전북 완주군 | 표준지방 세외수입정보시스템 유지관리 | 1 | 61,079 | 7 | 7 | 8 | 7 | 5 | 5 | 4 | 5 | 5 | 4 | 6 |
| 4497 | 전북 완주군 | 계약관리및적격심사시스트그램 유지관리 | 1 | 7,284 | 7 | 7 | 8 | 7 | 5 | 5 | 4 | 5 | 5 | 4 | 6 |
| 4498 | 전북 완주군 | 하자관리시스템 유지관리 | 1 | 4,536 | 7 | 7 | 8 | 7 | 5 | 5 | 4 | 5 | 5 | 4 | 6 |
| 4499 | 전북 완주군 | 계약정보관리시스템 유지관리 | 1 | 4,536 | 7 | 7 | 8 | 7 | 5 | 5 | 4 | 5 | 5 | 4 | 6 |
| 4500 | 전북 완주군 | 세외세출액정보공개시스템 유지관리 | 1 | 1,716 | 7 | 7 | 8 | 7 | 5 | 5 | 4 | 5 | 5 | 4 | 6 |
| 4501 | 전북 완주군 | 도로 및 경영정보시스템 유지관리 | 1 | 25,500 | 7 | 7 | 8 | 7 | 5 | 5 | 4 | 5 | 5 | 4 | 6 |
| 4502 | 전북 완주군 | 종보상상 서비스 웹페이지 유지관리 | 1 | 45,100 | 7 | 7 | 8 | 7 | 5 | 5 | 4 | 5 | 5 | 4 | 6 |
| 4503 | 전북 완주군 | 디지털돌봄시스템 | 1 | 3,643 | 7 | 7 | 8 | 7 | 5 | 5 | 4 | 5 | 5 | 4 | 6 |
| 4504 | 전북 완주군 | 정보화마을 프로그램관리자 지원 | 1 | 48,472 | 7 | 7 | 8 | 7 | 5 | 5 | 4 | 5 | 5 | 4 | 6 |
| 4505 | 전북 완주군 | 완주군향 홈페이지 유지관리 | 1 | 54,000 | 7 | 7 | 8 | 7 | 5 | 5 | 4 | 5 | 5 | 4 | 6 |
| 4506 | 전북 완주군 | 부동산종합부 및 공간정보시스템 유지관리 | 1 | 126,644 | 7 | 7 | 8 | 7 | 5 | 5 | 4 | 5 | 5 | 4 | 6 |
| 4507 | 전북 완주군 | 무인민원발급기 유지관리 | 1 | 26,043 | 7 | 7 | 8 | 7 | 5 | 5 | 4 | 5 | 5 | 4 | 6 |
| 4508 | 전북 완주군 | 의회 전자회의록 및 키오스크 유지관리 | 1 | 6,036 | 7 | 7 | 8 | 7 | 5 | 5 | 4 | 5 | 5 | 4 | 6 |
| 4509 | 전북 완주군 | 완주군의회 홈페이지 및 영상회의록 유지관리 | 5 | 9,000 | 7 | 7 | 8 | 7 | 5 | 5 | 4 | 5 | 5 | 4 | 6 |
| 4510 | 전북 완주군 | 완주군의회 인터넷 생방송 시스템 유지관리 | 5 | 33,600 | 7 | 7 | 8 | 7 | 5 | 5 | 4 | 5 | 5 | 4 | 6 |
| 4511 | 전북 완주군 | 완주군 도서 홈페이지 | 1 | 6,000 | 7 | 7 | 8 | 7 | 5 | 5 | 4 | 5 | 5 | 4 | 6 |
| 4512 | 전북 완주군 | 도서검사시스템 유지관리 | 1 | 32,400 | 7 | 7 | 8 | 7 | 5 | 5 | 4 | 5 | 5 | 4 | 6 |
| 4513 | 전북 완주군 | 재난종합상황관제 유지관리 | 1 | 206,340 | 7 | 7 | 8 | 7 | 5 | 5 | 4 | 5 | 5 | 4 | 6 |
| 4514 | 전북 완주군 | CCTV 통합관제센터 유지관리 | 1 | 809,071 | 7 | 7 | 8 | 7 | 5 | 5 | 4 | 5 | 5 | 4 | 6 |
| 4515 | 전북 완주군 | 방범용 CCTV 설치 지원사업 | 5 | 80,000 | 7 | 4 | 8 | 7 | 5 | 5 | 4 | 5 | 5 | 4 | 6 |
| 4516 | 전북 완주군 | 마을방범CCTV설치사업 | 5 | 1,043,000 | 7 | 7 | 8 | 7 | 5 | 5 | 4 | 5 | 5 | 4 | 6 |
| 4517 | 전북 진안군 | 국가정보통신망 등 회선사용료(11종) | 1 | 167,000 | 7 | 7 | 1 | 7 | 1 | 5 | 4 | 5 | 5 | 4 | 4 |
| 4518 | 전북 진안군 | 행정정보통신망 유지관리(18종) | 1 | 243,000 | 7 | 7 | 1 | 7 | 1 | 5 | 4 | 5 | 5 | 4 | 4 |
| 4519 | 전북 진안군 | 시군구 공통기반 정보장비 유지비 등 위탁사업비 | 1 | 138,800 | 7 | 7 | 1 | 7 | 2 | 2 | 4 | 5 | 5 | 4 | 4 |
| 4520 | 전북 진안군 | 부서별 행정정보시스템 유지보수(21종) | 1 | 197,500 | 7 | 4 | 1 | 7 | 1 | 5 | 4 | 5 | 5 | 4 | 4 |
| 4521 | 전북 진안군 | 업무용 컴퓨터 구입 | 2 | 157,000 | 7 | 7 | 1 | 5 | 1 | 5 | 4 | 5 | 5 | 4 | 4 |
| 4522 | 전북 진안군 | 업무용 SW 구입 | 2 | 143,000 | 7 | 7 | 1 | 7 | 1 | 5 | 4 | 5 | 5 | 4 | 4 |

| 순번 | 시군구 | 정보화사업 사업명 ·예산서 상의 사업명 | 정보화사업 분류 1.유지 및 보수 2.SW/HW 개발 및 구매 3.DB 구축 4.정보화 전략계획 (ISP) 수립 5.정보화지원 6.기타 | 2025년 예산 (단위:천원/1년간) | 예산 편성근거 1.법률에 규정 2.국고보조재원 3.용도지정기부금 4.조례 5.지자체 및 상위기관 정책 6.기타 7.해당없음 | 계약체결방법 (경쟁형태) 1.일반경쟁 2.제한경쟁 3.지명경쟁 4.수의계약 5.민간위탁 6.기타 7.해당없음 | 정보화사업 입찰방식 계약기간 1.1년 2.2년 3.3년 4.4년 5.5년 6.기타 ( )년 7.단기계약 (1년미만) 8.해당없음 | 낙찰자 선정방법 1.적격심사 2.협상에 의한계약 3.최저가낙찰제 4.규격가격분리 5.2단계 경쟁입찰 6.기타 ( ) 7.해당없음 | 정보화사업 예산 산정 평가산정 1.내부산정 (자체적으로 선정) 2.외부산정 (전문기관위탁 선정) 3.내·외부 모두 산정 4.산정 無 5.해당없음 | 정산방법 1.내부정산 (자체적으로 정산) 2.외부정산 (외부전문기관위탁 정산) 3.내·외부 모두 정산 4.정산 無 5.해당없음 | 성과평가 성과평가 실시여부 1.실시 2.미실시 3.향후 추진 4.해당없음 | 성과평가 주체 1.예산 2.자원 3.기관전문 4.기타 ( ) 5.해당없음 | 성과평가 방법 1.자체 평가 2.평가단 구성·운영(전문위원회) 3.전문 평가기관 의뢰 4.기타 ( ) 5.해당없음 | 평가결과 인센티브 및 패널티 적용 유무 1.적용 2.적용 안함 3.기타 ( ) 4.해당없음 | 평가결과 적용 인센티브 및 패널티 적용근거 1.법률 2.조례 3.지침 4.계약서 5.기타 ( ) 6.해당없음 |
|---|---|---|---|---|---|---|---|---|---|---|---|---|---|---|---|
| 4523 | 전북 진안군 | 암호화 통신장비(VPN) 교체 | 2 | 18,000 | 7 | 7 | 1 | 7 | 1 | 5 | 4 | 5 | 5 | 4 | 4 |
| 4524 | 전북 진안군 | 민간 클라우드 연간 이용료 | 1 | 43,200 | 7 | 7 | 1 | 7 | 5 | 5 | 4 | 5 | 5 | 4 | 4 |
| 4525 | 전북 진안군 | 스마트 도시안전망 화상사업 | 2 | 400,000 | 2 | 2 | 1 | 5 | 1 | 5 | 4 | 5 | 5 | 4 | 4 |
| 4526 | 전북 진안군 | 자료유출방지 솔루션 도입 | 2 | 21,000 | 7 | 4 | 1 | 7 | 1 | 5 | 4 | 5 | 5 | 4 | 4 |
| 4527 | 전북 진안군 | 자동기상관측시스템 유지보수 | 1 | 40,000 | 7 | 4 | 1 | 7 | 1 | 5 | 4 | 5 | 5 | 4 | 4 |
| 4528 | 전북 진안군 | 지진가속도계측시스템 유지보수 | 1 | 10,000 | 7 | 4 | 1 | 7 | 1 | 5 | 4 | 5 | 5 | 4 | 4 |
| 4529 | 전북 진안군 | 환경업무시스템 유지보수(3종) | 1 | 44,000 | 7 | 4 | 1 | 7 | 1 | 5 | 4 | 5 | 5 | 4 | 4 |
| 4530 | 전북 진안군 | 상수도요금 프로그램 유지보수 | 1 | 13,000 | 7 | 4 | 1 | 7 | 1 | 5 | 4 | 5 | 5 | 4 | 4 |
| 4531 | 전북 진안군 | 개인하수처리시설 유지보수 | 1 | 4,200 | 7 | 4 | 1 | 7 | 1 | 5 | 4 | 5 | 5 | 4 | 4 |
| 4532 | 전북 진안군 | 온나라 문서시스템 유지보수 | 1 | 25,515 | 7 | 4 | 1 | 7 | 1 | 5 | 4 | 5 | 5 | 4 | 4 |
| 4533 | 전북 진안군 | 행정업무용 컴퓨터(노트북포함) | 1 | 21,600 | 7 | 4 | 1 | 7 | 2 | 2 | 4 | 5 | 5 | 4 | 4 |
| 4534 | 전북 진안군 | 시군구 공통기반 전산장비 및 재해복구 시스템 유지관리 | 1 | 88,368 | 1 | 5 | 1 | 7 | 2 | 2 | 4 | 5 | 5 | 4 | 4 |
| 4535 | 전북 진안군 | 지방행정종합정보보안 상황센터 운영 | 1 | 7,250 | 1 | 5 | 1 | 7 | 2 | 2 | 4 | 5 | 5 | 4 | 4 |
| 4536 | 전북 진안군 | 온나라 문서시스템 운영지원 및 SW유지 | 1 | 44,436 | 1 | 1 | 8 | 5 | 2 | 2 | 4 | 5 | 5 | 4 | 4 |
| 4537 | 전북 무주군 | 행정업무용 컴퓨터 구입 | 2 | 150,182 | 7 | 7 | 1 | 6 | 5 | 5 | 4 | 5 | 5 | 4 | 4 |
| 4538 | 전북 무주군 | MS사 소프트웨어 라이선스 구입 | 2 | 51,352 | 7 | 7 | 1 | 6 | 1 | 5 | 4 | 5 | 5 | 4 | 4 |
| 4539 | 전북 무주군 | 한컴오피스 라이선스 구입 | 1 | 32,320 | 7 | 7 | 1 | 7 | 1 | 5 | 4 | 5 | 5 | 4 | 4 |
| 4540 | 전북 무주군 | 2025년도 백신SW 시스템 유지보수 | 1 | 11,830 | 7 | 4 | 1 | 7 | 1 | 5 | 4 | 5 | 5 | 4 | 4 |
| 4541 | 전북 무주군 | 2025년 점임전산시스템 유지보수 | 2 | 14,690 | 7 | 4 | 1 | 7 | 5 | 5 | 4 | 5 | 5 | 4 | 4 |
| 4542 | 전북 무주군 | 2025년 정보안 시스템 유지보수 | 1 | 17,990 | 7 | 4 | 1 | 7 | 1 | 5 | 4 | 5 | 5 | 4 | 4 |
| 4543 | 전북 무주군 | 2025년 VPN 보안장비 유지보수 | 1 | 19,900 | 7 | 4 | 1 | 7 | 1 | 5 | 4 | 5 | 5 | 4 | 4 |
| 4544 | 전북 무주군 | 2025년 방화벽시스템 유지보수 | 1 | 15,930 | 7 | 4 | 1 | 7 | 1 | 5 | 4 | 5 | 5 | 4 | 4 |
| 4545 | 전북 무주군 | 2025년도 대표홈페이지 SW 유지보수 | 1 | 18,970 | 7 | 5 | 1 | 7 | 1 | 5 | 4 | 5 | 5 | 4 | 4 |
| 4546 | 전북 무주군 | 2025년도 외부망 가상화서버 시스템 유지보수 | 1 | 13,490 | 7 | 4 | 1 | 7 | 1 | 5 | 4 | 5 | 5 | 4 | 4 |
| 4547 | 전북 무주군 | 행정망 네트워크 유지 교체(노후) | 2 | 78,812 | 7 | 4 | 1 | 7 | 5 | 5 | 4 | 5 | 5 | 4 | 4 |
| 4548 | 전북 무주군 | 행정업무용 전화기 구입 | 2 | 8,888 | 7 | 4 | 1 | 7 | 1 | 5 | 4 | 5 | 5 | 4 | 4 |
| 4549 | 전북 무주군 | 2025년 정보방송시스템 및 음성화 유지보수 | 1 | 15,660 | 7 | 4 | 1 | 7 | 1 | 5 | 4 | 5 | 5 | 4 | 4 |
| 4550 | 전북 무주군 | 2025년 정보화아카이브 및 전자팩스 유지보수 | 1 | 15,561 | 7 | 4 | 1 | 7 | 1 | 5 | 4 | 5 | 5 | 4 | 4 |
| 4551 | 전북 무주군 | 2025년도 정보보호신문 유지보수 | 1 | 19,200 | 7 | 5 | 1 | 7 | 1 | 5 | 4 | 5 | 5 | 4 | 4 |
| 4552 | 전북 무주군 | 2025년 행정전산시스템 유지보수 | 1 | 37,026 | 7 | 4 | 1 | 7 | 1 | 5 | 4 | 5 | 5 | 4 | 4 |
| 4553 | 전북 무주군 | 2025년도 행정정보통신망 유지보수 | 1 | 19,688 | 7 | 4 | 1 | 7 | 1 | 5 | 4 | 5 | 5 | 4 | 4 |

| 순번 | 시군구 | 정보화사업 사업명·예산서 상의 사업명 | 정보사업 분류 (1.유지 및 보수 2.SW/HW 개발 및 구매 3.DB 구축 4.정보화 전략계획(ISP) 수립 5.정보화지원 6.기타) | 2025년 예산 (단위:천원/1년간) | 예산 편성근거 (1.법률에 규정 2.국고보조재원 3.용도지정기부금 4.조례 5.지자체 및 상위기관 정책 6.기타 7.해당없음) | 계약체결방법 (경쟁형태) (1.일반경쟁 2.제한경쟁 3.지명경쟁 4.수의계약 5.변경계약 6.기타 7.해당없음) | 정보화사업 입찰방식 계약기간 (1.1년 2.2년 3.3년 4.4년 5.5년 6.기타 7.단기계약(1년미만) 8.해당없음) | 낙찰자 선정방법 (1.적격심사 2.협상에 의한계약 3.최저가낙찰제 4.규격가격분리 5.2단계 경쟁입찰 6.기타() 7.해당없음) | 평가산정 (1.내부산정 2.외부산정 3.전문기관위탁 4.산정無 5.해당없음) | 정보화사업 예산 산정 정산방법 (1.내부정산(자체적으로 정산) 2.외부정산(외부전문기관위탁정산) 3.내외부 모두 정산 4.정산無 5.해당없음) | 성과평가 실시여부 (1.실시 2.미실시 3.향후 추진 4.해당없음) | 성과평가 주기 (1.매년 2.격년 3.기간만료전 4.기타() 5.해당없음) | 성과평가 방법 (1.자체 평가 2.평가단 구성후 실시 (전문위원회) 3.전문 평가기관 의뢰 4.기타() 5.해당없음) | 평가결과 인센티브 패널티 적용유무 (1.적용 2.적용 안함 3.기타() 4.해당없음) | 평가결과 인센티브 및 패널티 적용 근거 (1.법률 2.조례 3.지침 4.계약서 5.기타 6.해당없음) |
|---|---|---|---|---|---|---|---|---|---|---|---|---|---|---|---|
| 4554 | 전북 무주군 | 2025년 마을방송시스템 유지보수 | 1 | 41,095 | 7 | 4 | 1 | 1 | 1 | 5 | 4 | 5 | 5 | 4 | 4 |
| 4555 | 전북 무주군 | 행정포털 시스템 유지보수 | 1 | 9,650 | 7 | 4 | 1 | 7 | 1 | 5 | 4 | 5 | 5 | 4 | 4 |
| 4556 | 전북 무주군 | 기술도면관리 시스템 유지보수 | 1 | 8,270 | 7 | 4 | 1 | 7 | 1 | 5 | 4 | 5 | 5 | 4 | 4 |
| 4557 | 전북 무주군 | 인터넷디스크(클라우드) 시스템 유지보수 | 1 | 8,000 | 7 | 4 | 1 | 7 | 1 | 5 | 4 | 5 | 5 | 4 | 4 |
| 4558 | 전북 무주군 | 클라우드 컴퓨팅 서비스 이용료 | 1 | 67,755 | 1 | 4 | 4 | 7 | 1 | 5 | 4 | 5 | 5 | 4 | 4 |
| 4559 | 전북 무주군 | 성과관리시스템 유지관리 | 1 | 20,079 | 5 | 4 | 1 | 7 | 2 | 2 | 4 | 5 | 5 | 4 | 6 |
| 4560 | 전북 무주군 | 통합지방재정시스템 운영 및 유지관리 | 1 | 77,070 | 1 | 1 | 1 | 2 | 3 | 3 | 1 | 1 | 1 | 4 | 6 |
| 4561 | 전북 무주군 | 지방재정 재해복구시스템 구축 분담금(2차) | 3 | 29,779 | 1 | 1 | 1 | 2 | 3 | 3 | 1 | 1 | 1 | 4 | 6 |
| 4562 | 전북 무주군 | 표준주민인사정보시스템 유지보수 | 1 | 24,144 | 5 | 4 | 1 | 7 | 2 | 2 | 4 | 5 | 5 | 4 | 6 |
| 4563 | 전북 무주군 | 기록관리시스템 유지보수 | 1 | 47,768 | 1 | 5 | 1 | 7 | 2 | 2 | 4 | 5 | 5 | 4 | 6 |
| 4564 | 전북 무주군 | 기록관리시스템 하드웨어 구축 운영 | 6 | 85,000 | 1 | 5 | 1 | 7 | 2 | 2 | 4 | 5 | 5 | 4 | 6 |
| 4565 | 전북 장수군 | 공개용 OS,MS사 소프트웨어 라이선스 영비 | 1 | 6,630 | 5 | 4 | 1 | 7 | 2 | 5 | 4 | 5 | 5 | 4 | 6 |
| 4566 | 전북 장수군 | 한컴오피스 소프트웨어 라이선스 구입 | 2 | 51,592 | 5 | 6 | 7 | 7 | 5 | 5 | 4 | 5 | 5 | 4 | 6 |
| 4567 | 전북 장수군 | PC용 백신프로그램 라이선스 구입 | 2 | 19,124 | 5 | 6 | 7 | 7 | 5 | 5 | 4 | 5 | 5 | 4 | 6 |
| 4568 | 전북 장수군 | 윈도우서버용 백신프로그램 라이선스 구입 | 2 | 2,966 | 5 | 6 | 7 | 7 | 5 | 5 | 4 | 5 | 5 | 4 | 6 |
| 4569 | 전북 장수군 | 리눅스서버용 백신프로그램 라이선스 구입 | 2 | 2,104 | 5 | 6 | 7 | 7 | 5 | 5 | 4 | 5 | 5 | 4 | 6 |
| 4570 | 전북 장수군 | 유니스서버용 백신프로그램 라이선스 구입 | 2 | 905 | 5 | 6 | 7 | 7 | 5 | 5 | 4 | 5 | 5 | 4 | 6 |
| 4571 | 전북 장수군 | 인터넷오피스 소프트웨어 라이선스 구입 | 2 | 32,384 | 5 | 6 | 7 | 7 | 1 | 1 | 4 | 5 | 5 | 4 | 6 |
| 4572 | 전북 장수군 | 유틸리티 소프트웨어 라이선스 구입 | 2 | 5,244 | 5 | 6 | 1 | 7 | 2 | 2 | 4 | 5 | 5 | 4 | 6 |
| 4573 | 전북 장수군 | 한도 빌드테이프시스템 라이선스 | 3 | 49,790 | 5 | 6 | 1 | 6 | 1 | 1 | 4 | 5 | 5 | 4 | 6 |
| 4574 | 전북 장수군 | 정보보안 침해사고 대응시스템 라이선스 | 2 | 85,200 | 5 | 6 | 7 | 6 | 1 | 1 | 4 | 5 | 5 | 4 | 6 |
| 4575 | 전북 장수군 | 지능형위협대응시스템(APT) 침입방지시스템(IPS) 유지보수 | 1 | 16,160 | 5 | 4 | 1 | 7 | 2 | 2 | 4 | 5 | 5 | 4 | 6 |
| 4576 | 전북 장수군 | 유해사이트차단시스템(SSL가시성 장비포함) 및 내부 유지보수 | 1 | 17,830 | 5 | 4 | 1 | 7 | 2 | 2 | 4 | 5 | 5 | 4 | 6 |
| 4577 | 전북 장수군 | PC보안취약점검시스템(PMS) 유지보수 | 1 | 4,680 | 5 | 2 | 1 | 7 | 2 | 2 | 4 | 5 | 5 | 4 | 6 |
| 4578 | 전북 장수군 | 망연계시스템 유지보수 | 1 | 4,750 | 5 | 4 | 1 | 7 | 2 | 2 | 4 | 5 | 5 | 4 | 6 |
| 4579 | 전북 장수군 | 정보보호시스템(PCfilter, 보안USB) 및 영화액(외부망 영화액) 유지보수 | 1 | 13,410 | 5 | 4 | 1 | 7 | 2 | 2 | 4 | 5 | 5 | 4 | 6 |
| 4580 | 전북 장수군 | 개인정보검색관리시스템 유지보수 | 1 | 4,270 | 5 | 4 | 1 | 7 | 2 | 2 | 4 | 5 | 5 | 4 | 6 |
| 4581 | 전북 장수군 | 에신시스템 유지보수 | 1 | 5,390 | 5 | 4 | 1 | 7 | 2 | 2 | 4 | 5 | 5 | 4 | 6 |
| 4582 | 전북 장수군 | 외부망 접근권어시스템 및 모바일정보유출변조방지 유지보수 | 1 | 10,160 | 5 | 2 | 1 | 7 | 2 | 2 | 4 | 5 | 5 | 4 | 6 |
| 4583 | 전북 장수군 | 장수군 홈페이지(SW) 유지보수 | 1 | 31,600 | 5 | 4 | 1 | 7 | 2 | 2 | 4 | 5 | 5 | 4 | 6 |
| 4584 | 전북 장수군 | 온나라 시스템 유지보수 | 1 | 9,040 | 5 | 4 | 1 | 7 | 2 | 2 | 4 | 5 | 5 | 4 | 6 |

| 순번 | 시군구 | 정보화사업 · 예산서 상 사업명 | 정보화사업 분류 | 2025년 예산 (단위:천원/1년간) | 예산 편성근거 | 계약체결방식 (경쟁형태) | 계약기간 | 낙찰자 선정방식 | 원가산정 | 정보화사업 예산 산정 정보산정법 | 성과평가 실시여부 | 성과평가 주기 | 성과평가 방법 | 성과평가결과 인센티브 패널티 적용 유무 | 인센티브 및 패널티 적용 근거 |
|---|---|---|---|---|---|---|---|---|---|---|---|---|---|---|---|
| 4585 | 전북 장수군 | 업무용 PC 유지관리 | 1 | 24,434 | 5 | 2 | 1 | 7 | 2 | 2 | 4 | 5 | 5 | 4 | 6 |
| 4586 | 전북 장수군 | 민간클라우드 이용료 지급 | 1 | 62,480 | 5 | 6 | 1 | 7 | 2 | 2 | 4 | 5 | 5 | 4 | 6 |
| 4587 | 전북 장수군 | 공통기반전산장비 및 재해복구시스템 유지관리 | 1 | 88,854 | 5 | 5 | 1 | 7 | 2 | 2 | 1 | 1 | 1 | 4 | 6 |
| 4588 | 전북 장수군 | 지방행정종합정보시스템 서비스데스크 운영 시군분담금 | 1 | 7,250 | 5 | 5 | 1 | 7 | 2 | 2 | 1 | 1 | 1 | 4 | 6 |
| 4589 | 전북 장수군 | 온나라시스템 응용SW 유지관리 | 1 | 63,896 | 5 | 5 | 1 | 7 | 2 | 2 | 1 | 1 | 1 | 4 | 6 |
| 4590 | 전북 장수군 | 온나라시스템 운영지원 시군분담금 | 1 | 7,930 | 5 | 5 | 1 | 7 | 2 | 2 | 1 | 1 | 1 | 4 | 6 |
| 4591 | 전북 장수군 | 행협해피콜의뢰분 | 6 | 5,000 | 5 | 5 | 1 | 7 | 2 | 2 | 4 | 5 | 5 | 4 | 6 |
| 4592 | 전북 장수군 | 다기능 사무기기 구매(업무용PC) | 2 | 32,880 | 5 | 6 | 7 | 7 | 5 | 5 | 4 | 5 | 5 | 4 | 6 |
| 4593 | 전북 장수군 | 외부 방화벽 시스템 교체 | 2 | 45,265 | 5 | 6 | 7 | 7 | 5 | 5 | 4 | 5 | 5 | 4 | 6 |
| 4594 | 전북 장수군 | 광도 부영입체이드 시스템 서버 구임 | 3 | 9,410 | 5 | 4 | 7 | 7 | 5 | 5 | 4 | 5 | 5 | 4 | 6 |
| 4595 | 전북 장수군 | 정보보호 침해사고 대응시스템 서버 구임 | 3 | 18,099 | 5 | 4 | 7 | 7 | 1 | 1 | 4 | 5 | 5 | 4 | 6 |
| 4596 | 전북 장수군 | 무정전전원장치 유지보수 | 1 | 12,903 | 5 | 4 | 1 | 7 | 1 | 1 | 4 | 5 | 5 | 4 | 6 |
| 4597 | 전북 장수군 | 행정전화시설 유지보수 | 1 | 19,904 | 5 | 6 | 1 | 7 | 1 | 1 | 4 | 5 | 5 | 4 | 6 |
| 4598 | 전북 장수군 | 옥내 마을방송시설 유지보수 | 1 | 26,542 | 5 | 4 | 1 | 7 | 1 | 1 | 4 | 5 | 5 | 4 | 6 |
| 4599 | 전북 장수군 | 행정정보화 정보통신망 산장(VPN)(업무용N) | 2 | 149,790 | 6 | 6 | 7 | 7 | 1 | 1 | 4 | 5 | 5 | 4 | 6 |
| 4600 | 전북 장수군 | 네트워크시스템 유지보수 | 1 | 17,065 | 5 | 4 | 1 | 7 | 1 | 1 | 4 | 5 | 5 | 1 | 4 |
| 4601 | 전북 장수군 | 통신안전시스템 운영 | 1 | 15,252 | 5 | 1 | 1 | 7 | 1 | 1 | 4 | 4 | 4 | 4 | 6 |
| 4602 | 전북 장수군 | 행정정보 보관증시스템 유지보수 | 1 | 12,645 | 5 | 7 | 8 | 7 | 2 | 2 | 4 | 5 | 5 | 4 | 6 |
| 4603 | 전북 장수군 | 스마트방송송출시스템 운영관리 | 1 | 12,503 | 5 | 4 | 1 | 7 | 1 | 1 | 4 | 5 | 5 | 4 | 6 |
| 4604 | 전북 장수군 | 홈페이지 통합구독 서비스 용역 | 6 | 100,500 | 5 | 4 | 1 | 7 | 1 | 1 | 4 | 5 | 5 | 4 | 6 |
| 4605 | 전북 장수군 | 홈페이지 유지관리 | 1 | 12,000 | 6 | 4 | 1 | 7 | 1 | 1 | 4 | 5 | 5 | 4 | 6 |
| 4606 | 전북 장수군 | 도서관리시스템 서버 유지보수 | 1 | 31,452 | 4 | 4 | 1 | 7 | 1 | 1 | 4 | 5 | 5 | 4 | 6 |
| 4607 | 전북 장수군 | 차세대 지방세정보시스템 운영 | 1 | 108,762 | 1 | 1 | 1 | 7 | 1 | 1 | 1 | 1 | 1 | 4 | 4 |
| 4608 | 전북 장수군 | 표준지방세외수입정보시스템 유지관리비 | 1 | 53,657 | 1 | 4 | 1 | 7 | 2 | 2 | 4 | 5 | 5 | 4 | 6 |
| 4609 | 전북 장수군 | 세입세출종합정보공개시스템 운용 | 1 | 1,740 | 1 | 4 | 1 | 7 | 1 | 1 | 4 | 5 | 5 | 4 | 6 |
| 4610 | 전북 장수군 | 계약정보공개시스템 유지보수 용역 | 1 | 4,728 | 1 | 4 | 1 | 7 | 1 | 1 | 4 | 5 | 5 | 4 | 6 |
| 4611 | 전북 장수군 | 채권 및 체납관리 프로그램 유지보수 용역 | 1 | 5,592 | 1 | 4 | 1 | 7 | 1 | 1 | 1 | 1 | 1 | 4 | 6 |
| 4612 | 전북 장수군 | 한국토지정보시스템 및 부동산종합공부시스템(KRAS) 서버 유지보수 | 1 | 15,000 | 1 | 4 | 1 | 7 | 1 | 1 | 4 | 5 | 5 | 4 | 6 |
| 4613 | 전북 장수군 | 부동산종합공부시스템(KRAS) 개인정보 암호화SW 유지보수 | 1 | 2,100 | 1 | 4 | 1 | 7 | 2 | 2 | 4 | 5 | 5 | 4 | 6 |
| 4614 | 전북 장수군 | 부동산종합공부시스템(KRAS) 국산 공간정보 소프트웨어 유지보수 | 1 | 9,300 | 1 | 4 | 1 | 7 | 2 | 2 | 4 | 5 | 5 | 4 | 6 |
| 4615 | 전북 장수군 | 차세대 KAIS 구축 및 기존 KAIS 유지보수 | 1 | 47,520 | 1 | 5 | 1 | 7 | 2 | 1 | 1 | 1 | 1 | 4 | 6 |

| 순번 | 시군구 | 정보화사업 사업명<br>· 예산서 상의 사업명 | 정보화사업 분류<br>1. 유지 및 보수<br>2. SW/HW 개발 및 구매<br>3. DB 구축<br>4. 정보화전략계획(ISP) 수립<br>5. 정보화지원<br>6. 기타 | 2025년 예산<br>(단위:천원)<br>(1년간) | 예산 편성근거<br>1. 법률에 규정<br>2. 국고보조 재원<br>3. 통·도지자 재원<br>4. 조례<br>5. 지자체 및 상위기관 정책<br>6. 기타<br>7. 해당없음 | 계약체결방식(경쟁형태)<br>1. 일반경쟁<br>2. 제한경쟁<br>3. 지명경쟁<br>4. 수의계약<br>5. 법정위탁<br>6. 기타( )<br>7. 해당없음 | 정보화사업 입찰방식 계약기간<br>1. 1년<br>2. 2년<br>3. 3년<br>4. 4년<br>5. 5년<br>6. 기타( )<br>7. 단기계약(1년미만)<br>8. 해당없음 | 낙찰자 선정방법<br>1. 적격심사<br>2. 협상에 의한계약<br>3. 최저가낙찰제<br>4. 규모가격제<br>5. 2단계 경쟁입찰<br>6. 기타( )<br>7. 해당없음 | 정보화사업 예산 산정 평가산정<br>1. 내부산정<br>2. 외부산정(전문기관위탁)<br>3. 내외부 모두 산정<br>4. 산정 후<br>5. 해당없음 | 정보화사업 예산 산정 방법<br>1. 내부산정(자체적으로 산정)<br>2. 외부산정(외부전문기관위탁)<br>3. 내외부 모두 산정<br>4. 정산<br>5. 해당없음 | 성과평가 실시여부<br>1. 실시<br>2. 미실시<br>3. 향후 추진<br>4. 해당없음 | 성과평가 주기<br>1. 매년<br>2. 격년<br>3. 기간만료<br>4. 기타( )<br>5. 해당없음 | 성과평가 방법<br>1. 자체 평가<br>2. 평가단 구성후 실시(전문위원위촉)<br>3. 전문 평가기관 의뢰<br>4. 기타( )<br>5. 해당없음 | 평가결과 적용 성과평가결과 인센티브 패널티 적용 유무<br>1. 적용<br>2. 적용 안함<br>3. 기타( )<br>4. 해당없음 | 평가결과 적용 인센티브 및 패널티 적용 근거<br>1. 법률<br>2. 조례<br>3. 지침<br>4. 계약서<br>5. 기타<br>6. 해당없음 |
|---|---|---|---|---|---|---|---|---|---|---|---|---|---|---|---|
| 4616 | 전북 장수군 | 읍체주소구축 및 주소정보기본도 유지관리 | 1 | 11,792 | 2 | 5 | 1 | 7 | 2 | 1 | 1 | 1 | 1 | 4 | 6 |
| 4617 | 전북 장수군 | FMS시스템 구축 | 2 | 15,000 | 5 | 6 | 7 | 6 | 1 | 1 | 4 | 5 | 5 | 4 | 6 |
| 4618 | 전북 장수군 | 스마트도시안전망 확산사업 | 2 | 200,000 | 2 | 6 | 7 | 6 | 1 | 1 | 4 | 5 | 5 | 4 | 6 |
| 4619 | 전북 장수군 | 마을방범 CCTV 교체 | 6 | 67,500 | 5 | 6 | 7 | 6 | 1 | 1 | 4 | 5 | 5 | 4 | 6 |
| 4620 | 전북 장수군 | 방범 CCTV 노후카메라 교체 | 6 | 61,600 | 5 | 6 | 7 | 6 | 1 | 1 | 4 | 5 | 5 | 4 | 6 |
| 4621 | 전북 장수군 | 방범 CCTV 설치 | 6 | 110,000 | 5 | 6 | 1 | 1 | 1 | 1 | 4 | 5 | 5 | 4 | 6 |
| 4622 | 전북 장수군 | 관제시스템유지관리(2025년 CCTV 통합관제센터 선별관제솔루션 유지보수 용역) | 1 | 24,117 | 5 | 4 | 1 | 7 | 1 | 1 | 4 | 5 | 5 | 4 | 6 |
| 4623 | 전북 장수군 | 관제시스템유지관리(2025년 CCTV 통합관제센터 네트워크장비 유지보수 용역) | 1 | 19,740 | 5 | 4 | 1 | 7 | 1 | 1 | 4 | 5 | 5 | 4 | 6 |
| 4624 | 전북 장수군 | 관제시스템유지관리(2025년 CCTV 통합관제센터 방화벽시스템 유지보수 용역) | 1 | 5,390 | 5 | 4 | 1 | 7 | 1 | 1 | 4 | 5 | 5 | 4 | 6 |
| 4625 | 전북 장수군 | 관제시스템유지관리(2025년 CCTV 통합관제센터 영상백업 유지보수 용역) | 1 | 4,420 | 5 | 4 | 1 | 7 | 1 | 1 | 4 | 5 | 5 | 4 | 6 |
| 4626 | 전북 장수군 | 관제시스템유지관리(2025년 CCTV 통합관제센터 부대장비 유지관리 용역) | 1 | 18,740 | 5 | 4 | 1 | 7 | 1 | 1 | 4 | 5 | 5 | 4 | 6 |
| 4627 | 전북 장수군 | 관제시스템유지관리(2025년 CCTV 통합관제센터 서버스토리지 유지관리 용역) | 2 | 18,740 | 5 | 4 | 1 | 7 | 2 | 2 | 4 | 5 | 5 | 4 | 6 |
| 4628 | 전북 장수군 | 주요농산물 가격안정지원시스템 전산유지관리 | 1 | 1,800 | 5 | 4 | 1 | 7 | 1 | 1 | 4 | 5 | 5 | 4 | 6 |
| 4629 | 전북 장수군 | 장수군 농산물 가격안정지원시스템 유지관리비 | 1 | 5,400 | 4 | 4 | 1 | 7 | 2 | 1 | 4 | 5 | 5 | 4 | 6 |
| 4630 | 전북 장수군 | 농업조사시업관리시스템 유지관리 | 1 | 9,600 | 5 | 4 | 1 | 7 | 1 | 1 | 4 | 5 | 5 | 4 | 6 |
| 4631 | 전북 장수군 | 의료 홈페이지 유지관리 | 1 | 20,000 | 5 | 4 | 1 | 3 | 1 | 1 | 4 | 5 | 5 | 4 | 6 |
| 4632 | 전북 장수군 | 상수도 요금 장수 유지관리 용역 | 1 | 14,000 | 5 | 4 | 5 | 3 | 1 | 4 | 4 | 5 | 5 | 4 | 6 |
| 4633 | 전북 장수군 | 원격검침 유지관리수리수선 | 1 | 30,000 | 5 | 6 | 1 | 7 | 2 | 2 | 4 | 5 | 5 | 4 | 6 |
| 4634 | 전북 장수군 | 상수도 서버 전이사 유지관리 | 1 | 50,000 | 5 | 7 | 8 | 6 | 1 | 1 | 4 | 5 | 5 | 4 | 6 |
| 4635 | 전북 장수군 | 기상계측 수분시스템 노후 서버 교체 | 2 | 10,000 | 1 | 6 | 1 | 6 | 1 | 1 | 4 | 5 | 5 | 4 | 6 |
| 4636 | 전북 장수군 | 가정계측 수분시스템 노후 서버 교체 | 2 | 50,000 | 5 | 7 | 8 | 7 | 1 | 5 | 4 | 5 | 5 | 4 | 6 |
| 4637 | 전북 장수군 | 의회 인터넷방송시스템 유지관리 | 1 | 21,191 | 6 | 4 | 1 | 1 | 5 | 5 | 4 | 5 | 5 | 4 | 6 |
| 4638 | 전북 장수군 | 의회 홈페이지 유지관리 | 1 | 8,920 | 5 | 4 | 5 | 3 | 1 | 1 | 4 | 5 | 5 | 4 | 6 |
| 4639 | 전북 장수군 | 의회 홈페이지 클라우드 이용료 | 1 | 14,819 | 5 | 5 | 1 | 7 | 2 | 4 | 4 | 5 | 5 | 4 | 6 |
| 4640 | 전북 장수군 | 사과시업정 홈페이지 운영 | 6 | 16,800 | 5 | 4 | 7 | 1 | 1 | 1 | 4 | 5 | 5 | 4 | 6 |
| 4641 | 전북 순창군 | 세입세출 재정공개시스템 유지수비 | 6 | 1,656 | 5 | 5 | 1 | 7 | 1 | 1 | 2 | 5 | 5 | 4 | 6 |
| 4642 | 전북 순창군 | 2025년 통합지방재정시스템 운영 및 유지관리분담금 | 6 | 77,070 | 5 | 5 | 1 | 7 | 2 | 2 | 2 | 5 | 5 | 4 | 6 |
| 4643 | 전북 순창군 | 통합지방재정 재해복구시스템 구축 운영비 | 6 | 29,779 | 5 | 4 | 8 | 7 | 2 | 2 | 2 | 5 | 5 | 4 | 6 |
| 4644 | 전북 순창군 | 새올e 시스템 유지수비 | 6 | 11,359 | 5 | 7 | 8 | 1 | 5 | 5 | 4 | 5 | 5 | 4 | 4 |
| 4645 | 전북 순창군 | 표준지방인사정보시스템 유지관리 | 6 | 26,987 | 5 | 7 | 1 | 7 | 2 | 2 | 2 | 5 | 5 | 4 | 6 |
| 4646 | 전북 순창군 | 표기획관리시스템 민원내 장기 사용권 구입 | 6 | 12,000 | 1 | 4 | 1 | 7 | 1 | 1 | 2 | 5 | 5 | 4 | 4 |

- 150 -

| 순번 | 시군구 | 정보화사업명·예산서상 세부사업명 | 정보화사업 분류<br>1.유지 및 보수<br>2.SW/HW 개발 및 구매<br>3.DB 구축<br>4.정보화 전략계획(ISP) 수립<br>5.정보화지원<br>6.기타 | 2025년 예산<br>(단위:천원/1년간) | 예산 편성근거<br>1.법률에 규정<br>2.국고보조 재원<br>3.용도지정기부금<br>4.조례<br>5.지자체 정책<br>6.기타<br>7.해당없음 | 계약체결방법(경쟁형태)<br>1.일반경쟁<br>2.제한경쟁<br>3.지명경쟁<br>4.수의계약<br>5.벌제약<br>6.기타<br>7.해당없음 | 정보화사업 입찰방식 계약기간<br>1.1년<br>2.2년<br>3.3년<br>4.4년<br>5.5년<br>6.기타<br>7.단기계약(1년미만)<br>8.해당없음 | 낙찰자 선정방법<br>1.적격심사<br>2.협상에 의한계약<br>3.최저가낙찰제<br>4.규격가격분리<br>5.2단계 경쟁입찰<br>6.기타( )<br>7.해당없음 | 정보화사업 예산 산정 원가산정<br>1.내부산정(자체)<br>2.외부산정(전문기관위탁)<br>3.내부외부모두산정<br>4.산정안함<br>5.해당없음 | 정산방법<br>1.내부정산(내부적으로정산)<br>2.외부정산(외부전문기관위탁정산)<br>3.내외부모두정산<br>4.정산안함<br>5.해당없음 | 성과평가 실시여부<br>1.실시<br>2.미실시<br>3.향후예정<br>4.해당없음 | 성과평가 주기<br>1.매년<br>2.격년<br>3.기간만료<br>4.기타( )<br>5.해당없음 | 성과평가 방법<br>1.자체평가<br>2.통기간구성평가(전문위원회)<br>3.전문평가기관 위탁<br>4.기타( )<br>5.해당없음 | 성과평가결과 인센티브 패널티 적용유무<br>1.적용<br>2.적용안함<br>3.기타( )<br>4.해당없음 | 인센티브 및 패널티 적용 근거<br>1.법률<br>2.조례<br>3.지침<br>4.계약서<br>5.기타<br>6.해당없음 |
|---|---|---|---|---|---|---|---|---|---|---|---|---|---|---|---|
| 4647 | 전북 순창군 | 표준기록관리시스템 유지관리 | 6 | 23,000 | 1 | 4 | 1 | 7 | 1 | 1 | 2 | 5 | 5 | 4 | 4 |
| 4648 | 전북 순창군 | 광역안기록관리시스템 유지보수 | 6 | 3,000 | 5 | 4 | 2 | 7 | 1 | 1 | 2 | 5 | 5 | 4 | 4 |
| 4649 | 전북 순창군 | 행정업무용 SW 구입 | 2 | 29,068 | 6 | 6 | 7 | 7 | 1 | 1 | 4 | 5 | 5 | 4 | 4 |
| 4650 | 전북 순창군 | 업무용 보안프로그램 구입 | 2 | 16,010 | 6 | 6 | 7 | 7 | 1 | 1 | 4 | 5 | 5 | 4 | 4 |
| 4651 | 전북 순창군 | 정보보안시스템 유지보수 | 1 | 48,867 | 6 | 4 | 1 | 7 | 1 | 1 | 2 | 5 | 5 | 4 | 6 |
| 4652 | 전북 순창군 | 개인정보 등 정보보호 시스템 유지보수 | 1 | 25,762 | 6 | 4 | 1 | 7 | 1 | 1 | 2 | 5 | 5 | 4 | 6 |
| 4653 | 전북 순창군 | 순창군 스마트통합 홈페이지 유지보수 | 1 | 26,715 | 6 | 6 | 1 | 7 | 1 | 1 | 2 | 5 | 5 | 4 | 6 |
| 4654 | 전북 순창군 | 전자결재시스템 유지보수 | 1 | 30,531 | 6 | 4 | 1 | 7 | 1 | 1 | 2 | 5 | 5 | 4 | 6 |
| 4655 | 전북 순창군 | 행정전산장비 유지보수 | 1 | 21,985 | 6 | 4 | 1 | 7 | 1 | 1 | 2 | 5 | 5 | 4 | 6 |
| 4656 | 전북 순창군 | 업무용 파일서비스 유지보수 | 1 | 3,657 | 6 | 4 | 1 | 7 | 1 | 1 | 2 | 5 | 5 | 4 | 6 |
| 4657 | 전북 순창군 | 순창군 메신저 시스템 유지보수 | 1 | 2,534 | 6 | 4 | 1 | 7 | 1 | 1 | 2 | 5 | 5 | 4 | 6 |
| 4658 | 전북 순창군 | 스마트정보시안내시스템 유지보수 | 1 | 1,751 | 6 | 4 | 1 | 7 | 1 | 1 | 2 | 5 | 5 | 4 | 6 |
| 4659 | 전북 순창군 | 행은 협수기 유지보수 | 1 | 3,957 | 6 | 4 | 1 | 7 | 1 | 1 | 2 | 5 | 5 | 4 | 6 |
| 4660 | 전북 순창군 | 통합예장시스템 유지보수 | 1 | 3,454 | 6 | 4 | 1 | 7 | 1 | 1 | 2 | 5 | 5 | 4 | 6 |
| 4661 | 전북 순창군 | 직원 정보조직 음성안내 서비스 유지보수 | 1 | 5,280 | 6 | 7 | 8 | 7 | 1 | 1 | 2 | 5 | 5 | 4 | 6 |
| 4662 | 전북 순창군 | 전산장비 접속인증 시스템 유지보수 | 1 | 4,194 | 6 | 7 | 8 | 7 | 1 | 1 | 2 | 5 | 5 | 4 | 6 |
| 4663 | 전북 순창군 | 정보통신 네트워크 유지보수 | 1 | 20,353 | 6 | 7 | 8 | 7 | 1 | 1 | 2 | 5 | 5 | 4 | 6 |
| 4664 | 전북 순창군 | 인터넷 교환기 시스템 유지보수 | 1 | 20,898 | 6 | 4 | 7 | 7 | 1 | 1 | 2 | 5 | 5 | 4 | 6 |
| 4665 | 전북 순창군 | 통신장비 장애 유지보수 | 1 | 5,243 | 6 | 4 | 8 | 7 | 1 | 1 | 2 | 5 | 5 | 4 | 4 |
| 4666 | 전북 순창군 | 클라우드 이용료 | 6 | 30,456 | 6 | 7 | 8 | 7 | 1 | 1 | 4 | 5 | 5 | 4 | 4 |
| 4667 | 전북 순창군 | 정보통신 공공요금 | 6 | 238,500 | 6 | 7 | 8 | 7 | 1 | 1 | 4 | 5 | 5 | 4 | 4 |
| 4668 | 전북 순창군 | 마을회관 와이파이 서비스 | 6 | 20,000 | 6 | 4 | 7 | 7 | 1 | 1 | 2 | 5 | 5 | 4 | 4 |
| 4669 | 전북 순창군 | 통화연결음 서비스 | 6 | 33,600 | 6 | 1 | 8 | 7 | 1 | 1 | 2 | 5 | 5 | 4 | 6 |
| 4670 | 전북 순창군 | 전산 유지관리비 | 1 | 5,000 | 6 | 7 | 8 | 7 | 1 | 1 | 2 | 5 | 5 | 4 | 6 |
| 4671 | 전북 순창군 | 통신장비 관리비 | 1 | 5,000 | 6 | 7 | 8 | 7 | 1 | 1 | 2 | 5 | 5 | 4 | 4 |
| 4672 | 전북 순창군 | 원도우 및 MS-SQL 서버접속 라이센스 구입 | 2 | 51,590 | 6 | 6 | 7 | 7 | 1 | 1 | 4 | 5 | 5 | 4 | 4 |
| 4673 | 전북 순창군 | 스마트 민원처리알림 메시징 시스템 구축 | 2 | 150,000 | 6 | 4 | 8 | 7 | 1 | 1 | 2 | 5 | 5 | 4 | 6 |
| 4674 | 전북 순창군 | 순창군 대표홈페이지 전면개편 | 2 | 300,000 | 6 | 1 | 8 | 7 | 1 | 1 | 2 | 5 | 5 | 4 | 6 |
| 4675 | 전북 순창군 | 도·군간 국가기반통신망 전용회선료 | 6 | 26,796 | 6 | 7 | 7 | 7 | 1 | 1 | 2 | 5 | 5 | 4 | 6 |
| 4676 | 전북 순창군 | 공통기반 전산장비 및 재해복구시스템 유지보수 | 1 | 82,331 | 6 | 7 | 8 | 7 | 2 | 2 | 2 | 5 | 5 | 4 | 6 |
| 4677 | 전북 순창군 | 지방행정정보통합서비스 시스템 디스크 운영 | 1 | 7,250 | 6 | 7 | 8 | 7 | 2 | 2 | 2 | 5 | 5 | 4 | 6 |

- 151 -

| 순번 | 시군구 | 정보화사업 사업명·예산사업 설치 사업명 | 정보화사업 분류 1.유지 및 보수 2.SW/HW 개발 및 구매 3.DB 구축 4.정보화 전략계획(ISP) 수립 5.정보화지원 6.기타 | 2025년 예산 (단위:천원/1년간) | 예산 편성근거 1.법률에 규정 2.국고보조재원 3.도로지정기부금 4.조례 5.지자체 및 상위기관 정책 6.기타 7.해당없음 | 계약체결방법 (경쟁형태) 1.일반경쟁 2.제한경쟁 3.지명경쟁 4.수의계약 5.법정위탁 6.기타 7.해당없음 | 정보화사업 입찰방식 계약기간 1.1년 2.2년 3.3년 4.4년 5.5년 6.기타 7.단가계약(1년미만) 8.해당없음 | 낙찰자 선정방식 1.적격심사 2.협상에의한계약 3.최저가낙찰 4.규격가격분리 5.2단계 경쟁입찰 6.기타 7.해당없음 | 정보화사업 예산 산정 평가신청 1.내부신청 2.외부신청 3.외부전문기관위탁 4.신청 無 5.해당없음 | 정보화사업 예산 산정 정보방법 1.내부정산 (자체적으로 정산) 2.외부정산 (외부전문기관위탁 정산) 3.내외부 모두 정산 4.정산 無 5.해당없음 | 성과평가 실시여부 1.실시 2.미실시 3.향후 추진 4.해당없음 | 성과평가 성과평가 주기 1.매년 2.격년 3.기간만료점 4.기타( ) 5.해당없음 | 성과평가 방법 1.자체 평가 구성원위주 (전문위원外) 2.평가원 3.전문 평가기관 의뢰 4.기타( ) 5.해당없음 | 평가결과 작용 성과평가결과 인센티브 적용 유무 1.작용 2.적용 안함 3.기타( ) 4.해당없음 | 평가결과 작용 인센티브 및 패널티 작용 근거 1.법률 2.조례 3.지침 4.계약서 5.기타( ) 6.해당없음 |
|---|---|---|---|---|---|---|---|---|---|---|---|---|---|---|---|
| 4678 | 전북 순창군 | 온나라 시스템 서비스데스크 운영 | 1 | 38,790 | 6 | 7 | 8 | 7 | 2 | 2 | 2 | 5 | 5 | 4 | 6 |
| 4679 | 전북 순창군 | 사이버보안 대응역량 및 서비스데스크 운영 | 1 | 8,718 | 6 | 7 | 8 | 7 | 2 | 2 | 2 | 5 | 5 | 4 | 6 |
| 4680 | 전북 순창군 | 통신설비 환경개선사업(2개소) | 6 | 8,000 | 6 | 4 | 7 | 7 | 1 | 1 | 2 | 5 | 5 | 4 | 6 |
| 4681 | 전북 순창군 | 스마트 청사안내 시스템 설치공사 | 6 | 7,000 | 6 | 4 | 7 | 7 | 1 | 1 | 2 | 5 | 5 | 4 | 6 |
| 4682 | 전북 순창군 | 행정무용 전산장비 구입 | 2 | 80,000 | 6 | 6 | 8 | 7 | 1 | 1 | 4 | 5 | 5 | 4 | 4 |
| 4683 | 전북 순창군 | 행정무용 복전기 구입 | 2 | 10,000 | 6 | 4 | 7 | 7 | 1 | 1 | 4 | 5 | 5 | 4 | 4 |
| 4684 | 전북 순창군 | 스마트 청사안내 시스템 구입 | 2 | 70,409 | 6 | 4 | 7 | 7 | 1 | 1 | 4 | 5 | 5 | 4 | 4 |
| 4685 | 전북 순창군 | 통합관제센터 관리 및 운영용품 등 구입 | 6 | 1,000 | 6 | 7 | 8 | 7 | 1 | 1 | 4 | 5 | 5 | 4 | 4 |
| 4686 | 전북 순창군 | 통합관제 및 CCTV 유지관리비 | 1 | 257,591 | 6 | 4 | 1 | 7 | 1 | 1 | 2 | 5 | 1 | 2 | 6 |
| 4687 | 전북 순창군 | CCTV 통합관제센터 모니터링 용역 사업 | 1 | 331,836 | 6 | 4 | 1 | 7 | 4 | 1 | 1 | 5 | 5 | 4 | 4 |
| 4688 | 전북 순창군 | CCTV 통합관제센터 영상반출 서버 교체 | 2 | 28,000 | 6 | 4 | 7 | 7 | 1 | 1 | 4 | 5 | 5 | 4 | 4 |
| 4689 | 전북 순창군 | CCTV 통합관제센터 기상현 장비 교체 | 2 | 68,000 | 6 | 4 | 7 | 7 | 1 | 1 | 4 | 5 | 5 | 4 | 4 |
| 4690 | 전북 순창군 | CCTV 통합관제센터 지능형 스마트관제시스템 고도화 | 2 | 78,300 | 6 | 5 | 1 | 1 | 2 | 2 | 2 | 4 | 5 | 4 | 6 |
| 4691 | 전북 순창군 | 차세대 지방세정보시스템 유지관리비 | 6 | 108,762 | 6 | 4 | 1 | 1 | 1 | 2 | 1 | 5 | 5 | 4 | 4 |
| 4692 | 전북 순창군 | 자동세법 영지세 시스템 유지관리비 | 6 | 3,600 | 6 | 4 | 1 | 1 | 1 | 4 | 2 | 5 | 4 | 4 | 4 |
| 4693 | 전북 순창군 | 차세대 지방세외수입정보시스템 유지관리비 | 6 | 53,657 | 5 | 4 | 1 | 1 | 4 | 4 | 2 | 4 | 4 | 4 | 4 |
| 4694 | 전북 순창군 | 계약 관련 프로그램 관리 | 6 | 14,904 | 5 | 4 | 8 | 7 | 3 | 3 | 2 | 5 | 5 | 4 | 4 |
| 4695 | 전북 순창군 | 물품관리 프로그램 유지관리비 | 6 | 5,000 | 5 | 4 | 1 | 1 | 4 | 4 | 4 | 5 | 5 | 4 | 4 |
| 4696 | 전북 순창군 | 차세대주민등록시스템 유지보수료 | 6 | 19,560 | 5 | 5 | 1 | 1 | 5 | 5 | 4 | 5 | 5 | 4 | 4 |
| 4697 | 전북 순창군 | 부동산종합부서시스템 유지보수 | 6 | 40,360 | 4 | 4 | 1 | 1 | 1 | 1 | 2 | 4 | 4 | 4 | 6 |
| 4698 | 전북 순창군 | 부동산정보 무인발급시스템 유지보수 | 6 | 1,074 | 5 | 4 | 1 | 1 | 1 | 1 | 2 | 5 | 5 | 4 | 6 |
| 4699 | 전북 순창군 | 스마트 계측관리시스템 구축사업 | 6 | 20,000 | 5 | 4 | 1 | 1 | 1 | 1 | 2 | 5 | 5 | 4 | 6 |
| 4700 | 전북 순창군 | 수자원 실시간 부 관리시스템 구축 | 6 | 20,000 | 5 | 4 | 1 | 1 | 1 | 1 | 2 | 5 | 5 | 4 | 6 |
| 4701 | 전북 순창군 | 도로명주소정보시스템 운영지원 | 6 | 47,520 | 5 | 5 | 1 | 1 | 2 | 2 | 2 | 5 | 5 | 4 | 6 |
| 4702 | 전북 순창군 | 마을 무선방송시스템 유지보수 | 1 | 141,009 | 4 | 4 | 8 | 1 | 1 | 1 | 4 | 4 | 5 | 4 | 6 |
| 4703 | 전북 순창군 | 스마트 계측관리시스템 구축사업 | 6 | 70,000 | 4 | 4 | 1 | 1 | 1 | 1 | 4 | 4 | 5 | 4 | 4 |
| 4704 | 전북 순창군 | 수자원 실시간 부 부 관리시스템 구축 | 6 | 100,000 | 7 | 4 | 1 | 1 | 1 | 1 | 4 | 4 | 5 | 4 | 6 |
| 4705 | 전북 고창군 | 행정정보 정보통신망시스템 유지관리수 | 1 | 300,000 | 7 | 7 | 8 | 7 | 5 | 5 | 4 | 5 | 5 | 4 | 6 |
| 4706 | 전북 고창군 | 표준 기록관리시스템 유지보수 | 1 | 20,870 | 7 | 7 | 8 | 7 | 5 | 5 | 4 | 5 | 5 | 4 | 6 |
| 4707 | 전북 고창군 | 비전자 기록관리시스템 유지보수 | 1 | 4,050 | 7 | 7 | 8 | 7 | 5 | 5 | 4 | 5 | 5 | 4 | 6 |
| 4708 | 전북 고창군 | 고창군 도서관 정보통신시스템 유지보수 | 1 | 7,781 | 7 | 7 | 8 | 7 | 5 | 5 | 4 | 5 | 5 | 4 | 6 |

| 순번 | 시·군·구 | 정보화사업 사업명<br>· 예산서 상의 사업명 | 정보사업 분류 | 2025년 예산<br>(단위:천원/1년간) | 예산 편성근거 | 계약체결방법 | 정보화사업 계약기간 | 낙찰자 선정방법 | 원가산정 | 정보화사업 예산 산정방법 | 성과평가 실시여부 | 성과평가 주기 | 성과평가 방법 | 성과평가결과 인센티브 및 패널티 적용 유무 | 인센티브 및 패널티 적용 근거 |
|---|---|---|---|---|---|---|---|---|---|---|---|---|---|---|---|
| 4709 | 전북 고창군 | 고창군 도서관 홈페이지통합관리시스템 유지보수 | 1 | 7,180 | 7 | 7 | 8 | 7 | 5 | 5 | 4 | 5 | 5 | 4 | 6 |
| 4710 | 전북 고창군 | 고창군 도서관 디지털자료실 좌석예약시스템 유지보수 | 1 | 825 | 7 | 7 | 8 | 7 | 5 | 5 | 4 | 5 | 5 | 4 | 6 |
| 4711 | 전북 고창군 | 지방세특화시스템(체납징수 정지)시스템 유지보수 | 1 | 8,712 | 7 | 7 | 8 | 7 | 5 | 5 | 4 | 5 | 5 | 4 | 6 |
| 4712 | 전북 고창군 | 무인민원발급기 유지보수(7개소) | 1 | 11,594 | 7 | 7 | 8 | 7 | 5 | 5 | 4 | 5 | 5 | 4 | 6 |
| 4713 | 전북 고창군 | 무인민원발급기 경영점검(1개소) | 1 | 1,584 | 7 | 7 | 8 | 7 | 5 | 5 | 4 | 5 | 5 | 4 | 6 |
| 4714 | 전북 고창군 | 주민소득지원시스템(HADIS) 유지보수 | 1 | 8,535 | 7 | 7 | 8 | 7 | 5 | 5 | 4 | 5 | 5 | 4 | 6 |
| 4715 | 전북 고창군 | 주요농작물 가격안정 지원사업 시스템 유지보수 | 1 | 1,800 | 7 | 7 | 8 | 7 | 5 | 5 | 4 | 5 | 5 | 4 | 6 |
| 4716 | 전북 고창군 | 수산업 이주 공익적 가치 지원사업 전산시스템 유지보수 | 1 | 1,800 | 7 | 7 | 8 | 7 | 5 | 5 | 4 | 5 | 5 | 4 | 6 |
| 4717 | 전북 고창군 | 부동산종합공부시스템 유지보수 | 1 | 23,236 | 7 | 7 | 8 | 7 | 5 | 5 | 4 | 5 | 5 | 4 | 6 |
| 4718 | 전북 고창군 | 무인 전자도면 열람시스템 | 1 | 15,000 | 7 | 7 | 8 | 7 | 5 | 5 | 4 | 5 | 5 | 4 | 6 |
| 4719 | 전북 고창군 | 5등급 차량 운행제한 단속시스템 유지보수 | 1 | 13,338 | 7 | 7 | 8 | 7 | 5 | 5 | 4 | 5 | 5 | 4 | 6 |
| 4720 | 전북 고창군 | 가상계좌시스템 | 1 | 9,100 | 7 | 7 | 8 | 7 | 5 | 5 | 4 | 5 | 5 | 4 | 6 |
| 4721 | 전북 고창군 | 회의록시스템 유지보수 | 1 | 6,000 | 7 | 7 | 8 | 7 | 5 | 5 | 4 | 5 | 5 | 4 | 6 |
| 4722 | 전북 고창군 | 상하수도사용료 관리 프로그램 유지보수 | 1 | 15,282 | 7 | 7 | 8 | 7 | 5 | 5 | 4 | 5 | 5 | 4 | 6 |
| 4723 | 전북 고창군 | 상수도사업 공기업 특별회계 자산관리 프로그램 유지보수 | 1 | 7,470 | 7 | 7 | 8 | 7 | 5 | 5 | 4 | 5 | 5 | 4 | 6 |
| 4724 | 전북 고창군 | 2025년 의료영상 저장전송시스템(PACS) 유지보수 | 1 | 6,072 | 7 | 7 | 8 | 7 | 5 | 5 | 4 | 5 | 5 | 4 | 6 |
| 4725 | 전북 고창군 | 2025년 의무보험 및 무인민원자동 관리시스템 구축 | 2 | 4,800 | 7 | 7 | 8 | 6 | 5 | 5 | 4 | 5 | 5 | 4 | 6 |
| 4726 | 전북 부안군 | 개인정보 보호 시스템 사무기기 용역 | 1 | 22,620 | 5 | 4 | 1 | 6 | 2 | 2 | 2 | 5 | 5 | 4 | 4 |
| 4727 | 전북 부안군 | 관제소 및 읍면 무무 사무기기 구입 | 2 | 133,000 | 5 | 1 | 7 | 6 | 2 | 2 | 2 | 5 | 5 | 4 | 4 |
| 4728 | 전북 부안군 | 오피스 및 한글 등 라이선스 구입 | 2 | 109,581 | 5 | 1 | 7 | 6 | 2 | 2 | 2 | 5 | 5 | 4 | 4 |
| 4729 | 전북 부안군 | 행정전산시스템 노후 부대장비 교체 | 2 | 61,050 | 5 | 1 | 7 | 6 | 2 | 2 | 2 | 5 | 5 | 4 | 4 |
| 4730 | 전북 부안군 | 암호화USB 관리시스템 교체 | 2 | 149,790 | 5 | 1 | 7 | 6 | 2 | 2 | 2 | 5 | 5 | 4 | 4 |
| 4731 | 전북 부안군 | 보안USB 관리시스템 교체 | 2 | 59,000 | 5 | 1 | 7 | 6 | 2 | 2 | 2 | 5 | 5 | 4 | 4 |
| 4732 | 전북 부안군 | 유해사이트 차단 SSL/가상화 시스템 구축 | 2 | 77,000 | 5 | 1 | 7 | 6 | 2 | 2 | 2 | 5 | 5 | 4 | 4 |
| 4733 | 전북 부안군 | 녹취시스템 채널라이선스 | 2 | 92,890 | 5 | 1 | 7 | 6 | 2 | 2 | 2 | 5 | 5 | 4 | 4 |
| 4734 | 전북 부안군 | 암호화통신장비(VPN)유지관리 | 1 | 30,722 | 5 | 4 | 1 | 6 | 1 | 1 | 2 | 5 | 5 | 4 | 4 |
| 4735 | 전북 부안군 | 무전전용공자 유지관리 | 1 | 8,588 | 5 | 4 | 1 | 6 | 1 | 1 | 2 | 5 | 5 | 4 | 4 |
| 4736 | 전북 부안군 | 스마트 청사안내시스템 유지관리 | 1 | 9,662 | 5 | 1 | 7 | 6 | 1 | 1 | 2 | 5 | 5 | 4 | 4 |
| 4737 | 전북 부안군 | (5개 읍행본주 네트워크 유지관리 시스템 유지관리/IP교환시스템 유지관리 등 | 1 | 98,663 | 5 | 6 | 7 | 7 | 2 | 2 | 2 | 5 | 5 | 4 | 4 |
| 4738 | 전북 부안군 | 온나라 시스템 운영원 위탁사업 | 1 | 77,705 | 5 | 1 | 7 | 6 | 2 | 2 | 2 | 5 | 5 | 4 | 4 |
| 4739 | 전북 부안군 | (3개 통합받주 백신프로그램 구입 및 경신/폐지관리 소프트웨어 구입 등 | 2 | 48,154 | 5 | 1 | 6 | 6 | 2 | 2 | 2 | 5 | 5 | 4 | 4 |

- 153 -

| 순번 | 시군구 | 정보화사업 사업명·예산서 상 사업명 | 정보화사업 분류 (1.유지 및 보수 2.SW/HW 개발 및 구매 3.DB구축 4.정보화 전략계획(ISP) 수립 5.정보화지원 6.기타) | 2025년 예산 (단위:천원/1년간) | 예산 편성근거 (1.법률에 규정 2.국고보조 지원금 3.조례 4.지침 5.자치법규 및 상위기관 정책 6.기타 7.해당없음) | 계약체결방법 (경쟁형태) (1.일반경쟁 2.제한경쟁 3.지명경쟁 4.수의계약 5.법정위탁 6.기타 7.해당없음) | 정보화사업 입찰방식 계약기간 (1.1년 2.2년 3.3년 4.4년 5.5년 6.기타 ( )년 7.단기계약(1년미만) 8.해당없음) | 낙찰자 선정방식 (1.적격심사 2.협상에 의한계약 3.최저가낙찰 4.규격가격분리 5.2단계 경쟁입찰 6.기타 ( ) 7.해당없음) | 정보화사업 예산 산정 원가산정 (1.내부산정 2.외부산정 (전문기관위탁) 3.내외부 모두 산정 4.산정書 5.해당없음) | 정산방법 (1.내부정산 (자체적으로 정산) 2.외부정산 (외부전문기관위탁정산) 3.내외부 모두 정산 4.정산書 5.해당없음) | 성과평가 실시여부 (1.실시 2.미실시 3.향후 추진 4.해당없음) | 성과평가 주기 (1.매년 2.자체 3.기간만료점 4.기타 ( ) 5.해당없음) | 성과평가 방법 (1.자체 평가 2.평가기관 구성후 실시 (전문위원위촉) 3.전문 평가기관 의뢰 4.기타 5.해당없음) | 성과평가결과 인센티브 및 패널티 적용 유무 (1.적용 2.적용 안함 3.기타 ( ) 4.해당없음) | 인센티브 및 패널티 적용 근거 (1.법률 2.조례 3.지침 4.계약서 5.기타 6.해당없음) |
|---|---|---|---|---|---|---|---|---|---|---|---|---|---|---|---|
| 4740 | 전북 부안군 | 유해사이트 차단 시스템 유지관리 | 1 | 5,386 | 5 | 4 | 1 | 6 | 1 | 1 | 2 | 5 | 5 | 4 | 4 |
| 4741 | 전북 부안군 | 웹 방화벽 시스템 유지관리 | 1 | 3,509 | 5 | 4 | 1 | 6 | 1 | 1 | 2 | 5 | 5 | 4 | 4 |
| 4742 | 전북 부안군 | 서버팜 방화벽 시스템 유지관리 | 1 | 3,030 | 5 | 4 | 1 | 6 | 1 | 1 | 2 | 5 | 5 | 4 | 4 |
| 4743 | 전북 부안군 | 정보통신시스템 보안솔루션 유지관리 | 1 | 12,360 | 5 | 4 | 1 | 6 | 1 | 1 | 2 | 5 | 5 | 4 | 4 |
| 4744 | 전북 부안군 | 사이버보안 대응 역량 강화 | 5 | 24,718 | 5 | 6 | 1 | 7 | 2 | 2 | 2 | 5 | 5 | 4 | 4 |
| 4745 | 전북 부안군 | 통합백업 시스템 유지관리 | 1 | 19,760 | 5 | 4 | 1 | 6 | 1 | 1 | 2 | 5 | 5 | 4 | 4 |
| 4746 | 전북 부안군 | 새올행정시스템 메일, 메신저 유지관리 | 1 | 6,863 | 5 | 4 | 1 | 6 | 1 | 1 | 2 | 5 | 5 | 4 | 4 |
| 4747 | 전북 부안군 | 새올행정시스템 통합로그인(SSO) 유지 | 1 | 2,601 | 5 | 4 | 1 | 6 | 1 | 1 | 2 | 5 | 5 | 4 | 4 |
| 4748 | 전북 부안군 | 지방세정보 보호 프로그인팀 상담센터 운영 위탁사업 | 1 | 7,250 | 5 | 6 | 1 | 7 | 2 | 2 | 2 | 5 | 5 | 4 | 4 |
| 4749 | 전북 부안군 | 행정정보 전산장비 재해복구 유지관리 및 운영지원 | 1 | 89,271 | 5 | 6 | 1 | 7 | 2 | 2 | 2 | 5 | 5 | 4 | 4 |
| 4750 | 전북 부안군 | 부안 대표홈페이지 시스템 유지관리 | 1 | 53,198 | 5 | 4 | 1 | 6 | 1 | 1 | 2 | 5 | 5 | 4 | 4 |
| 4751 | 전북 부안군 | 표준기록관리 시스템 유지보수 | 1 | 28,127 | 5 | 4 | 1 | 6 | 1 | 1 | 2 | 5 | 5 | 4 | 4 |
| 4752 | 전북 부안군 | 차세대 표준지방인사정보시스템 유지관리 | 1 | 26,443 | 5 | 6 | 1 | 7 | 2 | 2 | 2 | 5 | 5 | 4 | 4 |
| 4753 | 전북 부안군 | 차세대 표준지방인사정보시스템 인프라 증설 | 1 | 6,697 | 5 | 6 | 1 | 7 | 2 | 2 | 2 | 5 | 5 | 4 | 4 |
| 4754 | 전라남도 | 정보시스템 운영 통신기기 보조금 | 5 | 332,000 | 2 | 5 | 1 | 2 | 3 | 3 | 1 | 1 | 1 | 1 | 3 |
| 4755 | 전라남도 | 주민등록 전산화 | 5 | 59,900 | 5 | 1 | 7 | 7 | 1 | 1 | 1 | 1 | 1 | 2 | 4 |
| 4756 | 전라남도 | 정보화역량강화 등 교육 | 5 | 138,197 | 5 | 7 | 7 | 7 | 5 | 5 | 1 | 1 | 1 | 1 | 4 |
| 4757 | 전라남도 | 정보화 축제 | 5 | 18,000 | 4 | 7 | 1 | 7 | 5 | 5 | 1 | 1 | 4 | 1 | 4 |
| 4758 | 전라남도 | 데이터산업 관련 정보화 사업 | 5 | 60,000 | 4 | 5 | 1 | 7 | 5 | 5 | 4 | 5 | 4 | 2 | 2 |
| 4759 | 전라남도 | 제26회 전라남도 학술정보화연구과제발표대회 | 5 | 4,000 | 5 | 7 | 8 | 7 | 1 | 1 | 1 | 1 | 5 | 4 | 4 |
| 4760 | 전라남도 | 인터넷(스마트폰) 과의존예방교육강사양성 | 5 | 23,000 | 2 | 5 | 1 | 7 | 3 | 3 | 4 | 1 | 4 | 1 | 3 |
| 4761 | 전라남도 | 지역CTC노인안심폰보급사업 | 6 | 150,000 | 2 | 7 | 1 | 7 | 3 | 3 | 1 | 1 | 4 | 1 | 3 |
| 4762 | 전라남도 | 시내버스 공공와이파이 이동형 | 6 | 232,000 | 2 | 7 | 8 | 7 | 1 | 1 | 4 | 5 | 5 | 4 | 4 |
| 4763 | 전라남도 | 석 관계망 운영 | 5 | 150,000 | 5 | 2 | 7 | 2 | 1 | 1 | 1 | 1 | 1 | 1 | 3 |
| 4764 | 전라남도 | 공공데이터 활용 | 5 | 20,000 | 5 | 4 | 1 | 7 | 1 | 1 | 4 | 5 | 5 | 4 | 3 |
| 4765 | 전라남도 | 공공데이터 수집관리 | 6 | 1,613,000 | 5 | 7 | 1 | 7 | 1 | 1 | 1 | 1 | 5 | 1 | 4 |
| 4766 | 전라남도 | 데이터이음터 운영지원 | 6 | 20,000 | 4 | 5 | 1 | 7 | 5 | 5 | 4 | 5 | 5 | 4 | 3 |
| 4767 | 전라남도 | 자체 지자체정보 및 공공빅데이터 활용 | 5 | 3,510 | 4 | 7 | 8 | 7 | 1 | 1 | 4 | 5 | 5 | 4 | 4 |
| 4768 | 전라남도 | 공공데이터 수집인프라 등 | 5 | 1,613,000 | 6 | 7 | 1 | 7 | 1 | 1 | 4 | 5 | 5 | 4 | 4 |
| 4769 | 전라남도 | 행정정보시스템 유지관리(9종) 등 | 1 | 491,760 | 6 | 6 | 2 | 2 | 1 | 1 | 4 | 5 | 5 | 4 | 4 |
| 4770 | 전라남도 | 재외공관 표준교육 보조금 | 1 | 45,000 | 6 | 7 | 8 | 7 | 1 | 1 | 4 | 5 | 5 | 4 | 4 |

| 순번 | 시군구 | 정보화사업 사업명·예산서 상의 사업명 | 정보화사업 분류<br>1.유지 및 보수<br>2.SW/HW 개발 및 구매<br>3.DB 구축<br>4.정보화 전략계획(ISP) 수립<br>5.정보화지원<br>6.기타 | 2025년 예산<br>(단위:천원/1년간) | 예산 편성근거<br>1.법률에 규정<br>2.국고보조재원<br>3.용도지정기부금<br>4.조례<br>5.지자체 및 상위기관 정책<br>6.기타<br>7.해당없음 | 계약체결방법(경쟁형태)<br>1.일반경쟁<br>2.제한경쟁<br>3.지명경쟁<br>4.수의계약<br>5.법령예외<br>6.기타( )<br>7.해당없음 | 정보화사업 입찰방식 계약기간<br>1.1년<br>2.2년<br>3.3년<br>4.4년<br>5.5년<br>6.기타( )<br>7.단기계약(1년미만)<br>8.해당없음 | 낙찰자 선정방식<br>1.적격심사<br>2.협상에 의한계약<br>3.최저가낙찰제<br>4.규격가격분리<br>5.2단계 경쟁입찰<br>6.기타( )<br>7.해당없음 | 평가산정<br>1.내부산정<br>2.외부산정(전문기관위탁)<br>3.내·외부 모두 산정<br>4.산정無<br>5.해당없음 | 정보화사업 예산 산정 정산방법<br>1.내부정산(자체로 정산)<br>2.외부정산(외부전문기관위탁 정산)<br>3.내·외부 모두 정산<br>4.정산無<br>5.해당없음 | 성과평가 실시여부<br>1.실시<br>2.미실시<br>3.향후 추진<br>4.해당없음 | 성과평가 주기<br>1.매년<br>2.격년<br>3.기간만료전<br>4.기타( )<br>5.해당없음 | 성과평가 방법<br>1.자체 평가<br>2.평가단 구성후 실시(전문위원위촉)<br>3.전문 평가기관 의뢰<br>4.기타( )<br>5.해당없음 | 평가결과 성과평가결과 인센티브 및 페널티 적용 유무<br>1.적용<br>2.적용 안함<br>3.기타( )<br>4.해당없음 | 평가결과 적용 인센티브 및 페널티 적용 근거<br>1.법률<br>2.조례<br>3.지침<br>4.계약서<br>5.기타<br>6.해당없음 |
|---|---|---|---|---|---|---|---|---|---|---|---|---|---|---|---|
| 4771 | 전라남도 | 클라우드 서비스 이용료, 행정정보시스템 H/W 통합유지보수 | 1 | 2,536,600 | 6 | 2 | 2 | 2 | 1 | 1 | 4 | 5 | 5 | 4 | 4 |
| 4772 | 전라남도 | 행정정보시스템 정보화사업 추진 등 | 1 | 259,850 | 5 | 5 | 1 | 7 | 3 | 1 | 4 | 5 | 5 | 4 | 4 |
| 4773 | 전라남도 | 직원 업무 컴퓨터 등 교체 | 2 | 300,000 | 6 | 2 | 1 | 5 | 1 | 1 | 4 | 5 | 5 | 4 | 4 |
| 4774 | 전라남도 | 정보시스템 통합 유지관리 용역 | 1 | 1,107,596 | 6 | 1 | 2 | 2 | 1 | 1 | 4 | 5 | 5 | 4 | 4 |
| 4775 | 전라남도 | 사이버침해 대응센터 보안관제 운영 | 6 | 550,000 | 1 | 1 | 2 | 7 | 1 | 1 | 1 | 1 | 1 | 4 | 4 |
| 4776 | 전라남도 | 생성형AI 교육 및 경진대회 추진 | 5 | 11,100 | 6 | 7 | 8 | 7 | 1 | 1 | 4 | 5 | 5 | 4 | 6 |
| 4777 | 전남 목포시 | 시군구 공통기반시스템 운영관리(계속) | 1 | 104,840 | 5 | 5 | 1 | 7 | 1 | 1 | 2 | 5 | 5 | 2 | 6 |
| 4778 | 전남 목포시 | 전자문서시스템 유지관리(계속) | 1 | 74,640 | 5 | 5 | 1 | 7 | 1 | 1 | 2 | 5 | 5 | 2 | 6 |
| 4779 | 전남 목포시 | 정보이용시설운영 및 정보화교육(계속) | 5 | 5,280 | 5 | 7 | 8 | 7 | 5 | 1 | 2 | 5 | 5 | 2 | 6 |
| 4780 | 전남 목포시 | 업무용 전산장비 구입(계속) | 2 | 112,500 | 5 | 7 | 8 | 7 | 5 | 1 | 2 | 5 | 5 | 2 | 6 |
| 4781 | 전남 목포시 | 업무용 소프트웨어 구입(계속) | 2 | 28,450 | 5 | 7 | 8 | 7 | 1 | 1 | 2 | 5 | 5 | 2 | 6 |
| 4782 | 전남 목포시 | 행정전산망 및 보안시스템 관리(계속) | 1 | 417,330 | 5 | 2 | 1 | 5 | 1 | 1 | 2 | 5 | 5 | 2 | 6 |
| 4783 | 전남 목포시 | 개인정보보호 시스템 운영관리(계속) | 1 | 40,480 | 5 | 4 | 1 | 7 | 1 | 1 | 2 | 5 | 5 | 2 | 6 |
| 4784 | 전남 목포시 | 대표홈페이지 운영관리(계속) | 1 | 115,930 | 5 | 2 | 1 | 5 | 1 | 1 | 2 | 5 | 5 | 2 | 6 |
| 4785 | 전남 목포시 | 관광지, 시내버스 무료 와이파이망 구축(계속) | 1 | 424,710 | 5 | 5 | 1 | 7 | 1 | 1 | 2 | 5 | 5 | 2 | 6 |
| 4786 | 전남 목포시 | 통합지방재정관리시스템 운영 유지관리(계속) | 1 | 120,895 | 5 | 7 | 1 | 7 | 1 | 1 | 4 | 5 | 5 | 4 | 6 |
| 4787 | 전남 목포시 | 통합지방재정시스템 재해복구시스템 구축(계속) | 2 | 44,661 | 5 | 5 | 1 | 7 | 1 | 1 | 2 | 5 | 5 | 2 | 6 |
| 4788 | 전남 목포시 | 맞춤형 예산관리시스템 구축(계속) | 2 | 7,391 | 5 | 4 | 1 | 7 | 1 | 1 | 2 | 5 | 5 | 2 | 6 |
| 4789 | 전남 목포시 | 통합회계관리시스템 운영관리(계속) | 1 | 19,270 | 5 | 5 | 1 | 7 | 1 | 1 | 2 | 5 | 5 | 2 | 6 |
| 4790 | 전남 목포시 | 차세대 지방세정보시스템 유지보수(계속) | 1 | 129,580 | 5 | 5 | 1 | 7 | 1 | 1 | 2 | 5 | 5 | 2 | 6 |
| 4791 | 전남 목포시 | 차세대 지방세정보시스템 운영관리(계속) | 1 | 129,580 | 5 | 7 | 1 | 7 | 1 | 1 | 2 | 5 | 5 | 2 | 6 |
| 4792 | 전남 목포시 | 차세대 지방세외수입시스템 구축(계속) | 2 | 66,026 | 5 | 5 | 1 | 7 | 1 | 1 | 2 | 5 | 5 | 2 | 6 |
| 4793 | 전남 목포시 | 표준대 표준지방인사정보시스템 인프라 관리(계속) | 1 | 56,420 | 5 | 5 | 1 | 7 | 1 | 1 | 2 | 5 | 5 | 2 | 6 |
| 4794 | 전남 목포시 | 표준대 표준지방인사정보시스템 인프라 증설(신규) | 2 | 41,800 | 5 | 4 | 1 | 5 | 1 | 1 | 2 | 5 | 5 | 2 | 6 |
| 4795 | 전남 목포시 | 민원실 365일 무인시스템 운영(계속) | 1 | 16,200 | 5 | 2 | 1 | 7 | 1 | 1 | 2 | 5 | 5 | 2 | 6 |
| 4796 | 전남 목포시 | 부동산 행정정보 일원화(계속) | 1 | 221,000 | 5 | 5 | 1 | 5 | 1 | 1 | 2 | 5 | 5 | 2 | 6 |
| 4797 | 전남 목포시 | 공간정보시스템 운영(계속) | 1 | 38,720 | 5 | 2 | 1 | 5 | 1 | 1 | 2 | 5 | 5 | 2 | 6 |
| 4798 | 전남 목포시 | CCTV통합관제센터 운영관리(계속) | 1 | 162,046 | 5 | 2 | 1 | 2 | 1 | 1 | 4 | 5 | 5 | 4 | 6 |
| 4799 | 전남 목포시 | 지능형교통체계(ITS) 운영관리(계속) | 1 | 396,700 | 5 | 2 | 1 | 2 | 1 | 1 | 2 | 5 | 5 | 2 | 6 |
| 4800 | 전남 목포시 | 버스정보시스템(BIS) 운영관리(계속) | 1 | 192,660 | 5 | 2 | 1 | 5 | 1 | 1 | 2 | 5 | 5 | 2 | 6 |
| 4801 | 전남 목포시 | 버스정보시스템(BIS) 운영관리(계속) | 1 | 307,520 | 5 | 2 | 1 | 5 | 1 | 1 | 2 | 5 | 5 | 2 | 6 |

| 순번 | 시·군·구 | 정보화사업 사업명<br>·예산서 상의 사업명 | 정보화사업 분류<br>1.유지 보수<br>2.SW/HW<br>3.DB 구축<br>4.정보화<br>전략계획<br>(ISP) 수립<br>5.정보화지원<br>6.기타 | 2025년<br>예산<br>(단위:천원<br>/1년간) | 예산 편성근거<br>1.법률에 규정<br>2.국고보조재원<br>3.용도지정기부금<br>4.조례<br>5.지자체 및<br>상위기관 정책<br>6.기타<br>7.해당없음 | 계약체결방법<br>(경쟁형태)<br>1.일반경쟁<br>2.제한경쟁<br>3.지명경쟁<br>4.수의계약<br>5.법령위탁<br>6.기타<br>7.해당없음 | 정보화사업 입찰방식 계약기간<br>1.1년<br>2.2년<br>3.3년<br>4.4년<br>5.5년<br>6.기타<br>7.단기계약<br>(1년미만)<br>8.해당없음 | 낙찰자 선정방법<br>1.적격심사<br>2.협상에의한계약<br>3.최저가낙찰제<br>4.규격가격분리<br>5.2단계 경쟁입찰<br>6.기타( )<br>7.해당없음 | 정보화사업 예산 선정 평가시점<br>1.내부선정<br>2.외부선정<br>(전문기관에서 선정)<br>3.외부 獐<br>4.신청 獐<br>5.해당없음 | 정산방법<br>1.내부정산<br>(내부직접정산)<br>2.외부정산<br>(외부전문기관위탁<br>정산)<br>3.내외부 모두 정산<br>4.정산 獐<br>5.해당없음 | 성과평가 실시여부<br>1.실시<br>2.미실시<br>3.향후 추진<br>4.해당없음 | 성과평가 주기<br>1.매년<br>2.격년<br>3.기간만료전<br>4.기타( )<br>5.해당없음 | 성과평가 방법<br>1.자체 평가<br>2.평가단<br>구성후 실시<br>(전문위원제)<br>3.전문<br>평가기관 의뢰<br>4.기타<br>5.해당없음 | 평가결과 인센티브 및 패널티 적용 유무<br>1.적용<br>2.적용 안함<br>3.기타 ( )<br>4.해당없음 | 인센티브 및 패널티 적용 근거<br>1.법률<br>2.조례<br>3.지침<br>4.계약서<br>5.기타 ( )<br>6.해당없음 |
|---|---|---|---|---|---|---|---|---|---|---|---|---|---|---|---|
| 4802 | 전남 목포시 | 스마트 관광 플랫폼 유지관리(계속) | 1 | 14,281 | 5 | 4 | 1 | 7 | 1 | 1 | 2 | 5 | 5 | 2 | 6 |
| 4803 | 전남 여수시 | 온라인 설문조사 시스템 유지관리 | 1 | 7,400 | 4 | 4 | 2 | 7 | 1 | 1 | 4 | 5 | 5 | 4 | 6 |
| 4804 | 전남 여수시 | 청년지원센터 홈페이지 유지보수 | 1 | 4,465 | 4 | 4 | 1 | 7 | 5 | 5 | 4 | 5 | 5 | 4 | 6 |
| 4805 | 전남 여수시 | 온오프라인 청년정책 플랫폼 정보포 구축 | 2 | 90,000 | 4 | 2 | 1 | 2 | 1 | 1 | 4 | 5 | 5 | 4 | 5 |
| 4806 | 전남 여수시 | 개인정보암호화시스템 유지관리 | 1 | 14,375 | 5 | 4 | 1 | 7 | 1 | 5 | 4 | 5 | 5 | 4 | 6 |
| 4807 | 전남 여수시 | 외부망 시스템점검통계 및 계정관리솔루션 유지관리 | 1 | 8,389 | 5 | 4 | 1 | 7 | 1 | 5 | 4 | 5 | 5 | 4 | 6 |
| 4808 | 전남 여수시 | 자료보안공유시스템(전자개비) 유지관리 | 1 | 115,587 | 5 | 4 | 1 | 7 | 1 | 5 | 4 | 5 | 5 | 4 | 6 |
| 4809 | 전남 여수시 | 컴퓨터 바이러스 백신 사용권 구입 | 2 | 90,961 | 5 | 7 | 8 | 7 | 1 | 5 | 4 | 5 | 5 | 4 | 6 |
| 4810 | 전남 여수시 | 개인정보보호기통시스템 구입 | 2 | 147,091 | 5 | 4 | 8 | 7 | 1 | 5 | 4 | 5 | 5 | 4 | 6 |
| 4811 | 전남 여수시 | 통합DC보안서비스 업그레이드 | 2 | 80,734 | 5 | 7 | 8 | 7 | 1 | 5 | 4 | 5 | 5 | 4 | 6 |
| 4812 | 전남 여수시 | 주요 온라인서비스 유지관리 | 1 | 150,000 | 7 | 2 | 1 | 2 | 1 | 5 | 4 | 5 | 5 | 4 | 6 |
| 4813 | 전남 여수시 | OK통합예약시스템 유지관리 | 2 | 33,500 | 5 | 4 | 7 | 7 | 5 | 5 | 4 | 5 | 5 | 4 | 6 |
| 4814 | 전남 여수시 | 누리집 노후 서버 교체 | 2 | 57,600 | 7 | 4 | 7 | 7 | 5 | 5 | 4 | 5 | 5 | 4 | 6 |
| 4815 | 전남 여수시 | 누리집 노후 스토리지 교체 | 2 | 48,700 | 7 | 7 | 7 | 7 | 1 | 5 | 4 | 5 | 5 | 4 | 6 |
| 4816 | 전남 여수시 | 누리집 노후 가상화 SW 교체 | 2 | 35,200 | 7 | 4 | 7 | 7 | 1 | 5 | 4 | 5 | 5 | 4 | 6 |
| 4817 | 전남 여수시 | 누리집 서버 보안 SW | 2 | 9,000 | 5 | 4 | 7 | 7 | 1 | 4 | 4 | 5 | 5 | 4 | 6 |
| 4818 | 전남 여수시 | 읍면동 스마트윌리미 전자게시판 구축 | 2 | 160,000 | 5 | 7 | 8 | 7 | 1 | 5 | 4 | 5 | 5 | 4 | 6 |
| 4819 | 전남 여수시 | 전산 전원 통합관제솔루션(EMS) 유지관리 | 1 | 12,000 | 5 | 4 | 1 | 7 | 5 | 5 | 4 | 5 | 5 | 4 | 6 |
| 4820 | 전남 여수시 | 행정정보보시스템 통합스토리지 유지관리 | 1 | 22,000 | 5 | 4 | 1 | 7 | 5 | 5 | 4 | 5 | 5 | 4 | 6 |
| 4821 | 전남 여수시 | 통합로그인(SSO) 시스템 유지관리 | 1 | 9,500 | 5 | 4 | 1 | 7 | 2 | 5 | 4 | 5 | 5 | 4 | 6 |
| 4822 | 전남 여수시 | 클라우드 전환서비스 디지털 서비스 이용료 | 1 | 7,500 | 6 | 6 | 1 | 7 | 2 | 2 | 4 | 5 | 5 | 4 | 6 |
| 4823 | 전남 여수시 | 지방행정종합정보시스템 상담센터 운영 | 1 | 92,396 | 5 | 5 | 1 | 7 | 2 | 2 | 4 | 5 | 5 | 4 | 6 |
| 4824 | 전남 여수시 | 공통기반 및 재해복구시스템 유지관리 | 2 | 2,090 | 5 | 4 | 1 | 7 | 5 | 5 | 4 | 5 | 5 | 4 | 6 |
| 4825 | 전남 여수시 | 키보드 보안시스템 사용권 갱신 | 1 | 273,108 | 5 | 1 | 8 | 1 | 1 | 4 | 4 | 5 | 5 | 4 | 6 |
| 4826 | 전남 여수시 | 전산장비(PC, 프린터) 유지관리 | 1 | 2,836 | 5 | 4 | 1 | 7 | 1 | 5 | 4 | 5 | 5 | 4 | 6 |
| 4827 | 전남 여수시 | 차세대 문서유통 보안서버 유지관리 | 1 | 4,599 | 5 | 4 | 1 | 7 | 1 | 5 | 4 | 5 | 5 | 4 | 6 |
| 4828 | 전남 여수시 | 지방행정통합정보시스템 백업이중화 유지관리 | 1 | 225,434 | 6 | 6 | 1 | 7 | 3 | 3 | 4 | 5 | 5 | 4 | 6 |
| 4829 | 전남 여수시 | 온나라 및 문서유통시스템 유지관리 | 1 | 27,980 | 6 | 6 | 1 | 7 | 3 | 3 | 4 | 5 | 5 | 4 | 6 |
| 4830 | 전남 여수시 | MS오피스 사용권 갱신 | 1 | 115,817 | 6 | 6 | 1 | 7 | 2 | 5 | 4 | 5 | 5 | 4 | 6 |
| 4831 | 전남 여수시 | Adobe(아크로뱃 등 전제품) 사용권 갱신 | 2 | 28,115 | 6 | 6 | 1 | 7 | 2 | 5 | 4 | 5 | 5 | 4 | 6 |
| 4832 | 전남 여수시 | 한컴오피스 사용권 갱신 | 2 | 97,861 | 5 | 6 | 1 | 7 | 2 | 5 | 4 | 5 | 5 | 4 | 6 |

| 순번 | 시군구 | 정보화사업 사업명<br>· 예산서 상의 사업명 | 정보화사업 분류<br>1. 유지 및 보수<br>2. SW/HW 개발 및 구매<br>3. DB 구축<br>4. 정보화 전략계획(ISP) 수립<br>5. 정보보호사업<br>6. 기타 | 2025년 예산<br>(단위:천원/1년간) | 예산 편성근거<br>1. 법률에 규정<br>2. 국고보조재원<br>3. 용도지정기부금<br>4. 조례<br>5. 지자체 및 상위기관 정책<br>6. 기타<br>7. 해당없음 | 계약체결방법<br>(경쟁형태)<br>1. 일반경쟁<br>2. 제한경쟁<br>3. 지명경쟁<br>4. 수의계약<br>5. 법령위탁<br>6. 기타( )<br>7. 해당없음 | 정보화사업 입찰방식 계약기간<br>1. 1년<br>2. 2년<br>3. 3년<br>4. 4년<br>5. 5년<br>6. 기타( )<br>7. 단기계약(1년미만)<br>8. 해당없음 | 낙찰자 선정방법<br>1. 적격심사<br>2. 협상에 의한계약<br>3. 최저가낙찰제<br>4. 규격가격분리<br>5. 2단계 경쟁입찰<br>6. 기타( )<br>7. 해당없음 | 정보화사업 예산 산정 평가기관<br>1. 내부산정<br>2. 외부산정(전문기관에 산정)<br>3. 내외부 모두 산정<br>4. 산정 無<br>5. 해당없음 | 정산방법<br>1. 내부정산(자체적으로 정산)<br>2. 외부정산(외부전문기관위탁 정산)<br>3. 내외부 모두 정산<br>4. 정산 無<br>5. 해당없음 | 성과평가 실시여부<br>1. 실시<br>2. 미실시<br>3. 향후 주진<br>4. 해당없음 | 성과평가 주기<br>1. 매년<br>2. 격년<br>3. 기간만료전<br>4. 기타( )<br>5. 해당없음 | 성과평가 방법<br>1. 자체 평가<br>2. 평가단 구성 후 실시(전문위원위촉)<br>3. 전문 평가기관 의뢰<br>4. 기타( )<br>5. 해당없음 | 성과평가결과 인센티브 및 패널티 적용 유무<br>1. 적용<br>2. 적용 안함<br>3. 기타( )<br>4. 해당없음 | 평가결과 적용 인센티브 및 패널티 적용 근거<br>1. 법률<br>2. 조례<br>3. 지침<br>4. 계약서<br>5. 기타<br>6. 해당없음 |
|---|---|---|---|---|---|---|---|---|---|---|---|---|---|---|---|
| 4833 | 전남 여수시 | CCTV통합관제센터 통합유지관리 | 1 | 428,060 | 5 | 2 | 1 | 2 | 1 | 1 | 4 | 5 | 5 | 4 | 6 |
| 4834 | 전남 여수시 | 도시지역 범죄예방 시스템 구축 | 2 | 82,000 | 5 | 4 | 7 | 7 | 1 | 5 | 4 | 5 | 5 | 4 | 5 |
| 4835 | 전남 여수시 | 2025년 행정통신시스템 통합유지관리 용역 | 1 | 307,280 | 6 | 2 | 1 | 2 | 1 | 5 | 4 | 5 | 5 | 4 | 6 |
| 4836 | 전남 여수시 | 공공와이파이 서비스 | 1 | 704,007 | 4 | 2 | 5 | 2 | 3 | 1 | 4 | 5 | 5 | 4 | 6 |
| 4837 | 전남 여수시 | 2025년 무인도정보시스템 유지보수 | 1 | 4,680 | 6 | 4 | 1 | 1 | 1 | 5 | 4 | 5 | 5 | 4 | 6 |
| 4838 | 전남 여수시 | 2025년 AI(인공지능) 성읍지시스템 유지관리 용역 | 1 | 16,617 | 6 | 4 | 1 | 6 | 1 | 5 | 4 | 5 | 5 | 4 | 6 |
| 4839 | 전남 여수시 | 2025년 침임방지시스템(IPS) 구입 | 2 | 125,414 | 5 | 4 | 8 | 7 | 5 | 5 | 4 | 5 | 5 | 4 | 6 |
| 4840 | 전남 여수시 | 행정환화 교환기 노후 넥토一위치 교체 | 2 | 53,618 | 5 | 4 | 8 | 7 | 5 | 1 | 4 | 5 | 5 | 4 | 6 |
| 4841 | 전남 여수시 | 지체송향괘도 전산화 구축 | 3 | 12,000 | 1 | 4 | 1 | 7 | 2 | 1 | 4 | 4 | 4 | 2 | 6 |
| 4842 | 전남 여수시 | 고품질 전산출력을 위한 지체도면 정비사업 | 6 | 210,000 | 5 | 2 | 1 | 2 | 2 | 1 | 4 | 4 | 4 | 4 | 6 |
| 4843 | 전남 여수시 | (주)토지대장(부책대장) 전산화 변환사업 | 3 | 142,001 | 5 | 4 | 1 | 6 | 1 | 1 | 4 | 4 | 4 | 4 | 6 |
| 4844 | 전남 여수시 | 전자문민원열람시스템 유지보수 | 1 | 884 | 5 | 6 | 1 | 6 | 1 | 1 | 4 | 4 | 4 | 4 | 6 |
| 4845 | 전남 여수시 | 지체문서통합관리시스템 유지관리 | 1 | 1,050 | 5 | 6 | 2 | 2 | 1 | 1 | 4 | 4 | 4 | 4 | 6 |
| 4846 | 전남 여수시 | 스마트관광도시 위탁 운영 | 1 | 727,904 | 4 | 4 | 2 | 7 | 1 | 1 | 1 | 1 | 1 | 2 | 6 |
| 4847 | 전남 여수시 | 관광정보화 시스템 유지보수 | 2 | 132,133 | 6 | 2 | 7 | 2 | 1 | 1 | 4 | 4 | 5 | 4 | 6 |
| 4848 | 전남 여수시 | 여수별판 누리집 구축 | 2 | 130,000 | 5 | 4 | 1 | 7 | 1 | 1 | 3 | 4(완료 후) | 1 | 4 | 6 |
| 4849 | 전남 여수시 | 2025년 이순신도서관 서지산 제공용 도서관 운영시스템 유지관리 용역 | 1 | 41,260 | 5 | 4 | 1 | 7 | 1 | 1 | 3 | 3 | 1 | 4 | 6 |
| 4850 | 전남 여수시 | 2025년 이순신도서관 라이베를 운영시스템 유지보수 용역 | 1 | 18,480 | 5 | 4 | 1 | 7 | 1 | 1 | 3 | 3 | 1 | 4 | 6 |
| 4851 | 전남 여수시 | 2025년 현암도서관 스마트도서관 운영시스템 유지보수 용역 | 1 | 23,740 | 5 | 4 | 1 | 7 | 1 | 1 | 3 | 3 | 1 | 4 | 6 |
| 4852 | 전남 여수시 | 2025년 이순신도서관 RFID도서관리시스템 유지관리 용역 | 1 | 28,314 | 5 | 4 | 1 | 7 | 1 | 1 | 3 | 3 | 1 | 4 | 6 |
| 4853 | 전남 여수시 | 2025년 협정 및 작은도서관 RFID 도서관 시스템 유지관리 용역 | 1 | 16,978 | 5 | 4 | 1 | 7 | 1 | 1 | 3 | 3 | 1 | 4 | 6 |
| 4854 | 전남 여수시 | 2025년 현암도서관 RFID 도서관리시스템 유지관리 용역 | 1 | 11,560 | 5 | 4 | 1 | 7 | 1 | 1 | 3 | 3 | 1 | 4 | 6 |
| 4855 | 전남 여수시 | 2025년 시립도서관 도서자료관리시스템(KLAS) 유지관리 용역 | 1 | 20,890 | 5 | 4 | 1 | 7 | 1 | 1 | 3 | 3 | 1 | 4 | 6 |
| 4856 | 전남 여수시 | 2025년 현암·함정도서관 RFID 자료관리 시스템 유지관리용 용역 | 1 | 20,740 | 5 | 4 | 1 | 7 | 1 | 1 | 3 | 3 | 1 | 4 | 6 |
| 4857 | 전남 여수시 | 2025년 이순신도서관 북드라이브 시스템 유지보수 용역 | 1 | 13,680 | 5 | 4 | 1 | 7 | 1 | 1 | 3 | 3 | 1 | 4 | 6 |
| 4858 | 전남 여수시 | 2025년 이순신도서관 스마트도서관 유지관리 용역 | 1 | 4,939 | 5 | 4 | 1 | 7 | 1 | 1 | 3 | 3 | 1 | 4 | 6 |
| 4859 | 전남 여수시 | 2025년 여수시립도서관 홈페이지 유지관리 용역 | 1 | 10,212 | 5 | 4 | 1 | 7 | 1 | 1 | 3 | 3 | 1 | 4 | 6 |
| 4860 | 전남 여수시 | 2025년 이순신도서관 정서점검로봇 유지관리 용역 | 1 | 22,000 | 5 | 4 | 1 | 7 | 1 | 1 | 3 | 3 | 1 | 4 | 6 |
| 4861 | 전남 여수시 | 이순신도서관 태블릿 자기대출반남기, 무인정산기 유지보수 용역 | 1 | 3,575 | 5 | 4 | 1 | 7 | 1 | 1 | 3 | 3 | 1 | 4 | 6 |
| 4862 | 전남 여수시 | 2025년 디지털자료실 및 작은도서관 전산시스템 유지관리 용역 | 1 | 20,100 | 5 | 4 | 1 | 7 | 1 | 1 | 3 | 3 | 1 | 4 | 6 |
| 4863 | 전남 여수시 | 2025년 도서관 전산보안시스템(소프트웹이) 유지관리 용역 | 1 | 15,948 | 5 | 4 | 1 | 7 | 1 | 1 | 3 | 3 | 1 | 4 | 6 |

- 157 -

| 순번 | 시군구 | 정보화사업 사업명<br>· 예산서 상의 사업명 | 정보화사업 분류<br>1.유지 및 보수<br>2.SW/HW 개발 및 구매<br>3.DB 구축<br>4.정보화 전략계획(ISP) 수립<br>5.정보화지원<br>6.기타 | 2025년 예산<br>(단위:천원/1년간) | 예산 편성근거<br>1.법률에 규정<br>2.국고보조사업<br>3.용도지정기부금<br>4.조례<br>5.지자체 및 상위기관 정책<br>6.기타<br>7.해당없음 | 계약체결방법(경쟁방법)<br>1.일반경쟁<br>2.제한경쟁<br>3.지명경쟁<br>4.수의계약<br>5.법정위탁<br>6.기타<br>7.해당없음 | 정보화사업 입찰방식 계약기간<br>1.1년<br>2.2년<br>3.3년<br>4.4년<br>5.5년<br>6.기타<br>7.단가계약(1년미만)<br>8.해당없음 | 낙찰자 선정방법<br>1.적격심사<br>2.협상에 의한계약<br>3.최저가낙찰<br>4.규격가격관리<br>5.2단계 경쟁입찰<br>6.기타()<br>7.해당없음 | 정보화사업 예산 산정<br>평가산정<br>1.내부산정<br>2.외부산정<br>3.내부+외부<br>4.산정 無<br>5.해당없음 | 정산방법<br>1.내부정산(내부적으로 정산)<br>2.외부정산(외부기관위탁정산)<br>3.내외부 모두 정산<br>4.정산 無<br>5.해당없음 | 성과평가 실시여부<br>1.실시<br>2.미실시<br>3.향후 주진<br>4.해당없음 | 성과평가 주기<br>1.매년<br>2.격년<br>3.기간완료전<br>4.기타()<br>5.해당없음 | 성과평가 방법<br>1.자체 평가<br>2.평가단 구성(전문위원회)<br>3.전문 평가기관 의뢰<br>4.기타()<br>5.해당없음 | 평가결과 적용<br>성과평가결과 인센티브 적용 유무<br>1.적용<br>2.적용 안함<br>3.기타()<br>4.해당없음 | 인센티브 및 패널티 적용근거<br>1.법률<br>2.조례<br>3.지침<br>4.계약서<br>5.기타()<br>6.해당없음 |
|---|---|---|---|---|---|---|---|---|---|---|---|---|---|---|---|
| 4864 | 전남 여수시 | 2025년 도서관리 전산시스템(서버, 하드웨어) 유지관리 용역 | 1 | 13,152 | 5 | 4 | 1 | 1 | 1 | 1 | 3 | 3 | 1 | 4 | 6 |
| 4865 | 전남 여수시 | 도서관 솔루션 구매 | 1 | 28,000 | 2 | 6 | 7 | 7 | 5 | 5 | 4 | 5 | 5 | 4 | 6 |
| 4866 | 전남 여수시 | 독서라면대회 운영 홈페이지 개선 | 1 | 1,500 | 5 | 4 | 7 | 7 | 1 | 4 | 2 | 5 | 5 | 4 | 6 |
| 4867 | 전남 여수시 | 여수시 화학물질 관리지도 시스템 구축사업 | 2 | 300,000 | 2 | 2 | 7 | 2 | 4 | 4 | 4 | 5 | 5 | 4 | 6 |
| 4868 | 전남 여수시 | 개발행위허가 통합인허가지원시스템 운영 용역 | 2 | 100,000 | 7 | 7 | 8 | 7 | 5 | 5 | 4 | 5 | 5 | 4 | 6 |
| 4869 | 전남 여수시 | 2026여수세계섬박람회 자원봉사 통합시스템 구축 | 2 | 50,000 | 5 | 4 | 8 | 7 | 4 | 4 | 4 | 2 | 5 | 4 | 6 |
| 4870 | 전남 여수시 | 성하도 요금관리 프로그램 유지관리 | 1 | 21,900 | 7 | 4 | 1 | 1 | 4 | 4 | 2 | 2 | 5 | 4 | 6 |
| 4871 | 전남 여수시 | 성하시도서관 실시간주차시스템 유지관리비 | 1 | 4,800 | 7 | 4 | 1 | 7 | 4 | 4 | 4 | 2 | 5 | 4 | 6 |
| 4872 | 전남 여수시 | 스마트환경검점 운영 시스템 유지관리비 | 1 | 18,000 | 5 | 4 | 1 | 7 | 4 | 4 | 4 | 5 | 5 | 4 | 6 |
| 4873 | 전남 여수시 | 문화건강센터 홈페이지 유지보수 | 1 | 20,586 | 5 | 2 | 4 | 2 | 1 | 1 | 2 | 5 | 5 | 4 | 6 |
| 4874 | 전남 순천시 | 문화관광센터 홈페이지 하드웨어 통합 유지관리 | 1 | 19,655 | 5 | 4 | 4 | 7 | 5 | 5 | 4 | 5 | 5 | 4 | 6 |
| 4875 | 전남 순천시 | 시립도서관 정보시스템 유지보수 | 1 | 193,900 | 5 | 2 | 1 | 3 | 1 | 1 | 2 | 5 | 5 | 2 | 6 |
| 4876 | 전남 순천시 | AI(인공지능) 도서주천 키오스크 장비 임차 및 이용료 | 6 | 21,000 | 7 | 4 | 1 | 6(1인 견적 수의계약) | 1 | 1 | 4 | 5 | 5 | 2 | 6 |
| 4877 | 전남 순천시 | 인공지능 재활용품 자동수거기 설치 | 1 | 150,324 | 5 | 4 | 7 | 7 | 1 | 1 | 4 | 5 | 5 | 4 | 6 |
| 4878 | 전남 순천시 | AI 푸드스캐너 설치 및 운영 | 1 | 12,000 | 5 | 4 | 1 | 3 | 1 | 1 | 4 | 5 | 5 | 4 | 6 |
| 4879 | 전남 순천시 | 기록관리시스템(RMS) 유지보수 | 1 | 21,200 | 5 | 2 | 1 | 2 | 5 | 5 | 4 | 5 | 5 | 4 | 6 |
| 4880 | 전남 순천시 | 개인정보보호시스템 유지관리 용역 | 1 | 19,353 | 5 | 4 | 1 | 7 | 1 | 5 | 4 | 5 | 5 | 4 | 6 |
| 4881 | 전남 순천시 | 전산기기 유지보수 | 1 | 93,044 | 5 | 1 | 1 | 1 | 1 | 5 | 4 | 5 | 5 | 4 | 6 |
| 4882 | 전남 순천시 | 스마트정보사인내시스템 유지관리 | 1 | 11,771 | 5 | 4 | 1 | 7 | 1 | 5 | 4 | 5 | 5 | 4 | 6 |
| 4883 | 전남 순천시 | 온-나라 전자결재시스템 유지관리 | 1 | 15,755 | 5 | 1 | 1 | 3 | 1 | 5 | 4 | 5 | 5 | 4 | 6 |
| 4884 | 전남 나주시 | 모바일 순환시민카드 관리 | 1 | 35,262 | 5 | 2 | 1 | 2 | 1 | 5 | 4 | 5 | 5 | 4 | 6 |
| 4885 | 전남 나주시 | 나주시 홈페이지 관리 | 1 | 30,000 | 5 | 1 | 1 | 7 | 1 | 5 | 4 | 5 | 5 | 4 | 6 |
| 4886 | 전남 나주시 | 홈페이지 실시간 외국어 자동번역 서비스 | 1 | 11,583 | 5 | 4 | 1 | 3 | 1 | 5 | 4 | 5 | 5 | 4 | 6 |
| 4887 | 전남 나주시 | 지능형사이버위협대응시스템 유지관리 | 1 | 46,893 | 5 | 1 | 1 | 7 | 1 | 5 | 4 | 5 | 5 | 4 | 6 |
| 4888 | 전남 나주시 | 행정무용 전산장비 유지보수 | 1 | 97,500 | 5 | 2 | 1 | 2 | 1 | 5 | 4 | 5 | 5 | 4 | 6 |
| 4889 | 전남 나주시 | 행정전산망 유지보수 | 1 | 76,000 | 5 | 1 | 1 | 3 | 1 | 5 | 4 | 5 | 5 | 4 | 6 |
| 4890 | 전남 나주시 | 통합매사지시스템고도화 | 1 | 101,881 | 5 | 1 | 8 | 1 | 1 | 5 | 4 | 5 | 5 | 4 | 6 |
| 4891 | 전남 나주시 | PC보안점검 솔루션 고도화 | 2 | 34,033 | 5 | 7 | 8 | 7 | 1 | 5 | 4 | 5 | 5 | 4 | 6 |
| 4892 | 전남 나주시 | 통합스토리지 및 이중화 인프라 유지보수 | 2 | 45,000 | 5 | 7 | 1 | 7 | 1 | 5 | 4 | 5 | 5 | 4 | 6 |
| 4893 | 전남 나주시 | 나주시 홈페이지 전산장비 유지보수 | 1 | 41,853 | 5 | 4 | 1 | 7 | 1 | 5 | 4 | 5 | 5 | 4 | 6 |
| 4894 | 전남 나주시 | 표준기록관리시스템 유지보수 | 1 | 23,200 | 5 | 4 | 1 | 7 | 1 | 5 | 4 | 5 | 5 | 4 | 6 |

| 순번 | 시 군 구 | 정보화사업 사업명·예산서 상 사업명 | 정보화사업 분류 (1.유지 및 보수 2.SW/HW 개발 및 구매 3.DB 구축 4.정보화 전략계획(ISP) 수립 5.정보화지원 6.기타) | 2025년 예산 (단위:천원/1년간) | 예산 편성근거 (1.법률에 규정 2.국고보조재원 3.용도지정기부금 4.조례 5.지자체 및 상위기관 정책 6.기타 7.해당없음) | 계약체결방법 (경쟁형태) (1.일반경쟁 2.제한경쟁 3.지명경쟁 4.수의계약 5.법령에 의함 6.기타 7.해당없음) | 계약기간 (1.1년 2.2년 3.3년 4.4년 5.5년 6.기타 ( ) 7.단기계약 (1년미만) 8.해당없음) | 낙찰자 선정방식 (1.적격심사 2.협상에 의한계약 3.최저가낙찰 4.규격가분리 5.2단계 경쟁입찰 6.기타 ( ) 7.해당없음) | 원가산정 (1.내부산정 (자체적으로 산정) 2.외부산정 (전문기관에 산정) 3.내외부 모두 산정 4.산정 無 5.해당없음) | 정보화사업 예산 산정 (1.내부산정 (내부직원으로 산정) 2.외부산정 (외부전문기관위탁 정산) 3.내외부 모두 정산 4.정산 無 5.해당없음) | 성과평가 실시여부 (1.실시 2.미실시 3.향후 추진 4.해당없음) | 성과평가 주기 (1.매년 2.격년 3.기간반복적 4.기타 ( ) 5.해당없음) | 성과평가 방법 (1.자체 평가 2.평가단 구성 후 실시 3.전문 평가기관 의뢰 4.기타 5.해당없음) | 성과평가결과 인센티브 페널티 적용 유무 (1.적용 2.적용 안함 3.기타 ( ) 4.해당없음) | 인센티브 및 페널티 적용 근거 (1.법률 2.조례 3.지침 4.계약서 5.기타 6.해당없음) |
|---|---|---|---|---|---|---|---|---|---|---|---|---|---|---|---|
| 4895 | 전 나주시 | 버스정보시스템 | 1 | 584,020 | 5 | 1 | 2 | 2 | 1 | 1 | 4 | 5 | 5 | 4 | 6 |
| 4896 | 전 나주시 | 농업기상정보시스템 | 1 | 3,600 | 5 | 4 | 1 | 7 | 1 | 1 | 4 | 5 | 5 | 4 | 6 |
| 4897 | 전 나주시 | 홍수경보 지원 사업 | 1 | 2,860 | 4 | 4 | 1 | 7 | 1 | 1 | 4 | 5 | 5 | 4 | 6 |
| 4898 | 전 나주시 | 나주빛쌤 유지관리 | 1 | 12,000 | 6 | 4 | 1 | 7 | 1 | 1 | 4 | 5 | 5 | 4 | 6 |
| 4899 | 전 나주시 | 통합관제센터 정보시스템 유지보수 | 1 | 938,000 | 7 | 2 | 1 | 7 | 1 | 1 | 4 | 5 | 5 | 4 | 6 |
| 4900 | 전 나주시 | 통합관제센터 노후장비 교체 | 2 | 2,663,840 | 7 | 7 | 8 | 7 | 5 | 5 | 4 | 5 | 5 | 4 | 6 |
| 4901 | 전 나주시 | 장애인통합주차구역 과태료 관리 플랫폼 구축 | 2 | 22,000 | 7 | 4 | 8 | 7 | 5 | 5 | 4 | 5 | 5 | 4 | 6 |
| 4902 | 전 나주시 | 공간정보시스템 및 S/W, H/W 유지보수 공간정보보안내시스템 유지보수 | 1 | 79,927 | 5 | 1 | 1 | 1 | 1 | 1 | 4 | 5 | 5 | 4 | 6 |
| 4903 | 전 나주시 | UPIS 현행화 및 운영장비 유지관리 용역 | 1 | 200,000 | 7 | 7 | 8 | 7 | 5 | 5 | 4 | 5 | 1 | 4 | 6 |
| 4904 | 전 나주시 | 2025년도 계약정보공개시스템 유지보수 용역 | 1 | 4,392 | 1 | 4 | 1 | 7 | 1 | 1 | 1 | 1 | 1 | 4 | 6 |
| 4905 | 전 나주시 | 2025년도 하자관리 프로그램 유지보수 용역 | 1 | 4,392 | 7 | 4 | 1 | 7 | 1 | 1 | 1 | 1 | 1 | 4 | 6 |
| 4906 | 전 나주시 | 2025년도 계약관리 프로그램 유지보수 용역 | 1 | 2,657 | 5 | 2 | 8 | 7 | 1 | 1 | 1 | 1 | 1 | 4 | 6 |
| 4907 | 전 나주시 | 2025년도 수의계약현황관리시스템 유지보수 용역 | 1 | 2,200 | 5 | 4 | 1 | 2 | 1 | 1 | 1 | 1 | 1 | 4 | 6 |
| 4908 | 전 나주시 | 2025년도 적격심사 프로그램 유지보수 용역 | 1 | 2,657 | 5 | 4 | 1 | 7 | 1 | 5 | 4 | 5 | 5 | 4 | 6 |
| 4909 | 전 나주시 | 광양시 모바일 앱(my광양 개발 및 운영 | 1 | 300,000 | 4 | 2 | 7 | 2 | 1 | 1 | 4 | 5 | 5 | 4 | 6 |
| 4910 | 전 나주시 | 버스정보시스템(BIS) 유지관리 용역 | 1 | 5,100 | 1 | 4 | 1 | 6 | 1 | 1 | 2 | 5 | 5 | 4 | 6 |
| 4911 | 전 나주시 | 신호등 및 자동교통통제계(ITS) 운영관리 | 1 | 63,300 | 7 | 2 | 1 | 6 | 1 | 1 | 2 | 5 | 5 | 4 | 6 |
| 4912 | 전 광양시 | 버스정보시스템(BIS) 고도화 | 2 | 40,000 | 7 | 4 | 8 | 7 | 1 | 1 | 2 | 5 | 1 | 4 | 6 |
| 4913 | 전 광양시 | 버스정보안내기(BIT) 교체 | 6 | 11,900 | 7 | 1 | 1 | 6 | 1 | 1 | 2 | 5 | 5 | 4 | 6 |
| 4914 | 전 광양시 | 전산장비 및 정보시스템 관리 | 5 | 28,290 | 4 | 7 | 8 | 2 | 1 | 4 | 1 | 1 | 1 | 4 | 6 |
| 4915 | 전 광양시 | 도시계획정보체계(UPIS) 유지보수 | 1 | 20,000 | 6 | 7 | 1 | 7 | 1 | 1 | 4 | 5 | 5 | 4 | 6 |
| 4916 | 전 광양시 | 도시계획정보체계(UPIS) DB 구축 | 3 | 20,000 | 1 | 4 | 1 | 7 | 3 | 1 | 2 | 5 | 5 | 4 | 6 |
| 4917 | 전 광양시 | 공간정보 DB 구축 및 운영 | 1 | 126,490 | 4 | 4 | 1 | 7 | 1 | 1 | 4 | 5 | 5 | 4 | 6 |
| 4918 | 전 광양시 | 공간정보 DB 구축 및 운영 | 1 | 31,700 | 7 | 7 | 8 | 6 | 1 | 1 | 1 | 1 | 1 | 4 | 6 |
| 4919 | 전 광양시 | 지역밀착형 생활SOC 스마트화사업 유지보수 | 5 | 39,960 | 7 | 4 | 1 | 6 | 1 | 1 | 2 | 5 | 5 | 4 | 6 |
| 4920 | 전 광양시 | 정보화교육운영 | 5 | 60,000 | 6 | 1 | 8 | 1 | 1 | 1 | 2 | 5 | 5 | 4 | 6 |
| 4921 | 전 광양시 | 정보화운영비 | 5 | 4,885 | 4 | 7 | 1 | 7 | 1 | 1 | 1 | 1 | 1 | 4 | 6 |
| 4922 | 전 광양시 | 정보보안관리 및 운영 | 5 | 125,733 | 6 | 7 | 8 | 7 | 1 | 1 | 4 | 5 | 5 | 4 | 6 |
| 4923 | 전 광양시 | 광양시 스마트행정 통합시스템 구축 | 6 | 55,000 | 7 | 1 | 7 | 3 | 3 | 5 | 4 | 5 | 5 | 4 | 6 |
| 4924 | 전 광양시 | 디지털X 산업 기술지원 및 데이터 전문인력 양성사업 | 5 | 116,600 | 4 | 6 | 3 | 7 | 5 | 2 | 1 | 1 | 기타(상위기관) | 4 | 6 |
| 4925 | 전 광양시 | 지역 ICT이노베이션스퀘어 조성사업 | 5 | 300,000 | 4 | 6 | 5 | 7 | 5 | 2 | 1 | 1 | 기타(상위기관) | 4 | 6 |

| 순번 | 시군구 | 정보화사업명<br>· 예산서 외의 사업명 | 정보화사업 분류<br>1.유지 및 보수<br>2.SW/HW<br>3.DB 구축<br>4.정보화 전략계획<br>(ISP)수립<br>5.정보화지원<br>6.기타 | 2025년 예산<br>(단위:천원/1년간) | 예산 편성근거<br>1.법률에 규정<br>2.국고보조 재원<br>3.용도지정기부금<br>4.조례<br>5.지자체 및 상위기관 정책<br>6.기타<br>7.해당없음 | 계약체결방식<br>(경쟁방식)<br>1.일반경쟁<br>2.제한경쟁<br>3.지명경쟁<br>4.수의계약<br>5.법정위탁<br>6.기타( )<br>7.해당없음 | 계약기간<br>1.1년<br>2.2년<br>3.3년<br>4.4년<br>5.5년<br>6.기타( )<br>7.단기계약(1년미만)<br>8.해당없음 | 낙찰자 선정방법<br>1.적격심사<br>2.협상에의한계약<br>3.최저가낙찰제<br>4.규격가격분리<br>5.2단계경쟁입찰<br>6.기타( )<br>7.해당없음 | 평가선정<br>1.내부선정(자체로 선정)<br>2.외부선정(전문기관에 선정)<br>3.내외부 모두<br>4.신청 養<br>5.해당없음 | 정산방법<br>1.내부정산(자체적으로 정산)<br>2.외부정산(외부전문기관위탁정산)<br>3.내외부 모두 정산<br>4.정산 養<br>5.해당없음 | 성과평가 실시여부<br>1.실시<br>2.미실시<br>3.향후 추진<br>4.해당없음 | 성과평가 주기<br>1.매년<br>2.격년<br>3.기간만료시<br>4.기타( )<br>5.해당없음 | 성과평가 방법<br>1.자체 평가<br>2.용역 실시(전문위원회)<br>3.전문평가기관 의뢰<br>4.기타( )<br>5.해당없음 | 성과평가결과 인센티브 적용여부<br>1.적용<br>2.적용 안함<br>3.기타( )<br>4.해당없음 | 인센티브 및 패널티 적용 근거<br>1.법률<br>2.조례<br>3.지침<br>4.계약서<br>5.기타<br>6.해당없음 |
|---|---|---|---|---|---|---|---|---|---|---|---|---|---|---|---|
| 4926 | 전 광양시 | 소프트웨어(SW) 중소대학 지원사업 | 5 | 50,000 | 4 | 6 | 6(년) | 7 | 5 | 2 | 1 | 1 | 기타(성위기관) | 4 | 6 |
| 4927 | 전 광양시 | 시스템오이커플총엣지확산 | 6 | 760,000 | 1 | 7 | 8 | 7 | 5 | 5 | 4 | 5 | 5 | 4 | 6 |
| 4928 | 전 광양시 | 스마트도시 기본계획 수립 | 6 | 198,000 | 1 | 2 | 1 | 2 | 1 | 1 | 4 | 5 | 5 | 4 | 6 |
| 4929 | 전 광양시 | 스마트타운 챌린지 서비스 운영 | 1 | 396,929 | 4 | 5 | 2 | 7 | 1 | 1 | 4 | 5 | 5 | 4 | 6 |
| 4930 | 전 광양시 | 스마트경로당 서비스 운영 | 1 | 33,255 | 2 | 4 | 1 | 2 | 1 | 1 | 4 | 5 | 5 | 4 | 6 |
| 4931 | 전 광양시 | 행정통신망 유지관리 | 1 | 87,743 | 4 | 1 | 8 | 1 | 1 | 1 | 4 | 5 | 5 | 4 | 6 |
| 4932 | 전 광양시 | 민방위경보시설 구축운영 | 1 | 40,000 | 1 | 1 | 8 | 3 | 1 | 1 | 4 | 5 | 5 | 4 | 6 |
| 4933 | 전 광양시 | 행정통신망 데이터 장비(교스위치) 구매 | 6 | 84,900 | 4 | 1 | 1 | 6 | 1 | 1 | 4 | 5 | 5 | 4 | 6 |
| 4934 | 전 광양시 | 행정정보시스템 운영 | 1 | 256,826 | 4 | 4 | 1 | 1 | 3 | 4 | 2 | 1 | 1 | 4 | 6 |
| 4935 | 전 광양시 | 웹사이트 운영 | 1 | 14,690 | 4 | 4 | 1 | 1 | 1 | 5 | 1 | 1 | 1 | 4 | 6 |
| 4936 | 전 광양시 | 전산장비 구매 및 운영 | 1 | 876,960 | 4 | 4 | 1 | 7 | 1 | 1 | 4 | 5 | 5 | 4 | 6 |
| 4937 | 전 광양시 | 편리한 남부서비스 제공 | 6 | 1,900 | 4 | 4 | 2 | 7 | 1 | 1 | 4 | 5 | 5 | 4 | 6 |
| 4938 | 전 광양시 | 편리한 남부서비스 제공 | 1 | 12,400 | 4 | 4 | 1 | 7 | 1 | 1 | 4 | 5 | 5 | 4 | 6 |
| 4939 | 전 광양시 | 어린이집 운영 자체 지원사업 | 5 | 20,000 | 1 | 7 | 8 | 7 | 1 | 1 | 4 | 5 | 5 | 4 | 6 |
| 4940 | 전 광양시 | CCTV통합관제센터 운영 | 5 | 1,078 | 4 | 2 | 1 | 6 | 1 | 1 | 2 | 5 | 5 | 4 | 6 |
| 4941 | 전 광양시 | 정보 및 시설관리(의회 홈페이지 및 전자회의시스템 운영) | 1 | 5,100 | 6 | 4 | 1 | 7 | 1 | 1 | 2 | 5 | 5 | 4 | 6 |
| 4942 | 전 광양시 | 지방세 체납액 징수 및 실태조사 | 1 | 8,190 | 6 | 4 | 8 | 6 | 1 | 1 | 4 | 5 | 5 | 4 | 6 |
| 4943 | 전 광양시 | 지방세 체납액 정리 | 1 | 9,430 | 6 | 7 | 8 | 7 | 1 | 1 | 4 | 5 | 5 | 4 | 6 |
| 4944 | 전 광양시 | 수산물 유통센터 운영 및 시설관리 유지 | 1 | 29,000 | 7 | 1 | 1 | 6 | 1 | 1 | 4 | 5 | 5 | 4 | 6 |
| 4945 | 전 광양시 | 스마트 구인구직 플랫폼 운영 | 4 | 19,000 | 2 | 6 | 3 | 6 | 2 | 2 | 1 | 1 | 1 | 2 | 3 |
| 4946 | 전 광양시 | 우편모아시스템 | 1 | 5,860 | 6 | 4 | 1 | 6 | 1 | 1 | 4 | 5 | 5 | 4 | 6 |
| 4947 | 전 광양시 | 표준계론리시스템 유지보수 용역 | 1 | 37,040 | 1 | 1 | 7 | 2 | 5 | 5 | 4 | 5 | 5 | 4 | 6 |
| 4948 | 전 광양시 | 소규모 하수처리시설 원격관리시스템 구축 | 1 | 15,000 | 6 | 4 | 8 | 7 | 1 | 1 | 4 | 5 | 5 | 4 | 6 |
| 4949 | 전 광양시 | 스마트 하수관로 도시침수 대응사업 | 1 | 390,600 | 7 | 7 | 8 | 7 | 1 | 1 | 4 | 5 | 5 | 4 | 6 |
| 4950 | 전 광양시 | 국가산단 대기환경감시서비스 운영 | 1 | 24,000 | 7 | 1 | 1 | 6 | 1 | 1 | 4 | 5 | 5 | 4 | 6 |
| 4951 | 전 광양시 | 광양국가산단 통합경제센터 구축 | 4 | 5,000,000 | 2 | 6 | 3 | 6 | 2 | 2 | 1 | 1 | 1 | 2 | 3 |
| 4952 | 전 광양시 | 공정한 계약 주진 | 5 | 16,512 | 4 | 4 | 1 | 6 | 1 | 1 | 1 | 1 | 1 | 4 | 6 |
| 4953 | 전 광양시 | 차유로 운영 | 1 | 63,800 | 1 | 1 | 7 | 2 | 1 | 1 | 1 | 1 | 1 | 4 | 6 |
| 4954 | 전 광양시 | 누리집 유지보수 | 1 | 21,619 | 6 | 4 | 1 | 6 | 1 | 1 | 4 | 5 | 5 | 4 | 4 |
| 4955 | 군 광양군 | 행정업무 S/W 구입 | 2 | 97,800 | 6 | 6 | 8 | 7 | 5 | 5 | 4 | 5 | 5 | 4 | 4 |
| 4956 | 군 광양군 | 누리 찾기 배너광장선정 추가 | 1 | 130,000 | 6 | 7 | 8 | 7 | 5 | 5 | 4 | 5 | 5 | 4 | 4 |

| 순번 | 시·군·구 | 정보화사업명<br>·예산시 상위 사업명 | 정보화사업 분류<br>1.유지 및 보수<br>2.SW/HW<br>개발 및 구매<br>3.DB 구축<br>4.정보화<br>전략계획<br>(ISP) 수립<br>5.정보화지원<br>6.기타 | 2025년<br>예산<br>(단위:천원<br>/1년간) | 예산 편성근거<br>1.법률에 규정<br>2.국고보조 재원<br>3.용도지정기부금<br>4.조례<br>5.지자체 및<br>상위기관 정책<br>6.기타<br>7.해당없음 | 계약체결방법<br>(경쟁형태)<br>1.일반경쟁<br>2.제한경쟁<br>3.지명경쟁<br>4.수의계약<br>5.입찰예약<br>6.기타()<br>7.해당없음 | 정보화사업 입찰방식 계약기간<br>1.1년<br>2.2년<br>3.3년<br>4.4년<br>5.5년<br>6.기타()<br>7.단기계약<br>(1년미만)<br>8.해당없음 | 낙찰자 선정방법<br>1.적격심사<br>2.협상에 의한계약<br>3.최저가낙찰제<br>4.규격가격분리<br>5.2단계 경쟁입찰<br>6.기타()<br>7.해당없음 | 원가계산<br>1.내부산정<br>(자체로 산정)<br>2.외부산정<br>(전문기관위탁)<br>3.내외부 모두 산정<br>5.해당없음 | 정보화사업 예산 산정 정산방법<br>1.내부정산<br>(내부적으로 정산)<br>2.외부정산<br>(외부전문기관위탁<br>정산)<br>3.내외부 모두 정산<br>5.해당없음 | 성과평가 실시여부<br>1.실시<br>2.미실시<br>3.향후 추진<br>4.해당없음 | 성과평가 주기<br>1.매년<br>2.격년<br>3.기간표집<br>4.기타()<br>5.해당없음 | 성과평가 방법<br>1.자체 평가<br>2.평가단<br>구성후 실시<br>(전문위원회)<br>3.전문<br>평가기관 의뢰<br>4.기타()<br>5.해당없음 | 성과평가결과 인센티브<br>패널티 적용<br>유무<br>1.적용<br>2.적용 안함<br>3.기타()<br>4.해당없음 | 인센티브 및 패널티 적용 근거<br>1.법률<br>2.조례<br>3.지침<br>4.계약서<br>5.기타()<br>6.해당없음 |
|---|---|---|---|---|---|---|---|---|---|---|---|---|---|---|---|
| 4957 | 전남 곡성군 | 행정정보시스템 유지보수 | 1 | 128,397 | 6 | 1 | 1 | 3 | 1 | 1 | 4 | 5 | 5 | 4 | 4 |
| 4958 | 전남 곡성군 | 행정정보통신망 운영시스템 통합 유지보수 | 1 | 149,191 | 6 | 2 | 1 | 2 | 1 | 4 | 4 | 5 | 5 | 4 | 4 |
| 4959 | 전남 곡성군 | 노후 행정통신망 장비 교체 | 2 | 125,000 | 6 | 7 | 8 | 7 | 5 | 5 | 4 | 5 | 5 | 4 | 4 |
| 4960 | 전남 곡성군 | 2025년도 첨단 정보기술 공공서비스 촉진사업(공모) 기관부담금 | 2 | 104,000 | 2 | 2 | 1 | 2 | 1 | 1 | 3 | 1 | 1 | 1 | 3 |
| 4961 | 전남 곡성군 | 스마트 마을기록관 플랫폼(온라) 구축 | 2 | 450,000 | 2 | 2 | 1 | 7 | 1 | 1 | 3 | 1 | 1 | 1 | 3 |
| 4962 | 전남 곡성군 | 곡성군 통합홈페이지 유지관리용역 | 1 | 13,236 | 5 | 4 | 1 | 7 | 1 | 1 | 4 | 5 | 5 | 4 | 4 |
| 4963 | 전남 곡성군 | 곡성군 대민 정보시스템 가상화서버 및 백업장비 유지보수 | 1 | 7,965 | 5 | 4 | 1 | 7 | 1 | 1 | 4 | 5 | 5 | 4 | 4 |
| 4964 | 전남 곡성군 | 곡성군 행정관 홈페이지 및 정봉수집 지원관리용역 | 1 | 8,158 | 5 | 4 | 1 | 7 | 1 | 1 | 4 | 5 | 5 | 4 | 4 |
| 4965 | 전남 곡성군 | 행정정보통신망 장비 유지보수 | 1 | 61,810 | 5 | 4 | 1 | 7 | 1 | 1 | 4 | 5 | 5 | 4 | 4 |
| 4966 | 전남 곡성군 | 스마트도시 안전망 서비스 SW 유지보수 | 1 | 5,330 | 5 | 4 | 1 | 7 | 1 | 1 | 4 | 5 | 5 | 4 | 4 |
| 4967 | 전남 곡성군 | CCTV 통합관제센터 내부 운영 장비 유지보수용역 | 1 | 20,960 | 5 | 4 | 1 | 7 | 1 | 1 | 4 | 5 | 5 | 4 | 4 |
| 4968 | 전남 곡성군 | CCTV 통합관제센터 영상 운영장비 유지보수용역 | 1 | 43,660 | 5 | 4 | 1 | 7 | 1 | 1 | 4 | 5 | 5 | 4 | 4 |
| 4969 | 전남 곡성군 | 곡성군 통합도시관 전산시스템 유지보수용역 | 1 | 20,320 | 5 | 4 | 1 | 7 | 1 | 1 | 4 | 5 | 5 | 4 | 4 |
| 4970 | 전남 곡성군 | 성화수도사업소 계약관리 소프트웨어 유지보수 용역 시행 | 1 | 3,920 | 5 | 4 | 1 | 7 | 1 | 1 | 4 | 5 | 5 | 4 | 4 |
| 4971 | 전남 곡성군 | 곡성군 행정업무 행정업무용 컴퓨터 유지보수 | 1 | 3,820 | 5 | 4 | 1 | 7 | 1 | 1 | 4 | 5 | 5 | 4 | 4 |
| 4972 | 전남 곡성군 | CCTV통합관제센터 영상중계 유지보수용역 | 1 | 11,040 | 5 | 4 | 1 | 7 | 1 | 1 | 4 | 5 | 5 | 4 | 4 |
| 4973 | 전남 곡성군 | 보조사업 통합관리시스템 유지보수 용역 | 1 | 12,310 | 5 | 4 | 1 | 7 | 1 | 1 | 4 | 5 | 5 | 4 | 4 |
| 4974 | 전남 곡성군 | 스마트마을방송시스템 유지보수 용역 | 1 | 14,770 | 5 | 4 | 1 | 7 | 1 | 1 | 4 | 5 | 5 | 4 | 4 |
| 4975 | 전남 곡성군 | 구정자료 통합관리체계 유지보수 용역 | 1 | 20,300 | 5 | 4 | 1 | 7 | 1 | 1 | 4 | 5 | 5 | 4 | 4 |
| 4976 | 전남 곡성군 | 농림축산정보시스템 유지보수 용역 | 1 | 17,100 | 5 | 4 | 1 | 7 | 1 | 1 | 4 | 5 | 5 | 4 | 4 |
| 4977 | 전남 곡성군 | 곡성군 유지재산 관리시스템 유지보수용역 | 1 | 13,160 | 5 | 4 | 1 | 7 | 1 | 1 | 4 | 5 | 5 | 4 | 4 |
| 4978 | 전남 곡성군 | 용용 수치관운용 시스템 유지보수 용역 | 1 | 20,130 | 5 | 4 | 1 | 7 | 1 | 1 | 4 | 5 | 5 | 4 | 4 |
| 4979 | 전남 곡성군 | 도로명주소 전자지도 영상시스템 유지보수 용역 | 1 | 10,910 | 5 | 4 | 1 | 7 | 1 | 1 | 4 | 5 | 5 | 4 | 4 |
| 4980 | 전남 곡성군 | BSC과관리시스템 유지보수 용역 | 1 | 5,820 | 5 | 4 | 1 | 7 | 1 | 1 | 4 | 5 | 5 | 4 | 4 |
| 4981 | 전남 곡성군 | 주정부공간정보 포털서비스 유지용역 | 1 | 20,400 | 5 | 4 | 1 | 7 | 1 | 1 | 4 | 5 | 5 | 4 | 4 |
| 4982 | 전남 곡성군 | 국가공간정보 통합체계 유지보수 용역 | 1 | 18,800 | 5 | 4 | 1 | 7 | 1 | 1 | 4 | 5 | 5 | 4 | 4 |
| 4983 | 전남 곡성군 | 군정종합 보고시스템관리 유지보수 용역 | 1 | 7,760 | 5 | 4 | 1 | 7 | 1 | 1 | 4 | 5 | 5 | 4 | 4 |
| 4984 | 전남 곡성군 | 부동산종합부서시스템 공간정보 SW 유지보수 용역 | 1 | 8,960 | 5 | 4 | 1 | 7 | 1 | 1 | 4 | 5 | 5 | 4 | 4 |
| 4985 | 전남 곡성군 | 도시계획정보체계(UPIS) 유지보수 용역 | 1 | 20,360 | 5 | 4 | 1 | 7 | 1 | 1 | 4 | 5 | 5 | 4 | 4 |
| 4986 | 전남 곡성군 | 곡성군 홈페이지 유지보수 용역 | 1 | 5,620 | 5 | 4 | 1 | 7 | 1 | 1 | 4 | 5 | 5 | 4 | 4 |
| 4987 | 전남 곡성군 | 의회회의록 및 의안 커뮤니티 시스템 유지보수 용역 | 1 | 4,750 | 5 | 4 | 1 | 7 | 1 | 1 | 4 | 5 | 5 | 4 | 4 |

| 순번 | 시도 구 | 정보화사업 사업명 · 예산서 상의 사업명 | 정보화사업 분류 1.유지및보수 2.SW/HW 개발및구매 3.DB구축 4.정보화 전략계획(ISP)수립 5.정보화자원 6.기타 | 2025년 예산 (단위:천원/1년간) | 예산 편성근거 1.법률에규정 2.교부조정 재원 3.용도지정기부금 4.조례 5.지자체및 상위기관 정책 6.기타 7.해당없음 | 계약체결방법 (경쟁형태) 1.일반경쟁 2.제한경쟁 3.지명경쟁 4.수의계약 5.변경위탁 6.기타 7.해당없음 | 계약기간 1.1년 2.2년 3.3년 4.4년 5.5년 6.기타 ( ) 7.단기계약 (1년미만) 8.해당없음 | 낙찰자 선정방법 1.적격심사 2.협상에의한계약 3.최저가낙찰제 4.규격가격분리 5.2단계 경쟁입찰 6.기타 ( ) 7.해당없음 | 원가산정 1.내부산정 (자체로 선정) 2.외부산정 (전문기관에 선정) 3.신청 축 4.해당없음 | 정산방법 1.내부산정 (내부직원 정산) 2.외부산정 (외부전문기관위탁 정산) 3.내외부 모두 정산 4.정산 축 5.해당없음 | 성과평가 실시여부 1.실시 2.미실시 3.향후주진 4.해당없음 | 성과평가 주기 1.매년 2.격년 3.기간단축 4.기타 ( ) 5.해당없음 | 성과평가 방법 1.자체 평가 2.중기간 구성평가(전문위원축) 3.전문 평가기관 의뢰 4.기타 ( ) 5.해당없음 | 성과평가결과 인센티브 및 패널티 적용 유무 1.적용 2.적용 안함 3.기타 ( ) 4.해당없음 | 인센티브 및 패널티 적용 근거 1.법률 2.조례 3.지침 4.계약서 5.기타 6.해당없음 |
|---|---|---|---|---|---|---|---|---|---|---|---|---|---|---|---|
| 4988 | 전라남도 곡성군 | 읍면 재외현황 시스템 유지보수 용역 | 1 | 2,755 | 5 | 4 | 1 | 7 | 1 | 1 | 4 | 5 | 5 | 4 | 4 |
| 4989 | 전라남도 곡성군 | 감우량 관측장비 유지보수 용역 | 1 | 13,450 | 5 | 4 | 1 | 7 | 1 | 1 | 4 | 5 | 5 | 4 | 4 |
| 4990 | 전라남도 곡성군 | 자동우량경보시스템 유지보수 용역 | 1 | 19,010 | 5 | 4 | 1 | 7 | 1 | 1 | 4 | 5 | 5 | 4 | 4 |
| 4991 | 전라남도 곡성군 | 재해문자전광판 시스템 유지보수 용역 | 1 | 5,950 | 5 | 4 | 1 | 7 | 1 | 1 | 4 | 5 | 5 | 4 | 4 |
| 4992 | 전라남도 곡성군 | 작물관측 시스템 유지보수 용역 | 1 | 11,350 | 5 | 4 | 1 | 7 | 1 | 1 | 4 | 5 | 5 | 4 | 4 |
| 4993 | 전라남도 곡성군 | 무인민원발급기 관리 및 유지보수 용역 | 1 | 16,100 | 5 | 4 | 1 | 7 | 1 | 1 | 4 | 5 | 5 | 4 | 4 |
| 4994 | 전라남도 곡성군 | 계약관리 프로그램 등 유지관리 용역 | 1 | 7,020 | 5 | 4 | 1 | 7 | 1 | 1 | 4 | 5 | 5 | 4 | 4 |
| 4995 | 전라남도 곡성군 | 계약정보공개시스템 등 유지관리 용역 | 1 | 10,812 | 5 | 4 | 1 | 7 | 1 | 1 | 4 | 5 | 5 | 4 | 4 |
| 4996 | 전라남도 곡성군 | 상하수도 요금정보관리 시스템 유지관리 용역 의뢰 | 1 | 13,940 | 5 | 4 | 1 | 7 | 1 | 1 | 4 | 5 | 5 | 4 | 4 |
| 4997 | 전라남도 곡성군 | 지진가속도 계측시스템 유지관리(역내성형,작국명) | 1 | 20,450 | 5 | 4 | 1 | 7 | 1 | 1 | 4 | 5 | 5 | 4 | 4 |
| 4998 | 전라남도 곡성군 | 지진가속도 계측시스템 유지관리 용역 | 1 | 12,400 | 5 | 5 | 1 | 7 | 1 | 1 | 4 | 5 | 5 | 4 | 4 |
| 4999 | 전라남도 곡성군 | 곡성군 스마트홀사안네시스템 및 스마트특화시스템 유지관리 용역 | 1 | 9,470 | 5 | 7 | 8 | 7 | 1 | 1 | 4 | 5 | 5 | 4 | 4 |
| 5000 | 전라남도 곡성군 | 인사행정시스템 유지관리 용역 | 1 | 8,940 | 5 | 7 | 8 | 7 | 1 | 1 | 4 | 5 | 5 | 4 | 4 |
| 5001 | 전라남도 곡성군 | 행정업무 및 보안용 소프트웨어 연간구독계약 | 1 | 120,475 | 1 | 4 | 1 | 7 | 1 | 1 | 4 | 5 | 1 | 4 | 3 |
| 5002 | 전라남도 곡성군 | 공통기반 정보시스템 및 재해복구시스템 위수탁 운영 | 1 | 104,736 | 5 | 7 | 8 | 7 | 5 | 5 | 4 | 5 | 5 | 4 | 4 |
| 5003 | 전라남도 곡성군 | 클라우드서비스 업자 및 운영관리 | 1 | 249,530 | 5 | 7 | 8 | 7 | 5 | 5 | 4 | 5 | 5 | 4 | 4 |
| 5004 | 전라남도 곡성군 | 온나라시스템 위수탁 임대 | 1 | 12,930 | 5 | 7 | 8 | 7 | 5 | 5 | 4 | 5 | 5 | 4 | 4 |
| 5005 | 전라남도 곡성군 | 시설장비유지비 | 5 | 153,030 | 5 | 7 | 8 | 7 | 5 | 5 | 4 | 5 | 5 | 4 | 4 |
| 5006 | 전라남도 곡성군 | 공통기반시스템 위탁운영 | 1 | 108,600 | 1 | 7 | 8 | 7 | 5 | 5 | 4 | 5 | 5 | 4 | 4 |
| 5007 | 전라남도 곡성군 | 온나라시스템 위탁운영 | 1 | 15,170 | 1 | 7 | 8 | 7 | 5 | 5 | 4 | 5 | 5 | 4 | 4 |
| 5008 | 전라남도 곡성군 | 업무용 전산기기 구입(컴퓨터) | 1 | 180,000 | 5 | 7 | 8 | 7 | 5 | 5 | 4 | 5 | 5 | 4 | 4 |
| 5009 | 전라남도 곡성군 | 업무용 전산기기 구입(프린터) | 1 | 6,000 | 5 | 7 | 8 | 7 | 5 | 5 | 4 | 5 | 5 | 4 | 4 |
| 5010 | 전라남도 곡성군 | 데이터기반행정 지침 | 1 | 94,180 | 5 | 7 | 8 | 7 | 5 | 5 | 4 | 5 | 5 | 4 | 4 |
| 5011 | 전라남도 곡성군 | 군민 정보화 교육 | 5 | 10,000 | 5 | 7 | 8 | 7 | 5 | 5 | 4 | 5 | 5 | 4 | 4 |
| 5012 | 전라남도 곡성군 | 빅데이터 솔루션 구입(유동인구,지역상권) | 6 | 12,000 | 5 | 7 | 8 | 7 | 5 | 5 | 4 | 5 | 5 | 4 | 4 |
| 5013 | 전라남도 곡성군 | 개인정보보호 자격제도 | 1 | 7,290 | 5 | 7 | 8 | 7 | 5 | 5 | 4 | 5 | 5 | 4 | 4 |
| 5014 | 전라남도 곡성군 | 표준기록관리시스템 수지유용 지원 | 1 | 24,000 | 5 | 7 | 8 | 7 | 5 | 5 | 4 | 5 | 5 | 4 | 4 |
| 5015 | 전라남도 곡성군 | Anti-Virus S/W 구입 | 2 | 15,000 | 5 | 7 | 8 | 7 | 5 | 5 | 4 | 5 | 5 | 4 | 4 |
| 5016 | 전라남도 곡성군 | 세외수입 전산프로그램 유지관리 비용 | 1 | 53,660 | 5 | 7 | 8 | 7 | 5 | 5 | 4 | 5 | 5 | 4 | 4 |
| 5017 | 전라남도 곡성군 | 지방세 정보화시스템 운영관리 | 1 | 108,700 | 5 | 7 | 8 | 7 | 5 | 5 | 4 | 5 | 5 | 4 | 4 |
| 5018 | 전라남도 곡성군 | 재난자원관리시스템 유지관리 용역 | 1 | 5,808 | 5 | 7 | 8 | 7 | 5 | 5 | 4 | 5 | 5 | 4 | 4 |

| 순번 | 시군구 | 정보화사업 사업명 ·예산서 상의 사업명 | 정보화사업 분류 1.유지 및 보수 2.SW/HW 개발 및 구매 3.DB구축 4.정보화 전략계획(ISP)수립 5.정보화재원 6.기타 | 2025년 예산 (단위:천원/1년간) | 예산 편성근거 1.법률에 규정 2.국고보조 재원 3.용도지정기부금 4.조례 5.지자체 및 상위기관 정책 6.기타 7.해당없음 | 계약체결방법 (경쟁형태) 1.일반경쟁 2.제한경쟁 3.지명경쟁 4.수의계약 5.법정계약 6.기타 7.해당없음 | 정보화사업 입찰방식 계약기간 1.1년 2.2년 3.3년 4.4년 5.5년 6.기타 7.단기계약(1년미만) 8.해당없음 | 낙찰자 선정방법 1.적격심사 2.협상에 의한계약 3.최저가낙찰제 4.규격가격분리 5.2단계 경쟁입찰 6.기타 7.해당없음 | 정보화사업 예산 산정 원가산정 1.내부산정(자체적으로 산정) 2.외부산정(전문기관에 의뢰) 3.내·외부 모두 산정 4.산정無 5.해당없음 | 정산방법 1.내부정산(내부적으로 정산) 2.외부정산(외부전문기관 정산) 3.내·외부 모두 정산 4.정산無 5.해당없음 | 성과평가 실시여부 1.실시 2.미실시 3.향후 추진 4.해당없음 | 성과평가 추기 1.매년 2.격년 3.기간만료 4.기타() 5.해당없음 | 성과평가 방법 1.자체 평가 2.평가단 구성후 실시(전문위원회측) 3.전문 평가기관 의뢰 4.기타 5.해당없음 | 평가결과 적용 성과평가결과 인센티브 및 페널티 적용 유무 1.적용 2.적용 안함 3.기타() 4.해당없음 | 인센티브 및 페널티 적용 근거 1.법률 2.조례 3.지침 4.계약서 5.기타 6.해당없음 |
|---|---|---|---|---|---|---|---|---|---|---|---|---|---|---|---|
| 5019 | 전남 구례군 | 계약정보공개시스템 유지수수비 | 1 | 4,580 | 5 | 7 | 8 | 7 | 5 | 5 | 4 | 5 | 5 | 4 | 4 |
| 5020 | 전남 구례군 | 네트워크통신 보안시스템 유지보수 | 1 | 37,400 | 5 | 4 | 1 | 7 | 1 | 1 | 4 | 5 | 5 | 4 | 4 |
| 5021 | 전남 구례군 | 통신 회선 사용료 및 공공요금 | 1 | 315,600 | 5 | 7 | 8 | 7 | 5 | 5 | 4 | 5 | 5 | 4 | 6 |
| 5022 | 전남 구례군 | 통합결제S/W 유지관리 라이센스 구입 | 2 | 61,600 | 5 | 6 | 1 | 6 | 5 | 5 | 4 | 5 | 5 | 4 | 4 |
| 5023 | 전남 구례군 | 통합재송시스템 유지수수 | 1 | 170,000 | 5 | 2 | 1 | 7 | 1 | 1 | 4 | 5 | 5 | 4 | 4 |
| 5024 | 전남 구례군 | 마을방송시스템 유지보수비 | 1 | 20,000 | 5 | 4 | 1 | 7 | 5 | 5 | 4 | 5 | 5 | 4 | 4 |
| 5025 | 전남 구례군 | 통합관제센터 전용회선 사용료 | 1 | 362,800 | 5 | 7 | 8 | 7 | 1 | 1 | 4 | 5 | 5 | 4 | 6 |
| 5026 | 전남 구례군 | 농촌생활환경정비사업(전환/마을방송 정비) | 1 | 200,000 | 5 | 6 | 7 | 7 | 5 | 5 | 4 | 5 | 5 | 4 | 4 |
| 5027 | 전남 구례군 | 농촌활력경쟁정비사업(전환/마을방송 정비) | 1 | 300,000 | 5 | 6 | 7 | 7 | 1 | 1 | 4 | 5 | 5 | 4 | 4 |
| 5028 | 전남 구례군 | 가정계측프로그램 유지보수 | 1 | 9,150 | 5 | 7 | 8 | 7 | 5 | 5 | 4 | 5 | 5 | 4 | 4 |
| 5029 | 전남 구례군 | 농업기계 임대사업 홈페이지 유지보수 | 1 | 1,800 | 5 | 7 | 8 | 7 | 5 | 5 | 4 | 5 | 5 | 4 | 4 |
| 5030 | 전남 구례군 | 채용행농업정보지원센터 홈페이지 운영유지보수 | 1 | 3,200 | 5 | 7 | 8 | 7 | 5 | 5 | 4 | 5 | 5 | 4 | 4 |
| 5031 | 전남 구례군 | 지리선정홈페이지 유지관리 | 1 | 12,600 | 5 | 5 | 8 | 5 | 5 | 5 | 4 | 4 | 4 | 4 | 4 |
| 5032 | 전남 구례군 | 2025년 구 독지대장 인증화 디지털 구축사업 | 3 | 220,000 | 1 | 2 | 1 | 2 | 3 | 1 | 4 | 4 | 5 | 4 | 4 |
| 5033 | 전남 고흥군 | 온나라시스템(1.0) 유지보수 | 1 | 16,600 | 6 | 4 | 1 | 7 | 4 | 1 | 4 | 5 | 5 | 4 | 4 |
| 5034 | 전남 고흥군 | 자치단체 온나라 및 전자문서통신시스템 유지관리 | 1 | 10,670 | 5 | 5 | 8 | 7 | 4 | 2 | 4 | 5 | 5 | 4 | 4 |
| 5035 | 전남 고흥군 | 자치단체 온나라시스템 S/W(평가기) 유지관리 | 1 | 4,500 | 5 | 4 | 1 | 3 | 1 | 2 | 4 | 5 | 5 | 4 | 4 |
| 5036 | 전남 고흥군 | 중앙기 DB구축 | 3 | 180,000 | 1 | 2 | 1 | 2 | 1 | 1 | 4 | 5 | 5 | 4 | 4 |
| 5037 | 전남 고흥군 | 초고속 정보통신 시설장비 유지보수 | 1 | 121,251 | 5 | 4 | 1 | 7 | 1 | 1 | 4 | 5 | 5 | 4 | 4 |
| 5038 | 전남 고흥군 | 모바일 민원행정시스템 유지보수 | 1 | 2,640 | 5 | 4 | 8 | 3 | 1 | 1 | 4 | 5 | 5 | 4 | 4 |
| 5039 | 전남 고흥군 | 영상방송시스템 및 전환기 유지관리 | 1 | 98,106 | 5 | 4 | 8 | 3 | 1 | 1 | 4 | 5 | 5 | 4 | 4 |
| 5040 | 전남 고흥군 | 행정통신망 및 운조장비 유지보수 | 1 | 20,329 | 5 | 4 | 1 | 7 | 1 | 1 | 4 | 5 | 5 | 4 | 4 |
| 5041 | 전남 고흥군 | 회의의료(본부) 영상정보 표출 장치 운영 | 2 | 310,000 | 5 | 4 | 8 | 7 | 1 | 1 | 4 | 5 | 5 | 4 | 4 |
| 5042 | 전남 고흥군 | 백업시스템 유지보수 | 1 | 19,774 | 5 | 4 | 1 | 7 | 1 | 1 | 4 | 5 | 5 | 4 | 4 |
| 5043 | 전남 고흥군 | PC정보보안시스템 유지보수 | 1 | 21,302 | 5 | 4 | 1 | 7 | 1 | 1 | 4 | 5 | 5 | 4 | 4 |
| 5044 | 전남 고흥군 | 서버 정보보안시스템 유지보수 | 1 | 18,290 | 5 | 4 | 1 | 7 | 1 | 1 | 4 | 5 | 5 | 4 | 4 |
| 5045 | 전남 고흥군 | 개인정보보호 시스템 유지보수 | 1 | 21,502 | 5 | 4 | 1 | 7 | 1 | 1 | 4 | 5 | 5 | 4 | 4 |
| 5046 | 전남 고흥군 | 군 대표 홈페이지 유지보수 | 1 | 21,996 | 5 | 7 | 8 | 7 | 1 | 1 | 4 | 5 | 5 | 4 | 4 |
| 5047 | 전남 고흥군 | 스마트행정지원시스템 구축 | 2 | 370,000 | 5 | 7 | 8 | 7 | 1 | 1 | 4 | 5 | 5 | 4 | 4 |
| 5048 | 전남 고흥군 | 모바일 직원 조직도 시스템 구축 | 2 | 47,000 | 5 | 7 | 8 | 7 | 1 | 1 | 4 | 5 | 5 | 4 | 4 |
| 5049 | 전남 고흥군 | 고성능 PC 프린터 구입 | 2 | 360,000 | 5 | 7 | 8 | 7 | 1 | 1 | 4 | 5 | 5 | 4 | 4 |

| 순번 | 시군구 | 정보화사업 사업명 | 정보화사업 분류 | 2025년 예산 (단위:천원/1년간) | 예산 편성근거 | 계약체결방법 | 계약기간 | 낙찰자 결정방식 | 평가산정 | 정보화사업 예산 산정 | 성과평가 실시여부 | 성과평가 주기 | 성과평가 방법 | 성과평가결과 인센티브 적용 유무 | 인센티브 및 페널티 적용 근거 |
|---|---|---|---|---|---|---|---|---|---|---|---|---|---|---|---|
| 5050 | 고창군 | 한글문서 편집용 소프트웨어 라이선스 구입 | 2 | 47,250 | 5 | 7 | 8 | 7 | 1 | 1 | 4 | 5 | 5 | 4 | 4 |
| 5051 | 고창군 | 사무용 소프트웨어 라이선스 구입 | 2 | 45,050 | 5 | 7 | 8 | 7 | 1 | 1 | 4 | 5 | 5 | 4 | 4 |
| 5052 | 고창군 | 백신 소프트웨어 라이선스 구입 | 2 | 18,800 | 5 | 7 | 8 | 7 | 1 | 1 | 4 | 5 | 5 | 4 | 4 |
| 5053 | 고창군 | 보안소프트웨어(EDR) 라이선스 구입 | 2 | 50,600 | 4 | 4 | 8 | 7 | 1 | 1 | 4 | 5 | 5 | 4 | 4 |
| 5054 | 고창군 | 자유센터 홈페이지 유지관리 | 1 | 10,000 | 4 | 4 | 1 | 7 | 1 | 1 | 4 | 5 | 5 | 4 | 4 |
| 5055 | 고창군 | 복합문화체험장 홈페이지 유지 관리 | 1 | 7,260 | 4 | 4 | 1 | 7 | 1 | 1 | 4 | 5 | 5 | 4 | 4 |
| 5056 | 고창군 | 도시계획정보체계(UPIS) DB현행화 용역 | 3 | 20,460 | 5 | 4 | 7 | 7 | 1 | 1 | 3 | 5 | 1 | 4 | 4 |
| 5057 | 고창군 | 도시계획정보체계(UPIS) 유지관리 용역 | 1 | 20,460 | 5 | 4 | 1 | 7 | 1 | 1 | 3 | 5 | 1 | 4 | 4 |
| 5058 | 고창군 | 부동산종합공부시스템(KRAS) DB현행화 용역 | 3 | 20,460 | 7 | 2 | 7 | 7 | 1 | 1 | 3 | 5 | 5 | 4 | 4 |
| 5059 | 고창군 | 상수도 통합운영시스템 유지관리 용역 | 1 | 112,040 | 7 | 4 | 1 | 2 | 5 | 5 | 4 | 5 | 5 | 4 | 4 |
| 5060 | 고창군 | 상수도 원격검침 및 요금수납시스템 유지관리 용역(HW, 보안무선) | 1 | 17,822 | 7 | 4 | 1 | 7 | 5 | 5 | 4 | 5 | 5 | 4 | 4 |
| 5061 | 고창군 | 상수도 원격검침 및 요금수납시스템 유지관리 용역(소프트웨어) | 1 | 20,460 | 7 | 4 | 1 | 7 | 5 | 3 | 1 | 1 | 2 | 4 | 4 |
| 5062 | 고창군 | 2025년도 색상별리 실증단지 서비스(데이터) 서비스 사업 | 1 | 562,000 | 2 | 4 | 1 | 7 | 2 | 1 | 2 | 5 | 5 | 4 | 4 |
| 5063 | 고창군 | 2025년도 고창군의회 전자회의자료 유지보수 용역 | 1 | 19,500 | 5 | 4 | 1 | 7 | 1 | 1 | 2 | 5 | 5 | 4 | 4 |
| 5064 | 고창군 | 2025년 의회 홈페이지 및 전자회의록 시스템 유지보수 용역 | 1 | 13,600 | 7 | 4 | 1 | 3 | 1 | 1 | 2 | 5 | 5 | 4 | 4 |
| 5065 | 고창군 | 2025년 상임위원회 회의영상 송출시스템 유지보수 용역 | 1 | 13,440 | 7 | 4 | 1 | 7 | 1 | 1 | 2 | 5 | 5 | 4 | 4 |
| 5066 | 고창군 | 2025년 고창군의회 클라우드 서비스 운영 및 웹 유지관리 용역 | 1 | 40,500 | 7 | 4 | 1 | 7 | 1 | 1 | 4 | 5 | 5 | 4 | 4 |
| 5067 | 고창군 | 의정활동 기록 보존용 영상사진 편집프로그램 구입 | 2 | 4,100 | 5 | 4 | 1 | 7 | 1 | 1 | 4 | 5 | 5 | 4 | 4 |
| 5068 | 고창군 | 2025년도 전화 교환기 및 다이에미터 시스템 유지보수 용역 | 1 | 13,000 | 7 | 7 | 8 | 7 | 1 | 1 | 4 | 5 | 5 | 4 | 4 |
| 5069 | 고창군 | 2025년도 스마트 마을방송시스템 유지보수 용역 | 1 | 20,000 | 7 | 4 | 8 | 7 | 1 | 1 | 4 | 5 | 5 | 4 | 4 |
| 5070 | 고창군 | 군 종합청사동 주전산기 및 LAN전산장비 유지보수 | 1 | 46,538 | 7 | 4 | 1 | 7 | 1 | 5 | 4 | 5 | 5 | 4 | 4 |
| 5071 | 고창군 | 시간동기(NTP)서버 유지보수 | 1 | 1,140 | 7 | 4 | 1 | 7 | 1 | 5 | 4 | 5 | 5 | 4 | 4 |
| 5072 | 고창군 | 유해사이트차단솔루션 유지보수 | 1 | 5,741 | 7 | 4 | 1 | 7 | 1 | 5 | 4 | 5 | 5 | 4 | 4 |
| 5073 | 고창군 | 암호화장비(VPN)유지보수 | 1 | 11,659 | 7 | 4 | 1 | 7 | 1 | 5 | 4 | 5 | 5 | 4 | 4 |
| 5074 | 고창군 | 침입차단시스템(FIREWALL)유지보수 | 1 | 16,391 | 7 | 4 | 1 | 7 | 1 | 5 | 4 | 5 | 5 | 4 | 4 |
| 5075 | 고창군 | 네트워크 침입방지시스템(IPS) 유지보수 | 1 | 12,061 | 7 | 4 | 1 | 7 | 1 | 5 | 4 | 5 | 5 | 4 | 4 |
| 5076 | 고창군 | 전자배수시스템 유지보수 | 1 | 7,920 | 7 | 4 | 1 | 7 | 1 | 5 | 4 | 5 | 5 | 4 | 4 |
| 5077 | 고창군 | 고창군웹응용통신시스템 유지보수 | 1 | 6,211 | 7 | 4 | 1 | 7 | 1 | 5 | 4 | 5 | 5 | 4 | 4 |
| 5078 | 고창군 | 군 문서 웹상회의시스템 유지보수 | 1 | 4,700 | 7 | 4 | 1 | 7 | 1 | 5 | 4 | 5 | 5 | 4 | 4 |
| 5079 | 고창군 | 수처리 표준운영관리시스템 유지보수 | 1 | 29,034 | 7 | 4 | 1 | 7 | 1 | 1 | 4 | 5 | 5 | 4 | 4 |
| 5080 | 고창군 | 웹 보안 서버인증서 유지보수 | 1 | 7,860 | 7 | 4 | 1 | 7 | 1 | 1 | 4 | 5 | 5 | 4 | 4 |

| 순번 | 시군구 | 정보화사업 사업명 | 정보화사업 분류 | 2025년 예산(단위:천원/1년간) | 예산 편성근거 | 계약체결방법(경쟁입찰) | 정보화사업 입찰방식 계약기간 | 낙찰자 선정방법 | 정보화사업 예산 산정 원가산정 | 정산방법 | 성과평가 실시여부 | 성과평가 주기 | 성과평가 방법 | 평가결과 인센티브및 페널티 적용 유무 | 인센티브및 페널티 적용 근거 |
|---|---|---|---|---|---|---|---|---|---|---|---|---|---|---|---|
| 5081 | 군포시 | 행망복제 시스템 유지보수 | 1 | 10,098 | 7 | 4 | 1 | 7 | 1 | 1 | 4 | 5 | 5 | 4 | 4 |
| 5082 | 군포시 | 역대 군수 디지털앨범 유지보수 | 1 | 1,500 | 7 | 4 | 1 | 7 | 1 | 1 | 4 | 5 | 5 | 4 | 4 |
| 5083 | 군포시 | 스마트 행정 조직도 시스템 유지보수 | 1 | 8,508 | 7 | 4 | 1 | 7 | 1 | 1 | 4 | 5 | 5 | 4 | 4 |
| 5084 | 군포시 | 스마트 행정 조직도 키오스크 유지보수 | 1 | 12,125 | 7 | 4 | 1 | 7 | 1 | 1 | 4 | 5 | 5 | 4 | 4 |
| 5085 | 군포시 | 행정전산기기 구입 | 2 | 284,000 | 7 | 6 | 7 | 3 | 1 | 1 | 4 | 5 | 5 | 4 | 4 |
| 5086 | 군포시 | 회의용 태블릿 PC 구입 | 2 | 48,000 | 7 | 6 | 7 | 7 | 1 | 1 | 4 | 5 | 5 | 4 | 4 |
| 5087 | 군포시 | 본청 및 읍면 행정전산기기 유지보수 | 1 | 49,152 | 7 | 1 | 1 | 7 | 1 | 1 | 4 | 5 | 5 | 4 | 4 |
| 5088 | 군포시 | 정품소프트웨어 구입 | 2 | 125,996 | 7 | 6 | 1 | 7 | 1 | 1 | 4 | 5 | 5 | 4 | 4 |
| 5089 | 군포시 | 무정전전원장치(UPS) 노후 부품 교체 | 1 | 19,540 | 7 | 4 | 1 | 7 | 1 | 5 | 4 | 5 | 5 | 4 | 4 |
| 5090 | 군포시 | 새올행정시스템 스토리지 웹서버 네트워크 유지보수 | 1 | 9,992 | 7 | 4 | 1 | 7 | 1 | 5 | 4 | 5 | 5 | 4 | 4 |
| 5091 | 군포시 | 개인정보 접속기록 관리시스템 구입 | 1 | 10,400 | 7 | 4 | 1 | 7 | 1 | 5 | 4 | 5 | 5 | 4 | 4 |
| 5092 | 군포시 | 통합예약 및 행정정보공동이용시스템(UMS) 유지보수 | 1 | 3,340 | 5 | 4 | 7 | 7 | 1 | 5 | 4 | 5 | 5 | 4 | 4 |
| 5093 | 군포시 | 수하물 솔루션 유지보수 | 1 | 2,500 | 5 | 4 | 1 | 7 | 1 | 1 | 4 | 5 | 5 | 4 | 4 |
| 5094 | 군포시 | 클라우드 시스템 서비스 | 1 | 176,000 | 5 | 6 | 1 | 7 | 1 | 1 | 4 | 5 | 5 | 4 | 4 |
| 5095 | 군포시 | 보안 USB 시스템 구축 | 1 | 65,600 | 4 | 4 | 1 | 7 | 1 | 1 | 4 | 5 | 5 | 4 | 4 |
| 5096 | 군포시 | 온라인 용역 통지시스템 구축 | 2 | 42,800 | 4 | 6 | 1 | 7 | 1 | 1 | 4 | 5 | 5 | 4 | 4 |
| 5097 | 군포시 | 업무용 메신저 라이선스 구입 | 2 | 7,700 | 4 | 6 | 1 | 7 | 1 | 1 | 4 | 5 | 5 | 4 | 4 |
| 5098 | 군포시 | 2025년 PC 개인정보보호 관리시스템 유지보수 | 1 | 10,320 | 4 | 4 | 1 | 7 | 1 | 1 | 4 | 5 | 5 | 4 | 4 |
| 5099 | 군포시 | 2025년 CCTV 통합관제시스템 유지보수 | 1 | 50,352 | 4 | 4 | 1 | 7 | 1 | 1 | 4 | 5 | 5 | 4 | 4 |
| 5100 | 군포시 | 랜섬웨어 대응 솔루션 유지보수 | 1 | 7,200 | 4 | 4 | 1 | 7 | 1 | 1 | 4 | 5 | 5 | 4 | 4 |
| 5101 | 군포시 | 2025년 맞춤형복지(행복e음)시스템 유지관리 | 1 | 7,184 | 4 | 4 | 1 | 7 | 1 | 1 | 4 | 5 | 5 | 4 | 4 |
| 5102 | 군포시 | 2025년 축제홍보 홈페이지 유지관리용역 | 1 | 6,000 | 4 | 4 | 1 | 7 | 1 | 1 | 4 | 5 | 5 | 4 | 4 |
| 5103 | 화순군 | 2025년 화순군 행정통합누리집 유지보수용역 | 1 | 3,300 | 4 | 4 | 1 | 7 | 1 | 1 | 4 | 5 | 5 | 4 | 4 |
| 5104 | 화순군 | 2025년 행정정보시스템 유지보수용역 | 1 | 50,352 | 4 | 4 | 1 | 7 | 1 | 1 | 4 | 5 | 5 | 4 | 4 |
| 5105 | 화순군 | 2025년 부동산 정보 열람시스템 유지보수용역 | 1 | 15,120 | 4 | 4 | 1 | 7 | 1 | 1 | 4 | 5 | 5 | 4 | 4 |
| 5106 | 화순군 | 2025년 국가공간정보통합체계 유지보수용역 | 1 | 21,900 | 4 | 4 | 1 | 7 | 1 | 1 | 4 | 5 | 5 | 4 | 4 |
| 5107 | 화순군 | 2025년 부동산종합공부시스템 유지보수용역 | 1 | 21,905 | 4 | 4 | 1 | 7 | 1 | 1 | 4 | 5 | 5 | 4 | 4 |
| 5108 | 화순군 | 2025년 정보화 대표홈페이지 유지보수용역 | 1 | 16,176 | 4 | 4 | 1 | 7 | 1 | 1 | 4 | 5 | 5 | 4 | 4 |
| 5109 | 화순군 | 2025년 화순군 대표홈페이지 유지보수용역 | 1 | 19,785 | 4 | 4 | 1 | 7 | 1 | 1 | 4 | 5 | 5 | 4 | 4 |
| 5110 | 화순군 | 2025년 행정정보시스템 유지보수용역 | 1 | 8,166 | 4 | 4 | 1 | 7 | 1 | 1 | 4 | 5 | 5 | 4 | 4 |
| 5111 | 화순군 | 2025년 문자통신시스템 유지보수용역 | 1 | 3,136 | 4 | 4 | 1 | 7 | 1 | 1 | 4 | 5 | 5 | 4 | 4 |

| 순번 | 시군구 | 정보화사업 사업명 · 예산서 상의 사업명 | 정보화사업 분류 | 2025년 예산 (단위:천원/년간) | 예산 편성근거 | 계약체결방법 (경쟁형태) | 정보화사업 계약기간 | 낙찰자 선정방식 | 정보화사업 평가신청 | 정보화사업 예산 산정 | 성과평가 실시여부 | 성과평가 주기 | 성과평가 방식 | 성과평가결과 인센티브 적용 유무 | 인센티브 및 패널티 적용 근거 |
|---|---|---|---|---|---|---|---|---|---|---|---|---|---|---|---|
| 5112 | 전 군산시 | 2025년 행정정보 통합백업 및 문서유통시스템 유지보수용역 | 1 | 13,736 | 4 | 4 | 1 | 7 | 1 | 1 | 4 | 5 | 5 | 4 | 4 |
| 5113 | 전 군산시 | 2025년 정보보호시스템 유지보수용역 | 1 | 19,480 | 4 | 4 | 1 | 7 | 1 | 1 | 4 | 5 | 5 | 4 | 4 |
| 5114 | 전 군산시 | 2025년 공공 와이파이망 유지보수용역 | 1 | 31,074 | 4 | 4 | 1 | 7 | 1 | 1 | 4 | 5 | 5 | 4 | 4 |
| 5115 | 전 군산시 | 2025년 정보통신망 네트워크 유지보수용역 | 1 | 43,837 | 4 | 4 | 1 | 7 | 1 | 1 | 4 | 5 | 5 | 4 | 4 |
| 5116 | 전 군산시 | 2025년 개인정보유출차단시스템 유지보수용역 | 1 | 12,360 | 4 | 4 | 1 | 7 | 1 | 1 | 4 | 5 | 5 | 4 | 4 |
| 5117 | 전 군산시 | 표준기록관리시스템 유지보수용역 | 1 | 36,000 | 4 | 4 | 1 | 7 | 1 | 1 | 4 | 5 | 5 | 4 | 4 |
| 5118 | 전 군산시 | 2025년 공용 전산장비시스템 유지보수용역 | 1 | 54,100 | 4 | 4 | 1 | 7 | 1 | 1 | 4 | 5 | 5 | 4 | 4 |
| 5119 | 전 군산시 | 2025년 웹 서비스용역 | 1 | 3,856 | 4 | 4 | 1 | 7 | 1 | 1 | 4 | 5 | 5 | 4 | 4 |
| 5120 | 전 군산시 | 2025년 통합스토리지 및 백업시스템 유지보수용역 | 1 | 18,534 | 4 | 4 | 1 | 7 | 1 | 1 | 4 | 5 | 5 | 4 | 4 |
| 5121 | 전 군산시 | 2025년 회의록 통합관리시스템 유지보수용역 | 1 | 18,330 | 4 | 4 | 1 | 7 | 1 | 1 | 4 | 5 | 5 | 4 | 4 |
| 5122 | 전 군산시 | 2025년 세입세출 재정정보공개시스템 유지보수용역 | 1 | 1,600 | 4 | 4 | 1 | 7 | 1 | 1 | 4 | 5 | 5 | 4 | 4 |
| 5123 | 전 군산시 | 2025년도 화순열린도서관 누리집 유지보수용역 | 1 | 6,600 | 4 | 4 | 1 | 7 | 1 | 1 | 4 | 5 | 5 | 4 | 4 |
| 5124 | 전 군산시 | 화순시네마 영화예매시스템 용역 | 1 | 8,640 | 4 | 4 | 1 | 3 | 1 | 1 | 4 | 5 | 5 | 4 | 4 |
| 5125 | 전 군산시 | 2025년 웹 하순함 홈페이지 유지보수용역 | 1 | 17,160 | 4 | 4 | 1 | 7 | 1 | 1 | 4 | 5 | 5 | 4 | 4 |
| 5126 | 전 군산시 | 2025년 민원산 자유의 숲 통합예약관리시스템 유지보수용역 | 1 | 8,000 | 4 | 4 | 1 | 7 | 1 | 1 | 4 | 5 | 5 | 4 | 4 |
| 5127 | 전 군산시 | 2025년 무정전원 물품공급체계(UPS) 시스템 유지보수용역 | 1 | 7,390 | 4 | 6 | 1 | 7 | 1 | 1 | 4 | 5 | 5 | 4 | 4 |
| 5128 | 전 군산시 | 2025년 하순군 도시계획정보체계(UPIS) 시스템 유지보수용역 | 1 | 18,930 | 4 | 6 | 1 | 7 | 1 | 1 | 4 | 5 | 5 | 4 | 4 |
| 5129 | 전 군산시 | 2025년 국가정보통신망 침입방지시스템 유지보수용역 | 2 | 6,180 | 4 | 6 | 1 | 7 | 1 | 1 | 4 | 5 | 5 | 4 | 4 |
| 5130 | 전 군산시 | 2025년 업무용 전산장비 구입 | 2 | 149,000 | 4 | 6 | 1 | 7 | 1 | 1 | 4 | 5 | 5 | 4 | 4 |
| 5131 | 전 군산시 | 2025년 업무용 소프트웨어 구입 | 2 | 182,960 | 4 | 6 | 7 | 3 | 1 | 1 | 4 | 5 | 5 | 4 | 4 |
| 5132 | 전 군산시 | 개인정보보호시스템 소트리지 교체 | 2 | 80,000 | 4 | 6 | 7 | 7 | 1 | 1 | 4 | 5 | 5 | 4 | 4 |
| 5133 | 전 군산시 | 행정정보시스템 통합스토리지 교체 | 2 | 110,000 | 4 | 6 | 7 | 7 | 1 | 1 | 4 | 5 | 5 | 4 | 4 |
| 5134 | 전 군산시 | 스위치 구입 교체 | 2 | 200,000 | 4 | 6 | 7 | 7 | 1 | 1 | 4 | 5 | 5 | 4 | 4 |
| 5135 | 전 군산시 | 행정망 방화벽 구입 교체 | 2 | 60,000 | 4 | 6 | 7 | 7 | 1 | 1 | 4 | 5 | 5 | 4 | 4 |
| 5136 | 전 군산시 | 내부 스위치(4) 구입 교체 | 2 | 150,000 | 4 | 6 | 7 | 7 | 1 | 1 | 4 | 5 | 5 | 4 | 4 |
| 5137 | 전 군산시 | 개 (NAPN)차단장비 송신통제장 | 2 | 61,200 | 4 | 6 | 7 | 7 | 1 | 1 | 4 | 5 | 5 | 4 | 4 |
| 5138 | 전 군산시 | 내부 스위치(2) 구입 교체 | 2 | 40,000 | 4 | 6 | 7 | 7 | 1 | 1 | 4 | 5 | 5 | 4 | 4 |
| 5139 | 전 군산시 | 행정화벽 구입 교체 | 2 | 50,000 | 4 | 6 | 7 | 7 | 1 | 1 | 4 | 5 | 5 | 4 | 4 |
| 5140 | 전 군산시 | 하순군 대표홈페이지 클라우드 네이버 전환 | 6 | 80,000 | 4 | 6 | 7 | 7 | 1 | 1 | 4 | 5 | 5 | 4 | 4 |
| 5141 | 전 정읍시 | 2025년 내부행정정보시스템 유지보수용역 | 1 | 27,150 | 5 | 2 | 1 | 3 | 1 | 1 | 2 | 5 | 5 | 4 | 6 |
| 5142 | 전 군산용 | 2025년도 행정전산장비(PC, 모니터) 유지보수용역 | 1 | 37,709 | 5 | 2 | 1 | 3 | 1 | 1 | 2 | 5 | 5 | 4 | 6 |

| 순번 | 시군구 | 정보화사업명<br>·예산서 상의 사업명 | 정보화사업 분류<br>1.유지 및 보수<br>2.SW/HW 개발 및 구매<br>3.DB 구축<br>4.정보화 전략계획(ISP) 수립<br>5.정보화지원<br>6.기타 | 2025년 예산<br>(단위:천원/1년간) | 예산 편성근거<br>1.법률에 규정<br>2.국고보조<br>3.용도조 재원<br>4.조례<br>5.지자체 및 상위기관 정책<br>6.기타<br>7.해당없음 | 계약체결방법(경쟁방법)<br>1.일반경쟁<br>2.제한경쟁<br>3.지명경쟁<br>4.수의계약<br>5.별정위탁<br>6.기타( )<br>7.해당없음 | 계약기간<br>1.1년<br>2.2년<br>3.3년<br>4.4년<br>5.5년<br>6.기타<br>7.단기계약(1년미만)<br>8.해당없음 | 낙찰자 선정방법<br>1.적격심사<br>2.협상에 의한계약<br>3.최저가낙찰<br>4.규격가격분리<br>5.2단계 경쟁입찰<br>6.기타( )<br>7.해당없음 | 평가신청<br>1.내부신청<br>2.외부신청<br>3.내외부 모두 신청<br>4.신청 無<br>5.해당없음 | 정산방법<br>1.내부정산(내부직원 정산)<br>2.외부정산(외부전문기관위촉)<br>3.내외부 모두 정산<br>4.정산 無<br>5.해당없음 | 성과평가 실시여부<br>1.실시<br>2.미실시<br>3.향후 추진<br>4.해당없음 | 성과평가 주기<br>1.매년<br>2.격년<br>3.기간만료전<br>4.기타( )<br>5.해당없음 | 성과평가 방법<br>1.자체 평가<br>2.용기간 구성후실시(전문위원위촉)<br>3.전문 평가기관 의뢰<br>4.기타<br>5.해당없음 | 성과평가결과 인센티브 및 페널티 적용 유무<br>1.적용<br>2.적용 안함<br>3.기타( )<br>4.해당없음 | 인센티브 및 페널티 적용 근거<br>1.법률<br>2.조례<br>3.지침<br>4.계약서<br>5.기타<br>6.해당없음 |
|---|---|---|---|---|---|---|---|---|---|---|---|---|---|---|---|
| 5143 | 전남 장흥군 | 2025년 클라우드 전환 서비스 운영 및 유지관리 | 1 | 213,890 | 5 | 4 | 1 | 7 | 1 | 1 | 2 | 5 | 5 | 4 | 6 |
| 5144 | 전남 장흥군 | 2025년 개인정보보호시스템 유지보수 | 1 | 69,138 | 5 | 2 | 1 | 3 | 1 | 1 | 2 | 5 | 5 | 4 | 6 |
| 5145 | 전남 장흥군 | 2025년 무정전전원장치(UPS) 유지보수 | 1 | 13,899 | 6 | 4 | 1 | 7 | 1 | 1 | 4 | 5 | 5 | 4 | 4 |
| 5146 | 전남 장흥군 | 2025년 마을방송시스템 유지보수 | 1 | 17,947 | 6 | 4 | 1 | 7 | 1 | 1 | 4 | 5 | 5 | 4 | 4 |
| 5147 | 전남 장흥군 | 2025년 행정교환기 및 영상시스템 유지보수 용역 | 1 | 45,478 | 6 | 2 | 1 | 3 | 1 | 1 | 4 | 5 | 5 | 4 | 4 |
| 5148 | 전남 장흥군 | 2025년 네트워크시스템 유지보수 용역 | 1 | 77,885 | 6 | 4 | 7 | 7 | 3 | 5 | 4 | 5 | 5 | 4 | 4 |
| 5149 | 전남 장흥군 | 2025년 네트워크접근제어시스템(NAC) 유지보수 | 1 | 5,074 | 6 | 4 | 1 | 3 | 3 | 5 | 4 | 5 | 5 | 4 | 6 |
| 5150 | 전남 장흥군 | 2025년 장흥군 통합 홈페이지 유지보수 | 1 | 19,360 | 6 | 4 | 7 | 7 | 3 | 5 | 4 | 5 | 5 | 4 | 6 |
| 5151 | 전남 장흥군 | 2025년 내부 및 개인정보보호 안전관리 시스템 유지보수 | 1 | 17,787 | 6 | 4 | 7 | 3 | 3 | 5 | 4 | 5 | 5 | 4 | 6 |
| 5152 | 전남 장흥군 | 장흥군 홈페이지 UIUX 가이드라인 적용 용역 | 2 | 44,192 | 6 | 2 | 7 | 7 | 5 | 5 | 4 | 5 | 5 | 4 | 6 |
| 5153 | 전남 장흥군 | 홈페이지 문서뷰어 솔루션 | 2 | 22,991 | 6 | 7 | 7 | 7 | 1 | 1 | 4 | 5 | 5 | 4 | 6 |
| 5154 | 전남 강진군 | 2025년 강진군 정보시스템 유지관리 용역 | 1 | 88,000 | 5 | 1 | 1 | 2 | 1 | 1 | 2 | 5 | 5 | 4 | 4 |
| 5155 | 전남 강진군 | 2025년 보안USB 관리시스템 유지관리 용역 | 1 | 22,000 | 5 | 4 | 1 | 7 | 1 | 1 | 2 | 5 | 5 | 4 | 4 |
| 5156 | 전남 강진군 | 2025년 소프트웨어 구입(한컴오피스2024 외 3종) | 2 | 3,220 | 5 | 4 | 1 | 7 | 1 | 1 | 2 | 5 | 5 | 4 | 4 |
| 5157 | 전남 강진군 | 2025년 방화벽 및 개인정보유출차단시스템 유지보수 용역 | 1 | 14,000 | 5 | 6 | 1 | 6 | 1 | 1 | 2 | 5 | 5 | 4 | 4 |
| 5158 | 전남 강진군 | 2025년 강진군 전화번호안내장치(APP) 유지보수 용역 | 1 | 6,000 | 5 | 4 | 1 | 6 | 1 | 1 | 2 | 5 | 5 | 4 | 4 |
| 5159 | 전남 강진군 | 2025년 전광판 문자송출 시스템 제어단말기 유지보수 용역 | 1 | 6,512 | 5 | 4 | 1 | 7 | 1 | 1 | 2 | 5 | 5 | 4 | 4 |
| 5160 | 전남 강진군 | 2025년 행정정보보안시스템(IPS, FW)유지보수 용역 | 1 | 14,000 | 5 | 4 | 1 | 7 | 1 | 1 | 2 | 5 | 5 | 4 | 4 |
| 5161 | 전남 강진군 | 2025년 홈페이지 관리시스템 유지관리 용역 | 1 | 7,800 | 5 | 4 | 1 | 7 | 1 | 1 | 2 | 5 | 5 | 4 | 4 |
| 5162 | 전남 강진군 | 2025년 스마트 마을방송 시스템 유지보수 용역 | 2 | 100,000 | 5 | 6 | 1 | 6 | 1 | 1 | 2 | 5 | 5 | 4 | 4 |
| 5163 | 전남 강진군 | 영상정보 처리 및 동보시스템 유지보수 용역 | 2 | 50,000 | 5 | 4 | 1 | 7 | 1 | 1 | 2 | 5 | 5 | 4 | 4 |
| 5164 | 전남 강진군 | 행정정보망 사설 무정전전원장치(SyUPS) 유지보수 용역 | 1 | 7,700 | 5 | 4 | 1 | 7 | 1 | 1 | 2 | 5 | 5 | 4 | 4 |
| 5165 | 전남 강진군 | 행정정보망 네트워크 장비 유지보수 용역 | 1 | 22,000 | 5 | 4 | 1 | 7 | 1 | 1 | 2 | 5 | 5 | 4 | 4 |
| 5166 | 전남 강진군 | 행정전자서명 유지보수 용역 | 1 | 20,000 | 5 | 6 | 1 | 7 | 1 | 1 | 2 | 5 | 5 | 4 | 4 |
| 5167 | 전남 강진군 | 2025년 행정정보보안 보안시스템(IPSFW)유지보수 용역 | 1 | 19,822 | 5 | 4 | 1 | 7 | 1 | 1 | 2 | 5 | 5 | 4 | 4 |
| 5168 | 전남 강진군 | 2025년 행정정보망 모바일 오피스 서비스 유지보수 용역 | 1 | 12,600 | 5 | 4 | 1 | 7 | 1 | 1 | 2 | 5 | 5 | 4 | 4 |
| 5169 | 전남 강진군 | 행정정보망 네트워크 유지보수 용역 | 1 | 18,000 | 5 | 4 | 1 | 7 | 1 | 1 | 2 | 5 | 5 | 4 | 4 |
| 5170 | 전남 강진군 | 2025년 행정정보망 보안장비(IPSFW) 유지보수 용역 | 1 | 13,000 | 5 | 4 | 1 | 7 | 1 | 1 | 2 | 5 | 5 | 4 | 4 |
| 5171 | 전남 강진군 | 2025년 온나라2.0 클라우드 서비스 이용 용역 | 1 | 122,000 | 5 | 6 | 1 | 6 | 1 | 1 | 2 | 5 | 5 | 4 | 4 |
| 5172 | 전남 강진군 | 개인정보보호시스템 유지관리 | 1 | 15,470 | 6 | 7 | 8 | 7 | 5 | 5 | 4 | 5 | 5 | 4 | 6 |
| 5173 | 전남 강진군 | 통합 홈페이지 유지관리 | 1 | 33,730 | 6 | 7 | 8 | 7 | 5 | 5 | 4 | 5 | 5 | 4 | 6 |

- 167 -

| 순번 | 시군구 | 정보화사업명·예산서 상의 사업명 | 정보화사업 분류<br>1.유지 및 보수<br>2.SW/HW 개발 및 구매<br>3.DB 구축<br>4.정보화 전략계획(ISP) 수립<br>5.정보화지원<br>6.기타 | 2025년 예산<br>(단위:천원/1년간) | 예산 편성근거<br>1.법률에 규정<br>2.국고보조재원<br>3.용도지정기부금<br>4.조례<br>5.자체재원 및 상위기관 정책<br>6.기타<br>7.해당없음 | 계약체결방법 (경쟁형태)<br>1.일반경쟁<br>2.제한경쟁<br>3.지명경쟁<br>4.수의계약<br>5.규정위탁<br>6.기타<br>7.해당없음 | 정보화사업 입찰방식<br>계약기간<br>1.1년<br>2.2년<br>3.3년<br>4.4년<br>5.5년<br>6.기타<br>7.단기계약(1년미만)<br>8.해당없음 | 낙찰자 선정방법<br>1.적격심사<br>2.협상에 의한계약<br>3.최저가낙찰제<br>4.규격가격분리<br>5.2단계 경쟁입찰<br>6.기타( )<br>7.해당없음 | 정보화사업 예산 산정<br>평가선정<br>1.내부선정<br>2.외부선정(전문기관위탁)<br>3.내·외부 모두 선정<br>4.산정 無<br>5.해당없음 | 산정방법<br>1.내부정산(자체적으로 정산)<br>2.외부정산(외부전문기관위탁 정산)<br>3.내·외부 모두 정산<br>4.정산 無<br>5.해당없음 | 성과평가<br>성과평가 실시여부<br>1.실시<br>2.미실시<br>3.향후 추진<br>4.해당없음 | 성과평가 주기<br>1.매년<br>2.격년<br>3.기간만료전<br>4.기타( )<br>5.해당없음 | 성과평가 방법<br>1.자체 평가<br>2.평가기관 구성후 실시(전문위원위촉)<br>3.전문 평가기관 의뢰<br>4.기타( )<br>5.해당없음 | 평가결과 적용<br>성과평가결과 인센티브 패널티 적용 유무<br>1.적용<br>2.적용 안함<br>3.기타( )<br>4.해당없음 | 인센티브 및 패널티 적용 근거<br>1.법률<br>2.조례<br>3.지침<br>4.계약서<br>5.기타( )<br>6.해당없음 |
|---|---|---|---|---|---|---|---|---|---|---|---|---|---|---|---|
| 5174 | 군포해 지원 | 대민 웹서비스 보안장비 유지보수 | 1 | 12,350 | 6 | 7 | 8 | 7 | 5 | 5 | 4 | 5 | 5 | 4 | 6 |
| 5175 | 군포해 지원 | 정보화마을 프로그램 관리자 육성 | 5 | 43,670 | 4 | 7 | 8 | 7 | 5 | 5 | 4 | 5 | 5 | 4 | 6 |
| 5176 | 군포해 지원 | 행정업무용 상용 소프트웨어 구입 | 5 | 94,490 | 6 | 7 | 8 | 7 | 5 | 5 | 4 | 5 | 5 | 4 | 6 |
| 5177 | 군포해 지원 | 행정업무용 컴퓨터(PC) 구입 | 5 | 306,000 | 6 | 7 | 8 | 7 | 5 | 5 | 4 | 5 | 5 | 4 | 6 |
| 5178 | 군포해 지원 | 행정업무용 프린터 구입 | 5 | 30,000 | 6 | 7 | 8 | 7 | 5 | 5 | 4 | 5 | 5 | 4 | 6 |
| 5179 | 군포해 지원 | 연무용 PC 프로그램 구입 | 2 | 20,000 | 6 | 7 | 8 | 7 | 5 | 5 | 4 | 5 | 5 | 4 | 6 |
| 5180 | 군포해 지원 | 도서계약정보 유지관리 | 1 | 22,000 | 6 | 7 | 8 | 7 | 5 | 5 | 4 | 5 | 5 | 4 | 6 |
| 5181 | 군포해 지원 | 계약정보공개시스템 유지보수 | 1 | 4,000 | 6 | 7 | 8 | 7 | 5 | 5 | 4 | 5 | 5 | 4 | 6 |
| 5182 | 군포해 지원 | 지하시설물정보 통합관리시스템 유지보수 | 1 | 57,570 | 6 | 7 | 8 | 7 | 5 | 5 | 4 | 5 | 5 | 4 | 6 |
| 5183 | 군포해 지원 | 군청 홈페이지 유지보수 | 1 | 26,000 | 1 | 7 | 8 | 7 | 5 | 5 | 4 | 5 | 5 | 4 | 6 |
| 5184 | 군포해 지원 | 도서관 및 문화예술회관 홈페이지 시스템 유지보수 | 1 | 3,000 | 6 | 7 | 8 | 7 | 5 | 5 | 4 | 5 | 5 | 4 | 6 |
| 5185 | 군포해 지원 | 해 외 공공박물관 홈페이지 유지보수 | 1 | 4,000 | 6 | 7 | 8 | 7 | 5 | 5 | 4 | 5 | 5 | 4 | 6 |
| 5186 | 군포해 지원 | 지방세외수입 가상계좌시스템 유지보수 | 1 | 9,000 | 6 | 7 | 8 | 7 | 5 | 5 | 4 | 5 | 5 | 4 | 6 |
| 5187 | 군포해 지원 | 공간정보 열람시스템 유지보수 | 1 | 17,520 | 6 | 7 | 8 | 7 | 5 | 5 | 4 | 5 | 5 | 4 | 6 |
| 5188 | 군포해 지원 | 지방세중합서류 이미지 관리 시스템 유지보수 | 1 | 4,590 | 6 | 7 | 8 | 7 | 5 | 5 | 4 | 5 | 5 | 4 | 6 |
| 5189 | 군포해 지원 | 도서관 표준자료관리시스템(KOLASⅢ) 유지보수 | 1 | 4,200 | 6 | 7 | 8 | 7 | 5 | 5 | 4 | 5 | 5 | 4 | 6 |
| 5190 | 군포해 지원 | 도서관 전산시스템 유지보수 | 1 | 5,000 | 6 | 7 | 8 | 7 | 5 | 5 | 4 | 5 | 5 | 4 | 6 |
| 5191 | 군포해 지원 | 도서관 독서회원 DB암호화 시스템 유지보수 | 1 | 4,000 | 6 | 7 | 8 | 7 | 5 | 5 | 4 | 5 | 5 | 4 | 6 |
| 5192 | 군포해 지원 | 전자교육장 가상화서버 유지관리 | 2 | 10,630 | 6 | 7 | 8 | 7 | 5 | 5 | 4 | 5 | 5 | 4 | 6 |
| 5193 | 군포해 지원 | 여성 전산용품 | 2 | 59,160 | 5 | 7 | 8 | 7 | 5 | 5 | 4 | 5 | 5 | 4 | 6 |
| 5194 | 군포해 지원 | 네트워크 접근제어 시스템 구축 | 2 | 47,110 | 5 | 7 | 8 | 7 | 5 | 5 | 4 | 5 | 5 | 4 | 6 |
| 5195 | 군포해 지원 | 노후화 IP영상동보장비 교체 | 2 | 45,937 | 4 | 1 | 7 | 3 | 1 | 1 | 4 | 4 | 4 | 4 | 4 |
| 5196 | 군포해 지원 | 2025년 인터넷전화 유지보수 및 사용 | 1 | 21,950 | 4 | 4 | 1 | 7 | 1 | 1 | 4 | 4 | 4 | 4 | 4 |
| 5197 | 군포해 지원 | 2025년 영상회의망 운용 | 1 | 21,870 | 4 | 4 | 1 | 7 | 1 | 1 | 4 | 4 | 4 | 4 | 4 |
| 5198 | 군포응 지원 | 2025년 행정업무전산화 및 문서유통위한보안서비스유지 운용 | 1 | 12,303 | 1 | 4 | 1 | 7 | 1 | 1 | 4 | 4 | 5 | 4 | 4 |
| 5199 | 군포응 지원 | 2025년 수자원공사관리용 유지 운용 | 1 | 21,809 | 1 | 4 | 1 | 7 | 1 | 1 | 4 | 4 | 5 | 4 | 4 |
| 5200 | 군포응 지원 | 2025년 수자원 정보시스템 유지 운용 | 1 | 20,404 | 1 | 4 | 1 | 7 | 1 | 1 | 4 | 4 | 5 | 4 | 4 |
| 5204 | 군포응 지원 | 2025년 스마트청사안내시스템 유지 운용 | 1 | 7,587 | 1 | 4 | 1 | 7 | 1 | 1 | 4 | 5 | 5 | 4 | 4 |

| 순번 | 시·군·구 | 정보화사업명 · 예산시 상위 사업명 | 정보화사업 분류 | 2025년 예산 (단위:천원/1년간) | 예산 편성근거 | 계약체결방법 (경쟁형태) | 정보화사업 입찰방식 | 정보화사업 입찰방식 계약기간 | 낙찰자 선정방식 | 정보화사업 예산 산정 평가산정 | 정보화사업 예산 산정 정산신청 | 성과평가 실시여부 | 성과평가 주기 | 성과평가 방법 | 성과평가결과 인센티브 및 패널티 적용 유무 | 인센티브 및 패널티 적용 근거 |
|---|---|---|---|---|---|---|---|---|---|---|---|---|---|---|---|---|
| 5205 | 전남 영암군 | 2025년 가상화서비스시스템 유지보수 용역 | 1 | 16,687 | 1 | 4 | 1 | 7 | 1 | 1 | 4 | 5 | 5 | 4 | 4 |
| 5206 | 전남 영암군 | 2025년 대표 홈페이지 유지보수 용역 | 1 | 19,580 | 1 | 4 | 1 | 7 | 1 | 1 | 4 | 5 | 5 | 4 | 4 |
| 5207 | 전남 영암군 | 2025년 공공앱 유지보수 용역 | 1 | 19,580 | 1 | 4 | 1 | 7 | 1 | 1 | 3 | 5 | 1 | 4 | 4 |
| 5208 | 전남 영암군 | 통합 보조사업 관리시스템 구축 | 2 | 100,000 | 5 | 1 | 7 | 2 | 1 | 1 | 4 | 5 | 5 | 4 | 4 |
| 5209 | 전남 영암군 | 2025년 스마트 영암도기박물관 백업시스템 유지보수 용역 | 1 | 15,967 | 5 | 4 | 1 | 7 | 1 | 1 | 4 | 5 | 5 | 4 | 6 |
| 5210 | 전남 영암군 | 표준기록관리시스템 하드웨어 및 소프트웨어 유지보수 용역 | 1 | 9,300 | 1 | 4 | 1 | 7 | 1 | 1 | 4 | 5 | 5 | 4 | 4 |
| 5211 | 전남 영암군 | 2025년 영암군 소프트웨어 유지보수 용역 | 1 | 22,000 | 1 | 4 | 1 | 7 | 1 | 1 | 4 | 5 | 5 | 4 | 4 |
| 5212 | 전남 영암군 | 2025년 영암군 표준관광 유지관리시스템 확대구축(스마트 관광관리 구축분) | 1 | 60,083 | 2 | 4 | 7 | 7 | 5 | 5 | 4 | 5 | 5 | 4 | 4 |
| 5213 | 전남 영암군 | 2025년 수도요금프로그램 DB완충화 3W 유지보수 용역 | 1 | 2,204 | 6 | 7 | 1 | 7 | 5 | 5 | 4 | 5 | 5 | 4 | 4 |
| 5214 | 전남 영암군 | 2025년 상하수도금 정보관리시스템 유지보수 용역 | 1 | 14,407 | 6 | 7 | 7 | 7 | 5 | 5 | 4 | 5 | 5 | 4 | 4 |
| 5215 | 전남 영암군 | 2025년 영암군 통합정보공간정보시스템 확대구축(스마트 관리 구축분) | 1 | 40,139 | 6 | 4 | 1 | 7 | 1 | 1 | 4 | 5 | 5 | 4 | 4 |
| 5216 | 전남 영암군 | 2025년 의회 계약업무 프로그램 유지보수 용역 | 1 | 15,624 | 5 | 1 | 7 | 7 | 1 | 1 | 4 | 5 | 5 | 4 | 4 |
| 5217 | 전남 영암군 | 2025년 재난치장 반출편 영상자시스템 유지보수 용역 | 1 | 7,920 | 5 | 4 | 1 | 7 | 1 | 1 | 4 | 5 | 5 | 4 | 4 |
| 5218 | 전남 영암군 | 2025년 지하시설물 통합관리시스템 소프트웨어 유지보수 용역 | 1 | 7,320 | 1 | 4 | 7 | 7 | 1 | 1 | 4 | 5 | 5 | 4 | 4 |
| 5219 | 전남 영암군 | 2025년 영암군 통합공간정보시스템 하드웨어 유지보수 용역 | 1 | 10,500 | 1 | 4 | 1 | 7 | 1 | 1 | 4 | 5 | 5 | 4 | 4 |
| 5220 | 전남 영암군 | 2025년 부동산종합공부시스템 이동수단 | 1 | 6,960 | 1 | 4 | 8 | 2 | 1 | 1 | 4 | 5 | 5 | 4 | 4 |
| 5221 | 전남 영암군 | 2025년 부동산종합공부시스템 소프트웨어 유지보수 용역 | 1 | 5,389 | 1 | 4 | 1 | 6(인 건축) | 1 | 1 | 4 | 5 | 5 | 4 | 4 |
| 5222 | 전남 영암군 | 2025년 부동산종합공부시스템 하드웨어 국산신소프트웨어 유지보수 용역 | 1 | 9,240 | 1 | 4 | 1 | 7 | 1 | 1 | 4 | 5 | 5 | 4 | 4 |
| 5223 | 전남 영암군 | 2025년 영암군 지하시설물 유지관리 | 1 | 11,311 | 1 | 4 | 1 | 7 | 1 | 1 | 4 | 5 | 5 | 4 | 4 |
| 5224 | 전남 영암군 | 행정정보시스템 유지관리 | 2 | 79,088 | 1 | 6 | 1 | 6(인 건축) | 1 | 1 | 2 | 5 | 2 | 4 | 4 |
| 5225 | 전남 영암군 | 클라우드 전환 시스템 서비스 이용 | 1 | 139,998 | 1 | 4 | 1 | 6(나라장터 물품구입) | 3 | 3 | 1 | 5 | 1 | 4 | 4 |
| 5226 | 전남 영암군 | 데이터 기반 행정 추진 | 1 | 19,640 | 1 | 4 | 8 | 2 | 1 | 1 | 2 | 5 | 5 | 4 | 4 |
| 5227 | 전남 영암군 | 지역정보화 추진「농어촌 초고속인터넷망 구축」 | 2 | 39,996 | 5 | 1 | 1 | 6(인 건축) | 5 | 2 | 4 | 5 | 5 | 4 | 4 |
| 5228 | 전남 영암군 | 개인정보보호 및 정보보안시스템 운영 | 1 | 16,940 | 1 | 4 | 8 | 7 | 1 | 1 | 2 | 5 | 5 | 4 | 4 |
| 5229 | 전남 영암군 | 군민정보화 교육 | 5 | 10,000 | 1 | 7 | 1 | 7 | 5 | 5 | 4 | 5 | 5 | 4 | 4 |
| 5230 | 전남 영암군 | 정보화 마을 운영 | 5 | 26,399 | 1 | 5 | 1 | 7 | 1 | 1 | 4 | 5 | 5 | 4 | 4 |
| 5231 | 전남 영암군 | 공통기반 표준업무 시스템 운영 | 1 | 111,255 | 5 | 4 | 1 | 7 | 1 | 1 | 2 | 5 | 5 | 4 | 4 |
| 5232 | 전남 함평군 | 군청 홈페이지 재 개편 | 1 | 19,510 | 4 | 2 | 1 | 6(경쟁입찰) | 1 | 1 | 2 | 5 | 5 | 4 | 4 |
| 5233 | 전남 함평군 | 정보통신망 인프라 구축 | 1 | 723,862 | 1 | 4 | 1 | 7 | 1 | 1 | 4 | 5 | 5 | 4 | 4 |
| 5234 | 전남 함평군 | 노후 전산장비 교체 | 2 | 101,040 | 1 | 2 | 8 | 7 | 5 | 5 | 4 | 5 | 5 | 4 | 4 |
| 5235 | 전남 함평군 | 군포 이메일 소프트웨어 유지관리 | 1 | 145,579 | 1 | 7 | 8 | 7 | 5 | 5 | 4 | 5 | 5 | 4 | 4 |

- 169 -

| 순번 | 시군구 | 정보화사업 사업명 ·예산서 상위 사업명 | 정보화사업 분류 1.유지 및 보수 2.SW/HW 개발 및 구매 3.DB 구축 4.정보화 전략계획(ISP) 수립 5.정보화지원 6.기타 | 2025년 예산 (단위:천원/1년간) | 예산 편성근거 1.법률에 규정 2.국고보조재원 3.조례 4.지자체 5.상위기관 정책 6.기타 7.해당없음 | 정보화사업 입찰방식 | | | 정보화사업 예산 산정 | | | 성과평가 | | | 평가결과 적용 | |
|---|---|---|---|---|---|---|---|---|---|---|---|---|---|---|---|---|
| | | | | | | 계약체결방법(경쟁형태) 1.일반경쟁 2.제한경쟁 3.지명경쟁 4.수의계약 5.협정위탁 6.기타 7.해당없음 | 계약기간 1.1년 2.2년 3.3년 4.4년 5.5년 6.기타( ) 7.단기계약(1년미만) 8.해당없음 | 낙찰자 선정방법 1.적격심사 2.협상에 의한계약 3.최저가낙찰 4.규격가격분리 5.2단계경쟁입찰 6.기타( ) 7.해당없음 | 원가산정 1.내부산정(자체적으로 산정) 2.외부산정(외부전문기관위탁) 3.내외부모두 산정 4.신청 中 5.해당없음 | 정산방법 1.내부정산(내부적으로 정산) 2.외부정산(외부전문기관위탁 정산) 3.내외부모두 정산 4.정산중 5.해당없음 | 성과평가 실시여부 1.실시 2.미실시 3.향후 추진 4.해당없음 | 성과평가 주기 1.매년 2.격년 3.기관운영 4.기타( ) 5.해당없음 | 성과평가 방법 1.자체 평가 2.용기간구성위원회(전문위원회) 3.전문 평가기관 의뢰 4.기타( ) 5.해당없음 | 성과평가결과 인센티브 및 패널티 적용 유무 1.적용 2.적용 안함 3.기타( ) 4.해당없음 | 인센티브 및 패널티 적용 근거 1.법률 2.조례 3.지침 4.계약서 5.기타( ) 6.해당없음 |
| 5236 | 진천군 | 효율적 인사행정시스템 운영 | 1 | 55,831 | 5 | 5 | 1 | 7 | 1 | 1 | 2 | 5 | 5 | 4 | 4 |
| 5237 | 진천군 | 재정관리시스템 유지관리 | 1 | 89,919 | 5 | 7 | 8 | 7 | 2 | 2 | 1 | 1 | 4 | 4 | 4 |
| 5238 | 진천군 | 행정 시스템 유지보수 및 운영 관리 | 1 | 11,359 | 5 | 6 | 1 | 7 | 2 | 2 | 1 | 1 | 1 | 4 | 5 |
| 5239 | 진천군 | 군정 홍보를 위한 사진 및 영상자료 관리 | 1 | 20,000 | 7 | 4 | 1 | 7 | 1 | 1 | 4 | 5 | 5 | 4 | 4 |
| 5240 | 진천군 | 지적 시스템 유지보수 | 1 | 1,870 | 7 | 1 | 1 | 7 | 1 | 1 | 4 | 5 | 5 | 4 | 4 |
| 5241 | 진천군 | 국가주소정보시스템 등 유지관리 | 1 | 77,326 | 7 | 5 | 1 | 7 | 1 | 1 | 4 | 5 | 5 | 4 | 4 |
| 5242 | 진천군 | 도로기반 지하시설물 전산화 사업 | 2 | 893,000 | 7 | 1 | 1 | 7 | 1 | 1 | 4 | 5 | 5 | 4 | 4 |
| 5243 | 진천군 | 무인민원발급기 운영 관리 | 1 | 14,456 | 7 | 4 | 1 | 7 | 1 | 1 | 4 | 5 | 5 | 4 | 4 |
| 5244 | 진천군 | 차세대 지방세정보시스템 운영관리 | 1 | 113,968 | 7 | 5 | 1 | 7 | 1 | 1 | 4 | 5 | 5 | 4 | 4 |
| 5245 | 진천군 | 재난자원 변호인 영지 및 가상계좌 수납시스템 운영 관리 | 1 | 7,200 | 7 | 5 | 1 | 7 | 1 | 1 | 4 | 5 | 5 | 4 | 4 |
| 5246 | 진천군 | 계약 및 회계 운영 | 1 | 30,000 | 7 | 1 | 1 | 7 | 1 | 1 | 4 | 5 | 5 | 4 | 4 |
| 5247 | 진천군 | 지방세수입 관리 | 1 | 53,657 | 7 | 5 | 1 | 7 | 1 | 1 | 4 | 5 | 5 | 4 | 4 |
| 5248 | 진천군 | 공용물품 관리 시스템 운영 | 1 | 900 | 7 | 1 | 1 | 7 | 1 | 1 | 4 | 5 | 5 | 4 | 4 |
| 5249 | 진천군 | 합생군도서관 및 도서관리프로그램 운영 | 1 | 18,000 | 7 | 7 | 1 | 7 | 1 | 1 | 4 | 5 | 5 | 4 | 4 |
| 5250 | 진천군 | 대중교통 환경 개선을 위한 버스정보시스템 운영 | 1 | 30,000 | 2 | 4 | 8 | 7 | 1 | 1 | 4 | 5 | 5 | 4 | 4 |
| 5251 | 진천군 | 교통약자 특별교통수단(장애인콜택시) 운영 | 1 | 1,980 | 7 | 5 | 1 | 7 | 1 | 1 | 4 | 5 | 5 | 4 | 4 |
| 5252 | 진천군 | 무보험 차량관리 및 관리 시스템 운영 | 1 | 3,000 | 1 | 7 | 8 | 7 | 1 | 1 | 4 | 5 | 5 | 4 | 4 |
| 5253 | 진천군 | CCTV 통합관제센터 운영 및 유지관리 | 6 | 129,239 | 1 | 7 | 8 | 7 | 1 | 1 | 4 | 5 | 5 | 4 | 4 |
| 5254 | 진천군 | 차세대 지방재정관리시스템 구축 (본읍군) | 1 | 16,480 | 5 | 4 | 7 | 7 | 1 | 1 | 4 | 5 | 5 | 4 | 4 |
| 5255 | 진천군 | 열린 의회를 위한 홈페이지 유지보수 | 1 | 8,400 | 7 | 7 | 1 | 7 | 1 | 1 | 4 | 5 | 5 | 4 | 4 |
| 5256 | 영평군 | 통합정신건강증진사업운영 | 1 | 2,202 | 2 | 7 | 8 | 7 | 1 | 1 | 4 | 5 | 5 | 4 | 4 |
| 5257 | 영평군 | 여성과 어린이 건강사업 | 1 | 94,000 | 7 | 5 | 1 | 7 | 1 | 5 | 4 | 5 | 5 | 4 | 4 |
| 5258 | 영평군 | 표준기록관리시스템 유지관리 | 1 | 38,046 | 1 | 7 | 8 | 7 | 5 | 5 | 4 | 5 | 5 | 4 | 4 |
| 5259 | 영평군 | 정책시스템 유지관리 및 운영 지원 | 1 | 12,300 | 1 | 7 | 8 | 7 | 5 | 5 | 4 | 5 | 5 | 4 | 4 |
| 5260 | 영평군 | 차세대 지방재정관리시스템 유지관리 | 1 | 89,900 | 1 | 7 | 8 | 7 | 5 | 5 | 4 | 5 | 5 | 4 | 4 |
| 5261 | 영평군 | 차세대 지방재정관리시스템 구축 (본읍군) | 6 | 34,700 | 1 | 4 | 7 | 7 | 5 | 5 | 4 | 5 | 5 | 4 | 4 |
| 5262 | 영평군 | 군립도서관 홈페이지 운영 | 1 | 1,150 | 5 | 1 | 7 | 7 | 1 | 5 | 4 | 5 | 5 | 4 | 4 |
| 5263 | 영평군 | 차세대 주민등록시스템 운영 및 유지관리 | 1 | 21,900 | 7 | 7 | 8 | 7 | 5 | 5 | 4 | 5 | 5 | 4 | 4 |
| 5264 | 영평군 | 주소정보관리시스템 운영 및 유지관리 | 1 | 61,500 | 7 | 7 | 8 | 7 | 5 | 5 | 4 | 5 | 5 | 4 | 4 |
| 5265 | 영평군 | 공간정보보시스템 유지 관리 | 1 | 87,000 | 7 | 4 | 1 | 7 | 1 | 5 | 4 | 5 | 5 | 4 | 4 |
| 5266 | 영평군 | 영구기록물 관구내 대외부배이용화구축 구축 | 2 | 298,000 | 6 | 1 | 1 | 2 | 1 | 5 | 4 | 5 | 5 | 4 | 4 |

- 170 -

| 순번 | 시군구 | 정보화사업<br>· 예산서 상의 사업명 | 정보화사업 분류<br>1. 유지 및 보수<br>2. SW/HW<br>  개발 및 구매<br>3. DB 구축<br>4. 정보화<br>  전략계획<br>  (ISP) 수립<br>5. 정보화지원<br>6. 기타 | 2025년<br>예산<br>(단위:천원<br>/1년간) | 예산 편성근거<br>1. 법률에 규정<br>2. 국고보조재원<br>3. 용도지정기부금<br>4. 조례<br>5. 지자체 및<br>  상위기관 정책<br>6. 기타<br>7. 해당없음 | 계약체결방법<br>(경쟁력)<br>1. 일반경쟁<br>2. 제한경쟁<br>3. 지명경쟁<br>4. 수의계약<br>5. 민간위탁<br>6. 기타( )<br>7. 해당없음 | 계약기간<br>1. 1년<br>2. 2년<br>3. 3년<br>4. 4년<br>5. 5년<br>6. 기타<br>7. 단기계약<br>  (1년미만)<br>8. 해당없음 | 낙찰자 선정방법<br>1. 직접심사<br>2. 협상에 의한계약<br>3. 최저가낙찰제<br>4. 근로가치평가<br>5. 2단계 경쟁입찰<br>6. 기타( )<br>7. 해당없음 | 평가신청<br>1. 내부신청<br>  (자체적으로 선정)<br>2. 외부신청<br>  (전문기관에서 신청)<br>3. 내외부 모두 선정<br>4. 신청 無<br>5. 해당없음 | 정보방법<br>1. 내부정산<br>  (내부적으로 정산)<br>2. 외부정산<br>  (외부전문기관위탁<br>  정산)<br>3. 내외부 모두 정산<br>4. 정산 無<br>5. 해당없음 | 성과평가 실시여부<br>1. 실시<br>2. 미실시<br>3. 향후 추진<br>4. 해당없음 | 성과평가 주기<br>1. 매년<br>2. 격년<br>3. 기간만료전<br>4. 기타( )<br>5. 해당없음 | 성과평가 방법<br>1. 자체 평가<br>2. 평가단<br>  구성후 실시<br>  (전문위원회)<br>3. 전문<br>  평가기관 의뢰<br>4. 기타( )<br>5. 해당없음 | 성과평가결과<br>피드백 작용<br>유무<br>1. 작용<br>2. 작용 안함<br>3. 기타( )<br>4. 해당없음 | 인센티브 및<br>패널티 적용<br>근거<br>1. 법률<br>2. 조례<br>3. 지침<br>4. 계약서<br>5. 기타( )<br>6. 해당없음 |
|---|---|---|---|---|---|---|---|---|---|---|---|---|---|---|---|
| 5267 | 전남 영광군 | 디지털 통합재난대응체계 유지관리 | 1 | 62,000 | 5 | 1 | 1 | 2 | 1 | 5 | 4 | 5 | 5 | 4 | 4 |
| 5268 | 전남 영광군 | CCTV통합관제센터 유지보수 | 1 | 119,622 | 1 | 1 | 1 | 3 | 1 | 5 | 4 | 5 | 5 | 4 | 4 |
| 5269 | 전남 영광군 | 계약정보공개시스템 유지관리 | 1 | 4,500 | 1 | 4 | 1 | 7 | 1 | 5 | 4 | 5 | 5 | 4 | 4 |
| 5270 | 전남 영광군 | 차세대 지방세외수입정보시스템 유지관리 | 1 | 56,130 | 1 | 7 | 8 | 7 | 5 | 5 | 4 | 5 | 5 | 4 | 4 |
| 5271 | 전남 영광군 | 차세대 지방세정보시스템 유지관리 | 1 | 114,000 | 1 | 7 | 1 | 7 | 5 | 5 | 4 | 5 | 5 | 4 | 4 |
| 5272 | 전남 영광군 | 고향사랑기부제 종합정보시스템 유지관리 | 1 | 28,700 | 1 | 7 | 8 | 7 | 5 | 5 | 4 | 5 | 5 | 4 | 4 |
| 5273 | 전남 영광군 | 정보보안 시스템 구축 | 2 | 119,000 | 1 | 4 | 8 | 7 | 1 | 5 | 4 | 5 | 5 | 4 | 4 |
| 5274 | 전남 영광군 | 정보보안 및 개인정보 행정 유지관리 | 1 | 82,820 | 1 | 6 | 1 | 4 | 5 | 5 | 4 | 5 | 5 | 4 | 4 |
| 5275 | 전남 영광군 | 온나라시스템 2.0 유지관리 | 1 | 122,680 | 1 | 7 | 8 | 7 | 5 | 5 | 4 | 5 | 5 | 4 | 4 |
| 5276 | 전남 영광군 | 온나라시스템 및 전자사서함 운영지원 | 2 | 15,670 | 1 | 7 | 1 | 7 | 5 | 5 | 4 | 5 | 5 | 4 | 4 |
| 5277 | 전남 영광군 | 군 대표 홈페이지 유지관리 | 1 | 19,000 | 1 | 4 | 8 | 7 | 1 | 5 | 4 | 5 | 5 | 4 | 4 |
| 5278 | 전남 영광군 | 공통기반 및 재해복구시스템 인프라 유지보수 (군광역) | 6 | 106,000 | 5 | 7 | 8 | 7 | 5 | 5 | 4 | 5 | 5 | 4 | 4 |
| 5279 | 전남 영광군 | 주민정보화 교육 | 5 | 22,080 | 1 | 7 | 1 | 7 | 5 | 5 | 4 | 5 | 5 | 4 | 4 |
| 5280 | 전남 영광군 | 행정전산장비 구입 | 2 | 110,000 | 7 | 7 | 8 | 7 | 5 | 5 | 4 | 5 | 5 | 4 | 4 |
| 5281 | 전남 영광군 | 우편업무시스템 유지관리 | 1 | 5,860 | 1 | 4 | 1 | 7 | 5 | 5 | 4 | 5 | 5 | 4 | 4 |
| 5282 | 전남 영광군 | 표준기록관리시스템 유지관리 | 1 | 21,300 | 1 | 7 | 8 | 7 | 5 | 5 | 4 | 5 | 5 | 4 | 4 |
| 5283 | 전남 영광군 | 전자기록물 이관용 대용량 송수신 솔루션 구매 | 2 | 31,000 | 1 | 4 | 1 | 7 | 5 | 5 | 4 | 5 | 5 | 4 | 4 |
| 5284 | 전남 영광군 | 차세대 표준지방인사시스템 유지관리 | 1 | 23,000 | 1 | 4 | 8 | 7 | 5 | 5 | 4 | 5 | 5 | 4 | 4 |
| 5285 | 전남 영광군 | 「2025년 원도군 누리집(홈페이지) 유지보수 | 6 | 4,300 | 5 | 4 | 8 | 7 | 5 | 5 | 4 | 5 | 5 | 4 | 4 |
| 5286 | 전남 완도군 | 2025년도 행정정보통신망 유지보수 | 1 | 20,280 | 5 | 4 | 1 | 7 | 5 | 5 | 4 | 5 | 5 | 4 | 4 |
| 5287 | 전남 완도군 | 2025년도 행정전화 교환시스템 유지보수 | 1 | 20,840 | 5 | 4 | 1 | 7 | 5 | 5 | 4 | 5 | 5 | 4 | 4 |
| 5288 | 전남 완도군 | 2025년 영상회의 및 통보방송 유지보수 용역 | 1 | 19,600 | 5 | 6 | 1 | 3 | 5 | 5 | 4 | 5 | 5 | 4 | 4 |
| 5289 | 전남 완도군 | 「2025년 업무용 PC통합 유지보수」 | 1 | 49,129 | 5 | 6 | 1 | 3 | 5 | 5 | 4 | 5 | 5 | 4 | 4 |
| 5290 | 전남 완도군 | 2025년 완도군 누리집(홈페이지) 유지보수 | 1 | 20,680 | 5 | 4 | 1 | 7 | 5 | 5 | 4 | 5 | 5 | 4 | 4 |
| 5291 | 전남 완도군 | 2025년도 백업솔루션 및 문서보안시스템 유지보수 | 1 | 10,810 | 5 | 4 | 1 | 7 | 5 | 5 | 4 | 5 | 5 | 4 | 4 |
| 5292 | 전남 완도군 | 2025년도 스마트 청사안내시스템 유지보수 | 1 | 12,810 | 5 | 4 | 1 | 7 | 5 | 5 | 4 | 5 | 5 | 4 | 4 |
| 5293 | 전남 완도군 | 2025년도 행정지원시스템 유지보수 | 1 | 20,410 | 5 | 4 | 1 | 7 | 5 | 5 | 4 | 5 | 5 | 4 | 4 |
| 5294 | 전남 완도군 | 2025년도 클라우드 전환시스템 유지관리 | 1 | 171,991 | 5 | 6 | 1 | 3 | 5 | 5 | 4 | 5 | 5 | 4 | 4 |
| 5295 | 전남 완도군 | 2025년 행정업무신청시스템 운영 유지관리 | 1 | 16,903 | 5 | 6 | 1 | 7 | 5 | 5 | 4 | 5 | 5 | 4 | 4 |
| 5296 | 전남 완도군 | 2025년 행정용무선 보안장비 유지보수 | 1 | 20,130 | 5 | 4 | 1 | 7 | 5 | 5 | 4 | 5 | 5 | 4 | 4 |
| 5297 | 전남 완도군 | 2025년 무정전전원장치(UPS) 유지보수 | 1 | 9,460 | 5 | 4 | 1 | 7 | 5 | 5 | 4 | 5 | 5 | 4 | 4 |

| 순번 | 시도 구 | 정보화사업 사업명 ·예산서 사업명 | 정보화사업 분류 (1.유지 및 보수 2.SW/HW 개발 및 구매 3.DB 구축 4.정보화 전략계획(ISP) 수립 5.정보자원 6.기타) | 2025년 예산 (단위:천원/1년분) | 예산 편성근거 (1.법률에 규정 2.국고보조 재원 3.용도지정기부금 4.조례 5.지자체 및 상위기관 정책 6.기타 7.해당없음) | 계약체결방법 (경쟁형태) (1.일반경쟁 2.제한경쟁 3.지명경쟁 4.수의계약 5.법령계약 6.기타( ) 7.해당없음) | 계약기간 (1.1년 2.2년 3.3년 4.4년 5.5년 6.기타 7.단기계약(1년미만) 8.해당없음) | 낙찰자 선정방식 (1.적격심사 2.협상에 의한계약 3.최저가낙찰 4.규모가대로 5.2단계 경쟁입찰 6.기타( ) 7.해당없음) | 정보화사업 입찰방식 원가산정 (1.내부산정(자체제작 선정) 2.외부산정(전문기관에 선정) 3.내·외부 모두 산정 4.산정 無 5.해당없음) | 정보화사업 예산 산정 정산방법 (1.내부정산(내부직원 정산) 2.외부정산(외부전문기관위탁) 3.내·외부 모두 정산 4.정산 無 5.해당없음) | 성과평가 실시여부 (1.실시 2.미실시 3.향후 추진 4.해당없음) | 성과평가 성과평가 주기 (1.매년 2.격년 3.기간만료전 4.기타( ) 5.해당없음) | 성과평가 방법 (1.자체 조사 2.평가단 구성후 실시 (전문위원위촉) 3.전문 평가기관 의뢰 4.기타( ) 5.해당없음) | 평가결과 성과평가결과 인센티브 적용 유무 (1.적용 2.적용 안함 3.기타( ) 4.해당없음) | 인센티브 및 패널티 적용 근거 (1.법률 2.조례 3.지침 4.계약서 5.기타( ) 6.해당없음) |
|---|---|---|---|---|---|---|---|---|---|---|---|---|---|---|---|
| 5298 | 전 라 남 도 | 2025년 개인정보 접속기록관리시스템 유지보수 | 1 | 8,300 | 5 | 4 | 1 | 7 | 5 | 5 | 4 | 5 | 5 | 4 | 4 |
| 5299 | 전 라 남 도 | 2025년 침입방지시스템(IPS) 유지보수 | 1 | 6,100 | 5 | 4 | 1 | 7 | 5 | 5 | 4 | 5 | 5 | 4 | 4 |
| 5300 | 전 라 남 도 | 2025년 온나라 및 전자문서유통지원센터 유지관리 위탁 | 1 | 15,170 | 5 | 5 | 1 | 7 | 2 | 2 | 4 | 5 | 5 | 4 | 4 |
| 5301 | 전 라 남 도 | 2025년 지방행정공통기반 상담센터 운영 위탁 | 1 | 7,250 | 5 | 5 | 1 | 7 | 2 | 2 | 4 | 5 | 5 | 4 | 4 |
| 5302 | 전 라 남 도 | 2025년 지자체 공통기반 사이버보안 재해복구시스템 유지관리 위탁 | 1 | 92,477 | 5 | 5 | 1 | 7 | 2 | 2 | 4 | 5 | 5 | 4 | 4 |
| 5303 | 전 라 남 도 | 2025년 기초자치체 사이버보안 대응역량 강화 사업 위탁 | 1 | 7,749 | 5 | 1 | 1 | 5 | 2 | 2 | 4 | 5 | 5 | 4 | 4 |
| 5304 | 전 라 남 도 | 2025년도 업무용 소프트웨어 구매 | 2 | 90,084 | 5 | 1 | 1 | 5 | 2 | 2 | 4 | 5 | 5 | 4 | 4 |
| 5305 | 전 라 남 도 | 2025년도 보안용 소프트웨어 구매 | 2 | 36,007 | 5 | 1 | 1 | 5 | 5 | 5 | 4 | 5 | 5 | 4 | 4 |
| 5306 | 전 라 남 도 | 2025년 행정정보망 백신 위치 구매 | 2 | 120,000 | 5 | 1 | 1 | 5 | 5 | 5 | 4 | 5 | 5 | 4 | 4 |
| 5307 | 전 라 남 도 | 2025년 행정정보통신망 방화벽 교체 | 2 | 49,492 | 5 | 1 | 1 | 2 | 5 | 5 | 4 | 5 | 5 | 4 | 4 |
| 5308 | 전 라 남 도 | 2025년 업무용 PC 구매 | 2 | 142,633 | 5 | 1 | 1 | 7 | 5 | 5 | 4 | 5 | 5 | 4 | 4 |
| 5309 | 전 라 남 도 | 행정업무용 소프트웨어 구입 | 2 | 141,079 | 5 | 7 | 8 | 7 | 1 | 1 | 4 | 5 | 5 | 4 | 4 |
| 5310 | 전 라 남 도 | 군정홍보 및 알림정보시스템 개발 | 2 | 20,000 | 5 | 4 | 7 | 7 | 1 | 1 | 4 | 5 | 5 | 4 | 4 |
| 5311 | 전 라 남 도 | 행정업무용 전산장비 구입 | 2 | 170,000 | 5 | 7 | 8 | 7 | 1 | 1 | 4 | 5 | 5 | 4 | 4 |
| 5312 | 전 라 남 도 | 온나라시스템 클라우드 서비스 이용료 | 1 | 120,000 | 5 | 6 | 1 | 7 | 1 | 1 | 4 | 5 | 5 | 4 | 4 |
| 5313 | 전 라 남 도 | 군정홍보 및 알림정보시스템 클라우드 서비스 이용료 | 1 | 7,300 | 5 | 6 | 1 | 7 | 1 | 1 | 4 | 5 | 5 | 4 | 4 |
| 5314 | 전 라 남 도 | 통합조직도 및 조직도형 전산장비 관리시스템 유지보수 | 1 | 4,800 | 5 | 4 | 1 | 7 | 1 | 1 | 4 | 5 | 5 | 4 | 4 |
| 5315 | 전 라 남 도 | 행정업무용 전산장비 유지보수 용역 | 1 | 30,624 | 5 | 2 | 1 | 3 | 1 | 1 | 4 | 5 | 5 | 4 | 4 |
| 5316 | 전 라 남 도 | 통합PC보안 및 보안USB 관리시스템 유지보수 | 1 | 7,550 | 5 | 4 | 1 | 7 | 1 | 1 | 4 | 5 | 5 | 4 | 4 |
| 5317 | 전 라 남 도 | 문자알리미시스템 유지보수 | 1 | 4,939 | 5 | 4 | 1 | 7 | 1 | 1 | 4 | 5 | 5 | 4 | 4 |
| 5318 | 전 라 남 도 | 전산장비 자산관리시스템 유지보수 | 1 | 5,188 | 5 | 4 | 1 | 7 | 1 | 1 | 4 | 5 | 5 | 4 | 4 |
| 5319 | 전 라 남 도 | 유해트래픽 접입방지시스템 유지보수 | 1 | 9,545 | 5 | 4 | 1 | 7 | 1 | 1 | 4 | 5 | 5 | 4 | 4 |
| 5320 | 전 라 남 도 | 개인정보 접속기록관리시스템 유지보수 | 1 | 10,334 | 5 | 4 | 1 | 7 | 1 | 1 | 4 | 5 | 5 | 4 | 4 |
| 5321 | 전 라 남 도 | 클라우드시스템 유지보수 | 1 | 7,128 | 5 | 4 | 1 | 7 | 1 | 1 | 4 | 5 | 5 | 4 | 4 |
| 5322 | 전 라 남 도 | 공통기반 전산장비 및 재해복구 유지보수 | 1 | 101,448 | 5 | 4 | 1 | 7 | 1 | 1 | 4 | 5 | 5 | 4 | 4 |
| 5323 | 전 라 남 도 | 세올행정시스템 운영관리 유지보수 | 1 | 7,250 | 1 | 4 | 1 | 7 | 1 | 1 | 4 | 5 | 5 | 4 | 4 |
| 5324 | 전 라 남 도 | 온나라시스템 운영지원 및 상용SW 유지보수 | 1 | 13,631 | 1 | 4 | 1 | 7 | 1 | 1 | 4 | 5 | 5 | 4 | 4 |
| 5325 | 전 라 남 도 | 기초자치체 사이버보안 대응역량 강화 유지보수 | 1 | 6,780 | 5 | 4 | 1 | 7 | 1 | 1 | 4 | 5 | 5 | 4 | 4 |
| 5326 | 전 라 남 도 | 네트워크 보안장비 및 IP관리시스템 유지보수 | 1 | 17,304 | 5 | 4 | 1 | 7 | 1 | 1 | 4 | 5 | 5 | 4 | 4 |
| 5327 | 전 라 남 도 | 네트워크 방화벽 및 트래픽관리시스템 유지보수 | 1 | 7,726 | 5 | 4 | 1 | 7 | 1 | 1 | 4 | 5 | 5 | 4 | 4 |
| 5328 | 전 라 남 도 | 근거리통신망(LAN) 유지보수 | 1 | 19,250 | 5 | 4 | 1 | 7 | 1 | 1 | 4 | 5 | 5 | 4 | 4 |

| 순번 | 시 군 구 | 정보화사업 사업명<br>• 예산서 성격 사업명 | 정보화사업 분류<br>1. 유지 및 보수<br>2. SW/HW 개발 및 구매<br>3. DB 구축<br>4. 정보화 전략계획(ISP) 수립<br>5. 정보자원 기타<br>6. 기타 | 2025년 예산<br>(단위:천원/1년간) | 예산 편성근거<br>1. 법률에 규정<br>2. 국고보조 재원<br>3. 용도지정기부금<br>4. 조례<br>5. 자치계획 상위기관 정책<br>6. 기타<br>7. 해당없음 | 계약체결방법(경쟁력)<br>1. 일반경쟁<br>2. 제한경쟁<br>3. 지명경쟁<br>4. 수의계약<br>5. 별동계약<br>6. 기타 ( )<br>7. 해당없음 | 정보화사업 입찰방식 계약기간<br>1. 1년<br>2. 2년<br>3. 3년<br>4. 4년<br>5. 5년<br>6. 기타 ( )<br>7. 단기계약(1년미만)<br>8. 해당없음 | 낙찰자 선정방법<br>1. 적격심사<br>2. 협상에 의한계약<br>3. 최저가낙찰제<br>4. 규격가격분리<br>5. 2단계 경쟁입찰<br>6. 기타 ( )<br>7. 해당없음 | 정보화사업 예산 산정 평가산정<br>1. 내부산정(자체적으로 산정)<br>2. 외부산정(전문기관의뢰 산정)<br>3. 내외부 모두 산정<br>4. 산정無<br>5. 해당없음 | 정산방법<br>1. 내부정산(자체적으로 정산)<br>2. 외부정산(전문기관위탁)<br>3. 내외부 모두 정산<br>4. 정산無<br>5. 해당없음 | 성과평가 실시여부<br>1. 실시<br>2. 미실시<br>3. 향후 추진<br>4. 해당없음 | 성과평가 주기<br>1. 매년<br>2. 격년<br>3. 기간별특정<br>4. 기타 ( )<br>5. 해당없음 | 성과평가 방법<br>1. 자체 평가<br>2. 평가단 구성후 실시(전문위원회)<br>3. 전문 평가기관 의뢰<br>4. 기타 ( )<br>5. 해당없음 | 평가결과 적용 성과평가결과 인벤티브 페널티 적용 유무<br>1. 적용<br>2. 적용 안함<br>3. 기타 ( )<br>4. 해당없음 | 인센티브 및 페널티 적용 근거<br>1. 법률<br>2. 조례<br>3. 지침<br>4. 계약서<br>5. 기타 ( )<br>6. 해당없음 |
|---|---|---|---|---|---|---|---|---|---|---|---|---|---|---|---|
| 5329 | 전남 진도군 | 인터넷전화(IPT) 시스템 유지보수 | 1 | 19,431 | 5 | 4 | 1 | 7 | 1 | 1 | 4 | 5 | 5 | 4 | 4 |
| 5330 | 전남 진도군 | 인터넷회선통합관리 솔루션 및 전자팩스 유지보수 | 1 | 15,490 | 5 | 4 | 1 | 7 | 1 | 1 | 4 | 5 | 5 | 4 | 4 |
| 5331 | 전남 진도군 | IP영상 및 유선홍보 시스템 유지보수 | 1 | 16,161 | 5 | 4 | 1 | 7 | 1 | 1 | 4 | 5 | 5 | 4 | 4 |
| 5332 | 전남 진도군 | 무선 마을방송 시스템 유지보수 | 1 | 19,782 | 5 | 4 | 1 | 7 | 1 | 1 | 4 | 5 | 5 | 4 | 4 |
| 5333 | 전남 진도군 | 스마트마을방송 시스템 유지보수 | 1 | 19,147 | 5 | 4 | 1 | 7 | 1 | 1 | 4 | 5 | 5 | 4 | 4 |
| 5334 | 전남 진도군 | 진도군 홈페이지 통합 유지보수 | 1 | 28,997 | 5 | 4 | 1 | 7 | 1 | 1 | 4 | 5 | 5 | 4 | 4 |
| 5335 | 전남 진도군 | 홈페이지 통신 및 모니터링 시스템 유지보수 | 1 | 8,344 | 5 | 4 | 1 | 7 | 1 | 1 | 4 | 5 | 5 | 4 | 4 |
| 5336 | 전남 진도군 | 평화녹지시스템 유지보수 | 1 | 4,521 | 5 | 4 | 1 | 7 | 1 | 1 | 4 | 5 | 5 | 4 | 4 |
| 5337 | 전남 진도군 | 백신 및 악성코드차단 S/W 구입 | 6 | 16,162 | 5 | 7 | 8 | 7 | 5 | 5 | 4 | 5 | 5 | 4 | 6 |
| 5338 | 전남 진도군 | 내 PC지키미 S/W 구입 | 6 | 10,428 | 5 | 7 | 8 | 7 | 5 | 5 | 4 | 5 | 5 | 4 | 6 |
| 5339 | 전남 진도군 | 패치관리시스템 S/W 구입 | 6 | 11,220 | 5 | 7 | 8 | 7 | 5 | 5 | 4 | 5 | 5 | 4 | 6 |
| 5340 | 전남 진도군 | 문서 및 기안작성용 한글S/W 구입 | 6 | 41,166 | 5 | 7 | 8 | 7 | 5 | 5 | 4 | 5 | 5 | 4 | 6 |
| 5341 | 전남 진도군 | MS오피스 S/W 구입 | 6 | 39,532 | 5 | 7 | 8 | 7 | 5 | 5 | 4 | 5 | 5 | 4 | 6 |
| 5342 | 전남 진도군 | 설계용 S/W 구입 | 6 | 10,712 | 5 | 4 | 1 | 7 | 1 | 1 | 4 | 5 | 5 | 4 | 6 |
| 5343 | 전남 신안군 | 온나라2.0 클라우드 서비스 이용료 | 6 | 120,237 | 5 | 4 | 1 | 7 | 1 | 1 | 4 | 5 | 5 | 4 | 4 |
| 5344 | 전남 신안군 | 행정포털 및 메타시스템 유지보수 | 6 | 9,858 | 5 | 4 | 1 | 7 | 1 | 2 | 4 | 5 | 5 | 4 | 4 |
| 5345 | 전남 신안군 | 온나라시스템 운영지원 유지보수 | 6 | 9,492 | 5 | 4 | 1 | 7 | 1 | 2 | 4 | 5 | 5 | 4 | 4 |
| 5346 | 전남 신안군 | 수리야USB 시스템 유지보수 | 6 | 6,790 | 5 | 4 | 1 | 7 | 1 | 2 | 4 | 5 | 5 | 4 | 4 |
| 5347 | 전남 신안군 | 개인정보종속기록관리 시스템 장안센터 운영 유지 | 6 | 7,399 | 5 | 4 | 1 | 7 | 1 | 5 | 4 | 5 | 5 | 4 | 4 |
| 5348 | 전남 신안군 | 컨테이너 차단솔루션 유지보수 | 6 | 6,782 | 5 | 4 | 1 | 7 | 1 | 5 | 4 | 5 | 5 | 4 | 4 |
| 5349 | 전남 신안군 | 공통기반 및 재해복구 시스템 유지보수 | 6 | 101,395 | 5 | 4 | 1 | 7 | 1 | 5 | 4 | 5 | 5 | 4 | 4 |
| 5350 | 전남 신안군 | 군 대표 홈페이지 클라우드 이용료 | 6 | 5,636 | 5 | 5 | 1 | 7 | 1 | 5 | 4 | 5 | 5 | 4 | 4 |
| 5351 | 전남 신안군 | 군 대표 홈페이지 운영비 | 6 | 10,670 | 5 | 4 | 1 | 7 | 1 | 5 | 4 | 5 | 5 | 4 | 4 |
| 5352 | 전남 신안군 | 공통기반 온주정보 DB구축내용 | 6 | 7,250 | 5 | 5 | 1 | 7 | 1 | 5 | 4 | 5 | 5 | 4 | 4 |
| 5353 | 전남 신안군 | 군 대표 홈페이지 유지보수 | 6 | 16,000 | 5 | 4 | 1 | 7 | 1 | 5 | 4 | 5 | 5 | 4 | 4 |
| 5354 | 전남 신안군 | 클라우드 행정 정보망 운영 | 6 | 37,670 | 5 | 4 | 1 | 7 | 1 | 5 | 4 | 5 | 5 | 4 | 4 |
| 5355 | 전남 신안군 | 가상사설망(VPN) 운영료 | 6 | 74,893 | 5 | 7 | 8 | 7 | 5 | 5 | 4 | 5 | 5 | 4 | 6 |
| 5356 | 전남 신안군 | 대외(기관별) 정보자원학습시스템 운영 | 6 | 3,024 | 5 | 4 | 1 | 7 | 1 | 5 | 4 | 5 | 5 | 4 | 6 |
| 5357 | 전남 신안군 | 개인정보보호 포트할 유지보수 | 6 | 14,000 | 5 | 4 | 1 | 7 | 1 | 5 | 4 | 5 | 5 | 4 | 4 |
| 5358 | 전남 신안군 | 군 영상방송 시설 및 CATV망 유지보수 | 6 | 4,000 | 5 | 4 | 1 | 7 | 1 | 5 | 4 | 5 | 5 | 4 | 4 |
| 5359 | 전남 신안군 | 스마트 금융 행정정보솔루션 금융 | 6 | 30,000 | 5 | 4 | 1 | 7 | 1 | 5 | 4 | 5 | 5 | 4 | 4 |

| 순번 | 시·군·구 | 정보화사업 사업명<br>· 예산서 상의 사업명 | 정보화사업 분류<br>1. 유지 보수<br>2. SW/HW 개발 및 구매<br>3. DB 구축<br>4. 정보화 전략계획(ISP) 수립<br>5. 정보화지원<br>6. 기타 | 2025년 예산<br>(단위:천원/1년간) | 예산 편성근거<br>1. 법률에 규정<br>2. 국고보조 재원<br>3. 조례<br>4. 지자체 및 상위기관 정책<br>5. 지침<br>6. 기타<br>7. 해당없음 | 계약방법<br>(경쟁형태)<br>1. 일반경쟁<br>2. 제한경쟁<br>3. 지명경쟁<br>4. 수의계약<br>5. 법정위탁<br>6. 기타<br>7. 해당없음 | 정보화사업 입찰방식<br>계약기간<br>1. 1년<br>2. 2년<br>3. 3년<br>4. 4년<br>5. 5년<br>6. 기타<br>7. 단기계약(1년미만)<br>8. 해당없음 | 낙찰자 선정방법<br>1. 적격심사<br>2. 협상에 의한 계약<br>3. 최저가낙찰<br>4. 규격가격분리<br>5. 2단계 경쟁입찰<br>6. 기타<br>7. 해당없음 | 정보화사업 예산 신청<br>원가산정<br>1. 내부산정(자체적으로 산정)<br>2. 외부산정(전문기관위탁)<br>3. 신청額<br>4. 해당없음 | 정산방법<br>1. 내부정산(내부적으로 정산)<br>2. 외부정산(외부전문기관위탁 정산)<br>3. 정산無<br>4. 내외부 모두 정산<br>5. 해당없음 | 성과평가 실시여부<br>1. 실시<br>2. 미실시<br>3. 향후 추진<br>4. 해당없음 | 성과평가<br>성과평가 주기<br>1. 매년<br>2. 격년<br>3. 기간만료점<br>4. 기타( )<br>5. 해당없음 | 성과평가 방법<br>1. 자체 평가<br>2. 평가단 구성후 실시(전문위원위촉)<br>3. 전문평가기관 의뢰<br>4. 기타( )<br>5. 해당없음 | 성과평가결과 인센티브 및 패널티 적용 유무<br>1. 적용<br>2. 적용 안함<br>3. 기타( )<br>4. 해당없음 | 평가결과 적용<br>인센티브 및 패널티 적용 근거<br>1. 법률<br>2. 조례<br>3. 지침<br>4. 계약서<br>5. 기타<br>6. 해당없음 |
|---|---|---|---|---|---|---|---|---|---|---|---|---|---|---|---|
| 5360 | 전남 신안군 | 행정정보망구축운영 | 6 | 172,295 | 5 | 2 | 1 | 2 | 1 | 5 | 4 | 5 | 5 | 4 | 4 |
| 5361 | 전남 신안군 | 업무용 컴퓨터 구입 | 6 | 172,500 | 5 | 7 | 8 | 7 | 5 | 5 | 4 | 5 | 5 | 4 | 6 |
| 5362 | 경상북도 | 행정전화시스템 중장비교체 | 2 | 530,000 | 1 | 7 | 8 | 7 | 5 | 5 | 4 | 5 | 5 | 4 | 6 |
| 5363 | 경상북도 | 마을방송장비수신기설치지원 | 5 | 150,000 | 1 | 7 | 8 | 7 | 5 | 5 | 4 | 5 | 5 | 4 | 6 |
| 5364 | 경상북도 | 바이러스백신프로그램구입 | 2 | 48,000 | 1 | 6 | 8 | 7 | 5 | 5 | 4 | 5 | 5 | 4 | 6 |
| 5365 | 경상북도 | 패치관리시스템프로그램구입 | 2 | 70,000 | 1 | 6 | 1 | 7 | 2 | 2 | 4 | 5 | 5 | 4 | 6 |
| 5366 | 경상북도 | 주요정보통신기반시설정보보호컨설팅 | 6 | 63,000 | 1 | 5 | 1 | 7 | 5 | 5 | 4 | 5 | 5 | 4 | 6 |
| 5367 | 경상북도 | 노후보안장비교체 | 2 | 100,000 | 1 | 6 | 8 | 7 | 5 | 5 | 4 | 5 | 5 | 4 | 6 |
| 5368 | 경상북도 | 24시간사이버침해대응 관제체계운영 | 6 | 650,000 | 5 | 2 | 1 | 2 | 3 | 4 | 4 | 5 | 5 | 4 | 6 |
| 5369 | 경상북도 | 정보보안역량강화교육 | 6 | 10,000 | 5 | 4 | 1 | 7 | 5 | 5 | 4 | 5 | 5 | 4 | 6 |
| 5370 | 경상북도 | 정보화마을지역정보화명성화 | 5 | 20,000 | 4 | 2 | 8 | 7 | 1 | 1 | 1 | 1 | 2 | 1 | 3 |
| 5371 | 경상북도 | 정보화마을도지역대회및관리자역량강화 | 5 | 12,000 | 4 | 6 | 8 | 7 | 1 | 1 | 1 | 1 | 2 | 1 | 3 |
| 5372 | 경상북도 | 정보화마을활성화지원 | 5 | 35,000 | 4 | 6 | 1 | 7 | 1 | 3 | 1 | 1 | 2 | 1 | 3 |
| 5373 | 경상북도 | 정보화마을프로그램관리자운영 | 5 | 215,000 | 4 | 7 | 8 | 7 | 1 | 5 | 1 | 1 | 2 | 1 | 3 |
| 5374 | 경상북도 | 디지털역량강화교육 | 5 | 100,000 | 2 | 1 | 7 | 2 | 5 | 5 | 4 | 5 | 5 | 4 | 6 |
| 5375 | 경상북도 | 사랑의그린PC보급 | 6 | 70,000 | 2 | 1 | 8 | 2 | 5 | 5 | 4 | 5 | 5 | 4 | 6 |
| 5376 | 경상북도 | 정보통신공사 조기기반구축 | 5 | 442,000 | 1 | 7 | 8 | 7 | 3 | 3 | 4 | 5 | 5 | 4 | 6 |
| 5377 | 경상북도 | 정예인력협업정보화교육운영지원사업 | 2 | 189,000 | 1 | 6 | 1 | 6 | 5 | 5 | 4 | 5 | 5 | 4 | 6 |
| 5378 | 경상북도 | 경북소기업정보보호지원사업 | 5 | 395,000 | 1 | 6 | 1 | 6 | 5 | 3 | 4 | 5 | 5 | 4 | 6 |
| 5379 | 경상북도 | 개인정보영안팀운영지원 | 5 | 120,000 | 1 | 7 | 8 | 7 | 5 | 5 | 4 | 5 | 5 | 4 | 6 |
| 5380 | 경상북도 | 개인정보보호수준평가운영지원 | 6 | 30,000 | 1 | 7 | 1 | 7 | 5 | 5 | 4 | 5 | 5 | 4 | 6 |
| 5381 | 경상북도 | 개인정보보호역량강화지원 | 6 | 20,000 | 1 | 7 | 8 | 7 | 5 | 5 | 4 | 5 | 5 | 4 | 6 |
| 5382 | 경상북도 | 스마트시티통합플랫폼연계선사용료 | 5 | 234,000 | 1 | 2 | 5 | 2 | 1 | 1 | 4 | 5 | 5 | 4 | 6 |
| 5383 | 경상북도 | 스마트시티통합플랫폼넷드크보안성기능개체 | 2 | 100,000 | 1 | 7 | 8 | 7 | 5 | 5 | 4 | 5 | 5 | 4 | 6 |
| 5384 | 경상북도 | 스마트시티연구용역비 | 4 | 40,000 | 4 | 4 | 1 | 2 | 5 | 5 | 4 | 5 | 5 | 4 | 6 |
| 5385 | 경상북도 | 스마트관리센터유지 | 5 | 3,200,000 | 1 | 7 | 8 | 7 | 5 | 5 | 4 | 5 | 5 | 4 | 6 |
| 5386 | 경상북도 | 통합관제센터운영유지 | 5 | 2,100,000 | 1 | 7 | 8 | 7 | 5 | 5 | 4 | 5 | 5 | 4 | 6 |
| 5387 | 경상북도 | 정보체스마트시티조성 | 1 | 3,900,000 | 1 | 7 | 1 | 7 | 1 | 1 | 4 | 5 | 5 | 4 | 6 |
| 5388 | 경북 포항시 | 포항운하관광 통합 홈플웨이지 운영 | 1 | 12,000 | 6 | 4 | 1 | 7 | 1 | 1 | 4 | 5 | 5 | 4 | 6 |
| 5389 | 경북 포항시 | 국민여가캠핑장 홈페이지 유지보수 | 1 | 3,600 | 6 | 4 | 1 | 7 | 1 | 1 | 4 | 5 | 5 | 4 | 6 |
| 5390 | 경북 포항시 | 교차 연계 SW크린 운영 지원 | 6 | 500,000 | 5 | 2 | 1 | 2 | 5 | 5 | 4 | 5 | 5 | 4 | 4 |

- 174 -

| 순번 | 시·군·구 | 정보화사업 사업명<br>·예산서 상 사업명 | 정보화사업 분류<br>1. 유지 및 보수<br>2. SW/HW 개발 및 구매<br>3. DB 구축<br>4. 정보화 전략계획(ISP) 수립<br>5. 정보화지원<br>6. 기타 | 2025년 예산<br>(단위:천원/1년간) | 예산 편성근거<br>1. 법률에 규정<br>2. 국고보조재원<br>3. 용도지정기부금<br>4. 조례<br>5. 지자체 및 상위기관 정책<br>6. 기타<br>7. 해당없음 | 정보화사업 입찰방식 계약체결방법(경쟁방식)<br>1. 일반경쟁<br>2. 제한경쟁<br>3. 지명경쟁<br>4. 수의계약<br>5. 법정위탁<br>6. 기타( )<br>7. 해당없음 | 정보화사업 입찰방식 계약기간<br>1. 1년<br>2. 2년<br>3. 3년<br>4. 4년<br>5. 5년<br>6. 기타( )년<br>7. 단기계약(1년미만)<br>8. 해당없음 | 낙찰자 선정방법<br>1. 적격심사<br>2. 협상에 의한계약<br>3. 최저가낙찰<br>4. 수의견적처리<br>5. 2단계 경쟁입찰<br>6. 기타( )<br>7. 해당없음 | 정보화사업 예산 산정 원가산정<br>1. 내부산정<br>2. 외부산정(전문기관의뢰)<br>3. 내외부 모두 산정<br>4. 신청 簿<br>5. 해당없음 | 정보화사업 예산 산정 정산방법<br>1. 내부정산<br>2. 외부적으로 정산<br>3. 내외부 모두 정산(내외부 전문기관위탁정산)<br>4. 정산 簿<br>5. 해당없음 | 성과평가 실시여부<br>1. 실시<br>2. 미실시<br>3. 향후 추진<br>4. 해당없음 | 성과평가 성과평가 주기<br>1. 매일<br>2. 매년<br>3. 기관업점<br>4. 기타( )<br>5. 해당없음 | 성과평가 방법<br>1. 자체 평가<br>2. 행정기관 구성원평가(전문위원위촉)<br>3. 전문 평가기관 의뢰<br>4. 기타( )<br>5. 해당없음 | 평가결과 인센티브 패널티 적용 유무<br>1. 적용<br>2. 작용 안함<br>3. 기타( )<br>4. 해당없음 | 평가결과 인센티브 및 패널티 적용 근거<br>1. 법률<br>2. 조례<br>3. 지침<br>4. 계약서<br>5. 기타<br>6. 해당없음 |
|---|---|---|---|---|---|---|---|---|---|---|---|---|---|---|---|
| 5391 | 경북 포항시 | 지능형 교통시스템(ITS) 고도화 구축 | 2 | 570,000 | 5 | 7 | 8 | 7 | 1 | 5 | 4 | 5 | 5 | 4 | 4 |
| 5392 | 경북 포항시 | 교통정보센터 시스템 운영 및 현장장비 유지보수 | 1 | 639,600 | 5 | 7 | 8 | 7 | 1 | 5 | 4 | 5 | 5 | 4 | 4 |
| 5393 | 경북 포항시 | AI IoT 기반 어르신 건강관리 사업 | 6 | 407,288 | 2 | 7 | 8 | 7 | 5 | 5 | 1 | 1 | 4 | 4 | 4 |
| 5394 | 경북 포항시 | 버스정보시스템 구축 및 유지관리 | 1 | 300,000 | 6 | 6 | 1 | 2 | 1 | 5 | 4 | 5 | 5 | 4 | 4 |
| 5395 | 경북 포항시 | 포항시 빅데이터 플랫폼 유지보수 | 1 | 155,000 | 6 | 2 | 1 | 7 | 1 | 5 | 4 | 4 | 4 | 4 | 4 |
| 5396 | 경북 포항시 | 도서함 액세스위치 교체 | 2 | 65,000 | 7 | 6 | 8 | 7 | 1 | 1 | 2 | 5 | 5 | 4 | 4 |
| 5397 | 경북 포항시 | 시립도서관 전산시스템 운영 및 유지관리 | 1 | 287,000 | 7 | 2 | 1 | 1 | 1 | 1 | 2 | 5 | 5 | 4 | 4 |
| 5398 | 경북 포항시 | 스마트 도시 통합플랫폼 고도화 | 6 | 1,000,000 | 7 | 7 | 8 | 6(둥) | 5 | 5 | 4 | 5 | 5 | 4 | 6 |
| 5399 | 경북 포항시 | 재난 경보 시스템 확충 | 2 | 60,000 | 7 | 1 | 7 | 2 | 1 | 1 | 2 | 5 | 5 | 1 | 5 |
| 5400 | 경북 포항시 | 디지털기반 노후·위험시설 안전관리시스템 유지보수 | 1 | 139,400 | 5 | 1 | 1 | 1 | 1 | 1 | 4 | 5 | 5 | 4 | 4 |
| 5401 | 경북 포항시 | 계약관련 프로그램 유지보수 | 1 | 4,560 | 7 | 4 | 1 | 2 | 5 | 5 | 4 | 5 | 5 | 4 | 4 |
| 5402 | 경북 포항시 | 사회취약계층 역량강화 및 정보격차 해소 | 5 | 174,360 | 4 | 7 | 8 | 7 | 1 | 5 | 4 | 5 | 5 | 4 | 6 |
| 5403 | 경북 포항시 | 정보취약계층 정보이용기반 환경조성 | 5 | 20,300 | 4 | 4 | 7 | 2 | 1 | 5 | 4 | 5 | 5 | 4 | 6 |
| 5404 | 경북 포항시 | 포항시 홈페이지 개선 및 유지관리 | 1 | 230,000 | 1 | 2 | 1 | 2 | 1 | 1 | 4 | 5 | 5 | 4 | 6 |
| 5405 | 경북 포항시 | 노후 통합백신시스템 교체 | 2 | 237,000 | 6 | 2 | 7 | 2 | 3 | 1 | 4 | 5 | 5 | 4 | 4 |
| 5406 | 경북 포항시 | 행정정보시스템 통합유지보수 | 1 | 190,000 | 5 | 4 | 1 | 1 | 1 | 1 | 4 | 5 | 5 | 4 | 4 |
| 5407 | 경북 포항시 | 온나라, 공통기반시스템 등 유지관리 | 3 | 196,334 | 1 | 6 | 7 | 2 | 2 | 1 | 2 | 4 | 5 | 4 | 5 |
| 5408 | 경북 포항시 | 정보시스템 클라우드 전환 | 6 | 44,000 | 5 | 6 | 5 | 7 | 3 | 1 | 4 | 5 | 5 | 4 | 6 |
| 5409 | 경북 포항시 | 스마트정보시스템 구축 유지관리 | 1 | 79,000 | 5 | 4 | 1 | 7 | 1 | 5 | 4 | 5 | 5 | 4 | 4 |
| 5410 | 경북 포항시 | 인사정보시스템 유지관리 | 1 | 12,000 | 5 | 4 | 1 | 7 | 2 | 1 | 4 | 5 | 5 | 4 | 4 |
| 5411 | 경북 포항시 | 민원콜센터 상담시스템 구축 운영 | 3 | 228,932 | 6 | 4 | 1 | 7 | 2 | 1 | 4 | 5 | 5 | 4 | 4 |
| 5412 | 경북 포항시 | 무인민원발급기 운영 | 6 | 146,672 | 1 | 2 | 1 | 2 | 1 | 1 | 4 | 5 | 5 | 4 | 4 |
| 5413 | 경북 포항시 | 행정업무 IP전화기 교체 | 1 | 177,000 | 6 | 2 | 7 | 7 | 2 | 1 | 4 | 5 | 5 | 4 | 4 |
| 5414 | 경북 포항시 | 성과관리시스템 유지보수 | 1 | 9,800 | 6 | 4 | 1 | 7 | 1 | 1 | 4 | 5 | 5 | 4 | 4 |
| 5415 | 경북 포항시 | 중요기록물 DB구축 사업 | 3 | 300,000 | 1 | 6 | 7 | 2 | 6 | 1 | 2 | 5 | 5 | 4 | 5 |
| 5416 | 경북 포항시 | 스마트 매출방송 시스템 구축 | 6 | 300,000 | 6 | 6 | 7 | 6(제3자단가계약) | 1 | 1 | 4 | 5 | 5 | 4 | 6 |
| 5417 | 경북 포항시 | 인사정보시스템 유지관리 | 1 | 79,000 | 5 | 4 | 5 | 7 | 1 | 5 | 4 | 5 | 5 | 4 | 4 |
| 5418 | 경북 포항시 | 민원콜센터 상담시스템 구축 운영 | 3 | 12,000 | 5 | 4 | 1 | 7 | 2 | 1 | 4 | 5 | 5 | 4 | 4 |
| 5419 | 경북 경주시 | 무인민원발급기 운영 | 6 | 228,932 | 1 | 4 | 8 | 7 | 2 | 5 | 4 | 5 | 5 | 4 | 4 |
| 5420 | 경북 경주시 | 스마트도시 리빙랩 플랫폼 유지관리 | 1 | 13,790 | 5 | 4 | 1 | 7 | 1 | 1 | 4 | 5 | 5 | 4 | 4 |
| 5421 | 경북 경주시 | 스마트서비스 시설 유지관리 | 1 | 144,000 | 5 | 2 | 4 | 2 | 1 | 4 | 2 | 5 | 5 | 4 | 4 |
| 5422 | 경북 경주시 | 스마트발달지 보급 및 확산 사업 | 2 | 429,000 | 2 | 7 | 8 | 7 | 5 | 5 | 4 | 5 | 5 | 4 | 6 |
| 5423 | 경북 경주시 | 성장기반 홈페이지 유지관리 | 1 | 22,000 | 5 | 4 | 1 | 7 | 1 | 1 | 4 | 5 | 5 | 4 | 6 |

- 175 -

| 순번 | 시군구 | 정보화사업 사업명 · 예산서 상의 사업명 | 정보화사업 분류 (1.유지 및 보수 2.SW/HW 개발 및 구매 3.DB 구축 4.정보화 전략계획(ISP) 수립 5.정보화지원 6.기타) | 2025년 예산 (단위:천원/1년간) | 예산 편성근거 (1.법률에 규정 2.국고보조 재원 3.용도지정 기부금 4.조례 5.자치법규 및 상위기관 정책 6.기타 7.해당없음) | 계약체결방법 (경쟁형태) (1.일반경쟁 2.제한경쟁 3.지명경쟁 4.수의계약 5.법정위탁 6.기타 7.해당없음) | 계약기간 (1.1년 2.2년 3.3년 4.4년 5.5년 6.기타 7.단기계약(1년미만) 8.해당없음) | 낙찰자 선정방법 (1.적격심사 2.협상에 의한 계약 3.최저가낙찰 4.규격가격동시 5.2단계 경쟁입찰 6.기타 7.해당없음) | 평가선정 (1.내부선정 2.외부선정 3.전문기관에 선정 4.내외부 모두 선정 5.해당없음) | 정산방법 (1.내부정산 2.외부정산 (외부전문기관에 정산) 3.내외부 모두 정산 5.해당없음) | 성과평가 실시여부 (1.실시 2.미실시 3.향후 추진 4.해당없음) | 성과평가 주기 (1.매년 2.격년 3.기간만료전 4.기타() 5.해당없음) | 성과평가 방법 (1.자체 평가 2.평가단 구성후 실시 (전문위원회등) 3.전문 평가기관 의뢰 4.기타 5.해당없음) | 성과평가결과 인센티브 및 패널티 적용 유무 (1.적용 2.적용 안함 3.기타() 4.해당없음) | 인센티브 및 패널티 적용 근거 (1.법률 2.조례 3.지침 4.계약서 5.기타 6.해당없음) |
|---|---|---|---|---|---|---|---|---|---|---|---|---|---|---|---|
| 5422 | 경북 경주시 | 성장관리앱 크작업 콘텐츠 유지관리 | 1 | 22,000 | 5 | 4 | 1 | 7 | 1 | 1 | 4 | 5 | 5 | 4 | 6 |
| 5423 | 경북 경주시 | 공통기반 전산정보 유지관리 위수탁금 | 1 | 92,000 | 1 | 7 | 1 | 7 | 5 | 5 | 2 | 5 | 5 | 4 | 6 |
| 5424 | 경북 경주시 | 지방행정통합정보시스템 서비스데스크 운영위탁 | 1 | 7,500 | 1 | 7 | 1 | 7 | 5 | 5 | 2 | 5 | 5 | 4 | 6 |
| 5425 | 경북 경주시 | 무편모아시스템 유지관리 위수탁 | 1 | 5,860 | 1 | 7 | 1 | 7 | 5 | 5 | 2 | 5 | 5 | 4 | 6 |
| 5426 | 경북 경주시 | 내부망 가상화서버 유지관리용역시행 | 1 | 10,370 | 1 | 4 | 1 | 7 | 1 | 1 | 2 | 5 | 5 | 4 | 6 |
| 5427 | 경북 경주시 | 통합저장장치 유지관리 용역 시행 | 1 | 63,655 | 5 | 1 | 1 | 3 | 1 | 1 | 2 | 5 | 5 | 4 | 6 |
| 5428 | 경북 경주시 | 문자메세지 전송시스템 유지관리 용역 시행 | 1 | 10,000 | 5 | 4 | 1 | 7 | 1 | 1 | 2 | 5 | 5 | 4 | 6 |
| 5429 | 경북 경주시 | 온나라시스템 운영지원 위수탁 | 1 | 32,000 | 5 | 5 | 1 | 7 | 1 | 1 | 4 | 5 | 5 | 4 | 6 |
| 5430 | 경북 경주시 | 공공서식예약시스템 S/W 유지관리 | 1 | 10,800 | 5 | 4 | 1 | 7 | 1 | 1 | 4 | 5 | 5 | 4 | 6 |
| 5431 | 경북 경주시 | 항온항습기 유지관리 | 1 | 4,900 | 5 | 4 | 1 | 7 | 1 | 1 | 4 | 5 | 1 | 4 | 6 |
| 5432 | 경북 경주시 | 무정전 전원공급장치(UPS) 유지관리 | 1 | 7,200 | 5 | 4 | 1 | 7 | 1 | 1 | 1 | 5 | 5 | 4 | 6 |
| 5433 | 경북 경주시 | 내부망홈DB | 1 | 3,984 | 5 | 4 | 1 | 3 | 5 | 5 | 4 | 5 | 5 | 4 | 6 |
| 5434 | 경북 경주시 | 대표홈페이지 통합유지관리 | 1 | 35,345 | 6 | 2 | 1 | 6 | 5 | 5 | 4 | 5 | 5 | 4 | 6 |
| 5435 | 경북 경주시 | 외부망서비스 이용료 | 1 | 45,248 | 6 | 6 | 2 | 2 | 5 | 5 | 4 | 5 | 5 | 4 | 6 |
| 5436 | 경북 경주시 | 클라우드 점퍼 서비스 이용료 | 6 | 350,000 | 6 | 2 | 2 | 2 | 1 | 1 | 4 | 5 | 5 | 4 | 6 |
| 5437 | 경북 경주시 | 행정정보통신시스템 통합유지관리 | 1 | 365,180 | 7 | 6 | 2 | 3 | 1 | 1 | 4 | 5 | 5 | 4 | 6 |
| 5438 | 경북 경주시 | 경주시 CCTV통합관제센터 통합유지보수 | 1 | 713,897 | 1 | 2 | 2 | 3 | 1 | 1 | 1 | 5 | 1 | 4 | 4 |
| 5439 | 경북 경주시 | 민방위(지진해일)경보시스템 | 1 | 55,000 | 1 | 4 | 1 | 3 | 1 | 1 | 1 | 1 | 1 | 4 | 4 |
| 5440 | 경북 경주시 | 지진가속계측기시스템 | 1 | 20,400 | 1 | 4 | 1 | 3 | 1 | 1 | 1 | 1 | 1 | 4 | 4 |
| 5441 | 경북 경주시 | 감수량정시스템 | 1 | 30,600 | 1 | 4 | 1 | 3 | 1 | 1 | 1 | 1 | 1 | 4 | 4 |
| 5442 | 경북 경주시 | 자동음성보수시스템 | 1 | 200,000 | 1 | 2 | 1 | 3 | 1 | 1 | 1 | 1 | 1 | 4 | 4 |
| 5443 | 경북 경주시 | 통합재난경보시스템 | 1 | 20,000 | 1 | 4 | 1 | 3 | 1 | 1 | 4 | 1 | 1 | 4 | 4 |
| 5444 | 경북 경주시 | 홍수통합관측시스템 | 1 | 20,000 | 1 | 4 | 1 | 3 | 1 | 1 | 4 | 1 | 1 | 4 | 4 |
| 5445 | 경북 경주시 | 경주시 환경통합관제센터 고도화 사업 | 3 | 350,000 | 1 | 1 | 7 | 2 | 5 | 5 | 4 | 5 | 5 | 4 | 4 |
| 5446 | 경북 경주시 | RFID 시스템 유지보수 | 1 | 15,000 | 5 | 4 | 1 | 7 | 1 | 1 | 2 | 5 | 5 | 4 | 4 |
| 5447 | 경북 경주시 | 전산통합시스템 가상화 유지관리 | 1 | 12,000 | 5 | 4 | 1 | 7 | 1 | 1 | 2 | 5 | 5 | 4 | 4 |
| 5448 | 경북 경주시 | 도서관리 시스템 유지보수(KOLAS 3) | 1 | 7,500 | 5 | 4 | 1 | 7 | 1 | 1 | 2 | 5 | 5 | 4 | 4 |
| 5449 | 경북 경주시 | 스마트 도서관 유지보수 | 1 | 12,000 | 5 | 4 | 1 | 7 | 1 | 1 | 2 | 5 | 5 | 4 | 4 |
| 5450 | 경북 경주시 | 야간예약출기 유지보수 | 1 | 3,200 | 5 | 4 | 1 | 7 | 1 | 1 | 2 | 5 | 5 | 4 | 4 |
| 5451 | 경북 경주시 | 도서관리프로그램교체(KLAS) | 2 | 300,000 | 7 | 7 | 8 | 7 | 5 | 5 | 4 | 5 | 5 | 4 | 6 |
| 5452 | 경북 경주시 | DB암호화 솔루션 | 2 | 34,800 | 7 | 7 | 8 | 7 | 5 | 5 | 4 | 5 | 5 | 4 | 6 |

- 176 -

| 순번 | 시군구 | 정보화사업 사업명 · 예산서상 사업명 | 정보화사업 분류<br>1.유지 및 보수<br>2.SW/HW 개발 및 구매<br>3.DB 구축<br>4.정보화 전략계획(ISP)수립<br>5.정보화지원<br>6.기타 | 2025년 예산<br>(단위:천원/1년간) | 예산 편성근거<br>1.법률에 규정<br>2.국고보조재원<br>3.용도지정기부금<br>4.조례<br>5.지자체 및 상위기관 정책<br>6.기타<br>7.해당없음 | 계약체결방법(경쟁형태)<br>1.일반경쟁<br>2.제한경쟁<br>3.지명경쟁<br>4.수의계약<br>5.법정위탁<br>6.기타<br>7.해당없음 | 정보화사업 입찰방식 계약기간<br>1.1년<br>2.2년<br>3.3년<br>4.4년<br>5.5년<br>6.기타<br>7.단기계약(1년미만)<br>8.해당없음 | 낙찰자 선정방법<br>1.적격심사<br>2.협상에 의한계약<br>3.최저가낙찰제<br>4.규격가격동시<br>5.2단계 경쟁입찰<br>6.기타<br>7.해당없음 | 평가산정<br>1.내부산정(자체적 선정)<br>2.외부산정(전문기관위탁)<br>3.내·외부 모두 선정<br>4.신청率<br>5.해당없음 | 정보화사업 예산 산정 정산방법<br>1.내부정산(자체적으로 정산)<br>2.외부정산(외부전문기관위탁 정산)<br>3.내외부 모두 정산<br>4.정산薄<br>5.해당없음 | 성과평가 실시여부<br>1.실시<br>2.미실시<br>3.향후 추진<br>4.해당없음 | 성과평가 주기<br>1.매년<br>2.격년<br>3.기간만료전<br>4.기타( )<br>5.해당없음 | 성과평가 방법<br>1.자체 평가<br>2.평가단 구성후 실시(전문위원회축)<br>3.전문평가기관 의뢰<br>4.기타<br>5.해당없음 | 성과평가결과 인센티브 패널티 적용 유무<br>1.적용<br>2.적용 안함<br>3.기타( )<br>4.해당없음 | 평가결과 적용 인센티브 및 패널티 적용 근거<br>1.법률<br>2.조례<br>3.지침<br>4.계약서<br>5.기타<br>6.해당없음 |
|---|---|---|---|---|---|---|---|---|---|---|---|---|---|---|---|
| 5453 | 경북 경주시 | 국보/전자책 서버 | 2 | 11,500 | 7 | 7 | 8 | 7 | 5 | 5 | 4 | 5 | 5 | 4 | 6 |
| 5454 | 경북 경주시 | LASWEB/API 서버 | 2 | 11,500 | 7 | 7 | 8 | 7 | 5 | 5 | 4 | 5 | 5 | 4 | 6 |
| 5455 | 경북 경주시 | LASWEB/엔진 서버 | 2 | 11,500 | 7 | 7 | 8 | 7 | 5 | 5 | 4 | 5 | 5 | 4 | 6 |
| 5456 | 경북 경주시 | DB 서버 | 2 | 20,300 | 7 | 7 | 8 | 7 | 5 | 5 | 4 | 5 | 5 | 4 | 6 |
| 5457 | 경북 경주시 | 서버 업그레이드 | 2 | 4,200 | 7 | 6 | 8 | 7 | 5 | 5 | 4 | 5 | 5 | 4 | 6 |
| 5458 | 경북 경주시 | 방화벽 구입 교체 | 1 | 25,000 | 7 | 2 | 1 | 3 | 1 | 1 | 4 | 5 | 5 | 4 | 6 |
| 5459 | 경북 김천시 | 2025년 정보통신방 보안시스템 및 네트워크 유지보수 용역 | 1 | 79,636 | 4 | 4 | 1 | 7 | 1 | 1 | 4 | 5 | 5 | 4 | 6 |
| 5460 | 경북 김천시 | 회의실(광장) 전광판 고도화 용역 | 1 | 13,037 | 7 | 1 | 1 | 5 | 1 | 1 | 4 | 5 | 5 | 4 | 6 |
| 5461 | 경북 김천시 | 회의실(강당) 전광판 고도화 사업 | 2 | 400,000 | 7 | 1 | 1 | 7 | 1 | 1 | 4 | 5 | 5 | 4 | 6 |
| 5462 | 경북 김천시 | 네트워크 스위치 장비 고도화 사업 | 2 | 50,000 | 7 | 1 | 1 | 7 | 1 | 1 | 4 | 5 | 5 | 4 | 6 |
| 5463 | 경북 김천시 | 생활안전 CCTV 설치 | 2 | 400,000 | 7 | 6 | 2 | 7 | 1 | 1 | 4 | 5 | 5 | 4 | 6 |
| 5464 | 경북 김천시 | 노후 스토리지 교체 | 1 | 280,000 | 7 | 6 | 2 | 7 | 2 | 2 | 4 | 5 | 5 | 4 | 6 |
| 5465 | 경북 김천시 | CCTV 유지관리 | 1 | 275,000 | 7 | 1 | 1 | 3 | 1 | 1 | 4 | 5 | 1 | 1 | 6 |
| 5466 | 경북 김천시 | 통합관제센터 시스템(HW) 유지관리비 | 1 | 106,212 | 7 | 5 | 1 | 3 | 2 | 5 | 4 | 5 | 5 | 4 | 6 |
| 5467 | 경북 김천시 | 스마트시티 통합플랫폼 유지관리비 | 1 | 100,904 | 4 | 4 | 1 | 3 | 1 | 4 | 2 | 5 | 5 | 2 | 6 |
| 5468 | 경북 김천시 | 통합관제센터 CCTV 경사 시스템 유지비 | 1 | 50,000 | 5 | 5 | 1 | 7 | 2 | 2 | 4 | 5 | 5 | 4 | 6 |
| 5469 | 경북 김천시 | 통합관제센터 스마트관제 시스템 유지관리비 | 1 | 30,000 | 1 | 4 | 1 | 7 | 2 | 2 | 4 | 5 | 5 | 4 | 6 |
| 5470 | 경북 김천시 | 평생교육 통합정보 시스템 구축 | 1 | 29,440 | 7 | 5 | 1 | 7 | 2 | 2 | 4 | 5 | 5 | 4 | 6 |
| 5471 | 경북 김천시 | 차세대지방재정 | 1 | 115,584 | 5 | 4 | 1 | 7 | 1 | 1 | 4 | 5 | 5 | 4 | 6 |
| 5472 | 경북 김천시 | 주민참여포인트 시스템 | 1 | 1,500 | 4 | 4 | 1 | 3 | 1 | 5 | 4 | 1 | 1 | 4 | 6 |
| 5473 | 경북 김천시 | 정예인전용주거구역 위한 관리시스템 | 1 | 5,160 | 5 | 4 | 1 | 7 | 1 | 4 | 2 | 5 | 5 | 2 | 6 |
| 5474 | 경북 김천시 | 홈페이지 유지관리비 | 1 | 17,000 | 5 | 5 | 1 | 7 | 2 | 2 | 2 | 5 | 5 | 2 | 6 |
| 5475 | 경북 김천시 | 차세대지방세정보화사업 위탁사업비 | 1 | 119,171 | 1 | 4 | 1 | 7 | 2 | 2 | 4 | 5 | 5 | 4 | 6 |
| 5476 | 경북 김천시 | 세외수입정보시스템 유지관리비 | 1 | 63,533 | 1 | 5 | 1 | 7 | 2 | 2 | 4 | 5 | 5 | 4 | 6 |
| 5477 | 경북 김천시 | 전자세금류 관리시스템 유지보수비 | 1 | 35,000 | 1 | 4 | 1 | 7 | 2 | 2 | 4 | 5 | 5 | 4 | 6 |
| 5478 | 경북 김천시 | 고향사랑기부제 종합정보시스템 유지수수비 | 1 | 20,000 | 1 | 5 | 1 | 7 | 2 | 2 | 4 | 5 | 5 | 4 | 6 |
| 5479 | 경북 김천시 | 사이버 지역농협센터 운영 | 1 | 10,500 | 5 | 4 | 1 | 7 | 1 | 1 | 1 | 1 | 1 | 1 | 6 |
| 5480 | 경북 김천시 | 출산장려 지원관리 시스템 | 1 | 3,150 | 7 | 4 | 1 | 3 | 1 | 5 | 2 | 5 | 5 | 2 | 6 |
| 5481 | 경북 김천시 | 김천시 대표 누리집 유지수수 | 1 | 33,250 | 7 | 1 | 1 | 7 | 1 | 1 | 4 | 5 | 5 | 4 | 6 |
| 5482 | 경북 김천시 | PC보안취약성 관리시스템 사용료 | 1 | 5,608 | 5 | 4 | 1 | 7 | 1 | 5 | 4 | 5 | 5 | 4 | 6 |
| 5483 | 경북 김천시 | 수기업이상시스템 사용료 | 1 | 4,388 | 5 | 4 | 1 | 7 | 1 | 5 | 4 | 5 | 5 | 4 | 6 |

| 순번 | 시군구 | 정보화사업 사업명 | 정보화사업 분류<br>1.유지 및 보수<br>2.SW/HW 개발 및 구매<br>3.DB 구축<br>4.정보화 전략계획(ISP) 수립<br>5.정보화지원<br>6.기타 | 2025년 예산<br>(단위:천원)<br>(1년간) | 예산 편성근거<br>1.법률의 규정<br>2.국고보조 재원<br>3.용도지정기부금<br>4.조례<br>5.지자체 및 성과기관 정책<br>6.기타<br>7.해당없음 | 계약체결방법<br>(경쟁형태)<br>1.일반경쟁<br>2.제한경쟁<br>3.지명경쟁<br>4.수의계약<br>5.방침위하<br>6.기타( )<br>7.해당없음 | 계약기간<br>1.1년<br>2.2년<br>3.3년<br>4.4년<br>5.5년<br>6.기타( )년<br>7.단기계약(1년미만)<br>8.해당없음 | 낙찰자 선정방식<br>1.적격심사<br>2.협상에 의한계약<br>3.최저가 낙찰제<br>4.규격가격 분리<br>5.2단계 경쟁입찰<br>6.기타( )<br>7.해당없음 | 평가선정<br>1.내부선정<br>2.외부선정<br>3.전문기관위탁<br>4.내외부 모두 선정<br>5.해당없음 | 정산방법<br>1.내부정산(자체적으로 정산)<br>2.외부정산(결과물검수위탁)<br>3.전문기관위탁<br>4.내외부 모두 정산<br>5.해당없음 | 성과평가 실시여부<br>1.실시<br>2.미실시<br>3.향후 추진<br>4.해당없음 | 성과평가 주기<br>1.매년<br>2.격년<br>3.기간만료전<br>4.기타( )<br>5.해당없음 | 성과평가 방법<br>1.자체 평가<br>2.평가단 구성후 실시(전문위원회 등)<br>3.전문 평가기관 의뢰<br>4.기타( )<br>5.해당없음 | 성과평가결과 인센티브 및 패널티 적용 유무<br>1.적용<br>2.적용 안함<br>3.기타( )<br>4.해당없음 | 인센티브 및 패널티 적용 근거<br>1.법률<br>2.조례<br>3.지침<br>4.계약서<br>5.기타( )<br>6.해당없음 |
|---|---|---|---|---|---|---|---|---|---|---|---|---|---|---|---|
| 5484 | 경북 김천시 | DNS서버 및 보안장비 유지보수 | 1 | 38,280 | 5 | 1 | 1 | 3 | 1 | 5 | 4 | 5 | 5 | 4 | 6 |
| 5485 | 경북 김천시 | 침입차단(방화벽)시스템 유지보수 | 1 | 3,363 | 7 | 4 | 2 | 7 | 1 | 5 | 4 | 5 | 5 | 4 | 6 |
| 5486 | 경북 김천시 | 침입차단(방화벽)시스템 내부망 및 외부망 접근제어시스템 유지보수 | 1 | 6,942 | 7 | 4 | 1 | 7 | 1 | 5 | 4 | 5 | 5 | 4 | 6 |
| 5487 | 경북 김천시 | 지역정보화(지능정보사회) 기본계획 수립 | 4 | 19,350 | 5 | 4 | 1 | 7 | 1 | 5 | 4 | 5 | 5 | 4 | 6 |
| 5488 | 경북 김천시 | 개인정보보호시스템 강화 | 2 | 44,600 | 7 | 6 | 1 | 7 | 1 | 5 | 4 | 5 | 5 | 4 | 6 |
| 5489 | 경북 김천시 | PC관리시스템 강화 | 2 | 47,500 | 7 | 6 | 1 | 7 | 1 | 5 | 4 | 5 | 5 | 4 | 6 |
| 5490 | 경북 김천시 | 중요기록물 디지털화 사업 | 3 | 120,000 | 7 | 2 | 7 | 2 | 1 | 5 | 4 | 5 | 5 | 4 | 6 |
| 5491 | 경북 김천시 | 2025년 표준기록관리시스템 유지보수(하드웨어) | 1 | 21,772 | 7 | 4 | 1 | 5 | 1 | 1 | 4 | 5 | 5 | 4 | 6 |
| 5492 | 경북 김천시 | 2025년 표준기록관리시스템 유지보수(소프트웨어) | 1 | 23,402 | 6 | 5 | 1 | 7 | 1 | 1 | 4 | 5 | 5 | 4 | 6 |
| 5493 | 경북 김천시 | 공통기반 전산장비 및 재해복구시스템 유지관리 | 1 | 82,881 | 6 | 4 | 1 | 7 | 5 | 5 | 4 | 5 | 5 | 4 | 6 |
| 5494 | 경북 김천시 | 온나라 및 전자문서유통 유지관리 | 1 | 61,107 | 6 | 5 | 1 | 7 | 1 | 5 | 4 | 5 | 5 | 4 | 6 |
| 5495 | 경북 김천시 | 통합스토리지 유지관리 | 1 | 18,582 | 6 | 4 | 1 | 7 | 5 | 5 | 4 | 4 | 5 | 4 | 6 |
| 5496 | 경북 김천시 | 백업시스템 유지관리 | 1 | 12,219 | 6 | 4 | 1 | 7 | 5 | 5 | 4 | 4 | 5 | 4 | 6 |
| 5497 | 경북 김천시 | 재난홈페이지 구축 및 운영 | 2 | 19,800 | 7 | 7 | 1 | 7 | 1 | 5 | 4 | 5 | 5 | 4 | 6 |
| 5498 | 경북 김천시 | 통합서비스시스템 유지수비 | 1 | 19,420 | 2 | 7 | 8 | 7 | 1 | 5 | 2 | 5 | 5 | 4 | 6 |
| 5499 | 경북 김천시 | 온나라시스템 유지관리 | 1 | 9,337 | 4 | 5 | 1 | 7 | 5 | 5 | 4 | 5 | 5 | 4 | 6 |
| 5500 | 경북 영주시 | 버스정보시스템(BIS) 유지보수비 | 1 | 132,475 | 7 | 4 | 1 | 7 | 1 | 4 | 2 | 5 | 5 | 4 | 4 |
| 5501 | 경북 영주시 | 스마트승강장시스템 유지보수 | 1 | 20,000 | 5 | 1 | 1 | 3 | 5 | 4 | 4 | 4 | 5 | 4 | 4 |
| 5502 | 경북 영주시 | 불법 주청자 단속알림시스템 유지보수 | 1 | 7,641 | 7 | 4 | 1 | 7 | 5 | 2 | 4 | 5 | 5 | 4 | 4 |
| 5503 | 경북 영주시 | 무인항공기 관리 전산출력프로그램 유지계약 | 1 | 4,440 | 7 | 4 | 1 | 7 | 1 | 5 | 4 | 5 | 5 | 4 | 4 |
| 5504 | 경북 영주시 | 무인항공기기동 사건송치프로그램 확산(제동비) | 1 | 4,440 | 7 | 7 | 1 | 7 | 1 | 5 | 2 | 5 | 5 | 4 | 4 |
| 5505 | 경북 영주시 | (무)스마트빌리지 보급 및 확산(재도비) | 6 | 429,000 | 2 | 7 | 8 | 7 | 5 | 5 | 4 | 5 | 5 | 4 | 6 |
| 5506 | 경북 영주시 | 콜센터 상담관리시스템 유지보수 | 1 | 20,213 | 4 | 5 | 1 | 7 | 1 | 1 | 4 | 5 | 5 | 4 | 4 |
| 5507 | 경북 영주시 | 녹동산종합공부시스템(KRAS) 유지관리 | 1 | 30,200 | 1 | 4 | 1 | 7 | 1 | 4 | 2 | 5 | 5 | 4 | 4 |
| 5508 | 경북 영주시 | 공간정보시스템 통합 유지관리 | 1 | 45,000 | 1 | 1 | 1 | 3 | 1 | 4 | 4 | 5 | 5 | 4 | 4 |
| 5509 | 경북 영주시 | 공간정보시스템 기능개선 | 1 | 20,000 | 1 | 7 | 1 | 7 | 5 | 5 | 4 | 5 | 5 | 4 | 6 |
| 5510 | 경북 영주시 | 주소정보관리시스템(KAIS) 차세대 구축 및 유지관리 | 1 | 47,520 | 1 | 5 | 1 | 5 | 2 | 1 | 2 | 5 | 5 | 4 | 4 |
| 5511 | 경북 영주시 | 업체주소 구축 및 주소정보기본도 유지관리 | 1 | 42,318 | 1 | 5 | 1 | 7 | 2 | 2 | 2 | 5 | 5 | 4 | 4 |
| 5512 | 경북 영주시 | 지적기록물전산시스템 유지관리 | 1 | 8,400 | 1 | 7 | 8 | 7 | 1 | 1 | 4 | 5 | 5 | 4 | 4 |
| 5513 | 경북 영주시 | 부동산종합공부시스템 개인정보보안화 S/W 유지보수 | 1 | 2,086 | 1 | 7 | 8 | 7 | 1 | 1 | 4 | 5 | 5 | 4 | 4 |
| 5514 | 경북 영주시 | 지적기록물 DB구축 | 3 | 13,000 | 1 | 7 | 8 | 7 | 1 | 1 | 4 | 5 | 5 | 4 | 4 |

- 178 -

| 순번 | 시군구 | 정보화사업 사업명<br>·예산서 상의 사업명 | 정보화사업 분류<br>1. 유지 및 보수<br>2. SW/HW<br>3. DB 구축<br>4. 개발 및 구매<br>5. 정보화<br>전략계획(ISP) 수립<br>6. 정보화지원<br>6. 기타 | 2025년 예산<br>(단위:천원/1년간) | 예산 편성근거<br>1. 법률이 구성<br>2. 국고보조 재원<br>3. 용도조정기부금<br>4. 조례<br>5. 지자체 및 상위기관 정책<br>6. 기타<br>7. 해당없음 | 계약체결방법<br>(경쟁여부)<br>1. 일반경쟁<br>2. 제한경쟁<br>3. 지명경쟁<br>4. 수의계약<br>5. 민간위탁<br>6. 기타( )<br>7. 해당없음 | 계약기간<br>1. 1년<br>2. 2년<br>3. 3년<br>4. 4년<br>5. 5년<br>6. 기타<br>7. 단기계약(1년미만)<br>8. 해당없음 | 낙찰자 선정방식<br>1. 적격심사<br>2. 협상에 의한계약<br>3. 최저가낙찰제<br>4. 규격가절리<br>5. 2단계 경쟁입찰<br>6. 기타( )<br>7. 해당없음 | 평가산정<br>1. 내부산정(자체적으로 산정)<br>2. 외부산정(전문기관에서 선정)<br>3. 내외부 모두 선정<br>4. 산정 無<br>5. 해당없음 | 정산방법<br>1. 내부정산(내부적으로 정산)<br>2. 외부정산(외부전문기관위탁 정산)<br>3. 내외부 모두 정산<br>4. 정산 無<br>5. 해당없음 | 성과평가 실시여부<br>1. 실시<br>2. 미실시<br>3. 향후 추진<br>4. 해당없음 | 성과평가 주기<br>1. 매년<br>2. 격년<br>3. 기간만료전<br>4. 기타( )<br>5. 해당없음 | 성과평가 방법<br>1. 자체 평가<br>2. 평가단 구성후 실시(전문위원회 등)<br>3. 전문 평가기관 의뢰<br>4. 기타( )<br>5. 해당없음 | 성과평가결과 인센티브 적용 유무<br>1. 적용<br>2. 적용 안함<br>3. 기타( )<br>4. 해당없음 | 인센티브 및 페널티 적용 근거<br>1. 법률<br>2. 조례<br>3. 지침<br>4. 계약서<br>5. 기타( )<br>6. 해당없음 |
|---|---|---|---|---|---|---|---|---|---|---|---|---|---|---|---|
| 5515 | 경북 영주시 | 공공자전거무인대여시스템 운영 | 1 | 20,000 | 7 | 4 | 8 | 7 | 1 | 5 | 4 | 5 | 5 | 4 | 4 |
| 5516 | 경북 영주시 | 설계 및 원가내역 프로그램 구입 및 유지보수 | 1 | 6,400 | 7 | 7 | 8 | 7 | 1 | 1 | 4 | 5 | 5 | 4 | 4 |
| 5517 | 경북 영주시 | 영주시 주요사업 관리시스템 유지보수 | 1 | 2,400 | 6 | 4 | 7 | 7 | 1 | 5 | 4 | 5 | 5 | 4 | 4 |
| 5518 | 경북 영주시 | 재정정보공개시스템 유지보수 | 1 | 3,524 | 1 | 7 | 1 | 7 | 5 | 5 | 4 | 5 | 5 | 4 | 4 |
| 5519 | 경북 영주시 | 2025년 통합지방재정시스템 운영 및 유지관리 | 1 | 102,756 | 5 | 5 | 1 | 7 | 5 | 5 | 4 | 5 | 5 | 4 | 4 |
| 5520 | 경북 영주시 | 통합방재정보시스템 재해복구시스템 구축 | 3 | 39,704 | 5 | 5 | 6(2년6개월) | 7 | 5 | 5 | 4 | 5 | 5 | 4 | 4 |
| 5521 | 경북 영주시 | 역점 공약신고관리시스템 관리비 | 1 | 5,000 | 7 | 4 | 7 | 7 | 1 | 5 | 4 | 5 | 5 | 4 | 4 |
| 5522 | 경북 영주시 | 정보·e시스템 유지관리 | 1 | 14,092 | 1 | 5 | 1 | 7 | 1 | 1 | 4 | 5 | 5 | 4 | 4 |
| 5523 | 경북 영주시 | 의회홈페이지 유지관리 | 1 | 12,720 | 4 | 4 | 1 | 7 | 1 | 1 | 4 | 5 | 5 | 4 | 4 |
| 5524 | 경북 영주시 | 재해관 홈페이지 관리 | 1 | 4,800 | 7 | 4 | 8 | 7 | 1 | 1 | 4 | 5 | 5 | 4 | 4 |
| 5525 | 경북 영주시 | 농업보조금관리시스템 유지보수 | 1 | 18,000 | 1 | 4 | 1 | 7 | 1 | 1 | 4 | 5 | 5 | 4 | 4 |
| 5526 | 경북 영주시 | 정보센터 홈페이지 관리비 | 1 | 3,600 | 4 | 4 | 1 | 7 | 1 | 1 | 4 | 4 | 4 | 4 | 4 |
| 5527 | 경북 영주시 | 영주시 투자유치 홍보용 클라우드 | 3 | 8,700 | 5 | 7 | 8 | 7 | 1 | 5 | 4 | 5 | 5 | 4 | 4 |
| 5528 | 경북 영주시 | 출산장려시스템 유지보수 | 1 | 3,000 | 6 | 4 | 1 | 2 | 2 | 1 | 4 | 5 | 5 | 4 | 4 |
| 5529 | 경북 영주시 | 아카이브시스템 소프트웨어 유지보수비 | 1 | 19,602 | 6 | 7 | 8 | 7 | 1 | 5 | 4 | 5 | 5 | 4 | 6 |
| 5530 | 경북 영주시 | 사진영상 공유시스템 스토리지 교체 | 2 | 25,000 | 6 | 5 | 1 | 7 | 5 | 5 | 1 | 1 | 4(행정안전부) | 4 | 6 |
| 5531 | 경북 영주시 | 바이러스 예방프로그램 및 내PC지키미 구입 | 2 | 48,600 | 6 | 6 | 1 | 7 | 5 | 5 | 1 | 1 | 4(행정안전부) | 4 | 6 |
| 5532 | 경북 영주시 | 정보보안 및 개인정보보호 교육 | 1 | 4,000 | 6 | 4 | 8 | 7 | 5 | 5 | 1 | 1 | 4(행정안전부) | 4 | 6 |
| 5533 | 경북 영주시 | 정보시스템 통합유지보수 | 5 | 595,587 | 6 | 4 | 8 | 7 | 5 | 5 | 4 | 5 | 5 | 4 | 6 |
| 5534 | 경북 영주시 | 정보보안 통합관제 이용 | 1 | 82,296 | 6 | 7 | 8 | 2 | 5 | 5 | 4 | 5 | 5 | 4 | 6 |
| 5535 | 경북 영주시 | 온-나라 2.0 문서시스템 유지관리 | 1 | 60,431 | 5 | 5 | 1 | 7 | 5 | 5 | 4 | 5 | 5 | 4 | 6 |
| 5536 | 경북 영주시 | 자치단체 통합기반 및 재해복구시스템 유지관리 | 1 | 117,079 | 5 | 5 | 1 | 7 | 5 | 5 | 4 | 5 | 5 | 4 | 4 |
| 5537 | 경북 영주시 | 지방행정통합정보보호 상담센터 유지관리 | 1 | 7,250 | 5 | 5 | 1 | 7 | 5 | 5 | 4 | 5 | 5 | 4 | 4 |
| 5538 | 경북 영주시 | 정보보안 위해대응 진단사업 | 6 | 16,000 | 6 | 4 | 8 | 7 | 5 | 5 | 4 | 5 | 5 | 4 | 6 |
| 5539 | 경북 영주시 | 사이버보안 대응 역량 강화 사업 | 6 | 10,655 | 6 | 6 | 8 | 7 | 5 | 5 | 4 | 5 | 5 | 4 | 6 |
| 5540 | 경북 영주시 | 업무용 소프트웨어 구입 | 2 | 250,135 | 6 | 6 | 1 | 7 | 5 | 5 | 4 | 5 | 5 | 4 | 6 |
| 5541 | 경북 영주시 | 문서보안(DRM)시스템 교체 | 2 | 100,000 | 6 | 6 | 8 | 7 | 5 | 5 | 4 | 5 | 5 | 4 | 6 |
| 5542 | 경북 영주시 | 사용자통합관리시스템 기성화 서버 이전 | 2 | 8,000 | 6 | 4 | 8 | 7 | 5 | 5 | 4 | 5 | 5 | 4 | 6 |
| 5543 | 경북 영주시 | 업무용전산장비 구입 | 2 | 397,000 | 6 | 6 | 8 | 7 | 5 | 5 | 4 | 5 | 5 | 4 | 6 |
| 5544 | 경북 영주시 | 행정망 L4스위치 교체 | 2 | 54,540 | 6 | 6 | 8 | 7 | 5 | 5 | 4 | 5 | 5 | 4 | 6 |
| 5545 | 경북 영주시 | 보건진료소 소통형 가상사설망(VPN) 구입 | 2 | 52,000 | 6 | 6 | 8 | 7 | 5 | 5 | 4 | 5 | 5 | 4 | 6 |

| 순번 | 시군구 | 정보화사업 사업명·예산서상 사업명 | 정보사업 분류 (1.유지 및 보수 2.SW/HW 개발 및 구매 3.DB 구축 4.정보화전략계획(ISP) 수립 5.정보화자원 6.기타) | 2025년 예산 (단위:천원/1년간) | 예산 편성근거 (1.법률에 규정 2.국고보조재원 3.용도조조재원 4.조례 5.지자체 및 상위기관 정책 6.기타 7.해당없음) | 정보화사업 입찰방식 계약체결방법(경쟁형태) (1.입찰경쟁 2.제한경쟁 3.지명경쟁 4.수의계약 5.법정위탁 6.기타 7.해당없음) | 계약기간 (1.1년 2.2년 3.3년 4.4년 5.5년 6.기타 7.단기계약(1년미만) 8.해당없음) | 낙찰자 선정방식 (1.적격심사 2.협상에 의한계약 3.최저가낙찰제 4.규격가격동시 5.2단계 경쟁입찰 6.기타 7.해당없음) | 정보화사업 예산 산정 평가산정 (1.내부산정 2.외부산정 3.내외부모두 4.산정안함 5.해당없음) | 정보화사업 예산 산정 산정방법 (1.내부산정(자체적으로 산정) 2.외부산정(외부전문기관에 산정) 3.내외부 모두 정산 4.정산안함 5.해당없음) | 성과평가 실시여부 (1.실시 2.미실시 3.향후 추진 4.해당없음) | 성과평가 주기 (1.매년 2.2년 3.기간만료전 4.기타() 5.해당없음) | 성과평가 방법 (1.자체 평가 2.평가단 구성 후 실시(전문위원회) 3.전문 평가기관 의뢰 4.기타 5.해당없음) | 평가결과 성과평가결과 인센티브 및 페널티 적용 유무 (1.적용 2.적용 안함 3.기타() 4.해당없음) | 평가결과 적용 인센티브 및 페널티 적용 근거 (1.법률 2.조례 3.지침 4.계약서 5.기타 6.해당없음) |
|---|---|---|---|---|---|---|---|---|---|---|---|---|---|---|---|
| 5546 | 경북 영주시 | 자원정보화 통합 배양 | 5 | 10,540 | 4 | 4 | 8 | 7 | 5 | 5 | 4 | 5 | 5 | 4 | 6 |
| 5547 | 경북 영주시 | 근거리 네트워크 스위치 교체 | 2 | 51,468 | 6 | 6 | 8 | 7 | 5 | 5 | 4 | 5 | 5 | 4 | 6 |
| 5548 | 경북 영주시 | 행정정보 통합가상화시스템 자원증설 | 2 | 138,000 | 6 | 6 | 8 | 7 | 5 | 5 | 4 | 5 | 5 | 4 | 6 |
| 5549 | 경북 영주시 | 읍면동 침입방지시스템(IPS) 교체 | 2 | 46,292 | 6 | 6 | 8 | 7 | 5 | 5 | 4 | 5 | 5 | 4 | 6 |
| 5550 | 경북 영주시 | 본청 방화벽 교체 | 2 | 46,292 | 6 | 6 | 8 | 7 | 5 | 5 | 4 | 5 | 5 | 4 | 6 |
| 5551 | 경북 영주시 | 읍면동 방화벽 교체 | 2 | 55,060 | 6 | 6 | 8 | 7 | 5 | 5 | 4 | 5 | 5 | 4 | 6 |
| 5552 | 경북 영주시 | 전산실 방화합승기 교체 | 2 | 36,100 | 6 | 6 | 8 | 7 | 5 | 5 | 4 | 5 | 5 | 4 | 6 |
| 5553 | 경북 영주시 | 전신상 영화상 CCTV운영 서버 구축 | 2 | 11,000 | 6 | 6 | 8 | 7 | 5 | 5 | 4 | 5 | 5 | 4 | 6 |
| 5554 | 경북 영주시 | 데이터 품질관리 체계 구축 | 6 | 22,000 | 6 | 4 | 8 | 7 | 5 | 5 | 4 | 5 | 5 | 4 | 6 |
| 5555 | 경북 영주시 | 데이터 분석용 민간데이터 구입 | 5 | 50,000 | 6 | 7 | 8 | 7 | 5 | 5 | 4 | 5 | 5 | 4 | 6 |
| 5556 | 경북 영주시 | 생성형 AI 활용 업무 강화 | 5 | 13,000 | 6 | 4 | 8 | 7 | 5 | 5 | 4 | 5 | 5 | 4 | 6 |
| 5557 | 경북 영주시 | 데이터 분석 용역 | 6 | 22,000 | 4 | 4 | 8 | 7 | 5 | 5 | 4 | 5 | 5 | 4 | 6 |
| 5558 | 경북 영주시 | 버스 공공와이파이 양자 회선료 | 6 | 15,782 | 5 | 5 | 1 | 2 | 1 | 1 | 4 | 5 | 5 | 4 | 6 |
| 5559 | 경북 영주시 | 홈페이지 통합 유지보수 | 1 | 25,080 | 6 | 4 | 1 | 2 | 1 | 1 | 4 | 5 | 5 | 4 | 6 |
| 5560 | 경북 영주시 | 시정소식지(36.5영주) 웹자시스템 구축 | 2 | 22,000 | 6 | 7 | 8 | 7 | 5 | 5 | 4 | 5 | 5 | 4 | 6 |
| 5561 | 경북 영주시 | 의약 침입방지시스템(IPS) 교체 | 2 | 38,000 | 6 | 6 | 8 | 7 | 5 | 5 | 4 | 5 | 5 | 4 | 6 |
| 5562 | 경북 영주시 | 시민정보화교육 | 5 | 9,160 | 4 | 4 | 8 | 7 | 5 | 5 | 4 | 5 | 5 | 4 | 6 |
| 5563 | 경북 영주시 | 지역정보화 기본계획 수립 | 4 | 90,000 | 4 | 1 | 8 | 2 | 2 | 2 | 4 | 5 | 5 | 4 | 6 |
| 5564 | 경북 영주시 | 인공지능 기반 민원상담시스템 구축 | 2 | 120,000 | 6 | 6 | 8 | 2 | 2 | 2 | 4 | 5 | 5 | 4 | 6 |
| 5565 | 경북 영주시 | 정보화마을 홈페이지 유지보수 | 1 | 8,712 | 6 | 4 | 1 | 2 | 1 | 1 | 4 | 5 | 5 | 4 | 6 |
| 5566 | 경북 영주시 | 교환기 및 통신장비 유지보수 | 1 | 77,800 | 4 | 2 | 1 | 2 | 2 | 2 | 4 | 5 | 5 | 4 | 6 |
| 5567 | 경북 영주시 | 셋업주 플랫폼 및 클라우드 이용료 | 2 | 59,000 | 6 | 6 | 8 | 7 | 5 | 5 | 4 | 5 | 5 | 4 | 6 |
| 5568 | 경북 영주시 | 시간기록서버 구입 | 2 | 22,000 | 6 | 4 | 8 | 7 | 5 | 5 | 4 | 5 | 5 | 4 | 6 |
| 5569 | 경북 영주시 | (통신실)방운영합기 구입 | 2 | 19,000 | 6 | 6 | 8 | 7 | 5 | 5 | 4 | 5 | 5 | 4 | 6 |
| 5570 | 경북 영주시 | 자동안내방송시스템 교체 | 2 | 6,000 | 6 | 6 | 8 | 7 | 5 | 5 | 4 | 5 | 5 | 4 | 6 |
| 5571 | 경북 영주시 | 통합중계방송시스템 교체 | 2 | 320,000 | 6 | 6 | 8 | 7 | 5 | 5 | 4 | 5 | 5 | 4 | 6 |
| 5572 | 경북 영주시 | 관제시스템 유지보수비 | 1 | 500,489 | 6 | 2 | 1 | 2 | 2 | 2 | 4 | 5 | 5 | 4 | 6 |
| 5573 | 경북 영주시 | 지자방해수단 라이선스 증설 | 2 | 50,000 | 6 | 6 | 8 | 7 | 5 | 5 | 4 | 5 | 5 | 4 | 6 |
| 5574 | 경북 영주시 | 노후 스토리지 교체 및 증설 | 2 | 145,000 | 6 | 6 | 8 | 7 | 5 | 5 | 4 | 5 | 5 | 4 | 6 |
| 5575 | 경북 영주시 | 자원방호 대체 인사시스템 구축 | 2 | 132,000 | 6 | 6 | 8 | 7 | 5 | 5 | 4 | 5 | 5 | 4 | 6 |
| 5576 | 경북 영주시 | 방화벽 장비 교체 | 2 | 140,000 | 6 | 6 | 8 | 7 | 5 | 5 | 4 | 5 | 5 | 4 | 6 |

| 순번 | 시군구 | 정보사업 사업명<br>•예산서 상의 사업명 | 정보화사업 분류<br>1.유지 및 보수<br>2.SW/HW 개발 및 구매<br>3.DB구축<br>4.정보화 전략계획(ISP) 수립<br>5.정보화지원<br>6.기타 | 2025년 예산<br>(단위:천원/1년간) | 예산 편성근거<br>1.법률에 규정<br>2.국고보조재원<br>3.용도지정기부금<br>4.조례<br>5.지자체 및 상위기관 정책<br>6.기타<br>7.해당없음 | 계약체결방법(경쟁형태)<br>1.일반경쟁<br>2.제한경쟁<br>3.지명경쟁<br>4.수의계약<br>5.법정위탁<br>6.기타<br>7.해당없음 | 정보화사업 입찰방식 계약기간<br>1.1년<br>2.2년<br>3.3년<br>4.4년<br>5.5년<br>6.기타( )<br>7.단기계약(1년미만)<br>8.해당없음 | 낙찰자 선정방법<br>1.적격심사<br>2.협상에의한계약<br>3.최저가낙찰제<br>4.규격가격분리<br>5.2단계 경쟁입찰<br>6.기타( )<br>7.해당없음 | 정보화사업 예산 심사 평가신청<br>1.내부신청<br>2.외부신청(전문기관에 신청)<br>3.내외부 모두 신청<br>4.신청 無<br>5.해당없음 | 정산방법<br>1.내부정산(자체적으로 정산)<br>2.외부정산(전문기관에 정산)<br>3.내외부 모두 정산<br>4.정산 無<br>5.해당없음 | 성과평가 실시여부<br>1.실시<br>2.미실시<br>3.향후 실시<br>4.해당없음 | 성과평가 주기<br>1.매년<br>2.격년<br>3.기간만료전<br>4.기타( )<br>5.해당없음 | 성과평가 방법<br>1.자체 평가<br>2.평가기관 구성(전문위원회)<br>3.전문 평가기관 의뢰<br>4.기타( )<br>5.해당없음 | 성과평가결과 인센티브 적용 유무<br>1.적용<br>2.적용 안함<br>3.기타( )<br>4.해당없음 | 평가결과 적용 인센티브 및 페널티 적용 근거<br>1.법률<br>2.조례<br>3.지침<br>4.계약서<br>5.기타<br>6.해당없음 |
|---|---|---|---|---|---|---|---|---|---|---|---|---|---|---|---|
| 5577 | 경북 영주시 | 인터넷망 방화벽 교체 | 2 | 29,000 | 6 | 6 | 8 | 7 | 5 | 5 | 4 | 5 | 5 | 4 | 6 |
| 5578 | 경북 영주시 | 망연계 보안시스템 교체 | 2 | 110,000 | 6 | 6 | 8 | 7 | 5 | 5 | 4 | 5 | 5 | 4 | 6 |
| 5579 | 경북 영주시 | 지능형 RACK기반 전산업무 운영시스템 구축 | 2 | 57,000 | 6 | 6 | 8 | 7 | 5 | 5 | 4 | 5 | 5 | 4 | 6 |
| 5580 | 경북 영주시 | 전산실 서울 관리시스템(RMS) 구축 | 2 | 96,000 | 6 | 6 | 8 | 7 | 5 | 5 | 4 | 5 | 5 | 4 | 6 |
| 5581 | 경북 영주시 | 종합성과평가시스템 클라우드오피스 웹 현금 기간기 구입 | 2 | 22,000 | 4 | 4 | 1 | 7 | 1 | 1 | 2 | 5 | 5 | 4 | 6 |
| 5582 | 경북 영주시 | 종합과제평가시스템 유지보수 | 1 | 15,660 | 4 | 4 | 1 | 7 | 1 | 1 | 2 | 5 | 5 | 4 | 4 |
| 5583 | 경북 영주시 | 도시계획정보체계(UPS) 유지보수 | 1 | 14,500 | 7 | 4 | 1 | 7 | 5 | 5 | 4 | 5 | 5 | 4 | 4 |
| 5584 | 경북 영주시 | 도시계획정보체계 DB 유지보수 | 1 | 22,000 | 7 | 4 | 1 | 7 | 5 | 5 | 4 | 5 | 5 | 4 | 4 |
| 5585 | 경북 영주시 | 경북로 기로조성 AR 관광서비스 유지보수 | 1 | 10,000 | 7 | 4 | 1 | 7 | 5 | 5 | 4 | 5 | 5 | 2 | 4 |
| 5586 | 경북 영주시 | 업무대행 건축사 지정 프로그램 유지보수 | 1 | 2,500 | 1 | 7 | 8 | 7 | 1 | 1 | 4 | 5 | 5 | 4 | 4 |
| 5587 | 경북 영주시 | 평생학습센터 홈페이지 유지보수 | 1 | 3,200 | 5 | 4 | 1 | 7 | 5 | 5 | 4 | 5 | 5 | 4 | 4 |
| 5588 | 경북 영주시 | 평생학습센터 홈페이지 기능개선 | 2 | 5,500 | 5 | 4 | 7 | 7 | 1 | 1 | 4 | 5 | 5 | 4 | 4 |
| 5589 | 경북 영주시 | 공공도서관 정보시스템 유지보수(통합) | 1 | 21,894 | 6 | 4 | 1 | 7 | 5 | 5 | 4 | 5 | 5 | 4 | 6 |
| 5590 | 경북 영주시 | 도서관리시스템 유지보수(통합) | 1 | 11,016 | 6 | 4 | 1 | 7 | 5 | 5 | 4 | 5 | 5 | 4 | 6 |
| 5591 | 경북 영주시 | 공공도서관 홈페이지 유지보수 | 1 | 3,413 | 1 | 6 | 1 | 7 | 1 | 1 | 4 | 5 | 5 | 4 | 6 |
| 5592 | 경북 영주시 | 공공도서관 점영방지시스템(UPS) 구입 | 1 | 38,000 | 6 | 4 | 1 | 2 | 5 | 5 | 4 | 5 | 5 | 6 | 6 |
| 5593 | 경북 영주시 | 의료영상정보전송시스템(PACS) 유지비 | 1 | 8,712 | 6 | 4 | 8 | 7 | 1 | 1 | 4 | 5 | 5 | 4 | 4 |
| 5594 | 경북 영주시 | 방역관리정보시스템 유지보수 | 1 | 3,000 | 5 | 4 | 1 | 7 | 1 | 1 | 4 | 5 | 5 | 4 | 4 |
| 5595 | 경북 영주시 | 청소년운영센터 정보시스템 유지보수 | 1 | 2,400 | 6 | 4 | 1 | 7 | 5 | 5 | 2 | 5 | 5 | 4 | 4 |
| 5596 | 경북 영주시 | 온-나라시스템 전자기록물 이관사업(2017년~2018년기록물) | 6 | 15,000 | 1 | 6 | 7 | 7 | 5 | 5 | 4 | 5 | 5 | 4 | 6 |
| 5597 | 경북 영주시 | 표준기록관리시스템(RMS) 백신프로그램 구입 | 2 | 9,299 | 1 | 7 | 8 | 7 | 1 | 1 | 4 | 5 | 5 | 4 | 6 |
| 5598 | 경북 영주시 | 기록물 전수조사 및 철건 목록, DB 구축 | 3 | 75,000 | 1 | 7 | 8 | 7 | 1 | 1 | 4 | 5 | 5 | 4 | 6 |
| 5599 | 경북 영주시 | 표준기록관리시스템 노후스토리지 교체 사업 | 1 | 50,000 | 1 | 6 | 8 | 7 | 1 | 1 | 4 | 5 | 5 | 4 | 6 |
| 5600 | 경북 영주시 | 기간제근로자 프로그램 운영 | 1 | 8,400 | 5 | 4 | 1 | 7 | 5 | 5 | 4 | 5 | 5 | 4 | 4 |
| 5601 | 경북 영주시 | 2025년도 표준지방인사정보시스템 인프라 관리 | 1 | 39,603 | 5 | 5 | 8 | 7 | 2 | 2 | 2 | 5 | 5 | 4 | 4 |
| 5602 | 경북 영주시 | 차세대 표준지방인사정보시스템 운영(공기간동에대한정상적체사업) | 1 | 6,628 | 5 | 5 | 1 | 2 | 2 | 2 | 2 | 5 | 5 | 4 | 4 |
| 5603 | 경북 영주시 | 차세대 주민등록정보시스템 운영(공기간동에대한정상적체사업) | 1 | 21,995 | 5 | 5 | 8 | 7 | 5 | 5 | 4 | 5 | 5 | 4 | 4 |
| 5604 | 경북 영주시 | 주민등록무용 전산장비 구입 | 6 | 11,852 | 6 | 4 | 8 | 7 | 1 | 1 | 4 | 5 | 5 | 4 | 4 |
| 5605 | 경북 영주시 | 종합체부 인터넷 관리시스템 운영유지 | 1 | 4,000 | 7 | 4 | 1 | 7 | 1 | 1 | 4 | 5 | 5 | 4 | 4 |

- 181 -

| 순번 | 시군구 | 정보화사업 사업명 · 예산서 상의 사업명 | 정보화사업 분류 (1.유지 및 보수 2.SW/HW 개발 및 구매 3.DB 구축 4.정보화 전략계획(ISP) 수립 5.정보화지원 6.기타) | 2025년 예산 (단위:천원/1년간) | 예산 편성근거 (1.법률의 규정 2.국고보조재원 3.용도지정기부금 4.조례 5.지자체재원 6.기타 7.해당없음) | 계약체결방법 (경쟁형태) (1.일반경쟁 2.제한경쟁 3.지명경쟁 4.수의계약 5.분찰위탁 6.기타 7.해당없음) | 계약기간 (1.1년 2.2년 3.3년 4.4년 5.5년 6.기타( )년 7.단기계약(1년미만) 8.해당없음) | 낙찰자 선정방식 (1.적격심사 2.협상에 의한계약 3.최저가계약 4.규모가계약 5.2단계 경쟁입찰 6.기타( ) 7.해당없음) | 평가산정 (1.내부산정(자체적으로 산정) 2.외부산정(전문기관위탁) 3.내외부 모두 산정 4.산정 無 5.해당없음) | 정보화사업 예산 산정 방법 (1.내부산정(내부직원 산정) 2.외부산정(전문기관위탁) 3.내외부 모두 산정 4.정산 無 5.해당없음) | 성과평가 실시여부 (1.실시 2.미실시 3.향후 추진 4.해당없음) | 성과평가 주기 (1.매년 2.격년 3.기간만료전 4.기타( ) 5.해당없음) | 성과평가 방법 (1.자체 평가 2.평가단 구성(전문위원회) 3.전문 평가기관 의뢰 4.기타( ) 5.해당없음) | 성과평가결과 인센티브 및 페널티 적용 유무 (1.적용 2.적용 안함 3.기타( ) 4.해당없음) | 인센티브 및 페널티 적용 근거 (1.법률 2.조례 3.지침 4.계약서 5.기타( ) 6.해당없음) |
|---|---|---|---|---|---|---|---|---|---|---|---|---|---|---|---|
| 5608 | 경북 영주시 | 대형폐기물 배출시스템 유지보수 | 1 | 4,000 | 4 | 4 | 1 | 7 | 1 | 1 | 4 | 5 | 5 | 4 | 4 |
| 5609 | 경북 영주시 | 대형폐기물 관리 시스템 클라우드 이용료 | 4 | 9,180 | 5 | 4 | 7 | 7 | 1 | 1 | 4 | 5 | 5 | 4 | 4 |
| 5610 | 경북 영주시 | 체납차도우미 시스템 | 4 | 9,900 | 7 | 4 | 1 | 7 | 1 | 1 | 4 | 5 | 5 | 4 | 5 |
| 5611 | 경북 영주시 | 실내수영장 홈페이지 유지보수 | 1 | 4,200 | 6 | 4 | 1 | 7 | 1 | 1 | 4 | 5 | 5 | 4 | 4 |
| 5612 | 경북 영주시 | 고용사업기부재 종합정보시스템 운영 관리 | 1 | 23,450 | 1 | 5 | 1 | 7 | 2 | 2 | 4 | 4 | 5 | 4 | 4 |
| 5613 | 경북 영주시 | 차세대 지방세정보시스템 운영관리 | 1 | 119,171 | 5 | 5 | 1 | 7 | 2 | 2 | 4 | 5 | 5 | 4 | 4 |
| 5614 | 경북 영주시 | 세정특화시스템 유지보수비(스마트방영지, 이미지) | 1 | 12,000 | 6 | 7 | 1 | 7 | 3 | 3 | 4 | 5 | 5 | 4 | 4 |
| 5615 | 경북 영주시 | 차세대 지방세외수입정보시스템 운영관리 | 1 | 61,079 | 5 | 5 | 1 | 7 | 2 | 2 | 2 | 5 | 5 | 4 | 4 |
| 5616 | 경북 영주시 | 개별주택가격 정보시스템 | 1 | 3,300 | 5 | 4 | 1 | 7 | 1 | 1 | 4 | 5 | 5 | 4 | 4 |
| 5617 | 경북 영주시 | 계약정보시스템 유지보수 | 1 | 4,500 | 1 | 4 | 1 | 7 | 1 | 1 | 2 | 5 | 5 | 4 | 4 |
| 5618 | 경북 영주시 | 자동음성안내시스템 유지관리비 | 1 | 20,000 | 5 | 4 | 1 | 7 | 1 | 1 | 4 | 5 | 5 | 4 | 4 |
| 5619 | 경북 영주시 | 방재정보시스템 유지관리비 | 1 | 20,000 | 1 | 4 | 1 | 7 | 1 | 1 | 4 | 5 | 5 | 4 | 4 |
| 5620 | 경북 영천시 | 대민이통합영향 프로그램 구입비 | 2 | 21,905 | 5 | 5 | 1 | 4 | 5 | 5 | 4 | 5 | 5 | 4 | 6 |
| 5621 | 경북 영천시 | 온-나라시스템 유지관리 | 1 | 210,000 | 5 | 7 | 8 | 7 | 5 | 5 | 4 | 5 | 5 | 4 | 6 |
| 5622 | 경북 영천시 | 법정장비시스템 유지관리비 | 1 | 26,000 | 5 | 2 | 1 | 2 | 2 | 2 | 4 | 5 | 5 | 4 | 6 |
| 5623 | 경북 영천시 | 대표 홈페이지 운영 | 1 | 26,000 | 5 | 4 | 1 | 3 | 2 | 2 | 4 | 5 | 5 | 4 | 6 |
| 5624 | 경북 영천시 | 공통기반정상장비유지보수수비 | 1 | 105,280 | 5 | 1 | 1 | 1 | 2 | 2 | 4 | 5 | 5 | 4 | 6 |
| 5625 | 경북 영천시 | 클라우드 서비스 이용료 | 1 | 300,000 | 5 | 1 | 1 | 1 | 1 | 1 | 4 | 5 | 5 | 4 | 6 |
| 5626 | 경북 영천시 | 재택복구시스템유지보수비 | 1 | 10,980 | 5 | 4 | 1 | 7 | 1 | 1 | 4 | 5 | 5 | 4 | 6 |
| 5627 | 경북 영천시 | 표준기록관리시스템유지관리 | 1 | 45,120 | 5 | 4 | 1 | 7 | 1 | 1 | 4 | 5 | 5 | 4 | 6 |
| 5628 | 경북 영천시 | 정부표공동정보화사업 서비스테스크 운영 | 1 | 7,250 | 5 | 7 | 1 | 7 | 2 | 2 | 4 | 5 | 5 | 4 | 6 |
| 5629 | 경북 영천시 | 지방행정공통정보시스템유지관리비 | 1 | 23,400 | 5 | 7 | 1 | 7 | 2 | 2 | 4 | 5 | 5 | 4 | 6 |
| 5630 | 경북 영천시 | 온-나라시스템유지관리업무제턱비 | 1 | 613,000 | 5 | 7 | 1 | 7 | 2 | 2 | 4 | 5 | 5 | 4 | 6 |
| 5631 | 경북 영천시 | RFID 물품관리 하드웨어, 소프트웨어 유지보수 | 1 | 2,600 | 5 | 2 | 1 | 7 | 1 | 1 | 4 | 5 | 5 | 4 | 6 |
| 5632 | 경북 영천시 | 2025년 정보보안시스템 통합유지보수비 | 1 | 8,280 | 5 | 4 | 1 | 7 | 1 | 1 | 4 | 5 | 5 | 4 | 6 |
| 5633 | 경북 영천시 | CCTV 및 스마트도시통합센터시스템 통합유지보수비 | 1 | 750,000 | 5 | 2 | 1 | 2 | 1 | 1 | 4 | 5 | 5 | 4 | 6 |
| 5634 | 경북 영천시 | 시민관 홈페이지 운영 | 1 | 1,800 | 5 | 4 | 1 | 7 | 1 | 1 | 4 | 5 | 5 | 4 | 6 |
| 5635 | 경북 영천시 | 영전투숙청사일까리운영 | 1 | 40,000 | 5 | 4 | 1 | 7 | 1 | 1 | 4 | 5 | 5 | 4 | 6 |
| 5636 | 경북 영천시 | 볼법주정차 단속시스템 유지관리 | 1 | 2,900 | 5 | 4 | 1 | 7 | 1 | 1 | 4 | 5 | 5 | 4 | 6 |
| 5637 | 경북 영천시 | 영천주정차 단속시스템 유지관리 | 1 | 40,000 | 5 | 1 | 1 | 7 | 1 | 1 | 4 | 5 | 5 | 4 | 6 |
| 5638 | 경북 영천시 | 부동산공부시스템 유지보수 | 1 | 30,000 | 5 | 4 | 1 | 7 | 1 | 1 | 4 | 5 | 5 | 4 | 6 |

| 순번 | 시군구 | 정보화사업 사업명<br>・예산사업 사업명 | 정보화사업 분류<br>1.유지 및 보수<br>2.SW/HW 개발 및 구매<br>3.DB 구축<br>4.정보화전략계획(ISP) 수립<br>5.정보화지원<br>6.기타 | 2025년 예산<br>(단위:천원/1년간) | 예산 편성근거<br>1.법률에 규정<br>2.국고보조재원<br>3.용도지정기부금<br>4.조례<br>5.지자체 및 상위기관 정책<br>6.기타<br>7.해당없음 | 계약체결방법(경쟁형태)<br>1.일반경쟁<br>2.제한경쟁<br>3.지명경쟁<br>4.수의계약<br>5.변형계약<br>6.기타()<br>7.해당없음 | 정보화사업 입찰방식 계약기간<br>1.1년<br>2.2년<br>3.3년<br>4.4년<br>5.5년<br>6.기타()<br>7.단기계약(1년미만)<br>8.해당없음 | 낙찰자 선정방법<br>1.적격심사<br>2.협상에 의한계약<br>3.최저가낙찰제<br>4.규격가격분리<br>5.2단계 경쟁입찰<br>6.기타()<br>7.해당없음 | 정보화사업 예산 산정 평가신청<br>1.내부신청<br>2.외부신청(전문기관의뢰)<br>3.내외부 모두 신청<br>4.신청 無<br>5.해당없음 | 정보화사업 예산 산정 정보방법<br>1.내부정산(내부적으로 정산)<br>2.외부정산(외부전문기관위탁)<br>3.내외부 모두 정산<br>4.정산無<br>5.해당없음 | 성과평가 실시여부<br>1.실시<br>2.미실시<br>3.향후 추진<br>4.해당없음 | 성과평가 주기<br>1.매년<br>2.격년<br>3.기간만료전<br>4.기타()<br>5.해당없음 | 성과평가 방법<br>1.자체 평가<br>2.평가기관 구성후실시(전문위원축)<br>3.전문 평가기관 의뢰<br>4.기타()<br>5.해당없음 | 평가결과 인센티브 및 패널티 적용 유무<br>1.적용<br>2.적용안함<br>3.기타()<br>4.해당없음 | 인센티브 및 패널티 적용 근거<br>1.법률<br>2.조례<br>3.지침<br>4.계약서<br>5.기타<br>6.해당없음 |
|---|---|---|---|---|---|---|---|---|---|---|---|---|---|---|---|
| 5639 | 경북 영천시 | 영천시행정공간정보시스템 유지보수 | 1 | 22,000 | 5 | 4 | 1 | 7 | 1 | 5 | 4 | 5 | 5 | 4 | 6 |
| 5640 | 경북 영천시 | 읍면지 공간정보관리시스템 유지보수 | 1 | 10,100 | 5 | 4 | 1 | 7 | 1 | 5 | 4 | 5 | 5 | 4 | 6 |
| 5641 | 경북 영천시 | 출산장려지원관리시스템 유지보수 | 1 | 3,690 | 5 | 4 | 1 | 7 | 1 | 5 | 4 | 5 | 5 | 4 | 6 |
| 5642 | 경북 영천시 | 평생학습관홈페이지 유지보수 | 1 | 1,440 | 5 | 4 | 1 | 7 | 1 | 5 | 4 | 5 | 5 | 4 | 6 |
| 5643 | 경북 영천시 | 시립도서관홈페이지 유지보수 | 1 | 4,600 | 5 | 4 | 1 | 7 | 1 | 5 | 4 | 5 | 5 | 4 | 6 |
| 5644 | 경북 영천시 | 도서관리서비스(KOLAS) 및 전산장비시스템 유지관리비 | 1 | 1,860 | 5 | 4 | 1 | 7 | 1 | 5 | 4 | 5 | 5 | 4 | 6 |
| 5645 | 경북 영천시 | 도서관리(KOLAS) 및 전산장비시스템 유지관리비 | 1 | 2,330 | 5 | 4 | 1 | 7 | 1 | 5 | 4 | 5 | 5 | 4 | 6 |
| 5646 | 경북 영천시 | 개인정보접속기록시스템 유지관리비 | 1 | 5,100 | 5 | 4 | 1 | 7 | 1 | 5 | 4 | 5 | 5 | 4 | 6 |
| 5647 | 경북 영천시 | 상수도 요금징수 전산장비 프로그램 유지보수 | 1 | 15,020 | 5 | 4 | 1 | 7 | 2 | 5 | 4 | 5 | 5 | 4 | 6 |
| 5648 | 경북 영천시 | 공기업 예산 및 재무회계 통합프로그램 유지보수 | 1 | 10,010 | 5 | 7 | 1 | 7 | 5 | 5 | 4 | 5 | 5 | 4 | 6 |
| 5649 | 경북 영천시 | 공기업 예산 및 회계관리 통합프로그램 유지보수 | 1 | 15,000 | 5 | 7 | 1 | 7 | 5 | 5 | 4 | 5 | 5 | 4 | 6 |
| 5650 | 경북 영천시 | 지하수 요금정보 관리시스템 유지보수 | 1 | 6,500 | 5 | 4 | 1 | 7 | 1 | 5 | 4 | 5 | 5 | 4 | 6 |
| 5651 | 경북 영천시 | 개인하수처리시설관리 프로그램 유지보수 | 1 | 4,400 | 5 | 4 | 1 | 7 | 1 | 5 | 4 | 5 | 5 | 4 | 6 |
| 5652 | 경북 영천시 | 회랑통독운영관리 | 1 | 4,000 | 5 | 4 | 1 | 6 | 1 | 1 | 2 | 5 | 5 | 4 | 6 |
| 5653 | 경북 영천시 | 서버랙 액세스위치 교체 | 2 | 74,000 | 5 | 7 | 8 | 6 | 5 | 1 | 4 | 5 | 5 | 4 | 6 |
| 5654 | 경북 상주시 | 근거리통신망 장비 구입 | 2 | 46,000 | 5 | 7 | 8 | 6 | 5 | 1 | 2 | 5 | 5 | 4 | 6 |
| 5655 | 경북 상주시 | 영정망 L4스위치 교체 | 2 | 177,000 | 5 | 1 | 7 | 2 | 5 | 1 | 4 | 5 | 5 | 4 | 6 |
| 5656 | 경북 상주시 | 공통기반시스템 위탁사업 | 2 | 93,000 | 5 | 5 | 1 | 2 | 2 | 1 | 4 | 5 | 5 | 4 | 6 |
| 5657 | 경북 상주시 | 민원행정정보 포괄관리의시스템 유지보수 | 1 | 3,500 | 5 | 4 | 4 | 7 | 1 | 5 | 4 | 5 | 5 | 4 | 6 |
| 5658 | 경북 상주시 | 개인정보보호 군무자 전문평가 운영 | 6 | 10,000 | 5 | 4 | 7 | 7 | 1 | 1 | 4 | 5 | 5 | 4 | 6 |
| 5659 | 경북 상주시 | 업무용 컴퓨터 유지보수 | 1 | 51,000 | 6 | 4 | 1 | 6 | 1 | 1 | 4 | 5 | 5 | 4 | 6 |
| 5660 | 경북 상주시 | 수기용 프린터 유지보수 | 1 | 14,000 | 6 | 6 | 7 | 6 | 1 | 1 | 2 | 5 | 5 | 4 | 6 |
| 5661 | 경북 상주시 | 다기능사무기기 구입 | 2 | 531,000 | 6 | 4 | 7 | 6 | 1 | 1 | 4 | 5 | 5 | 4 | 6 |
| 5662 | 경북 상주시 | 메타버스 상주시청 유지보수 | 3 | 22,000 | 6 | 2 | 1 | 2 | 1 | 1 | 2 | 5 | 5 | 4 | 6 |
| 5663 | 경북 상주시 | 여성문화시스템 통합 유지보수 | 1 | 135,000 | 7 | 2 | 1 | 2 | 1 | 1 | 4 | 5 | 5 | 4 | 6 |
| 5664 | 경북 상주시 | 상주시 홈페이지 유지보수 | 1 | 69,000 | 7 | 6 | 1 | 7 | 5 | 5 | 4 | 5 | 5 | 4 | 6 |
| 5665 | 경북 상주시 | 민간클라우드센터 이용료 | 1 | 276,363 | 7 | 4 | 7 | 7 | 1 | 1 | 4 | 5 | 5 | 4 | 6 |
| 5666 | 경북 상주시 | 영상회의시스템 유지보수 | 1 | 4,246 | 7 | 7 | 1 | 8 | 5 | 5 | 4 | 5 | 5 | 4 | 6 |
| 5667 | 경북 상주시 | 무인 프로그램 운영 프로그램 | 2 | 270,860 | 7 | 7 | 8 | 7 | 5 | 5 | 4 | 5 | 5 | 4 | 6 |
| 5668 | 경북 상주시 | 사이버 정보보호 통합서비스 재구축 | 1 | 10,000 | 5 | 1 | 8 | 7 | 5 | 5 | 4 | 5 | 5 | 4 | 6 |
| 5669 | 경북 상주시 | 통합성과관리시스템(BSC) 재구축 | 3 | 250,000 | 5 | 1 | 7 | 2 | 2 | 2 | 4 | 5 | 5 | 4 | 6 |

| 순번 | 시 군 구 | 정보화사업 사업명<br>· 예산서 상의 사업명 | 정보화사업 분류<br>1. 유지 및 보수<br>2. SW/HW 개발 및 구매<br>3. DB 구축<br>4. 정보화전략계획(ISP) 수립<br>5. 정보화자원<br>6. 기타 | 2025년 예산<br>(단위:천원/1년간) | 예산 편성근거<br>1. 법률에 규정<br>2. 국고보조재원<br>3. 용도지정기부금<br>4. 조례<br>5. 지자체 및 상위기관 정책<br>6. 기타<br>7. 해당없음 | 계약체결방식<br>(경쟁형태)<br>1. 일반경쟁<br>2. 제한경쟁<br>3. 지명경쟁<br>4. 수의계약<br>5. 법정위탁<br>6. 기타( )<br>7. 해당없음 | 계약기간<br>1. 1년<br>2. 2년<br>3. 3년<br>4. 4년<br>5. 5년<br>6. 기타( )<br>7. 단기계약(1년미만)<br>8. 해당없음 | 정보화사업 입찰방식<br>낙찰자 선정방식<br>1. 적격심사<br>2. 협상에 의한계약<br>3. 최저가낙찰제<br>4. 규격가격분리<br>5. 2단계 경쟁입찰<br>6. 기타( )<br>7. 해당없음 | 정보화사업 예산 산정<br>평가선정<br>1. 내부선정<br>2. 외부선정(전문기관위탁)<br>3. 내외부 모두 선정<br>5. 해당없음 | 정산방법<br>1. 내부정산(내부적으로 정산)<br>2. 외부정산(외부전문기관위탁 정산)<br>3. 내외부 모두 정산<br>4. 정산 無<br>5. 해당없음 | 성과평가 실시여부<br>1. 실시<br>2. 미실시<br>3. 향후 추진<br>4. 해당없음 | 성과평가<br>성과평가 주기<br>1. 매년<br>2. 격년<br>3. 기간만료<br>4. 기타( )<br>5. 해당없음 | 성과평가 방법<br>1. 자체 평가<br>2. 평가단 구성 후 실시<br>3. 전문 평가기관 의뢰<br>4. 기타( )<br>5. 해당없음 | 평가결과 적용<br>성과평가결과 인센티브 패널티 적용 유무<br>1. 적용<br>2. 적용 안함<br>3. 기타( )<br>4. 해당없음 | 인센티브 및 패널티 적용 근거<br>1. 법률<br>2. 조례<br>3. 지침<br>4. 계약서<br>5. 기타( )<br>6. 해당없음 |
|---|---|---|---|---|---|---|---|---|---|---|---|---|---|---|---|
| 5670 | 경북 상주시 | 통합성과관리시스템 프로그램 유지보수 | 1 | 16,500 | 5 | 4 | 1 | 7 | 1 | 1 | 4 | 5 | 5 | 4 | 6 |
| 5671 | 경북 상주시 | 통합지방재정시스템 운영 위탁 | 1 | 160,000 | 1 | 5 | 1 | 7 | 5 | 5 | 4 | 4 | 5 | 4 | 6 |
| 5672 | 경북 상주시 | 행정통신시설 유지보수 | 1 | 29,000 | 5 | 1 | 1 | 3 | 1 | 1 | 4 | 5 | 5 | 4 | 6 |
| 5673 | 경북 상주시 | 공직비리 익명신고시스템 유지보수 | 1 | 5,500 | 5 | 4 | 1 | 7 | 5 | 5 | 4 | 5 | 5 | 4 | 6 |
| 5674 | 경북 상주시 | 정책e 시스템 운영 위탁 | 1 | 16,100 | 5 | 5 | 1 | 7 | 1 | 1 | 4 | 5 | 5 | 4 | 6 |
| 5675 | 경북 상주시 | 기록관리시스템 유지관리 | 1 | 22,000 | 5 | 4 | 1 | 7 | 1 | 1 | 4 | 5 | 5 | 4 | 6 |
| 5676 | 경북 상주시 | 온-나라 문서4.0 유지관리 | 1 | 20,000 | 5 | 4 | 1 | 7 | 1 | 1 | 4 | 5 | 5 | 4 | 6 |
| 5677 | 경북 상주시 | 역사기록관리시스템 유지관리 | 1 | 22,000 | 5 | 4 | 1 | 7 | 1 | 1 | 4 | 5 | 5 | 4 | 6 |
| 5678 | 경북 상주시 | 공직자통합메일시스템 | 1 | 1,900 | 5 | 4 | 1 | 7 | 1 | 1 | 4 | 5 | 5 | 4 | 6 |
| 5679 | 경북 상주시 | 온-나라 문서2.0 유지관리 위탁 | 1 | 82,500 | 5 | 5 | 1 | 7 | 5 | 5 | 4 | 5 | 5 | 4 | 6 |
| 5680 | 경북 상주시 | 온편모아시스템 유지관리 위탁 | 1 | 5,900 | 5 | 5 | 1 | 7 | 5 | 5 | 4 | 5 | 5 | 4 | 6 |
| 5681 | 경북 상주시 | CCTV관제센터 유지보수용역 | 1 | 460,000 | 5 | 7 | 8 | 7 | 1 | 3 | 4 | 4 | 5 | 4 | 6 |
| 5682 | 경북 상주시 | 노후케라 교체 | 2 | 80,000 | 5 | 7 | 8 | 7 | 5 | 5 | 4 | 5 | 5 | 4 | 6 |
| 5683 | 경북 상주시 | 방범용CCTV 신규 설치 | 2 | 625,000 | 5 | 7 | 8 | 7 | 5 | 5 | 4 | 5 | 5 | 4 | 6 |
| 5684 | 경북 상주시 | 웹타지공간영상정보시스템 유지보수 | 1 | 19,500 | 5 | 4 | 1 | 7 | 1 | 1 | 4 | 5 | 5 | 4 | 6 |
| 5685 | 경북 상주시 | 지적기록물 D/B전산화 구축 | 3 | 19,300 | 5 | 2 | 7 | 2 | 5 | 5 | 4 | 5 | 5 | 4 | 6 |
| 5686 | 경북 상주시 | 공간정보시스템 통합폐이지 위탁 | 1 | 125,000 | 5 | 7 | 8 | 7 | 5 | 5 | 4 | 5 | 5 | 4 | 6 |
| 5687 | 경북 상주시 | 생활체육활동매니지(매) | 1 | 4,000 | 7 | 4 | 1 | 7 | 1 | 1 | 4 | 5 | 5 | 4 | 6 |
| 5688 | 경북 상주시 | 티켓예매추천 사용 및 관리용역 | 1 | 4,000 | 5 | 4 | 1 | 7 | 5 | 5 | 4 | 4 | 5 | 4 | 6 |
| 5689 | 경북 상주시 | 상주시 국토이용정보체계 DB현행화 용역 | 1 | 70,000 | 5 | 2 | 1 | 6 | 1 | 1 | 4 | 5 | 5 | 4 | 6 |
| 5690 | 경북 상주시 | 상주시 기초조사정보체계 구축 용역 | 3 | 338,000 | 5 | 2 | 1 | 2 | 1 | 1 | 4 | 5 | 5 | 4 | 6 |
| 5691 | 경북 상주시 | 청년센터 홈폐이지 유지관리 | 1 | 2,045 | 5 | 7 | 8 | 7 | 5 | 5 | 4 | 5 | 5 | 4 | 6 |
| 5692 | 경북 상주시 | 홍업기술센터 홈폐이지 유지관리 | 1 | 3,000 | 5 | 4 | 1 | 7 | 1 | 1 | 4 | 5 | 5 | 4 | 6 |
| 5693 | 경북 상주시 | 농기계임대사업 홈폐이지 유지관리 | 1 | 10,000 | 5 | 4 | 1 | 7 | 1 | 1 | 4 | 5 | 5 | 4 | 6 |
| 5694 | 경북 상주시 | 농기계임대사업 홈폐이지 DB업호화 | 1 | 3,000 | 5 | 4 | 1 | 7 | 1 | 1 | 4 | 5 | 5 | 4 | 6 |
| 5695 | 경북 상주시 | 출산장려지원관리시스템 유지보수 용역 | 1 | 4,000 | 6 | 4 | 1 | 7 | 1 | 4 | 4 | 5 | 5 | 4 | 6 |
| 5696 | 경북 상주시 | 상주대지방세정보시스템운영관리위탁 | 1 | 119,000 | 5 | 4 | 1 | 7 | 1 | 2 | 4 | 5 | 5 | 4 | 6 |
| 5697 | 경북 상주시 | 차세대 지방세외수입정보 DB현행화 용역 | 1 | 61,000 | 5 | 2 | 1 | 6 | 2 | 2 | 4 | 5 | 5 | 2 | 6 |
| 5698 | 경북 상주시 | 상주시의회 홈폐이지 유지관리 | 1 | 9,000 | 6 | 7 | 8 | 2 | 2 | 1 | 1 | 1 | 1 | 4 | 6 |
| 5699 | 경북 상주시 | 상하수도 요금정보 관리시스템 유지보수 | 1 | 19,000 | 6 | 4 | 1 | 7 | 5 | 5 | 4 | 5 | 5 | 4 | 6 |
| 5700 | 경북 상주시 | 상수도 원격검침 통합관리시스템 클라우드 운영 | 1 | 25,000 | 6 | 4 | 1 | 7 | 5 | 5 | 4 | 5 | 5 | 4 | 6 |

| 순번 | 시군구 | 정보화사업 사업명 ・예산사업 사업명 | 정보화사업 분류<br>1. 유지 및 보수<br>2. SW/HW 개발 및 구매<br>3. DB 구축<br>4. 정보화 전략계획(ISP)수립<br>5. 정보화지원<br>6. 기타 | 2025년 예산<br>(단위:천원/1년간) | 예산 편성 근거<br>1. 법률에 규정<br>2. 국고보조재원<br>3. 용도지정기부금<br>4. 조례<br>5. 지자체 및 상위기관 정책<br>6. 기타<br>7. 해당없음 | 계약체결방법(건별형태)<br>1. 일반경쟁<br>2. 제한경쟁<br>3. 지명경쟁<br>4. 수의계약<br>5. 변형계약<br>6. 기타<br>7. 해당없음 | 정보화사업 이행방식 계약기간<br>1. 1년<br>2. 2년<br>3. 3년<br>4. 4년<br>5. 5년<br>6. 기타<br>7. 단기계약(1년미만)<br>8. 해당없음 | 낙찰자 선정방법<br>1. 적격심사<br>2. 협상에 의한계약<br>3. 최저가낙찰제<br>4. 규격가격분리<br>5. 2단계 경쟁입찰<br>6. 기타<br>7. 해당없음 | 정보화사업 예산산정 평가신청<br>1. 내부신청<br>2. 외부신청(전문기관위탁)<br>3. 내외부 모두 신청<br>4. 신청無<br>5. 해당없음 | 정산방법<br>1. 내부정산(자체적으로 정산)<br>2. 외부정산(외부전문기관위탁 정산)<br>3. 내외부 모두 정산<br>4. 정산無<br>5. 해당없음 | 성과평가 실시여부<br>1. 실시<br>2. 미실시<br>3. 향후 추진<br>4. 해당없음 | 성과평가 주기<br>1. 매년<br>2. 격년<br>3. 기간표점<br>4. 기타<br>5. 해당없음 | 성과평가 방법<br>1. 자체 평가<br>2. 평가단 구성후 실시(전문위원회)<br>3. 전문 평가기관 의뢰<br>4. 기타<br>5. 해당없음 | 평가결과 인센티브 및 패널티 적용 유무<br>1. 적용<br>2. 적용 안함<br>3. 기타<br>4. 해당없음 | 인센티브 및 패널티 적용 근거<br>1. 법률<br>2. 조례<br>3. 지침<br>4. 계약서<br>5. 기타<br>6. 해당없음 |
|---|---|---|---|---|---|---|---|---|---|---|---|---|---|---|---|
| 5701 | 경북 문경시 | 행정정보시스템 운영_행정정보시스템 통합유지관리 | 1 | 306,419 | 5 | 2 | 1 | 2 | 1 | 1 | 4 | 5 | 5 | 4 | 6 |
| 5702 | 경북 문경시 | 시군구 정화 공통기반시스템 유지보수 | 1 | 100,759 | 5 | 5 | 1 | 7 | 5 | 5 | 4 | 5 | 5 | 4 | 6 |
| 5703 | 경북 문경시 | 행정정보시스템 운영_온나라시스템 유지보수 | 1 | 48,970 | 5 | 5 | 1 | 7 | 5 | 5 | 4 | 5 | 5 | 4 | 6 |
| 5704 | 경북 문경시 | 정보보호기반조성_개인정보보호 및 정보보안자가학습 운영 | 5 | 7,560 | 5 | 4 | 1 | 7 | 5 | 5 | 4 | 5 | 5 | 4 | 6 |
| 5705 | 경북 문경시 | 정보보호기반조성_개인정보보호체계 운영 | 5 | 1,600 | 1 | 4 | 1 | 7 | 5 | 5 | 4 | 5 | 5 | 4 | 6 |
| 5706 | 경북 문경시 | 정보보호기반조성_정보보안체계운영 | 5 | 10,000 | 5 | 4 | 1 | 7 | 5 | 5 | 4 | 5 | 5 | 4 | 6 |
| 5707 | 경북 문경시 | 정보보호기반조성_개인정보 및 보안 운영장비 유지보수 | 2 | 224,500 | 5 | 1 | 1 | 5 | 5 | 5 | 4 | 5 | 5 | 4 | 6 |
| 5708 | 경북 문경시 | 정보보호기반조성_온라인 보안통제시스템 구입 | 2 | 14,000 | 5 | 6 | 8 | 7 | 5 | 5 | 4 | 5 | 5 | 4 | 6 |
| 5709 | 경북 문경시 | 정보보호기반조성_SW 패치관리시스템(PMS) 구입 | 2 | 28,000 | 5 | 6 | 8 | 7 | 5 | 5 | 4 | 5 | 5 | 4 | 6 |
| 5710 | 경북 문경시 | 정보보호기반조성_SSD 복제 및 삭제 장치 | 2 | 15,000 | 5 | 7 | 8 | 7 | 5 | 5 | 4 | 5 | 5 | 4 | 6 |
| 5711 | 경북 문경시 | 정보보호기반조성_문경시의회 UPS 교체 | 1 | 11,000 | 5 | 7 | 8 | 7 | 5 | 5 | 4 | 5 | 5 | 4 | 6 |
| 5712 | 경북 문경시 | 정보보호기반조성_정보보안전문컨설팅 구입 | 6 | 30,000 | 5 | 5 | 8 | 7 | 5 | 5 | 4 | 5 | 5 | 4 | 6 |
| 5713 | 경북 문경시 | 정보보호체계 강화_재난대비훈련 | 6 | 19,000 | 5 | 4 | 8 | 7 | 1 | 1 | 4 | 5 | 5 | 4 | 6 |
| 5714 | 경북 문경시 | 행정정보통신 안정적 운영_정보통신시스템 유지관리 | 1 | 510,811 | 5 | 2 | 1 | 1 | 1 | 1 | 4 | 5 | 5 | 4 | 6 |
| 5715 | 경북 문경시 | 정보화행정 현대화사업_행정자가통신망 설치공사 | 6 | 291,560 | 5 | 4 | 8 | 3 | 1 | 1 | 4 | 5 | 5 | 4 | 6 |
| 5716 | 경북 문경시 | 마을무선방송구축_마을무선방송 시스템 구축 | 6 | 280,000 | 5 | 2 | 8 | 7 | 5 | 5 | 4 | 5 | 5 | 4 | 6 |
| 5717 | 경북 문경시 | CCTV 통합관제센터 유지관리 | 1 | 380,000 | 5 | 2 | 1 | 7 | 1 | 1 | 4 | 5 | 5 | 4 | 6 |
| 5718 | 경북 문경시 | 방범용 CCTV 설치 | 6 | 186,496 | 5 | 2 | 7 | 3 | 1 | 1 | 4 | 5 | 5 | 4 | 6 |
| 5719 | 경북 문경시 | 방범용 CCTV 자가통신망 구축 | 6 | 80,000 | 5 | 7 | 8 | 7 | 5 | 5 | 4 | 5 | 5 | 4 | 6 |
| 5720 | 경북 문경시 | 비행번호 관리 시스템 구축 | 6 | 22,000 | 5 | 7 | 7 | 7 | 5 | 5 | 4 | 5 | 5 | 4 | 6 |
| 5721 | 경북 문경시 | CCTV 자가통신 고도화 작업 | 6 | 149,907 | 5 | 6 | 7 | 7 | 5 | 5 | 4 | 5 | 5 | 4 | 6 |
| 5722 | 경북 문경시 | 내부통제시스템 구축 | 2 | 59,426 | 5 | 6 | 7 | 7 | 5 | 5 | 4 | 4 | 5 | 4 | 6 |
| 5723 | 경북 문경시 | 온라인 용역 통제시스템 구축 | 2 | 64,338 | 5 | 6 | 7 | 7 | 5 | 5 | 4 | 5 | 5 | 4 | 6 |
| 5724 | 경북 문경시 | 누후 방범용CCTV 교체 | 2 | 59,963 | 5 | 6 | 7 | 7 | 5 | 5 | 4 | 5 | 5 | 4 | 6 |
| 5725 | 경북 문경시 | 영상반출 솔루션 구축 | 2 | 13,825 | 5 | 6 | 1 | 7 | 5 | 5 | 4 | 5 | 5 | 4 | 6 |
| 5726 | 경북 경산시 | 경산시 데이터 통합 플랫폼 데이터 구축 | 6 | 70,000 | 1 | 4 | 1 | 6 | 1 | 1 | 4 | 4 | 5 | 4 | 4 |
| 5727 | 경북 경산시 | 경산시 홈페이지 유지보수 용역 | 1 | 3,600 | 6 | 4 | 1 | 1 | 1 | 1 | 3 | 5 | 5 | 2 | 6 |
| 5728 | 경북 경산시 | 경산시(98개) 정보시스템유지보수 | 2 | 1,800,000 | 5 | 1 | 7 | 7 | 1 | 1 | 4 | 5 | 5 | 4 | 4 |
| 5729 | 경북 경산시 | 수치지도 유지보수계약 | 1 | 249,388 | 5 | 2 | 1 | 2 | 1 | 1 | 4 | 5 | 5 | 4 | 4 |
| 5730 | 경북 경산시 | 자동교통체계 유지보수 | 1 | 247,839 | 6 | 2 | 1 | 2 | 1 | 1 | 4 | 5 | 5 | 4 | 4 |
| 5731 | 경북 경산시 | 2025년 보안시스템 통합 유지보수 용역 | 1 | 85,153 | 6 | 4 | 1 | 7 | 1 | 1 | 4 | 5 | 5 | 4 | 4 |

- 185 -

| 순번 | 시군구 | 정보화사업 사업명 *예산서 상의 사업명 | 정보화사업 분류<br>1.유지 및 보수<br>2.SW/HW 개발 및 구매<br>3.DB 구축<br>4.정보화 전략계획(ISP) 수립<br>5.정보화지원<br>6.기타 | 2025년 예산<br>(단위:천원 /1년간) | 예산 편성근거<br>1.법률에 규정<br>2.국고보조지침<br>3.용도지정기부금<br>4.조례<br>5.지자체 상위기관 정책<br>6.기타<br>7.해당없음 | 계약체결방법(경쟁형태)<br>1.일반경쟁<br>2.제한경쟁<br>3.지명경쟁<br>4.수의계약<br>5.입찰계약<br>6.기타()<br>7.해당없음 | 계약기간<br>1.1년 2.2년 3.3년 4.4년 5.5년 6.기타()<br>7.단기계약(1년미만)<br>8.해당없음 | 낙찰자 선정방식<br>1.적격심사<br>2.협상에의한계약<br>3.최저가낙찰제<br>4.규격가격분리<br>5.2단계 경쟁입찰<br>6.기타()<br>7.해당없음 | 평가서 작성<br>1.내부작성<br>2.외부산정<br>3.내외부모두산정<br>4.산정无<br>5.해당없음 | 정보화사업 예산 산정<br>정산방법<br>1.내부정산<br>2.외부정산<br>3.내외부모두정산<br>4.정산無<br>5.해당없음 | 성과평가 실시여부<br>1.실시<br>2.미실시<br>3.향후 추진<br>4.해당없음 | 성과평가 주기<br>1.매년<br>2.격년<br>3.기간만료점<br>4.기타()<br>5.해당없음 | 성과평가 방법<br>1.자체 평가<br>2.평가단 구성후 실시 (전문위원회)<br>3.전문 평가기관 의뢰<br>4.기타()<br>5.해당없음 | 성과평가결과 인센티브 및 페널티 적용 유무<br>1.적용<br>2.적용 안함<br>3.기타()<br>4.해당없음 | 인센티브 및 페널티 적용 근거<br>1.법률<br>2.조례<br>3.지침<br>4.계약서<br>5.기타()<br>6.해당없음 |
|---|---|---|---|---|---|---|---|---|---|---|---|---|---|---|---|
| 5732 | 경북 경산시 | 백신프로그램(PC보안) 갱신 구매 | 2 | 33,000 | 6 | 7 | 8 | 7 | 1 | 1 | 4 | 5 | 5 | 4 | 4 |
| 5733 | 경북 경산시 | 이상행위탐지 및 대응 솔루션(EDR) 갱신 구매 | 2 | 33,000 | 6 | 7 | 8 | 7 | 1 | 1 | 4 | 5 | 5 | 4 | 4 |
| 5734 | 경북 경산시 | PC보안취약점 점검시스템 라이선스 구입 | 2 | 40,700 | 6 | 7 | 8 | 7 | 1 | 1 | 4 | 5 | 5 | 4 | 4 |
| 5735 | 경북 경산시 | 네트워크 기반 보안 시스템 구입 | 2 | 130,000 | 6 | 7 | 8 | 7 | 1 | 1 | 4 | 5 | 5 | 4 | 4 |
| 5736 | 경북 경산시 | 기초지자체 사이버보안 대응 운영 | 5 | 12,000 | 5 | 5 | 1 | 7 | 5 | 5 | 4 | 5 | 5 | 4 | 4 |
| 5737 | 경북 경산시 | CCTV시스템 유지보수비 등 | 1 | 879,363 | 7 | 2 | 1 | 7 | 1 | 1 | 4 | 5 | 5 | 4 | 6 |
| 5738 | 경북 경산시 | 삼성현역사문화관 홈페이지 유지보수 용역 | 1 | 10,000 | 5 | 4 | 1 | 6 | 1 | 1 | 3 | 5 | 5 | 2 | 6 |
| 5739 | 경북 경산시 | 2025년 표준기록관리시스템 HW 유지보수 | 1 | 10,000 | 7 | 4 | 1 | 7 | 3 | 3 | 1 | 3 | 1 | 2 | 4 |
| 5740 | 경북 경산시 | 2025년 표준기록관리시스템 SW 유지보수 | 1 | 20,000 | 7 | 4 | 1 | 7 | 3 | 3 | 1 | 3 | 1 | 2 | 4 |
| 5741 | 경북 경산시 | 경산시립도서관 홈페이지 유지보수 | 1 | 6,490 | 5 | 4 | 1 | 7 | 2 | 2 | 2 | 5 | 5 | 4 | 4 |
| 5742 | 경북 경산시 | 경산시립도서관 전산시스템 유지보수 | 1 | 21,007 | 5 | 4 | 1 | 7 | 1 | 1 | 2 | 5 | 5 | 4 | 4 |
| 5743 | 경북 경산시 | 경산시립도서관 도서자동화장비(RFID시스템) 유지보수 | 1 | 29,793 | 7 | 4 | 7 | 7 | 2 | 2 | 2 | 5 | 5 | 4 | 4 |
| 5744 | 경북 경산시 | 경산시립도서관 도서관리프로그램 유지보수 | 1 | 5,400 | 5 | 4 | 1 | 7 | 2 | 2 | 2 | 5 | 5 | 4 | 4 |
| 5745 | 경북 경산시 | 경산시립도서관 홈페이지 주소체계 개선 | 6 | 550 | 5 | 4 | 7 | 7 | 2 | 2 | 2 | 2 | 5 | 4 | 4 |
| 5746 | 경북 경산시 | 경산시립도서관 백업 시스템 교체 | 2 | 66,000 | 5 | 1 | 1 | 3 | 1 | 1 | 4 | 5 | 1 | 4 | 4 |
| 5747 | 경북 경산시 | 대표 홈페이지 유지보수 | 1 | 44,847 | 5 | 4 | 1 | 2 | 1 | 1 | 1 | 1 | 1 | 4 | 4 |
| 5748 | 경북 경산시 | 자치단체 공통기반 및 재해복구 유지보수 | 1 | 101,816 | 5 | 1 | 1 | 1 | 2 | 2 | 4 | 5 | 5 | 4 | 4 |
| 5749 | 경북 경산시 | 온나라시스템 유지보수 | 1 | 75,875 | 5 | 4 | 1 | 3 | 1 | 1 | 1 | 1 | 1 | 4 | 4 |
| 5750 | 경북 경산시 | 전산운영시스템 통합유지보수 | 2 | 48,662 | 5 | 1 | 1 | 2 | 1 | 1 | 4 | 5 | 5 | 4 | 4 |
| 5751 | 경북 경산시 | 경산시 공간플랫폼 운영 및 유지관리 | 1 | 238,370 | 7 | 4 | 8 | 7 | 1 | 1 | 4 | 5 | 5 | 4 | 4 |
| 5752 | 경북 경산시 | 경산시 도시계획정보체계(UPIS) | 3 | 77,660 | 7 | 4 | 8 | 2 | 1 | 1 | 4 | 5 | 5 | 4 | 4 |
| 5753 | 경북 경산시 | 자원관리서비 유지보수 | 1 | 9,434 | 5 | 4 | 8 | 2 | 1 | 1 | 4 | 5 | 5 | 4 | 4 |
| 5754 | 경북 경산시 | 지방세정보화사업운영비 | 1 | 134,788 | 1 | 5 | 1 | 6 | 2 | 2 | 4 | 5 | 5 | 4 | 4 |
| 5755 | 경북 의성군 | 스마트빌리지보급확산 | 2 | 375,000 | 2 | 2 | 1 | 2 | 1 | 1 | 4 | 5 | 5 | 4 | 4 |
| 5756 | 경북 의성군 | 행정정보화기반확충 | 2 | 125,636 | 6 | 7 | 8 | 7 | 1 | 1 | 4 | 5 | 5 | 4 | 6 |
| 5757 | 경북 의성군 | 정보화마을 프로그램관리자 운영 | 5 | 66,345 | 6 | 7 | 8 | 7 | 5 | 5 | 4 | 5 | 5 | 4 | 6 |
| 5758 | 경북 의성군 | 정보화마을 역량강화 | 5 | 15,000 | 6 | 7 | 8 | 7 | 5 | 5 | 4 | 5 | 5 | 4 | 6 |
| 5759 | 경북 의성군 | 행정안무용 SW 구입 | 2 | 125,636 | 6 | 7 | 7 | 7 | 5 | 5 | 4 | 5 | 5 | 4 | 6 |
| 5760 | 경북 의성군 | CCTV설치운영 | 1 | 1,457,951 | 6 | 7 | 8 | 7 | 1 | 1 | 4 | 5 | 5 | 4 | 6 |
| 5761 | 경북 의성군 | CCTV통합관제센터운영 | 1 | 937,910 | 6 | 7 | 1 | 7 | 1 | 1 | 4 | 5 | 5 | 4 | 6 |
| 5762 | 경북 의성군 | 공행정정보화시스템유지보수 | 1 | 145,323 | 6 | 7 | 1 | 7 | 5 | 5 | 4 | 5 | 5 | 4 | 6 |

| 순번 | 시군구 | 정보화사업 사업명<br>• 예산서 상의 사업명 | 정보화사업 분류<br>1. 유지 및 보수<br>2. SW/HW 개발 및 구매<br>3. DB 구축<br>4. 정보화 전략계획(ISP) 수립<br>5. 정보화지원<br>6. 기타 | 2025년 예산<br>(단위:천원<br>/1년간) | 예산 편성근거<br>1. 법률에 규정<br>2. 국고보조 재원<br>3. 용도지정기부금<br>4. 조례<br>5. 자치제 및 상위기관 정책<br>6. 기타<br>7. 해당없음 | 정보화사업 입찰방식 | | | 정보화사업 예산 산정 | | 성과평가 | | | | 평가결과 적용 | |
|---|---|---|---|---|---|---|---|---|---|---|---|---|---|---|---|---|
| | | | | | | 계약체결방법(경쟁형태)<br>1. 일반경쟁<br>2. 제한경쟁<br>3. 지명경쟁<br>4. 수의계약<br>5. 법령에<br>6. 기타( )<br>7. 해당없음 | 계약기간<br>1. 1년<br>2. 2년<br>3. 3년<br>4. 4년<br>5. 5년<br>6. 기타<br>7. 단기계약(1년미만)<br>8. 해당없음 | 낙찰자 선정방법<br>1. 적격심사<br>2. 협상에 의한계약<br>3. 최저가낙찰제<br>4. 규격가격분리<br>5. 2단계 경쟁입찰<br>6. 기타( )<br>7. 해당없음 | 평가산정<br>1. 내부산정<br>2. 외부산정<br>3. 내·외부 모두 산정<br>4. 산정無<br>5. 해당없음 | 정산방법<br>1. 내부정산(자체적으로 정산)<br>2. 외부정산(외부전문기관위탁정산)<br>3. 내·외부 모두 정산<br>4. 정산無<br>5. 해당없음 | 성과평가 실시여부<br>1. 실시<br>2. 미실시<br>3. 향후 추진<br>4. 해당없음 | 성과평가 주기<br>1. 매년<br>2. 격년<br>3. 기간별표진<br>4. 기타( )<br>5. 해당없음 | 성과평가 방법<br>1. 자체 평가<br>2. 평가단 구성후 실시(전문위원회)<br>3. 전문평가기관 의뢰<br>4. 기타( )<br>5. 해당없음 | 성과평가결과 인센티브 페널티 적용 유무<br>1.적용<br>2. 적용 안함<br>3. 기타( )<br>4. 해당없음 | 인센티브 및 페널티 적용 근거<br>1. 법률<br>2. 조례<br>3. 지침<br>4. 계약서<br>5. 기타( )<br>6. 해당없음 |
| 5763 | 경북 의성군 | 전산정보시스템 유지보수 | 1 | 458,617 | 6 | 7 | 8 | 7 | 1 | 1 | 4 | 5 | 5 | 4 | 6 |
| 5764 | 경북 의성군 | 정보화마을 홈페이지 유지보수 | 1 | 11,520 | 6 | 4 | 1 | 6 | 1 | 1 | 4 | 5 | 5 | 4 | 6 |
| 5765 | 경북 의성군 | 통신시설확충및기반조성 | 1 | 478,500 | 6 | 7 | 8 | 7 | 1 | 1 | 4 | 5 | 5 | 4 | 6 |
| 5766 | 경북 의성군 | 통신시설운영및유지관리 | 1 | 449,478 | 6 | 7 | 8 | 7 | 1 | 1 | 4 | 5 | 5 | 4 | 6 |
| 5767 | 경북 의성군 | 정보e시스템유지관리 | 1 | 9,726 | 5 | 5 | 1 | 7 | 2 | 2 | 4 | 5 | 5 | 4 | 6 |
| 5768 | 경북 의성군 | 통합지방재정시스템 운영 및 유지관리 | 1 | 77,070 | 5 | 5 | 1 | 7 | 2 | 2 | 4 | 5 | 5 | 4 | 6 |
| 5769 | 경북 의성군 | 통합지방재정 재해복구시스템 구축 | 2 | 29,779 | 5 | 4 | 1 | 7 | 2 | 2 | 4 | 5 | 5 | 4 | 6 |
| 5770 | 경북 의성군 | 표준기록관리시스템 유지관리 | 1 | 28,129 | 5 | 2 | 1 | 1 | 1 | 1 | 4 | 5 | 5 | 4 | 6 |
| 5771 | 경북 의성군 | 표준기록관리시스템 노후장비 교체 | 2 | 137,382 | 5 | 5 | 7 | 7 | 2 | 2 | 4 | 5 | 5 | 4 | 6 |
| 5772 | 경북 청송군 | 인사랑유지관리 | 1 | 21,079 | 5 | 6 | 1 | 2 | 1 | 1 | 4 | 5 | 5 | 4 | 6 |
| 5773 | 경북 청송군 | 정보시스템 통합유지관리 | 1 | 310,200 | 5 | 5 | 5 | 7 | 2 | 2 | 4 | 5 | 5 | 4 | 6 |
| 5774 | 경북 청송군 | 공통기반 및 재해복구시스템 유지관리 | 1 | 88,351 | 5 | 5 | 1 | 7 | 2 | 2 | 4 | 5 | 5 | 4 | 6 |
| 5775 | 경북 청송군 | 지방행정공통시스템 상담센터 운영 | 1 | 7,250 | 5 | 5 | 5 | 7 | 2 | 2 | 4 | 5 | 5 | 4 | 6 |
| 5776 | 경북 청송군 | 온나라 및 전자문서통지원센터 유지관리 | 1 | 21,330 | 5 | 6 | 1 | 7 | 2 | 2 | 4 | 5 | 5 | 4 | 6 |
| 5777 | 경북 청송군 | 노후 행정망방화벽 교체 | 2 | 97,400 | 5 | 6 | 7 | 7 | 5 | 5 | 4 | 5 | 5 | 4 | 6 |
| 5778 | 경북 청송군 | 가상화서버 교체 | 2 | 33,000 | 5 | 6 | 1 | 1 | 5 | 5 | 4 | 5 | 5 | 4 | 6 |
| 5779 | 경북 청송군 | 행정망 통합백업 노후장비 교체 | 2 | 67,000 | 5 | 4 | 1 | 2 | 5 | 5 | 4 | 5 | 5 | 4 | 6 |
| 5780 | 경북 청송군 | 소프트웨어 구입 | 2 | 39,270 | 5 | 6 | 7 | 7 | 1 | 1 | 4 | 5 | 5 | 4 | 6 |
| 5781 | 경북 청송군 | 업무용PC보급 | 2 | 87,454 | 5 | 2 | 7 | 1 | 5 | 5 | 4 | 5 | 5 | 4 | 6 |
| 5782 | 경북 청송군 | 노후 백본시스템 교체 | 2 | 239,800 | 5 | 6 | 7 | 7 | 5 | 5 | 4 | 5 | 5 | 4 | 6 |
| 5783 | 경북 청송군 | CCTV통합관제센터 정보단지시스템 교체 | 2 | 97,380 | 5 | 6 | 7 | 7 | 5 | 5 | 4 | 5 | 5 | 4 | 6 |
| 5784 | 경북 청송군 | CCTV통합관제센터 노후 가상화시스템 교체 | 2 | 198,764 | 5 | 6 | 7 | 7 | 5 | 5 | 4 | 5 | 5 | 4 | 6 |
| 5785 | 경북 청송군 | 통합관제시스템유지관리 | 1 | 78,545 | 5 | 6 | 1 | 2 | 1 | 1 | 4 | 5 | 5 | 4 | 6 |
| 5786 | 경북 청송군 | 클라우드서비스이용료 | 1 | 73,800 | 5 | 6 | 1 | 7 | 1 | 1 | 4 | 5 | 5 | 4 | 6 |
| 5787 | 경북 청송군 | 정보전산시스템통합유지보수 | 1 | 53,529 | 5 | 5 | 1 | 2 | 1 | 1 | 4 | 5 | 5 | 4 | 6 |
| 5788 | 경북 청송군 | 지방세정보화시스템운영관리 | 1 | 108,762 | 5 | 5 | 1 | 7 | 2 | 2 | 4 | 5 | 5 | 4 | 6 |
| 5789 | 경북 청송군 | 차세대지방세외수입시스템운영관리사업 | 1 | 53,657 | 5 | 5 | 1 | 7 | 2 | 2 | 4 | 5 | 5 | 4 | 6 |
| 5790 | 경북 청송군 | 공유재산 분석시스템 구축 | 2 | 21,915 | 5 | 4 | 7 | 1 | 1 | 1 | 4 | 5 | 5 | 4 | 6 |
| 5791 | 경북 청송군 | 지장공합폐이지유지보수 | 1 | 4,200 | 5 | 4 | 1 | 1 | 1 | 1 | 4 | 5 | 5 | 4 | 6 |
| 5792 | 경북 청송군 | 방재기상관측시설유지보수 | 1 | 10,770 | 5 | 4 | 1 | 7 | 1 | 1 | 4 | 5 | 5 | 4 | 6 |
| 5793 | 경북 청송군 | 자동우량경보시설유지보수 | 1 | 21,150 | 5 | 4 | 1 | 1 | 1 | 1 | 4 | 5 | 5 | 4 | 6 |

- 187 -

| 순번 | 시군구 | 정보화사업 사업명·예산서상의 사업명 | 정보화사업 분류<br>1.유지 및 보수<br>2.SW/HW 개발 및 구매<br>3.DB 구축<br>4.정보화 전략계획(ISP) 수립<br>5.정보화지원<br>6.기타 | 2025년 예산<br>(단위:천원/1년간) | 예산 편성근거<br>1.법률 및 규정<br>2.국고보조 재원<br>3.용도지정기부금<br>4.조례<br>5.지자체 및 상위기관 정책<br>6.기타<br>7.해당없음 | 계약체결방법(경쟁형태)<br>1.일반경쟁<br>2.제한경쟁<br>3.지명경쟁<br>4.수의계약<br>5.변경계약<br>6.기타( )<br>7.해당없음 | 계약기간<br>1.1년<br>2.2년<br>3.3년<br>4.4년<br>5.5년<br>6.기타( )<br>7.단기계약(1년미만)<br>8.해당없음 | 낙찰자 선정방법<br>1.적격심사<br>2.협상에 의한계약<br>3.최저가낙찰제<br>4.규격가낙찰<br>5.2단계 경쟁입찰<br>6.기타( )<br>7.해당없음 | 평가선정<br>1.내부선정<br>2.외부선정<br>3.전문기관위탁<br>4.선정 無<br>5.해당없음 | 정산방법<br>1.내부정산(자체검사 정산)<br>2.외부정산(외부전문기관위탁 정산)<br>3.내외부 모두 정산<br>4.정산無<br>5.해당없음 | 성과평가 실시여부<br>1.실시<br>2.미실시<br>3.향후 추진<br>4.해당없음 | 성과평가 주기<br>1.매년<br>2.격년<br>3.기간만료전<br>4.기타( )<br>5.해당없음 | 성과평가 방법<br>1.자체 평가<br>2.평가단 구성후 실시(전문위원회)<br>3.전문평가기관 의뢰<br>4.기타<br>5.해당없음 | 성과평가결과 인센티브 패널티 적용 유무<br>1.적용<br>2.적용 안함<br>3.기타( )<br>4.해당없음 | 인센티브 및 패널티 적용 근거<br>1.법률<br>2.조례<br>3.지침<br>4.계약서<br>5.기타( )<br>6.해당없음 |
|---|---|---|---|---|---|---|---|---|---|---|---|---|---|---|---|
| 5794 | 경북 청송군 | 지진가속도계측기유지보수 | 1 | 9,650 | 5 | 4 | 1 | 1 | 1 | 1 | 4 | 5 | 5 | 4 | 6 |
| 5795 | 경북 청송군 | 버스정보시스템 유지보수 | 1 | 30,000 | 5 | 4 | 1 | 1 | 1 | 1 | 4 | 5 | 5 | 4 | 6 |
| 5796 | 경북 청송군 | 주민등록시스템 운영 및 유지관리 | 1 | 19,560 | 5 | 5 | 1 | 7 | 2 | 2 | 4 | 5 | 5 | 4 | 6 |
| 5797 | 경북 청송군 | 부동산종합공부시스템공간(정보)/W유지보수 | 1 | 8,690 | 5 | 4 | 1 | 1 | 1 | 1 | 4 | 5 | 5 | 4 | 6 |
| 5798 | 경북 청송군 | 부동산종합공부시스템유지보수 | 1 | 12,700 | 5 | 4 | 1 | 1 | 1 | 1 | 4 | 5 | 5 | 4 | 6 |
| 5799 | 경북 청송군 | 공간정보활용시스템 프로그램 유지보수 | 1 | 9,470 | 5 | 4 | 1 | 1 | 1 | 1 | 4 | 5 | 5 | 4 | 6 |
| 5800 | 경북 청송군 | 공간정보활용시스템 유지보수 | 1 | 18,400 | 5 | 4 | 1 | 1 | 1 | 1 | 4 | 5 | 5 | 4 | 6 |
| 5801 | 경북 청송군 | 공간정보영상시스템고도화및유지보수 | 1 | 9,120 | 5 | 4 | 1 | 1 | 1 | 1 | 4 | 5 | 5 | 4 | 6 |
| 5802 | 경북 청송군 | 주소정보관리시스템 유지관리 | 1 | 18,170 | 5 | 5 | 1 | 7 | 2 | 2 | 4 | 5 | 5 | 4 | 6 |
| 5803 | 경북 청송군 | 읍체주소축소읍면주소정보기본도 유지관리 | 1 | 16,287 | 5 | 5 | 1 | 7 | 2 | 2 | 4 | 5 | 5 | 4 | 6 |
| 5804 | 경북 청송군 | 디지털 주소정보 플랫폼 구축 | 2 | 29,350 | 5 | 4 | 1 | 1 | 1 | 1 | 4 | 5 | 5 | 4 | 6 |
| 5805 | 경북 청송군 | 환경개선부담금공간계좌수납시스템(UPIS)전산장비 유지관리 | 1 | 8,570 | 5 | 4 | 1 | 1 | 1 | 1 | 4 | 5 | 5 | 4 | 6 |
| 5806 | 경북 청송군 | 도시계획정보체계(UPIS)D8정비 및 유지관리 | 1 | 14,080 | 5 | 4 | 1 | 1 | 1 | 1 | 4 | 5 | 5 | 4 | 6 |
| 5807 | 경북 청송군 | 한국토지정보시스템(KLIS) 정비 및 유지관리 | 1 | 19,230 | 5 | 4 | 1 | 1 | 1 | 1 | 4 | 5 | 5 | 4 | 6 |
| 5808 | 경북 청송군 | 종합정보영상관리시스템유지보수 | 1 | 20,240 | 5 | 4 | 1 | 1 | 1 | 1 | 4 | 5 | 5 | 4 | 6 |
| 5809 | 경북 청송군 | 전북문화육성터역재단영화인영상관리프로그램유지관리 | 1 | 3,000 | 6 | 4 | 1 | 1 | 1 | 1 | 4 | 5 | 5 | 4 | 6 |
| 5810 | 경북 청송군 | 청송군집보공유도시관공진흥기조기개 통폐이지 유지관리 | 1 | 1,760 | 5 | 4 | 1 | 7 | 1 | 1 | 4 | 5 | 5 | 4 | 6 |
| 5811 | 경북 청송군 | 재출문화복폐이지관리용역 | 1 | 2,832 | 5 | 4 | 1 | 7 | 1 | 1 | 2 | 5 | 5 | 4 | 6 |
| 5812 | 경북 청송군 | 영상(홈페이지) 구축 | 3 | 5,236 | 5 | 4 | 1 | 7 | 1 | 1 | 2 | 5 | 5 | 4 | 6 |
| 5813 | 경북 영양군 | 영양군 주요사업현리시스템 기능개선 용역 | 2 | 100,000 | 6 | 4 | 7 | 7 | 1 | 5 | 2 | 5 | 5 | 4 | 6 |
| 5814 | 경북 영양군 | 2025 uP리 시스템 유지보수 | 1 | 30,000 | 6 | 4 | 6 | 7 | 1 | 1 | 2 | 5 | 5 | 4 | 6 |
| 5815 | 경북 영양군 | 2025 도·군간 통합 통신장비 유지보수 | 1 | 2,240 | 6 | 6 | 1 | 7 | 1 | 1 | 2 | 5 | 5 | 4 | 6 |
| 5816 | 경북 영양군 | 2025 영상회의 시스템 유지보수 | 1 | 4,368 | 6 | 4 | 1 | 7 | 1 | 1 | 2 | 5 | 5 | 4 | 6 |
| 5817 | 경북 영양군 | 2025 종합정보통신망 유지보수 | 1 | 3,550 | 6 | 4 | 1 | 7 | 1 | 1 | 2 | 5 | 5 | 4 | 6 |
| 5818 | 경북 영양군 | 네트워크장비 유지보수_관제 | 1 | 20,129 | 6 | 4 | 1 | 7 | 1 | 1 | 4 | 5 | 5 | 4 | 6 |
| 5819 | 경북 영양군 | 관제센터운영보안소프트웨어 | 1 | 6,484 | 6 | 6 | 1 | 7 | 1 | 1 | 4 | 5 | 5 | 4 | 6 |
| 5820 | 경북 영양군 | 보안시스템 유지보수_관제 | 1 | 8,221 | 6 | 4 | 1 | 7 | 1 | 1 | 4 | 5 | 5 | 4 | 6 |
| 5821 | 경북 영양군 | 통합정상관제시스템 유지보수_관제 | 1 | 10,083 | 6 | 6 | 1 | 7 | 1 | 1 | 4 | 5 | 5 | 4 | 6 |
| 5822 | 경북 영양군 | 방범 CCTV 유지보수_관제 | 1 | 52,008 | 6 | 4 | 1 | 7 | 1 | 1 | 4 | 5 | 5 | 4 | 6 |
| 5823 | 경북 영양군 | 2025년도 표준기록관리시스템(RMS)전용 바이러스 구매설치 | 2 | 19,121 | 6 | 6 | 1 | 7 | 1 | 1 | 4 | 5 | 5 | 4 | 6 |
| 5824 | 경북 영양군 | 2025년도 표준기록관리시스템(RMS)전용 바이러스 구매설치 | 2 | 14,000 | 6 | 4 | 1 | 7 | 2 | 4 | 4 | 4 | 5 | 4 | 4 |

| 순번 | 시군구 | 정보화사업 사업명<br>·예산서 상의 사업명 | 정보화사업 분류<br>1.유지 및 보수<br>2.SW/HW<br>개발 및 구매<br>3.DB 구축<br>4.정보화<br>전략계획<br>(ISP) 수립<br>5.정보화지원<br>6.기타 | 2025년<br>예산<br>(단위:천원<br>/1년간) | 예산 편성근거<br>1.법률에 규정<br>2.국고보조재원<br>3.용도지정기부금<br>4.조례<br>5.지자체 및<br>상위기관 정책<br>6.기타<br>7.해당없음 | 계약체결방법<br>(경쟁형태)<br>1.일반경쟁<br>2.제한경쟁<br>3.지명경쟁<br>4.수의계약<br>5.협상계약<br>6.기타<br>7.해당없음 | 정보화사업 입찰방식 낙찰자 선정방식<br>1.적격심사<br>2.협상에 의한계약<br>3.최저가낙찰제<br>4.규격가격분리<br>5.2단계 경쟁입찰<br>6.기타( )<br>7.해당없음 | 계약기간<br>1.1년<br>2.2년<br>3.3년<br>4.4년<br>5.5년<br>6.기타<br>7.단기계약<br>(1년미만)<br>8.해당없음 | 정보화사업 예산 산정 평가신청<br>1.내부신청<br>2.외부신청<br>(전문기관위축)<br>3.내외부 모두 신청<br>4.신청 案<br>5.해당없음 | 정산방법<br>1.내부정산<br>(자체적으로 정산)<br>2.외부정산<br>(외부전문기관에 정산)<br>3.내외부 모두 정산<br>4.정산 案<br>5.해당없음 | 성과평가 실시여부<br>1.실시<br>2.미실시<br>3.향후 추진<br>4.해당없음 | 성과평가 주기<br>1.매년<br>2.격년<br>3.기간별로<br>4.기타( )<br>5.해당없음 | 성과평가 방법<br>1.자체 평가<br>2.구성 후 실시<br>(전문위원회속)<br>3.전문<br>평가기관 의뢰<br>4.기타( )<br>5.해당없음 | 평가결과 적용 인센티브 및 패널티 적용 유무<br>1.적용<br>2.적용 안함<br>3.기타( )<br>4.해당없음 | 인센티브 및 패널티 적용 근거<br>1.법률<br>2.조례<br>3.지침<br>4.지침<br>5.계약서<br>6.해당없음 |
|---|---|---|---|---|---|---|---|---|---|---|---|---|---|---|---|
| 5825 | 경북 영양군 | 2025년도 표준기록관리시스템(RMS)용 8SW 유지 및 관리 용역 | 1 | 13,800 | 6 | 4 | 1 | 1 | 2 | 4 | 4 | 5 | 5 | 4 | 4 |
| 5826 | 경북 영양군 | 정보시스템 통합유지보수 | 1 | 291,600 | 6 | 2 | 1 | 1 | 1 | 1 | 2 | 5 | 5 | 4 | 6 |
| 5827 | 경북 영양군 | 의부망 행정PC 교체 | 2 | 24,000 | 1 | 6 | 7 | 7 | 1 | 1 | 2 | 5 | 5 | 4 | 6 |
| 5828 | 경북 영양군 | 통합스토리지교체 | 2 | 50,555 | 6 | 6 | 7 | 7 | 1 | 1 | 2 | 5 | 5 | 4 | 6 |
| 5829 | 경북 영양군 | 통합스토리지(아이언) | 6 | 9,740 | 6 | 4 | 7 | 7 | 1 | 1 | 2 | 5 | 5 | 4 | 6 |
| 5830 | 경북 영양군 | PMS(패치관리시스템) 업그레이드 | 2 | 25,900 | 6 | 6 | 7 | 7 | 1 | 1 | 2 | 5 | 5 | 4 | 6 |
| 5831 | 경북 영양군 | 보안USB 솔루션 업그레이드 | 2 | 32,000 | 1 | 6 | 7 | 7 | 1 | 1 | 2 | 5 | 5 | 4 | 6 |
| 5832 | 경북 영양군 | 온라인 융역체 역통합시스템라이선스구입 | 2 | 14,500 | 6 | 6 | 7 | 7 | 1 | 1 | 2 | 5 | 5 | 4 | 6 |
| 5833 | 경북 영양군 | 바이러스 백신 및 내PC지키미 프로그램 구입 | 2 | 21,900 | 6 | 6 | 7 | 5 | 1 | 1 | 2 | 5 | 5 | 4 | 6 |
| 5834 | 경북 영양군 | 스마트마을방송 유지보수 | 1 | 55,000 | 6 | 4 | 2 | 7 | 1 | 1 | 2 | 5 | 5 | 4 | 6 |
| 5835 | 경북 영양군 | 차세대 백신 및 재정정보공개시스템 유지 및 관리 용역 | 1 | 4,090 | 7 | 4 | 1 | 1 | 1 | 1 | 4 | 4 | 5 | 4 | 4 |
| 5836 | 경북 영양군 | 물품관리시스템유지보수 | 1 | 10,000 | 7 | 4 | 1 | 1 | 1 | 1 | 2 | 5 | 5 | 4 | 6 |
| 5837 | 경북 영양군 | 차량관리시스템운영 | 1 | 3,960 | 7 | 4 | 1 | 1 | 1 | 1 | 2 | 5 | 5 | 4 | 6 |
| 5838 | 경북 영양군 | 무료목욕이미용폐의지원사업 | 3 | 9,312 | 4 | 1 | 2 | 1 | 1 | 1 | 2 | 5 | 5 | 4 | 6 |
| 5839 | 경북 영양군 | 청소수준진공용폐의지화시스템 | 3 | 2,200 | 4 | 4 | 1 | 2 | 1 | 1 | 4 | 5 | 5 | 2 | 4 |
| 5840 | 경북 영양군 | 부동산중합부서시스템 | 1 | 19,920 | 5 | 4 | 1 | 1 | 1 | 1 | 2 | 5 | 5 | 4 | 6 |
| 5841 | 경북 영양군 | 무인민원금기유지보수 | 1 | 10,007 | 6 | 4 | 1 | 1 | 1 | 1 | 2 | 5 | 5 | 4 | 6 |
| 5842 | 경북 영양군 | 무인민원발급기의국어시정서비스(W설치) | 1 | 7,700 | 6 | 4 | 1 | 1 | 1 | 1 | 2 | 5 | 5 | 4 | 6 |
| 5843 | 경북 영양군 | 엄타지 공간정보활용시스템 유지보수비 | 1 | 8,050 | 7 | 4 | 1 | 1 | 1 | 1 | 2 | 5 | 5 | 4 | 6 |
| 5844 | 경북 영양군 | 공간정보보안시스템 유지보수 용역 | 1 | 13,450 | 7 | 4 | 1 | 1 | 1 | 1 | 2 | 5 | 5 | 4 | 6 |
| 5845 | 경북 영양군 | 도로영양지하시설물전산화확시시업 | 3 | 707,000 | 5 | 1 | 2 | 2 | 1 | 1 | 2 | 5 | 5 | 4 | 4 |
| 5846 | 경북 영양군 | 지적기록DB구축 | 3 | 9,500 | 5 | 4 | 1 | 1 | 1 | 1 | 2 | 5 | 5 | 4 | 6 |
| 5847 | 경북 영양군 | 운영마켓 종합매이지유지보수 | 1 | 20,400 | 6 | 4 | 1 | 1 | 1 | 1 | 2 | 5 | 5 | 4 | 6 |
| 5848 | 경북 영양군 | 영양광광폐폐이지유지보수 | 1 | 12,000 | 5 | 4 | 1 | 1 | 1 | 1 | 2 | 5 | 5 | 4 | 6 |
| 5849 | 경북 영양군 | 디지털영양공지 종합폐이지시스템 유지보수비 | 1 | 3,000 | 5 | 4 | 1 | 1 | 1 | 1 | 2 | 5 | 5 | 4 | 6 |
| 5850 | 경북 영양군 | 유동인구분석시스템 유지보수 | 1 | 7,000 | 5 | 4 | 1 | 1 | 1 | 1 | 2 | 5 | 5 | 4 | 6 |
| 5851 | 경북 영양군 | 2025년 도시정문화유산 재난방지(도로단CCTV장치)시스템 유지관리(보존) 용역 | 1 | 10,000 | 6 | 4 | 1 | 1 | 1 | 1 | 2 | 5 | 5 | 4 | 6 |
| 5852 | 경북 영양군 | 2025년 문화유산관리 방법(도로단CCTV장치)시스템 유지관리 용역 | 1 | 5,600 | 5 | 1 | 1 | 2 | 1 | 1 | 2 | 5 | 5 | 4 | 6 |
| 5853 | 경북 영양군 | 특사경 자동차관리시스템 유지보수 | 1 | 5,760 | 5 | 4 | 1 | 1 | 1 | 1 | 4 | 5 | 5 | 4 | 4 |
| 5854 | 경북 영양군 | 사업용 화물자동차관리시스템 유지보수 | 1 | 4,920 | 5 | 4 | 1 | 1 | 5 | 5 | 4 | 5 | 5 | 4 | 4 |
| 5855 | 경북 영양군 | 영양군 주정차단속 CCTV 및 감응신호 시스템 유지보수 | 1 | 18,480 | 5 | 4 | 1 | 1 | 5 | 5 | 4 | 5 | 5 | 4 | 4 |

| 순번 | 시군구 | 정보화사업 사업명 · 예산서 상 사업명 | 정보화사업 분류<br>1. 유지 및 보수<br>2. SW/HW 개발 및 구매<br>3. DB 구축<br>4. 정보화전략계획(ISP) 수립<br>5. 정보화지원<br>6. 기타 | 2025년 예산<br>(단위:천원/1년간) | 예산 편성근거<br>1. 법률에 규정<br>2. 국고보조재원<br>3. 용도지정기부금<br>4. 조례<br>5. 지자체 및 상위기관 정책<br>6. 기타<br>7. 해당없음 | 계약체결방법(경쟁형태)<br>1. 일반경쟁<br>2. 제한경쟁<br>3. 지명경쟁<br>4. 수의계약<br>5. 법정위탁<br>6. 기타<br>7. 해당없음 | 계약기간<br>1. 1년<br>2. 2년<br>3. 3년<br>4. 4년<br>5. 5년<br>6. 기타<br>7. 단기계약(1년미만)<br>8. 해당없음 | 낙찰자 선정방법<br>1. 적격심사<br>2. 협상에 의한계약<br>3. 최저가낙찰제<br>4. 수의가계약<br>5. 2단계 경쟁입찰<br>6. 기타<br>7. 해당없음 | 원가계산<br>1. 내부산정<br>2. 외부산정(전문기관에 선정)<br>3. 내외부 모두 산정<br>4. 산정 無<br>5. 해당없음 | 정산방법<br>1. 내부정산(자체적으로 정산)<br>2. 외부정산(외부전문기관위탁 정산)<br>3. 내외부 모두 정산<br>4. 정산 無<br>5. 해당없음 | 성과평가 실시여부<br>1. 실시<br>2. 미실시<br>3. 향후 추진<br>4. 해당없음 | 성과평가 주기<br>1. 매년<br>2. 격년<br>3. 기간만료전<br>4. 기타( )<br>5. 해당없음 | 성과평가 방법<br>1. 자체 평가<br>2. 용역간 구성후평가(전문위원회)<br>3. 전문 평가기관 의뢰<br>4. 기타( )<br>5. 해당없음 | 성과평가결과 인센티브 패널티 적용 유무<br>1. 적용<br>2. 적용 안함<br>3. 기타( )<br>4. 해당없음 | 인센티브 및 패널티 적용 근거<br>1. 법률<br>2. 조례<br>3. 지침<br>4. 계약서<br>5. 기타( )<br>6. 해당없음 |
|---|---|---|---|---|---|---|---|---|---|---|---|---|---|---|---|
| 5856 | 경북 영양군 | 2025년 재난통합관리시스템 유지관리 용역 | 1 | 20,229 | 1 | 4 | 1 | 7 | 1 | 1 | 2 | 5 | 5 | 4 | 6 |
| 5857 | 경북 영양군 | 2025년 지진가속도 계측시스템 유지보수 용역 | 1 | 11,467 | 1 | 4 | 1 | 7 | 1 | 1 | 2 | 5 | 5 | 4 | 6 |
| 5858 | 경북 영양군 | 재난종합관리시스템 고도화사업 | 2 | 840,000 | 2 | 7 | 8 | 7 | 5 | 5 | 4 | 5 | 5 | 4 | 6 |
| 5859 | 경북 영양군 | 재난종합상황실영상회의시스템유지보수 | 1 | 6,000 | 1 | 4 | 1 | 7 | 1 | 1 | 2 | 5 | 5 | 4 | 4 |
| 5860 | 경북 영양군 | 도시계획정보체계(UPIS)운영유지관리 | 1 | 22,000 | 5 | 4 | 1 | 7 | 1 | 1 | 2 | 5 | 5 | 4 | 6 |
| 5861 | 경북 영양군 | 2025년 가상계좌 수납시스템(G-Banking) 유지관리 용역 시행 | 1 | 19,000 | 6 | 4 | 1 | 7 | 1 | 1 | 2 | 5 | 5 | 4 | 6 |
| 5862 | 경북 영양군 | 상수도사용료요금프로그램유지 | 1 | 8,563 | 5 | 4 | 1 | 7 | 1 | 1 | 2 | 5 | 5 | 4 | 6 |
| 5863 | 경북 영양군 | 출생아원관리시스템유지보수비 | 1 | 15,720 | 1 | 4 | 1 | 7 | 3 | 2 | 4 | 5 | 5 | 4 | 4 |
| 5864 | 경북 영양군 | 보건소 CCTV 유지보수 | 1 | 3,300 | 5 | 4 | 1 | 7 | 1 | 1 | 2 | 5 | 5 | 4 | 6 |
| 5865 | 경북 영양군 | 2025년 홈페이지 유지보수 | 1 | 5,400 | 5 | 4 | 1 | 7 | 1 | 1 | 2 | 5 | 5 | 4 | 6 |
| 5866 | 경북 영양군 | CCTV 유지보수 | 1 | 5,400 | 6 | 4 | 1 | 7 | 1 | 1 | 2 | 5 | 5 | 4 | 6 |
| 5867 | 경북 영양군 | 야간대비 홈페이지 유지보수 | 1 | 15,000 | 6 | 1 | 8 | 3 | 1 | 1 | 2 | 5 | 5 | 4 | 6 |
| 5868 | 경북 영양군 | 영양군의회 홈페이지 유지보수관리 | 1 | 2,400 | 5 | 4 | 1 | 7 | 1 | 1 | 2 | 5 | 5 | 4 | 4 |
| 5869 | 경북 영양군 | 영양군의회 인터넷방송서비스 유지관리 | 1 | 7,600 | 7 | 4 | 7 | 7 | 1 | 1 | 2 | 5 | 5 | 4 | 6 |
| 5870 | 경북 영양군 | 공통기반 및 재해복구구축시스템 유지보수 | 1 | 4,800 | 7 | 4 | 1 | 6 | 1 | 1 | 2 | 5 | 5 | 4 | 6 |
| 5871 | 경북 영양군 | 행정 구내 전자교환기 시스템 유지보수 사업 | 1 | 52,200 | 1 | 4 | 1 | 7 | 3 | 3 | 4 | 5 | 5 | 4 | 6 |
| 5872 | 경북 영양군 | 영덕군 스마트마을방송 시스템 구축 | 2 | 179,190 | 7 | 2 | 7 | 6 | 1 | 1 | 2 | 5 | 5 | 4 | 6 |
| 5873 | 경북 영양군 | 2025년 자동음성생활정보시스템 유지보수 용역 | 1 | 70,670 | 6 | 4 | 1 | 6 | 1 | 1 | 2 | 5 | 5 | 4 | 6 |
| 5874 | 경북 영양군 | 자치단체표준기록관리시스템 통합유지관리 | 1 | 50,000 | 1 | 4 | 1 | 7 | 1 | 1 | 2 | 5 | 5 | 4 | 6 |
| 5875 | 경북 청도군 | 표준지방인사정보시스템유지관리 | 1 | 24,330 | 1 | 6 | 1 | 7 | 3 | 3 | 4 | 5 | 5 | 4 | 6 |
| 5876 | 경북 청도군 | 정보통신시스템 통합유지보수 | 1 | 126,000 | 1 | 6 | 1 | 6 | 1 | 1 | 4 | 5 | 5 | 4 | 6 |
| 5877 | 경북 청도군 | 행정정보시스템 통합유지보수 | 1 | 180,000 | 1 | 6 | 1 | 6 | 1 | 1 | 4 | 5 | 5 | 4 | 6 |
| 5878 | 경북 청도군 | 공통기반 및 재해복구구축시스템 유지보수 | 1 | 142,000 | 1 | 6 | 1 | 7 | 3 | 3 | 4 | 5 | 5 | 4 | 6 |
| 5879 | 경북 청도군 | 운나라2.0문서시스템(W4R)유지관리 | 1 | 44,116 | 1 | 6 | 1 | 7 | 3 | 3 | 4 | 5 | 5 | 4 | 6 |
| 5880 | 경북 청도군 | 전산실보안후속구축 | 2 | 99,000 | 1 | 4 | 8 | 6 | 1 | 5 | 4 | 5 | 5 | 4 | 6 |
| 5881 | 경북 청도군 | 도서관리시스템유지관리비 | 1 | 30,360 | 5 | 4 | 1 | 2 | 1 | 1 | 1 | 1 | 1 | 1 | 4 |
| 5882 | 경북 청도군 | 스마트도서관장비유지관리 | 1 | 12,540 | 5 | 4 | 1 | 2 | 1 | 1 | 1 | 1 | 1 | 1 | 4 |
| 5883 | 경북 청도군 | RFID장비유지관리 | 1 | 7,200 | 5 | 4 | 1 | 2 | 1 | 1 | 1 | 1 | 1 | 1 | 4 |
| 5884 | 경북 청도군 | 무인발급기 유지보수 | 1 | 16,800 | 7 | 4 | 1 | 7 | 1 | 1 | 4 | 5 | 5 | 4 | 4 |
| 5885 | 경북 청도군 | 지방기록전산화 | 6 | 20,000 | 7 | 4 | 7 | 7 | 1 | 1 | 4 | 5 | 5 | 4 | 4 |
| 5886 | 경북 청도군 | 공간정보업무유지보수 | 1 | 12,114 | 7 | 4 | 1 | 7 | 5 | 5 | 4 | 5 | 5 | 4 | 4 |

- 190 -

| 순번 | 시군구 | 정보화사업 사업명<br>• 예산서 상의 사업명 | 정보화사업 분류<br>1. 유지 및 보수<br>2. SW/HW 개발 및 구매<br>3. DB 구축<br>4. 정보화전략계획(ISP) 수립<br>5. 정보보호사업<br>6. 기타 | 2025년 예산<br>(단위:천원/1년간) | 예산 편성근거<br>1. 법령에 규정<br>2. 국고조 재원<br>3. 용도지정기부금<br>4. 조례<br>5. 지자체 및 상위기관 정책<br>6. 기타<br>7. 해당없음 | 계약체결방법(경쟁형태)<br>1. 일반경쟁<br>2. 제한경쟁<br>3. 지명경쟁<br>4. 수의계약<br>5. 협상위탁<br>6. 기타( )<br>7. 해당없음 | 정보화사업 입찰방식 계약기간<br>1. 1년<br>2. 2년<br>3. 3년<br>4. 4년<br>5. 5년<br>6. 기타( )<br>7. 단기계약(1년미만)<br>8. 해당없음 | 낙찰자 선정방식<br>1. 적격심사<br>2. 협상에 의한계약<br>3. 최저가계약<br>4. 규격가격분리<br>5. 2단계 경쟁입찰<br>6. 기타( )<br>7. 해당없음 | 정보화사업 평가산정<br>1. 내부산정<br>2. 외부산정(전문기관위탁)<br>3. 내외부 모두 산정<br>4. 산정無<br>5. 해당없음 | 예산 산정<br>1. 내부정산(자체적으로 정산)<br>2. 외부정산(외부전문기관에 정산)<br>3. 내외부 모두 정산<br>4. 정산無<br>5. 해당없음 | 성과평가 실시여부<br>1. 실시<br>2. 미실시<br>3. 향후 예정<br>4. 해당없음 | 성과평가 주기<br>1. 매년<br>2. 격년<br>3. 기간만료전<br>4. 기타( )<br>5. 해당없음 | 성과평가 방법<br>1. 자체 평가<br>2. 평가단 구성 후 실시(전문위원회)<br>3. 전문 평가기관 의뢰<br>4. 기타( )<br>5. 해당없음 | 평가결과 인센티브 및 패널티 적용 유무<br>1. 적용<br>2. 적용 안함<br>3. 기타( )<br>4. 해당없음 | 인센티브 및 패널티 적용 근거<br>1. 법률<br>2. 조례<br>3. 지침<br>4. 계약서<br>5. 기타( )<br>6. 해당없음 |
|---|---|---|---|---|---|---|---|---|---|---|---|---|---|---|---|
| 5887 | 경북 청도군 | 국가주소정보시스템 GIS 유지보수 | 1 | 47,520 | 5 | 7 | 1 | 7 | 2 | 2 | 4 | 5 | 5 | 4 | 4 |
| 5888 | 경북 청도군 | 도로명주소기본도 유지보수 | 1 | 26,826 | 5 | 7 | 1 | 7 | 2 | 2 | 4 | 5 | 5 | 4 | 4 |
| 5889 | 경북 청도군 | 통합재해센터 사성장비유지관리 | 1 | 378,000 | 4 | 1 | 1 | 3 | 3 | 5 | 4 | 5 | 5 | 4 | 6 |
| 5890 | 경북 청도군 | 지방세보화사업 | 5 | 113,968 | 1 | 7 | 1 | 7 | 5 | 5 | 4 | 5 | 5 | 4 | 6 |
| 5891 | 경북 청도군 | 지방세 수입정보시스템 운영관리위탁사업 | 5 | 53,657 | 1 | 7 | 1 | 7 | 5 | 5 | 4 | 5 | 5 | 4 | 6 |
| 5892 | 경북 청도군 | 방역지리정보시스템 | 1 | 3,000 | 5 | 4 | 1 | 7 | 5 | 5 | 4 | 5 | 5 | 4 | 4 |
| 5893 | 경북 청도군 | 2025년 대가야박물관 홈페이지 유지보수 용역 | 1 | 6,480 | 7 | 4 | 1 | 7 | 5 | 4 | 4 | 5 | 5 | 4 | 4 |
| 5894 | 경북 청도군 | 2025년 환경관리 업무용 통합지역관리시스템 운영 유지보수 용역 | 1 | 8,400 | 7 | 4 | 1 | 7 | 5 | 4 | 4 | 5 | 5 | 4 | 4 |
| 5895 | 경북 청도군 | 고속도로 휴게소 내 DID 송출 및 유지보수 시행 | 1 | 6,996 | 7 | 4 | 1 | 7 | 5 | 4 | 4 | 5 | 5 | 4 | 4 |
| 5896 | 경북 청도군 | 2025년 다산도서관 스마트도서관 및 사서용 장비, 도서중앙시스템 유지보수 | 1 | 8,176 | 7 | 4 | 1 | 7 | 5 | 4 | 4 | 5 | 5 | 4 | 4 |
| 5897 | 경북 청도군 | 2025년 고령군 보건의료원 전자의무기록(EMR)유지보수 업무 위탁 | 1 | 7,260 | 7 | 4 | 1 | 7 | 5 | 4 | 4 | 5 | 5 | 4 | 4 |
| 5898 | 경북 청도군 | 국민체육센터 회원관리 시스템 및 유인발매기 유지보수(2025년) | 1 | 3,780 | 7 | 4 | 1 | 7 | 5 | 4 | 4 | 5 | 5 | 4 | 4 |
| 5899 | 경북 청도군 | 도서확정보체계(UPS) 운영장비 유지관리 용역 | 1 | 16,640 | 7 | 4 | 1 | 7 | 5 | 4 | 4 | 5 | 5 | 4 | 4 |
| 5900 | 경북 청도군 | 2025년 농기계대사업 관리 시스템 유지보수비 지급 | 1 | 4,617 | 7 | 4 | 1 | 7 | 5 | 4 | 4 | 5 | 5 | 4 | 4 |
| 5901 | 경북 청도군 | 2025년 의정활동지원시스템 유지보수 용역 | 1 | 6,937 | 7 | 4 | 1 | 7 | 5 | 4 | 4 | 5 | 5 | 4 | 4 |
| 5902 | 경북 청도군 | 2025년 의회방송시스템 유지보수 시행 | 1 | 19,728 | 7 | 4 | 1 | 7 | 5 | 4 | 4 | 5 | 5 | 4 | 4 |
| 5903 | 경북 청도군 | 2025년 고령군 계약관리시스템 위탁 운영 용역 시행 | 1 | 5,800 | 7 | 4 | 1 | 7 | 5 | 4 | 4 | 5 | 5 | 4 | 4 |
| 5904 | 경북 청도군 | 2025년도 고령군 전자계약관리시스템 소프트웨어 유지보수 용역 시행 | 1 | 2,430 | 7 | 4 | 1 | 7 | 5 | 4 | 4 | 5 | 5 | 4 | 4 |
| 5905 | 경북 청도군 | 2025년도 지방세 중복사용 지방문서 이미지관리시스템 유지보수 용역 시행 | 1 | 43,560 | 7 | 4 | 1 | 7 | 5 | 4 | 4 | 5 | 5 | 4 | 4 |
| 5906 | 경북 청도군 | 2025년도 다산도서관 자료관리시스템 유지보수 용역 시행 | 1 | 19,569 | 7 | 4 | 1 | 7 | 5 | 4 | 4 | 5 | 5 | 4 | 4 |
| 5907 | 경북 청도군 | 2025년 세입예산시스템 운영유지관리 용역 | 1 | 4,470 | 7 | 4 | 1 | 7 | 5 | 4 | 4 | 5 | 5 | 4 | 4 |
| 5908 | 경북 청도군 | 2025년 고령군 통합안내 전자지급 경보대행 용역 | 1 | 17,424 | 7 | 4 | 1 | 7 | 5 | 4 | 4 | 5 | 5 | 4 | 4 |
| 5909 | 경북 청도군 | 2025년 정보시스템 통합유지보수 용역 | 1 | 238,100 | 7 | 4 | 1 | 7 | 5 | 4 | 4 | 5 | 5 | 4 | 4 |
| 5910 | 경북 청도군 | 2025 민방위 전자통보시 전자출결 서비스 위탁 운영 용역 시행 | 1 | 6,000 | 7 | 4 | 1 | 7 | 5 | 4 | 4 | 5 | 5 | 4 | 4 |
| 5911 | 경북 청도군 | 2025년도 산림지리정보 운영관리 용역 시행 | 1 | 10,000 | 7 | 4 | 1 | 7 | 5 | 4 | 4 | 5 | 5 | 4 | 4 |
| 5912 | 경북 청도군 | 불법 주정차 무인단속시스템 유지보수 용역 시행 | 1 | 21,945 | 7 | 4 | 1 | 7 | 5 | 4 | 4 | 5 | 5 | 4 | 4 |
| 5913 | 경북 청도군 | 부동산종합공부시스템(KRAS) DB 유지관리 용역 | 1 | 22,000 | 7 | 4 | 1 | 7 | 5 | 4 | 4 | 5 | 5 | 4 | 4 |
| 5914 | 경북 청도군 | 제34회 전국 우체국아름공안대회 운영시스템공개사용 용역 | 4 | 4,600 | 7 | 4 | 1 | 7 | 5 | 4 | 4 | 5 | 5 | 4 | 4 |
| 5915 | 경북 청도군 | 고령군 공공마이데이터 통합 진단 체계 구축 용역 | 1 | 20,000 | 7 | 4 | 1 | 7 | 5 | 4 | 4 | 5 | 5 | 4 | 4 |
| 5916 | 경북 청도군 | 홈페이지서버 가상화소프트웨어 유지보수 | 1 | 7,100 | 7 | 4 | 1 | 7 | 5 | 4 | 4 | 5 | 5 | 4 | 4 |
| 5917 | 경북 청도군 | 고령군 가상화 업그레이드 구입 | 1 | 3,424 | 7 | 4 | 1 | 7 | 5 | 4 | 4 | 5 | 5 | 4 | 4 |

| 순번 | 시군구 | 정보화사업 사업명 · 예산서 상의 사업명 | 정보화사업 분류 (1.유지 및 보수 2.SW/HW 개발 및 구축 3.DB 구축 4.정보화 전략계획(ISP) 수립 5.정보화자원 6.기타) | 2025년 예산 (단위:천원/1년간) | 예산 편성근거 (1.법률에 규정 2.국고보조재원 3.용도지정기부금 4.조례 5.지자체예산 6.기타 7.해당없음) | 계약체결방법 (경쟁방식) (1.일반경쟁 2.제한경쟁 3.지명경쟁 4.수의계약 5.낙찰하락 6.기타 7.해당없음) | 정보화사업 입찰공시 계약기간 (1.1년 2.2년 3.3년 4.4년 5.5년 6.기타 7.단기계약(1년미만) 8.해당없음) | 낙찰자 선정방법 (1.적격심사 2.협상에 의한계약 3.최저가낙찰 4.규격가격분리 5.2단계 경쟁입찰 6.기타 7.해당없음) | 평가진행 (1.내부선정(자체로 선정) 2.외부선정(전문기관위탁) 3.내외부 모두 4.신청률 5.해당없음) | 정보화사업 예산 산정 정산방법 (1.내부정산(자체적으로 정산) 2.외부정산(외부전문기관위탁) 3.내외부 모두 정산 4.정산불 5.해당없음) | 성과평가 실시여부 (1.실시 2.미실시 3.향후 주진 4.해당없음) | 성과평가 주기 (1.매년 2.격년 3.기간만료전 4.기타 5.해당없음) | 성과평가 방법 (1.자체 평가 2.용역기간 3.기관평가 구성(전문위원측) 3.전문 평가기관 의뢰 4.기타 5.해당없음) | 평가결과 성과평가결과 인센티브 및 패널티 적용 유무 (1.적용 2.적용 안함 3.기타 4.해당없음) | 평가결과 적용 인센티브 및 패널티 적용 근거 (1.법률 2.조례 3.지침 4.계약서 5.기타 6.해당없음) |
|---|---|---|---|---|---|---|---|---|---|---|---|---|---|---|---|
| 5918 | 경북 고령군 | 고령군 스마트마을 방송시스템 구축 | 2 | 232,320 | 7 | 2 | 7 | 1 | 5 | 4 | 4 | 5 | 5 | 4 | 4 |
| 5919 | 경북 고령군 | 고령군 스마트벌리지 보급 및 확산사업 실시 설계용역 | 4 | 19,560 | 7 | 4 | 7 | 7 | 5 | 4 | 4 | 5 | 5 | 4 | 4 |
| 5920 | 경북 성주군 | 행정업무용 전산장비 유지보수 | 1 | 55,101 | 6 | 4 | 1 | 7 | 1 | 1 | 2 | 5 | 5 | 4 | 6 |
| 5921 | 경북 성주군 | 성주군 홈페이지 유지보수 | 1 | 36,100 | 6 | 4 | 1 | 7 | 1 | 1 | 2 | 5 | 5 | 4 | 6 |
| 5922 | 경북 성주군 | 사이버보안대응역량강화위원사업비 | 1 | 7,749 | 6 | 6 | 1 | 7 | 2 | 2 | 2 | 5 | 5 | 4 | 6 |
| 5923 | 경북 성주군 | 정보통신시스템 통합유지보수 | 1 | 66,372 | 6 | 4 | 1 | 7 | 1 | 1 | 2 | 5 | 5 | 4 | 6 |
| 5924 | 경북 성주군 | 2025년도 청사 내 무선와이파이 및 직원 비상연락망 | 1 | 10,800 | 6 | 4 | 1 | 7 | 1 | 1 | 2 | 5 | 5 | 4 | 6 |
| 5925 | 경북 예천군 | 암호장비(VPN) 통합관리시스템 구입(통신실) | 2 | 20,000 | 1 | 4 | 7 | 1 | 1 | 1 | 4 | 5 | 5 | 4 | 6 |
| 5926 | 경북 예천군 | 네트워크망 모듈(1G 광) 구입 | 2 | 15,000 | 5 | 6 | 7 | 6 | 2 | 1 | 2 | 5 | 5 | 4 | 4 |
| 5927 | 경북 예천군 | 침입방지시스템(IPS) 교체 | 2 | 84,000 | 1 | 2 | 7 | 6 | 2 | 1 | 4 | 5 | 5 | 4 | 4 |
| 5928 | 경북 예천군 | 악성코드(랜섬웨어) 대응시스템 구축 | 2 | 47,000 | 5 | 2 | 7 | 3 | 5 | 5 | 4 | 5 | 5 | 4 | 4 |
| 5929 | 경북 예천군 | 드론측량 시스템 구입 | 2 | 30,000 | 5 | 2 | 7 | 7 | 5 | 5 | 4 | 5 | 5 | 4 | 6 |
| 5930 | 경북 예천군 | 자동기상관측장비(AWS) 설치 | 2 | 362,700 | 1 | 7 | 8 | 7 | 5 | 1 | 4 | 5 | 5 | 4 | 4 |
| 5931 | 경북 예천군 | 송전탑활용상불용감시망 설치 | 2 | 60,000 | 5 | 1 | 7 | 6(초달) | 1 | 1 | 1 | 3 | 1 | 2 | 4 |
| 5932 | 경북 예천군 | BIS 고도화 시스템(BMS) 구축 | 2 | 380,000 | 5 | 4 | 1 | 3 | 1 | 1 | 4 | 5 | 5 | 4 | 4 |
| 5933 | 경북 예천군 | 마전진 스마트계측관리 시스템 구축사업 | 2 | 70,000 | 1 | 7 | 8 | 7 | 5 | 5 | 4 | 5 | 5 | 4 | 6 |
| 5934 | 경북 예천군 | 정보보호시스템(백신-수지치)교체 | 2 | 140,000 | 5 | 4 | 1 | 2 | 5 | 5 | 4 | 5 | 5 | 4 | 4 |
| 5935 | 경북 예천군 | 영상정보 저장장치(스토리지) 증설 | 6 | 100,000 | 7 | 4 | 1 | 2 | 1 | 1 | 4 | 5 | 5 | 4 | 4 |
| 5936 | 경북 예천군 | 스마트도시통합운영센터 서버 및 CCTV 통합영상저장(PS) 교체 | 2 | 83,000 | 1 | 2 | 7 | 6 | 2 | 1 | 2 | 5 | 5 | 4 | 4 |
| 5937 | 경북 예천군 | 신사태 모니터링 CCTV 확충 사업 | 6 | 40,000 | 5 | 4 | 1 | 6 | 1 | 1 | 4 | 5 | 5 | 1 | 1 |
| 5938 | 경북 예천군 | 누경주 경 CCTV 설치공사 | 6 | 47,300 | 6 | 6 | 7 | 7 | 1 | 1 | 4 | 5 | 5 | 4 | 4 |
| 5939 | 경북 봉화군 | 복합포츠단지CCTV및방송시설설치공사 | 6 | 40,000 | 6 | 4 | 8 | 6 | 1 | 1 | 4 | 5 | 5 | 4 | 4 |
| 5940 | 경북 봉화군 | 모두의놀이터 주변환경 조성 CCTV 설비 | 2 | 40,910 | 5 | 6 | 7 | 6 | 1 | 1 | 4 | 5 | 5 | 4 | 6 |
| 5941 | 경북 봉화군 | 봉화군도시계획(기초)자원보체구축용역 | 4 | 300,000 | 1 | 2 | 2 | 2 | 5 | 5 | 4 | 5 | 5 | 4 | 4 |
| 5942 | 경북 봉화군 | 소천리 마을만들기사업 | 6 | 36,362 | 7 | 4 | 7 | 7 | 5 | 5 | 4 | 5 | 5 | 4 | 4 |
| 5943 | 경북 봉화군 | 노후 통합녹취시스템 교체 | 2 | 36,510 | 6 | 6 | 1 | 6 | 5 | 5 | 4 | 5 | 5 | 4 | 4 |
| 5944 | 경북 봉화군 | 봉화군 스마트 정보 구축 사업 | 2 | 572,000 | 2 | 2 | 7 | 2 | 1 | 1 | 2 | 5 | 5 | 4 | 4 |
| 5945 | 경북 봉화군 | 관제시스템 증설 사업 | 6 | 90,800 | 7 | 6 | 1 | 6 | 1 | 1 | 4 | 5 | 5 | 4 | 4 |
| 5946 | 경북 봉화군 | 노후지리정보시스템교체 사업 | 6 | 85,460 | 7 | 6 | 1 | 6 | 1 | 1 | 4 | 5 | 5 | 4 | 4 |
| 5947 | 경북 봉화군 | 노후스토리지교체 사업 | 6 | 111,312 | 7 | 6 | 7 | 6 | 1 | 1 | 4 | 5 | 5 | 4 | 4 |
| 5948 | 경북 봉화군 | 관제유무선리피터 교체 | 6 | 23,910 | 7 | 6 | 7 | 6 | 1 | 1 | 4 | 5 | 5 | 4 | 4 |

| 순번 | 시군구 | 정보화사업 사업명·예산서상의 사업명 | 정보화사업 분류<br>1.유지 및 보수<br>2.SW/HW 개발 및 구매<br>3.DB 구축<br>4.정보화 전략계획(ISP) 수립<br>5.정보화지원<br>6.기타 | 2025년 예산(단위:천원/1년간) | 예산 편성근거<br>1.법률에 규정<br>2.국고보조재원<br>3.용도조정기부금<br>4.조례<br>5.지자체 및 상위기관 정책<br>6.기타<br>7.해당없음 | 계약체결방법(경쟁여부)<br>1.일반경쟁<br>2.제한경쟁<br>3.지명경쟁<br>4.수의계약<br>5.번용계약<br>6.기타<br>7.해당없음 | 정보화사업 계약기간<br>1.1년<br>2.2년<br>3.3년<br>4.4년<br>5.5년<br>6.기타()<br>7.단기계약(1년미만)<br>8.해당없음 | 낙찰자 선정방식<br>1.적격심사<br>2.협상에 의한계약<br>3.최저가낙찰제<br>4.규격가격분리<br>5.2단계 경쟁입찰<br>6.기타()<br>7.해당없음 | 평가산정<br>1.내부산정<br>2.외부산정(전문기관위탁)<br>3.내외부 모두 산정<br>4.산정無<br>5.해당없음 | 정산방법<br>1.내부정산(자체적으로 정산)<br>2.외부정산(외부전문기관위탁 정산)<br>3.내외부 모두 정산<br>4.정산無<br>5.해당없음 | 성과평가 실시여부<br>1.실시<br>2.미실시<br>3.향후실시<br>4.해당없음 | 성과평가 주기<br>1.매년<br>2.격년<br>3.기간표정<br>4.기타<br>5.해당없음 | 성과평가 방법<br>1.자체 평가<br>2.평가단 구성 후실시(전문위원회등)<br>3.전문 평가기관 의뢰<br>4.기타()<br>5.해당없음 | 성과평가결과 인센티브및 페널티 적용 유무<br>1.적용<br>2.적용 안함<br>3.기타()<br>4.해당없음 | 인센티브 및 페널티 적용 근거<br>1.법률<br>2.조례<br>3.지침<br>4.계약서<br>5.기타()<br>6.해당없음 |
|---|---|---|---|---|---|---|---|---|---|---|---|---|---|---|---|
| 5949 | 경북 봉화군 | 개인정보솔루션관리시스템구축 | 2 | 29,879 | 5 | 6 | 7 | 6 | 1 | 1 | 4 | 5 | 5 | 4 | 4 |
| 5950 | 경북 봉화군 | 유해사이트차단시스템구입 | 2 | 84,101 | 5 | 6 | 7 | 6 | 1 | 1 | 4 | 5 | 5 | 4 | 4 |
| 5951 | 경북 봉화군 | 대표홈페이지전면개발사업 | 2 | 322,000 | 5 | 2 | 1 | 6 | 3 | 3 | 3 | 1 | 4 | 4 | 4 |
| 5952 | 경북 봉화군 | 행정정보시스템(시군구공통기반)재해복구유지관리 | 1 | 99,125 | 5 | 7 | 1 | 7 | 1 | 1 | 4 | 5 | 5 | 4 | 4 |
| 5953 | 경북 봉화군 | 온나라시스템2.0 유지관리 | 1 | 40,836 | 5 | 7 | 1 | 6 | 1 | 1 | 4 | 5 | 5 | 4 | 4 |
| 5954 | 경북 봉화군 | 웹 방화벽 교체 | 2 | 42,051 | 5 | 6 | 7 | 6 | 1 | 1 | 4 | 5 | 5 | 4 | 4 |
| 5955 | 경북 봉화군 | 정보화교육서비사비대체 | 2 | 34,929 | 5 | 2 | 7 | 6 | 1 | 1 | 4 | 5 | 4 | 4 | 4 |
| 5956 | 경북 봉화군 | 전산장비유지보수 | 1 | 260,000 | 5 | 4 | 1 | 6 | 1 | 1 | 4 | 4 | 1 | 4 | 4 |
| 5957 | 경북 울진군 | 울진군 이재민 구호관리시스템 유지보수 | 1 | 20,842 | 5 | 4 | 8 | 7 | 1 | 1 | 4 | 5 | 5 | 4 | 4 |
| 5958 | 경북 울진군 | 스마트 영농지원 행정관리시스템 구축 | 2 | 55,210 | 7 | 2 | 1 | 7 | 1 | 1 | 4 | 5 | 5 | 4 | 6 |
| 5959 | 경북 울진군 | CCTV 관제시스템 및 CCTV 유지보수 | 1 | 203,989 | 5 | 7 | 7 | 5 | 1 | 1 | 4 | 5 | 5 | 4 | 4 |
| 5960 | 경북 울진군 | 방범용 CCTV 공사 | 2 | 201,000 | 7 | 1 | 8 | 7 | 1 | 1 | 4 | 5 | 5 | 4 | 6 |
| 5961 | 경북 울진군 | 행정방송 청내 송출 시스템 구축 | 2 | 139,000 | 7 | 7 | 8 | 7 | 5 | 5 | 4 | 5 | 5 | 4 | 4 |
| 5962 | 경북 울진군 | 울진군 스마트 정류장 사업 | 2 | 429,000 | 5 | 2 | 7 | 2 | 5 | 5 | 4 | 5 | 5 | 4 | 4 |
| 5963 | 경북 울진군 | 구내통신망 정비 | 5 | 30,000 | 1 | 4 | 1 | 7 | 2 | 2 | 2 | 5 | 5 | 4 | 4 |
| 5964 | 경북 울진군 | 정보통신보안체계 구축 운영 | 2 | 136,000 | 1 | 4 | 1 | 7 | 2 | 2 | 2 | 5 | 5 | 4 | 4 |
| 5965 | 경북 울진군 | 인터넷전화시스템 운영 | 2 | 120,000 | 5 | 5 | 7 | 5 | 2 | 2 | 4 | 5 | 5 | 4 | 6 |
| 5966 | 경북 울진군 | 행정정보통신장비 유지보수 | 1 | 101,000 | 7 | 6 | 6(3개월) | 2 | 2 | 2 | 4 | 5 | 5 | 2 | 4 |
| 5967 | 경북 울진군 | 울진군 스마트 도로 건설행정 통합관리시스템 구축사업 | 2 | 400,000 | 5 | 6 | 1 | 7 | 1 | 1 | 4 | 5 | 5 | 4 | 4 |
| 5968 | 경북 울진군 | 하천정보시스템 및 허가 대장 구축 용역 | 3 | 358,000 | 1 | 1 | 8 | 정 디지털서비스몰 계약 | 1 | 1 | 3 | 3 | 1 | 4 | 4 |
| 5969 | 경북 울진군 | 2025년 차세대 표준지방세정보시스템 등 유지관리 | 1 | 28,547 | 6 | 7 | 8 | 7 | 2 | 2 | 4 | 4 | 5 | 4 | 4 |
| 5970 | 경북 울진군 | 통합지방재정 재해복구시스템 구축사업 | 3 | 34,745 | 6 | 4 | 7 | 7 | 2 | 2 | 2 | 5 | 5 | 4 | 4 |
| 5971 | 경북 울진군 | 지방세 중봉서류 이미지 관리시스템 | 1 | 1,452 | 5 | 4 | 1 | 7 | 2 | 2 | 4 | 5 | 5 | 4 | 4 |
| 5972 | 경북 울진군 | 차세대지방세정보시스템 | 1 | 120,000 | 1 | 4 | 1 | 7 | 2 | 2 | 4 | 5 | 5 | 4 | 6 |
| 5973 | 경북 울진군 | 채납통합관리 및 체납자정 무선영사지원시스템 유지보수 | 1 | 8,712 | 1 | 5 | 1 | 7 | 2 | 2 | 4 | 5 | 5 | 4 | 6 |
| 5974 | 경북 울진군 | 세외수입정보시스템 유지보수 | 1 | 33,543 | 5 | 6 | 1 | 7 | 1 | 1 | 2 | 5 | 5 | 2 | 4 |
| 5975 | 경북 울진군 | 행정용시스템 및 허가 대장 용역 | 3 | 89,919 | 6 | 1 | 8 | 2 | 1 | 1 | 3 | 3 | 1 | 4 | 4 |
| 5976 | 경북 울진군 | 표준기록관리시스템 등 유지보수 | 1 | 25,000 | 6 | 4 | 8 | 7 | 2 | 2 | 4 | 4 | 5 | 4 | 4 |
| 5977 | 경북 울진군 | 행정정보 전산장비 운영 유지보수 | 1 | 447,000 | 1 | 7 | 1 | 7 | 2 | 2 | 4 | 5 | 5 | 4 | 6 |
| 5978 | 경북 울진군 | 온나라 및 공통기반시스템 유지보수 | 1 | 164,925 | 5 | 5 | 1 | 7 | 2 | 2 | 4 | 5 | 5 | 4 | 6 |
| 5979 | 경북 울진군 | 홈페이지 구축 운영 | 2 | 20,000 | 6 | 7 | 1 | 7 | 1 | 1 | 4 | 5 | 5 | 4 | 6 |

- 193 -

| 순번 | 시군구 | 정보화사업 사업명<br>· 예산서 사업명 | 정보화사업 분류<br>1. 유지 및 보수<br>2. SW/HW 개발 및 구매<br>3. DB 구축<br>4. 정보화전략계획(ISP) 수립<br>5. 정보화재원<br>6. 기타 | 2025년 예산<br>(단위:천원/1년간) | 예산 편성근거<br>1. 법률에 규정<br>2. 국고보조 재원<br>3. 용도지정기부금<br>4. 조례<br>5. 지자체 및 상위기관 정책<br>6. 기타<br>7. 해당없음 | 계약체결방법<br>(경쟁형태)<br>1. 일반경쟁<br>2. 제한경쟁<br>3. 지명경쟁<br>4. 수의계약<br>5. 변경계약<br>6. 기타<br>7. 해당없음 | 계약기간<br>1. 1년<br>2. 2년<br>3. 3년<br>4. 4년<br>5. 5년<br>6. 기타<br>7. 단기계약(1년미만)<br>8. 해당없음 | 낙찰자 선정방법<br>1. 적격심사<br>2. 협상에 의한계약<br>3. 최저가 낙찰제<br>4. 규격가격분리<br>5. 2단계 경쟁입찰<br>6. 기타( )<br>7. 해당없음 | 평가제 선정<br>1. 내부산정<br>2. 외부산정(전문기관복탁)<br>3. 산정복<br>4. 내외부 모두 산정<br>5. 해당없음 | 정보화사업 예산 산정<br>정산방법<br>1. 내부정산<br>2. 외부정산(외부전문기관복탁)<br>3. 내외부 모두 정산<br>4. 해당없음 | 성과평가 실시여부<br>1. 실시<br>2. 미실시<br>3. 향후 추진<br>4. 해당없음 | 성과평가 주기<br>1. 매년<br>2. 격년<br>3. 기간만료전<br>4. 기타( )<br>5. 해당없음 | 성과평가 방법<br>1. 자체 평가<br>2. 평가단 구성후 실시<br>3. 전문(전문위원회)<br>4. 평가기관 의뢰<br>5. 해당없음 | 평가결과 작용<br>성과평가결과 인센티브 패널티 작용 유무<br>1. 작용<br>2. 작용 안함<br>3. 기타( )<br>4. 해당없음 | 인센티브 및 패널티 작용 근거<br>1. 법률<br>2. 조례<br>3. 지침<br>4. 계약서<br>5. 기타<br>6. 해당없음 |
|---|---|---|---|---|---|---|---|---|---|---|---|---|---|---|---|
| 5980 | 경북 울진군 | 온라인 용역 통계시스템 S/W | 2 | 14,000 | 6 | 7 | 1 | 7 | 1 | 5 | 4 | 5 | 5 | 4 | 6 |
| 5981 | 경북 울진군 | 공간정보통합시스템 유지보수 | 1 | 38,200 | 5 | 2 | 1 | 7 | 5 | 5 | 4 | 5 | 5 | 4 | 5 |
| 5982 | 경북 울진군 | gis행정지원시스템 유지보수 | 1 | 21,200 | 5 | 4 | 1 | 7 | 5 | 1 | 4 | 5 | 5 | 4 | 5 |
| 5983 | 경북 울진군 | 주민복지시스템 | 1 | 19,860 | 1 | 5 | 1 | 6 | 2 | 1 | 4 | 5 | 5 | 4 | 5 |
| 5984 | 경북 울진군 | 부동산종합공부시스템 전산자원 유지보수 | 1 | 31,645 | 6 | 1 | 3 | 3 | 1 | 1 | 4 | 5 | 5 | 4 | 5 |
| 5985 | 경북 울진군 | 공간정보 민원열람시스템 유지보수 | 1 | 13,836 | 6 | 4 | 3 | 3 | 1 | 1 | 4 | 5 | 5 | 4 | 6 |
| 5986 | 경북 울진군 | 온나라문서 유통연합 소프트웨어 구입 | 2 | 34,247 | 5 | 4 | 1 | 7 | 1 | 1 | 4 | 5 | 5 | 4 | 6 |
| 5987 | 경북 울진군 | 네트워크 스토리지 구축 | 2 | 13,292 | 5 | 4 | 1 | 7 | 1 | 1 | 4 | 5 | 5 | 4 | 6 |
| 5988 | 경북 울진군 | 업무용PC 및 모니터 구입 | 2 | 49,814 | 5 | 4 | 1 | 7 | 1 | 1 | 4 | 5 | 5 | 4 | 6 |
| 5989 | 경북 울진군 | 내PC지키미 구입 | 2 | 14,803 | 5 | 4 | 1 | 7 | 1 | 1 | 4 | 5 | 5 | 4 | 6 |
| 5990 | 경북 울릉군 | 통합백신 및 중앙관리 SW 구입 | 2 | 15,967 | 5 | 4 | 1 | 7 | 1 | 1 | 4 | 5 | 5 | 4 | 6 |
| 5991 | 경북 울릉군 | 2025년 울릉군 IT종합유지관리시스템 유지보수 | 1 | 3,168 | 5 | 4 | 1 | 7 | 1 | 1 | 4 | 5 | 5 | 4 | 6 |
| 5992 | 경북 울릉군 | 2025년 울릉군 업무용 전산장비 유지보수 | 1 | 28,669 | 5 | 4 | 1 | 7 | 1 | 1 | 4 | 5 | 5 | 4 | 6 |
| 5993 | 경북 울릉군 | 2025년 내부망정보자원시스템 유지보수 | 1 | 10,157 | 5 | 4 | 1 | 7 | 1 | 1 | 4 | 5 | 5 | 4 | 6 |
| 5994 | 경북 울릉군 | 2025년 보조기억매체 보안관리시스템 유지보수 | 1 | 8,008 | 5 | 4 | 1 | 7 | 1 | 1 | 4 | 5 | 5 | 4 | 6 |
| 5995 | 경북 울릉군 | 2025년 개인정보보호관리시스템 유지보수 | 1 | 13,420 | 5 | 4 | 1 | 7 | 1 | 1 | 4 | 5 | 5 | 4 | 6 |
| 5996 | 경북 울릉군 | 2025년 전산망 FMS | 2 | 7,304 | 5 | 4 | 1 | 7 | 1 | 1 | 4 | 5 | 5 | 4 | 6 |
| 5997 | 경북 울릉군 | 2025년 전산자원 보안장비 유지보수 | 1 | 18,100 | 5 | 4 | 1 | 7 | 1 | 1 | 4 | 5 | 5 | 4 | 6 |
| 5998 | 경북 울릉군 | 2025년 울나라 백업서버시스템 유지보수 | 1 | 5,800 | 5 | 4 | 1 | 7 | 1 | 1 | 4 | 5 | 5 | 4 | 6 |
| 5999 | 경북 울릉군 | 울릉군 누리집 관광한국 진행성적 관리용PC 그래픽구축 | 2 | 6,000 | 5 | 4 | 1 | 7 | 1 | 1 | 4 | 5 | 5 | 4 | 6 |
| 6000 | 경북 울릉군 | 한마음회관 정보화마을 보안관리시스템 HDD 교체 | 2 | 3,982 | 5 | 4 | 1 | 7 | 1 | 1 | 4 | 5 | 5 | 4 | 6 |
| 6001 | 경북 울릉군 | 2025년 군정홍보 소통광장인 영 | 1 | 5,300 | 5 | 4 | 1 | 7 | 1 | 1 | 4 | 5 | 5 | 4 | 6 |
| 6002 | 경북 울릉군 | 2025년 울릉군 소통광장인영 유지보수 | 1 | 5,300 | 5 | 4 | 1 | 7 | 1 | 1 | 4 | 5 | 5 | 4 | 6 |
| 6003 | 경북 울릉군 | 대표 누리집 접근성 품질인증증 갱신 | 1 | 3,200 | 5 | 4 | 1 | 7 | 1 | 1 | 4 | 5 | 5 | 4 | 6 |
| 6004 | 경북 울릉군 | 2025년 군정홍보 DID시스템 유지보수 | 2 | 4,000 | 5 | 4 | 1 | 7 | 1 | 1 | 4 | 5 | 5 | 4 | 6 |
| 6005 | 경북 울릉군 | 울릉읍사무소 · 서면 광복증 공공와이파이 및 DID 이전설치 | 2 | 5,192 | 5 | 4 | 1 | 7 | 1 | 1 | 4 | 5 | 5 | 4 | 6 |
| 6006 | 경북 울릉군 | 한마음회관 정보화마을 공공화학교육장 대형모니터 교체 | 2 | 4,983 | 5 | 4 | 1 | 7 | 1 | 1 | 4 | 5 | 5 | 4 | 6 |
| 6007 | 경북 울릉군 | 2025년 정보통신방어 자기혁신시스템 운용 | 2 | 4,000 | 5 | 4 | 1 | 7 | 1 | 1 | 4 | 5 | 5 | 4 | 6 |
| 6008 | 경북 울릉군 | 통합메시지시스템 UMS | 2 | 30,771 | 5 | 4 | 1 | 7 | 1 | 1 | 4 | 5 | 5 | 4 | 6 |
| 6009 | 경북 울릉군 | 2025년 공공와이파이 유지보수 | 1 | 14,933 | 5 | 4 | 1 | 7 | 1 | 1 | 4 | 5 | 5 | 4 | 6 |
| 6010 | 경북 울릉군 | 2025년 네트워크장비 유지보수 | 1 | 15,956 | 5 | 4 | 1 | 7 | 1 | 1 | 4 | 5 | 5 | 4 | 6 |

| 순번 | 시군구 | 정보화사업 사업명 | 정보화사업 분류<br>1.유지 및 보수<br>2.SW/HW<br>3.DB구축<br>4.정보화 개발계획<br>(ISP) 수립<br>5.정보화지원<br>6.기타 | 2025년 예산<br>(단위:천원/1년) | 예산 편성근거<br>1.법률에 규정<br>2.국고보조재원<br>3.용도조정기금<br>4.조례<br>5.지자체 및 상위기관 정책<br>6.기타<br>7.해당없음 | 계약체결방법<br>(경쟁형태)<br>1.일반경쟁<br>2.제한경쟁<br>3.지명경쟁<br>4.수의계약<br>5.법정위탁<br>6.기타<br>7.해당없음 | 계약기간<br>1.1년<br>2.2년<br>3.3년<br>4.4년<br>5.5년<br>6.기타( )<br>7.단기계약<br>(1년미만)<br>8.해당없음 | 낙찰자 선정방식<br>1.적격심사<br>2.협상에 의한계약<br>3.최저가낙찰제<br>4.규격가격분리<br>5.2단계 경쟁입찰<br>6.기타( )<br>7.해당없음 | 정보화사업 예산 산정<br>원가산정<br>1.내부산정<br>2.외부산정<br>(전문기관의뢰)<br>3.내외부 모두 산정<br>4.산정 측<br>5.해당없음 | 정보화사업 예산 산정<br>정산방법<br>1.내부정산<br>(자체적으로 정산)<br>2.외부정산<br>(외부전문기관의뢰 정산)<br>3.내외부 모두 정산<br>4.정산 측<br>5.해당없음 | 성과평가 실시여부<br>1.실시<br>2.미실시<br>3.향후 추진<br>4.해당없음 | 성과평가 주기<br>1.매년<br>2.격년<br>3.기간변동적<br>4.기타( )<br>5.해당없음 | 성과평가 방법<br>1.자체 평가<br>2.평가단 구성 후 실시<br>(전문위원회 등)<br>3.전문 평가기관 의뢰<br>4.기타( )<br>5.해당없음 | 평가결과 인센티브 패널티 적용 유무<br>1.적용<br>2.적용 안함<br>3.기타( )<br>4.해당없음 | 인센티브 및 패널티 적용 근거<br>1.법률<br>2.조례<br>3.지침<br>4.계약서<br>5.기타<br>6.해당없음 |
|---|---|---|---|---|---|---|---|---|---|---|---|---|---|---|---|
| 6011 | 경북 울릉군 | 2025년 실시간 영상장비 유지보수 | 1 | 19,950 | 5 | 4 | 1 | 7 | 1 | 1 | 4 | 5 | 5 | 4 | 6 |
| 6012 | 경북 울릉군 | 2025년 네트워크 접근제어시스템 유지보수 | 1 | 13,347 | 5 | 4 | 1 | 7 | 1 | 1 | 4 | 5 | 5 | 4 | 6 |
| 6013 | 경북 울릉군 | 2025년 암호화장비 유지보수 | 1 | 7,370 | 5 | 4 | 1 | 7 | 1 | 1 | 4 | 5 | 5 | 4 | 6 |
| 6014 | 경북 울릉군 | 2025년 영상의료장비 유지보수 | 1 | 4,000 | 5 | 4 | 1 | 7 | 1 | 1 | 4 | 5 | 5 | 4 | 6 |
| 6015 | 경북 울릉군 | 2025년 인터넷전화시스템 유지보수 | 1 | 9,300 | 5 | 4 | 1 | 7 | 1 | 1 | 4 | 5 | 5 | 4 | 6 |
| 6016 | 경북 울릉군 | 2025년 정보통신장비 유지보수 | 1 | 7,400 | 5 | 4 | 1 | 7 | 1 | 1 | 4 | 5 | 5 | 4 | 6 |
| 6017 | 경북 울릉군 | 행정전용 노후 암호화장비(VPN)교체설치 | 2 | 117,521 | 5 | 4 | 7 | 7 | 1 | 1 | 4 | 5 | 5 | 4 | 6 |
| 6018 | 경북 울릉군 | 2025년 울릉군 공공와이파이 구축 | 2 | 9,804 | 5 | 4 | 1 | 7 | 1 | 1 | 4 | 5 | 5 | 4 | 6 |
| 6019 | 경북 울릉군 | 통합정보통신실 중성전원장치(UPS)배터리 교체 | 2 | 19,320 | 5 | 4 | 1 | 7 | 1 | 1 | 4 | 5 | 5 | 4 | 6 |
| 6020 | 경남 | 자동화 기본계획 수립 | 4 | 170,000 | 1 | 5 | 1 | 7 | 5 | 5 | 4 | 5 | 5 | 4 | 4 |
| 6021 | 경남 | 인터파이트 예방교육 | 6 | 76,000 | 2 | 7 | 8 | 7 | 5 | 5 | 4 | 5 | 5 | 4 | 4 |
| 6022 | 경남 | 장애인 정보화교육 지원 | 6 | 63,000 | 2 | 7 | 8 | 7 | 5 | 5 | 4 | 5 | 5 | 4 | 4 |
| 6023 | 경남 | 대지털 역량교육 틈새지 지원 | 1 | 33,000 | 6 | 4 | 1 | 7 | 1 | 1 | 4 | 5 | 5 | 4 | 4 |
| 6024 | 경남 | 공공업무용 디지털공공클라우드 공공클라우드 서버 이용비 | 6 | 1,898,000 | 2 | 7 | 8 | 2 | 1 | 1 | 4 | 5 | 5 | 4 | 4 |
| 6025 | 경남 | 행정업무용 소프트웨어 구입 | 2 | 529,000 | 6 | 4 | 7 | 7 | 1 | 1 | 4 | 5 | 5 | 4 | 4 |
| 6026 | 경남 | 정보통신보조기기 지원 | 5 | 393,536 | 2 | 6 | 7 | 7 | 5 | 5 | 4 | 5 | 5 | 4 | 4 |
| 6027 | 경남 | 공유협오피스클라우드 및 정보보안강화 | 6 | 9,220 | 1 | 6 | 8 | 7 | 1 | 1 | 4 | 5 | 5 | 4 | 4 |
| 6028 | 경남 | 스마트폰자료계시 및 통신비 확산 | 6 | 11,228 | 2 | 6 | 8 | 7 | 5 | 5 | 4 | 5 | 5 | 4 | 4 |
| 6029 | 경남 | 노후 온나라 1.4 수지 교체 | 2 | 49,000 | 1 | 2 | 1 | 2 | 1 | 1 | 4 | 5 | 5 | 4 | 4 |
| 6030 | 경남 | 정보시스템 통합유지관리 | 1 | 1,540,000 | 1 | 4 | 7 | 7 | 1 | 1 | 4 | 5 | 5 | 4 | 4 |
| 6031 | 경남 | 통합인터넷센터 서버랙 재배치 | 5 | 22,000 | 1 | 4 | 1 | 7 | 1 | 1 | 4 | 5 | 5 | 4 | 4 |
| 6032 | 경남 | 온나라 DB활용가치 서버 구입에 따른 DBMS 설치 | 2 | 22,000 | 1 | 6 | 7 | 7 | 5 | 5 | 4 | 5 | 5 | 4 | 4 |
| 6033 | 경남 | 온나라 DB 활용가치 서버 구입 | 2 | 39,000 | 1 | 6 | 7 | 7 | 1 | 1 | 4 | 5 | 5 | 4 | 4 |
| 6034 | 경남 | 행정정보시스템 장애예방시스템 구축 | 2 | 330,000 | 1 | 6 | 7 | 7 | 1 | 1 | 4 | 5 | 5 | 4 | 4 |
| 6035 | 경남 | 정보시스템 자료유출 방지시스템 구축 | 2 | 100,000 | 1 | 5 | 1 | 2 | 1 | 1 | 4 | 5 | 5 | 4 | 4 |
| 6036 | 경남 | 공용기반 및 재해복구시스템 유지보수 | 1 | 457,327 | 1 | 5 | 7 | 7 | 1 | 1 | 4 | 5 | 5 | 4 | 4 |
| 6037 | 경남 | 온나라문서관리시스템 유지보수 | 1 | 122,893 | 1 | 5 | 1 | 7 | 1 | 1 | 4 | 5 | 5 | 4 | 4 |
| 6038 | 경남 | 정보플랫폼드론 이용료 | 1 | 149,324 | 1 | 6 | 1 | 7 | 1 | 1 | 4 | 5 | 5 | 4 | 4 |
| 6039 | 경남 | 정보플랫폼드론 구축 운영 지원 | 1 | 194,893 | 1 | 7 | 7 | 7 | 1 | 1 | 4 | 5 | 5 | 4 | 4 |
| 6040 | 경남 | 노후 정보통신장비 교체 | 2 | 829,978 | 1 | 7 | 8 | 7 | 1 | 1 | 4 | 5 | 5 | 4 | 4 |
| 6041 | 경남 | 행정전용 녹취서비스 증설 | 2 | 135,307 | 1 | 6 | 8 | 7 | 5 | 5 | 4 | 5 | 5 | 4 | 4 |

| 순번 | 시군구 | 정보화사업 사업명<br>· 예산서 상의 사업명 | 정보화사업 분류<br>1. 유지 및 보수<br>2. SW/HW<br>개발 및 구매<br>3. DB 구축<br>4. 정보화<br>전략계획<br>(SP) 수립<br>5. 정보화지원<br>6. 기타 | 2025년<br>예산<br>(단위:천원<br>/1년간) | 예산 편성근거<br>1. 법률에 규정<br>2. 국고보조재원<br>3. 용도지정기부금<br>4. 조례<br>5. 지자체 및<br>상위기관 정책<br>6. 기타<br>7. 해당없음 | 계약체결방법<br>(방영예정)<br>1. 일반경쟁<br>2. 제한경쟁<br>3. 지명경쟁<br>4. 수의계약<br>5. 낙찰계약<br>6. 기타<br>7. 해당없음 | 정보화사업 계약방식<br>계약기간<br>1. 1년<br>2. 2년<br>3. 3년<br>4. 4년<br>5. 5년<br>6. 기타<br>7. 단기계약<br>( )년<br>(1년미만)<br>8. 해당없음 | 낙찰자 선정방법<br>1. 적격심사<br>2. 협상에 의한계약<br>3. 최저가낙찰제<br>4. 근로가격관리<br>5. 2단계 경쟁입찰<br>6. 기타 ( )<br>7. 해당없음 | 정보화사업 예산산정<br>평가산정<br>1. 내부평가<br>(자체적으로 산정)<br>2. 외부평가<br>(전문기관위탁 산정)<br>3. 내외부 모두 산정<br>4. 산정 無<br>5. 해당없음 | 정보화사업 예산산정<br>정산방법<br>1. 내부정산<br>(내부적으로 정산)<br>2. 외부정산<br>(외부전문기관위탁 정산)<br>3. 내외부 모두 정산<br>4. 정산 無<br>5. 해당없음 | 성과평가<br>성과평가 실시여부<br>1. 실시<br>2. 미실시<br>3. 향후 추진<br>4. 해당없음 | 성과평가<br>성과평가 주기<br>1. 매년<br>2. 격년<br>3. 기간완료<br>4. 기타 ( )<br>5. 해당없음 | 성과평가<br>성과평가 방법<br>1. 자체 평가<br>2. 평가단<br>구성후 실시<br>(전문위원회)<br>3. 전문<br>평가기관 의뢰<br>4. 기타 ( )<br>5. 해당없음 | 평가결과 적용<br>성과평가결과<br>인센티브 적용<br>유무<br>1. 적용<br>2. 적용 안함<br>3. 기타 ( )<br>4. 해당없음 | 평가결과 적용<br>인센티브 및<br>패널티 적용<br>근거<br>1. 법률<br>2. 조례<br>3. 지침<br>4. 계약서<br>5. 기타 ( )<br>6. 해당없음 |
|---|---|---|---|---|---|---|---|---|---|---|---|---|---|---|---|
| 6042 | 창원시 | 관리번호판 정보저장시설유지보수 용역 | 1 | 493,813 | 1 | 7 | 8 | 7 | 1 | 1 | 4 | 5 | 5 | 4 | 4 |
| 6043 | 창원시 | 도시교통센터 CCTV 연계 | 2 | 32,175 | 1 | 7 | 8 | 7 | 1 | 1 | 4 | 5 | 5 | 4 | 4 |
| 6044 | 창원시 | 내부통합관리 시스템 구축 | 2 | 300,000 | 1 | 7 | 8 | 7 | 1 | 1 | 4 | 5 | 5 | 4 | 4 |
| 6045 | 창원시 | 주요정보통신기반시설 취약점 분석 평가 | 6 | 77,330 | 1 | 2 | 1 | 2 | 2 | 2 | 4 | 5 | 5 | 4 | 4 |
| 6046 | 창원시 | 정보보호시스템 유지 및 보안인관제 운영 용역 | 1 | 1,156,516 | 5 | 2 | 2 | 2 | 1 | 1 | 4 | 5 | 5 | 4 | 4 |
| 6047 | 창원시 | 정보보호시스템 노후장비 교체 | 2 | 335,741 | 5 | 7 | 8 | 7 | 1 | 1 | 4 | 5 | 5 | 4 | 4 |
| 6048 | 창원시 | 통합로그관리 구축 | 2 | 128,000 | 5 | 7 | 8 | 7 | 1 | 1 | 4 | 5 | 5 | 4 | 4 |
| 6049 | 창원시 | 창원시 정보통신망관리 시스템 구축 | 2 | 147,000 | 5 | 7 | 8 | 7 | 1 | 1 | 4 | 5 | 5 | 4 | 4 |
| 6050 | 창원시 | 차세대 정보방역 시스템 구축 | 2 | 30,000 | 5 | 7 | 8 | 7 | 1 | 1 | 4 | 5 | 5 | 4 | 4 |
| 6051 | 창원시 | 사물인터넷(IoT) 사업 | 6 | 49,500 | 7 | 1 | 1 | 3 | 2 | 2 | 2 | 5 | 5 | 4 | 4 |
| 6052 | 창원특례시 | 행정전산장비 유지보수 | 1 | 75,000 | 7 | 1 | 1 | 3 | 1 | 1 | 4 | 5 | 5 | 4 | 6 |
| 6053 | 창원특례시 | 창원시 행정전산장비 교체 보급 | 2 | 875,000 | 7 | 6 | 7 | 5 | 5 | 5 | 2 | 5 | 5 | 4 | 6 |
| 6054 | 창원특례시 | 행정정보시스템 통합 유지보수 | 1 | 215,000 | 5 | 2 | 1 | 3 | 1 | 1 | 4 | 5 | 5 | 4 | 6 |
| 6055 | 창원특례시 | 공통기반 시스템 유지관리 위수탁 협약 | 1 | 215,000 | 5 | 1 | 7 | 2 | 1 | 1 | 2 | 5 | 5 | 4 | 6 |
| 6056 | 창원특례시 | 행정업무용 정품SW 구입 | 2 | 293,900 | 7 | 6 | 7 | 6 | 5 | 5 | 4 | 5 | 5 | 4 | 6 |
| 6057 | 창원특례시 | 이미지 개인정보유출방지 솔루션 구입 | 2 | 50,000 | 5 | 6 | 8 | 6 | 1 | 1 | 4 | 5 | 5 | 4 | 6 |
| 6058 | 창원특례시 | 온나라시스템 유지관리 위수탁협약 | 2 | 101,900 | 5 | 5 | 1 | 2 | 1 | 1 | 2 | 5 | 5 | 4 | 6 |
| 6059 | 창원특례시 | 인터넷방송시스템 구축 | 2 | 310,000 | 5 | 2 | 1 | 3 | 1 | 1 | 4 | 5 | 5 | 4 | 6 |
| 6060 | 창원특례시 | 통합관제시스템 유지보수 | 1 | 217,000 | 6 | 4 | 1 | 6 | 1 | 4 | 4 | 5 | 5 | 4 | 6 |
| 6061 | 창원특례시 | 백업시스템 교체 | 2 | 84,000 | 2 | 4 | 4 | 2 | 1 | 1 | 4 | 5 | 5 | 4 | 6 |
| 6062 | 창원특례시 | 웹사이트 취약점점검시스템 교체 | 2 | 20,000 | 5 | 2 | 1 | 3 | 5 | 5 | 4 | 5 | 5 | 4 | 4 |
| 6063 | 창원특례시 | 매체제어시스템 구입 | 2 | 17,000 | 7 | 6 | 7 | 6 | 1 | 1 | 4 | 5 | 5 | 4 | 4 |
| 6064 | 창원특례시 | 소규모 홈페이지 구축 | 2 | 13,500 | 7 | 6 | 7 | 6 | 1 | 1 | 4 | 5 | 5 | 4 | 4 |
| 6065 | 창원특례시 | 공간정보시스템 통합 유지보수 | 1 | 115,000 | 6 | 4 | 1 | 6 | 1 | 1 | 4 | 5 | 5 | 4 | 4 |
| 6066 | 창원특례시 | 음영지역 지하시설물 DB정확도 개선 사업 | 6 | 416,666 | 2 | 2 | 4 | 2 | 1 | 1 | 4 | 5 | 5 | 4 | 4 |
| 6067 | 창원특례시 | 정보보안시스템유지보수 | 1 | 171,000 | 5 | 2 | 1 | 3 | 1 | 1 | 4 | 5 | 5 | 4 | 4 |
| 6068 | 창원특례시 | 전화망 관리용 스위치 구입 | 2 | 222,000 | 7 | 6 | 7 | 6 | 5 | 5 | 4 | 5 | 5 | 4 | 4 |
| 6069 | 창원특례시 | 시간기획 서버 구입 | 2 | 16,000 | 5 | 6 | 7 | 6 | 5 | 5 | 4 | 5 | 5 | 4 | 4 |
| 6070 | 창원특례시 | 전자팩스시스템 교체 | 2 | 133,000 | 7 | 6 | 7 | 6 | 5 | 5 | 4 | 5 | 5 | 4 | 4 |
| 6071 | 창원특례시 | 암호화장비(VPN)교체 | 2 | 81,000 | 7 | 6 | 7 | 6 | 5 | 5 | 4 | 5 | 5 | 4 | 4 |
| 6072 | 창원특례시 | 서버스팟 교체 | 2 | 42,000 | 7 | 6 | 7 | 6 | 5 | 5 | 4 | 5 | 5 | 4 | 4 |

| 순번 | 시군구 | 정보화사업 사업명 · 예산서상의 사업명 | 정보화사업 분류<br>1. 유지 및 보수<br>2. SW/HW 개발 및 구매<br>3. DB 구축<br>4. 정보화전략계획(ISP) 수립<br>5. 정보화지원<br>6. 기타 | 2025년 예산<br>(단위:천원/1년간) | 예산 편성근거<br>1. 법령에 규정<br>2. 국고보조재원<br>3. 용도지정기부금<br>4. 조례<br>5. 지자체 및 상위기관 정책<br>6. 기타<br>7. 해당없음 | 계약체결방법(경쟁형태)<br>1. 일반경쟁<br>2. 제한경쟁<br>3. 지명경쟁<br>4. 수의계약<br>5. 정책계약<br>6. 기타( )<br>7. 해당없음 | 계약기간<br>1. 1년<br>2. 2년<br>3. 3년<br>4. 4년<br>5. 5년<br>6. 기타<br>7. 단기계약(1년미만)<br>8. 해당없음 | 낙찰자 선정방식<br>1. 적격심사<br>2. 협상에의한계약<br>3. 최저가낙찰제<br>4. 규격가격분리<br>5. 2단계 경쟁입찰<br>6. 기타( )<br>7. 해당없음 | 평가주체<br>1. 내부선정(자체로 선정)<br>2. 외부선정(전문기관위탁 선정)<br>3. 내외부 모두 선정<br>4. 선정 無<br>5. 해당없음 | 정산방법<br>1. 내부정산(내부적으로 정산)<br>2. 외부정산(외부전문기관위탁 정산)<br>3. 내외부 모두 정산<br>4. 정산 無<br>5. 해당없음 | 성과평가 실시여부<br>1. 실시<br>2. 미실시<br>3. 향후 추진<br>4. 해당없음 | 성과평가 주기<br>1. 매년<br>2. 격년<br>3. 기간만료전<br>4. 기타( )<br>5. 해당없음 | 성과평가 방법<br>1. 자체 평가<br>2. 평가기관 구성평가(전문위원회촉)<br>3. 전문 평가기관 의뢰<br>4. 기타( )<br>5. 해당없음 | 성과평가결과 인센티브/페널티 적용 유무<br>1. 적용<br>2. 작용 안함<br>3. 기타( )<br>4. 해당없음 | 인센티브 및 페널티 적용 근거<br>1. 법률<br>2. 조례<br>3. 지침<br>4. 계약서<br>5. 기타<br>6. 해당없음 |
|---|---|---|---|---|---|---|---|---|---|---|---|---|---|---|---|
| 6073 | 창원특례시 | 네트워크 위치(L2)교체 | 2 | 40,000 | 7 | 6 | 7 | 6 | 5 | 5 | 4 | 5 | 5 | 4 | 4 |
| 6074 | 창원특례시 | 박대이터시스템 통합유지보수 | 1 | 150,000 | 6 | 2 | 2 | 1 | 1 | 1 | 4 | 5 | 5 | 4 | 4 |
| 6075 | 창원특례시 | 업무자동화 S/W 연간사용권 | 2 | 42,000 | 7 | 1 | 7 | 6 | 5 | 5 | 4 | 5 | 5 | 4 | 4 |
| 6076 | 창원특례시 | 청년정보플랫폼 유지보수 | 1 | 36,600 | 4 | 4 | 7 | 7 | 1 | 1 | 2 | 5 | 5 | 4 | 4 |
| 6077 | 창원특례시 | CCTV관제시스템 구축 | 2 | 1,279,000 | 7 | 1 | 7 | 6 | 5 | 5 | 4 | 5 | 5 | 4 | 4 |
| 6078 | 창원특례시 | 전자예금관리시스템 유지보수 | 1 | 30,000 | 5 | 4 | 1 | 7 | 1 | 1 | 2 | 5 | 5 | 4 | 4 |
| 6079 | 창원특례시 | 재난안내시스템 유지보수 | 1 | 42,000 | 5 | 4 | 1 | 7 | 5 | 1 | 4 | 5 | 5 | 4 | 4 |
| 6080 | 창원특례시 | 지방세정보시스템 유지관리 | 1 | 156,000 | 5 | 7 | 7 | 7 | 2 | 2 | 4 | 5 | 5 | 4 | 4 |
| 6081 | 창원특례시 | 지방세외수입정보시스템 유지보수 | 1 | 70,000 | 5 | 7 | 1 | 2 | 2 | 2 | 4 | 5 | 5 | 4 | 6 |
| 6082 | 창원특례시 | 도시계획정보체계(UPIS)현행화 및 유지보수용역 | 1 | 150,000 | 1 | 2 | 1 | 7 | 1 | 1 | 4 | 5 | 5 | 4 | 4 |
| 6083 | 창원특례시 | 정보정보시스템 구축 | 1 | 35,000 | 6 | 4 | 1 | 7 | 5 | 5 | 4 | 5 | 5 | 4 | 4 |
| 6084 | 창원특례시 | 전자도면 민원열람시스템 유지보수 | 1 | 13,000 | 6 | 4 | 1 | 7 | 5 | 5 | 4 | 5 | 5 | 4 | 4 |
| 6085 | 창원특례시 | 지적전산문서 통합관리시스템 유지관리 | 1 | 9,000 | 6 | 4 | 1 | 7 | 1 | 1 | 4 | 5 | 5 | 4 | 4 |
| 6086 | 창원특례시 | 독촉장문 관리 프로그램 유지보수 | 1 | 4,600 | 6 | 4 | 1 | 7 | 1 | 1 | 4 | 5 | 5 | 4 | 4 |
| 6087 | 창원특례시 | 유통거래정보시스템 유지수(임용) | 1 | 19,755 | 6 | 4 | 1 | 6 | 4 | 4 | 4 | 5 | 5 | 4 | 4 |
| 6088 | 창원특례시 | 홈페이지 유지보수 | 1 | 2,983 | 6 | 4 | 1 | 6 | 1 | 4 | 2 | 5 | 5 | 4 | 4 |
| 6089 | 창원특례시 | 유통거래정보시스템 유지보수(내부) | 1 | 2,673 | 6 | 4 | 1 | 6 | 1 | 4 | 2 | 5 | 5 | 4 | 4 |
| 6090 | 창원특례시 | 전산장비시스템 유지보수 | 1 | 6,000 | 6 | 4 | 1 | 6 | 1 | 1 | 2 | 5 | 5 | 4 | 4 |
| 6091 | 창원특례시 | 상하수도요금 실시간 가상계좌시스템 유지관리 | 1 | 15,600 | 1 | 4 | 1 | 7 | 1 | 1 | 4 | 5 | 5 | 4 | 4 |
| 6092 | 창원특례시 | 상하수도요금 ARS시스템 유지관리비 | 1 | 16,200 | 1 | 4 | 1 | 7 | 1 | 1 | 4 | 5 | 5 | 4 | 4 |
| 6093 | 창원특례시 | 상하수도요금 스마트고지서 유지관리비 | 1 | 6,000 | 1 | 1 | 1 | 7 | 1 | 1 | 4 | 5 | 5 | 4 | 4 |
| 6094 | 창원특례시 | 상하수도요금 문자안내서 유지관리 | 1 | 3,960 | 1 | 4 | 1 | 7 | 1 | 1 | 4 | 5 | 5 | 4 | 4 |
| 6095 | 창원특례시 | 상하수도요금 홈페이지 유지관리비 | 1 | 2,400 | 1 | 4 | 1 | 7 | 1 | 1 | 4 | 5 | 5 | 4 | 4 |
| 6096 | 창원특례시 | 상하수도요금 대형매체용시스템 유지관리비 | 1 | 1,800 | 1 | 4 | 1 | 3 | 1 | 1 | 4 | 5 | 5 | 4 | 4 |
| 6097 | 창원특례시 | 도서관전산서비스 유지보수 | 1 | 99,000 | 6 | 1 | 1 | 7 | 1 | 1 | 4 | 5 | 5 | 4 | 4 |
| 6098 | 창원특례시 | 도서관홈페이지 유지보수 | 1 | 14,000 | 6 | 4 | 1 | 7 | 1 | 1 | 4 | 5 | 5 | 4 | 4 |
| 6099 | 창원특례시 | 도서관 유지보수 | 1 | 16,400 | 6 | 1 | 1 | 7 | 1 | 1 | 4 | 5 | 5 | 4 | 4 |
| 6100 | 창원특례시 | 디지털자료실서비스예약관리시스템유지보수 | 1 | 12,000 | 6 | 4 | 1 | 7 | 1 | 1 | 4 | 5 | 5 | 4 | 4 |
| 6101 | 창원특례시 | 네트워크장비 유지보수 | 1 | 13,000 | 6 | 4 | 1 | 7 | 1 | 1 | 4 | 5 | 5 | 4 | 4 |
| 6102 | 창원특례시 | 클라우드서비스이용료 | 6 | 28,000 | 6 | 1 | 1 | 3 | 1 | 1 | 4 | 5 | 5 | 4 | 4 |
| 6103 | 창원특례시 | 도서관홈페이지 반응형시스템 구축 | 2 | 90,000 | 6 | 4 | 7 | 7 | 1 | 1 | 4 | 5 | 5 | 4 | 4 |

- 197 -

| 순번 | 시 ·군 · 구 | 정보화사업명 ·예산서 상의 사업명 | 정보화사업 분류 (1.유지 및 보수 2.SW/HW 개발 및 구매 3.DB 구축 4.정보화 전략계획(ISP) 수립 5.정보화지원 6.기타) | 2025년 예산 (단위:천원/1년간) | 예산 편성근거 (1.법률에 규정 2.국고보조재원 3.용도지정기부금 4.조례 5.자치재 및 상위기관 정책 6.기타 7.해당없음) | 계약체결방법 (경쟁형태) (1.일반경쟁 2.제한경쟁 3.지명경쟁 4.수의계약 5.경쟁입찰 6.기타 7.해당없음) | 계약기간 (1.1년 2.2년 3.3년 4.4년 5.5년 6.기타 7.단기계약(1년미만) 8.해당없음) | 낙찰자 선정방법 (1.적격심사 2.협상에 의한계약 3.최저가낙찰제 4.규격가격동시 5.2단계 경쟁입찰 6.기타( ) 7.해당없음) | 평가산정 (1.내부산정 2.외부산정 3.내부기관위촉 4.산정 須 5.해당없음) | 정산방법 (1.내부정산 (자체적으로 정산) 2.외부정산 (외부전문기관위촉 정산) 3.내·외부 모두 정산 4.정산 須 5.해당없음) | 성과평가 실시여부 (1.실시 2.미실시 3.향후 추진 4.해당없음) | 성과평가 추기 (1.매년 2.격년 3.기간만료전 4.기타( ) 5.해당없음) | 성과평가 방법 (1.자체 평가 2.평가단 구성후 실시 3.전문 평가기관 의뢰 4.기타( ) 5.해당없음) | 성과평가결과 인센티브 패널티 적용 유무 (1.적용 2.적용 안 함 3.기타( ) 4.해당없음) | 인센티브 및 패널티 적용 근거 (1.법률 2.조례 3.지침 4.계약서 5.기타 6.해당없음) |
|---|---|---|---|---|---|---|---|---|---|---|---|---|---|---|---|
| 6104 | 창원특례시 | 네트워크장비 교체, 백업장비 교체 | 2 | 32,000 | 6 | 1 | 7 | 3 | 1 | 1 | 4 | 5 | 5 | 4 | 4 |
| 6105 | 창원특례시 | 소방정보통신시스템 유지보수 | 1 | 850,000 | 6 | 2 | 1 | 2 | 4 | 1 | 2 | 5 | 5 | 2 | 4 |
| 6106 | 창원특례시 | 주요정보통신기반시설 취약점 분석 평가 | 1 | 63,000 | 6 | 1 | 1 | 2 | 2 | 5 | 2 | 5 | 4 | 2 | 4 |
| 6107 | 창원특례시 | 긴급구조표준시스템 노후화 장비 교체(스위치등) | 2 | 302,900 | 6 | 1 | 7 | 6 | 4 | 4 | 4 | 5 | 4 | 4 | 4 |
| 6108 | 창원특례시 | 긴급구조표준시스템 노후화 장비 교체(백업장치) | 2 | 54,000 | 6 | 1 | 7 | 7 | 4 | 4 | 4 | 5 | 4 | 4 | 4 |
| 6109 | 창원특례시 | 행정업무용 컴퓨터 구입 | 2 | 7,000 | 6 | 7 | 7 | 7 | 4 | 4 | 4 | 5 | 5 | 4 | 4 |
| 6110 | 창원특례시 | (의창구)노후 무인민원발급기 교체 | 2 | 40,000 | 7 | 7 | 8 | 7 | 4 | 4 | 4 | 5 | 5 | 4 | 4 |
| 6111 | 창원특례시 | (의창구)노후 통신장비 교체 | 2 | 16,000 | 7 | 7 | 8 | 7 | 4 | 4 | 4 | 5 | 5 | 4 | 4 |
| 6112 | 창원특례시 | (의창구)행정정보신장비 유지보수 | 1 | 66,500 | 5 | 2 | 1 | 3 | 1 | 1 | 4 | 5 | 5 | 4 | 4 |
| 6113 | 창원특례시 | (의창구)노후 통신장비 유지보수 | 1 | 54,300 | 5 | 2 | 1 | 3 | 1 | 1 | 4 | 5 | 5 | 4 | 4 |
| 6114 | 창원특례시 | (의창구)정보통신장비 유지보수 | 1 | 76,800 | 5 | 4 | 1 | 3 | 1 | 1 | 4 | 5 | 5 | 4 | 4 |
| 6115 | 창원특례시 | (성산구)노후 장비 유지보수 | 2 | 62,550 | 5 | 1 | 7 | 5 | 4 | 4 | 4 | 5 | 5 | 4 | 4 |
| 6116 | 창원특례시 | (성산구)행정정보신장비 유지보수 | 1 | 63,750 | 5 | 2 | 1 | 7 | 4 | 4 | 4 | 5 | 5 | 4 | 4 |
| 6117 | 창원특례시 | (성산구)정보통신시스템 유지보수 | 1 | 76,640 | 5 | 2 | 1 | 7 | 1 | 1 | 4 | 5 | 5 | 4 | 4 |
| 6118 | 창원특례시 | (마산합포구)노후 무인민원발급기 교체 | 2 | 40,000 | 6 | 1 | 8 | 6 | 4 | 4 | 4 | 5 | 5 | 4 | 6 |
| 6119 | 창원특례시 | (마산합포구)행정정보신장비 유지보수 | 1 | 117,663 | 5 | 2 | 1 | 3 | 1 | 1 | 4 | 5 | 5 | 4 | 6 |
| 6120 | 창원특례시 | (마산합포구)정보통신장비 유지보수 | 1 | 65,740 | 5 | 4 | 1 | 3 | 1 | 1 | 4 | 5 | 5 | 4 | 6 |
| 6121 | 창원특례시 | (마산회원구)행정정보신장비 유지보수 | 1 | 36,712 | 5 | 4 | 1 | 7 | 4 | 4 | 4 | 5 | 5 | 4 | 6 |
| 6122 | 창원특례시 | (마산회원구)노후 통신장비 유지보수 | 2 | 59,872 | 6 | 1 | 8 | 5 | 1 | 1 | 4 | 5 | 5 | 4 | 5 |
| 6123 | 창원특례시 | (마산회원구)노후 통신장비(네트워크) 교체 | 2 | 98,979 | 6 | 6 | 1 | 7 | 4 | 4 | 4 | 5 | 5 | 4 | 5 |
| 6124 | 창원특례시 | (진해구)행정정보신장비 유지보수 | 2 | 60,000 | 6 | 1 | 8 | 6 | 4 | 4 | 4 | 5 | 5 | 4 | 5 |
| 6125 | 창원특례시 | (진해구)노후 무인민원발급기 유지보수 | 1 | 53,000 | 5 | 2 | 1 | 3 | 1 | 1 | 4 | 5 | 5 | 4 | 5 |
| 6126 | 창원특례시 | (마산합포구)행정정보신장비 수지보수 | 1 | 58,000 | 5 | 2 | 1 | 3 | 1 | 1 | 4 | 5 | 5 | 4 | 5 |
| 6127 | 창원특례시 | (마산회원구)정보통신장비 유지보수 | 1 | 84,000 | 5 | 2 | 1 | 3 | 1 | 1 | 4 | 5 | 5 | 4 | 5 |
| 6128 | 창원특례시 | (마산회원구)노후 장비 유지보수 | 2 | 75,000 | 6 | 1 | 8 | 6 | 4 | 4 | 4 | 5 | 5 | 4 | 5 |
| 6129 | 창원특례시 | (진해구)행정정보 통신장비 교체 | 1 | 67,000 | 6 | 2 | 1 | 3 | 1 | 1 | 4 | 5 | 5 | 4 | 6 |
| 6130 | 창원특례시 | (진해구)무인민원발급기 유지보수 | 1 | 49,000 | 5 | 2 | 1 | 3 | 1 | 1 | 4 | 5 | 5 | 4 | 6 |
| 6131 | 창원특례시 | 市교 등 5G 기반 도내 취약계층 아이돌봄 사용료 | 2 | 20,000 | 5 | 2 | 1 | 7 | 1 | 1 | 4 | 5 | 5 | 4 | 6 |
| 6132 | 창원특례시 | (진해구)행정정보신장비 유지보수 | 1 | 86,000 | 5 | 4 | 1 | 3 | 1 | 1 | 4 | 5 | 5 | 4 | 6 |
| 6133 | 경남 진주시 | 청년온라인 플랫폼 유지보수비 | 1 | 5,500 | 5 | 4 | 7 | 7 | 2 | 4 | 4 | 5 | 5 | 4 | 4 |
| 6134 | 경남 진주시 | 청년온라인 플랫폼 클라우드 사용료 | 1 | 8,300 | 4 | 4 | 7 | 7 | 2 | 4 | 4 | 5 | 5 | 4 | 4 |

- 198 -

| 순번 | 시군구 | 정보화사업 사업명 ·예산서 상 사업명 | 정보화사업 분류<br>1.유지및보수 2.SW/HW 개발 및 구매 3.DB구축 4.정보화 전략계획(ISP) 수립 5.정보화지원 6.기타 | 2025년 예산<br>(단위:천원 /1년간) | 예산 편성근거<br>1.법률에 규정 2.국고보조재원 3.조례 4.지자체 5.지침 등 상위기관 정책 6.기타 7.해당없음 | 계약체결방법 (경쟁형태)<br>1.일반경쟁 2.제한경쟁 3.지명경쟁 4.수의계약 5.법정위탁 6.기타 7.해당없음 | 정보화사업 입찰방식<br>계약기간<br>1.1년 2.2년 3.3년 4.4년 5.5년 6.기타 7.단가계약(1년이내) 8.해당없음 | 낙찰자 선정방법<br>1.적격심사 2.협상에 의한계약 3.최저가낙찰 4.수의가계약 5.2단계 경쟁입찰 6.기타 7.해당없음 | 평가시행<br>1.내부산정 (자체로 산정) 2.외부산정 (전문기관위탁) 3.내외부모두 산정 4.산정 無 5.해당없음 | 정보화사업 예산 산정<br>1.내부산정 (내부적으로 정산) 2.외부산정 (외부전문기관위탁 정산) 3.내외부 모두 정산 4.정산無 5.해당없음 | 성과평가 실시여부<br>1.실시 2.미실시 3.향후 추진 4.해당없음 | 성과평가 주기<br>1.매년 2.격년 3.기간만료 4.기타() 5.해당없음 | 성과평가 방법<br>1.자체 평가 2.평가단 구성 후 실시 3.전문 평가기관 의뢰 4.기타() 5.해당없음 | 평가결과 적용<br>성과평가결과 인센티브 패널티 적용 유무<br>1.적용 2.적용안함 3.기타() 4.해당없음 | 인센티브 및 패널티 적용 근거<br>1.법률 2.조례 3.지침 4.계약서 5.기타 6.해당없음 |
|---|---|---|---|---|---|---|---|---|---|---|---|---|---|---|---|
| 6135 | 경남 진주시 | IP방송시스템 관리 | 1 | 22,130 | 5 | 4 | 1 | 7 | 1 | 1 | 2 | 5 | 5 | 4 | 6 |
| 6136 | 경남 진주시 | 아카이브시스템 유지보수 | 1 | 5,000 | 5 | 4 | 1 | 7 | 1 | 1 | 2 | 5 | 5 | 4 | 6 |
| 6137 | 경남 진주시 | 지방재정관리시스템 운영관리 부담금 | 1 | 128,425 | 1 | 7 | 2 | 7 | 5 | 1 | 4 | 5 | 5 | 4 | 6 |
| 6138 | 경남 진주시 | 지방재정관리시스템 재해복구시스템 구축 | 2 | 49,622 | 1 | 7 | 2 | 7 | 5 | 1 | 4 | 5 | 5 | 4 | 6 |
| 6139 | 경남 진주시 | 성과관리시스템 유지보수 | 1 | 15,279 | 4 | 4 | 1 | 7 | 1 | 1 | 2 | 5 | 5 | 4 | 6 |
| 6140 | 경남 진주시 | 차세대지방세정보시스템 운영유지보수비 | 1 | 139,992 | 1 | 1 | 1 | 2 | 1 | 1 | 4 | 5 | 5 | 4 | 6 |
| 6141 | 경남 진주시 | 홈페이지 및 S/W 통합유지관리 | 1 | 193,130 | 5 | 2 | 1 | 2 | 1 | 5 | 4 | 5 | 5 | 4 | 6 |
| 6142 | 경남 진주시 | 인터넷 관련 서버 유지관리 | 1 | 38,010 | 5 | 2 | 1 | 3 | 1 | 5 | 4 | 5 | 5 | 4 | 6 |
| 6143 | 경남 진주시 | 대표홈페이지 기능개선 | 2 | 12,000 | 5 | 4 | 7 | 7 | 1 | 5 | 4 | 5 | 5 | 4 | 6 |
| 6144 | 경남 진주시 | 클라우드 시범운영 | 1 | 70,500 | 5 | 4 | 1 | 7 | 1 | 5 | 4 | 5 | 5 | 4 | 6 |
| 6145 | 경남 진주시 | 인터넷 서버 OS보안 및 보안 S/W 유지관리 | 1 | 48,300 | 5 | 2 | 1 | 3 | 5 | 5 | 4 | 5 | 5 | 4 | 6 |
| 6146 | 경남 진주시 | 공인망 보안시스템 교체 | 2 | 34,200 | 5 | 4 | 8 | 6 | 5 | 5 | 4 | 5 | 5 | 4 | 6 |
| 6147 | 경남 진주시 | 행정정보시스템 통합유지관리 | 1 | 385,911 | 5 | 2 | 1 | 2 | 1 | 1 | 2 | 5 | 5 | 4 | 6 |
| 6148 | 경남 진주시 | 공통기반 전산장비 및 재해복구시스템 유지관리 | 1 | 82,000 | 5 | 1 | 1 | 1 | 1 | 1 | 2 | 5 | 5 | 4 | 6 |
| 6149 | 경남 진주시 | 지방행정통합정보시스템 상담센터 운영 | 2 | 7,250 | 5 | 6 | 1 | 6 | 5 | 1 | 2 | 5 | 5 | 4 | 6 |
| 6150 | 경남 진주시 | 행정업무용 범용소프트웨어 사용권 구입 | 2 | 299,514 | 7 | 7 | 8 | 6 | 5 | 1 | 4 | 5 | 5 | 4 | 6 |
| 6151 | 경남 진주시 | 세올포털시스템 지방세 고도화 | 2 | 5,500 | 5 | 6 | 7 | 3 | 5 | 1 | 2 | 5 | 5 | 4 | 6 |
| 6152 | 경남 진주시 | 파포세배포 시스템 고도화 | 2 | 57,000 | 5 | 2 | 8 | 7 | 1 | 5 | 4 | 5 | 5 | 4 | 6 |
| 6153 | 경남 진주시 | 공통기반 스토리지 증설 | 2 | 111,400 | 5 | 2 | 1 | 5 | 1 | 5 | 2 | 5 | 5 | 4 | 6 |
| 6154 | 경남 진주시 | 전산실 CCTV 증설 | 2 | 6,000 | 7 | 7 | 7 | 7 | 1 | 1 | 4 | 5 | 5 | 4 | 6 |
| 6155 | 경남 진주시 | 전산장비 유지관리 | 1 | 83,012 | 5 | 2 | 1 | 5 | 1 | 5 | 2 | 5 | 5 | 4 | 6 |
| 6156 | 경남 진주시 | 행정업무용 전산장비 구입 | 2 | 661,500 | 5 | 7 | 8 | 7 | 1 | 5 | 4 | 5 | 5 | 4 | 6 |
| 6157 | 경남 진주시 | 온-나라시스템 유지관리 | 2 | 75,000 | 5 | 1 | 1 | 1 | 1 | 5 | 2 | 5 | 5 | 4 | 6 |
| 6158 | 경남 진주시 | 네트워크장비 유지관리 | 1 | 52,489 | 5 | 1 | 1 | 6 | 1 | 5 | 4 | 5 | 5 | 4 | 6 |
| 6159 | 경남 진주시 | 보안장비 유지관리 | 1 | 46,952 | 5 | 2 | 1 | 6 | 1 | 5 | 4 | 5 | 5 | 4 | 6 |
| 6160 | 경남 진주시 | 암호화장비(VPN) 유지관리 | 1 | 26,002 | 5 | 2 | 1 | 6 | 1 | 5 | 4 | 5 | 5 | 4 | 6 |
| 6161 | 경남 진주시 | 수위치설 교체 구입 | 2 | 26,250 | 5 | 7 | 8 | 3 | 1 | 5 | 4 | 5 | 5 | 4 | 6 |
| 6162 | 경남 진주시 | 침입방지시스템(IPS) 교체 구입 | 2 | 51,000 | 5 | 2 | 1 | 7 | 1 | 5 | 2 | 5 | 5 | 4 | 6 |
| 6163 | 경남 진주시 | 암호화장비(VPN) 교체 구입 | 2 | 46,000 | 5 | 7 | 8 | 7 | 1 | 5 | 4 | 5 | 5 | 4 | 6 |
| 6164 | 경남 진주시 | 웹(Web) 인증서 보안장비 구입 | 2 | 50,000 | 5 | 7 | 8 | 7 | 1 | 5 | 4 | 5 | 5 | 4 | 6 |
| 6165 | 경남 진주시 | 통합 보안관제시스템 고도화 | 2 | 60,000 | 5 | 7 | 8 | 7 | 1 | 5 | 4 | 5 | 5 | 4 | 6 |

| 순번 | 시군구 | 정보화사업 사업명 · 예산서상 사업명 | 정보화사업 분류 1.유지 및 보수 2.SW/HW 개발 및 구매 3.DB 구축 4.정보화 전략계획(ISP) 수립 5.정보화지원 6.기타 | 2025년 예산 (단위:천원/1년간) | 예산 편성근거 1.법률에 규정 2.국고보조 재원 3.용도조정 기부금 4.조례 5.지자체 및 상위기관 정책 6.기타 7.해당없음 | 계약체결방식(경쟁형태) 1.일반경쟁 2.제한경쟁 3.지명경쟁 4.수의계약 5.협정위탁 6.기타 7.해당없음 | 정보화사업 계약기간 1.1년 2.2년 3.3년 4.4년 5.5년 6.기타 ( ) 7.단기계약(1년미만) 8.해당없음 | 낙찰자 선정방식 1.적격심사 2.협상에 의한계약 3.최저가낙찰 4.수의계약 5.2단계 경쟁입찰 6.기타 ( ) 7.해당없음 | 원가산정 1.내부산정(자체적 산정) 2.외부산정(전문기관위탁) 3.내외부 모두 산정 4.산정X 5.해당없음 | 정산방법 1.내부정산(내부적으로 정산) 2.외부정산(외부전문기관위탁 정산) 3.내외부 모두 정산 4.정산X 5.해당없음 | 성과평가 실시여부 1.실시 2.미실시 3.향후 주진 4.해당없음 | 성과평가 주기 1.매년 2.격년 3.기간만료전 4.기타 ( ) 5.해당없음 | 성과평가 방법 1.자체 평가 2.용기관 구성후 실시(전문위원회) 3.전문평가기관 의뢰 4.기타 ( ) 5.해당없음 | 평가결과 인센티브및 페널티 적용 유무 1.적용 2.적용 안함 3.기타 ( ) 4.해당없음 | 평가결과 인센티브및 페널티 적용 근거 1.법률 2.조례 3.지침 4.계약서 5.기타 6.해당없음 |
|---|---|---|---|---|---|---|---|---|---|---|---|---|---|---|---|
| 6166 | 진주시 | 무선 침입방지시스템 구축 | 2 | 50,000 | 5 | 7 | 8 | 7 | 1 | 5 | 4 | 5 | 5 | 4 | 6 |
| 6167 | 진주시 | 스마트 무선 마을방송시스템 유지관리 | 1 | 49,307 | 5 | 1 | 1 | 6 | 1 | 5 | 4 | 5 | 5 | 4 | 6 |
| 6168 | 진주시 | 인터넷전화시스템 유지관리(교환기, 음성안내시스템 등) | 1 | 67,095 | 5 | 1 | 1 | 6 | 1 | 5 | 4 | 5 | 5 | 4 | 6 |
| 6169 | 진주시 | 행정전화기 교체 구매 | 1 | 35,400 | 5 | 7 | 8 | 7 | 1 | 5 | 4 | 5 | 5 | 4 | 6 |
| 6170 | 진주시 | PC취약점 점검시스템 교체 | 2 | 40,000 | 1 | 4 | 8 | 7 | 5 | 5 | 4 | 5 | 5 | 4 | 4 |
| 6171 | 진주시 | 관광홍보 운영(모바일 스탬프투어) | 2 | 17,700 | 4 | 7 | 8 | 7 | 5 | 5 | 4 | 5 | 5 | 4 | 6 |
| 6172 | 진주시 | 2025 진주시 도시계획정보 유지관리 용역 | 1 | 140,000 | 1 | 2 | 7 | 2 | 3 | 1 | 4 | 5 | 5 | 4 | 6 |
| 6173 | 진주시 | 부동산종합공부시스템 공간정보 엔진 보수 | 1 | 9,650 | 5 | 4 | 1 | 6 | 1 | 1 | 4 | 5 | 5 | 4 | 4 |
| 6174 | 진주시 | 부동산종합공부시스템 공간소프트웨어 유지보수 | 1 | 3,850 | 5 | 4 | 1 | 6 | 1 | 1 | 4 | 5 | 5 | 4 | 4 |
| 6175 | 진주시 | 지적문서 통합관리시스템 유지관리 | 1 | 5,500 | 5 | 4 | 1 | 6 | 1 | 1 | 4 | 5 | 5 | 4 | 4 |
| 6176 | 진주시 | 지적문서 DB구축 | 3 | 20,000 | 6 | 4 | 7 | 6 | 1 | 1 | 4 | 5 | 5 | 4 | 4 |
| 6177 | 진주시 | KAIS자체대 구축 및 유지관리 | 1 | 51,120 | 5 | 5 | 1 | 6 | 5 | 5 | 2 | 5 | 5 | 4 | 6 |
| 6178 | 진주시 | 경제주소 구축 및 주소기반도 유지보수 | 1 | 50,624 | 5 | 5 | 1 | 6 | 5 | 5 | 2 | 5 | 5 | 4 | 6 |
| 6179 | 진주시 | 스마트밸리지 보급 및 확산 | 2 | 1,202,500 | 2 | 2 | 1 | 2 | 1 | 1 | 4 | 4 | 5 | 1 | 3 |
| 6180 | 진주시 | 스마트시티 시설 통합 유지관리 | 1 | 235,692 | 5 | 2 | 1 | 2 | 1 | 1 | 4 | 4 | 5 | 4 | 4 |
| 6181 | 진주시 | 미디어아트 콘텐츠 개발 | 2 | 150,000 | 5 | 7 | 7 | 7 | 1 | 1 | 4 | 4 | 5 | 4 | 4 |
| 6182 | 진주시 | 첨단신호교차로 감지기 유지관리 | 6 | 91,000 | 5 | 2 | 1 | 3 | 1 | 1 | 4 | 4 | 5 | 4 | 4 |
| 6183 | 진주시 | 교통신호제어기시스템 유지관리 | 1 | 187,008 | 5 | 2 | 1 | 6 | 1 | 1 | 4 | 4 | 5 | 4 | 4 |
| 6184 | 진주시 | 지능형교통체계 개발구축 | 1 | 47,136 | 5 | 7 | 7 | 1 | 1 | 1 | 2 | 4 | 5 | 4 | 4 |
| 6185 | 진주시 | 교통빅데이터센터 유지관리 | 1 | 240,000 | 5 | 2 | 1 | 1 | 1 | 1 | 2 | 4 | 5 | 4 | 4 |
| 6186 | 진주시 | 통합관제시스템 유지관리 | 1 | 71,148 | 5 | 2 | 1 | 3 | 1 | 1 | 2 | 5 | 5 | 4 | 4 |
| 6187 | 진주시 | 네트워크장비 유지관리 | 2 | 452,962 | 5 | 2 | 1 | 1 | 1 | 1 | 2 | 5 | 5 | 4 | 4 |
| 6188 | 진주시 | 자가통신망 유지관리 | 1 | 122,619 | 5 | 2 | 1 | 1 | 2 | 4 | 2 | 5 | 5 | 4 | 4 |
| 6189 | 진주시 | 시민정보교육 운영 | 5 | 50,400 | 4 | 7 | 8 | 7 | 1 | 1 | 1 | 1 | 1 | 4 | 4 |
| 6190 | 진주시 | CCTV 유지관리 | 1 | 248,440 | 5 | 2 | 1 | 1 | 1 | 1 | 2 | 5 | 5 | 4 | 4 |
| 6191 | 진주시 | 차량번호인식 CCTV 유지관리 | 1 | 126,850 | 5 | 2 | 1 | 1 | 1 | 1 | 2 | 5 | 5 | 4 | 4 |
| 6192 | 진주시 | 지능형CCTV 설치 | 2 | 1,517,840 | 5 | 2 | 1 | 1 | 2 | 2 | 2 | 5 | 5 | 4 | 4 |
| 6193 | 진주시 | 시민정보교육 운영 | 5 | 55,540 | 4 | 7 | 8 | 7 | 1 | 1 | 1 | 1 | 1 | 4 | 4 |
| 6194 | 진주시 | 취약계층 정보화지원(시니어정보1,2센터) | 5 | 94,376 | 4 | 7 | 8 | 7 | 1 | 1 | 1 | 1 | 1 | 4 | 4 |
| 6195 | 진주시 | 취약계층 정보화지원(찾아가는 정보화교육) | 5 | 94,376 | 4 | 7 | 8 | 7 | 1 | 1 | 1 | 1 | 1 | 4 | 4 |
| 6196 | 진주시 | 시립도서관 표준자료관리시스템(쿨라스) 유지관리 용역 | 1 | 17,000 | 6 | 4 | 1 | 7 | 1 | 1 | 4 | 5 | 5 | 4 | 4 |

| 순번 | 시군구 | 정보화사업 사업명<br>· 예산서 상의 사업명 | 정보화사업 분류<br>1. 유지 및 보수<br>2. SW/HW 개발 및 구매<br>3. DB 구축<br>4. 정보화 전략계획(ISP) 수립<br>5. 정보화지원<br>6. 기타 | 2025년 예산<br>(단위:천원/1년간) | 예산 편성근거<br>1. 법령에 규정<br>2. 국고보조 재원<br>3. 용도지정기부금<br>4. 조례<br>5. 지자체 및 상위기관 정책<br>6. 기타<br>7. 해당없음 | 계약체결방법<br>(경쟁형태)<br>1. 일반경쟁<br>2. 제한경쟁<br>3. 지명경쟁<br>4. 수의경쟁<br>5. 발주처<br>6. 기타()<br>7. 해당없음 | 계약기간<br>1. 1년<br>2. 2년<br>3. 3년<br>4. 4년<br>5. 5년<br>6. 기타<br>7. 단기계약(1년미만)<br>8. 해당없음 | 낙찰자 선정방식<br>1. 적격심사<br>2. 협상에 의한계약<br>3. 최저가낙찰제<br>4. 규격가격분리<br>5. 2단계 경쟁입찰<br>6. 기타()<br>7. 해당없음 | 평가산정<br>1. 내부산정(자체적으로 선정)<br>2. 외부산정(전문기관위탁)<br>3. 내외부 모두 선정<br>4. 신청率<br>5. 해당없음 | 정산방법<br>1. 내부정산(내부적으로 정산)<br>2. 외부정산(외부전문기관위탁 정산)<br>3. 내외부 모두 정산<br>4. 정산無<br>5. 해당없음 | 성과평가 실시여부<br>1. 실시<br>2. 미실시<br>3. 향후 추진<br>4. 해당없음 | 성과평가 주기<br>1. 매년<br>2. 격년<br>3. 기간만료<br>4. 기타()<br>5. 해당없음 | 성과평가 방법<br>1. 자체 평가<br>2. 평가기간 구성평가(전문위원회)<br>3. 전문 평가기관 의뢰<br>4. 기타()<br>5. 해당없음 | 성과평가결과 인센티브 및 페널티 적용유무<br>1. 적용<br>2. 적용안함<br>3. 기타()<br>4. 해당없음 | 인센티브 및 페널티 적용근거<br>1. 법률<br>2. 조례<br>3. 지침<br>4. 계약서<br>5. 기타()<br>6. 해당없음 |
|---|---|---|---|---|---|---|---|---|---|---|---|---|---|---|---|
| 6197 | 경남 진주시 | 시립도서관 RFID시스템 및 스마트도서관 유지관리 | 1 | 52,000 | 6 | 4 | 1 | 7 | 1 | 1 | 4 | 5 | 5 | 4 | 4 |
| 6198 | 경남 진주시 | 통합전산장비 유지관리 | 1 | 48,000 | 6 | 4 | 1 | 7 | 1 | 1 | 4 | 5 | 5 | 4 | 4 |
| 6199 | 경남 진주시 | 홈페이지 유지관리 | 1 | 3,000 | 6 | 4 | 1 | 7 | 1 | 1 | 4 | 5 | 5 | 4 | 4 |
| 6200 | 경남 진주시 | 의회 홈페이지 운영 | 1 | 15,600 | 5 | 4 | 1 | 1 | 1 | 5 | 2 | 5 | 5 | 4 | 6 |
| 6201 | 경남 진주시 | 전자회의시스템 운영 | 1 | 22,000 | 5 | 4 | 1 | 1 | 1 | 5 | 2 | 5 | 5 | 4 | 6 |
| 6202 | 경남 진주시 | 의회 영상송출시스템 운영 | 1 | 83,290 | 5 | 2 | 1 | 1 | 1 | 5 | 2 | 5 | 5 | 4 | 6 |
| 6203 | 경남 진주시 | 농기계임대사업 홈페이지 및 앱 유지 관리 | 1 | 6,200 | 5 | 4 | 1 | 2 | 3 | 3 | 2 | 5 | 5 | 4 | 6 |
| 6204 | 경남 진주시 | 상하수도요금 프로그램 유지관리 | 1 | 15,960 | 5 | 4 | 1 | 7 | 1 | 1 | 2 | 5 | 5 | 4 | 4 |
| 6205 | 경남 진주시 | 상하수도요금 ARS간편납부시스템 유지보수 | 1 | 13,200 | 5 | 4 | 1 | 7 | 1 | 1 | 2 | 5 | 5 | 4 | 4 |
| 6206 | 경남 진주시 | 화장장관리시스템 유지보수 | 1 | 10,440 | 5 | 4 | 1 | 7 | 1 | 1 | 2 | 5 | 5 | 4 | 4 |
| 6207 | 경남 진주시 | 관제시스템 유지보수 | 1 | 10,800 | 5 | 4 | 1 | 7 | 1 | 1 | 2 | 5 | 5 | 4 | 4 |
| 6208 | 경남 통영시 | 2025년 통영시 홈페이지 통합유지관리 용역 | 1 | 65,290 | 4 | 2 | 1 | 2 | 2 | 1 | 4 | 5 | 5 | 4 | 6 |
| 6209 | 경남 통영시 | 2025년 개인정보보호시스템 유지관리 용역 | 1 | 9,765 | 5 | 2 | 1 | 2 | 2 | 1 | 4 | 5 | 5 | 4 | 6 |
| 6210 | 경남 통영시 | 2025년 지능형 읍·면 건강복지시스템 유지관리 용역 | 1 | 70,180 | 5 | 5 | 1 | 7 | 2 | 2 | 4 | 5 | 5 | 4 | 6 |
| 6211 | 경남 통영시 | 2025년 국가정보통신망 통합유지관리 용역 | 1 | 218,250 | 5 | 5 | 1 | 7 | 2 | 2 | 4 | 5 | 5 | 4 | 6 |
| 6212 | 경남 통영시 | 2025년 통영시 공간정보시스템 통합유지관리 용역 | 1 | 115,146 | 5 | 2 | 1 | 2 | 2 | 5 | 4 | 5 | 5 | 4 | 6 |
| 6213 | 경남 통영시 | 2025년 행정정보장비 통합유지관리 위탁 | 1 | 18,670 | 7 | 5 | 1 | 1 | 2 | 1 | 4 | 5 | 5 | 4 | 6 |
| 6214 | 경남 통영시 | 2025년 자치민제 공통기반 및 재해복구시스템 유지관리 위탁사업 | 1 | 83,882 | 7 | 5 | 1 | 1 | 1 | 1 | 4 | 5 | 5 | 4 | 6 |
| 6215 | 경남 통영시 | 2025년 표준기록관리시스템 통합유지관리 위탁사업 | 1 | 49,220 | 5 | 5 | 1 | 1 | 1 | 1 | 4 | 5 | 5 | 4 | 6 |
| 6216 | 경남 통영시 | 2025년 온나라 및 전자문서유통시스템 유지관리 위탁사업 | 1 | 25,030 | 5 | 5 | 1 | 2 | 2 | 2 | 4 | 5 | 5 | 4 | 6 |
| 6217 | 경남 통영시 | 2025년 행정정보장비 통합유지관리 용역 | 1 | 17,964 | 7 | 4 | 1 | 7 | 1 | 5 | 4 | 5 | 5 | 4 | 6 |
| 6218 | 경남 통영시 | 대표 홈페이지 유지보수 | 1 | 59,367 | 7 | 4 | 1 | 1 | 2 | 1 | 4 | 4 | 4 | 4 | 4 |
| 6219 | 경남 사천시 | 헬프민 소스보안솔루션 유지보수 | 1 | 8,095 | 7 | 4 | 1 | 2 | 1 | 1 | 4 | 4 | 4 | 4 | 4 |
| 6220 | 경남 사천시 | 행정정보시스템 유지보수 | 1 | 104,171 | 5 | 1 | 1 | 1 | 1 | 1 | 4 | 4 | 4 | 4 | 4 |
| 6221 | 경남 사천시 | 전산실 보안시스템 유지보수 | 1 | 89,177 | 5 | 1 | 1 | 1 | 1 | 1 | 4 | 4 | 4 | 4 | 4 |
| 6222 | 경남 사천시 | 개인정보보호 DRM 유지보수 | 1 | 13,318 | 5 | 1 | 1 | 1 | 1 | 1 | 4 | 4 | 4 | 4 | 4 |
| 6223 | 경남 사천시 | 통합로그관리시스템 유지보수 | 1 | 10,697 | 5 | 1 | 1 | 1 | 1 | 1 | 4 | 4 | 4 | 4 | 4 |
| 6224 | 경남 사천시 | 행정통신시스템 유지보수(행정전화 교환기 등) | 1 | 260,000 | 7 | 2 | 1 | 1 | 1 | 1 | 4 | 4 | 5 | 4 | 4 |
| 6225 | 경남 사천시 | 2025년 사천시 CCTV 통합안전센터 통합유지보수 용역 | 1 | 450,000 | 7 | 1 | 1 | 2 | 1 | 1 | 4 | 5 | 5 | 4 | 4 |
| 6226 | 경남 사천시 | 회의록시스템 유지보수 | 1 | 7,320 | 7 | 4 | 1 | 7 | 1 | 1 | 4 | 5 | 5 | 4 | 4 |
| 6227 | 경남 김해시 | 전자회의시스템 유지보수 | 1 | 7,200 | 5 | 4 | 1 | 7 | 1 | 1 | 4 | 5 | 5 | 4 | 4 |

| 순번 | 시군구 | 정보화사업 사업명 · 예산서 상의 사업명 | 정보화사업 분류 1.유지 및 보수 2.SW/HW 3.DB 구축 4.정보화 전략계획 (ISP) 수립 5.정보화지원 6.기타 | 2025년 예산 (단위:천원/1년간) | 예산 편성근거 1.법률에 규정 2.교부금 재원 3.용도지정기부금 4.지자체 5.지자체및 상위기관 정책 6.기타 7.해당없음 | 계약체결방법 (경쟁방식) 1.일반경쟁 2.제한경쟁 3.지명경쟁 4.수의계약 5.낙찰예약 6.기타( ) 7.해당없음 | 계약기간 1.1년 2.2년 3.3년 4.4년 5.5년 6.기타( ) 7.단기계약(1년미만) 8.해당없음 | 낙찰자 선정방법 1.적격심사 2.협상에 의한계약 3.최저가낙찰제 4.규격가격분리 5.2단계 경쟁입찰 6.기타( ) 7.해당없음 | 평가신청 1.내부신청 (자체적으로 선정) 2.외부신청 (전문기관에서 선정) 3.내외부 모두 신청 4.신청 無 5.해당없음 | 정산방법 1.내부정산 (자체적으로 정산) 2.외부정산 (외부전문기관에 정산) 3.내외부 모두 정산 4.정산 無 5.해당없음 | 성과평가 실시여부 1.실시 2.미실시 3.향후 추진 4.해당없음 | 성과평가 주기 1.매년 2.격년 3.기관방침 4.기타( ) 5.해당없음 | 성과평가 방법 1.자체 평가 2.용역 3.구성위원실시(전문위원회 위촉) 3.전문평가기관 의뢰 4.기타( ) 5.해당없음 | 성과평가결과 인센티브 및 패널티 적용 유무 1.적용 2.적용 안함 3.기타( ) 4.해당없음 | 인센티브 및 패널티 적용 근거 1.법률 2.조례 3.지침 4.계약서 5.기타( ) 6.해당없음 |
|---|---|---|---|---|---|---|---|---|---|---|---|---|---|---|---|
| 6228 | 경남 김해시 | 전자회의시스템 클라우드 사용 | 1 | 5,625 | 5 | 4 | 1 | 7 | 1 | 1 | 4 | 5 | 5 | 4 | 4 |
| 6229 | 경남 김해시 | 전자회의시스템 클라우드 구축 | 3 | 2,700 | 5 | 4 | 8 | 7 | 1 | 1 | 4 | 5 | 5 | 4 | 4 |
| 6230 | 경남 김해시 | H의정중계시스템 유지보수 | 1 | 21,792 | 5 | 4 | 1 | 7 | 1 | 1 | 4 | 5 | 5 | 4 | 4 |
| 6231 | 경남 김해시 | 김해시의회 누리집 유지보수 | 1 | 12,840 | 5 | 4 | 1 | 7 | 1 | 1 | 4 | 5 | 5 | 4 | 4 |
| 6232 | 경남 김해시 | 콜센터 상담시스템 재구축사업 | 2 | 220,000 | 5 | 2 | 7 | 2 | 1 | 1 | 4 | 5 | 5 | 4 | 6 |
| 6233 | 경남 김해시 | 통합지방재정관리시스템 운영 및 유지관리 위탁비 | 1 | 128,425 | 1 | 5 | 8 | 7 | 1 | 1 | 4 | 5 | 5 | 4 | 4 |
| 6234 | 경남 김해시 | 김해시 도담누리 플랫폼 구축 | 2 | 300,000 | 5 | 2 | 7 | 2 | 2 | 2 | 4 | 5 | 5 | 4 | 6 |
| 6235 | 경남 김해시 | 스마트 민원신청 서비스 유지관리 | 1 | 77,000 | 5 | 1 | 1 | 2 | 1 | 1 | 4 | 4 | 4 | 4 | 4 |
| 6236 | 경남 김해시 | 누리집 통합 유지관리 사업 | 1 | 187,590 | 4 | 1 | 1 | 2 | 4 | 4 | 4 | 5 | 5 | 4 | 4 |
| 6237 | 경남 김해시 | 사랑의 PC 보급 | 5 | 36,300 | 5 | 1 | 7 | 6 | 5 | 5 | 4 | 5 | 5 | 4 | 6 |
| 6238 | 경남 김해시 | 회전자기 프로젝트 웹 유지관리 | 1 | 7,139 | 5 | 4 | 1 | 6 | 1 | 1 | 4 | 5 | 1 | 4 | 6 |
| 6239 | 경남 김해시 | 정부업무관리시스템(온나라) 및 정부전자문서 유통지원센터 유지관리 | 1 | 101,148 | 5 | 5 | 1 | 6 | 2 | 2 | 4 | 4 | 5 | 4 | 6 |
| 6240 | 경남 김해시 | 새올 메신저 및 메일 유지관리 | 1 | 2,688 | 5 | 4 | 1 | 6 | 1 | 1 | 1 | 5 | 5 | 4 | 6 |
| 6241 | 경남 김해시 | 행정 통합로그인 SSO 유지관리 | 1 | 2,247 | 5 | 4 | 1 | 6 | 1 | 1 | 4 | 5 | 5 | 4 | 6 |
| 6242 | 경남 김해시 | 자치단체 공통기반 전산장비 및 재해복구시스템 유지관리 | 1 | 135,989 | 5 | 5 | 1 | 6 | 2 | 2 | 4 | 4 | 5 | 4 | 6 |
| 6243 | 경남 김해시 | 지방행정공통시스템 상황센터 운영 | 1 | 7,250 | 5 | 2 | 1 | 5 | 2 | 2 | 4 | 4 | 5 | 4 | 6 |
| 6244 | 경남 김해시 | 클라우드저장소 SW 유지관리 | 1 | 11,880 | 5 | 4 | 1 | 6 | 1 | 1 | 2 | 4 | 5 | 4 | 6 |
| 6245 | 경남 김해시 | 자전거리스템 유지관리 | 1 | 5,751 | 5 | 4 | 1 | 6 | 1 | 1 | 4 | 5 | 5 | 4 | 6 |
| 6246 | 경남 김해시 | 행정 업무자동화(RPA) 구축 | 2 | 22,000 | 5 | 4 | 1 | 6 | 1 | 1 | 4 | 5 | 5 | 4 | 6 |
| 6247 | 경남 김해시 | 행정전산장비 구입 | 2 | 607,748 | 7 | 1 | 8 | 7 | 1 | 1 | 4 | 5 | 5 | 4 | 6 |
| 6248 | 경남 김해시 | 정보시스템 통합유지관리 | 1 | 408,033 | 5 | 2 | 1 | 2 | 1 | 1 | 2 | 4 | 5 | 4 | 4 |
| 6249 | 경남 김해시 | 클라우드 정보시스템 통합서비스 이용 | 1 | 227,541 | 5 | 4 | 1 | 2 | 1 | 1 | 2 | 4 | 5 | 4 | 4 |
| 6250 | 경남 김해시 | PC보안취약점 진단관리시스템 이용 | 1 | 5,240 | 5 | 4 | 1 | 7 | 1 | 1 | 2 | 4 | 5 | 4 | 4 |
| 6251 | 경남 김해시 | 바이러스백신프로그램 구입 | 2 | 58,490 | 5 | 2 | 1 | 7 | 1 | 1 | 2 | 4 | 5 | 4 | 4 |
| 6252 | 경남 김해시 | USB보안관리시스템 유지관리 | 1 | 4,680 | 5 | 4 | 1 | 7 | 1 | 1 | 2 | 4 | 5 | 4 | 4 |
| 6253 | 경남 김해시 | 업무용PC개인정보암호화시스템 유지관리 | 1 | 7,479 | 5 | 4 | 1 | 7 | 1 | 1 | 2 | 4 | 5 | 4 | 4 |
| 6254 | 경남 김해시 | 개인정보보호기록관리시스템 유지관리 | 1 | 11,408 | 5 | 4 | 1 | 7 | 1 | 1 | 2 | 4 | 5 | 4 | 4 |
| 6255 | 경남 김해시 | 1/1,000 수치지형도 제작 | 3 | 250,000 | 2 | 2 | 1 | 3 | 2 | 2 | 4 | 5 | 5 | 4 | 6 |
| 6256 | 경남 김해시 | 공간정보통합시스템 유지관리비 | 1 | 165,485 | 5 | 4 | 1 | 2 | 1 | 1 | 4 | 5 | 5 | 4 | 6 |
| 6257 | 경남 김해시 | 지하시설물(상하수도) 정보 수정갱신 사업 | 3 | 1,000,000 | 5 | 2 | 1 | 2 | 1 | 1 | 4 | 5 | 5 | 4 | 6 |
| 6258 | 경남 김해시 | 도시계획정보체계(UPIS) 운영비 및 서비스 | 3 | 170,000 | 5 | 2 | 1 | 2 | 1 | 1 | 4 | 5 | 5 | 4 | 6 |

| 시도 | 구 | 정보화사업명 · 예산서 상의 사업명 | 정보화사업 분류 (1.유지 및 보수 2.SW/HW 개발 및 구매 3.DB 구축 4.정보화전략계획(ISP) 수립 5.정보화지원 6.기타) | 2025년 예산 (단위:천원/1년간) | 예산 편성근거 (1.법률에 규정 2.국고보조 재원 3.조례 4.용도지정기부금 5.상위기관 정책 6.기타 7.해당없음) | 계약체결방법 (경쟁형태) (1.일반경쟁 2.제한경쟁 3.지명경쟁 4.수의계약 5.방법혼합 6.기타 7.해당없음) | 계약기간 (1.1년 2.2년 3.3년 4.4년 5.5년 6.기타 7.단기계약(1년미만) 8.해당없음) | 낙찰자 선정방법 (1.적격심사 2.협상에 의한 계약 3.최저가낙찰 4.규격가격분리 5.2단계 경쟁입찰 6.기타 7.해당없음) | 평가선정 (1.내부선정(자체로 선정) 2.외부선정(전문기관에 위탁) 3.내외부 모두 선정 4.선정 無 5.해당없음) | 정산방법 (1.내부정산(내부적으로 정산) 2.외부정산(외부전문기관에 정산) 3.내외부 모두 정산 4.정산 無 5.해당없음) | 성과평가 실시여부 (1.실시 2.미실시 3.향후 추진 4.해당없음) | 성과평가 주기 (1.매년 2.격년 3.기간만료 4.기타() 5.해당없음) | 성과평가 방법 (1.자체 평가 2.평가단 구성후 실시(전문위원회 등) 3.전문 평가기관 의뢰 4.기타() 5.해당없음) | 성과평가결과 인센티브 및 페널티 적용 유무 (1.적용 2.적용 안함 3.기타() 4.해당없음) | 인센티브 및 페널티 적용 근거 (1.법률 2.조례 3.지침 4.계약서 5.기타 6.해당없음) |
|---|---|---|---|---|---|---|---|---|---|---|---|---|---|---|---|
| 경남 | 김해시 | 스마트도시 정보시스템 통합 유지관리 | 1 | 293,040 | 1 | 1 | 1 | 2 | 1 | 1 | 2 | 5 | 5 | 4 | 4 |
| 경남 | 김해시 | 데이터 허브시스템 유지관리 | 1 | 21,591 | 5 | 4 | 1 | 7 | 1 | 1 | 2 | 5 | 5 | 4 | 6 |
| 경남 | 김해시 | 공공(빅)데이터 분석 | 6 | 60,000 | 5 | 1 | 7 | 2 | 1 | 1 | 2 | 5 | 5 | 4 | 6 |
| 경남 | 김해시 | 2025년 도시통합운영센터 정보시스템 통합유지관리 용역 | 1 | 541,872 | 5 | 2 | 1 | 7 | 1 | 1 | 4 | 5 | 5 | 4 | 4 |
| 경남 | 김해시 | 가상계좌시스템 | 1 | 9,100 | 6 | 4 | 1 | 7 | 1 | 1 | 4 | 5 | 5 | 4 | 6 |
| 경남 | 김해시 | 번호판인영조회시스템 | 1 | 8,712 | 6 | 4 | 1 | 7 | 1 | 1 | 4 | 5 | 5 | 4 | 6 |
| 경남 | 김해시 | 전자예음관리시스템(지방세) | 1 | 19,580 | 6 | 4 | 1 | 7 | 1 | 1 | 4 | 5 | 5 | 4 | 6 |
| 경남 | 김해시 | 전자예음관리시스템(세외수입) | 1 | 21,340 | 6 | 4 | 1 | 7 | 1 | 1 | 4 | 5 | 5 | 4 | 6 |
| 경남 | 김해시 | 체납정보통합관리시스템 | 1 | 5,808 | 5 | 5 | 1 | 7 | 2 | 2 | 4 | 5 | 5 | 4 | 6 |
| 경남 | 김해시 | 지방세수입 정보시스템 운영 | 1 | 70,973 | 6 | 4 | 1 | 7 | 5 | 5 | 4 | 5 | 5 | 4 | 6 |
| 경남 | 김해시 | 초과근무 지문인식기 임차 | 1 | 21,000 | 6 | 4 | 1 | 7 | 1 | 1 | 4 | 5 | 5 | 4 | 4 |
| 경남 | 김해시 | 악관리체센터 유지보수 관리용역(악취측정기 등 측정장비 유지관리 용역) | 1 | 20,050 | 6 | 4 | 1 | 6 | 1 | 1 | 4 | 5 | 5 | 4 | 4 |
| 경남 | 김해시 | 악관리체센터 유지보수 관리용역(악취관리센터 서버 및 소프트웨어 관리 용역) | 1 | 19,830 | 6 | 4 | 1 | 6 | 1 | 1 | 4 | 5 | 5 | 4 | 4 |
| 경남 | 김해시 | 운송관리시스템 서버 유지보수 | 1 | 18,188 | 5 | 4 | 1 | 1 | 1 | 1 | 1 | 1 | 1 | 2 | 4 |
| 경남 | 김해시 | 운송관리시스템 유지보수 | 1 | 2,640 | 5 | 2 | 1 | 2 | 1 | 1 | 2 | 4 | 1 | 1 | 4 |
| 경남 | 김해시 | 버스정보통합관리시스템 | 1 | 361,000 | 6 | 4 | 1 | 7 | 1 | 1 | 4 | 5 | 5 | 4 | 4 |
| 경남 | 김해시 | 스마트통수관리시스템 유지관리 | 1 | 45,000 | 6 | 4 | 1 | 7 | 1 | 1 | 4 | 5 | 5 | 4 | 4 |
| 경남 | 김해시 | 문자주정 차량통합시스템 유지관리 용역 | 1 | 45,000 | 1 | 4 | 1 | 2 | 1 | 1 | 4 | 5 | 5 | 4 | 4 |
| 경남 | 김해시 | 네트워크 장비 유지보수 | 1 | 3,016 | 7 | 7 | 8 | 7 | 1 | 5 | 4 | 5 | 5 | 4 | 6 |
| 경남 | 김해시 | RFID 도서관리시스템 유지보수료 | 2 | 5,526 | 7 | 7 | 8 | 7 | 5 | 5 | 4 | 5 | 5 | 4 | 6 |
| 경남 | 김해시 | 화정생활문화센터 예술림 자동대관 프로그램 구독 용역 | 1 | 14,100 | 6 | 4 | 7 | 7 | 1 | 4 | 4 | 5 | 5 | 4 | 4 |
| 경남 | 김해시 | 화정공원도서관 노트북 대여 반납기 유지보수 | 1 | 2,047 | 6 | 4 | 1 | 7 | 1 | 4 | 2 | 5 | 5 | 4 | 4 |
| 경남 | 김해시 | 화정공원도서관 도서관리시스템(자가대출반납기) 유지보수 | 1 | 1,864 | 6 | 5 | 1 | 2 | 2 | 4 | 4 | 5 | 5 | 4 | 4 |
| 경남 | 김해시 | 화정공원도서관 도서관리시스템 유지보수 | 1 | 7,270 | 6 | 4 | 1 | 7 | 1 | 4 | 4 | 5 | 5 | 4 | 4 |
| 경남 | 김해시 | 도서관리시스템 유지관리 | 1 | 10,988 | 5 | 4 | 1 | 7 | 1 | 4 | 4 | 5 | 5 | 4 | 4 |
| 경남 | 김해시 | 상하수도요금 신용카드 자동결제시스템 | 1 | 6,000 | 6 | 4 | 1 | 7 | 1 | 1 | 2 | 5 | 5 | 4 | 4 |
| 경남 | 김해시 | 표준시간동기시스템(NTP) | 2 | 15,000 | 7 | 4 | 7 | 7 | 2 | 5 | 4 | 5 | 5 | 4 | 4 |
| 김해시 | 공통기반시스템 위탁 유지관리 | 1 | 120,782 | 5 | 1 | 1 | 7 | 2 | 2 | 4 | 5 | 5 | 4 | 4 |
| 경남 | 김해시 | 행정정보 모바일 시스템 | 1 | 2,971 | 5 | 5 | 1 | 7 | 1 | 5 | 4 | 5 | 5 | 4 | 4 |
| 경남 | 김해시 | 접근제어 및 보안감사서비스 | 1 | 8,999 | 5 | 4 | 1 | 7 | 1 | 5 | 4 | 5 | 5 | 4 | 4 |
| 경남 | 김해시 | 세출행정 통합프로그램 보수 | 1 | 3,228 | 5 | 4 | 1 | 7 | 1 | 5 | 4 | 5 | 5 | 4 | 4 |

| 순번 | 시군구 | 정보화사업 사업명<br>· 예산서 상의 사업명 | 정보화사업 분류<br>1.유지 및 보수<br>2.SW/HW<br>3.DB 구축<br>4.정보화전략계획(ISP) 수립<br>5.정보화지원<br>6.기타 | 2025년 예산<br>(단위:천원/1년간) | 예산 편성근거<br>1.법률에 규정<br>2.국고보조 재원<br>3.용도보조기부금<br>4.조례<br>5.지자체 및 상위기관 정책<br>6.기타<br>7.해당없음 | 계약체결방식(경쟁형태)<br>1.일반경쟁<br>2.제한경쟁<br>3.지명경쟁<br>4.수의계약<br>5.입찰위탁<br>6.기타<br>7.해당없음 | 계약기간<br>1.1년<br>2.2년<br>3.3년<br>4.4년<br>5.5년<br>6.기타<br>7.단기계약(1년미만)<br>8.해당없음 | 낙찰자 선정방식<br>1.적격심사<br>2.협상에 의한계약<br>3.최저가낙찰제<br>4.규격가격분리<br>5.2단계 경쟁입찰<br>6.기타<br>7.해당없음 | 평가시점 | 정산방법<br>1.내부정산(자체적으로 정산)<br>2.외부정산(외부기관위탁정산)<br>3.내외부모두정산<br>4.정산 못<br>5.해당없음 | 성과평가 실시여부<br>1.실시<br>2.미실시<br>3.향후주진<br>4.해당없음 | 성과평가 주기<br>1.매년<br>2.격년<br>3.기간만료전<br>4.기타<br>5.해당없음 | 성과평가 방법<br>1.자체평가<br>2.평가단 구성후실시(전문위원회)<br>3.전문 평가기관 의뢰<br>4.기타<br>5.해당없음 | 성과평가결과 인센티브 패널티 적용 유무<br>1.적용<br>2.작용 안됨<br>3.기타( )<br>4.해당없음 | 인센티브 및 패널티 적용 근거<br>1.법률<br>2.조례<br>3.지침<br>4.계약서<br>5.기타<br>6.해당없음 |
|---|---|---|---|---|---|---|---|---|---|---|---|---|---|---|---|
| 6290 | 밀양시 | 세출행정 예산저 프로그램 | 1 | 6,797 | 5 | 4 | 1 | 7 | 1 | 5 | 4 | 5 | 5 | 4 | 4 |
| 6291 | 밀양시 | 통합업무시스템 | 1 | 19,661 | 5 | 4 | 1 | 7 | 1 | 5 | 4 | 5 | 5 | 4 | 4 |
| 6292 | 밀양시 | 소방서통합관리시스템 | 1 | 21,957 | 5 | 4 | 1 | 7 | 1 | 5 | 4 | 5 | 5 | 4 | 4 |
| 6293 | 밀양시 | 이동정소통시스템 | 1 | 5,700 | 5 | 4 | 1 | 7 | 1 | 5 | 4 | 5 | 5 | 4 | 4 |
| 6294 | 밀양시 | 온나라시스템 위탁 유지관리 | 1 | 76,679 | 5 | 5 | 1 | 7 | 2 | 2 | 4 | 5 | 5 | 4 | 4 |
| 6295 | 밀양시 | 우편모아시스템 위탁 유지관리 | 1 | 5,860 | 5 | 5 | 1 | 7 | 2 | 2 | 4 | 5 | 5 | 4 | 4 |
| 6296 | 밀양시 | 누리 시스템 전산장비 | 1 | 29,390 | 5 | 2 | 1 | 3 | 1 | 5 | 4 | 5 | 5 | 4 | 4 |
| 6297 | 밀양시 | 웹사이트 관리개선(대표, 의회) | 1 | 28,233 | 5 | 2 | 1 | 3 | 1 | 5 | 4 | 5 | 5 | 4 | 4 |
| 6298 | 밀양시 | 통합예약서비스 | 2 | 28,850 | 5 | 4 | 1 | 7 | 1 | 5 | 4 | 5 | 5 | 4 | 4 |
| 6299 | 밀양시 | 재정정보 대표누리집 연계 | 2 | 11,000 | 5 | 6 | 7 | 7 | 1 | 1 | 4 | 5 | 5 | 4 | 4 |
| 6300 | 밀양시 | 밀양시의회 영상방송 시스템 구축 | 2 | 370,000 | 5 | 6 | 7 | 6(조달청3차단가) | 1 | 1 | 4 | 5 | 5 | 4 | 4 |
| 6301 | 밀양시 | 서버팜시의 교체 | 2 | 109,577 | 5 | 6 | 8 | 6(조달청3차단가) | 1 | 1 | 4 | 5 | 5 | 4 | 4 |
| 6302 | 밀양시 | 목인방지 안내 시스템 | 2 | 50,818 | 7 | 1 | 1 | 1 | 5 | 5 | 4 | 5 | 5 | 4 | 4 |
| 6303 | 밀양시 | 정보통신시스템 통합유지관리 | 1 | 223,727 | 7 | 1 | 7 | 7 | 1 | 5 | 4 | 5 | 5 | 4 | 4 |
| 6304 | 밀양시 | 밀양행정통합관리시스템 구축 | 2 | 57,000 | 7 | 2 | 1 | 2 | 1 | 5 | 4 | 5 | 5 | 4 | 4 |
| 6305 | 밀양시 | 차세대보안관제시스템 구축 | 2 | 105,000 | 1 | 4 | 1 | 7 | 1 | 1 | 4 | 5 | 5 | 4 | 4 |
| 6306 | 밀양시 | 스마트시티 통합플랫폼 유지관리 | 1 | 88,407 | 5 | 2 | 7 | 7 | 1 | 1 | 4 | 5 | 5 | 4 | 4 |
| 6307 | 밀양시 | 스마트시티 리빙랩 플랫폼 유지관리 | 1 | 18,100 | 7 | 4 | 1 | 3 | 1 | 1 | 4 | 5 | 5 | 4 | 4 |
| 6308 | 밀양시 | 밀양여지도 홈페이지 재구축 | 2 | 110,000 | 7 | 1 | 1 | 7 | 1 | 1 | 4 | 5 | 5 | 4 | 4 |
| 6309 | 밀양시 | 스마트공간정보 통합유지관리 | 1 | 45,496 | 7 | 4 | 1 | 7 | 1 | 1 | 4 | 5 | 5 | 4 | 4 |
| 6310 | 밀양시 | 밀양여지도 유지관리 | 1 | 13,625 | 7 | 4 | 1 | 7 | 1 | 4 | 4 | 5 | 5 | 4 | 4 |
| 6311 | 밀양시 | 기록관리시스템유지보수 | 1 | 34,628 | 1 | 4 | 1 | 7 | 1 | 1 | 4 | 5 | 5 | 4 | 4 |
| 6312 | 밀양시 | 통계정보시스템 유지관리 | 1 | 4,000 | 4 | 4 | 1 | 7 | 1 | 4 | 4 | 5 | 5 | 4 | 4 |
| 6313 | 밀양시 | 성과관리시스템 유지보수 | 1 | 3,000 | 4 | 1 | 1 | 3 | 1 | 4 | 4 | 5 | 5 | 4 | 4 |
| 6314 | 밀양시 | 도서관 정보화시스템 유지보수 | 1 | 524,841 | 6 | 4 | 1 | 7 | 1 | 4 | 4 | 5 | 5 | 4 | 4 |
| 6315 | 밀양시 | 영어도서관 홈페이지 유지보수 | 2 | 1,700 | 6 | 4 | 1 | 7 | 1 | 4 | 4 | 5 | 5 | 4 | 4 |
| 6316 | 밀양시 | 평생학습 포털 유지관리 | 1 | 2,800 | 6 | 4 | 1 | 7 | 2 | 3 | 4 | 5 | 5 | 4 | 4 |
| 6317 | 밀양시 | 차세대지방세정보시스템 | 5 | 117,424 | 1 | 5 | 1 | 7 | 1 | 3 | 4 | 5 | 5 | 4 | 4 |
| 6318 | 밀양시 | 지방세외수입정보시스템 | 1 | 63,553 | 1 | 5 | 1 | 7 | 2 | 3 | 4 | 5 | 5 | 4 | 4 |
| 6319 | 밀양시 | 2025년 밀양시 도시계획정보체계(UPS) 운영장비 유지관리 용역 | 1 | 20,000 | 7 | 4 | 1 | 7 | 1 | 1 | 4 | 5 | 5 | 4 | 4 |
| 6320 | 밀양시 | 밀양시 도시계획정보체계(UPS) DB현행화 용역 | 3 | 20,000 | 7 | 4 | 1 | 7 | 1 | 1 | 4 | 5 | 5 | 4 | 4 |

| 순번 | 시군구 | 정보화사업명·예산사업 상위 사업명 | 정보화사업 분류<br>1. 유지 및 보수<br>2. SW/HW 개발 및 구매<br>3. DB 구축<br>4. 정보화전략계획(ISP) 수립<br>5. 정보화지원<br>6. 기타 | 2025년 예산<br>(단위:천원/1년간) | 예산 편성근거<br>1. 법률에 규정<br>2. 국고보조 재원<br>3. 용도지정기부금<br>4. 조례<br>5. 지자체 및 상위기관 정책<br>6. 기타<br>7. 해당없음 | 계약체결방법(경쟁형태)<br>1. 일반경쟁<br>2. 제한경쟁<br>3. 지명경쟁<br>4. 수의계약<br>5. 분할계약<br>6. 기타( )<br>7. 해당없음 | 정보화사업 입찰방식<br>계약기간<br>1. 1년<br>2. 2년<br>3. 3년<br>4. 4년<br>5. 5년<br>6. 기타( )<br>7. 단기계약(1년미만)<br>8. 해당없음 | 낙찰자 선정방법<br>1. 적격심사<br>2. 협상에 의한계약<br>3. 최저가낙찰<br>4. 2단계 경쟁입찰<br>5. 2단계 경쟁입찰<br>6. 기타( )<br>7. 해당없음 | 정보화사업 예산 산정<br>원가산정<br>1. 내부산정(자체적으로 산정)<br>2. 외부산정(전문기관의뢰)<br>3. 내외부 모두 산정<br>4. 산정 無<br>5. 해당없음 | 정보화사업 예산 산정<br>정산방법<br>1. 내부정산(내부적으로 정산)<br>2. 외부정산(외부전문기관의뢰 정산)<br>3. 내외부 모두 정산<br>4. 정산 無<br>5. 해당없음 | 성과평가 실시여부<br>1. 실시<br>2. 미실시<br>3. 향후 추진<br>4. 해당없음 | 성과평가<br>성과평가 주기<br>1. 매년<br>2. 격년<br>3. 기간만료전<br>4. 기타( )<br>5. 해당없음 | 성과평가 방법<br>1. 자체 평가<br>2. 평가단 구성평가(전문위원위촉)<br>3. 전문평가기관 의뢰<br>4. 기타( )<br>5. 해당없음 | 평가결과와 인센티브 및 패널티 적용 유무<br>1. 적용<br>2. 적용 안함<br>3. 기타( )<br>4. 해당없음 | 인센티브 및 패널티 적용 근거<br>1. 법률<br>2. 조례<br>3. 지침<br>4. 계약서<br>5. 기타<br>6. 해당없음 |
|---|---|---|---|---|---|---|---|---|---|---|---|---|---|---|---|
| 6321 | 거제시 | 기로시민 관리시스템 유지보수 | 1 | 5,000 | 6 | 4 | 1 | 7 | 1 | 4 | 4 | 5 | 5 | 4 | 4 |
| 6322 | 거제시 | 통합관리 시스템 구축 | 1 | 1,400 | 5 | 4 | 1 | 2 | 1 | 1 | 4 | 5 | 5 | 4 | 4 |
| 6323 | 거제시 | 정보통신시스템 통합유지관리 용역 | 1 | 280,600 | 6 | 1 | 1 | 2 | 1 | 1 | 2 | 5 | 5 | 4 | 4 |
| 6324 | 거제시 | 업무용 전산장비 유지관리 | 1 | 49,800 | 5 | 2 | 1 | 3 | 1 | 1 | 4 | 5 | 5 | 4 | 6 |
| 6325 | 거제시 | 업무용 정보화장비 구매 및 보급 | 2 | 300,000 | 5 | 6 | 8 | 7 | 5 | 5 | 4 | 5 | 5 | 4 | 6 |
| 6326 | 거제시 | 백신 소프트웨어 구매 | 2 | 39,900 | 5 | 6 | 8 | 7 | 5 | 5 | 4 | 5 | 5 | 4 | 6 |
| 6327 | 거제시 | 정보보호시스템 유지관리 | 1 | 112,800 | 5 | 2 | 1 | 3 | 1 | 1 | 4 | 5 | 5 | 4 | 6 |
| 6328 | 거제시 | 보안USB 매체제어솔루션 교체 | 2 | 70,000 | 5 | 6 | 8 | 7 | 5 | 5 | 4 | 5 | 5 | 4 | 6 |
| 6329 | 거제시 | PC보안점검솔루션 서버 교체 | 2 | 10,000 | 5 | 6 | 8 | 7 | 5 | 5 | 4 | 5 | 5 | 4 | 6 |
| 6330 | 거제시 | 공모기록물 디지털화 및 시청각기록물 관리시스템 고도화 | 2 | 160,000 | 1 | 4 | 1 | 7 | 4 | 4 | 4 | 5 | 5 | 4 | 4 |
| 6331 | 거제시 | 자산관리시스템 유지관리 | 1 | 4,000 | 5 | 4 | 1 | 7 | 1 | 1 | 4 | 5 | 5 | 4 | 6 |
| 6332 | 거제시 | 행정업무용 소프트웨어 연간사용권 구매 | 2 | 112,419 | 1 | 6 | 1 | 7 | 5 | 5 | 4 | 5 | 5 | 4 | 6 |
| 6333 | 거제시 | 실시간 재난방송 영상시스템 | 2 | 20,000 | 5 | 4 | 7 | 7 | 1 | 1 | 4 | 5 | 5 | 4 | 4 |
| 6334 | 거제시 | 도시계획정보통합체계 유지관리 용역(UPIS) | 1 | 45,000 | 1 | 2 | 1 | 3 | 1 | 1 | 4 | 5 | 5 | 4 | 4 |
| 6335 | 거제시 | 거제시 공간정보통합체계 유지관리 용역 | 1 | 51,000 | 1 | 1 | 1 | 3 | 1 | 1 | 2 | 5 | 5 | 4 | 4 |
| 6336 | 거제시 | 지하시설물통합관리시스템 및 부속신 종합공부시스템 유지관리 용역 | 1 | 49,000 | 1 | 4 | 7 | 3 | 1 | 1 | 4 | 5 | 5 | 4 | 4 |
| 6337 | 거제시 | 지적항공 결과도 전산화 추진 | 3 | 20,000 | 6 | 4 | 7 | 2 | 1 | 1 | 4 | 5 | 5 | 4 | 4 |
| 6338 | 거제시 | 지적통합정보시스템 유지보수 | 2 | 4,800 | 6 | 4 | 8 | 7 | 1 | 1 | 4 | 5 | 5 | 4 | 4 |
| 6339 | 거제시 | 버스정보시스템 유지보수 | 1 | 155,000 | 1 | 2 | 8 | 7 | 1 | 1 | 2 | 5 | 5 | 4 | 4 |
| 6340 | 거제시 | 2025년 거가대교 통행료 지원 신청정산 시스템 유지관리 용역 | 1 | 7,408 | 4 | 2 | 1 | 7 | 1 | 1 | 4 | 5 | 5 | 4 | 4 |
| 6341 | 거제시 | 2025년 거가대교 통행료 지원 통행자료 보정 시스템 유지관리 용역 | 1 | 1,932 | 4 | 4 | 7 | 3 | 1 | 1 | 2 | 5 | 5 | 4 | 4 |
| 6342 | 거창군 | 공통기반 SAN 스위치 구입 | 2 | 49,720 | 1 | 7 | 8 | 3 | 1 | 1 | 4 | 5 | 5 | 4 | 6 |
| 6343 | 거창군 | 웹문서버 구입 | 2 | 11,440 | 6 | 7 | 8 | 2 | 1 | 1 | 4 | 5 | 5 | 4 | 6 |
| 6344 | 거창군 | 행정정보시스템 통합스토리지 증설 | 2 | 67,480 | 1 | 2 | 7 | 7 | 3 | 3 | 4 | 5 | 5 | 4 | 6 |
| 6345 | 거창군 | 스마트이경닷넷시스템 고도화 구축 | 2 | 22,000 | 5 | 4 | 1 | 7 | 5 | 5 | 4 | 5 | 5 | 4 | 4 |
| 6346 | 거창군 | 전산 행정항습기 교체 | 6 | 50,000 | 6 | 6 | 3 | 7 | 1 | 1 | 4 | 5 | 5 | 4 | 4 |
| 6347 | 거창군 | 행정업무용 상용 S/W 구입 | 2 | 192,830 | 1 | 2 | 1 | 3 | 1 | 1 | 2 | 5 | 5 | 4 | 4 |
| 6348 | 창녕군 | 통합스토리지 유지보수 | 1 | 73,284 | 4 | 2 | 7 | 2 | 1 | 1 | 4 | 5 | 5 | 4 | 4 |
| 6349 | 창녕군 | 대표 누리집 등 유지보수 | 1 | 60,755 | 1 | 7 | 1 | 7 | 1 | 1 | 4 | 5 | 5 | 4 | 4 |
| 6350 | 창녕군 | 정보보호제품 유지보수 | 1 | 19,973 | 4 | 4 | 1 | 7 | 1 | 1 | 4 | 5 | 5 | 4 | 4 |
| 6351 | 창녕군 | UC면지체 유지보수 | 1 | 5,035 | 5 | 4 | 1 | 7 | 1 | 1 | 4 | 5 | 5 | 4 | 4 |

| 순번 | 시군구 | 정보화사업 사업명<br>·예산서 실 사업명 | 정보화사업 분류<br>1. 유지 및 보수<br>2. SW/HW 개발 및 구매<br>3. DB 구축<br>4. 정보화 전략계획(ISP) 수립<br>5. 정보화지원<br>6. 기타 | 2025년 예산<br>(단위:천원/1년간) | 예산 편성근거<br>1. 법률에 규정<br>2. 국고보조 재원<br>3. 용도지정기부금<br>4. 조례<br>5. 지자체 및 상위기관 정책<br>6. 기타<br>7. 해당없음 | 계약체결방법<br>(경쟁형태)<br>1. 일반경쟁<br>2. 제한경쟁<br>3. 지명경쟁<br>4. 수의계약<br>5. 해당없음<br>6. 기타<br>7. 해당없음 | 정보화사업 입찰방식 계약기간 | 낙찰자 선정방법<br>1. 적격심사<br>2. 협상에 의한계약<br>3. 최저가낙찰제<br>4. 규격가격분리<br>5. 2단계 경쟁입찰<br>6. 기타<br>7. 단가계약(1년미만)<br>8. 해당없음 | 정보화사업 예산 산정 평가선정<br>1. 내부선정<br>2. 외부선정(전문기관에 선정)<br>3. 내·외부 모두 선정<br>4. 산정 無<br>5. 해당없음 | 정산방법<br>1. 내부정산(자체적으로 정산)<br>2. 외부정산(외부전문기관에 정산)<br>3. 내·외부 모두 정산<br>4. 정산 無<br>5. 해당없음 | 성과평가 실시여부<br>1. 실시<br>2. 미실시<br>3. 향후 추진<br>4. 해당없음 | 성과평가 주기<br>1. 매년<br>2. 격년<br>3. 기간만료전<br>4. 기타( )<br>5. 해당없음 | 성과평가 방법<br>1. 자체 평가<br>2. 평가위원 구성후 실시(전문위원회)<br>3. 전문 평가기관 의뢰<br>4. 기타( )<br>5. 해당없음 | 평가결과 적용<br>성과평가결과 인센티브 적용 유무<br>1. 적용<br>2. 적용 안함<br>3. 기타( )<br>4. 해당없음 | 인센티브 및 패널티 적용 근거<br>1. 법률<br>2. 조례<br>3. 지침<br>4. 계약서<br>5. 기타<br>6. 해당없음 |
|---|---|---|---|---|---|---|---|---|---|---|---|---|---|---|---|
| 6352 | 경상남도 군 | 무정전전원장치(UPS) 유지보수 | 1 | 6,267 | 1 | 4 | 1 | 7 | 1 | 1 | 4 | 5 | 5 | 4 | 4 |
| 6353 | 경상남도 군 | 행운합기 유지보수 | 1 | 3,298 | 1 | 4 | 1 | 7 | 1 | 1 | 4 | 5 | 5 | 4 | 4 |
| 6354 | 경상남도 군 | 소프트웨어자산관리시스템 유지보수 | 1 | 4,881 | 1 | 4 | 1 | 7 | 1 | 1 | 4 | 5 | 5 | 4 | 4 |
| 6355 | 경상남도 군 | 원격지원소프트웨어 유지보수 | 1 | 3,192 | 1 | 4 | 1 | 7 | 1 | 1 | 4 | 5 | 5 | 4 | 4 |
| 6356 | 경상남도 군 | 외부가상화 서버 및 보안장비 유지보수 | 1 | 12,934 | 1 | 4 | 1 | 7 | 1 | 1 | 4 | 5 | 5 | 4 | 4 |
| 6357 | 경상남도 군 | 외부망 보안 소프트웨어 유지보수 | 1 | 11,547 | 1 | 4 | 1 | 7 | 1 | 1 | 4 | 5 | 5 | 4 | 4 |
| 6358 | 경상남도 군 | 개인정보보호 소프트웨어 유지보수 | 1 | 8,470 | 1 | 4 | 1 | 7 | 1 | 1 | 4 | 5 | 5 | 4 | 4 |
| 6359 | 경상남도 군 | 행정전산장비 유지보수 | 1 | 68,270 | 1 | 2 | 1 | 3 | 1 | 1 | 4 | 5 | 5 | 4 | 4 |
| 6360 | 경상남도 군 | 모바일 직원소통시스템 유지보수 | 1 | 2,574 | 1 | 4 | 1 | 7 | 1 | 1 | 4 | 5 | 5 | 4 | 4 |
| 6361 | 경상남도 군 | 통합전자 전송시스템 유지보수 | 1 | 2,840 | 1 | 4 | 1 | 7 | 1 | 1 | 4 | 5 | 5 | 4 | 4 |
| 6362 | 경상남도 군 | 온나라 문서유통변환소프트웨어 유지보수 | 1 | 5,115 | 1 | 4 | 1 | 7 | 1 | 1 | 4 | 5 | 5 | 4 | 4 |
| 6363 | 경상남도 군 | 공통기반시스템 유지보수 | 1 | 89,494 | 1 | 5 | 1 | 7 | 1 | 1 | 4 | 5 | 5 | 4 | 4 |
| 6364 | 경상남도 군 | 온나라시스템 유지보수 | 1 | 62,160 | 1 | 5 | 1 | 7 | 1 | 1 | 4 | 5 | 5 | 4 | 4 |
| 6365 | 경상남도 군 | 행정전산장비 구입 | 2 | 339,600 | 1 | 2 | 3 | 3 | 1 | 1 | 4 | 5 | 5 | 4 | 4 |
| 6366 | 경상남도 군 | 군내 디지털 역행강화 교육 용 운영 | 6 | 31,880 | 1 | 6 | 7 | 7 | 1 | 1 | 4 | 5 | 5 | 4 | 4 |
| 6367 | 경상남도 군 | 정보통신시스템 유지보수 | 1 | 164,000 | 1 | 2 | 1 | 2 | 1 | 1 | 4 | 5 | 5 | 4 | 4 |
| 6368 | 경상남도 군 | 업무용 전용회선 및 전화요금 납부 | 6 | 372,000 | 1 | 7 | 8 | 7 | 1 | 1 | 4 | 5 | 5 | 4 | 4 |
| 6369 | 경상남도 군 | 행정망 노후 백본스위치 교체 | 2 | 330,000 | 1 | 4 | 1 | 7 | 1 | 1 | 4 | 5 | 5 | 4 | 4 |
| 6370 | 경상남도 군 | 노후 암호화장비(VPN) 및 관리시스템 교체 | 2 | 134,000 | 1 | 2 | 7 | 7 | 1 | 1 | 4 | 5 | 5 | 4 | 4 |
| 6371 | 경상남도 군 | 영상정보 관제시스템 및 연계CCTV 통합유지보수 용역 | 1 | 289,562 | 1 | 2 | 1 | 2 | 1 | 1 | 4 | 5 | 5 | 4 | 4 |
| 6372 | 경상남도 군 | 지능형 CCTV 구축 | 2 | 192,000 | 1 | 4 | 7 | 3 | 1 | 1 | 4 | 5 | 5 | 4 | 4 |
| 6373 | 경상남도 군 | 관제센터 노후 무정전원장치 교체 | 2 | 40,000 | 1 | 1 | 8 | 7 | 1 | 1 | 4 | 5 | 5 | 4 | 4 |
| 6374 | 경상남도 군 | 표준기록관리시스템 통합 유지관리 | 1 | 70,000 | 1 | 4 | 1 | 7 | 1 | 1 | 4 | 5 | 5 | 4 | 4 |
| 6375 | 경상남도 군 | 차세대 지방세외수입정보시스템 유지보수 | 6 | 113,900 | 1 | 5 | 1 | 7 | 1 | 1 | 4 | 5 | 5 | 4 | 4 |
| 6376 | 경상남도 군 | 차세대 지방세입정보시스템 유지보수 | 1 | 58,600 | 1 | 5 | 1 | 7 | 1 | 1 | 4 | 5 | 5 | 4 | 4 |
| 6377 | 경상남도 군 | 재난차량 번호판 영치시스템 유지보수 | 1 | 8,712 | 1 | 4 | 1 | 7 | 1 | 1 | 4 | 5 | 5 | 4 | 4 |
| 6378 | 경상남도 군 | 가상계좌수납시스템 유지보수 | 1 | 10,000 | 1 | 4 | 1 | 7 | 1 | 1 | 4 | 5 | 5 | 4 | 4 |
| 6379 | 경상남도 군 | 지방세 증명서류 이미지 프로그램 유지보수 | 1 | 4,350 | 1 | 4 | 1 | 7 | 1 | 1 | 4 | 5 | 5 | 4 | 4 |
| 6380 | 경상남도 군 | 공용차량 스마트배차 시스템 도입 | 2 | 38,000 | 1 | 4 | 7 | 7 | 1 | 1 | 4 | 5 | 5 | 4 | 4 |
| 6381 | 경상남도 군 | 무인민원발급기 유지보수 | 1 | 29,160 | 1 | 4 | 1 | 7 | 1 | 1 | 4 | 5 | 5 | 4 | 4 |
| 6382 | 경상남도 군 | 지적문서 통합관리시스템 DB구축 | 3 | 20,000 | 1 | 4 | 1 | 7 | 1 | 1 | 4 | 5 | 5 | 4 | 4 |

| 순번 | 시군구 | 정보화사업 사업명<br>· 예산서 상의 사업명 | 정보화사업 분류<br>1. 유지 및 보수<br>2. SW/HW 개발 및 구매<br>3. DB구축<br>4. 정보화 전략계획(ISP) 수립<br>5. 정보화지원<br>6. 기타 | 2025년 예산<br>(단위:천원/1년간) | 예산 편성근거<br>1. 법률에 규정<br>2. 국고보조재원<br>3. 용도지정기부금<br>4. 조례<br>5. 지자체 및 상위기관 정책<br>6. 기타<br>7. 해당없음 | 계약체결방식<br>(경쟁형태)<br>1. 일반경쟁<br>2. 제한경쟁<br>3. 지명경쟁<br>4. 수의계약<br>5. 법정위탁<br>6. 기타 ( )<br>7. 해당없음 | 계약기간<br>1. 1년<br>2. 2년<br>3. 3년<br>4. 4년<br>5. 5년<br>6. 기타<br>7. 단기계약 ( )년<br>8. 해당없음 | 낙찰자 선정방식<br>1. 적격심사<br>2. 협상에 의한계약<br>3. 최저가낙찰제<br>4. 규격가격관리<br>5. 2단계 경쟁입찰<br>6. 기타 ( )<br>7. 해당없음 | 원가산정<br>1. 내부산정(자체로 산정)<br>2. 외부산정(전문기관위탁 산정)<br>3. 내외부 모두 산정<br>4. 산정無<br>5. 해당없음 | 정보화사업 예산 산정<br>정산방법<br>1. 내부정산(내부적으로 정산)<br>2. 외부정산(외부전문기관위탁 정산)<br>3. 내외부 모두 정산<br>4. 정산無<br>5. 해당없음 | 성과평가 실시여부<br>1. 실시<br>2. 미실시<br>3. 향후 실시<br>4. 해당없음 | 성과평가 주기<br>1. 매년<br>2. 격년<br>3. 기간만료전<br>4. 기타 ( )<br>5. 해당없음 | 성과평가 방법<br>1. 자체평가<br>2. 평가단 구성후실시(전문위원회등)<br>3. 전문평가기관 의뢰<br>4. 기타 ( )<br>5. 해당없음 | 평가결과 적용<br>성과평가결과 인센티브 및 패널티 적용 유무<br>1. 적용<br>2. 적용 안함<br>3. 기타 ( )<br>4. 해당없음 | 인센티브 및 패널티 적용 근거<br>1. 법률<br>2. 조례<br>3. 지침<br>4. 계약서<br>5. 기타<br>6. 해당없음 |
|---|---|---|---|---|---|---|---|---|---|---|---|---|---|---|---|
| 6383 | 군위군 | 지적문서 통합관리시스템 유지보수 | 1 | 10,000 | 1 | 4 | 1 | 7 | 1 | 1 | 4 | 5 | 5 | 4 | 4 |
| 6384 | 군위군 | 부동산종합공부시스템 유지보수 | 1 | 14,000 | 1 | 4 | 1 | 7 | 1 | 1 | 4 | 5 | 5 | 4 | 4 |
| 6385 | 군위군 | 주소정보관리시스템 차세대 구축 및 유지관리 | 1 | 47,520 | 1 | 5 | 1 | 7 | 1 | 1 | 4 | 5 | 5 | 4 | 4 |
| 6386 | 군위군 | 전자도면열람시스템 유지보수 | 1 | 6,000 | 1 | 4 | 1 | 7 | 1 | 1 | 4 | 5 | 5 | 4 | 4 |
| 6387 | 군위군 | 청송군 영상도시관 통합전산장비 유지보수 | 1 | 47,000 | 1 | 4 | 1 | 7 | 1 | 1 | 4 | 5 | 5 | 4 | 4 |
| 6388 | 군위군 | 청송문화예술회관 예매발권시스템 유지관리 | 1 | 9,000 | 1 | 4 | 1 | 7 | 1 | 1 | 4 | 5 | 5 | 4 | 4 |
| 6389 | 군위군 | 클라우드시스템 이용료 지원 | 6 | 54,240 | 1 | 4 | 1 | 1 | 1 | 1 | 4 | 5 | 5 | 4 | 4 |
| 6390 | 군위군 | 의회홈페이지 유지보수 | 1 | 19,000 | 1 | 4 | 1 | 7 | 1 | 1 | 4 | 5 | 5 | 4 | 4 |
| 6391 | 군위군 | 안티바이러스 운영 및 방송장비 유지관리 | 1 | 83,500 | 1 | 4 | 1 | 7 | 1 | 1 | 4 | 5 | 5 | 4 | 4 |
| 6392 | 군위군 | 출입고 행복한 AI 기반 스마트 경로당 구축 | 2 | 1,000,000 | 2 | 2 | 7 | 2 | 2 | 2 | 3 | 1 | 1 | 2 | 4 |
| 6393 | 군위군 | 외적근무재해야시스템 교체 | 2 | 29,000 | 2 | 2 | 3 | 3 | 1 | 1 | 4 | 5 | 5 | 4 | 4 |
| 6394 | 군위군 | 청송문화체험관 CCTV 유지관리 | 2 | 16,000 | 1 | 4 | 1 | 7 | 1 | 1 | 4 | 5 | 5 | 4 | 4 |
| 6395 | 군위군 | 대립 스마트 도서관 구축 | 2 | 9,000 | 5 | 4 | 7 | 6 | 1 | 1 | 4 | 5 | 5 | 4 | 6 |
| 6396 | 군위군 | 영산도서관 안내 시스템 유지보수 | 1 | 22,000 | 1 | 2 | 1 | 2 | 2 | 2 | 2 | 1 | 3 | 4 | 4 |
| 6397 | 군위군 | 영산도서관 누리집 기능 개선 | 2 | 11,000 | 1 | 2 | 2 | 2 | 2 | 2 | 1 | 1 | 1 | 2 | 4 |
| 6398 | 군위군 | 통합지방재정시스템 운영 및 유지관리 | 1 | 89,919 | 5 | 5 | 7 | 7 | 5 | 5 | 4 | 5 | 5 | 4 | 4 |
| 6399 | 군위군 | 통합자방재정 재해복구시스템 구축 | 3 | 34,745 | 6 | 4 | 2 | 2 | 1 | 1 | 4 | 5 | 5 | 4 | 4 |
| 6400 | 군위군 | 정부e시스템 유지관리 | 1 | 12,174 | 5 | 2 | 1 | 1 | 1 | 1 | 2 | 1 | 1 | 2 | 4 |
| 6401 | 군위군 | 중소기업 통폐합DB 구축 | 2 | 38,000 | 6 | 7 | 7 | 7 | 1 | 1 | 2 | 1 | 1 | 2 | 4 |
| 6402 | 군위군 | 고행안정기계록리시스템 고도화 사업 | 1 | 16,306 | 5 | 1 | 1 | 2 | 1 | 1 | 1 | 1 | 1 | 2 | 4 |
| 6403 | 군위군 | 정보지원비 구입(교체) | 2 | 25,453 | 1 | 2 | 1 | 2 | 2 | 2 | 4 | 5 | 5 | 4 | 4 |
| 6404 | 군위군 | SW 구입 | 2 | 5,860 | 6 | 4 | 1 | 2 | 1 | 1 | 4 | 5 | 5 | 4 | 4 |
| 6405 | 군위군 | 정보가록물 DB구축 | 3 | 70,000 | 5 | 2 | 1 | 2 | 1 | 1 | 2 | 1 | 1 | 2 | 4 |
| 6406 | 군위군 | 정보시스템 통합유지관리 | 6 | 250,000 | 5 | 7 | 8 | 7 | 1 | 1 | 4 | 5 | 5 | 4 | 4 |
| 6407 | 군위군 | 표준지방인사정보시스템 유지관리 | 2 | 235,000 | 1 | 7 | 8 | 7 | 1 | 1 | 4 | 5 | 5 | 4 | 4 |
| 6408 | 군위군 | 전산장비(PC 등) 유지관리 | 2 | 119,750 | 5 | 1 | 8 | 1 | 1 | 1 | 4 | 5 | 5 | 4 | 4 |
| 6409 | 군위군 | 정보시스템 통합유지관리 | 1 | 250,000 | 5 | 7 | 8 | 2 | 1 | 4 | 1 | 1 | 1 | 2 | 4 |
| 6410 | 군위군 | 홈사이트 관리개선 및 유지관리(운영) | 1 | 40,000 | 1 | 7 | 1 | 7 | 1 | 1 | 4 | 5 | 5 | 4 | 4 |
| 6411 | 군위군 | 공통기반 및 재해복구시스템 유지관리 | 1 | 22,000 | 5 | 7 | 1 | 7 | 1 | 1 | 4 | 5 | 5 | 4 | 4 |
| 6412 | 군위군 | 공통기반 및 재해복구시스템 운영 | 1 | 74,687 | 5 | 5 | 1 | 7 | 2 | 2 | 2 | 1 | 1 | 2 | 4 |
| 6413 | 군위군 | 온나라시스템 운영지원 | 1 | 23,570 | 5 | 5 | 1 | 7 | 2 | 2 | 1 | 1 | 1 | 2 | 4 |

- 207 -

| 순번 | 시도 | 시군구 | 정보화사업 사업명 · 예산서 상 사업명 | 정보화사업 분류 (1.유지 및 보수 2.SW/HW 개발 및 구매 3.DB 구축 4.정보화 전략계획(ISP) 수립 5.정보자원 6.기타) | 2025년 예산 (단위:천원/1년간) | 예산 편성근거 (1.법률에 규정 2.공고보조금 3.통보지원기준금 4.조례 5.지자체장 및 성위기관 정책 6.기타 7.해당없음) | 계약체결방법 (경쟁형태) (1.일반경쟁 2.제한경쟁 3.지명경쟁 4.수의계약 5.법정위탁 6.기타 7.해당없음) | 계약기간 (1.1년 2.2년 3.3년 4.4년 5.5년 6.기타 7.단기계약(1년미만) 8.해당없음) | 낙찰자 결정방법 (1.적격심사 2.협상에 의한계약 3.최저가낙찰제 4.규격가격분리 5.2단계 경쟁입찰 6.기타 7.해당없음) | 원가산정 (1.내부산정 2.외부산정 3.내외부 모두 선정 4.산정 無 5.해당없음) | 정산방법 (1.내부정산(자체적으로 정산) 2.외부정산(정부전문기관위탁) 3.내외부 모두 정산 4.정산 無 5.해당없음) | 성과평가 실시여부 (1.실시 2.미실시 3.향후 추진 4.해당없음) | 성과평가 주기 (1.매년 2.기간별로 3.기타() 4.해당없음) | 성과평가 방법 (1.자체 평가 2.평가단 구성후 실시(전문위원위촉) 3.전문 평가기관 의뢰 4.기타 5.해당없음) | 성과평가결과 인센티브 적용 유무 (1.적용 2.적용 안함 3.기타() 4.해당없음) | 평가결과 인센티브 및 패널티 적용 근거 (1.법률 2.조례 3.지침 4.계약서 5.기타 6.해당없음) |
|---|---|---|---|---|---|---|---|---|---|---|---|---|---|---|---|---|
| 6414 | 경남 | 고성군 | 새올행정 상담센터 R&D | 1 | 7,250 | 5 | 5 | 1 | 1 | 2 | 2 | 1 | 1 | 1 | 2 | 4 |
| 6415 | 경남 | 고성군 | 내부망 통합백업시스템 교체 | 2 | 95,000 | 6 | 7 | 8 | 7 | 1 | 1 | 4 | 5 | 5 | 4 | 4 |
| 6416 | 경남 | 고성군 | 읍면동 기반 통합대지시스템 구축 | 2 | 55,000 | 6 | 7 | 8 | 7 | 1 | 1 | 4 | 5 | 5 | 4 | 4 |
| 6417 | 경남 | 고성군 | 접근제어시스템 교체 | 2 | 37,000 | 6 | 7 | 8 | 7 | 1 | 1 | 4 | 5 | 5 | 4 | 4 |
| 6418 | 경남 | 고성군 | 정보통신시스템 통합유지보수 | 1 | 188,920 | 5 | 2 | 1 | 3 | 1 | 4 | 1 | 1 | 1 | 2 | 4 |
| 6419 | 경남 | 고성군 | 네트워크 스위치 고도화 | 2 | 104,388 | 6 | 7 | 8 | 7 | 5 | 5 | 4 | 5 | 5 | 4 | 4 |
| 6420 | 경남 | 고성군 | 차세대지방세정보시스템 운영 | 1 | 113,968 | 1 | 7 | 1 | 7 | 1 | 1 | 4 | 5 | 5 | 4 | 4 |
| 6421 | 경남 | 고성군 | 계약정보공개시스템 유지보수 | 1 | 4,560 | 6 | 7 | 8 | 7 | 5 | 1 | 4 | 5 | 5 | 4 | 4 |
| 6422 | 경남 | 고성군 | 새올업무프로그램 운영 및 유지관리비 | 1 | 58,605 | 6 | 6 | 1 | 7 | 2 | 4 | 4 | 5 | 4 | 4 | 4 |
| 6423 | 경남 | 고성군 | 평생학습페이지 유지관리 | 1 | 2,000 | 5 | 4 | 1 | 6 | 1 | 3 | 4 | 5 | 5 | 4 | 4 |
| 6424 | 경남 | 고성군 | 차세대주민통합정보시스템 운영 | 1 | 19,460 | 1 | 5 | 8 | 7 | 3 | 1 | 4 | 5 | 5 | 4 | 4 |
| 6425 | 경남 | 고성군 | 무인민원발급기 운영 | 1 | 10,500 | 7 | 4 | 1 | 7 | 1 | 5 | 1 | 1 | 1 | 4 | 4 |
| 6426 | 경남 | 고성군 | 지적공부세종합시스템 유지보수 | 1 | 6,000 | 1 | 4 | 1 | 3 | 1 | 5 | 1 | 1 | 1 | 2 | 4 |
| 6427 | 경남 | 고성군 | 지적문서전산화 | 1 | 21,000 | 1 | 4 | 1 | 7 | 1 | 5 | 1 | 1 | 1 | 2 | 4 |
| 6428 | 경남 | 고성군 | 주소정보관리시스템 차세대 구축 및 유지관리 | 1 | 47,520 | 5 | 5 | 1 | 7 | 1 | 1 | 1 | 1 | 1 | 2 | 4 |
| 6429 | 경남 | 고성군 | 공간정보시스템 유지보수 | 1 | 21,000 | 5 | 4 | 1 | 7 | 1 | 1 | 1 | 1 | 4(영업부 평가 실시) | 1 | 1 |
| 6430 | 경남 | 고성군 | 부동산종합공부시스템 유지보수 | 1 | 13,000 | 1 | 4 | 1 | 7 | 1 | 1 | 1 | 1 | 4(영업부 평가 실시) | 1 | 1 |
| 6431 | 경남 | 고성군 | 도로기반 시설물 GIS DB 경신 | 3 | 200,000 | 5 | 1 | 1 | 2 | 4 | 1 | 4 | 5 | 5 | 4 | 4 |
| 6432 | 경남 | 고성군 | 힐링공원 속 도서관 홈페이지 구축 | 2 | 20,000 | 7 | 4 | 1 | 7 | 3 | 1 | 4 | 5 | 5 | 4 | 4 |
| 6433 | 경남 | 고성군 | 힐링공원 속 도서관 ICT시스템 구축 | 2 | 84,450 | 7 | 4 | 1 | 3 | 1 | 5 | 4 | 5 | 5 | 4 | 4 |
| 6434 | 경남 | 고성군 | 자료관리시스템 구축 | 2 | 37,600 | 7 | 6 | 1 | 6 | 1 | 5 | 2 | 1 | 1 | 2 | 4 |
| 6435 | 경남 | 고성군 | RFID자동화장비 구입 | 6 | 68,930 | 7 | 6 | 1 | 6 | 1 | 5 | 4 | 5 | 5 | 4 | 4 |
| 6436 | 경남 | 고성군 | 도서관리 DBMS 구입 | 6 | 26,400 | 7 | 6 | 1 | 6 | 1 | 5 | 4 | 5 | 5 | 4 | 4 |
| 6437 | 경남 | 고성군 | 스마트관광 빅데이터 구축 유지보수비 | 1 | 8,000 | 5 | 4 | 1 | 7 | 4 | 4 | 4 | 5 | 5 | 4 | 4 |
| 6438 | 경남 | 고성군 | 생태관광 홈페이지 유지관리 | 1 | 2,000 | 7 | 4 | 1 | 7 | 3 | 1 | 4 | 5 | 5 | 4 | 6 |
| 6439 | 경남 | 고성군 | 쓰레기무단투기 방지용 CCTV유지관리 용역 | 1 | 20,520 | 5 | 1 | 1 | 3 | 1 | 1 | 2 | 1 | 1 | 2 | 6 |
| 6440 | 경남 | 고성군 | 환경재산부담금 가상현장 수납시스템 유지수수 용역 | 1 | 8,960 | 5 | 4 | 1 | 1 | 1 | 5 | 4 | 5 | 5 | 4 | 4 |
| 6441 | 경남 | 고성군 | 영상안전관리시스템 S/W유지보수 | 1 | 20,000 | 6 | 4 | 1 | 7 | 5 | 5 | 1 | 1 | 1 | 2 | 4 |
| 6442 | 경남 | 고성군 | 자동응답보안시스템 유지관리 | 1 | 22,000 | 6 | 7 | 8 | 7 | 1 | 1 | 4 | 5 | 5 | 4 | 4 |
| 6443 | 경남 | 고성군 | CCTV 유지보수 | 1 | 362,992 | 1 | 2 | 1 | 1 | 1 | 1 | 1 | 3 | 1 | 1 | 4 |
| 6444 | 경남 | 고성군 | 영상정보 저장장치(스토리지) 증설 | 2 | 57,500 | 1 | 1 | 1 | 7 | 1 | 1 | 1 | 3 | 1 | 1 | 4 |

| 순번 | 시군구 | 정보화사업 사업명·예산서 실상 사업명 | 정보화사업 분류<br>1.유지 및 보수<br>2.SW/HW 개발 및 구매<br>3.DB 구축<br>4.정보화 전략계획(ISP) 수립<br>5.정보화지원<br>6.기타 | 2025년 예산<br>(단위:천원/1년간) | 예산 편성근거<br>1.법률에 규정<br>2.국고보조재원<br>3.용도지정기부금<br>4.조례<br>5.지자체 상위기관 정책<br>6.기타<br>7.해당없음 | 계약체결방법(경쟁형태)<br>1.일반경쟁<br>2.제한경쟁<br>3.지명경쟁<br>4.수의계약<br>5.법령제약<br>6.기타<br>7.해당없음 | 정보화사업 입찰방식 계약기간<br>1.1년<br>2.2년<br>3.3년<br>4.4년<br>5.5년<br>6.기타<br>7.단기계약(1년미만)<br>8.해당없음 | 낙찰자 선정방식<br>1.적격심사<br>2.협상에 의한계약<br>3.최저가낙찰제<br>4.규격가격분리<br>5.2단계 경쟁입찰<br>6.기타<br>7.해당없음 | 평가부서 선정<br>1.내부선정<br>2.외부선정<br>3.내·외부모두선정<br>4.선정못<br>5.해당없음 | 정보화사업 예산 산정 예산방법<br>1.내부작성<br>2.외부작성<br>3.내·외부모두작성<br>4.작성못<br>5.해당없음 | 성과평가 실시여부<br>1.실시<br>2.미실시<br>3.향후추진<br>4.해당없음 | 성과평가 추기<br>1.매년<br>2.격년<br>3.기간만료전<br>4.기타<br>5.해당없음 | 성과평가 방법<br>1.자체평가<br>2.평가위원 구성후실시(전문위원위촉)<br>3.전문평가기관의뢰<br>4.기타<br>5.해당없음 | 평가결과 인센티브 및 페널티 적용 유무<br>1.적용<br>2.적용안함<br>3.기타<br>4.해당없음 | 평가결과 인센티브 및 페널티 적용 근거<br>1.법률<br>2.조례<br>3.지침<br>4.계약서<br>5.기타<br>6.해당없음 |
|---|---|---|---|---|---|---|---|---|---|---|---|---|---|---|---|
| 6445 | 군위군 | 자정분배서버 노후 교체 | 2 | 70,000 | 1 | 1 | 7 | 1 | 1 | 1 | 1 | 3 | 1 | 1 | 4 |
| 6446 | 군위군 | 백신프로그램 구입 | 2 | 11,600 | 1 | 1 | 7 | 1 | 1 | 1 | 1 | 3 | 1 | 1 | 4 |
| 6447 | 군위군 | 방범용 CCTV 설치 | 6 | 241,866 | 1 | 4 | 7 | 7 | 1 | 1 | 1 | 3 | 1 | 1 | 4 |
| 6448 | 군위군 | 자동형 CCTV 설치 | 6 | 192,000 | 1 | 4 | 7 | 7 | 1 | 1 | 1 | 3 | 1 | 1 | 4 |
| 6449 | 군위군 | 도시계획정보체계 DB 자료 정비 용역 | 3 | 20,000 | 6 | 7 | 8 | 7 | 4 | 5 | 5 | 5 | 4 | 4 | 6 |
| 6450 | 군위군 | 도시계획정보체계 운영장비 유지관리 용역 | 1 | 17,000 | 6 | 7 | 8 | 7 | 4 | 5 | 5 | 5 | 4 | 4 | 6 |
| 6451 | 군위군 | 스마트 도시안전망 통합플랫폼 유지보수 | 1 | 83,000 | 6 | 7 | 8 | 7 | 4 | 5 | 5 | 5 | 4 | 4 | 6 |
| 6452 | 군위군 | 버스정보시스템 유지보수 및 확대 구축 | 1 | 36,647 | 6 | 4 | 8 | 6 | 4 | 5 | 5 | 5 | 4 | 4 | 6 |
| 6453 | 군위군 | 불법주정차 단속시스템 유지보수 | 1 | 21,800 | 7 | 7 | 1 | 7 | 1 | 1 | 1 | 5 | 4 | 4 | 4 |
| 6454 | 군위군 | 가로등보안등 원격제어시스템 유지보수 | 1 | 20,000 | 2 | 7 | 8 | 7 | 4 | 5 | 5 | 5 | 4 | 4 | 4 |
| 6455 | 군위군 | 소하천 계측시스템 구축 | 6 | 70,000 | 7 | 4 | 8 | 7 | 4 | 5 | 5 | 5 | 4 | 4 | 6 |
| 6456 | 군위군 | 홈페이지 및 회의록 시스템 유지보수 관리 용역 | 1 | 5,400 | 7 | 4 | 1 | 2 | 2 | 5 | 5 | 5 | 4 | 4 | 6 |
| 6457 | 군위군 | 소행정 홈페이지 유지보수 | 1 | 20,000 | 5 | 4 | 1 | 2 | 4 | 5 | 5 | 5 | 4 | 4 | 6 |
| 6458 | 군위군 | 의료영상저장전송시스템 유지관리 | 1 | 5,000 | 5 | 4 | 7 | 2 | 2 | 1 | 1 | 5 | 4 | 4 | 6 |
| 6459 | 군위군 | 시스피커 및 스마트기기 유지보수비 | 2 | 1,000 | 2 | 4 | 1 | 2 | 4 | 1 | 1 | 5 | 4 | 4 | 6 |
| 6460 | 군위군 | 홈페이지 제작 | 2 | 18,300 | 6 | 4 | 7 | 6 | 4 | 1 | 1 | 5 | 4 | 4 | 6 |
| 6461 | 군위군 | 공인망 접근제어시스템 교체 | 2 | 27,000 | 5 | 6 | 7 | 6 | 4 | 1 | 1 | 5 | 4 | 4 | 6 |
| 6462 | 군위군 | 2025년 행정정보시스템 및 전산장비 통합유지보수 | 1 | 178,000 | 5 | 2 | 1 | 2 | 2 | 5 | 5 | 5 | 4 | 4 | 6 |
| 6463 | 군위군 | 2025년 군위군 누리집 통합유지관리 용역 | 1 | 62,000 | 5 | 2 | 1 | 2 | 2 | 5 | 5 | 5 | 4 | 4 | 6 |
| 6464 | 군위군 | 남해군 대표 홈페이지 개편 | 2 | 35,000 | 2 | 4 | 7 | 6 | 2 | 1 | 1 | 5 | 4 | 4 | 6 |
| 6465 | 군위군 | 남해군 면 소재지 지하시설물 전산화사업(고현면) | 2 | 170,000 | 5 | 2 | 1 | 2 | 2 | 1 | 1 | 5 | 4 | 4 | 6 |
| 6466 | 군위군 | AI 로봇시스템 유지관리 | 2 | 20,000 | 5 | 4 | 1 | 6 | 1 | 1 | 1 | 5 | 4 | 4 | 6 |
| 6467 | 군위군 | 2025년 남해군 CCTV통합관제센터 통합유지보수 | 1 | 376,000 | 5 | 2 | 7 | 2 | 1 | 1 | 1 | 5 | 4 | 4 | 6 |
| 6468 | 군위군 | 2025년 남해군 행정정보통신 통합유지보수 | 1 | 199,000 | 5 | 2 | 1 | 2 | 1 | 1 | 1 | 5 | 4 | 4 | 6 |
| 6469 | 군위군 | 2025년 스마트경로당 시스템 구축사업 | 2 | 1,160,000 | 2 | 2 | 7 | 2 | 1 | 1 | 1 | 5 | 4 | 4 | 6 |
| 6470 | 군위군 | 우리면 행정전화시스템 구축 | 2 | 100,000 | 5 | 6 | 7 | 6 | 1 | 1 | 1 | 5 | 4 | 4 | 6 |
| 6471 | 군위군 | 공간정보시스템 수치지형도 유지보수 | 2 | 49,000 | 5 | 2 | 1 | 2 | 2 | 1 | 1 | 5 | 4 | 4 | 6 |
| 6472 | 군위군 | 2025년 군위지구 현 고도화 구축사업 | 2 | 137,000 | 5 | 2 | 1 | 2 | 4 | 1 | 1 | 5 | 4 | 4 | 6 |
| 6473 | 산청군 | 군민정보화 교육 | 5 | 31,080 | 5 | 4 | 1 | 6 | 4 | 1 | 1 | 5 | 4 | 4 | 4 |
| 6474 | 산청군 | 행정업무 SW 구입 | 2 | 120,870 | 5 | 6 | 7 | 7 | 4 | 1 | 1 | 5 | 4 | 4 | 4 |
| 6475 | 산청군 | 컴퓨터 구입 | 2 | 155,970 | 5 | 6 | 7 | 7 | 4 | 1 | 1 | 5 | 4 | 4 | 4 |

- 209 -

| 순번 | 시군구 | 정보화사업 사업명 · 예산 상위 사업명 | 정보화사업 분류 (1.유지 및 보수 2.SW/HW 개발 및 구매 3.DB 구축 4.정보화 전략계획(ISP) 수립 5.정보자원 6.기타) | 2025년 예산 (단위:천원/1년간) | 예산 편성근거 (1.법률에 규정 2.국고보조재원 3.용도지정기부금 4.조례 5.지자체 및 상위기관 정책 6.기타 7.해당없음) | 계약체결방식 (경쟁형태) (1.일반경쟁 2.제한경쟁 3.지명경쟁 4.수의계약 5.경쟁입찰 6.기타 7.해당없음) | 계약기간 (1.1년 2.2년 3.3년 4.4년 5.5년 6.기타( )년 7.단기계약(1년미만) 8.해당없음) | 낙찰자 선정방법 (1.적격심사 2.협상에 의한계약 3.최저가낙찰 4.규격가격분리 5.2단계 경쟁입찰 6.기타( ) 7.해당없음) | 평가산정 (1.내부산정(자체적으로 선정) 2.외부산정(전문기관위촉) 3.내·외부 모두 선정 4.산정 無 5.해당없음) | 정산별 (1.내부정산(자체적으로 정산) 2.외부정산(전문기관위탁) 3.내·외부 모두 정산 4.정산 無 5.해당없음) | 성과평가 실시여부 (1.실시 2.미실시 3.향후 추진 4.해당없음) | 성과평가 주기 (1.매년 2.지정 3.기간만료전 4.기타( ) 5.해당없음) | 성과평가 방법 (1.자체 평가 2.평가단 구성후 실시(전문위원회) 3.전문 평가기관 의뢰 4.기타 5.해당없음) | 성과평가결과 인센티브 및 패널티 적용 유무 (1.적용 2.적용 안함 3.기타( ) 4.해당없음) | 인센티브 및 패널티 적용 근거 (1.법률 2.조례 3.지침 4.계약서 5.기타 6.해당없음) |
|---|---|---|---|---|---|---|---|---|---|---|---|---|---|---|---|
| 6476 | 군포시 | 공통기반 및 재해복구시스템 운영 | 1 | 93,518 | 5 | 5 | 1 | 7 | 1 | 1 | 4 | 5 | 5 | 4 | 4 |
| 6477 | 군포시 | 온나라시스템 유지관리위수탁 | 1 | 20,830 | 5 | 5 | 1 | 7 | 1 | 1 | 4 | 5 | 5 | 4 | 4 |
| 6478 | 군포시 | 대표홈페이지 유지관리 | 1 | 21,600 | 5 | 4 | 1 | 7 | 1 | 1 | 4 | 5 | 5 | 4 | 4 |
| 6479 | 군포시 | 개인정보보안시스템 통합 유지보수 | 1 | 37,200 | 5 | 1 | 1 | 3 | 1 | 1 | 4 | 5 | 5 | 4 | 4 |
| 6480 | 군포시 | 행정부문 클라우드 존 이용료 | 2 | 39,440 | 5 | 4 | 1 | 7 | 1 | 1 | 4 | 5 | 5 | 4 | 4 |
| 6481 | 군포시 | 산업청소행물 유지관리 | 1 | 24,000 | 5 | 4 | 1 | 7 | 1 | 1 | 4 | 5 | 5 | 4 | 4 |
| 6482 | 군포시 | 방범CCTV 설치 | 2 | 652,000 | 5 | 1 | 7 | 3 | 1 | 1 | 4 | 5 | 5 | 4 | 4 |
| 6483 | 군포시 | 방범CCTV 유지관리 | 1 | 100,000 | 5 | 1 | 7 | 3 | 1 | 1 | 4 | 5 | 5 | 4 | 4 |
| 6484 | 군포시 | 통합플랫폼CCTV 운영장비 유지관리 | 1 | 88,000 | 5 | 1 | 1 | 3 | 1 | 1 | 4 | 5 | 5 | 4 | 4 |
| 6485 | 군포시 | 정보통신운영 유지보수(통합) | 1 | 194,000 | 5 | 4 | 1 | 3 | 1 | 1 | 4 | 5 | 5 | 4 | 4 |
| 6486 | 군포시 | CCTV 통합관제센터 유지관리 | 1 | 188,000 | 5 | 6 | 1 | 2 | 1 | 1 | 4 | 5 | 5 | 4 | 4 |
| 6487 | 군포시 | 도로 및 지하시설물 DB 전산화 | 3 | 659,000 | 5 | 1 | 7 | 3 | 1 | 1 | 4 | 5 | 5 | 4 | 4 |
| 6488 | 군포시 | 노후 IP 행정전화기 교체 | 2 | 90,000 | 5 | 6 | 7 | 7 | 1 | 1 | 4 | 5 | 5 | 4 | 4 |
| 6489 | 군포시 | 노후 네트워크 스위치 교체 | 2 | 98,000 | 5 | 6 | 7 | 7 | 1 | 1 | 4 | 5 | 5 | 4 | 4 |
| 6490 | 군포시 | 무선 공공 인터넷망 구축 | 2 | 60,000 | 5 | 6 | 7 | 7 | 1 | 1 | 4 | 5 | 5 | 4 | 4 |
| 6491 | 군포시 | 노후 임호화 장비 교체 | 2 | 84,000 | 5 | 4 | 7 | 7 | 1 | 1 | 4 | 5 | 5 | 4 | 4 |
| 6492 | 군포시 | 온나라 및 백업시스템 유지보수 | 1 | 22,440 | 5 | 2 | 1 | 3 | 1 | 1 | 4 | 5 | 5 | 4 | 4 |
| 6493 | 군포시 | 통합예약페이지 구축 | 2 | 200,000 | 5 | 6 | 7 | 7 | 1 | 1 | 4 | 5 | 5 | 4 | 4 |
| 6494 | 군포시 | 노후 무선랜 차단시스템 교체 | 2 | 118,000 | 5 | 6 | 7 | 7 | 1 | 1 | 4 | 5 | 5 | 4 | 4 |
| 6495 | 군포시 | CCTV 통합관제센터 스토리지 구매 | 2 | 55,000 | 5 | 6 | 1 | 7 | 1 | 1 | 4 | 5 | 5 | 4 | 4 |
| 6496 | 군포시 | 노후 전화교환기 교체 | 2 | 88,000 | 5 | 1 | 7 | 7 | 1 | 1 | 4 | 5 | 5 | 4 | 4 |
| 6497 | 군포시 | 유해트래픽 차단시스템 구축 | 2 | 54,000 | 5 | 6 | 7 | 7 | 1 | 1 | 4 | 5 | 5 | 4 | 4 |
| 6498 | 군포시 | 신흥초등학교 통학로 지중화사업(통신) | 5 | 100,000 | 5 | 1 | 7 | 3 | 1 | 1 | 4 | 5 | 5 | 4 | 4 |
| 6499 | 군포시 | 차량번호 통합검색 시스템 유지보수 | 2 | 33,000 | 5 | 6 | 1 | 7 | 1 | 1 | 4 | 5 | 5 | 4 | 4 |
| 6500 | 군포시 | SW자산관리 SW구입 | 2 | 35,100 | 5 | 6 | 1 | 7 | 1 | 1 | 4 | 5 | 5 | 4 | 4 |
| 6501 | 군포시 | 통합 매시징 SW구입 | 2 | 22,000 | 5 | 6 | 1 | 7 | 1 | 1 | 4 | 5 | 5 | 4 | 4 |
| 6502 | 군포시 | 홈페이지 관리 소프트웨어 구입 | 2 | 46,000 | 5 | 6 | 1 | 7 | 1 | 1 | 4 | 5 | 5 | 4 | 4 |
| 6503 | 군포시 | 소프트웨어 구입 | 2 | 137,350 | 5 | 6 | 1 | 7 | 5 | 5 | 4 | 5 | 5 | 4 | 6 |
| 6504 | 군포시 | 다기능 사무기기 구입 | 2 | 240,000 | 1 | 6 | 1 | 7 | 5 | 5 | 4 | 5 | 5 | 4 | 6 |
| 6505 | 군포시 | 노후 복사용지빔 전자칠판 중설 | 2 | 140,000 | 5 | 6 | 1 | 7 | 5 | 5 | 4 | 5 | 5 | 4 | 6 |
| 6506 | 군포시 | 다기능사무기기 잔액 처리 및 유지보수 | 1 | 36,500 | 5 | 4 | 1 | 3 | 1 | 5 | 2 | 5 | 5 | 4 | 6 |

| 순번 | 시군구 | 정보화사업명<br>· 예산사업의 사업명 | 정보화사업 분류<br>1. 유지 및 보수<br>2. SW/HW 개발 및 구매<br>3. DB 구축<br>4. 정보화 전략계획(ISP) 수립<br>5. 정보화지원<br>6. 기타 | 2025년 예산<br>(단위:천원/1년간) | 예산 편성근거<br>1. 법률에 규정<br>2. 국고보조 재원<br>3. 용도지정기부금<br>4. 조례<br>5. 지자체 및 상비기준 정책<br>6. 기타<br>7. 해당없음 | 계약체결방법<br>(경쟁형태)<br>1. 일반경쟁<br>2. 제한경쟁<br>3. 지명경쟁<br>4. 수의계약<br>5. 법령위탁<br>6. 기타 ( )<br>7. 해당없음 | 정보화사업 입찰방식 계약기간<br>1. 1년<br>2. 2년<br>3. 3년<br>4. 4년<br>5. 5년<br>6. 기타 ( )<br>7. 단기계약(1년미만)<br>8. 해당없음 | 낙찰자 선정방법<br>1. 적격심사<br>2. 협상에 의한계약<br>3. 최저가격체결<br>4. 규격가격분리<br>5. 2단계 경쟁입찰<br>6. 기타 ( )<br>7. 해당없음 | 정보화사업 예산 산정 평가산정<br>1. 내부산정<br>2. 외부산정 (전문기관위탁산정)<br>3. 내외부 모두 산정<br>4. 산정無<br>5. 해당없음 | 정보화사업 예산 산정 산정방법<br>1. 내부검토로 정산<br>2. 외부적으로 정산(외부전문기관위탁 정산)<br>3. 내외부 모두 정산<br>4. 정산無<br>5. 해당없음 | 성과평가 실시여부<br>1. 실시<br>2. 미실시<br>3. 향후 추진<br>4. 해당없음 | 성과평가 주기<br>1. 매년<br>2. 격년<br>3. 기간표로<br>4. 기타 ( )<br>5. 해당없음 | 성과평가 방법<br>1. 자체 평가<br>2. 평가위원구성 후실시 (전문위원위촉)<br>3. 전문평가기관 위탁<br>4. 기타 ( )<br>5. 해당없음 | 평가결과 인센티브 적용 유무<br>1. 적용<br>2. 적용 안함<br>3. 기타 ( )<br>4. 해당없음 | 인센티브 및 페널티 적용 근거<br>1. 법률<br>2. 조례<br>3. 지침<br>4. 계약서<br>5. 기타 ( )<br>6. 해당없음 |
|---|---|---|---|---|---|---|---|---|---|---|---|---|---|---|---|
| 6507 | 경남 함양군 | PC보안관리 유지보수 | 1 | 19,078 | 5 | 4 | 1 | 7 | 5 | 5 | 2 | 5 | 5 | 4 | 6 |
| 6508 | 경남 함양군 | 서버 가상화 및 행정정보시스템 유지보수 | 1 | 36,812 | 5 | 4 | 1 | 3 | 5 | 5 | 2 | 5 | 5 | 4 | 6 |
| 6509 | 경남 함양군 | 서버 보안관리 유지보수 | 1 | 19,775 | 5 | 4 | 1 | 7 | 5 | 5 | 2 | 5 | 5 | 4 | 6 |
| 6510 | 경남 함양군 | 통합백신 및 연중계서비스 유지보수 | 1 | 19,764 | 1 | 4 | 1 | 7 | 5 | 5 | 2 | 5 | 5 | 4 | 6 |
| 6511 | 경남 함양군 | 원격지 및 비정규직 단말기 보안강화 유지보수 | 1 | 13,840 | 5 | 4 | 1 | 7 | 5 | 5 | 2 | 5 | 5 | 4 | 6 |
| 6512 | 경남 함양군 | 누리집 보안장비 유지보수 | 1 | 6,403 | 1 | 4 | 1 | 7 | 5 | 5 | 2 | 5 | 5 | 4 | 6 |
| 6513 | 경남 함양군 | 대표 누리집 | 1 | 48,136 | 5 | 4 | 1 | 7 | 1 | 1 | 2 | 5 | 5 | 4 | 6 |
| 6514 | 경남 함양군 | 함양군 쇼핑몰 누리집 | 2 | 44,550 | 5 | 6 | 1 | 7 | 5 | 5 | 2 | 5 | 5 | 4 | 6 |
| 6515 | 경남 함양군 | 함양군 하수도 관광관리시스템 | 2 | 210,000 | 1 | 4 | 7 | 2 | 1 | 1 | 4 | 5 | 5 | 4 | 6 |
| 6516 | 경남 함양군 | 예약 찾기 누리 GO, 함양 통합앱 | 2 | 19,620 | 5 | 5 | 1 | 7 | 5 | 5 | 2 | 5 | 5 | 4 | 6 |
| 6517 | 경남 함양군 | 함양군 공유재산 건물정보보시스템 | 2 | 16,500 | 5 | 4 | 1 | 7 | 1 | 1 | 4 | 5 | 5 | 4 | 6 |
| 6518 | 경남 함양군 | 함양군 누리통 | 2 | 100,000 | 2 | 2 | 1 | 2 | 1 | 1 | 4 | 5 | 5 | 4 | 6 |
| 6519 | 경남 함양군 | 함양군 성장관리계획도시 | 2 | 670,000 | 5 | 5 | 1 | 7 | 2 | 2 | 4 | 4 | 5 | 4 | 6 |
| 6520 | 경남 거창군 | 표묘기록관리시스템 DB구축 | 3 | 70,000 | 1 | 5 | 7 | 6 | 2 | 2 | 4 | 5 | 5 | 4 | 6 |
| 6521 | 경남 거창군 | e-우편모아시스템 안정적 운영 | 1 | 36,729 | 7 | 5 | 1 | 7 | 2 | 2 | 4 | 5 | 5 | 4 | 6 |
| 6522 | 경남 거창군 | 평생교육센터 홈페이지 유지보수 | 1 | 5,860 | 6 | 4 | 1 | 7 | 2 | 2 | 4 | 5 | 5 | 4 | 6 |
| 6523 | 경남 거창군 | 전산실 무정전전원장치(UPS) 축전지 교체 | 2 | 10,000 | 7 | 4 | 7 | 5 | 5 | 5 | 2 | 5 | 5 | 4 | 6 |
| 6524 | 경남 거창군 | 무인민원발급기 신규 교체 구입 | 2 | 125,000 | 5 | 1 | 8 | 3 | 1 | 1 | 2 | 5 | 5 | 4 | 6 |
| 6525 | 경남 거창군 | 원도우 공유 도로주거관리 솔루션 구입 | 2 | 24,231 | 7 | 2 | 8 | 7 | 5 | 5 | 2 | 5 | 5 | 4 | 4 |
| 6526 | 경남 거창군 | 디지털 저장매체 파기 장치 구매 | 2 | 22,000 | 7 | 4 | 7 | 6 | 5 | 5 | 4 | 4 | 5 | 4 | 6 |
| 6527 | 경남 거창군 | 거창군 홈페이지 안정화 운영 | 1 | 24,110 | 7 | 4 | 1 | 7 | 1 | 1 | 4 | 5 | 5 | 4 | 6 |
| 6528 | 경남 거창군 | 공공데이터 및 데이터기반행정 상시 자가학습시스템 운영 | 6 | 3,000 | 1 | 7 | 1 | 7 | 1 | 1 | 2 | 5 | 5 | 4 | 6 |
| 6529 | 경남 거창군 | 행정용도서관 대국민서비스 고도화(HW, SW) | 2 | 11,200 | 4 | 1 | 1 | 1 | 1 | 1 | 2 | 5 | 5 | 4 | 6 |
| 6530 | 경남 거창군 | 현대용도서관 대국민서비스 유지보수 | 2 | 355,000 | 5 | 4 | 8 | 5 | 1 | 1 | 2 | 5 | 5 | 4 | 4 |
| 6531 | 경남 거창군 | 도서관리시스템 통합 유지보수 | 1 | 94,000 | 5 | 2 | 1 | 3 | 5 | 5 | 2 | 5 | 5 | 4 | 4 |
| 6532 | 경남 거창군 | 도서관홈페이지 안정적 운영 | 1 | 13,000 | 5 | 4 | 1 | 7 | 1 | 1 | 4 | 5 | 5 | 4 | 6 |
| 6533 | 경남 거창군 | 지적향군부 전산화 DB 구축 | 3 | 15,200 | 1 | 4 | 1 | 7 | 5 | 5 | 4 | 5 | 5 | 4 | 6 |
| 6534 | 경남 거창군 | 지적공부통합관리시스템 유지관리 | 1 | 4,800 | 6 | 4 | 1 | 7 | 5 | 5 | 4 | 5 | 5 | 4 | 6 |
| 6535 | 경남 거창군 | 부동산종합관리공부시스템 SW 유지보수 | 1 | 12,368 | 5 | 4 | 1 | 1 | 1 | 1 | 4 | 5 | 5 | 4 | 6 |
| 6536 | 경남 거창군 | 지하시설물 D/B서버 구축 및 유지보수 | 2 | 75,000 | 6 | 6 | 7 | 6 | 1 | 1 | 4 | 5 | 5 | 4 | 6 |
| 6537 | 경남 거창군 | 입체주소 구축 및 주소정보기도 도 유지관리 | 1 | 35,718 | 5 | 5 | 1 | 7 | 2 | 2 | 4 | 5 | 5 | 4 | 6 |

- 211 -

| 순번 | 시군구 | 정보화사업명<br>·예산서 상 사업명 | 정보화사업 분류<br>1.유지 및 보수<br>2.SW/HW<br>개발 및 구매<br>3.DB구축<br>4.정보화<br>전략계획<br>(ISP) 수립<br>5.정보화지원<br>6.기타 | 2025년<br>예산<br>(단위:천원<br>/1년간) | 예산 편성근거<br>1.법률에 규정<br>2.국고보조 재원<br>3.용도지정기부금<br>4.조례<br>5.지자체 및<br>상위기관 정책<br>6.기타<br>7.해당없음 | 계약체결방법<br>(경쟁형태)<br>1.일반경쟁<br>2.제한경쟁<br>3.지명경쟁<br>4.수의계약<br>5.변경계약<br>6.기타( )<br>7.해당없음 | 정보화사업 입찰방식 | | | 정보화사업 예산 산정 | | | 성과평가 | | | 평가결과 활용 | |
|---|---|---|---|---|---|---|---|---|---|---|---|---|---|---|---|---|---|
| | | | | | | | 계약기간<br>1.1년<br>2.2년<br>3.3년<br>4.4년<br>5.5년<br>6.기타( )<br>7.단기계약<br>(1년미만)<br>8.해당없음 | 낙찰자 선정방식<br>1.적격심사<br>2.협상에 의한계약<br>3.최저가낙찰제<br>4.규격가격분리<br>5.2단계 경쟁입찰<br>6.기타( )<br>7.해당없음 | 원가산정<br>1.내부산정<br>2.외부산정<br>(전문기관에 의뢰)<br>3.내외부 모두 산정<br>4.산정 無<br>5.해당없음 | 정산방법<br>1.내부산정<br>(자체적으로 정산)<br>2.외부산정<br>(외부전문기관위탁<br>정산)<br>3.내외부 모두 정산<br>4.정산 無<br>5.해당없음 | 성과평가<br>실시여부<br>1.실시<br>2.미실시<br>3.향후 추진<br>4.해당없음 | 성과평가 주기<br>1.매년<br>2.격년<br>3.기간별로<br>4.기타( )<br>5.해당없음 | 성과평가 방법<br>1.자체평가<br>2.평가기관<br>구성 후 실시<br>(전문위원위촉)<br>3.전문<br>평가기관 의뢰<br>4.기타( )<br>5.해당없음 | 성과평가결과<br>인센티브 적용<br>유무<br>1.적용<br>2.적용 안함<br>3.기타( )<br>4.해당없음 | 인센티브 및<br>패널티 적용<br>근거<br>1.법률<br>2.조례<br>3.지침<br>4.계약서<br>5.기타( )<br>6.해당없음 |
| 6538 | 경남 거창군 | 주소정보관리시스템 유지관리 및 자체대시스템 구축 | 1 | 47,520 | 5 | 5 | 1 | 7 | 2 | 2 | 4 | 5 | 5 | 4 | 6 |
| 6539 | 경남 거창군 | 지방세정보시스템 유지관리 | 1 | 113,968 | 1 | 1 | 1 | 2 | 2 | 2 | 4 | 5 | 5 | 4 | 6 |
| 6540 | 경남 거창군 | 재난관리불력 및 영사시스템 유지보수 | 1 | 12,804 | 5 | 4 | 1 | 7 | 1 | 4 | 3 | 1 | 1 | 4 | 6 |
| 6541 | 경남 거창군 | 세외수입정보시스템 유지관리 | 1 | 58,605 | 5 | 5 | 1 | 7 | 2 | 2 | 4 | 5 | 5 | 4 | 6 |
| 6542 | 경남 거창군 | PC보안약점점검시스템업데이트 | 2 | 12,000 | 6 | 6 | 8 | 6 | 5 | 5 | 4 | 5 | 5 | 4 | 6 |
| 6543 | 경남 거창군 | 정보통신보안 및 행정정보통신망 유지보수 | 1 | 50,000 | 6 | 2 | 1 | 5 | 5 | 5 | 4 | 5 | 5 | 4 | 6 |
| 6544 | 경남 거창군 | 인터넷전화교환기 유지보수 | 1 | 20,000 | 6 | 4 | 4 | 7 | 5 | 5 | 4 | 5 | 5 | 4 | 6 |
| 6545 | 경남 거창군 | 디지털 행정방송시스템 유지보수 | 1 | 20,000 | 6 | 4 | 1 | 7 | 5 | 5 | 4 | 5 | 5 | 4 | 6 |
| 6546 | 경남 거창군 | CCTV 통합관제센터 정보보안 강화 | 6 | 40,000 | 6 | 6 | 7 | 6 | 5 | 5 | 4 | 5 | 5 | 4 | 6 |
| 6547 | 경남 거창군 | AI기반 객체 감지를 활용한 CCTV 기능 강화 | 6 | 212,000 | 2 | 6 | 8 | 6 | 5 | 5 | 4 | 5 | 5 | 4 | 6 |
| 6548 | 경남 거창군 | 스마트 마을방송시스템 기능개선 | 2 | 22,000 | 6 | 4 | 1 | 4 | 1 | 1 | 4 | 5 | 5 | 4 | 6 |
| 6549 | 경남 거창군 | 산지구도 DB 정비 및 유지관리 | 3 | 21,500 | 5 | 4 | 7 | 7 | 3 | 3 | 4 | 5 | 5 | 4 | 6 |
| 6550 | 경남 거창군 | 산불상황관제시스템 운영 관리 | 1 | 20,540 | 1 | 4 | 7 | 7 | 1 | 1 | 4 | 5 | 5 | 4 | 6 |
| 6551 | 경남 거창군 | 거창CC 정보시스템 관리 | 2 | 9,900 | 7 | 4 | 1 | 7 | 5 | 5 | 4 | 5 | 5 | 4 | 6 |
| 6552 | 경남 거창군 | 도시계획정보체계(UPIS) DB 연행회 및 유지관리 | 1 | 40,000 | 4 | 2 | 1 | 2 | 1 | 3 | 4 | 5 | 5 | 4 | 6 |
| 6553 | 경남 거창군 | 그린벨트 관리시스템 운영 및 유지관리 | 1 | 35,800 | 6 | 4 | 1 | 6 | 1 | 5 | 4 | 5 | 5 | 4 | 6 |
| 6554 | 경남 거창군 | 축산차량 GPS 단말기 설치 차량공유체계 구축 및 통신비 지원 | 1 | 15,600 | 5 | 7 | 8 | 7 | 5 | 5 | 4 | 5 | 5 | 4 | 6 |
| 6555 | 경남 거창군 | 동기계임대 홈페이지 유지관리 | 2 | 4,500 | 6 | 4 | 1 | 4 | 4 | 4 | 2 | 5 | 5 | 4 | 6 |
| 6556 | 경남 거창군 | 폐차관리시스템(PMS) 교체 구입 | 2 | 25,200 | 6 | 6 | 8 | 6 | 5 | 5 | 4 | 5 | 5 | 4 | 6 |
| 6557 | 경남 거창군 | 악거리종합자원시스템 및 장비 유지관리 | 1 | 27,000 | 6 | 6 | 8 | 7 | 5 | 5 | 4 | 5 | 5 | 4 | 6 |
| 6558 | 경남 합천군 | 행정망용 전산장비 교체 | 2 | 22,000 | 5 | 6 | 8 | 6(조달품목선정) | 5 | 5 | 4 | 5 | 5 | 4 | 6 |
| 6559 | 경남 합천군 | 통합관제센터 통합정보시스템 유지보수 | 1 | 236,000 | 6 | 2 | 1 | 2 | 1 | 1 | 4 | 5 | 5 | 4 | 6 |
| 6560 | 경남 합천군 | CCTV 유지보수 | 1 | 43,000 | 6 | 4 | 1 | 6 | 1 | 5 | 4 | 5 | 5 | 4 | 6 |
| 6561 | 경남 합천군 | 홈페이지 유지보수 용역 | 1 | 50,000 | 6 | 4 | 1 | 6 | 1 | 5 | 4 | 5 | 5 | 4 | 6 |
| 6562 | 경남 합천군 | 행정전산장비 유지보수 용역 | 2 | 112,000 | 6 | 7 | 8 | 7 | 5 | 5 | 4 | 5 | 5 | 4 | 6 |
| 6563 | 경남 합천군 | 온라인 통합유지보수 관리출현 구입 | 2 | 4,500 | 6 | 4 | 8 | 7 | 5 | 5 | 4 | 5 | 5 | 4 | 6 |
| 6564 | 경남 합천군 | 행정업무용 전산장비 교체 | 2 | 407,500 | 6 | 6 | 8 | 6 | 5 | 5 | 4 | 5 | 5 | 4 | 6 |
| 6565 | 경남 합천군 | 통합관제센터 정보통신시스템 유지보수 | 1 | 223,247 | 6 | 2 | 1 | 2 | 1 | 5 | 4 | 5 | 5 | 4 | 6 |
| 6566 | 경남 합천군 | CCTV 유지보수 | 1 | 70,333 | 6 | 4 | 1 | 6 | 1 | 5 | 4 | 5 | 5 | 4 | 6 |
| 6567 | 경남 합천군 | 정보통신망 유지보수 | 1 | 165,200 | 6 | 2 | 1 | 6 | 1 | 5 | 4 | 5 | 5 | 4 | 6 |
| 6568 | 경남 합천군 | 원무선방송장비 유지보수 | 1 | 37,300 | 6 | 4 | 1 | 6 | 1 | 5 | 4 | 5 | 5 | 4 | 6 |
| 6569 | 경남 합천군 | 행정용 통합스토리지 구매교체 | 2 | 1,510,000 | 6 | 7 | 8 | 7 | 5 | 5 | 4 | 5 | 5 | 4 | 6 |

- 212 -

| 순번 | 시군구 | 정보화사업 사업명<br>※ 예산서 실링 사업명 | 정보화사업 분류<br>1. 유지 및 보수<br>2. SW/HW 개발 및 구매<br>3. DB 구축<br>4. 정보화 전략계획(ISP) 수립<br>5. 정보보호지원<br>6. 기타 | 2025년 예산<br>(단위:천원/1년간) | 예산 편성근거<br>1. 법률에 규정<br>2. 국고보조 재원<br>3. 용도지정기부금<br>4. 조례<br>5. 지자체 및 상위기관 정책<br>6. 기타<br>7. 해당없음 | 계약체결방법<br>(경쟁형태)<br>1. 일반경쟁<br>2. 제한경쟁<br>3. 지명경쟁<br>4. 수의계약<br>5. 분할계약<br>6. 기타<br>7. 해당없음 | 정보화사업 계약기간 | 정보화사업 입찰방식<br>낙찰자 선정방식<br>1. 적격심사<br>2. 협상에 의한계약<br>3. 최저가낙찰제<br>4. 규격가격분리<br>5. 2단계 경쟁입찰<br>6. 기타<br>7. 해당없음 | 정보화사업 예산산정<br>평가산정<br>1. 내부산정<br>2. 외부산정<br>3. 내외부 모두 산정<br>4. 산정 未<br>5. 해당없음 | 정보화사업 예산 산정<br>정산방법<br>1. 내부정산<br>2. 외부정산<br>3. 내외부 모두 정산<br>4. 정산 未<br>5. 해당없음 | 성과평가 실시여부<br>1. 실시<br>2. 미실시<br>3. 향후 추진<br>4. 해당없음 | 성과평가 주기<br>1. 매년<br>2. 격년<br>3. 기간선정<br>4. 기타<br>5. 해당없음 | 성과평가 방법<br>1. 자체 평가<br>2. 평가단 구성 후 실시<br>(전문위원위촉)<br>3. 전문 평가기관 의뢰<br>4. 기타<br>5. 해당없음 | 평가결과 적용<br>성과평가결과 인센티브 및 페널티 적용 유무<br>1. 적용<br>2. 적용 안함<br>3. 기타<br>4. 해당없음 | 평가결과 적용<br>인센티브 및 페널티 적용 근거<br>1. 법률<br>2. 조례<br>3. 지침<br>4. 계약서<br>5. 기타<br>6. 해당없음 |
|---|---|---|---|---|---|---|---|---|---|---|---|---|---|---|---|
| 6569 | 강원 인제군 | 행정업무용 상용소프트웨어 등 구입 | 2 | 120,000 | 6 | 4 | 1 | 6(조달물품선정) | 5 | 5 | 4 | 5 | 5 | 4 | 6 |
| 6570 | 강원 인제군 | 노후화 네트워크스위치 교체 구입 | 2 | 49,900 | 6 | 6 | 8 | 6(조달물품선정) | 5 | 5 | 4 | 5 | 5 | 4 | 6 |
| 6571 | 강원 인제군 | 공인방송장비 장치 교체 구입 | 2 | 24,000 | 6 | 6 | 8 | 6(조달물품선정) | 5 | 5 | 4 | 5 | 5 | 4 | 6 |
| 6572 | 강원 인제군 | 부동산종합공부시스템 유지보수 | 1 | 13,000 | 5 | 4 | 1 | 6 | 1 | 5 | 4 | 5 | 5 | 4 | 6 |
| 6573 | 강원 인제군 | 지적전자문서시스템 유지보수 | 1 | 5,000 | 6 | 4 | 1 | 6 | 1 | 5 | 4 | 5 | 5 | 4 | 6 |
| 6574 | 강원 인제군 | 지적문서 전산화사업 | 2 | 20,000 | 6 | 4 | 1 | 6 | 1 | 5 | 4 | 5 | 5 | 4 | 6 |
| 6575 | 강원 인제군 | 도시계획정보체계(UPIS) DB현행화 및 유지관리용역 | 1 | 20,000 | 6 | 4 | 1 | 6 | 1 | 5 | 4 | 5 | 5 | 4 | 6 |
| 6576 | 강원 인제군 | 공간보활용시스템 DB/SW 유지보수 | 1 | 20,000 | 6 | 4 | 1 | 6 | 1 | 5 | 4 | 5 | 5 | 4 | 6 |
| 6577 | 강원 인제군 | 생활밀착형 스마트도시재생 기술지원 | 2 | 1,180,000 | 6 | 7 | 8 | 7 | 5 | 5 | 4 | 5 | 5 | 4 | 6 |
| 6578 | 강원 인제군 | 출산전송시스템 유지보수용역 | 1 | 6,200 | 6 | 4 | 1 | 6 | 1 | 5 | 4 | 5 | 5 | 4 | 6 |
| 6579 | 강원 인제군 | 스마트정보안내시스템 유지보수 | 1 | 13,000 | 6 | 4 | 1 | 6 | 1 | 5 | 4 | 5 | 5 | 4 | 6 |
| 6580 | 강원 인제군 | RFID 물품관리시스템 유지보수 용역 | 1 | 6,000 | 6 | 4 | 1 | 6 | 1 | 5 | 4 | 5 | 5 | 4 | 6 |
| 6581 | 강원 인제군 | 차량번호판 영치시스템 유지보수비 | 1 | 4,800 | 6 | 4 | 1 | 6 | 1 | 5 | 2 | 5 | 5 | 4 | 6 |
| 6582 | 강원 인제군 | 제주관광 통합이미지 통합 유지관리 | 1 | 4,800 | 6 | 2 | 1 | 2 | 5 | 5 | 4 | 5 | 5 | 4 | 6 |
| 6583 | 강원 인제군 | 주정차 문자알림시스템 유지보수 | 1 | 7,000 | 6 | 4 | 7 | 7 | 1 | 5 | 4 | 5 | 5 | 4 | 6 |
| 6584 | 강원 인제군 | 무보험 송치 관리시스템 유지관리 | 1 | 4,500 | 1 | 4 | 1 | 6 | 1 | 4 | 4 | 5 | 5 | 2 | 5 |
| 6585 | 제주 제주시 | 제주 주차 연번호 유지관리 | 1 | 22,000 | 6 | 4 | 1 | 6 | 1 | 4 | 4 | 5 | 5 | 2 | 5 |
| 6586 | 제주 제주시 | 전기자 충전소 관제 통합 유지관리 | 1 | 55,000 | 6 | 4 | 1 | 7 | 1 | 4 | 2 | 5 | 5 | 2 | 5 |
| 6587 | 제주 제주시 | 제주시 홈페이지 통합 유지관리 | 1 | 199,901 | 1 | 2 | 1 | 3 | 1 | 4 | 2 | 5 | 5 | 2 | 5 |
| 6588 | 제주 제주시 | 개인정보 보호수준 진단 및 개인정보 영향평가 | 5 | 29,017 | 6 | 2 | 7 | 2 | 1 | 4 | 2 | 5 | 5 | 4 | 4 |
| 6589 | 제주 제주시 | 리사우스 및 정보화교육 전산장비 유지관리 | 1 | 14,000 | 1 | 2 | 1 | 7 | 1 | 5 | 4 | 5 | 5 | 4 | 4 |
| 6590 | 제주 제주시 | 문자전송시스템 유지관리 | 1 | 10,489 | 4 | 2 | 1 | 2 | 1 | 4 | 4 | 5 | 5 | 4 | 4 |
| 6591 | 제주 제주시 | 모바일 고지 안내 시스템 | 1 | 15,634 | 4 | 2 | 8 | 5 | 4 | 1 | 4 | 5 | 5 | 2 | 4 |
| 6592 | 제주 제주시 | 제주시 온라인 학습센터 유지관리 | 1 | 9,700 | 1 | 2 | 1 | 2 | 1 | 1 | 4 | 5 | 5 | 2 | 4 |
| 6593 | 제주 제주시 | 행정업무용 전산장비 유지관리 | 5 | 111,000 | 1 | 2 | 1 | 3 | 1 | 1 | 2 | 5 | 5 | 2 | 4 |
| 6594 | 제주 제주시 | 행정업무용 전산장비 유지관리 | 1 | 178,000 | 1 | 2 | 7 | 2 | 1 | 1 | 4 | 5 | 5 | 4 | 6 |
| 6595 | 제주 제주시 | 행정업무용 노후 컴퓨터 및 모니터 교체 | 2 | 960,000 | 4 | 2 | 8 | 5 | 1 | 1 | 4 | 5 | 5 | 4 | 6 |
| 6596 | 제주 제주시 | 정보보호 보안장비(비) 유지관리 | 1 | 116,490 | 1 | 2 | 1 | 2 | 1 | 1 | 4 | 5 | 5 | 4 | 6 |
| 6597 | 제주 제주시 | 행정영상방송 시스템 통합 유지관리 | 1 | 257,498 | 1 | 2 | 1 | 2 | 1 | 1 | 4 | 5 | 5 | 4 | 4 |
| 6598 | 제주 제주시 | 시정영상방송 및 청내방송시스템 유지관리 | 1 | 22,000 | 6 | 4 | 1 | 7 | 1 | 1 | 4 | 5 | 5 | 4 | 4 |
| 6599 | 제주 서귀포시 | 2025년 서귀포시 홈페이지 통합 유지관리 용역 | 1 | 75,960 | 1 | 2 | 1 | 2 | 1 | 1 | 4 | 5 | 5 | 4 | 4 |

| 순번 | 시군구 | 정보화 사업명<br>・예산서 상의 사업명 | 정보화사업 분류<br>1. 유지 및 보수<br>2. SW/HW 개발 및 구매<br>3. DB 구축<br>4. 정보화 전략계획(ISP) 수립<br>5. 정보화지원<br>6. 기타 | 2025년 예산<br>(단위:천원/1년간) | 예산 편성근거<br>1. 법률에 규정<br>2. 국고보조 재원<br>3. 용도지정기부금<br>4. 조례<br>5. 지자체 및 상위기관 정책<br>6. 기타<br>7. 해당없음 | 계약체결방식(경쟁방식)<br>1. 일반경쟁<br>2. 제한경쟁<br>3. 지명경쟁<br>4. 수의계약<br>5. 낙찰하탁<br>6. 기타( )<br>7. 해당없음 | 계약기간<br>1. 1년<br>2. 2년<br>3. 3년<br>4. 4년<br>5. 5년<br>6. 기타 ( )<br>7. 단기계약(1년미만)<br>8. 해당없음 | 낙찰자 선정방식<br>1. 적격심사<br>2. 협상에 의한 계약<br>3. 최저가낙찰제<br>4. 규격가격분리<br>5. 2단계 경쟁입찰<br>6. 기타( )<br>7. 해당없음 | 평가선정<br>1. 내부선정(자체적으로 선정)<br>2. 외부선정(전문기관에 선정)<br>3. 내외부 모두 선정<br>4. 선정 無<br>5. 해당없음 | 정산방법<br>1. 내부정산(자체적으로 정산)<br>2. 외부정산(외부전문기관에 정산)<br>3. 내외부 모두 정산<br>4. 정산 無<br>5. 해당없음 | 성과평가 실시여부<br>1. 실시<br>2. 미실시<br>3. 향후 추진<br>4. 해당없음 | 성과평가 주기<br>1. 매년<br>2. 2년<br>3. 기관운영<br>4. 기타( )<br>5. 해당없음 | 성과평가 방법<br>1. 자체 평가<br>2. 평가단 구성후 평가(전문위원축)<br>3. 전문 평가기관 의뢰<br>4. 기타( )<br>5. 해당없음 | 성과평가결과 인센티브 및 패널티 적용 유무<br>1. 적용<br>2. 적용 안함<br>3. 기타( )<br>4. 해당없음 | 인센티브 및 패널티 적용 근거<br>1. 법률<br>2. 조례<br>3. 지침<br>4. 계약서<br>5. 기타<br>6. 해당없음 |
|---|---|---|---|---|---|---|---|---|---|---|---|---|---|---|---|
| 6600 | 제주 서귀포시 | 2025년 서귀포시 통합예약예산관리시스템 용역 | 1 | 92,150 | 1 | 2 | 1 | 2 | 1 | 1 | 4 | 5 | 5 | 4 | 4 |
| 6601 | 제주 서귀포시 | 2025년 서귀포시 홈페이지 기능개발사업 용역 | 1 | 19,600 | 1 | 4 | 1 | 2 | 1 | 1 | 4 | 5 | 5 | 4 | 4 |
| 6602 | 제주 서귀포시 | 행정정보공통기반 및 재해복구시스템 유지관리 | 1 | 92,801 | 1 | 5 | 1 | 7 | 2 | 2 | 4 | 5 | 5 | 4 | 4 |
| 6603 | 제주 서귀포시 | 행정정보시스템 유지관리 | 1 | 40,598 | 4 | 2 | 1 | 3 | 1 | 5 | 4 | 5 | 5 | 4 | 4 |
| 6604 | 제주 서귀포시 | 업무혁신 자동화 프로그램 개발 | 2 | 20,000 | 4 | 6 | 7 | 7 | 1 | 5 | 4 | 5 | 5 | 4 | 4 |
| 6605 | 제주 서귀포시 | 공공데이터 품질관리 및 개방사업 추진 | 3 | 20,000 | 1 | 4 | 1 | 7 | 5 | 5 | 4 | 5 | 5 | 4 | 4 |
| 6606 | 제주 서귀포시 | 2025년 정보통신시스템 유지관리 용역 | 1 | 212,000 | 1 | 2 | 1 | 2 | 1 | 1 | 4 | 5 | 5 | 4 | 4 |
| 6607 | 제주 서귀포시 | 2025년 방송시스템 유지관리 용역 | 1 | 22,000 | 1 | 7 | 8 | 7 | 1 | 1 | 4 | 5 | 5 | 4 | 4 |
| 6608 | 제주 서귀포시 | 네트워크 운영장비(L2 스위치) 교체 | 2 | 25,000 | 7 | 7 | 1 | 2 | 1 | 1 | 4 | 5 | 5 | 4 | 6 |
| 6609 | 제주 서귀포시 | 정보보호시스템 통합 유지관리 및 정보보호서비스 | 1 | 202,054 | 7 | 2 | 7 | 2 | 1 | 1 | 4 | 5 | 5 | 4 | 6 |
| 6610 | 제주 서귀포시 | 행정업무용 정보장비 구입 | 1 | 139,000 | 5 | 2 | 7 | 3 | 1 | 1 | 4 | 5 | 5 | 4 | 6 |
| 6611 | 제주 서귀포시 | 2025년 개인정보 보호수준 강화 사업 | 5 | 115,200 | 7 | 4 | 1 | 7 | 1 | 1 | 4 | 5 | 5 | 4 | 6 |
| 6612 | 제주 서귀포시 | 2025년 서귀포시 행정업무용 PC 임도우 11 업그레이드 용역 | 1 | 71,628 | 7 | 4 | 7 | 7 | 1 | 1 | 4 | 5 | 1 | 4 | 6 |
| 6613 | 제주 서귀포시 | 불법 부정차 행정재심 주청자인 과태료 부과정수 단속업무 정보보수 용역 | 1 | 2,079 | 7 | 6 | 1 | 6 | 5 | 1 | 4 | 5 | 5 | 4 | 4 |
| 6614 | 제주 서귀포시 | 2025년도 주행형 불법주차 단속시스템 통합주차정보시스템 유지보수 용역 | 1 | 4,745 | 7 | 2 | 7 | 3 | 1 | 1 | 4 | 5 | 5 | 4 | 4 |
| 6615 | 제주 서귀포시 | 서귀포시 스마트 통합주차정보시스템 구축 | 2 | 9,655 | 1 | 1 | 7 | 5 | 3 | 3 | 4 | 5 | 5 | 4 | 4 |
| 6616 | 제주 서귀포시 | 2025년 자동방제함 주정차위반(고정식) 운영관리 플랫폼(디지털서비스) 조달 구매 | 1 | 165,154 | 7 | 7 | 8 | 6 | 3 | 3 | 4 | 5 | 5 | 4 | 4 |
| 6617 | 제주 서귀포시 | 성과관리시스템 | 1 | 47,594 | 7 | 4 | 1 | 7 | 1 | 1 | 4 | 5 | 5 | 4 | 4 |
| 6618 | 제주 서귀포시 | 7개소 도서관 통합주차정보시스템 구축 | 2 | 700,000 | 1 | 1 | 7 | 1 | 1 | 3 | 4 | 5 | 5 | 4 | 4 |
| 6619 | 제주 서귀포시 | 성과관리시스템 | 1 | 3,893 | 7 | 7 | 1 | 4 | 1 | 1 | 4 | 5 | 5 | 4 | 4 |
| 6620 | 제주 서귀포시 | 청소년스마트홈충사업 | 6 | 300,000 | 7 | 7 | 8 | 7 | 5 | 5 | 4 | 5 | 5 | 4 | 6 |
| 6621 | 제주 서귀포시 | 대정읍 스마트기술 지원사업 | 1 | 26,000 | 5 | 4 | 1 | 6 | 1 | 1 | 4 | 5 | 5 | 4 | 4 |
| 6622 | 제주 서귀포시 | 부동산종합공부시스템 전산장비 유지보수 용역 | 1 | 36,000 | 1 | 4 | 7 | 7 | 1 | 1 | 4 | 5 | 5 | 4 | 4 |
| 6623 | 제주 서귀포시 | 2025년 지적공부문부지 전산문서 구축 용역 | 3 | 50,000 | 1 | 4 | 7 | 7 | 3 | 3 | 4 | 4 | 4 | 4 | 4 |
| 6624 | 제주 서귀포시 | 도서관사무 자동화시스템 통합 유지보수 용역 | 1 | 53,150 | 5 | 1 | 1 | 5 | 3 | 3 | 4 | 4 | 4 | 4 | 4 |
| 6625 | 제주 서귀포시 | 7개소 도서관 정보이용실 PC 유지관리 용역 | 1 | 8,400 | 5 | 4 | 1 | 6 | 3 | 3 | 4 | 4 | 4 | 4 | 4 |
| 6626 | 제주 서귀포시 | 7개소 도서관 정보이용실 PC 유지관리 용역 | 1 | 8,400 | 5 | 7 | 8 | 7 | 5 | 5 | 4 | 4 | 5 | 4 | 6 |
| 6627 | 제주 서귀포시 | 7개소 도서관 정보이용실 PC 유지관리 용역 | 1 | 8,400 | 5 | 4 | 8 | 7 | 1 | 1 | 4 | 4 | 5 | 4 | 6 |
| 6628 | 제주 서귀포시 | 중선방행위 단속통합시스템 운영 | 1 | 6,000 | 7 | 4 | 1 | 7 | 5 | 5 | 2 | 4 | 4 | 4 | 4 |
| 6629 | 제주 서귀포시 | 중요기록물DB구축사업 | 3 | 50,000 | 1 | 7 | 7 | 7 | 1 | 1 | 2 | 5 | 5 | 4 | 4 |
| 6630 | 제주 서귀포시 | 제18차 부동주장 주차경제시스템 유지관리용역 | 1 | 7,344 | 7 | 7 | 1 | 7 | 1 | 5 | 4 | 5 | 5 | 4 | 4 |

- 214 -

# 배성기 (裵成基)

| 약력 |

現 공공서비스연구원 원장, 한국민간위탁연구소 소장, 한국공공서비스연구소 소장, 한국사회적가치연구소 소장, 한국지방의정연구소 소장, 단국대학교 경영학 박사, 가천대학교 회계학 석사
現 단국대학교 경영학과 외래교수
現 파주시청 민간위탁 운영심의위원, 은평구청 민간위탁 적정성운영위원
現 중랑구의회 의정자문위원, 한국의정연구회 지방의회연구소 초빙교수
現 송파구 민간위탁 운영평가위원, 사회적기업 육성 위원
現 성북구 사회적경제 육성위원, 성북민관협치 운영위원
現 국민권익위원회 부패영향평가 자문위원
現 가천대학교 사회적기업과고용관계연구소 비상임 선임연구원
現 에코아이 지속가능경영연구소 비상임 소장
現 (재)현대산업경제연구원 비상임 연구위원
前 서울시 민간위탁 원가분석 자문위원
前 단국대학교 경제학과 외래교수

| 주요 연구수행실적 |

「정부 및 지자체 등으로부터 위탁받은 사업 매뉴얼 구축 용역」
「2017년 재정사업 성과평가 용역(산림자원육성)」
「농림축산식품 정보화사업 성과관리체계 구축 연구」
「자동차전용도로 효율적 관리를 위한 직무분석 용역」
「산림문화휴양촌 관리운영 방안 수립 연구 용역」
「생활폐기물 수집·운반 및 처리시설 민간위탁 타당성 및 운영효율화 방안」
「산업단지 폐수처리시설 민간위탁 타당성 및 운영효율화 방안」
「종합사회복지관 민간위탁 타당성 및 운영효율화 방안」
「장애인복지관 민간위탁 타당성 및 운영효율화 방안」
「노인종합복지관 민간위탁 타당성 및 운영효율화 방안」
「아동·청소년시설 민간위탁 타당성 및 운영효율화 방안」
「소각장 민간위탁 타당성 및 운영효율화 방안」
「자동집하시설 민간위탁 타당성 및 운영효율화 방안」
「가로등관리 민간위탁 타당성 및 운영효율화 방안」
「공원관리 민간위탁 타당성 및 운영효율화 방안」
「문화예술·체육시설 운영관리 민간위탁 타당성 및 운영효율화 방안」 외 다수

| 주요 저술실적 |

저서 : 지방자치단체 민간위탁 운영관리메뉴얼 Ⅰ,Ⅱ,Ⅲ권, 민간위탁 원가산정, 공공관리와 성과, 민간위탁 조례 및 계약 관리 방안, 하수처리시설 민간위탁 서비스 평가, 공공하수도시설 민간위탁 서비스 경영, 생활폐기물 수집·운반 및 처리시설 민간위탁 서비스 경영 등
번역 : OECD 정부기능 및 정부서비스 민간위탁 외 4권
논문 : 민간위탁서비스 핵심운영요인이 운영성과에 미치는 영향에 관한 실증 연구(2014) 등 3개
발표 : 한국생산관리학회, 한국구매조달학회, 한국관광경영학회 등 다수

# KCOMI 발간도서 소개

## ● 민간위탁 통계

**KCOMI 통계**
### 2025 전국 지방자치단체 민·관 협업사무 운영 현황 I
민간위탁금(307-05)
사회복지시설법정운영비보조(307-10)
민간인위탁교육비(307-12)
공기관등에대한경상적대행사업비(308-10)

본 도서는 전국 17개 광역자치단체를 포함한 243개 지방자치단체의 2021년 민관 협업사무 운영 현황으로서 국내에서 유일하게 전국 민관 협업사무 운영 현황을 파악할 수 있는 자료이다. 해당 시리즈는 총 3권으로 제작되었다.

배성기 지음
한국민간위탁경영구소
2025년 3월 출간

**KCOMI 통계**
### 2025 전국 지방자치단체 민·관 협업사무 운영 현황 II
민간위탁금(307-05)
사회복지시설법정운영비보조(307-10)
민간인위탁교육비(307-12)
공기관등에대한경상적대행사업비(308-10)

본 도서는 전국 17개 광역자치단체를 포함한 243개 지방자치단체의 2021년 민관 협업사무 운영 현황으로서 국내에서 유일하게 전국 민관 협업사무 운영 현황을 파악할 수 있는 자료이다. 해당 시리즈는 총 3권으로 제작되었다.

배성기 지음
한국민간위탁경영구소
2025년 3월 출간

**KCOMI 통계**
### 2025 전국 지방자치단체 민·관 협업사무 운영 현황 III
민간위탁금(307-05)
사회복지시설법정운영비보조(307-10)
민간인위탁교육비(307-12)
공기관등에대한경상적대행사업비(308-10)

본 도서는 전국 17개 광역자치단체를 포함한 243개 지방자치단체의 2021년 민관 협업사무 운영 현황으로서 국내에서 유일하게 전국 민관 협업사무 운영 현황을 파악할 수 있는 자료이다. 해당 시리즈는 총 3권으로 제작되었다.

배성기 지음
한국민간위탁경영구소
2025년 3월 출간

**KCOMI 통계**
### 2024 전국 지방자치단체 중간지원조직 위탁 운영현황
민간위탁금(307-05)
사회복지시설법정운영비보조(307-10)
민간인위탁교육비(307-12)
공기관등에대한경상적대행사업비(308-10)

본 도서는 전국 17개 광역자치단체를 포함한 243개 지방자치단체의 2021년 민관 협업사무 운영 현황으로서 국내에서 유일하게 전국 민관 협업사무 운영 현황을 파악할 수 있는 자료이다.

배성기 지음
한국민간위탁경영구소
2024년 10월 출간

**KCOMI 통계**
## 2024 전국 지방자치단체 정보화사업 추진현황
민간위탁금(307-05)
사회복지시설법정운영비보조(307-10)
민간인위탁교육비(307-12)
공기관등에대한경상적대행사업비(308-10)

본 도서는 전국 17개 광역자치단체를 포함한 243개 지방자치단체의 2021년 민관 협업사무 운영 현황으로서 국내에서 유일하게 전국 민관 협업사무 운영 현황을 파악할 수 있는 자료이다.

배성기 지음
한국민간위탁경영구소
2024년 10월 출간

**KCOMI 통계**
## 2024 전국 지방자치단체 사회복지시설 운영현황
민간위탁금(307-05)
사회복지시설법정운영비보조(307-10)
민간인위탁교육비(307-12)
공기관등에대한경상적대행사업비(308-10)

본 도서는 전국 17개 광역자치단체를 포함한 243개 지방자치단체의 2021년 민관 협업사무 운영 현황으로서 국내에서 유일하게 전국 민관 협업사무 운영 현황을 파악할 수 있는 자료이다.

배성기 지음
한국민간위탁경영구소
2024년 10월 출간

**KCOMI 통계**
## 2024 전국 지방자치단체 평생교육시설 운영현황
민간위탁금(307-05)
사회복지시설법정운영비보조(307-10)
민간인위탁교육비(307-12)
공기관등에대한경상적대행사업비(308-10)

본 도서는 전국 17개 광역자치단체를 포함한 243개 지방자치단체의 2021년 민관 협업사무 운영 현황으로서 국내에서 유일하게 전국 민관 협업사무 운영 현황을 파악할 수 있는 자료이다.

배성기 지음
한국민간위탁경영구소
2024년 10월 출간

**KCOMI 통계**
## 2024 전국 지방자치단체 청소년수련시설 운영현황
민간위탁금(307-05)
사회복지시설법정운영비보조(307-10)
민간인위탁교육비(307-12)
공기관등에대한경상적대행사업비(308-10)

본 도서는 전국 17개 광역자치단체를 포함한 243개 지방자치단체의 2021년 민관 협업사무 운영 현황으로서 국내에서 유일하게 전국 민관 협업사무 운영 현황을 파악할 수 있는 자료이다.

배성기 지음
한국민간위탁경영구소
2024년 10월 출간

**KCOMI 통계**
## 2024 전국 지방자치단체 문화예술시설 운영현황
민간위탁금(307-05)
사회복지시설법정운영비보조(307-10)
민간인위탁교육비(307-12)
공기관등에대한경상적대행사업비(308-10)

본 도서는 전국 17개 광역자치단체를 포함한 243개 지방자치단체의 2021년 민관 협업사무 운영 현황으로서 국내에서 유일하게 전국 민관 협업사무 운영 현황을 파악할 수 있는 자료이다.

배성기 지음
한국민간위탁경영구소
2024년 10월 출간

**KCOMI 통계**
## 2024 전국 지방자치단체 관광시설 운영현황
민간위탁금(307-05)
사회복지시설법정운영비보조(307-10)
민간인위탁교육비(307-12)
공기관등에대한경상적대행사업비(308-10)

본 도서는 전국 17개 광역자치단체를 포함한 243개 지방자치단체의 2021년 민관 협업사무 운영 현황으로서 국내에서 유일하게 전국 민관 협업사무 운영 현황을 파악할 수 있는 자료이다.

배성기 지음
한국민간위탁경영구소
2024년 10월 출간

**KCOMI 통계**
## 2024 전국 지방자치단체 체육시설 운영현황
민간위탁금(307-05)
사회복지시설법정운영비보조(307-10)
민간인위탁교육비(307-12)
공기관등에대한경상적대행사업비(308-10)

본 도서는 전국 17개 광역자치단체를 포함한 243개 지방자치단체의 2021년 민관 협업사무 운영 현황으로서 국내에서 유일하게 전국 민관 협업사무 운영 현황을 파악할 수 있는 자료이다.

배성기 지음
한국민간위탁경영구소
2024년 10월 출간

**KCOMI 통계**
## 2024 전국 지방자치단체 민원콜센터 운영현황
민간위탁금(307-05)
사회복지시설법정운영비보조(307-10)
민간인위탁교육비(307-12)
공기관등에대한경상적대행사업비(308-10)

본 도서는 전국 17개 광역자치단체를 포함한 243개 지방자치단체의 2021년 민관 협업사무 운영 현황으로서 국내에서 유일하게 전국 민관 협업사무 운영 현황을 파악할 수 있는 자료이다.

배성기 지음
한국민간위탁경영구소
2024년 10월 출간

**KCOMI 통계**
## 2024 전국 지방자치단체 폐기물처리시설 운영현황
민간위탁금(307-05)
사회복지시설법정운영비보조(307-10)
민간인위탁교육비(307-12)
공기관등에대한경상적대행사업비(308-10)

본 도서는 전국 17개 광역자치단체를 포함한 243개 지방자치단체의 2021년 민관 협업사무 운영 현황으로서 국내에서 유일하게 전국 민관 협업사무 운영 현황을 파악할 수 있는 자료이다.

배성기 지음
한국민간위탁경영구소
2024년 10월 출간

**KCOMI 통계**
## 2024 전국 지방자치단체 생활폐기물 수집운반 운영현황
민간위탁금(307-05)
사회복지시설법정운영비보조(307-10)
민간인위탁교육비(307-12)
공기관등에대한경상적대행사업비(308-10)

본 도서는 전국 17개 광역자치단체를 포함한 243개 지방자치단체의 2021년 민관 협업사무 운영 현황으로서 국내에서 유일하게 전국 민관 협업사무 운영 현황을 파악할 수 있는 자료이다.

배성기 지음
한국민간위탁경영구소
2024년 10월 출간

**KCOMI 통계**
## 2024 전국 지방자치단체 상수도시설 운영현황
민간위탁금(307-05)
사회복지시설법정운영비보조(307-10)
민간인위탁교육비(307-12)
공기관등에대한경상적대행사업비(308-10)

본 도서는 전국 17개 광역자치단체를 포함한 243개 지방자치단체의 2021년 민관 협업사무 운영 현황으로서 국내에서 유일하게 전국 민관 협업사무 운영 현황을 파악할 수 있는 자료이다.

배성기 지음
한국민간위탁경영구소
2024년 10월 출간

**KCOMI 통계**
## 2024 전국 지방자치단체 공공하수도시설 운영현황
민간위탁금(307-05)
사회복지시설법정운영비보조(307-10)
민간인위탁교육비(307-12)
공기관등에대한경상적대행사업비(308-10)

본 도서는 전국 17개 광역자치단체를 포함한 243개 지방자치단체의 2021년 민관 협업사무 운영 현황으로서 국내에서 유일하게 전국 민관 협업사무 운영 현황을 파악할 수 있는 자료이다.

배성기 지음
한국민간위탁경영구소
2024년 10월 출간

### KCOMI 통계
### 2024 전국 지방자치단체
### 민·관 협업사무 운영 현황 I
민간위탁금(307-05)
사회복지시설법정운영비보조(307-10)
민간인위탁교육비(307-12)
공기관등에대한경상적대행사업비(308-10)

본 도서는 전국 17개 광역자치단체를 포함한 243개 지방자치단체의 2021년 민관 협업사무 운영 현황으로서 국내에서 유일하게 전국 민관 협업사무 운영 현황을 파악할 수 있는 자료이다. 해당 시리즈는 총 3권으로 제작되었다.

배성기 지음
한국민간위탁경영구소
2024년 2월 출간

---

### KCOMI 통계
### 2024 전국 지방자치단체
### 민·관 협업사무 운영 현황 II
민간위탁금(307-05)
사회복지시설법정운영비보조(307-10)
민간인위탁교육비(307-12)
공기관등에대한경상적대행사업비(308-10)

본 도서는 전국 17개 광역자치단체를 포함한 243개 지방자치단체의 2021년 민관 협업사무 운영 현황으로서 국내에서 유일하게 전국 민관 협업사무 운영 현황을 파악할 수 있는 자료이다. 해당 시리즈는 총 3권으로 제작되었다.

배성기 지음
한국민간위탁경영구소
2024년 2월 출간

---

### KCOMI 통계
### 2024 전국 지방자치단체
### 민·관 협업사무 운영 현황 III
민간위탁금(307-05)
사회복지시설법정운영비보조(307-10)
민간인위탁교육비(307-12)
공기관등에대한경상적대행사업비(308-10)

본 도서는 전국 17개 광역자치단체를 포함한 243개 지방자치단체의 2021년 민관 협업사무 운영 현황으로서 국내에서 유일하게 전국 민관 협업사무 운영 현황을 파악할 수 있는 자료이다. 해당 시리즈는 총 3권으로 제작되었다.

배성기 지음
한국민간위탁경영구소
2024년 2월 출간

---

### KCOMI 통계
### 2024 중앙행정기관
### 행정사무 민간이전 운영현황
민간위탁금(307-05)
사회복지시설법정운영비보조(307-10)
민간인위탁교육비(307-12)
공기관등에대한경상적대행사업비(308-10)

본 도서는 전국 17개 광역자치단체를 포함한 243개 지방자치단체의 2021년 민관 협업사무 운영 현황으로서 국내에서 유일하게 전국 민관 협업사무 운영 현황을 파악할 수 있는 자료이다.

배성기 지음
한국민간위탁경영구소
2024년 2월 출간

---

### KCOMI 통계
### 2023 전국 지방자치단체
### 민·관 협업사무 운영 현황
### 장애인 복지시설

민간위탁금(307-05)
사회복지시설법정운영비보조(307-10)
민간인위탁교육비(307-12)
공기관등에대한경상적대행사업비(308-10)

본 도서는 전국 17개 광역자치단체를 포함한 243개 지방자치단체의 2021년 민관 협업사무 운영 현황으로서 국내에서 유일하게 전국 민관 협업사무 운영 현황을 파악할 수 있는 자료이다.

배성기 지음
한국민간위탁경영구소
2023년 10월 출간

---

### KCOMI 통계
### 2023 전국 지방자치단체
### 민·관 협업사무 운영 현황
### 청소년 수련시설
민간위탁금(307-05)
사회복지시설법정운영비보조(307-10)
민간인위탁교육비(307-12)
공기관등에대한경상적대행사업비(308-10)

본 도서는 전국 17개 광역자치단체를 포함한 243개 지방자치단체의 2021년 민관 협업사무 운영 현황으로서 국내에서 유일하게 전국 민관 협업사무 운영 현황을 파악할 수 있는 자료이다.

배성기 지음
한국민간위탁경영구소
2023년 10월 출간

## KCOMI 통계
### 2023 전국 지방자치단체 민·관 협업사무 운영 현황 주차장

민간위탁금(307-05)
사회복지시설법정운영비보조(307-10)
민간인위탁교육비(307-12)
공기관등에대한경상적대행사업비(308-10)

본 도서는 전국 17개 광역자치단체를 포함한 243개 지방자치단체의 2021년 민관 협업사무 운영 현황으로서 국내에서 유일하게 전국 민관 협업사무 운영 현황을 파악할 수 있는 자료이다.

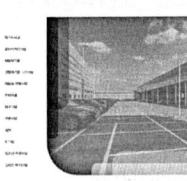

2023 전국 지방자치단체 민·관 협업사무 운영 현황 | 주차장 |

배성기 지음
한국민간위탁경영구소
2023년 10월 출간

## KCOMI 통계
### 2023 전국 지방자치단체 민·관 협업사무 운영 현황 공원

민간위탁금(307-05)
사회복지시설법정운영비보조(307-10)
민간인위탁교육비(307-12)
공기관등에대한경상적대행사업비(308-10)

본 도서는 전국 17개 광역자치단체를 포함한 243개 지방자치단체의 2021년 민관 협업사무 운영 현황으로서 국내에서 유일하게 전국 민관 협업사무 운영 현황을 파악할 수 있는 자료이다.

2023 전국 지방자치단체 민·관 협업사무 운영 현황 | 공원 |

배성기 지음
한국민간위탁경영구소
2023년 10월 출간

## KCOMI 통계
### 2023 전국 지방자치단체 민·관 협업사무 운영 현황 관광시설

민간위탁금(307-05)
사회복지시설법정운영비보조(307-10)
민간인위탁교육비(307-12)
공기관등에대한경상적대행사업비(308-10)

본 도서는 전국 17개 광역자치단체를 포함한 243개 지방자치단체의 2021년 민관 협업사무 운영 현황으로서 국내에서 유일하게 전국 민관 협업사무 운영 현황을 파악할 수 있는 자료이다.

2023 전국 지방자치단체 민·관 협업사무 운영 현황 | 관광시설 |

배성기 지음
한국민간위탁경영구소
2023년 10월 출간

## KCOMI 통계
### 2023 전국 지방자치단체 민·관 협업사무 운영 현황 문화예술

민간위탁금(307-05)
사회복지시설법정운영비보조(307-10)
민간인위탁교육비(307-12)
공기관등에대한경상적대행사업비(308-10)

본 도서는 전국 17개 광역자치단체를 포함한 243개 지방자치단체의 2021년 민관 협업사무 운영 현황으로서 국내에서 유일하게 전국 민관 협업사무 운영 현황을 파악할 수 있는 자료이다.

2023 전국 지방자치단체 민·관 협업사무 운영 현황 | 문화예술 |

배성기 지음
한국민간위탁경영구소
2023년 10월 출간

## KCOMI 통계
### 2023 전국 지방자치단체 민·관 협업사무 운영 현황 재활용 선별시설

민간위탁금(307-05)
사회복지시설법정운영비보조(307-10)
민간인위탁교육비(307-12)
공기관등에대한경상적대행사업비(308-10)

본 도서는 전국 17개 광역자치단체를 포함한 243개 지방자치단체의 2021년 민관 협업사무 운영 현황으로서 국내에서 유일하게 전국 민관 협업사무 운영 현황을 파악할 수 있는 자료이다.

2023 전국 지방자치단체 민·관 협업사무 운영 현황 | 재활용 선별시설 |

배성기 지음
한국민간위탁경영구소
2023년 10월 출간

## KCOMI 통계
### 2023 전국 지방자치단체 민·관 협업사무 운영 현황 생활폐기물 소각시설

민간위탁금(307-05)
사회복지시설법정운영비보조(307-10)
민간인위탁교육비(307-12)
공기관등에대한경상적대행사업비(308-10)

본 도서는 전국 17개 광역자치단체를 포함한 243개 지방자치단체의 2021년 민관 협업사무 운영 현황으로서 국내에서 유일하게 전국 민관 협업사무 운영 현황을 파악할 수 있는 자료이다.

2023 전국 지방자치단체 민·관 협업사무 운영 현황 | 생활폐기물 소각시설 |

배성기 지음
한국민간위탁경영구소
2023년 10월 출간

### KCOMI 통계
## 2023 전국 지방자치단체 민·관 협업사무 운영 현황 생활폐기물

민간위탁금(307-05)
사회복지시설법정운영비보조(307-10)
민간인위탁교육비(307-12)
공기관등에대한경상적대행사업비(308-10)

본 도서는 전국 17개 광역자치단체를 포함한 243개 지방자치단체의 2021년 민관 협업사무 운영 현황으로서 국내에서 유일하게 전국 민관 협업사무 운영 현황을 파악할 수 있는 자료이다.

배성기 지음
한국민간위탁경영구소
2023년 10월 출간

---

### KCOMI 통계
## 2023 전국 지방자치단체 민·관 협업사무 운영 현황 슬러지처리시설

민간위탁금(307-05)
사회복지시설법정운영비보조(307-10)
민간인위탁교육비(307-12)
공기관등에대한경상적대행사업비(308-10)

본 도서는 전국 17개 광역자치단체를 포함한 243개 지방자치단체의 2021년 민관 협업사무 운영 현황으로서 국내에서 유일하게 전국 민관 협업사무 운영 현황을 파악할 수 있는 자료이다.

배성기 지음
한국민간위탁경영구소
2023년 10월 출간

---

### KCOMI 통계
## 2023 전국 지방자치단체 민·관 협업사무 운영 현황 하수도시설

민간경상사업보조(307-02)
민간단체법정운영비보조(307-03)
민간행사사업보조(307-04)

본 도서는 전국 17개 광역자치단체를 포함한 243개 지방자치단체의 2021년 민관 협업사무 운영 현황으로서 국내에서 유일하게 전국 민관 협업사무 운영 현황을 파악할 수 있는 자료이다.

배성기 지음
한국민간위탁경영구소
2023년 10월 출간

---

### KCOMI 통계
## 2023 전국 지방자치단체 민·관 협업사무 운영 현황 통합본

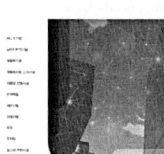

민간위탁금(307-05)
사회복지시설법정운영비보조(307-10)
민간인위탁교육비(307-12)
공기관등에대한경상적대행사업비(308-10)

본 도서는 전국 17개 광역자치단체를 포함한 243개 지방자치단체의 2021년 민관 협업사무 운영 현황으로서 국내에서 유일하게 전국 민관 협업사무 운영 현황을 파악할 수 있는 자료이다.

배성기 지음
한국민간위탁경영구소
2023년 10월 출간

---

### KCOMI 통계
## 2023 중앙행정기관 행정사무 민간이전 운영현황

민간경상사업보조(307-02)
민간단체법정운영비보조(307-03)
민간행사사업보조(307-04)

본 도서는 전국 17개 광역자치단체를 포함한 243개 지방자치단체의 2021년 민관 협업사무 운영 현황으로서 국내에서 유일하게 전국 민관 협업사무 운영 현황을 파악할 수 있는 자료이다.

배성기 지음
한국민간위탁경영구소
2023년 2월 출간

---

### KCOMI 통계
## 2023 공공기관 민간위탁 운영 현황

민간위탁금(307-05)
사회복지시설법정운영비보조(307-10)
민간인위탁교육비(307-12)
공기관등에대한경상적대행사업비(308-10)

본 도서는 전국 17개 광역자치단체를 포함한 243개 지방자치단체의 2021년 민관 협업사무 운영 현황으로서 국내에서 유일하게 전국 민관 협업사무 운영 현황을 파악할 수 있는 자료이다.

배성기 지음
한국민간위탁경영구소
2023년 2월 출간

KCOMI 통계
## 2023 전국 지방자치단체 민·관 협업사무 운영 현황 I
민간경상사업보조(307-02)
민간단체법정운영비보조(307-03)
민간행사사업보조(307-04)

본 도서는 전국 17개 광역자치단체를 포함한 243개 지방자치단체의 2021년 민관 협업사무 운영 현황으로서 국내에서 유일하게 전국 민관 협업사무 운영 현황을 파악할 수 있는 자료이다. 해당 시리즈는 총 3권으로 제작되었다.

배성기 지음
한국민간위탁경영구소
2023년 2월 출간

KCOMI 통계
## 2023 전국 지방자치단체 민·관 협업사무 운영 현황 II
민간위탁금(307-05)
사회복지시설법정운영비보조(307-10)
민간인위탁교육비(307-12)
공기관등에대한경상적대행사업비(308-10)

본 도서는 전국 17개 광역자치단체를 포함한 243개 지방자치단체의 2021년 민관 협업사무 운영 현황으로서 국내에서 유일하게 전국 민관 협업사무 운영 현황을 파악할 수 있는 자료이다. 해당 시리즈는 총 3권으로 제작되었다.

배성기 지음
한국민간위탁경영구소
2023년 2월 출간

KCOMI 통계
## 2023 전국 지방자치단체 민·관 협업사무 운영 현황 III
민간경상사업보조(307-02)
민간단체법정운영비보조(307-03)
민간행사사업보조(307-04)

본 도서는 전국 17개 광역자치단체를 포함한 243개 지방자치단체의 2021년 민관 협업사무 운영 현황으로서 국내에서 유일하게 전국 민관 협업사무 운영 현황을 파악할 수 있는 자료이다. 해당 시리즈는 총 3권으로 제작되었다.

배성기 지음
한국민간위탁경영구소
2023년 2월 출간

KCOMI 통계 - Ebook
## 2023 전국 지방자치단체 민간위탁 운영현황
민간위탁금(307-05)
사회복지시설법정운영비보조(307-10)
민간인위탁교육비(307-12)
공기관등에대한경상적대행사업비(308-10)

본 도서는 전국 17개 광역자치단체를 포함한 243개 지방자치단체의 민간위탁금(307-06) 예산 운영 현황으로서, 예산 및 해당사무별 업체선정방법, 개별조례 유무, 원가산정기준, 서비스(성과)평가 유무 등을 파악할 수 있는 자료이다.

배성기 지음
한국민간위탁경영구소
2023년 2월 출간

KCOMI 통계
## 2022 전국 지방자치단체 민·관 협업사무 운영 현황 I
민간경상사업보조(307-02)
민간단체법정운영비보조(307-03)
민간행사사업보조(307-04)

본 도서는 전국 17개 광역자치단체를 포함한 243개 지방자치단체의 2021년 민관 협업사무 운영 현황으로서 국내에서 유일하게 전국 민관 협업사무 운영 현황을 파악할 수 있는 자료이다. 해당 시리즈는 총 3권으로 제작되었다.

배성기 지음
한국민간위탁경영구소
2022년 3월 출간

KCOMI 통계
## 2022 전국 지방자치단체 민·관 협업사무 운영 현황 II
민간위탁금(307-05)
사회복지시설법정운영비보조(307-10)
민간인위탁교육비(307-12)
공기관등에대한경상적대행사업비(308-10)

본 도서는 전국 17개 광역자치단체를 포함한 243개 지방자치단체의 2021년 민관 협업사무 운영 현황으로서 국내에서 유일하게 전국 민관 협업사무 운영 현황을 파악할 수 있는 자료이다. 해당 시리즈는 총 3권으로 제작되었다.

배성기 지음
한국민간위탁경영구소
2022년 3월 출간

### KCOMI 통계
### 2022 전국 지방자치단체 민·관 협업사무 운영 현황 III

민간경상사업보조(307-02)
민간단체법정운영비보조(307-03)
민간행사사업보조(307-04)

본 도서는 전국 17개 광역자치단체를 포함한 243개 지방자치단체의 2021년 민관 협업사무 운영 현황으로서 국내에서 유일하게 전국 민관 협업사무 운영 현황을 파악할 수 있는 자료이다. 해당 시리즈는 총 3권으로 제작되었다.

배성기 지음
한국민간위탁경영구소
2022년 3월 출간

### KCOMI 통계 - Ebook
### 2022 전국 지방자치단체 민간위탁 운영현황

민간위탁금(307-05)
사회복지시설법정운영비보조(307-10)
민간인위탁교육비(307-12)
공기관등에대한경상적대행사업비(308-10)

본 도서는 전국 17개 광역자치단체를 포함한 243개 지방자치단체의 민간위탁금(307-06) 예산 운영 현황으로서, 예산 및 해당사무별 업체선정방법, 개별조례 유무, 원가산정기준, 서비스(성과)평가 유무 등을 파악할 수 있는 자료이다.

배성기 지음
한국민간위탁경영구소
2022년 5월 출간

### KCOMI 통계
### 2022 공공기관 민간위탁 운영현황

본 도서는 전국 340개 공공기관을 대상으로 2021년 전체사무 민간이전 운영현황을 파악할 수 있는 자료이다.

배성기 지음
한국민간위탁경영구소
2022년 5월 출간

### KCOMI 통계
### 2022 중앙행정기관 행정사무 민간이전 운영현황

본 도서는 전국 342개 중앙행정기관을 대상으로 2018년 민간이전 사업 현황을 분석한 자료로서 국내에서 유일하게 민간위탁 현황을 분석하여, 전국 민간위탁 사무의 관리 현황을 제시하고 있다.

배성기 지음
한국민간위탁경영구소
2022년 5월 출간

### KCOMI 통계
### 2021 전국 지방자치단체 민·관 협업사무 운영 현황 I
민간경상사업보조(307-02)
민간단체법정운영비보조(307-03)
민간행사사업보조(307-04)

본 도서는 전국 17개 광역자치단체를 포함한 243개 지방자치단체의 2021년 민관 협업사무 운영 현황으로서 국내에서 유일하게 전국 민관 협업사무 운영 현황을 파악할 수 있는 자료이다. 해당 시리즈는 총 3권으로 제작되었다.

배성기 지음
한국민간위탁경영구소
2021 3월 출간

### KCOMI 통계
### 2021 전국 지방자치단체 민·관 협업사무 운영 현황 II
민간위탁금(307-05)
사회복지시설법정운영비보조(307-10)
민간인위탁교육비(307-12)
공기관등에대한경상적대행사업비(308-10)

본 도서는 전국 17개 광역자치단체를 포함한 243개 지방자치단체의 2021년 민관 협업사무 운영 현황으로서 국내에서 유일하게 전국 민관 협업사무 운영 현황을 파악할 수 있는 자료이다. 해당 시리즈는 총 3권으로 제작되었다.

배성기 지음
한국민간위탁경영구소
2021년 3월 출간

### KCOMI 통계
### 2021 전국 지방자치단체 민·관 협업사무 운영 현황 I
민간경상사업보조(307-02)
민간단체법정운영비보조(307-03)
민간행사사업보조(307-04)

본 도서는 전국 17개 광역자치단체를 포함한 243개 지방자치단체의 2021년 민관 협업사무 운영 현황으로서 국내에서 유일하게 전국 민관 협업사무 운영 현황을 파악할 수 있는 자료이다. 해당 시리즈는 총 3권으로 제작되었다.

배성기 지음
한국민간위탁경영구소
2021 3월 출간

### KCOMI 통계 - Ebook
### 2021 전국 지방자치단체 민간위탁 운영현황
민간위탁금(307-05)
사회복지시설법정운영비보조(307-10)
민간인위탁교육비(307-12)
공기관등에대한경상적대행사업비(308-10)

본 도서는 전국 17개 광역자치단체를 포함한 243개 지방자치단체의 민간위탁금(307-06) 예산 운영 현황으로서, 예산 및 해당사무별 업체선정방법, 개별조례 유무, 원가산정기준, 서비스(성과)평가 유무 등을 파악할 수 있는 자료이다.

배성기 지음
한국민간위탁경영구소
2021년 7월 출간

### KCOMI 통계
### 2021 공공기관 민간위탁 운영현황

본 도서는 전국 340개 공공기관을 대상으로 2021년 전체사무 민간이전 운영현황을 파악할 수 있는 자료이다.

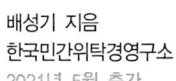

배성기 지음
한국민간위탁경영구소
2021년 5월 출간

### KCOMI 통계
### 2021 중앙행정기관 행정사무 민간이전 운영현황

본 도서는 전국 342개 중앙행정기관을 대상으로 2018년 민간이전 사업 현황을 분석한 자료로서 국내에서 유일하게 민간위탁 현황을 분석하여, 전국 민간위탁 사무의 관리 현황을 제시하고 있다.

배성기 지음
한국민간위탁경영구소
2021년 5월 출간

### KCOMI 통계 - Ebook
### 2020 전국 지방자치단체 민·관 협업사무 운영 현황 I
민간경상사업보조(307-02)
민간단체법정운영비보조(307-03)
민간행사사업보조(307-04)

본 도서는 전국 17개 광역자치단체를 포함한 243개 지방자치단체의 2020년 민관 협업사무 운영 현황으로서 국내에서 유일하게 전국 민관 협업사무 운영 현황을 파악할 수 있는 자료이다. 해당 시리즈는 총 3권으로 제작되었다.

배성기 지음
한국민간위탁경영구소
2020 7월 출간

### KCOMI 통계 - Ebook
### 2020 전국 지방자치단체 민·관 협업사무 운영 현황 II
민간위탁금(307-05)
사회복지시설법정운영비보조(307-10)
민간인위탁교육비(307-12)
공기관등에대한경상적대행사업비(308-10)

본 도서는 전국 17개 광역자치단체를 포함한 243개 지방자치단체의 2020년 민관 협업사무 운영 현황으로서 국내에서 유일하게 전국 민관 협업사무 운영 현황을 파악할 수 있는 자료이다. 해당 시리즈는 총 3권으로 제작되었다.

배성기 지음
한국민간위탁경영구소
2020년 7월 출간

### KCOMI 통계 - Ebook
### 2020 전국 지방자치단체 민·관 협업사무 운영 현황 III
민간자본사업보조,자체재원(402-01)
민간자본사업보조,이전재원(402-02)
민간위탁사업비(402-03)
공기관등에대한자본적위탁사업비(403-02)

본 도서는 전국 17개 광역자치단체를 포함한 243개 지방자치단체의 2020년 민관 협업사무 운영 현황으로서 국내에서 유일하게 전국 민관 협업사무 운영 현황을 파악할 수 있는 자료이다. 해당 시리즈는 총 3권으로 제작되었다.

배성기 지음
한국민간위탁경영구소
2020년 7월 출간

### KCOMI 통계
### 2020 전국 지방자치단체 민·관 협업사무 운영 현황 통합본

본 도서는 전국 17개 광역자치단체를 포함한 243개 지방자치단체의 각 분야별 2018년 민관 협업사무 운영 현황으로 하수도시설, 하수슬러지건조화시설, 생활폐기물 수집운반, 생활폐기물 소각시설, 재활용 선별시설, 문화예술, 체육, 관광, 공원, 주차장, 청소년수련시설, 장애인복지시설의 운영 현황을 파악할 수 있는 자료이다.

배성기 지음
한국민간위탁경영구소
2020년 7월 출간

### KCOMI 통계 - Ebook
### 2020 전국 지방자치단체 민·관 협업사무 운영 현황
|하수도시설|

본 도서는 전국 17개 광역자치단체를 포함한 243개 지방자치단체의 하수도시설에 대한 2020년 민관 협업사무 운영 현황을 파악할 수 있는 자료이다.

배성기 지음
한국민간위탁경영구소
2020년 5월 출간

### KCOMI 통계 - Ebook
### 2020 전국 지방자치단체 민·관 협업사무 운영 현황
|하수슬러지건조화시설(소각포함)|

본 도서는 전국 17개 광역자치단체를 포함한 243개 지방자치단체의 하수슬러지건조화시설(소각포함)에 대한 2018년 민관 협업사무 운영 현황을 파악할 수 있는 자료이다.

배성기 지음
한국민간위탁경영구소
2020년 5월 출간

KCOMI 통계 - Ebook
## 2020 전국 지방자치단체 민·관 협업사무 운영 현황
|생활폐기물 수집운반

본 도서는 전국 17개 광역자치단체를 포함한 243개 지방자치단체의 생활폐기물 수집운반에 대한 2020년 민관 협업사무 운영 현황을 파악할 수 있는 자료이다.

배성기 지음
한국민간위탁경영구소
2020년 5월 출간

KCOMI 통계 - Ebook
## 2020 전국 지방자치단체 민·관 협업사무 운영 현황
|생활폐기물 소각시설

본 도서는 전국 17개 광역자치단체를 포함한 243개 지방자치단체의 생활폐기물 소각시설에 대한 2020년 민관 협업사무 운영 현황을 파악할 수 있는 자료이다.

배성기 지음
한국민간위탁경영구소
2020년 5월 출간

KCOMI 통계 - Ebook
## 2020 전국 지방자치단체 민·관 협업사무 운영 현황
|재활용 선별시설

본 도서는 전국 17개 광역자치단체를 포함한 243개 지방자치단체의 재활용 선별시설에 대한 2020년 민관 협업사무 운영 현황을 파악할 수 있는 자료이다.

배성기 지음
한국민간위탁경영구소
2020년 5월 출간

KCOMI 통계 - Ebook
## 2020 전국 지방자치단체 민·관 협업사무 운영 현황
|문화예술부문

본 도서는 전국 17개 광역자치단체를 포함한 243개 지방자치단체의 문화예술부문에 대한 2020년 민관 협업사무 운영 현황을 파악할 수 있는 자료이다.

배성기 지음
한국민간위탁경영구소
2020년 5월 출간

KCOMI 통계 - Ebook
## 2020 전국 지방자치단체 민·관 협업사무 운영 현황
|관광부문

본 도서는 전국 17개 광역자치단체를 포함한 243개 지방자치단체의 관광부문에 대한 2020년 민관 협업사무 운영 현황을 파악할 수 있는 자료이다.

배성기 지음
한국민간위탁경영구소
2020년 5월 출간

KCOMI 통계 - Ebook
## 2020 전국 지방자치단체 민·관 협업사무 운영 현황
|체육부문

본 도서는 전국 17개 광역자치단체를 포함한 243개 지방자치단체의 체육부문에 대한 2020년 민관 협업사무 운영 현황을 파악할 수 있는 자료이다.

배성기 지음
한국민간위탁경영구소
2020년 5월 출간

KCOMI 통계 - Ebook
## 2020 전국 지방자치단체 민·관 협업사무 운영 현황
|공원부문

본 도서는 전국 17개 광역자치단체를 포함한 243개 지방자치단체의 공원부문에 대한 2020년 민관 협업사무 운영 현황을 파악할 수 있는 자료이다.

배성기 지음
한국민간위탁경영구소
2020년 5월 출간

KCOMI 통계 - Ebook
## 2020 전국 지방자치단체 민·관 협업사무 운영 현황
|주차장시설

본 도서는 전국 17개 광역자치단체를 포함한 243개 지방자치단체의 체육부문에 대한 2020년 민관 협업사무 운영 현황을 파악할 수 있는 자료이다.

배성기 지음
한국민간위탁경영구소
2020년 5월 출간

KCOMI 통계 - Ebook
## 2020 전국 지방자치단체 민·관 협업사무 운영 현황
|청소년수련시설

본 도서는 전국 17개 광역자치단체를 포함한 243개 지방자치단체의 청소년수련시설에 대한 2020년 민관 협업사무 운영 현황을 파악할 수 있는 자료이다.

배성기 지음
한국민간위탁경영구소
2020년 5월 출간

KCOMI 통계 - Ebook
## 2020 전국 지방자치단체 민·관 협업사무 운영 현황
|장애인복지시설

본 도서는 전국 17개 광역자치단체를 포함한 243개 지방자치단체의 장애인복지시설에 대한 2020년 민관 협업사무 운영 현황을 파악할 수 있는 자료이다.

배성기 지음
한국민간위탁경영구소
2020년 5월 출간

### KCOMI 통계
## 2019 전국 지방자치단체
## 민·관 협업사무 운영 현황 통합본

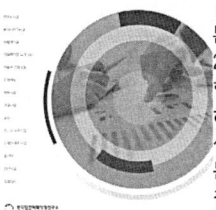

본 도서는 전국 17개 광역자치단체를 포함한 245개 지방자치단체의 각 분야별 2019년 민관 협업사무 운영 현황으로 하수도시설, 하수슬러지건조화시설, 생활폐기물 수집운반, 생활폐기물 소각시설, 재활용 선별시설, 문화예술, 체육, 관광, 공원, 주차장, 청소년수련시설, 장애인복지시설의 운영 현황을 파악할 수 있는 자료이다.

배성기 지음
한국민간위탁경영구소
2019년 출간

### KCOMI 통계
## 2019 전국 지방자치단체
## 민·관 협업사무 운영 현황 I
민간경상사업보조(307-02)
민간단체법정운영비보조(307-03)
민간행사사업보조(307-04)

본 도서는 전국 17개 광역자치단체를 포함한 245개 지방자치단체의 2019년 민관 협업사무 운영 현황으로서 국내에서 유일하게 전국 민관 협업사무 운영 현황을 파악할 수 있는 자료이다. 해당 시리즈는 총 3권으로 제작되었다.

배성기 지음
한국민간위탁경영구소
2019년 출간

### KCOMI 통계
## 2019 전국 지방자치단체
## 민·관 협업사무 운영 현황 II
민간위탁금(307-05)
사회복지시설법정운영비보조(307-10)
사회복지사업보조(307-11)

본 도서는 전국 17개 광역자치단체를 포함한 245개 지방자치단체의 2019년 민관 협업사무 운영 현황으로서 국내에서 유일하게 전국 민관 협업사무 운영 현황을 파악할 수 있는 자료이다. 해당 시리즈는 총 3권으로 제작되었다.

배성기 지음
한국민간위탁경영구소
2019년 출간

### KCOMI 통계
## 2019 전국 지방자치단체
## 민·관 협업사무 운영 현황 III
민간인위탁교육비(307-12),
공기관등에대한경상적대행사업비(308-10)
공사공단경상전출금(309-01)
민간자본사업보조,자체재원(402-01)
민간자본사업보조,이전재원(402-02)
민간위탁사업비(402-03)
공기관등에대한자본적위탁사업비(403-02)
공사공단자본전출금(404-01)

본 도서는 전국 17개 광역자치단체를 포함한 245개 지방자치단체의 2019년 민관 협업사무 운영 현황으로서 국내에서 유일하게 전국 민관 협업사무 운영 현황을 파악할 수 있는 자료이다. 해당 시리즈는 총 3권으로 제작되었다.

배성기 지음
한국민간위탁경영구소
2019년 출간

### KCOMI 통계 - Ebook
## 2019 전국 지방자치단체
## 민·관 협업사무 운영 현황
| 하수도시설 |

본 도서는 전국 17개 광역자치단체를 포함한 245개 지방자치단체의 하수도시설에 대한 2019년 민관 협업사무 운영 현황을 파악할 수 있는 자료이다.

배성기 지음
한국민간위탁경영구소
2019년 출간

### KCOMI 통계 - Ebook
## 2019 전국 지방자치단체
## 민·관 협업사무 운영 현황
| 슬러지처리시설 |

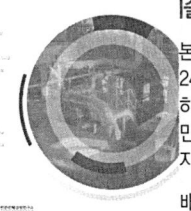

본 도서는 전국 17개 광역자치단체를 포함한 245개 지방자치단체의 하수슬러지건조화시설(소각포함)에 대한 2019년 민관 협업사무 운영 현황을 파악할 수 있는 자료이다.

배성기 지음
한국민간위탁경영구소
2019년 출간

### KCOMI 통계 - Ebook
## 2019 전국 지방자치단체
## 민·관 협업사무 운영 현황
| 생활폐기물 수집운반 |

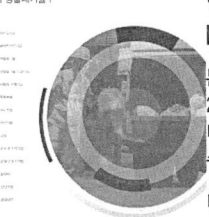

본 도서는 전국 17개 광역자치단체를 포함한 245개 지방자치단체의 생활폐기물 수집운반에 대한 2019년 민관 협업사무 운영 현황을 파악할 수 있는 자료이다.

배성기 지음
한국민간위탁경영구소
2019년 출간

### KCOMI 통계 - Ebook
## 2019 전국 지방자치단체
## 민·관 협업사무 운영 현황
| 생활폐기물 소각시설 |

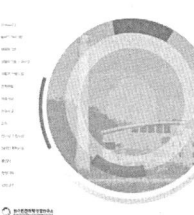

본 도서는 전국 17개 광역자치단체를 포함한 245개 지방자치단체의 생활폐기물 소각시설에 대한 2019년 민관 협업사무 운영 현황을 파악할 수 있는 자료이다.

배성기 지음
한국민간위탁경영구소
2019년 출간

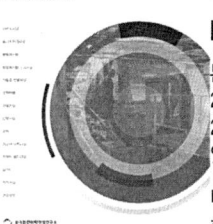
### KCOMI 통계 - Ebook
### 2019 전국 지방자치단체 민·관 협업사무 운영 현황
|재활용 선별시설|

본 도서는 전국 17개 광역자치단체를 포함한 245개 지방자치단체의 재활용 선별시설에 대한 2019년 민관 협업사무 운영 현황을 파악할 수 있는 자료이다.

배성기 지음
한국민간위탁경영구소
2019년 출간

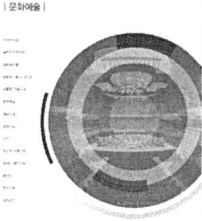
### KCOMI 통계 - Ebook
### 2019 전국 지방자치단체 민·관 협업사무 운영 현황
|문화예술부문|

본 도서는 전국 17개 광역자치단체를 포함한 245개 지방자치단체의 문화예술부문에 대한 2019년 민관 협업사무 운영 현황을 파악할 수 있는 자료이다.

배성기 지음
한국민간위탁경영구소
2019년 출간

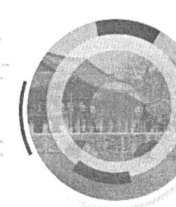
### KCOMI 통계 - Ebook
### 2019 전국 지방자치단체 민·관 협업사무 운영 현황
|관광부문|

본 도서는 전국 17개 광역자치단체를 포함한 245개 지방자치단체의 관광부문에 대한 2019년 민관 협업사무 운영 현황을 파악할 수 있는 자료이다.

배성기 지음
한국민간위탁경영구소
2019년 출간

### KCOMI 통계 - Ebook
### 2019 전국 지방자치단체 민·관 협업사무 운영 현황
|체육부문|

본 도서는 전국 17개 광역자치단체를 포함한 245개 지방자치단체의 체육부문에 대한 2019년 민관 협업사무 운영 현황을 파악할 수 있는 자료이다.

배성기 지음
한국민간위탁경영구소
2019년 출간

### KCOMI 통계 - Ebook
### 2019 전국 지방자치단체 민·관 협업사무 운영 현황
|공원부문|

본 도서는 전국 17개 광역자치단체를 포함한 245개 지방자치단체의 공원부문에 대한 2019년 민관 협업사무 운영 현황을 파악할 수 있는 자료이다.

배성기 지음
한국민간위탁경영구소
2019년 출간

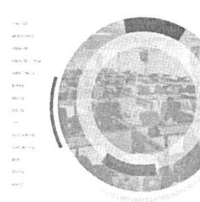
### KCOMI 통계 - Ebook
### 2019 전국 지방자치단체 민·관 협업사무 운영 현황
|콜센터|

본 도서는 전국 17개 광역자치단체를 포함한 245개 지방자치단체의 콜센터 업무에 대한 2019년 민관 협업사무 운영 현황을 파악할 수 있는 자료이다.

배성기 지음
한국민간위탁경영구소
2019년 출간

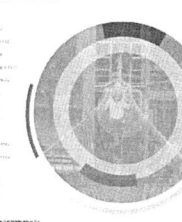
### KCOMI 통계 - Ebook
### 2019 전국 지방자치단체 민·관 협업사무 운영 현황
|청소년수련시설|

본 도서는 전국 17개 광역자치단체를 포함한 245개 지방자치단체의 청소년수련시설에 대한 2019년 민관 협업사무 운영 현황을 파악할 수 있는 자료이다.

배성기 지음
한국민간위탁경영구소
2019년 출간

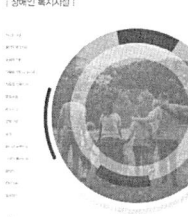
### KCOMI 통계 - Ebook
### 2019 전국 지방자치단체 민·관 협업사무 운영 현황
|장애인복지시설|

본 도서는 전국 17개 광역자치단체를 포함한 245개 지방자치단체의 장애인복지시설에 대한 2019년 민관 협업사무 운영 현황을 파악할 수 있는 자료이다.

배성기 지음
한국민간위탁경영구소
2019년 출간

### KCOMI 통계
### 2019 정보화사업 운영 현황

본 도서는 전국 지방자치단체, 중앙행정기관, 공공기관의 2019년 정보화사업을 대상으로 사업 현황을 분석한 운영 현황 자료이다.

배성기 지음
한국민간위탁경영구소
2019년 8월 출간

### SVI 통계 - Ebook
### 2019 공공기관 사회적 가치 구현사업 운영현황 I 통계자료 I

본 도서는 공공기관 사회적 가차 구현사업의 운영 현황에 대한 통계를 파악할 수 있는 자료이다.

배성기 지음
사회적 가치 연구소
2019년 7월 출간

## ● 민간위탁 운영 관리 매뉴얼

지방자치단체사무의 민간위탁서비스
운영관리매뉴얼 I
### 민간위탁조례 및 계약관리방안

민간위탁 성패의 키는 계약관리이다.
본 도서는 민간위탁 서비스를 공급함에 있어 사회적 문제와 이슈를 관리 할 수 있는 체계적인 조례 제정 및 계약관리방법론을 제시하고 있다.

배성기 지음
한국민간위탁경영구소 / 450페이지 / 40,000원

2012년 8월 출간

지방자치단체사무의 민간위탁서비스
운영관리매뉴얼 II
### 민간위탁 운영관리비용 산정

효율적인 서비스 제공을 위한 원가산정방법론 제시 민간위탁서비스의 대시민 만족도를 높이기 위한 시작은 적정한 비용산정과 지급에서 시작된다. 이를 위해 본 도서에서는 세부적인 원가산정 방법과 산정예시를 들어 설명하고 있다.

배성기 지음
한국민간위탁경영구소 / 409페이지 / 40,000원

2012년 8월 출간

지방자치단체사무의 민간위탁서비스
운영관리매뉴얼 III
### 민간위탁 서비스 평가

평가 없는 성장 없다.
본 도서에서는 민간위탁 서비스의 지속적인 성장경영을 위한 경영학적 관리지표개발 및 서비스평가방안을 제시하고 있다.

배성기 지음
한국민간위탁경영구소 / 407페이지 / 40,000원

2012년 8월 출간

### 지방자치단체 민간투자사업 매뉴얼

지방자치단체 공무원들이 민간투자사업 정책 수립을 위한 전반적인 내용을 포괄적으로 다루어, 실무에 직접 적용할 수 있도록 방향을 제시하고 있다.

배성기 지음
한국민간위탁경영구소 / 247페이지 / 25,000원

2015년 9월 출간

## ● 민간위탁 서비스 경영

### 공공하수도시설 민간위탁 서비스경영

환경부통계를 기준으로 전국 공공하수처리시설 중 민간위탁으로 운영되는 시설은 318개소, 운영비는 5,000억 원, 운영인원은 3,642명이다. 민간위탁서비스의 질을 높이기 위해서는 시설관리만이 아닌 경영학적 기법이 도입된 체계적인 관리가 필요하다. 이를 위해서 본 도서에서는 공공하수도시설 민간위탁 서비스 경영을 위한 다양한 방안을 제시하고 있다.

배성기 · 안영진 · 박철휘 · 박종운 지음
한국민간위탁경영연구소 / 530페이지 / 40,000원

2012년 4월 출간

### 공공체육시설 민간위탁 서비스경영

전국 공공체육시설수는 15,137개소로 지속적으로 증가하고 있으며, 국민이 영위하고자 하는 공공체육서비스의 수준도 날로 증가 하고 있다. 이에 민간위탁으로 운영중인 공공체육시설의 서비스 수준의 향상을 위하여 본 도서에서는 공공체육시설 민간위탁 서비스 경영을 위한 다양한 방안을 제시하고 있다.

배성기 · 김영철 지음
한국민간위탁경영연구소 / 500페이지 / 40,000원

출간예정

### 관광시설 민간위탁 서비스경영

관광시설은 관광을 위한 편익을 제공하는 시설로서 숙박, 교통, 휴식시설 등을 통해 지역경제 활성화에 도움을 주고 있다. 이중 민간위탁으로 운영중인 관광시설을 대상으로 본 도서에서는 관광시설 민간위탁 서비스 경영을 위한 다양한 방안을 제시하고 있다.

배성기 · 김상원 · 김혜진 지음
한국민간위탁경영연구소 / 500페이지 / 40,000원

2015년 9월 출간

### 생활폐기물 수집·민간위탁 서비스경영

우리나라 일일 발생 생활폐기물량은 5만톤 수준으로 지자체에서는 소각, 매립, 재활용 등의 처리를 민간위탁을 통해 수행하고 있다. 본 도서는 민간위탁을 통해 생활폐기물을 처리하고 있는 지자체를 대상으로 효율적·효과적 관리기법을 제시하고 있다.

배성기 지음
한국민간위탁경영연구소 / 500페이지 / 40,000원

2012년 4월 출간

## ● 정부원가계산

**공기업·준 정부기관·기타 공공기관**
### 정부원가계산의 이론과 실제

공공감사법 적용대상기관인 중앙 41개 기관, 공공 272개 기관의 정부예산 지출시 합리적인 예산지출 및 효과성을 높이기 위해 본 도서는 정부원가계산의 올바른 방법을 이론과 사례를 기준으로 제시하고자 하였다.

배성기 지음
한국민간위탁경영연구소/400페이지/35,000원
2012년 8월 출간

## ● 사회적 기업 및 비영리 법인

**사회적기업 및 비영리법인의**
### 공공부문 계약 입찰

국가 공공서비스가 좀 더 선진 화 되기 위해서는 많은 사회적기업 및 비영리법인이 공공서비스 분야의 입찰 참가를 해야 한다. 정부와 동격의 파트너십을 통해 국민 모두를 파트너십의 수혜자로 만들기 위해 친절하고 자세하게 계약 참여 안내를 하고 있다.

배성기 옮김
한국민간위탁경영연구소 · scotland.gov.uk
/250페이지/30,000원
2012년 8월 출간

## ● 기타 민간위탁 분야 도서

### KCOMI통계 2013
### 전국 민간위탁 운영현황 분석

본 도서는 민간위탁 본연의 목적과 기능을 유지하기 위해 발주처에서는 선택의 폭을 넓히고, 위탁기업들은 건전한 경쟁관계를 유도하기 위하여 전국 246개 지자체별 민간위탁 사무현황, 위탁예산현황, 위탁기업의 현황, 위탁기간 현황, 위탁자 선정방법 등을 조사·분석하였다.

배성기 지음
한국민간위탁경영연구소 / 513페이지 / 20,000원
2013년 8월 출간

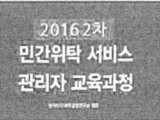

### 민간위탁 절차·평가 개선 교육교재

민간위탁제도가 도입된 지 13년이 지났지만 민간위탁에 대한 제도적 정비 및 운영상의 문제에 대한 지적은 끊이지 않는다. 본 도서는 민간위탁 사무를 추진함에 있어 꼭 필요한 조례, 계약, 비용, 평가 등의 내용을 중심으로 지방자치단체 공무원들의 정책결정을 돕고자 작성되었다.

배성기 지음
한국민간위탁경영연구소
민간위탁교육 참가자 배부용

### 공공하수처리시설 민간위탁 서비스평가

평가없는 성장 없다.
본 도서는 현행 공공하수처리시설 민간위탁 평가에 대한 법적 근거 및 제도에 대한 고찰을 통하여 보다 합리적인 민간위탁 서비스 평가 방안을 제시하고 있다.

배성기·안영진·박철휘·박종운 지음
한국민간위탁경영연구소 / 316페이지 / 25,000원
2011년 12월 출간

### 큰 사회(BIG Society)

영국 캐머론 총리의 큰 사회는 공공서비스 향상을 추구하며, 개념적으로는 국가를 반대하지 않으며 다양한 증거를 바탕으로 영국 사회를 지원하고 사회적 욕구를 충족시키는 현재 국가의 능력에 대해 깊이 있게 고민한다. 이는 우리나라에도 시사하는 바가 크므로 소개하고자 하였다.

배성기·이화진·김태현·남효응 옮김
나남출판사·UBP / 165페이지 / 15,000원
출간 예정

## 공공관리 번역 도서

### 분쟁 후 취약한 상황에서의 정부기능 및 정부서비스 민간위탁

본 역서는 원조의 비효율적 비효과적 집행을 방지하고, 수원국의 역량개발에 도움을 줄 수 있는 방안을 도모하여 현장실무자들과 정부의 정책입안자들과 협력하기 위한 안내서의 역할을 해 줄 것이다. 또한 선진국의 민간위탁제도 운영방법론은 국내에서 좋은 시사점을 제공하고 있다.

배성기 옮김
한국민간위탁경영연구소 · OECD / 165페이지 / 25,000원
2011년 11월 출간

### 지방정부 서비스계약 (Local Government Contract)

공공을 위한 최선의 거래를 추구하는데 있어서 책임성과 유연성, 공익성과 경제성 등을 최적으로 조합하는 것은 현대 서비스 계약업무의 핵심이다. 본 역서는 그 조합방식을 유용하게 제안하고 있다.

배성기 옮김
한국민간위탁경영연구소 · ICMA / 200페이지 / 30,000원
출간 예정

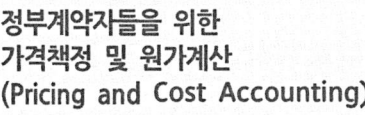

### 정부계약자들을 위한 가격책정 및 원가계산 (Pricing and Cost Accounting)

정부와 계약기간 중 요구사항을 준수하고, 이윤을 유지하기 위한 협상방법을 수록하고 있다. 입찰에 대한 변경요구 사항은 가격책정, 원가계산, 하도급, 계약변경을 수반하며 이에 대한 정보를 제공하고 있다.

배성기 옮김
한국민간위탁경영연구소 · MC / 220페이지 / 25,000원
출간예정

### 서비스 수준관리 (Service Level Management)

서비스 수준관리(SLM)는 서비스 업무범위를 정의하여 서비스제공에 따른 업무목표, 해당부서 및 책임부서를 기술하고 고객과 서비스 공급업체의 업무분담을 명확히 하여 서비스 공급업체와 고객 양측 모두의 기대와 목적을 충족시키기 위한 내용을 기술하고 있다.

배성기 옮김
한국민간위탁경영연구소 · TAS / 240페이지 / 25,000원
출간 예정

### 공공관리와 성과 (Public Management and Performance)

공공서비스 성과가 뜻하는 바가 무엇이고, 이와 관련한 연구의 주요 성과는 무엇인가? 왜 관리가 중요한가? 연구자, 정책결정자, 실무자들에게 주는 함의는 무엇이며, 향후 과제는 무엇인가? 에 대해 저자들은 이야기 하고 있다.

배성기 · 김윤경 · 김영철 옮김
한국민간위탁경영연구소 · 캠브리지대학출판사 / 200페이지 / 35,000원
2012년 8월 출간

### 사회기반시설 자산관리 (Infrastructure Asset Management)

자산관리의 목표, 서비스 제공능력과 자산상태의 구체적 목표를 검토하고, 자산관리 활동을 최적화 · 체계화하기 위해 현재의 서비스 제공능력과 자산상태(condition)를 비교한다. 또 최적의 의사결정을 위해 필요한 재정적 고려사항에 대해서도 요약하고 있다.

유인균 · 박미연 · 배성기 옮김
한국민간위탁경영연구소 · CIRIA / 200페이지 / 35,000원
2012년 8월 출간

### 지방자치단체 사회적가치구현을 위한 공공조달프레임워크

영국의 중앙 및 지방정부기관들은 최저가 대신 사회적 가치를 고려해 최고가치(Best Value)를 지닌 쪽을 선택하도록 규정과 지침을 만들어 공공조달에 적용하고 있다.

이에, 영국의 사회적 가치 구현을 위한 조달규정 및 지침관련 사례를 발굴하여 국내에 홍보·전파하고자 출간하게 되었다.
배성기
브릿지협동조합 / 170페이지 / 25,000원
2016년 4월 출간

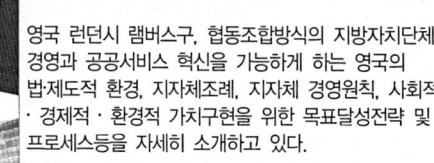

### 지방자치단체 공공서비스 혁신
협동조합도시 런던시 램버스구

영국 런던시 램버스구, 협동조합방식의 지방자치단체 경영과 공공서비스 혁신을 가능하게 하는 영국의 법·제도적 환경, 지자체조례, 지자체 경영원칙, 사회적 · 경제적 · 환경적 가치구현을 위한 목표달성전략 및 프로세스등을 자세히 소개하고 있다.

배성기 지음
브릿지협동조합 / 184페이지 / 25,000원
2016년 5월 출간

### 영국 중앙정부 및 지방정부 사회적 가치 구현 사례집

본 지침은 Highways England와 하도급업체가 2012년 공공서비스(사회적가치)법에 의한 서비스 공급과 관련된 사회적가치를 확인하고 구현하기 위한 접근방법을 설명한다.

배성기 옮김
사회적 가치 연구소 / 290페이지 / 21,000원
2018년 6월 출간

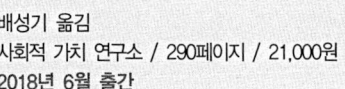

### 사회적기업 및 비영리법인의 공공부문 계약 입찰

지방계약분야는 사회·경제적 상황에 따라 빠르게 변화하는 분야이며, 많은 관련 법령과 하위 규정들이 있어 실무자들이 업무를 숙지하는 데 상대적으로 어려움을 겪는 분야이기도 합니다. 2018년도 매뉴얼은 계약시 고려해야 할 사회적 가치와 더불어 실무에서 주로 활용되는 유권해석, 판례 등을 중점적으로 수록하였습니다.

서울특별시 엮음
브릿지협동조합 / 350페이지 / 24,000원
2018년 6월 출간

한국민간위탁연구소는 공공서비스 관리 혁신을 통해
더 나은 정부, 더 나은 사회, 더 많은 사업기회를 만들어 갑니다.

T. 02-943-1941  F. 02-943-1948  E. kcomi@kcomi.re.kr  H. www.kcomi.re.kr

도서출판
**큰날개**

큰날개는 급변하는 국내의 사회 환경 가운데에서 다양한 의견을 수렴하여 인간이 추구하는
더 높은 이상향을 향해 나아가고자 하는 바람을 추구하는 출판전문기업입니다.
특히 사회적으로 가치 있는 콘텐츠를 가진 사람이라면 누구나 책을 출간 할 수 있고,
원하는 독자층에 도달 할 수 있도록 도와주는 퍼블리싱 파트너(Publishing Partner)가 되고자 합니다.

T. 02-943-1947  F. 02-943-1948  H. bigwing.modoo.at